民國期刊資料分類彙編

四庫全書研究

上

孫彦 王姿怡 李曉明 選編

國家圖書館出版社

圖書在版編目(CIP)數據

民國期刊資料分類彙編·四庫全書研究/孫彥,王姿怡,李曉明選編.—北京:國家圖書館出版社,2010.10

(民國期刊資料分類彙編)

ISBN 978-7-5013-3852-8

Ⅰ.①四… Ⅱ.①孫… ②王… ③李… Ⅲ.①四庫全書—研究 Ⅳ.①Z121.5

中國版本圖書館 CIP 數據核字(2010)第 173853 號

責任編輯:孫 彥

書名 民國期刊資料分類彙編·四庫全書研究(全二册)

著者 孫 彥 王姿怡 李曉明 選編

出版 國家圖書館出版社 (100034 北京市西城區文津街 7 號)
(原北京圖書館出版社)

發行 010-66139745 66175620 66126153
66174391(傳真) 66126156(門市部)

E-mail btsfxb@nlc.gov.cn(郵購)

Website www.nlcpress.com→投稿

經銷 新華書店

印刷 河北三河弘翰印務有限公司

開本 787×1092 毫米 1/16

印張 99.25

版次 2010 年 10 月第 1 版 2010 年 10 月第 1 次印刷

印數 1—300 套

書號 ISBN 978-7-5013-3852-8

定價 1280.00 圓

出版説明

《四庫全書》編修於清乾隆時期，是中國歷史上規模最大的一部叢書。這部巨帙編修歷時十餘年，參與編撰的學者達三百六十多人，它收録了從先秦到清乾隆前大部分重要典籍三千五百餘種，幾乎涵蓋了古代中國所有學術領域，它是中華民族的珍貴文化遺産。《四庫全書》的價值不僅在於文獻的保存，『四部』的分類體系對中國傳統文獻進行了一次全面的梳理，而其編纂、提要對後世輯佚、考證也有着深遠的影響。

晚清以來學術内部的發展與西學東漸的衝擊，促成了思想的革新，也造就了一大批具有舊學基礎與新學視野的學者。民國學術也因這種背景，同時兼有扎實爲學和開放創造的特點，出現了衆多具有典範意義的研究之作。作爲一部重要的典籍，《四庫全書》也受到了學者的關注。

本書彙輯民國時期三十餘種期刊中有關《四庫全書》的文章七十多篇，按照文章内容，分爲綜述、七閣、總目提要、影印等四部分編排，影印出版。以期全面展示民國學者關於《四庫全書》的研究成果。其中既有對《四庫全書》價值及其成書過程的分析；又有如何影印、保護傳承及進一步利用《四庫全書》的討論；並有關於《四庫全書》目録索引的編撰及版本考證等問題的探討。這些文章，對今人的研究無疑也是可資利用並具有啓迪意義的寶貴資料。

《四庫全書》修成之後繕寫七部分存七閣，然而因戰亂動盪僅存文淵、文津、文溯三部及文瀾之半部，國家圖書館所藏文津閣《四庫全書》是現今唯一完整擁有原架、原函、原書一體存放的一部。保存典籍亦是爲承繼學術，本書之編纂力求方便學者查檢，希望能對《四庫全書》及相關問題的研究起到推進作用。

編者

二〇一〇年八月

目錄

上册

綜述

七閣

下册

總目提要

影　印

綜述

四庫全書纂修攷跋

金梁

四庫全書，集古今學術之大成，一朝盛業，古所未有也。初，朱筠請校錄永樂大典；乾隆三十八年癸巳，始命紀昀陸錫熊陸費墀等，纂輯大典內之散簡零編，並蒐訪天下遺籍不下萬餘種，彙爲一書，賜名四庫全書。壬寅春，第一部告成，弆置文淵閣，閣建於文華殿後，專貯四庫全書，凡三萬六千册。册面依春夏秋冬四色：經部用青色絹，史部用赤色絹，子部用白色絹，集部用黑色絹，分別裝潢，以法四序，且便檢閱。癸卯春，第二部全書繕竣，命送往盛京文溯閣。第三第四部陸續亦繕竣，分貯御園文源閣，熱河文津閣。甲辰年復命繕寫全書三部，分弆揚州文匯閣，鎮江文宗閣，杭州文瀾閣。降旨謂：『江浙人文最盛，士子有願讀中祕書者，許其領觀傳寫，以廣文治。』又命于敏中王際華，於全書中擇其尤精者，別爲四庫薈要，凡一萬二千册，分繕二部，一貯大內摛藻堂，一貯御園味腴書屋，仍按四庫陳弆。計全書七部，薈要二部，前後凡十餘年，始一律告成。按：明永樂大典，初命解縉纂集類書，爲文獻大成；嫌其未備，乃命姚廣孝重修，五年告成，凡二萬二千二百十一卷，一萬一千九十五册；四庫全書較多五倍。又大典於經史皆依韵編次，割裂凌舛，漫無統紀，有乖柱下藏書之義；四庫以經，史，子，集，爲部次，體例實較醇盭。然二書各有取義，分之兩善，故不必相提並論也。今大典久已散亡。四庫全書文源一部，旣與圓明同燬；文匯文宗，亦歸兵燹；文瀾餘燼，鈔補未完；文津移藏京師圖書館；文溯運存古物陳列所；唯文淵一閣，巍然獨存。其薈要貯大內者，梁曾言之內府，遍檢未見，已在若存若亡之列，不可問矣。憶己未冬，徐東海師屬編文華武英二殿陳列古物目錄，梁請先印四庫全書，並擬續修四庫書目。蓋書不易續，目則易修，二百年來，新出書籍，將倍於前，姑存其目，以待後來，所謂不得已而思其次耳。又以全書舛誤至多，且卷帙分割，亦與原本多有異同，當作校勘記，各附卷末，以爲攷訂。時葉玉虎恭綽適遊歐美歸，謂西國重東方文化，頗稱此書，亦請印行傳布。陳援菴垣遂往圖書館檢查全書，撰爲書目攷異，凡卷册葉數，一一注明；又關於勅修四庫之記載，亦摘錄甚詳。梁借錄一過，略加整比，間有增補，題曰四庫全書纂修攷。所望與全書早日同刊，流傳海內外，使中原文物，照耀全球，此世界文化所關，亦吾國之光也。

四庫全書述略

王伯祥

四庫全書是歷來官修書中最偉大的一部．當時的政府竭了十年之力，把國中夙有聲望的學者十數輩集中在都門之下，無間寒暑地勤搜博考才得編訂成書則此書的價值概可想見．從事此役的人竟自加稱許說『分綱列目見義例之有條；按籍披圖信源流之大備．水四瀛而山五嶽，侔此壯觀前千古而後萬年無斯巨帙』（見永瑢等奏進四庫全書表）這固不免過譽然此書要爲中華歷代的文獻所歸則可以堅信而不疑．

自來官藏的典籍每因朝家更迭，先後亡佚．如董卓亂兵的剖散圖書縑帛作帷囊，梁元帝被俘時的自燒圖籍十四萬卷，這一類的故事幾乎代不絕書竟是無可倖免的老例了．便是時代較近聞見較切的永樂大典，也因寇亂和盜竊的關係，早就分散缺失莫窺全豹．獨四庫全書以當時迻錄副本較多之故到現在居然還有幾部完整的存留着這不是中華文獻的大幸麼！

這樣一件巨大的工作，實在不是容易擔當的，所以可議的地方，一定在所難免．——如纂修的動因是否挾有別種不純的作用，搜輯的古籍是否已臻完備，編次的方法是否部居的當，固然都是絕大的問題，不容不加深究．但我們爲寶愛文獻的熱情所掩，覺得此書的歷史價值極可驚異，似乎後來的求全責備很不足以折服當時在事諸人之心．我們要求得一個平允的眞相，且把這些枝節的問題暫擱一邊，先看一看那時的時代背景究竟是怎樣一個局面．這背景認淸了，然後對於這次纂書的經過情形，才得灼然自見，而這事影響於學術界的眞正得失，也可以隨時顯露，無煩鈎索．

請先一究這事的起因。

中華素以昌明文教自任，重視載籍，三千年來就這樣的一脈相承，沿爲習性了。可是歷代的君主文人雖儘有尊禮重樂考文徵獻的雅興，却總沒有十分了不得的舉動，以爲鼓吹休明的盛典。爲什麼一到清朝開國百年以後偏偏在那戎馬徵調，力征經營的當兒從從容容地完成這件所謂『稽古右文』的大業？那眞是很該注意的一個大問題。固然當時國力充盈，社會上一般的生活比較的安定，使學者容易致力於所業，是一個根本的原因；而且憑藉着先人的成績，加以整理，也自然有後來居上的可能。但上歷漢唐，下逮宋明，右文之君不一作，却不先不後地把這件驚人的工作落在一個異族入主的野皇帝手裏，那眞不能令人無疑了。誰知這事的所以能够急速成功，正因爲當時的皇帝是個外來的異族。

清朝以異族入主中國，所靠的不過武力，在自負文化素高的漢人眼睛裏，簡直瞧不起他們是配做優勝的民族的。何況海內初定，明朝的遺臣尙多生存，又難免不以逸民自居，慨然有故國之思呢！便是清朝的自身，他也知道力征經營固然要在耀兵閱武方面大做工夫，而同時發生的善後問題，也不能不注意到精神方面的消融。所以一方面尊崇黃教來撫輯蒙藏的人心，一方面便利用着科名等等的引誘來安頓漢人的疑慮了。清聖祖首先看到這一層，便在常科之外特於康熙十五年(1676)詔開博學弘儒科，令在京三品以上及科道，在外督撫布按及學政，都各舉所知，疏薦送部，想把那班山林隱逸都羅致了去，備顧問箸作之選。一面迺努力求書，勅撰了不少的洋洋巨製，如佩文韻府、淵鑑類函、數理精蘊、曆象考成、音韻闡微、康熙字典、韻府拾遺、駢字類編、分類字錦、子史精華等數十種。這樣一來，果然有效，當時被薦的雖有呂留良、李顒、傅山、黃宗羲、魏禧、顧炎武、萬斯同、應撝謙等那樣的咬定不就，而湯斌、朱彝尊、施閏章、毛奇齡、李因篤、陳維崧、汪琬、潘耒、尤侗等諸名士却已紛紛入彀了。於是稽古右文之名已立，無形中便牢籠着不少優秀的分子，消弭了不少輕蔑的反響。後來世宗、高宗繼立，更得沿襲成規，放手一做。因此雍正初年有古今圖書集成的輯成，而乾隆元年(1736)十四年(1749)又兩度詔舉博學鴻詞（因避當時御名，遂改弘儒爲鴻詞）且陸續纂成三禮義疏、明史、通鑑輯覽、皇朝通典、皇朝通志、皇朝文獻通考、律呂正義、大清一統志等諸巨籍。所以在當時眞做到了『重熙累洽謳歌盈廷』的局面了。

但這是正面的顯示，那知他背後竟鬱結着一股極濃烈的慘霧瀰漫在這頌聲之下呢？原來清帝明知中國這樣大，人口這樣多，『夷夏之防』的觀念又這樣深，縱使撈到幾個足以代表遺民思想的人物安頓了，而一般反側的人心一時又那里收拾得盡？所以他們祖孫相承的唯一心傳，便是監視知識階級的言動。然而他們方且以『同文之盛』相誇飾，當然不肯彰明較著地蠻幹而自居秦皇焚坑的惡名；所以借着提倡文教的大招牌，一面探訪古今遺書以博右文之譽，一面摭拾疑似抵觸之詞以興文字之獄，於是他們認爲反對或挑撥的言論便可利用君主刑賞的大柄來從容銷滅。

我們便據當時的官書看，——自然比私家的記載來得冠冕——從順治二年(1645)黃毓琪瘐死獄中起，直到乾隆四十六年(1781)尹嘉銓被殺止，其間更歷三朝，彰彰可考的文字案件已有三十一起；前後殺身、戮屍、破家、覆宗的把戲，不知演了多少回；其餘薄受譴責或爲親友拖累的，更是指不勝屈，而且也不足爲奇了。至於禁書的舉動，自從乾隆三十九年(1774)起始搜查以後，迭次有很嚴厲的諭旨勒令各省隨處查檢銷毀。至四十七年(1782)據兵部所報，先後共燒毀二十四次，銷毀的書凡五百三十八種，一萬三千八百六十二卷。然而清高宗的疑心還沒去掉，到五十七年(1792)上索性老老實實地嚴諭說，『江蘇、浙江、江西等省素稱人文淵藪，民間書籍繁多，所以不能禁絕者，皆由督撫等視爲等閒……』了。

綜計上面所述的文字獄，其中有十一案——竟占三分之一——都發生在四庫全書館開幕以後，而銷毀禁書的事件，又恰恰在這開館修書的期間中實現。這不是當時修書的主要目的所在麼！所以纂修四庫全書的動機，實只是時君猜忌遺民——要借此徹底處置己所不欲的言論思想——的一念所引起；不過那時國力充實，便同時伴起這樣大規模的豪舉罷了。

乾隆三十七年(1772)正月，有一道極有力量的上諭，令直省督撫會同學政等通飭所屬加意購訪古今著作，他要蒐集的目標很大，凡『歷代流傳舊書……自當首先購覓；……旁暨九流百家之言……亦應備爲甄擇；又如歷代名人洎本朝士林宿望，向有詩文專集，及近時沈潛經史，原本風雅……並非勦說卮言可比(者)，均應槩行查明。』這便是促起編纂四庫全書的最近原因。那時大興朱筠適任安徽學政，奉到了這項上諭，他便奏請把原貯翰林院中的永樂大典派人檢取尋閱，揀其中『世不經見』的古書，分別搜輯出來，並條陳着手進行的方法極爲詳備。但下軍機處議覆的當兒，頗爲諸城劉統勳所不喜，以爲『非政之要而徒爲煩』，打算把這件條奏打銷，多虧金壇于敏中的幫助，竭力斡旋，才得議准覆奏。於是三十八年(1773)的春天，便連下兩道諭旨——二月初六日和二月十一日——答應舉辦此事，並申言『將來辦理成編時，著名四庫全書。』蓋正式的開館纂修，也就從此託始了。書館既開，各省督撫所採訪和藏書舊家所進獻的書籍，自然陸續送到，源源不絕。因此用圖書集成校覈永樂大典(見三十八年二月初六日諭旨)的規模逐漸擴大，竟有網羅古今已刊未刊的四部(經史子集)書，勒成一編的大計畫了。

開館之初，卽以軍機大臣爲總裁。于敏中便選取翰林中書官二百餘人充校對官入館任事；而獻縣紀昀和上海陸錫熊，實爲始終其事的總纂官，體例編次，多出他們的主張。每進一書，必撰成提要一篇，附帶呈覽。這樣計日程功，足足經過了十年，前後參與此事的職官，竟達三百六十餘人。直到乾隆四十七年(1782)全書才得告成。綜計

經部

易類著錄一五九部一七四八卷，又附錄八部一二卷。存目三一七部二三七一卷(內四六部無卷數)，又附錄一部一卷。

書類著錄五六部六五一卷，又附錄二部一一卷。存目七八部四三〇卷（內一〇部無卷數），又附錄一部四卷。

詩類著錄六二部九四一卷，又附錄一部一〇卷。存目八四部九一三卷（內八部無卷數）。

禮類著錄周禮之屬二二部四五三卷；存目三七部二七七卷（內三部無卷數），又附錄二部二四卷。儀禮之屬二二部三四四卷，又附錄二部一二七卷；存目九部一〇五卷，又附錄四部二二卷。禮記之屬二〇部五九四卷，又附錄二部一七卷；存目四一部五五四卷（內一部無卷數），又附錄四部七卷。三禮通義之屬六部三五卷；存目二〇部三一〇卷（內一部無卷數）。通禮之屬四部五六三卷；存目六部二四七卷。雜禮書之屬五部三三卷；存目一七部八七卷（內三部無卷數）。

春秋類著錄一一四部一八三八卷，又附錄一部一七卷。存目一一八部一五二一卷（內一一部無卷數）。

孝經類著錄一一部一七卷。存目一八部五三卷。

五經總義類著錄三一部六七五卷，又附錄一部三六卷。存目四三部三四九卷（內七部無卷數）。

四書類著錄六二部七二九卷。存目一〇一部一三四一卷（內一四部無卷數）。

樂類著錄二二部四八三卷。存目四二部二九一卷（內四部無卷數）。

小學類著錄訓詁之屬一二部一二二卷；存目八部六四卷。字書之屬三六部四七八卷；存目六八部六〇二卷（內二部無卷數）。韻書之屬三三部三一三卷；存目六一部五三七卷（內七部無卷數）。末了附錄六藝綱目一部二卷。

史部

正史類著錄三八部三七三九卷。存目七部八五卷。

編年類著錄三八部二〇六六卷存目三七部八四七卷(內一部無卷數).

紀事本末類著錄二二部一二四七卷存目四部二六卷(內一部無卷數).

別史類著錄二〇部一四八五卷存目三六部一三〇六卷(內三部無卷數).

雜史類著錄二二部二七三卷.存目一七九部七五七卷(內七部無卷數).

詔令奏議類著錄詔令之屬一〇部八二二卷;存目六部六六卷奏議之屬二九部七二六卷;存目九〇部八一八卷(內一〇部無卷數).

傳記類著錄聖賢之屬二部七卷;存目三二部二三一卷(內三部無卷數).名人之屬一三部一一三卷;存目一〇五部四九四卷(內三部無卷數).總錄之屬三六部八〇八卷;存目二〇九部二三四八卷(內六部無卷數).雜錄之屬九部二一卷;存目五八部一一三卷,又別錄六部八卷.

史鈔類著錄三部四八卷.存目四〇部一六一九卷(內一部無卷數).

載記類著錄二一部三八〇卷,又附錄二部九卷.存目二一部一〇六卷.

時令類著錄二部二九卷.存目一一部一二〇卷(內一部無卷數).

地理類著錄總志之屬七部九四一卷;存目一七部四三七卷(內三部無卷數).都會郡縣之屬四七部二七五二卷;存目一〇八部二四六七卷(內三部無卷數).河渠之屬二三部五〇七卷;存目五二部二四五卷(內二部無卷數).邊防之屬二部二四卷;存目二一部八三卷.山川之屬七部一一三卷;存目九七部九〇〇卷(內二部無卷數).古蹟之屬一四部一二五卷;存目三七部三七二卷.雜記之屬二八部二一三卷;存目四二部一七六卷(內二部無卷數).遊記之屬三部一五卷;存目二一部一二三卷(內二部無卷數).外紀之屬一七部九八卷;存目三

四部八三卷（內二部無卷數）。

職官類著錄官制之屬一五部三六五卷存目四二部三五四卷（內三部無卷數）。官箴之屬六部一七卷；存目八部一〇七卷。

政書類著錄通制之屬一九部二三九八卷；存目七部三三一卷（內二部無卷數）。典禮之屬二四部一〇五一卷；存目四七部三一九卷（內二部無卷數）。邦計之屬六部五三卷；存目四五部二四九卷（內一部無卷數）。軍政之屬四部二七一卷；存目二部五卷。法令之屬二部七七卷；存目五部一一七卷。考工之屬二部三五卷；存目六部一八卷。

目錄類著錄經籍之屬一一部四二四卷；存目一四部四一卷（內二部無卷數）。金石之屬三六部二七六卷；存目二二部六〇卷（內三部無卷數）。

史評類著錄二二部三八二卷；存目一〇〇部八六七卷（內八部無卷數）。

子部

儒家類著錄一一二部一六九四卷；存目三〇七部二三六九卷（內二三部無卷數）。

兵家類著錄二〇部一五三卷；存目四七部三八八卷（內二部無卷數）。

法家類著錄八部九四卷；存目一九部一〇五卷（內一部無卷數）。

農家類著錄一〇部一九五卷；存目九部六八卷（內二部無卷數）。

醫家類著錄九六部一七四三卷（內一部無卷數）存目九四部六八一卷，又附錄六部二五卷。

天文算法類著錄推步之屬三一部四二九卷；存目二三部一二七卷（內六部無卷數）。算書之屬二五部二〇八卷存目四部二三卷（內一部無卷數）；

術數類著錄數學之屬一六部一四七卷存目二九部一六五卷（內五部無卷數）。占候之屬二部一三五卷；存目二六部三八〇卷（內四部無卷數）。相宅相墓之屬八部一七卷存目一八部一三二卷又附錄一部六卷；占卜之屬五部三七卷存目二四部六二卷（內二部無卷數）。命書相書之屬一四部五三卷存目一八部二九卷（內六部無卷數）。陰陽五行之屬五部五五卷存目二六部一六三卷（內二部無卷數）。末附雜技術存目六部五二卷。

藝術類著錄書畫之屬七一部一〇七三卷存目五二部二一一卷；琴譜之屬四部二九卷存目一二部四九卷（內一部無卷數）。篆刻之屬二部九卷存目五部二四卷。雜技之屬四部四卷存目一一部四八卷。

譜錄類著錄器物之屬二四部一九九卷又附錄一部三卷存目三一部二一九卷。食譜之屬一〇部一九卷存目二三部六四卷（內一部無卷數）。草木鳥獸蟲魚之屬二一部一四五卷存目三五部二〇二卷。

雜家類著錄雜學之屬二二部一七八卷存目一八四部七五〇卷（內一三部無卷數）。雜考之屬五七部七〇七卷存目四六部四四三卷。雜說之屬八六部六三六卷存目一六八部一一〇一卷（內七部無卷數）。雜品之屬一一部八三卷存目二六部一七二卷（內三部無卷數）。雜纂之屬一一部五三六卷存目一九六部二七二三卷（內一三部無卷數）。雜編之屬三部九二卷存目四五部一三九六卷（內一三部無卷數）。

類書類著錄六五部七〇四五卷存目二一七部二七五〇四卷（內七部無卷數）。

小說家類著錄雜事之屬八六部五八一卷存目一〇一部四七五卷（內七部無卷數）。異聞之屬三二部七二四卷存目六〇部三五二卷（內一部無卷數）。瑣語之屬五部五四卷存目三五部二二七卷（內一部無卷數）。

釋家類著錄一三部三一二卷存目一二部一一七卷。

道家類著錄四四部四四二卷存目一〇〇部四六四卷（內四部無卷數）。

集部

楚辭類著錄六部六五卷存目一七部七五卷（內一部無卷數）。

別集類著錄九六一部一八〇三八卷存目一五六七部一七六一四卷（內六六部無卷數）。

總集類著錄一六五部九九四七卷存目三九八部七一三四卷（內二六部無卷數）。

詩文評類著錄六四部七三〇卷存目八五部五二四卷（內一部無卷數）。

詞曲類著錄詞集之屬五九部一〇三卷存目二五部四三卷（內二部無卷數）。詞選之屬一二部二七四卷；存目一四部九九卷（內二部無卷數）。詞話之屬五部一九卷存目五部一三卷。詞譜詞韻之屬二部六〇卷存目五部三九卷；南北曲之屬三部一七卷存目八部三五卷（內一部無卷數）。

以上經史子集四部，共爲四十四類，其中流別繁碎的又各分子目，箸錄之書都凡三千四百五十七部七萬九千另七十卷；存目之書都凡六千七百六十六部九萬三千五百五十六卷。輯自永樂大典的只經部六十六種，史部四十一種，子部一百另三種，集部一百七十五部，合共四千九百二十六卷。雖當時編檢大典的儘有遺漏，但就大體考校，四庫全書著錄的卷帙實已較多十三倍——若合存目及陸續燒燬諸書幷計，相越更遠——則那時館中搜羅之富，於此概可想見了。

這書分類的當否，本是目錄學者所最注意且最聚訟的一件事。究竟得失如何，當爲專篇討論。今且標舉歷代有名作家的類分法，取與對照，（採改陳鍾凡古書分類表）聊示他的傳統所自出，並略及沿革分合的趨勢，輒見一個歷史的地位。

漢劉歆七略 漢書藝文志	1 集略 2 六藝略	易	書	詩	禮	樂	春秋	論語	孝經		小學				凡九類
魏荀勖 四部 (漢志後并闕)	1 甲部	六藝									小學				
宋王儉 七志	1 經典志	六藝					史記 雜傳				小學				
梁阮孝緒 七錄	1 經典錄	六藝									(闕)				
隋書經籍志	1 經	易	書	詩	禮	樂	春秋	論語	孝經		小學	圖緯			凡十類
唐書經籍志	1 甲部經錄	易類	書類	詩類	禮類	樂類	春秋類	論語類	孝經類	詁訓類	小學類	讖緯類	經解類		凡十二類
宋史藝文志	1 經類	同上	同上	同上	同上	同上	同上	同上	同上	(倂小學)	同上	(闕)	同上		凡十類
明史藝文志	1 經類	同上	同上	同上	同上	同上	同上	(倂入四書類)	同上		同上	(闕)	諸經類	四書類	凡十類
清四庫總目	1 經部	同上	同上	同上	同上	同上	同上		同上		同上	(闕)	五經總義類	同上	凡十類

3諸子略	儒家	道家	陰陽家	法家	名家	墨家	從橫家	雜家	農家	小說家	凡十類				
2乙部	古諸子	近世子家									兵書	兵家	術數		
2諸子志	今古諸子														
3子兵錄	子書										兵書				
3子	儒	道	（陰陽闕）	法	名	墨	從橫	雜	農	小說	兵	天文	曆數	五行	醫方
3丙部子錄	儒家類	道家類		法家類	名家類	墨家類	從橫家類	雜家類	農家類	小說類	兵書類	天文類	曆算類	五行類	醫術類
3子類	同上	同上（仙佛附）		同上	同上	同上	同上	同上	同上	小說家類	同上	同上	同上	同上	同上
3子類	同上	（附雜家類）		（同右）	（同右）	（同右）	（同右）	同上	同上	同上	同上	同上	曆數類	同上	（附藝術類）
3子部	同上			法家類	（併入雜家）	（同右）	（同右）	同上	同上	同上	兵家類	天文算法類	（併右）	術數類	醫家類

						4 詩賦略	賦屈原以下	賦陸賈以下	賦孫卿以下	雜賦	歌詩	凡五類	
						4 丁部	詩賦	圖讚	汲冢書				
						3 文翰志	同上						
						4 文集錄	同上						
凡十四類						4 集	楚辭	別集	總集				
雜藝術類	類事類	明堂經脈類	凡十七類			4 丁部集錄	楚辭類	別集類	總集類				
同上	同上	蓍龜類	凡十七類			4 集類	同上	同上	同上				
藝術類	類書類	道家類	釋家類	凡十二類		4 集類	(闕)	同上	同上				
同上	同上	同上	同上	譜錄類	凡十四類	4 集部	楚辭類	同上	同上				

	5兵書略 兵權謀 兵形勢 陰陽 兵技巧 凡四類	6數術略 天文 曆譜 五行 蓍龜
	（併入乙部）	（併入乙部）
	4軍書志 兵書	6術藝志 方技
	（併入子兵錄）	5技術錄 數術
凡三類 （附道經） （附佛經）	（併入子類下同此）	（同右）
凡三種		
文史類 凡四類		
同上 凡三類		
詩文評類 詞曲類 凡五類		

雜占
形法
凡六類

7 方技略
醫經
經方
房中
神仙
凡四類

5 陰陽志
陰陽
圖緯

7 圖譜志

(併入經類)

(併入史類)

		地域及圖書						
		(附道)	7道錄					
		(附佛)	6佛錄					
	3丙部		2記傳錄	2史	2乙部史錄	2史類	2史類	2史部
	史記		史傳	正史	正史類	同上	同上	同上
				古史	編年類	同上	(附入正史)	編年類
	雜事			雜史	雜史類	別史類	同上	同上
						史鈔類	同上	同上
				霸史	僞史類	霸史類		雜史類
	皇覽簿			起居注	起居注類	(闕)	(闕)	詔令奏議類
	舊事			舊事	故事類	同上	同上	政書類
				職官	職官類	同上	同上	同上
				儀注	儀注類	同上	同上	(倂入政書)
				刑法	刑法類	同上	同上	(同右)

雜傳	地理	譜系	簿錄	凡十三類				
雜傳類	地理類	譜牒類	目錄類	凡十三類				
傳記類	同上	同上	同上	凡十三類				
同上	同上	同上	(闕)	凡十類				
同上	同上	(闕)	目錄類	紀事本末類	載記類	時令類	史評類	凡十五類

由上表看來，就是那樣的類別部居方法，確也不能不說是由他們苦心經營所得來的成績．雖取舍的標準因為要呈候欽定的關係，未必不遷就一點時君的好惡，或竟有乖於從違的正誼；而且當時督限甚嚴，衆手齊擎，恐也難免於草率；然那時于役此書的人，都是表表的學者，——如當時擔任總纂的紀昀、陸錫熊，總校兼武英殿提調的陸費墀，協勘總目的程晉芳、任大椿，校勘永樂大典及纂修兼分校的邵晉涵、周永年、戴震，校辦各省送到遺書及纂脩的姚鼐、翁方綱、朱筠，黃簽考證及纂修的王太岳、曹錫寶，繕書處分校的金榜、吳錫麒、曾燠、趙懷玉，分校篆隸的王念孫等，不是考訂專家，便是文學宗匠，眞乃一時人望所歸，——比較一般的官書，當然精采得多，我們總該對他們有個相對的信託罷．

此書全部初成，凡裝三萬六千册，册面依春、夏、秋、冬四色——經部用靑色絹，史部用赤色絹，子部用白色絹，集部用黑色絹，——分象四序，合共庋藏在禁城文華殿後面的文淵閣。明年(1783)第二部寫畢，卽送往盛京（瀋陽）文溯閣。不久，第三、第四部也繕就了，便分放在圓明園的文源閣和熱河（承德）的文津閣。——這便是所謂內廷四閣。又明年(1784)，因爲江浙人文最盛，更發內帑繕寫三分，分貯於揚州（江都）的文匯閣，鎭江（丹徒）的文宗閣和杭州（杭縣）的文瀾閣，『俾得就近鈔錄傳觀，……如有願讀中祕書者，許其陸續領出，廣爲傳寫。』（見當時上諭）——這便是所謂江浙三閣。在這七閣之外，于敏中、王際華等又擇全書中尤精的，別輯爲四庫薈要一萬二千册，分繕二部：一置大內的摛藻堂，一置圓明園中的味腴書屋。淸高宗於這嚴剔違礙觸諱諸書之餘，初不料意外的收穫，竟有偌大的成功，無怪他躊躇滿志，要誇說『我國家荷承休命，重熙累洽，同軌同文，所謂禮樂百年而後興，此其時也』了。

但第二部以次，因成書太速，往往有譌寫舛脫等弊，不過當時諛頌盈廷，沒有人敢指摘，大家便不甚注意了。靑浦王昶所作的陸錫熊墓誌銘，頗可考見此失，且於纂修時的眞相和主其事者的勤於任事，都能給我們以深刻的印象，因節鈔一段在下面，以見這書成就的程度和那時學者負責的精神：

開四庫全書之館，……求遺書於天下。書至，……君考字畫之譌者，卷帙之脫落者，篇第之倒置，與他本之互異是否不謬於聖人及鼂公武（著有郡齋讀書志）陳振孫（著有直齋書錄解題）諸人議論之不同，總撰人之生平，撮全書之大槩，凡十年，書成。……四庫全書之成也，君任編輯，不任校勘。……而前校勘者不謹，舛錯脫漏，所在多有，文溯閣書尤甚。君以……不可任其疵纇，乃請自往校之。既而以爲未盡，五十七年正月，復往會山海關道中，冰雪凍沍，比至奉天，病，以寒卒。

這一段故事很値得我們的注意。因爲這眞是此書實錄的縮影！

上面所述，大概屬於此書本身的編纂修訂情形。然而這樣重大的工作，當然伴起重大的影響，究竟他對於當時和後來的學術社會發生些什麼關係呢？第一件不幸的大事便是編列禁書分別燒毀，我們只消一翻乾隆五十三年(1788)官刻的銷毀抽毀書目，禁書總目和違礙書目，便可為那些過往或時存的著作界倒抽一口冷氣。固然那時觸禁的大多數是明臣空疏無聊的奏牘，——較古的書雖有疑似犯諱的，也大抵只改幾個字面，仍舊錄存，——但明清之交私家筆錄的野史——一點僅存的、較詳的史料——乃因此摧燒殆盡，實可痛心。所以二十年前鼓吹民族革命的人竟說乾隆時的『稽古右文』是肆行『祖龍之術』了。惟是此書的編集，同時產生了兩個絕好的影響，卻不能不說是他『過不掩功』的一點好處，那兩個好影響便是

A.徵求私家祕藏的遺書散冊，結集成一部空前無比的大叢書。一般的士人便得到公開傳鈔的機會。

B.因在永樂大典裏輯出了不少的佚書，一時風聲所被，觀聽所繫，便盛開學者輯佚之風。

這古書的結集和佚書的輯出，不都是有功於文獻的偉績麼。

歷來私家的藏書，大都看做『垂裕後昆』的產業，輕易不肯給人家看見或知道，那麼享用的範圍已深嫌其狹小；而且各家的經濟狀況盛衰不常，藏書的運命便隨此升沉，當然更容易踏上淪喪的徑路。譬如鄞縣范氏的天一閣，常熟錢氏的絳雲樓，崑山徐氏的傳是樓，吳縣黃氏的士禮居，歸安(吳興)陸氏的皕宋樓等，在他們家道全盛的當兒，那一家不是轟動一時，為遠近所企慕。可是過不了幾時，早就移轉的移轉，散亡的散亡，——有的被災失竊，有的流入異邦，有的竟不知下落，——只賸下幾本藏書志、題跋記一類的東西，徒供好事者的追摹緬想了。這些鼎鼎盛名的大藏書家，既飽不少後人的飢渴，試問何有於藏書的效益？惟四庫全書憑藉了公家的聲勢，結集了這樣大規模的、有統系的圖書之府，便自然而然

地保存了不少完整的古籍，一直傳流到如今，使國人從事於考文徵獻的易於措手，那眞不能不感謝他化私爲公，集散爲整的一點遺惠了。我們且看各地圖書館的目錄，他們分類的方法，除了極少數的幾處因兼收西籍的關係，居然也采用外來的杜威十種法，去勉強調排中籍外，其餘的大概總脫不了四庫的窠臼。（只有我的朋友陳乃乾先生是例外；他曾爲上海南洋中學的圖書館編過一部目錄，却不爲經史子集的範圍所泥，特別創立了十四部五十七類八十二子目，其他敢於衝決四庫成例的，以我的寡陋，簡直沒有見過第二部。）由此看來，可見四庫勢力的普徧，正足以反證他結集古書的力量，實在夠得上受人家的景仰，做人家編目時的取準呢！

至於輯佚的風氣，固不自鈔輯永樂大典始，而且四庫書館未開之前，全祖望、杭世駿等已從大典中鈔出了不少『欲見而不可得』的好書了。但是那時只有能『讀中祕書』的資格的人才做得到，一般的人不但沒有那樣的眼福，實也沒有注意到這等去處。自從四庫全書輯得許多當時已佚的書，如東漢班固、劉珍等合撰的東觀漢記，宋薛居正的五代史，以及九章算術、孫子算經、海島算經、五曹算經、夏侯陽算經、五經算術、數學九章、益古演段等類的古算書以後，很惹起了學術社會一種新的注意，於是據大典以葺補殘缺——例如帝王經世圖譜——或校正舛捝——例如水經注——的工作便紛紛開手了。從此永樂大典更爲那班好古之士所重視，在四庫之外又先後鈔出了好多不經見的要籍（詳見袁同禮永樂大典考），漸次流布於人間。及風氣已成，這輯佚的事業便好像學者不可引避的職責，竟有耗竭畢生的精力來專做這事的。我們只看後來黃奭、馬國翰兩家的成就——黃氏漢學堂叢書輯得經解八十六種，通緯五十六種，子史鉤沈七十四種；馬氏玉函山房輯佚書輯得經部四百四十四種，史部八種，子部一百七十八種——便可推見這事的影響是怎樣的偉大了。

四庫全書本身的質料如何，及他給與當時和後世的影響如何，就以上所述的各方去觀察，確有他相當的價值。但是他的運命却很可憫憐：文源閣的一部既於英法聯軍破京的那一役與圓明園同毀，而文滙、文宗、文瀾三閣也同遭太平天國之難，銷亡殆盡。——文滙、文宗全付刼灰，文瀾閣的一部雖沒燒淨，而亂後鈔補迄未完全。現在僅存的只有文淵、文溯（今移存古物陳列所、）文津（今移存京師圖書館）的三整部在北京，和一部殘餘的在杭州文瀾閣罷了。近幾年來，此書曾有兩度影印流通的機會，——一回是北京政府動議的，一回是上海商務印書館預備承印的，——可是都因籌費困難和別的窒礙，先後打銷。我們初聽到流通此書的消息，以爲一經印行，實際上書的數量加多了，享用得到的人一定也會跟着加多的，所以很表同情，而且熱烈地希望着這事的成功。那知兩次空歡喜，只落了一部陳援庵的書目考異（當政府動議印行四庫時，他便親到京師圖書館編檢全書，把原書的卷册頁數，逐一查明，並摘錄了許多關於勅修四庫的記載，撰成此編）和商務印書館所攝留的幾張照片（已有成議之後，會同部員查點標封預備裝箱運滬之前所攝）實在不能令人無惋！然而動動總是好的，假使連這近來兩次的動機也沒有發生過，則上邊所說的那點小小的印象也不會在社會上引起，那里去求更爲完滿的慰藉？大家如果鍥而不舍地向前督促，則此事的成功終有實現的一天。所以我們深願愛護文獻的人們大家起來，在這零落偏枯的狀況之下，把四庫原有的效益努力打造出一個更擴大、更普徧的局面來！

一三，一二，二夜，草於上海。

四庫分類法之研究

劉國鈞

我國圖書分類之法導源於劉向父子。自是以還代有損益。其中歷史之久，推行之廣，影響之深，殆不能不推四庫之制度。此制濫觴于魏晉，確定于唐宋，至清乾隆間開四庫館，刊四庫全書總目提要，而集其大成。乾嘉以後雖非難者不乏其人，而言目錄者，鮮不以此爲圭臬，蓋駸駸乎有定於一尊之勢矣。近年歐西學說輸入，書籍種類往往軼出四庫以外。於是四部分類法能否適用于今日乃成爲圖書館界一大問題。或是之，或否之，羣言龐雜，竟無定則。然則於其得失，不可不稍稍討論之也。

自來關於類例之研究，可分理論與實際兩方面。理論方面之問題有二，一爲其分類系統所依據之原理，一爲此系統所用之類目，是否與其所採之原理相合，是否無互相矛盾之處。實際方面亦有二問題，一爲此系統對於其運用上是否便利，二爲運用此系統者之書籍隸部是否適當。歷來關于四部之批評，往往於此四問題不能分別，故或致糾紛。今所論者，惟理論方面之問題，其實際方面，姑俟異日。

四部分類之起源，說者皆稱起于荀勗。隋書經籍志曰：「魏秘書郎鄭默始制中經。秘書監荀勗又因中經更著新簿，分爲四類，總括羣書，一曰甲部，紀六藝及小學等書；二曰乙部，有古諸子家，近世子家，兵書，兵家，術數；三曰丙部，有史記，舊事，皇覽簿，雜事；四曰丁部，有詩賦，圖讚，汲冢書。大凡四部合二萬九千九百四十五卷」又曰：「東晉之初，著作郎李充以勗舊簿，訂校之，其見存者但有三千一十四卷。充遂總沒衆篇之名，但以甲乙爲次。自爾因循，無所變革。」然則四部之制荀勗創之，李充變之，後世遂以充爲則，乃成定制。雖然，吾人於此有不可不注意者。勗既認一切書籍可歸入四類，何以不爲四部各立一名，而乃用此無意義之甲乙丙丁四字，當必有說。今其書不傳，義例不得而見，或者此四部之名，非用以稱書籍之部類者，而僅爲書目紀錄上之一種順序。故同部者未必即同種類。不然，何以荀勗能別史書於春秋，乃使汲冢書與詩賦及圖讚同部乎，況隋志稱李充總沒衆篇之名，但以甲乙爲次。是勗之原書必有篇名以標明門類。所謂甲乙云者，祇次第之名，非部類之稱，殆於斯可見。迨李充既刪篇名，則其目錄中當不復有類目，而次第之序乃混於類目之稱。嗣後官修目錄，除梁文德殿五部目錄術數之書自爲一部外，均沿襲李充之制，其苟簡自不難推知。然則魏晉間四部之制，其性質固與後世迥殊也。

隋書經籍志亦世所認爲用四部法之目錄也。論者或推爲班固後傑作。今攷其書，不用甲乙丙丁之名，雖分全志爲四卷，然第四卷之標目爲集及道經佛經。又核隋志之例，每類之末，例有總結，云某類之書若干部，若干卷。部之末亦然。今其於經史子集道書佛書，均各一一記其總數，而於集之後，復大書「凡四部經傳三千一百二十七部，三萬六千七百八卷。」後乃略錄道書佛書之數，又合之曰，道佛書若干部若干卷。然後於卷末總結之曰：「大凡經傳存亡及道佛六千五百二十部，五萬六千八百八十一卷。」由此觀之，則道佛書與經傳爲對待，經傳中乃分四部耳。然則隋志固以爲佛道之書，不在四部之內也。就書籍全部言，實分經史子籍道書佛書六部。此甚近於阮氏七錄，而與後世四部之法不甚盡同者。及舊唐志始立甲經乙史丙子丁集之名，而以道佛之書歸入子部。後世沿其例。於是四部之法，乃應用於書籍全體。至是四部之制，始完全確定。舊唐志固取材于開元之四部書目者。然則歐陽修謂四部之制始于唐，殆未可非。而王應麟譏之，似未深攷耳。自是以來，雖類目頗有變更，而大體無殊。至淸乾隆間四庫全書總目提要成，而四庫分類法遂稱完備。

攷四庫提要分類法之體制，則爲部四，曰經；史；子；集。部各分爲類：經部十，史部十五，子部十四，集部五，凡爲類四十四。類或分爲屬，如禮類爲屬六，小學爲屬三，詔令奏議類爲屬二，傳記類爲屬五，地理類爲屬十，職官類爲屬二，政書類爲屬六，目錄類爲屬二，天文算法類爲屬亦二，術數爲屬六，藝術四，譜錄三，雜家之屬六，小說之屬三，詞曲之屬五，凡爲屬六十五。然類既分爲屬，則本類即不再直接用爲類名標題。故除去分屬之十五類，其所用爲標題者，合類與屬計之，凡九十四種。以九十四種名統中國數千年之典籍，而不嫌其寡少者，固由立法之完美，然亦以四庫所錄之書，乃幾經選擇，非爲一切任何圖籍而設。其屏而未入之書，固有爲其類目所不能容者也。

是故四庫分類法在唐以前，可以謂爲孕育時期，唐以後可謂之確定時期。確定時期中類目之變遷，雖互有得失，而無關宏旨。至於孕育時期之事跡，則大有可以詔示吾人者。試析而言之：一曰，由四庫類目與佛道書之關係，可以明四庫制之旨趣。旨趣爲何，即衞道是也。四庫之爲七畧省併而成，論者固咸知之。然七畧之旨，在于辨章學術，攷鏡源流，欲於圖書分類之中，顯學術嬗變之迹。信如斯旨，則古來有是一家，即當列爲一目，古來有是一書，即當列爲一條，不能以意去取其間。此可謂爲客觀的歷史分類法。

然魏晉六朝之際，佛道之書鼎盛。佛道既非儒，儒亦斥之。而中秘所儲，獨多儒籍。雖以梁武帝之佞佛，亦僅于華林園結集佛典，不令厠于祕閣之間，況其他乎。是以當時著錄之士，咸兢兢於保守儒術，深懼佛道書之羼雜其間。此其力拒新學，排斥異端，與現代目錄學者之分圖籍爲新舊兩部，不容攙雜者，亦何相類。此觀於王阮之志錄與隋書經籍志，而可得其證也。佛道之書在七志爲附錄。七錄雖收入正錄，而各自爲部，與儒書不相雜。隋志雖立四部之名，而猶以佛道書與經傳相對待，是佛道之書，仍見屏於四庫書目之外也。其始納佛道書于四部之中者爲舊唐書經籍志，而其方法乃至奇特。舉道書佛書，拉雜並入道家之中，故觀其表面，儼然四部，無新異之類目，以驚人耳目，而實質上之混亂，則不復顧及。此與近人以科學書列入雜家者，（南通圖書館）又何其相類。然經此一番鹵莽舉動，後世子部，遂列釋家一類，不以爲嫌。而四庫制度，乃普遍於書籍之全體。實爲四庫制度成立上之一大關鍵。觀四庫制度應用於釋道書如此其難，則今日圖書分類法中，新舊之爭，不爲無故矣。二曰，類目以書籍之多寡而定。劉氏七略，至四庫僅存其三。兵書術數方技，皆以書少而合入諸子。惟六藝則擴充爲經，詩賦則擴充爲集。史部以典籍浩繁，不隸春秋而自成一部。其始皆以書籍數量爲準，不問其義例如何也。因此益使吾人疑荀勗之四部，非部類之稱，而爲實際上書籍排列之次第。後世沿用既久，乃曲爲之說耳。三曰，四部制度之得以推行者，藉政府之勢力，非其制本身完善，足以號召也。蓋荀勗李充所製定者，皆爲秘閣書目。因其地位關係，不免受一部份人之信仰；而況官場積習，善於奉行，憚於改易。故江左各朝，悉遵四部，非必其法之善，其勢然也。然而不足以服學者，不然以躬造永嘉四部目錄之王儉，何以復爲七志。則四部書目徒爲官守，故常非圖書分類之正軌，於斯可見矣。後世官修目錄積重難返，所以不能軼出四庫之外。然私家著述之不爲其所拘者，未嘗無人也。

四庫分類序次之原理，一言以蔽之，卽由六朝時遺傳來之衞道觀念。申言之則曰尊儒重道。經爲載道之書，故列之于首。其餘皆其支流也。此種思想已見於隋志。隋書之志經籍也，其言曰：「夫經籍也者，機神之妙旨，聖哲之能事，所以經天地，緯陰陽，弘道德，顯仁足以利物，藏用足以獨善。學之者將殖焉，不學者將落焉。大業崇之，則成欽明之德，匹夫克念，則有王公之重。其王者之所以樹風聲，崇顯號，美教化，移風俗，何莫由乎斯道。」夫然，故對於舊錄所取文義淺俗無益教理者，刪去之。其舊錄所遺，辭義可采，有所弘益者，咸附入之。蓋其目的本在顯揚其所謂聖道。據其自述「雖未能研幾探頤，窮極幽隱，庶乎弘道設教，可以無遺闕焉。夫仁義禮智所以治國也。方技數術所以治身也。諸子爲經籍之鼓吹，文章乃政化之黼黻，皆爲治之具也。故列於此志云。至於道佛，則「方外之教，聖人之遠致也……」……故錄其大綱，附於四部之末」以上皆見隋書經籍志序是隋志次第悉以合於聖道與否爲標準也。至倪燦作明史藝文志序，則此旨更爲顯然。

倪氏曰：「自孔子刪書以來，六藝始大顯於世……數千年來，儒者講求精義，奧旨愈久愈出，正如日月在天，雖遭刻蝕而不改其光明，未嘗以缺軼而不傳也。支流所及，爲史爲子，下逮騷賦詞章，雖不可與六藝抗行，然皆得道之一端。紀事紀言則尙書春秋之具體，典章圖志則職方王會之流亞。卜筮，五行，則出于洪範卦爻，歷象經方則出於烈山軒帝。三百而後，變爲屈宋漢魏。淹中以下，而有度數儀文。雖殊途異軌，而一道同歸。其間亦多宏深奥衍之論，藻雅卓犖之詞，有志聖學者，間亦有取。此經史子集四部所由名已。」（見盧文弨宋史藝文志補）

迄乎四庫書目，則以爲「經秉聖裁，垂型萬世，删定之旨，如日中天，無所容其贊述。」（經部總叙）樂以原無經文，退居四書之後。而「正史體尊，義與經配，非懸諸令典，莫敢私增。」則其以史次經，固自有說。至於諸子，則爲六經以外之立說者。四庫所錄，十有四家。據其類叙，則儒兵法農醫及天文算法，皆治世者所有之事。術數藝術，皆小道之可觀者。若譜錄雜家類書小說，皆旁資攷證。而釋道二氏爲外學，故殿於末。集部之次序，據其類叙，似本於發達之順序。而去取之間，自言有世道之防。蓋亦正人心，端風俗之見解；不離於因道設敎之說也。故其凡例曰：「前代藏書，率無簡擇，蕭蘭並擷，珉玉雜陳，殊未協別裁之義。今詔求古籍，特創新規，一一辨厥妍媸，嚴爲去取」，而其去取之標準，則爲「敦崇風敎，釐正典籍。」（並見凡例）故釋道之書，必擇其可資攷證者，而經懺章咒，朱表靑詞，乃至倚聲塡調之作，皆在所屏。至於或因其人之德行，而採及其書，或因其人之附逆，而削其書，則且以行爲爲去取之標準矣。然則四庫之旨，昭然可睹。亦勿惑乎其以道爲分類根據矣。

四部次第之根本觀念，既在於尊道，故一方面，以得道之偏全，定部類之先後。一方便不能不屏斥非聖無法之著作，且不能不於類目之中寓褒貶之意。所以經部樂類只存律呂之書，史部之中有正史別史載記之別，乃至傳記之內有別錄，以位置叛逆諸人，而子部列釋道於末，集部出詞曲于別集之外，亦皆此意。此種見解，其弊在易陷入主觀，足以淆亂是非，較之以客觀的態度類別一切書籍者，誠不能無所軒輕。我國之目錄學者固以條別源流，辨章學術為目的，今乃挾衛道之見為是非之準；所謂源流派別者，果能免入主出奴之見乎。劉向父子，以為學術出于王官，故首以六藝，次以諸子，乃及其餘，推尋學術所自，尚不失客觀的精神。若四部類目則一變而為主觀之褒貶的分類，去七略之旨亦遠矣。故茍存崇儒重道之見，欲使圖書之分類為崇正闢邪之具，則今日之圖籍固有為四庫所不能容，且亦無須另立新目以容之者。若以圖書館之職掌為收羅一切文件，分別部居以待人用，則四庫分類法根本上已與此不相應矣。

雖然，所謂四庫部類次序之原則，如上所云者，皆曲說也。其實四部之成立，如上所述，多因緣偶然之事實，本無所謂原理存乎其間。後之人用其法而不可以無說，因從而為之辭耳。職是之故，參差抵牾之處輒層見疊出。即清代之四庫提要，萃當代多數學者之心力而成者，猶不免此失，況其他乎。鄭漁仲謂凡目之書，只要明曉；（通志校讎略）四庫類目果盡明曉乎。

凡類目，首貴界限明晰。欲界限明晰，必分類之標準簡單明瞭，而應用之時又能始終一貫。譬如動物之中，以脊椎之有無為之分類，此脊椎即所謂分類標準。又如脊椎動物中，以肢體之構造別為哺乳類鳥類，爬虫類等。此肢體之構造，亦即分類標準。假令有人以有脊椎動物，與哺乳類鳥類視爲同階級，必不爲有識者所承認。何則其所用分類之標準不相同也。今所謂經史子集者其分類之標準何在乎。假令遵舊說，謂經爲孔子所制述之書，則經部所列，當止于此。即退一言之，亦不過包括說經之作耳。然六經古謂之六藝，班志有六藝略。所謂六藝，猶夫六學科也，故同性質之書皆可列入。今四庫遵隋唐以來之制，每類只限于經及說經之書，雖緯書亦且列爲附錄，一若此部純爲六經設者，界限似甚明晰矣。然禮類則加入通禮雜禮，以收通論禮教及普通儀注之書。樂類則錄論律呂之作。是以此二類之範圍，爲不止於釋經之作也。然則其他之書，固亦可依類附入。何以編年不附於春秋，詞賦不入於詩乎。況儀注雖有公私之分，然其爲禮儀一也，何以公家之儀注，列入史部之典禮；而私家之儀注，反可附經以行乎。豈以此類之書無可歸附，故列於經書之後耶，則不將視經部爲龍蛇之菹乎。是故若以類相從，則每類之書，當不止於說經之作。若別出經言，尊爲部首，則凡未尊爲經之書，不當入於此部。四庫依違其間，轉令人不知經部之所以異於其他者何在。又如子集之辨，似易實難。文以載道，古人所訓，準斯以談，則無往非子也，何有于集。若謂集乃裒輯而成，則近世所傳諸子，孰不如此，斯又無往非集矣。若謂子爲一家之言，必因其人以名其說，戰國策條案語則章學誠嘗言之矣。凡人著述，必有其旨，推求其旨而位置之，如韓愈之爲儒，柳宗元之爲名，蘇軾之爲縱橫，皆可得而指也，則子集之別，果安在乎。夫四庫以經史子集爲基本，而其間之難別如此，亦可怪矣。

圖書分類，或以體，或以義。體謂著作之體裁，義謂著作內容之實質。二者之標準不同，故分類法中同一階級，必不能二者並用。並用必至于混淆。四庫之史部十五類，自正史迄詔令皆以體分者也，自傳記至史評則以義分者也。以平等之類目而或以義分，或以體分，根據無定，故書籍之部次難決。夫別史既可收大金國志，契丹國志，何以不能收安南國志，又何以不能收一切之都會郡縣志，豈此數者，獨非「上不至于正史，下不至於雜史」（別史類序中語）之紀載乎。凡一書備諸事之本末，與一書具一事之本末者，既總彙為紀事本末，何以偶然記載篇帙無多者，仍列於雜史或傳記之中，豈以此為不能備具一事之本末耶。提要作者又于傳記類雜記屬發其凡曰：「敘一人之始末者為傳之屬，敘一事之本末者為記之屬。」據斯定義，則所謂傳記一門，直可全歸入紀事本末矣。又如雜史既取其「事繫廟堂，語關軍國，或但具一事之始末，非一代之全編，但述一時之見聞，祇一家之私記，要期遺文舊事，足以存掌故，而資讀史者之攷證。」然則職官政書，獨非存掌故，資攷證之書乎。何以別為類目。紀述本末之書，既可分入三類，其間區別究安在。凡此皆由一部之中用二分類根據所致也。雖然，自正史至詔令奏議，自傳記至史評，其間誠有區別之點，然欲求明晰，則必先舉正史等五類之所以別于傳記等十類者，然後再于其中依體分立正史等目，舍此不圖，無怪其動多牽掣也。又如集部既列總集別集之名，則楚辭獨非總集乎，詞曲遂無總別集乎。此由於不知辨文體與編書體裁，而混之為一所致也。不知惟以文體言，楚辭詞曲乃能成為專類，總別乃編書體製耳。然若以文體言，則詩文等莫不可為專類，何獨於此二者別而出之，其餘乃混而爲一，以總別集名之耶。孫星衍祠堂書目之以楚辭入總集，張之洞書目不立詞曲一類，分入總別集之中。殆均見及其牴牾之處矣。

雖然，鄭漁仲嘗謂古今編書所不能分者五，曰傳記，曰雜史，曰雜家，曰小說，曰故事。見通志校讎略 祁承㸁亦謂別品類於史猶難。澹生堂藏書約 則吾人於提要亦不可苛求。然其顢頇之處，實有不能爲之諱者。史以紀事，子爲立言，人所知也，四庫於子部小說類雜事之屬下曰：「紀錄雜事之書，小說與雜史最易混淆。諸家著錄，亦往往牽混。今以述朝政軍國者入雜史，其參以里巷閒談及詞章細故者則均隸此門。」然則小說之與雜史，其別在紀載之中有無里巷瑣語。夫小說四庫列於子部。四庫之言曰：「子之爲名，本以稱人，因以稱其所著，必爲一家之言，乃當此目。」史部雜史書戰國策條案 夫紀載偶涉及里巷瑣聞，何以便成爲一家之言乎？其所緣以稱子之人又安在。四庫斤斤欲保存史書之尊嚴，遂忘子史間之大區別。信如其說，則子史將同屬紀載之書。安得謂之爲明曉類例乎。章實齋謂小說之體有二，「敍瑣屑之事，紀載之事也；彙叢脞之談，諸子之餘也。」劉刻章氏遺書外編和州志藝文書 前者屬史，後者屬子，界限井然。惜乎製提要者不知此也。

四庫類目子部最蕪。子部類敍發其凡，曰：「自六經以外立說者皆子書也。」此似以著者立言之意旨爲分類之標準矣。乃又曰：「著述各有體裁，學問亦各有派別。朱子晦庵大全集皆六經之旨也，而既爲詩文，不得不列爲集。」則又以體爲準矣。由是象山全集王文成全書，均入於別集，一若朱陸諸儒之著作，惟馳騁才華，等於庾鮑，反不如世說新語開元天寶遺事得列入小說，號爲子書之可侔于老莊也。且如術數。，藝術，譜錄諸類，所錄各書其所立何說也；天文算法，誠立說矣。然未嘗以人名家。農醫諸家，亦各有其學說。然而醫方脈案之書，種植樹藝之術，皆實紀事蹟，非虛陳其理。證以四庫別法令於法家，別軍政及征伐之紀載于兵家之例，皆當出之子部之外。今乃不然，是紀載與立言之書雜陳矣。

提要併名墨於雜家爲世所病久矣。四庫之雜家定義曰：「羣言岐出，不名一類，總爲薈萃，皆可採摭英。」子部類叙是雜家之書，似不足自成一家之言。然四庫又謂「雜之義廣，無所不包。」雜家類叙併名墨諸家於其中，藉口其說之無傳，而引班固雜家合儒墨兼名法之言以爲之證。豈傳者寥寥之學說，便不足以成爲一家之言，便是羣言岐出，不名一類耶。矧班固所言，謂雜家之說乃薈萃各家而成。於其自身，仍不失爲一系。謂爲羣言岐出已覺過當，更安得以其所採之名墨諸家，納入其中。信如此說，則儒法何以不入於此。四庫本不主班氏九流出于王官之說，而獨引其此言，亦見其支絀而已。乃又以雜纂雜編諸書，列入其次。豈謂墨翟王充之書，與百川學海同其性質乎。況雜攷四庫既知其不可限於一類，雜攷屬案語而猶列之子部，豈不可限於一類者，反可自成一家之言耶。

知其不可限於一類，而仍限之於子部者，雜攷之外，尚有類書。夫類書非子，其說久矣。鄭樵有言：「類書者，謂總衆類，不可分也。若可分之書，常入別類，且如天文有類書，自當列天文類。職官有類書，自當入職官類。豈可以爲類書，而總入類書乎。」見通志校讎畧此語最爲知本。蓋專門之類書，須各入其類。普通之類書，則當另立一類，不屬何部。祁承㸁亦欲以類書與雜纂，按即四庫雜攷以下數門另附四部之後。澹生堂藏書約提要亦謂類事之書，兼收四部，而非經，非史，非子，非集，四部之內，無類可歸。類書類敍 乃藉口於隋志列類書於子，當有所受因循不改，坐令雜著蒙專家之稱，是又拘泥四部之過也。推究其故，殆由於未審學術與書籍之區別。蓋世無包羅萬有之學，而有雜紀萬事之書，或以備忘，或備稽攷，或彙集短文以成巨帙，或採擇各家以成一書。舉其中之子目，無不可屬於專類；而舉其書之全體，則不名一家。若雜說雜攷雜品雜纂雜編，乃至今日之雜誌報章，皆斯之類，允宜集于一處，與以共名，而別於其他各類。此近代圖書分類所以有總部或雜類之設，惜乎我國目錄學家似未見及於此也。

四庫分類至屬而止，且大多數類目皆無屬，所謂疏闊式分類也。四庫蓋深以詳細分類爲瑣碎，故於其凡例中譏焦竑國史經籍志之多分子目爲餖飣。類叙及案語中，又屢以多所區分爲轉滋紛擾。故一類之中，惟以著者時代相次，不復爲之區別。然鄭漁仲有言：「易本一類也，以數不可合於圖，圖不可合於音，讖緯又不可合於傳註，故分爲十六種。詩本一類也，以圖不可合于音，音不可合于譜，名物不可合於訓詁，故分爲十二種。禮雖一類，而有七種，以儀禮雜于周官可乎春秋雖一類，而有五家，以啖趙雜于公穀，可乎。……以此觀之，七略所分自爲苟簡，四庫所部無乃荒唐。」通志校讐略 樵之所譏，自爲宋之崇文總目，然清之四庫總目，能免此失乎。夫分類愈細，則圖書之歸類愈難，類目既繁，則參互錯綜之處，一書兩用之時，往往易致舛訛。四庫目爲煩瑣，誠不爲無因。特鄭漁仲又嘗言之矣。「類書，猶持軍也。若有條理，雖多而治。若無條理，雖寡而紛。類例不患其多，患處多之無術耳。」況在此制之下同類之書愈多，則檢查愈費時。例如雜史一門往往多至百餘種。若悉以著者時代爲次，倘欲檢閱關于唐代之雜史，勢非盡閱此百餘書名不可，何如於雜史之下，列朝代爲子目之爲愈耶。

總之，四庫類目之大弊在於原理不明，分類根據不確定，既存道統之觀念，復採義體之分別，循至凌亂雜沓，牽强附會。說理之書與詞章並列，紀載之書與立說同部。謂其將以辯章學術，則源流派別不分，謂其以體製類書，則體例相同者又多異部。謂其將以推崇聖道排斥異端，則釋道之書猶在文集之前，豈謂文章之於聖教尚不如異端乎。經史子集之大綱尙難釐然不紊，況其下者。如是而曰明於類例，類例固若是乎。

然而提要作者之運用其類目，誠有可資矜式之處，論者每好摭舉一二書籍隸部之不當，因而謂某種分類法爲無價値，不知書籍非單純之物，見仁見智，在於分類之人，不能以我一人之見，强人同於我，此分類員所以貴能活用其類目也。提要於此有特出者，一曰重內容不重名目。如馬端肅三記，傳記也，然以其所志皆明代大征伐，文升特董其役，故入之雜史。(見本書案語) 鄭忠肅奏議遺集，雖以奏議爲名，實則兼輯雜文而成，故列於別集。又如倪石陵書名似子，而實文集，木鐘集名似文集而實語錄。如斯之類，皆一一考核其實際，不爲書之名目所惑。二曰，重宗旨不重名目。如左傳類對賦，採自左氏者也，今以其但取儷辭，無關經義，改入類書。(見凡例) 易外別傳雖附周易集說之後，以其衍黃老之義，故列入道家。孫威敏征南錄，入傳記，爲其志在表功，非記儂智高之變也。平播全書，全錄文字而入雜史，爲紀平播事而作也。邵子推數以著書，故皇極經世書入于術數。皇朝通志僅紀制度，故入政書。（通志續通志皆入別史）凡此之類，皆以著作之宗旨定其類屬者也。三曰重原書之體製而不重名目。若革除遺事節本，以原有本紀而列入雜史。殘本成仁遺稿，雖佚去謝枋得之著作，仍入總集。皇朝通志以無紀傳而編入政書。若此者非深明分類之理者不能如是。非學術淺近者所得妄加批評者也。

近來圖書館對於四庫分類法之態度，約分三種；一則採用之而用他法位置其所不能容之書，所謂新舊並行制是也。一則稍變更其類目以容納晚近之書籍；一則完全不採用之。後者無論矣。第一種辦法，是承認四庫法之不足用，若第二種辦法，則必根據四庫之原理，所增減之類目始能與原有者相符，今四庫之類目若是其糾紛，其原理若是其不定，如之何可據之以增減也。況圖書館之目的，在供人之用，不能有所批評其方法，在搜羅一切文獻，不能有所遺漏，而四庫之類目既寓褒貶，復多甄別。然則四庫分類法之能否應用於現代圖書館，蓋可知矣。

然用四庫之制，而人以爲便者則習慣使之然也。蓋其制由來已久，用之久則覺其便。覺其便則以爲善。人情莫不如此，固不僅於四庫分類法爲然。惟其如此，著錄者但循成規，依舊執，於其所短，漫然不察，是以無非難之論，而四庫之制乃得垂千餘年。

夫類例所以治書籍，非以書籍就類例。書爲主，類例爲客。學術之內容變，書籍之種類增，則類例自宜因之而異。芮嘉森謂圖書分類爲一實際問題，蓋指此也。今日學術界既異於四庫法盛行之時代，則吾人對於從事編製四庫分類法者，誠不能不致其敬仰，而對于現在圖書館之採用其法，則不能無疑也。

四庫全書一瞥記

柔甫 松崎鶴雄

編纂前——永樂大典

四庫全書之名。近年日本國內。無論知之與不知。莫不衆口一詞而稱道之。且謂昔年法國曾買收此書。故日憲起日本人之注目。實則數年前。中國擬出版是書。以分賣於各國。此種計畫。亦屢興屢輟。又日本人中。亦有抄寫四庫全書之宏願。噫。先生之志則大矣。若夫成功、殊未知何日也。

抑知四庫全書。都三萬六千冊。分繕七部。以置於七處。此為清初之巨著也。若溯其本源。實以明季之永樂大典為模範。

明太祖統一天下。覃敷文教。以樹明朝萬年有道之基。偃武修文。然又不得不為制伏思想之計。此以帖括取士所由來也。明成祖上承太祖遺志。故於永樂元年。詔命解縉姚廣孝等為纂輯官。得書一萬一千九百九十五冊。繕寫閱五寒暑。名之曰文獻大成。後改名永樂大典（見明史實錄。沈德符野獲編。王肯堂鬱岡齋筆塵。等書）永樂大典之分類。於經史子集之四部外。有天文。地志陰陽。醫卜。僧。道。技術等門。永樂大典之書目。可參見彙刻書目之永樂大典採輯書目。又永樂大典本目錄及連筠簃叢書。淸室代明而有天下。於是以永樂大典。置諸北京文淵閣。漸漸亡失。經嘉慶元年咸豐六年之天災人禍。迨至光緒元年。只存三千册。光緒十九年。只存六百册。民國成立後只存六十册。然細心考察。除經火焚失者外。珍藏於英美法德日本之博物館圖書館者。亦殊不少。是仍放光彩於天壤間也。(按庚子後。有人於北京崇文門外油簍店。發見糊油簍所用之字。書法甚佳。細驗之。爲希世之永樂大典也。叩其所自來。則告以洋兵不用之破書。成輩往宮內掃除數日所獲之破書也。事爲琉璃廠書肆所聞。以紙張及金錢而易之。此琉璃廠得見永樂大典之嚆矢也)

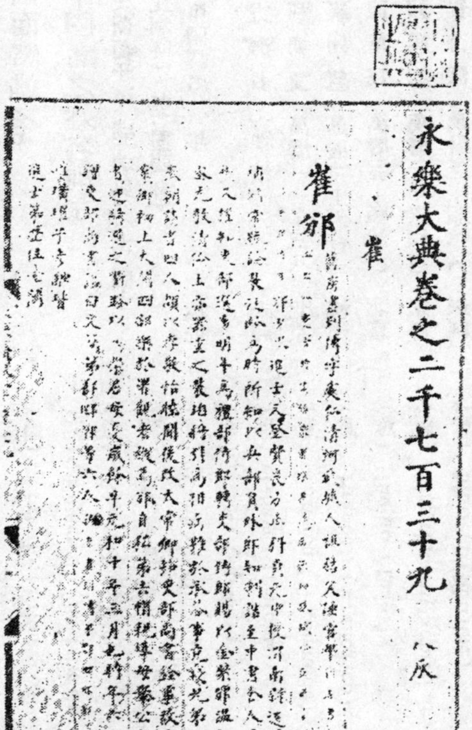

明代之學風。承受宋之理學而以宋學支配之。後有陽明學一派。宋之經學。多浸入佛教。爲一種抽象的研究。遂成爲空理空談。事實具在。研究家不可忽諸。明代崇華黜實。其傾向又一變。並以西洋科學而輸入。例如萬歷年間禮部尙書徐光啓(上海人)當時掌內閣機要。徐入天主敎，受洗禮。其時意法葡等國。利用此機會。由敎士以寬待天文數學理化兵器農書等。出版甚夥。幾何代數等。譯印盛行。導淸代學者而有一新機者。實始於明末淸初之西洋人在中國活動之功。徐光啓。生於上海。受徐光啓之賜者。實不少也。今日上海徐家滙。有法國天主堂。附設學校及天文臺。歷歷存在。而出版之書籍尤不少。今人無不知徐家滙者。徐家滙卽徐光啓之故宅也。今其地多徐姓人。是徐光啓之後裔也。徐光啓之著作。亦經天主教出版者多。四庫全書。生於清代。因而略述之。

明代清初西洋文化移於中國者之姓名列左

西(西班牙) 意(意大利) 葡(葡萄牙) 瑞(瑞典) 士(瑞士)
日(日耳曼) 荷(荷蘭) 比(比利時) 墨(墨西哥)

國籍	原名	中國譯名	年代	地址
(西)	Xairer(Saint Francois de Xavier)	方濟名	嘉靖三一	未詳
(意)	Rici (Matteo)	利瑪竇	萬曆一一—三八	北京
(葡)	Rocha (Jeao da)	羅如望	萬曆二六—天啓三	杭州
(意)	Longobardi (Nicolas)	龍華民	萬曆二五—順治一〇	北京
(瑞)	Cattones (Lazane)	郭居靜	萬曆二五—崇禎一〇	未詳
(葡)	Ferreira (Gaspar)	費奇觀	萬曆三一—順治六	未詳
(西)	Pantoja (Diego de)	龐廸我	萬曆二七—四六	澳門
(葡)	Diaz (Emmanuel Jeune)	陽瑪諾	萬曆三八—順治六	未詳
(意)	Ruggieri (Micha le)	羅明堅	萬曆九—康熙六	未詳
(葡)	Sande (Eduard da)	孟三德	萬曆一三—二八	廣東
(葡)	Soerio (Joao)	蘇如漢	萬曆二三—三五	澳門
(士)	Tudeschini (Augustin)	杜奧定	萬曆二六—崇禎一六	福州
(意)	Urses (Sabatthinusd)	熊三拔	萬曆三四—泰昌一	澳門
(意)	Vagnoni (Alfonso)	高一志	萬曆三五—崇禎一三	濠洲
(意)	Sambiaso (Francisco)	畢方濟	萬曆四三—順治六	廣東
(葡)	Semedo (Alvaro)	曾德照	萬曆四一—順治一五	澳門
(意)	Aleni (Ginlis)	艾儒略	萬曆四一—順治六	未詳
(日)	Terenz (Jean)	登玉函	天啓一—崇禎三	北京
(葡)	Furtado (Francisco)	傅汎濟	天啓一—順治一〇	澳門
(西)	Figueredo (Roderic de)	費樂德	天啓二—崇崇一五	開封
(意)	Rho (Giacomo)	羅雅各	天啓四—乾隆三	澳門
(葡)	Fraes (Joas)	伏若望	天啓四—崇禎一一	杭州
(葡)	Cunha (Simon)	瞿西滿	崇禎二—康熙二	未詳
(葡)	Costa (Ignacis)	郭內爵	崇禎七—康熙五	未詳
(葡)	Gouvea (Antonis de)	何大化	崇禎九—康熙一六	福州
(意)	Gravina (Geronmode)	賈宜睦	崇禎一〇—康熙一	漳州
(意)	Brancati (Franceaco)	清國光	崇禎一〇—康熙一〇	未詳
(意)	Buglio (Luigi)	利類思	崇禎一〇—康熙二三	未詳
(葡)	Magalhaens(Gobriel de)	安文思	崇禎一三—康熙一六	北京
(意)	Marteni (Martina)	衛匡國	崇禎一六—順治一八	杭州
(意)	Varo (Francisco)	萬濟谷	順治一一—〇〇	未詳
(荷)	Motel (Jacques)	穆廸我	順治一四—康熙三一	武昌
(比)	Verbiest (Ferdinand)	南懷仁	順治一六—康熙二七	北京
(荷)	Rougemont(Frencois de)	盧日滿	順治一六—康熙一五	未詳
(荷)	Labelli(GeoVanniandrea)	陸安德	順治一六—康熙三三	澳門
(意)	Intorcetta (Prospero)	殷鐸澤	順治一六—康熙一七	杭州

(葡)	Montcirs (Joas)	孟儒望	康熙一六—乾隆五	安南
(西)	San Poscual(Augustin de)	利安定	康熙一九—三四	未詳
(葡)	Ferran (Andre)	鄖安德	順治一六—一八	未詳
(西)	Peregra (Thomsz)	徐日昇	康熙一二—四七	北京
(法)	Gresdon (Adrian)	聶仲遷	康熙一四—一八	贛州
(墨)	Pinuela (Pedoro)	未詳	康熙一五—四三	漳州
(日)	Castner (Gaspar)	龐嘉賓	康熙一八—四八	未詳
(日)	Brollo (Pasilles)	葉宗賢	康熙二三—四三	未詳
(法)	Bouvet (Jaochiu)	白普	康熙二八—雍正八	未詳
(西)	Benevente (Alvare)	白那文	康熙一九—未詳	未詳
(法)	Hurdere (Romain)	德瑪諾	康熙一六—乾隆九	杭州
(法)	Dentrecolles (Francois-Zavier)	殷弘緒	康熙三七—乾隆六	未詳
(葡)	Duarte (Jean)	聶若望	康熙三九—未詳	未詳
(日)	Necel (Francois)	衞方濟	康熙三六—雍正七	未詳
(西)	Ortiz (Hortes)	白多瑪	康熙三五—未詳	未詳
(法)	Mailla (Josephmarric Anne de Moyria de)	馮秉正	康熙四一—乾隆三	北京
(日)	Kögler (Ignace)	戴進賢	康熙五五—乾隆二	北京
(法)	Chavagnae (Emericde)	沙守眞	康熙四一—五六	未詳

四庫全書之編纂

置身於兵馬倥傯之際。不惜分陰。以讀書研學終於一生者。其英傑之康熙大帝也哉。明成祖編永樂大典。爲不朽之事業。康熙帝思有以淩駕而上之。此四庫全書之從事編纂也。乃功業未半。乾隆帝繼之以完成。其內容由四庫全書提要二百卷中。可以覘其梗概。其編纂方法。載於提要之首卷。有詔勅奏章等可觀。又日下舊聞考云。因錄書之時間尤長。除向各地方採收書籍外。又准各地人自行進呈書籍(參見他編所載之書目)凡採用各書。俟原書抄錄後。一律發還。於是個人進呈之書甚多。後日編成之古今圖書集成。以之頒賞。所徵之全書。編入四庫全書。當時僅有古今圖書集成。刻成木板。而四庫全書之巨作　僅有抄本。並無板本也。四庫全書。全部爲二千一百七十六種。其中僅印刷一百二十九種。未印刷者甚多。參見後頁。世人證爲四庫全書之巳刊行於世者誤也。

且其間寫本。往往有誤寫之字。又或册中有空白之頁數。不勝枚舉。闕文之憾。誠所不免。近代之學者。此京輔仁大學校長陳垣氏。逐頁調查。不符之處甚多。於是出版四庫書目攷異。吾人更以爲應有四庫全書總目提要補正。四庫後出書目。以出版焉。此外北京琉璃廠之通學齋書坊。其資本家爲倫某。其校勘四庫全書。非常精細者也。如此希世之四庫全書。其內容亦不無瑕疵若云訂正之。良非易事。甚難得其人也。卽曰抄寫。亦非易易。苟以普通書稽例之。不免有魯魚亥豕之虞。終亦妄想而已。四庫全書編纂之際。遺漏甚多。阮元氏之四庫未收書目。記

欽定四庫全書

漢　揚雄　撰

情性聰明不閒訓諸理譔學

之次也教人又其次也咸無焉為眾

以學也可謂好學已乎曰未之好

也學不羨天之道不在仲尼乎仲尼駕說者也不在茲

載甚詳也。錄於他頁。四庫全書七部。存於七處。是可謂爲公開圖書館之鼻祖也。當時交通不便。各地之士子。得就近讀書。何等幸福。是乾隆帝不朽之事業也。明之樂大典。多採入於四庫全書。而更擴張之。倍其內容。其未收入者。以書名載於四庫全書提要中。四庫全書。現存四部。京師圖書館。淸室。奉天。及杭州之浙江圖書館。各得其一。前因長髮之亂拳匪之亂。而燒殘之書册。發見於書肆中。而爲個人之收藏者亦有

之。四庫全書成書後。編纂官編書目。如四庫全書總目錄。四庫簡明目錄。四庫略目等。又因四庫全書。浩如煙海。爲閱者便利。摘要而成四庫發要一書。繕寫二部。一存於清皇室。一爲拳匪之亂而燒失。清皇室之一部、昔年經馮玉祥氏入宮蒐查寳藏而得之。現存於北京之故宮博物院。以上爲四庫全書之一瞥記也。

四庫全書。何爲而從事編纂耶。或亦有歷吏上之原因。當異族而入主中華。如何而能收服漢民族之心。是非有一種手腕不爲功。康熙雍正乾隆三帝。明末之儒者尚存。志士在下。往々有不平之鳴。文字獄接踵而起。蓋清之新政。未能使威信遍於寰區也。編纂四庫全書。網羅三百餘名之學者。從事編纂。如四庫全書。四庫目錄。繼之爲古今圖書集成。淵鑑類函。佩文韻府等巨篇。並行於世。清朝文化。斐然可觀。未始非殖民政策也。清之有三百年天下者。不可謂無大力焉。

今更擧四庫全書之存在而述之

內廷四閣	北京	文淵閣	一部	現今尚存
	北京	文源閣	一部	拳匪時燒失今已補全
	奉天	文溯閣	一部	現今尚存
	熱河	文津閣	一部	現存於清室
江蘇揚州		文滙閣	一部	因長髮亂而散失
又金山寺		文宗閣	一部	
浙江孤山		文瀾閣	一部	因髮亂散失今已補寫

自乾隆三十七年。經十餘年之久。繕寫功竣。凡各三萬六千冊。分置七閣。其內容大概列左

1 經 部 十類

易經類	一五八種	內未刊	一八種
書類	五六種	同	三種
詩類	八四種	同	二種
禮類	七九種	同	二種
春秋類	一一五種	同	六種
孝經類	一一種	同	一種
五經類	三二種		
類	六二種		

類　三二種
小類　三三種　同　一種

2 史部十六類

正史類　三八種　未刊
編年史　三八種
紀事本末類　二一種　同　一種
別史類　二〇種　同　一種
雜史類　二二種
詔令奏議類　二九種　同　九種
傳記類　四五種　同　二種
史鈔類　三種
載記類　二三種
時令類　一一種
地理類　一四種　未刊　一種
外紀類　一六種
職官類　二一種
政書類　五三種
目錄類　四七種
史評類　二二種

3 子部　十四類

儒家類　二二種
兵家類　二〇種
法家類　八種
農家類　一〇種
醫家類　九七種
天文算術類　五六種　未刊　一種
術數類　五〇種　同　四種
藝術類　八一種　同　一種
譜錄類　五五種
雜家類　一九〇種　同　三種
類書類　六五種
小說類　一二三種
釋家類　一三種
道家類　四四種

4 集 能 六類

楚辭類 六種

別集類 九六〇種 未刊 七九種

總集類 一六五種 同 四種

詩文評類 六四種

詞曲類 七六種

計 三一七六種 同計 一三九種

關於四庫全書內容之參考書類

四庫全書總目提要 紀昀等奉勅選 二〇〇卷

四庫全書考證 曹錫等奉勅選 一〇〇卷

四庫存目 紀昀等奉勅選 一〇卷

四庫全書簡明目錄 紀昀等選 一〇卷

四庫全書簡明目錄標注 邵懿辰著 一〇卷(六冊)

四庫略目 費莫文良編 二〇卷

四庫未收書目 阮元編(選經室外集)(二冊) 二卷

四庫闕書錄 葉盛編 一卷

四庫遺書目 稽瑞樓本 一卷

四庫闕書目 徐松著 一卷

四庫全書提要分纂編 邵晉涵著(紹興先哲遺書之一) 一卷

四庫全書總目提要四部韻叙 江標等(靈鶼閣) 一卷

四庫全書總目索引 陳乃乾編(石印本) 四卷

進呈書目 (涵芬樓祕笈第十集)

四庫搜訪圖書目 一卷

浙江乾隆進呈書目 (長沙葉氏觀古堂) 一冊

浙江進呈未收書目 (北京鄧氏群碧樓藏) 一冊

解進書目 (北京京師圖書館藏) 一冊

浙江採進佚書書總錄 十卷閏集一卷王亶望編

江蘇採進佚書總目 高晉等編 京師圖書館藏

四庫全書板本考 葉德輝著 印刷中

四庫書目考異 陳垣著 未刊 二〇卷

四庫全書總目補正 胡玉縉 同

四庫後出書目 同 同

四庫全書薈要 王際華等奉勅撰

一萬千二百六十冊(北京故宮博物院藏)

（自乾隆三十八年起編輯正四十五年始脫稿）

經部　一七三種
史部　七〇種
子部　八二種
集部　一三九種

四庫全書中未刊行之書籍

經部

易經類

西溪易說。二〇卷。宋李過。易通。六卷。宋趙以夫。周易經傳訓解。二卷。宋蔡淵。周易詳解。六卷。宋李杞。易原奥義。一卷。周易原旨。一卷周易程朱傳義折衷。三三卷。元趙采。周易衍義。一六卷。宋胡震。讀易考原。一卷。宋蕭漢中。周易文詮。一二卷。元趙汸。周易辨錄。四卷。明楊爵。易像鈔一卷。明胡居仁。周易像象述。五卷。明吳桂森。易箋。八卷。清陳法。八白易傳。一六卷明葉山。周易辨畫。四〇清。連山斗。周易圖書疑二四卷。清趙繼序。周易章句證異。一一卷。清翟均廉。

尙書類

尙書講義。二〇卷。宋史浩。絜齊家塾書鈔。一二卷。宋袁燮。書義斷法。六卷。元陳悅道。

毛詩類

毛詩講義。一二卷。宋林岊。

禮類

周官集傳。一六卷。元毛應龍。禮經本義。一七卷清蔡德晋。

春秋

春秋經解。一二卷。宋崔子方。春秋分紀。九〇卷宋程公說。春秋講義。四卷。宋戴溪。春秋集義。五〇卷。綱領。三卷。宋李明復。讀春秋略記。一〇卷。明朱朝映

四書類

石鼓論語問答。三卷。宋戴溪。學齋中庸議。四卷
宋袁甫

樂　類

鍾律通考。六卷。明倪復。位樂書。二卷。清應撝
謙

史　部

詔令奏議

太祖實錄。世祖實錄。聖祖實錄。世宗實錄。高宗
實錄。仁宗實錄

地　理　類

水經注集釋訂訛。四卷。清沈炳

子　部

天　文　算法類

七政推步。七卷。明貝琳

數　術　類

皇極世經觀物外編衍義。九卷。宋張行成。大衍索
隱。三卷。朱丁易東。星命淵源。一卷。演禽通纂
二卷。太乙金鏡式經。一〇卷。唐王希明

藝　術　類

郁氏書畫題跋記。一二卷。明郁逢慶

雜　家　類

元明事類抄。四〇卷。清姚朝之。言行龜鑒。八卷
元張光祖。事實類苑。八三卷。宋江少虞

集　部

別　集　類

跨鼇集。三〇卷。宋李新。忠愍集。三卷。宋李若
水。莊簡集。一八卷。宋李光。東牕集。一六卷。
宋張擴。松隱文集。三九卷。宋曹勛筠。後集。二
四卷。宋李彌遜。忠穆集。八卷。宋呂頤浩。紫微
集。三六卷。宋張嵲。東牟集。一四卷。宋王洋。
相山集。三〇卷。宋王元道。三餘集。四卷。宋黃
彥平。大隱集。一〇卷。宋李正民。雲溪集。二二
卷。宋郭印。陸陽集。四卷。宋韓駒。北海集。四
〇卷。附錄三卷。宋綦崇禮。崧庵集。六卷。宋李

處權。藏海居士集。二卷。宋吳可。王箸作集。八卷。宋王蘋。郴江百詠。一卷。宋阮閱。蘆州歸來集。一〇卷。附一卷。宋張元幹。五峯集。五卷。宋胡寅鄧紳伯集。二卷。宋鄧源浮山集。一〇卷。宋仲幷湖山集。一〇卷。三吳芾。漢濱集。一六卷宋王之望。雲莊集。五卷。宋曹協。燕堂詩稾。一卷。宋趙公豫。海陵集。二三卷。外集一卷。宋周麟之。方舟集。二四卷。宋李石。香山集。一六卷宋喻良。禮蒙集。二卷。宋陳棣。樂軒集。八卷。宋陳藻。定庵類稾。四卷。宋衞博。澹軒集。八卷宋李呂。魯白堂集。六卷。宋虞儔。東塘集。二〇卷。宋袁說。友涉齋集。一八卷。宋許及之。蠹齋鉛力編。三二卷。宋周孚。應齋雜著。六卷。宋趙善括。芸庵類稾。六卷。宋李洪。蓮峯集。一〇卷宋史堯弼。方是間居士小稾。二卷。宋劉學箕。浣川集。一〇卷。宋戴栩。漁野類稾。八卷。宋陳元晉。滄州塵岳編。一四卷。宋程公。許澗泉集。二〇卷。宋韓淲。臞軒集。一六卷。宋王邁。選齋文集。二七卷。宋歐陽守道。潛山集。一二卷。宋釋文珦。葦航漫遊稿。四卷。宋胡仲弓。古梅吟稿。六卷。宋吳龍。翰盧山集。五卷。英溪集。一卷。宋董嗣杲。則堂集。六卷。宋鉉翁。九華詩集。一卷。宋陳巖。寗極齋稿。一卷。附慎獨叟遺稿一卷宋陳植紫山大全。二六卷。元胡祗遹。青崖集。五卷。元魏初。雙溪醉飲集。八卷。元耶律鑄。東庵集。四卷。元滕安。上畏齋集。六卷。元程端禮蘭軒集。一六卷。元玉旭。申齋集。一五卷。元劉兵申。勤齋集。八卷。元蕭𣂏。榘菴集。一五卷。元同恕。積齋集。五卷。元程端學。杏亭摘稿。一卷。元洪焱祖。方叔齋遺稿。一卷。元方瀾。子淵詩集。六卷。元張仲深。午溪集。一〇卷。元陳鑑羽庭集。六卷。元周巽。花谿集。三。元沈夢麟樗隱集。六卷。元胡行簡。密菴集。八卷。明謝肅草譯狂歌。五卷。明王恭。耕學齋詩集。一二卷。

明袁華。自怡齋集。一卷。明劉璉。鵝湖集。九卷

明龔斆

總集類

三劉家集。一卷。宋劉元高。元音遺響。一〇卷。

文氏五家詩。一四卷。明長洲文氏三世五人。吳郁

文粹。五六卷。明錢穀編

（著者云　此稿根據舊作。或近日更有發見之書。見聞不及。尚乞不吝賜教爲幸）

四庫全書編纂と其の環境

……四庫全書編纂與其環境……

藤塚素軒 鄰

支那歴代の帝王が遺した文化事業の中で、不斷の生命に輝き世界的價値を有し居るものを數へるならば、先づ第一に四庫全書を擧げねばなるまい。支那日本は愚か歐米の學者までが、東洋文明の精華支那古典の寶藏としていかに驚歎し憧憬して居るだらうか。私は先年遊支の折に親しく文津文瀾二閣の舊藏を賞玩して昔年夢想の望を果し得たのは、學徒の面目と喜悅と此上もない次第であつた。今此の一篇を草しつゝ思ひを乾隆の盛時に馳せる時、身は宛ら古香馥然たる琳瑯の秘室に逍遙するを覺ゆるのである。

【譯】中國歷代帝王之文化的事業中，其永垂不朽之生命。而有世界的價值者。如四庫全書，吾曹不可不推爲第一也，無論中日學者。以迄歐美學者。無不觀爲東亞文明之精華中國古典之寶藏。殊深讚歎。余前年游中國。觀文津文瀾兩閣之舊藏本。賞玩不措，獲償昔年之渴想，以爲學徒之至上榮幸，茲草此篇，馳想乾隆盛時。殊覺吾身已在古香馥然之琳琅秘室中逍遙盤桓也。

清朝創業の英主康熙帝は、早くも馬上を以て天下の治め難

清朝創建之英主康熙帝，夙知天

きを看て取り、銳意文治政策を講じ、盛に漢人學者を起用し、書籍編纂の大事業に當らしめた。雍正帝も亦その遺意を承け、乾隆帝に至つて千古未だ見ざるの盛觀を呈した。是れ强ち に漢人懷柔の必要から來たばかりでないので、諸帝自らの異常な好學心の誘發と時代の要求とをも十分考慮の中に加へてよからうと思ふ。

康熙雍正乾隆の三朝に亘つて、欽定・御定・御注・御選の名の下に、かの音に名高き古今圖書集成一萬卷を始め夥しき編纂書が刊行されたが（禮親王の嘯亭雜錄卷一本朝欽定諸書を看よ）竟に乾隆の極盛を象徵すべき最大最善最美のものを產み出した。古今圖書集成は類書として古今無類の一大產物であるが、類書は依然として類書に過ぎないから、古書を元の姿のまゝで眺めようとする心を滿足さすことが出來なかつた。それ故稽古右文の大精神は竟に價值ある古今の圖書をば、原書の姿のまゝに網羅し編纂し保存すべく企圖するところまで突き進んだ。その成果が即ち四庫全書そのものなのである。

乾隆帝は三十七年正月に古書蒐輯の論文を發して群臣に用

下不可治於馬上。銳意講修文治政策。頗起用漢人學者。以當編纂事業。雍正帝亦承其遺意。迄於乾隆帝。竟致千古未有之盛觀矣。是固不當以爲專出於漢人懷柔之策。諸帝好學心之誘發與時代的要求。亦不可不措之於考慮中也。

康熙雍正乾隆三朝之間。以欽定御定御注御撰等名稱編纂刊行之書。實以古今圖書集成一萬卷爲首。旣達巨數。〔參觀嘯亭雜錄卷一本朝欽定書目〕竟可以表徵乾隆盛時之最大最善最美之記念物矣古今圖書集成。其爲古今無比之大製作。不俟煩言。然亦不過於類書。則亦未足見古書眞面。是以。所謂稽古右文之大精神。在古今圖書。非以原書眞面網羅之。編纂之。保存之。未免使人不能滿意。其成果即四庫全書是也。

乾隆三十七年正月有古書蒐輯之

意せしめた。從來翰林院には明の永樂帝の命によつて編纂した浩澣な永樂大典一萬二千册を藏してあつて康熙の大臣徐乾學が夙に之れに眼を着け、その中から秘籍を擇び出し刊刻頒布しようとの意を漏らして居るが（補刻編珠序、）時運未だ到らずその實現を見なかつた。然るに今乾隆帝の諭文の發布された翌年二月に、安徽學政の朱筠が上疏して永樂大典中の佚書秘籍の校錄を乞うて來た。何がさて時が時なので帝も成程と首肯かれ、大學士劉統勳にその可否を御下問になつた。命を承つた劉氏は幕下の許祖京（許宗彥の父）に囑し、翰林院に就き實地檢點さしたところ、許氏は意外にも「是書雖極博、然多唐以後書、且多隸韻字、割裂散漫、不足重修」と報告したので、劉氏はそのまゝ聽き取り、重修然るべからずと言上した。（鑑止水齋文集卷十九先考方伯府君行狀）あはれ折角の上奏も雲行き甚だ怪しく成つて來たが、當時協辦大學士の于敏中が極力帝に勸說したので、帝も竟に意を決し、朱筠の上奏を許すと同時に此の四庫全書編纂なる前古未曾有の大事業を開始するに至つたのである。（因みに愈四庫館が開かれ館臣がそれ〴〵任命されたのに許祖京程の學者が其の中に入つて居らぬのは、

上諭。使諸臣從準備之。蓋翰林院原藏有永樂大典一萬二千册。係明永樂帝所編纂。徐乾學夙著眼及此。将思選出刊布此中之秘籍。「見補刻編珠序」時期未到。竟不見其實行。迨上諭發布之次年二月。安徽學政朱筠。疏請校錄永樂大典中之佚書秘籍」帝頗首肯之乃。詢可否於大學士劉統勳。劉氏囑許祖京往翰林院實際查檢。據許氏云。是書雖極博、然多唐以後書。且多隸韻字。割裂散漫。不足重修。劉氏因此報告。乃上疏言其不足重修。［見鑑止齋文集卷十九先考方伯府君行狀］然協辦大學士于敏中。極力勸奏。帝竟決意。允許朱氏所奏。而開辦前古未有偉業四庫全書編纂之事矣。

彼れ自ら責任を感じ、且つ劉統勳の幕下であることを遠慮した爲めであらう）

先づ第一に必要なのは此の偉業を擔當すべき學者たちである。閣臣方も帝の旨を奉じ懸命になつて天下の碩學鴻儒を物色した。劉統勳（文正公）が進士の邵晉涵・周永年を、裘曰修（文達公）は進士の餘集・舉人の戴震を、王際華（文莊公）は舉人の楊昌霖をそれぞれ推舉したが如きはその一例で、當時五徵君の名が喧傳されたほどだつた。かくて俊材偉器が續々館臣に擧げられた。茲には其の名を一々擧ぐるの煩を避けて唯其の役割と人數とを記して置く。

四庫館已開。館臣已被任。而許祖京不在其列。自感其前責然歟

達成此偉業之第一要務。即在選擧學者。是故一時臣僚仰體帝旨。頗能推擧碩學鴻儒。如劉統勳推邵晉涵周永年。裘曰修推餘集戴震。王際華推楊昌霖。即其例也。此五人即時人稱爲五徵君者是。嗣俊材偉器。陸續推擧。皆爲館臣。名稱似煩累。唯將其職司與員數。揭于左方。茲欲列擧其名。

正總裁	十六人	副總裁	十人
總閱官	十五人	總纂官	三人
總校官	一人	翰林院提調官	二十二人
武英殿提調官	九人（其中一人總校官陸費墀兼之）	總目協勘官	七人
校勘永樂大典纂修兼分校官	三十九人	校辦各省送到遺書纂修官	六人
黃簽考證纂修官	二人	天文算學纂修兼分校官	三人
繕書處總校官	四人	繕書處分校官	一百七十九人

篆隷分校官　二人　繪圖分校官　一人
督催官　三人　翰林院收掌官　二十人
繕書處收掌官　三人　武英殿收掌官　十四人
監造官　三人

以上實に三百六十一名の多きに達して居るが、一時にそれ丈の學者が任命された譯ではなく、前後十年間を通じての計算である。主として此の大事業の衝に當つたのは總纂官の紀昀、陸錫熊・孫士毅の三人で、分けても紀昀が縱橫に采配を揮つた。

翰林院署を辦理處となし、之れを三區に別け、第一處では内府の秘書、第二處では院中の永樂大典、第三處では各省からの采進本民間の藏書を取扱ひ、各館員を分けて校勘せしめ、武英殿をば繕寫處となし、校勘し終へた書を片端から繕寫さした。今當時諸館臣に交付して卷首に貼らしめた所謂「校書之貼式」なるものを左に示す

館臣之數。既達三百六十一人。然此乃先後十年間所任命之總數。非一時受任者有如此之多也。就中總纂官紀昀陸錫熊孫士毅三人。主辦此事。紀氏則執其牛耳者也。

先以翰林院署爲辦理處。分爲三區。第一處管理內府秘書。第二處管理永樂大典。第三處管理各省采進本及民間藏籍。各設館員。分掌校勘。以武英殿爲繕寫處。繕寫其校勘已畢之圖書。茲以彼時交付諸館臣貼付於各書卷首之所謂「校書之貼式」者。揭之於左。

第　　卷底本　　十　　頁
武英殿於　　月　　日發出

分校處於　　月　　日簽出　　處發交謄錄　　寫成
十　頁於　　月　　日收到寫本於　　月　　日校畢交覆
收訖
覆校處於　　月　　日收於　　月　　日覆校畢交
殿
此卷計　　萬　　千　　百　　十　　字
連前共交過　　萬　　千　　百　　十　　字

(見書林清話)

各行文字と文字との間の空白には、それ〴〵之れに該當する數字と處の名を入れるのである。諸館臣は早晨から出勤鋭意事に從ひ、晝になると茶菓の饗應に半日の勞を慰め、午後は歸寓して思ひ〳〵に自己の疑問を調査すべく琉璃廠書肆へと足を運ぶのが例であつた。

右表中間之空白。在原簽中則皆充相當文字以示。館臣各人。早晨到署。鋭意從事。晝午承茶點之饗。以慰半日之勞。下午歸寓。有時往琉璃廠書肆。展書決疑。館臣生活之實況。可以想見也。

底本としたものに種類が大凡六通りある。(一)勅撰本(二)内府藏本(三)永樂大典本(四)各省采進本(五)私人進獻本(六)通行本

所用底本六種。列擧如下。即(一)勅撰本。(二)内府藏本。(三)永樂大

勅撰本とは歷代諸帝の撰述されたもの、內府藏本は從來宮庭に藏せるもの、宋元明の古版本が多い。永樂大典から鈔出して四庫館に著錄したものは、經史子集三百六十有五種で、外に目錄だけ調製したのは一百有六種ある。（藝風堂文續集卷四）各省采進本の中では浙江が第一位で、時の布政使王亶望編纂の浙江采進遺書總錄に殆んど全部收載されて居る。此の浙江采進本の中で、七經孟子考文補遺・論語皇侃義疏・古文孝經の三書は實に吾が邦から彼の土に渡つたもので、是れが四庫全書として著錄せられたことは文献史上特筆すべき價値がある。（七經孟子考文補遺は浙江の汪啓淑家藏本を著錄して居る古文孝經は光祿寺卿陸錫熊家藏本）私人進献本として最も多かつたのは、浙江の鮑士恭・范懋柱（有名な天一閣主人）・汪啓淑（飛鴻堂主人）・兩淮の馬裕などで、其の數五六百種に及んだものもある。朝廷之を嘉奬して、彼等に古今圖書集成一部づゝ下賜された。其の他百種以上進献した人々、例へば江蘇の周厚堉・蔣曾瑩・浙江の吳玉墀・孫仰曾・汪汝瑮、又朝紳中の黃登賢・紀昀・勵守謙・汪如藻等へは、銘々武英殿初印の佩文韻府を賜はつた。乾隆帝は之れ等進献本をそのまゝ取り擧げて了ふに忍びぬので、各書の篇首に「恭

典本。（四）各省采進本。（五）私人進獻本。（六）通行本。是也。歷代諸帝之撰述。爲敕撰本。禁內藏書爲內府藏本。中多宋元明版。由永樂大典鈔出。著錄於四庫者。經子子集共計三百六十有五種。止於目錄製作者。計一百有六種。（見藝風堂文續集卷四）各省采進本浙江最多。布政使王亶望編纂浙江采進遺書總錄中。将見其收載。浙江采進本中。七經孟子考文補遺。論語皇侃義疏。古文孝經三書。實爲自日本傳來者。其見著錄。可謂文獻上頗有價値矣。七經孟子考文補遺。著錄汪啓淑家藏本。古文孝經。著錄陸錫熊家藏本。鮑士恭。范懋柱（天一閣主人）汪啓（飛鴻堂主人）馬裕諸人。私人進獻最多。既迄五六百種。朝廷嘉奬。下賜古今圖書集成。其外。百種以上進獻者。如周厚堉、蔣曾瑩、吳玉墀、孫仰曾、汪汝瑮諸人。及廷紳黃登賢、紀昀、勵守謙、汪如藻等。均承下賜武英殿初印佩文韻府。乾隆帝不忍納收此種進獻各書。僅於首卷均

讀」「翰林院」の印を捺して記念とし各自の手許に一々返還されたと云ふ。因みに古今圖書集成を賜はつたのは獨り前記進獻者ばかりでなく、正總裁として特に功勞の多かつた大學士の舒赫德・于敏中の兩人、並に旣に物故した劉統勳の功を追賞して其の子劉墉に各一部づゝ恩賜された。（國朝先正事略卷十六）

最後に編纂の材料を坊間通行本に求めることゝなつた結果俄然として琉璃廠書肆の大繁昌を促進した。當時琉璃廠にはどんな本屋が並んでゐたか、其の消息を知り得べき唯一の資料として李文藻の琉璃廠書肆記（南澗文集卷一）の存在して居るといふことは、讀書子に取つてどんなに嬉しいことであらう。今その中から本屋の名前のみを摘錄する。

加蓋「叅讀」「翰林院」印文。以爲紀念。一一返還原藏主云」舒赫德于敏中兩人。任正總裁。功績特多。又劉統勳已沒。其子墉因父功。皆均承古今圖書集成之賜。（見國朝先正事略卷十六）

四庫全書。亦取用於坊間通行書。因是。琉璃廠書肆。牽呈好況。彼時琉璃廠有何家書肆。具見李文藻琉璃廠書肆記。讀此篇者。不亦無興趣乎。茲揭其舖名於左。

聲遙堂　崇□?堂 唐氏（崇□堂の闕字は當に秀字を補ふべし 李德懋の入燕記によりて証するを得）　名盛堂 李氏

帶草堂 鄭氏　同陞閣 李氏　宗聖堂 曾氏　聖經堂 李氏　聚秀堂 曾氏

二酉堂 李氏　文錦堂 李氏　文繪堂 李氏　寶田堂 李氏　京兆堂 李氏

榮錦堂 李氏　經腴堂 李氏　宏文堂 鄭氏　英華堂 徐氏　文茂堂 傅氏

聚星堂 曾氏　瑞雲堂 周氏　文粹堂 金氏　文華堂 徐氏　先月樓 李氏

寶名堂 周氏　瑞錦堂 周氏（本は鑑古堂）　煥文堂 周氏　五柳居 陶氏

延慶堂劉氏　博古堂李氏

書肆記は彼が乾隆三十四年五月二十三日から十一月七日までの北京滯在中、朝な夕な浸つた當時の印象記なので、頗る我々讀書子の心琴に觸るゝものがある。震鈞の天咫偶聞にせよ、俞樾の香茶室三鈔にせよ、將た又葉德輝の書林淸話にせよ、苟も談が琉璃廠書肆に涉れば、どうしても見逃すことの出來ぬ好資料で、かの皮肉屋の李慈銘さへ、琉璃廠書肆記一書、頗足見當日文物之盛、亦將來攷都門掌故者所當知也（荀學齋日記庚集上）と推賞して居る。彼が北京を後に依々として廣東の恩平へと去つたその四年目にこそ四庫館が開かれたのだつた。之れを聞いた愛書家の彼は、遙か南海のかなたでどんなに都懷かしがつたであらう。

琉璃廠は俄に色めきわたつた、都門の書賈は古書を求むべく爭うて南下した。同時に江浙からも續々輦下に奔湊した。此の時に方り、幾百の館閣諸公を向ふに廻して思ふ存分に辣腕を揮つたのは、五柳居主人陶正祥と文粹堂の謝某であつた。分けても五柳居主人の活躍振りは目醒ましかつた。正祥字は庭學、

李氏此篇。爲李氏來遊京華中。（自乾隆三十四年五月廿三日至同年十一月七日。）之游覽印象之記載。頗有惹起讀書子之感觸者。震鈞天咫偶聞。俞樾茶香室三鈔。及葉德輝書林淸話等。皆琉璃廠書肆掌故之好資料也。李慈銘有言。琉璃廠書肆記一書。頗足見當日文物之盛。亦將來攷都門掌故者。所當知也。（見荀學齋日記庚集上）李氏回粵後四年。四庫館始開。渠當不勝都門佇望之感矣。

琉璃廠書肆。俄有起色。各書肆爲購收古書。爭先南下。江浙書賈。亦陸續北上。于時往來幾百之館閣諸人間。發揮商慧者。有五柳居陶正祥。與文粹堂謝某。就中。陶氏尤見活躍。

瑞菴と號し、蘇州の書賈で、天性任俠、學あり才あり膽あり、古版本にかけては非凡の目利であつたので、終に安徽學政の朱筠に認められ、その取り成しで當局から特に秘書搜訪の恩命を承つたのだつた。かくて江南各地の古書秘籍が、年々彼の手によつて夥しく四庫館へと舶載された。鉅公宿學にして猶ほ且つ彼から受けた典籍上の啟蒙と便宜とは少くなかつた。我々は四庫全書編纂の裏面史に彼の飛躍のあつたことを忘れてはならない。碩學孫星衍は特に彼の爲めに墓碣銘を書いて居る。（五松園文稿）

　諸館臣が各書を校勘し編次し繕寫し終はると、必ず乾隆帝の御覽に供する。帝は一々之れを披閲して疑問や謬誤の箇所を簡單に書きつけ、再び諸臣に下付して隨時訂正せしめられ、數萬冊悉く然りであつた。睿照神の如く、館臣悉く欽服したといふ。

　四庫全書の分類法に就いて一言する。支那目錄學の元祖ともいふべき漢の劉向父子は七分類法を取つた。（一）輯略（二）六藝略（三）諸子略（四）詩賦略（五）兵書略（六）術數略（七）方技略。

陶正祥。字庭學。號瑞庵。蘇之書賈。天性任俠。學才並具。頗明達於版本之學。得知朱筠。終承秘籍搜訪之命。於是。江南各地之秘籍古耕。均經陶氏手。舶運入四庫館。當日碩學名士。承其致益與便利於渠亦不淺也。四庫編纂之裏面。有陶氏工作。亦不可忽畧。孫星衍且爲渠撰墓誌銘焉。（見五松園文稿）

　四庫各書。校勘編次繕寫已畢。必呈乾隆御覽。帝一一披閱。畧記其質疑謬誤之點。再下付之於館臣。隨時訂正。數萬圖書。皆如此而成。睿照如神。館臣僉欽服云。

　次記四庫全書分類法。中國目錄學之元祖漢劉向父子著有七畧。七畧者何。（一）輯畧。（二）六藝畧。（三）諸子畧。（四）詩賦畧。（五）兵書畧。

因つて此の目錄を七略と名づけだ。班固の漢書藝文志は全く之れに依據したものである。降つて劉宋の王儉も七志を撰して七分類法を取つたが其の內容を異にして居る。（一）經典志（二）諸子志（三）文翰志（四）軍書志（五）陰陽志（六）術藝志（七）圖譜志。かゝる七分類法を更に約して四部にしたのは、晉の秘書監荀勗の中經簿に創まる。

（一）甲　部　六藝小學等　（二）乙　部　古諸子家近世子家兵書兵家術數

（三）丙　部　史記舊事皇覽簿雜事　（四）丁　部　詩賦圖讃汲冢書

隋書經籍志は此の四分類法を取り、內容を變へて始めて經史子集の目を立てた。「經」の字は七志に見え、「史」の字は中經簿に見え、「子」の字は七略・七志に見えて居るが、「集」の字は何處から來たのであらうか。一體古は「文集」の名が文獻に見えてない。兩漢の頃には皆「某人某書某篇」とか、「某人所著文凡幾篇」とか云つて、「集」とは呼ばなかつた。その「集」字の見えたのは、阮孝緒の七錄の序に、「頃世文詞、總謂之集」とあるのが始めで、經籍志の著者は恐らくこゝから取つたのではあるまいか。其の後舊唐書經籍志・新唐書藝文志も同じく經史子集を列して

（六）術數略。（七）方技略。是也。班固漢書藝文志。亦已依據七略。宋王儉七志。亦分七類。然內容已異。其名目如下。（一）經典志。（二）諸子志。（三）文翰志。（四）軍書志。（五）陰陽志。（六）術藝志。（七）圖譜志。以七分類法約爲四部。實創自晉秘書監荀勗中經簿。其目如下。

隋書經籍志。倣四分類法。又改其內容。立經史子集之目。「經」字見七志。「史」字見中經簿。「子」字見七略七志。但「集」字可以見何處耶。古昔未見「文集」之稱。在東西漢。亦多云某人某書某篇。又云某人所著文凡幾篇。未以「集」爲稱。其「集」之出處。實以阮孝緒七錄序。所云頃世文詞。總謂之集。爲始。隋書經籍志。蓋本於此歟。其後唐經籍志。新唐書經籍志。皆列經史子集之名目。或稱四部。

四部・四庫と爲し、爾來歷代の書目いづれも此の分類法を取り、遂に四庫全書の淵源をなしたのである。

さて數百人の諸臣が豐富なる材料に據り、銳意精勵校勘し繕寫し編次し、乾隆三十八年から四十七年までの前後十年間に於て、一部三萬六千冊の四庫全書をば而かも四部まで完成し了ふせたのであつた。帝も初は浩として淵海の如き古今の圖書に對し望洋の嘆を禁じ得なかつたが、終に此の完成を見るに至つたその喜びはどんなであつたらうか、帝が自ら「茲甫十年而功就。亦大快事也」といはれたのは僞らざる心事であつたらう。同時に此の大事業に盡力した正總裁の劉統勳・劉綸・裘曰修、纂修官の戴震などが、其の完成を見ずして卒去したのを思ひ出しては感慨に打たれたであらう。

四庫全書を藏むべき場所として乾隆三十九年十月先づ紫禁城內文華殿の裏手に文淵閣を創建した。その式は浙江寧波の藏書家范氏の天一閣に則り、楹の六、間の六、書厨の數目尺寸俱に六の數に合するは、易の「地六成之」に本づいたもので、重閣の碧琉璃瓦は丹色の圓柱と相映じて居る。續いて文津閣を熱河

或稱四庫。爾來歷代書目。依此分類法。竟及四庫全書矣。

四庫全書編纂之事業也。旣有數百人之館臣。據豐富材料。銳意精勤。校勘之。編次之。繕寫之。自乾隆三十八年至四十七年。凡十年間。竟完成其四部矣。帝亦在創始之初。頗有望洋之歎。見其完成。帝驚喜之餘曰。茲甫十年而功已就。亦大快事云云。此言不欺人之眞率言也。爲此事業而盡力。未見其成而卒世者。即有正總裁劉統勳。劉綸。裘曰修。及纂修官戴震等。帝亦追想此人。必當發生感慨云。

乾隆三十九年十月。在紫禁城內文華殿後方。創建文淵閣。以爲四庫全書藏庋之處。其式純倣范氏天一閣之制。六楹六間。書厨之數目尺寸。皆與六數合。蓋本於周易「地六成之」之語。嗣又建造文津閣於熱河避暑山

の避暑山莊に、文源閣を北京城外の圓明園に、文溯閣を奉天の故宮に、同一の型を以て建設した。之れを北方の四閣と呼んで居る。四閣の名いづれも「文」の字を冠し、之に配するに水に緣のある淵・津・源・溯の字を以てしたのは天一閣に因んでその出處たる易の「天一生水」の意を寓したことはいふまでもない。

今四閣に藏めた順序を見るに次の如し。

乾隆四十六年　第一部成　文淵閣藏
四十七年　第二部成　文溯閣藏
四十八年　第三部成　文源閣藏
四十九年　第四部成　文津閣藏

右四閣の中で文淵閣本は可成り誤寫が多かつたので、陸錫熊が之れを遺憾とし、帝に奏請して覆校すべく乾隆五十七年の正月嚴冬を冒して態々奉天に向つたが、途上寒疾を得て奉天に着くと間もなく斃れたといふ哀話がある。

北方四閣の完成と充實とは支那空前の文化事業であつたが帝は之れを以て滿足せず、四十七年七月に、更に江南にも三閣を設け、四庫全書一部づつ續繕分庋すべきを命せられた。それ

北。文源閣於北京西郊圓明園。文溯閣於奉天故宮。皆同一型式。稱爲北方四閣。四閣均冠「文」字。配之以淵津源溯等字。蓋寓天一閣名稱之出處「天一生水」之語意。固不特煩言也。

玆以四閣藏書之次序揭于左。

右四閣中。文溯閣本。稍多誤寫。陸錫熊以爲遺憾。奏請覆校。乾隆五十七年正月。陸氏冒寒向北。途中得疾。迄到奉天。即逝去云。

北方四閣之完成。實爲中國空前之文化的事業。然帝未爲滿意。四十七年七月。命設三閣於江南。各藏四庫全書一部。江浙地方爲當時學術之

は江浙地方は當時學術の淵藪であり且つ帝も屢巡幸されたお馴染の土地であつたためなので、南北相待つて文化促進の一大機關としたのであつた。三閣とは

文滙閣　（江蘇省揚州大觀堂）

文宗閣　（江蘇省鎭江金山寺）

文瀾閣　（浙江省杭州聖因寺行宮）

を指し、四十七年から五十五年までの間に出來た。是より先き、康熙帝が古今圖書集成の成ると同時に、之れを右の大觀堂や金山寺や聖因寺の藏經閣に收めしめて江南文治の資に供されたが今新に三閣を建て、四庫全書を備へ、而かも學徒の觀覽を允し、閣内に於て傳鈔の自由をさへ與へたのであつた。此の如きは茫々千載未だ嘗て有らざる所で、江南人士の喜悅と感激とは非常なものだつた。かの汪中や張文虎や胡培翬や陳奐などが、書香馣馤の文瀾閣に通ひ詰めては心ゆくばかり秘籍を展玩したといふ。間もなく文化燦然として興隆し、支那全土を壓へたのも固り當然の歸結と謂はねばならぬ。孫樹禮の文瀾閣志卷上に見ゆる、

淵藪。而且帝屢幸其地，備知其物風。是故有此南北相待促進文化之機關之設施也。三閣在四十七年至五十五年間。既見完成。其名稱如下。

先是，古今圖書集成刊竣。康熙帝命藏諸大觀堂金山寺聖因寺之藏經閣。以充江南文治之資。今也新建三閣。皆備四庫全書，供學者觀覽。又便於閣內傳鈔。如此盛事。千載未有。江南人士。感喜異常。如汪中、張文虎、胡培翬、陳奐。皆曾往文瀾閣。展覽秘籍。遊息於書香馣馤中者也。未幾，文化燦然而興。風靡一世。亦屬當然之事。孫樹禮之文瀾閣志卷上云。

閣建三成、第一成中藏圖書集成、後及兩廂藏經部、第二成藏史部、第三成藏子集二部、皆分庋書格、凡四庫書三萬五千九百九十冊、爲匣六千一百九十一、圖書集成五千二十冊、爲匣五百七十六、總目考證二百二十七冊、爲匣四十。

の記文は、推して以て他の二閣のそれも彷彿さすに足りるであらう。かくて七部の四庫全書が見事に完成されたが、帝はかかる博大な全書を編製せしめつゝある間にその中から精善な書籍を采擇し、別に四庫全書薈要なるものを作らしめた。乾隆三十八年五月初一日附の論文が下り、正總裁于敏中・王際華の兩人が專ら其の仕事を承つて、四十四年に一部を仕上げ、紫金城內乾清宮の北なる「摛藻堂」に藏め、一々摛藻堂の印を鈐し、翌四十五年には他の一部を完成して御園の味腴書室に收めた。所謂御手許本なるものがそれだ、其の種類函數左の如し。

〔經　部〕	一七三種	三八四函
〔史　部〕	七〇種	六四〇函
〔子　部〕	八二種	三八四函
〔集　部〕	一三九種	五九二函
計	四六四種	二〇〇〇函

乃讀此語。文滙文宗二閣之盛觀。亦可以想見已。七部四庫全書既告完成。帝亦抽撰其精粹者。別有四庫全書薈要之編纂。乾隆三十八年五月。乃有上諭。于敏中王際華專當此事。至於四十四年。完成其一部。藏諸乾清宮北方摛藻堂。各書皆鈐摛藻堂印樣。次年再完成一部。收諸御園味腴書堂。其種類函數如下。

毎書卷頭に提要を擧げ、冊尾に考證を附し、其の篇式一に「全書」の例に據つた。此の「薈要」は頗る帝の御意に適つて隨時檢玩されたと云ふ。かの重華宮で内庭の大臣や翰林諸公に茶宴を賜はつた折「薈要」に題された二律は帝の得意さを如實に物語つて居るではないか。

薈要書成庋摛藻　聯吟文宴啓重華　酌經炊史儒風邕　鼓瑟吹笙淑氣嘉
卜似晝而弗卜夜　行非酒也乃行茶　亦知臨樂應不歎　未免思前暗自嗟』
全成四庫尙需時　要帙簪鈔今蔵斯　摛藻先陳眞是速　味腴繼貯亦非遲
有如嘗鼎一臠美　足傲儲編二酉奇　稽古右文緬祖訓　牖民迪世有深資

詳しくは松鄰叢書甲編に收めた四庫全書薈要を見て貰ひたい。四庫全書の副産物として四庫全書考證一百卷が出來あがつた。それは諸館臣が底本を一々綿密に校勘して得た一大成果で帝や館臣達の間には隨分とお手柄談しもあつたのである。經部二十二卷、二百四十四種、史部二十五卷、百八十四種、子部二十六卷、二百八十九種、集部二十七卷、三百七十九種、總計一千一百九十六種の書籍に渉つて居る。四十一年に王太岳等八人でまとめた。爾來通行本の謬誤を訂正する一つの標準となつた。

薈要各書卷首亦載提要。卷末附考證。其篇式。一如全書本。此種薈要。帝隨時玩賞。頗得嘉許。重華宮賜宴。時帝有題「薈要」之二律。如下。

由此可知帝對於此書之得意。詳細紀事。見松鄰叢書中。可參觀也。四庫全書考證一百卷。亦爲四庫全書之副產物。而館臣諸人精細校勘之結果也。經一部二十二卷。二百四十四種。史部二十五卷。一百八十四種。子部二十六卷。二百八十九種。集部二十七卷。三百七十九種。共計一千一百九十六種。爲乾隆四十一年。王太岳等八人所輯。此書後來遂爲通行本考訂之一標準矣。

以上は全部繕寫された書籍に就いてのみの敍述であるが、順序として出版の問題に移らねばならぬ。一部三萬六千冊の出版は乾隆帝の富力を以つてしても猶ほ至難の業であつた故か、或は他に理由があつたか、其の刊刻はたゞ一部分のみに限られた。卽ち乾隆三十九年に戶部侍郎金簡の奏請を容れ、木活字二十五萬餘を製せしめ、四庫に著錄したもの、中から、世道人心に裨益あり考證に資するに足る珍書百三十八種を擇出し、武英殿で逐次出版し、四十八年に至つて完成した。之れを稱して武英殿聚珍版叢書といふ。聚珍版とは活版の義で（桂湖村の漢籍解題に「珍版を聚むとの意なるべし」とあるは誤りである）帝が從來の俗稱を厭ひて自ら命せられた雅名なのである。每書必ず卷首に「御製題武英殿聚珍版十韻有序」と提要の文とを冠してある。十韻の中に見ゆる「精越鴟冠體。富過鄴架儲」の一聯、帝が四顧滿志の狀を想見すべきである。四庫全書考證一百卷も亦此の叢書に附刊された。此の叢書が我が邦に輸入されてから、「聚珍」の名が非常に流行した。吉田篁墩の「聚珍版藏在于箕林山房」などがその著しき例で、彼れは玉河某に命じ木活字二萬を造つて論語集解攻異を印刷し、更に十三經

一部三萬六千冊之四庫全書。其刊刻事業。以乾隆帝之富力言之。猶以爲難事歟。抑亦別有理由歟。其刊刻推止於一部分。即乾隆三十九年。容允戶部侍郎金簡奏請。製作木活字二十五萬餘。又由四庫中選出有益於世道而足資於考據之珍籍一百三十八種。逐次於武英殿印行。乾隆四十八年完成。謂之武英殿聚珍版叢書。聚珍版乃爲活字版之義。帝自厭舊有之名稱而錫以嘉名者也。各書卷首載有「御製題聚珍版十韻有序」及提要文篇。十韻詩之一聯云。精越鴟冠體。富過鄴架儲。帝四顧滿志之狀可想見也。四庫全書考證一百卷。亦附於此叢書中。此叢書傳入於日本後。聚珍二字。甚見流行。吉田篁墩云。聚珍版藏本于箕林山房。其一例也。吉田氏乃命玉河某。製木活字二萬。印刷論語集解考異。更擬印行十三經。太田全齋

にも及ばさんとした。太田全齋はその活字を買ひ入れ更に一萬字を新造し、其の名著韓非子翼毳を父子四人がゝりで二十部ほど印刷した苦心は人をして泣かしめるが、自跋の中に武英殿聚珍版式を引き、「雖實醜於精越鶡冠之工、竊慕乎愚公運石之誠」と云へるが如き、いかに憧憬の眼を以つて眺めて居たかが窺はれる。

更にも一つ特筆しなければならないのは、其の不可離的所產としての提要作製の事業である。紀昀主として其の衝に當り、諸館臣にそれぐ〜得意の專門を分擔せしめ、十分に其の手腕を揮はしめた。例へば戴震の經學に於ける、邵晉涵の史學に於ける、周永年の諸子學に於ける、翁方綱・朱筠の金石學に於ける、王念孫の小學に於ける、何れも一流の大家であつたから固より見事な出來榮ではあつたが、其の諸大家の作りあげた解題をば、紀昀が一々批閱して時には隨分思ひ切つた斧鉞さへ加へて居る試みに邵晉涵の史籍を解題した原文（四庫全書提要分纂稿）をば今の提要のそれに比較する時、そこに多くの差異點を發見するであらう。紀昀の力は實に提要全部に行き渉つて居るといふても過言では

購得其木活字。新造一萬字。父子四人合作。印刷其所著韓非子翼毳二十餘部。頗極苦辛。其自序中云。「雖實醜於精絕鶡冠之工。竊慕乎愚公運石之誠」。對於聚珍版本。如何慕愛。亦可想見矣。

又有與四庫全書所關重要之一副產物。即四庫全書提要是也。此書之製作。由紀昀專管之。使諸館臣各從專攻方面。分掌從事。以得各能發揮其才幹。譬如戴震於經學。邵晉涵於史學。周永年於諸子學。翁方綱朱筠於金石學。王念孫於小學。均為一代之巨師。紀氏對於專家諸人製作。有時頗加斧正。茲以邵晉涵史書提要之原文（見四庫全書提要分纂稿）照觀諸今之提要。即可以見有差異。雖謂紀氏學力浸潤提要

あるまい。尙は又館臣以外の學者の中にも館臣からの依賴を受けて暗中飛躍的に腕を示した人々も少くはなかつた。例へば丁杰の如きはそれで提要中の小學類は往々彼の手に成つたと云はれて居る。（鑑止水齋集卷十七丁教授傳）今其の體裁を述べんに、卷首に乾隆帝の「聖諭」二十五通（三十七年正月初四日より四十五年十月二十七日まで）永瑢等十二人連名の「表文」、「四庫全書在事諸臣職名」、「凡例」を列し、最後に總目錄を出して居る。即ち左の如し。

〔經　部〕易類、書類、詩類、禮類、春秋類、孝經類、五經總義類、四書類、樂類、小學類。

〔史　部〕正史類、編年類、紀事本末類、別史類、雜史類、詔令奏議類、傳記類、史鈔類、載記類、時令類、地理類、職官類、政書類、目錄類、史評類。

〔子　部〕儒家類、兵家類、法家類、農家類、醫家類、天文算法類、術數類、藝術類、譜錄類、雜家類、類書類、小說家類、釋家類、道家類。

〔集　部〕楚辭類、別集類、總集類、詩文評類、詞曲類。

每類必ず著錄と存目とに區別して居る。著錄本は實際四庫館に繕寫收藏したもの、存目は四庫館に收藏せずして單に其の名目のみを存したものである。左に兩者の書數と卷數とを示さ

全部。亦非過言也。館臣以外。又有暗裏助館臣以纔其才者。如提要小學類。大概成於丁杰之手云。見鑑止水齋集丁教授傳提要體裁。卷首列舉乾隆帝聖諭二十五通。自乾隆三十七年正月至四十五年十月永瑢等之表文四庫全書在事諸臣職名。及凡例諸篇。又揭示其總目錄如下。

每類必分別著錄與存目。著錄本乃爲收藏於四庫館之本。存目本乃爲不收於四庫館而惟存其書目者也。茲

將兩本之數目與卷數列於下。

		（書　數）	（卷　數）
經	著錄	六八四	九六六二
	存目	一〇七二	一〇一五九
史	者錄	五六三	二一九五三
	存目	一五七二	一六二九三
子	著錄	九二四	一七八九三
	存目	二〇一四	四一三八八
集	著錄	一二七七	二九二五四
	存目	二一二五	二四四〇一
統計	著錄	三四四八	七八七六二
	存目	六七八三	九二二四一
共計		一〇二三一	一七一〇〇三

右一萬〇二百三十一種の內三百九十一種には卷數なし（鄭堂讀書記卷三十二卷參看）其の解題ぶりは、部・類・書と大分小別し、部每に總敍を記し、類每に總論を述べ、さて愈々本書の解題に及ぶといふ順序である。各書編次の先後は時代順・作者

右共計一萬零二百三十一種。其中三百九十一種不分卷。參觀鄭堂讀書記卷三十二其提要內容。分爲部類。以及各書。各部有總敍。各類有總論。而以及各

登第の年・生卒の歳に随つて排批し、先づ最初に書名卷數を擧げ、直下に「內府藏本」とか「永樂大典本」とか、その底本と成つた原書を小字にて注し、行を改めて撰人の氏名爵里小傳を敍し、其の書の源流內容を說き、終りに批評を加へて居る。凡そ卷第の繁富なる、門類の充當なる、攷證の精審なる、議論の公平なる、前古未だ其の比を見ざる所、紀氏一生の學力茲に盡くとさへ云はれて居る。尤も自分は提要に向つて無條件に歎美の辭を捧ぐるものではない。今から觀れば隨分粗漏もあり誤謬も見えるのである。例へば經部三禮の如き、戴震の筆に成つた部分は流石に精審を極めて居るが、餘經には如何はしいところもある。李瀚の蒙求集注が顏叔秉燭の句に就いて「事出毛公詩傳」と注したのを提要の作者は「今詩傳實無此文」と批して居るが、作者は小雅巷伯の一句「哆兮侈兮」下の毛傳を捜がし出し得なかつた粗漏である。朱子の宋代名臣言行錄前集十卷後集十卷に、氣節凜然、光を日月と爭ふほどの劉安世の事蹟が載つて居ないと云うて種々臆測を逞うし朱子の態度を批難して居るが、安ぞ知らん後集第十二卷に歷然と出してあるではないか。併しながら

書提要。各書編次。或因作者登第生卒之年次。排比之。先揭書名卷數。注底本之所依據。改行敍作者姓名爵里小傳。記其書源流與內容。後加以評論者也。其卷第繁富。門類充當。攷證精審。議論公平。實前古所未有。紀氏終生之學力。皆傾倒於茲書矣。然由今而觀之。猶未免有粗漏誤謬。則吾不能無謂讚美之。經部三禮。成於戴震之筆。雖極精審。在其他經書。未足盡信。譬如李瀚蒙求集注。顏叔秉燭句下注云。事出毛公詩傳。提要云。今詩傳實無此文。然亦實見小雅巷伯哆兮侈兮句毛傳。則搜索不及之粗漏也。又朱子宋代名臣言行錄前集十卷後集十卷中。於氣節凜然與日月爭光之劉安世。以爲無記載。加以批難。未知後集第十二卷

此の如き誤謬は所謂白璧の微瑕であつて、固より提要全體の價値を傷つけるほどのものではない。本書二百卷、乾隆四十一年に武英殿で排刊したのを始めとし（所謂殿版大字本）、揚州小字本・廣州小字本（同治七年）がある。小字本の方は卷首に浙江學政の阮元の「恭記」を載せ、解題中にも多少修正した箇所が見える。

總目提要の成立は右の通りであるが、何分にも卷帙が浩瀚で手輕に繙閲しにくい爲めに、帝は乾隆三十九年別に于敏中等に命じ、其の存目を省き、某書若干卷某朝某人撰として其の爵里を略し、其の書の沿革大意を簡明に敍述したものを作らしめた。間々提要と其の説を異にした箇所も見える。合して二十卷、名づけて四庫全書簡明目錄といふ。之れには杭州小本、湖州沈氏本を始め重刊又重刊版式頗る多い。邵懿辰の編纂した四庫簡明目錄標注二十卷は數多の異本を注記したもので、校勘上頗る重寶である。宣統三年開雕印工精善人目を樂ましめる。我が邦では文化二年に提要の總目四卷を官刻し、又天保九年に石坂宗哲がその子部醫科類三卷を選刻した。簡明目錄の方は、享和二年

歷歷有之也。然亦此小誤謬。等於白璧微瑕。固未足損提要之價值也。此書二百卷。乾隆四十一年。武英殿排印本成。所謂殿版本也。揚州本廣州本嗣出。並在卷首。載阮元「恭記」。時亦有所修改。

總目提要。其卷帙浩瀚。不便披閲。乾隆三十九年。帝乃命于敏中等。省其存目。記某書若干卷某朝某人撰。並記其爵里。略記各書之沿革大意。其記文與提要間有異同。凡二十卷。名曰四庫全書簡明目錄。此書以杭州本湖州沈氏本爲始。重雕續出。邵懿辰四庫全書簡明目錄標注二十卷。記多數異本。多資於校訂。宣統三年開雕。又在日本。文化二年。官刻提要總目四卷。天保九年。石坂宗哲撰其子部醫科類三卷。又簡明目錄。享和

に經部のみを訓點付で飜刻した。若しそれ提要の經部から子部百三十一卷までの和刻本(活版)七十五冊に至つては坊間稀に覯るところである。

四庫全書後日物語として、阮元が四庫未收書目提要を撰述進献(嘉慶十二年)したことや、咸豐年間に文源閣は英佛聯合軍の爲め、文滙・文宗・文瀾の所謂江南三閣は長髮賊の爲め、いづれも兵燹の厄に遭ひ、あはれ所藏の四庫全書を全部若しくは大半を失つたことや、將たまた王懿榮が光緒十五年に四庫全書續修の疏を上り、孫同康が重修四庫全書條例を起草したことなど、幾多の傳ふべき話柄はあるが、茲には一切省略する。唯一つ讀者諸君とその慶びを分かちたいのは、屢々問題に上ほつた四庫全書印刷の大事業がいよ〱正式に企劃され、近き將來に於て實現を見るべく期待され居ることである。北京京師圖書館備付の文津閣本を底本とし、之れを寫眞石印に附し、訂裝は三種に分から(一)は袖珍型唐紙唐裝、(二)は四六版洋紙唐裝(一頁を上下二欄にして二枚ぶりを刷る)、(三)四六版洋紙洋綴とし、價格も(一)は一萬二千元(二)(三)は三千元と大凡に見積もられて居る。その印刷がいよ

二年飜刻其經部。別有提要自經部至子部百三十卷之活字版本。坊間罕有之物也。

嘉慶十二年。阮元撰獻四庫未收書目提要。咸豐年間。文源閣爲英法軍所燒燬。文滙文宗文瀾三閣。經長髮賊之難。並罹兵燹。燒失其全部或大半。又光緒十五年。王懿榮上疏請修四庫全書。孫同康撰草重修四庫全書條例。此種事實。不暇詳說。今從省畧。近來迭次發生問題之四庫全書印行一事。此大事業。已經正式有所企劃。必當有其實行之日。洵不勝慶賀。據北京寄來之樣本。以北京京師圖書舘所藏文津閣本爲底本。付之景印。訂裝分爲三種。(一)袖珍華紙革裝本。價一萬二千元(二)六開西紙華裝本。每頁分上下二欄 價三千元。(三)六開西紙西裝本。價三千元。此書印刷完

〵着手され完成されて、あこがれの世界的寶庫がたやすくまざ〳〵と私達の眼前に展開される日の來たるを思ふと、自ら胸中の高鳴りを禁じ得ない。（以下數行を略す、記者）

七經孟子考文補遺・論語皇侃義疏・古文孝經の三書が、吾が邦から支那に渡つて四庫館に運ばれ、館臣諸公を驚かし、遂に四庫全書として著錄されるまでに至つた經緯は、頗る興味ある問題で、此の間の消息を語るべき史的人物、屢々長崎にやつて來て三書の橋渡しをした江蘇浙江の畫家書賈を手始めに、處を隔て時を隔て、互に會ひもせず知りもせぬ彼我學者間の關係をば、此の三書を中心に辿つて行き綴り合はて見ると、そこに四庫全書編纂の一環境として、特に我々邦人に取つて面白い場面を展開するのであるが、今その暇がないので遺憾ながら省略する。

成之後。世界的寶庫。即可展開於吾人之眼前。想像及此。不任躍喜也。

（下畧）

附記　七經孟子考文補遺。論語皇侃義疏。古文孝經三書。自吾邦而傳至彼土。頗博館臣驚歎。遂見輯於四庫。語其經緯。頗屬有興趣之問題。此間之史學的人物。屢來長崎。書賈畫家時爲三書傳人之介紹者。時地相異未能而識之彼我學者。依此三書始有關聯。專試點綴此間消息。當得展開以四庫全書編纂爲背景極有興趣之佳傳佳話也。

四庫全書史表

張崟

比爲館藏文瀾閣四庫全書譔小史。初稿既成，因覺七部四庫之不無同異，殺青與頒書之參差其時；而旁稽有關係之紀載，輒鮮當意；非惝怳其辭，茫無厓岸，便指鹿爲馬，紕繆可嗤；雖專書如文瀾閣志，亦仍不免；蓋前人著作，對於時間觀念，往往不甚重視，而紀載又常忽系統之說明也。一閣如是，其他亦胡獨不然？聞新會陳援庵先生，有四庫全書纂修考之作；敍述極詳，關於纂修時之掌故摘鈔亦甚備；惜未付梓，無由得閱。疑不獲釋，寢饋載歷；遂自忘譾陋，輒就已得之資料，爲之整齊排比，成四庫成書次第考，成書後續有增改考，七閣異同考等如干篇，達全文十之八。以泛覽未博，參考未備，尚不敢遽用問世；茲以月刊須稿，姑將此表襮之，儻亦讀者所不棄乎？（表中圓圈之數字，分見表後之說明；說明與表有輔車之效，覽者豫之。）

閣名	竣工時期 閣	竣工時期 書	頒書時期	閣書之裝訂⑬ 書面顏色	閣書之裝訂⑬ 冊數	原貯藏地	現況
文淵	始于乾隆四十年成于四十一年（一七七五—一七七六）①	乾隆三十八年至四十七年正月（一七七三—一七八二）	乾隆四十七年春始裝潢貯閣	經—靑 史—赤 子—白 集—灰黑④	原 三六〇〇〇冊 今 三六〇七八冊⑦	北平	今由故宮博物院圖書館保管函以木櫝
文源	乾隆卅九年至四十年（一七七四—一七七五）	成于乾隆四十八年冬（?）（一七八三）	四十九年裝潢陳設	同右	原當同右	北京圓明園	咸豐十年英法聯軍陷北京園燬書燼

文溯	文津	文宗	文匯	文瀾
成於四十七年（一七八二）	與文源閣同	乾隆四十五年竣工②	成于乾隆四十五年③	乾隆四十七年
成於四十七年十一月辛酉（一七八三）	成于乾隆四十九年（一七八五）	乾隆五十三年⑭	乾隆五十三年	乾隆五十三年
乾隆四十八年春陸續賚送藏庋	乾隆五十年春庋架①	殆與文瀾閣書同年	殆與文瀾閣同	乾隆五十五年陸續頒發藏庋⑭
同右	同右⑥④	此二閣書書皮顏色如何今已失攷惟大抵當與文瀾閣相同耳		經—葵綠絹面 史—紅絹面 子—藍絹面 集—黑灰絹面⑤
原當同右 今三六二七五冊⑧	原當同右 今三六三〇〇冊⑨	原來冊數當亦與文瀾閣書相同		原三五九九〇冊 今三六二七八冊
奉天（今瀋陽）	熱河避暑行宮	鎮江金山寺	揚州大觀堂	杭州孤山聖因寺
曾於民國三年運京存保和殿及十四年春始復運遼十五六年照文淵閣補鈔函以楠木匣但至今猶微有殘闕⑧遼瀋陷日書落外人勢力圈中	書今存北平國立北平圖書館⑪稍有殘闕	太平軍之亂閣書同歸于燼	同右	自民國元年移書存省立浙江圖書館後閣與書之關係遂絕至四庫舊籍雖經丁氏補鈔于前乙卯癸亥踵之於後但迄最近止尚闕待訪書一種待訪卷二十有六種一簣之覆有待方來矣 書均用銀杏夾板⑫皮藏廚中與昔之貯楠木匣者已有微別

注①清高宗御製詩五集卷十八文津閣駁大樹詩：『四庫編書成十年，（自癸巳輯四庫全書至甲辰歲全完約以十年計）四閣庋藏搆九歲，（自甲午分建四閣貯四庫全書，御園之文源閣，山莊之文津閣，均以甲午經始，乙未蕆功，大内之文淵閣，始于乙未，成于丙申，盛京之文溯，以壬寅工竣；計自甲午至壬寅凡九年，而四閣俱成。）山莊之閣曰文津，遂以今春蕆全備。（乙巳春第四分全書裝潢完竣，命……陸費墀送至此……閣陳設……）』

②③同上卷四文匯閣疊庚子韵注有云：『此閣成于庚子，亦仿范氏天一閣式爲之』。又題文宗閣疊庚子詩韵：『庚子南巡閣已成，』注謂庚子南巡時金山文宗閣已成，貯古今圖書集成全部。

④據圖書館學季刊第一卷第一期施廷鏞故宮圖書記，記文淵閣狀況綦詳。據稱閣書書皮及帶，均以色別：經部綠色，史部紅色，子部藍色，集部灰色云云。今從御製詩五集卷十七文津閣作歌當如此，且内廷四閣如一，而今不然者，殆後曾重加裝潢，致乖朔誼與？

⑤參看文瀾閣志卷上陸光祺文瀾閣排架圖記。（綠與青色本無大殊，于此可以更覘後三閣書。書皮之初必全仿内廷者矣。）但現時重加裝訂，已與本來面目微別。

⑥據民二十年六月印行之國立北平圖書館概況稱該館藏四庫全書書皮色經綠史紅子藍集灰，與此不同，其故殆亦與注四所云相同。

⑦據御製詩五集卷九題文淵閣疊本歲詩韵：『玆三萬六千册内，一語爲君難最精。』又九八卷

第三八首癸巳始之乙巳成注，『至乙巳年四分全部告成，每部三萬六千册，可謂書城之鉅觀矣。』(任松如亦稱全書一分三萬六千册正副本共八分得二十八萬八千册云) 案文瀾閣志卷上第七頁亦謂文淵閣書凡三萬六千册，是文淵閣四庫初固三六〇〇〇册也。今據北平故宮博物院圖書館概況則謂有三萬六千零七十八册，殆因重訂後而然歟？

⑧參照中華圖書館協會會報四卷三期奉天影印文溯閣四庫全書張學良翟文選等預告文。案東北叢刊第六期第八頁董衆選印文溯閣四庫全書議，謂共六千一百四十三函三萬六千三百百十八册，自注：此就文溯閣言也。但文溯閣經部殘闕，確數待攷云。下文謂闕周易集解下函第三百廿六函三百廿七函，均有匣無書，其所舉數目，與上微異。

⑨今數係據國立北平圖書館概況所報告者

⑩其詳另見拙作館藏文瀾閣四庫全書小史

⑪文津閣書於民國四年由內務部運平暫庋于古物陳列所，是年十月經教育部根據前清奏案咨行內務部，撥交北平圖書館保藏，詳見北平圖書館概況。但據該書自稱所藏閣書完全無缺，而實則文津本並不爾也。如今本館文瀾閣本所缺待訪書一種，待訪卷廿六種，在文津亦皆無之。再如宋元憲集之祇卅六卷，(四庫著錄四十卷)文恭集(原五十卷又補遺一卷)華陽集 (原六十卷附錄十卷) 之皆祇四十卷，宛邱集作柯山集祇五十卷，(原七十六卷)浮谿集之祇卅二卷

，（原三十六卷）止堂集之祇十八卷，（原二十卷）皆不能不謂爲猶有殘闕也。完全云何哉？（案北平圖書館協會會刊第二期北平圖書館指南一國立圖書館北平圖書館亦稱海內現存四庫全書四部此部最爲完整云亦同此誤）

⑫參看拙作丁氏補鈔文瀾閣闕簡追紀（月刊第一期）及館藏文瀾閣四庫全書小史。

⑬四庫裝訂均爲包背裝，非線裝書也。此點亦不可不知，特附識于此。

⑭汪容甫年譜『乾隆五十五年夏自武昌歸里，是時高宗純皇帝詔修四庫告成，頒于江蘇浙江，敕建文滙文宗文瀾三閣以儲之；畢督部沅謝侍郎墉王侍郎昶交荐先生司校勘之役；鹽政戴公全德禮致先君典文宗閣祕書；先君檢理本書，是正文字，竭二年之力，校勘始畢。』又『五十九年十月，鹽政戴公全德薦往杭州校勘文瀾閣四庫全書。』（據附載馬秀才書事謂『是時文滙及文宗四庫書已校畢直指延至杭州校文瀾閣四庫書』云）又『其時書已陸續送閣，所未成者，不足三四千冊；按籍而稽，比揚奉到之書，卷冊多有不符；月餘之內，精心校讎，書成，復直指書。』據是則南三閣書似成于乾隆五十五年而文瀾本之頒閣庋藏至五十九年當猶未蔵也

四庫全書之歷史

李時

第一　弁言

今歲秋間，德人巴斯彌留之際，囑將所有財產，（約計國幣四五十萬圓）贈送中華民國，用以保存中國固有文化，並阻遏歐化之侵入。中委李煜瀛氏，提出鈔錄四庫全書，行銷各國，即以此款為暫墊費，以副巴斯愛護中國之盛意。此事傳入中華之日，適值國難週歲之辰也；東北淪陷，悼念彌深，彼黍離離，麥秀漸漸，大夫興喪亂之感，君子有亡國之悲；淡日慘雲，望之色沮；秋聲鶴唳，聞而心驚。執筆書此，不禁為之萬慮縈懷，千感交集矣。溯自鴉片戰後，賠款割地，日有所聞，甲午庚子，愈演愈烈，敵人直入堂奧，而莫能禦。迨戰禍稍紓，而清廷之泄沓如故也。革命軍起，海內靡然向風，人民望治喁喁，亟宜懸其誠悃，不知出此，忽而帝制，忽而復辟，忽而倡言法統，忽而執政大元帥，換湯而不換藥，革面而不革心，從政者之泄沓如故也。北伐成功，耳目為之一新，家家談主義，人人言建設；及其卒也，金玉其外，敗絮其中，徒唱高調，毫無實際，人民對之，完全失其信任；東北事變，國民痛心疾首，深願大張撻伐，以自振拔，而當局之泄沓如故也。巖巖南山，赫赫師尹，無拳無勇之小民，奈之何哉？奈之何哉！

或謂我國之積弱，由於武備之未充實也。然而以今日之現狀觀之，政府之收入，不可謂不豐；以歲入百分之九十餘以養兵，不可謂不優；全國軍隊，竟達二三百萬之數，不可謂不多。究其結果，軍閥割據，貪婪無厭，勇於私鬪，怯於公戰；以之起內訌則有餘，以之禦外侮則不足。民國以來，除今歲淞滬軍隊之抗日，稍存國家體面外，二十餘年，兵連禍結，真所謂春秋無義戰者也。尤有痛心者，美其名曰編遣，殊不知此遣則彼召，此損則彼益，遣之則兵散爲匪，召之則匪聚爲兵，非兵非匪，則流入共黨矣。將來軍隊愈衆，糾紛益多，是治亂絲而棼之也，不可不引爲深戒。

或謂我國之積弱，由於文化之落伍也。聰穎軼群之士，思冠儕輩，乘風破浪，求學外邦。東瀛路近而費省，返祖國後，亦能博得相當位置，於是東渡之士，聯翩如鯽。但我國舊習，沈迷仕宦，大抵所學者，多爲法律政治之徒，及其學成，以之獵官爵則中程；以之刷新政治，則非其任也。滿清末造，及民國初年，此派頗佔優勢。久之黔驢之技，日至窮境，社會信仰，日漸墜落，而留學歐美之人，嶄然現頭角焉。此派有習理工科者，有習文哲學者，建設事業，在我國最爲初步，故習理工者用途甚狹，且此等人，運用華文，頗感困難，雖從事多年，猶如仗馬寒蟬，寂無聲息。至若習文哲者，以己萬里鯨天，艱苦備嘗，若碌碌無所表現，有負數年之苦；於是『死文字，活文學』之說，震動人之耳鼓，少年利其便己，靡然向風焉。但此輩根柢卑淺，專事立異，叫囂終日，而不能潛心向學。故其發表言論，有不能自圓其說者，有自相矛盾者，且有時代性之文章，今日爲警闢之語，一轉瞬間，即爲明日黃花矣，除翻譯三五種小說外，竟無創獲，可不哀哉！現在之青年，爲環境所壓迫，苦無出路，煩悶已極，不但四部七略，詆爲車向倒開；即普通之國語文學，亦覺久所厭聞，而不足以饜膏肓，起廢疾也。當是時、非有色彩之篇章，不足以動目；非有挑撥之文字，不足以會心。此所謂毒粥既陳，旁有爛腸之鼠；明燎宵舉，下有聚死之蟲。快一時之口，遺無窮之害；作俑之人，其肉尙足食乎？殊不知國於天地，必有與立，欲治其國，必審國情。削足適屨，誠非所宜，李戴張冠，貽笑益甚！夫中華立國於世界之最大洲，且爲其洲中之最大國，有最多數之人民，有最長久之歷史；其文章制度，禮樂政刑，均足以跨越羣雄，而有獨立不倚之氣概；際此風會所趨，稍一轉移，應付世變而有餘，何必强取他人之子，以自亂其統緒哉？今者巴斯，有志保存中國固有之文化；而李煜瀛氏，又以四庫全書爲文化之淵藪；其志其識，皆不可及也。吾以爲中華最大之創作，可以耀臨世界者，有三事焉：曰秦始皇之長城，隋煬帝之運河，及清高宗之『四庫全書』是也。甚願我國民注意及之，故撰四庫全書之歷史。

第二 四庫全書之釋名

何謂四庫全書？茲解釋之如左：四部之名，起於晉初；荀勗、張華等，編列晉室所藏書籍，分爲四部。及晉移江左，藏書淆亂，李充刪除繁重，雖仍分四部，而內容稍異於前：於是甲部、爲五經之屬，乙部、爲史記之屬，丙部、爲諸子之屬，丁部、爲詩賦之屬。至唐玄宗、於東西兩都，各聚書四部，分藏於經史子集四庫中，四大類別，由是確定，四庫之名，喧騰於人耳矣。

至於全書之稱，始於趙宋；明代沿用之，清代尤重視之；故用『四庫全書之名。』然所謂全者，四部俱備，非謂人間之書，盡於是矣。明祁承㸁云：垂於古、而不可續於今者，經也。繁於前代而不及於前代者，史也。日亡而日佚者，子也。日廣而日益者，集也。祁氏評論四部之語，固有所偏，然於此可覘經史子集之由來矣。

第三　編纂之用意

有清一代，至於高宗，盛已極矣！蔑以加矣。席康雍之餘業，兆庶歸心；立邊徼之偉功，四海翕服。及其暮年，自號『十全老人』，其得意之際，可以想像而知。於是安內攘外之餘，欲博稽古右文之譽；乃發鴻願，編纂『四庫全書』，取多用宏，雄視百代，其意量亦深遠矣！竊嘗推想編纂四庫全書，其用意有三焉：曰消滅穢聲，曰平息反側；曰誇耀後世；是已。

清初宮闈，穢聲遠播，悖理亂倫，視漢唐爲尤甚！若太后下嫁，若骨肉爲婚，若父子之變，若兄弟之禍，若君臣易子之說；多爲有史以來，絕無而僅見者。當其披草萊，斬荊棘，攻城略地之際，急功好利之秋；禮義之防，爲訓後世，固始料不及此，亦不計將來之毀譽也。迨至海內晏然，萬姓擁戴，自忖何德何能，始符垂拱於民上；必敬必戒，方能媲美乎先王。於是以前種種行爲，在在爲記載設想；乃假編纂四庫全書之名，搜求天下遺書，凡涉及宮廷之文字，偶有譏訕，立即焚燬。所謂消滅穢聲者，此類是也。

當朱明鼎革，滿清入關，而明季遺老，自以先世臣明，固宜存亡與共；故國之戚，生死不忘。如夏峯、梨洲、亭林、楊園、二曲、船山諸老：奔走國事，備嘗險阻，既知事不可爲，乃退而著書。清廷於是有隱逸之薦，有鴻博之徵；而諸老皆以死拒，不肯屈也。康雍兩朝，大興文字之獄，株連者衆，殺戮殘酷，而排滿之心，較前益烈！乾隆帝既以博學鴻辭，網羅文章之士，再以開館修書，招致撰述之人。使之勞精耗神於校勘之作，消磨歲月於故紙堆中。假以虛名，豢以優祿，均得安於其位。所謂平息反側者，此類是也。

淸高宗自號『十全老人，』其意氣之盛，可謂跨越千載之君主矣！縱觀唐代，則有藝文類聚、北堂書鈔，宋代則有太平御覽、冊府元龜，明代則有永樂大典，康熙朝，則有古今圖書集成；蔚然大觀，可稱一代之鉅製。按其編纂之法，實皆類書之體；高宗乃欲搜集極備之典籍，撰一空前偉大之叢書，以期前無古人，後無來者，眞可謂豪邁之舉。所謂誇耀後世者，此類是也。

以上三端，舉其犖犖大者，故纂修四庫全書，全爲乾隆之私意。當時劉統勳、頗不願爲之；其所持之理由，則有四項：纂修四庫書，費力甚鉅，而非爲政之要，一也。到處搜訪遺書，易滋紛擾，二也。恐觸乾隆之怒，又興文字之獄，三也。恐朝野文士，因此起朋黨之爭，四也。于敏中極主張纂修，朱筠條奏，又欲將永樂大典，擇取繕寫，使各自爲書，足以津逮四庫。建言者日衆，而四庫全書館，從此開始修書矣。

第四　搜集之方法

乾隆三十七年正月，頒上諭云：『朕稽古右文，聿資治理，幾餘典學，日有孜孜。因思策府縹緗，載籍極博，其鉅者羽翼經訓，垂範方來，固足稱千秋法鑒，即在識小之徒，專門撰述，細及名物象數，兼綜條貫，各自成家，亦莫不有所發明，可爲游藝養心之一助。是以御極之初，即詔中外搜訪遺書；並命儒臣、校勘十三經、二十一史，徧布黌宮，嘉惠後學，復開館纂修綱目三編、通鑑輯覽、及三通諸書：凡藝林承學之士，所當戶誦家絃者，既已薈萃略備。第念讀書、固在得其要領，而多識前言往行，以畜其德。惟蒐羅益廣，則研討愈精；如康熙年間，所修圖書集成全部，兼收並錄，極方策之大觀！引用諸編，率屬因類取裁，勢不能悉載全文，使閱者沿流溯源，一一徵其來處。今內府藏書，插架不爲不富；然古今來著作之手，無慮數千百家，或逸在名山，未登柱史，正宜及時採集，彙送京師，以彰千古同文之盛。

其令直省督撫會同學政等，通飭所屬，加意購訪，除坊肆所售舉業時文，及民間無用之族譜、尺牘、屏幛、壽聯等類：又其人本無實學，不過嫁名馳騖，編刻酬唱詩文，瑣屑無當者，均無庸採取外；其歷代流傳舊書，內有闡明性學治法，關繫世道人心者，自當首先購覓。至若發揮傳注，攷覈典章，旁及九流百家之言，有裨實用者，亦應

備爲甄擇，

又如歷代名人，洎本朝士林宿望，向有詩文專集，及近時沈潛經史，原本夙雅，如：顧棟高、陳祖范、任啓運，沈德潛輩，亦各著成編，並非勦說巵言可比，均應概行查明。在坊肆者，或量爲給價，家藏者，或官爲裝印；其有未經鐫刊，祇係鈔本存留者，不妨繕錄副本，仍將原書給還，並嚴飭所屬，一切善爲經理，毋使吏胥藉端滋擾。但各省蒐輯之書，卷帙必多，若不加以鑑別，悉令呈送，煩複皆所不免。著該督撫等，先將各書、敍列目錄，注係某朝某人所著，書中要旨何在，簡明開載，具摺奏聞。候彙齊後，令廷臣檢覈，有堪備閱者，再開單行知取進，庶幾副在石渠，用儲乙覽；從此四庫七略，益昭美備，稱朕意焉。』

徵求書籍之旨既降，各督撫加意採訪，彙送於朝，於是各省陸續奏進，而江浙兩省藏書家、呈獻種類尤多，廷臣中亦有紛紛奏進者。因命詞臣，分別校勘，以廣流傳。

當時私家進獻書籍，有多至五六百種者：如浙江鮑士恭、范懋柱、汪啓淑、以及兩淮之馬裕等；各賞古今圖書集成一部。又有進呈百種以上者：如江蘇周厚堉、蔣曾瑩；浙江王玉墀、孫仰曾、汪汝瑮、以及朝紳中、黃登賢、紀昀、勵守謙、汪如藻等；各賜內府初印佩文韻府一部，進到之書，命書館先行謄錄副本，將原書發還，俾其子孫世守，以爲稽古藏書者勸。故士庶尤踴躍呈獻，而得成空前之偉觀焉。

四庫全書採擇之法，約分六種：第一、勅撰本；清代依奉勅旨所編者。第二、內府本；書籍收藏於宮廷，備皇帝閱覽者。第三、各省採進本；地方遺書，爲督撫奏呈者。第四、私人進獻本；著名藏書家，自願進獻者。第五、通行本；古今古籍，流行於世間者。第六、永樂大典本；明成祖時所編，藏於翰林院者。（按永樂大典、爲古今類書之奇偉者；永樂元年七月，成祖勅解縉等撰，二年十一月書成，賜名文獻大成。嗣以所纂、尚多未備，復命解縉、劉季箎、姚廣孝、爲監修；王景等五人、爲總纂，鄒輯等二十八人爲副總纂，重加修輯，永樂五年十一月書成，改賜名永樂大典。爲書共二萬二千八百七十七卷，目錄六十卷，裝成一萬一千九百九十五冊。）本是六種，彙爲總目，於經史子集內，分斷應刻、應鈔，及應存書目三項。各條下俱經撰有提要，將一書原委，提舉大凡，并詳著人世爵里，可以一覽了然。較之崇文總目，蒐羅既廣，體例又加詳也。總計四庫著錄之書，三千四百五十七部，七萬九千七十卷；存目者、六千七百六十六部，九萬三千五百五十六卷云。

第五　館中服務人員

乾隆三十八年，開設四庫全書館，任皇子及大學士等爲正總裁，各部尙書侍郎等爲副總裁；然實際荷編纂之任者，爲紀昀、陸錫熊、孫士毅等，所謂總纂官者也。三人中、尤以紀昀之力爲多。其他分任纂修之官者，盡爲一時之選，如：總目協勘官、則有任大椿等；篆隸分校官，則有王念孫等；校勘永樂大典、則有戴震、邵晋涵等；校辦各省送到遺書、則有朱筠、姚鼐等。副總裁以下，與其事者，三百餘人，歷十年始竣其事。總纂官中、惟孫士毅任職日短，成績不著。紀昀、陸錫熊，對於四庫書之纂成，皆極爲出力之人；其次則爲總校官陸費墀。玆將三人服務概況列左：

紀昀、字曉嵐，一字春帆，晚號石雲，河間獻縣人。貫徹儒籍，旁通百家。凡六經傳注得失，諸史異同，子集支分派別，無不抉奧提綱，窮源究委也。——其任總纂官，凡十有三年，始終其事；全書體例，皆一手所定。每進一書，輒仿劉向、曾鞏例，作提要，冠諸簡首。又撰全書總目，存書存目，多至萬餘種，評隲精審，類古人所未發者。嘉慶十年卒，年八十有二。

陸錫熊、字健男，號耳山，上海人。博聞强識，資稟過人。爲總纂官時，各省遺書送到後，陸氏爲字畫之訛謬者，卷帙之脫落者，篇第之倒置，與他本之互異者。四庫全書之成也，以前任校對不愼，舛錯脫落，在所不免。奉天文溯閣之書，較他處爲甚！陸請自往校之，旣而以爲未盡，乾隆五十七年正月復往，會冰雪載塗，比至奉天，病寒而卒。

陸費氏名墀，字丹叔，浙江桐鄉人。四庫書館開，充總校官，一切綜核稽查，矢志勤勉。先後十有七年，辰入酉出，寒暑未肯稍懈。職員中，與四庫全書相終始，而實際任事最力者，陸費氏一人而已。

第六　四庫書之貯藏

四庫全書者，旣爲包括經史子集而言；故此書以經史子集、提綱列目：經部分十類，史部分十五類，子部分十四類，集部分五類。或流別繁碎者，又各析子目，使條理分明。四部之首，各冠以總序，四十三類之首，亦各冠以小序。述其源流正變，及分併改隸之由也。所錄諸書，各以時代爲次，其歷代帝王著作，從隋書經籍志例，冠各代之首；至於有清列朝所製，及乾隆御撰，奉高宗命，各從門目，弁於清代之前。此亦道秉大公，義求至當者也。

乾隆四十七年，四庫全書告成；於是分鈔七份，先後建七閣以貯之：曰文淵閣，在文華殿後。曰文溯閣，在奉天行宮。曰文津閣，在熱河避暑山莊。曰文源閣，在京西圓明園。咸豐十年，英法聯軍入北京，焚圓明園；文源閣之書，遂蕩然無存矣。文溯閣之書，曾一度移至北京，後因東北當局强索之，又復運回奉天。民國二十年，九一八事變，禍起倉猝，此書遂淪陷於東夷之手，聞倭奴運載東瀛，開館陳列，視爲戰利品，可哀也已！文淵、文津，兩閣之書，迄今尚無缺失。舊稱此四處、爲內廷四閣，亦簡稱曰北四閣也。曰文匯閣，在揚州大觀堂。曰文宗閣，在鎭江金山寺。此二閣之書，燬於太平天國之亂。曰文瀾閣，在杭州西湖孤山麓。其書亦有散亡，亂後補鈔，非當年舊帙，今改存浙江圖書館中；此所謂江浙三閣，亦簡稱南三閣也。論者謂：高宗乘國帑之豐裕，以遂其好名之私心；故當開四庫書館之前，致有劉于之爭。然而三代以下，恐不好名；若高宗之開四庫書館，在當時雖非爲政之要，而其文治之偉勣，大有裨益於後世也。惟自乾隆以降，百餘年中，神州屢經多故，舊籍日就淪亡；官府私藏，散佚過半，今獨賴文淵、文津、之書，完全無闕，猶有石渠金匱之遺意。然初建七閣，僅餘其二；撫今追昔，可慨也夫！

第七　翻印之經過

民國九年，政府乃有影印四庫全書之議，十月十一日，徐大總統世昌、任命朱啓鈐，爲監印四庫全書總裁，並訂預約於歐美各邦。嗣以庫欵支絀，其事遂止。先是曾派陳垣、就文津閣所藏書，實地調查冊頁確數，以爲入手辦法。茲錄其新編最精確之四庫全書數目，詳表於左：

部別	架數	函數	冊數	頁數
經	二十	九百六十	五千四百八十二	三十六萬三千六百〇四
史	三十二	一千五百八十四	九千四百七十六	六十九萬七千二百八十七
子	二十二	一千五百八十四	九千〇五十五	五十六萬四千一百六十
集	二十八	二千〇十六	一萬二千二百六十二	六十六萬五千八百六十五
總	一百〇二	六千一百四十四	三萬六千二百七十五	二百二十九萬〇九百十六

四庫全書，卷帙繁多，既如上列：當時以皇帝之尊嚴，全國之富饒，而不能鏤版印刷，廣為傳布。以致中外人士，無由詳窺，博學勤讀者，引為深憾！迄於民國，變亂頻仍，軍用浩繁，庫空如洗，要津視為傳舍，國學等於弁髦；文化之闡揚，不第無其事實，且未萌是思想。乃竟於此沈悶之際，而發奇異之光；若翻印四庫全書之事，誠民國史中一段佳話也。九年十月，即欲着手進行，嗣以欵絀，遂作罷論。

十四年九月，翻印此書，見諸明令，上海商務印書館、特承印之，茲錄有關係之文字於左，備觀覽焉。

中華民國十四年九月二十五日臨時執政令

四庫全書，為我國最大之典籍；甄綜國故，世界共推。第原鈔七部，建閣分藏，海內學人，罕窺中秘。且距今百載，中經變故，僅留三部。（今僅餘兩部。）政府屢擬刊行，皆以欵絀中止。茲據教育總長提議，將文淵、文津兩閣全書，擇一運滬，交商務印書館，參照中西版式，縮本影印，以廣流傳，規畫至當，事屬可行。准由該部將文津閣全書，一律點交移滬影印；並由部遴派委員一人，駐滬照料。全書運滬時，交通部、並應協同運送。其餘承印事宜，即着該部商同該印書館，妥為辦理。至文淵閣全書，仍交由京師圖書館保存，以供閱覽。此令。

商務印書館影印四庫全書紀略

敝館影印四庫全書，已承教育部訂立契約；因交通阻滯，運輸稍有停頓。辱承中外人士，紛紛垂詢，特將茲事本末，畧陳於後，尚祈公鑒：

四庫全書，創始於乾隆中葉，成書三千四百餘種，七萬九千三百餘卷，萃典籍之精華，為文化之淵藪；原鈔七部，未及百年，散失過半。現在較為完善者，僅存三部。民國九年，政府議印是書，擬照原式影印，并以印刷事見委。敝館估計印書百部，需費二三百萬，需時一二十年；且本國紙張，不敷應用，是以不敢冒昧擔任。近者敝館開業，將屆三十年，頗欲影印此書，以為紀念，即稍虧折，不敢計較。印刷方法，擬就原書，酌量縮小，參用外紙，限期五年，庶幾流通較易，庋置不難。海內宏達，頗相許可。聞文淵閣一書，存儲清宮，閱覽較少。民國十三年二月，特派代表進京，與清室內務府、商借運滬影印；並呈國務院、內務部、教育部、交通部、存案。由國務院咨行交通部，分令京奉、津浦、滬寧三路局，預備專車，沿途照料。四月五日，敝館會同內務府委員，到文淵閣查點裝箱，至七日、約得三分之一。八日、奉公府秘書廳公函阻止裝運，事遂中止。十四年六七月間，疊奉交通部、教育部，先後電召，續議影印。八月間、敝館又派代表到京，商議多次。決由政府指撥欵項，影印特種；由敝館自籌資本，影印甲乙兩種。九月三日、廿四日，先後經國務會議議決，奉臨時執政命令，指撥文津閣全書，移滬影印。十月十二日、教育部簽訂合同，十五日、會同教育部部員，暨國立京師圖書館館員，查點裝箱，二十日、全書裝點完畢，正擬商請交通部指撥專車，運送至滬，適戰事發生，交通阻滯，暫行停頓。一俟和平恢復，卽行運滬，籌備印行。茲將擬印全書冊數售價，分列如下：

特種：九開本；縱營造尺五寸五分，橫三寸二分。用連史紙印刷，照原書一頁爲一頁，分訂三萬六千餘冊。

右一種每部售價，約一萬一二千元。

甲種：四開本；縱營造尺七寸八分，橫五寸三分。用道林紙印刷，以原書四頁爲一頁，布面西裝，分訂一千冊，每冊厚約二寸弱。

乙種：四開本；縱營造尺七寸八分，橫五寸三分。用道林紙印刷，以原書四頁爲一頁。紙面華裝，分訂五千冊。

右二書，每部售價，約三千數百元。以上計劃，均爲約計之數，俟全書到滬，詳細檢點，方能確定。

第八　印刷之估量

商務印書館所估計之價值、及時間，畧如該館紀畧中所云；但詳於縮印、或用道林紙成書；至於大小紙張，完全與原書同，則略而未言，亦一缺憾！編者謹就自己印刷之經驗，以局外人之估計；所費時間欵項，宜如左數：

一、所用紙張——全書二百三十萬頁，印二百部，尺寸與原書同。須粉連紙四開，約用紙一百七十萬刀，價值在二百五六十萬圓。

二、照像製版——每日出書二千頁，全書五年可畢，照相器具藥料，以及鋅版雜費等，年約需洋四十八萬圓。

三、裝訂工役——每部三萬六千餘冊，共印二百部，約七百二十餘萬冊。如用中國書皮紙、絲線綾角，年約需洋十萬圓。各項工師，以二百人計，工徒須加三倍，年需工資洋十三萬圓。

四、印刷電力——機器油墨，年需洋十七萬圓，電力木器等雜費，約需洋四五萬圓。

以上所列各數，用粉連紙印二百部，總計五年可畢，需款約七百餘萬圓。若邊匡縮小、用鉛字活版，則二年可畢，費用減半，卽能竣事。當此印刷昌明之時代，傳布文化之速率；較之古人，何止倍蓰，何止什佰，翻印四庫全書之謀，儻有一日焉，得觀厥成，豈非天下之大快事哉!?

論著

從莊氏史案說到四庫全書

湯中

作者學養茈茂、早爲南北士林宗仰、本文立論精到、考據周詳、値得鄭重介紹、希讀者注意。 編者

一

滿清入關以後、對於我們漢民族蹧蹋最厲害者、有兩件事：(一)大興文字之獄、殺害漢人中有種族思想的學者。(二)借着求書之名、焚燬我先民掉下來的文獻、有關於夷夏之防者。這兩種兇狠毒辣的手段、要使我們漢民族不與故國之思、做他索虜的順民。要使我們漢民族、忘記先朝的遺事、永遠屈服於清廷統治之下。再稍詳細地說：滿洲人侵略中國、初時覺得非常容易、一年之中、北京南京、唾手而得、後來有一班白面書生、如黃道周、錢肅樂、張煌言、瞿式耜、陳子壯、張家玉、王翌、諸君子、打着「非我族類」的義旗、或在浙閩擁戴魯王唐王、或在兩廣雲南擁戴永歷帝、因此之故、一直到了順治朝十八個年頭、還沒有把中國完全征服。此外還有許多文人、見大勢已去、匿跡空山、紀有明故事、留示後人、希望子子孫孫、勿忘祖國滅亡之痛。所以滿洲帝皇對於這班讀書人、極其懷恨、非把他們殘殺一下不可、這是上列第一件事情的原因。滿洲人原來是個野蠻民族、雖然能以武力來征服中國、而旋被中國文化征服了、既不能像近世帝國主義的國家、可把自己的歷史語言來同化屬國、那末、要毀滅漢人的種族思想、祇有效法秦始皇的政策、拿書來燒、可是、又不能無端燒書、所以託名網羅散佚、使全國的藏書一齊獻出來、把他所謂含有忌諱語者、一律銷燬或抽燬、這是上列第二件事情的原因。湖州莊廷鑨史案和乾隆四庫全書、就是這兩件事情的眞憑實據。

二

莊氏史案、是清朝文字獄裏頭、株連最廣、殺戮最兇的、

一件慘事、我先把各家的紀載、撮要說一下：當明末的時候、烏程南潯相國朱文肅名國禎、曾著了一部明史、舉大經大法者筆之、已刊行於世、未刻者爲列朝諸臣傳、國變以後、朱氏家中落把稿本質千金於莊廷鑨、廷鑨是南潯富戶、因失明以盲史自居、得到朱國禎稿本、想竊名已作、就請了許多賓客、增損修飾、又續纂崇禎一朝事、共有百餘帙、名曰明書、書中多忌諱語、本前人詆斥之詞、未經删削、書成、廷鑨已死、其父允城、哀廷鑨之志、乃亟爲刊行、並請求故禮部主事李令晳撰序、列吳越名士十八人爲參閱、此十八人之中、歸安茅元銘、吳江張雋、董二酉、吳炎、潘檉章、仁和陸圻、海甯查繼佐、范驤、尤負盛名、允城引以爲重、列諸卷首、實則有本人並不知情者。其書於順治十七年冬刊成、頗流傳一時。有歸安縣令吳之榮、以貪贓革職、謀以告訐爲功、先挾書恐嚇莊氏、莊氏不應、告諸大吏、大吏右莊氏不直之榮、於是之榮走京師、摘忌諱語密奏之、四大臣大怒、遣滿侍郎羅多等、馳驛至湖州、取明書版、並械允城至都、允城赴部刑訊、不勝痛楚、瘐死於獄、磔其屍、翌年、再令吳戴二侍郎至杭讞獄、案既定、發廷鑨墓、焚其骨、其弟廷鉞及其弟子與諸罪人的昆弟子孫年在十五以上者、均斬決、妻女配瀋、披甲爲奴、其承刊此書的朱佑民、撰序的李令晳、參閱的茅元銘等十四人、（時董已前死、查陸范以首先舉發免罪、）均凌遲死、并株連姻族友鄰、纍纍滿獄、湖州知府譚希閔與推官李煥、皆以隱匿處絞、所有刻書鬻書、購書藏書者亦多坐罪、此獄決於康熙二年五月、受重辟者七十餘人、遣戍者百餘人。（參看全祖望江浙兩大獄記、翁廣平書湖州莊氏史獄、楊鳳苞記史案本末、顧炎武書吳潘二子事、）爲了一部書、竟殺害這樣多的人、可謂殘酷極了、就是書中有謗毀滿洲人的地方、也不應該發如此淫威、況且並沒有十分詆斥的言語、看陳寅清榴龕隨筆、就可以明白。

「或問逆書致罪之由、余不知其細、但聞之前人曰、如書中所云王某孫壻、即清之德祖、所云建州都督、即清之太祖、而直書其名。又云長山衂而銳士飲恨於沙燐、大將還而勁卒銷亡於左衽、散見於李如柏李化龍熊明遇傳中。又自丙辰迄癸未、俱不書清年號、而於隆武永歷即位之正朔、必大書特書。其取禍之端有如此。……」

照以上陳氏所記、莊廷鑨明書、觸犯滿清者、不過區區這幾點。按滿洲人入關稱主中原、在順治元年甲申、那末、甲申以前、本來不是中原的皇帝、稱他祖宗的名字和不書他的年號、不算是詆毀。至於大書隆武永歷的正朔、也是應該的、彼時隆武之帝閩越、永歷之帝兩粵滇黔、地方數千里、首尾十七八年、當然爲明室的繼統、豈有不能寫他的正朔呢？祇有左衽兩字稍微有點忌諱、然實在論起來、女眞還不是一種東夷嗎？假定這幾點、是大逆不道語、也不應當與那樣的大獄、咳！滿洲人無非要借此機會、殘殺有民族思想的讀書人啊！這史案中犧牲的人、最可痛惜者、是吳炎潘檉章兩位靑年大史學家、著書未成、身罹慘禍、實在是中華文化史上喪失了兩個國寶。

顧炎武書吳潘二子事云：

「蘇之吳江、有吳炎潘檉章二子、皆高才、當國變後、年皆二十以上、並棄其諸生、以詩文自豪、既而曰、此不傳也、當成一代史書、以繼遷固之後、於是購實錄、復旁搜人家文集奏疏、懷紙吮筆、早夜矻矻、其所手書、盈牀滿篋、而其才足以發之。及數年而有聞、予乃亟與之交、又數年、潘子刻國史考異三卷、予服其精審。會湖州莊氏難作……而吳潘二子與其難。二子所著書若干卷未脫稿、又假予所蓄書千餘卷盡亡。予不忍二子之好學篤行、而不傳於後也、故書之。且其人實史才、非莊生者流也」。

戴笠撰潘力田傳云：

……檉章生有異禀、穎悟絕人。……亂後、隱居韭溪、肆力於學、綜貫百家、天文地理皇極太乙之學、無不通曉、已乃專精史事、謂諸史惟馬遷最有條理、後人多失其意、欲仿之作明史記、而友人吳炎所見略同、遂與同事。檉章分撰本紀及諸志、炎分撰世家列傳、其年表歷法則屬諸王錫闡、流寇志則笠任之。私家最難得者實錄、檉章鬻產購得之、而崑山顧炎武、江陰李遜之、長洲陳濟生、皆熟於典故、家多藏書、並出以相佐、檉章長於考核、炎長於敍事、互相討論、間出其稿、質之錢宗伯謙益、謙益大善之、歎曰、老夫耄矣、不圖今日復見二君、絳雲樓餘燼尚在、當悉以相付、遂舟載其書歸。……撰述數年、其成十之六七、而南潯莊氏史獄起、參閱有檉章及炎名、俱及於難。莊氏書以故閣臣朱國禎史概爲粉本、自興茗士共足成之、刻成、而人未嘗寓目、徒以名重、爲所撫引、遂罹慘禍。天下既惜兩人之才、更痛其書之不就、幷已就者亦不傳也。……」

讀顧戴兩氏的紀述、就可知道吳炎潘檉章的人格氣節、及作史的天才。尤其難得是長於敍事考核的兩專家、會合一起、編撰明史記、是誠千載一時的盛事。不幸被無情的文字獄株連而死、致撰述數年的良史未能卒業、且連此十成六七的稿本、也化爲灰燼、誠如戴氏所言、「天下既惜兩人之才、更痛其書之不就、幷已就者亦不傳也」。余謂錢謙益顧炎武李遜之陳濟生借給吳潘的許多書籍、及吳潘自己所購的實錄文集奏疏等、同時燒燬、也是文化上一件重大的損失。

原來清朝文字之獄甚多、如戴名世的南山集案、王錫侯的字冐案、呂留良的晚村四書文案、（留良卒於康熙二十二年、案發生於雍正十四年、剖棺戮屍、子孫滅族）、都鬧得很厲害、茲限於篇幅、不能盡述、所以只舉了莊氏史案一件事、然讀此已令人傷心不堪了！

三

到了淸帝乾隆、猜忌漢人的手段、更在乃祖乃父之上。他以爲康熙雍正兩朝、雖興了許多文字之獄、殺了許多學者、及株連許多無辜之人、然而漢民族的夷夏觀念、總不能一掃而光，不如一面提倡文化、一面鈔襲秦始皇的藍本、從無形中毀滅漢人的種族思想、較爲有效。於是掛起「稽古右文」的招牌、開館修書、用了修書職官三百五十九人、（自總裁至監造）費去十年的歲月、（自乾隆三十八年修起至四十七年完成）乃告成四庫全書一部、總計收入書籍、有三千四百五十七部、共七萬九千七十卷、又存目的書籍、有六千七百六十部、共九萬三千五百五十六卷、並且繕成七部、分貯七閣、庋藏於宮內者爲文淵閣、庋藏於圓明園者爲文源閣、（毀於英法聯軍之役）庋藏於熱河行宮者爲文津閣、（現貯國立北平圖書館）庋藏於瀋陽行宮者爲文溯閣、庋藏於揚州者爲文匯閣、鎭江金山者爲文宗閣、（文匯文宗均毀於太平天國之役）庋藏於杭州者爲文瀾閣、（因太平之役殘闕不少近年始鈔補完全）如此洋洋大觀的四庫全書、成於乾隆皇帝、豈不是廣開弘文之運嗎、殊不知焚書浩刼、就在這一次「稽古右文」的招牌之下發生起來了、所以三十七年發徵書之令、三十九年即大事檢舉、其八月初五日上諭云：

前曾諭令各督撫、採訪遺書、彙登册府、下詔數月、應者寥寥。……該督撫等接奉前旨、自應將可備採擇之書、開單送館、其或字義觸礙者、亦當分別查出奏明、或封固進呈、請旨銷燬、或在外焚棄、將書名奏聞、方爲實力辦理。乃各省進到書籍不下萬餘種、並不見奏及稍有忌諱之書、豈有裒集如許遺書、竟無一違礙字跡之理、況明季末造、野史甚多、其間毀譽任意、傳聞異詞、必有詆觸本朝之語、正當及此一番查辦、盡行銷燬、杜遏邪言、以正人心、而厚風俗、斷不宜置之不辦。此等筆墨妄議之事、大率江浙兩省居多、其江西閩粵湖廣、亦或不免、豈可不細加查覈。高晉、薩載、三寶、海成、鍾音、德保、皆係滿洲大臣、而李侍堯、陳輝祖、裴宗錫等、亦俱係世臣、若見有詆毀本朝之書、或係稗官私載、或係詩文專集、應無不共知切齒、豈有尙聽其潛匿流傳、貽惑後世。……至各省已經進到之書、現交四庫全書處檢查、如有瀾礙者、即行撤出銷燬、其各省繳到之書、則恐其仍係匿而不獻、著傳諭該督撫等、於已繳藏書之家、再令誠妥之員、前往明白傳諭、如不應存留之書、即速交出、與收藏之人幷無干礙。……若此次傳諭之後、復有隱諱存留、則是有心藏匿僞妄之書、日後別經發覺、其罪轉不能逭、承辦之督撫等、亦難辭咎。……

據這道上諭、凡書中字義、有觸礙滿清者、即須盡行銷燬、且威逼藏書人家、應把此項書籍、從速交出、不得存留隱諱。在此雷霆萬鈞勢力之下、所有明季野史、稗官史載、詩文專集、不曉得燒了多少。而江浙文化中心、爲乾隆所注目、精華零落、更可想見。自後迭旨嚴查、飭令各省隨處搜繳、不但銷燬印本、且又焚燒板片。(見乾隆三十九年十二月二十三日上諭)到四十七年、據兵部所報、先後撤銷、共二十四次、燒燬書籍共五百三十八種、一萬三千八百六十二卷。(每種書籍、燒燬了幾部、無從查考、但江西一省、到乾隆四十一年、繳呈應燬書籍、前後共有八千餘部之多。「見本年十二月十三日上諭」由此可知、燒燬的部數、更爲繁夥)。焚書之令、幾與四庫館相終始、吾人說乾隆爲毀書而修書、實非苛論。

除掉整部書籍燒燬之外、把書中疑慮字句、抽毀或謬加竄改者、更不一而足。此類抽燬竄改不獨限於明末清初的書籍、卽宋人之於遼金、明人之於元、其書內紀載事蹟、有用敵國之詞、就當把他改正。(參看四庫館查辦違礙書籍條款第八條)余曾於某藏書家、見到宋陳均皇朝編年備要鈔本、係李兆洛親筆校勘的、第一次校勘用的是閣本、第二次覆校用的是宋本、據他的題記說、鈔本閣本都有舛錯。嗣經細細檢閱、所有關於遼金諸條之夷字虜字寇字等、閣本均已竄改、最荒謬者、把書名改爲九朝編年備要、這是清帝乾隆或四庫館臣弄的玄虛、以爲皇朝兩字、是滿清的專用品、不許別朝冠用、所以把他書名也改了。其他竄改的書籍、不勝僂指、茲爲紙幅所限、不能一一舉引。

乾隆五十二年、熱河文津閣所貯四庫全書、被和珅等發覺閻若璩尙書古文疏證內、有引李淸錢謙益諸說、未經刪削。總纂紀昀陸錫熊、總校陸費墀、均因此受了嚴旨申斥、所有文淵文源文津三閣、換寫篇頁及裝訂挖改各工價、幷責令紀昀陸錫熊分賠、又文瀾文匯文宗三閣書籍、所用面頁裝訂木匣刻字等項、幷責令陸費墀罰賠。(見乾隆五十二年六月十二日上諭)可見抽燬一事、非常頂眞、該書已纂成幾年、猶且不肯放過。至令罰賠換寫費用、尤爲可笑、此等行爲、很像書坊老板、對於夥計訂書不留神、硬要他貼錢修補。堂堂帝皇、其局量之狹小、何竟一至如此!

還有一件事、亦足使我們注意者、乾隆帝最好「附庸風雅」、喜弄筆頭、他在四庫全書的揚子法言一書內、做了一篇文字、硬要寫在裏面、偏偏館臣忘記繕錄、於是又下旨申斥、說道、「朕曾有御製揚雄法言一篇、雖係近年之作、亦應繕錄、弁於是書之首、紀昀亦未留心補入、更屬疏忽、紀昀及詳校官莊通敏、俱着交部議處」、（見乾隆五十六年七月二十五日上諭）可憐紀昀這班奴才、橫又受罰、豎又申斥、那個滿淸魔王、借着四庫館修書之名、蹧蹋我們的古今學者、總算威風發足了。

四

編修四庫全書的用意、上面已經說過、是爲毀滅夷夏觀念而起的、不料經過一百五十年之後、在奉行三民主義的革命政府時代、還有人來挑燃這個死灰、眞是淸高宗的幸運。現在撇開政治問題不講、單把該書本身的價値來說、也不算是藝林的瓌寶、其量的方面、固然洋洋大觀、包含了三千四百五十餘種的經史子集、而質的方面、除掉竄改的大毛病以外、輯佚校補的工作、均不見得完善、再如購買坊間刻本、照鈔充數、更屬無謂。（乾隆五十二年六月十二日上諭有云、『朕聞各省從前送到遺書底本、發繕時即有殘闕遺失、向坊間售買刻本、抵作原書之事』、由此可知、以坊本代各省採進本者不少）、說者謂永樂大典輯本、爲四庫全書精華、如舊五代史之復舊、尤屬偉績、此說誠是。惟所輯三百八十五種之中、有應輯而不輯者、（如徐松所輯的宋會要中興禮書之類、苟能在此時輯出、當更完具）、亦有不應輯而輯者、即如所稱偉績之舊五代史、世間有宋刊本、爲何不求其原刻、而必須從割裂原文之永樂大典、求復其舊觀耶？（皖人汪德淵、在光緒末年、猶獵有宋槧舊五代史、則在乾隆年間、當更易訪求）、最近國民政府教育部令委中央圖書館籌備處、籌印四庫全書未刊珍本、承印者爲上海商務印書館、合同甫經簽字、南北學人即議論蠭起、所有商討文字、已見諸報章、留心此事者、想已寓目、毋庸贅言。昨又閱及中央圖書館籌備處所編的「景印四庫全書未刊本草目」、共計經史子集三百四十三種。評注此草目者、據余所見、已有陳垣校長及冷廬主人。陳在草目裏面、舉出有近刊本三十七種、宋元本八種、景宋元本四種、景明刻本一種、四庫未著錄本二種、主張此五十二種均應剔出、後又舉出四庫未著錄者二種、亦當在剔出之列、又指出集部中有大典本六種、未見刊本、主張應補入。（中央圖書館籌備處所擬草目、及陳垣氏簽注、見九月五日北晨學園）、冷廬乃舉出有新刊本者六十四種、已刊未印者五種、四庫未著錄者五種。（見國聞周報第十卷第三十六期冷廬主人評中央圖書館景印四庫全書草目）、由此看來、所謂三百四十三種的未刊本草目、已有刊本者如此之多、我們就可以發現任事人有三種缺點、（一）辦事草率。既然要編擬這樣重要的草目、就應當先把各種目錄書、査檢一番、何書有無著錄、何書有無刻本、如有懷疑者、再徵求各方意見。固然宋元本及精鈔本、不易考查、而普通叢書本、略事翻閱、便可了然、何至於收入新刊本、達六十餘種。(二)讀書欠細。自來用功四庫書目者、均知依據總目、不依據趙刻簡目、玆在未刊本草目中、竟列入四庫不著錄的衞生十全方、黃給諫遺稿、方升淵遺稿等書、此就是爲趙目所誤、余尚不敢照冷廬所言責備「中央館所擬草目無常識」、但讀書無別擇、不能爲編者諱。(三)成見太深。當政府選印四庫未刊珍本之議出、北平圖書館長、卽上書教育部、條陳意見、內中關於「未刊珍本」四字、擬以「罕傳本」三字代之、其主張確甚得當、因爲某書流傳雖少、不能遽斷爲無刻本、故不如以罕傳本名之、較無語病。然卽此一端、中央圖書館籌備處、尚不肯採用、今其所擬草目、仍標未刊本字樣、且強其詞曰、「其已有宋元刊本、而流傳已少、有同未刊者、……」是未免執着我見。教育部現已聘了許多專門委員、審定以上所說的「未刊本草目」、在下希望各位目錄學專家、對於「草目」所列各書、除已刊未刊之一點以外、還須稍稍注意書的內容、或者某書應當剔去、(如御注道德經之類、儘可剔去)、或者某書應當增入、(史部中、似多應增之書)、這種工作、似乎不能缺少。再有聯想到一件事、就是乾隆銷燬的禁書、及明朝的實錄、也應該快印出來。如果教育當局能起而提倡、則發揚文化的業績、較之選印四庫全書、更大得多了。

二十二年九月二十一日

清四庫全書平議

江都 葉仲經

敝稿成後，適北平晨報，亦有心史君選印四庫全書平議一文，惟彼專對此次選印而言，且主觀較重，未免稍失持平之義，敝稿則綜論全書之得失，暨將來整理方法，與心史君所作，名同實殊，固非有心勦襲，閱者諒焉。

自教部將有選印清四庫全書之舉，浸假而中央圖書館與商務書館訂立合同，又浸假而編定草目，旣由擬議以成爲事實，於是遂引起關心文化者之深切注意；南北名流，辨論風發，其對此問題之著述，見諸各報章雜誌，蓋不下數十篇，教部爲集中輿論計，特召集審查委員會，北平圖書館館刊，復將出一專號，備徵海內專家意見，敝人足跡不離國門，於現存三閣之書，尤其從未寓目，何敢妄思論列，但蒙　諸公不棄，虛衷延訪，甚至面加敦促，不得不鞭策駑駘，勉貢愚管，顧問題雖複雜，要不越以下數端，請逐一略述如次。

（一）清修四庫全書，究竟有無價值，　按全書編纂於乾隆朝，値文網最密之際，其間因阿附時王意旨，竄改刋削，自不能免，而官修之書，出諸衆手，程限迫促，尤多草率塞責，至鈔胥之讎勘欠精，更其餘事，故不滿人意，久爲一般所公認，似無庸再加饗述，惟昔劉子政校書中祕，每一書輒裒聚中外各本，自數十篇或數百篇不等，及定著時，往往未逮其半，甚至如管子五百六十四篇，所取止十六篇，荀卿書三百二十一篇，所取止三十二篇，雖曰僅去複重，要未免有併省刪改之處，徒以書缺有間，在當時棄多取少，是否盡愜人意，不得而知，此猶云代遠難稽也，降及後世，官私史書，南詈北爲索虜，北鄙南爲島夷，未聞已互相忌諱排詆，遂因廢南北諸史，而唐修五經正義，致各家義疏亡，宋訂廣韻玉篇，而小學遺文泯，迄今孔賈義疏，陳丁等字書韻書，仍爲藝林所重，亦略無貶損之者何耶，蓋字句規避，在閱者固不難揣測而知，縱片段刋落，如胡我琨錢通中間所刪節者，不過損失邊夷交涉史料一小部份，其於有明一代圜法，初無若干之影響，譬之淸季西人曾以賀氏經世文編，登載邱嘉穗詆毀天主教文，要求抽改，事雖未行，然使歐人經譯文編，其必削去此篇無疑，但賀書眞價，要不緣是而減也，況淸廷七經雖纂新疏，復敕編康熙字典，音韻闡微等書，而於古人經解小學，固莫不推崇備至，綜觀四庫全書經部諸類，甄錄最寬，宋元以來經說，幸賴不墜，功罪似足相抵，至攻媿集中，以再醮之婦，改爲貞婺一事，此與變易字句不同，勢必全篇改遣，始能首尾相應，設竟若是，則集部數萬卷，類此者自不在少，恐館臣斷無如許才力日力，竊疑或另有說，終以未見宋刻原本，不敢妄下末議，且當時纂修諸臣，如戴東原邵二雲周書城姚姬傳輩，均極一時之選，就今所可見者，則春秋繁露，方言，水經注之倫，校勘周密，遠勝於明人所傳刻，又如薛五代史，在明已若存若亡，苟非二雲從諸書搜輯排比，亦早與大典同歸湮滅，不僅李燾續長編，王讜唐語林，較世行本增至數倍也，餘若傅子鄴中記之添附輯佚，嶺表錄異高齋漫錄之遍校異同，齊民要術之分別白文注文，李孝美墨譜之增補圖說，均非率爾操觚可比，間有因未覩原本，以意綴次，是則爲時所限，宜加原諒，猶之易書春秋單疏，遠在東瀛，設非現代交通便利，何由得見，吾人固不應以十三經校勘記，未列單疏本，遂責阮文達之疏略耳，至提要書名下，雖註明係採用某家藏本，實則取供參稽之底本，決非僅限一部，今日所見有翰林官印者，未必卽是著錄之本，故謂全書編纂，當議之點縱多，而詳愼不苟，如前所稱述者，自亦匪尠，假以底本逕易閣鈔，似須審慮，卽用最初刊本或較前刻本，仍有當斟酌處，蓋廖氏世綵堂，雖値宋末，凡所校刻經書，不但高出彼時坊本之上，幾轉勝紹興監本，他若樂府詩集之元刊不如汲古閣本，成化邢讓刻山海經不如嘉靖十五年潶元雍本，幷皆得諸目驗，惟此旣牽涉版本問題，將留待下節詳之，要之四庫全書，爲過去勝國最重大之文獻，而非現在民國亟謀整理之文化，此點首宜辨明，則影印淸四庫全書，或選印四庫全書，猶之影印圖書集成，甚且影印永樂大典殘本，寧視其本身有若何之價値，所取者文獻徵存而已。

（二）目前之辦法若何，　四庫全書之必將影印，及一時爲經費所限，不克全印，祇能先擇其罕傳珍本，選印數百種，凡此率已成爲定議，則目下所爭持者，僅爲專用閣鈔原本，抑採用當時底本，暨宋元明之舊刊本，以相替代之問題，據常理言，自應以後說爲是，但就全書而論，豈獨此選出之三百種中，太半不滿人意，卽所謂正經正史，廿三史固不逮商務印書館百衲本，十三經註疏亦遠遜阮氏校勘之精，況此外羣書，縱有通行刊本，若聚珍版叢書，與閣本亦頗有卷數不符者，尙待核對，與四庫全書同出一源，姑置不說，最近雖陸氏十萬卷樓，劉氏嘉業堂，張氏適園，葉氏觀古堂尤疏謬所刋均號稱極審，乃一展卷，亥豕魯魚，頗多觸眼，甚至毛氏汲古閣，鮑氏知不足齋，向爲藏書家所珍弆，而兩家叢書中，如宣和高麗圖經宣和書譜春渚紀聞默記等，設取宋本及舊鈔對勘，脫誤亦正復不鮮，前歲曾見六十家詞底本，爲子晉用宋元本或舊鈔手校，多與刻本不同，亦其一例，非但通志堂經解，同時已遭何義門諸先生訾議也，然則選印之三百種，卽令全行改用善本，尙未及二十分之一，其於全書，仍不得目爲完美，徒使參差不齊，轉失本來面目，甚無謂耳。顧將因陋就簡，一任其謬種流傳耶？斯又不然。夫近代輯逸，對散亡故籍之片鱗半爪，力與爬梳抉剔，存一二於千百，說者輒頌其績，比諸掩骼埋胔，今四庫所存，大都完帙，雖間有輯自大典，亦較由他類書零星採掇者爲富，故以版本言，或當貶價，以學術言，則仍居重要位置，原其所失，爲取舍不公，史部之屏棄宋明雜史，經子之偏重程朱理學，此乃另一問題，後將別論，若夫篇章字句之小有改竄，初非深病也，但值茲朝野意見紛歧，究必如何而後可，竊謂袁守和氏之折衷辦法，比較足稱允當，蓋影印全照閣本，既不失廬山眞面，而一一附以校勘記，猶足彌删改錯誤之缺憾，昔閩省繙刻聚珍版叢書，大半附拾遺校記，如宋文憲張柯山諸集，有校補至十數卷者錢氏守山閣叢書內採取閣本，如唐語林等，補校亦至夥，其非閣本，若士禮居黃氏之刋二禮語策，全椒吳氏之刋韓非子，長沙王氏之刋鹽鐵論，咸附校識，尤爲學者所推稱，斯外清人刋書，類是者孔多，殊至不勝枚舉，固無俟遠徵日本育德財團古典保存會矣，惟於袁君辦法，尙有補充數點，一不獨文淵文津兩本，允宜擇善而從，即四庫薈要，爲清帝所常循覽，校訂或較精審，亦當取勘，若現存文瀾之書，大都補鈔，並不全根據閣本，只能用資旁證，與閣外之別本同，庶歸一致，一設遇中庵密庵等集之原本復出者，欲加校補，勢非將全部重行編繕不克，則未免脛大於股，惟有暫爲割愛，俟後再議，或逕別印專本，好在此類數量無幾，即編入續古逸叢書，或續天祿琳瑯叢書，均無不可，一校勘期間，袁君擬以十人之力，一月蕆事，未免太速，今試以千五百册計，一人每日至多僅得三册，使同時用若干本比校，恐尙難及此數，似應延長爲兩月，俾免草率之誚，一限制零售，一般輒感其不便，且無充分理由，自當據理力爭，而中央圖書館所得報酬之百五十部，用途尤不能聽其自由支配，或作私人贈送之資，應提出一部份，捐助國內外成績優良，而經費不足之圖書館及大學，其餘售出之款，亦宜別儲爲四庫全書基金，備異日補校補鈔，或修理保管等用，如此始足以昭公允，舉凡監督之責，緊惟熱心文化諸君子是賴焉。

（三）全書將來之整理，清四庫書既成於乾隆中葉，迄今已百五十餘年，在爾時何嘗不視爲盡善盡美，平心論之，較前代深藏秘閣，臣民欲思一覩而無從，已爲此愈於彼，然年事漸久，晚出者固爲所不及知，尤其防觸忌諱，藏書家每因顧慮，不敢上呈，致阻獻書之路，遺漏亦復非鮮，不僅抽删改易，尙存全書之比也，故選印若干種，附以校勘，期略存清代文獻，作一時權宜計則可，若民國肇建，思想之束縛解放，種族之意見消融，猶以爲既有成書，乃遂因陋就簡，憚於改弦更張，何以發揚文化，而取重國際觀聽哉，惟玆事體大，非倉卒所能舉辦，不可不有一定之步驟，按其大要，宜分訂補續三項，何謂訂，有未見全本，僅從大典輯出者，有所收本係殘缺不完者，有因觸忌而删節舊章，更換字句者，有著錄乃稀本，而別具善本者，當就現存兩閣之書，擇其較善者一部，以爲基礎，然後逐一讎校，凡遇文字異同，章段刋落，序目不備，悉加訂補抽換，不必從新繕錄，其有缺卷，缺葉，亦槪補鈔插入，庶幾節省工費，秪原書復出，始廢大典輯錄本，另行全部改繕，但無須拘泥宋元舊式，仍照閣本，以期畫一，至若正經正史，周秦漢諸子，六朝唐宋詩文集，板本極繁，更宜選古刻之至精者一本，用作標準，再取各本，詳細參互考訂，不僅備諸本之同異，卽前人著述，有關該書者，（如雜家考據，小說筆記之類，）亦應旁搜博採，撰成校記附後，如此方足以昭愼重，而訂之意義，可無遺憾矣，何謂補，由全書纂成後，百餘年間，珍本日出，雖阮文達進呈一次，已編爲宛委別藏，究竟所遺漏尚多，况今日敦煌石室之發見，輶軒海舶之流通，匪特勝朝所未覩，或有宋元人之不及覩者，設非及時蒐聚，亡佚散失，在在堪虞，况彼時他族專制，極力排除異己，於宋明史料，因牽涉華夷界限，嫉視尤深，又藉崇理學以錮蔽人之意志，提倡考據以消磨人之精神，致編纂諸臣，揣摩逢迎，遂成爲一時風氣，既嚴奴主之見，去取何從而公，故箸錄每濫收無謂之書，而存目反有遺珠之歎，是須重加甄別，不但宋元孤本，在所必收，卽近代著述，雖爲人所習見，苟足裨益學術，昔之屏置存目者，亦宜斟酌補入，惟要在純任客觀，不容以一已愛憎作標的，仍蹈官書覆轍耳，（如近來風氣，頗重視禁書，實則明嘉隆以降著作，率多浮薄淺易，，或者纖仄佻巧，徒緣詆斥建州女直，故倖得列名禁目，轉致傳播，又明季黨人門戶極深，史料尤多顚倒黑白之處，且喜大言談邊事，按驗往往出自退臆，凡此均宜平心考校，不能謂係禁書，卽一槪認無抉擇，而術數家言，本近迷信，醫經本草，固不及西法實驗之確，惟存古雖同謀新，亦不當用近代眼光爲去取，斯皆主觀之敝，特附著焉，）何謂續，四庫所收，斷自乾隆初元，爾後乾嘉間經師蠭出，羣經新疏，幾可凌駕孔賈，更以餘力旁治子史，亦復引證詳博，廓淸古籍疑繆，使神明頓還舊觀，浸及於道咸同光四朝，金元史學，西北輿地，專門攻業，蔚成系統，更値海禁大開，歐化輸入，學風爲之丕變，每用科學方法，整治舊典，凡所述作，突過前人，顧恆以時近而易得，不加寶惜，抑知表章一國文化，與保存古物不同，無間新舊，但期有益學問，理應悉予網羅，淸四庫於杭世駿惠棟沈廷芳等所撰，一例甄採，不爲限斷，則今日而將續廣全書，殊不必若張文襄書目答問，對時人咸諱其名，力避標榜也，

究而論之，此次中央與商務所訂合同，幾近於營業性質，其影響文化，故自有限，蓋四庫中重要者，既世行多有傳本，現存剩餘，雖不能謂悉玄珠，亦未嘗不雜砂礫，苟就此數百種，逐一附以校勘，爲四部叢刊而後，卷帙較富之叢書足矣

何必聚精會神，齗齗爭辨哉，竊意整理問題，關係確視此為重大，斯則望諸海內通人，學界鉅子，出全力以主持之者，或慮人才不易，專款難籌，而時間尤須耗費，值玆國難未除，復奚暇謀是不急之務，甯知國家興亡，以覘文化高下為準，彼滅人之國者，必先去其文字載籍，其故可深長思矣，惟著手次第，特須預定規畫，始克事不勞而工費省，玆擬於教部監督之下，先就各大圖書館各大學職員教授，曁南北藏書家聞人，妙慣通才，合組一整理委員會，凡與選者，純盡義務，舍供給交通宿膳，不另支薪，止常駐數人，出自聘雇，酌予津貼，如是則經費有限，然後由會中徵集各處現藏書目，詳加遴擇，編作草目印行，散布海內，徵求批評，以嶄公開去取，其現在目雖未載，而曾經勝朝名人藏弆，冀或尚存天壤，并宜別撰待訪目，如紹興四庫缺書例，分發各縣圖書館，代為搜覓，設無圖書館者，則由縣教育局負責，苟能多所羅致，不妨量加獎勵，藉資激勸，其有私家進獻，更當優與褒錫，俾廣徵求之路，此第一步工作也，選目略定，乃進謀校讎之事，委員會之委員，每於各圖書館大學，本有職務，勢自不遑常駐中央，將另聘專員，一時恐又乏如許人才，而所採底本，復多散存各處，故欲效前代天祿白虎觀崇文館文淵閣之集中辦法，殊屬匪易，計惟就地始便，如此十種底本，係採諸北平大學，他五種底本，係採諸中山圖書館，則舉凡讎對校勘，即完全委託北大中山代理，其或有需與閣本校異同者，俟該書校畢鈔成後，送呈會中，由常駐員再取閣鈔覆勘，增入校記可矣，若非取閣本對勘不可，只得暫從全書內，將此數種抽出，專人齎往，即可免郵寄舛誤之失，獨私家儲藏，如四明范氏，常熟瞿氏，南潯劉氏，德化李氏，江安傅氏等，未便彊委代辦，不獲已乃別聘專員，分往擔任，至於國外，更祇能商諸彼國文化機關，先行攝影，再寄歸國內校訂，此第二步工作也，讎校已終，而後籌及鈔繕，舊四庫全書通三萬餘冊，使校改抽換其半數，不過一萬六七千册，惟中縫有欽定四庫全書字，一時不及更換，祇能留待將來經費充足，再行改鈔，其餘皆係補續部份，鈔工擬暫雇百人鈔工亦以隨地雇用為宜，每日一人，約鈔二千字，是日可得二十萬字，每年除寒暑假疾病等，扣去兩月計算，共得六千萬字，假定一册為四萬字，一年則可繕成一千五百册，期以三十年，要去五萬册不遠，設每月能加至二百人，則年限只須一半，大致足告蕆事，惟此後每五六十年，必須規定增修一次，而此百人薪工，即每千字一元，月亦僅六十元，百人合共六千元，加諸委員會開支，月約四五千元，尚不及一團步兵之餉，在國家裁減兵額一團，於國防初無影響，而成玆偉大文化事業，恐決鮮理由，可相駁難，此第三步工作也，設五年十年後，國難少紓，經濟漸復，或不俟全部完成，可視需要之緩急，陸續分集影印，仍須半作叢刊，備他日彙為全書，其半必宜拆售，購讀者既感便利，文化始克廣播云，以上愚瞽之見，不揣固陋，率臆直

陳，侗希 大雅進而教之，幸甚幸甚，

再四庫分類已成過去，久爲學者所不滿，對於更改方案，間嘗竊思有所論列，又關全書補續部份，亦將創定章目，惟因時間匆促，未敢率爾從事，稍緩擬就，容再刊布。

江蘇省立國學圖書館

第六年刊

廿二年要目介紹

插圖

專著

校勘

嶺南學報

第三卷 第一期

沙南蛋民調查專號

第三卷 第二期

國立武漢大學文哲季刊

第三卷 第一號

論著

書評

第三卷 第二號

論著

書評

四庫全書大典本別集補詞

唐圭璋

本刊三卷二期曾載趙萬里袁同禮等所擬景印四庫全書罕傳本目錄三百種、其間大典本別集有收詞者、如徐元杰梅埜集、有收詞未備者、如王邁臞軒詩餘、趙萬里校輯宋金元詞補大典本者亦有數種、如趙文青山集補詞五闋、楊弘道小亨集補詞一闋、王邁臞軒詩餘補詞十二闋、凡此並當附入本集也、余細檢目錄、亦得十家別集有詞可補、兩臚寫於下、以供景印時之參考、

一文莊集二十六卷宋夏竦

二尊百堂集六卷宋盧儔

三東窗集十六卷宋張擴

四斐然集十卷宋胡寅

五鶴林集四十卷宋吳泳

六滄洲塵缶編十卷宋程公許

七泠然齋集八卷宋蘇泂

八廬山集八卷宋董嗣杲

九西巖集二十卷元張之翰

十王文忠集六卷元王結

喜遷鶯令

景德中水殿按舞、英公翰林內直、上遣中使取新詞、公援毫立成以進、大蒙天獎、

霞散綺、月垂鈎、簾捲未央樓、夜涼銀漢截天流、宮闕鎖清秋　瑤臺樹、金莖露、鳳髓香盤烟霧、三千珠翠擁宸遊、水殿按涼州、唐宋諸賢絕妙詞選卷二載夏竦詞

案此詞可補大典本夏文莊集

滿庭芳

色染鶯黃、枝橫鶴瘦、玉奴蟬蛻花間、鉛華不御、慵態儘欹鬟、冷淡瑣窗烟霧、來清供、莞爾怡顏、狂蜂蝶、還須斂衽、何得傍高閑、　西山招隱處、寒雲繚繞、流水回環、念風前綽約、雪後清孱、別是僊標道韻。應羞對、舞袖弓彎、懷眞賞、今宵歸夢、一餉許躋攀、永樂大典二千八百一十梅字韻引盧儔尊白堂集

案此詞可補大典本盧倚魯白堂集

殢人嬌

深院海棠、許倩春工染就、映窗戶爛如錦繡、東君何意便風狂雨驟、堪恨處、一枝未曾到手、　今日乍晴匆匆命酒、猶及見臙脂半透、殘紅幾點、明朝知在否、問何似去年看花時候、（樂府雅詞拾遺上載張掄詞）

殢人嬌

多少胭脂、勻成點就、千枝亂攢紅堆繡、花無長好、更光陰去驟、對景憶良朋、故應招手、　曾記年時、花開把酒、枉淋淋春衫濕透、文園今病、問速能來否、却道有荼蘼牡丹時候、（全芳備祖前集卷七海棠花門引張掄詞）

案以上二詞可補大典本張掄東窗集

水調歌頭

不見嚴夫子、寂寞富春山、空留千丈危石、高出暮雲端、想像羊裘披了、一笑兩忘身世、來插釣魚竿、肯似林間翮、飛倦始知還、　中興主、功業就、鬢毛斑、馳驅一世、人物相與濟時艱、獨委狂奴心事、未羨癡兒鼎足、放去任疏頑、爽氣動星斗、終古照林巒、（渚山堂詞話卷二定爲胡寅詞、堅瓠集六集亦定爲胡寅石刻釣臺集下引作朱熹一詞、然晦庵詞不載、當是胡作、）

案此詞可補大典本胡寅斐然集

賀新郎　和李微之校勘

一片湖光淨、被遊人撐破、寶菱花鏡、和靖不來東坡去、欠了騷人逸韻、但翠葆玉釵橫鬢、碧藕花中人家住、恨幽香可愛不可近、沙鷺起、晚風進、　功名得手眞奇秀、黯離懷長堤翠柳、繫愁難盡、世上浮榮一時好、人品百年論定、且牢守文章密印、秘館詞人能度曲、更不消檀板標蘇姓、淩浩渺、納光景、（永樂大典二千二百六十五湖字韻引吳泳鶴林集）

滿江紅　再遊西湖和李微之

風約湖船、微擺撼、水光山色、縱夾岸秋芳冷淡、亦隨風拆、荷芰尙堪騷客製、蘭苕猶許詩人摘、最關

情、疎樹書橋西、宜探索、　蓬島上、神仙宅、蒼玉佩、休、陽春白雪外集

水調歌頭　和吳秀嵓韻

𩥄褐倚禪榻、絲鬢颺茶烟、誰知老子方寸、歷歷著千年、試問汗青餘幾、一笑腰黃紫夢、我自樂天全、出處兩無累、贏取日高眠、　八千里、西望眼、斷霞邊、卉蒼茗碧、隨分風月不論錢、執手還成輕別、何日歸來投社、玉海得同編、經世付時傑、覓箇釣魚船、同上

青城客、把從前文字委諸河伯、涵浸胸中今古、藏編排掌上乾坤、策却仍攜新草、阜陵書歸山澤、同上

案以上二詞可補大典本吳泳鶴林集詞

案以上三詞可補大典本程公許滄州塵缶編

念奴嬌　中秋玩月　山谷共倒金荷家萬里難得尊前相屬之句悵然有懷借韻作一首

曉涼散策、恨西風不貸、一池殘綠、誰與冰輪攜玉斧、恰好今宵圓足、樹杪飛光、莎庭轉影、零亂崐臺玉、邊胸清露、問須澆下醽醁、　休問湖海飄零、老人心事、似倚儼枯木、萬里親知應健否、脈脈此情誰屬、世慮難平、天高難問、倚遍闌干曲、不妨隨寓買園、催種松竹、陽春白雪外集載程滄洲詞又翰墨大全后甲集卷五亦載程滄洲此詞

沁園春　用履齋多景樓韻

萬里飄萍、送江入海、過古潤州、正羈懷無奈、憑高縱覽、濛濛烟雨、簇簇漁舟、南北區分、江山形勝、憂憤令人扶上樓、沈凝久、任斜飛雪片、急灑貂裘、英風追想孫劉、似黑白兩奩棊未收、把烟霞饒與、坡仙米老、丹青難覓、摩詰營邱、斗野號風、海門殘照、長與人間管領愁、憑誰問、借天河一挽、洗甲兵

摸魚兒　憶劉改之

望關河、試窮遙眼、新愁似絲千縷、劉郎豪氣今何在、應是九疑三楚、堪恨處、便拚得一生寂寞長羈旅、無人寄語、但弔麥傷桃、邊松倚竹、空憶舊詩句、　文章事、到底將身自誤、功名難料遲暮、鶉衣箄食年年瘦、受侮世間兒女、君信否、嶽縣簿、高門歲晚誰青顧、何如引去、任槎上張騫、山中李廣、商略盡風度、劉過龍州詞內附蘇泂詞

雨中花　余往時憶劉改之作摸魚兒頗爲朋友間所喜然改之尚未之見也數日前忽聞改之去

世恨惘殆不勝言因憶改之每聚首愛歌雨中花悲壯激烈令人鼓舞今輒倚此聲以寓余思凡未忘吾改之者幸爲我和之

十載尊前、放歌起舞、人間洒戶、詩流盡、期君凌厲、羽翮高秋、世事幾如人意、儒冠還負身謀、歎天生李廣、才氣無雙、不得封侯、　榆關萬里、一去飄然、片雲甚處神州、應悵望家人父子、重見無由、隴水寂寥傳恨淚、淮山宛轉供愁、這回休也、燕鴻南北、長隔英遊、同上

案以上二詞可補大典本蘇洞冷然閣集

湘月

蓮幽竹邃舊池亭、幾處多愛君子、醉玉吹香、還認、取忙裏得閒[illegible]致、心逐雲帆、情隨烟笛、高會知誰、繼宵筵會啓、藹然身外浮世、　因見杜牧疏狂、前緣夢裏、謾蹙雙眉翠、香滿屏山、春滿几爐擁麝焦禽睡、月落梅空、霜濃窗、掩兩耳風聲起、豔歌終散、輸他鶴帳清寐、絕妙好詞卷六董嗣杲詞

齊天樂　題溫日觀蒲萄卷

玉山曾醉涼州夢、圖芳負無今古、露顆虬藤、風枝蠹葉、遺墨何人收取、當時贈與、記輕別西湖、笑離

南、浦萬金奚囊、豈知隨味助吟苦、　歸來情寄、謾遠舊尋猶在、望荒亭荒、圃紺藩攢、冰蒼陰弄月、休說堆盤、馬乳、雲梯尚阻、袖一幅秋烟、掃空塵土、靜想山窗半乘寒架雨、大觀錄卷十六董嗣杲詞

案以上二詞可補大典本董嗣杲廬山集

婆羅門引　送張監察出關

去年南下、建溪風雪滿征衣、歸來恰荔子丹時、且被青山留住、百匝與千圍、向雲烟佳處留題、　欲歸未歸、看幾日是歸期、自歎此生行止、自也難知、輕舟一葉、便過了中秋、未是遲、今夜月特地光輝、翰墨大全庚集卷之二十五引張周卿詞

案此詞可補大典本張之翰西巖集詞趙萬里輯西巖詞補四首合此可補五首云

望江南　戲題梅圖

江上路、春意到橫枝、洛浦神仙臨水立、巫山處子入宮時、皎皎滲丰姿。　東閣興幾度誤佳期、萬里盧龍今見畫、玉容還似減些兒、無語慰相思、永樂大典二千八百十三梅字韻引王結詞

案此詞可補大典本王結王文忠集詞

從學者作用上估計四庫全書之價值

黃雲眉

教育部近有景印四庫全書罕傳本之舉，聞之不勝欣忭！此等事是否爲國家今日之急務，固一問題，然政府發此宏願，要亦非易，雖不急，固宜以熱誠翊贊之。雖然，使當修書時取舍秉公，又不失原書面目，則此次景印庫本事極順利，吾人得屈指月日而覩數百種之罕傳書，豈不甚盛！不幸四庫書之修，其間乃含有兩重作用，而其書之價值，亦竟因此兩重作用而大成問題，似不得不於景印之前，加以估計。所謂兩重作用者：其一爲帝王假右文稽古之名，行剷除嫌忌之實，近心史先生已論之頗詳，余於明史編纂考略文中亦詳論之，（金陵學報一卷二期）蓋即以修明史之手腕，繼續施之於修規模加大之四庫書，欲自此盡絕前人嫌忌文字之根株以爲快也。其一則爲當時有力之學者欲假此修書一事，以造成一代學術之風氣。此余個人管見，諸賢未嘗論及，恐所言未能盡合事實，然亦不得謂爲全非事實。謹略申於此，以就正於諸賢之關心此事者。

考有清一代學術，以考證學爲重心；其考證之領土，由羣經而及於古史，及於諸子，視漢之考證學僅限於經部者，廣狹不可同日語，此已爲吾人所公認。清代學術何以有此一種燦爛之成績？則以學者遭遇猜嫌忌諱之異族君主，既不能以其經濟抱負直接施之於政，或間接著之於書；而宋之理學，自明以來，新說遞增，分化愈甚，亦欲起而奪其柄，於是不期而競託其精神思慮於考證之一途。此事實亦當爲吾人所公認。雖然，使無當時有力之學者爲之推挽於其間，則此等鑽研故紙之事，恐仍爲少數大師之專業，而不能蔚爲一代風氣。四庫書之修，就保存古書論，其功罪固不足相蔽，就清代之考證學論，則不可謂非極大之助力。蓋其時總修四庫書之學者，實與帝王同一不忠於古書；而以其「標榜漢學，排除宋學」之作用，寓之於予奪古書，欲以造成考證學之風氣也。其人爲誰？即紀曉嵐氏。其證維何？即四庫提要是。就形式觀之，提要似爲多人心血之結晶品，其實此書經紀氏之增竄删改，整齊畫一，而後多人之意志已不可見，所可見者，紀氏一人之主張而已。考朱珪爲紀氏撰墓誌銘云，「公館書局，筆削考核，一手删定，爲全書總目，裒然巨觀。」（知足齋文集卷五。）其祭紀氏文亦云，「生入玉關，總持四庫，萬卷提綱，一手編注。」（同集卷六。）又江藩國朝漢學師承記云，「四庫全書提要、簡明目錄，皆出公手，大而經史子集，以及醫卜詞曲之類，其評論抉奧闡幽，詞理明正，識力在王仲寶、阮孝緒之上，可謂通儒矣。」又阮元序紀氏文集云，「高宗純皇帝命輯四庫全書，公總其成，凡六經傳注之得失，諸史紀載之異同，子集之支分派別，罔不抉奧提綱，溯源徹委，所撰定總目提要，多至萬餘種。」珪爲紀氏同年，又爲修書時總閱官之一，藩與元亦及見紀氏，皆云提要爲紀氏一手所定；而紀氏文集筆記中，亦時時及之，直認其事，無所遜讓，如文集（卷八）濟衆新編序云：「余校錄四庫全書子部，凡分十四家，儒家第一，兵家第二，法家第三，所謂禮樂兵刑，國之大柄也。農家醫家，舊史多退之於末簡，余獨以農家居四，而其五爲醫家，農者民命之所關，醫雖一技，亦民命之所關，故升諸他藝術之上也。」則總目之分類，出其手矣。周易象義合纂序（卷同上）謂，「余纂四庫全書，作經部詩類小序曰」云云，則四部之總敍類敍皆當出其手矣。又如筆記姑妄聽之中謂「余作四庫全書總目，明代集部以練子寧至金川門卒龔詡八人列解縉胡廣諸人前，併附案語曰」云云，則各書先後之排列亦出其手矣。然此猶可謂爲總纂應有之工作。乃若文集（卷八）詩序補義序云，「余於癸巳受詔校書，殫十年之力始勒爲總目二百卷，進呈乙覽，以聖人之志，藉經以存，儒者之學，研經爲本，故經部尤纖毫不敢苟。」殫十年之力，則不僅如上述之工作可知；於經部尤纖毫不敢苟，則他部之嘗加審訂又可知。又若二樟詩鈔序（卷九）云，「余初學詩從玉溪入，後頗涉獵於蘇黃，於江西宗派，亦略闚涯涘。嘗有塲屋爲余駁放者，謂余詆諆江西派，意在煽搆，聞者或惑焉。及余所編四庫全書總目出，始知所傳爲蜚語，羣疑乃釋。」則不特紀氏自認提要爲紀氏個人之書，雖時人亦皆以提要所言爲足以代表紀氏個人之種種見解矣。

紀氏自謂「三十以前，講考證之學，所坐之處，典籍環繞如獺祭；三十以後，以文章與天下相馳驟，抽黃對白，恒徹夜搆思；五十以後，領修秘籍，復折而講考證。」（姑妄聽之敍。）此兩時期之考證，第一期其書不傳，（漢學師承記，少年間有撰述，今藏於家，是以世無傳者。）第二期之考證，則者，紀氏固視提要爲其唯一之成績也。其繼提要而作之筆記五種，前人徒視爲稗官小說，無關輕重，余亦以爲與提要有同樣之作用，不啻爲提要之後盾。蓋紀氏以爲編定官書，有多方面之限制，意所欲言，筆不敢隨；惟託體小說，談狐說鬼，莊諧並陳，而時以其主張錯入其間，則讀者易於吸受，而提要所言，乃得借以映射，此紀氏之深心也。故紀氏「標榜漢學，排除宋學」之主張，在提要者曲而隱，在筆記者直而顯，有筆記而提要之作用乃益見。茲略舉數端如下：

其一爲推崇注疏：提要余蕭客古經解鉤沈云「自宋學大行，唐以前訓詁之學，率遭掊擊，其書亦日就散亡。沿及明人，說經者遂憑臆空談，或蕩佚於規矩之外。國朝儒術昌明，士敦實學，復仰逢我皇上稽古右文，詔校刊十三經注疏頒行天下，風教覲摩，凡著述之家，爭奮發而求及於古。蕭客是書其一也。」而筆記如是我聞云，「余布衣蕭客言（中略）士人視其案上皆諸經注疏，居首坐者拱手曰昔尼山奧旨傳在經師，雖舊本猶存，斯文未喪，而新說疊出，嗜古者稀。先聖恐久而斷絕，乃蒐羅鬼籙，徵召幽靈，凡歷代通儒精魂尚在者，集於此地，考證遺文，以次轉輪生於人世，冀遞修古書，延杏壇一綫之傳。子其記所見聞，告諸同志，知孔孟所憑，在此不在彼也。（下略）」證之提要所言，豈非語出一口。又筆記灤陽消夏錄記經香閣事云，「（上略）『昔尼山刪定，垂教萬年，大義微言，遞相授受。漢代諸儒，去古未遠，訓詁箋註，類能窺先聖之心。又淳朴未漓，無植黨爭名之習，惟各傳師說，篤溯淵源。沿及有唐，斯文未改。迨乎北宋，勒爲註疏十三部，先聖嘉焉。諸大儒慮新說日興，漸成絕學，建是閣以貯之：中爲初本，以五色玉爲函，尊聖教也。配以歷代官刊之本，以白玉爲函，昭帝王表章之功也。皆南面。左右則各家私刊之本，每一部成，必取初印精好者，按次時代，庋置斯閣，以蒼玉爲函，奬汲古之勤也。皆東西面。並以珊瑚爲籤，黃金作鎖鑰。東西兩廡，以沈檀爲几，錦繡爲茵，諸大儒之神，歲一來視，相與列坐於斯閣。後三楹則唐以前諸儒經義，帙以纂組，收爲一庫。自是以外，雖著述等身，聲華蓋代，總聽其自貯名山，不得入此門一步焉。先聖之志焉。諸書至子刻午刻，一字一句，皆發濃香，故題曰經香。蓋一元斡運，二氣絪縕，陰起午中，陽生子半，聖人之心，與天地通，諸大儒闡發聖人之理，其精奧亦與天地通，故相感也。』（下略）」此於注疏尤備極推崇！鈎夏錄之作，早於如是我聞，故此詳而彼略，意固先後相發明也。然紀氏則故以持平之辭殿之曰，「案此事荒誕，殆尊漢學者之寓言。夫漢儒以訓詁專門，宋儒以義理相尙，似漢學粗而宋學精。然不明訓詁，義理何由而知？概用詆誹，視猶土苴，未免既成大輅，追斥椎輪，得濟迷川，遽焚寶筏。於是攻宋儒者又紛紛而起。故余撰四庫全書詩部總叙有曰，『宋儒之攻漢儒，非爲說經起見也，特不平宋儒之詆漢儒而已。後人之攻宋儒，亦非爲說經起見也，特不平宋儒之詆漢儒而已。』平心而論，易自王弼始變舊說，爲宋學之萌芽，宋儒不攻，孝經詞義明顯，宋儒所爭祇今文古文字句，亦無關宏旨，均姑置勿議。至尙書三禮三傳毛詩爾雅諸註疏，皆根據古義，斷非宋儒所能。（俱見提要。）提要中尤以論三傳之語爲多。易詩次之，筆記如是我聞記後漢燉煌太守裴岑破呼衍王碑之眞僞事，而因以申其意曰，「以同時之物，有目覩之人，而眞僞顚倒尙如此，況於千百年外哉！易之象數，詩之小序，春秋之三傳，或親見聖人，或去古未遠，經師授受，端緒分明，宋儒曰「漢以前人皆不知，吾以理知之也，」其類此夫。」提要論以上諸書所持之理由，此數語足以概之。三傳中尤以論左傳之語爲多，筆記槐西雜誌中亦有頗滑稽之寓言，刺宋元儒之不信左傳。「論語孟子，宋儒積一生精力，字斟句酌，亦斷非漢儒所及。蓋漢儒重師傳，淵源有自，宋儒尙心悟，研索易深。漢儒或執舊文，過於信傳；宋儒或憑臆斷，勇於改經。計其得失，亦復相當。惟漢儒之學，非讀書稽古不能下一語；宋儒之學則人人皆可以空談，其間蘭艾同生，誠有不盡饜人心者，是嗤點之所自來，此種虛構之詞，亦非無因而作也。」蓋推崇太過自不得不迂迴其辭以飾其持平漢宋之門面。凡提要中一切持平漢宋之論，皆當作如是觀。

其一爲非議朱熹：清代帝王之尊朱熹，爲前代所未有，文廟中昇熹於十哲之次，示與諸儒懸絕，此政治上之傀儡作用，固無與於學術，然提要既爲官書，則於熹之著述，似不宜有所非議，而顧不然！提要凡例云，「劉子翼入唐爲著作郎宏文館直學士，明載唐書劉禕之傳，而朱子通鑑綱目書貞觀元年徵隋秘書劉子翼，不至尹起莘發明稱特書隋官以美之，與陶潛稱晉一例，是不知其人之始終，可定其品之賢否乎！」考證疏舛，厥書孔多，何必宋儒，更何必朱熹，而必以熹之綱目與最疏舛之趙鵬飛春秋經筌相提並論，軒漢必輕宋，擒賊必擒王也。綜提要所論紀氏於熹之著述，殆可謂無一滿意。史伯璿四書管窺提要云，「考朱子著述最多，辨說亦最夥，其間有偶然問答未及審核者，有後來考正未及追改者，亦有門人各自記錄，潤色增減，或失其本眞者。故文集語錄之內，異同矛盾，不一而足，即四書章句集註與或問，亦時有牴牾。原書具在，可一一覆按也。（提要中此等語屢見不一見）此礙於國家功令，語猶委宛，若其論名臣言行錄，謂「編中所錄如趙普之陰險，王安石之堅僻，呂惠卿之奸詐，與韓范諸人並列，莫詳其旨。明楊以愼序，謂是書各臚其實，亦春秋勸懲之旨，非必專以取法，又解名臣之義以爲名以藏僞，有敗有不敗者，其置詞頗巧，然劉安世氣節凜然，爭光日月。盡言集元城語錄今日尙傳，當日不容不見，乃不登一字，則終非後人所能喻。

「而於盡言集明揭熹以安世嘗劾程子之故，有意抑之。於元城語錄則引董復亨繁露園集中所載語錄序，謂「文公所以不錄先生者大都有三：先生嘗上疏論程正叔，且與蘇文忠交好，又好談禪。文公左袒正叔，不與文忠，至禪則又心薄力拒者，以故不錄」云云，而稱之爲「識微之論」，是直斥其以門戶之見去取人矣。考言行錄非不錄安世，以四庫所收非足本，而董復亨之說又適陋紀氏之隱衷。（此用魏源語。古微堂外集有書宋名言行錄後一文，斥紀氏未檢原書，徒睹董說，居爲奇貨。李慈銘荀學齋日記乙集則謂四庫總目稟承高廟睿鑒，朱子之學國朝所尊，豈有任臆放言，攻擊先哲，如文士私家著書之比，而斥魏源乘間肆詈，爲出於嫉忌漢學。蓋魏源略得紀氏之意，而核諸提要，增飾過實，致予慈銘以指摘之資。慈銘之語，則全未知紀氏之作用者。）遂使此書蒙不虞之毀。然使此書果爲足本，紀氏亦必强索他故而瑕疵之。觀其論伊雒淵源錄，謂「宋人談道學者宗派自此書始，而宋人分道學門戶亦自此書始。厥後聲氣攀援，轉相依附，其君子各執意見，或釀爲水火之爭；其小人假借因緣，或無所不至」。舉道學種種流弊而加諸此書，罪之可不謂深乎！又若與朱熹不合之唐仲友，林栗輩，爲之洗刷其人品，甄錄其著述，（見提要子部唐仲友帝王經世圖譜，經部林栗周易經傳集解，而於圖譜一書極稱其學有根柢。）此就提要立場言，誠不失爲公論；（全祖望於朱之糾唐，林之糾朱，皆有持平之論，見鮚埼亭集外編卷二十四唐說齋文鈔序，及卷二十七讀林簡肅公周易集解。）而在紀氏之作用言，不過爲一種旁攻側擊之法而已。蓋軒漢輕宋，擒賊擒王之念，既橫亘於紀氏胸中，則凡可以乘間蹈隙，損害及於熹之著述或人品者，皆不肯輕輕放過也。然則使言行錄果爲足本，紀氏亦豈肯不用他故而瑕疵之哉！

其一爲攻擊講學　聚徒講學，不特宋儒；明之姚江，聲氣旣廣，支流尤多。故紀氏非議朱熹，同時又不得不攻擊講學，爲一網打盡之計。惟姚江之學，旣不容於所謂程朱正統派，提要不妨直施攻擊，覽者可開卷得之；而於宋之周程張朱諸儒，則提要往往意存矜愼，語取互證，故下舉諸例，仍偏於宋儒中之程朱一派。攻擊之理由，約分三點：一則講學家之論人深刻也。孫復之春秋尊王發微，朱熹以爲雖未深於聖經，然推言治道，凜凜然可畏，終得聖人意思。紀氏則謂此書實開講學家論人深刻之風氣。提要云，「復之論，上祖陸淳，而下開胡安國，謂春秋有貶無褒，大抵以深刻爲主。晁公武讀書志載常秩之言曰，明復爲春秋，猶商鞅之法，棄灰於道者有刑，步過六尺者有誅，蓋篤論也。而宋代諸儒，喜爲苛議，顧相與推之，沿波不返，遂使孔庭筆削，變爲羅織之經。」證之筆記槐西雜誌記一丐婦涉水，於急流洶湧中棄兒救姑，姑責婦絕祀，哭孫死，婦癡坐數日，亦立槁事下云「有著論者，謂兒與姑較，則姑重，與祖宗較，則祖宗重。使婦或有夫，或尙有兄弟，則棄兒是；旣兩世窮嫠，止一綫之孤子，則姑所責者是。婦雖死，有餘悔焉。」於骨肉悲痛，勢不兩全之際，而責以倉卒考慮是非輕重之宜，以爲精義獨造，寫講學家之羅織，使人不寒而慄！孫書亦不致如是，紀氏蓋惡講學家而甚之耳。講學家之論人深刻，旣如紀氏云云，其修己則何如？紀氏於姑妄聽之中乃記一極可笑之事，略謂有講學者，好以苛禮繩生徒，生徒苦之。塾後有小圃，一夕散步月下，見花間隱隱有人影，迫而詰之，則一麗人，自稱狐女，言詞柔婉，講學者惑之，因相燕昵。比天欲曉，促之行，自謂能從窗隙去，請勿慮。及抱經者屨至，女乃垂帳偃臥，講學者心搖搖然，尚冀人不見，忽外言某媼來逆女，女披衣遥出，坐皐比上理鬢訖，始歛衽別去。蓋生徒賄使里中新來角妓所爲者，講學者大沮，因遁去。此其調侃講學家可謂極其虐矣。一則講學家之徒尚空談也。講學家好談張載西銘「萬物一體」之理，（張載之學，其門戶雖微有殊於伊洛，而大本則一。全祖望宋元儒學案序錄語。）紀氏於提要不論，而於筆記姑妄聽之斥之曰，「西銘論萬物一體，理原如是，然豈徒心知此理，即道濟天下乎！父母之於子可云愛之深矣，子有疾病何以不能療，子有患難何以不能救，無術焉而已。此猶非一身也，人之一身，慮無不深自愛者，己之疾病何以不能療，己之患難何以不能救，亦無術焉而已。今不講體國經野之政，捍災禦變之方，而曰吾仁愛之心同於天地之生物，果此心一舉，萬物即可以生乎」。其灤陽消夏錄記武邑某公於佛寺盛談西銘「萬物一體」時，忽聞厲聲叱曰，「時方飢疫，百姓頗有死亡，汝爲鄉宦，不思早倡義舉，施粥捨藥，即應趁此良夜，閉戶安眠，尚不失爲自了漢；乃虛談高論，在此講「民胞物與」，不知講至天明時，還可作飯餐，可作藥服否？」即與上論先後相發明者。又以眞德秀大學衍義不列治平之目，爲便於講學家之空談也，既論之於提要，謂「宰馭百職，綜理萬端，常變經權，因機而應，利弊情僞，隨事而求，其理雖相貫通，而爲之有節次，行之有實際，非空談心性，即可坐而致者」。而又斥之於姑妄聽之曰，「西山作大學衍義，列目至齊家而止，謂治國平天下可擧而措之。不知虞舜之時，果瞽瞍允若，而洪水即平，三苗即格乎？抑猶有治法在乎？又不知周文之世，果太似徽音，而江漢即化，崇侯即服乎？抑別有政典存乎？今一切棄置，而歸本於齊家，毋亦如土可生苗即炊土爲飯乎？」其他攻擊空談者尚多，惟此二書爲好空談者重要之憑藉，故紀氏尤斷斷焉。一則講學家之爭門戶而禍宗社也。提要慶元黨禁云，「宋代忠邪雜進，黨禍相仍，國論喧呶，已一見於元祐之籍，迨南渡後，諸儒不鑒前車，又尋覆轍，求名旣急，持論彌高，聲氣交通，賢奸混糅，浮薄詭激之徒，相率攀援，釀成門戶，遂使小人乘其瑕隙，又興黨獄以中之，蘭艾同焚，國勢馴至於不振。春秋責備賢者，不能以敗亡之罪，獨諉諸韓侂胄也。」又云，「儒者明體達用，當務潛修，致遠通方，當求實濟，徒博衞道之名，聚徒講學，未有不水火交爭，流毒及於宗社者。」馮從吾馮少墟集云，「至於謂宋之不競由禁講學，尤爲牽合。考宋之黨禁，始於寧宗慶元二年八月，弛於嘉泰二年二月，中間不過六七年耳。至於寶慶以後，周程張邵，並從祀孔子廟庭，紫陽東萊之流，並邀褒贈，理宗得諡爲「理」，實由於是。蓋道學大盛者四五十年，而宋乃亡焉，史傳具存，可以覆按，安得以德祐之禍，歸咎於慶元之禁乎！」合此兩文觀之，紀氏明以宗社之禍爲宋儒講學爭門戶之結果矣。事實是否如此，姑勿論，而紀氏則固認爲攻擊講學者之重要理由，且爲一般反對講學者所公認者也。

上述各端，稽之提要，參之筆記，一綫相穿，主張顯然。故謂四庫書之修，帝王作用而外，尚含有「標榜漢學，排除宋學」之學者作用，似非全出附會。夫夥頤萬卷，紛至沓來，個人之識解，旣有所偏，帝王之指摘，又須慮及，此卽令修書者坦坦蕩蕩，毫無主張，而取舍之間，已不能一秉至公，盡當衆意，況其含有如是之作用哉！余所以不憚瑣瑣而揭出之者，誠痛惜幾許思想上之重要著述，爲此作用而犧牲也。蓋居今日而論古代學術，則漢學宋學皆各有其相當之價值，就哲學之立場言，宋學且較漢學爲更有貢獻。必推崇十三經注疏爲無上極尊之書，則僞經（如尚書周禮孝經等）僞注（如論語孔注）僞疏（如孫奭孟子疏）亦厠其中，何嘗不可瑕疵耶！紫陽能不落漢唐諸儒之窠臼，而自立一種哲學系統，此正其學問有得處，吾人固不容非議；姚江能不落紫陽之窠臼，而更立一種哲學系統，以與紫陽抗，此亦其學問有得處，吾人尤不容非議。吾人著書立說，宜就前人成說，發揮光大之，或推翻而重創之，而後學術乃得蛻變而前進，必以一二先哲之說，以範圍二千年後因時代而產生之種種思想，寧爲事實所許耶！紀氏於後儒之發明，概加訶詆，宜不爲吾人所贊同。然程朱之書，既爲帝王政治上之傀儡作用所保障，姚江之書，權威已大，亦非紀氏所能任意取舍。紀氏所能任意取舍者，多爲此兩大宗之支與流裔，而姚江爲尤甚，存目中歷歷可按。乃若溯源姚江而敢自出其新見解以摧陷舊哲學之陣地，如李卓吾比者，（請參看金陵學報二卷一期拙著李卓吾事實辨正），紀氏且以爲其人可誅，其書可燬，列之存目，徒以正其爲名教罪人誣民邪說而已。吁，可畏哉！余所謂幾許思想上之重要著述，爲此作用而犧牲者此也。余所謂庫書之價值，因帝王學者之兩重作用而大成問題者亦此也。故吾人雖認紀氏「標榜漢學，排除宋學」之作用，寓之於予奪古書，爲有功於清代極著成績之考證學，同時對紀氏之因此項作用而犧牲不在少數之重要著述，亦不能逭其不忠於古書之罪。

以上爲個人對於四庫書之質量兩方面皆感不滿之理由，而「銷燬」「刪改」「採訪遺漏」等種種減低庫書價値之原因不與焉。然則此項無數墨瀋，無數管毫所積成之鉅額遺產，吾人亦不必震驚其名，視之爲學問寶庫矣。

夫然則卽令全印四庫書以餉學者，學者猶感不滿，而今日所擬景印者，係四庫罕傳本，此實較全印爲更成問題。蓋思想上重要之書，旣爲總修者所擯棄；先哲已有權威之名籍，又不待今日付印而廣播，而政府印行此項古書之目的，原在予吾人以硏究古代政治社會經濟等狀況及其思想之便利，而非爲少數藏書家補架笥之空隙，少數文人留爝火之微光，則欲於此有限之罕傳本中求數百種有關學術之著述而印行之，豈不難乎？雖然，此究爲一種推測之詞。北平圖書館所擬三百種罕傳本之目，鄙人於其有舊本底本者應廢庫本而用舊本底本之主張，完全贊同。至於書之內容，鄙人最近客處僻地，不特庫本未嘗寓目，卽舊本底本亦皆無緣一讀，扣槃捫燭，寧有是處。茲姑根據上述管見有請當局應注意之一點，卽選書時嚴格審查該書內容，多選關於古代政治社會經濟等狀況及其思想等著述，少選無硏究性之詩文集部。倘審查結果認爲滿意者少，則不妨暫時放棄原有主張，而進行第二計畫，如編印有清一代考證諸書以集考證學之大成，或搜印四庫未收書，（不以阮元所呈爲限，）存目書及禁書等以彌當時修書因各種原因而產生之缺憾，亦非全無價値之舉。鄙人以爲政府旣毅然肩此發揚舊有文化之使命，衡輕權重，不厭周詳，正不必以印四庫書一事，頻見流產，而守硜硜之節也。　又印書時若兼印提要，亦非搜訪原文先加校勘不可。當時與紀氏反對之姚鼐輩，其提要皆有刻本，搜訪尙非難事。

清高宗之禁燬書籍

趙錄綽

一、緒言

清高宗以帝王之威力，訪求天下書籍，十數年間，寫成四庫全書七部，其魄力之鉅，與夫成功之速，實堪驚歎；然書籍厄運，遡秦政而後，亦實以此次爲最烈。蓋高宗雖以搜訪遺書右古宏文詔示天下，而其本意實以湮滅史跡爲主。自乾隆三十七年開四庫館以來，一面獎勵私人之進書，一面嚴飭督撫，比戶株求；以維持世道人心之大義相號召，舉凡明清之際之重要史料，務期淨盡。其禍之烈，實蔑以加。歷來典籍，逢刼於朝代遞嬗之際，或兵火之間，猶有時間地域之限，與高宗之設官定制，以十數年之時間，專力以赴，有心爲之者，迴不侔矣。故四庫全書謂爲清帝逞凶殘之遺跡也可，謂爲銷燬書籍之殘餘亦可，實不必以天壤瓌寶視之也。

間嘗考清帝修四庫之往事，於其時關於修書之諭旨及諸臣工奏摺中，獲見修書時燬書之舉，爰彙集之，以就正於世之博雅君子焉。（本篇材料引用陳援菴先生編錄之「辦理四庫全書檔案」最多。此外尚有禁書目錄四種（國粹叢書本）禁書總錄（陳乃乾編）禁書總目（傳抄國學圖書館藏本）軍機處進書目（抄本北平圖書館藏）陝西禁書目錄紅本處銷燬書籍總檔（均吳興徐氏傳抄本）違礙書籍目錄（四川刻本北平圖書館藏）北京大學研究所國學門週刊史料旬刊清代文字獄檔掌故叢編文獻叢編等除陳先生所編檔案外他書均於所引條下注明）

二、禁燬之動機

高宗燬書之故，約言之不外兩端：

甲、消滅前期史實此項史實，約有二種：

一、明代經略遼事者　有明末造，政事日非，清人之爲寇亦愈烈，朝野之士，外鑒清人之披猖，內痛國事之敗壞，莫不扼腕舒籌，羣上方略，一時箸述之衆，幾等雲湧，試檢謝國楨氏清代開國史料考所箸錄者，已不下一二百種，其間或記夷人情事，或談兵將戰守，奴酋奴虜胡氛腥羶諸語，滿紙皆是，此清代認爲絕大悖逆者也。

二、未入關前之活動與設施　清人未入關之前，其活動設施，多異漢制，又世爲明之臣僕，故其忌諱者約有三事：

一、建州衛之名稱與情形　清人本女眞支屬，居建州地，因名建州女眞，明代設建州衛以羈縻之後因其內部分裂更置左右二衞，努兒哈赤即崛起于左衞故明代諸書，不曰建州奴酋即曰建州夷無不知建州爲清人之根據地也。努兒哈赤自立之初亦稱建州國汗，及入關乃認建州爲最大之忌諱。

二、恥爲明臣　建州設衞所後即命其酋爲指揮使復設都指揮僉事，都指揮同知都指揮使都督僉事，都督同知右都督等職，不時遷擢；至努兒哈赤更敘龍虎將軍。受明爵秩者，不下百餘年，迨入主中原後，竟恥爲明臣，認爲忌諱。

三、恥稱後金　努兒哈赤自立後先稱建州國汗，尋改號爲金，自稱後金之汗，及太宗即皇帝位，始建號清；將所有後金之名，悉行塗改，後自造滿洲二字，以掩飾之。

乙、遏止當時人民反清觀念　清人入關之初，師行無紀，到處蹂躪，已足引起反抗，且明之故老遺臣，恥事奴虜，念懷故國，故恢復之師迭興，洎乎勢去時非，多著書志痛，以文字洩其悲憤，其說既足以鼓引反清之思，且肆意詆毀，尤非清所能堪。

康雍以來，緣文字而興大獄，已屢見之，而燬書之禍至高宗乃益烈，高宗遠鑒於明末述作關於遼事者之衆，多近察於漢人種族關念之深，更以聖祖之寬大，既非得計，世宗之嚴厲，亦易引起反動，遂以維持世道人心之大義爲名，一方面延攬人才，編纂四庫，使其專力於故紙堆中，一方面假收書之機會，將所有異己之書，盡力搜羅，其心之毒，其計之深，較之康熙雍正，誠不可以道里計矣。

三、搜集之開始

乾隆三十七年，頒徵書之諭，各書督撫，多存觀望，近呈者頗少，即或進呈，類多普通書籍，故三十九年八月，明白宣示訪求違碍之書。

前曾諭令各省督撫，採訪遺書，彙登册府，下詔數月，應者寥寥。乾隆三十九年八月初五日 陳乃乾禁書總錄附案錄

乃各省進到書籍，不下萬餘種，並不見奏及稍有忌諱之書，豈有裒集如許遺書，竟無違碍字跡之理。仝前

蓋自康雍兩朝文獄大興以來，人存畏懼之心，凡書籍中稍涉違礙者，皆匿不敢獻。高宗既以搜集之意宣諭天下，復百計爲之解釋，俾藏書者樂於進呈，而各督撫更盡力爲之搜繳也。

彼時有司等因遺編中或有違背忌諱字面，而藏書家竊其意旨，一切秘而不宣，因復明切宣諭，即或字義觸礙，乃前人偏見，與近時無涉，不必過于畏首畏尾，朕斷不肯因訪求遺籍，于書中尋摘瑕疵，罪及收藏之人，若仍前疑畏，不肯盡出所藏，將來或別露違碍之書，則是有意收存，其取戾轉大，所降諭旨甚明，並寄諭江浙督撫，以書中或有忌諱誕妄字句，不應留存，以貽惑後學者，進到時亦不過將書燬棄，轉諭其家不必收存，與藏書之人並無干涉，至督撫等經手彙送，更無關礙。仝前

而違礙之意，猶恐外間不明，更屢解釋其時代及種類。

明季末造野史甚多，其間毁譽任意，傳聞異詞，必有詆觸之語，正當及此一番查辦，盡行銷燬，杜遏邪言，以正人心而厚風俗，斷不宜置之不辦。仝前

四十一年十一月十八日諭：明季諸人書籍詞意詆觸本朝，自當在銷燬之列，陳乃乾禁書總錄附錄

四十二年十一月四日諭如有收藏明末國初之書急宜及早交出；仝前

標準既明，辦理自易於是各省督撫逢迎上意，舉凡明末淸初書籍之稍涉忌諱者，無不以違礙目之，試檢禁書目中所著錄，當可瞭然矣。

搜集違礙書籍之初其所注意之時代全在明淸之交而當時人之著作無與也。蓋高宗既未明示，而內外臣工亦均按諭辦理，故當時人士之撰述雖有違礙，呈繳者自罕及乾隆四十三年王錫侯字貫案發生，高宗始注意及之，乃於諭海成詔中兼諭各省督撫訪求「現在刊行」之違礙書籍。朕令各督撫查辦應行銷燬書籍，原因書內或有悖理狂誕者，不可存留於世，以除邪說而正人心，是以舊人著作尙且應查，豈有現在刊行者轉置不問之理。乾隆四十二年十月二十三日掌故從編第一輯五葉

四、搜集之方法

自擬定標準，搜購違礙書籍，軍機處，四庫館，翰林院，各重要機關，實司檢閱彙呈銷燬等事，而搜訪之責，則各省督撫繫焉。今考各省搜訪之法，率不外曉諭，搜覔，購買三途。所有佐雜敎職，蓋爲此事之主要人員。

各省既奉搜購違礙書籍諭旨，即「刊刷謄黃遍貼曉諭，」初則勸諭各藏書家，盡量呈繳；

三十九年八月初五日諭云：傳諭該督撫等于已繳藏書之家，再令誠妥之員前往明白宣諭，如有不應存留之書，即速交出，與收藏之人並無關礙。陳乃乾禁書總錄附錄

繼則通飭所屬佐雜敎職，詳細訪查。

敎職一官，與士子日相晋接，各佐雜亦與士民最爲親近，奉宣恩旨，勸繳甚易，令其會同親赴各處；按每縣之鄉村查各家之書籍，自行呈出者，帶回代繳，無人查閱者，問其家所有之書，悉數携回，代爲校閱，繳其違礙，餘則發還，在城士民速自檢查，呈繳敎職轉繳，離州縣窵遠者，即於敎佐等到鄉挨查之時，逐一繳出，其有家存書籍無人閱看者，盡數交官代閱代繳，並再因親及友，多方勸說，（江寧刊書目告示 國學叢書本奏繳咨禁書目）

移會學臣，督飭敎職，一體廣爲搜查，（五十三年琅玕奏摺）

嚴督地方各官，及試用佐雜敎職等，分投搜覓，（四十四年四月蘇撫續繳書籍奏摺 文獻從編第七輯）

嚴令各地方官，會同敎職，悉心查繳，（四十四年九月閩督繳書奏摺 文獻叢編第七輯）

或選地方紳士，及各學生監等人，帮同蒐訪，

札令各屬，於地方紳士中，愼選制行循謹，素爲閭井悅服者，每縣數人，分派城鄉，轉向親友密訪，（四十四年九月閩督奏摺 仝前）

嚴飭府縣，協同各學敎官，傳齊紳士生監人等，廣爲蒐覔，（四十二年湖廣總督奏摺 文獻叢編九輯）

更有以分發敎職之空閑人員，派赴各處，詢訪淸查，勵以繳書多寡，爲將來補用名次者，

惟緣此等書籍，既有觸礙，不經素稱藏書之家，鮮有收留，若祇責諸地方官及各學敎官，並委員等，諭之地保，家諭戶曉之，其呈繳雖可以徧及，但內有現非攻書之人及止家存婦女，勢難自行

淸檢臣前以敎職閒空人員甚多，曾經奏明，以該員俱係本地之人，派其各赴原籍府分，因親及友，易於訪詢，更便代爲淸查，事本不煩，且勵以繳書多寡，卽爲將來補用名次先後，是以無不爭先踴躍，協力搜羅，（四十三年八月湖廣總督續繳書籍奏摺 仝前）

訪查之外，更由督撫飭各屬倍價購買，

自展限倍價購買以來，……據各處蒐購，（四十一年江西巡撫奏摺 禁書總錄附錄）

嚴飭府縣暨委員等携價購買，（四十二年湖廣總督奏摺 文獻叢編第九輯）

或督同司道府實力查辦，酌委妥員于各處書坊不動聲色，分頭購買，

並將違礙書籍彙開目錄，刊釘成書，發交各府州廳縣及各學敎官，以便不時檢查焉。

分發各州縣敎官巡典查照，（江寧刊本告示 奏繳咨禁書目）

每縣分發十本，令其轉爲抄播，（仝右）

初刊書目，每學頒給二本，續刊目錄，按照府州廳縣學分大小，酌發多本，以示家諭戶曉之意，（山西頒發書目告示 抄本禁書目錄）

搜訪書籍，初未見有限期之規定，而乾隆四十一年海成奏摺中，曾有展限購求之語，然亦未有諭旨規定也，辦理數載，仍有續獲，各督撫每隔數月，卽奏繳數種，高宗恐各督撫視爲末務，乃嚴厲督飭，並自乾隆四十三年十一月起，限二年辦理完竣焉。

蓋因查書向未定期，各督撫視爲末務，每隔數月，奏繳數種塞責，如此漫不經意，何時可以竣事，

而、挾仇告訐，騷擾欺嚇，將百弊叢生，其藏書之人，亦不免意存觀望，呈繳逾期，皆督撫經理不善之故，著通諭各督撫，以接奉此旨之日爲始，予限二年，實力查繳，並再明白宣諭，凡收藏違礙悖逆之書，俱各及早呈繳，仍免治罪，至二年限滿，即毋庸再查。（四十三年十一月初四日禁書總錄）

至四十五年十二月，兩江總督陳輝祖，恐搜羅未盡，停止難免遺漏，因奏請展限一年。

再查此案前奉諭旨，予限二年，現已屆滿，但江南地方書籍繁多，各屬尚在源源購繳，並未稟報搜羅已盡，若遽爲停止，轉恐尚有遺漏，應請再爲展限一年。（四十五年十二月初十日抄本禁書總目）

此後展限與否，雖不可知，然試一檢檔冊，則各省年有繳進，實際並未停止也。五十二年四月，安徽巡撫書麟，似曾奏請展期，

臣於上年四月，在安徽巡撫任內，蒙恩准展限。（五十二年五月三十日抄本禁書總目）

及五十三年五月初四日，復有陳用敷之奏。

抵任後各屬先後繳到通紀編年等書三十種，一百七本，可見歷年呈繳，尚未淨盡，請再予限一年，俾得率屬廣爲諮訪。（五十三年五月初四禁書總錄附錄）

五、禁燬之步驟

搜訪之策既定，處理之事隨生，蓋佐雜教職，奉令後自必肆力蒐索，緣在上者，既以搜繳多寡爲擢用之階，復備重價收買，則辦理者自必踴躍異常，其呈繳之速，與夫質量之多，更不言可知，於是處理之方，自爲當務之急。處理之方，不外點查檢閱，彙呈復檢，銷燬諸項，其點查檢閱進呈諸事，概由

各省督撫辦理，翰林院司復檢至彙呈銷燬之則軍機處之專責矣，茲依次論述於後，而附以塡補字句，及辦理發還之書籍等事焉。

各處所搜訪之書籍，陸續交與布政使，即由布政使彙總具詳督撫，（閩浙總督三寶奏摺 文獻叢編第八輯）再由督撫陸續查收繳局。（四十三年六月蘇撫奏摺 文獻從編十二號）蓋各省辦理違礙書籍，所有收繳檢閱解京等事，自必日益繁忙，決非督撫等所能兼顧，故另設專局以處理之。

江蘇省收繳違礙書籍，內分江寧蘇州兩局。（五十三年兩江總督書麟奏摺 抄本禁書總目）如有違礙各籍，在蘇，松，常，鎮，太五府州屬者，呈送蘇州書局查辦，其在江，淮，揚，徐，海，通，六府州屬者，呈送江寧書局查辦，其在徽，寧，池，太，廬，鳳，潁，滁，和，六，泗，廣，等府州屬者，呈送安徽書局查辦。（刊刻違碍書籍告示 奏繳咨禁書目）

他省雖無可考，意者當時必皆設專局辦理此事也，即如湖廣總督三寶奏繳違礙書籍摺中，亦有「尚有已收而未到局者」與「解交到局等語」也。書籍繳局後，更由督撫「與藩臬兩司，率同局員，詳加校閱，」（四十四年蘇撫楊魁奏摺 文獻叢編第七輯）察其違碍與否，何者全燬，何者抽燬，新獲若干，重複若干，分晰清楚，開具緣由，繕寫清單，由督撫具摺奏進，更將所獲書籍，逐一包封，派委妥員，解繳軍機處辦理，然後將每次所新獲者，開列人名書名，通咨各省查搜，更有不彙同他書而儘先呈繳者，則各省於檢得後，即行封固送京。

四十三年十二月初九日諭：九十九籌一書，詆斥之處甚多，較尋常違禁各書更爲狂悖不法，

須切實搜查如續查出即行封固送京不必彙同他書。若有板片，應一併解京銷燬。（抄本禁書總目）

軍機處收到違碍書籍即行專摺奏明，將所有書箱按韻編號咨交翰林院委派專員照分韻册依次查點。

應照分韻册，逐箱按次查點，其已經辦燬者，標明書本仍存原箱；其未辦者，取出造册分入未辦中。如有一樣數部者，取出一部，其餘亦仍存原箱作爲重本。每查過一箱，即將此箱封好，不必再行檢閱，以免複混之病。（四庫館辦理違碍書籍條欵　禁書總錄）

點查畢，再將新獲諸書，逐一詳晰檢閱。其檢閱標準，前節已略言之，即所謂明末國初之書，其有毀譽任意詞句詆觸者，類皆在違礙之列。然辦理之初，漫無標準，各省任意定其是非，類皆毛舉瑣屑，恣情吹索。

明代各書，內有載及西北邊外部落者，外省不明地理，往往概入應燬之處，但此等部落俱明史韃靼，瓦剌，朶顏等傳所載，實無干礙。（四庫館查辦違礙書籍條欵　仝前）

自萬歷以前各書內偶有涉及遼東及女直女眞諸衛字樣，外省一體送燬，但此等原係地名，並非指斥之語。（仝上）

吳偉業梅村集，曾奉有御題，其綏寇紀略等書，亦並無違礙字句，現在各省一體送燬。（仝上）

凡此種種，皆督臣迎合上意所致，當時高宗似亦知此事之紛擾，乃諭令甄核。

四十一年十一月十八日諭：朕復于進到時，親加披覽，覺有不可不爲區別甄核者，（禁書總錄　下同）

四庫館諸臣，即據諭此議定查辦違礙書籍條欵九則，以作辦理標準，大旨分全燬抽燬二項，其全燬者，以明亡而不死節之士為重。

不能死節，靦顏苟活，乃托名勝國，妄肆狂狺，其人不足齒，其書豈可復存，自應逐細查明，概行燬棄，以勵臣節而正人心。如錢謙益在明已居大位，又復身事本朝，而金堡屈大均則又託跡緇流。按查辦違礙書籍條欵第四欵云錢謙益呂留良金堡屈大均等除所自著之書俱悉燬除外云云與此旨同

而抽燬之書，則有改易字句，或酌改一二語者：

如立朝守正，風節凜然，或受任疆場，材優幹濟者，惟當改易字句，無庸銷燬。如劉宗周黃道周等其奏議慷慨極言忠藎溢于簡牘卒之以身殉國不愧一代完人又如熊廷弼所上封事語多剴切乃為朝讒所摘致使身陷大辟又如王允成南臺奏稿彈劾權奸指陳利弊亦為無慚骨鯁又如葉向高為當時正人頗負重望及再入內閣值逆閹弄權調停委曲雖不能免責賢之備然觀其綸扉奏疏請補閣臣疏至七十七上幾於痛哭流涕其書均明季喪亂所關足資考鏡 即有一二語傷觸本朝，本屬各為其主，亦止須酌改一二語，實不忍並從燬棄。如彼時直臣楊漣左光斗李應昇周宗建繆昌期趙南星倪元璐等所有書集並當以此類推 或酌改數字，而存其原書。朱東觀編輯崇禎年間諸臣奏疏一卷其中多言明季秕政諸疏中所有乖觸字句皆忠於所事實不足罪惟當酌改數字存其原書

只削去禁燬文字者：

如彙選各家詩文，內有錢謙益屈大均輩所作，自當削去，其餘原可留存。按查辦違礙書籍條欵第四欵有云若各書內有載入其（指錢謙益屈大均呂留良金堡等）議論選及其詩詞者原係他人所採與伊等自著之書不同應遵照原奉諭旨將書內所引各條簽明抽燬于原板內劃除仍各存其原書明示平允其但有錢謙益序而書內並無違礙者應照此辦理

又如第七欵云各違礙文集內所有奏疏現在遵旨將其剴切可取者另行摘存其全部仍應請燬外至於專選奏議如經濟文編之類專載對策如明狀元策之類所載多自明初爲始似亦當分別辦理應將其中有違礙字句各編查明抽燬其餘仍應酌存以示區別

刪去數卷或數篇者：

明人所刻類書，其邊塞兵防等門，所有觸礙字樣，固不可存，然祇須刪去數卷，或數篇，或改定字句，亦不必因一二卷帙，遂廢全部。

按查辦違礙書籍條欵第六欵云凡類書及紀載之書原係門各爲目人各爲傳不相連屬卽有違礙不過中間一門一傳其餘多不相涉不必因此概燬全書應將其違礙之某門某傳查明抽燬毋庸全燬

宋明人之斥金元者：

南宋人之斥金，明初人之斥元，其悖于義理，自當從刪，涉于詆詈者，自當從改，其書均不必燬。

按違礙書籍條欵第六欵云凡宋人之於遼金元明人之於元其書紀載事蹟有用敵國之詞語句乖戾者俱應酌量改正如有議論偏謬尤甚者仍行簽出擬銷、

查辦違礙書籍條欵，已大半於前列各欵述明，此外尚有：

關於地名者：

如前所述遼東等衛，及西北邊外部落者，則應查明實係紀載地名者，及實無干礙者，應簽出毋庸擬銷。若語有違礙者，仍行銷燬。

關於福王及三藩年號者：

如各書內有但及弘光及三藩年號者，而別無違礙字句，應查明簽出，無庸銷毀、

關于吳偉業綏寇紀略等書者：

緣與錢謙益並稱江左三家，曾有合選詩集，是以牽連並及，此類應核定聲明，毋庸銷燬。其江左三家詩嶺南三家詩內，如有吳偉業梁佩蘭等詩選，亦並抽出扣留。

檢閱竣事後，於是將所有悖謬違燬之處，逐條粘貼黃簽於書眉，（乾隆四十七年諭四庫館總纂有云此後訛錯字句黃簽粘貼下方如有違礙刪改之處將黃簽貼上方）或將應燬緣由開具節略，凡書內悖逆之處，即於節略內聲敘，不另加簽，然後分別開單呈進，候旨裁定而銷燬焉。（軍機處繳書摺抄本軍機處繳書同）

檢閱書籍之程序，已於前述，但其中有不須檢閱加簽即逕行銷燬者：

臣等遵旨將發下各種違礙書籍，詳加閱看，內必應全燬各書共五十種，謹先行呈進，除錢謙益，呂留良屈大均戴名世王錫侯尹嘉銓等所撰詩文毋庸加簽外。（乾隆五十七年二月三十日）

又有原已抽燬，復因書既不全，更將全部銷燬者：

查左光斗集原係二冊，詢之太監等稱，後一冊已經銷燬，此係不全之本，其集內各疏，前經奉旨編輯明臣奏議，有業經採入者。……應請旨將左光斗不全之集，一併銷燬。（五十三年十一月二十六日）

又有雖經粘簽刪改，復行銷燬者：

曹飛所撰經世挈要二冊，其中指斥之處甚多，雖已粘簽刪改，究不當仍存其書。（同前）

更有因殘缺不全，無可採取而行銷燬者：

至西臺奏議等書十三種，殘缺不全，無可採取，相應一并開單送進銷燬。（同上）

至明實錄，寶訓，帝后紀略諸書，則更係無可存留之書矣。

所獲各書重本，經各省分起送到，即交存方略館內。此種重複書籍，每一種或數十部，或數百部，日久堆積愈多，辦理諸臣以其無用而在在堪虞，故四十三年奏請急爲焚燬。

此種應燬書籍重本；又經各省分起送到，向例俱交存方略館。現在箱櫃爲數甚多，房屋已不能容，多係於院內堆積，似應極爲焚燬，方不致轉有疏失。臣等酌擬……其已經奏准應燬之重本，應請令原派閱看之翰林官查明原單，逐一詳細檢閱，更酌派軍機處滿漢司員眼同監看，在武英殿字爐內盡數銷燬，以免堆貯疏虞

此外應附述者，尙有兩事：

一、塡補字句： 自文字發生禁忌，凡稍懷畏懼者，類將其著述中忌諱之字挖去，留爲空白。而書坊刊行書籍，此類之事尤多。故忌諱愈甚者，其空白亦愈多。各省呈送遺書時，有此種空格書籍，於是高宗諭令各省解京塡補。

昨因各省進到遺書，有應抄之沈練青霞集一種，內篇中凡違礙字樣，俱行空格，已發交阿桂、和珅查核塡補矣。此外各省坊行刻本，如青霞集之空格者，諒復不少，俱應酌量塡補。但各督撫自行查塡，恐未妥協，亦難畫一。著傳諭各省督撫，詳查各種書籍內，有不應銷燬而印本留有空格者，概行簽出，解京俟交館臣查明，酌量塡補後，仍行發還。其有板片者，即著該督撫遵照所塡字樣，補行刊刻，以歸劃一。將此諭令知之。（四十五年十一月二十日禁書總錄）

二、檢閱發還之書籍： 各省進呈遺書，四庫館將著餘存目等事分別辦竣，所有底本概行發還

原藏書家。其中違礙書籍，雖經陸續查出銷燬，惟恐猶有未盡，故於發還之時，乃再行覆加檢閱。

四庫館書籍，有應行抄謄者，有僅存名目不必繕寫全書者。其僅存名目之書，亦應將底本發還各省藏書之家。着傳諭英廉，即將此項書籍查明發還，仍將如何查辦情形，遇便覆奏，欽此欽遵。當經臣英廉覆奏，臣與總纂紀昀等公同商酌，以各書內有詞意違礙者，業經陸續查出，分次奏繳銷燬，但卷帙浩繁，恐其中或尚有應燬字句，應再行通加覆檢，然後發回，庶無疎漏。……茲已全行閱竣，共看出應行銷燬書一百四十四部，應酌量抽燬書一百八十一部，臣同該總纂紀昀等，逐加覆核，理合開具節略清單，同原書三百二十五部，二千一百二十三本，一併繳進。請旨分別銷燬。……其餘查無干礙之存目，及重本各書，共計九千四百十六部，應遵旨發還各家。禁書總錄附錄

六、範圍之擴大

乾隆禁燬書籍，其始本注意於明清人之詆毀滿洲者，及辦理之後，內外臣工，迎合上意，百計搜討，有以戲曲小說以及書版呈進者，遂使禁燬範圍愈益加廣。今就各檔記載，鈎稽之得數事焉。

一、書版之焚燬

焚燬書版，起於陳輝祖之奏：

其書皆明季末造所鋟之版，現通飭各屬，再行詳查，並分咨各省，如有前書及版片，盡數銷燬，乾隆

三十九年十二月　禁書總錄

遂引起乾隆之注意，

此等違礙書籍，不但印就書本應行查禁，其版片自應一併銷燬。但恐各省自行辦理，未能切實周到，著傳諭陳輝祖，並各省督撫遇有查出應禁書籍，一面將原書封固進呈，一面查明，如有板片，即行坿便解京交軍機處奏聞銷燬。同上

各省能交版片其詳目無由見著錄者計有一萬餘片：

王錫侯字貫案內所燬者十四種二千百七十四片，掌故叢編第一輯

江西巡撫郝碩奏繳者十一種九百五十五片掌故叢編第十輯

江蘇巡撫薩載奏繳者七錄齋稿，潭西詩集書版二種共四百九十四塊四十年十一月三日　清代文字獄檔第三輯

江蘇巡撫楊魁奏繳者二千七百二十三塊四十三年六月　文獻叢編十二輯

又　三易集，瑤華集版片二副六百七十三塊四十四年四月　文獻叢編第七輯

一柱樓集等版片四副三百八十五塊四十四年四月　仝上

兩江總督查繳書籍內，虞初新志等書版三千十二塊四十六年二月　抄本禁書總目

湖北省第十一次查繳者五種一千八百八十二片文獻叢編第十四輯

然依軍機處所奏，則七年間共有五萬餘片，

乾隆三十八年十二月起至四十五年十月，共繳進應燬板片五萬二千四百八十片，又自四十五年十一月起至四十六年九月止，共繳進一萬五千七百五十九片。

總計八年之間，共繳六萬八千餘片，其數目之鉅，實堪驚異，若再合後數年所繳，計當在十萬以上矣！其銷燬之法不外：

一、剷改應用——須逐片加以揀選，如版片較厚單面刊刻，尚能應用者，即將原刻之字剷去，留備官刻書籍之用。

二、作爲燒柴——板片中如有木片較薄，且係雙面刊刻，而難以剷用者，即行奏明，交造辦處玻璃廠作爲硬木燒柴，（三十八年至四十五年所收到之五萬餘片均係雙面刊刻而字僅四五分難以剷用概行作爲燒柴共三萬六千五百三十斤每千斤價銀二兩七錢共節省銀九十八兩六錢〔四十五年十月十六日奏摺〕）

二、郡邑志乘之檢查

檢閱郡邑志乘，起于安徽巡撫閔鶚元之奏：

各省郡邑志書內，如有登載應銷各書名目，及悖妄著書人詩文者，請一概俱行剷削。（乾隆四十四年十一月十八日禁書總錄）

其意不過欲於郡邑志書內將悖妄著書人所作詩文剷去，以示其搜尋之嚴密，但高宗因之而得更嚴密之搜查方法，即按照郡邑志書內所列著述之目而搜尋也。

所奏甚是，錢謙益、屈大均、金堡等所撰詩文，久經飭禁，以裨世教而正人心，今各省郡邑志書，往往於名勝古蹟，編入伊等詩文，而人物藝文志門，並載其生平事實，及所著書目，自應逐加剷削，以杜繆妄。著傳諭各督撫，將省志及府州縣志書，悉心查核，其中如有應禁詩文，而志內尚復採錄，並及其人事實書目者，均詳悉查明，概從剷削，不得草率從事，致有疎漏。同上

安徽首先檢查開列目錄：

書目內應禁各書，通志內查出另有著作未經請奏書，計查出

焦　竑十七種　楊循吉十二種

王世貞十二種　顧起元七種

許重熙六種　陳仁錫九種

顧炎武四種　王在晉四種

王錫爵四種　陳繼儒三種

餘如錢謙益董其昌文震孟等均二三種不等。抄本禁書總目

書目內所列各人著述大半非應銷燬之書，當時各省辦理此事，似均重人而不重書者，其餘各省，雖未見有按志乘搜尋之目，然在當時爲之者必甚多，惜已不可攷矣。

三、劇本之勘查

戲曲流傳民間感人最深，清入關雖百有餘年，然流行於民間之劇本爲明代所遺留者自不少；而清初人所撰，有礙於清人者，亦甚多。高宗以此種劇本最易引起種族觀念，因藉辦理違礙書籍之

機，一併加以禁燬。

外間流傳劇本，如明季國初之事，有關涉本朝字句，亦未必無違礙之處，着傳諭伊齡阿全德留心查察，斟酌妥辦。四十五年十一月二十八日禁書總錄

其勘辦之方法及範圍，可由圖明阿奏摺知之。

奴才圖明阿跪奏，爲恭錄勘辦劇本進呈御覽事，竊照查辦戲曲，昨奴才擬請凡有關涉本朝字句，及宋金劇本扮演失實者，皆應遵旨刪改抽掣，另繕清本，同原本粘簽進呈。其餘曲本有情節乖謬，恐其誑惑愚民者，亦照此辦理，若但系字句違礙，則祇將原本粘簽改正進呈，等情具奏。史料旬刊第二十二期

而辦理之情形，與劇本之種類，亦均可於圖明阿摺內略窺一斑。

今辦得金雀記等九種，並全德移來鳴鳳記一種，奴才俱覆加酌核，繕寫清本，同原本粘簽恭呈御覽。同上

奴才又覆勘得千金記等十種，又全德移來種玉記等十種，均係曲白間有冗雜之處，抽改無多。現在即以粘簽原本進呈，奴才謹開具清單，恭摺具奏。仝上

以上所查，均爲崑腔劇本。伊齡阿等復查知各省流行戲劇，不盡限於崑腔，因即奏明，於是高宗諭飭各省督撫查禁。

茲據伊齡阿覆奏，派員愼密搜訪，查明應刪改者刪改，應抽掣者抽掣，陸續粘簽呈覽。再查崑腔

之外，尚有石牌腔，秦腔，弋陽腔，楚腔等項，江，廣，閩，浙，四川，雲，貴等省，皆所盛行，請勅各督撫查辦等語。自應如此辦理，著將伊齡阿原摺抄寄各督撫閱看，一體留心查察，但須不動聲色，不可稍涉張皇。（乾隆四十五年十一月二十八日禁書總錄）

江西辦理情形，具詳於巡撫郝碩奏摺中：

臣查江西崑腔甚少，民間演唱有高腔，梆子腔，亂彈等項名目。其高腔又名弋陽腔，臣檢查弋陽縣舊志，有弋陽腔之名，恐該地或有流傳劇本，飭令該縣留心查察，隨據禀稱弋陽腔之名，不知始於何時，無憑稽考，現今所唱，卽係高腔，並無別有弋陽詞曲，並據附省之南昌府禀稱，遵經傳諭各戲班，將戲本內事涉明季及關係南宋金朝故事，扮演失當者，嚴行禁除外，所有繳到各戲本，派員查核內，有全家福，乾坤鞘二種，語有違礙，又紅門寺一種，扮演本朝服色，應呈請查辦等情，臣與藩臬兩司覆核無異，查江右所有高腔等班，其詞曲悉皆方言俗語，俚鄙無文，大半鄉愚隨口演唱，任意更改，非比崑腔傳奇出自文人之手，剞劂成本，遐邇流傳，是以曲本無幾，其繳到者，亦係破爛不全抄本，現在檢出之三種內，紅門寺係用本朝服色；乾坤鞘係宋金故事，應行禁止；全家福所稱封號，語涉荒誕，且核其詞曲，不值删改，俱應竟行銷燬。臣謹將原本粘籤恭呈御覽，至如瑞州，臨江，南康等府，山陬僻壤，本地既無優伶，外間戲班亦所罕至；惟九江，廣信，饒州，贛州，南安等府，界連江，廣，閩，浙，如前項石牌腔，秦腔，楚腔，時來時去。臣飭令各該府，時刻留心，遇有到境戲班，傳集開諭，務使一體遵禁改正，以昭我皇上端本維風之至治。（史料旬刊二十二期四十五年十二月二十五日）

四、御批書籍之删改

宋明人對於金元議論如有偏謬之處，乾隆莫不視爲違礙悖逆，至列入辦理違礙書籍條款中，故雖以聖祖御批之書亦不惜加以删改焉。

前因御批通鑑綱目續編內發明廣義各條，於遼金元三朝時事多有議論偏謬及肆行詆毀之處，特交諸皇子及軍機大臣量爲删潤改補粘簽呈覽，並遇便發交直省督撫各一部，令其照本抽改。現在將次辦竣，陸續頒發各該督撫等，務須實力妥辦，總在不動聲色，使外間流傳之本一體更正，不致遺漏，亦不得滋擾，至各該省自接奉頒發原書後，遵照抽改若干部，仍着各該督撫，于年終彙奏，以便查核。

各省辦理之法，軍機處知會檔中可略知之：

將該省流傳之本並坊間翻刻板片，一體遵照挖改，書版仍發還本家。

又載有各省彙奏之數，亦頗可供參考也。

自四十八年奉旨以後，據各督撫節次具奏，除在本省按照頒發原本，將應改字樣挖改塡寫，仍行發還本人收領外，其陸續收繳解京者，共計四百二十三部，又外省坊刻及卷帙不全之本共百十三部，又百三十八本。今請將繳到御批通鑑綱目續編四百二十三部，交武英殿遵照原改字樣一律挖改存貯外，其外省坊刻批本及殘缺不全之書，一併銷燬，謹將各省挖改數目開單進呈謹奏，

各省督撫挖改書籍數目表

省別	挖改部數
浙江	404
江西	314
江蘇	294
安徽	189
直隸	178
福建	124
山西	123
河南	117
四川	73
陝西	53
湖南	40
湖北	35
廣東	23
山東	22
雲南	18
廣西	11
貴州	7
甘肅	2

五、四庫全書之重檢

四庫全書原屬官辦，事經十數年，成於數千百人之手，其中謬誤脫漏，自屬不少，乾隆察察爲明，屢行抽查，屢獲謬誤，由是命館臣重加校勘

熱河文津閣所貯四庫全書，朕偶加繙閱，其中謬誤甚多，已派隨從阿哥及軍機大臣等校閱改正，因思文淵文源二閣所貯四庫全書，其訛舛處亦皆不一而足，著派科甲出身之尚書侍郎京堂以及翰詹科道部屬等官分司校閱，總計大小各員不下二百餘人，每日二匣，計算不過兩月，兩閣書籍即可校閱完竣，……如有語句違礙，及誤寫廟諱，並繕寫荒謬者，再行隨報進呈。乾隆五十二年五月

而李清所著書籍之誤行收入，尤爲此案之主因。

四庫全書處進呈續繕三分書李淸所撰諸史同異錄，內稱我朝世祖章皇帝，與明崇禎四事相同，妄誕不經，閱之殊堪駭異。李淸係明季職官，當明社淪亡，不能捐軀殉節，在本朝食毛踐土，已閱多年，乃敢妄逞異說，任意比擬，設其人尚在，必當立正刑誅，用彰憲典。今其身倖逃顯戮，其所著書籍，悖妄之處，自應搜查銷燬，以杜邪說而正人心，乃從前查辦遺書時，該省及辦理四庫全書之皇子大臣等，未經撤燬，今續辦三分書，猶復援例繕錄，方經朕摘覽而得，甚屬非是，因檢閱文淵文源兩閣書內均已删去此條，……此等悖妄之書，何以僅從删節，……所有四庫閣陳設之本，及續辦三分書內，俱着掣出銷燬。京報乾隆五十二年三月二十四日

四庫全書覆檢後，查出違礙語句，及悖謬之處甚多：

閻若璩尙書古文疏證，有引李淸錢謙益諸說，未經删削。五十二年六月十二日

現在覆勘文淵等閣所藏四庫全書，據詳校官祝堃簽出周亮工讀書錄，吳其貞書畫記，內有違礙猥褻之處，……又前據胡高望吉夢熊阮葵生詳校文溯閣書簽出古文尙書疏證松楊二書，並有違礙字句。五十二年八月

紀昀所奏四庫全書應行撤燬及語意可疑等書：五十二年十月三日

一、國史考異——中引錢謙益之說甚多

二、十六家詞——書內龔鼎祚所著詞抽燬，改爲十五家詞。

三、黃虞稷千頃堂書目—多列已燬之書。

四、姚之駰元明事類考，仇兆鰲杜詩詳註—襲引錢謙益撰著。

五、朱鶴齡愚菴小集—贈某先生詩等作，又箋注李義山詩注，序內紅豆莊主人，皆係指錢謙益。

六、朱彝尊曝書亭集—忠良百折不回，卒保其髮膚首領，從君父於地下，有語病。

七、吳偉業綏寇紀略，陳鼎東林列傳十二書稱謂，有乖體制。

五十三年復查文津閣各書應撤出者，亦均依照五十二年所辦理者，後列目錄，可供參攷也。

諸史同異錄

南北史合注

南唐書合訂

列代不知姓名錄 以上均李清撰

書畫記 內有春宵秘戲圖語句

讀畫錄 內有人皆漢魏上花亦義熙餘詩句

閩小記

印人傳 以上周亮工撰

國史考異

據現行四庫目錄，查知尚有周亮工所著書影同書二種，亦係撤出者，此目未載，不悉何時所撤矣。

七、禁燬書籍之統計

各省進書之多寡，至不易確定，蓋各省原檔既不易得，所刊書目，傳世尤少。今就所知之材料，略爲排比于後，其準確之程度，十不過三四焉。

一、軍機處所奏進者：

按各省所繳違礙書籍，例由軍機處分批彙奏，銷燬書籍之總額，於此可得其大概。今傳世禁書目錄，有軍機處奏准全燬之目，約共七百五十餘種，然共進之次數，每次所進之總數，均不可得知。北平圖書館藏抄本書目三册，分爲十次，每次目首均有奏摺，蓋卽軍機處分次彙奏之清單，疑非完本。茲將每次所進之種數册數列後：

第一次　六十二種　三百九十二本　附重複書二十五種　四千三百八十九册

第二次　七十一種　四百〇二本　附重複書三十七種一千三百餘封又百四十五本

第三次　四十六種　四百六十二本　附重複書一千四百四十八封四百二十八本

第四次　四十八種　一百三十一本

第五次　五十九種　三百四十三本

第六次　十七種

第七次　二十三種　九十二本

第八次　五十一種　三百十一本
第九次　五十八種　三百八十四本
第十次　百五十八種　一百九十九本附抽燬書三十九種

總計六百二十餘種，較之禁書目錄所載尙少百餘種，則此目之未完備可知矣。

二、四庫館奏進者：

各省進呈遺書，例交四庫館由總裁等悉心校勘，分別應抄應刊存目三項，其有詞意違礙各書，由館臣詳細檢閱各爲簽出分次開單交由軍機處奏繳銷燬。按之咫近齋所刻四庫奏進應銷燬各書目錄，計

全燬　百四十六種
抽燬　百八十一種

兩種合計共三百二十七種，皆係由遺書應發還各書內檢出者，故與軍機處彙奏之目不同，而抽燬爲尤多也。

三、江南查繳者：

清乾隆時，江南合江蘇安徽兩省而言，與浙江同爲辦理禁書，乾隆所最注意之地，故諭中每首稱「江浙，」

此等筆墨妄議之事，大半江浙兩省爲多。三十九年八月五日諭禁書總錄

江浙爲文物所聚，藏書之家，售書之肆，皆倍於他省。四十一年十二月十三日諭 仝上

江蘇浙江江西省分較大，素稱人文之藪，民間書籍繁多。五十四年五月四日諭 仝上

故違礙書籍之搜訪，亦以江浙等省爲最嚴密，故所收獲，自較他省爲多。查江蘇省奏繳禁書，或由兩江總督奏繳，或由江蘇巡撫奏繳，其見於記載者，計

兩江總督奏繳查禁者　共二百五十餘種 抄本禁書總目又軍機處檔四十五年薩載奏自接督篆後疊催各屬續繳重複違礙書二千六百七十八部新獲違礙書三十七種

江蘇巡撫奏繳者　共二百三十餘種 抄本禁書總目　按軍機處檔四十四年四月楊魁續繳十四種七十八本重複應燬書二百四十九種三千五十二部文獻叢編第七輯

江寧局辦理六批 第四批至第九批　共八十二種 違礙書籍目錄

蘇州局節次收繳者　共百二十七部每種一萬三千一百六十六部 軍機處四十四年四月孫撫續繳檔（文獻叢編第七輯）又據五十三年江督書麟具奏所有蘇州書局續據收繳重複違礙書籍一萬七千九百三十二部 抄本禁書總目

合計共約七百五十餘種，然江寧局六批前，九批後，所繳若干，均不可得見，共繳若干批，亦不詳知，惟四十三年六月十六日，蘇撫楊魁奏摺中，有江蘇省繳書統計云：

節次搜獲違礙書籍百十五種，重複書一萬一百五十四部 文獻叢編十二輯

若細察其實，江寧蘇州兩局所辦，亦由總督或巡撫奏進，當在所奏數目內，若將重複書籍去之，其總數當亦不下四五百種也。

安徽亦爲兩江總督所轄省分，又與江蘇合稱江南，故辦理自較他省爲嚴。南京國學圖書館藏抄本禁書總目三冊，書內凡關于安徽或稱安撫部院或稱撫院牌開等，疑即安徽所編書目，內凡安省查繳及奏繳各書共計二百四十餘種，再以四川所刻違礙書籍目錄內所載安徽巡撫咨會者計之，共約二百五十餘種，其奏繳次數約在三十次以上。（據抄本禁書總目安省新近查出奏繳書二十二種下注云內除通雅已載入二十二次書目近由詩抄已載入二十七次書目）

四、江西查繳者：

江西與蘇浙皖毘連，且爲兩江總督所轄地，故收繳禁書亦極認眞。

據海成奏將各屬續燬書籍分晰開單進呈，並稱自展限倍價購買以來，據各屬搜買以及民間繳進者，前後共有八千餘部之多，雖屢經家喻戶曉，乃尚不能一時淨盡，再請展限購求等語，所辦甚好。看來查辦遺書一事，惟海成最爲認眞，故前後購獲書籍較江浙兩省尤多。（四十一年十二月十三日禁書總錄）

江西所刊禁燬書目，不可得見，今由皖川兩省所刊書目江西移咨查繳之目，去其重複，合計之約得二百六十餘種，所進次數則不能考知矣。

五、浙江查繳者：

浙省爲人文淵藪，著述素富，康雍兩朝文字獄，類多發於浙省，乾隆對之自極注意，辦理違礙書籍事，屢屢降諭嚴厲督催，意當時所獲當較他省爲多。然據姚氏所刻禁書總目，浙江查辦奏繳應燬書目計之，僅百五十餘種，再考之安徽所刊書目，其移咨查繳者，亦僅百餘種，合二者計之，考其同異，去其重複，亦不過百二三十種，疑當時浙省所進，決不止此數，然亦無由詳知矣。

六、河南查繳者：

河南省雖有布政使刊發之違礙書籍目錄，然本省所奏繳者，實已無從考核，蓋其刊發之目，

應繳違礙書籍各種名目　七百餘種

續奉應禁書目　五十種

疑爲軍機處四庫館行知各省，以及各省咨查之彙目。取與軍機處奏進及四庫館所奏進者相較，互有詳略。其本省所奏繳者，疑亦在內，然無從分晰矣。其移咨安徽者，僅三十餘種，疑河南所繳，雖不能過多，然決不僅此數也。

七、湖廣查繳者：

湖廣轄湖北湖南兩省，其辦理違礙書籍，或由總督奏進，或由鄂湘兩巡撫奏進，其由

湖廣總督奏進者　四十餘種

湖北巡撫奏進者　百餘種

湖南巡撫奏進者　百餘種

上列數目，係由安徽四川各書目內湖廣所移咨查繳之目核計，乾隆四十二年八月總督三寶奏繳違礙書籍摺，有以前繳進之總數。

奏繳違礙書籍十次，一千八百六十三部，現解交到局應燬各書內新獲書六十五種，以前查繳書百十七種，又重複書二千〇八十九部。文獻叢編第九輯

據摺內所述，則湖廣繳過十次，共獲百八十餘種，與前列種數相差甚鉅，蓋總督摺內所述種數，乃合湖南湖北所繳總言之也。又軍機處檔，有湖北第十一次查繳應禁書籍單，計新獲

四庫館咨查者六種

翰林院咨查者七種

各省咨查者九十七種

本省新查燬者二十三種

合之尹嘉銓、馮王孫所著，共百六十八種云。若與前述之數合而計之，則湖廣所繳者亦不下三百餘種也。

八、雲貴查繳者：

雲貴地處偏僻，風氣閉塞，違礙書籍，似應較少，然乾隆四十三年雲貴總督繳進焚燬書籍則頗不少。

本年春夏二季，收獲書籍三百餘種，一千五百餘部，業經四次奏明解交，七八兩月又獲書數十種。

又四十三年八月，貴州巡撫圖思德奏飭查六柳堂集，亦聲明其所進之數目。

先後蒐獲應禁諸書，共計六十五種，三次送京銷燬。

據上列各數目核之，是雲貴兩省所奏繳者，則極多矣。再據安徽，四川所刊書目，其雲貴移咨查繳者，計：

雲貴總督奏繳者　六十九種

雲南巡撫奏繳者　三種

貴州巡撫奏繳者　十二種

與上開奏摺所列者相差過鉅，則此目之不完全可知矣。

九、兩廣奏繳者：

兩廣所辦，無檔案及專目可查，僅就咨各省查辦之目計之，其內：

兩廣總督奏繳者　三十餘種

廣東巡撫奏繳者　一種

廣西巡撫奏繳者　二種

以兩廣之地，當時所獲僅此。

十、浙閩奏繳者：

浙閩總督，轄浙江福建兩省。浙江所繳，已詳於前，福建所繳，見於移咨各省之目者，計

浙閩總督奏繳者　四十種

福建巡撫奏繳者　三種

軍機處檔四十四年九月浙閩總督奏繳禁書摺內，曾述其所獲總數。浙閩共繳過六次，此次查出五十一種。

是福建所繳禁書至四十四年九月，共繳七次，其種數當亦不在百種下也。

此外各省所奏繳者，專目既不可得，檔案亦未得見，僅就四川安徽所刊書目，各省咨查之目綜記之，計：

直隸總督奏繳者　三種

陝甘總督奏繳者　二十餘種

陝西巡撫奏繳者　四種

按陝西於乾隆四十二年十一月曾刊發書目，但係依照四庫館所奏准而行知各省之目，刊刻者，故無由得知本省所進書籍之多寡也。

山西巡撫奏繳者　十七種

按山西曾刊目錄二次，第一次所刊者，乃用兩江咨來之目錄作底本；第二次所刊，乃係續奉廷寄，幷湖廣福建閩浙江蘇山東陝甘江西陝西廣西兩廣兩江湖南安徽等省所咨查之應繳違礙書籍名目而刊發者，故與山西本省所奏繳，亦無關也。

四十三年閏六月巡撫巴延三奏繳六柳堂集摺內，曾有進書統計，亦可備參考也。

將現獲書本粘簽封固進呈，又各省咨查應繳書六十二種，計二百十六部，並殘缺不全書二十一部。（清代文字獄檔第三冊）

山東巡撫奏繳者　二十八種

四川總督奏繳者　六種

八、結論

乾嘉為樸學極盛之時，一時學人之盛，為有清冠，吾人至今言考證，猶必稱乾嘉，即以四庫館中人士論之，如戴東原、邵二雲、周書昌諸先生，皆為當時大師，而發其議之朱笥河，主其事之紀曉嵐，亦皆代不一見之儒臣。苟能人盡其用，則四庫全書之佳，自必遠勝於今日。惜乎高宗惟圖饜帝王之私慾，不恤錮蔽文化，統制思想，以保全其子孫萬世之業，流毒所至，人談考據，家尚樸學，亭林、黎洲所倡致用實學與抗夷之民族思想，悉澌滅無遺。影響所及，近百年國運之衰微，與夫士氣之銷沈，實不能不溯其源於高宗之禁燬書籍，其為禍之烈，寧僅減低四庫全書文化之地位哉！

四庫全書中永樂大典輯本之缺點

袁同禮

當局近選印四庫全書，注重所謂「未刊」珍本，對於「未刊」之定義，則謂：「雖見著錄，刊於宋元，而流傳已少，有同未刊」。此定義是否合乎邏輯，茲不置論，但當局認爲四庫中之「未刊」珍本，大多數爲永樂大典輯本，則無可諱言者也。此項大典輯本，於乾隆修四庫時，輯自永樂大典殘帙，一一均非足本，吾人一檢聚珍版叢書，即可知其梗概，亦文獻上之一大遺憾也。今欲知此項輯本之內容，當先了解其由來。

永樂大典輯本之由來

欲明大典本之由來，應先注意下列各文件：

（一）乾隆三十七年十二月安徽學政朱筠奏「臣在翰林，常翻閱前明永樂大典，其書編次少倫，或分割諸書，以從其類，然古書之全而世不恒覯者，輒具在焉。臣請敕擇取其中古書完者若干部，分別繕寫，各自爲書，以備著錄，書亡復存，藝林幸甚！」（笥河文集卷一）

按此議爲大學士劉統勳所不喜，謂爲非政之要，欲議寢之，而于敏中善之，與劉爭執，始得入奏。（國朝先正事略經學卷三十五李威朱竹君事略，又國朝耆獻類徵卷一百二十八姚鼐朱筠傳。）

（二）乾隆三十八年二月大學士劉統勳奏「……查永樂大典一書，係明永樂初年所輯，凡二萬二千九百餘卷，共一萬一千九十五冊，最稱浩博，舊存皇史宬，復經移置翰林院典籍庫，局貯既久，卷册又多，卽官隸翰林者，不得偏行檢閱，今該學政所奏，亦祗係約略大凡，於原書未能悉其梗概。臣等因派員前往庫內逐一檢查，據稱此書移貯之初，本多缺失，現存在庫者共九千餘本，較原目數已懸殊，復令將原書目錄六十本取出逐一細閱，看其書大旨，係用韻以統字，用字以統事，將平上去入韻字爲綱，依次編序，凡經史子集等部，或依其音，或從其類，隨字收載，多係割裂瑣碎。但查原書採取各種，爲數甚夥，其中凡現在流傳已少，不恒經見之書，於各卷之中，互相檢勘，有足裨補缺遺，津逮後學者，亦間有之。若一概摒爲陳册，不爲分別檢查，殊非採購遺書本議。惟是卷帙繁多，所載書籍又多散列各韻之中，非一時所能核定，相應奏明，俟臣等就各館修書翰林等官內，酌量分派數員，令其陸續前往，將此書內逐一詳查，其中如有實無傳本，而各門湊合，尚可集成全書者，通行摘出書名，開列清單，恭呈御覽。……」（原摺存故宮博物院）。

(三)乾隆三十八年二月初六日諭旨「昨據軍機大臣議覆朱筠條奏內將永樂大典，擇取繕寫，各自爲書一節，議請分派各館修書翰林等官首往檢查，恐責成不專，徒致歲月久稽，汗靑無日。蓋此書移貯年深，既多殘闕，又原編體例，係分韻類次，先已割裂全文，首尾難期貫串，特因當時採摭甚博，其中或有古書善本，世不恒見，今就各門彙訂，可以湊合成部者，亦足廣名山石室之藏，著卽派軍機大臣爲總裁官，仍於翰林等官內選定員數，責令及時專司查校，將原書詳細檢閱，並將圖書集成互爲校覈，擇其未經採錄，而實在流傳已少，尚可裒綴成編者，先行摘開目錄，奏聞候朕裁定，其應如何酌定規條，卽著派出之大臣詳悉議奏。……」

(四)乾隆三十八年二月十一日諭旨：「昨據軍機大臣議朱覆筠條奏校核永樂大典一摺，已降旨派軍機大臣爲總裁，揀選翰林等官詳定規條，酌量辦理。茲檢閱原書卷首序文，其言採掇蒐羅，頗稱浩博，謂足津逮四庫，及覈之書中，別部區函，編韻分字，意在貪多務得，不出類書窠臼，是以踳駁乖離，於體例未能允協。即如所用韻次，不依唐宋舊部，惟以洪武正韻爲斷，已覺淩雜不倫，況經訓爲羣籍根源，乃因各韻轇轕，於易先列蒙卦，於詩先列大東，於周禮先列冬官，且採用各字，不論易書詩禮春秋之序，前後錯互，甚至載入六書篆隸眞草字樣，摭拾米芾趙孟頫字格，描頭畫角，支離無謂。至儒書之外，闌入釋典道經，於古柱下史專掌藏書守先待後之義，尤爲鑿枘不合。朕意從來四庫書目，以經史子集爲綱領，裒輯分儲，實古今不易之法，是書既遺編淵海，若準此以採擷所登，同廣石渠金匱之藏，較爲有益。着再添派王際華、裘日修爲總裁官，即令同遴簡分校各員，悉心酌定條例，將永樂大典詳悉校核，除本係現在通行，及雖屬古書而詞意無關典要者，亦不必再行採錄外，其有實在流傳已少，其書足資啓牖後學，廣益多聞者，即將書名摘出，撮取著書大旨，敍列目錄進呈，俟朕裁定，彙付剞劂。其中有書無可採，而其名未可盡沒者，祇須注出簡明略節，以佐流傳考訂之用，不必將全部付梓，副朕裨補闕遺，嘉惠士林至意。再是書卷帙如此繁重，而明代藏役僅閱六年，今諸臣從事釐輯，更係棄多取少，自當刻期告竣，不得任意稽延，徒誚汗青無日，仍將應定條例，卽行詳議繕摺具奏，欽此。」(以上兩原摺均存故宮博物院，並見四庫提要卷首)。

(五)大學士劉統勳覆奏校勘永樂大典摺（乾隆三十八年二月十一日見春季上諭檔）「大

學士臣劉統勳等謹奏爲遵旨詳議具奏事，乾隆三十八年二月十一日，內閣奉上諭欽此，仰見我皇上稽古右文，表章典籍，綜羣書之淵海，廣四庫之儲藏，補緝蒐羅，實爲至周且備，臣等伏查永樂大典一書，成自前明，但誇捃拾之繁，未協編摩之式，雖善本之流存不少，而遺編之叢雜尤多，仰蒙論斷精微，折衷至當，欽承訓諭，復奉準繩。竊惟採錄固在無遺，而別擇尤宜加審，今欲徵完册以副秘書，則部分去取之間，不可不確加詳核，臣等恪遵諭旨，將應行條例，公同悉心逐一酌議，謹擬定十三條，另繕清單進呈，恭請訓示，俟發下臣等卽行遵照作速辦理，如其間尚有應行斟酌查辦之處，臣等再行隨時妥核定議奏聞請旨。再查翰林院衙門內現有迤西房屋一區，從前修輯皇清文穎及功臣傳各書皆在此纂辦，今奉旨校核永樂大典，應請卽將此項房屋作爲辦事之所，於檢查較爲近便，惟是此項書籍幾及萬本，篇帙浩大，頭緒紛繁，所有查校人員中須多爲派出，分頭趕辦，方能迅速排纂，尅期集事，臣等謹遵旨於翰林等官內擇其堪預分校之任者，酌選三十員，專司查辦，仍卽令辦事翰林院，並酌派軍機司員一二員，作爲提調，典簿廳等官，作爲收掌，常川在署，經理催趲，毋致稍有作輟，但現在並非另行開館，其派出之翰林官等，俱毋庸請支桌飯銀兩，至此書卷册繁重，出入搬運，需人執役，翰林院原設供事人等，額數有定，不敷派撥，應請酌設供事十名，皂役四名，紙匠二名，以供差遣，俱照例給與公費傳資口食，其謄錄一項，現在當無可需用之處，應俟摘出目錄，全行分別奏定後，其中如有應採之本，另須繕錄全函者，再行奏明，酌定員數，選取充備，所有桌凳紙張等項，查明必需應用者，行文戶工二部支取，照例核銷，如此立定章程，上緊趲辦，該員等責成既專，自可作速釐訂成書，不致有稽時日，為此謹奏請旨」。（原摺存故宮博物院）。

（六）檢出永樂大典二十本進呈奏片（乾隆三十八年二月初十日——見春季上諭）「臣等查永樂大典原書共一萬一千餘本，今現存九千餘本，叢雜失次，一時難以遍查，今謹將目錄六十本內，檢出首套十本，及全書內首套東冬字韻十本，一併檢出，先行進呈御覽，謹奏」。（原摺存故宮博物院）。

永樂大典輯本之缺點

上述各文件，足資証明下列諸事實：

（一）乾隆時採輯之永樂大典，已非全書，全祖望曾言纂修三禮時，大典闕失幾二千册，（結埼亭集外編卷十七鈔永樂大典記）上記乾隆三十八年二月劉統勳奏摺及是年二月初十日奏片，均言明永樂大典「現存在庫者共九千餘本」，（原書共一萬一千零九十五册）。北平圖書館近購入舊鈔本永樂大典目錄，（刊於北平圖書館館刊六卷一號）上有翰林院官印，於當時存佚各卷，詳為注明，統計此目所列存書册數，亦為九千餘本，而佚去之卷數，又與四庫提要所載者適合，此四點，均足證明大典在修四庫時，決非全書，大典既係殘帙，則由大典採輯之書，自非足本，乃極顯然之事實也。

（二）永樂大典引用之書，割裂全文，前後不易貫串。上記劉統勳奏摺，謂大典引用古書，用韻統字，「或依其音，或從其類，隨字收載，多係割裂瑣碎，」乾隆三十八年二月十一日諭旨「編韻分字，意在貪多務得，不出類書窠臼，是以踳駁乖雜，於體例未能允協，」乾隆御製詩四集卷十一「別部區函意在貪多務得細大不捐，而編韻分字，沓雜不倫，則由當時領書局者，惟一姚廣孝，因而濫引緇流，逞其猥瑣之識，雅俗並陳，舉釋典道經，悉爲闌入，其無當於古柱下史藏書之義乎。」以上所引，均足證明大典體例，割裂龐雜，漫無條理，今北平圖書館藏有重錄本及影照本一百五十餘册可覆按也。

(三)永樂大典分韻編次，入韻之法，參差無緒，淩雜不倫。 乾隆謂「大典依韻分函，貪多濫取，已爲踳雜不倫，而書成又未詳校，豈足昭示藝林？」 乾隆御製詩卷三十五題文源閣詩小注案永樂大典以洪武正韻爲綱，以韻統字，以字繫事，所載各書，均散列於各韻之中，有以一字一句分韻者；有析取一篇，以篇名分韻者；有抄錄全書，以書名分韻者，而入韻方法又參差無緒，如竊憤錄，不隸於「竊」而隸於「錄」卷一九七四二，灌頂經不隸於「灌」或「經」而隸於「頂」卷一一九五一之一一九五二，乾隆諭旨謂其各韻轇轕，前後互錯，描頭畫角，支離無謂，確非虛語也。

(四)四庫館臣採輯大典，棄多取少，菁華未盡。 因以上三種困難，故四庫館臣於輯佚時，既多湊合成書，而遺漏之處亦不尠，且有業經輯出而並未收入四庫者，（如宋元兩鎮志，九國志等）四庫提要謂前後共輯出經部六十六種，史部四十一種，子部一百三種，集部一百七十五種，共三百八十五種四千九百四十六卷，並謂「菁華已採，糟粕可捐，」但就事實上言之，實大有不然者，復有下列四種事實，可資證明。

(1)章學誠周書昌別傳「宋元遺書，歲久湮沒，畸篇賸簡，多見采於明成祖時所輯永樂大典，時議轉從大典采綴以還舊觀，而館臣多次擇其易爲功者，遂謂搜取無遺逸矣。書昌固執以爭，謂其中多可錄，同列無如之何，則盡舉而委之書昌。書昌無間風雨寒暑，目盡九千距册，計卷一萬八千有餘，丹鉛標識，摘抉編摩，於是永新劉氏兄弟，公是公非諸集以下，又得十有餘家，皆前人所未見者，咸著於錄，好古之士以爲書昌有功斯文，而書昌自是不復任載筆矣。……」（章氏遺書卷十八。）

(2)四庫修成以後，學者接踵鈔錄，鈔出之書爲數頗多，（詳民十三學衡雜誌第二十六期拙著永樂大典考）徐星伯所鈔之中興禮書，（今藏蔣氏衍芬草堂）及宋會要（今藏北平圖書館）及與文道希所鈔之經世大典驛站門（分藏東洋文庫）其最著者也。

(3)四庫館臣採輯者僅三百八十五種，友人趙萬里曾撰「永樂大卷內輯出之佚書目」（北平圖書館館刊二卷三四號）列館臣及以後諸家所輯得書四百九十餘種，竟超出一百餘種，此外並有已經館臣校輯，而實未佚者，約近五十種，尤足証明館臣之疏忽也。

(4)北平圖書館現就國內外現存之大典爲輯佚之工作，僅就現存殘帙而言，發現館臣之遺漏失輯之處，不一而足，如王質雪山集，趙鼎臣竹隱畸士集，舒岳祥閬風集，張侃拙軒集，其逸文見於大典者尙多，此外宋元舊志爲館臣失輯者，亦不下四五百種，可見「菁華已採」者，非確論也。

由以上種種事實觀之，則四庫全書中永樂大典輯本之缺點，一一可見矣。（附記，大輯本與原本之比勘工作，另有人爲之，茲不贅。）

書于文襄論四庫全書手札後

陳　垣

右于文襄敏中致陸耳山錫熊論四庫全書手札五十五通，計附函四，無月日及有日無月者各七，月日具者三十七，然皆無年，不易得各函次序，故編次略仍舊，惟更正函中之錯簡而已。諸函最早者五月十八，最晚者九月初十，蓋扈從木蘭時所發，而年則不止一年，其中用箋二種，六月十一七月初七七月十三均有二函而用箋不同，殆非一年之書，又六月望日三函其二函箋式相同，且有另札另寄語，知爲一日二書，其一函用箋不同，亦非一年之書也。編纂四庫全書之議，定於乾隆三十八年二月，今六月初三日函云：「聞初一夜雨甚大，較二十一之雨如何？」據實錄，乾隆三十八年五月二十三日諭，二十一日懷柔密雲一帶大雨，則此六月係三十八年。七月朔日函，述璞函從軍死事「璞函趙文哲，少以詩名，與王西莊錢竹汀稱吳中七子，死於三十八年六月金川之役。」則此七月亦三十八年。七月十三日，九月八日函，均述及諸城，諸城爲劉統勳，卒於三十八年十一月，則此七月九月亦三十八年。五月二十三日函述黃副憲謝賞佩文韻府，黃登瀛等賞佩文韻府，見三十九年五月十四日諭，則此五月爲三十九年。八月初五日函，有叨荷渥恩語，太監高雲從案，詞連于敏中，見三十九年七月二十三日諭，于敏中着從寬免其治罪，所謂渥恩者即此，則此八月爲三十九年。七夕函稱舊五代史進呈後已蒙題詩，舊五代史進呈於四十年七月三日，則此七夕爲四十年。五月二十二日函稱紀陸兩學士，六月二十四日函稱耳山學士，陸錫熊四十年七月後始授翰林院侍讀學士，此稱學士於五月六日，當爲四十一年。據「起居注」乾隆三十八年五月八日啓鑾秋獮木蘭，九月十二日回京，三十九年五月十六日啓鑾，九月十二日回京，四十年五月二十六日啓鑾，九月十六日回京，四十一年五月十三日啓鑾九月十六日回京，故此諸函前後亘四年，而不出五月八日以前，九月十六日以後也。編纂四庫全書掌故私家記載極稀，諸函備述當時辦理情形，多爲官文書所不及，事關中秘，殊可寶貴。于敏中以大學士總裁其事，據尋常觀察，必以爲徒擁虛名，機軸實出紀陸二人之手，今觀諸札，所有部居之分別，體例之訂定，去取之標準，立言之法則，敏中均能發縱指示，密授機宜，不徒畫諾而已。雖其說與今四庫內容不盡相符，如六月二十三日函云文選照汲古閣本抄錄最妥若別用明人六臣注本並寫既多費工夫，又與御覽之本不合。今總集類六臣注文選仍與汲古閣本並錄。六月二十四日函云：子淵集迺賢作納新對音甚不妥，祈即告小岩（宋銑）純齋（劉錫嘏）囑其另酌。今別集類二十金臺集子淵集迺賢仍作納新，蓋因四庫全書之成，在敏中旣卒之後，館臣不盡從其說也。然敏中學術之名，久爲高官所掩，此册刊出，可一改從前觀察，其他遺文軼事足資考鏡者尙夥。今日四庫全書精華允推大典本集部卷帙尤富，而當時士論，並不重視。據七月十三日函，劉統勳曾有不樂裒輯之意，于敏中亦以雞肋比之，更有主張集部概行不辦者。另一七月十三日函云，竹君先生火氣太盛，疑即因此。又曹習菴仁虎承辦熱河志，欲查各處行宮間架方向，此今日言營造學者所樂聞也。而敏中六月十七日函則曰，何必爲此費力不討好之事，又曰節外生枝，徒自苦而無益，蓋欲急於成書，不暇求備全四庫書率如此，不獨一熱河志爲然。統觀諸札，辦書要旨，第一求速，第二求無違礙，第三求進呈本字畫無訛誤。唯其求速，故不能不草率，唯其求無違礙，故不能不有所删改，惟其求進呈本字畫無訛誤，故進呈本以外訛誤遂不可問。敏中亦深知其弊，故其奉辦日下舊聞考附函有曰，此書私辦，更勝於官辦。六月十一日函亦曰欲將玉海校正，另行刊版，不由官辦更妥，然則世之震驚四庫全書者可以不必矣。此册舊爲上海徐氏所藏，後歸嶽麓黄氏，今歸武進陶氏，由北平圖書館影印。黄氏跋謂敏中之撤賢良祠，係總裁四庫全書之罰，絕非史實，附正於此。民國二十二年立秋後四日，新會陳垣書于靜宜園見心齋之正凝堂。

四庫全書之編輯及其功罪論

曲正

中國典籍，可謂浩如烟海，又以天災人禍，聚散無常。然歷代正史，率有藝文志，以記錄學術著作之事，後世學者，賴此得知古代書籍之概況。而其中尤以漢書藝文志，隋書經籍志，宋史藝文志及淸代四庫全書總目四書爲最重要。據漢書藝文志所記書籍，以四部經史子集分類，經部二千七百十二卷，史部四百十一卷，子部一萬零五百五十三卷，集部一千三百十八卷，共計一萬四千九百九十四卷。漢書藝文志本劉歆之七略而作，而劉歆七略載書三萬三千零九十卷，漢志則僅一萬四千九百九十四卷，散佚竟至一萬九千餘卷。隋書經籍志著錄書籍，計經部七千二百九十卷，史部計一萬六千五百五十八卷，子部計一萬三千八百五十一卷，集部計一萬三千三百九十卷，共合五萬零八百八十九卷。然隋嘉則殿原藏書三十七萬卷，隋志著錄則僅五萬零八百八十九卷，所差竟達三十一萬九千餘卷，雖藏書不免重複，然散佚之夥，亦可知矣。宋史藝文志，經部計一萬三千六百零八卷，史部計四萬三千一百零九卷，子部計二萬八千二百九十卷，集部計三萬四千九百六十五卷，共合十一萬九千九百三十七卷。四庫全書總目，計經部二萬零五百十九卷，史部三萬七千九百十二卷，子部五萬八千八百八十七卷，集部五萬四千二百四十卷，共合十七萬一千五百五十八卷。此中國典籍有系統著錄之總計也。

然而中國開國至今已逾四千年之久，學士文人埋首案頭者，曾不知其幾千百億萬人，區區十數萬卷，未免不稱其勞。四庫全書，固有甚多著作皆未著錄，然古代書籍之製造不易，得書艱難，搜藏尤爲不易，而以財力關係，其時書籍搜藏，率在朝廷，於是典籍之聚散，常隨政局而變易。此中國典籍散失之重要原因也。每易一朝，必遭兵亂，此種災難，卽不可得免，牛弘曾著五厄論云：『自周德旣衰，舊業紊棄，孔子……制禮刊詩，正五始而修春秋，闡十翼而弘易道。及秦皇馭宇，吞滅諸候，先王墳籍，掃地以盡。此則書之一厄也。漢興，建藏書之策，置校書之官，至孝成之代，遺謁者陳農求遺書於天下，詔劉向父子讎校篇籍，漢之典籍，於此爲盛。及王莽之末，並從焚燼。此則書之二厄也。光武嗣興，尤重經誥，未及下車，先求文雅，至肅宗親臨講肄，和帝數幸書林，其蘭臺石室，鴻都樂觀，祕牒塡委，更倍於前，及孝獻移都，吏人擾亂，圖書縑帛，皆取爲帷囊，所收而西，纔七十餘乘，屬西京大亂，一時燔蕩，此則書之三厄也。魏文代漢，更集典籍，皆藏在祕書內外三閣，遣祕書郎鄭默刪定舊文，論者美其朱紫有別。晉氏承之，文籍尤廣，晉祕書監荀勗定「魏內經」，更著「新簿」。屬劉石馮陵，從而失墜，此則書之四厄也。永嘉之後，寇竊競興，其建國立家，雖傳石號，憲章禮樂，寂滅無聞，劉裕平姚，收其圖籍，五經子史，纔四千卷，皆赤軸青紙，文字古拙，並歸江左。宋祕書丞王儉，依劉氏七略，撰爲七志。梁人阮孝緒，亦爲七錄。總其書數，三萬餘卷。及侯景渡江，破滅梁室，祕省經籍，雖經兵火，其文德殿內書史，宛然猶存。蕭繹據有江陵，遣將破平侯景，收文德之書，及公私典籍，重本七萬餘卷，悉送荆州，及周師入郢，繹悉焚之於外城，所收十纔一二，此則書之五厄也。』（見隋書本傳）此五厄，誠書災之大者，若其小者猶未及焉。如梁元帝敗於江陵，取天府藏書繞身焚之，曰：「文武之道，盡今日矣。」卽其一例。每檢讀此等記載，卽感覺吾國圖籍，流傳後世，極爲困難，此與一切文化事業。所關極鉅也。

× × × ×

中國文獻學，當以唐杜佑通典爲先聲，至元馬端臨增補而成文獻通考，舉凡歷代典章制度，可謂記述無遺，此外鄭樵又有通志，王應麟又有玉海，皆為中國文獻學之要著。及至明代，則有永樂大典，清代聖祖編纂圖書集成，佩文韻府，淵鑑類函，皆類書之宏著，而文獻之要籍。其中如永樂大典，圖書集成，可謂空前編輯，然比之清高宗之四庫全書，則又不可同日而語也。

× × × ×

清高宗編輯四庫全書之本旨

清高宗所以編輯四庫全書，約有下列諸因：

（一）欲消滅漢人反滿之民族思想。——滿族入關，乘危稱帝，北方諸省，所受儒家思想薰染較深，故其安分守已之奴性亦深，而南方向為學術文人會萃之區，曾有揚州三洗，嘉定九屠，猶未能平。且明亡之後，其名臣鴻儒，多不受羈絡，每退隱山中，著書為志。乾隆帝懼漢人反滿之民族思想汎濫，故以編輯四庫全書為名，搜集天下著作，加以區別，其有反滿之文字，書皆焚燬，人皆戕戮。

（二）消滅乾隆帝出身之謠傳。——乾隆帝即位之後，即有其本非雍正親子之謠傳，謂帝本浙江海寧陳元龍氏之子，當日雍正后所產者為女，因恐失權，故抱陳氏嬰兒以易之。此事眞象本不可知，惟乾隆帝後極優禮陳元龍氏，又嘗至其家，屏退左右而談，皆不無蛛絲馬跡也。乾隆帝唯恐謠傳一出，撼動其政權，故以輯書之名，行搜檢滅證之實。

（三）消滅雍正帝篡位之謠傳——康熙帝一生最大悲苦，即為太子之黜廢。自太子允礽被廢，其他皇子，皆聚黨呼嘯，康熙帝則始終不發表太子之名，定以崩後發之閣上，康熙六十一年，帝作千叟宴後，即不豫，後大漸，急召四子雍親王，立為太子。雍親王未至，帝即崩殂。或云四子當為十四子，雍正帝使人改「傳位十四子」為傳位於四子。後曾靜曾數其罪九條，內有弒父殺弟。乾隆欲除此種記載，遂行搜檢。

（四）圖文治武功十全之名。——高宗於武事，既平定準噶爾，征服伊犂，克喀什噶爾，服緬甸，定安南，討廓爾喀，平苗族，征定大小金川，猶以文治未能大興為憾，適朱筠以開四庫館奏開，遂准所奏，蓋帝名心最大。

（五）俾滿人得盡覽漢人文化之總面目——清初諸帝，本恐滿人漢化，然以滿人智識程度，不足與漢人比並，其文化亦甚低，實不足與漢人抗衡，故乾隆帝搜集漢人著作，使滿人讀之，以增加其抵抗力。

（六）爲寵臣所搧動。——乾隆帝即位之後，鄂爾泰與張廷玉兩派，黨爭甚烈。鄂爾泰人，頗方正，力持大體，張廷玉則較圓通，故得帝心。乾隆雖陽排朋黨，然實私袒張廷玉。編纂四庫全書之議起，張派之于敏中，極力主張，鄂派之劉統勳，則力持反對論調，以爲一經開館，即啓學術之分化（事實恐非如此，今從稻葉氏清朝全史意）乾隆卒受張于之搧動，決意開館編纂。

（七）籠絡天下學人。——清代漢學興盛，研究經史，考訂古書，又有輯佚之風，取舊有類書中散見之古書，裒輯成帙，各還原本，故當時學者皆以得見古書爲樂。且類書所述，究嫌浮華，理學家尙有時厭其蕪雜，漢學家則更欲擺脫類書，而自求原書。乾隆帝即迎合當時潮流，以收拾天下學人之心。且使其閉門校書，則無務外反動之心矣。

（八）提倡釋藏。——周永年先唱儒藏說，主張集合儒家典籍，與佛家釋藏，及道家道藏鼎足而三。乾隆帝爲一雄才大畧好大喜功之君主，於蒙藏邊防，極爲注意，故以修四庫全書之事而使蒙藏文化接近向化。

（九）欲凌駕前代文化事業。——唐有藝文類聚，北堂書鈔，宋有太平御覽，册府元龜，明有永樂大典，皆書典之鴻業。至清則康熙帝又有古今圖書集成，足可與前代比擬。乾隆帝爲人好名心熾，故嘗欲結集一空前未有之大叢書，以壓倒前朝，於是毅然有四庫全書之編纂。

乾隆帝人極聰敏，且富有事業心，故一有如許算計，轟轟烈烈之文化巨製，遂風行雷動矣。

四庫全書編輯概況

經史子集今稱四部，四部之名起於晉初，晉初荀勗撰中經簿，始分甲乙丙丁四部，然其時子猶在史之前。及李充爲著作郎，遂重分四部，以五經爲甲部，史記爲乙部，諸子爲丙部，詞賦爲丁部，於是經史子集四部次序始定。隋唐以降，率用李充部敍。

四庫之名，則始於唐，據唐書藝文志云，兩都各聚書四部，以甲乙丙丁爲次，列經史子集四庫。全書之名始於宋代，而盛於明，清初猶沿明代餘風，故用全書之目。至「四庫全書」一名，則由乾隆帝自定。此其立名之大要也。

至於編輯全書所用底本，則可分爲下列六種：

（1）敕撰本。——所謂敕撰本，即自清初而至乾隆帝，依帝命所編纂者，如乾隆御撰唐宋文醇詩醇等書之類。

（2）內府本。——所謂內府本，即自清初以來宮廷所收藏者，其時經史子集共計存書約三百二十六部，存目凡三百六十七部。

（3）永樂大典本。——存書存目凡五百餘種，其著名於當時者，如舊五代史，續資治通鑑，長編，建炎以來繫年要錄，嶺外代答，諸蕃志，宋朝事實等皆是。

（4）各省採進本。——帝命各省督撫，搜集地方遺書進獻，計其時採書最多者爲浙江，最少者爲廣東；湖北湖南山西陝西次之，浙江所獻，據浙江採集遺書總錄，總數四千五百二十三種，五萬六千九百五十五卷，不分卷者二千九十二册。

（5）私人進獻本。——宋之後私人刻書藏書者漸盛，往日書籍依賴官府保存，以政變而多喪失，自刻板之術興，私人遂行刻書藏書矣，於是喪於內府者，則多賴民間藏書家之保存。乾隆帝既欲盡集古今典籍，遂亦不得不仰求於民間之藏書家。其時以藏書著名者，如浙江寧波范氏之天一閣，慈谿鄭氏之二老閣，杭州趙氏之小山堂，嘉興項氏之天籟閣，朱氏之曝書亭，江蘇常熟之述古樓，崑山徐氏之傳是樓等。四庫館與諸藏書家約，進獻之書，謄寫之後，仍舊原物歸還，其一家獻書五百種以上者，朝廷各賞古今圖書集成一部，百種以上者，賜以初印之佩文韻府一部。其他亦各有賞賚。

（6）通行本。——即坊間流行之書籍。

四庫全書之編纂，既爲空前壯舉，其組織人選皆極重要。故乾隆三十八年開設四庫全書館，總理其事。而以皇室郡王及大學士爲總裁，六部尙書及侍郎爲副總裁。其實任編纂事務者，則爲總纂官孫士毅陸錫熊，及紀昀三人，而紀昀之力尤多。總纂官之下，又分聘著名學者分任編纂事務，如校勘永樂大典纂修官，有戴震，邵晉涵，校辦各省送獻遺書者，纂修官有姚鼐，朱筠，篆隸分校官有王念孫，總目協勘官有任大椿，其他尙多，不能備舉。

四庫館辦事，甚有條理，採書有採書手續，輯書有輯書手續，校書有校書手續，鈔書有鈔書手續，還書有還書手續，即內府諸書送還原處，亦有適當手續。今列敘於次：

（1）採書手續。——採書由各省督撫訪得遺書，如在坊間，則酌給代價，如係家藏，則官爲裝印，如只係抄本，則繕錄副本。先將各書敘列目錄，注明某朝某人所著，書中要旨何在，簡明開載，具摺奏聞，令彙齊送館校辦。

（2）輯書手續。——輯錄永樂大典，係先將原書詳細檢閱，並將圖書集成互爲校勘，擇其未經採錄，而實已少有流傳尙可裒綴成編者，先行摘開目錄奏聞，候旨裁定。其校辦手續，與各省所進遺書略同。

（3）校書手續。——館員將送進各本，互爲校覈，考字畫之譌訛，卷帙之脫落，編次之倒置，及與他本之異同，且是否有謬於聖人之處。此外並考其是否與晁公武陳振孫諸人議論有不同之處。各書皆須事先考証。又須將書中要旨檃括，總敘厓略，及著書人之世次爵里，撰爲各書提要，然後再行擇敘簡明節略，並注明應刻應鈔應存書目，簽黏各書開卷副頁右方，進呈御覽，聽候上諭定奪。

（4）鈔書手續。——校核各本，既奉旨決定之後，即交由館中繕書處，繕寫成冊，待至乾隆帝信手抽閱，不見譌舛，始作爲定本，辦事勞績，期屆五年，即將校對謄寫諸人，議敘原官。

（5）還書手續。——私人進獻各本，即爲借鈔之書，此等借抄書籍，於進呈時，即在各書面頁，標記藏者姓名，及進到之年月，待原書抄畢，便行還給，還給手續，其書主在外省者，則由其省督撫派員領回，分送歸家，其書主在京者，則由書主親赴四庫館領取。

（6）送還各書手續。——凡勅撰本，內府本，用後仍送原處收藏。各省採進本，私人進獻本，及通行本，如係購進者，用後彙交武英殿另行陳設收藏，借用者，則付還本家。（以上畧見任松如四庫全書答問），

採取各省遺書，亦有定則，其標準皆由乾隆帝自定，其意旨見於乾隆三十七年正月初四上諭，約可分爲五端；

（一）歷代流傳舊書內有闡明性學，治法，關繫世道人心者，首先購覓。

（二）發揮傳注，考覈典章制度，旁及九流百家之言，有裨實用者，皆須甄採。

（三）歷代名人，以洎當朝士林宿望，向有詩文專集，及其時沈潛經史，原本風雅，如顧棟高，陳祖范，任啓運，沈德潛輩，亦皆各著成編，並非抄說卮言可比，均應概行查明，在書坊者，則酌給代價，家藏者，則官爲裝印，其有未經鐫刊，只係鈔本存留者，繕錄副本。

（四）坊間所售舉業時文，及民間無用之族譜，尺牘，屏幛，壽言之類不採。

（五）其人本無實學，不過沽名釣譽，編刻酬唱詩文，瑣屑而無當於文學者不採。

及至乾隆三十八年二月初六日，又下詔採擇永樂大典中書，將原書詳細檢閱，並將圖書集成互相校覈。其年十一月十一日上諭，其採擇標準，則約有三端：

（一）實在流傳已少，而其書又足資啟牖後學，廣益多聞者，即將書名摘出，撮取著書大旨，敘列目錄進呈，彙付剞劂。

（二）其書無可採而其名未可盡沒者，只須將書之節略簡明注出，以佐流傳考訂之用，不將全部付刻。

（三）其書雖通行於其當時，而詞意無關典要者，雖屬古書，亦皆不錄。

此採取遺書之標準也。

至採取之書，應刻應鈔，著錄存目，亦有定則。

（一）應刻之書。——凡有益世道人心之書，一面鈔置四庫全書之中，一面付聚珍板印行，流通內外。

（二）應鈔之書。——凡有裨於實用之典籍，僅鈔列四庫全書之中，而不再刊刻，是爲應鈔之書。

（三）著錄之書。——凡應刻及應鈔諸書，皆收入四庫全書之內，即爲著錄之書。

（四）存目之書。——其書雖關世道人心，有裨實用，然其中多俚淺訛謬之言，不鈔其書於四庫，而僅存其書名於總目，是爲存目之書。

（五）至於詞意詆觸，其人亦實不足齒，與釋家道家二教之經懺章咒，與依聲塡調劇詞小曲等，則無論著錄存目，一概不採。

而四庫全書，卷帙浩繁，苟非事事一本定法次序，必致法亂事敗。四庫全書主辦人員，既皆一時之選，而典校書籍又皆學人之尤，其纂輯之可特指者，尙有下列諸事：

（一）部次重新序配。——我國典籍著錄，自隋書經籍志以後，門目可謂大同小異，唯四庫全書始加改善。其大者，如詔令奏議及文獻通考等原皆列入集部，至此始以詔令奏議有關國政，詔令從唐書藝文志例，改入史部，奏議亦本漢志例改入史部，而東都事略之類，本不可列入正史，亦未可列入雜史，遂從宋史藝文志例，另立別史一門歸之，香譜，鷹譜之屬，舊志無所歸，總入農家，茲從尤袤遂初堂書目例，立譜錄一門。名家墨家縱橫家，自秦而下，無甚著錄，即有一二種，亦難以成帙，茲從黃虞稷千頃堂書目例，倂入雜家。文獻通考別立詩集一門，使別集中之有詩無文者歸之；然有文無詩則又無文集一門，是則多事區分，即多增厖煩，故從諸史志之例，一概倂入別集一門。又兼詁羣經者，唐志題曰經解，則不見其爲羣經；朱彝尊經義考題曰羣經，則不見經解，徐乾學通志堂所刻，改名總經解，何焯又譏其杜撰，茲則取隋志之名，曰五經總義。又鄭樵通志藝文略，多分子目，頗嫌其瑣屑，今則酌乎其中，唯經部之小學類，史部之地理，傳記，政書三類：子部之術數藝術譜錄雜家四類，——集部之詞曲類，皆端緒紛繁，遂分小學爲三子目，地理爲九子目，傳記爲五子目，政書爲六子目，術數爲七子目，藝術譜錄各爲四子目，雜家爲五子目，詞曲爲四子目，於是條理井然矣。又經部之禮類，史部之詔令奏議類，目錄類，子部之天文算法類，小說家類，亦各約分子目，以便尋檢，其瑣屑枝葉，概行删除。古來諸家著錄，往往循名失實，四庫全書則考校原書，詳爲釐定，其改正前人者甚夥。如筆陣圖之屬，舊入小學類，茲以論六書者入小學，其論書法者，則改隸藝術。羯鼓錄之屬，舊入樂類，茲以論律呂者入樂，其論管絃工尺者，亦改入藝術。左傳類對賦之屬，舊入春秋類，茲以其但取儷詞，無關經義、改入類書。孝經集靈，舊入孝經類，穆天子傳，舊入起居注類，山海經，十洲記，舊入地理類，漢武帝內傳，飛燕外傳，舊入傳記類，茲以其或涉荒誕，或涉鄙猥，均改入小說。又如楊雄太玄經，舊入儒家類，茲改隸術數。兪琰易外別傳，舊入易類，茲改隸道家。倪石陵書，名似子書，而實文集，陳埴木鐘集，名似文集，而實語錄，凡此皆爲之考核改定。

（二）著錄先後爲之改正。——漢書藝文志以高祖文帝所撰雜置諸臣之中，隋書經籍志則以帝王名冠本代，四庫全書從隋志例，其他皆以登第之年，生卒之歲，爲之排比，或藉所往來唱和之人爲次，無可考者，則附之本代之末，以待後考。釋道閨閣，亦各從時代，不復重分。宦侍外國之作，亦以時代排列編入。著作之書，雖以著者時代列次先後，而箋釋舊文，則仍從原書，不論作註之人。如儒家類，明曹端太極圖述解，本爲注周子之書，則列於張子全書之前、淸李光地注解正蒙，爲張子之書作注，故列於二程遺書之前。他如「史記疑問」附於史記之後，「班馬異同」附於漢書之後，皆其例也。其本意不外乎便利參考，故一門之書，列之一處。至於汪晫所輯之「曾子」，「子思子」，則仍列於宋，呂柟所輯之周子鈔釋諸書，則仍列於明，意者綴輯舊文，實同自爲著作，與因原書而考辨注釋者，固不同也。

（三）敘述著者爵里。——歷代敕撰官書，如周易正義之類，率只記其成書年月，任事姓名，而不叙其爵里。又如漢之賈誼董仲舒，唐之李白杜甫韓愈柳宗元，宋之歐陽修，蘇軾，曾鞏王安石，以及范仲淹，司馬光，周敦頤，二程，張載，朱熹諸人，其書皆家絃戶誦，其爲人及爵里，塾師早爲之講釋，故不復贅。其他則皆記其爵里，至一人而著數書，分見各部中者，其爵里唯見於第一部，後此但云某人有某書已著錄。如二書在一卷之中，或數頁之內，易於翻檢省記者，則第二部但著其名而已。

（四）辨証眞僞。——劉歆七畧，著錄古書，即多依託，班固漢書藝文志注可覆案也。後此則訛謬日增，魚目混珠，卒難究詰。四庫全書則一一考覈，辨証眞僞，僅列存目，其有本屬僞書，但流傳已久，或掇拾殘剩，眞僞相參，歷代詞人，已引爲故實，是則未可概行捐棄，則姑錄存而辨別之。如春秋傳，本爲呂本中撰，舊本稱呂祖謙，即其例也。又其書雖爲歷代著錄，然實一無可取，如燕丹子，陶潛聖賢羣輔錄之類，已知其妄者，則亦僅列入存目而已。

（五）登錄條例。——四庫登錄條例，以闡聖學明王道爲主，而不以百家雜學爲重。至於文章流別，代有新潮，有是一家，即應立此一類，作者有是一體，即應備此一格。然既名全書，又欲見中國典籍之總面目，故道釋二家，雖與儒家對峙，然亦不叛於王政治道，其二教之書除經懺章咒外，其書可資考證者，亦蒐羅之。總其大旨，若非離經叛道，而文詞典雅者，皆在收羅登錄之中。

（六）提要原則。——四庫全書，當然分爲四部，四部之首，各冠以總序，以述其源流正變，其文皆出名家之手，固可視爲經史子集流變史讀之也。所刊各書，各撰爲提要。每書先列作者之爵里，示其身世，次考本書及其得失，權衆說之異同，以及文字增删，篇什分合，無不詳爲考證辨訂。至於班馬之史，李杜之詩，韓柳歐蘇之文，濂洛關閩之學，定論久孚，無用多贅，故只論其刊本傳寫之異同，及編次增删之始末，或板本之善否而已。又如龔詡楊繼盛之文集，周宗建黃道周之經解，只論人而不論書，耿南仲之說易，吳幷之評詩，則只論書而不論人。論人而不論書，則其人名掩其書，或其書之評值有特於來日也。論書而不論人，則以其人無可道，其書頗可論也。至姚廣孝之逃虛子集，嚴嵩之鈐山堂詩，是詞句華美，足以方軌文壇，而廣孝助逆興兵，嚴嵩弄權禍國，皆人臣之大逆不道，故其書不錄，唯附存其目而已。（以上諸條略見四庫全書總目提要凡例。）即此亦可略窺乾隆編纂四庫全書之徵旨矣。

四庫全書編纂既成，帝建七閣藏之。七閣之中又分內廷四閣，與江浙三閣。內廷四閣，曰文淵閣，建於紫禁城內；曰文源閣，建於圓明園；曰文溯閣，建於奉天；曰文津閣，建於熱河。文淵閣即仿浙江范氏天一閣爲之。內廷四閣各藏四庫全書一部，聽太子及滿人王公閱覽。此外又建文匯閣於江蘇揚州之大觀堂；建文宗閣於鎮江之金山寺；建文瀾閣於浙江杭州聖因寺之行宮。亦各藏四庫全書一部，聽學者閱覽抄錄。

此四庫全書編纂收藏之大畧也。

四庫全書編纂功罪論

中國有四千年之歷史，前古聖賢輩出，文士學人，歷代多有，故著作之盛，較之任何國家，皆有過之而無不及，然往日中國官府於文化事業，唯取奴視態度，只知利用之而爲統治工具，而無眞正珍重文化之意旨。故書籍多有散佚，其不散佚者，又少整理。唐宋以來，始稍稍有人提倡整理，然徒見其從事枝葉，不得要領。淸人以異族入關，首禁滿人漢化，然積年既久，滿人文化又低，漸露同化傾向，於是始具心吸收漢族文化，以增强其抵抗力，是爲淸高宗編輯四庫全書之最大原因，然帝精敏，從事必有所成，四庫全書爲空前之書籍整理，其整理典籍保存文化之功，不可沒也。

雖然，其摧殘文化之罪，亦幾空前所未有。四庫館開辦之始，其編纂凡例即云：『前代藏書，率無簡擇，蕭蘭並擷，珉玉雜陳，殊未協別裁之義。今詔求古籍，特創新規，一一辨厥妍媸，嚴爲去取，其上者，悉登編錄，罔致遺珠；其次者亦長短兼臚，見瑕瑜之不掩。其有言非立訓，義或違經，則附載其名，兼匡厥謬。至於尋常著述，未越羣流，雖咎譽之咸無，要流傳之已久，準諸家著錄之例，亦併存其目，以備核考。等差有辨，旌別兼施。」此其編纂全書之初，即存心區別著作之是非，即所謂「等差有辨，旌別兼施」者也。

然是非本無定則，須視觀點如何。離經叛道之書，固君上所不喜，然於眞理文化，亦未必乖謬。乾隆帝乃個性極强，先存成見之人。既以君上之觀點衡論是非，況又有滿漢種族之界限。則其是非可知。而與坑焚之災無異。

乾隆帝極能了解文化與政治之連繫性，故於編纂四庫全書一事，雖蠱於令名，其慇懃重視，實所罕覯。四庫全書總目凡例云：『每進一編，必經親覽，宏綱巨目，悉稟天裁，定千載之是非，決百事之疑似，權衡獨運，衮鉞斯昭。』然必如是文厄始深且巨也。

四庫館初則並搜羣書，遇違碍者則禁毀之而已，後以乾隆帝極存淸除逆「己」之旨，遂專以搜羅違礙書籍為事矣。乾隆四十三年十一月初四日上諭云：「前經降旨，督撫查辦違碍書籍，並令宣示，如有收藏明末國初悖謬之書，急宜及早繳出，與收藏之人，並無干碍，又因王錫侯逆詞一案，並令各督撫一體嚴查，雖節經各督撫陸續收繳呈進，但辦理業經數載，仍復有續獲之書，此非近日之認眞，皆由前此之忽畧。著通論各督撫，以接奉此旨之日爲始，予限二年，實力查繳。並再明白宣諭，凡收藏違碍悖逆之書，俱各及早呈繳，仍免治罪，至二年限滿，卽毋庸再查。如限滿後，仍有隱匿存留違碍悖逆之書，一經發覺，必將收藏者，從重治罪，不能復邀寬典，且惟於承辦之督撫是問。」此論於乾隆四十六年又展限一年。據兵部報告，『當時銷燬前後凡二十四次，書五百三十八種，共一萬三千八百六十二部。然猶以爲未足，至乾隆五十三年尙嚴諭遵行。然據稻葉君山淸朝全史云，從大體而言，在北方諸省，較完全遵行，東南各省，未能禁絕。

原四庫著錄之書，乾隆帝斤斤於是非之爭，故於各書，多令筆削，其聖論所及，有下列諸端：

（1）道院書詞，教坊瑣語，剟本削去，抄本

仍舊，如宋劉跂學易集，王質雪山集，並有書詞是也。（乾隆四十年十一月十七日諭）

（2）詩文集中語句有謬於是非者，删去本篇，全集仍舊，如宋穆修集有曹操帳記，語多稱頌，謬於大義者是也。（同上日諭）

（3）關帝之謚，改爲忠義，鈔本刻本，一律照改；並著交武英殿將此旨刊載傳末，用垂久遠。（乾隆四十一年七月二十六日諭）

（4）書中有違礙語句者，或削去數卷，或削去數篇，或改定字句，或酌加節删，仍錄餘文。如劉宗周，黃道周，熊廷弼，楊漣，左光斗，李應昇，周宗建，繆昌期，趙南星，倪元璐等所有書籍，皆加酌改是也。（乾隆四十一年十一月十七日諭）

（5）有直書君主之名者，改用謚號。如李蓘濟南集詠鳳凰臺一首，有「漢徹方秦政，何乃誤至斯」之語；北史文苑傳敍亦有「頡頏漢徹，跨躡曹丕」之句，館府因而錄之，著交武英殿將北史文苑傳敘改爲漢武，館府內删去此條，酌爲改刊，其他亦仿此爲之。（乾隆四十一年十一月初二日諭）

（6）凡以彝敵代夷狄者，仍改爲夷狄，如宋澤楊繼盛集所改，以見帝之不存芥蒂。（乾隆四十二年十一月十四日諭）

其他尚多，不必備舉，然即此亦可見帝之欲以編輯四庫全書而行擴清天下矣。是故抽毀書籍，極於苛細，初則尚以觸犯清朝與夫明末邊事之處，始行毀焚，後則宋人言遼金元，明人言元，其心存異族而議論偏袒者，皆割裂焚燬。不但此也，即普通書籍，認爲持論有乖謬駁雜，紀載認爲荒唐妄戾，旨意認爲狂悖偏誣，甚至意寓感慨，詞含憤激，皆被焚毀。尤有甚者，即書中如有挖空字面，墨塗字樣，缺行空格，亦皆指爲意存違悖，語係礙犯，故亦撤燬以期淨盡。

是故明自嘉隆以降，諸將相文士奏議文集，如高拱「邊略」，張居正「太岳集」，左光斗「左忠毅集」，熊廷弼「按遼疏稿」「書牘」，倪元璐「倪文正遺稾」「奏牘」，袁宏道「袁中郎集」，黃道周「廣百將傳注」，金聲「金太史集」，張煌言「北征紀畧」，孫奇逢「夏峯集」，顧炎武「亭林集」「日知錄」，黃宗羲「行朝錄」，南雷文定」……等等，皆被焚毀，待後紀曉嵐等作提要，始稍復入錄，然亦去其貶文。而康熙雍正朝間人，如屈大均，吳偉業，呂留良，金其堡等更無論矣。而於錢謙益搜剔尤甚，不但錢氏文字，一字不留，即他人書中推重錢氏文字，或與錢氏往來文字，亦皆劃除務盡。蓋以錢氏降清，旣失臣節，旣歸清室，而又於文字間露其不甘之意，故大觸高宗之怒。

如此搜剔清除，其結果必可驚人，據愙進齋叢書內所載違礙書目種數如下：

（一）全燬者。〔銷燬書目一四四種。
〔浙江查辦 應燬書目一六四種。
〔外省移咨 應燬書目三三七種。

（二）抽燬者。〔抽燬書目一八一種。
〔又抽燬書目四零種。
〔內有錢謙益沈 德潛序龔鼎孳金其堡等應抽燬書目五種。

（三）禁絕者。〔軍機處奏准禁 書總目七四九種。
〔續奉應禁書目五零種。

（四）違礙者。〔查有違礙謬妄 感憤語句書目十三種。
〔應繳違礙書籍各 種名目七三零種。

共合二千四百十三種。

此種統計，是否可靠不得而知，然其數已足驚人。前見某書，謂其時所焚書籍，在四五十萬卷之上（不知何所據），而全書著錄僅十七萬餘卷，相差何止一倍，而所焚禁又常爲不世出之名著。保留者又不過奉命文學，其相去又遠矣。

總之，高宗編纂四庫全書，保全中國文化，其功固不可滅，然其本意重在滿人得讀見漢人典籍，內廷四閣，即專爲之設，故其收效不可得廣。江浙三閣，雖許學人閱覽抄錄，然亦只限少數高官名門，其與今日之公共圖書館，固不可同日而語也。是故其功僅在保存中國典籍之一部，若謂發揚中國文化，則猶未也。

且其本意在寓禁於搜，故搜存之書，不若禁焚之多，而所禁焚，又多特奇之書籍。如袁「中郎」李「卓吾」顧「亭林」黃「梨洲」之著作。直至近世始得見，其胸懷之狹隘。手段之嚴酷。較之秦皇，有過之無不及也。

清初三朝，文字獄最多，更加以此次之搜羅禁焚，眞可謂摧殘文化之大成功。

稻葉君山氏云：『開其初大興朱筠請開設四庫館，尚書劉統勳力持不可，大學士于敏中力爭，乃得准行。劉駁斥之意如何，吾人未能深知，然徵其生平之言行，必非無所揣摩而出此者。據清末一學士所解釋，本朝學術之分歧，實四庫館開其端緒，至有咸豐時不亂於長髮賊，而亂於漢學之說。學術分歧，今乃益甚。始知統勳所見之遠』云。

此論劉統勳之遠見甚是，然可惜稱之非是其處。漢學之興，乃學術思想之末流，四庫館之興，特加强其聲勢而已。四庫館促成漢宋學術之分歧，固爲信論，然劉氏之力持不可開館，非爲學術分歧見地，而爲增加是非設想也。一經開館，即採輯天下遺書，採輯遺書，即將焚毀遺書，此四庫館之必不可開，而一開即成文化之大厄也。劉氏之遠識，其在於斯乎！

富商大賈無所牟大利，則反本，而萬物不得騰踊，故抑天下之物，名曰平準」（史記平準書）

由此可知常平倉和平準法的差別之要點是：常平倉的目的，祗不過在平均谷價；而平準法的目的則在平均一切的物價。常平倉只在救護人民，而平準法則在救護人民以外，還要增加官府的收入。

平準法爲人民之利益，而反抑商賈的橫暴，其意誠善，惟由官府販利，因而從中取利，在桑弘羊的當時，已遭文人之極力非難。明丘濬說：『商賈且不可牟利，乃以萬乘之尊，而牟商賈之利，可乎』!?（大學衍義補卷二十五），即是對其營利性質，所加以攻擊。

后世如王莽底五均泉府，王安石底市易法，皆係托意于平準法而成者。

與平準法相關聯的爲均輸法，其目的乃平均各地貨物之需要與供給，以使物價得其平準。此法始于桑弘羊，不過所行之範圍，僅限于徵爲貢賦之貨物。至王安石，制定新法，採用此法，以爲一般貨物流通之應用。

D共同貯蓄法——共同貯蓄，主要的方法，有義倉及社倉兩種。

（未完）

乾隆修書與清代學術之影響

逸樵

乾隆三十七年，四庫館開，召延海內文學之士，修纂全書，卷帙之繁，歷代所未有，實爲我國文壇放一異彩，同時，其對於清季一代文學，亦實予以絕大的影響，今略志其梗概，以爲研究近代文學史者，作一參考資料。

（一）漢學派之蹶起

清初康熙雍正兩朝，學術界之極盛，仍操縱於一般宋明「理學家」，如王夫之（船山），黃宗羲（黎洲），等，親炙私淑，皆遵守陽明之學，然宋學空談義理，虛無狂肆，久爲人指病，兼以當時標榜宋學者，又多屈事新朝，衡以當時情勢，愈失社會上之信仰，故康雍以來，雖在上者，極力提倡獎勵，而仍不能得多士之心，迄乾隆初葉，文學士夫之厭宋學者更多，李光地（榕村），湯斌（潛有）等，提倡於前，張爾岐（蒿菴），陸隴其（稼書）等，繼之於後，於是，一向繼統於學術界之陸王學說，至是漸趨銷沈，無人過問，而旭日初升之「漢學派」乃繼之蹶起，四庫全書之修纂，亦正爲「漢學派」踴興文壇之鼎盛時期也！

四庫書館，襄贊編校凡三百六十人，而以文學名家者，僅二十一人，（見張之洞國朝著述家姓名略）二十一人中，其宗尙「漢學」者，則有莊存與，彭元瑞，謝墉，紀昀，任大椿，邵晉涵，周永年，戴震，翁方綱，朱筠，金榜，洪梧，趙懷玉，王念孫等，而宗風宋學者僅曹煥，陸錫熊，朱珪數人而已！其中，姚鼐以古文家而治理學，雖未公然以宋學自號，然觀其弟子方東樹所著「漢學商兌」，抨擊吹索，不遺餘力，可見其師承趣向之一般；且鼐與當時漢學家，反覆辨論，以非毀程朱，是訕詆父師，而紀昀撰四庫書目，則直斥其妄，詆毀宋學；茲節引四庫書目中，關於排斥宋學者數則，尤可見當時兩學派，對壘壓鼎，劍拔弩張之勢：

「聖賢之學，主於明體以達用，凡不可見諸事實者，皆屬卮言，儒者著書，務爲高論，陰陽太極，累牘連篇，豈切諸人事乎？…凡斯之類，並闢其異說，黜彼空言，庶讀者知致遠經方，務求有用之學」（卷首凡例）

「漢唐儒者，謹守師說而已，自南宋至明，凡說經講學論文，皆各立門戶，大抵數名人爲之主，而依草附木者，囂然助之，朋黨一分，千秋吳越，漸流漸遠，而仇隙相尋，操戈不已，人心世道之害，莫甚於斯！…我國家文教昌明，崇眞黜僞，陰翳潛消，已盡滌宋明之敝俗，…故甄別遺編，剷除異說，以消芽蘖之萌，庶幾宏道大彰。」（同上）

「古之儒者，立身行已，誦法先王，務以通經適用，…所謂道學者，筆舌交攻，自時厥後，天下惟朱陸是爭，門戶別而朋黨起，恩仇報復，蔓延者垂數百年，明之末葉，其禍遂及於宗社。…今所修纂，大抵以濂洛關閩爲宗，而依附阿和，藉詞衞道者，則僅存其目，…無植黨，無近名，無大言而不慚，無空談而鮮用，則庶幾孔孟之正傳。」（子部儒家類敘）

「詩有四家，唐以前無異論；宋以後，則衆說爭矣，然攻漢學者，意不盡在於經，義務勝漢儒而已！伸漢學者，憤宋儒之詆漢儒，各挾一不相下之心，而又濟以不平之氣，激而過當，其勢然歟？…今所採輯者，則尊漢學者居多焉。」（經部詩類敘）

從上面所引錄者而言，當時漢學派之抨擊宋學，所謂「仇隙相尋，

178

干戈不已」之趨勢，已躍然紙上；而全書之修纂，又有「爲漢學者居多」的極大影響，所以四庫全書且與當時之學術界，不祇予「宋學」一以意外之衝動，同時，亦正是發生新興「漢學派」的。唯一原動力。

（二）文字獄影響下之經學

清代經學之盛，評者謂，自漢以後所未有，然推其契機，則乾隆修書時，雲起波湧之文字大獄，實爲其最重要的介因。蓋當清之入關，中原士人，本於種族思想，頗有激憤之言，而遺老闇忠之散居邊嶼，又多死灰復燃之患，其次，則清初宮闈之亂，父子之變，兄弟之禍，骨肉之慘，有不得盡秘者，朝野傳聞，每見載籍，及修書時，搜羅海內緗籍，詳爲磨勘，稍有禁忌，即以悖逆目之，焚書論死，所以當時修書，不但觸干清廷之文字，予以苛細之檢勘，其持論認爲乖謬駁雜，或意旨狂悖，詞寓感慨，亦在銷燬之列也。尤可異者，書中如有挖空，或墨塗處，即以大不敬論罪，於是，株連滿庭，千古未有之文字慘獄，頻興繁聞，除應銷燬之詩文集二千四百十二種外，（詳見進齋叢書所載，四庫館銷毀書目，存其最重要之文字獄，表列於次：

一，胡中藻，鄂昌，堅磨生詩鈔，及塞上吟獄。（二十年七月）

二，彭家屏（吳三桂檄文），段昌緒（藏明季野史）獄。（二十二年）

三，齊周華刻呂留良書獄。（三十二年二月）

四，屈大均詩文集內，有悖逆語獄。（三十九年十一月）

五，呂留良孫，呂懿呂敷光之獄。（四十年正月）

六，王錫侯（刪改康熙字典爲字貫）獄。（四十二年十一月）

七，徐述夔（一柱樓詩集）獄。（四十三年十月）。

八，沈德潛詩集之獄。（四十三年）

九，范起鵠獄。。（四十三年）

十，智天豹（呈獻大清運數）獄。（四十年四月）

十一，程明禋（種藏禁書）獄。（四十六年三月）

十二，尹嘉銓詩文集中有狂悖語獄。（四十六年四月）

以上所列，特就其情節較重者言之，至以詩文片言，論戍被革尤難盡數，環一獄之興，家族全坐，門人所不免，即當地官吏，亦株連被辜，慘不忍書，而朝廷之網羅深密，尤恐不不足，四十三年冬，又諭示各省云：

「前經降旨督撫，查辦違碍書籍，並令明白宣示，如有收藏明末國初，背悖之書，急宜及早繳出，…着通諭各督撫，以接奉此旨之日爲始，予限二年，實力查繳，至二年期滿，即勿庸再查，一經發覺，必將收藏者從重治罪，且惟於承辦之督撫是問，恐亦不能當其重戾也，將此通諭知之」！

在當時之全國文學界，經此種雷霆不測之打擊，乃使一般學者，咸怵於「動遭禁忌」之厄，無形中，遂趨尙有縛束思想，鉗制舌筆之一端，於是「述而不作，信而好古」之經學，乘隙蹶興，學者旣藉以避禍，更藉以成研經好古之名，於是「經學」一道，乃席據乾隆以來之學術界，放一異彩，迄清末二百年中，趨勢不衰，其結果，竟能超越前代。現分述之：

（甲）經學之前期　清初，戴震（東原），惠士奇（天牧），顧炎武（亭）等，皆以研經考古，務爲鴻博，同時，以研經詔後學，然戴惠所爲，明理致用，不鑿沾沾於支離破碎之端，而如後人往往因一字一物之微，便辨博萬言也。東原爲當世南北大師，經學，小學，史地，天文，校勘之學，皆極精湛，雖爲漢學派，然亦講求心性之原，其謂「三代以下，經學鄭朱爲最，博文約禮，聖門正訓；學者欲求孔孟之微言大義，必先通經，經義難明，必先求諸訓詁，而後古人之旨，可瞭然心目」。又云：「周公尙文，範之以禮，尼山論道，敎之以孝，博文而不約禮，明辨而不篤行，非聖學正宗。」東原此種論調，正爲後來黃以周桂文燦等人之所宗，而啓清代「古文」學之綱機者也！

（乙）乾嘉以來之經學　乾嘉之際，學者承江（永）戴遺風，皆以研經考古，鴻博精覈爲務，至於宗守家法，條例精嚴，已儼然成爲一種有系統的科學，究其立場，雖不免「述而不作，信而好古」趨於思想衰微之途，然略宣經史之秘，抉發儒道之奧，俾益後世，亦非淺鮮，此期間，人材輩出，以之名家者，則有王引之（申伯），胡承珙（景孟），培翬（載屛）等，而阮元王念孫，尤有功於斯學。阮元刻皇朝經解，創學海書院，造就「古文」人材甚多，王念孫爲經學小學專家，曾入四庫書館，爲篆隸分校官，子引之，承其家學，獨步嘉道兩朝，湯金釗云：「公說經，精通古均二十一部之分，於九經楚詞諸子之有韻者，剖析精微，又熟於篆隸遞變源流，因聲音以審文字，因文字以察訓詁，凡漢唐諸儒，借用博注之字，公釋以本字，無不冰釋理順」。讀此，可以窺其學略矣！

（丙）經學之分野——今古文之派爭——　經學至嘉道時而全盛，古文家蔚然大興，既如上文所述，於時，又有「今文」學說之崛起，與「古文」派並駕頡頏，蓋「古文」家重訓詁考證，而忽義理，「今文」家則重義理，而以訓詁考証爲末，兩派相爭，遂成爲清代經學上一大分野，今文之始，起於莊存與（方耕），存與爲四庫館總閱官，專治公羊學說，與東原等同原漢學，而所趨各異，著有春秋正辭，在當時尙無所謂「今」「古」文之爭，至嘉慶中葉，存與外孫劉逢祿（受申）倡之，乃別樹「今文」一幟，專究公羊何氏之學，謂春秋數萬言，其旨數千，以貫諸經，無往不得。」因溯其原，尋其條貫，爲公羊何氏釋例，著有春秋論，左氏春秋攷証，尙書今文集解等，一時風從趨嚮，頗予「古文」派以相當打擊，迄咸相之際，其說愈興，光緒初，翁（同龢）潘（祖蔭）當國，力倡於上，孔（廣陶）莫（友芝）等復導於下，單復風流，不僅與「古文」派分庭抗禮，儼然有入纘大統之趨勢，而翁潘等之崇尚今文，又不得不謂間接受王闓運（王秋）學說之影響；王秋為今文之堅壘，經師詞宗，主盟壇五十餘年，弟子遍南北，其主尊經書院，蜀中始知經學，人材之造育，竟為全國冠。後主船山書院，而湘中經學亦盛，然王秋今文，兼以訓詁義理，不偏執而廢，則為人所未及也！

總上所述，清代經學之華燦，可徵一般，其功自不得不推清初一般學者，怵於「文字之厄」，而趨向「避禍成名所獲之結果也！

（三）攷古學之倡興

吾人前述之經術，無論今文古文，而「訓詁」「攷証」兩者，皆為最重要之因素，故「攷古」一派，自不得不牽連叙及，且清之攷古學，超越前代，亦具有其文學上之偉大價值，攷古中，可分為下列三種：

（甲）小學　清代研經之士，兼重小學，風向趨嚮，多以不治小學為恥，「許氏說文」，遂為此中科律。清初，顧炎武江永戴震諸人，力倡之，乾隆時，四庫館中，以文學著稱，如謝墉，任大椿，邵晉涵，朱筠，洪梧，王念孫等，無不精研說文，亭林所謂「教人以讀書，必先識字」也！而王念與段玉裁二人，實為此道中堅，念孫廣雅疏証，盡宣前人之秘，論者以為「曠世絕製」，其價值可以想見！蓋自乾隆以後，治小學者愈多，有竭畢生精力，抉奇窺奧以研究者，於是，一向奉為不祧之「許氏說文」，亦為人駁摘勘正，（劉熙載陳灃著作中有之）至其源流支衍，尤不勝縷數矣！

（乙）金石學　金石學與「研經」「說文」二者，實有不可劃分之密切關係，清代文學趨古，既本「述而不作」之旨，於是，金石之考証，又蔚然成為學者重要之專門學科，同時，其補翼史乘，裨益經籍，以及考察前代文物典章，社會民生之遞遷，皆具有偉大價值，關於著述方面，自顧氏金石文字記，黃氏金石要例以後，著作繁數，不勝臚舉，要皆精湛雅實之作。且清代之研究金石者，多出自廷臣顯宦，收羅宏富，考釋精嚴，此風迄清末季不衰，經學而外，當以此為最著！

（丙）古籍之搜羅　我國古籍，湮佚，其說自昔已然，修書時於獻書內採集達百種，其後，此風日盛，周秦諸子之遺文，漢魏各家之佚錄，時有搜獲，此實予當時學術界一極大趣味，如任大椿之小學鈎沈，馬國翰之玉函山房佚編，茆泮林十種古佚書等，斷璧殘璞，彌足珍貴。同時，一般研究古籍者，又趨向藏書，校勘，目錄，等學，校勘之學，在清初已為專門學術，戴東原，周永年，王念孫，趙懷玉，諸氏皆精爲之。清代叢書之流行，及藏書家之盛，未非直接受古籍搜集之影響也！

（四）餘論

吾人綜上所敍，足徵有清一代學術，受乾隆修書影響之鉅，然乾隆修書，初意本不在「文學」的立場，焚燬書籍，與文字大獄，處處予文學界以沈痛之創痕，不料竟以此，而成就近古所未有之燦爛經學小學，研古等專門學術，可謂不幸中之大幸也！關於清季文學史論，近世多有著敍，故本篇之撰製，祇略述其梗概，不願以繁細爲贅，尚希讀者諒之！

鍊獄

萬里

四

元旦日的朝陽照着這一隊以命運做賭注的人向前走着。

不是很遠的地方，响着幾聲尖銳的步鎗聲，我們停下來，下了汽車，用石塊砌成火爐，在燃燒着帶烟氣的火光底下做飯，老白安閑的洗着米，和爲長官們新買來的魚。

整個原野上盤踞着士兵，陽光底下，蒸起長途奔波的汗臭，汗氣播散在每個人的心底，但是將要抽新芽的衰草頭上捲起的一陣旋風，仍然是能使人打寒噤的。

我們在接受一個可笑的播弄，在元旦的清晨，被人送出來，我們不知道到什麼地方去，也不知道將要做什麼，只是順從的走向前來，「這是怎末回事呢？」一點憤怒的火發燃燒在我的心底，修却像是享用旅行樣的安閑，我問他：

「你覺得這像不像是春季旅行？」

「哦……」

「不，不完全一樣。」

我注意和我說話的這個人，年紀在廿歲左右，土沾染的黃色的制服，粗重的眉道，黑黝的臉色，還有着一口好北京話。

「他也是由北京來的吧？」我想着。

和他談起來，才知道他叫靜生，是隣近我們這一排的小兵，在北京是一個私立學校裡念書，當戰爭的氣味剛傳入北京的時候，他和一個同學偷跑到這裡，看見他小小的年

乾隆禁燬書籍考

徐緒典

引　言

清代乾隆朝禁燬書籍之舉，爲吾國文化上一大浩劫。據今統計，共約二千八百餘種。[1] 被燬部數，動輒萬計。高宗時，正當滿清之全盛，政治綱紀嚴整，朝廷更督以繁法嚴刑。十餘年間，上下集中於此事，視爲國家庶政之要。故其影響之巨，效果之大，遠過秦火。[2] 二百年來，禁書一辭，時人視爲大忌，莫不談虎色變。直至清末，政府威勢漸衰，沈霾之物，始得稍稍出現。[3]

明代著述，多病駁雜，萬歷以後尤甚。蓋學術風氣使然。吾國士人，好爲文章。別集之類，汗牛充棟。明人尤喜空論，名目繁多。然試觀歷代集部之傳世，十不得一。[4] 卽可推測明代別集之前途。至若明代私家乙部之作，毀譽任意，傳聞異詞，轇轕紛紜，頗難深信。經子二部，內容亦多空疏，遠遜[illegible]。尤以書賈漁利，嘗以著作改易名稱，或更換撰者。若[illegible]錄，若綱鑑，及說郛，百川學海諸書。其種類雖多，然不過陳因舊本，[illegible]撮篇章。以爲標奇立異，沽名射利。他若四書講章，八股時文，應制之書。更百出不窮，不足考辨。凡此皆[illegible]本不足取，亦不足惜。

1. 禁書種類之統計，說者異辭。此數爲作者所得之結果，詳見下文。
2. 漢人言秦政，往往誇張其過失。始皇焚書，卽其一也。
3. 如淸末之上海國學保存會，頗有刊印。藏書家亦漸公出所藏。
4. 參閱比較諸史經籍志所著錄可知。

學術文章，歷久乃見其價值。一時之是非襃貶，無關榮辱，更不能影響其存佚。每考古今著述佚亡之速，未嘗不凜於立言之難。是故庸陋之作，不待禁燬，其亡極速。至天地英華所聚，則必卓然不可磨滅。今閱海內外藏書家目錄，禁書多有留存，國人不畏斧鉞之誅，不忌株連之毒。敢於珍藏於當代，流傳乎後世。是我民族精神之所使然也。

禁燬書籍之事，距今方二百年，而史料殘闕，疑問叢生，莫可究竟。以言內外辦理情形，則史稿、實錄、之所未詳，私家著述之所未敢觸及。以言禁書目錄，則雖有刊本，而一鱗半爪，未窺全璧。且傳抄者多，刊刻者少。魯魚亥豕，錯綜謬誤，禁書既多散佚，未能核對原書。是以鈎摭爲難，糾謬無計。晚近舊檔刊印漸豐，禁書目錄之異本，獲見者亦夥。遂擬考其本末，試作分類與統計，進而謀解答其諸種疑問。雖粗有所獲，要亦引玉之意也。

一 禁燬始末

甲 由採訪遺書，至查辦違礙書籍。

清高宗承康、雍、之緒，開疆拓宇，勵精圖治。於是四方底定，海內晏然。乃進而求長治久安之策。蓋滿清以異族君臨中國，雖能取勝於一時，究未能使人心誠悅服。有心之士，孰無故國之思。高宗洞悉此情，故一面屢舉特科，餌以高官厚祿。一面大興文字獄，禁燬遺書。恩威並用，以收統治之效。[5]

5. 參閱大清實錄卷八三六葉五下至七上，又卷一一下二十二葉二下至四下乾隆六年正月，始有訪書之諭。[5a] 至三十七年正月，又有諭搜訪遺書。[6] 然皆以「稽古右文」爲名，訪書之目的，謂在「以彰千古同文之盛」。所謂「付在石渠，用諸乙覽」。其詞句固甚冠冕也。

然各省採訪遺書，奏到者頗寡。於是乃於乾隆三十八年三月，再降諭旨，詳切曉示，予以半年之限。令各督撫作速妥辦，而査繳禁書之意，已微露於諭中矣。[7]

> ……書中即有忌諱字面，並無妨礙。……亦不過將書燬棄，轉諭其家不必收存。與藏書之人，並無干涉，必不肯因此加罪。至督撫等經手彙送，更無關礙。……當舉一反三，迅速設法妥辦。如有覓得之書，即行陸續錄送。……

但以如此婉轉之諭旨，並不能收舉一反三之效。各省進到書籍，不下萬餘種。而無一稍涉忌諱者。度高宗之意，査辦禁書，原非德政，初不願形諸諭旨。而各督撫不能會意，乃於乾隆三十九年八月，降諭明示査辦禁書。[8]

> ……況明季末造，野史甚多，其間毀譽任意，傳聞異詞。必有詆觸本朝之語。正當及此一番査辦，盡行銷燬。杜遏邪言，以正人心而厚風俗。……

至是各督撫方始瞭然，所謂「稽古右文」者，乃在搜求明末清初詆毀清室之著作，一舉而禁燬之也。誠如李侍堯云：[9]

5a. 條例約編卷三十八，葉九下.

6. 前書卷三十八，葉十九下至二十一下.

7. 仝前，葉廿五上至廿六下.

8. 仝前，葉廿八上至廿九下.

9. 清代文字獄檔第二輯，屈大均案禁二.

……臣等止就其書籍之是否堪備採擇，行司照常辦理竟未計及明末裨官私載，或有違礙字句，潛匿流傳。卽可乘此查繳，以遏邪言。實屬愚昧。……

然查辦初期，並不順利。各督撫意存觀望，多覆稱無違礙之書。乾隆卅九年十一月，兩廣總督李侍堯，查出屈大均詩文進呈銷燬。高宗特論，將私自收藏者免罪。蓋所以獎勵繳書也。[10]

又以查書向未定期，各督撫多視爲末務，每隔數月，奏繳數種，聊以塞責。高宗乃於乾隆四十二年十二月降諭，予限三年。實力查繳，仍免治罪。[11]

此後各省紛紛呈繳，爲查繳禁書之最盛時期。高宗更時降諭旨，督促進行。[12] 乾隆四十六年五月，浙江巡撫陳輝祖以三年期滿，奏請展限一年。[13] 乾隆五十三年五月，安徽巡撫陳用敷又請展期一年，十餘年間，禁書之事，列爲國家庶政之要矣。

此外違礙書籍之板片，亦通令呈繳，解京銷燬。[14]

乙　由查訪遺書，至奏准銷燬。

查訪遺書之方法，可分勸繳與購買。初只責成各地方官辦理。後由浙撫三寶奏准，以分發教職人員，派赴本籍。

10. 條例約編卷卅八.

11. 仝前，葉五十下至五十一上.

12. 仝前，葉五十二下至五十三上.

13. 禁書總目葉二上至三上. 按違礙應繳書目葉卅六上至卅七下，作兩江總督會同蘇撫具奏，請展限. 又按禁書總目諭中作二年期滿，疑誤.

14. 纂輯禁書目錄，葉三下至四上.

因親友易於詢訪，並代爲清查。將來卽以繳書多寡，爲補用名次先後。[14a] 此外又委派誠妥之員，前往已繳藏書之家，宣播恩旨。令將不應存留之書，卽速交出。[15] 更令各屬於地方紳士中，愼選制行循謹，素爲閭井悅服者，每縣數人，分派城鄉，轉向親友密訪。[16]

購買之事，則酌委妥員，于各書坊分頭購覓。[17] 至廣東省城，向來書賈全坊中，卽將帶到書目登記號簿，方始發售。則令簿司派員提簿稽核，凡有名目新奇，素不經見者。卽交委員訪查。[18]

每縣設有書局，專司此事。呈繳與購買之遺書，由局一總繳送署內，再繳送總局。[19] 每省設有總局。派委通曉文義之教職佐雜人員，[20] 專司校閱。凡繳到之書籍，是否可採，及有無違礙。俱係先發總局逐一查勘，分別粘簽。[21] 由局彙送布政使，轉呈總督巡撫，詳晰酌定，然後彙摺奏繳。[22] 此外更檢查各省府州縣志書內書籍名目。[23]

又因彙輯四庫全書，各省採訪書籍。由四庫館總裁等悉心校勘，分別應刊，應抄，及存目，三項。其中違礙書籍，由

14a 條例約編卷三十八葉四十五下至四十六上.
15. 清代文字獄檔第二輯，屈大均案葉七.
16. 文獻叢編第八輯，葉一上.
17. 禁書總目葉二上至三上.
18. 掌故叢編第九輯，徐述夔案葉七十二.
19. 清代文字獄檔第四輯，李案葉四.
20. 掌故叢編第七輯，徐案檔卅三.
21. 清代文字獄檔第五輯，吳案葉一下.
22. 掌故叢編第二輯，字貫案葉十一，及第七輯，徐案葉卅二.
23. 清代文字獄檔第四輯，陶案葉二下至三上.

館臣詳悉檢閱，奏准銷燬。而外省查辦違礙書籍，俱係解交軍機處。轉交四庫。總纂紀昀陸錫熊等，協同各纂修，逐細檢閱。分別呈進銷燬。高宗于進到時，亦親加披覽焉。[24] 凡經請旨銷燬者，並開單行知各督撫，一并實力查辦。[25] 各省更刊刻應禁書目，通行各屬一體嚴查。[26]

丙　四庫館查辦違礙書籍條款

各省解到違礙書籍，除經判明字句狂謬詞語刺譏，必應銷燬。及明季清初人詩文集內有觸悖者，奏准銷燬。其餘有應分別辦理之處，由四庫館擬立條款，以為標準。[27] 今錄於下：

一．自萬歷以前各書內，偶有涉及遼東及女直女真諸衞字樣者，外省一體送燬。但此等原係地名，並非指斥之語。現在滿洲源流考內，亦擬攷核載入，似當分別辦理。如查明實止係紀載地名者，應簽出毋庸擬銷。若語有違礙者，仍應銷燬。

一．明代各書內，有載及西北邊外部落者，外省不明地理，往往概入應燬之處。但此等部落，俱明史韃靼瓦剌朵顏等傳所載，實無干礙。似應查明簽出，毋庸擬銷。若語涉偏謬者，仍行銷燬。

一．明末宏光年號，業經載入通鑑輯覽。其三藩紀事本末

24. 條例約編卷卅八，葉卅八，及辦理四庫全書檔案葉八十九．

25. 違礙應繳書目葉四十六．

26. 清代文字獄檔第五輯，戴案葉一．按各省刊刻之禁書目多爲彙集性質，今日流傳極少．

27. 辦理四庫全書檔案卷上葉五十九下至六十下．

一書，載有三王年號，亦已奉旨存留。如各書內有但及三藩年號字樣，而別無違礙字句者，應查明簽出，毋庸銷燬。

一．錢謙益呂留良金堡屈大均等，除所自著之書，俱應燬除外。若各書內載入其議論，選及其詩詞者，原係他人所採錄，與伊等自著之書不同。應遵照原奉諭旨，將書內所引各條，簽明抽燬。於原板內剷除，仍各存原書，以示平允。其但有錢謙益序文，而書中並無違礙者，應照此辦理。

一．吳偉業梅村集曾奉有御題，其綏寇紀略等書亦並無違礙字句。現在外省一體擬燬，蓋緣與錢謙益並稱江左三家。曾有合選詩集，是以牽連並及。此類應核定聲明，毋庸銷燬。其江左三家詩嶺南三家詩內如吳偉業梁佩蘭等詩選，亦並抽出存留。

一．凡類事及紀載之書，原係門各為目，人各為傳，不相連屬。卽有違礙，不過中間一門一傳，其餘多不相涉，不必因此概燬全書。應將其違礙之某門某傳查明抽燬，毋庸全燬。

一．各違礙文集內所有奏疏，現在遵旨將其中剴切可取者，另行摘存。其全部仍應請燬外。至如專選奏議，如經濟文編之類，專載對策，如明狀元策之類，所載多自明初為始，似亦當分別辦理。應將其中違礙字句各編查明抽燬，其餘仍應酌存，以示區別。

一．凡宋人之於遼金元，明人之於元，其書內紀載事蹟，有用敵國之詞，語句乖戾者，俱應酌量改正。如有議論偏謬尤甚者，仍行簽出擬銷。

一．現在各省送到書箱，應照分韻冊逐箱按次查點。其已經辦燬者，標明書本仍存原箱。其未辦者，取出造冊分，未辦中如有一樣數部者取出一部，其餘亦仍存原箱，作爲重本。每查過一箱，卽將此箱封好另放，不必再行檢閱，以免複混之病。

按由於以上條款之擬訂，外省奏繳書中免於刼火者甚衆，未始非紀昀陸錫熊等之功也。

丁　奏繳禁書，與板片之略計。

禁燬書籍總數及被波及之範圍，史料殘闕欲求一精確之統計，頗非容易。今以檔案奏摺所載，各省奏繳統計，分列於後。然亦一鱗半爪，終非全璧。當與下章參看，其或可得其梗概歟。

湖北　乾隆四十六年十一月，陳輝祖奏曾陸續奏繳四次，所有續呈尚未閱定書籍共八百八十一種。[28]

湖南　李湖奏本年到任後奏繳八百八十餘部。[29]

兩江　乾隆四十五年二月，續繳重複違礙書二千六百七十八部，新獲違礙書卅七種，又書板三千十二塊。[30]

江西　乾隆四十一年十二月海成奏，曾奏繳共計有八千餘部。[31]

江蘇　乾隆四十三年節次奏繳一百十五種，重複一萬一百五十四部。[32]

28. 清代文字獄檔第五輯，吳案葉一下。

29. 前書，第四輯，陶案葉一。

30. 違礙應繳書目葉卅六上至卅七下。

31. 奏繳咨禁書目。

32. 文獻叢編第十二輯，葉卅九。

蘇州書局節次收一百廿七部，重複一萬三千一百六十六部，板片三千四百七十六塊。[33]

蘇州書局第十四次，於乾隆四十六年三月奏繳，今又查出已禁書一千一百十二部。[34]

乾隆五十三年三月蘇州書局收繳重複違礙書一萬七千九百卅二部。[35]

江寧蘇州兩局，共繳過違礙書二萬餘部。[36]

閩浙　三寶奏曾陸續奏繳十次，共獲一千八百六十三部。[37]

福建　前曾繳過六次，今又繳一百十三種，共三百十一部。[38]

浙江　自乾隆卅九年至四十六年五月，先後共繳廿四次，計書五百卅八種，共一萬三千八百六十二部。[39]

雲貴　乾隆四十三年春夏二季，共獲書三百餘種，一千五百餘部，業經四次奏明解京。[40]

貴州　乾隆四十三年八月，圖恩德奏，前後共繳六十五種，分三次送京。[41]

至於違礙書籍板片，節次解京銷燬。或剷改應用，或發交造辦處玻璃廠作爲硬木燒柴。其數目如下。[42]

33. 前書，第七輯，葉一.
34. 刊本應禁書目.
35. 違礙應繳書目，葉四十七上至五十一上.
36. 掌故叢編第四輯，徐案葉五.
37. 文獻叢編第九輯，葉十三，
38. 前書，第八輯，葉一上.
39. 禁書總目葉二上至三上.
40. 清代文字獄檔第三輯，袁案葉五至六.
41. 仝前，袁案葉五.
42. 辦理四庫全書檔案卷上葉七十上.

乾隆卅八年十二月起至四十五年十月,共收板片五萬二千四百八十塊。

乾隆四十五年十一月起至四十六年九月,又收板片一萬五千七百五十九塊。

然凡上所述,皆官方統計. 至若當時有聞逆書案發,而畏罪自燒者。[43] 或聞風心懦,取其家有之書,稍涉疑似,悉舉而畀之爨爐者。[44] 爲數更多。今則無由考核矣。此外各省解京書籍內,有沿途經雨水沾濕成塊,難於繙閱者。則將原捆繳進銷燬。[45] 更無法統計其數量矣.

二 各省奏繳情形

各省奏繳違礙書籍,每由督、撫、隨指彙列書目,及原書,節次奏進。自採訪以迄奏進,該書只可謂有嫌疑,而尚待判決者。此等書,爲禁書大部分之來源.

此等書籍之最終命運,雖尚未定. 然實際情形,恐與禁燬無大差異。蓋地方官旣認爲該書悖逆抵觸,悉數搜尋,解京檢閱。則民間風吹草動,安敢收藏。想其時畏罪自焚者,必不在少數。解京時,路途雨濕,損毀亦多。到京後,卽萬一幸免於禁燬,亦未聞有發還原地之諭。則恐堆積廢棄,化爲塵灰矣。間有少數由乾隆特降諭旨明示毋庸禁燬,且

43. 清代文字獄檔第五輯,戴案葉一.

44. 鄧實本,禁書目錄跋,葉一下小注.

45. 辦理四庫全書檔案卷上葉八十九.

有抄存入四庫全書者。[46] 然乾隆禁書之旨，在甯濫勿遺。地方官只有查繳未盡，因而獲罪。未聞有因採訪之濫，稍被譴責。故多逢迎上意，極力搜羅。凡涉嫌疑，即行奏進擬燬。其中少數特旨毋庸銷燬之書恐地方上亦視同具文，認爲無關輕重，故其流傳亦甚稀少。

由督撫節次奏進之書單，可考得每部禁書由其發現之地點，奏進之時間，經辦之地方官，進而再求該書最終之命運。據此即可探討其各省繳書情況與其株連之多寡。晚近奏繳禁書單，多有發現及刊印。各種禁書目錄中，亦有彙列者。凡此雖非全璧，然大體各省皆備，想闕者必不太多。今按地域、時間、試爲排列，彙成下表。

本表所收之書單，以注明年月或地域者爲限。並由各種禁書目錄中，試爲比較，加以考證。惟每省奏繳重複禁書，則刪而不錄。其各省奏繳，彼此間有重複者。則系偶然之雷同。據之兼可考究該書分佈之廣狹，與發現之先後，故仍存之。

據表統計，各省先後奏繳總次數共一百五十五次。[47] 奏繳書籍總數，共二千四百七十種。[48] 以地域觀之，則內地十八省、各省皆備。奏繳最多之省，乃兩江所轄之江西、安徽、江蘇、三省。其比例幾佔全額半數以上。最少之省，乃四川、貴州、雲南、三省。只佔全額百分之一而已。以奏繳之年代

46. 四庫全書總目卷首，聖諭，葉四及葉八.

47. 凡奏繳重複違礙書籍，皆未計在內.

48. 每省前後重複者，皆刪而未計

觀之，則幾省在乾隆四十年至四十九（一七七五——一七八四）年之間。由上章可知，此期間正執行最盛之期也。

南宋以後，文化南漸。書籍刊刻，自明以後，集中江南閩浙之地。江南刊刻較精，而閩浙書價最賤。故乾隆所降禁書諭旨，一則曰：「江浙人文淵藪，其流傳較別省更多[49]。」再則曰：「東南藏書最富[50]。」其對江浙之注意，瞭然可知。其次則爲江西閩粵湖廣。[51] 故兩江轄下之三書局，收繳最多計：[52]

蘇州書局　蘇、松、常、鎮、太、五府州屬.

江寧書局　江、淮、揚、徐、海、通、六府州屬.

安徽書局　安徽、寧、池、太、廬、鳳、潁、滁、和、六、泗、廣、等府州屬。

自經辦之督撫觀之，則奏進次數最多者爲三寶及薩載．蓋爲其轄地之重要也。

各省奏繳禁書表

直隸 凡二次，共六種.

一、乾隆四十年十一月十四日，順天府尹胡劉奏繳三種。

見纂輯禁書目錄．按是年之直隸總督爲周元理．見清史稿疆臣年表二.

二、乾隆四十口年，直隸總督袁守侗奏繳三種。

49. 條例約編卷三十八，葉廿五上至廿六下.

50. 仝前.

51. 前書，卷三十八，葉二十八上至廿九下.

52. 奏繳咨禁書目葉三.

見違礙書目．作直隸督院袁咨會．按袁即袁守侗．其任直督有二次：一爲乾隆四十四年十二月，至四十六年十一月．一爲乾隆四十七年十月至四十八年五月．見清史稿疆臣年表二．

山東凡二次，共卅五種．

一、乾隆四十四年六月初四日，山東巡撫國泰奏繳卅二種。

見違礙應繳書目，纂輯禁書目錄及違礙書目．按是年之山東巡撫爲國泰，見清史稿疆臣年表六．

二、乾隆四十六年六月廿九日，山東巡撫國泰奏繳三種。

見違礙應繳書目，纂輯禁書目錄，及應禁書目．按是年之山東巡撫爲國泰，見清史稿疆臣年表六，

河南凡六次，十九種．

一、乾隆四十一年二月十二日，河南巡撫徐績奏繳一種。

見纂輯禁書目錄．按是年之河南巡撫爲徐績，見清史稿疆臣年表六．

二、乾隆四十四年正月，河南巡撫鄭大進奏繳一種。

見纂輯禁書目錄，及違礙書目．按鄭大進官河南巡撫，在乾隆四十三年正月，至四十四年正月己丑．見清史稿疆臣年表六．

三、乾隆四十□年，河南巡撫鄭大進奏繳四種。

見違礙應繳書目，及違礙書目．按乾隆一代河南巡撫之鄭姓者只鄭大進．

四、乾隆四十□年，河南巡撫鄭大進奏繳二種。

見違礙應繳書目及違礙書目．

五、乾隆四十七年五月廿九日，河南巡撫富勒渾奏繳

十種。

見違礙應繳書目,及纂輯禁書目錄.按是時河南巡撫為富勒渾見清史稿疆臣年表六.

六、乾隆四十八年三月廿日,河南巡撫李世傑奏繳一種。

見纂輯禁書目錄.按是時河南巡撫爲李世傑.見清史稿疆臣年表六.又按違礙應繳書目作:[乾隆四十七年五月廿九日,河南巡撫富勒渾奏繳].

山西凡六次,共卅一種.

一、乾隆四十一年四月初八日,山西巡撫巴延三奏繳三種。

見纂輯禁書目錄.按清史稿疆臣年表六:[鄂寶七月丁亥遷,巴延三山西巡撫].故此處應作鄂寶.

二、乾隆四十六年二月初二日,山西巡撫喀甯阿奏繳五種。

見纂輯禁書目錄,及應禁書目.按是時之山西巡撫爲喀甯阿.見清史稿疆臣年表六.

三、乾隆四十六年八月廿五日,山西巡撫雅德奏繳五種。

見違礙應繳書目,纂輯禁書目錄,及應禁書目.按是時之山西巡撫雅德,見清史稿疆臣年表六,

四、乾隆四十七年五月廿六日,山西巡撫農起奏繳十二種。

見違礙應繳書目,及纂輯禁書目錄.按是年之山西巡撫爲農起,見清史稿疆臣年表六.

五、　山西巡撫巴延三奏繳一種。

見違礙應繳書目．按巴延三曾兩任山西巡撫．一爲乾隆卅八年之暫署，一爲乾隆四十一年七月至四十四年十二月．見清史稿疆臣年表六，

六、　山西巡撫奏繳五種。

見李棪鄧刻奏繳咨禁書目補，按此目年月及巡撫姓氏皆無考．

陝甘凡四次，共一百一十六種．

一、　乾隆四十一年六月廿五日，署陝甘總督畢沅奏繳一種。

見纂輯禁書目錄及違礙書目．按是時畢沅署陝甘總督．見清史稿疆臣年表二．

二、　乾隆四十五年五月十二日，陝甘總督勒爾謹奏繳卅八種。

見纂輯禁書目錄，及違礙書目．按是年之陝甘總督爲勒爾謹見清史稿疆臣年表二．

三、　乾隆四十六年六月十六日，陝甘總督李侍堯奏繳五十二種。

見纂輯禁書目錄，違礙應禁書目，及應禁書目．按是時之陝甘總督爲李侍堯，見清史稿疆臣年表二．

四、　乾隆四十六年八月初二日，陝甘總督李侍堯奏繳二十五種。

見違礙應繳書目，違礙書目，纂輯禁書目錄及刊本應禁書目．題作[查繳尹嘉銓書內原單未列各書]．

陝西凡二次，共五種．

一、　乾隆四十六年六月廿五日，陝西巡撫畢沅奏繳四

種。

見違礙應繳書目，纂輯禁書目錄，違礙書目，又應禁書目．按是年之陝西巡撫爲畢沅，見清史稿疆臣年表六．

二、 陝西奏繳一種。

見違礙應繳書目．按此次之年代及奏繳者皆無考．

湖廣凡十四次，共一百九十一種．

一、乾隆四十二年八月，湖廣總督三寶奏繳六十七種。

見文獻叢編第九輯．按是時之湖廣總督爲三寶見清史稿疆臣年表二．

二、 乾隆四十二年十二月初七日，湖廣總督三寶奏繳二種。

見纂輯禁書目錄．

三、 乾隆四十二年十二月廿一日，湖廣總督三寶奏繳九種。

見纂輯禁書目錄，及違礙應繳書目．按違目［作十二月二十二日］．

四、 乾隆四十三年二月初三日，湖廣總督三寶奏繳廿五種。

見纂輯禁書目錄，及違礙應繳書目．按是年之湖廣總督爲三寶見清史稿疆臣年表二．

五、 乾隆四十三年四月初十日，湖廣總督三寶奏繳六種。

見纂輯禁書目錄及違礙應繳書目．

六、 乾隆四十三年閏六月初六日，湖廣總督三寶奏繳七種。

見纂輯禁書目錄，違礙應繳書目

七、 乾隆四十三年十月初四日，湖廣總督三寶奏繳十六種。

見纂輯禁書目錄及違礙應繳書目.

八、乾隆四十四年十一月初一日，湖廣總督圖恩德奏繳三種。

見纂輯禁書目錄.按是年之湖廣總督爲圖恩德，見清史稿疆臣年表二.

九、乾隆四十四年，湖廣總督圖恩德奏繳三種.

見違礙應繳書目及違礙書目.按是年之湖廣總督爲圖恩德.

十、乾隆四十五年六月廿七日，湖廣總督富勒渾奏繳五種。

見纂輯禁書目錄，違礙書目.按是時之湖廣總督爲富勒渾見清史稿，疆臣年表二.

十一、乾隆四十五年十一月，湖廣總督舒常奏繳十九種

見違礙應繳書目，纂輯禁書目錄，違礙書目，及應禁書目.按是時之湖廣總督爲舒常.見清史稿，疆臣年表二.

十二、乾隆四十七年十月初七日，湖廣總督舒常奏繳廿二種。

見纂輯禁書目錄.按是年之湖廣總督爲舒常，見清史稿疆臣年表二.又按此次乃與湖北巡撫姚成烈會奏者.

十三、湖廣總督奏繳六種。

見違礙應繳書目.按此目之年月及總督名氏皆無考.

十四、湖廣總督奏繳一種。

見違礙應繳書目.按此目之年月及總督名皆無考.

湖南凡六次，共一百一十二種.

一、乾隆四十年七月廿日，湖南巡撫敦福奏繳一種。

見纂輯禁書目錄. 按是年湖南巡撫爲巴延三,見清史稿疆臣年表六.

二、 乾隆四十一年五月十五日,湖南巡撫敦福奏繳二種。

見纂輯禁書目錄. 按是時之湖南巡撫爲巴延三見清史稿疆臣年表六.

三、 乾隆四十三年十二月廿日,湖南巡撫李湖奏繳四種。

見違礙應繳書目,纂輯禁書目錄及違礙書目. 按是時之湖南巡撫爲李湖,見清史稿疆臣年表六.

四、 乾隆四十四年九月廿五日,湖南巡撫李湖奏繳十二種。

見違礙應繳書目,纂輯禁書目錄及違礙書目. 按是時之湖南巡撫爲李湖,見清史稿疆臣年表六. 又按違礙書目作「權湖南撫院陳咨會」

五、 乾隆四十六年十一月初七日,湖南巡撫劉墉奏繳八十四種。

見違礙應繳書目,纂輯禁書目錄,違礙書目,及應禁書目. 按是時之湖南巡撫爲劉墉見清史稿疆臣年表六.

六、 湖南巡撫李奏繳九種。

見違礙應繳書目及違礙書目. 按乾隆一代湖南巡撫之李姓者有四:一爲李因培任職期在卅年十一月至卅一年二月. 二爲李湖任職期在四十三年三月至四十五年三月. 三爲李世傑任職期在四十六年十一月至四十七年九月. 四爲李綬任職期在四十九年四月至七月. 自違目上觀此目之排列在李湖前,疑卽李湖所奏繳者也.

湖北 凡二次,共五十種.

一、乾隆四十四年四月十六日,湖北巡撫鄭大進奏繳三種.

見纂輯禁書目錄. 按是時之湖北巡撫爲鄭大進見清史稿疆臣年表六.

二、乾隆四十囗年,湖北巡撫姚成烈奏繳四十七種.

見文獻叢編,違碍應繳書目,及違碍書目. 按姚成烈之任湖北巡撫,在乾隆四十六年十二月,至四十九年七月. 見清史稿疆臣年表六. 又此次奏繳據奏文謂第十一次. 目內首列四庫館咨查者,次列翰林院咨查者,次列各省咨查者,今皆删去. 只計其湖北省續查宋元明人著作違礙各書一目.

兩江 凡十六次,共三百四十三種.

一、乾隆卅六年,署兩江總督薩載奏繳十二種.

見違礙應繳書目. 按薩載署兩江總督時在乾隆卅六年,見清史稿疆臣年表二.

二、乾隆四十三年十一月廿九日,兩江總督高晉奏繳四種.

見纂輯禁書目錄,違礙應繳書目. 按此年之兩江總督爲高晉,見清史稿疆臣年表二.

三、兩江總督高晉奏繳十六種.

見違礙應繳書目. 按高晉任兩江總督有二次: 一爲乾隆卅年三月至卅六年八月. 一爲乾隆卅七年至四十四年正月. 見清史稿疆臣年表二.

四、兩江總督高晉奏繳十四種.

見違礙書目.

五、兩江總督高晉奏繳十二種.

見違礙書目.

六、 兩江總督高晉奏繳五種。

見違礙書目.

七、 乾隆四十四年二月十九日,兩江總督薩載奏繳五種。

見違礙應繳書目,纂輯禁書目錄.按此時之兩江總督爲薩載見清史稿,疆臣年表二.

八、 乾隆四十五年正月初十日,兩江總督薩載奏繳廿三種。

見違礙應繳書目,纂輯禁書目錄,及違礙書目中之江南江寧局第八批奏繳書目.

九、 乾隆四十六年二月初八日,兩江總督薩載奏繳卅七種。

見違礙應繳書目及纂輯禁書目錄.又違礙書目作「江南江寧局第九批奏繳新書.」

十、 乾隆四十六年四月廿四日,兩江總督薩載奏繳一百廿七種。

見違礙應繳書目,纂輯禁書目錄,及違礙書目.按纂輯作「准兩江督部堂薩咨到書目,核准各省咨查漏載各書」其內列有江寧局第六第七兩批奏繳之書及兩江查禁書,又奏繳書,一併混列.按江寧局第八批奏繳在乾隆四十五年正月,故此目顯有誤置.

十一、江寧藩司咨送十三種。

見違礙應繳書目.作「江寧藩司咨送應禁書目內安省未經刊入者.」

十二、乾隆四十六年十一月初六日,兩江總督薩載奏繳三十二種。

見違礙應繳書目,纂輯禁書目錄,違礙書目及應禁書目.

十三、乾隆四十七年七月初一日,兩江總督薩載奏繳五種。

見違礙應繳書目及纂輯禁書目錄.

十四、乾隆四十九年正月初四日,兩江總督薩載奏繳十八種。

見違礙應繳書目.

十五、兩江總督薩載飭行江西藩臬二司查繳二種。

見違礙應繳書目及違礙書目.按薩載任兩江總督曾有三次,卽在乾隆四十四年至五十一年之間,見清史稿,疆臣年表二.

十六、乾隆五十三年五月卅日,兩江總督書麟奏繳十八種。

見違礙應繳書目.按此年之兩江總督爲書麟,見清史稿疆臣年表二.

江西凡十七次,共四百十五種.

一、乾隆四十年五月初七日,江西巡撫海成奏繳二種。

見纂輯禁書目錄.按是年江西巡撫爲海成,見清史稿疆臣年表六

二、乾隆四十年五月廿七日,江西巡撫海成奏繳二種。

見纂輯禁書目錄.

三、乾隆四十一年十月十八日,江西巡撫海成奏繳五種。

見纂輯禁書目錄.按是年之江西巡撫爲海成,見清史稿,疆臣年表六.

四、 乾隆四十一年十二月初三日，江西巡撫海成奏繳一種。

見纂輯禁書目錄.

五、 乾隆四十二年正月初八日，江西巡撫海成奏繳一種。

見纂輯禁書目錄. 按此時之江西巡撫爲海成見清史稿疆臣年表六.

六、 乾隆四十二年五月十一日，江西巡撫海成奏繳六種。

見違礙應繳書目及纂輯禁書目錄.

七、 乾隆四十二年十一月廿二日，江西巡撫海成奏繳四種。

見違礙應繳書目及纂輯禁書目錄.

八、 乾隆四十三年九月十八日，江西巡撫郝碩奏繳四種。

見違礙應繳書目及纂輯禁書目錄. 按是年之江西撫巡爲郝碩,見清史稿疆臣年表六.

九、 乾隆四十三年十二月十二日，江西巡撫郝碩奏繳十二種。

見違礙應繳書目纂輯禁書目錄及違礙書目.

十、 乾隆四十四年正月初六日，江西巡撫郝碩奏繳 種。

見違礙應繳書目,纂輯禁書目錄,及違礙書目. 按是年之江西巡撫爲郝碩見清史稿疆臣年表六.

十一、乾隆四十四年四月初五日，江西巡撫郝碩奏繳一百一十二種。

見違礙應繳書目，纂輯禁書目錄，及違礙書目。

十二、乾隆四十五年六月廿四日，江西巡撫郝碩奏繳八十二種。

見違礙應繳書目，纂輯禁書目錄及違礙書目．按是年江西巡撫爲郝碩見清史稿疆臣年表六．

十三、乾隆四十六年閏五月初七日，江西巡撫郝碩奏繳二十六種

見違礙應繳書目，纂輯禁書目錄，違礙書目及應禁書目．按是年之江西巡撫爲郝碩見清史稿疆臣年表六．

十四、乾隆四十七年七月十三日，江西巡撫郝碩奏繳十種。

見違礙應繳書目，纂輯禁書目錄，及違礙書目．按是年之江西巡撫爲郝碩見清史稿疆臣年表六．

十五、乾隆四十口年，江西巡撫郝碩奏繳五種。

見違礙應繳書目．按郝碩任江西巡撫在乾隆四十二年十一月至四十九年四月．見清史稿疆臣年表六．

十六、乾隆四十口年，江西巡撫郝碩奏繳十種．

見違礙書目．

十七、乾隆四十口年，江西巡撫郝碩奏繳一百卅一種．

見掌故叢編．

安徽凡十七次，共三百八十五種．

一、乾隆四十年六月初九日，安徽巡撫裴宗錫奏繳廿種。

見纂輯禁書目錄．按裴宗錫於乾隆四十年五月壬戌遷，李質穎繼

任安徽巡撫. 見清史稿疆臣年表六.

二、 乾隆四十年十一月廿日，安徽巡撫李質穎奏繳九種。

見纂輯禁書目錄.

三、 乾隆四十二年十二月廿八日，安徽巡撫閔鶚元奏繳二十六種。

見違碍應繳書目及纂輯禁書目錄.

四、 乾隆四十四年二月廿二日，安徽巡撫閔鶚元奏繳廿四種。

見違碍應繳書目，纂輯禁書目錄，及違礙書目．按是年之安徽巡撫為閔鶚元見清史稿疆臣年表六.

五、 乾隆四十四年十一月初三日，安徽巡撫閔鶚元奏繳二十六種。

見違礙應繳書目，纂輯禁書目錄，及違碍書目.

六、 乾隆四十五年五月六日，安徽巡撫閔鶚元奏繳四種。

見纂輯禁書目錄及違礙書目．作「審辦岐昆逆詩一案應燬書籍.」按是年之安徽巡撫爲閔鶚元. 見清史稿疆臣年表六.

七、 乾隆四十五年七月初八日，安徽巡撫閔鶚元奏繳十六種。

見違礙應繳書目，纂輯禁書目錄及違礙書目.

八、 乾隆四十六年十二月廿七日，安徽巡撫農起奏繳一種。

見違碍禁書目錄. 按是年之安徽巡撫爲農起見清史稿疆臣年表

九、乾隆四十七年十二月廿六日，安徽巡撫富躬奏繳廿四種。

見違礙應繳書目，及纂輯禁書目錄．按是年之安徽巡撫爲富躬，見清史稿疆臣年表六．

十、安徽省奏繳一種。

見違礙應繳書目．

十一、安徽省奏繳一種。

見違礙應繳書目．

十二、安徽省奏繳廿五種。

見違礙應繳書目及應禁書目．題作「安省查繳書目內，江寧未經刊入各書．」

十三、安徽省奏繳十三種。

見違礙應繳書目．

十四、安徽巡撫奏繳十種。

見違礙書目．

十五、安徽省查出應銷尚未具奏六十九種。

見違礙應繳書目及應禁書目．

十六、安徽省查出龍眠風雅內專集書目三十一種。

見違礙應繳書目及應禁書目．按龍眠風雅爲桐城潘江輯．見乾隆四十四年二月廿二日安徽巡撫閔鶚元奏繳書內．

十七、安徽省由通志內查出八十五種。

見違礙應繳書目，及應禁書目．按此目前列乾隆四十四年十一月十八日令各督撫查核各省郡邑志書諭，而應禁書目於諭前又作「乾隆四十四年十二月奉撫部院閔劄開」字樣．按之清史稿疆臣年表六，是年巡撫之閔姓者即安徽巡撫閔鶚元．而諭中又言及查核志書乃由閔鶚元奏請．則是目或爲安徽巡撫閔鶚元於乾隆四十四年後所查出．又是目前題作「書目內應禁各書通志內查出，另有著作未經請奏者．」是則此目乃由當時已禁各書中之著者，查其在志書中所載其他著作之目．故可知當時實未得其書，且其後是否請奏亦未知也．

江蘇 凡廿二次，共二百七十四種．

一、 乾隆四十年三月廿四日，江蘇巡撫薩載奏繳六種。

見纂輯禁書目錄．按是年之江蘇巡撫爲薩載．見清史稿疆臣年表六．

二、 乾隆四十年七月廿五日，江蘇巡撫薩載奏繳十三種。

見纂輯禁書目錄．

三、 乾隆四十年十二月十三日，江蘇巡撫薩載奏繳二種。

見纂輯禁書目錄．

四、 乾隆四十一年六月廿三日，江蘇巡撫楊魁奏繳九種。

見纂輯禁書目錄．按是時之江蘇巡撫爲楊魁，見清史稿疆臣年表六．

五、 乾隆四十一年十月廿四日，江蘇巡撫楊魁奏繳十種。

見纂輯禁書目錄．

六、 乾隆四十二年五月十九日，江蘇巡撫楊魁奏繳廿三種。

見違礙應繳書目及纂輯禁書目錄．按是年之江蘇巡撫爲楊魁見清史稿疆臣年表六．

七、乾隆四十二年十二月初七日，江蘇巡撫楊魁奏繳十四種。

見違礙應繳書目，及纂輯禁書目錄.

八、乾隆四十三年六月十六日，江蘇巡撫楊魁奏繳十七種。

見違礙應繳書目，纂輯禁書目錄及文獻叢編第十二輯. 按是時之江蘇巡撫爲楊魁見清史稿疆臣年表六. 又按纂目作七月初四日.

九、乾隆四十三年十月初三日，江蘇巡撫楊魁奏繳七種。

見纂輯禁書目錄.

十、乾隆四十三年十一月初九日，江蘇巡撫楊魁奏繳二種。

見纂輯禁書目錄，違礙應繳書目及違礙書目.

十一、乾隆四十四年二月十五日，江蘇巡撫楊魁奏繳一種。

見纂輯禁書目錄. 按是年之江蘇巡撫爲楊魁見清史稿疆臣年表六.

十二、乾隆四十四年四月，江蘇巡撫楊魁奏繳十四種。

見違礙應繳書目，纂輯禁書目錄，違礙書目及文獻叢編第七輯.

十三、乾隆四十四年十二月廿六日，江蘇巡撫楊魁奏繳廿種。

見違礙應繳書目，纂輯禁書目錄及違礙書目.

十四、乾隆四十六年四月廿五日，江蘇巡撫閔鶚元奏繳十四種。

見違礙應繳書目，纂輯禁書目錄，違礙書目及應禁書目. 按是年之江蘇巡撫爲閔鶚元見清史稿疆臣年表六.

十五、乾隆四十六年十一月廿七日,江蘇巡撫閔鶚元奏繳六十種。

見違礙應繳書目,纂輯禁書目錄及應禁書目.

十六、乾隆四十七年十一月廿一日,江蘇巡撫閔鶚元奏繳十七種。

見違礙應繳書目及纂輯禁書目錄.按是年之江蘇巡撫爲閔鶚元見清史稿疆臣年表六.

十七、江蘇巡撫閔鶚元奏繳六種。

見應禁書目.按清史稿疆臣年表六.乾隆一代江蘇巡撫之閔姓者卽閔鶚元.閔氏任職期在乾隆四十五年八月至五十五年四月

十八、江蘇巡撫閔鶚元奏繳二種。

見應禁書目.

十九、江蘇省奏繳十九種。

見違礙應繳書目.

二十、江蘇巡撫奏繳十三種。

見違礙書目.

廿一、江蘇巡撫奏繳四種。

見違礙書目.

廿二、江蘇興化縣奏繳一種。

見違礙書目.

閩浙凡三次,共八十八種.

一、乾隆四十四年九月,閩浙總督三寶奏繳五十一種。

見文獻叢編第八輯.謂閩浙總督兼福建巡撫三寶查繳第七次,乃由福建省查出.按清史稿疆臣年表二,乾隆四十四年閩浙總督爲三寶.

二、　閩浙總督奏繳廿七種。

見違礙應繳書目

三、　閩浙總督奏繳十種。

見違礙應繳書目.

福建凡五次,共十八種.

一、　乾隆四十年五月十六日,福建巡撫余文儀奏繳五種。

見纂輯禁書目錄. 按是年之福建巡撫爲余文儀見清史稿疆臣年表六.

二、　乾隆四十年閏十月十六日,福建巡撫余文儀奏繳五種。

見纂輯禁書目錄.

三、　福建巡撫余文儀奏繳五種。

見違礙書目. 按余文儀任福建巡撫在乾隆卅六年五月至四十一年十月. 見清史稿疆臣年表六.

四、　乾隆四十六年正月十四日,福建巡撫富綱奏繳二種。

見纂輯禁書目錄及應禁書目. 按是時之福建巡撫爲富綱見清史稿疆臣年表六.

五、　乾隆四十六年八月廿三日,福建巡撫富綱奏繳一種。

見纂輯禁書目錄,及應禁書目.

浙江凡十五次,共二百四十二種.

一、　乾隆四十年二月廿日,浙江巡撫三寶奏繳十二種。

見纂輯禁書目錄.按是年之浙江巡撫爲三寶,見清史稿疆臣年表六.

二、 乾隆四十年三月廿九日,浙江巡撫三寶奏繳一種.

見纂輯禁書目錄.

三、 乾隆四十二年四月初一日,浙江巡撫三寶奏繳廿一種。

見纂輯禁書目錄.按是時之浙江巡撫爲三寶見清史稿疆臣年表六.

四、 乾隆四十二年六月十五日,浙江巡撫三寶奏繳廿一種。

見違礙應繳書目,及纂輯禁書目錄. 按清史稿疆臣年表六「三寶五月丁亥遷,王亶望浙江巡撫.」

五、 乾隆四十二年七月十三日,浙江巡撫三寶奏繳卅種。

見違礙應繳書目及纂輯禁書目錄.按是時之浙江巡撫爲王亶望.

六、 乾隆四十二年十月初六日,浙江巡撫三寶奏繳二種。

見纂輯禁書目錄及違礙應繳書目.

七、 乾隆四十二年十一月初二日,浙江巡撫三寶奏繳四十八種。

見違礙應繳書目及纂輯禁書目錄.

八、 乾隆四十三年四月初一日,浙江巡撫王亶望奏繳六種。

見違礙應繳書目,纂輯禁書目錄.按是年之浙江巡撫爲王亶望見清史稿疆臣年表六.

九、 乾隆四十四年正月初五日,浙江巡撫王亶望奏繳五種。

見違礙應繳書目，纂輯禁書目錄，及違礙書目．　按是年之浙江巡撫為王亶望見清史稿疆臣年表六．

十　乾隆四十五年十月廿四日，浙江巡撫李質穎奏繳一種。

見纂輯禁書目錄．按是時之浙江巡撫爲李質穎見淸史稿疆臣年表六．

十一、乾隆四十六年四月廿七日，兼浙江巡撫陳輝祖奏繳一種。

見違礙應繳書目，纂輯禁書目錄及應禁書目．按是時之浙江巡撫爲閩浙總督陳輝祖兼管．見清史稿疆臣年表二及六．

十二、乾隆四十六年六月十四日，兼浙江巡撫陳輝祖奏繳三十九種。

見違礙應繳書目，纂輯禁書目錄及應禁書目．

十三、乾隆四十七年三月廿日，浙江巡撫陳輝祖奏繳十一種。

見纂輯禁書目錄及違礙應繳書目．按是時之浙江巡撫爲陳輝祖見清史稿疆臣年表六．

十四、乾隆四十七年六月初二日，浙江巡撫陳輝祖奏繳卅五種。

見纂輯禁書目錄．按是時之浙江巡撫爲陳輝祖見清史稿疆臣年表六．

十五、乾隆四十七年十一月十六日，兼浙江巡撫陳輝祖奏繳九種。

見纂輯禁書目錄．　按清史稿疆臣年表二．「乾隆四十七年陳輝祖九月辛亥革逮，富勒渾閩浙總督．」疆臣年表六：「乾隆四十七年陳輝祖九月辛亥革，十月甲申福崧浙江巡撫.」

兩廣凡六次，共四十五種.

一、乾隆四十年三月十四日，署兩廣總督德保奏繳十種。

見纂輯禁書目錄.按是年之兩廣總督爲李侍堯，廣東巡撫爲德保，見清史稿疆臣年表二及六.

二、乾隆四十一年二月十五日，兩廣總督李侍堯奏繳八種。

見纂輯禁書目錄.按是年之兩廣總督爲李侍堯，見清史稿疆臣年表二.

三、乾隆四十一年二月十八日，兩廣總督李侍堯奏繳二種。

見纂輯禁書目錄.

四、乾隆四十三年九月十八日，兩廣總督桂林奏繳九種。

見違礙應繳書目纂輯禁書目錄及違礙書目.按是時之兩廣總督爲桂林見清史稿疆臣年表二.

五、乾隆四十六年十月廿五日，兩廣總督巴延三奏繳十一種.

見違礙應繳書目，纂輯禁書目錄，違礙書目，及應禁書目.按是年之兩廣總督爲巴延三，見清史稿疆臣年表二.

六、兩廣總督奏繳五種。

見李棪鄧刻奏繳咨禁書目補.

廣東凡一次，共一種.

一、廣東巡撫奏繳一種。

見李棪鄧刻奏繳咨禁書目補.

廣西凡一次，共二種.

一、乾隆四十六年六月廿日，廣西巡撫姚成烈奏繳二種。

見違礙應繳書目纂輯禁書目錄. 按是時之廣西巡撫爲姚成烈. 見清史稿疆臣年表六.

雲貴凡四次，共七十一種.

一、乾隆四十三年四月初一日，雲貴總督李侍堯奏繳廿四種。

見違礙應繳書目，纂輯禁書目錄. 按是時之雲貴總督爲李侍堯見清史稿疆臣年表二.

二、乾隆四十三年六月十三日，署雲貴總督裴宗錫奏繳廿六種。

見纂輯禁書目錄，及違礙應繳書目. 按是年之雲貴總督爲李侍堯. 雲貴巡撫爲裴宗錫，見清史稿疆臣年表二及六.

三、乾隆四十四年二月十四日，雲貴總督李侍堯奏繳五種。

見違礙應繳書目，纂輯禁書目錄，及違礙書目. 按是年之雲貴總督爲李侍堯見清史稿疆臣年表二.

四、雲貴總督奏繳十六種，

見違礙書目.

雲南凡一次，共三種.

一、雲南巡撫奏繳三種.

見違礙書目.

貴州凡二次，共十二種.

一、乾隆四十三年五月廿九日，貴州巡撫圖恩德奏繳八種。

見違礙應繳書目,及纂輯禁書目錄. 按是年之貴州巡撫爲闕恩德見清史稿疆臣年表六.

二、貴州奏繳四種。

見違礙應繳書目,

四川凡一次,共六種.

一、乾隆四十五年八月十五日,四川總督文綬奏繳六種。

見違礙應繳書目,纂輯禁書目錄,及違礙書目. 按是年之四川總督爲文綬見清史稿疆臣年表二.

三 乾隆朝之文字獄

夫以文字罪人,乃專制帝王之淫威。前史所載,若楊子幼高季迪之流,或名列通顯,或位在清班,而皆不免以文字得禍,遽遭刑戮。蓋古代帝王,大權在握,賞罰任情,縱有賢主,仍有時蹈此惡習,不能自拔。

惟滿清之文字獄,則大有異於前者。滿清以異族統治中國,爲防反側,而立權威,遂採箝制言論,束縛士林之政策。大興文字獄,以收懲一警百之效。有清一代,以康熙雍正乾隆三朝之文字獄爲夥,其中更以乾隆朝爲尤甚。然乾隆固嘗以「從不以語言文字罪人」自詡也。[53] 縱觀其督責之嚴,株連之廣,用法之深刻,刑罰之酷毒,皆前古所未有。

53. 清代文字獄檔第一輯.

文字獄之興起，遂造成禁書之另一來源。蓋每一獄成，卽通行查繳其有關書籍，加以銷燬。而各省奏繳違礙書籍，解京檢閱時，嘗因而又發生新文字獄。二者互爲因果。

爲探討禁書之另一來源，不能不詳考乾隆一代之文字獄。由此而知受影響之書籍，與其株連之範圍。今據舊檔，按其發生之年月，爲之排比，列爲簡表。計乾隆一朝，都六十件。若康雍諸大獄。戴名世、屈大均、呂留良諸人著述，查繳尚未淨盡，各省奏繳，與奏准銷燬，諸目錄中，此類著作甚多。因其發生不在本朝，故不列入。此外錢謙益，[54] 李清藿只燬書而未以逆案查辦。故亦不列入。据下表以觀其發生之年代，則以乾隆四十三四十四兩年爲最多，約占全額四分之一。次則爲乾隆四十五四十六兩年。凡此四年，所發生之文字獄，已佔全額之半矣。

今考諸獄罪名之所在，雖每案各異，然歸納言之，可分五類。

一曰：繫懷勝國，暗肆詆譏也。晉宋以後，中國常淪於夷狄。民族思想，沛然興起。明之亡國，其原因外部較少，內部較多。以言國家之實力，實遠過滿族。徒以內部崩潰，遂兆覆亡之痛。有志之士，孰無故國之思。目睹此少數蠻族，居然君臨華夏。豈能心誠悅服。故不免流露於篇章，洩憤於辭句。滿族既深慚於自身之文化，復恐中國之反側，故對此種思想，莫不羅致成獄，藉以示威。

二曰：黨同伐異，門戶之見也。吾國積習朝野之士，好以私恩相結，或以講學相親，各樹門戶之見，此卽所謂朋黨也。

54. 請參閱拙著錢謙益著述被禁考，（史學年報第三卷第二期，民國二十九年十二月.）

漢唐盛世，且所不免。宋明以後，爲禍殊烈。黨同伐異，此妍彼醜。政策學說之區別尙少，意氣人事之爭論爲多。國家前途，遂不可問。清室鑒於宋明之敗亡，此爲厲階，故特懸黨禁，以爲警戒，重懲其案，以免效尤。

三曰：妄談國政也。專制之世，以天下爲家。國家大政，豈容任人評譏。故重懲其人，藉收統制之效。

四曰：不避廟諱御名也。避諱之事，自漢以後，始趨周密。漢武諱徹爲通。景帝諱啓爲開。歷代帝王之名，國人皆共避之。偶一有犯，朝廷目爲大逆不敬。

五曰：牴牾程朱，非聖無法也。程朱之學，宋元以後，目爲儒家正統。滿清因其砥礪名節，遂更尊崇之。康熙中升朱子於十哲。乾隆修四庫，志儒家，一以濂洛關閩爲宗。[55] 凡此皆所以籠絡漢人。兼藉獎勵名教之名，以防範漢人，消滅其反清思想。故凡有牴牾程朱，遂目爲非聖無法，以嚴刑臨之。

此外，若王錫侯因批評康熙字典，遂成大獄。子孫族滅，督撫被刑。尹嘉銓以卿貳重臣，因爲父請謚，而成千古寃獄。今考其審訊時所謂罪名十餘項者，何一可以成立。此二者，可謂乾隆帝藉之以發淫威，不然實莫得其解也。

統觀前述，文字獄發生之衆，用法之嚴，與所影響於書籍之多，可謂誅絕爬剔，無微不至。二百年來，應絕跡矣。然其中傑出之著作，於今多有存留。其民族思想之潛力，使之流傳歟。

55. 四庫全書總目卷九十一子部儒家類一葉一下.

乾隆朝文字獄簡表

案名	起訖	案由	結果
屈大均詩文案 見清代文字獄檔第二輯	雍正八年十月,至乾隆四十年三月。	原案久經審辦,各書飭行銷燬。至乾隆四十年三月,又發現屈氏著作。	各書銷燬。屈氏族人屈稔湞免罪。
謝濟世著書案 見清代文字獄檔第一輯	乾隆六年九月,至七年正月,	所註十經與程朱牴牾。	各書焚燬。
四川大乘教首劉奇案 清史稿本紀十一	十一年七月。	造作逆書。	磔於市。
僞撰孫嘉淦奏稿案 乾隆東華錄卷三十四至三十七	十五年八月,至十八年三月。	僞撰奏稿,假造硃批,肆行訕謗,有五不解,十大過,名目。	盧魯生正法,劉時達應斬。經辦督撫均有罪罰。
丁文彬案 清代文字獄檔第一輯	十八年六月,至九月。	著文武記,及時憲書,自稱天子改年號。	丁文彬凌遲處死,兄侄斬監候。
劉震宇治平新策案 仝前	十八年十月,至十二月。	所著書內有言朱註錯謬,請貶闕聖封號祀典,及更易衣服制度等條,並有緝匪諸法。	該犯處斬,書盡銷燬。

案名	起訖	案由	結果
盛京禮部侍郎世臣詩稿案 黃鴻壽清史紀事本末卷二十	十九年九月。	詩稿疏懶鳴高,竟忘滿洲根本。	戍黑龍江。
胡中藻堅磨生詩鈔案 清代文字獄檔第一輯	廿年二月,至十月。	諭中列舉胡中藻詩中謗訕,譏刺,詆毀,悖逆,怨望,奇誕,指斥,悖慢,儉僻,等數十條。而尤重其黨同伐異,門戶之見。故以叛逆論罪。	胡中藻處斬,家屬免坐。其師鄂爾泰著撤出賢良祠,不准配享太廟。其友甘撫鄂昌與之唱和賜死。
劉裕後大江滂書案 清代文字獄檔第二輯	廿年五月至六月。	該犯手持所作在試院前口稱呈送學院,書中有譏刺朝廷之語。	即於市曹杖斃。
程鍪秋水詩鈔案 仝前	廿年九月至十一月。	程鍪爲人索詐誣陷,其詩膚淺,但無悖逆處。	將程鍪詩冊莊親王前序查出劈毀。
楊淮震投獻霹靂神策案 仝前第八輯	廿年十二月至廿一年正月。	書中皆言製造砲火之事,尚無悖逆之語。	擬杖一百,折責四十板。

案名	起訖	案由	結果
布政使彭家屏藏禁書案 乾隆東華錄卷四十五至四十六	二十二年四月至七月。	藏有潞河紀聞，日本乞師豫變紀略等書。且所刻族譜，取名大彭統記。又稱得姓於黃帝，自居帝王苗裔。書中屢犯御諱。	彭家屏賜死，子斬監候。
陳安兆著書案 清代文字獄檔第二輯	廿二年十一月至十二月。	所著書中雖有違背朱註，要不過村究膚淺，詩稿中牢騷詞語，亦系筆墨陋習。	此案毋容再行辦理，經辦巡撫俱著申飭。
沈大章案 見文獻叢編	廿四年閏六月至八月。	所著逆書有興復宋代指斥本朝之語。	沈大章凌遲處死。
閻大鏞俁俁集案 仝前第八輯	廿六年五月，至八月。	書中有譏刺官吏，憤激不平，不避廟諱，狂悖不經語。	諭當引呂留良之例嚴辦。
余豹明首告余騰蛟詩詞譏訕案 仝前	廿六年八月至十一月。	所著詩文多蹈襲舊人惡調，不得謂之誹謗悖逆。	余豹明照誣告人死罪未決律，余騰蛟依棍徒生事無故擾害良人例處罪。

案名	起訖	案由	結果
蔡顯閒漁閒閒錄案 仝前第二輯	卅二年五月至六月。	所著書七種，語含誹謗，意多悖逆。	蔡顯斬立决，子斬監候，作序者發伊犂。
齊周華案 仝前第二輯	卅二年十一月至卅三年六月。	所著書十二種，牢騷狂悖。不避廟諱，御名，其獄中祭呂留良文將呂比之夷齊孟子。	齊周華凌遲處死，子孫斬監候，謝濟世呂撫之著作銷燬。
李浩案。 仝前	卅三年三月至十月。	李浩背賣結盟安良二圖及孔明碑記圖。前二圖係勸人守法，後圖荒誕不經。	造作首犯不可得。
李紱詩文案 仝前	卅三年三月至十月。	李紱曾爲齊周華作序，其詩文多係標榜欺人，尙無悖逆訕謗。	各項書本版片卽行銷燬。人免罪。
王道定汗漫遊草案 仝前第八輯	卅三年九月至十二月。	所著詩，乃因貧苦流落，字句牢騷，但假煉丹術圖利惑人。	擬比照造妖言惑不及衆律治罪。
李超海武生立品集案 仝前第七輯	卅四年四月至五月。	妄爲著作，湿其誕詞並有言稱大明進士等字樣。	擬妄布邪言書寫張貼煽惑人心爲首者斬立决例。

案名	起訖	案由	結果
河南羅山縣在籍知縣查世柱藏禁書案 清史稿本紀十三	三十七年三月	藏匿明史輯要	論斬
陸顯仁格物廣義案 文獻叢編第七輯	四十年三月至五月。	所論多踳駁不純，留之恐貽誤後學。	書板書本自應銷燬。並書名亦不必存。
金堡徧行堂集案 仝前第三輯	四十年閏十月至十二月。	其人本不足齒，所著詩文中多悖謬。	書本銷燬，碑石椎碎推仆，丹霞山寺削去其開山名目，不許其支派接續。
高秉藏禁書案 黃鴻壽清史紀事本末卷二十	四十年閏十月。	藏匿徧行堂集皇明實紀喜逢春傳奇各書。	遣戍。
沈德潛選輯國朝詩別裁集案 文獻叢編第七輯	四十一年十二月至四十四年五月。	集內將錢謙益居首。	命內廷翰林精校去留，鋟板行世，原板銷燬。
王錫侯字貫案 見掌故叢編第三輯	四十二年十月至四十三年十一月。	删改康熙字典另刻字貫，並對字典漫加訾詆。序文凡例，將孔子諱聖祖世宗廟諱，及乾隆名悉行開列。	王錫侯斬立決，子孫七人俱斬監候，江西巡撫海成斬監候。江督高晉降級留任，有關官佐，俱有處罰。

案名	起訖	案由	結果
沈德潛詩集案 黃鴻壽清史紀事本末卷二十	四十三年十月。	詩詞悖逆,有「奪朱非正色,異種也稱王」之句。又集中咸錄爲帝黜竄及捉刀之作。	沈德潛剖棺剉屍。革去官爵謚典。撤出鄉賢祠。撲毀所賜祭葬碑文。
袁繼咸六柳堂集案 淸代文字獄檔第三輯	四十三年閏六月至九月。	語多悖逆。	原書銷燬。
黎大本私刻資孝集案 仝前第四輯	四十三年六月至七月。	集內擬與不倫,乃系迂謬不通,妄用典故,並非狂悖不法。	依惡棍生事,擾害良人,發遣例。
徐述夔詩案 附殷寶山案見掌故叢編第四輯	四十三年八月至十二月。	所著詩中,繫懷勝國,暗肆詆譏。	徐述夔徐懷祖戮屍,其孫及列名校對者具斬監候。作跋者發遣。沈德潛爲徐作傳,革去官爵謚典撤出賢良祠。府縣具有處分。
韋玉振爲父刊刻行述案 見淸代文字獄檔第七輯	四十三年十月。	書內赦字固不宜用,但此外並無悖逆之跡。豈可坐以大逆重罪。	江蘇巡撫楊魁交部議處。

案名	起訖	案由	結果
劉峨刷賣聖諱實錄案 見文獻叢編第四輯.	四十三年十月至四十四年四月。	書內刊廟諱御名各依本字正體寫刻。	李伯行劉峨斬立決。
陶煊張燦同輯國朝詩的案。 見淸代文字獄檔第四輯.	四十三年十二月至四十四年正月。	選自國初至康熙間人如錢謙益屈大均等詩。	各書一體銷燬，子孫具免治罪。
龍鳳祥麝香山印存案 見淸代文字獄檔第三輯.	四十三年十二月至四十四年正月。	圖章語句並無不法悖逆，毋庸照逆案辦理。	龍鳳祥發遣伊犁。
李驎虬峯集案 仝前第四輯	四十四年正月。	繫懷勝國，望明復興。	應將李驎照大逆凌遲律剉屍梟首。
黃檢私刻其祖父黃廷桂奏疏案。 同前	四十四年二月至四十五年三月。	書內載有雍正硃批及乾隆硃批，不宜宣露。且多係嘉奬之語。	原書銷燬。黃檢著交部嚴加議處。
馮王孫五經簡咏案。 見文獻叢編第二輯	四十四年二月至四月。	書內有復明削淸之語，並於廟諱全然不避。	馮王孫凌遲處死。其子斬立決。妻媳入奴。
智天豹編造本朝萬年書案 見淸代文字獄檔第四輯.	四十四年四月至五月	編造年號，妄稱大淸天定運數，並直書廟諱御名。	智天豹斬立決，張九霄斬監候，

案名	起訖	案由	結果
石卓槐芥圃詩鈔案 仝前	四十四年十月至四十五年五月。	詩內狂悖甚多，且廟諱御名未知恭避。	石卓槐凌遲處死，家屬緣坐，所交接之友發遣。
王沅愛竹軒詩案 見掌故叢編第十輯.	四十四年五月至七月。	程樹榴序有『造物者之心，愈老而愈辣。斯所操之術，愈出而愈巧。』	程樹榴凌遲處死，其子斬立決，王沅杖一百流三千里，縣官發遣.
沈大綬介壽辭碩果錄案 見文獻叢編第五輯.	四十六年五月至七月。	語句多有怨謗狂悖之處。	沈大綬戮屍，家屬緣坐。
祝庭諍續三字經案 見清代文字獄檔第四輯.	四十四年十二月至四十五年八月。	書中隱寓詆謗。	祝庭諍開棺戮屍，孫斬立決。
魏塾安批江統徙戎論案 仝前第五輯	四十五年四月。	內以今之回部比擬晉之五部。	魏塾斬立決。嫡屬斬監候。
戴移孝碧落後人詩集案 仝前	四十五年五月至九月。	語多狂悖。	戴移孝戴昆戮屍示衆，戴世道斬立決，家屬緣坐。
劉遴宗譜案 仝前.	四十五年九月.	遠引漢裔，妄自誇耀。	將宗譜盡行銷燬，
王仲儒西齋集案。 見文獻叢編第三輯.	四十五年十二月至四十六年三月。	狂悖指斥。	子孫於限內呈繳故免罪。

案名	起訖	案由	結果
尹嘉銓為父請謚並從祀文廟案 見清代文字獄檔第六輯.	四十六年三月至四十八年十二月。	尹嘉銓之審訊,其罪名多至十餘條,非妄自尊崇即毀謗時事並標榜人物。	尹嘉銓絞立決,家屬免其緣坐。所有著作一體嚴禁。
梁三川奇冤錄案 仝前第七輯	四十六年四月。	誕妄不經。	應比照大逆不道凌遲處死。
吳碧峯刊刻孝經對問及體孝錄案 仝前第五輯	四十六年十一月至四十七年正月。	二書語有違悖,且廟諱御名均未敬避。	擬吳碧峯斬立決,嗣因病監斃。
葉廷推海澄縣志案 仝前	四十六年十一月至四十七年二月。	俱係剿用腐爛舊句,原無悖逆,乃周鏗挾嫌控告。	周鏗依謀叛律反坐,擬斬立決,家屬緣坐。
卓長齡等憶鳴詩集案。 仝前	四十七年正月至六月。	將本朝制度作詩指斥。	五犯先後病故,仍照大逆凌遲律,剉屍梟首,家屬緣坐。
高治清滄浪鄉志案見清代文字獄檔第七輯	四十七年三月。	並無狂悖之處。	毋庸查辦。
方國泰收藏濤浣亭詩集案 仝前	四十七年四月至五月。	雖隱約其詞,有厭清思明之意。不過書生貧無聊賴,抑鬱牢騷,非公然毀謗者可比。	毋庸辦理。

案名	起訖	案由	結果
囘民海富潤攜帶囘字經及漢字書五種案。 仝前	四十七年五月至六月。	相沿舊本,字句鄙俚,不得指爲狂悖。	毋庸辦理。
喬廷英李一互訐詩句悖逆,及喬廷英家藏明傅梅雉園存稿案 見清代文字獄檔第八輯	四十八年二月至三月。	或妄言君國,任意詆毀,或自作逆詞隱懷勝國。	李一喬廷英凌遲處死,家屬緣坐。
戴如煌秋鶴近草案 同前第七輯	四十八年四月。	語句並無違礙,乃胡元杰起意訛詐。	應將胡元杰卽行正法。
樓繩等呈首河山氏諭家言豎巢穴圖略案。 同前	四十八年五月。	書內有妄謬之處,且不避廟諱御名。	原書著者樓德運業已身故,伊子自行呈繳,毋庸治罪,原書銷燬。
吳文世雲氏草案 見文獻叢編	四十八年十二月。	書已燒燬,據毛德聰控告,其中有悖逆訕謗。	知縣典史敎諭訓導一併革職。
賀世盛篤國策案 同前第三輯	五十三年七月。	語多悖逆指斥。	賀世盛斬立決,免緣坐。

按上表所列之文字獄,以有關書籍者爲限。其餘若大臣奏章,臣民呈詞,因而獲罪者,爲數甚多。因與禁燬書籍無關,皆删而不錄。

四　禁書之性質與統計

禁燬書籍之統計，說者異詞，而求其精確者則寡。近人陳乃乾先生，著索引式的禁書總錄兩卷。分禁書爲全燬抽燬兩種：[56] 全燬者，計著錄二千四百五十三種。抽燬者，計著錄四百零二種。附錄中又列：銷燬書版五十種，銷燬石刻廿四種，毋庸銷燬書八種。是爲對禁書問題最早有系統之整理與著錄。[57] 據原書中王鍾麒先生序云：陳氏據有姚氏咫進齋所刻禁書總目之底本，又復別得江西、湖北、廣東、各目，及分次奏繳總目。惜原著者於書中並未提及，故無由得其詳。書中於四庫館及軍機處奏准者，加眉圈以爲標識。其餘皆未註明來源。因之，禁書與非禁書雜糅。若王世貞之嘉靖以來首輔錄，王士禎之精華錄，皆已著錄於四庫總目矣。[58] 陳氏又復列之於全燬。類此之例，所在多有。故據之以述禁書之統計，必未能精確也。[58a]

其後美國富路特教授 (Prof. Luther Carrington Goodrich) 著乾隆禁書考（*The Literary Inquisition of Chien-lung*）。分禁書爲三種：全燬者，計二千三百二十種。抽燬者，三百四十二種。删改者三種。[59] 富氏在原書中，未能申述此等統計之來源與根據。因之，吾人不知其何由得此結果。然略爲翻閱諸

56. 原書中，每類皆按書名首字之筆畫多寡，排列先後。書前並有檢字備査。

57. 杭州抱經堂雖有索引本。然所據者，只姚氏禁書總目一書而已。

58. 四庫總目卷五十八，葉二下。及卷一百七十三，葉四上。

58a. 郭伯恭四庫全書纂修考頁五十五，述禁燬書籍之總統計：謂其目將及三千種，部數在十萬左右。卽據陳氏之書而言之也。

59. L. C. Goodrich, *The Literary Inquisition of Chien-lung*, p. 61.

禁書目錄,即可知其不確。蓋不考禁書之來源,一見其名在目錄,即遽加確認,安能獲精確之結果。例如:葉向高之著述只四夷考一種,經軍機處奏准禁燬。[59a] 而富氏又增列五種,實則此五種,只在嫌疑而已。類此之例甚多,如說岳全傳,養正圖解,實皆並未被禁也。[59b]

對於禁書之未能抉剔其確否,不獨以上兩氏爲然。章太炎先生檢論中,[60] 謂明隆慶以後,諸將相獻臣所著奏議文錄,絲麥寸札,靡不雞爇。陳登原先生繼之。[61] 亦稱焦竑考工記解,顧亭林音學五書,王世貞嘉靖以來首輔錄等,不知何故,概加摧毀。實則此等書多未被禁燬,且有著錄於四庫者矣。[62]

故統計禁書,應以有來源者爲準。若只名見於目錄,而不詳其來源者;乃當時地方官或爲其書有詆觸之嫌,加以奏進。實則最後並未禁燬,且有爲四庫所採者。或爲從各種書目、傳記、地方志中,搜檢而得,咨行他省查繳。實則並未得見其書,甚或不能確定其存佚。凡上兩類,奏進之地域,經辦之督撫,皆所不知。其最後之結果,亦無由得悉。故其禁書之性質,至爲模糊,安可一概確認。故此類書不能與禁書混爲一談也。

59a. 姚氏思進齋禁書總目葉三下.

59b. 據洪煨蓮師書評 William Hung, A review of "The Literary Inquisition of Chien-lung," *The Chinese Social and Political Science Review*, Vol. XIX, No. 2. (Peiping, July, 1935), pp. 268-277.

60. 章炳麟,檢論,(民國八年浙江圖書館刊章氏叢書本)哀焚書,葉十七上至十八下.

61. 陳登原,古今典籍聚散考頁一〇六.

62. 按章先生所舉諸書其確被禁燬者只及其半而已. 陳先生所疑之三書,皆并未被禁, 一考其來源,即可知也.

考禁書之來源，約有六端：各省分次奏繳之違礙書籍，其一也。文字獄專案辦理之禁書，其二也。此兩項，前文已加論述。此外有軍機處分次奏准之禁書，計全燬者七百四十九種，[63]抽燬者四十種。[64]當時各省所繳之違礙書籍，例係解交軍機處轉交四庫館臣檢閱後，再由軍機處分批呈進銷燬，此其三也。纂修四庫全書時，採訪天下遺書，四庫館臣於各省解到或臣民進獻之遺書中，復查獲違礙書籍。乾隆四十二年奏准銷燬。[65]其後又於發還遺書中重檢，計獲全燬書一百四十六種，抽燬書一百八十一種，於乾隆四十七年奏准，此其四也。[66]乾隆四十八年檢查紅本處辦理之禁書，凡七次計七十六種。[67]蓋內閣大庫所藏紅本，[68]其中雜貯書籍。[69]據王國維先生云，[70]其書多明文淵閣之遺。當時檢查庫書，分批奏進，造成檔冊。此禁書來源之五也。最後則爲朝廷特降諭旨指明查禁，而未以逆案辦理之書，乃其六也。[71]

凡上所舉禁書之來源，因其性質不同，故其最終之命運亦

63. 姚氏禁書總目葉一至廿九.
64. 前書葉三十至卌四.
65. 纂輯禁書目錄.
66. 姚氏銷燬抽燬書目葉一至廿二.
67. 北京大學研究所國學門週刊第二卷第十七期.
68. 按紅本卽題本.乃中外進呈之本章,得旨後,下批本處,批寫硃書,遂稱紅本.各該科恭領傳鈔後,再將原文交同紅本處保管.見欽定大淸會典.(淸光緒廿五年刊本.)卷二 欽定大淸會典事例,卷十四.
69. 據王正功中書典故彙記云乾隆十三年以後紅本,亦貯東二庫.其中原貯書籍,及三節表文表匣等.
70. 王國維觀堂集林,庫書樓記.
71. 按此項來源,散見於廷諭,及姚氏禁書總目,葉卌五至四十四.

異。歸納言之,約可分爲兩系:一爲由下而上,卽上述之第一來源是也。一爲由上而下,卽上述之第二、第三、第四、第六、來源是也。前者違礙之罪,尙在嫌疑,不過被控而已。後者罪證已足,遂成定讞。被控者多,而確被定讞者則較少。將此兩系統之禁書,重爲編排。則每一書自採訪,以迄最終禁燬。或由廷諭查繳,以迄各省奏進。其間歷程,犂然可見。此外則有前後禁燬之手續,並不完備者。是屬於上述之第五來源。[72] 考其性質,皆係由內閣大庫等處查獲,認爲應燬。是否通行查繳,則頗成疑問。恐在當時只燬棄其書而已。雖可列入於確被全燬,然其性質較不普遍。

推究禁書之最終命運,約可分爲四類:

一曰:確被全燬者。凡禁書之有上述第二、第三、第四、第五、第六來源者,皆可確定爲全燬。統計一千三百五十五種。其中集部約占其半。此外子部雜家,史部雜史,及詔令奏議類較多。

二曰:確被抽燬者。凡有上述確被全燬者之來源。而特註明爲抽燬者,皆可確定爲抽燬。統計共二百六十種。其中以別集爲最多。又爲四庫所著錄者,約有三分之二。

三曰:確未被禁者。凡只有上述禁書之第一來源,同時又爲四庫所著錄者。或有特降諭旨,指明毋庸銷燬者。皆可確定爲未被禁燬。統計共一百五十五種。其中史部集部較多。

四曰:不知結果者。凡只有上述禁書之第一來源。卽各省

72. 除紅本處辦理者外,尙有檢查宮中陳列諸書銷燬名目。散見於各檔案中。

奏進後，其結果無聞者。恐係經四庫館臣檢閱後，尚無違礙。而朝廷又認爲不足以錄入四庫，故其存亡不足惜，亦不必特降諭旨不燬。此類書想係堆積廢棄，化爲塵灰而已。統計共一千零五十四種。其中以集部爲最多。

總計以上四種禁書，共二千八百卄四種。其中集部約占其半，史子二部約相當，而經部最少。

次再論禁書今日流傳之情形。夫乾隆禁燬書籍一舉，其用法之嚴，辦理之精細，可謂甚矣。然其效果，則頗不如預計之大也。全燬抽燬書一千六百餘種中，迄今多有流傳。在當日智井複壁，沉霾隱遁，及至禁網稍疎之際，又復稍稍出現。故劉世珩有徵訪明季遺書目之作。[73] 所著錄者，已二百九十五種。鼎革前後，出現更多，頗有重付梨棗者。據李木齋先生云收存禁書，至千餘種之多。可知確實佚亡者，究佔少數。富路特氏 (L. C. Goodrich) 以現存禁書列表，計四百七十六種。並附載收藏圖書館。[74] 然深惜富氏未能分析禁書之性質。故其所列禁書，混有並未被禁與不知結果者。而又未注明板本情形。且今日可見之禁書，何止四百餘種也。故欲考禁書今日流傳情形，當按上文所述，禁書四類，分別觀之，其一二兩類，確被全燬或抽燬，其流傳頗值研考。[75] 其

73. 淸宣統年排印本.

74. Walter Fuchs, A review of "The Literary Inquisition of Chien-lung," *Monumenta Serica* III (1938), pp. 300-306. 按此文中於富氏所述禁書現存書目，又有增訂．然仍多沿富氏之誤，如精華錄日知錄皆列爲禁書是也．

75. 按禁書中史部一類，近人已有著錄其流傳情形者．其中以傅吾康，明史要目解題初稿 Wolfgang Franke, "Preliminary Notes on the Important Chinese Literary Sources for the History of the Ming Dynasty." (中國文化研究彙刊第七卷民國卅六年九月)爲最詳核．可供參考．

三四兩類，則坊間刻本甚多，無須多事採訪也。

禁書之板本，亦頗有可得而論列者。明人刻書，雖荒疏者多，然以求存眞，究以明刻本爲貴。淸初翻印，已多將違礙字句，挖去塗改。淸初刻本，增删更甚。至於被抽燬之諸書，更非尋其原刻不能得眞。他若原稿本，精抄本，今日亦有流傳。異日者，有能採訪海內外所藏之禁書，加以選擇，精其校勘，重付刊印。[76] 則裨益於學術，詎可計量也。

76. 晚近關於明季雜史一類書籍，頗有印行者. 如神州國光社之中國內亂外禍歷史叢書（民國卅五年出版）是也，惟板本及校勘仍有須加考校者.

禁書分類總目統計表

禁書分類		經部 易類	書類	詩類	禮類	春秋類	孝經類	五經總義類	四書類	小學類	經部總計	史部 正史類	編年類	紀事本末類	別史類	雜史類	詔令奏議類	傳記類	史鈔類	時令類	地理類	職官類	政書類	目錄類	史評類	史部總計	子部 儒家類	兵家類	醫家類	天文算法類	術數類	藝術類	雜家類	類書類	小說家類	釋家類	道家類	子部總計	集部 別集類	總集類	詩文評類	詞曲類	集部總計	四部總計	
禁書總目		9	4	3	11	6	4	6	31	8	82	4	58	12	83	147	152	76	11	1	76	6	20	4	13	673	20	32	2	1	4	12	447	18	48	17	4	605	1132	281	26	25	1464	2824	
確被全燬者	四庫著錄者										0		2		3	2	2	2			3	1	1		2	18		1					3	1	2			7	15	2			17	41	1355
	四庫未著錄者	4		3	7		1	3	17	2	37	2	11	4	38	80	75	23	4		34	4	11		4	290	12	16	1		1	6	241	5	14	11	1	308	568	90	10	10	678	1314	
確被抽燬者	四庫著錄者		2								2		1	2	1	3		11	1					1	5	25	2	1			1		32		1			37	116	7		1	124	188	260
	四庫未著錄者				2		2			1	5		2				4	6			2		3			17	1	1					14	2	1	2		21	21	8			29	72	
確未被禁者	四庫著錄者	3				1		1	1	2	8	1	5	5	4	6	5	6	1	1	7		2	2	1	46	1	3			1	1	16	5	6	1	2	36	32	12	1		45	135	155
	四庫未著錄者								2		2					1	2				2		1			6							7					7	4			1	5	20	
不知結果者		2	2		2	5	1	2	11	3	28	1	47	1	37	55	64	28	5		28	1	2	1	1	271	4	10	1	1	1	5	134	5	24	3	1	189	376	162	15	13	566	1054	

五 禁書與四庫全書

甲 修書與禁書

纂修四庫全書與禁燬書籍，雖名不相關，實互爲表裏。所謂「稽古右文，」[77]「嘉惠藝林，」[78]其表也。而「詆觸本朝者，自當在銷燬之例。」[79] 其裏也。蓋藉修書爲名，舉天下之書而衡量之。合者留，不合者燬，欲使世人相信，滿洲之統治，名正言順。從玆長治久安也。

以時間言之：最初採訪遺書之諭，在乾隆三十七年正月。[80] 四庫書成上表，則在四十七年七月。[81] 各省奏繳違礙書籍，皆在乾隆四十年至四十九年之間。文字獄發生之年代，多在乾隆四十三年至四十六年之間。據此可知，修書、禁書、與文字獄，三者約在同時。且四庫之纂修也，開館設局，委派三百餘人，[82]從事校書。而各省奏繳之違礙書籍，例經四庫館臣校閱，以定燬否。故知四庫館臣之工作，纂修與查核違礙並重。而修書之目的，瞭然可見。

試從數量上比較觀之：四庫全書共收錄書籍三千四百四十八種。[83] 繕寫每部計六千一百四十四函，三萬六千三百

---

77. 四庫全書總目卷首，聖諭葉一上。
78. 同前，葉四上。
79. 同前。
80. 前書葉一上。
81. 前書卷首，表文葉三上。
82. 自開館至第一部書成，歷任館職者，共三百六十人。見四庫全書總目卷首職名。
83. 按總目簡目與七分庫書，三者略有差異。此數從周中孚，鄭堂讀書記（吳興叢書本）卷卅二，葉十一下至十二上。

冊。[84] 禁書總計共二千八百卄四種。[85] 禁燬數量,約十萬部以上。[86] 蓋著錄於四庫者,與禁燬者,相差無幾。此點實足驚人。卽以確被全燬抽燬者而言,亦約爲四庫之半。所謂「以彰右文之盛,」[87] 其意安居,思過半矣。

觀彙修四庫全書之本旨,與禁燬書籍之事,若合符節。乾隆三十八年五月十七日之諭云。[88]

> ……擇其中罕見之書,有益於世道人心者,壽之梨棗,以廣流傳。餘則選派謄錄,彙繕成編,陳之冊府。其中有俚淺譌謬者,止存書名,彙爲總目,以彰右文之盛。此採擇四庫全書本指也。……

據此可知,修書與禁書,相輔而行,殊途同歸。故「棄瑕錄瑜」之旨,明在詔諭。[89] 而對於原書,一則刪改增益其字句,[90] 再則削去抽燬其篇章。[91] 依上文統計,確被抽燬者二百六十種,其中多半著錄於四庫。由此可見,四庫本之失眞。對學術而言,其遺害不可謂不巨。 至其校勘之不精,尤其餘事也。[92]

---

84. 按冊數亦各不相同. 此處據民國十七年北平圖書館譚新嘉點驗文津閣之冊數. 見北平圖書館概況(民國十八年十月排印本).

85. 此數乃作者根據下章所列第一至第十三種目錄,加以史料檔案中所列之禁書,作一總統計. 但皆以有上文所述六種來源之一者爲限.

86. 據本文第一章丁節之略計,所得之殘闕記載 (湖北,湖南,安徽,江蘇,江西,福建,浙江,雲南,貴州,九省)已有九萬三千餘部,則實際奏進部數恐將倍之. 依上章表中確被禁燬所佔之比例觀之,則被燬部數,其約在十萬左右乎?

87. 四庫全書總目聖諭葉二上

88. 同上.

89. 同前葉三上.

90. 同前葉三及四.

91. 同前,葉四下葉五及葉八下.

92. 前書葉五下云:「信手抽閱卽有譌舛,其未經指出者,不知凡幾.」又「魯魚亥豕,累牘連篇.」

乙 四庫總目與存目所著錄之全燬禁書

編輯四庫全書之體例,概分總目與存目兩類。據其凡例云:[93]

……一一辨厥妍媸,嚴爲去取。其上者,悉登編錄,罔致遺珠。其次者,亦長短兼臚,見瑕瑜之不掩。其有言非立訓,義或違經,則附載其名,兼匡厥謬。至於尋常著述,未越羣流,雖咎譽之咸無,要流傳之已久。準諸家著錄之例,亦併存其目,以備考核。等差有辨,旌別兼施。……

故知總目著錄,皆所謂歷代傳世之著述。而存目所著錄者則頗爲駁雜。蓋有彰癉與考核兩義存乎其間。而彰癉又可分人與書兩類:若姚廣孝嚴嵩之流,皆以人品有瑕而見斥然仍附存其目。[94] 是以人而言者。至於學術則以程朱之學爲正統。凡有違反其學者,悉目爲離經畔道。則掊擊必嚴,屏斥必力。是又以書而言者。凡此皆可由存目提要中見其微旨。

據上文禁書之統計,其確被全燬書中,仍有四十一種,著錄於四庫。其中列於總目者,二種列於存目者三十九種。其全燬之來源,計由軍機處奏准者廿一種,皆列於存目。由四庫全書館奏准者八種,亦皆列於存目。由檢查紅本處辦理者十一種,內列於存目者九種,列於總目者二種。由辦理四庫全書檔案內發現應燬書五種,皆列於存目。內四種與紅本處辦理者重複。此四十一種中計史部十七種,子部七種

93. 前書,卷首凡例葉一上.

94. 仝前,葉三上.

集部十七種。今分別論之：

四庫存目之性質，既有彰癉之義。今於其著錄李贄之藏書與李溫陵集，益可徵信。李贄一案，發生於明萬曆三十年（一六〇二），李氏於是年遂自剄於獄。至其著述之明令焚禁，則在明天啓五年（一六二五）。[95] 直至百餘年後，滿清查繳禁燬書籍，李氏著述，再度由軍機處奏准全燬。[96] 惟四庫館，則據江督之採進，與周厚堉之進獻，又著錄之於存目。且於提要中，明示見斥之由，以深暴其罪。所謂「明正其爲名敎之罪人，誣民之邪說」[97] 者也。至於存目所著錄之其他禁書，多明季雜史，文集之屬。其中容或有違礙抵觸之字句，故遭禁燬。而此等書籍，流傳已久，遂併存其目，以備考核。吾於四庫全書凡例中，已見其體例矣。[98]

列名於四庫總目之全燬禁書兩種：一爲遂中立之兩垣奏議，一爲章潢之圖書編。該兩書皆係乾隆四十八年檢查紅本處辦理，應銷燬書籍總檔，第五次者。此種禁書，雖可列入確被全燬。然其性質，較不普遍，前文中已有論及。故此兩書雖在紅本處者，已加燬棄。或並未通行查繳。故其原書經山東河南兩巡撫之採進，[99] 四庫館臣之校閱，且登之編錄矣。[100]

95. 參閱鈴木虎雄，李卓吾年譜（支那學第七卷，一九三四）.
96. 姚氏禁書總目葉廿一上及廿二下.
97. 四庫全書總目，卷百七十八葉三上.
98. 按張廷玉等所修明史，書成於乾隆四年七月. 其藝文志乃據黃虞稷千頃堂書目而作，其中著錄禁書甚夥. 乾隆禁燬書籍時，並未加以刪訂. 蓋亦備考核之意也.
99. 四庫全書總目卷五十五，葉九上. 又卷一百卅六，葉三下.
100. 按此兩書之內容，四庫本或有增刪改正之處，惜未得見原書. 故無由可供佐證也.

四庫全書所著錄之禁書一目錄　凡書名之歧出者,附載於下:

史部

昭代典則廿八卷　黃光昇

乾隆四十八年九月,檢查紅本處辦理應銷燬書籍總檔(以下簡稱紅本)第一次.乾隆五十三年應銷燬各書清單(見辦理四庫全書檔案下葉廿五下).四庫全書總目(以下簡稱四目)史部編年存目,卷四十八葉四下.

徵吾錄二卷　鄭曉

紅本第六次.辦理四庫全書檔案下(以下簡稱辦四)葉廿五下.四目別史存目,卷五十葉十下.

明代帝后紀略明帝后紀略一卷　鄭汝璧

紅本第六次.辦四下葉廿五上.四目別史存目,卷五十葉十二上.

李氏藏書藏書六十八卷　李贄

軍機處奏准全燬(以下簡稱軍機).四目別史存目,卷五十葉十下.

北樓日記二卷

紅本第二次.四目雜史存目,卷五十四葉二下.

明寶訓四十卷　陳治本等

紅本第五次.辦四下葉廿五上.四目雜史存目,卷五十四葉三上.

掌銓題稿十四卷　高拱

紅本第二次.四目詔令奏議存目,卷五十六葉五下.

兩垣奏議一卷　逯中立

紅本第五次.四目詔令奏議,卷五十五葉九上.

留溪外傳十八卷　陳鼎

軍機.四目傳記存目,卷六十三葉四上.

續表忠記二續表忠記八卷　趙吉士

乾隆四十七年二月,四庫館奏准全燬(以下簡稱四庫二).四目傳記存目,卷六十三葉二下.

咸賓錄八卷　羅日褧

軍機.　四目地理存目,卷七十八葉六上.

夷俗記一卷　蕭大亨

軍機.　四目地理存目,卷七十八葉五下.

九邊考十卷　魏煥

軍機.　四目地理存目,卷七十五葉八上.

明官制明朝官制大全五卷

紅本第五次.　四目職官存目,卷八十葉五上.

經世實用編明經世實用編二十八卷　馮應京

軍機.　四目政書存目,卷八十三葉一下.

青油史漫二卷　茅元儀

軍機.　四目史評存目,卷九十葉四下.

宋史筆斷十二卷

四庫二.　四目史評存目,卷九十葉五下

子部

金湯借箸十二籌金湯借箸.　金湯十二籌八卷　李盤

軍機.　四目兵家存目,卷一百葉七上.

福堂寺貝餘五卷　茅元儀

軍機.　四目雜家存目,卷一百廿八葉八上.

沈氏學弢十六卷　沈堯中

四庫二.　四目雜家存目,卷百卅二葉一下.

甘露園短書十一卷　陳汝錡

四庫二.　四目雜家存目,卷百廿五葉二上.

圖書編一百廿七卷　章璜

紅本第五次. 四目類書二,卷百卅六葉三下.

玉堂薈記一卷 楊士聰

紅本第六次. 四目小說家存目,卷百四十三葉十一下.

林居漫錄前集六卷. 畸集五卷 伍袁萃

四庫二. 四目小說家存目,卷百四十三葉九上.

集部

南雷文定十一卷 黃宗羲

乾隆五十七年二月全燬書籍清單(見辦四葉四十一至四十二). 四目別集存目,卷一百八十一葉五上.

汪山人集十八卷 汪少廉

四庫二. 四目別集存目,卷百七十八葉九下.

西樓集十八卷 鄧原岳

四庫二. 四目別集存卷,卷百七十九葉十二上.

王世周詩集二十卷 王伯稠

四庫二. 四目別集存目,卷百七十八葉十上.

廖恭敏稿廖恭敏佚稾一卷,附錄一卷 廖莊

紅本第五次. 四目別集存目,卷百七十五葉八下.

平山遺集平山文集八卷,平山詩集八卷 何濤

軍機. 四目別集存目,卷百七十八葉一上.

孔伯子文集孔鍾英集十卷 孔毓璣

軍機. 四目別集存目,卷百八十二葉十一上.

容臺集舊刻文集九卷,詩餘四卷,別集四卷 董其昌

軍機. 四目別集存目,卷百七十九葉十下.

心泉集二十五卷 何源

軍機. 四目別集存目,卷百七十八葉六上.

陋軒詩四卷　吳嘉紀

軍機．四目別集存目，卷百八十二葉九上．

李卓吾文集李氏文集李溫陵集二十卷　李贄

軍機．四目別集存目，卷百七十八葉三上．

旭山集十六卷　金忠士

軍機．紅本第六次．四目別集存目，卷百七十九葉十二下．

桐郮詩九卷　馮詠

軍機．四目別集存目，卷百八十四葉十下．

犀厓文集二十五卷　易學實

軍機．四目別集存目，卷百八十一葉二下．

尊拙堂集尊拙堂文集十二卷　丁元薦

軍機．四目別集存目，卷百七十九葉十下．

同人集十二卷　冒襄

軍機．四目總集存目，卷百九十四葉一下．

尺牘新語　徐士俊，汪淇

軍機．四目總集存目，卷百九十四葉五上．

六　禁書目錄彙志

辦理禁書一事，當日各省皆刊刻應禁書目，通行各屬一體嚴查。二百年來，此種目錄，流傳亦少。蓋禁網森嚴，或有並其目而不敢藏弆者歟。近來偶有發現，而各省刊本，不能遍睹。各省奏繳禁書之原檔，故宮博物院文獻館雖付印行。而斷簡零篇，亦非全貌。史料之難得，有如是者。

各省刊行之應禁書目，其編輯之法不一。其中雖有注明軍機處奏准，或本省奏繳，種種名目者。然大體皆爲彙集性質。即不分其性質與來源，紛然雜陳。確被禁燬者，與未被禁者混列。本省奏繳，與外省咨查不分。更有於各種傳記，年譜、目錄與地方志等書中搜尋嫌似之書，通行查繳，亦列入於目錄。是此種書之存佚，且不能知，安能論其禁燬與否也。禁書目錄之複雜錯綜，有如是者。

禁書目錄，本非有意著述，故多淩亂不堪入目。書名人名，往往岐出。魯魚亥豕，訛奪滿紙。尤以傳抄之本爲甚。飭摭糾謬，有待校勘。偶一不愼，最易沿誤。是文字之鑫疏又如是者。

因以上之三種困難，故學者往往遭程愈遠，問題愈多。研討愈周詳，謬誤愈難免。謹將所見所知之禁書目錄，彙志於此，以備考校焉。

一、禁書總目　姚覲元輯。清光緒八年歸安姚氏咫進齋刊本。杭州抱經堂石印本。上海商務印書館萬有文庫第二集排印本。杭州抱經堂編印索引本。北平燕京大學引得編纂處所編印之藝文志二十種綜合引得已收錄此目。

按此目共分四種：曰禁書總目乃合軍機處奏准全燬書，抽燬書，應燬文字獄專案查辦各書，浙江省查辦奏繳應燬書，與外省移咨各種應燬書而成者。曰全燬書目及抽燬書目乃乾隆四十七年四庫館臣所奏請禁燬之書目。曰違礙書目乃河南省題奏應繳違礙書目。據索引式的禁書總錄王鍾麒序云：此目各底本，爲陳乃乾氏所得。

二、全燬書目　燕京大學圖書館藏抄本。

按此目卽軍機處奏准全燬書目之底本。

三、銷燬書目　燕京大學圖書館藏抄本。

按此目卽乾隆四十七年四庫館奏准銷燬抽燬書目之底本。

四、違礙書目　燕京大學圖書館藏抄本。

按此目卽禁書總目中之第四種，乃河南省奏繳者。

五、銷燬抽燬書目禁書總目違礙書目奏繳咨禁書目合刻　鄧實編。清光緒廿三年國學保存會排印本。

按此目乃合姚氏之禁書總目，全燬書目，抽燬書目，違礙書目。又增奏繳咨禁書目而成者。奏繳咨禁書目爲江寧本省奏繳書目，及各省咨查書目。據之可考各省奏繳情形，惜已殘闕不全。

六、李棪，「鄧刻奏繳咨禁書目補」（盤石雜志二卷四期至六期，民國廿三年四月及六月）。

七、書徵「補鄧刻咨禁書目補」（盤石雜志二卷十一期，民國廿三年十一月）。

按以上兩目，乃補鄧實本奏繳咨禁書目者。

八、纂輯禁書目錄　國立北平圖書館藏湖北刻本傳抄本。

按此目共分三種：曰節次廷諭查禁書目。曰乾隆四十二年十月卅日四庫全書館咨查應燬書。此可補姚氏本全燬書目及抽燬書目之闕。曰各省咨查應禁書目。此係分批奏繳書目，可與鄧實本奏繳咨禁書目參校。

九、違礙書籍目錄　燕京大學圖書館藏乾隆年刊本。

按此目洪煨蓮師謂爲江寧刊本之四川增訂本。此目體例亦爲分次奏繳者。

十、違礙應繳書目。燕京大學圖書館藏抄本。

按此目洪師謂爲安徽所輯之稿本,疑並未刊行。

十一、應禁書目　乾隆年刊本。

按此目疑爲安徽刊本。

十二、六省分批奏繳禁書單　掌故叢編第十輯,文獻叢編第七輯至第十四輯。故宮博物院文獻館編印。

按此目爲各省奏繳原檔。

十三、乾隆四十八年九月,檢查紅本處查辦應燬書目(北京大學研究所國學門週刊第二卷第十七期,一九二六年二月三日)。

按此目據王光瑋云乃明清史料整理會整理清內閣大庫檔案,發現有應銷燬書籍總檔一册。書面乾隆四十八年九月立,檢查紅本處辦等字樣。

十四、禁燬書目　清華大學圖書館藏抄本。

按此目乃軍機處分次彙奏之淸單。共分十一次,五百六十七種。較姚氏禁書總目所載爲少。可知此目有殘闕。

十五、應禁書目　金陵大學圖書館藏。

按此目於姚氏本之外,各省禁查之簿錄,均有述及。惟目次紊亂,無由表示其內容。

除上述十五種外,海內外各圖書館,仍有收藏此種目錄之異本者,尙待訪錄。洪煨蓮師藏有福建刊本,陳乃乾先生藏有江西湖北廣東各目。 合上列之目計之,各省刊本尙有流傳者共九種矣。

附　錄

(一) 史料

大清歷朝實錄　一九三七年日本影印原抄本。

清史稿　柯劭忞等纂。 民國十六年鉛印本。

東華錄　王先謙編。 淸光緒卄五年石印本。

清代文字獄檔　民國卄年至卄三年故宮博物院文獻館編印

文獻叢編　故宮博物院文獻館編印。

掌故叢編　故宮博物院文獻館編印。

辦理四庫全書檔案　王重民輯。 民國卄三年北平圖書館印。

四庫全書總目　淸紀昀纂。 民國十九年上海大東書局石印。

條例約編　淸官刻本。

(二) 近人著作

清史紀事本末　黃鴻壽撰。 上海進步書局石印本。

四庫全書纂修考　郭伯恭撰。 民國卄六年北平研究院史學研究會排印本。

古今典籍聚散考　陳登原著。 民國廿五年一月商務印書館排印本。

索引式的禁書總錄 陳乃乾編。 民國廿年愼初堂校印本。

白蕉索引式的禁書總錄校異 人文月刊五卷第一期至第三期。

乾隆禁書考 杉村勇造著。 一九三六年大連市柔父會印。

許霽英清乾隆朝文字獄簡表 人文月刊八卷四期(民國廿六年五月)。

趙錄綽清高宗之禁燬書籍 北平圖書館館刊七卷第五號。

Goodrich, Luther Carrington, *The Literary Inquisition of Chien-lung*, Waverly Press, Baltimore, 1935 (American Council of Learned Societies, Studies in Chinese and related Civilization, No. 1).

Hung, William, a review of "The Literary Inquisition of Chien-lung," *The Chinese Social and Political Science Review*, Vol. XIX, No. 2 (Peiping, July, 1935), pp. 268-277.

Fuchs, Walter, a review of "The Literary Inquisition of Chien-lung." (*Monumenta Serica*, Vol. III (1938), pp. 300-306.

Franke, Wolfgang, "Preliminary Notes on the Important Chinese Literary Sources for the History of the Ming Dynasty, 1368-1644," *Bulletin of Chinese Studies*, Vol. VII (Chengtu and Nanking, Sept., 1947), pp. 107-224.

七阁

各人的女兒了，剩下的只有我同銀姐，——銀姐的母親知道在自已門口，我跟祖母來，自然也跟祖母去。——我的脚指纔舒舒的踏地，不然眞要鈎斷了：「還不滾！」銀姐坐在石階的上級，我站在比銀姐低一級；銀姐望天河，我望銀姐的下巴。我想說一句話，說到口邊郤又吞進去了。

「七月初八那一日，我大早起來望鴉鵲，果然有一隻集在桑樹——」

「羽毛蓬亂些不呢？」

「就是着還哩。倒不見得。」

「銀姐——」

「怎麼？」

「我——我們兩個關嘴——」

「吥！下流！」

我羞到沒有地方躱藏了。

這回我牽着祖母回家，心裡懥懥不安，「該不告訴媽媽能？」倘在平時，「趕快，趕快把今天過完，就是明天！」

這已經是十年的間隔了：我接婚後第一次回鄉，會見的祖母，只有設在堂屋裡的靈位，「奶奶病癒勿念」，乃是家人對於千里外的愛孫的瞞僻；妻告訴我，一位五十歲的婆婆，比姑媽還要哭的利害，哭完了又來看新娘，跟着的是一位嫂嫂模樣的姐兒，見了放在几上的我的相片，「這是焱哥哥嗎？」

「啊…………」

一九二二，十二，十，作。

文淵閣四庫全書缺本之發見

陳仲益

文淵閣四庫全書原有六千一百四十三函，計三萬六千二百餘冊。庚子之役，紫禁城爲日，美兵所占，尙能加以保存，未致損失。民國六年，淸室檢查原書，計失去子部一函，內貯天經或問前集四卷，三冊，天步眞原一卷，天學會通一卷，各一冊；又失去經部四書大全十卷，子部鄧子一卷，公孫龍子三卷，鬼谷子一卷，關尹子一卷，集部李太白集補注一段。後經照熱河文津閣本，（即現存方家胡同京師圖書館一部）從新補繕，照樣裝璜，放囘原處，此補鈔文淵閣四庫全書缺本之一般小史也。

近聞淸室善後委員會點查昭仁殿書籍，於西南亂堆書架上，竟發見有文淵閣四庫全書一函；一面刻天經或問前集，天步眞原，天學會通字樣。啟函檢視，內有天經或問前集一冊，天學會通一冊，天步眞原仍缺，天經或問則缺二冊，於是知前此所謂遺失之書，乃在於此。恐其他失本，或仍在宮內，亦未可知。查原函所刻函數爲三千四十一函，按即庋於子部第七架第六層者也。

唯文淵閣本閣尙缺去司空詩品一卷，世罕知者，此固當時館臣所漏鈔。其漏鈔之原因，則因排架圖無此書；排架圖之所以無此書，則因此函（即第六千一百三十二函）誌書，卷帙少而種數多，擠寫不下，按圖裝置，遂遺此一卷；然四庫子部說郛內固有司空詩品也。

對之望。即或有之。亦不能遍及。可斷言也。至乙種八十部。每部三千元。價復不嫌。在各省區教育經費奇絀之時。各圖書館且不能保其現況。又焉有餘力購辦巨帙。亦僅爲少數藏書家之裝飾品耳。夫以吾國學術學滙之書籍。與此影印鉅工。僅爲酬應裝飾之用。而各省區圖書館反不得庋藏。寧非恨事。況印甲種三十萬之款。係由各國退還庚子賠款中發展文化事業項下提撥。庚款係各省區所攤負者。今仍以此款所印之書籍。還之各省。尤屬至當。至其辦法。除原訂甲種三十部外。再由政府加印甲種七十部。共計百部。無論政府贈送若干國。但每省區須送二部。藏之各省區公立圖書館。並由政府將此書預約券先行分送各省區公立圖書館之主管人。以便按期取書。』此議提出時。適省教育會聯合會在湖南舉行年會。對之頗爲贊同云。

清室善後委員會。對於將文淵閣四庫全書交京師圖書館保存一事。特於九月二十九開委員會討論。僉以委員會自接收故宮以來。以宮內物件不得移出宮外爲原則。文淵閣四庫全書既歸該會保管。自爲宮內之一部份。況該閣地點適中。建築得法。又爲專置四庫全書而建。亟應將此歷史上遺跡保存。以重古物。今故宮圖書館籌備告竣。不日開放。萬不能使其劃歸他處。全體委員一致主張。至爲堅決。章敎長正在進退兩難之際。忽江浙戰事發生。於是中止進行。影印之事。曇花一現。又不知何日始可實行也。

是書雖刋有目錄，然皆依類排列，檢查頗爲不便。近者金陵大學劉純甫君有四庫全書目錄書名索引之作；上海陳乃乾君有人名索引之作。若能早日刋行，則檢查四庫書目者將無困難之感矣。

文溯閣四庫全書運奉記

奮

文溯閣四庫全書。原在奉天。民國三年運京存於保和殿。合文淵文津鼎足而三。今春頃奉天教育人士擬辦圖書館。呈請當局索回此書。此由楊宇霆電致教育總長章士釗。其文曰。

(上略)查文溯閣四庫全書。本係奉省舊存。於民國三年運京。前據奉省各界紳董擬集資設立圖書館。請求將庫書發還。以備陳列。當即據情電請梁衆異兄商請執政飭發。現接衆兄復電。已奉批交閣議。奉省舊物仍歸奉省保存。質諸公論。定邀許可。務請諸君秉公持論。允賜發還。將來東省文化日興。皆出諸公之所賜也。無任感盼之至。楊宇霆叩魚。

章士釗即提出閣議並復楊一電節錄如左

(上略)魚電奉悉。奉天文溯閣四庫全書一部。本日閣議決定仍交回文溯閣保存。未交以前由內教兩部清理核對等因。茲除咨商內務部妥定辦法再行奉達外。特先電復(下略)

一方面選派科長周樹人，徐協貞僉事楊廉，楊晉源，主事裘善元，部員高文祚，趙鶴年，張慶瑞，萬德餘，張定勳，京師圖書館館員譚新嘉，書記李葆會同內務部人員等於二十七日起赴保和殿檢查。計經史子集共六千一百四十四函內有八本一函或六本一函間有殘缺者。於八月五日點交奉天省教育會會長馮子安查收。起運返奉矣。

文溯閣四庫全書運奉後因文溯閣尚待修理故暫儲省長公署現因時局不寧為策全計又由省長公署移至文廟一俟大局平靜即開闢文溯閣從事重修一面組織四庫全書保管委員會除將該書全數移入該閣外並擬廣搜中外名著存儲其中以供衆覽云云

(純)

續編四庫全書

四庫全書成立既久。寖失時效。光宣之際。即有請續修者。格於時勢未克舉行。今印行四庫之議既定。續編四庫之說亦起。李君木齋極熱心於此。會具呈政府。懇請實行。當經政府批交教育內務兩部核辦。該兩部均認為可行。惟經費一層頗感困難。聞有擬由日本退回庚子賠款內撥用款十萬元。俾得早觀厥成。李氏自見閣議後。曾謁見段執政。商議將來編纂辦法。擬分三種。(一)關於前清四庫全書中。將反清派以及歷代反對君主思想諸書。如思明錄等。及有民族思想之著作者。悉攟弗錄。此種著作。殊有價值。泯滅不傳。殊覺可惜。均應續編。以廣流傳。聞此種著作。李氏個人亦搜羅有千餘種之多。(二)乾嘉以後各種公開著作。以年代稍後。未列入四庫全書者。均應續編。惟原著作人存在者。概不列入。(三)凡有價值而稍次者。則編其大概。列入後部。並聞執政之意。俟日本退回庚款商妥後。即令著手進行云。

補鈔文瀾閣四庫闕簡記錄記

完全に補修されたる文瀾閣四庫書

補鈔四庫發起人
兼總務幹事　張　閬聲　宗祥

□□先生左右。前奉敎言。並承惠文字同盟雜誌一册。取材精當。欽佩奚似。浙江補鈔四庫書。前三年已竣工。茲以記錄一册奉贈請査存。……

……徐鴻寶頓首

〔前京師圖書館長徐森玉先生の寄信〕御手紙並に貴誌拜收仕候。取材の精當、欽佩に不堪候。浙江の四庫書補鈔のことは、三年前すでにその完了致申候。ここにその記錄一册奉贈候間御留置願上候。

宋有太平御覽。明有永樂大典。清有四庫全書。是爲勅編三巨書。御覽所引。文離破碎。僅足供校刋之用。且有刋本。大典兼搜並蓄。不宗一家。最爲宏富。當時凡寫三部。一儲南都。一儲北都。後悉燬於火。今所留遺者。嘉靖重寫本。向儲翰林院之書也。清初已不全。庚子一役。喪失殆盡。殘餘

宋の太平御覽、明の永樂大典、淸の四庫全書、これらはすべて勅編の三巨書である。御覽の引用はその文を支離破碎せしめたためにわづかに古書校勘の用に供するに足るものなるが。その刋本がある。大典はその材料はあくまで搜索しこれを蓄存せんとし、一家を宗とせず、最も浩瀚なるものである。當時その三部を寫して、一は南京に、一は北京に儲へたが、後ことごとく燒失して、今に遺れるものは嘉靖の重寫本で、さきに翰林院に儲へたる書である。此書は淸初に於て已

之卷。僅京師圖書館存八十餘冊。海內藏書家所零星收儲一二百冊而已。四庫所輯。十之三四爲大典本。是四庫存即大典雖失。尙有軼書存於中國。獨惜四庫當時有輯有不輯。并存目中亦不錄其名。爲可恨耳。四庫凡七閣。北四而南三。文源英法一役。與圓明俱燬。文淵向藏內庭。文溯向貯奉天。今運京歸內務部保管。文津向貯熱河。今歸京師圖書館貯藏。故北四閣燬一留三。而三閣現皆聚於北京。文宗文滙燬於洪楊之役。其時文瀾亦燬十之七八。故南三閣等於無存。亂平。丁氏據坊間刻本爲文瀾補鈔。役未竣而中止。遂無有過而問之者。民國之後。錢念劬先生補鈔於前。壬戌秋予督浙學繼功於後。今始勉强成全帙矣。

四庫之弊。不載諸書版本所自出。擅改古人卷帙辭句。淸初諸家著作。刪竄尤多。如潛邱劄記中錢牧齋之詞。或刪其名。或改爲朱竹坨。此類不勝枚舉。而各選所藏各書提要。尤互異其詞。校坊間

に不完、國匪事件に殆んど襲失し盡し、殘餘せるものは、僅かに京師圖書館に八十餘冊を存し、海內藏書家がその零編を藏有するものは一二百冊あるのみ。四庫に輯められたるその十分の三四は大典本であるといへば、四庫の書が存すれば、大典は失はれても、なほ軼書の支那に存することである、ただ惜むらくは、四庫書にも、當時それを輯めたるあり、輯めざるものあり、四庫の「存目」中にもその名を錄載せざるものがある。恨事である。四庫はすべて七閣。北支那に四處、南支那に三處。文源閣は英佛戰爭の時に圓明園とともに燒失し文淵閣はさきに宮室に藏せられ、文溯閣はさきに奉天に貯へられ、今北京に運ばれ、內務部の保管に歸す。文津閣はさきに熱河に貯へられ、今京師圖書館の藏す。故に北方の四閣はその一を燒失してその三を存す。その三閣は現に皆北京に存する。文宗文滙兩閣は太平天國の亂に燒失し、その時文瀾閣もまた十分の七八を灰燼にした。故に南方の三閣は、存するなきにひとし。亂平げて後、丁氏は坊間の刻本によりて、文瀾閣の補鈔を試みたが、その事業は完結せずして中止、民國となり、前には錢念劬氏の補鈔があり、壬戌の秋、余が浙江の學務を督するや、錢氏の後を繼ぎ、今はじめて辛うしてその完全に竣工し得たのである

四庫全書の缺點は、諸書版本の出處を載錄せざること、ほしいままに古人の卷帙辭句を改めしことである。淸初の諸家著作に於て删竄されたるもの尤も多く、例へば潛邱劄記のうち、錢牧齋の詞は或はその名を删り或はその名を朱竹坨に改めしものきへある。此例は枚擧するにたへない。そして各閣所藏の各書提要は、

刻本異同尤多。今補鈔之書所據者爲文津本。文津寫成。已在嘉慶初年。書用太上皇帝之寶。故可證也。念劬先生補鈔書最精者。爲西清硯譜離騷圖兩種。當時聘善書者至京鈎摹。竭一年之力。始克成書。鄉人不諒。或有閒言。書遂留京。予來浙始與俱來。然二書尺寸皆照北閣。北閣較南閣爲寬。所刻者高出萬倍矣。

◇

北閣紙皆用開化榜。南閣則否。丁氏所鈔紙尤劣。今佳紙不可得。初鈔時所印紅格。着水即滲。後始改印。且寫定後校者兩道。雖不能盡復舊觀。似較完善矣。四庫有目而無書者。如經部日講詩經解義。各目皆有。而藏書之匣空如也。當時初主京師圖書館。遑遑然似求亡子。檢查文淵。亦空匣也。後始知是書藏宮中者凡十餘部。蓋當時目成在前。書之寫定在後。寫定之後。即不發閣。故各閣皆空。

互にその詞を異にし、坊間の刻本に校べて異同尤も多い。今補鈔の書の據るところは、文津閣本である。文津閣本が手寫されたるは、嘉慶初年にあつて、その書に「太上皇帝之寶」といふ印あるによつても知らる。錢念劬氏が補鈔せしうちにて、最も精なるものは、西淸硯譜と離騷圖の兩種である。當時書を善くするものを聘して、北京にて摹寫せしめ、一年を費してはじめて成れるもの鄉人のうちにはこれを信せず、或は閒言をなすものあり、その書は北京にとどめられた余の浙江に來れるとき、始めてそれとともに來り、然かも二書の寸法、皆北閣本に準じてつくらる、北閣本は南閣本よりも寬くかつ大である。今これを裝訂に付したが、よく一律の大きさになり得るや否。そして離騷圖は汲古閣刻本に視ひて寫されたるものなるが、その出來ばえのよきは、その比較を許さない。

北閣本は皆開花榜紙を用ふ。南閣本はこれを用ひない。丁氏が補鈔本の紙は尤も劣質である。今佳紙はもとめ得べくもないので、初め鈔すときは紅く印せし書格が、水に滲みたれば、後これを改め、かつ手寫の後、相互校正し、舊觀に復し難きも、また完善なるにちかし。四庫書のうちで、目錄ありて其書なきもの、經部の日講詩經解義の如き、その目錄なればあつて、藏書の匣は空虛である。當時京師圖書館の藏本を主とし、亡子をもとむるが如く摛索した、また文淵閣をも檢査したが、やはり空匣であつた。後はじめて、この書の宮中に藏する者すべて十餘部、蓋し當時目錄は前に出來、書寫は後に出來たので、書寫が出來てから、すぐ閣を發かず、故に各閣皆空虛である。また老學庵

又老學庵續筆記、亦有目而無書、此皆後人所當知者也。

予之初擬補鈔也。預計三萬餘金。三年竣事。及竣工。金不及二萬。時不及兩年。疑之力。周君夢坡沈君冤士昆季張君菊生徐君冠南等。爲多鈔寫之力。堵生申甫最著。不間寒暑。日夕督寫生二百餘人。乃能成此。予雖總其成。實無力焉。獨幸其成功之速耳。予之意丁氏非據閣本補鈔。究一憾事。然時局如斯。疑亦告罄。予又觀攻甌海。急切不能如願。聊記於此。以待後之君子成之可也。

續筆記も目錄あつてその書がない。皆後人の知るべきことである。

余がはじめ補鈔を企つるや、三萬の資金、三年の事業と豫定したが、經費は二萬に及ばず、年月は二年に及ばなかつた。經費については多く、周夢坡、沈寬士、張菊生、徐冠南君の力を藉り、鈔寫については、堵生申君最も盡力せられ、寒暑を問はず、朝夕寫生二百餘人を監督して、つひにその事を終へらる。余の如きは其事に總務たるも何等つとめしところなく、ひとり其成功の速かなりしを喜ぶのみ。余意ふに、丁氏が閣本によつて補鈔せざりしは一恨事であるが、時局もかくの如く、經費もすでにつき、また自身官途にあり、急卒にそれらを修正することを得ず、いささかここに記して後の君子をまつ。

文津閣四庫全書冊數頁數表

陳援庵垣調査

記者云、乾隆三十七年。下詔徵書。三十八年。始令蒐集遺籍。命名四庫全書。先後繕成七年。今百餘年間。亡賸其四。現在京師圖書館藏存者。乃爲熱河運來之文津閣本。關於四庫全書冊數頁數。向無明確之記載。近經陳援庵先生親自查閲。以實在數目。茲得其表揭于下。下列之寫真。爲現在文津閣本書匣外面之撮影。有乾隆帝題詩云。上承唐室下開宋。五

乾隆卅七年に詔命を下し、ついで舊籍を蒐集して成れる四庫全書は前後七部を編成された。百餘年を過ぎて其四閣を佚亡し、現に北京京師圖書館に存するは熱河の文津閣本である。四庫全書の冊數頁數に至つては、未だ明確の記載がない。頃近く陳垣先生自ら文津閣本について調査されたる表がある

代興衰紀欲詳。舊史原監薛居正。新書重撰吉歐陽。奉和獨用滋侵佚。永樂分收究未彰。四庫蒐羅今制擬。群儒排纂故編償。殘經斷簡硏摩細。合璧聯珠體裁良。遂使已湮得再顯。果然紹遠藉捜旁。兩存例可援劉昫。專據事曾傳馬光。序以序之請代序。惕懐般星念尤長。

—題舊五代史八韻、乙未中秋月上澣御製—

今これを下に表示する。又この寫眞は現に文津閣本を藏する書匣の光景である、その側面に乾隆帝の影詩が刻まれてゐる。

部別	類別	冊數	頁數	部別	類別	冊數	頁數
經	易	一〇八〇	七二三六八		總計	五四八二	三六三六〇四
	書	三七一	二三一六〇	史	正史	一二九二	九四〇六二
	詩	五〇三	三三〇七七		編年	九〇六	六七七四一
	禮	一二一六	八一六一八		紀事本末	四六五	三六六一三
	春秋	九三一	五九一三一		別史	七四二	五四六七一
	孝經	一五	五四〇		雜史	一一六	七七二七
	五經總義	三三四	二〇九九六		詔令奏議	七七五	五五二五九
	四書	三七二	二五三七二		傳記	三五一	二三三三九
	樂	一九六	一四七一一		史鈔	三六	二六七八
	小學	四六四	三二六三一		載記	九七	五九四五

時令	一九	一三四〇
地理	二五五一	一九四六一七
職官	一七六	一二七〇五
政書	一四九八	一〇八八七三
目錄	二五〇	一六九一三
史評	二〇二	一四八〇四
總計	九四七六	六九七二八七

子

儒家	八八八	四八三七五
兵家	八九	四七九九
法家	四〇	一八八七
農家	一一四	五八二五
醫家	一三一二	八二一四九
天文算法	三四三	二三五七二
術數	二八六	一五八四二
藝術	六〇三	四〇六〇七
譜錄	一八一	一二一六一
雜家	一〇九八	五九八〇五
類書	三三七五	二三七七三九
小說家	三六八	二〇〇一九
釋家	一六九	一一〇五五
道家	一八九	一〇五〇九
總計	九〇五五	五六四三四四

集

楚詞	二九	一五二五
別集	七五〇九	四〇七三八〇
總集	四一五三	二二八九八八
詩文評	二九八	一四七九九
詞曲	二七五	一三一七三
總計	一二二六四	六六五八六五
四部合計	三六二七七	二二九一二〇〇

丁氏鈔補文瀾閣四庫全書闕簡追紀

張鄷

讓清中葉，洪楊起事，蹂躪徧十六省；杭城當庚申辛酉之間，一再被陷；是時出圍城中者，方救死扶傷之不遑，而丁竹舟(申)松生(丙)二公乃不避艱險，獨惟文瀾閣殘編收拾之是務。其識邁尋倫，功在文化，昭垂百禩，顧不偉哉！方其收拾遺燼之運藏西溪也，每夕往返，恆數十里，劬瘁備至；及由西溪至歇浦，道出烏戍，經逆黨踞要隘盤詰，見朱璽累累，知為官家物，虎視譫攦，舉刃相向，意在脅斂；賴二君威武不屈，春容剖辨，始得脫險抵滬濱。迨省垣克復後，卽買棹載書返里，從事購求其散佚于城鄉者如干種；以益震澤徐棻之所收藏者，(案亦嘗求自滬)共得九千有六十冊。截至光緒元年止，又續得二冊。計共九千六十二冊。以時經兵燹，閣已半圮，難克藏弆；乃稟諸大吏，暫儲之於杭府學尊經閣。但尚僅原書三之一而弱。遂復周爰搜訪，竭數年之心力：擇可購之底本購之；不能，則豫借錄副；再不能，則于簡明目錄下小楷詳注某省某郡某家藏某刊本某鈔本，或某局刻某叢書，以竢商借。一若豫知同治中興後之必有文敎昌明之一日者！果也茶陵譚鍾麟以光緒五年來撫吾浙，納公建閣鈔補四庫冀復舊觀之議；于是除自出其歷年辛苦珍藏之八千卷樓各種副本倩人謄寫外，他如鄞范氏之天一閣，盧氏之抱經樓。錢唐汪氏之振綺堂，孫氏之壽松堂，海寧蔣氏之別下齋，山陰沈氏之味經堂，慈谿馮氏之醉經閣，長沙袁氏之臥雪廬，常熟瞿氏之田裕齋，宜城李氏之瞿硎石室，錢唐吳氏之清來堂，仁和朱氏之結一廬，湖州陸氏之皕宋樓，金華胡氏之退補齋，豐順丁氏之靜持齋，南海孔氏之三十有三萬卷堂等；皆一一覼訪；或往復函商，或祭告備禮，或酬以縑帛，或易以琅函，或裹糧而往，僦屋傭鈔；或梯航往返，頻年借補；往往有提要所著闕卷如：經部魏了翁之尙書要義二十卷佚其三；許謙之讀四書叢說二十卷中庸佚其半論語全佚；史伯璿之四書管窺八卷論語第十一篇以下佚不可考；史部辛文房之唐才子傳原本十卷大典本因其散佚釐爲八卷；徐乾學之資治通鑑後編卷十一闕不可考；子部盧之頤之本草乘雅半偈原本十二卷闕其二；集部曹勛之松隱文集四十卷佚其一；朱右之白雲稿十卷佚其半等；皆得其全帙；爲之補足，彌前時之缺憾。而于滿珠蒙古漢字三合切音清文鑑三十三卷之居然能補疇昔閣藏四庫之未備者，（壬子閣目一頁四一本條下載嘉慶舊目注未到云）尤爲彌缺憾之大者焉！計自壬午迄戊子，凡七年；（光緒八年至十四年）除所收藏原書三三一種外，其殘編配湊者八九一種；補鈔者二一七四種；合訂三四七六九册。一律分別排比，製廚尊藏；其求而未得者，則別刊訪目，隨得隨補；自戊子以還，又得三十八種。于是所未得者惟九十餘種一千四百餘册而已。（據文瀾閣志卷下王同文瀾閣補書記如此而以卷上建置篇所云。『凡四庫書三萬五千九百九十册』與此數對校則遺者殊無一四〇〇册之多。而核以補鈔文瀾閣闕簡紀錄堵監理成績報告書所言。則當時京杭兩地共補鈔得二七種二〇四六册乙卯補鈔猶且未與不但已超越此數甚多即與當日原書册數較亦頗不侔矣。其書册裝訂厚薄之不同致然歟）然則閣書經二丁收補者，幾二萬五千餘册，合原書三之二矣。本館之所以有茲鉅籍，兀然爲江南魯殿靈光，以沾溉吾藝林于無既者，則丁公之遺澤爲足念也！自公補鈔文瀾閣書後四十餘年，錢念劬（恂）先生來長浙館；就丁鈔所未全者，更爲補鈔殘闕；是曰乙卯補鈔。其後教廳長張宗祥先生發願賡續未竟之業，與吳興周慶雲先生等謀醵資據文津閣本補鈔；倂聘堵申甫先生北上主其事；自十三年一月至十五年四月始竣事。是爲癸亥補鈔。至是文瀾閣四庫書乃漸復其原。丁氏除補鈔四庫全書外，卽閣中舊藏古今圖書集成亦賴公之主持配鈔二百四十七本六百十二萬四千零字，而始成完璧云。

西洋圖書館發達畧史（上）

美國 L. E Fay
A. T. Eaton 合著
李絜非 譯

近代式圖書館之發生，在歐美亦非甚久。惟推其淵源，西洋之圖書館史，自當上溯希臘羅馬之公家藏書，乃至亞述埃及之舊事。正猶吾國公家藏書之業，近可徵諸宋明之書院，遠可溯及先秦之往史也。西洋圖書館史，國內尚乏專書，顧一般讀書界于此，似不可不有相當之了解。美國 L. E. Fay 與 A. T. Eaton 二氏合著「圖書與圖書館」(Instruction in the use of Books and Libraries) 一書中，有圖書館史一章 (History of Libraries)（原書第十二章）叙述圖書館之發達，上溯近東古國，下迄歐洲近事，簡明條達，足供一般參考。爰爲迻譯，而改定篇名如此。所謂「西洋」，卽就歷史上通常視爲西洋文化者而言，包括希臘以前之埃及及亞述等國。原文本不分節　今分列爲古代中世近代三節，按期揭之本刊。譯筆未臻美善，尤盼讀者教正。

譯者識

一、古代的圖書館

因文字的演化和書籍的改良，蒐集與保存書籍的工作便緣之而起，這種工作的經過便是圖書館的歷史

丁氏興復文瀾閣書紀

陳訓慈

一　掇拾殘編　　二　重建故閣

三　鈔補闕簡　　四　整理續藏

松生先生篤學嗜書，而于時人尤推重俞曲園先生；曲園先生以晚淸儒宿，主詁經精舍三十年，常與先生往還，助其考訂圖籍。先生之歿，曲園先生爲文傳之，而最其一生功業，以存文獻爲先。其所以存文獻者多端，要以興復文瀾閣書尤稱盛業。

俞樾丁君家傳「最君一生之事，大端有二，曰存文獻，曰籌敎養。……譚公建復文瀾閣，必有鈔補閣書之議。……」

又輓詩之一「湖濱高閣又文瀾，全仗先生爲抱殘。三八千樓多善本，不然舊籍那能完。」

袁爽秋先生頌美先生濟生利羣之善舉，猶以修復閣書爲蘊括衆行，賢不可及。

袁昶丁徵君善舉二十八事碑「予維徵君居善地，心善淵，與善仁，事善能，動善時者，信見諸行事。而以修復閣書蘊括衆行中之尤大者，其賢不可及也。」

而金華胡鳳丹先生(原名宗楙)與先生以求書考訂相交好，仁和孫康侯先生則躬與同撰解題

孫峻八千卷樓書目序「乙未春丈有善本藏書志之作，約峻辰集酉散，日撰解題二十部。……每晨趣正修堂，丈危坐以侍，及開卷檢閱，靡不參伍錯綜，博引旁徵，峻述之而丈書之，閱三年畢事。」

寢饋書城，宜多推稱先生之藏書。然兩先生識評流俗，最舉懿行，亦以先生因藏書而興復故閣振起文敎爲先生之盛業。

胡鳳丹嘉惠堂藏書目序「世之藏書者，廛佞百宋，架矜千元，嚴一字之異同，走千里之聲氣。牙籤錦

軸，借不出戶；鐘鼎彝尊，等于玩好。未聞草莽伏處之身，乘兵火流離之會，奮身家不顧之勇，抱東南文獻之遺，卒能有志竟成，完斯鉅業。」

孫峻八千卷樓書目「吾聞世之藏書者，樓誇皕宋，架侈千元，富逾三館，吝借一瓻，不靳流布于人間，一若目之爲玩物。從未有身居草莽，增處流離，抱百折不回之志，握兩浙文運之樞，卒使宏願果償，成斯盛業。」

審諸子之言，則先生之所以傳誦士林者，信在是矣。方太平之亂，江浙三閣並遭兵刦，文宗文匯，尤蕩然寡遺。

莫友芝上曾文正書「（文宗文匯閣書）向由兩淮鹽運使經管，每閣歲派紳士十許人司其曝檢借收。咸豐二三年間，毛賊且至揚州，紳士曾呈請運使劉良駒籌費移書避深山中，堅不肯應。比賊火及閣，尚扃鑰完固，竟不能奪出一冊。鎮江閣在金山，二僧聞賊將至，亟督僧衆移運佛藏避之五峯下院，而典守書閣者揚州紳士，僧不得與聞，故亦聽付賊炬，惟有浩歎。」

其後莫子偲（友芝）奉曾文正命訪書，所得蓋僅。（見莫氏書札）自茲以還，興復幾成絕響。迄今大觀金山之遺址，空留憑弔，惟吾浙則湖光山色之間，猶留縹緗。承學之士，咸知南中僅有文瀾，與北方之文津文淵文溯相望。雖簣覆之竣，亦有得于後賢之繼武，而大功克集，要惟前哲之辛勞。惟是遺事舊聞，漸歸湮忘，後起學者，類不能詳，雖碩德永言留芳，而潛光已慨勿耀。用于先生百週誕辰之歲，尋繹故簡，掇引前紀，略述興復故閣之顛末，既以彰先生之遺愛，亦期留館史之鱗爪云爾。

一　掇拾殘編

（一八六二——一八七四年　即同治元年至十三年）

杭城當庚申之亂，（咸豐十年）閣未遭刦，及辛酉再陷，閣圮而書散。兵火擾攘，生民流離。先生與兄竹舟先生會以保衛里閈，昭助守之勇，至是益深絓牛弘書厄之歎，懔海峯焚書之論，不自以一介書生，而忘珍護文物之舉。兄弟相謀，以收拾文瀾之殘編爲己任。初則蚤夜潛拾，繼復遇險不懼，既己自爲蒐集，復因書賈曲致。辛勤堅卓，備嘗艱阻。

宜堂小記「……渡江赴留下鎭，見兄相持泣，……自梅東里別後，兄因憤……賊牽出將刃之，逸出郛趨留下。……乃渡錢江至甬東，飢渴驚疑。……題名陶堰，返留下。……先是兄見留下市賣食物，率裂四庫書紙包裹，乃集膽壯者數人乘夜檢拾，陸續藏西溪數千冊。至是余隨之，收其殘帙，至書盡而止。」

俞樾丁君家傳「……蘇省淪陷，杭勢益孤，……君渡江至蕭山，……出城時與竹舟君相失，至陶堰。見其題壁字，始知其在留下，乃往從之。即于留下設肆糴米，訪求親串之自城出者。留下市中賣物，率以字紙包裹取視，皆四庫書也。……隨地檢拾，得數十大冊。」

文瀾閣志卷下王同文瀾閣補書記「……杭郡當辛酉再陷，出圍城中者，救死扶傷之不暇，而竹舟主政松生徵君，賙卹其親故，更能不避艱險，每夕往返數十里，撫拾文瀾閣殘編，運至西溪，亟思所以寶守之，……及由西溪至歇浦，道出烏戍，經逆黨路要隘盤詰，見朱纍纍，知爲官家物，虎視蜂擁，舉白刃相向；同舟者咸心悸目瞪，而二君獨從容剖辨，卒能保其所深藏者，出虎穴而達滬瀆。」

丁立中先考松生府君年譜（下省作丁君年譜）「同治二年四月周匯西負書至滬—匯西潛回杭州，府君屬其假名惜字收遺書，比回，尋覩不得，舁家中停柩七具，出城以葬，收掩城內外骼胔數百，焚字紙凡數萬斤，就其中檢出成本者幾及十之一，又收購殘書約高二尺一束者計八百束來滬，悉以與府君。匯西名京，杭州人。」

同治三年二月，清軍旣復杭州，先生綜其先後收得之閣書，益以徐葵之所收者，爬梳整理，共八千餘冊。

王同文瀾閣補書記「泊省垣克復，卽買棹載書，言旋故里，復出資購求其散佚城鄉者，益以震澤徐茂才(葵之)所收集者五百四十九冊，共約九千有六十冊。

其時大亂初定，不遑修復故閣，先生乃建議以所得閣書藏府學尊經閣。

丁申恭鈔閣書擬暫儲杭府尊經閣稟(稟知府)「咸豐申庚申辛酉，杭城再陷，閣旣僅存遺址，書亦散佚無餘。職與弟丙當虎口餘生之際，每見叢殘遺籍，上鈐御寶，知繫閣書，卽留心敬謹珍收，密藏僻地。茲幸省城克復，重覩昇平，所有陸續收獲閣書，共八千六百八十九本，恐陷褻藏之咎，理應恭繳。惟閣未建復，無地尊藏。查有杭州府學尊經閣，燹後巋然尙存，謹以珍庋，謹繕書目淸單，呈祈察收，擬請檄飭府學教授，驗明暫儲，遴派董事，督同管理。」(文瀾閣志卷上)

當局採其議，以同治三年六月移藏入閣，幷遴選董事四人，(竹舟先生與其列)由府學教授督同管理。于是陸光祺爲繪圖記其事。時左文襄撫浙，題曰書庫抱殘圖以寵之。

丁君年譜「同治三年六月尊藏文瀾閣遺書于府學尊經閣，繪圖紀事。……遇陸菊珊丈光祺于滬上，丈曾典守文瀾閣事，工六法，府君旣乞其整理書籍，幷請繪圖以記其事；左文襄題曰書庫抱殘圖。」

(後有楊晉藩繪第二圖，吳伯滔繪第三圖)

同治五年至十年，先生復與兄竹舟先生出資購求閣書之散佚城鄉者，先後呈繳三百餘冊，連前所藏共得九千〇六十冊，(案其中有圖書集成殘本六七三冊)繕定書目，呈報當局，規定經費，請當局咨部備案。

詳送書目咨部奉到撫批鹽運使飭知「……本司(案當係布政使司)伏查……丁申……先後購得八千一百四十本，又震澤生員徐葵之在滬收集五百四十九本，統計八千六百八十九本，並據丁申五次續收書三百七十一本，共計前後收書九千六十本，均經收儲杭州府學尊經閣，由該學教授選派學識門斗封鎖守護，每年由丁申稟請詳給晒書經費銀六十兩在案。茲據呈送書目，……備文詳送，伏候憲台察核，詳請鹽憲轉咨禮戶部查照。」

丁君年譜「同治九年，命立誠（竹舟先生子）至四明訪購四庫遺書——府君命修甫兄偕吳興朱叟東皋訪之，得四庫遺書數十冊，暨十萬卷樓王氏舊本八百冊以歸。」

其後閣書又續得二本，（同治十三年竹舟先生經嘉興得元釋圓至牧潛集二本）而書閣董事，亦以原任者先後離杭，經當局改委陸楨張景雲姚士陞及先生四人（原皆掌丁祭局事）兼管。（見光緒元年陸楨等稟）在此以前，先生不居掌閣書之名，是後先生既受書閣董事之名，益將進謀修復故閣與鈔補闕簡焉。

二　重建故閣

（一八八〇—一八八一年即光緒六年至七年）

先生之興復文瀾，先以收拾殘編，次以規復書閣。方辛酉杭城再陷，文瀾閣雖尚未全燬，而傾圮不堪，僅留欃棟。

鄒在寅重修文瀾閣紀事「咸豐庚辛間，……書籍狼藉散棄，莫爲典守。沿湖之金碧藏榭，悉成煨燼，而是閣巋然尚存棟柱，非蒼蒼者留以有待歟？」

亂平以後，文教未遑。崇文書院詁經精舍雖次第修復，（亦先生主其事）而書閣猶未之及。

丁君年譜「同治四年正月監造崇文書院　二月監造詁經精舍及正氣先覺遺愛祠（俞曲園有記）　五年三月監造敷文書院。（馬端敏有記）」

同上「斯事體大，提舉爲艱，雖大吏投戈講藝，崇文詁經，先後建復，而書閣獨未之及。」

維時先生方盡力蒐集殘編，更僕僕助安輯之政，于閣工蓋留以有待。比茶陵譚文勤公（鍾麟）撫浙，先生所集亦已不鮮，遂受建復故閣之命。

譚文勤當同治間曾守杭州，熟聞先生之志事而心儀之。光緒五年冬，巡撫浙江，以爲興廢舉墜，百端待理，而文瀾舊藏既已得其四之一，則興復故閣，實不容緩。初譚公于先一年從知不足齋鮑氏購得圖書集成，至是捐存閣中，因進與先生謀修閣。光緒六年九月，先生乃製修建工程圖摺，譚公屬先生與應寶時（曾任江蘇按察使）主其事，估定工料經費萬二千九百十三元，指定由釐捐局就絲捐支給，不敷則于善後項下借支。（見布政使照會）先生乃與應君會呈領款，定十月八日開工。（分三次領款：六年十月領六千元，十一月三千元，七年三月三千元，見布政使照會及三次呈文）先生與鄒在寅董其役。旋以增修圍牆假山諸門（連正屋修建費共一四一三三元）御碑亭偏屋廚房（一八九〇元）刻碑維修（八八〇元）迪鈔補圖書集成夾板木櫥等（約一千元有奇）合計費用共約一萬八千元，經先生等會呈由藩司飭釐捐局照撥。

詳見光緒七年六月續添工程估價請款呈及七年七月撥給經費布政使照會（文瀾閣志卷下）

蓋自六年十月迄七年九月，凡閱一年而工成。于是劫後故閣，煥然一新，花石亭榭之勝，有過舊觀。張子祥（熊）為先生繪文瀾補書圖，譚公欣然以有志竟成歸美先生焉。

鄒在寅重建文瀾閣紀事「光緒己卯，茶陵譚公奉命撫浙，公昔嘗守杭，稔知丁氏昆季嘗冒鋒鏑掇拾殘書于兵燹中，亟籌款振興之，而命寅董斯役。……爰臨湖鑿坊一座，建垂花門宮門各三，東西邊門二，角門二，其左為待漏房，內為閣之前門，閣前舊有池，池之南建平廳五，迤西為廊為亭，東為御碑亭月臺，池之北就舊址築閣三成，閣之東別創太乙分青室，為士子願讀中祕書者憩息之所。又向西為書室五，……四周繚以垣墻。是役也，經始于庚辰之秋，閱十二月而工以成，計支用番銀一萬八千圓有奇。聖因寺之三門，暨恭配欽定古今圖書集成，咸取費于其中。」（年譜光緒六年十月監造文瀾閣據此文）

譚鍾麟文瀾歸書圖跋「念尊經地狹，不便學徒翻閱，乃謀復文瀾之舊，費取諸公，而鳩工庀材，松生任之，經營一載，而閣以成，于是舉所藏者歸之閣中。……松生昆仲十餘年搜羅掇拾之勤，至此始償其夙願，可謂有志竟成矣。」（見文瀾閣志附錄）

閣工既竣，先生既呈請驗收，遂請將舊藏尊經閣之四庫全書閣本與圖書集成移藏新閣，復出其家藏全唐文全帙移助其中，並自認經費不足之數。

應寶時丁丙修閣工竣請委員驗收呈「……（上述經費追加及領足經過）……遵將經費會同領回並催集工匠趕將原估及添建各項工程於前月內一律完竣。所有舊存杭州府學尊經閣四庫全書遺冊一萬餘本，又鈔補古今圖書集成五千二十冊，並以職丙家藏欽定全唐文一千卷，一律恭移，分三十二櫥珍藏，交憲派管書董事沈燦收掌。合將所用工料逐細造具清冊同保固切結，一并呈請察核，委驗施行。惟是……工程隨作隨添，……在續估以後，始行扶砌補植，若再加請經費，事涉瑣煩，均由職丙承辦，並聲明」（七年十月）

譚公報其事于朝，並請頒給文瀾閣匾額，及平定粵匪方略，復以丁氏兄弟頻年收繳庫書，經理修建，勞勩應賞，而以先生屢辭保獎，故請褒獎其兄。

浙江巡撫奏報修復文瀾閣請頒給御書及方略并獎勵紳士片「……咸豐庚申辛酉，省城再陷，全書散帙……丁申丁丙不避艱危，潛拾殘編，……繳存杭州府學……頻年留心收繳，……其苦心孤詣，實爲人所難能，而費資竭力，固無論矣。……因親詣舊閣查勘籌款修復，派丁丙經理其事。今幸煥然一新，將所存府學書籍移藏其中，而丁申兄弟又以家藏全唐文一部益之。現經另派董事看守。……仰懇聖恩頒賞文瀾閣三字……（下述稱許丁氏兄弟及請獎請頒方略事）……（光緒七年十月）

丁是匾額及方略先後見頒，而竹舟先生亦獨蒙四品之殊獎焉。

文瀾閣志卷首「光緒七年十月十六日奉上諭譚鍾麟奏修復文瀾閣，請頒發匾額方略，並將搜求遺書之紳士獎勵等語，浙江省城文瀾閣燬于兵燹，現經譚鍾麟等籌款修復，其散佚書籍，經紳士丁申丁丙購求藏本，漸復舊觀，洵足嘉惠藝林。著南書房翰林書寫文瀾閣匾額頒發，並著武英殿頒發剿平粵匪方略一部，交浙江巡撫祇領尊藏。主事丁申著賞四物頂戴，以示獎勵。」

譚公繼又委沈燦任管書董事，而命先生訂薪食修理經費及章程，先生于呈送補鈔閣書章程時，詳爲擬訂，得當局之准行，書閣經常事務與取費始釐然有統系云。

丁丙送呈補鈔閣書章程幷議定經費，「……（上引布政使照會）奉此伏查閣地甚爲寬曠，庫書實宜愼重，經理須常川看守，薪水似宜從優，每月擬支錢二十四千文。……修理一項……以上統共連遇閏之年，數在千串之則，按季由善堂董事核實造冊，呈請釐捐局，于用絲捐內給發，仍擬就近會同濬湖局董事，經管修理工役等事，互相照料，以期周密。閣內既有藏書，即不得任閒雜人等恣意游玩，每歲擬請憲臺示禁一道，俾知敬畏。如有士子請書觀覽，卽知照沈紳至閣取出，就別舍繙覽，或鈔或摘，不准移借流損，並不准借觀書之名，作遊湖之寓，每屆曬書，查點一次，報案備考。」七年八月

三　鈔補闕簡

（一八八一——一八九八年卽光緒七年至二十四年）

乾隆時原頒之文瀾閣四庫全書，都三萬五千九百九十冊，（又總目考證一二七冊）先生兄弟亂後掇拾閣書凡得八一四〇冊，益以徐棻之在滬收集者五四九冊，共八六八九冊。同治五年至十年陸續收繳三七一冊，同治十三年又得二冊，都九〇六二冊。內除圖書集成殘本六七三冊，則四庫全書自府學遷回文瀾故址時，實爲八三八九冊。持較原帙，所存僅四之一。

丁午文瀾卷賸補遺書議「文瀾閣四庫全書綜三萬六千冊，……今伯兄收繳恭藏杭州府學尊經閣者綜九千冊（案除去圖書集成實不足此數）爲卷二萬有奇，視全書僅四之一。」

先生矢願復其全璧，于是依據總目。先後訪求，或購集底本，或豫借錄副，或註明版本，以待商借。

王同文瀾閣補書記「曾藏郡庠，其苦心稍慰，宏願亦少償矣。顧所儲僅三之一，又復旁搜博覽，竭數年之心力，擇可購之底本購之，所不能購者則豫借錄副，一時不及徧借，則于簡明目錄下小楷詳註某省某郡某某家藏刊本某鈔本或某局刻某叢書，以待商借。」

其後閣工將竣，奉命擬具薪食歲修等費，即建議覓人寫校缺書，並擬呈補鈔閣書章程十七條（七年八月）

丁丙送呈補閣鈔書章程并議定經費案「……時丁浩劫，鎮江揚州兩分悉罹兵火，片紙無存，杭州幸覩陳編，……謹按遺書全者凡三百餘部，闕者尚有九百數十種，其中除十三經二十四史各省通志佩文韻府部大字多不及鈔寫者，則備價購藏，此外先將缺卷無多及版本希少各書，儘職家藏，并另借底本，覓人寫校，仿照閣本紙紅格絹面之式，每冊估計約銀一兩，每年以二千冊爲率，加以校對筆墨添置書櫥裝潢殘帙添配夾板，又另購刻本大部價値，如蒙仍酌提用絲捐，通年需錢五千串，責成善堂首士，隨鈔隨購，實力經理，按年報捐，大約四五年後，可復舊觀。」（光緒七年八月）

又附補鈔閣書章程（引言）「茶陵譚公撫浙之明年，創修文瀾閣。既竣，閣本散佚，現存者纔什之四五，闕佚尚多，遂有移借補鈔之議。方伯德公樂成其事，議于用絲捐項下按年提款舉辦，詳奉允行。……」（下爲章程十七條，不贅引，所擬至爲縝密，具足徵其珍重垂久之心。」

自是先生欣然以鈔補閣書臻于完璧自任。光緒八年五月，始設局于東城講舍，悉出其家中珍藏之副本，更復百計羅致海內藏書家之四庫書底本，沂自本郡，遠暨三湘，往復營謀，逐年鈔補。

丁君年譜「光緒八年五月，鈔補文瀾閣書，設局東城講舍。府君舉王同伯丈及張君小雲孫君和叔經理其事。」（案東城講舍在慶春橋西，同治四年知府薛尉農（時雨）爲先生經理修葺，爲文紀事。）

王同文瀾閣補書記「……迨茶陵譚公奉今天子命來撫是邦，倡議建閣鈔補，冀復舊觀。（案本文于建閣事略不詳）乃條上章程，悉出其八千卷樓珍藏之副本，倩人恭繕。他如鄞郡范氏之天一閣，盧氏之抱經樓，錢塘汪氏之振綺堂，孫氏之壽松堂，海甯蔣氏之別下齋，山陰沈氏之味經堂，慈谿馮氏之醉經閣，長沙袁氏之臥雪廬，常熟瞿氏之田裕齋，宣城李氏之瞿硎石室，錢塘吳氏之淸來堂。仁和朱氏之結一廬，湖州陸氏之皕宋樓，金華胡氏之退補齋，豐順丁氏之持靜齋，南海孔氏之三十有三萬卷堂，凡他人插架之書，一一按索。或酬以縑帛，或易以琅函，或裹糧而往，僦屋傭鈔，或航海而歸，頻年借補」。並舉張大昌孫樹禮主其事，當時寫官多至百餘人，皆親爲指示，不避煩瑣。

應寶時金日修王同丁丙呈續議補鈔閣書章程呈「查上年五月間起，遵照原存書式購備紙張刊印板格，擬就鈔補規約，集倩謄錄諸人，所有閣書，雖爲職丙將家藏底本應發，而書手多至一百餘人，其間分別全鈔補鈔，詳審底本是否與提要相符，勻酌紙張，指示格式，按期收書發書，核算字數，付給工資。……並請副貢張大昌恩貢孫樹禮專理其事，另延司事二人，幫爲料理，各議辛資，俾有責成，俟鈔補成數千整冊，再行裝訂。間有從前閣書散失在外，此後如有歸繳，無論現在已補未補，仍擬給價購回。」

翌歲三月，先生又與應寶時等會呈續議補鈔閣書章程六條。鈔校之費，當時由釐捐局就絲捐提用，每年約提錢五千串。而時論多疑，妄滋誹議，或以爲不能鈔齊，或以爲不必全鈔。

丁午文瀾閣購補遺書議「……說者謂四部中不急之書儘多，其不必補也一。書既叢殘，所存不敵所散，其不必補也二。國用未舒，籌款維艱，其難于補者三。燹後故家收藏，坊肆儲積，悉遭灰燼，底本無徵，其難于補者四。執是說者，皆未仰窺御書之燦備，與討論典籍之源流也。」

而先生持以堅毅，力主續鈔，期以必竟全功。從弟頤生(名午)亦備陳不宜中輟之故。惟以爲訪補爲難，別主籌款赴都，照文瀾閣本補鈔。其後復提鈔補不如購補之議。

丁午文瀾閣購補遺書續議「……轉不若就近購補，既省校讎之力，且爲費必減于補鈔，時日又不至迂緩，是鈔補不如購補之爲得也。……(下列舉闕書之流行較多可以「按圖索驥」「或鈔或購」。)

惟當時購求所得已多，續致非易；故補闕之業，自仍以依據各本，「全歸繕寫」爲長。而其間工程之繁艱，有非身歷其事不能知者。

應寶時丁丙等議復補鈔閣書展限呈「書既不購，自應全歸繕寫。……且全書之中，有雙行夾注，有夾注中夾注，有封象圖畫，有篆隸鐘鼎，有滿洲蒙古字，有橫表八線表，有朱墨並書，有五色夾寫，有檯頭空格，有通天空格，有眉端御批，……事非呆版。……所備底本有官版，有民間家刻，有宋槧，有元明舊刻，有精鈔本，有影鈔本，有大典本，有叢書本，購既不易，借更爲難。且有同是一書閣本所收爲某某刻本，而細核提要所案不符，雖有底本，不能照鈔，仍須另覓。又有提要云若干卷數，而所存殘缺閣書，反在若干卷數以外，須舍不足本而另借別本恭配。數年以來，遠而京師，近而蘇滬甯紹嘉湖，或買或借，欲求其全，殊非易易。其宋元珍本不能遠借者又須另倩妥人，就地往鈔。一書鈔就，必經十數轉手，方得告成。若非遵奉經理，斷不知此中如是艱苦也。」

補鈔手續既繁，耗費自多，需時亦久。其間釐局曾以費艱，有暫行停鈔閣書之請。(光緒十二年)先生力持不可，卒得當局允其續竟全功。

應寶時等議復補鈔閣書展限呈「……至本年冬季止，計四年半，約已成書二千八百種，共二萬八千本，是全書種數冊數，均在八成之則。計先後領過錢三萬串。……今查未成之書，約七百餘種計八千餘冊，如底本借覓齊全，再有兩年之期，經費一萬四五千串，當可告成。……細核呈復，仰祈轉詳撫憲，俾竟全功。」

布政使照會「奉撫憲衞批……如詳辦理。……爲此照會貴紳等，希將未成之書，趕緊借覓鈔補以竟全功」。

是後二年，卽光緒十四年，鈔補之業，除未得底本之千餘冊外，其餘咸爲告竣。計自光緒八年至十四年，先後配鈔殘編或補鈔全帙者，約二萬三千餘冊，合亂後所收殘編都爲三萬四千餘冊。此後至二十三年，又補鈔三十八種。(未詳冊數)于是經歷兵刼之文瀾閣四庫全書既得先生拾遺保存于前，復經鈔補配合于後。琳琅鉅籍，幾復舊觀。雖簣覆之業，猶竢方來，而作始勤勞，堪垂不朽已。

王同文瀾閣補書記「計自壬午(光緒八年)迄戊子(十四年)凡七年，實支錢五萬一千六百緡有奇，除所收藏原全書三百三十一種外，其殘編恭配者八百九十一種，補鈔者二千一百七十四種，合訂三萬四千七百六十九冊，一律分別排比，裝潢尊藏，其餘求而未得之書，別刊訪目，隨得隨補，……自戊子至今，計又補三十八種矣。其所未得者，九十餘種一千四百餘冊。……」

〔案四庫書本為三五九九〇冊，總目考證二二七冊。當時已鈔至光緒二十四年當已近三萬五千冊，而云尚少千四百冊，當係訂書有厚薄之故。其後本館重經乙卯補鈔與癸亥補鈔，癸亥補鈔據報告為書已二一七種二〇四六冊，與此文所述數大異。衡以今日實計全書三六二七八冊，則是書在此時何能已有三萬五千冊之則，殆以後來有以原鈔易丁鈔及以丁鈔易新鈔者，而當時所計冊數之確否，亦一問題也。〕

抑更有足述者，則四庫之纂修，或以所據未善，或以繕錄欠審，闕卷訛字，更僕難數。今茲補鈔，廣羅善本，微論其必滅魯魚之誤，抑復補闕為全，較然可證，此又考閣史者所不可不知也。

王同文瀾閣補書記「往往有提要所著闕卷，如經部魏氏了翁之尚書要義二十卷，佚其三；許氏謙之讀四書叢說二十卷，中庸佚其半，論語全佚；史氏伯璿之四書管窺八卷，論語第十一篇以下佚不可考；史部辛氏文房之唐才子傳原本十卷，永樂大典本因其散佚釐為八卷；徐乾學之資治通鑑後編卷十一闕不可考；子部盧氏之頤之本草乘雅半偈原本十二卷，闕其二；集部曹氏勛之松隱文集四十卷，佚其一；朱氏右之白雲稿十卷，佚其半；今皆得其全帙，謹為補足，以彌前時之缺憾，是亦可謂盡力矣」。

四庫全書集部，已收清高宗文凡二集，清高宗詩凡四集。又史部有八旗通志。乾隆好弄翰墨，四庫成書後續有撰詠，八旗通志亦續輯二集，皆于嘉慶年間經藏閣中。覈實言之，四庫全書實不包括此後編諸書，然既為續集，亦為歷年珍藏，故丁氏之鈔補庫書，于此續藏書亦並加鈔補凡百九十五冊云。

錢恂文瀾閣目卷五之三（續藏書之部）

「清高宗御製文三集十六卷餘集二卷五冊（計補鈔三冊）

清高宗詩五集一百卷目錄十二卷餘集二十卷目錄三卷（一百十四冊計補鈔九十冊）

八旗通志二集三百四十二卷卷首十二卷目錄二卷存(一百十六冊計補鈔者一百〇二冊)」

(案四庫書原本首頁皆有「古稀天子之寶」末頁皆有「乾隆御覽之寶」二印璽。續藏諸集則首頁有「嘉慶尊親之寶」或「稽古右文之寶」，末頁有「夙聞詩禮懷心傳」，或「嘉慶御覽之寶」諸璽。所以不同者因高宗禪位未歿時與仁宗正式臨御後印文取意不同也)

四　整理續藏

(一八八一—一八九五年　即光緒七年至二十五年)

文瀾閣藏書，自四庫全書以外，舊有古今圖書集成五千二十冊，全唐文五百四冊。太平亂後，亦並歸散佚。其後配補整理，及益以續藏，亦文瀾興復之故實也。分疏其略于次。

一曰圖書集成　杭州之有殿本圖集成，蓋先于四庫全書。

錢恂文瀾閣目卷五之四(古今圖書集成)「杭州西湖之有圖書集成也，實先于文瀾閣之有四庫書。蓋文瀾閣本(按指閣本圖書集成)因尊經閣改修，尊經即乾隆行宮藏圖書集成之所也。」

譚文勤興建故閣之先，自鮑氏購得圖書集成一部，閣成即捐藏其中。顧是書已多殘缺，亦賴先生爲之主持補鈔，始復舊觀。

譚鍾麟文瀾歸書圖跋「光緒庚辰(六年)夏余從鮑氏(案即知不足齋)購得圖書集成全部，亦多殘缺，松生爲之補繕完好，以榮藏之。」

文瀾閣目卷五之四「(圖書集成)咸豐兵燹，舊藏散亂，(原泮今尚存一二百冊破碎不完)丁氏別購鮑氏家藏不完本以代之，鮑氏即士恭後人，其書即乾隆三十九年賜本也。(案四庫徵書規定進呈多者賜圖書集成全唐文等，鮑氏知不足齋進書多故有此賜)丁氏又用他本鈔補四十二冊，勉成完書，今仍貯閣中。」

其事蓋在光緒七年文瀾建成之時，耗費千金，亦出諸當時修建之追加經費云。

應寶時等續添工程估價請款呈「……又鈔補圖書集成二百四十七本，計字六百十二萬四千零，繪圖校對筆貲暨裝訂修補五千二十冊，夾版五百二副，製木櫥十六座等，計需洋一千元有奇。」

二曰全唐文　文瀾閣之有全唐文，始于嘉慶季年，亂後散佚。

錢恂文瀾閣目(夾五之三)「全唐文一千夾(刊本二百六十冊)嘉慶舊目載嘉慶二十四年奉兩淮運司移到全唐文九十匣計五百四冊。此書經咸豐兵燹散佚。」

書閣重建，圖書集成復經配全，所闕惟全唐文。先生家藏此書二百六十冊，(案今藏爲此數)(當亦係進書時所賜)遂以捐藏閣中。

同上「……光緒朝丁氏重興文瀾閣時，將家藏重刊本送藏閣中，卽今書也。今書固首尾無缺，卽舊時亦未有缺，嘉慶舊目可據。」修閣工竣呈「……並以職丙家藏欽定全唐文一千卷一律恭移。」

三曰剿平粵匪方略　太平之亂既平，淸廷有平定粵匪方略之編撰，以同治十一年八月告成，都四百二十卷。光緒七年，譚公請頒文瀾匾額，同時以文獻無徵事蹟需考之理由，請頒方略一部。

浙江巡撫奏報請頒給御書方略并獎勵紳士片「再浙省亂後，各府縣志蕩然無存，現雖先後設局補修，而文獻無徵，恐庚辛之變紀載失實，應請特恩頒給平定粵匪方略一部，尊藏閣中，庶修志者有可查考。」

淸廷卽諭武英殿頒發剿平粵匪方略四百二十本，以由隄塘朱朝陽代領存塘多日，經管解京餉委員寶申擕浙，于八年始到浙，先生具呈領藏文瀾閣。(惟原書當時爲草訂而無底面，先生復屬員裝訂分函加夾版置櫥。)

四曰勸善要言。是書淸廷崇爲淸世祖所撰，德宗命譯成漢文，分頒各省。光緒十七年十二月，內閣頒發此書于浙江文瀾閣，先生與王同孫樹禮孫峻等具領尊藏。(見文瀾閣志卷上所載公牘)此書祇一冊，當時並由浙江官書局刊刻云。

文瀾閣目（卷五之三）「勸善要言　浙江奉此發書局刊刻，而以其一部藏入閣中，今存之。頒交時各省皆有，而浙刻獨精。」

五曰閩省聚珍版叢書。乾隆時武英殿聚珍本叢書，印刷時增，頒行又有去取，致各省傳刻不一，而以閩刻爲最多。然歲久亦頗多漶缺。譚文勤自浙撫升督閩浙，移飭閩中，復加修補，凡一百四十三種一千冊。譚公心不忘杭，刊既成，郵書送其全帙，命藏閣中。以光緒二十一年五月咨達浙撫，亦由先生具領，轉發文瀾閣貯藏。時先生已六十四歲，鑒於四庫補闕略備，而閣書之儲藏日富，其欣悅可知矣。

錢塘孫和叔（樹禮）孫康侯（峻）二先生年齒略後於先生，皆身與典守文瀾補書之役。至是兩先生乃輯文瀾閣之淵源重建及閣書補鈔等文字，爲文瀾閣志，析爲綸音建置圖說公牘藝文等目，而以諸家題詠抱殘歸書圖諸作附其後。二十四年六月，先生爲之刊印。是書雖體例未善，而彙載故實，要足備文瀾之掌故，亦足昭先生興復之勞勩也。（本文上引諸篇，據是書者不少。原書列入武林掌故叢編二十六集。）

＊　＊　＊　＊　＊

自宣統末就文瀾閣西建圖書館，移閣書其中。於是四庫書與閣仳離，而與圖書館相撮合。民國四年以後，數經補鈔。

章箴浙江公立圖書館之沿革「四庫全書　此書據兩浙鹽法志，凡三萬五千九百九十冊，洪楊之亂，閣燬書散，錢唐丁申丁丙於流離轉徙中，搜購萬餘冊，嗣又補鈔二萬餘冊。其無可鈔者，別編待訪目。民國元年，館中編閣目，亦列待訪書待訪卷兩門，計待訪書除宋稗類鈔忠愍集收回外，尚有百種，其待訪卷百十四種，則非塙數，蓋有實缺而漏列者，亦有實不缺或原缺而誤列者。四年前館長錢恂以公款及私人捐款合六千二百餘圓，補鈔缺書缺卷，都三十三種，又購回已有丁鈔之舊鈔殘本百八十二是爲乙卯補鈔。十二年，吳興周慶雲等又集款萬六千六百餘圓補鈔缺書缺卷，都二百十一種，是爲癸亥補鈔（案當時聘堵福詵氏入京主持向文津閣補鈔）同時館中亦購得已丁鈔之舊鈔兩種，於是以舊鈔易丁鈔，間有所據本不同不能配合者，則別儲之。周鈔與丁鈔重者，則擇善而從之。截至六千二百七十八冊，以較總目，尚缺書一種，缺卷二十六種。此一簣之功之當竟者也。」（見本館館十五年七月終，實存三千四百五十九種，三萬報第一卷引）案右文紀載甚略，其詳當別爲文紀之。

於是文瀾閣四庫全書，除略有缺卷以外，已可謂復其全璧。

文瀾閣四庫全書現缺一種（子部）衞生十全方三卷奇疾方一卷

文瀾閣四庫全書現尙缺卷之書二十六種　周易新講義卷六後半至卷十　大易粹言第七十四五篇

宋史丁鈔各卷攷證（按本館有武英殿莆古堂同文局竹簡齋各本可鈔）　建炎以來繫年要錄丁鈔各卷攷證　歷代紀事年表地圖　三吳水攷卷八九　桂勝卷十一—十六　大事記講義卷五　風俗通義附錄一卷　老學庵續筆記二卷　竹嶼山房雜部種植部十卷　廣弘明集丁鈔各卷音釋

梨岳集附錄一卷　客亭類稿卷十五　本堂集卷廿八•六十七•七十六•八十七共四卷　吳文正集卷五十一、五十二　海叟集外詩一卷　滎陽外史集七卷　唐愚士會稽懷古詩一卷

遜志齋集卷十至十二又附錄一卷　毅齋詩文集附錄一卷　未軒集補遺二卷　西村集附錄一卷

蓮洋詩鈔卷九卷十　具茨詩集補遺一卷文集補遺一卷　四朝詩元詩末卷明詩末八卷

案四庫全書各部原鈔，因督率偶疏，亦有原自缺卷者。本館丁氏以後補鈔，多據文津閣本，右列缺卷，殆文津亦有缺者。現正向北平查核文淵閣本，藉謀續補。章氏所謂一簣之功，如他本亦不盡全固不能必爲覆成也。

而附藏之書，亦悉復其舊。文瀾舊業，維繫勿墜；湖光嵐影，長留珍籍。雖後賢繼武，克底于成，而矩型是式，端賴前規。先生之竺志文獻，盡瘁鄉邦，洵足繫後人無窮之敬思矣。

案本館現藏四庫全書三六二七八册，分藏九十四櫥，如初頒之舊。圖書集成五〇二〇册，分藏十四櫥。全唐文二六〇册，爲櫥一；剿平粤匪方略四二〇册，爲櫥一，櫥面皆鐫文瀾閣尊藏五字，都百有十櫥。其嘉慶後續頒之高宗御製文縂集及御製詩續集八旗通志二集，亦仿舊例置入櫥中。其武英殿聚珍本叢書千册，並見于錢念劬先生(恂)所編之文瀾閣目，(「壬子文瀾閣所存書目」)則別置於木櫥，未刊文瀾閣等字。以上諸書，悉藏孤山分館之書樓。剿平粤匪方略爲通行刊本，非珍貴之書，故錢目眉批云「改入觀覽類。」」(本館舊有保存類觀覽類之分意即善本與非善本)然以其爲文瀾閣舊藏，櫥與四庫一式，故管理者閱書者每與庫書齊視。文瀾閣目自民國元年錢念劬先生編次後，(民國十二年本館印行所刊)久未重編，其中注云缺者，經乙卯補鈔癸亥補鈔以後，多已齊全，亦有待重編云。作者附識

更正

1. 本刊第一卷第五六期合刊總館紀略篇「巡檢增韞」頁十二 巡檢係巡撫之誤。
2. 閱覽統計七月份均係六月份之訛，
3. 又總目「浙東各圖書館視察報告」，與原題「巡禮了本省各縣市圖書館以後」不相符合，版心印「視導報告」當時排校時意取省略，皆應從原題。
4. 又總目末頁附印章氏叢書廣告誤將撰人名字奪一炳字。

文瀾閣四庫全書史表

張崟

曩成『館藏文瀾閣四庫全書小史』一文，稿成而未梓；原文有附表一，今姑先布于月刊餘幅，緣其橫行斜上，文簡事賅；且可益見丁氏與閣書之攸關也。惟媿學識謭淺，聞見仄隘；每欲博涉，輒與願違；如松存先生之宜堂日記宜堂小說記二書，以爲于贖鈔閣書之役，必多詳記；而文獻散湮，末由目驗，則亦徒呼負負而已。表內所載事蹟，洪纖不一，因除煩則意有所遴，而此種旁蒐所得，容非無裨于閣書之掌故云爾。

年號	年月 夏曆	年月 西曆	事由	備攷
清乾隆	四十七年正月丙辰（十九日）	一七八二年三月二日	頭分四庫全書告成	距四庫開館已十年
	七月甲辰（初九日）	一七八二年八月十七	詔命續繕四庫全書三分分庋揚州之文匯閣鎮江之文宗閣杭州聖因寺之文瀾閣	陸費墀實主其事云
	五十二年	一七八七年	陸費墀賠辦江浙三分書裝潢	案因四庫中尚有應爨未燬者被發覺也
	五十三年？	一七八八年	續繕三分四庫書成　陸費墀奉命寫西湖校文瀾閣已到之書	案此尚待續考今姑据任氏四庫答問之說
	五十五年	一七九〇年	閣書陸續頒藏	見同年五月癸卯上諭

	五十九年十月	一七九四年	鹽政戴全德薦汪中(容甫)校勘文瀾閣四庫全書「其時書已經陸續送閣所未成者不足三四千册」	據汪容甫年譜
	十一月十九日	月	汪中薨于杭寓　校勘未及百一	
	?	?	閣本四庫全書頒藏全蔵	案上條云云則閣本四庫至是年猶未頒畢惟究以何歲頒完則文獻無徵尙俟另考
嘉慶	?年		頒清高宗御製文三集十六卷餘集二卷又詩五集一百卷目錄十二卷餘集二十卷目錄三卷	据壬子閣目卷五之三謂必嘉慶初年太上皇尙御世時所頒故不稱廟號云
	?年		頒藏八旗通志二集	
	廿四年		兩淮運司奉上諭移全唐文五十匣計五百四册到	案原本已燬于兵燹今本係丁氏捐藏者
道光	十七年夏	一八三七年	屠筱園爲錢泰吉來鈔王氏益之西漢年紀	見曝書雜記二
咸豐	十年二月廿一日	一八六〇年月日	太平軍抵杭　廿七日城破閣書遭擾	是役省垣被踞者凡六日
	三月初三日		杭垣克復	
	十一年九月	一八六一年	杭城又被圍	
	十一月廿八日		省垣再破閣遭兵燹書亦波及	

同治	元年正月廿一日	一八六二年	邑紳丁氏竹舟松生兄弟自甬渡江至留下鎮收集四庫書殘本	据八千卷樓書目丁仁跋
	四月	月　日	松生『由甬至滬復溯江赴如皋至泰州偶過冷攤即有所獲』	
	二年四月	一八六三年	受丁松生託潛返杭城假惜字以收買遺書之書賈周匯西負書至滬畀以松生	
	三年二月廿四日卯刻	一八六四年	杭城克復	
	三月十日		丁松生昆仲自滬歸杭陸續將所收得之四庫書運返省垣以閣已半圮乃稟請大吏暫儲之杭府學尊經閣	
	六月		尊藏遺書于尊經閣例請昔曾典守閣事之陸光祺加以整理且為繪圖紀事	案即書庫抱殘圖
光緒	九年十一月	一八七〇年	丁松生命兄子立誠往四明訪購四庫全書得數十冊	
	六年十月	一八八〇年	丁松生與郡任黃奉命督造文瀾閣其先巡撫譚鍾麟購得鮑氏圖書集成一部捐存閣中而短缺數十卷因與松生謀復建文瀾閣遂有鈔補閣書之議	
	同月初八日		破土動工	
	七年三月	一八八一年	重建文瀾閣落成將前存杭府學尊經閣中書移藏其中丁氏兄弟又以家藏「全唐文」一部捐藏焉	
	七月		譚鍾麟奏請廣復文瀾閣賞給扁額「平定學匪方略」並賞丁申四品銜	案扁額現存孤山本館分館另有刻碑在文瀾閣左旁御碑亭中

八年五月	一八八二年	丁氏設局補鈔文瀾閣書除盡出其家藏珍籍集工迻寫外又從天一閣抱經樓振綺堂壽松堂諸藏書家案籍徵求以爲底本	
十二年十一月	一八八六年	自八年至此四年半間約已鈔補成書二八〇〇種二八〇〇〇本	見文瀾閣志卷上四七頁
十三年十月	一八八七年	丁申卒	
十四年	一八八八年	補鈔閣書竣事『除閣中收藏原全書三三一種外其殘編恭配者八九一種補鈔二一七四種合訂三四七六九冊……其餘求而未得之書別刊訪目隨得隨補』	括弧所引係錄自丁松生年譜八年補鈔閣書條細注
十七年十二月	一八九一年	丁松牛領欽頒「勸善要言」原書送藏文瀾閣	
二十年	一八九四年	閣書本庋架至此始易以櫥且易楠木匣爲銀杏夾板改絹面爲紙面——爲省費計也	案今閣書尙有小部分保存絹面原狀者
廿一年五月	一八九五年	丁松生奉閩撫譚鍾麟（時已移撫閩）咨送所購得之武英殿「聚珍本叢書」藏于文瀾閣	
廿四年六月	一八九八年	丁松牛刊「文瀾閣志」（孫樹禮 孫峻撰）而附所輯諸名人題抱殘歸書二圖及題詠於後	
廿五年三月初九日	一八九九年一月　日	丁松生辭世時年六十八自此文瀾閣失元勳而鈔補閣書之一簣功虧遂留以俟後人矣	

宣統	元年	一九〇九年	巡撫增韞奏請建圖書館將藏書樓官書局合併擴充是爲浙江圖書館之權輿	
	三年夏	一九一一年	就文瀾閣旁隙地興工建館	案即今本館孤山分館
民國	元年（壬子）	一九一二年	圖書館落成移閣書實其中于是四庫全書與文瀾閣之關係乃絕是年年終收回辛亥年借抄在外之忠愍集三卷二冊同年浙江公立圖書館即前本館館長錢恂編「壬子所存文瀾閣目」四冊	
	三年	一九一四年	收回光復前借出之「宋稗類鈔」十八冊	內舊鈔者僅存卷卅五至卅六一冊
	四年	一九一五年	前館長錢恂以補鈔閣書呈經袁大總統世凱批准來浙籌款巡按使屈映光提本館鈔書費四千圓與之錢氏又別募捐款一千三百一圓就杭州北京分鈔之兼于坊肆購舊鈔歷八載之久用款六二〇九元有奇得書二一六種是謂『乙卯補鈔之役』	
	十二年癸亥三月	一九二三年	教育廳頒發錢前館長鈔補之四庫交本館尊藏　同時教廳長張宗祥氏又發啓鈔補前此未竟之四庫書延堵福銑（申父）爲監理往來京杭督促鈔胥歷兩歲之久始藏是謂『癸亥補鈔之役』是年館長章箴編文瀾閣目補一卷載乙卯補鈔補購之書附壬子閣目刊行	

十三年二月四日	一九二四年	堵福詵在北京僱人開始據文津閣本四庫全書以鈔補文瀾闕簡	
十四年	一九二五年	至是年止補鈔書共達二百〇三種	參看本館第十一期年報
十五年四月杪	一九二六年	北京鈔補四庫書竣事計先後鈔補缺卷書凡二百十一種同年夏張宗祥作「補鈔文瀾閣四庫闕簡記錄記」躬與其事之吳興周慶雲復彙輯圖詠議事報告補鈔目錄等刊爲「補鈔文瀾閣四庫缺簡記錄」一冊 是年新購原鈔本詩話總龜	
十六年	一九二七年	本館前館長楊立誠先生着手編文瀾閣目索引	
十八年八月	一九二九年	本館編輯文瀾閣目索引出版	
廿一年四月	一九三二年	編者作文瀾閣四庫全書小史並製本表本館長又函詢北平故宮博物院圖書館計劃補鈔前此尚未竣工之閣書待訪書一種待訪卷廿六種	以下用國曆紀年
八月十四日		重編本表成	

宛委別藏現存書目及其板本

袁同禮

清嘉慶間阮元進呈四庫未收書一百七十二種，每種仿四庫提要式各撰提要。其後阮福校刻「揅經室集」，即以各書提要收入為「外集」。民國十四年點查故宮養心殿，（即溥儀住處）於正殿書架上發現此書，題名為「宛委別藏」共一百函。又目錄二函。每函均裝以木匣與四庫全書相似，惟尺寸大小不一致，書之首葉有「嘉慶御覽之寶」陽文方印，（亦有無此印者爲「周易詩講義」「詩說」「詩傳注疏」等）各書均據舊本影寫精鈔，間有元明刻本及佚存叢書殘本，亦同時進呈。內有分類錯誤者，如「書經補遺」專述書法，應入子部，今入經部。「回漢史韻」原係類書，而竟入史部。同部之書，分類亦毫無次序，大約為陸續進呈者。間有內中之書為阮氏所未收者，如「讀史管見」「資治通鑑釋文」等。而同時亦有阮目已著錄，而今並無其書者，為「說文解字補義」「輿地紀勝」「兩京新記」等十四種，或已散失，或竟未進呈，均待考。茲將現有各書依四庫分類列表如左，並記其版本行款焉。

書名及卷數	撰者或注者	收入版本	每半葉行款	其他版本
經部				
周易新講義十卷	宋龔原	影鈔本	十行行二十字	佚存叢書本粵雅堂本
泰軒易傳六卷	宋李中正	佚存叢書本	十行行二十字	粵雅堂本

周易經疑三卷	元涂溍生	影鈔元刊本	十三行行廿三字	
尚書要義三卷卷七至卷九	宋魏了翁	影舊鈔本	八行行廿一字	蘇局刊二十卷本
詩說十二卷	宋劉克	影宋鈔本	九行行廿二字	汪氏仿宋刊本　缺卷第二第九第十
詩傳註疏三卷	宋謝枋得	影鈔本	九行行廿一字	知不足齋本　光緒天津刻本　沈氏抱經堂叢刊本　疊山先生評注四種合刻本
詩義指南一卷	宋段昌武	影鈔本	九行行十八字	知不足齋本
詩義集說四卷	明孫鼎	影鈔明刊本	十二行行廿四字	
禮記要義三十三卷	宋魏了翁	影鈔宋刊本	九行行十八字	蘇局刊本
五服圖解一卷	元龔端禮	影鈔元至治刊本	十四行行廿五字	
春秋集傳十九卷殘	宋張洽	元延祐甲寅臨江路學刊本	九行行廿二字	八千卷樓鈔本　存卷一之十七卷廿一之廿二
左氏摘奇十二卷	宋胡元質	影鈔宋鈔本	八行行十七字	
九經疑難四卷	宋張文伯	影鈔濟生堂鈔本	十行行廿二字	
四書箋義纂要十二卷大學論語孟子箋義紀遺一卷	宋趙悳	影鈔元泰定刊本	十一行行廿二字至廿四字不等	守山閣本
四書待問二十二卷	元蕭鎰	影鈔元刊本	十四行行廿三字	碧琳琅館本
讀論語叢說三卷	元許謙	影鈔元刊本	十六行行廿六字	
讀中庸叢說二卷	元許謙	影鈔元刊本	十六行行廿六字	

樂書要錄二卷	唐武則天	佚存叢書本	十行行二十字	湖北書局刻巾箱本
爾雅新義二十卷	宋陸佃	影鈔宋刊本	十行行十九字	粵雅堂本　嘉慶三年三間草堂刻本
集篆古文韻海五卷	宋杜從古	影鈔舊鈔本	八行	碧琳琅館本
續古篆韻六卷	元吾丘衍	影鈔舊鈔本	六行	道光六年獨抱廬叢書本
隸韻十卷	宋劉球	影鈔本	五行	嘉慶十五年秦恩復校刊本　附翁方綱考証三卷
鐘鼎篆韻七卷	元楊銁	影鈔本	七行行十二字	
續復古編四卷	元曹本	影鈔舊鈔本	五行	光緒十五年姚覲元仿元刊本

史部

皇宋通鑑長編紀事本末一百五十卷	宋楊仲良	影舊鈔本	十一行行廿二字	廣雅局本
資治通鑑釋文三十卷	宋史炤	影鈔影宋本	九行行廿一字	十萬卷樓本　四部叢刊本　此書阮目未收
中興兩朝聖政六十四卷	不著名氏	影鈔宋刊本	十一行行二十字	三十至四十五缺卷
九國志十二卷	宋路振	影鈔舊鈔本	十一行行廿二字	海山仙館本　粵雅堂本　龍氏活字本　守山閣本
皇元征緬錄一卷	不著名氏	影鈔本	九行行十九字	守山閣本
招捕總錄一卷	不著名氏	影舊鈔本	九行行十九字	守山閣本
唐陸宣公奏議註十五卷	唐陸贄　宋郎煜注	影鈔元至正翠巖精舍重刊本	十二行行廿三字	十萬卷樓本　淮南書局仿元本

古淸凉傳二卷 續淸凉傳二卷 廣淸凉傳三卷	唐釋慧祥等	明刊黑口本	十一行行二十字	蘇州蔣氏雙唐碑館刊本
廣黃帝本行記一卷	唐王瓘	影舊鈔本	九行行十八字	平津館本
軒轅黃帝傳一卷	不著名氏	影鈔本	七行行十八字	平津館本
諸葛武侯傳一卷	宋張栻	影鈔宋刊本	十行行十七字	十萬卷樓本　明辨齋叢書本　孫廷翰仿宋刻大字本　續古逸叢書本
運使復齋郭公言行錄一卷	元徐東	鈔本	九行行十八字	
編年通載四卷	宋章衡	影鈔宋刊本	五行行十七字	
通紀七卷續五卷	唐馬總	影鈔本	十二行行二十字	葉氏觀古堂排印本
嘉定鎭江志二十二卷	宋盧憲	校定舊鈔本	十二行行廿四字	八千卷樓影宋抄本　道光辛丑丹徒包景維刊本　光緒丙午丹徒朱小樓重刻本
至順鎭江志二十一卷	元俞希魯	校定舊鈔本	十二行行廿四字	八千卷樓影元鈔本　丹徒包良臣刻本
淳祐臨安志六卷	宋施諤	影鈔宋刊本	九行行二十字	武林掌故第四集本
雲間志三卷	宋楊潛	影鈔本	十行行二十字	觀自得齋本
玉峯志三卷續志一卷	宋凌萬頃 邊實	影鈔本	九行行二十字	鎭洋繆朝荃東倉書庫刻本
崑山郡志六卷	元楊譓	影鈔本	八行行十八字	觀自得齋本　鎭洋繆朝荃刻本　嘉定錢氏刻本
重修琴川志十五卷	元盧鎭	影鈔汲古閣舊校本	九行行十八字	元至正刊本　淸嘉慶張氏金帶編本
莆陽比事七卷	宋李俊甫	影鈔明林兆珂翻刻宋本	八行行二十字	

南嶽總勝集三卷	宋陳田夫	影鈔明影宋本	十行廿一字	嘉慶壬戌唐仲冕刻本 麗樓叢書本
游志續編二卷	元陶宗儀	影鈔本	十行廿一字	八千卷樓鈔本 新陽趙氏高齋叢書本 武進陶氏用錢磬室手寫影印本
長春子游記二卷	元李志常	影鈔本	九行廿一字	連筠簃本
太常因革禮一百卷	宋歐陽修	影鈔舊鈔本	十一行廿二字	碧琳琅館本 廣雅局本
漢官儀三卷	宋劉攽	影鈔影宋鈔本	十行十七字	十萬卷樓本 道光四年鮑崇城仿宋本 續古逸叢書本
臣軌二卷	唐武則天	佚存叢書本	十行二十字	粵雅堂本 東方學會鉛印帝範本
律文十二卷音義一卷	不著撰人名氏 音義宋孫奭等	影宋刊本	九行十八字	嘉慶己卯汪士鐘刻本
劵郡齋讀書志二十卷	宋晁公武	影舊鈔本	十行廿一字	
讀史管見三十卷	宋胡寅	明刊本	十二行廿三字	阮日未收

子部

養正圖解不分卷	明焦竑	光緒鈔本	十二行廿一字	武英殿本

此係光緒間補鈔本書中夾一紙條「養正圖解一部原係宛委別藏之書因於光緒三年皇太后傳去茲特勅重爲繕寫繪圖俾復舊觀但此部係仿照明本故於抬格等處均一仍其體例並將明史焦竑列傳亦附錄於後光緒二十一年七月十三日御識並書」

孔叢子注七卷	宋宋咸注	影鈔宋巾箱本	八行十四字	光緒間海昌陳錫麒重刻本 四部叢刊本
孫子十家注十三卷	宋吉天保	岱南閣本	十二行廿四字	明嘉靖談愷刊本 漢魏叢書本 浙江書局重刻孫氏本 日本刊本 四部叢刊本

遁甲符應經三卷	宋楊維德	鈔本	十一行廿二字	
尉繚子直解五卷	明劉寅	鈔本	九行二十字	明刊本武經直解本
司馬法直解一卷	明劉寅	鈔本	九行二十字	武經直解本
中藏經三卷	漢華陀	鈔本	九行二十字	平津館本　醫統本
玉函經一卷	唐杜光庭	影鈔宋刻本	十一行廿一字	隨菴叢書本
難經集注五卷	周秦越人	佚存叢書本	十行二十字	借月山房本　守山閣本　四部叢刊本
脈經十卷	晉王叔和	影鈔宋嘉定何大任刊本	十二行二十字	醫統本　日本刊本　光緒辛卯周氏刻本　守山閣本　借月山房本　明嘉靖刊本　宜都楊氏仿宋嘉定何大任刊本　四部叢刊本
千金寶要十七卷	唐孫思邈	錄宋郭思刻石本	十一行二十字	平津館本六卷　明隆慶六年耀州眞人洞秦藩石刻本六卷
史載之方二卷	宋史載之	影鈔北宋刊本	十一行十七字	十萬卷樓本
陳氏小說病源方論四卷	金陳文中	影鈔宋刊本	十一行廿一字	
類編朱氏集驗醫方十五卷	宋朱佐	影鈔本	十二行廿二字	
嚴氏明理論三卷後集一卷	宋嚴器之	影鈔宋刊本	十行十八字	
寶祐四年會天歷一卷	宋荆執禮	影鈔曝書亭舊鈔本		
楊氏算法三卷	宋楊輝	鈔本	十六行廿五字	宜稼堂七卷本　知不足齋本
四元玉鑑三卷	元朱世傑	影鈔舊鈔本	十行二十字	通行本　羅士琳觀我生室刻細草本二十四卷　光緒乙亥長沙荷池精舍刻本　道光十七年甘泉易之瀚校刻本

嘉量算經三卷	明朱載堉	鈔本	八行十七字	
黃帝陰符經疏三卷	唐李筌	鈔本	十行二十字	湖北先正遺書本
六壬大占一卷	宋祝泌	影鈔宋刊本	十行二十字	清隱山房叢書本
三術撮要一卷	不著名氏	影鈔影宋刊本	十行十九字	十萬卷樓本 宣統辛亥徐乃昌仿宋刊本
五行大義五卷	隋蕭吉	佚存叢書本	十行二十字	知不足齋本 嘉慶九年許宗彥刻本 常州先哲遺書本
書經補遺五卷	元呂宗傑	影鈔本	九行二十字	涵芬樓祕笈本
琴操二卷	漢蔡邕	影鈔惠棟手鈔本	十行十八字	讀畫齋本 平津館本
膳夫經一卷	唐楊煜	影鈔舊鈔本	十行二十字	粵雅堂續談助本 十萬卷樓續談助本 碧琳琅館本 顧嗣立閭邱辨囿本
梅花喜神譜二卷	宋宋伯仁	影鈔宋刊本		知不足齋本 道光沈綺雲刻本
爲政善報十卷	宋葉留	影鈔元刊本	九行二十字	
聱隅子二卷	宋黃晞	影鈔宋刻本	九行行二十一字	知不足齋本
賢良進卷四卷	宋葉適	鈔本	九行行二十二字	瑞安孫氏刻水心別集本
書齋夜話四卷	宋俞玉	影鈔本	十行二十字	
讒書五卷	唐羅隱	影舊鈔本	十行二十字	式訓堂本 拜經樓刻本
友會談叢三卷	宋上官融	鈔本	九行行二十一字	十萬卷樓本

醉翁談錄五卷	宋金盈之	鈔本	十行行二十字	八千卷樓鈔本八卷　適園叢書本　碧琳琅館本
三水小牘二卷	唐皇甫枚	影鈔述古堂藏本	十行行十一字	抱經堂本　雲自在龕本
松窗百說一卷	宋李季可	影鈔舊鈔本	九行行二十一字	知不足齋本
續墨客揮犀十卷	宋彭乘	鈔本	九行行十八字	古今說海本僅一卷　涵芬樓影印舊鈔本　八千卷樓鈔本十卷
羣書治要五十卷	唐魏徵等	佚存叢書本	九行行十八字	連筠簃本　四部叢刊本　粵雅堂本
羣書通要七十三卷		影鈔元至正重刊本	十三行行二十四字	
羣書類編故事二十四卷	元王罃	影鈔元刊本	十三行行二十四字	
自號錄一卷	宋徐光溥	影明鈔本	九行行二十字	十萬卷樓本
漢事箋十二卷唐事箋八卷	元朱禮	影鈔本	十一行行二十字	粵雅堂本
回溪史韻二十三卷	宋錢諷	影鈔影宋本	十一行行二十一字	
歷代蒙求一卷	元王芮	影鈔述古堂藏元刊本	八行行十八字	
續世說十二卷	宋孔平仲	影鈔宋阮州刊本	十行行十八字	粵雅堂本　守山閣本
夷堅甲志二十卷乙志二十卷丙志二十卷丁志二十卷	宋洪邁	影鈔宋鈔本	九行行十八字	十萬卷樓本
一切經音義二十五卷	唐釋元應	重刊釋藏本（莊炘錢坫孫星衍同校本）	十二行行二十四字	海山仙館本　杭州新校刻本　朝鮮影印本
通玄眞經注十二卷	唐徐靈府	鈔本	十行行十七字	鐵華館本　續古逸叢書本

道德眞經傳四卷	唐陸希聲	影鈔道藏本	十一行二十四字	嘉業堂刻本
道德眞經集解八卷	唐張君相	錄道藏本	九行十七字	
道德經論兵要義四卷	唐王眞	鈔本	十行十七字	
道德眞經解義十卷	宋張安	鈔本	九行二十二字	阮目未收
關尹子言外經旨三卷	宋陳顯微	鈔本	十三行二十五字	光緒元年曹燿湘刊本
列子注八卷	宋盧重元	石研齋寫刊本	十行二十一字	
集部				
離騷集傳一卷	宋錢杲之	影鈔宋刊本	九行十八字	知不足齋本　龍威秘書本　崇文局本　徐氏隨菴叢書仿宋刻本
陶靖節詩註四卷	宋湯漢	鈔本	十行二十字	拜經樓本　光緒乙酉会稽章氏重刻吳本
支遁集二卷	晉釋支遁	影鈔汲古閣舊鈔本	十行十八字	清初刊本　邵武徐氏叢書本　明刊本
陸士衡文集十卷	晉陸機	影鈔徐民瞻刊本	十一行二十一字	明正德覆宋刊本　明刊漢魏二十一名家本　百三家集本僅二卷
華陽陶隱居集二卷	梁陶宏景	錄道藏本	十行十七字	小萬卷樓本　四部叢刊本　明刊二十一名家本　百三家集本僅一卷　觀古堂本
岑嘉州集八卷	唐岑參	鈔本	十行十八字	明正德照相刊本　正德沈恩刻四卷本　明東璧圖書府刊本　八千卷樓鈔本　光緒甲申同文書局石印四唐人集本　四部叢刊本
釣磯文集五卷	唐徐寅	影鈔述古堂藏宋本二	八行十九字	丁氏鈔文集十卷本　席氏刊詩三卷本
蘋州漁笛譜二卷	宋周密	影鈔知不足齋舊鈔本	九行十七字	知不足齋本

毅齋別錄一卷	不著撰人名氏	鈔本	九行行二十字	
詳註周美成片玉集十卷	宋周邦彥	鈔本	十行行十七字	
史詠詩集二卷	宋徐鈞	鈔本	八行行二十一字	
南海百詠一卷	宋方信孺	鈔本	九行行二十字	琳琅秘室本 光緒八年學海堂重刊本
古逸民先生集三卷	宋汪炎昶	鈔本	十行行二十一字	八千卷樓鈔本
增廣箋注簡齋詩集三十卷 無注詞一卷	宋陳與義	鈔本	十行行十八字	瞿氏藏宋刊本 四部叢刊本 聚珍本 十六卷無箋注 歸安朱氏刻本
平安悔稿十二卷	宋項安世	影舊鈔本	十行行二十一字	河北省立圖書館藏舊鈔本八卷
樵歌三卷	宋朱敦儒	影鈔汲古閣舊鈔本	十行行二十一字	歸安朱氏刻本 四印齋刻本
斜川集六卷	宋蘇過	影鈔舊鈔本	十行行二十一字	知不足齋本 趙懷玉刻本 眉山祠堂三蘇集本
晁具茨集十五卷	宋晁沖之	鈔本	八行行十七字	海山仙館本 晁氏從書本 同治戊辰重刻宋紹興巾箱本
遺山樂府五卷	金元好問	影鈔舊鈔本	十行行二十一字	河北省立圖書館藏舊鈔本 歸安朱氏刻本 元遺山全集本 新樂府四卷
桐江集八卷	元方回	鈔本	十行行二十一字	八千卷樓鈔本
松雪軒詩集八卷	元平顯	影鈔明刻本	十行行二十字	武林先哲遺書本附補遺一卷附錄一卷
王徵士詩集八卷	元王沂	鈔本	十一行行二十字	
玉山璞稿二卷	元顧英	鈔本	九行行二十一字	讀書齋本元八十集本 四庫一卷本 讀書齋本一卷 附逸稿四卷附錄一卷

東皐詩集五卷	元馬玉麟	鈔本	十二行二十四字	明弘治刊本
貞一齋詩文稿二卷	元朱思本	影鈔叢書堂鈔本	九行二十字	
策要六卷	元梁寅	鈔本	十四行二十二字	
編類運使復齋郭公敏行錄	不著撰人名氏	鈔本	九行二十字	
梅花百詠一卷	元韋珪	影鈔元刊本	九行十六字	四庫收者爲釋明本著 元刊本
慎齋集四卷	明蔣主忠	鈔本	十一行行二十一字	
東漢文鑑二十卷	宋陳鑑	影鈔宋巾箱本	九行十八字	
註解章泉澗泉二先生選唐詩五卷	宋謝枋得	鈔本	八行十六字	疊山先生評注四種合刻本
分類唐歌詩殘本十一卷	宋趙孟奎	影鈔絳雲樓藏本	十行十八字	
分門纂類唐宋時賢千家詩選二十二卷	宋劉克莊	鈔本	十一行二十一字	楝亭十二種本
洞霄詩集十四卷	宋孟宗寶	影鈔舊鈔本	九行二十字	方功惠仿宋刊本
策學統宗前編五卷		影鈔元刊本	十一行二十一字	
觀瀾集注三十二卷（東萊集註類編觀瀾文集甲集三十卷乙集七卷）	宋林之奇	影鈔宋本	十一行十九字	方功惠仿宋刊本
蟻術詩選八卷	元邵亨貞	鈔本	十一行二十一字	

名儒草堂詩餘三卷		鈔本	九行行十六字	詞學叢書本　讀書齋本　粵雅堂本
詩苑衆芳一卷		影鈔元鈔本	九行行十五字	十萬卷樓叢書本
元風雅三十卷	元蔣易	鈔本	十行行十八字	四庫所收爲二十四卷　四部叢刊影元本
元賦青雲梯三卷		影鈔元鈔本	十一行行二十八字	
聲律關鍵八卷	宋鄭起潛	鈔本	十五行行三十三字	
雲莊四六餘話一卷	宋楊囦道	影鈔宋刊本	十一行行十九字	讀書齋叢書本
梅磵詩話三卷	宋韋居安	鈔本	九行行二十一字	讀書齋本　歷代詩話續編本
詞源二卷	宋張炎	影鈔宋刊本	十行行二十一字	詞學叢書本　守山閣本　榆園叢刻本　粵雅堂本
王周氏詞一卷	宋王以凝	影鈔汲古閣舊鈔本	十行行十八字	八千卷樓鈔本　歸安朱氏刻本
陽春白雪八卷外集一卷	宋趙聞禮	影鈔舊鈔本	十行行二十字	詞學叢書本　瞿氏清吟閣刻本　粵雅堂重刻秦氏本
蟻術詞選四卷	宋邵亨貞	影鈔舊鈔本	十一行行二十一字	況周儀刊本　四印齋本　王鵬運刻本
新增詞林要韻一卷	不著撰人名氏	鈔本	八行行十六字	詞學叢書本　粵雅堂本　隨菴叢書影宋本
玉堂類稿二十卷　西垣類稿二卷	宋崔敦詩	影鈔明活字本	十行行二十字	粵雅堂本　佚存叢書本
名家詞十卷	清侯文燦	鈔本	九行行二十一字	栗香室叢書本　康熙侯氏原刊本

附錄

下列書十四種阮氏會撰提要收入揅經室外集今故宮所藏之宛委別藏並無其書附記於此

漢文鑑二十一卷　宋陳鑑編

兩京新記一卷　唐韋述撰　佚存叢書本　粵雅堂本　湖北書局巾箱本　南菁札記本

燕喜詞一卷　宋曹冠撰　別下齋刻本　四印齋刻本

南華眞經註疏三十五卷　唐成元英撰　古佚叢書本

蕭冰厓詩集三卷　宋蕭立之撰

徐文清公家傳一卷　蔡宋元龍等同撰

鐵崖賦稿二卷　元楊維禎撰

日湖漁唱一卷　宋陳允平撰　詞學叢書本　粵雅堂本

重編海瓊白玉蟾文集六卷續集二卷　宋葛長庚撰　明刊本

說文解字補義十二卷　唐色希魯

文館詞林四卷　宋許敬宗撰　佚存叢書本　雅堂本

圖解素問要旨論　金劉守眞撰

輿地紀勝二百卷　宋王象之撰　道光二十九年揚州岑氏刻本　咸豐五年仿宋刻本

元祕史十五卷　連筠簃刻本　光緒三十四年葉氏觀古堂刻本　浙西村舍叢刻本

七閣四庫成書之次第及其異同

張崟

四庫全書成于清乾隆年間，始僅屬寫四部，貯放內廷，嗣以江浙爲人文淵藪，復命續鈔三部分藏之于揚州之大觀堂，鎭江之金山及杭州之聖因寺行宮；於是四庫有七部，（翰林院之副本不計。）此其後先程序之大較，世多知者，惟其詳仍無得而聞焉。客歲孟春，予承師命來浙江省立圖書館權襄筆研，下榻孤山，日與文瀾秘籍相晤對；除擇究閣本之原流與其演變外，復萌對于七部四庫之異同與其成書次第之懷疑；蓄疑愈滋，求釋愈切，因蒐取近人關於四庫之作品，清人之文集筆記雜書，以及四庫中有關本身掌故之撰述等，亡慮百數十種，編加涉獵，冀得驪珠；顧仍不免於觖望，蓋隔靴搔痒者多，批却導窾者尠，或含糊其辭，或言之而繆，求其犁然有當于心者，絕寡也。近人作品，最能對四庫作具體之敘述者，論文當推王伯祥，杜定友之四庫全書述略，陳援庵（垣）之四庫全書纂修考；單行成書，僅任松如之四庫全書答問等而已。其餘則一枝一節，率娩宏通。惜陳作既未版行，（僅見之于金梁之四庫全書纂修考跋，顧頡剛文瀾閣目索引序稱「先生編讀全書撰四庫書目考異四十卷，又成四庫撰人錄若干卷」云云，當係另爲一書）杜王諸作，又多疵繆；其於成書之次第也，王君則謂「乾隆四十七年（一七八二）全書纔得告成，」「庋藏在禁城文華殿後的文淵閣；明年（一七八三）第二部寫畢，即送往盛京（瀋陽）文溯閣；不久，第三第四部也繕就了，便分放在圓明園的文源閣和熱河的文津閣。」「又明年，（一七八四）因爲江浙人文最盛，更發內帑繕寫三分，分貯于揚州的文匯閣，鎭江的文宗閣，和杭州的文瀾閣」杜君謂「文淵閣書第一部成于辛丑（一七八一）……文溯閣書第二部成于壬寅（一七八二）……文津閣書第四部成于甲辰。」（以下言江浙三閣但言其存此及經亂云云）于江浙三閣均囫圇其言。任氏四庫全書館大事表載乾隆四十七年正月四庫全書第一分鈔成，同年七月第二三四分書鈔成于後，三部則均列之于五十三年；其言較杜王二氏爲詳，而猶病未諦；最近楊家駱著四庫大辭典，末附四庫全書槩述甚詳；惟于成書次序亦謂文淵閣本成于乾隆四十六年，二三四分書成于次年（見原書槩一一三一五）文溯閣書于四十八年，頒閣存放，（同上）文津閣書于五十年送閣（同上）云云；于文宗文匯文瀾三閣則亦謂五十三年書成；（同上鈔印篇第六頁）蓋倉卒陳辭，不加細考，故至于斯也。當年卷檔既自慚遠處南方，無緣獲讀內閣大庫史料，又以淪落遼瀋間，（據最近日文支那時報十九卷第一號水野梅曉文）手頭可及僅有東華錄足查，而東華所載，關于四庫者臨詳頭次兩分，三四以降，不著一字。乾隆御製文集（初二兩集已著錄四庫三集在續藏部分）雖有四閣之記，而但紀四閣命名之朔誼，不關書也。自茲以外，便無隻字；惟詩集第四五集中，（惟此兩集及餘集因、嘉慶時續頒故亦屬閣書續藏部分）有御占七閣題詠五十餘首，雖稱述年禩，恆自刺盭，而參互折衷，則個中眞相，亦略可得而考見焉。茲先鈎稽史料，比次于後，以資商兌。

甲、御製詩第四集卷九五第一首（編年癸卯(三)）題文源閣云：「文淵昨歲慶筵行，文溯因巡亦促成。（自注云：昨歲四庫全書第一分成，……其二分書照式謄寫，亦于今春告竣；至三分書應庋此閣者，又可接續繕辦，明春想亦可藏事。）」案此顯言文淵閣四庫書成于乾隆四十七年，（壬寅卽西元一七八二年）文溯閣本成于昱春，三分書則是年（癸卯卽四十八年）尙未藏事，遑論四分乎？于此可徵任說之繆。

乙、又同卷第四十一首經筵畢文淵閣賜茶復得詩一首，自注云：「自癸已年（案乾隆三十八年也）命館臣辦理四庫全書分貯四閣，茲文淵閣第一分已于壬寅春，（四十七年）裝潢貯閣。盛京之文溯閣第二分亦于今春（癸卯卽四十八年）陸續賚送藏庋。至御園之文源閣，山莊之文津閣兩分全書，惟照本謄鈔，于一三（疑二字之訛）年中，亦可竣事。……」

丙、又九八卷第十三首題文津閣（編年癸卯六）「四庫已看彼獲半，（自注云：昨壬寅春四庫全書第一分告成，庋置文淵閣。癸卯春第二分全書亦竣，命內閣學士陸費墀送往盛京，會同將軍永瑋瑋（案此字疑衍）弃庋（案弃既訛弃二字復複）文溯閣；今陸費墀來熱河覆命，據奏安置妥協，辦理完竣。是四分已完二分矣，故云）三編造藏此旋臨；（今年第三分全書已進呈過半，歲內可期必得，貯之御園之文源閣，明歲第四分全書亦陸續告竣，至後歲可庋（案庋之誤）此閣已。）甲辰終歲功應畢，待己年來全部吟。」（案此前二首夜雨題注六月初三日，後第五首雨題注六月初九日，則此首之作當不出初三初九之外已。）

丁、又卷一百第十二首（編年癸卯八）題文溯閣：「老方四庫集全書，竟得功成幸莫如。」（注云：四庫全書之集在予六十三歲，始思及而降旨，浩如烟海，恐難促就，是以甲午年聯句有逢會略嫌遲歲月，就將惟覺願觀成之句；茲甫十年而功就，亦大快事也。又次聯注云：昨歲壬寅仲春，（四十七年）四庫全書第一分告成，弆置文淵閣；今癸卯卷（當係春之訛），第二分。全書亦竣，勅內閣學士陸費墀送至盛京庋置此文溯閣。又第三聯注云：全書第三分弆御園之文源閣者，擬于明歲告成；第四分弆避暑山莊之文津閣者擬于後年告成。）

案以上四說關于首二分成書之時期大致相同；惟壬寅春仲與否微殊耳。

戊、御製詩第五集（編年甲辰至乙卯）卷九第二十三首題文津閣：「儒臣繼晷以焚膏，十載功成亶厥勞；（自注云：自癸巳春開館輯四庫全書，至辛丑第一部告成，貯文淵閣；壬寅第二部書成，貯盛京之文溯閣；癸卯第三部書成，貯御園之文源閣；其第四部書弆（弆）此文津者，現在陸續接日進呈，計歲內亦可完全。）裝限六年剛及半，書羅四庫庋之高。（全書第一部告成時，館臣奏限六年可全完，茲壬寅至甲辰及才三年耳。）

己、同卷編年甲辰九題文淵閣疊去歲詩韻「六渡（度）南巡慶典行，歸來高閣弆（弆）

書成；儒臣劼毖勤如約，（注謂：辛丑歲第一分四庫全書告成，斯文淵閣後，（案上奪一庋字）館臣請勒限三年趕辦全竣，繼于第二年盛京文溯閣書成，癸卯年第三分文源閣書成，現在裝潢陳設其第四分熱河文津閣之書亦可于今冬全完）文敎敷宣事非輕；歷歲十餘功不易，（自癸巳春開館至今甲辰凡十二年）反躬枕葄媿猶幷；茲三萬六千冊內，一語爲君難最精」

庚、又卷十七編年乙巳第十二首文津閣作歌：「四庫全書胥告成如種樹以十年計，（自癸巳年輯四庫全書，及今閱十年計薈要兩部全書四部均次第告成）自淵而溯復生源，茲乃於津睹厥萃。（辛丑年全書第一部成，貯文淵閣；壬寅第二部成，貯盛京之文溯閣；癸卯第三部書成，貯御園之文源閣；茲第四部書于甲辰歲全完，以今乙巳夏臨幸避暑山莊之前庋儲文津閣。……甫越十年，次第觀成，……實慰夙懷也。……」（案九十八卷第三十八首題文津閣首句即云「癸巳始之乙巳成」注云「自癸巳年始命館臣編輯四庫全書……至乙巳年而（？）全部告成，每部三萬六千册，可謂書城之鉅觀矣。」參照上注可免誤會矣。）

觀此三說，與第四集卷九十一第二十首題文津閣注所謂：『乾隆辛丑年四庫全書第一部書成，貯文淵閣；壬寅第二部書成，貯盛京之文溯閣；癸卯第三部書成，貯御園之文源閣；茲第四部書于甲辰歲全完』者相符，而與甲乙丙丁四項及東華錄所紀者不同；以局內秉鈞人紀局內事，而前後睹互爾爾將何以令後之覽者免一國三公吾誰適從之歎哉？或者乾隆至此年已晚，莫故追溯昔事，不無健忘乎然大致固可資以考鏡也。如庚項所引「茲第四部書于甲辰歲全完，以今乙巳夏……庋儲文津閣」云云，則斯閣四庫之稿成于甲辰年者，無容疑也。其第三部之寫成于癸卯，亦至可信，校以丙項所援「今年第三分全書已進呈過半，歲內可期必得」云云，且知其斁工于是歲冬季矣。其第二分據東華錄所載者固已有年月日之的數可稽，即如上引甲項雖漫云「其二分書照式謄寫，亦于今春告竣，」而核以相類似之其他三項乙丙丁所舉者，一則曰：「陸續賫送藏庋，」再則曰：「命……陸費墀送往盛京，」三則曰：「勅……陸費墀送至盛京，弆置此文溯閣」，則似乾隆之所以錯記壬寅冬爲癸卯春者，殆溷成書之時與齎書之期爲一談故耳。且如前引五集九十八卷第三十八首題文津閣首句所謂「癸巳始之乙巳成」以及丙項所援末句「待已年來全部吟」之不過如庚項引注所謂「茲第四部書于甲辰歲全完以今乙巳夏臨幸避暑山莊之前庋儲文津閣」而已，寧可據以謂上四部之四庫書乃成于茲歲乎哉？況二者時間之相距本不甚遠乎？至頭分全書之鈔藏時期，必以壬寅孟春爲最足據，證佐之已多，且無論就令如戊項以次所說，迴溯徵忒，亦所恒有；矧以當時已耄之弘曆乎？撢討既竟，爲表如次：

貯文淵閣

第一分四庫全書　　始癸巳成壬寅正月丙寅（乾隆四十七年即公元一七八二）

第二分四庫全書　　成于壬寅十一月辛酉（一七八二）

貯文溯閣

第三分四庫全書　成于癸卯冬（?）（一七八三）

貯文源閣

第四分四庫全書　成于甲辰冬（一七八四）

貯文津閣：

（附記最近天津大公報文學副刊第二九三期載王重民君論教育部選印四庫全書文中有謂「文淵閣本乾隆四十六年十二月初六日完成，文津本四十九年十一月二十六日告竣」與吾說同中有異，殆別有據附記于此以備異說）

以上屬于所謂「內廷四閣」者緣尙有紀載可憑，故得考見其成書年期如右；至如江浙三閣，則誠悠悠邈邈茫無可依傍，輒有一二亦復叵信三閣惟文瀾有志，而循覽以後爲餴于書史之考訂者殊尠；此後之承襲閣書而爲之理董者，所以追述往事，而輒以乾隆四十七年爲頒四庫之期也。大氏後三部經始于乾隆四十七年秋七月之甲辰，（据東華錄）確可無疑；至其寫成之時，揆諸乾隆五十五年五月癸卯（二十五日）諭：「四庫全書薈萃古今載籍至爲美備。不特內府珍藏，藉資乙覽，亦欲流傳廣播，沾溉藝林。……（中略）……所有江浙兩省……三閣應貯全書，現在陸續頒發藏度該處爲人文淵藪，嗜古好學之士，自必群思博覽藉廣見聞，（下略）」云云，則任氏松如謂續鈔四庫全書三分成于五十三年者，（見四庫全書館大事表）似尙可恃惟氏於參考書籍未之列舉，鑑于其蹐駁之往往不免，不無令人有無徵不信之慝耳。然而大較當不離是也。最近天津大公報文學副刊（第二九三期本年八月十四日出版）載選印四庫全書平議附錄二中之甲項乾隆五十二年六月十四日內閣抄出十二日奉上諭中有云「現在續辦三分書應發文瀾文匯文宗三閣陳設者現經該鹽政等陸續領運……今續辦三分，全書已均告竣」則南三閣書至遲在乾隆五十二年六月中旬以前，已經蕆功且開始頒藏三閣矣

七閣四庫之成書，在時間上之別異既已如前述，惟此外尚有互殊者六端共同者六端可得而言焉。辨先言其異點：

甲、校對精麤之不同　內廷四閣校勘凡數四，疵纇再見卽罪所司；江南三閣書未之聞也。其故蓋由前者地近輦轂，翠華所常臨耳。而中以文淵爲尤精。（故宮圖書記：文淵閣在文華殿後，每歲仲春經筵畢，例于此賜茶。乾隆翻閱，時所有之，故校勘亦較他處爲精，且成亦最早，故字亦較工整云。參以前引御製詩云云，誠非虛語也。）

乙、鈔寫時傭書方法之不同　觀御製詩五集卷六第五首，題文瀾閣詩云：四庫抄書藏次弟，因之絜矩到南邦，班傭此實官帑發，盧經彼殊象力扛。自注：「前辦理四庫全書四分時，准各謄寫自備資斧効力，五年期滿，給予議敘，其中人數衆多，不無倖進，借此爲終南捷徑者，既慮有碍選法，亦非策勵人才之意；是以後次續繕全書三分，飭發內帑銀百萬兩，覔書手予直繕寫，在鈔寫等受直傭書，卽同和僱，而書成又不致濫邀議敘，仍于銓政

無碍也。」則雙方傭書方法之較然有殊可知因此而字之工拙不相侔亦判以別矣。

丙、冊數之不同　文淵閣四庫原本三六〇〇〇冊，（御製詩五集卷九題文淵閣叠去歲詩韻有云『茲三萬六千冊內，一語爲君難最精』。又九八卷題文津閣『癸巳始之乙已成』自注『至乙巳年四分全部告成每部三萬六千冊，可謂書城之鉅觀矣』又文瀾閣志卷上七頁亦謂文淵閣書凡三萬六千冊）。今因重加裝訂關係凡得三萬六千零七十八冊；（據北平故宮博物院圖書館概況）文源文溯文津三部四庫原當同符此數今則除文源已成刼灰外文溯據報凡得冊三萬六千二百七十有五，（此據東北叢刊第六期董衆選印文溯閣四庫全書議如此據最近日文支那時報十九卷一號水野梅曉文則謂有三六三一八冊云不知孰是）文津共得三萬六千三百冊，（据國立北平圖書館概況）各自殊異蓋繫重訂之故；若江南三閣則本來已止三萬五千九百九十冊，（文宗文匯今雖不可考然當與文瀾同也）之數今經刼後補鈔裝訂竟得三萬六千二百七十八冊而所缺子部一種及缺卷二十六種，猶未之計也。

丁、書皮顏色之不同　四庫全書纂修既成裝潢時復就封面區以顏色俾易檢閱觀下錄御製詩且可以知其用意焉。

御製詩五集卷十七文津閣作歌：『……（上半首已引見前）……循名前後似不倫，七字長歌闡其義，淵海資溯乃得源，得源方可知津渭，循環往復沃于心，內聖外王枕菲備，浩如慮其迷五色，挈領提綱分四季，經誠元矣標以青，史則亨哉赤子類，子肖秋收白也宜，集乃冬藏黑其位，如乾四德歲四時，各以方色標同異，（自注：全書經史子集，浩如淵海，檢閱非易，因飭裝册面頁，分爲四色，經部用青色絹，史部用赤色絹，子部用月白色絹，集部用灰黑色絹。）義如是耳貴躬行，詎在侈談誇博記。」

又卷三十五題文源閣首句：縹緗四色庋雖藏。自注云：繕寫文淵文源文溯文津四閣全書告藏，因以青赤白黑四色分別裝潢。

然此實時制如斯，迄今則文淵閣四庫已一變而爲經部綠色，史部紅色，子部藍色，集部灰色；（見圖書館學季刊一卷一期施廷鏞故宮圖書記。）餘六部除宗滙二閣已化刼灰外，亦皆一變而爲綠紅藍灰之四色，失其初取法乎四季之朔誼；而文瀾閣本經部書面，最初即作葵綠色，（餘三色同文淵）宗滙既同期續繕，疑亦相仿，則又其外表不同之一端也。

戊、紙張盖印之不同　北四閣本用開化榜紙，南三閣則否（張宗祥說）本子亦北大于南，（任松如說）今文淵文溯文瀾四庫均有鈔補，其紙張之純駁不一，又各自相似矣。（據張宗祥補鈔文瀾闕簡紀錄記，謂丁氏所鈔紙尤劣，今佳紙不可得，初鈔時所印紅格着水即滲，後始改印云。）至各閣書盖鈐，亦各自不同，大抵內廷四閣書，每册首頁盖有閣名之寶，如文淵閣寶（有故宮圖書記）文津閣寶之類，末葉則盖乾隆御覽之寶；

惟文津末獨蓋避暑山莊及太上皇帝之寶之小篆朱文方印各一顆，則以所在地及成書時期較晚故也。（北平圖書館概況）其南三閣以文瀾本之首鈐古稀天子之寶，末印乾隆御覽之寶準之，則餘宗滙二者當亦同此，而與北四閣稍殊其趣。

己、金題玉冊閣記之有無　北四閣乾隆均有御覽閣記文以紀其事，本篇已數引之，南三閣未之聞也。又當時閣記之庋閣崇奉情形，亦極其矞皇偉麗，而世鮮知者，各家紀載，未見稱及，殆因獲與寓目之機會過難也。客歲予走謁省垣學界前輩楊丈見心，（復）並得徧觀豐華堂現藏爨餘珍品多種，（堂爲楊氏藏書之所，書已于民國十八年讓售之國立清華大學圖書館，惟料簡珍品，留作傳家之寶，而于卷耑蓋豐華堂爨餘書朱記）除明文待詔早年手書名儒性理集（後有待詔仲子嘉跋）不分卷八冊，及清乾隆時紫光閣畫像三幀外，尤以獲睹金題玉冊之「文溯閣記」最爲縈繞心目。記文書于玉版，上版四片，翠色半透明，隱有花紋，修約三寸，廣約二寸，厚約三分，兩面端楷作蠅頭書，淺刻塗金，嵌以厚紙匡，邊闊二寸，鑲褾黃綾，每二玉版間，另襯空頁，厚薄相似，惟匡中匪玉，易以紫色厚紙耳。蝶裝，文末署臣紹興梁國治書，併其私章。護葉夾以雕龍香楠，上葉中鐫蟠龍簽條，分書「御製文溯閣記」。外函黃錦四合套，更藉以蟠龍飛爪黃袱，鑲面之案狀紫檀鏤花方盤，上蓋方蓋，面有雙龍蟠玉簽書「迪光崇典」四金字，（其外楊氏更護以自製紫檀方匣）其製作之瑰麗奇偉有如是。文溯一閣爾，疑其他有閣記之淵津源三閣當亦爾爾也。此又江浙三閣所無者。(聞楊氏斯物得諸舊都廠肆，蓋當年文溯閣典守者覬覦寶物，濳運私家，繼値產業衰落，不能保有，乃復鬻之于市耳。今文溯閣本既慘落日入勢力圈中，獨有茲物倖存我浙，不亦大可寶歟)

至其共通之點，除庋藏同書外，辜較言之，尚有六端：

御製詩四集卷三十題文源閣詩序云：因輯四庫全書，豫搆閣爲庋儲之所，其式一仿浙江范氏之天一閣。閣凡三，在大內者曰文淵，在避暑山莊者曰文津，茲在御園者曰文源。

又五集卷四文滙閣疊庚子韻，自注有云：此閣成于庚子，亦仿范氏天一閣式爲之。

文淵閣志卷首錄乾隆四十七年九月二日上諭『據陳輝祖奏遵旨改建文瀾閣安設四庫全書一摺內云云，且俟伊到京後，詢明該處情形，將文淵閣式樣帶去再行辦理。』

又錄御製趣亭詩：文源取式逮文津，亦有趣亭棲碧峋。自注：御園之文源閣繼山莊之文津閣而建，其南屏以假山，俱有趣亭月台……茲文瀾閣亦倣其式爲之。

又御製文瀾閣詩末聯云：范家天一于斯近，幸也文瀾乃得雙。

文宗文滙二閣形式雖無文可徵，而要亦同此，可以無疑。

版本之均馮鈔寫」二矣；又因卷帙浩繁，鈔胥非一，故同書前後，字不一律三矣；(案四庫書原鈔本據文瀾本觀之，則字體亦殊多不工，又不止前後不一律已也。）書皮皆以色區，雖微殊舊觀，而矩矱可尋，四矣；紙皆朱標紅格，行列字數，亦復覯如畫一，五矣；四庫以外，復各先庋有圖書集成一部，六矣。

御製詩四集卷三十八文津閣詩注云：建閣爲貯四庫全書之用，然鈔錄尚需數年，閣中空曠，用仿四庫函之式，裝潢古今圖書集成全部，庋架排列，亦頗可觀。（又六十三卷題文津閣意同此。）

又三十三卷題文源閣首聯云：四庫猶遼待，圖書今古披。（注略同上）

又六八卷題大觀堂文滙閣：「皇祖崇經訓，圖書集大成，分頒廣流布，高閣此經營；（中略）亦堪匹四庫，永以貯層甍。」注云：四庫繁重，不能分貯各處，故祗賜圖書集成一部云云。案此詩作于庚子年春分前，可知當四庫書首分未成前二年之此時，乾隆猶無意于頒書南國也。

又七十三卷再題文宗閣四庫全書鈔四部，八年未蕆費功勤，集成拔萃石渠者，頒貯思公天下云。

文瀾閣志卷上建置篇：閣五間，中貯欽定古今圖書集成一部。

文淵閣圖書集成則有殿版開化紙及竹紙印兩部，說見故宮博物院圖書館概況，文溯一閣，雖現無紀載可徵，而準以上述六閣，諒必不能獨外，況地本陪都，加清帝之眷眷桑梓不能自休者乎？今据支那時報水野梅曉氏之說，則知所料之果非虛矣。

以上十二端，猶但就七閣書之外形言之，倘細加考核，恐其間內容上詳略繁簡之別，定難僂指計；（即如原書提要與現行總目有詳略之異，即各閣亦互有不同，其一例也。此說詳楊家駱著四庫大辭典附錄四庫概述文獻篇編纂章第二十四至二十五頁）。然而疇能取現存四閣之書，而一一參互比勘之哉？

[附] 七閣四庫成書次第表（各家異說附）

閣名	書成年月	西曆	各家異說：王伯祥說	杜定友說	任松如說	楊家駱說	東華錄
文淵	乾隆三十八年始事四十七年正月丙寅竣	1773—1782	四十七年	四十六年	四十七年正月	四十六年	四十七年正月丙寅
文溯	四十七年十一月辛酉	1782	四十八年	四十七年	四十七年七月	四十七年	四十七年十一月辛酉
文源	四十八年冬	1783	但云不久	四十八年	同年七月	四十七年	缺
文津	四十九年冬	1784	但云不久	四十九年	同年七月	四十七年	缺
文匯	始于乾隆四十七年成于五十二年（?）	1787	缺	缺	乾隆五十三年	五十三年	缺
文宗	同上	1787	缺	缺	乾隆五十三年	五十三年	缺
文瀾	同上	1787	缺	缺	乾隆五十三年	五十三年	缺

七閣四庫全書異同表

閣名	竣工時期·閣	竣工時期·書	頒書時期	書之裝潢·書面顏色	書之裝潢·冊數	原貯藏地	現況
文淵	始工于乾隆四十年成于四十一年（一七七五—一七七六）	乾隆三十八年至四十七年正月（一七七三—一七八二）	乾隆四十七年春始裝潢儲閣	原來經青史赤子白集灰黑今經綠史紅子藍集灰	原三六〇〇〇冊 今三六〇七八冊	北平故宮文淵閣	今由故宮博物院圖書館保管本年春間因華北形勢嚴重遷貯上海現教部正擬商由商務印書館影印珍本也
文源	乾隆三十九—四十年（一七七四—一七七五）	成于乾隆四十八年冬（?）	四十九年裝潢陳設	當同右	原當同右	北京圓明園	清咸豐十年十月八日燬于英法聯軍之役
文溯	乾隆四十七年正月乙卯（?）（一七八二）	成于四十七年十一月辛酉（一七八三）	四十八年春陸續賚送藏庋	同右	原當同右 今三六二七五冊	奉天（今陽）	民國三年曾運存北京十四年春再運返九一八之變遂落日人勢力圈中
文津	與文源閣同	成于四十九年冬（一七八五）	五十年春庋架	同右	原當同右 今三六三〇〇冊	熱河承德避暑山莊	現存國立北平圖書館
文宗	乾隆四十五年竣工	成于五十二年	五十二年	當與文瀾閣同	當與文瀾閣同	鎮江金山寺	已燬于清咸豐時洪楊之亂片楮無存
文匯	成于乾隆四十五年	同右	同右			揚州大觀堂	
文瀾	成于乾隆四十七年	同右	同右	經綠史紅子藍集灰	原三五九九〇冊 今三六二七九冊	杭州孤山聖因寺行宮	現藏浙江省立圖書館孤山分館稍有殘闕書均用銀杏夾板庋藏廚中與向之楠木匣插架者不同

關於文溯閣四庫全書舊檔史料（一）

○呈為將送到第一撥

文溯閣內應貯四庫全書併陳設木器等項逐一照册查收存貯之處知會總管內務府由

佐領 福 中

協領 李 寵

托 恩 多

佐領 三 福

依 博 英 額

佐領三福等呈為知會事乾隆四十七年十一月十三日員外郎常福持印册由京運到第一撥

文溯閣陳設古今圖書集成四庫全書一百二十四抬共古今圖書籍成五百七十六函四庫全書

一千函書匣一千五百七十六箇寶座桌椅掛屏等項木器陳設五十八抬計七十二件再册內

載有帶往

盛京存貯輿圖二份未裝訂臨清紀略等書二十四部職等會同辦理

文溯閣之協領托恩多李寵照依原來印册逐一詳查均屬相符又據員外郎常福所稱册外有奉

旨交

盛京將軍妙法蓮華經二部等語職等隨照依所稱按部詳驗俱屬相符
文溯閣書籍陳設暫存
宮殿內其帶到
盛京存貯之輿圖書籍及妙法蓮華經俱收貯內庫併將原來印冊三本存貯本府以備查核相應
呈請知會總管內務府查照可也爲此具呈
乾隆四十七年十一月　　日

〇四庫全書館咨爲奉
旨將
文溯閣陳設各書開列書名卷數清單按卷包封妥協毋致損污遇有便員即行咨送館以
便一律照改由
四庫全書館爲遵
旨咨取書籍事查四庫全書內有奉
旨改正應行四閣畫一之處業經陸續遵辦所有
文溯閣陳設各書前經奏明行文
盛京將軍移取原書改正發往歸原等因荷蒙

允准在案相應開列書名卷數清單咨行
盛京將軍衙門照單按卷檢齊包封妥協毋致擦損濕汚遇有來京便員即行賫送本館以便一律
照改仍行遇便寄往入函歸架可也須至咨者

計粘單一紙

右　　咨

盛京將軍衙門

乾隆五十年三月　　　　日

堂主事　繆

佐領　吉

海

英

協領　武

清單

御注孝經

御製資政要覽

御製人臣儆心錄

御注道德經
御纂內則衍義　　以上五種全部連匣取
欽定日下舊聞考　卷六十七
欽定國子監志　全部
欽定大清通禮　卷九　卷三十三、四
欽定大清會典　卷二十五　卷四十五　卷五十八
欽定大清會典則例　卷五十九　卷八十二　卷九十八至一百一

經部

苑洛志樂卷一

史部

皇王大祭卷九
百官箴卷一
三國蜀志卷六
資治通鑑後編卷一百五
海塘錄卷首一二　卷一
宋史卷二十四

子部

意林卷一

東林列傳卷一

孔叢子卷下

集部

復古詩集卷四

張文貞集卷八

倪文貞集卷一

歷代詩話卷十八 卷二十

又經部

合訂删補大易集義粹言首册

內務府官員銜名

當月筆帖式 張 斌

催 長 裴自然

筆 帖 式 鄭西文

金玉銀

（一）交内務府

文淵等四閣將每閣撤出書籍九種奉

旨銷燬由

協領　珠

交内務府

文淵等四閣藏弆全書每閣有撤出書籍九種奉

旨銷燬相應開列書目傳知即將

四閣内應撤各書按數撤出彙交軍機處進

呈銷燬仍開單覆知軍機處備查毋遲

南北史合注

南唐書合訂

閩小記

書畫記

讀書錄

書影

印人傳

讀史異同錄

列代不知姓名錄

乾隆五十三年十月　日

委主事　許

堂主事　繆　病

佐領　趙　差

吉

奕

協領　趙

内務府官員銜名

當月筆帖式　呂　月　岱

委管筆帖式　哈　豐　阿

催　長　張　自　然

筆　帖　式　鄭　西　文

金　玉　銀

○阿桂等謹
奏爲遵
旨議奏事查
武英殿提調陸續送進各書均係舛錯頗多必須派員細校俟詳校全竣後尚有八旂通志
等書統交紀昀等督同各員陸續校閱由
乾隆五十六年十一月十四日內閣抄出臣 阿桂等謹
奏爲遵
旨議奏事九月二十九日左都御史紀昀奏籌辦新添空函諸書一摺奉
旨軍機大臣議奏欽此據紀昀摺內稱四庫全書共六千一百四十四函其中先行寫就已經詳校者
五千八百五十餘函乾隆五十四年以後新修已抽換各書寫成補入未經詳覆者二百五十餘
函均係
武英殿提調陸續送進其時書館已收分校已散未能一一校讎舛錯頗多必須派員細校此次覆
勘
文源閣書現在應議者多請以
文源閣應議之員即罰看

文源閣新書將來

文淵閣應議之員即罰看

文淵閣新書于中各擇其條數較多過失較重者並罰看

文津閣新書除熱河道路較遠運送不便仍令前往看書外所有二閣新書有挖改抽頁及成卷成

部駁換者均令

武英殿原提調賠寫其熱河新書挖改抽頁臣即就近辦理成部成卷駁換者臣帶回交原提調賠

寫送往等語臣等覆查四庫全書共六千一百四十四函内五千八百五十餘函早已繕成歸架

業于乾隆五十二年間派員詳校一遍其各館新纂各書共二百五十餘函俱係留空于乾隆五

十四年陸續繕補未經詳校自應一律派員校讐俾歸完善惟是卷册較繁非數人所能蔵事若

不認眞辦理仍屬有名無實查乾隆五十二年詳校

三閣書時查出應議之原校各員仍罰令看書在案今此次詳校各員既經派司校勘不能細心詳

讐致有訛闕實難辭咎應如紀昀所奏將此次應議之詳校各員即罰看

文源閣新書並令

武英殿及各館檢出留空函書各底本送交紀昀轉發各員逐一查對每員每日按照舊例各看二

萬字立定章程計共書一千六百餘册即于本年冬間飭令赶緊校竣仍令紀昀總司督辦隨時

查察其

文淵閣留空函書一分應俟紀昀覆勘完竣時將查出應議之詳校各員即照此次所定章程畫一
辦理至
文津閣一份應俟
文淵
文源兩閣書函校竣之後令紀昀查明應議之詳校各員擇其條數較多過失較重者即令隨同紀
昀前往熱河詳加校閱以示薄懲至所稱
三閣新書內如有挖改抽頁及成卷成部駁回者仍令原提調賠寫之處查此項留空書籍內三通
方略
國史三館之處俱係奏明送
武英殿校對裝函自有經手校對之員應將查出挖改抽頁及成部成卷駁換各書發回
武英殿查明經手原提調及校對各員分別賠寫其熱河一分內除內挖改抽頁業經紀昀自請就
近辦理外如有成部成卷駁換者一併令紀昀帶回交
武英殿提調及校對各員賠寫再臣等查
盛京
文溯閣全書及留空函書事同一律併經陸錫熊督同各員前往詳校因將此分書內有無訛舛之
處面詢陸錫熊據稱伊于上年往

盛京詳校

閣書業將應行抽改駁換者查明改正其留空函書彼時俱亦歸架亦經詳閱更改似可不至仍滋

謬誤但卷帙繁多難保無一二掛漏此項書内應行賠寫抽換之本前經

奏將未赴

盛京之張燾賫往歸架現在賠寫如書將次告竣請令張燾前往覆勘等語臣等查

文溯閣書函卷帙浩繁自難保無錯誤應令張燾先行前往抽閱若訛較多斷非一人所能辦理卽

令呈明軍機處所請

旨仍令陸錫熊及前次同往看書各員前赴

盛京復加詳閱如有挖改抽頁等事仍卽就近辦理其有成部成卷駁換者亦一併帶回交

武英殿查明照例分別賠寫送往歸架又查

摛藻堂

味腴書屋所藏薈要二分亦有留空函書卷册較少業于上年經臣等議將所詳校

文溯閣書内之應議總分校各員陸續校竣但恐尚有外誤亦應請俟

四閣書籍詳校全竣後交與紀昀陸錫熊二人就近抽查如有駁換幷交

武英殿查明分别賠寫再留空函書内尚有八旗通志等書現在尚未辦竣應俟各書完竣後統交

紀昀陸錫熊二人督同各員詳細校勘如此陸續閱校庶各員得以次第辦理而

秘閣書函亦可益臻完善臣等酌議緣由理合繕摺具

奏伏乞

皇上訓示遵行謹

奏乾隆五十六年十月初十日奉

旨依議欽此

盛京內務府衙門

當月筆帖式王德昌

委當月筆帖式管述成

鄭西文

催　長張自然

哈豐阿

○都察院衙門咨爲此次抽閱書籍應設公所地方桌櫈等項照依上年章程辦理由

都察院爲咨明事本院左副都御史陸　上年奉

旨詳校

文溯閣全書所有應行抽換各書現交禮部員外郎張　照原議賫送并先行抽閱今定於十一月

日起程除總目一部應俟刊刻告竣再由
武英殿送往外相應將現送各書開列清單咨明希即會同查照歸架至抽閱書籍應設公所地方
桌櫈等項并一切請書收書各事宜均應照上年辦定章程妥協辦理可也須至咨者
計連單一紙
右　咨
盛京將軍兼管內務府衙門
乾隆五十六年十一月　　日
委主事　許
堂主事　繆
佐領　文
延
協領　國
珠
計賫送書册清單
簡明目錄十七册　應歸函
四庫全書考證七十二册　應歸函

排架圖四册 應陳設
春秋本例春秋例要合一函 共五册連匣 應歸架
大隱居士集浮生集合一函 共五册連匣 應歸架
九家集註杜詩十二册 應歸函
綱目三編十八册 應歸函
元明事類鈔二十四册 應歸函
元豐九域志七册 同
數學九章十二册 同
東里集三册 應歸函
周髀算經一册 同
另送到目錄手卷四個檀匣一副 應陳設將原手卷撤回
又另送袖珍簡明目錄四函 此係新添辦之本應照三閣例在御案陳設
又曾子一册 應歸函將原書撤回

〇盛京將軍衙門咨爲禮部出派主事張濤前往看書之處知照由
鎭守

盛京等處衙門　爲咨行事左禮司案呈十本年十一月二十九日准禮部咨開爲咨照事儀制司
案呈内閣抄出大學士公阿　等議奏左都御史紀　奏籌辦新添空函諸書一摺于乾隆五十
六年十月初十日奉
旨依議欽此抄出到部相應抄錄原奏移咨
盛京將軍仍俟本部主事張濤起程前往
盛京看書之日再行知照可也須至咨者
等因准此相應抄錄原咨粘單呈堂咨行
盛京内務府禮部奉天府府丞衙門學政衙門可也須至咨者
右　　咨
盛京内務府衙門
乾隆五十六年十二月初八日
筆帖式　胡圖里
盛京將軍衙門官員銜名
委主事　許
堂主事　繆
佐　領　文

延

協領國

珠

○呈爲

都察院前來看書之員公所應設桌凳之處先行知會

盛京將軍等衙門由

檔案房呈爲咨行事准

都察院咨開爲咨明事本院左都御史陸　上年奉

旨詳校

文溯閣全書所有應行抽換各書現交禮部員外郎張照原議賫送并先行抽閱今定於十一月

日起程除總目一部應俟刋刻告竣再由

武英殿送往外相應將現送各書開列清單咨明希即會同查照歸架至抽閱書籍應設公所地方

桌凳等項并一切請書收書各事宜均應照上年辦定章程妥協辦理可也等因前來相應咨行

盛京將軍奉天府府尹提督學政衙門所有應設公所地方桌凳等項并一切請書收書各事宜均

應照上年辦定章程辦理可也爲此上呈

計賚送書冊清單

簡明目錄十七冊　應歸函

四庫全書考證七十二冊　應歸函

排架圖四冊　應陳設

春秋本例春秋例要合一函　共五冊連匣　應歸架

大隱居士集浮山集合一函　共五冊連匣　應歸架

九家集註杜詩十二冊　應歸函

綱目三編十八冊　應歸函

元明事類鈔二十四冊　應歸函

元豐九域志七冊　應歸函

數學九章十二冊　應歸函

東里集三冊　應歸函

周髀算經一冊　應歸函

另送到目錄手卷四個檀匣一副　應陳設將原手卷撤回

又另送袖珍簡明目錄四函　此係新添辦之本應照三閣例在御案陳設

又曾子一冊　應歸函將原書撤回

乾隆五十六年十二月　日

內務府官員銜名

協領　珠博英額

　　　果爾明阿

檔案房　佐領　延福

　　　　　　　文興

堂主事　繆國政

委主事　徐日寬

○盛京將軍衙門咨爲員外郎張濤于十一月十三日起程前往

盛京看書之處知照由

鎮守

盛京等處將軍衙門　爲咨行事左禮司案呈于本年十二月十四日准禮部咨開爲咨行事儀

制司案呈本年十月十四日內閣抄出大學士公　阿等議覆左都御史紀　奏

盛京

文溯閣全書及留空函書應行賠寫抽換之本前經奏將未赴

盛京之張濤發往歸架現在賠寫各書將次告竣請令張濤前往覆看等因一摺業經本部移咨

盛京將軍衙知奉天府尹俟本部員外郎張濤起程前往

盛京看書之日再行知照等因在案今本部員外郎張濤于十一月十三日起程前往

盛京看書相應移咨

盛京將軍查照辦理可也須至咨者等因前來相應知照

盛京內務府衙門可也須至咨者

右　　咨

盛京內務府衙門

乾隆五十六年十二月十八日

筆帖式　胡圖里

官員銜名

當月筆帖式　王德昌

委管筆帖式　關達成

鄭西文

催　　長　張自然

哈豐阿

筆帖式張斌

○奉天學政衙門咨爲員外郎張　賫送

文溯閣書籍内有四庫全書簡明目録敬謹陳設

御案上

提督奉天等處學政加二級紀録二次福　爲咨會事准禮部員外郎張　賫送

文溯閣應行抽換書籍内有袖珍四庫全書簡明目録肆函係

奏明新添之書應陳設于

御案上隨經本學政會同禮部員外郎張　敬謹陳設

御案訖爲此合咨

貴府查照存案可也須至咨者

右　咨

盛京總管内務府衙門

乾隆五十六年十二月二十日

委主事　許

堂主事　繆

佐領 括

佐領 文

佐領 延

協領 淵

○盛京將軍衙門咨爲左副都御史陸 前往覆校

文溯閣全書一摺抄錄原咨粘單查照上屆校書章程備辦由

謹

奏爲

奏明事竊

諭旨專司詳校

文溯閣全書業于上年二月內同詳校各員前赴

盛京督率辦理所有查出錯誤應行賠寫抽換各書均經開單

奏明辦竣在案茲查

文源閣全書經臣紀昀等覆核中間闕落外訛尙多而

文淵閣全書現在閱竣亦未免尙有沿訛是全書卷帙繁富屢校即屢有改正雖勘實不厭精詳所

有
文溯閣全書自亦應一體覆加詳核俾得亦臻完善臣斷不敢因甫經校過即不須詳愼重閱以致
自貽咎戾雖前經軍機處大臣議覆案內令送書之張濤先往抽閱如訛闕較多呈明令臣再行
前往奉
旨依議遵行但臣在京現無緊要事件而
文溯閣係臣專辦相應
奏明于張濤未經呈報之先一交新春後臣即起程馳赴
盛京多帶看書熟手詳加覆閱仍與紀昀彼此知會互相校核如有闕卷脫文俱行參考同異畫一
釐正務期周密詳盡毋致再有延悞以蘄同歸精審至挖改換寫等事即就近查辦其有成部成
卷駁換者仍帶回分別交賠之處均遵軍機大臣原議辦理所有臣擬赴
盛京覆校緣由理合先行繕摺
奏明伏祈
皇上聖鑒謹
奏

○盛京將軍衙門爲咨

盛京内務府衙門查照上屆校書章程辦理由
鎮守
盛京等處將軍衙門　爲咨行事左禮司案呈准都察院　咨開本院左副都御史陸　共奏前往
盛京覆校
文溯閣全書一摺乾隆五十六年十二月十一日奉
旨知道了欽此相應抄錄原奏移咨
盛京將軍查照上屆校書章程妥協預備可也等因前來相應抄錄原咨粘單咨行
盛京内務府衙門查照上屆校書章程妥協預備辦理可也須至咨者
右　咨
盛京内務府衙門
計粘單一紙
乾隆五十七年二月初六日
驍騎校　阿思哈朗
○盛京將軍衙門咨爲謹
奏重校

文溯閣書籍人員事竣回京並撤回性理大全書籍之處知照由

重校文溯閣書籍人員事竣回京盛京將軍衙門咨內務府一件

鎮守盛京等處將軍衙門等衙門爲知照事左禮司案呈將軍府丞會同謹奏爲重校文溯閣書籍人員

事竣回京奏祈聖鑒事本年□月禮部侍郎劉等奉命詳校書籍前來奴才等業將辦理收發書籍事宜

恭摺奏聞在案兹於四月內校勘各員事竣陸續起程回京所有交出各書奴才福率同敎官逐卷詳查

照依次序敬謹歸架訖其性理大全一書亦准劉撤出帶回另繕至前次原任副都御史陸奏明撤回改

繕各書內除南巡盛典八旗通志四庫全書總目三種尙在改繕未經送到外其餘撤回各書俱已發來

照存記原檔查照無闕一併歸架爲此奏聞伏乞睿鑒謹奏於閏四月初九日奉到硃批諭旨知道了欽

此欽遵相應咨報吏禮二部武英殿修書處查照外併知照盛京內務府衙門可也須至咨者

右　　咨

盛京內務府衙門

乾隆五十七年閏四月十二日

○都虞司咨爲

文溯閣留空繕得各書轉咨奉天府遇有便員來京令其到

武英殿遵照辦理由

都虞司爲移會事據

武英殿咨稱

武英殿派繕全書空函書籍處爲知照事乾隆五十六年十一月前任左都御史今任禮部尚書紀覆勘全書完竣節次奏明另繕史記正義性理大全並提要及換寫各卷頁統俟繕畢將一切用項咨部行文各督撫在得缺各供事名下攤賠等因具奏經軍機處議准覆奏奉

旨此項着賠銀兩非尋常賠項可比着交各督撫於部文到日照數嚴追歸款毋任藉此扣繳致有延

宕

欽此欽遵在案今俱繕畢已將所有用項銀兩知照吏部辦理外至

文溯閣一分原奏內係遇有便員來京帶交奉天府府丞檢點抽換等因亦在案並有留空繕得各書相應遵此移咨貴司作速轉行

盛京奉天府遇有便員來京令其到殿遵照辦理等因前來相應移會貴處轉行

盛京奉天府可也須至移會者

右移會

盛京內務府

乾隆五十九年三月初九日

○呈爲將應抽换
文溯閣南巡盛典等書派委員查閲撤出之處咨行
奉天提督學政衙門由
佐領延福等呈爲知會事據管理
文溯閣事務催長玉柱等呈稱由
堂抄出准
武英殿修書處爲咨行事本處由内閣抄出大學士慶等奏
准現在辦理
聖製詩文集及
欽定八旗通志等書七份呈
覽後交
懋勤殿用
賞仍交
武英殿按照舊例將
文源
文津

文溯三閣書冊分色綢面裝潢繕簽按新辦排架圖式依次歸架江浙三閣應補之書俟冊

寶後交

武英殿存貯照向辦之例遇便員帶往各該處該管官自行按照舊式裝璜歸架其排架圖今其送

京改繕發往等因抄出在案查此項應補入之書史部內八旗通志增添九函集部內增添

聖製詩文三集餘集詩餘集三函尙須於現設書內並函趕函改做書匣補做匣面史部集部排架圖二

冊均須抽換相應呈明抄錄原奏咨行

圓明園木處派員前往會同該員管理四庫全書官員赴

文源閣查明將應改書匣應補匣面撤取到殿遵照辦妥即行歸架等因呈准在案現已查明相應

開單咨行

貴衙門遇有便員即行照單押送來京守候辦妥領回歸架可也等因前來相應抄錄粘單呈

堂咨行

奉天府提督學政衙門希爲作速委派妥員查閱撤出以便送京可也爲此具呈

嘉慶十一年七月　　　　　日

堂主事　徐　自　寬

佐領　祥　　瑞

協領　愛　明　阿　差

佐領　延　福

　　皂　住

委主事　張　璸

計開應撤書籍並空匣書名函數開後

史部

自二千四百六函起至二千四百二十八函止

南巡盛典

萬壽盛典計二十三函連書撤來

自二千四百二十九函起至二千四百五十五函止

計二十七函淨將空匣撤來

集部

自五千二百九十九函起至五千三百五十四函止

計五十六函淨將空匣撤來

臣慶臣董臣朱臣戴謹

奏爲校勘空函書籍完竣奏請分別歸架事竊照四庫全書空函內應補之

聖製詩文集及

欽定八旗通志等書七份前經奉

旨交吳裕德一手承辦校繕該員率同
武英殿校錄及供事等陸續繕補校對除
文淵閣一分早經呈
覽歸架外其
文源等閣六份本年二月中亦經吳裕德辦竣進
呈欽奉
諭旨派出翰詹汪廷珍等二十員分投校勘茲據
武英殿提調告稱該員等校勘完竣所有校出錯誤字劃仍交吳裕德挖改齊全由原校官銷簽訖
謹將原書一千七百八十本恭呈
御覽俟
發下後交
懋勤殿用
賚仍交
武英殿按照舊例將
文源
文津

文溯三閣書用分色紬裝潢繕簽其
文源閣空函即令
武英殿官員撤出會同吳裕德將書匣面簽抽換齊全照新辦排架圖式依次歸架其
文津
文溯二閣空函由
武英殿行文各處該管官遇便送京照
文源閣之例辦理並江浙三閣應補之書俟用
費後交
武英殿存貯照向辦之例遇便員帶往各該處該管官自行按舊式裝潢歸架其排架圖令其送京
改繕發往所有校辦空函書籍完竣緣由理合繕具
奏嘉慶十一年四月初二日具
奏本日奉
旨知道了欽此
嘉慶十一年七月　　日

〇提督奉天學政衙門咨爲抽撤

文溯閣書籍添派奉府學教授齊敦敏幫同辦理之處知照由
欽命提督奉天等處學政加六級紀錄十一次梁　爲咨會事前准
貴衙門咨會派員抽撤
文溯閣存貯書匣等因當經檄委奉天府治中劉世棟前往查閱並咨覆在案今添派奉府學教授
齊敦敏前往幫同辦理相應咨會爲此合咨
貴衙門查照施行須至咨者
右　咨
盛京總管内務府
嘉慶十一年七月二十九日
○敬擇八月初一乙亥日庚辰時司命恩赦吉星
登
閣大吉
呈爲晒晾書籍預爲訂期咨行
欽命奉天提督學政衙門由
佐領延福等呈爲咨行事據

文淵閣催長等呈稱查得乾隆四十八年五月初二日准
盛京將軍衙門咨開爲咨行事辦理工程處案呈本衙門謹
奏爲遵
旨派員經管書籍仰祈
睿鑒事查第伍撥四庫全書於本年三月二十七日全數運到奴才隨即逐箱查點前四撥運到各書
仍統行文與內閣學士陸費墀等分部歸匣以便上架據陸費墀侍奉
諭旨令奴才於盛京官員內揀派二人經管文淵閣書籍奴才遵查盛京內務府三旂官員內堪以查
點函册數目及上架時協同照應自不乏人至按照編目別類分函調理必須通於文義之員方
克勝任查奉天府府丞兼提督學政一缺例由進士出身之員補放現任府丞蔣良騏學問優長
辦事認眞所有
文淵閣書籍請即令其經管又查現任奉府治中張鳳鳴由舉人出身平日留心學問亦堪隨同經
理奴才現令該二員與陸費墀一同檢點函册俾得漸成熟手再查貯閣書籍關係甚重必應隨
時檢看併每年由匣晒晾均須定有專官擬即令此二員經理奴才仍不時督率該員等留心檢
點以昭愼重爲此謹
奏等因於乾隆四十八年四月二十一日奉到
硃批

諭旨好知道了欽此欽遵相應咨行

奉天府府尹府丞暨

盛京內務府等衙門欽遵可也等因在案今値晒晾之期相應咨行

欽命奉天提督學政衙門預爲訂期咨覆到日以便預備可也爲此上呈

嘉慶十六年七月　日

堂主事張　瑸

佐領祥　瑞

協領愛明阿

文溯閣

佐領延　福

佐領双　柏

委署主事蘇　爟

嘉慶十七年七月

嘉慶十八年七月

嘉慶廿一年七月

以上三年皆與上十六年七月同

○呈爲查撤
御纂歷代三元甲子編年萬年書查出持送
武英殿抽換之處呈請咨行
欽命奉天提督學政衙門派員出
佐領延福等呈咨行事據
文淵閣催長張棨等呈稱准都虞司爲移會事准
武英殿修書處來文内稱
御纂歷代三元甲子編年萬年書内更改閏月本處業經改刻板片其各處陳設書籍均需一體抽換
相應知會都虞司轉傳知
盛京熱河盤山湯泉黄新庄等處併所屬沿路行
宫如有陳設以及庫存
御纂歷代三元甲子編年萬年書查出持送本殿以便抽換領回陳設等因前來相應移會
盛京内務府如有陳設以及庫存
御纂歷代三元甲子編年萬年書查出持送
武英殿抽換領回陳設可也等因前來相應呈請咨行
欽命奉天提督學政衙門派員查撤此項書籍以備持送可也等情據此爲此上呈

嘉慶十六年九月　日

帖寫人　巴克清阿　寫

執事人　任德陞　對

堂主事　張　璜

佐領　祥　瑞

協領　愛明阿

文溯閣

佐領　延　福

佐領　雙　柏

委主事　蘇　熛　假

○呈爲佐領恆森帶到淸漢文

聖訓書各二十部共計二千套秘殿珠林石渠寶笈書一部共計二十八套敬謹查收恭貯之

處咨報

總管內務府由

佐領祥兆等呈爲咨報事據廣儲司司庫保住等呈稱查得嘉慶二十三年二月內佐領恆森由

京帶到淸漢文

聖訓各二十部每部五十套四十部共計二千套清文一部貯一箱漢文二部貯一箱共貯三十箱外有
英大人之計
懋勤殿之秘殿珠林石渠寶笈書一部共計二十八套業已裝潢妥協共貯一箱令一併恭帶
盛京陳設以上二項書籍業已敬謹查收除將清漢文
聖訓共四十部計二千套恭貯書庫外其秘殿珠林石渠寶笈書一部共計二十八套係業已裝潢妥協
理合恭貯
翔鳳閣以備陳設之處應行咨報
總管內務府可也等情據此爲此具呈
嘉慶二十三年四月　日
堂主事　張　璜
佐領　祥　兆
協領　富　興　阿
廣儲司　佐領　祥　瑞
恆　森
委署主事　蘇　爔
驍騎校　鄭　羲　演

西湖文瀾閣規制徵故

張崟

舊藏四庫全書之西湖孤山文瀾閣，實近代圖書館之先河，斯固夫人而知之；惟當日文瀾閣之規制如何，則鮮有能道其詳者；或且用今蔽古，而以現時館藏四庫全書但允菰閱不准出借之制為古亦若斯，則未免來藉談數典之譏；爰稽舊籍，述為斯篇，將以備閣史之要刪云。

一、閣之主司　閣須人監護，書尤不可無管理；文瀾自乾隆間建閣頒書以來，已百有數十年，其間規制，應有可傳，惜文獻凋零，不堪詳考，但知最早攝閣事者有陸費墀。

近人陸費逵增輯四部備要緣起附誌云：『按先宗伯公自壬辰任總校官，至戊申(乾隆五十三年)校杭州文瀾閣貯書，總攝館務凡十七年；行述載辰入酉出，寒暑未少懈。』

道光二十年之前有周竹所，旋以事撤職；二十年乃另設訓導一員，總筦鎖鑰，任之者為章瀓；而秀才朱石樵司晒書之責，其時閣中出入，較前為嚴云。

錢鱸香先生筆記蓮龕尋夢記：「(道光庚子九月)初九日；……予進錢塘門訪周竹所；竹所向為文瀾閣司事，已于去冬撤職，經岳運使(鎮南)委員查修，另設訓導一員，總管鎖鑰即後湖董事章公次白(瀓)而司一切晒書事務者為朱石樵茂才；是以閣中出入較嚴于疇昔云」(見人文月刊四卷七期)

在洪楊大亂以前仇養正陳其泰陸光祺(字粲珊)亦曾與典守之事，亂後光祺且為繪排架之圖。(案原圖現存省城頭髮巷丁氏即閣志卷上所摹印者)

文瀾閣志卷下有仇養正文瀾閣典守書籍作云：『文瀾閣上供畋漁，也算將身到石渠，宦海官忝三篋祿，名山容讀十年書。……』

同上徐榮題陳勤齋學博(其泰)西湖掌書圖：『純皇翠輦幸湖山，手把珊瑚種紫瀾，四庫傳鈔徵俊秀，百年監理到儒官。金題玉躞珠宮曉，綠幕黃簾碧落寒，好是輕橈來畫裏，一編常得倚花看。』

丁松生年譜一同治三年六月會藏文瀾閣遺書于杭府學會經圖繪圖記紀事注云『……克復後……遇陸氣珊丈光祺于滬上，丈曾典守文瀾閣事，工六法，府君既乞其整理書籍，并請繪圖以記其事』（案此係書庫抱殘第一圖）

及圮閣建復，則杭城紳士沈燦，（自光緒七年以後）及稍晚之孫樹禮張蔭椿孫峻（兩孫氏今尙健在），均曾任管理閣書之董事；（據孫康侯先生峻面告光緒間之閣董尙有王同及王壽搏云）閣志卷上光緒九年三月初四前江蘇按察使應寶時等續議補鈔閣書呈文有云：『……竊奉光緒七年閏七月十八日，准奉藩臺德照會，內開奉撫憲譚札開：照得文瀾閣工竣，查有沈紳燦，堪以經理。……』同卷光緒八年八月十四丁丙藏領平定粵匪方略稟：『……奉到御頒方略全書一部，……遵即檢點本數，……加配夾板，置櫥上鑰，交管理閣書董事沈燦敬謹尊藏。……』丁氏年譜四光緒二十四年月恭刊文瀾閣志條注云：『閣建于辛巳，至戊子而全書鈔成（?），典守者孫和叔樹禮，孫康侯峻，撰此志；府君恭刊，以備掌故。』

而張孫二氏，實爲閣董最後之一任，淸宣統三年文瀾閣與圖書館之移交，且出其手焉。淸宣統三年四月口日文瀾閣董張蔭椿孫峻致浙江圖書館函：「逕啓者文瀾閣藏書事務，公議于五月朔日起應歸併貴館接管，自當遵照辦理；除交替情形呈報撫院並藩司聲明文瀾閣宣統元二兩年歲修及本年正二三叁個月薪工兩款已由貴館先行墊付，當即移交剮鈐領乙紙，請迅賜札庫動放歸墊外，茲將文瀾閣所藏圖籍廚架等項，另單開呈，敬祈查收派人接管爲荷。」（見本館館檔）

此外，丁氏竹舟（名申），當亂後閣未建復之前，亦曾職居閣董。

案丁氏之任閣董，當在同治三年十二月間，現閣志卷上第十二頁同治三年十一月初十候選主事丁申恭繳閣書擬暫儲杭府學會經閣稟之但稱候選主事，與次稟即同治十一年五月廿二書閣董事候選主事丁申收藏閣書請轉詳咨部稟之始冠『書閣董事』銜，及同稟中『同治三年十二月間據前杭州府詳明董事丁申所收庫書……』云云者，可知也。

與丁氏同時共事者四人，至同治十三年，其三去職，僅遺竹舟；竹舟性慎，恐獨力難勝，乃舉賢自代；于是丁祭局董事陸檀張景雲丁丙姚士隆四人繼之，以底于故閣建復，書還舊地止。

閣志卷上丁祭局董事陸檀等接管閣書稟：『……竊同治十三年九月二十七日奉鈞諭內開：據書閣董事丁申稟稱：……前舉董四人，今僅職一人，設有疎虞，咎將誰任？再四思維，查府學新設禮樂器庫，即在尊經閣之外，現奉撫憲札派陸檀等為司庫司禮樂；該職等春秋既須執事，每月亦相輪視；以之兼管閣書，事屬兩全。為此稟乞諭敕該職等接管。……等因奉此，職等奉諭之下，同詣尊經閣，……遵即……敬謹接管。………』（案此事丁松生年譜失載）

以上就管理人員及其名義而言，（閣書董事或簡稱閣董蓋若後之圖書館長然）至其統轄之全權與經費之維護，則初均操之兩浙江南都轉鹽運司；即重門鎖鑰，亦分二副收掌；除一歸文瀾閣總局外，一即存諸運司衙門，凡有稽核，亦憑運司蓋鈐。

錢鱷香先生筆記：『文瀾閣在聖因寺右，乾隆四十九年給帑奉勅繕寫四庫全書，分弆于此。（崟案此說微誤）諭有願讀中秘書者，許其陸續領出，廣為傳寫，給歲修銀外，及收貯藥料人工銀共六百數十兩有奇。其鑰一在鹽運司衙門，一為總局收管；重門封鎖，出入綦難。……閣中除簡明目錄外，另有目錄冊四本；（殆即今所謂嘉慶舊目歟？）如有失去卷數，及無御璽者，總局詳鹽運司，註明冊上，并用運司印鈐記，以便清查，其細且嚴如此。……』

雖道光十九年間，曾一度移由詁經精舍監院掌理。

徐棨題陳勤齋西湖掌書圖詩第四句「百年監理到儒官」註云：「閣中書向掌于鹽運兩分司，道光十九年始議歸詁經精舍監院收掌」。

亂後閣圮書散，經丁氏辛苦抱殘，繳藏杭府學尊經閣時，亦即由府學敎授督同董事照料；

閣志卷上公牘候選主事丁申恭繳閣書擬暫儲杭府學尊經閣稟：『……惟閣未建復，無地尊藏；查有杭府學尊經閣，……堪以珍庋。……擬請檄飭府學教授，驗明暫儲，遴派董事，督同管理。……』又計鈔兩浙鹽運使司詳文：『……同治三年十二月間，據前杭州府詳明董事丁申所收請藏府學尊經閣內，由該學教授，督同管理。……』

但其經費之支給，以及檢書呈核，轉請詳咨備案等等，則仍唯運使祇遵。

同上公牘兩浙江南都轉運使詳文：『……案奉鹽憲案行同治十年六月二十日准戶部咨復：司中每月局解銀五千兩，所有高前司以前高前司以後各任，自三年四月初四日起至八年十二月底止，所收局銀解支各款，造冊彙報；……………自應將各年先後所收之書，一併查明，彙開書目，以憑詳請咨部備案。開支經費，就經扎飭杭州府學，並諭該董事查明造冊稟送，以憑轉詳請咨。……』

同上光緒元年六月湖丁祭局董事陸檀張景雲丁丙姚士隆等接管閣書稟末段云：『遵即會同敬謹接管，隨時督夫照看。茲屆光緒元年夏伏晾曬之期，應需冰麝料價及閣夫管費銀六十兩，理合備具押領，呈乞審核，俯賜給發，俾資公用。………右稟兩浙江南都轉鹽運使宗室靈。』

續獲舊本，亦待稟聞；

同上公牘書閣董事候選主事丁申續收閣書詳請咨部稟：『……竊……四庫全書經職先後呈繳九千六十本，造送目錄，稟請詳咨在案。本年春間，職道經禾郡，見有元釋圓至牧潛集二本，係屬閣書，給價購回，仍送尊經閣歸併存儲，呈祈察核。…………右稟兩浙江南都轉鹽運使宗室靈』(同治十三年五月十二日)

閣董更迭，並仗准飭；(見前引丁祭局董陸檀等接管閣書稟)後此閣之重建，從所有現存當時公牘而觀，似均由巡撫譚鍾麟之維護；而案其實，則譚固兼筦兩浙鹽政者也。

譚文勤公奏稿卷七恭報接印日期摺：『蒙恩調補浙江巡撫，陛辭出京，于十一月初二日抵浙；准前撫……齎送欽頒浙撫關防一顆，兩浙鹽政印信一顆。……前來。……』

惟當時興造經費及自此閣輂支薪歲出經零，則別由牙釐局于用絲捐款內劃給，易言之，卽從此取給于布政司，（蓋牙釐局隸于藩司而不屬于運司也）而不復仰其成于鹽政；與向之一取資于運使者異其趣矣。

閣志卷上公牘會議文瀾閣鈔書章程幷管理經費布政使照會：『……爲照會事，本年七月二十一日奉撫憲譚扎開：照得文瀾閣工程告竣，丁紳擬將舊時所收殘書仍藏閣中，以備諸生泛覽；然必有經理者，始免失散；査有沈紳燦堪以經理，其每年應支薪水及看門人役工食，幷每歲零星修理之費，或于用絲捐款內酌提，…………應如何嚴定章程俾可經久之處，除巡委外，札司卽便會同應紳丁紳等妥議復核。……等因；……爲此照會貴紳，……希卽將前項薪水工食以及每年歲修等費，應如何給支，妥議章程，復司辦理！……』

其時書閣經常之支配，據應寶時丁丙等所議具者：計經理（相當于今所謂董事長，因當時董事不止一人，而此須常川駐守也。）年俸二百六十八千文，司事（卽助理亦卽庶務員）一人，六十千文；司閽伙夫各一人，人各年支五十千四百文；所有芸香樟腦巾帚茶水等雜費，年約十二千文；歲修經費，則年定三百二十千文；都凡七百餘千文。

同上江蘇特用知縣丁丙送呈補鈔閣書章程併議定經費稟：『……等因奉此，伏查閣地甚爲寬曠，庫書實宜愼重，經理須常川看守，薪水似宜從優；每月擬支錢二十四千文，司事一人，帮理曬書，督率收拾拔草；薪水每月給錢五千文。看門司爨人役，擬募二名；每月每名擬支錢四千二百文。所有芸香樟腦巾帚茶水零星，每月約計錢一千文。至修理一項，現當落成，原無大修；惟湖山風日較烈，且傑閣凌虛，圍牆高繞，非隨時黏補，不能保其永固；除木石兩作不計外，每歲約錢二百四十千文。漆作大小牽計，每歲約八十千文。金鉤明瓦玻璃工料，每歲約錢五十千文。……案季由善堂董事核實造册，呈請釐捐局于用絲捐內給發。……』（案當時應某居喪例不得列銜同稟云）

而夏伏晒書經費銀六十兩，似猶不在內。

閣志上兩浙江南都轉監運使詳文有云：『每年由丁申稟請詳給曬書經費銀六十兩。……』

又丁祭局董事陸檀接管閣書稟：『……茲屆光緒元年夏伏晾晒之期，應需冰麝料價及閣夫管費銀六十兩，理合備具押領。……』

逮民國光復以後，四庫諸書，併入圖書館；閣與書離，董事協理，名變其朔；歲常出入，一由省教育廳統籌兼顧，而閣之管理與修葺，且不在浙江圖書館，而屬之西湖歷史博物館矣。

二、儲藏方法　在清咸豐以前，書貯文瀾閣；閣凡三層，第一層除中庋圖書集成外，『後及兩旁藏經部，第二成（即第二層）藏史部，第三成藏子集二部，皆分庋書格；凡四庫書三萬五千九百九十冊，爲匣六千一百九十一。』（兩浙鹽法志）據同治元年十月陸光祺繪文瀾閣排架圖、知第一層左右儲經二十架，中層儲史三十三架，上層中儲子部二十二架，左右兩旁庋集廿八架，都一百三架；（案錢鑪香筆記則謂：『共一百四十架』——見人文月刊二卷七期——與此相差達卅一架之鉅，殆併計圖書集成及續頒諸書之故也？）每架四屜，獨子集部架各六屜，屜各四擡，擡各三函，『每函用香楠木匣收儲，匣內襯以香楠夾板，便抽納也。素綾牙籤，冊中夾冰麝樟腦包各二，以辟蠹。』（見陸氏排架圖紀）及大亂以後，閣幸重建，書經鈔補，爬梳重裝，大殊昔觀；架易以廚，匣更夾板，（參看文瀾閣志卷上孫樹禮文瀾閣圖紀）素綾牙籤之書函，亦概從省，爲『撙節經費』故也。維時則閣中第一層儲圖書集成附勸善要言全唐文及平定粵匪方略，共十六廚；左右室仍庋經部，凡十四廚；第二層貯史部二十四廚，最上層左右室貯子部二十四廚，中室藏集部三十二廚，都共九十四廚。及清季宣統三年，閣併圖書館，民國元年新建之圖書館舍落成，書遂移實其中。

三、閱覽方法　閣書在清乾隆頒藏之時，即許士子之願讀中秘書者，備文呈明到閣鈔閱，閣中則派委妥員，董率其事，設立收發檔案、登注明晰，並不准任其私自攜歸；

乾隆五十五年六月初一諭：「諭令該省士子，有願讀中秘書者，許其呈明到閣鈔閱，但不得任其私自攜歸，以致稍有遺失」

又四十九年三月諭：「將來全書繕竣，分貯三閣後，如有願讀中秘書者，許其陸續領出，廣爲傳寫，……祇須派委妥員，董率其事，設立收發檔案，登注明晰，並曉諭借抄士子，加意珍惜，毋致遺失。」

則最初閣書，固但許詣閣鈔閱，不許外假也。逮道光間，其制始變，故金山錢氏輯守山閣叢書，得以寓湖上十三間樓，間日棹舟赴閣領書，以資鈔校。

張文虎舒藝室雜著乙下孤麓校書記：「乙未（道光）冬，（錢）雪枝輯守山閣叢書時，苦無善本，約同人僑寓湖上之楊柳灣，（案即十三間樓之所在也）其地去孤山二里許，面湖環山；上有樓，樓下集羣胥，間日棹扁舟詣閣領書；鈔畢則易之」

蓋因乾隆四十九年諭中原有「許其陸續領出，廣爲傳寫」之語，故至是乃得據以改制；張嘯山（文虎）孤麓校書圖記所謂：「浙江文瀾閣在西湖孤山下，功令：願讀中秘書者，許領出傳寫……」云云，其明證矣。而觀洪楊亂前揚州庫書之亦得出借傳抄，尤足徵南三閣之規制，固應較若畫一也。

同治四年五月十四日莫友芝上曾文正公書：「芝奉鈞委探訪鎮江揚州兩閣四庫書……（中略）……比至泰州，遇金訓導長福，則謂揚州庫書，雖與閣俱焚，而借錄未歸與拾諸灰燼者，尚不無百一之存；長福曾于甘泰間三四處見之，問其人，皆遠出，倉卒無從究詰；以推金山庫書，亦必有一二懸存者……」（原札在南京國學圖書館）

自是此項辦法，相沿無改，故鼎革之際，猶有書借在外，至民國元年而始獲收回者；

壬子所存文瀾閣目卷五之六待訪書目前小序有云：「辛亥秋冬，杭城故家文士，往往避地遷徙，今匝歲矣，猶未敢言歸，其借抄在外，未歸閣中者，當亦不少」

又卷四補遺忠愍集條注云：「此書當辛亥年借抄在外，壬子年終，始歸閣中，時刊目垂畢矣；末由追改，附識于此。」

至民國二年，書移本館以後，始更纂例，但許來閱，不任外攜，以迄于茲；蓋鑑于光復以前幾致再佚之覆轍，乃爲茲曲突徙薪之圖也。

跋黃秋盦嵩洛訪碑日記後

顧燮光

嘉慶時錢唐黃秋盦先生，擅金石書畫；官山東濟甯州同知時，曾赴嵩洛訪碑，著此日記。雖僅萬言，對于嵩洛古刻如數家珍；惜世少傳本，僅刊行於粵雅堂叢書中。其行程計由濟甯取道蘭陽，渡河，經祥符鄭州滎陽汜水鞏縣偃師，而達登封，登太室少室諸峯，及石淙諸勝；於中岳廟少林寺各碑刻，搜拓殆遍。石人冠上馬字，固先生所訪得者。而少室開母兩闕，亦發見數字，均前人未見者也。旋至洛陽，游白馬寺及伊闕香山，住龍門者六日；對伊闕各造象則語焉未詳，殆當時習尚尊重漢唐諸碑，若元魏造象，固漠視之？歸途由孟津渡河，經孟縣河內獲嘉新鄉汲滑，而達東明；再由曹州鉅野而抵濟甯。旅行卅四日，經十有四邑，獲碑拓至四百餘，舊拓亦四十餘，此行誠屬不虛矣！惟過衞輝而未訪比干之墓，經滑縣而未迂道登大伾之山，美哉尤有憾耳。余訪碑河朔八年，鞏洛亦曾屐及，獨嵩岳諸山，未賦登臨，讀先生此記，曷禁悠然神往矣。甲戌春會稽顧燮光跋于西湖金佳石好樓。

文瀾閣四庫全書史稿

張崟

浙江省立圖書館之有四庫全書，人皆知其爲來自聖因寺之文瀾閣，然于閣之原址，及其失而復聚與移藏浙館之經過，則知者寥寥；藉更叩以四庫之意誼，卷帙之多少，成書之時代，及其動機，則知者益寡；而如版本之遞嬗，尤非所語于恆人矣。民國二十年余教學松江，曾乘春假休沐，來杭攬勝，輒詣孤山浙館，求觀中秘，展卷摩挲，實愜素抱，惜以行色匆匆，未悉究竟。昰春，欣承師命，來襄筆研，館設孤山，蟾圓四易，因得常與四庫共晨夕，然於是書之由來及經歷，仍多未喻也。欲求可資參考解惑之作，又不可得；孫和叔康侯二公雖輯有文瀾閣志二卷，而徵引未備，有嫌簡略，因頗有志于閣史之草創；同事諸君復時從臾之，爰參稽舊籍，撮要叙次，以成茲篇。自維譾劣，見聞未廣，區區此作，罅漏孔多，革椎輪爲大輅，尚有期于異日。倘承方聞博學賜以匡糾，不勝馨沐以須。

一　四庫全書之編纂

四庫全書不爲江浙設館，尤不爲杭州之文瀾閣而編修，然無清乾隆之好大喜功，即無是書，無是書，則西湖濱當僅有玉蘭堂東畔庋圖書集成之藏經閣已耳，何有于文瀾？然則四庫之所以編輯，固不容不于茲略叙其梗概矣。爰就編纂之動機，主修之人物，與其成書次弟撫述如次：

（一）編纂之動機　原清乾隆之倡修四庫全書也，辜角言之，約有三因：周永年倡儒藏說有以啓其先路一也；清廷心懷芥蒂，欲寓禁于徵，藉弭種族思想，爰有下詔求書之舉二也；迨朱竹君（筠）奏請校辦永樂大典，于是水到渠成，四庫全書之名乃定三也。惟細加推敲，則乾隆開四庫館之用意，實尙有可得而詳者：愳清初宮闈中蕃之醜，骨肉相殘之慘，與夫明季遺臣發洩民族思想，有損于後金（清入關前國號）君臨中土之名譽者，則湮沒舊聞之作用一也。因厭宋學之風氣，故開館修書以臯牢旭日初升之漢學家諸儒，因前此類書之瑣碎取憎，故爲此彙集原書之壯舉，以副學界之願望；再漢學家輯佚之風，維時已盛，適又逢笥河有校辦大典之請，則順水推舟，迎合時代思潮之作用一也。中國書籍之大結集，以明成祖時永樂大典爲鉅擘，清康熙修古今圖書集成，差足媲美，乾隆雄武，事務勝前，于武功既鋪張揚厲，自詡十全，于文治亦欲結集空前之大部書，以期凌轢過往，壓倒一切，則君主好勝心之作用使然一也。愛新覺羅以異族入主中原，自反而縮，彌覺寒心，兼知武力有時而窮，於是康雍兩代，乃有文字獄之殘酷，乾隆初葉，亦曾倣行，無如漢人排滿之心，曾未稍戢；於是別又思懷柔利誘之方，而博學鴻詞以累開巍科；（本名博學弘儒科後避乾隆諱改）特科之效猶恨未宏，則又借開館修書之美名，行錮蔽人心之毒策，俾述作守道之才秀，咸耗精敝神于尋行數墨之中，無遑計及種族之異同，則猜忌心之作用者又一也。

（二）編纂時期及其成書次第　四庫之源流與部數，人多知之，惟成書次第，除頭二兩分，易于究竟外，餘則尟有及之者；論及卽訛，因爲發憤撢求，成「七閣四庫成書次第攷」；則知四庫全書經始于乾隆三十八年二月（公曆一七七三年），緜歷十稔，至四十七年正月丙辰，（十九日卽公曆一七八二年三月二日）而頭分全書繕寫告成；總計得書三千四百五十七部七萬九千零七十卷，三萬六千册，特放四明范氏天一閣式，構文淵閣以庋之，同年十一月第二部竣，藏之于文溯閣；翌冬，第三分書成，貯之文源閣；又一歲，擬藏文津閣之第四分全書亦竣工，是謂內廷四閣。尋以江浙爲人文淵藪，其間好古力學之士，願讀中秘書而亡由者必衆，隨又于四十七年七月甲辰（初九日卽公曆一七八二年八月十七日），詔命四庫全書館續繕全書三分，分庋：揚州大觀堂之文匯閣，鎮江金山之文宗閣，杭州聖因寺之文瀾閣，俾江南學者得就近觀摩傳寫云，是謂江浙三閣；越五載（乾隆五十二年六月以前），而書成。綜厥前後，蓋凡歷年十有五焉。

附記：淸禮親王昭槤嘯亭雜錄卷十三分書節云：『乾隆中，上旣開四庫全書館，分發京師諸處，甲辰春，翠華南幸，念江浙爲藝林之藪，………因命續錄三部，分置揚州之文匯閣，鎮江口金山寺之文宗閣，杭州聖因寺之文瀾閣………』案甲辰乾隆四十九年，此紀誤也。

（附）七閣四庫成書次第攷

任松如四庫全書館大事表載乾隆四十七年正月：四庫全書第一分鈔成；同年七月，第二分第三分第四分書鈔成云云；（見所著四庫全書答問第三十二頁）不知何據。據乾隆朝東華錄，則全書頭分成于四十七年正月丙寅，同年十一月辛酉，第二分成；惟第三第四以次，則徧翻東華錄，，迄無明文；乾隆御製文集（初二兩集已編入四庫，三集則文瀾閣目屬之續藏書中；）雖有內廷四閣之記，（原文均端楷、金題玉册、龍文紫檀匣、附書藏、文溯閣記梁國治書、金鐫翠珉四片、現歸杭州豐華堂楊氏珍庋、文淵文津、諒亦爾爾、惟存佚不可知耳、）然屬記閣名之朔誼，不記書之經歷也；此外竟無隻字。詩集第四五集中（四集以上已編入四庫五集及餘集則嘉慶時始編輯成現入續藏中）雖有關于七閣之題詠五十餘首，然于成書之年禩，乃有自相剌戾者，殊堪怪詫。今爲比次商兌如左：

（甲） 御製詩集第四集卷九五第二首（編年癸卯三）題文源閣云：「文淵昨歲慶筵行，文溯因巡亦促成」；注云：「昨歲四庫全書第一分成……其二分書照式謄寫，亦于今春告竣；至三分書應庋此閣者，又可接續繕辦，明春想亦可蕆事」——案此顯言文淵閣四庫書成于壬寅，（乾隆四十七年卽西元一七八二年）文溯閣本成于翌春；三分書則是年（乾隆四十八年癸卯）尚未蕆事；遑論四分乎？于此可徵任說之繆。

（乙） 又同卷第四一首經筵畢文淵閣賜茶復得詩一首，自注云：『自癸巳年命館臣辦理四庫全書貯四閣，茲文淵閣第一分已于壬寅春裝潢貯閣，盛京之文溯閣第二分亦於今春（案本卷編年癸卯三）陸續賫送藏庋；至御園之文源閣，山莊之文津閣兩分全書，惟照本謄鈔，于一三（案此疑二字之訛）年中，亦可竣事。……』

（丙） 又九十八卷第十三首題文津閣：（編年癸卯六）『四庫已看彼獲半，（原注云：昨壬寅春，四庫全書第一分告成，庋置文淵閣；癸卯春，第二分全書亦竣，命內閣學士陸費墀送往盛京，會同將軍永瑋瑋——案此字疑複——弆庋——案原鈔本如此弆既誤棄且復意複——文溯閣；——案此與民國十三年桐鄉陸費逵四部備要增輯緣起後記所謂：「先宗伯公以乾隆……癸卯赴奉天以四庫書儲文溯閣」合，下文又云：「乙巳赴熱河貯書文津閣」則文津閣書與陸氏又添一重關係矣。——今陸費墀來熱河覆命，據奏安置妥協，辦理完竣；是四分中已完二分已，故云。）三編造藏此旋臨，（原注云今年第三分全書亦陸續告竣，至後歲可庋——案係庋之訛字——此閣已。）甲辰終歲功應畢，待巳年來全部吟。（案前二首夜雨題注六月初三日。復第五首題注六月初九日。則此首之作時當不出初三初九之外矣）

（丁）　又卷一百第十二首（編年癸卯八）題文溯閣云：『老方四庫集全書，竟得功成幸莫如，』原注云：「四庫全書之集在予六十三歲，始思及而降旨，浩如烟海，恐難促就；是以甲午年聯句有逢會略嫌遲歲月，就將惟豈願觀成之句；茲甫十年而功就，亦大快事也。』又次聯注云：『昨歲壬寅仲春四庫全書第一分告成，弆貯文淵閣，今癸卯卷（案係春或冬之誤）第二分全書亦竣，勅內閣學士陸費墀送至盛京弆貯此文溯閣』。又第三聯注云：『全書第三分弆御園之文源閣者，擬于明歲告成；第四分弆避暑山莊之文津閣者，擬于後年告成。』

案以上四說關于首二分成書之時期，大致相同，惟壬寅春仲與否有異耳。

（戊）　御製詩第五集（編年甲辰至乙卯）卷九第二三首題文津閣云：「儒臣繼晷以焚膏，十載功成竟厥務」，注云：「自癸巳春開館輯四庫全書，至辛丑，第一部告成，貯文淵閣；壬寅第二部書成，貯盛京之文溯閣；癸卯第三部書成，貯御園之文源閣；其第四部書異（弆）此文津者，現在陸續接日進呈，計歲內亦可完全。」「裝限六年剛及半，書羅四庫庋之高」。注云：「全書第一部告成時，館臣奏限六年可全完；茲壬寅至甲辰才及三年耳。」

（己）　同卷編年甲辰九題文淵閣疊去歲詩韵云：「六渡（庋）甫巡慶典行，歸來高閣弆（弆）書成；儒臣劼毖勤如約，」注謂：「辛丑歲第一分四庫全書告成，斯文淵閣後，（案首當奪一庋字）館臣等請勒限三年，趕辦全竣；嗣于第二年第二分盛京文溯閣書成，癸卯年第三分文源閣書成，現在裝潢陳設；其第四分熱河文津閣之書，亦可於今冬全完。」「文教敷宣事非輕；歷歲十餘功不易；」注云：「自癸巳春開館至今甲辰，凡十二年。」「反躬枕啡媿猶幷。玆三萬六千册內，一語爲君難最精。」

（庚） 同集卷十七編年乙巳第十二首 文津閣作歌云：四庫全書胥告成，如稱樹以十年計；（注：自癸巳年輯四庫全書，及今閱十年，計薈要兩部，全書四部，均次第告成。） 自淵而溯復生源，玆乃于津昭厥萃。（注：辛丑年全書第一部成貯文淵閣；壬寅第二部成，貯盛京之文溯閣；癸卯第三部書成，貯御園之文源閣；玆第四部書于甲辰歲全完，以今乙巳夏臨幸避暑山莊之前，庋儲文津閣。……甫越十年，次弟觀成，……實慰夙懷也。……（下略）——案九八卷第三十八首題文津閣首句卽云：癸巳始之乙巳成，注：『自癸巳年始命館臣編輯四庫全書，……至乙巳年而全部告成，每部三萬六千册，可謂書城之鉅觀矣。』參照上注，可免誤會矣。

觀右三說，與第四集卷九十一第二十首題文津閣注所謂：『乾隆辛丑年四庫全書第一部書成貯文淵閣壬寅第二部書成貯盛京之文溯閣，癸卯第三部書成貯御園之文源閣，玆第四部書于甲辰歲全完』者相符，而與上擧甲乙丙丁四說及東華錄所擧者不同；以局內秉鈞人紀局內事，而前後踳互爾爾，將何以令後之覽者免吾誰適從之歎哉？或者乾隆至此，年已晚莫，故追溯昔事，不無健忘乎？然大致固可資以考鏡也。如庚項所引『玆第四部書于甲辰歲全完，以今乙巳夏……庋儲文津閣』云云，則斯閣四庫之稿成于甲辰年者，無容疑也。其第三部之寫成于癸卯，亦至可信，校以丙項所援『今年第三分全書已進呈過半歲內可期必得』云云，且知其蕆工于是歲冬季矣。其第二分據東華錄所載者，固已有年月日之的數可稽；卽如上引A項雖漫云：『其二分書照式謄寫亦于今春告竣』，而核以相類似其他三項卽乙丙丁所擧者，一則曰『陸續賫送藏庋』，再則曰『命……陸費墀送往盛京』，三則曰『勅……陸費墀送至盛京恭置此文溯閣』。則似乾隆之所以錯記壬寅冬爲癸卯春者，殆溷成書之時與賫書之期爲一談故耳。且如前引五集九八卷第三十八首題文津閣首句所謂：『癸巳始之乙巳成，』以及丙項所援末句『待巳年來全部吟』之不過如庚項引注所謂：『茲第四部書于甲辰歲全完，以今乙巳夏臨幸避暑山莊之前庋儲文津閣』而已。寧可據以謂上四部之四庫書乃成于茲歲哉？況二者時間之相距，本不甚遠乎？至頭分全書之鈔藏時期，必以壬寅孟春爲最足據，證佐之已多且無論，就令如戊己庚各說，迴溯徵式，亦所恆有；矧以當時已耄之弘曆乎？擇討既竟，用決定其成書次第如次；

(一)第一分四庫全書　始乾隆二十八年癸巳，成四十八年壬寅正月丙寅。(卽公元一七八二)，貯文淵閣。

(二)第二分四庫全書　成于乾隆四十七年壬寅十一月辛酉(一七八三)，貯文溯閣。

(三)第三分四庫全書　成于癸卯冬(？)(一七八四)，貯文源閣。

(四)第四分四庫全書　成于甲辰冬(一七八五)，貯文津閣。

由上結果，可知林鶴年四庫全書表文箋釋卷四注：『連綿告蕆，竚看四奏天閶，』句之但知有清高宗御製詩集卷九十一題文津閣注與卷一百題文津閣注徵有不同之猶屬耳目不周矣。

以上屬于所謂『內廷四閣』者，緣尙有紀載可憑，故得考見其成書年期如右；至如江浙三閣，則誠悠悠邈邈，茫無可依，輒有一二，亦復叵信。三閣，惟文瀾有志(北海圖書館目有文宗閣四庫全書裝函淸冊四卷，未見)；卽加循覽，能稗于書史之考訂者有幾？此後之承襲閣書而爲之理董者，所以追逝往事而輒以乾隆四十七年爲頒四庫之期也。(如浙江圖書館館報第一期本館歷來經過之情形，及民國二十二年以前所出之浙江圖書館概況或一覽，均承其誤)大氐後三部經始于乾隆四十七年秋七月之甲辰，(据東華錄)綿歷三載，尙未訖事；

乾隆四十九年三月上諭有云：『將來全書繕竣，分貯三閣後，如有願讀中祕書者，許其陸續領出廣爲傳寫。』至五十二年夏，始告蕆工，乾隆五十二年六月十四日內閣抄出十二日奉上諭中有云：「四分全書辦竣時，經總裁等奏准，所有底本，將來俱應存儲翰林院衙門，今續辦三分全書，已經告竣，此項底本，自應查齊收貯」。（見民國廿二年八月十四天津大公報文學副刊附錄文津閣校勘之檔案）

同時亦開始頒藏焉。（詳參後述）

（三）編纂之人物　四庫全書館既開，任宗室郡王及大學士爲總裁，六部尚書爲副總裁，而實際負編輯之責者，則總纂官紀昀孫士毅陸錫熊也；而河間（文達獻縣人）之力爲尤多，四庫總目提要大抵成于其手。此外參與館事者，不下三百餘人，率皆海內積學之士，如任大椿邵晉涵戴震姚鼐朱筠翁方綱王念孫等，其尤著者也。

二　四庫全書與文瀾閣關係之由來

乾隆四十七年秋，既命續繕全書三分以嘉惠江浙，除揚州鎮江係各就原有大觀堂與金山寺貯古今圖書集成之餘格安置外，于我杭則命陳輝祖盛住改建聖因寺行宮後之玉蘭堂爲文瀾閣，一準文淵閣規式。

乾隆四十七年七月初八日上諭：「四庫全書現在頭分已經告竣，……因思江浙爲人文淵藪，……現特發內帑銀兩，雇覓書手，再行繕寫三分，分貯：揚州大觀堂之文匯閣，鎭江金山寺之文宗閣；杭州聖因寺內，今擬改建文瀾一閣，以昭美備；着傳諭陳輝祖……等所有大觀堂金山寺二處貯藏圖書集成處所，其所空餘格甚多，即可收藏貯四庫書；……至杭州聖因寺後之玉蘭堂，著交陳輝祖盛住改建文瀾閣，并安設書格備用。……盛住于文淵等閣書格式樣，皆所素悉，自能仿照妥辦……』

兩浙鹽法志：『……高宗純皇帝命儒臣編輯四庫全書，……復……命再繕三分，賜……浙江者一，浙江即以舊藏圖書集成之藏經閣改建文瀾閣，併仿文淵閣格式藏貯……』

既而陳等勘得玉蘭堂地逼山麓，潮濕難以藏書；乃奏請別于玉蘭堂之東迤下藏書堂（案即舊置圖書集成之藏經閣）後興築焉。

乾隆四十七年九月初二日上諭：『據陳輝祖奏……稱勘得玉蘭堂逼近山根，地勢潮濕，難以藏書，擬於玉蘭堂之東迤下藏書堂後，堪以改建。……現在盛住奏請陛見，且俟伊到京後詢明該處情形，將文淵閣式樣帶去，再行辦理。……』

閣位孤山之陽，左白堤，右西泠橋，地勢高敞，攬西湖全勝；外為垂花門，門內為大廳，後為大池，池中一峯獨聳，名仙人峯，（此據兩浙鹽法志，案錢艫香先生筆記亦名靈芝峯，今觀形象猶然。）東為御碑亭，西為遊廊，中為文瀾閣；閣五間，三層，第一層中儲圖書集成五千二十冊，後及兩旁藏經部；第二層藏史部，第三層藏子集二部，皆分庋書格：凡四庫書三萬五千九百九十冊，為匣六千一百九十一；除集成頒于雍正時外，四庫書則至乾隆五十二年夏始陸續頒發，交由兩浙鹽政領運庋閣；

乾隆五十二年六月十四日內閣抄出十二日上諭有云：『現在續辦三分書，應發文瀾文宗文匯三閣陳設者，現經該鹽政等陸續領運，俟各書到齊時，除書槅久經造成安設外，所有面頁裝訂木匣刻字等項，俱陸費墀自己出資，仿照文淵閣等三閣式樣罰賠，妥協辦理。』（民國廿二年八月十四天津大公報文學副刊附錄：）

於是閣與書之連鎖關係乃成。惟書之頒藏究於何時畢事，亦所應攷，惜二百年來，文獻飄零，邑乘閣志，亦不之載；今博稽羣書，亦但知其在乾隆五十五年五月，尙在絡繹頒發中，

乾隆五十五年五月癸卯（此據東華錄，乾隆杭州府志光緒新修府志及文瀾閣志並同，惟據四庫提要卷首所載上諭則作六月朔）上諭：「四庫全書……（中略）……茲已彙訂蕆工，悉臻完善，所有江浙兩省，文宗文匯文瀾三閣應儲全書，現在陸續頒發藏庋……俟貯閣全書，排架齊集後，諭令該省士子，有願讀中秘書者，許其呈明到閣抄閱……」

至五十九年冬，猶差三四千册耳。

汪容甫年譜：『（乾隆）五十九年十月，鹽政戴公全德屬往杭州校勘文瀾閣四庫全書……『其時書已陸續送閣，所未成者，不足三四千册，案籍而稽，比揚州奉到之書，卷册多有不符』。

惟以上述三萬二三千册費六年之時間已告頒齎之比例說之，則茲戔戔之數，于此後半載頃，或至乾隆遜位時，（乾隆六十年九月禪位于太子，以次年爲嘉慶元年）諒可完全到閣插庋，惟在今未得確據以前，不敢遽加武斷而已。再據本文第六章所述，知文瀾司事，在民國光復以前，其權始終操之鹽政，（即兩浙鹽運使司）故兩浙鹽法志載有閣圖（即後此閣志所本者）及紀事，而于閣本四庫之册數，亦唯志載爲最足據；然則使光復以至洪楊兵燹以前（後者尤重

要）之運司檔案而尚完在可得披檢者，則此問題之前前後後，殆可以迎刃而解也與？

三　文閣瀾之遭刧重建及其歸併

讓清中葉，洪楊兵起，本部各省，蹂躪殆徧，江浙腴壤，安能倖免，欃槍所指，遂及吳山。咸豐十年（庚申）十一年（辛酉）間，省垣再陷。

案咸豐十年二月十九日，太平軍擾杭，廿七日城陷，（略據丁松生先生年譜）閣在錢塘門外，意是時湖上既入敵手，閣書必已受侵，惟幸援師踵至，太平軍卽引退，盤踞郡邑，甫盈六日，雖湖上駐軍，爲日較多，但閣書受害程度，諒未必鉅。至咸豐十一年九月下旬，城又被圍，至十一月二十八日復陷，自是干戈擾攘，省城落太平軍之手者首尾凡四稔；閣之圮，書之散，蓋于斯爲烈矣。

城門失火，殃及池魚，閣復孑處城外孤山，尤易被兵。寇至則權充營舍，軍退則宵小潛入；于是峨峨之傑閣欹，煌煌之寶書散，殘餘者狼藉盈地，幾等沾泥之絮矣。不脛而走，則或歸有識之私家，

如閣志所載與丁氏同時之震澤生員徐葵之在滬收集之五百四十九本，以及後此丁氏與民國以來隨時從私家坊間補購者，均其著例。

或歸無知之賈豎。藏家得之，尚爲書幸；一入蚩氓之手，則鹵莽滅裂，無所不至；惜字者，則妄爲焚化，陰蹈祖龍之覆轍而不知；貪小利者，則散冊解釘，撕供裹物，留下市上，幾同常事。然亦賴是得入大君子丁氏竹舟之目，而後起赴閣拾殘之心焉。先是，丁氏竹舟松生

兄弟避難西溪，嘗睹留下市上賣食物，率裂四庫書紙包裹，中心惄然；乃貪夜挈壯夫，冒險潛運，藏諸善地，兄倡弟和，每夕往返數十里，不辭勞瘁，摭拾所得，則暫妥乃父殯宮；

丁立中撰先考松生府君年譜一同治元年正月「二十一日渡江至留下鎮，與先伯父（竹舟）同收集四庫書殘本，暫妥先祖殯宮。」注引松生宜堂小記有云：『先是兄見留下市賣食物，率裂四庫書紙包裹；乃集胆壯數人，乘夜檢拾，陸續藏西溪，至數千冊。至是余隨之，收其散帙，至書盡而止。』

文瀾閣志卷下王同文瀾閣補書記『杭郡當辛酉再陷，出圍城中者，救死扶傷之不暇；而竹舟主政松生徵君……更能不避艱險，每夕往返數十里，摭拾文瀾閣殘編，運至西溪。……』

尋以敵氛益逼，浙西難居，輒復不畏煩難，攜書俱遷至滬。

附記：此點年譜上但云「三月由紹至甬，五月渡海至滬，」別無攜書明文；而王同補書記『及由西溪至歇浦，道出烏戍，經逆黨踞要隘盤詰，見朱墨累累，知爲官家物，虎視鷹攫，舉白刃相向；同舟者咸心悸目瞪，而二君獨從容剖辨，卒能保其所深藏者，出虎穴而達滬瀆』云云，則年譜之未周可知。

殘喘稍舒，手編書目。（見年譜同年閏八月條）猶感不足，復于同治元年閏八月，計託書賈周京趁回杭負土之便，叚惜字名，蒐得殘書高二尺一束者八百數，以翌歲四月，運滬爬梳。

丁氏年譜同治元年閏八月條注引宜堂小記：『故人周匯西，書賈也；是時將回杭負土，余囑其假惜字爲搜書計；賊知書之得值也，麕集出售，火者半，存者半，間關至滬。』

同上二年四月周匯西負書至滬注云：『匯西潛回杭州，……收購殘書約高二尺一束者，計八百束，來滬悉以與府君。匯西名京，杭州人。』

迨三年仲春，杭垣克復，『卽貫棹載書，言旋故里，復出貲購求其散佚城鄉者，益以震澤徐茂才（棻之）所收集者五百四十九册，共約九千有六十册』，（引王同補書記）乃得勉存四庫書什之三四。就中計：『經部二百六十八本，史部八百七十五本，子部一千九百三十二本，集部五千一百十四本，圖書集成六百七十三本』，與未分部目之續收書一百九十八本。（並見閣志上同治十一年五月廿二日丁申收藏閣書請轉詳咨部稟）然故閣已棟宇半圮，難以尊藏；則告之大吏，以杭府學尊經閣爲暫儲之所。

文瀾閣志上張大昌文瀾閣圖紀：『事平，閣雖幸存，棟宇半圮，難以尊藏，稟請大吏，暫儲杭府學尊經閣。』

而閣之興復，未遑計也。同治間，官嘗委員估修，憚工鉅而止。（据閣志卷上建置篇轉錄光緒府志語）光緒六年九月，浙江巡撫譚鍾麟，始納丁氏議，規度員工，籌劃經費，乃得實行重建。事先，由丁氏製修建工程圖摺，而受命負主事之大成；併由譚撫飭布政使移知釐捐局于絲捐款項下，劃給費用。（詳閣志卷上第十八至十九頁修建文瀾閣布政使照會）遂以是年十月八日丑時動工，十一月二十八日上梁。（同上第二十頁應寶時丁丙呈報修建工程併第二次領款呈）昱歲三月落成；凡費時六月，銀一萬八千圓，斯卽今日孤山之陽，巍巍鉅閣所由肇也。閣既竣工，乃以是秋，將存杭府學尊經閣書『恭事移歸，擔負絡繹，貨湖舫以達孤嶼、：』（張大昌撰丁松生先生六十壽言，文載宜堂類編壽言卷。案移書事當在七月以後，閣志上第三十五頁，應寶時丁丙修閣工竣請委員驗收呈可證也）于是閣與書復合。當時除建閣外，又『鈔補圖書集成二百四十七本，計字六百十二萬四千零，繪圖校對筆貲暨裝訂修補五千二十册，夾板二百副，製木櫥十六座。』（同上頁二十二光緒七年六月十一日應寶時丁丙續添工程估價請款呈）四庫書則似仍庋架，既還藏原址，始亦一例裝廚，然合全唐文一千卷，猶僅三十二廚而已。

閣志上第三五頁光緒七年十月初六日應寶時丁丙修閣工竣請委員驗收呈：『……修建西湖……文瀾閣……各項工程，于前月內（案指同年九月）一律完竣，所有舊存杭州府學尊經閣四庫全書遺册一萬餘本，又鈔補古今圖書集成五千二十册，並以職丙家藏欽定全唐文一千卷，一律恭移，分三十二廚珍藏。……』（同年十二月初三委員驗收工程布政使照會同）

洎光緒八年，大事鈔補，漸復舊觀後，乃增廚尊庋，遂由三十二之數激增而爲一百有十廚焉。自是以後，雖迭經鈔補，卷帙愈增，而廚數則無復伸縮，蓋依類比次，前賢堂構已綽有餘裕也。

閣書向藏楠木匣，亂後重整，爲撙節經費，除黏釘不壓線包背裝（卽非線裝書也）一仍舊制外，匣則易以銀杏夾板，封皮則改絹面爲紙面，斯亦談閣書掌故者所不可廢也。

閣志卷上第十二頁孫樹禮文瀾閣圖紀：『……每册仍黏釘不壓線，惟撙節經費，易楠木匣爲銀杏夾板，改絹面爲紙面。……』

〔附記〕閣本四庫書絹面本現尚有保存者，如：子部醫家之傷寒舌鑑集部別集類之聖祖文初集等；此外卽舊日之絹籤亦有孑遺可資摩挲者，如：史部編年類綱目分注拾遺四卷（原鈔存卷一一册）綱目訂誤四卷合共五册之舊列第一千二百四十八函卽有舊存赤絹籤者，其著例也。（見壬子所存閣目二第七頁首行）

茲將該籤圖狀如下：

第一千二百四十八函
目綱　綱目分注拾遺
遺拾注分目綱　綱目訂誤
計五本

案此籤上半截書名不全當係書寫不工或誤寫之故，因上半截夾在書中，固應空白也。

越二十一年，（卽光緒廿八年），西洋新法圖書館制度輸入中華，其效甚著，仿行頗盛。浙江學政張亨嘉亦奏建藏書樓于大方伯里，（卽今本館新民分館之權輿）訂閱借章程，儼然開近世中國圖書館之先聲；然與文瀾閣尙無與也。及宣統元年，巡撫增韞奏請建圖書館，將藏書樓官書局（局爲同治六年馬新貽所倡辦，即今本館附設印行所之前身。）合併擴充。三年省諮議局又有裁閣歸館之議決案，（據民國三年浙江圖書館長龔寶銓浙江圖書館沿革大略），擬就文瀾閣旁隙地建築之新館，亦于是夏興工，尋雖鼎革，工汔未休；至民國元年夏落成，隨遂閣書實其中；於是浙江省立圖書館（時稱浙江公立圖書館）與文瀾閣之嬗讓成，而四庫與閣之關係竟絕。當時閣仍屬館，惟以草創伊始，規模未擴，餘屋頗多，閣前第一進平房九間遂于同年爲西湖工程局所借用（見民四年一月卅日館檔），二年五月，工程局且得隴望蜀，更圖暫借爲久居，呈請將閣前平屋及走廊劃歸西湖公園應用，賴民政長維護，事得不行；（見同年五月廿一日館檔）六月間又有地紳王理孚等呈請以文瀾閣遺屋改充二水祠，（明張蒼水朱舜水也原呈見是年六月十九日全浙公報地方新聞欄）亦賴故館長龔寶銓力爭而罷，然前進平房之被局借用如故也（見四年一月卅日及五年二月九十兩日館檔）。兩層故閣，仍不能善爲利用，僅以充儲藏書版而已，（參同上五年館檔）致及民國十八年西湖博覽會開後，閣卒移屬諸後起之西湖歷史博物館焉。

四　閣書燹後之補苴

自清乾隆賜書以來，閱七十餘歲，至咸豐十一年十一月太平軍再陷省垣之役，閣隨燹圮，書亦幾燼；賴邑紳丁申（字竹舟）丁丙（字松生）兄弟，冒險于炮火光中，掇拾遺書，始勉存原書三萬五千九百九十册（從兩浙鹽法志）中之九千六十二册，旋復不憚煩難，百計購鈔，自光緒八年秋至十四年止，先後七年，共成書二千八百種，合前所有共三萬四千七百六十九本，約達全書八成之譜。（詳見附錄丁氏補鈔文瀾閣闕簡紀）『厥後袁提學家穀輯閣目待訪，知四部闕漏尚多，』註(一)歸安錢恂（字念劬）曾躬與丁氏補抄之役，貸書相助，（見文瀾閣志卷王同文瀾補書記篇末），逮民國元年任圖書館館長，乃重『編閣目，（又）取待訪書目加以更正，其全缺者曰待訪之書，其缺卷者曰待訪之卷，均于閣目第五卷內逐一載明；』（註二）嗣雖不滿一年，公卽去職北上；猶仍乃心閣書，糾合旅京浙江同鄉會，倡據文津閣本以鈔補文瀾閣缺簡之議；並由繼任圖書館館長嘉興龔君寶銓（字士衡號未生）詳請浙江巡按使轉咨教育部，商借方自熱河移京之文津本補寫。錢公時任職參政院，復呈請大總統（袁世凱）批准，在京師設補鈔文瀾閣四庫全書館，而以料理館事爲己任；另于本省推聘單丕陳瀚爲駐杭補抄文瀾閣書分館校理。鈔寫經費，則圖書館劃二年度鈔書所餘三千元、及三年購置圖籍項下鈔書費一千元，共四千元充之。

民國四年六月廿九日浙江圖書館長龔寶銓呈民政長詳文：『詳爲遵解鈔書經費……事，案奉飭開案查本省鈔補文瀾閣書一案，前經該館長詳請轉咨　教育部商借抄補，旋准　部覆，應俟收歸京師圖書館陳列後，再行辦理。本年三月間，（案見三月十七日館檔）又經該館長詳請赴京商辦，給資前往；復經准部咨以文津閣書在文華殿等處存放，部中迄未接收，所有借抄辦法，仍應俟撥歸後再行辦理各在案；茲准錢參政恂函開：「補鈔文瀾閣圖書事，業經呈奉大總統批准照辦，此事任重事繁，除京師設館由恂一人親自料理外，杭州就閣檢校督率襄鈔，非有專員不可，查有單君不厂陳君瀚二人，堪以選聘爲駐杭補抄文瀾閣書分館校理；請牘飭圖書館接洽一切，俾單陳二君，得以詳細檢校閣書，實屬有裨公事。嘉惠後來」等語；此項鈔補事宜，既經錢參政呈奉 大總統批准，就京借鈔，所有一應事務，自應歸錢參政一手經理，以便進行。准函前由，除函知錢參政外，合行飭仰該館長查照；並將二年度鈔書費三千二百元，三年度購置圖籍項下鈔書費一千元，除前准該館長提撥進京費用二百元外，（見三月十七日館檔）一併尅日解送本署轉交應用，毋延等因，奉此，……茲已如數劃解，……請即驗收，……所有三年度鈔書費一千元，俟領到後再行解送。……』

猶感不足，錢氏則復別自募集捐款千餘圓彌縫之；自是鈔補工作，始積極進行。歷八載之久寫成待訪書十三種，

南軒易說	五卷	三冊	據沈氏枕碧樓本
大易擇言	三十六卷	十二冊	補鈔十一冊（舊鈔存卷十六至十八一冊）
待軒詩記	不分卷	六冊	據原刻本
漢制考	四卷	一冊	
輿地碑記目	四卷	二冊	
金石文字記	六卷	六冊	
此事難知	二卷	二冊	

西清硯譜 廿五卷 十二冊
猗覺寮雜記 二卷 二冊 據知不足齋本
澗邱箚記 六卷 六冊 用眘西堂刊本 惟據文津本校正故與以上諸書之均補寫者不同
補繪離騷全圖 三卷 三冊 據文津本補 較丁鈔之用蕭雲從原本者爲佳
庸齋集 卷三四 一冊 舊鈔未補全
滄浪詩話 一卷 一冊

待訪卷二十種；

易雅 一卷 纂宗 一卷 二冊
易圖通變 五卷 一冊
易象正卷初下 一冊
春秋傳說彙纂 卷一—二十四 十六冊
古音附錄 一卷 一冊
綱目分注拾遺 卷二—四 三冊
金陀續編 卷廿二 一冊
清宮史 卷一—十三、十五—卅六 十六冊
補鈔十五冊（舊鈔存卷十七）
本草綱目圖 三卷 又卷四三—五二 十冊
元包 五卷 一冊
兩宋名賢小集 卷一八六—一八八 卷二四九—二五三 二冊 舊鈔未補全
佩文韵府 卷一〇五之一 一冊
襄陵集 卷十一—十二 一冊 舊鈔未補全
省齋集 卷九—十 又附錄 一冊 同右
紫山大全集 卷十四至十五 一冊 同右
筠軒集 卷五—六 一冊 同右
鐵崖樂府補 六卷 二冊 補鈔一冊 舊抄存卷四至六
存家詩稿 卷三—八 二冊
抑庵後集 卷十四—十五 十八—三〇 十五冊 舊抄存卷十四，十九，二十七，補抄十二冊
安陸集附錄 一卷 一冊

又從坊肆購回舊鈔一百八十二種，(註三) 都二百六十八卷；(見張宗祥補鈔文瀾閣闕簡紀錄記) 先後共費公帑及私人捐款至六千二百餘圓，是謂「乙卯補鈔」之役。(乙卯爲民國四年) 民國十一年壬戌秋，(公歷一九二二年) 海甯張宗祥 (閬聲) 長浙敎廳，倡續前人未竟之緒，又得同志周慶雲 (夢坡) 沈冕士張元濟 (菊生) 徐冠南堵福詵 (申父) 等之臂助，就京杭兩地，分途並鈔；僕僕南北，費時二年，用銀二萬，而後始得補丁鈔錢鈔之所未備焉。是謂「癸亥補鈔」之役。(因始事于民國十二年癸亥，故云) 雖九仞之山，仍差一簣，然此由所據文津閣本亦有徵缺之故，固非於役諸君子之咎也。

綜計三役在事諸公，均爲文瀾本四庫之功臣，而亦吾東南文獻上之元勳；以言勞勩，則作始之艱鉅，首推雙丁，蒐羅補鈔，書亦特富。錢氏歷時最短，卷帙亦最鮮，然其補寫，頗多精妙、西清硯譜離騷圖二種，其尤箸者。當時聘善繪事者晉京鉤摹，竭一年之力，始克成書，鄉人不諒，或有閒言云；其任勞任怨，槩可想見。惜以款絀中止，海甯張氏繼之，始踵成其志；且賈餘勇，補寫丁鈔各書卷頁字行之奪漏以及違迕者，蓋實二丁拾遺補闕之後勁矣。茲據當時躬與其役之周夢坡先生手編「補鈔文瀾閣闕簡記錄」一書，聊爲撮述一二于後，以見諸君子當時蒐羅補綴之辛勤。至于丁氏鈔補之經過，則別著于篇，刊之附錄焉。

癸亥之補鈔，發啓于海甯，得周氏之贊助；貲既大集，事潰于成。除推張宗祥總其事以及其他聘任評議會計等幹事外，併延堵福詵爲監理，往來京杭，督促鈔胥，多緊君之力。其補鈔方法，厥有二涂：先就浙館所有底本鈔之。

浙江公立圖書館第九期年報（民國十二年出版）保存類目錄附補鈔文瀾閣四庫全書十二種書目：

春秋輯傳十三卷宗旨一卷凡例二卷據萬曆刊本鈔

濳邱劄記六卷　據錢恂校眷西堂本鈔

東坡志林五卷　據涵芬樓本學津討原本鈔

陰符經講義四卷　據同上正統道藏本鈔（以上補待訪書）

通鑑綱目外紀一卷　據康熙刊本鈔

石山醫案附案一卷　據石竹山房印汪氏醫學叢書本鈔

石渠寶笈卷首至二十六又二十九至卅一、卅三、又卅七至四四　據涵芬樓印本鈔

昌谷外集一卷　據凌濛初朱墨版本鈔

草谷文集一卷　據嘉惠堂刊武林往哲遺著本鈔

宋詩鈔卷二十　據錢氏述古堂本鈔

于湖詞卷三　據錢唐汪氏刊宋六十名家詞本鈔（以上補待訪卷）

黃氏日鈔卷十九、二七、三二、六八、七一各葉　據至元刊本乾隆刊本鈔，此五卷丁鈔多脫漏，故再爲鈔補云。

繼就北京借文津閣本，詳爲校補；積兩歲之久，（自民十三年二月四日至十五年四月杪）窮

寫官二百數十人之力，不問寒暑日夕、不避兵禍水災，計先後鈔書四千四百九十七卷，都二千四十六册。暇更擇要重校丁鈔本二百十三種，五千六百六十卷，二千二百五十一册；重鈔五百七十七頁。共費銀一萬六千元有奇，爲時前後幾三年。

據舊浙江公立圖書館第十期年報書目保存類甲弁語謂：「此次始事于民國十二年十月」，故云。惟赴北京補寫，實始于十三年二月耳。

『惟文瀾與文津之書，卷數不同，內容亦稍異，故有待訪書目中當鈔補者，而文津所藏，往往原缺，以致無從鈔補，』（註五）即文淵閣本亦無以相匡救；

〔附記〕張宗祥補鈔文瀾闕簡紀錄記謂：「文淵閣本如經部日講詩經解義及老學庵筆記，皆有目而無書，蓋寫定後，書藏宮中云。又據民國六年清室檢查原書發覺失去子部一函，經部集部共十八九卷，後雖經照文津閣鈔補，然仍缺司空圖詩品，則外間罕知」云。是該閣之欠全，亦可知矣。

此浙館在民國十五年所由有補鈔閣書之擬議，而卒致慨于無米之難爲炊也。（見浙江公立圖書館年報所載來年進行之計畫）當時館藏四庫書，尙缺卷二十六種，（目詳下章）一簣之功，有待續竟。此外該書附有補鈔書目及補鈔與重刊丁氏舊鈔書目，原文具在，今不備載；惟是役有鈔無購（原鈔本），則有異于前此二役耳。

自是以後，館局迭更，兼絀經濟，亘補未能；即壬子所存閣目，自民國十二年六月浙江公立圖書館長餘杭章仲銘先生（箴）補刊以後，（僅增闕目補一卷以載乙卯年所補鈔補購者）亦迄未訂補，它更遑論？而原鈔本自亂後淪落人寰爲丁錢二氏所蒐求不獲者，當猶不鮮。如吳興周越然所得之南史八十卷，

周越然書談一（載小說月報第十二卷）鈔本第十六種『南史八十卷，唐李延壽撰，清四庫鈔本；半葉八行，每行二十一字，書面紅色；每冊首葉有「古稀天子之寶」，末葉有「乾隆御覽之寶」圖記。』

案內廷四閣書前，均有閣寶，與浙三閣蓋鈐不同；宗滙二閣，又久燬兵燹，尺楮無存，則斯爲吾文瀾秘籍無疑；且檢閣書此部，全屬丁鈔，更可爲係閣本原鈔之明徵；惜去歲一二八之變，周君僑寓滬濱，所收秘笈，均遭兵火，恐此本又成廣陵散矣。

及杭州楊氏豐華堂舊藏之詩經世本古義證類本草外臺秘要玉山璞稿等四種十冊者，

中華圖書館協會會報第五卷一二兩期合刊第四十六頁清華圖書館購楊氏書詳情及新築節稱：『杭州舊家楊文瑩氏（案楊氏字雪漁已去世）之藏書以三萬四千元讓售清華大學圖書館（民國十八年五月）』又稱中有「四庫全書五冊，闕名待考定」云，現向該館查得爲如上四種，實不止五冊也；其詳另見後述。

卽其著例。特耳目難周，羅致不力；兼藏家韞櫝，不欲割愛，非必遂無其書也。自民國二十一年以後，本館隨時留意補購，所得亦已五六種；如二十一年十一月自餘杭王氏購得歐陽文忠集五本；

是年十一月二十五日，餘杭人王壽嵐抱闕本原抄歐陽文忠集卷一至廿七九冊，詣館求售，議价得諸上海校經山房沈

某處。聞將以重價售諸外人，彼覺事關國華，不容流諸異域，乃挽山房經理同族王淡如從中說項，以原値收回，特撥此相讓，俾珠還合浦云。經館員審查屬實，即予收購。

案閣本文忠集一百五十八卷，（內附錄五卷）三十四冊，現存原鈔本僅丁氏購回之；卷八十四至八十八，一百十四至一百四十三，一百四十八至一百五十三及附錄五卷共四十六卷十二冊；民國四年錢念劬先生又爲購回卷廿八至三十三一冊，合計亦第五十二卷十三冊而已，餘均丁氏補鈔也；至是乃得使是集前半部完好無恙，而全集原鈔之眞面目，亦賴以保存二之一以上，延津劍合，事詎偶然？

二十二年三月又自杭垣古欟堂書店，收得閣本原鈔雲笈七籤及太平廣記殘帙 分訂十冊，十月三日杭州城站抱經堂書鋪又以同書合裝十帙賫館，先後審查，雖奇零殘闕，全者實僅四冊，

古欟堂書僅雲笈七籤卷四—六及卷九五—九七爲頭訖完具之兩冊，抱經堂書則太平廣記卷二九〇—二九六雲笈七籤卷九〇—九四爲全二冊。（案上兩次書第一次破損程度較甚，第二次略佳，似非於亂後散出曾同藏一處者。）

而殘編互配，則固以得頭訖完具之閣書七本。又二十三年五月廿七日，從上海瞿氏得赤城集卷十三至十六兩冊，李義山詩注卷上一厚冊；十月、十二月，先後從濮院沈姓收回兩宋名賢小集卷三百七十六全一冊，五百家播芳大全文粹卷一上及卷七上全二冊。自餘就知見所及，除前述南史及易類某書兩種外，尙有明文海十冊在杭州福星觀李道士處，新唐書一百零五至一百零六卷一冊已由杭州抱經堂轉販北平之修綆堂，羣書考索續集卷四至五與九靈山房集卷

七至八各一册，亦由抱經堂售歸羅姓；又杭州城站拜經樓書肆亦曾售出一種，惟書名忘記，而存在國內大圖書館者，亦有江蘇省立國學圖書館之黃氏補注詩二册與秋崖集一册；其詳別見附錄「閣書眞本佚存述聞」。而據書估言，則揚州海甯嘉湖等處，猶頗有閣書踪跡，則合浦之環，殆猶方興未艾也。至鈔補前人未完之書，浙館亦迄未忘懷，除于購回歐陽文忠集曾略予鈔配缺頁已開壬申補抄之役之端緒外，並印就紙張，咨訪底本，以備續寫，民國二十三年三月且從北平圖書館藏文津閣本錄取三吳水考卷八九兩卷，于是向之所謂二十六種缺卷者，今又彌縫其一憾矣。

註(一)　語本張宗祥補鈔文瀾閣四庫全書闕簡記錄卷首之記。

註(二)　見館檔民國三年四月十日浙　圖書館長龔寶銓呈民政長擬補抄四庫全書開具書名部數册數銀數清單請于本館二年度購書費項下撥款辦理

註(三)　一百八十二種舊鈔子目詳章箴編壬子文瀾閣目補及浙江公立圖書館年報第八期

註(四)　同注(一)

註(五)　補鈔文瀾閣闕簡記錄中之堵監理報告

(附錄)閣書眞本佚存紀聞

閣書眞本，佚存人間者，就知見所及猶有下列各種，倘得有關係各書舖之舊帳簿借檢一過，則其數當猶不止此也。

一、杭州玉皇山福星觀道士李徂徠藏有閣本明文海十冊，卷數起訖未詳，前同義烏事朱君中翰見告如此。

二、杭州城站抱經堂書店前藏有新唐書一〇五卷至一〇六卷一冊（但已經書估分裝二冊，因索價鉅未克成交）現聞已于廿二年七月中轉售北平修綆堂書舖云。

三、南京龍蟠里蘇省立國學圖書館藏有四庫書二種，溯厥源流，殆當年丁氏八千卷樓之遺物也。

黃氏補注杜詩　三十六卷殘存第三第四第十七共三卷二冊，朱絲欄；版心上有「欽定四庫全書」六字；每半葉八行，行二十一字，小字雙行，「補注」二字均朱書。每冊前有「古稀天子之寶」大方印，白文，冊末有「乾隆御覽之寶」，朱文方印，較小。又每冊前附葉，有黃紙簽書詳校官監察御史臣沈孫璉一行，冊末附葉有「總校官編修臣吳裕德」，「編修臣胡榮」，「校對監生臣劉淇」三行。按此及下秋崖，均為四庫藏本。

秋崖集　四十卷殘存卅四之卅六共三卷，宋祁門方岳撰。行字鈐印同前。卷前黃簽題：「校官國子監學正臣王家賓」一行，末葉「總校官編修臣吳裕德」，「編修臣胡榮」，「校對監生臣謝揚鎮」三行。

案以上二書見蘇省立國學圖書館第三年刊七六頁，松軒書錄紀載；查黃氏補注杜詩，現存閣本原鈔僅卷三〇及卷卅三四等三卷二冊，秋崖集四十卷十六冊，現存原鈔一——二八卷十二冊，餘均丁氏鈔補。上二書之總校官吳氏與編修胡氏均與現存閣本原鈔簽題合；又書前無閣寶，則非內廷四閣本可知傳自丁氏則為吾文瀾舊物無疑。

四、北平國立清華大學圖書館存詩經世本古義證類本草外臺秘要玉山璞稿等四種十冊　中華圖書館協會會報第五卷第一、二兩期合刊第四十六頁：清華大學圖書館購楊氏書詳情及新築節稱：杭州舊家楊文瑩氏之藏書四萬餘冊，以三萬四千元讓售清華大學圖書館（時民國十八年五月）據謂：「中有四庫全書五冊，閣名待攷定」云；案楊文瑩字雪漁，與丁申丁丙同時，其所藏該書，當為文瀾閣本無疑。民國二十一年冬，走訪楊見心（復）先生，（雪漁先生之哲嗣）知所售四庫五冊屬經部易類，惟書名已不省憶云。而據最近清大圖書館主任洪君示覆，則知楊氏藏書內文瀾舊籍計有詩經世本古義殘五冊，證類本草殘二冊，外臺秘要殘一冊，玉山璞稿全二冊也。惟案玉山璞稿一種本館有舊鈔全部一卷一冊，該館回函所云恐未核實，且忘列卷數，亦未饜心，稍緩擬更函詢之。

五、吳興周越然氏藏有四庫全書南史八十卷　小說月報第十二卷期載周越然「書談」一鈔本第十六種云『南史八十卷，唐李延壽撰，清四庫鈔本，半葉八行，每行二十一字，書面紅色，每冊首葉有「古稀天子之寶，」末葉有「乾隆御覽之寶」二圖記。』案此非文源閣本顯然可知，雖是否或為文宗與文滙閣本，尚未能定；但查館藏文瀾閣本，茲書固全屬後來鈔補者；則周氏所得殆亦文瀾舊物也。聞一二八之變，周氏滬寓，慘罹劫灰，所有珍籍，多歸一炬，不知此書尚在人間否也？

六、羣書考索續集卷四至五與九靈山房集卷七至八各一冊現歸羅君喜聞　民國二十三年一月過杭州城站抱經堂書店索觀新到珍本，因出方在裝修中之四庫全書殘本兩冊相示：一為子部類書類之羣書考索續集卷四至五一冊，一為集部別集類之九靈山房集卷七至八一冊，前後均有御璽。除山房集末頁損毀半截，僅留後寶外，餘均完好。考索之原裝絹面亦尚存其破頁，不過色已由藍變赭而已。據稱茲二帙已為南京建設委員會羅君喜聞所預定，現當已購去也。

七、說略（明顧起元撰）卷五一冊，證治準繩（明王肯堂撰）卷卅一冊，尚流存上海。

八、王常宗集卷一至二全一冊在上海來青閣書店，以上二則見瞿君鳳起（熙邦）致本館館長函。

其廣東中山大學圖書館藏之還寃志（隋顏之推撰）一卷，雖注文瀾閣本（見該館周刊六卷第一期善本書目），但實係浙館抽出之丁氏補鈔複本；因民國十六年頃，中大圖書館託顧頡剛先生到杭訪書時，得餘慶堂張氏宗譜一種，刻繪精妙（附張氏祖像均由精工色描極精），爲前浙館中文部主任單不庵（不）所見，大喜，亟以浙江文獻須留浙江爲言，與顧君磋商，卒以館藏丁氏補鈔此志複本貿焉。

九、明文海函套有匣，唐宋文醇有匣，聖諭廣訓一本日知薈說四本合一套，有匣；周易七本性理精義六本並無匣。見石門（崇德）胡鑁閑閑草堂隨筆底封面題字，第一行並提行書云：「欽定四庫全書殘書抄本杭州文瀾閣藏一」；可知諸書曾爲菊鄰所得；雖明文海卷册數周易書名未知，又諸書下落亦不可知，然當尙在人寰，固可億中也。

五　閣書規制之今昔觀

閣書規制之遞嬗，由于洪楊兵燹之轉迻，然亦有因民國光復前後而發生變動者，除前已述及閣書之完闕鈔寫裝潢以及貯藏處所之更迭外，今更甄述其規制于次：

一、閣之主司　書既藏閣，宜有司存，惜文獻凋零，難堪盡攷；但知最早攝閣事者有陸費墀，

近人陸費逵增輯四部備要緣起有曰『先宗伯公自壬辰任總校官至戊申（乾五三年）校杭州文瀾閣貯書，總攝館務，凡十七年，行述載辰入酉出，寒暑未嘗少懈。……』

道光二十年之前有周竹所，旋以事撤職；二十年乃另設訓導一員，總筦鎖鑰，任之者爲章瀫（據樂善錄當作黼參所附職員表）；而秀才朱石樵司晒書之責。其時閣中出入較前爲嚴云。

錢爐香先生筆記蓮龕尋夢記：「（道光庚子九月）初九日，……予進錢塘門訪周竹所；竹所向爲文瀾閣司事，已于去冬撤職，經岳運使鎮南委員查修，另設訓導一員總管鎖鑰即後湖董事章公次白黻，而司一切晒書事務者爲朱石樵茂才；是以閣中出入較嚴于疇昔云。」（見人文月刊四卷七期）

在洪楊大亂以前仇養正陳其泰陸光祺（字匊珊）亦曾與典守之事，亂後匊珊且爲繪排架圖；（案原圖現存省城頭髮巷丁氏即閣志卷上所摹印者。）

文瀾閣志卷下有仇養正文瀾閣典守書籍作云：「文瀾閣上供畋漁，也算將身到石渠，宦海濫忝三篚祿，名山容讀十年書；爲官鴨已偕蛙鼓，食字仙嘲化蠹魚，稍喜靑氈家裏穩，不須風浪上桐廬。」（五十六頁）

同上徐榮題陳勤齋學博其泰西湖掌書圖：「純皇翠蹕幸湖山，手把珊瑚輦紫瀾，四庫傳鈔徵俊秀，（乾隆四十七年賜抄四庫全書建文瀾閣，貯之湖上，抄書生皆當時舉貢生監，書尾許附列姓名。）百年監理到儒官，（閣中書向掌于鹽運兩分司，道光十九年，始議歸詁經精舍監院收掌）金題玉躞珠宮曉，綠幕黃簾碧落寒，好是輕橈來畫裏，一編常得倚花看」。（五十七頁）

又江湜題陳丈琴齋西湖掌書圖：不讀中秘書，猶爲外翰林。（今人以校官爲外翰林）雖無尺寸柄，著書正人心，陳君今古焉不學，儒官更典文瀾閣！讀書所得道氣濃，望見顏色知心胸。惜君老矣不用世，猶堪纂述名山中。嗟余亦是耽書者，卅年螢雪南窗下；一朝乞食向西湖，忽自嗟身胥吏亞。回首家藏一萬編，飢來捻賣等雲煙！憑誰永

護文瀾閣，待我他年勵少年！」（伏敔堂詩集）（此詩承孫丈康侯寫示謹附此誌謝）

案陳琴齋之司閣事當在道光二十年左右，廿泉鄉人稿卷五校史記雜識有云：「道光二十年七月朔至八月三日依文瀾閣本校正義一過 時海鹽陳琴齋其泰司閣事爲請于鹽運使領閣書至海昌踰月，例所不許也，琴齋徇余意求得之。」可證。

丁松生年譜一『同治三年六月尊藏文瀾閣遺書于杭府學尊經閣，繪圖記事。』注云：『……克復後，……遇陸芻珊丈光祺于滬上，丈曾典守文瀾閣事，工六法；府君既乞其整理書籍，并請繪圖以記其事。』（案此係書庫抱殘第一圖）

及圯閣建復，則杭紳沈燦（自光緒七年以後）及稍晚之孫樹禮張蔭椿與孫峻，（兩孫氏今尚健在）均曾任管理閣書之董事，（據孫康侯峻先生面告光緒以後之閣董尚有王同及王壽摶父子云）而張孫二公實爲閣董最後之一任。清宣統三年文瀾閣與圖書館之移交，且出其手焉。

閣志卷上光緒九年三月初四前江蘇按察使應寶時等續議補鈔閣書呈文有云：『……竊奉光緒七年閏七月十八日准奉藩臺德照會內開奉撫憲譚札開：照得文瀾閣工竣，查有沈紳燦，堪以經理。……』

同卷光緒八年八月十四丁丙領藏平定粵匪方略稟『……奉到御頒方略全書一部，……遵即檢點本數，……加配夾板，置厨上鑰，交管理閣書董事沈燦敬謹尊藏……』

丁氏年譜四光緒二十四年六月恭刊文瀾閣志條注云：『閣建于辛巳，至戊子而全書鈔成（？），典守者孫和叔樹禮孫康侯峻撰此志，府君恭刊，以備掌故。』

清宣統三年　月　日文瀾閣董張蔭椿孫康侯致浙江圖書館函：「階青維忱先生大人閣下：逕啓者文瀾閣藏書事務公議：于五月朔日起應歸併貴館接管，自當遵照辦理，除將交替情形，呈報撫院並藩司，聲明文瀾閣宣統元二兩年歲終及本年正二三叁個月薪工兩款已由貴館先行墊付，當卽移交副鈐領乙紙，請迅賜札庫動放歸墊外；茲將文瀾閣所藏圖籍廚架等項，另單開呈敬祈查收，派人接管爲荷。」（館檔）（案階青爲當時圖書館監督德清俞陛雲之字）

此外丁氏竹舟當亂後閣未建復之前，亦曾職司閣董，

案丁氏之任閣董，當在同治三年十二月間；觀閣志卷上第十二頁同治三年十一月初十候選主事丁申恭繳閣書擬暫儲杭府學尊經閣稟尾之但稱候選主事，與次稟卽同治十一年五月廿二書閣董事候選主事丁申收藏閣書請轉詳咨部稟之冠『書閣董事』銜，及同稟中『同治三年十二月間據前杭州府詳明董事丁申所收庫書……』云云，可知也。

其時共事者四人；（餘三人據孫丈康侯面告：當爲林一枝吳恆徐恩綬三人云。）至同治十三年，其三去職，僅遺竹舟；竹舟性謹愼，恐獨力難勝，乃舉賢自代；于是丁祭局董事陸檟張景雲丁丙姚士隆四人繼之，以底于故閣建復，書還舊地止。

閣志卷上丁祭局董事陸檟等接管閣書稟：『……竊同治十三年九月二十七日奉鈞諭內開：據書閣董事丁申稟稱，……前舉董四人，今僅職一人，設有疎虞，咎將誰任？再四思維，查府學新設禮樂器庫，卽在尊經閣之外，現奉撫憲札，派陸檟等爲司庫司禮樂，該職等春秋既須執事，每月亦相輪視，以之兼管閣書，事屬兩全；爲此稟乞諭飭該職等接管，……等因；奉此，職等奉諭之下，同詣尊經閣……遵卽……敬謹接管。……』（案此事丁松生年譜失

載）

以上就管理人員及其名義而言，其詳另見附表；（閣書董事或簡稱閣董蓋若後之圖書館長然）至閣書統轄之全權與經費之維護，則最初均操之兩浙江南都轉鹽運司；即重門鎖鑰，亦分二副收掌；除一歸文瀾閣總局外，一即存諸運司衙門，凡有稽核，亦憑運司蓋鈐；

錢艫香先生筆記：『文瀾閣在聖因寺右，乾隆四十九年給帑奉勅繕寫四庫全書，分至于此。（鋆案此說微誤），諭有願讀中祕書者，許其陸續領出，廣爲傳寫，給歲修銀外，及收貯藥料人工銀共六百數十兩有奇。其鑰一在鹽運司衙門，一爲總局收管，重門封鎖，出入綦難。……閣中除簡明目錄外，另有目錄冊四本，（案今爲五本亦重裝致然也）如有失去卷數，及無御璽者，總局詳鹽運司，註明冊上，幷用運司印鈐記，以便清查，其細且嚴如此！……』

附記：案鎭揚二閣書亦由兩淮鹽運使經管，語詳下第七章引莫友芝上曾文正書。從可知江浙三閣與內廷四閣規制之又一不同矣。而據第一章附七閣四庫成書次第考引乾隆五十二年六月十二日諭：「現在續辦三分書……經該鹽政陸續領運……所有面頁裝訂木匣刻字等項，俱陸費墀自己出貲……罰賠，……不必令鹽商等承辦」云云，則當時閣書領運均由鹽政，而陳設裝治原亦唯鹽商是賴矣。此其故，殆以鹽政爲江浙財賦之淵藪也？

雖道光十九年間曾一度移由詁經精舍或紫陽書院監院掌理，

參閱前引徐棨題陳勤齋學博西湖掌書圖詩注。又同上引江澐詩原題云：「陳丈琴齋其泰，以校官監紫陽書院，實掌文瀾閣秘籍，有西湖掌書圖，屬題；余以卑官，勤習公牘，疇昔讀書之願休矣，題之質自志慨爾」。

與亂後閣圮書散，經丁氏辛苦抱殘，繳藏杭府學尊經閣之卽由府學教授督同董事管理；

閣志卷上公牘：候選主事丁申恭繳閣書擬暫儲杭府學尊經閣稟：『……惟閣未建復，無地尊藏；查有杭府學尊經閣，……堪以珍庋，……擬請檄飭府學教授驗明暫儲，遴派董事督同管理。……』

又計鈔兩浙鹽運使司詳文：『……同治三年十二月間，據前杭州府詳明董事丁申所收請藏府學尊經閣內，由該學教授，督同管理。……』

但其經費支給，以及檢書呈核，轉請詳咨備案等，則仍唯運使之言是遵；

閣志卷上公牘：兩浙江南都轉運使詳文：『……案奉鹽憲案行同治十年六月二十日准戶部咨復司中每月局解銀五千兩，所有高前司以前高前司以後各任，自三年四月初四日起至八年十二月底止，所收局銀解支各款，造冊彙報；……自應將各年先後所收之書，一并查明，彙開書目，以憑詳請咨部備案。開支經費，就經札飭杭州府學，並諭該董事查明造冊稟送，以憑轉詳請咨。……』

同上光緒元年六月朔丁祭局董事陸樞張景雲丁丙姚士隆等接管閣書稟末段云：『遴卽會同敬謹接管，隨時督夫照看；茲屆光緒元年夏伏晾曬之期，應需冰麝料價及閣夫管理費銀六十兩，理合備具押領，呈乞察核，俯賜給發，俾資公用。……右稟兩浙江南都轉鹽運使宗室靈』

讀獲舊本，亦待稟聞；

同上公牘書閣董事候選主事丁申續收閣書詳請咨部稟：『……竊……四庫全書經職先後呈繳九千六十本，造送目錄，稟請詳咨在案；本年春間，職道經禾郡，見有元釋圜至牧潛集二本，係屬閣書，給價贖回，仍送尊經閣歸併存儲，呈祈察核。……右稟兩浙江南都轉鹽運使宗室靈」（同治十三年五月十二月）

閣董更迭，並仗准飭；（參閱前引丁祭局董陸檀等接管閣書稟）後此閣之重建，從所有現存當時公牘而觀，似均由巡撫譚鍾麟之維護；而其實，則譚固兼筦兩浙鹽政者也。

譚文勤公奏稿卷七恭報接印日期摺：『欽恩調補浙江巡撫，陛辭出京，于十一月初二日抵浙。准前撫……齎送欽頒浙撫關防一顆，兩浙鹽政印信一顆……前來。……』

惟當時興造經費及此後閣董支薪歲出經費，則別由牙釐局于用絲捐款內劃給，易言之，即從此取給于布政使司，而不復仰其成于鹽政，與向之一取資于運使者異趣矣。

閣志卷上公牘：會議文瀾閣鈔書章程幷管理經費布政使照會：『……為照會事：本年七月二十一日奉撫憲譚札開：「照得文瀾閣工程告竣，丁紳擬將舊時所收殘書仍藏閣中，以備諸生泛覽，然必有經理者，始免失散，查有沈紳燦堪以經理，其每年應支薪水及看門人役工食，幷每歲零星修理之費，或于用絲捐款內酌提，……應如何嚴定章程，俾可經久之處，除巡委外，札司即便會同應紳丁紳等妥議覆核」……等因。……為此照會貴紳，……希即將前項薪水工食以及每年歲修等費，應如何支給，妥議章程，復司辦理。……』

其時書閣經常費之支配，據應寶時丁丙等所議具者，計：經理（相當于今所謂董事長，因當時董事長不止一人，而此須常川駐守也。）年俸二百八十八千文，司事（即助理亦即庶務員）

一人六十千文，司閽伙夫各一人，人各年支五十千四百文，所有芸香樟腦巾帚茶水等雜費，年約十二千文；歲修經費，則年定三百七十千文，都凡八百卅千文有奇。

同上江蘇特用知縣丁丙送呈補鈔閣書章程併議定經費稟：『……(上略)，伏查閣地甚爲寬曠，庫書實宜愼重，經理須常川看守，薪水似宜從優，每月宜支錢二十四千文；司事一人，幇理晒書，督率收拾拔草，薪水每月給錢五千文；看門司爨人役，擬募二名，每月每名擬支錢四千二百文；所有芸香樟腦巾帚茶水零星，每月約計錢一千文。至修理一項，現當落成，原無大修；惟湖山風日較烈，且傑閣崚嶒，闌檻高繞，非隨時黏補，不能保其永固；除木石兩作不計外，每歲約錢二百四十千文。漆作大小牽計，每歲約八十千文；金鉤明瓦玻璃工料，每歲約錢五十千文。……案季由善堂董事核實造冊，呈請釐捐局于用絲捐內給發。………』(案當時應某居喪例不得列銜同稟云)

而夏伏曝書經費銀六十兩，似猶不在內。

閣志上第十五頁兩湖江南都轉鹽運使詳文有云：『每年由丁申稟請詳給曬書經費銀六十兩。……』

又丁祭局董事陸稹等接管閣書稟：『……玆屆光緒元年夏伏晾晒之期，應需冰麝料價文閣夫管費銀六十兩，理合備具押領。……』

逮民國光復以後，四庫全書併入圖書館，閣與書離，董事協理，名變其朔；歲常出入，一由省教育廳統籌兼顧。而閣之管理與修葺之權，且不在浙江圖書館，而屬之西湖博物館矣。

二、儲藏方法　在清咸豐以前，書貯文瀾閣；閣三層，第一層除中庋圖書集成外，『後及兩旁藏經部，第二成（卽第二層）藏史部，第三成藏子集二部，皆分庋書格；凡四庫書三萬五千九百九十册，（案此數將總目考證二百廿七册除外）爲匣六千一百九十一。』（兩浙鹽法志）據同治元年十月陸光祺繪文瀾閣排架圖，知第一層左右儲經二十架，中層儲史三十三架，上層中儲子部二十二架，左右兩旁庋集廿八架，都一百三架；此據陸紀如此，而案人文月刊二卷七期所載錢鱸香筆記，則謂：『共計一百四十架，』與此相差達三十有一，殆以併計圖書集成十二架以及目錄攷證續頒之書在內故邪？）每架四屜，獨子集部架各六屜，屜各四撞，撞各三函；『每函用香楠木匣收儲，匣內襯以香楠夾板，便抽納也。素綾牙籤，册中夾冰麝腦包各二，以辟蠹。』（陸光祺文瀾閣排架圖紀，惟須另參原圖。）及大亂以後，閣幸重建，書經鈔補，爬梳重裝，大殊昔觀：架易以廚，匣更夾板，素綾牙籤之書函，亦槩從省；維時則閣中第一層中儲圖書集成外，更附以勸善要言，全唐文，及平定粵匪方略，共十六廚，左右室仍庋經部，凡十四廚；第二層貯史部二十四廚，最上層左右室儲子部二十四廚，中室藏集部三十二廚，共九十四廚。及民國光復，隣右圖書館舍落成，書遂移實其中，兩共一百十廚，均置西式之樓上，兩兩相倚，成五十五對，共占三大房間，間各二行焉。（此可參閱附圖）

三，閱覽方法　自民國光復以前，閣書除許詣閣借閱外，併可假歸傳寫；雖乾隆五十五年六月朔有『諭令該省士子有願讀中秘書者，許其呈明到閣鈔閱，但不得任其私自攜帶，以致稍有遺失』（見總目提要首）之語，而如四十九年三月諭：『將來全書繕竣，分貯三閣後，如有願讀中祕書者，許其陸續領出，廣爲傳寫……祇須派委妥員，董率其事，設立收發檔案，登注明晰，並曉諭借鈔士子，加意珍惜，毋至遺失』云云，則書可假鈔，固顯然也。觀南匯張文虎孤麓校書圖記所謂：『浙江文瀾閣在西湖孤山下，功令：願讀中秘書者，許領出傳寫……』，以及其寓湖上十三間樓助金山錢熙祚輯守山閣叢書時之間日棹舟詣閣領書，鈔校既訖，輒復繳易者，又其明徵。

舒藝室雜著乙下孤麓校書記：『（道光）乙未冬，雪枝輯守山閣叢書時，苦無善本，約同人僑寓湖上之楊柳灣；（案即十三間樓之所在）其地去孤山二里許，面湖環山，上有樓；樓下集羣胥，間日棹扁舟詣閣領書，鈔畢，則易之。』（案近人編清稗類鈔鑒賞類錢鼎卿雪枝刻書中之一節卽鈔此段）

而道光間，嘉興錢警石（泰吉）校史記正義，司閣事海鹽陳琴齋（其泰）且爲請于鹽運使領閣書至海昌踰月。

〔附記〕文宗文匯二閣書制亦同此可參看第七章引莫友之上曾文正書

亂後建閣鈔書，還藏原處，其閱覽辦法，殆仍舊貫？故夏靈峯（震武）得以家居借校，

徐季和（致祥）覆滌菴書：「忭來接讀手書……通鑑續編承我弟殫精竭慮，字字校正，實司籍之功臣……文瀾閣本

，與便中先行寄還，須歸入閣，不使散失也。……」

壬子文瀾閣所存書目卷五之六待訪之書目錄前小序所謂：『辛亥秋冬，杭城故家文士，往往避地遷徙，今甫歲矣，猶未敢言歸，其借鈔在外，未歸閣中者，當亦不少』；及卷四補遺補鈔本忠愍集三卷二冊注：『此書當辛亥年借鈔在外，壬子年終，始歸閣中，時刊目垂畢矣，末由追改，附識于此』云云，並其證也。自書移本館以後，始一變曩例，但許來閱，不任外攜，蓋鑑于光復以前之覆轍，而爲茲曲突徙薪之懲毖云。

（附）文瀾閣歷屆職員表

姓名	字號	仕履	任期	名義	備註
陸費墀	丹叔	桐鄉人　乾隆進士　授編修歷充四庫全庫館總校及副總裁等官	清乾隆五十三年至嘉慶十年（一七八八——一八〇五）	？	
？					此其間歷任幾人，何名，俟考。
周竹所			？——道光十九年冬	司事	竹所似別字其詳俟考
章黼	字次白　號息翁	仁和籍　嘉慶庚午優貢赴試京華連不得志　選爲松陽學官　以憂去職屢權浦水婺州甬江諸學皆造士有聲著有梅竹山房圖及西溪梅竹山莊圖詠（一卷武林掌故叢編第廿一集本）	道光二十年——？	訓導	以後湖董事彙錢鱸香筆記作章黻今據樂善錄卷九改

朱石樵			道光二十年——?	司事	石樵亦似別字其詳俟考
仇養正	字豪士 號一鷗	清仁和人乾隆丁酉舉人榜名永清官桐廬訓導有末學齋詩十卷		訓導(?)	仕履據杭郡詩正輯
陳其泰	琴齋	海鹽人　嘉慶己亥舉人歷署雲和長興訓導著有桐華鳳閣詩文稿鴻雪詞光緒海鹽縣志有傳	——道光二十年——	訓導(?)	以詁經精舍監院兼一說以校官監紫陽書院兼據孫丈康侯稱：「此謂詁經者或詁經而調紫陽或紫陽而調詁經」云
陸光祺	篛珊				
丁申	竹舟	清錢唐諸生，諳掌故，喜藏書，與弟內有雙丁之目。	同治三年十二月——十三年九月	書閣董事	
林一枝	桂山	仁和人　勤學孝親　急公好義洪楊之亂助辦杭城善後以功議敘六品銜以教職歸部選用授蕭山訓導著有清波夢談錄二卷鳳翎小志二卷東里生吟草四卷文廟樂器宮爲譜一卷	同上	同上	
吳恆	頌音	仁和人　江蘇候補同知性勤敏勇于任事歷署蘇粵等省咸著能名	同上	同上	
徐恩綬	印香	錢唐人　同治癸酉舉人官內閣中書同治三年左文襄設振撫局奇其才俾管局事其偕丁氏兼司閣事當在此際	同上	同上	以上三人仕履據樂善錄
丁丙	松生	申弟傳見樂善錄及館刊一卷七八兩期合刊	同治十三年——光緒七年	同上	以府學丁祭局董事兼
陸檀	點青	錢唐人江蘇候補同知急公好義事親能孝年七十卒	同上	同上	
張景雲	寅伯	錢唐人光緒壬午舉人候補訓導	同上	同上	
姚士隆	益齋	錢唐諸生工醫善青烏術注葬經若干卷	同上	同上	以上四人同時兼任

沈粲	蘭舫		光緒七年閏七月——	同上	爲故閣重建後之第一任
王同	同伯	仁和人光緒丁丑進士工部主事著有三書院紀略等書		同上	
孫樹禮	和叔	餘杭人光緒乙酉舉人慈谿敎諭現尚健在	光緒十四年——	同上	
王壽搏	子慶	同伯子 光緒丁酉舉人		同上	
孫峻	康侯	杭州府學？貢中書科中書著作甚富武林掌故叢編中署名者已有二種近年來復獨力續輯叢編第二十七八兩集又孫氏家集若干種亦不日殺靑云	光緒十七年（辛卯）——宣統三年五月	同上	
張蔭椿	硯孫	著有文瀾閣志杭女表徵錄光緒戊子舉八辛丑戊寅併科進士戶部福建司主事	——宣統三年五月	監督	以上二人同時據康侯丈自稱監督之名並非上委，亦非下請，突如其來，世亂時公牘也惟時僅二月云。

六、浙江省立圖書館藏四庫全書之現況

文瀾閣本四庫書，現歸浙江省立圖書館孤山分館之白洋房樓上，凡占三大間，庋九十四櫥。最後一櫥，除藏目錄攷證外，又儲嘉慶以後續頒之書，如高宗御製詩五集等，是謂續藏之書。書均銀杏木夾板，舊存之楠木匣，今不可得復見矣。書皮率爲紙質，黏釘，不壓線，包背裝，外觀略如近日坊間之平裝書。其絹面原鈔本亂後子遺者，亦間有之，光澤堅緻，猶可以仿佛當年四部初成時裔皇瑰麗之盛況。書紙朱標直格，新舊色彩殊致，板匡亦高低不一。大氏原鈔本色黃，補鈔本則丁鈔作淡玫瑰色，乙卯癸亥以迄壬申則色均鮮紅。又補鈔本無

前後寶，（卽古稀天子之寶及乾隆御覽之寶也）亦無總纂官繕校官等姓名黄籤，乙卯癸亥壬申所補鈔者，版心魚尾下鐫某年補鈔四字，封面亦如之。其屬價買返閣者　則書皮簽題下標明某年補購字樣，若丁氏所置，則未遑此也。其書根標籤，今亦各殊，民國元年，懸浙館第一任館長錢恂手檢之朱文方籤，凡舊鈔丁鈔以至乙卯所補購補鈔者，悉屬之。癸亥以降，則籤印館長章箴手檢云云。中因卷帙浩繁，校勘匪易，故帝虎焉烏，頗不在尟，如弆之訛弃。藏之誤藏，庋之誤度，以及乾隆御製詩五集卷六第三四兩頁與卷五之三四兩頁互譌（核以筆迹決爲鈔錯而非釘錯）者，特瀏覽所及之一斑而已。而丁氏所補鈔者，尤多有待於重校。全書冊數據兩浙鹽法志稱閣本四庫共六萬五千九百九十冊，逮後屢經鈔補重修，截至民國十五年止，凡得三六三七八冊。

浙江公立圖書館年報第十一期本年新置圖書目錄保存類甲附附文瀾閣四庫全書部冊數表

	原種數	現存種數	原冊數	現存冊數
經部	六九五	六九五	不詳	五四六一
史部	五六四	五六四	不詳	九四四一
子部	九二四	九二三	不詳	九〇八三
集部	一二七七	一二七七	不詳	一二一九三
合計	二四六〇	三四五九	三五九九〇	三六二七八

案據最近（民二十一年春）檢點，聞四庫書現在共有三六，三〇九冊。自民十五至二十一年歲首止。未聞有補購補鈔之舉。此卅一冊之數，何自而增；疑檢點者之失也。（最近期內嵜擬詣閣細查重編文瀾閣目一通，以存信史。）至卷帙數所以前後不同，夷攷其實，蓋亦有故：閣本初時尙有有目無書，如：『目錄舊冊（文瀾閣志孫樹禮文瀾閣分廚圖紀）欽定繙繹四書五經』及蒲珠蒙古漢字二合切音淸文鑑三十三卷（壬子閣目一第四十一頁）而補鈔則已加甄補一也。又閣志同卷四四頁附續擬鈔書章程有云：『一舊存書目冊數，間有舛錯如史部平臺紀略，目錄云三冊，而閣存殘本四冊，其爲不止三冊可知；集部林和靖集，目錄云十冊，而書祇四卷，共七十餘葉，其不能分爲十冊可知。如此類者，裝訂時酌改』，證以壬子所存閣目二史部北史一百卷注云：『此書據嘉慶舊目凡五十冊，今四十九冊者，補鈔裝訂之不同，而于卷數無缺』，則重裝後厚薄之不同二也。（如今新購囘歐陽文忠集卷一至廿七共五帙，而丁鈔止作四冊，亦其一證。）由斯二例而觀，雖似皆適得其反，但因重裝而起變化，則可無疑，况原鈔全書之所據底本，固有尙病不全，而補鈔者反多有後來居上者乎？

而內中尙缺卷二十二種（舊稱闕卷廿六種，今除去已補寫之◉項與書原不闕之×項等四種故云）有待乎方來之管覆也。

〔附〕文瀾閣四庫全書闕卷表（此外尙有著錄爲足本而閣鈔爲節本者嚴格論之亦應在待訪之列　惟舊鈔既已如是　丁錢兩待訪目又皆不載　故今不苛求）

×周易新講義卷六後半至卷十

案本書宋耿南仲撰共十卷　見北平圖書館景印四庫罕傳本擬目教育部景印四庫全書聘任之審查景印四庫全書目錄委員會所擬之「四庫孤本叢刊擬目」商務印書館之影印四庫全書珍本初集目錄作周易新講義六卷據鄭鶴聲

先生稱：「自文淵閣庫書。開始攝影，檢查原書，始得一正確之觀念。就現在論，其書名不同者例如韓文舉正原作韓集舉正，襄陵集原作襄陵文集，又星命溯源，簡目作星命淵源而原書與總目相同，是也。其書名脫落者，例如筠溪集後原有附樂府一卷；縉雲集後原有附錄一卷，是也。其卷數較總簡目爲多者，例如易象鈔目載爲四卷，原作十八卷；篆隸考異目載爲二卷，原作四卷，滎陽外史集目載爲七十一卷，原作一百卷，是也，其較總目爲少者例如周易新講義目載爲十卷，原作六卷柳先生文集附錄目載爲八卷，原作四卷；頤山詩話目載爲二卷，原作一卷是也。其餘不同之處，當陸續有所發現，設非將原書印出，則眞相終莫由明矣」（圖書評論二卷七期載所著選印四庫全書事件之初步解決）則此書當由總目而沿譌矣。

大易粹言第七十五篇

△宋史丁鈔各卷攷證　　案宋史攷證本館有武英殿葄古堂同文局竹簡齋各本可鈔

建炎以來繫年要錄丁鈔各卷考證

歷代紀事年表之地圖

◉三吳水考卷八卷九

民國二十三年三月，已由本館向北平圖書館鈔補齊全，裝訂兩冊，繳閣儲藏矣。

桂勝卷十一至十六

△大事記講義卷五

案北平圖書館有黃虞稷手跋明藍格鈔本　見所印影印四庫全書罕傳本擬目史評類

風俗通義附錄一卷

×老學庵筆記二卷

案楊家駱四庫大辭典附錄四庫全書槩述鈔印節有「當時間有書已寫定，未及發閣尚留藏宮中者，如：日講詩經講義，老學庵續筆記兩書，各閣皆有目錄，其實藏宮中者尚若干部」之語，蓋据張宗祥鈔補文瀾閣闕簡紀，則此書當時或未頒閣，與兵燹無關也。

竹嶼山房雜部種植部十卷

廣弘明集丁鈔各卷音釋

梨岳集附錄一卷

×客亭類稿卷十五　崟案此書四庫著錄，確止十四卷，故不能列為待訪卷之一；惟為求全起見，則未始不可設法補鈔，蘄成完璧；若然，則今八江安傅沅叔藏園所得之宋本客亭類稿殘卷，實為無上之底本耳。據傅氏稱與四庫輯本體式之悉易其舊，以及汰去其末書啓編者，大不相同。今閣本所差，即是此編，倘得向藏園假錄此書，則不第可補其殘闕，且可以為閣鈔今勝于昔之又一證矣。藏園得書事，詳見所箸羣書題記二集宋刊殘本客亭類稿跋。

本堂集卷廿八，六七，七六，八七共四卷

全書九十四卷　景印四庫罕傳本擬目有此書（原目頁十六）

吳文正集卷五十一二兩卷　案此二卷已見于癸亥補鈔書目　不知後又何以佚之　今檢書庫碻如是也

海叟集外詩一卷

滎陽外史集七卷　（案此書四庫總目作七十卷今檢文瀾閣本實一百卷）

△唐愚士會稽懷古詩一卷

案景印四庫罕傳本擬目頁二一稱「北平館有明弘治鈔四庫底本」

繼志齋集卷十五至十二又附錄一卷

毅齋詩文集附錄一卷

未軒集補遺二卷

西村集附錄一卷

蓮洋詩鈔卷九卷十

具茨詩集補遺一卷文集補遺一卷

△四朝詩中之元詩末卷及明詩末八卷

案此書南京國學圖書館有底本可鈔

附記一　曩日閣目及館報均列衞生十全方三卷奇疾方一卷(宋夏德撰)爲閣本子部唯一之闕書一種；而不知閣志卷上孫樹禮(字和叔今年已八十餘齡僑寓上海云)文瀾閣圖紀已有：『總目舊冊不載者如鄭敷文書說中庸集解國史考異衞生十全方奇疾方菊山淸雋集雲泉詩集歸愚集』之語，是此書固爲閣中所未備，非關亂後所散佚者。(總目舊冊謂亂後重得之原本文瀾閣目也)而據最近中央圖書館籌備處編「景印四庫全書未刊本草目」及冷廬主人評(載國聞周報十卷卅六期)與陳垣之草目簽注，(載二十二年九月五日北平晨報副刊北晨學園)則此書初未著錄入四庫，各閣均無，不能謂爲文瀾閣之缺書矣；故剔去之。　又據上表所列，如周易新講義客亭類稿及老學菴續筆記簽注云云，則茲三者又不能謂爲文瀾之闕卷，而本表又嘗省去其三矣。

四庫今由浙館列爲保存類(即善本)書之一，另於孤山分館樓上前方闢一特別閱覽室，以龔蒞館學者之傳鈔或諷籀，假攜館外，則所不許，蓋防微而杜漸，非得已也。

七、文瀾閣四庫全書之重要性

文瀾四庫所占地位之重要，得分四點說明之：

(一)四庫全書之本身價值　『論此書之完備，則自中國始有文字以後，至清乾隆四十七年以前，中凡包括五千餘年，所有之歷史，民族，社會，政治，制度，宗教，天象，地輿，物產，文藝，哲學，美術，醫，算，農，工，商，礦，及百家雜學等，應有盡有，內容豐備，無可比擬。當乾隆時，國運方盛，乃出其全力以徵搜公私藏書，又愼選朝野名流學士，開館纂修，凡書中有僞作者空疎者，皆加條辨；每成一書，輒冠提要，呈經御覽審定，其精密爲何如？當時所收之書，大部係相傳孤本，未曾刊行者，又或雖印而已成難遘之孤本者；故全書十之八九，外間無由得見；獲一二册已足珍貴，況其全乎？……近今世界學者所熱心研究之東方文化問題，其主要不外參考羣籍，以資發明；然困難之點有三：一，書過多而不易備，二，書已散而不易聚；三，書太雜而不易擇，此書一出，可無憾矣。且此書之特色，在：有系統，有條理，有極富之資料，有極富之組織；……分之爲無數之各種顓書，合之爲一部絕大之中國文明史』(民國十七年奉天張學良翟文選等擬影印文溯閣四庫全書預告)此暢論四庫本身價值之偉大也，而文瀾本亦若是矣。

（二）四庫全書現存之部數　書貴流通，一成孤本，便矜秘籍；四庫初編，兩共七部，中經兵燹，七僅賸三。文源則燬于英法聯軍之役，（清咸豐十年即西元一八六〇年十月八日英使額爾金率兵焚圓明園之役）文宗文匯則隨紅羊之刼而俱燼；本館茲書，當時亦不絕如縷；幸天誕二丁，爲之抱殘補闕；加以錢張諸先生之紹述，始得與文淵文津文瀾三閣所庋者，差成爲海內四部之完書。今外寇方張，遼瀋未復，文溯秘籍，竟落敵手，則向之已訴爲七猶存四者，今不又幾幾乎仍鼎唯三足之觀哉？是館藏茲書之更應加意將護，又當兢兢與邦人君子共勉之也。

〔附記〕宗匯二閣四庫書遭燹之究竟，有清同治四年五月十四日獨山莫友芝上曾文正公書，可得而彷彿。原書云：「友芝奉鈞委　探訪鎮江揚州兩閣四庫書，即留兩郡間二十許日，悉心咨訪；並謂：閣書向由兩淮鹽運經管，每閣歲派紳士十許人司其曝檢借收。咸豐二三年間，毛賊且至揚州，紳士曾呈請運使劉良駒，籌費移書，避深山中，堅不肯應；比賊火及閣，尚扃鑰完固，竟不能奪出一冊。鎮江閣在金山，僧聞賊將至，亟督僧衆，移運佛藏避之五峯下院，而典守書閣者，揚州紳士，僧不得與聞；故亦聽付賊炬，惟有浩歎。比至泰州，遇金訓導長福，則謂揚州庫書，雖與閣俱焚，而借錄未歸，與拾諸煨燼者，尚不無百一之存；長福曾于甘泰間三四處見之；問其人，皆遠出，倉卒無從究詰。以推金山庫書，亦必有一二縣存者。友芝擬俟秋間，更歷諸郡，子細蒐訪一番，隨遇掇拾；不限多少，仍交運使恭弆，以待將來補繕。」（原函現存南京國學圖書館上文見該館小史第八頁引）惟所謂百一之存，迄今仍闃焉無聞，則謂之俱燼，非爲過言矣。

文關于文瀾閣書近況，日文支那時報第十九卷第一期有水野梅曉著「滿洲國圖書館所保有之文化資料與其價值」一文抒述頗詳，浙江省立圖書館館刊二卷第四期有拙譯「僞滿洲國圖書館之寶藏」卽是篇之節譯，可供參觀。

(三)民國以來景印四庫全書企圖之蹶跌　四庫全書，爲吾國學術之寶庫，千古之鉅製，國華所在，世界共推；原鈔七部，旣僅遺四，不亟圖印行，天災人禍，淪胥堪虞；中外學者，咸抱杞憂；故民國九年，法國前總理班樂衞來華，代巴黎大學丏此書一部；並建議退還庚款以供印刷之費，北京政府遂亦決心影印。是年十月九日，總統徐世昌隨下令以朱啓鈐爲監印四庫全書總裁，與上海商務印書館籌商進行；惟該館以預計成書百部，需款三四百萬元，費時念餘年，如此浩繁，勢非商家能力所克荷。政府乃擬自行設局，而迄未進行。値民國十三年，淸室內務部擬將文淵閣所藏四庫，交商務印行，並更定計畫，照原書格式，縮小影印；成本旣輕，推行較易，五年之久，卽可觀成。曾與政府及淸室雙方議定辦法，敎部業經批準奬勵，交通部亦允備車；乃裝箱過半，定期起運，而政府左右，藉故阻止；(或謂索賄不遂)事廢中途，論者惜之註一。十四年夏，章士釗兼長敎育部，又以景印事提出于國務會議，經議決將文津閣之四庫交商務書館承印；乃文津所藏早移京師圖書館(卽今國立北平圖書館)，而各方以四庫中類多孤本；因之委託該館抄錄者頗衆，收入尙豐；若經運滬，卽蒙影響；遂擬改印文淵閣所儲者爲底本，派員檢點方畢；而執政政府忽圖以羊易牛，下令將文津全書點交移滬影印，而將文淵閣全書交由京師圖書館保存，以襲衆覽云云；于是清室善後委員會不免心生猜疑，卽據接收故宮時宮內物件不得移出宮外之原則，力予反對；章教長方進退維谷之際，而江浙戰起，茲事不幸又遂成泡影。註二民十七年秋，奉天楊宇霆張學良翟文選等復擬影印文溯閣四庫全書，且與奉天大西關關東記印刷所定妥合同，承印兩千部，部値大洋一萬二千元，預定二年印成，每日須印二千頁以上。無如宓雲不雨，因循數四，註三而九一八之變遽發，書且落木屐兒勢力中矣！言念及茲，可勝浩歎！自餘保管者既自身無力量付印，政府具瞻，復若一日萬幾，不遑于此，最近期內，殆無可望，蓋幾何不如俟河之清矣，然則在翻印未成以前（本文初稿殺青于去歲，雖今年教部已有影印四庫未刊本之舉，上海商務印書館且已發布預約，但珍本初集僅二百卅一種，固非全部翻印也；故此處行文尚無更易之必要。）部數仍其舊貫之時，此獨步江南之文瀾舊籍，不當尤可貴乎？註四

（四）現存閣書有較四庫原著錄爲更可寶者　　閣書經亂後，雖殘闕賴鈔配得完，似與原來面目，欻有殊致；但有因鈔補而轉較原著錄爲更可寶者在焉，試舉其例，如：經部尙書要義二十卷，提要言佚第七第八第九卷，別無校補，而今鈔補本則首尾全具，此其一；春秋讖義十二卷，總目及簡明目錄俱云九卷，蓋謂後三卷已佚也，而閣鈔則自隱訖哀，公爲一卷，

（語詳壬子文瀾閣所存書目卷一頁二八）此其二；今本讀四書叢說二十卷，而四庫箸錄止得九卷，蓋據不全之本，（案中庸佚其半，論語全佚，語詳同上閣目一卷三五頁。）此其三；四書管窺八卷，據提要稱論語第十一篇以下缺，今則否，（見同上同卷三六頁）此其四；史部唐才子傳原十卷，四庫著錄僅據大典本之八卷，（詳閣目二第二十頁）又徐乾學之資治通鑑後編卷十一闕不可攷，今鈔本皆足成之，（語詳閣目二第八頁）子部本草乘雅半偈原十二卷，而四庫僅得其十，今方成完帙，（參看閣目三第十八頁）此其六；集部松隱文集四十卷佚其一，白雲稿十卷佚其半，（見閣目四第五五頁）今閣鈔皆彌其缺憾，此其七；而竹巖集十二卷較之總目及簡明目錄之僅作詩集一卷，文集一卷，補遺一卷，又稱就中記盆魚序愚樂等之均歎未見者，尤爲可貴焉。（詳見壬子閣目四第六二頁）此外，尙有足諟正總目簡明目錄之訛，如：經部春秋直解當作十六卷，而館臣繆以爲十五；（閣目一頁三〇）子部甲乙經十二卷而以爲八卷，（同上卷三第十二頁）集部雙溪醉飲集六卷之以爲八卷之比者，亡慮數四見。（詳見閣目卷一第廿八三十卅五卅六頁卷三第十二及十八卷四第六十二頁）蓋四庫收書，原多忌諱，凡干禁例，寧鉏芳蘭；故世之論者，競以爲病。若玆補寫，則時過境遷，無須膠柱；或完書再出後自勝前也。

（五）閣書澤被之廣遠　乾隆之所以繕頒南三閣書，初意本在嘉惠江浙之士子，故四十七年七月初八日上諭中有「江浙爲人文淵藪……力學好古之士，願讀中秘書者，自不乏人，茲四庫全書允宜廣布流傳，以光文治」之語，近代藏書數十百册之圖書館，猶且佑啓一方之學術，而況擁有數萬册秘書之三閣哉？宗匯二閣已成陳迹，當日涵濡，不得而知；若吾文瀾，則澤被之宏，事多可考，今略揭其犖犖大者言之。刊書則前之如有名之金山錢氏守山閣叢書，（見該叢序目及錢鱸香筆記張文虎覆瓿集等）晚近如甯波張氏（壽鏞）四明叢書，處州端木（彧）氏處州叢書，皆有賚于閣本；藏家則自張金吾愛日精廬陸心源皕宋樓以暨近世之鄰省圖書館，罔不以得文瀾傳鈔本爲幸，斯則任查一家書目，即可知之，無煩贅言也。藉更稍舉其有助于學問家之成就，如：績溪胡培翬之著儀禮正義，元和陳奐之撰毛詩傳疏，

張文虎十三間樓校書圖記：「西湖寶石山之半，……有宋十三間樓舊地。……己亥，庚子秋，錢君熙泰續文瀾閣校書之役，偕予兩寓于此。……時績溪胡農部竹邨，元和陳文學碩甫，同寓湖上；胡君精三禮，方爲儀禮正義，補賈氏之疏漏；陳君專治詩毛傳，亦作疏以糾孔氏。」

又西泠續記：『己亥』『八月』『十一日，……巳刻，……詣文瀾閣，晤績溪胡竹村農部培翬，小敘出。』『十六日，偕陳少筠詣文瀾閣，復晤胡竹村。』

閔萃祥州判銜候選訓導張先生行狀：『績溪胡竹村培翬，元和陳碩甫奐兩先生，亦以親中秘書同寓西湖；胡先生方爲儀禮正義，陳先生撰毛詩傳疏，過從商榷甚歡。』

以及劉鳳誥注歐公五代史，

五代史記注例識語：『右彭文勤公手定五代史記注例，嘉慶癸亥夏，公方在告，排注歐史梁家人傳至唐臣傳十六卷，爲之式；餘五十八卷未備。生平所采宋人書二百數十種，聚一巨簏，手書屬鳳誥成之。頻年未踐前約，丁卯使浙，公暇，恭檢　文瀾閣書，重事審訂，今乙亥，復檢文匯閣書，加之釐正，前後凡三易稿。』

阮芸臺補正薛尙功鐘鼎款識之類；

定香亭筆談卷四：『薛尙功鐘鼎款識，……明萬歷間硃印刊本，訛舛最多，跋語亦删節不全；惟崇禎間朱謀垔所刻尙功原本，較爲可據。然版本並佚，傳寫滋誤，余據吳門袁氏影鈔舊本，及家藏舊抄宋時石刻本，互相校勘，更就文瀾閣寫本補正之，以還薛氏舊觀。』

則閣書之沾溉廣遠，亦孔之灼，自今而後，當猶引之無替；此外各縣歷次修志之多乞助于閣書者，例尤不勝備舉，其詳將另著于篇，茲但言其辜較云爾。民國廿二年教育部主影印四庫全書珍本，學者董康函陳意見有云：「乾隆之修四庫，爲唐宋以來未有之偉大事業，乾嘉文學之盛，皆由四庫灌溉之功。江浙夙有三閣，洪楊而後，惟西湖文瀾巋然猶存，晚淸文敎之得以免于凌替者，亦唯文瀾閣所陶育也」（見天津國聞周報十卷第四十期）斯亦可徵閣書之遺澤也。

由此以言，館藏四庫之可貴，不煩更贅一辭矣。況賴鄉先生之辛苦補苴，傳吾江南文化上，尙巍然留此魯殿靈光乎？維桑與梓，尙愼旃哉！

註(一)(二)　參看圖書館學季刊第一卷第一期紀載影印四庫全書之經過

註(四)　事詳中華圖書館協會會報四卷三期圖書館界欄載「奉天影印文溯閣四庫全書」節

案廿三年九月出版之楊家駱著四庫大辭典附錄一四庫全書纂述文獻第三節鈔印頁十四至廿八分疏此事甚詳可以參看

(附錄一)文瀾閣四庫全書大事年表

年號	年月 夏曆	西曆	事由	備攷
清乾隆	四十七年正月丙寅(十九日)	一七八二年三月二日	頭分四庫全書告成	距四庫開館已十年
	七月甲辰(初九日)	一七八二年八月十七日	詔命續繕四庫全書三分分庋揚州之文匯閣鎮江之文宗閣杭州聖因寺之文瀾閣	陸費墀實主其事云
	五十二年	一七八七年	續繕三分四庫書成，開始頒由兩淮兩浙鹽政領運庋閣陸費墀賠辦江浙三分書裝潢	
	五十三年(?)	一七八八年	陸費墀奉令往西湖校文瀾閣已到之書　寓西湖山房數月	案因四庫中尚有應燬未燬者被發覺也据任氏四庫答問及陸費逵氏輯備要緣起後記
	五十五年	一七九〇年	是歲文瀾閣書猶在陸續頒藏中	見同年五月癸卯上諭
	五十九年十月	一七九四年　月	鹽政戴全德荐汪中(容甫)校勘文瀾閣四庫全書『其時書已經陸續送閣所未成者不足三四千冊』是年浙江布政使謝啓昆按察使秦瀛鹽運使阿林保等請于巡撫兼署鹽政吉慶發文瀾閣藏本四庫提要校刊以惠士人貢生沈青鮑士恭等咸輸厥資以助成之	據汪容甫年譜
	十一月十九日		汪中薨于杭寓。校勘未及百一也。	同上

	六十年		閣本四庫提要校刊工竣（研經室集卷八浙江刻四庫提要跋）	
	?		閣本四庫全書頒藏全蔵	案上條云云則閣本四庫全是年猶未頒畢惟究以何歲頒完則文獻無徵尚俟另考
嘉慶	?年		頒清高宗御製文三集十六卷餘集二卷又詩五集一百卷目錄十二卷餘集二十卷目錄三卷	据壬子閣目卷五之三謂必嘉慶初年太上皇尚御世時所頒故不稱廟號云
	?年		頒藏八旗通志二集	
	九年	一八〇四年	陸費墀離杭	參看陸費逵增輯四部備要緣起
	二十四年	一八一九年	兩淮運司奉上諭移全唐文五十匣計五百四冊到閣	案此原本已燬于兵燹今本係丁氏捐藏者
道光	十五年冬十月至十二月	一八三五年	金山錢錫之爲輯守山閣叢書偕友顧尚之南匯張文虎平湖錢熙咸嘉興李長齡及錫之弟熙泰等來杭僑寓後湖楊柳灣之十三間樓間日棹舟詣閣領書抄校歷時兩月校書八十餘種抄書四三二卷云	（見舒藝室雜著乙下孤篋校書記及十三間樓校書圖記）
	十七年夏	一八三七年	屠筱園（湘之）爲錢泰吉來鈔王氏益之西漢年紀	見曝書雜記二又讀舊書室詩
	十九年二十年秋九月	一八三九至一八四〇年	錢熙泰偕張嘯山重來寓十三間樓讀校文瀾閣書	見十三間樓校書記圖及錢氏蓮龕尋夢記
	二十一年五月	一八四一年	錢氏又寓杭州螺子峯之法華寺假文瀾閣本史記正義與明本震澤王氏本校	甘泉鄉人稿卷五
咸豐	十年二月二十一日	一八六〇年	太平軍抵杭 廿七日城破圖書遭擾	是役省垣被踞者凡六日
	三月三日		杭垣克復	
	十一年九月	一八六一年	杭城又被圍	

十一月廿八日		省垣再破閣遭兵燹書亦波及	
同治 元年正月廿一日 四月	一八六二年 月 日	邑紳丁氏竹舟松生兄弟自甬渡江至留下鎮收集四庫書殘本松生「由甬至滬復溯江赴如臬至泰州偶過冷攤即有所獲」	据八千卷樓書目丁仁跋
二年四月	一八六三年	受丁松生託潛返城杭假惜字以收買遺書之書賈周匯西負書至滬舉以畀松生	
三年二月廿四日卯刻	一八六四年	杭垣克復	
三月十日		丁松生昆仲自滬歸杭陸續將所收得之四庫書運返省垣以閣已半圮乃稟請大吏暫儲之杭府學尊經閣	
六月		尊藏遺書于尊經閣併請昔曾典守閣事之陸光祺加以整理且爲繪圖紀事	案即書庫抱殘第一圖
九年十月	一八七〇年	丁松生命兄子立誠往四明訪購四庫全書得數十冊	
十三年春	一八七四年	丁申道經嘉興購回元釋圓至牧潛集二本	至是年止四庫書原鈔本得九〇六二本惟當時遺書完全者僅「三百餘部闕者尚有九百數十種」見閣志上 丁丙遂呈補鈔閣書章程並議定經費
光緒 六年十月	一八八〇年	丁松生與鄒任甫奉命督造文瀾閣其先巡撫譚鍾麟購得鮑氏圖書集成一部捐存閣中而短少數十卷因與松生謀復建文瀾閣遂有鈔補閣書之議	
同月八日丑時		破土動工	
		重建文瀾閣落成將前存杭府學尊經閣中書移藏其中丁氏兄弟又以家藏「全唐文」一部捐藏	

七年三月	一八八一年	焉時集成補將竣計二四七本六百十二萬字連繪圖較對筆貲暨裝訂修補四千二十冊夾板五百二副裝木廚十六座等費洋一千元有奇	
七月十六日		譚鍾麟奏請建復文瀾閣賞給扁額「平定粵匪方略」並賞丁申四品銜	案扁額現存孤山本館分館另有刻碑在文瀾閣左旁御碑亭中
八月廿九日		江蘇特用知縣丁丙送呈補鈔閣書章程并議定經費稟於布政史	
十一月初一日		扁額暨諭旨到閣	
八年五月	一八八二年	丁氏設局補鈔文瀾閣書除盡出其家藏珍籍集工迻寫外又從天一閣抱經樓振綺堂壽松堂諸藏書家籍徵求以爲底本	
八月十四日		欽頒方略全書四二〇本到閣惟尚草訂並無底面（丁丙頒藏平定粵匪方略稟）後此重訂加夾板與置廚均丙爲之也	見閣志卷上四十一頁
九年三月初四日	一八八三年	前江蘇按察使應寶時兵部郎中金日修刑部主事王同江蘇特用知縣丁丙呈續議補鈔閣書章程	
十一月初八		應寶時等呈議復補鈔閣書展限	
十二年十一月初八	一八八六年	自八年至本年冬季止四年半間約已鈔補成書二八〇〇種二八〇〇〇本	見文瀾閣志卷上四七頁
十二月十五		布政使照會鈔書展限照准	
十三年十月	一八八七年	丁申卒	

	十四年	一八八八年	補鈔閣書竣事「除閣中收藏原全書三三一種外其殘編恭配者八九一種補鈔二一七四種合訂三四七六九冊……其餘求而未得之書別刊訪目隨得隨補」	括弧所引係錄自丁松生年譜八年補鈔閣書條細注
	十五年	一八八九年	編修王懿榮呈請續修四庫全書	
	十七年十二月十二日	一八九一年	丁松生領欽頒「勸善要言」原書送藏文瀾閣	閣志卷上四十九頁
	二十年	一八九四年	閣書本庋架至此始易以櫥且易楠木匣爲銀杏夾板改絹面爲紙面——爲省費計也	案今閣書尙有小部分保存絹面原狀者
	二十一年五月廿五日	一八九五年	丁松生奉閩撫譚鍾麟（時已移撫閩）咨送所購得之武英殿「聚珍本叢書」藏于文瀾閣並爲配置夾板	閣志卷上五十頁
	二十四年六月	一八九八年	丁松生刊「文瀾閣志」（孫樹禮孫峻撰）而附所輯諸名人題抱殘歸書二圖及題詠於後	
	二十五年三月初九日	一八九九年	丁松生辭世時年六十八自此文瀾閣失元勳而鈔補閣書之一簣功虧遂留以俟後人矣	
宣統	元年	一九〇九年	巡撫增韞奏請建圖書館將藏書樓官書局合併擴充是爲浙江圖書館之權輿	
	三年夏	一九一一年	就文瀾閣旁隙地興工建館	案即今本館孤山分館
民國	元年（壬子）	一九一二年	圖書館落成移閣書實其中于是四庫全書與文瀾閣之關係乃絕是年年終收回辛亥年借抄在外之忠愍集三卷二冊同年浙江公立圖書館館長錢恂編「壬子所存文瀾閣目」四冊	
	三年	一九一四年	收回光復前借出之「宋稗類鈔」十八冊	內舊鈔者僅存卷卅五至卅六一冊（閣目三第五七頁）
	四年（乙卯）	一九一五年	前館長錢恂以補鈔閣書呈經袁大總統世凱批准來浙籌款巡按使屈映光提本館鈔書費四千元與之錢氏又別募捐款一千三百一元就杭州北京分鈔之兼于坊肆購舊鈔歷八載之久用款	

		六二〇九元有奇得書二一六種是謂「乙卯補鈔之役」	
十二年（癸亥）三月	一九二三年	敎育廳頒發錢前館長錢氏鈔補之四庫闕簡三十三種及補購舊鈔一八三種交本館尊藏同時敎廳長張宗祥氏又發啓鈔補前此未竟之四庫書延堵福銑（申父）爲監理往來京杭督促鈔胥歷兩歲之久始蔵是謂「癸亥補鈔之役」是年本館亦就館藏所有底本補鈔闕簡十二種館長章箴編文瀾閣目補一卷載乙卯補鈔補購之書附壬子閣目刊行	十二種目詳第九期年報惟閣目補均尙付缺如
十三年二月四日	一九二四年	堵福詵在北京僱人開始據文津閣本四庫全書以鈔補文瀾闕簡是年浙江公立圖書館（卽今省立圖書館）館長章箴購回舊鈔傷寒舌鑑全一卷一冊又呂氏春秋卷一至四卷九至廿六九冊	參看本館第十期年報
十四年	一九二五年	至是年止補鈔書共達二百〇三種	參看本館第十一期年報
十五年四月杪	一九二六年	北京鈔補四庫書竣事計先後鈔補缺卷書凡二百十一種同年夏張宗祥作「補鈔文瀾閣四庫闕簡記錄記」弱與其事之吳與周慶雲復彙輯四庫缺簡記錄」一冊	
十六年	一九二七年	本館前館長楊立誠着手編文瀾閣目索引	
十八年八月	一九二九年	本館編輯文瀾閣目索引出版	
二十一年四月	一九三二年	編者作文瀾閣四庫全書小史並製本表本館長又函詢北平故宮博物院圖書館計劃補鈔前此尙未竣工之閣書待訪書一種待訪卷二十六種	以下用國曆紀年

十一月廿六日		自餘杭王來賓處購回歐陽文忠集卷一至二七共廿七卷五冊本館復補鈔其闕頁十五紙重裝一新繳還四庫而換出丁本鈔	
廿二年三月卅日	一九三三年	自古懽堂張某處購回舊鈔閣本雲笈七籤卷四至六　卷九五至九七全二冊　又殘本卷一（四五頁）八十四（十二頁）八十八（八頁）一一七——一一八（三八頁）一二一（廿二頁）一二二（十八頁半） 又太平廣記殘帙十六至一九卷（三九頁）廿四——廿六（廿七頁）四五（九頁）五四——五六（卅頁）二五八——二五九（二〇頁）三三七——三三九（卅五頁）	
十月三日		杭州城站抱經堂書店以太平廣記卷二〇至二三，四六——五三，二六〇，二九〇——二九六，三四〇——三四二等廿三卷　雲笈七籤八五——八七，八九，九〇——九四，一二〇等十卷分訂十冊售館	審查後，知廣記頭訖完具者，僅二九〇至二九六等七卷一帙，七籤則亦止九〇——九四一帙，餘均奇零殘缺；惟與上次所購進者，多可配補，足可成整冊書七本耳。據許某稱揚州海寧嘉興等處尚有閣本甚多云
廿三年三月	一九三四年	從國立北平圖書館鈔補三吳水考卷八九兩卷二冊	
五月廿七日		從上海瞿氏購回赤城集卷十三至十六兩冊李義山詩注卷上一厚冊	
十月一日		從濮院沈姓購回兩宋名賢小集卷三百七十六一冊	
十二月十四		又自濮院沈姓購回五百家播芳大全文粹卷一上（連卷首目錄）卷七上全二冊	

（附錄二）丁氏補鈔文瀾閣四庫全書闕簡紀

曩爲浙江圖書館月刊忽率草「丁氏補鈔文瀾閣四庫全書闕簡追記」一文，簡漏之至，茲特重撰如後：文瀾閣四庫全書除目錄考證二百廿七册外共達三萬九千九百九十册（據文瀾閣志卷上第四十七頁，前江蘇按察使應寶時等議復補鈔閣書展限呈稱「謹查……舊存檔册，凡三萬六千四百八十四册」則與此微異）咸豐庚申辛酉間洪楊之亂，閣圮書散，賴丁氏竹舟松生兄弟冒險拾殘，始出閣書于灰燼之刼，然猶僅八千一百四十册；益以嘉興徐葵之在滬所搜集者五百四十九本，亦不過八千六百八十九册；同治五年至十年陸續收得三百七十一册，十三年又得二册，都共九千六十二册；而除去圖書集成殘本六百七十三本，則四庫書不過八千三百八十九册而已。以較當年完帙，尚不逮全書四之一。丁氏既于大亂戡平後還儲之于杭府學尊經閣，並矢志欲補其闕，周爰蒐訪，「竭數年心力，擇可購之底本購之，所不能購者則豫借錄副；一時不及偏借，則于簡明目錄下小楷詳注某省某郡某某家藏刊本某鈔本，或某局刻某藏書，以待商借」。（王同文瀾閣補書記語）逮光緒五年，前知杭州府事譚文勤公（鍾麟）擢浙撫，丁氏遂獻建閣補書之議。七年三月閣既落成，書亦返故地；丁氏復擬呈鈔補閣書章則十七條（見附錄），詳陳鈔補所需之經費與來源；據稱：「仿照閣本紅格絹面之式，每册估計約銀一兩，每年以二千册爲率，加以校對筆墨添置書廚裝潢殘帙添配夾板，又另購刻本大部價値，……酌提用絲捐，通年需錢五千串……」云。（文瀾閣志卷上丁丙詳呈補鈔閣書章程并議定經費案—光緒七年八月）惟以刻本補「部大字多」之書，則當時猶章存遷就，嗣以鈔刻雜糅，終有乖原書整齊畫一之觀；故其後卒全歸繕錄焉。（閣志上應寶時等議復補抄閣書展限呈）光緒八年五月，設局于東城講舍，舉王同（同伯）張大昌（小雲）孫樹禮（和叔）經理其事（丁松生年譜及閣志卷上第四十二頁）「遵照原存書式購備紙張，刊印板格……集倩繕錄諸人……多至一百餘人。其間分別全鈔補鈔，詳審底本是否與提要相符，勻酌紙張，指示格式，按期收書發書，核算字數，付給工貲。……另延司事二人，幫爲料理，各議辛貲，俾有責成』（閣志上第四十三頁）定『鈔書每千字四十文，校貲每千字錢十文』（參閱附錄）惟『全書之中，有雙行夾注，有夾注中夾注，有卦象圖畫，有篆隸鐘鼎，有滿洲蒙古字，有橫表，有八綫表，有朱墨並書，有五色夾寫，有抬頭空格，有通天出格，有眉端御批……所備底本：有殿本，有官版，有民間家刻，有宋槧，有元明舊刻，有精鈔本，有影鈔本，有大典本，有叢書本，購既不易，借更爲難；且有同是一書，閣本所收爲某某刻本，而細核提要所案不符，雖有底本，不能照抄，仍須另覓；又有提要云若干卷數，而所存殘闕閣書，反在若干卷數之外，須舍不足本，而另借別本恭配』者（閣志卷上光緒十二年十一月初八應寶時等議復補鈔閣書展限呈）。故除丁氏悉出其八千卷樓珍藏之副本，以供補寫外，尚乞助『鄞范氏之天一閣，盧氏之抱經樓，錢唐汪氏之振綺堂，孫氏之壽松堂，海寧蔣氏之別下齋，山陰沈氏之味經堂，慈谿馮氏之醉經閣，長沙袁氏之臥雪廬，常熟瞿氏之恬裕齋，宣城李氏之瞿硎石室，錢唐吳氏之清來堂，仁和朱氏之結一廬，湖州陸氏之皕宋樓，金華胡氏之退補齋，豐順丁氏之持靜齋，南海孔氏之三十有三萬卷堂；凡他人插架之書，一一按索，或酬以縑帛，或易以琅函，或裹糧而往僦屋傭鈔，或航海而歸，頻年借補』（王同文瀾補書記）；往往一書『鈔就，必經十數轉手，方得告成；』蓋其事之艱鉅也如是。歷四年有半，方『成書二千八百種，共二萬八千本』『縻帑三萬串錢』，所未成者，特『七百餘種，計八千餘册』而已。（並議復補抄閣書展限呈）而鈔補經費來源之牙釐局以『存款無多』遽有『可否暫行停鈔』之請；賴丁氏等竭力陳說，與譚鍾麟之護持，始更展期兩年；至光緒十四年止，得補寫成書二百餘種，合原藏閣本遺帙三百三十一種，遂達三千三百九十六種（四庫原種數：三四五七種），合訂三萬四千七百六十九册；首尾共費時七年，實支錢五萬一千六百緡有奇（據王同文瀾補書記及丁松生年譜光緒八年注），於是鈔補閣書之業以底于成，所差者唯求而未得底本之百許種而已。（據文瀾補書記稱『所未者九十餘種，一千四百餘册』。今較以四庫原來之種數則所求補者應止六十一種矣。）綜觀斯役所耗經費固由公帑，在上作主，又有賢有司譚文勤公爲之左右；然其鈔補之動機，實發于丁氏，各種章則之擬定，亦取成于丁氏，雖其所補，九仞之功，尙有虧於一簣，而後此數役補鈔補購之得以步武與措手，則丁氏篳輅藍褸之功，實有以牖啓之矣；此王同伯所以有「今日之補抄者，亦重賴此僅存原書有以立其基也，否則，隻本無存，誰從而議補哉？」之語（文瀾補書記）也。况所鈔購之書達三萬四千七百六十九册之多，無論閣書原來之册數爲三五九九〇（兩浙鹽法志）或三六四八四册（光緒間舊檔册數），丁氏鈔購，要已超原書百分之七十二以上（據前者爲73.2%强，後者則爲72.3%强）則一也。於乎，丁氏之有係于文瀾一閣之書與東南一方文化者爲何如哉？讀莫郘亭上曾文正公書所述鎭揚二閣書之所由俱燼，與樊山『竹西浮玉今何在？始信錢唐大有人！』之句，則丁氏之功在文化，功在東南，爲益可念矣。

茲將當日鈔書之章則二種附錄于後，以見丁公之藎謀嘉謨，有裨于來者之循省云：

附補鈔閣書章程（見文瀾閣志卷上）

茶陵譚公撫浙之明年，創文瀾閣既竣，以閣本散佚，現存者纔什之四五，闕帙尙多，遂有移借補鈔之議。方伯德公，樂成其事，議於用絲捐項下按年提款舉辦，詳奉允行。茲開辦之始，必須議定章程，俾知遵守，仰副各大憲拾遺補闕，上禆　聖天子嘉惠士林之至意，與事諸君，幸始終慎恪，毋怠毋忽，以襄厥成。所議條件，別繫於左：

一、書中遇　廟諱　御名，均須敬避，恭缺末筆。聖諱除　圜丘之丘及經書白文不避外，餘敬避，加耳作邱。

一、四庫館諸臣恭撰總目提要，今借來之書，或有或無，宜照鈔在序文之前；第一行頂格寫　欽定四庫全書六字，第二行低一格寫某某書名，第三行低二格寫提要二字，第四行低四格寫臣等謹案某書若干卷某朝某人撰；下照刻本鈔寫提要全文一篇，後列年月；其年月無可考者，於年字上空二格，月字上空一格。又寫恭校上三字，另一行起，低十一格寫總纂官臣紀昀臣陸錫熊臣孫士毅，計十四字，排緊擠寫到底。又另一行低十一格寫總校官臣陸費墀，計七字，上三字之下空格，下四字照寫四格。

一、庫書原序第一行寫一序字，第二行頂格寫序文，作序人姓名卽寫於原序之末，接下直寫，不另提行。序有兩三篇者，卽於首篇序後提行接寫，次篇後接三篇。不必另紙，亦不必每篇一序字。

一、閣書格式，每頁十六行，每行二十一字，每卷之首第一行頂格寫　欽定四庫全書六字，第二行低一格寫本書之名；第三行低十三格寫朝代，下空一格，寫撰書人姓名，下又空一格寫撰字；如：子夏易傳則寫周（空一格）卜商（空一格）撰。他類倣此，若爲本朝人則稱官銜；如不知官銜，或本無官銜者，留空一行，俟覆校酌定；第四行以下，接鈔本文；題目低二格，子目低三格，詩文題目下之小注，均照原書每卷尾頁末行，如在前八行畢，則第八行低一格寫某某書名卷某；在後八行畢，則第十六行低一格寫書名若干，在第十六行寫畢，則另下一頁之第八行低格寫書名；總之低一格者，不敢與卷首之　欽定字樣並也。

一、書心上居中寫　欽定四庫全書六字，魚尾下夾行，前面空二格寫書名，後面寫卷數，書僅一卷者不寫。又下界朱絲，於前面朱絲之上寫張數。

一、鈔謄紙張，皆朱絲直格，無橫格；另備墨絲橫格，分給以便套寫，上每格皆畫圓圈，字須齊，圈線不得過大過小；字之筆畫粗細，亦以圈線爲準，不得過粗過細，違者罰令重寫。

一、此係閣書，不准添注塗改，以昭敬愼；每頁或僅錯二三字，許挖補，一頁不得過五處；失一二字者　許挖去三四字；擠寫須排當勻淨，而每失落處，不得過五字，每頁擠寫不得過三處，又不準割幅；違者罰令重鈔。汚墨汚油，以及潦草不成字體，行款攲斜，筆畫歪扭，顯爲幼稚所寫，皆不收帳；責成經手人賠紙。

一、校字除廟諱改寫外，均照原文；校出錯誤失落，少則挖補，多則重鈔；若疏略不校，一經覆校，凡所經鈔手成之書，統行扣除校資，以便另請他人校正。

一、每張鈔畢，共計字若干，注明書邊，不可近角，必須離高寸許，以便留切訂地步。每卷鈔畢，亦須共結若干，每本鈔畢亦須總結若干，以便逐頁逐卷本核算。外包紙亦須塡寫字數。

一、收發書籍，以東城講舍爲滙總之所，每月以初五十五二十五三期收發，屆期巳集酉散，風雨無阻。

一、書籍收發，專請一人稽查登記，簿內注明某人於某日領得某書一本，計幾卷；每人每期以書十本爲限。（厚薄牽算）簿中每本作一行，分寫卷數，第二期欠繳幾本，卽扣發幾本，仍合前後爲十本，不得徇情多領，遲逾三期，不繳者停發，責成經手人將原書繳回。

一、收到新鈔之書，必須與原書同繳，誤忘原書，概不暫收；如原書略有傷損，責成經手人賠補，務以珍惜愼重爲要。

一、收到鈔書，當時檢看格式符合，於發書簿上蓋用收書月日紅戳，交核算字數者照數先給一半筆資，不合者罰令重鈔。

一、鈔貲每千字錢肆拾文，校貲每千字錢拾文，核算發錢，專歸一人經理；另立簿籍，注明計若干字，某期付錢若干，某期付清。凡繳書之日，先付筆資一半，俟字數核準，覆校無誤，隔期找給。

一、收付紙張，不能預計多寡，另立一簿，注明某人領紙若干張，收鈔成書若干張，存若干張，按期結算。每發紙百張，外給十張，作爲破碎抽換之用，不得徇情多給。至油汚墨汚，以及罰鈔紙張，均須自購賠償。

一、經手領書，必須自覓薦保，注明簿上；因此事重大，書多移借，恐有損壞遺失；稍涉泛濫，齟齬易生，非故爲逆億，實愼重之意，諸君諒之。

一、鈔書之人，先寫字樣一張，下注名姓，交經手領書者送閱，擇其書法精謹者，方准承領；如字畫潦草，不合格者，即由經手辭復。

附續擬鈔書章程

一舊存殘本，陸續領出，立冊備查。鈔成時，新舊合幷，束以夾板，標明某書原存若干卷，恭配若干卷；繳閣，將前冊注銷。

一舊存殘本，經粵匪毀棄，間有漬水沾泥汚油及塗抹違礙字樣，均應逐葉細檢，按次更換。其全本霉爛者，專留前後御寶，其餘另行恭繕。

一舊本均有御寶，理應恭繳，第鄉僻散遺，慮不能免，如有陸續恭繳者，姑念鄉愚無知，寬貸褻藏之愆；仍擬隨書多寡，酌給川資，庶使離省較遠之人，均知鼓勵。呈獻不得以書之全缺，有所低昂；即使繳到或遲，已經補鈔者，擬仍將舊本歸入，抽出新本，所給用資，年終開報。

一、鈔成之書，本擬裝訂，因分次切去毛邊，恐參差不齊，擬俟排齊甲乙切釘，庶可一律勻整，現均束版藏庋。

一、配鈔照舊閣本，如現鈔東坡書傳，提要及簡明目錄均云十三卷，而閣存殘本卷十六十七，須借二十卷本恭配；如此類者，不能盡依提要。

一、舊存書目冊數，間有舛錯，如史部平台紀略，目錄云三冊，而閣存殘本四冊，其爲不止三冊可知；集部林和靖集，目錄云：十冊，而書祇四卷，共七十餘葉，其不能分爲十冊可知；如此類者，裝釘時酌改。

（附錄三）文瀾閣四庫全書燹餘原鈔表一

——全部完整者——

經部	春秋占筮書	三卷	一冊	易小帖	五卷	二冊
	周易箚記	二卷	一冊	周易舉正	三卷	一冊
	詩解頤	四卷	四冊	詩經箚記	一卷	一冊
	儀禮釋宮	一卷	一冊	儀禮逸經傳	二卷	一冊
	儀禮識誤（乙卯補購）	三卷	二冊			
史部	補後漢書年表	十卷	五冊	三國志辨誤	不分卷	一冊
	蜀鑑	十卷	四冊	蘭州紀略	二十卷	十冊
	綏寇紀略	十二卷	六冊	東觀奏記	三卷	一冊
	鮑氏戰國策注	十卷	四冊	東家雜記	二卷	一冊
	杜工部年譜	一卷	一冊	紹興十年登科小錄	一卷	一冊
	桂林風土記	一卷	一冊	岳陽風土記	一卷	一冊
	佛國記	一卷	一冊	絳帖平	六卷	一冊
子部	荀子	二十卷	七冊	新書	十卷	四冊
	說苑	二十卷	七冊	申鑒	五卷	一冊
	傅子	一卷	一冊	注解正蒙	二卷	二冊

上欄

準齋雜說	二卷	二冊
家山圖書	一卷	一冊
治世龜鑑	一卷	一冊
理學類編	八卷	四冊
朱子讀書法	四卷	四冊
溫氏母訓	一卷	一冊
執中成憲	八卷	四冊
松陽鈔存	二	二冊
何博士備論	一	一冊
傷寒微旨	二	一冊
痎瘧論疏	一	一冊
勿庵曆算書記	一卷	一冊
益古演段	三卷	二冊
人倫大統賦	二卷	二冊
書錄三卷　外篇一卷		一冊
畫史會要	五卷	五冊
樂府雜錄	一卷	一冊
棋訣	一卷	一冊

下欄

性理羣書句解	廿三卷	六冊
讀書分年日程	三卷	二冊
內訓	一卷	一冊
讀書錄十一卷續錄十二卷		十二冊
周子鈔釋	五卷	一冊
庭訓格言	一卷	一冊
雙橋隨筆	十二	五冊
讀書偶記	三	三冊
商子	五卷	一冊
傷寒總病論(六卷)附音訓(一卷) 修治藥法(一卷)		四冊
圜容較義	一卷	一冊
中西經星同異考	一卷	一冊
催官篇	二卷	一冊
續畫譜	一卷	一冊
書法雅言	一卷	一冊
羯鼓錄	一卷	一
玄玄棋經	一	一
品茶要錄	一	一

東溪試茶錄　一卷　一冊
海棠譜　三卷　一冊
兼明書　五卷　二冊
愛日齋叢鈔　五卷　三冊
徐氏筆精　八卷　六冊
石林燕語　十卷　五冊
灌畦暇語（乙卯購回）　一卷　一冊
湛淵靜語　二卷　一冊
草木子　四卷　三冊
小字錄　一卷　一冊
大唐傳載　一卷　一冊
金華子　二卷　一冊
青箱雜記　十卷　二冊
後山談叢　四卷　一冊
甲申雜記一卷　聞見近錄一卷　隨手雜錄一卷　一冊
玉壺野史　十卷　三冊
侯鯖錄　八卷　二冊
北窗炙輠錄　二卷　一冊

洛陽牡丹記　一卷　一冊
刊誤　二卷　一冊
朝野類要　五卷　一冊
正陽　四卷　四冊
元城語錄三卷　附行錄一卷　二冊
墨莊漫錄　十卷　四冊
密齋筆記五卷　續筆記一卷　二冊
敬齋古今黈　八卷　五冊
元和姓纂　十卷　八冊
唐新語　十三卷　五冊
雲溪友議　三卷　三冊
洛陽縉紳舊聞記　五卷　二冊
龍川略志十卷　別志二卷　二冊
孔氏談苑　四卷　一冊
湖山野錄三卷　續錄一卷　二冊
東軒筆錄　十五卷　四冊
聞見雜錄　二十卷　六冊
步里客談　二卷　一冊

欒郊私語	一卷	一册
惟鈌後集	一卷	一册
神異經	一卷	一册
漢武內傳	一卷	一册
還寃志	一卷	一册

集部

山帶閣注楚辭六卷　楚辭餘論 楚辭說韻	二卷 一卷	七册
陸士龍集	十卷	四册
何水部集	一卷	一册
盧昇之集	七卷	二
蕭茂挺文集	一卷	一
權文公集	十卷	二
李文公集	十八卷	三
孟東野集	十卷	四
昌谷集四卷　外集一卷		二
韓內翰別集 補遺	一卷 一卷	一册
穆參軍集三卷附錄遺事一卷		一册
鐔津集	二十二卷	八册
金氏文集	二卷	二册

癸辛雜識前集一卷後集一卷 續集二卷別集	二卷	四册
山海經廣注	十六卷	五册
漢武故事	一卷	一册
異苑	十卷	二册
莊子注	十卷	六册
揚子雲集	六卷	四册
陶淵明集	八卷	二册
盈川集十卷附錄一卷		三
張燕公集	廿五卷	七
李遐叔文集	四卷	二
皇甫持正集	六卷	一
歐陽行周集十卷　附錄一卷		二
長江集	十卷	二
李義山文集箋注	十六卷	六册
乖崖集十二卷　附錄一卷		四册
武溪集	二十卷	八册
清獻集	十卷	四册
鄖溪集	廿八卷	十册

淨德集	三十八卷	八冊
王魏公集	八卷	三冊
擊壤集	二十卷	八冊
南陽集三十卷　附錄一卷		八冊
嘉祐集十六卷　附錄二卷		六冊
西塘集	十卷	六冊
演山集	六十卷	十六冊
潏水集	十六卷	八冊
西臺集	二十卷	八冊
灌園集	二十卷	八冊
東堂集	十卷	五冊
洪龜父集	二卷	一冊
北山小集	四十卷	十六冊
澹齋集	十八卷	八冊
北海集四十六卷　附錄三卷		十四冊
和靖集	八卷	二冊
郴江百詠	一卷	一冊
雪溪集	五卷	一冊
無爲集	十五卷	五冊
潞公集	四十卷	八冊
鄱陽集	十二卷	六冊
忠宣文集二十卷　奏議二卷　遺文一卷　附錄一卷　補編一卷		十二冊
廣陵集三十卷　拾遺一卷		五冊
雲巢編	十卷	三冊
姑溪居士前集／後集	五十卷／二十卷	十二冊
道鄉集	四十卷	十八冊
樂靜集	三十卷	五冊
摛文堂集十五卷　附錄一卷		六冊
竹隱畸士集	二十卷	八冊
西渡集二卷補遺一卷		一冊
龜溪集	十二卷	六冊
雲溪集	十二卷	四冊
鴻慶居士集	四十二卷	二十冊
王著作集	八卷	二冊
雙溪集	十五卷	六冊
蘆川歸來集	十卷	五冊

斐然集	三十卷	十四冊
香溪集	廿二卷	八冊
雪山集	十六卷	六冊
樂軒集	八卷	四冊
尊白堂集	六卷	五冊
芸菴類稿	六卷	三冊
頤菴居士集	二卷	一冊
石屛集	六卷	五冊
壺山四六	一卷	一冊
履齋遺集	四卷	二冊
楳埜集	十二卷	八冊
碧梧玩芳集	二十四卷	八冊
潛齋文集	十一卷	七冊
西湖百詠	二卷	一冊
拙軒集	六卷	二冊
湛然居士集	十四卷	四冊
野趣有聲畫	二卷	一冊
牆東類稿	二十卷	十冊
浮山集	十卷	四冊
于湖集	四十卷	六冊
香山集	十六卷	五冊
攻媿集	一百十二卷	四十四冊
涉齋集	十八卷	六冊
渭南文集五十卷 逸稿二卷		十四冊
客亭類稿	十四卷	六冊
昌谷集	廿二卷	十二冊
默齋遺稿	二卷	一冊
靈巖集	十卷	四冊
潛山集	十二卷	四冊
牟氏陵陽集	廿四卷	七冊
廬山集五卷 英溪集一卷		三冊
心泉學詩稿	六卷	二冊
莊靖集	十卷	四冊
陵川集三十九卷 附錄一卷		十九冊
養蒙集	十卷	四冊
青山集	八卷	四冊

桂隱文集四卷　詩集四卷		八冊
牧潛集	七卷	二冊
還山遺稿二卷　附錄一卷		一冊
默庵集	五卷	一冊
芳谷集	二卷	二冊
申齋集	十五卷	八冊
續軒渠集十卷　附錄一卷		四冊
雲林集六卷　附錄一卷		三冊
王文忠集	六卷	三冊
文安集	十四卷	四冊
所安遺集	一卷	一冊
僑吳集	十二卷	八冊
石初集十卷　附錄一卷		三冊
吾吾類稿	三卷	二冊
靜思集	十卷	四冊
雲陽集	十卷	六冊
玉山璞稿	一卷	二冊
雪松巢集	三卷	一冊
水雲村稿	十五卷	六冊
小亭集	六卷	三冊
畏齋集	六卷	五冊
雲峯集	十卷	三冊
蘭軒集	十六卷	八冊
西巖集	二十卷	八冊
定宇集十六卷　附錄一卷		十二冊
梅花字字香前後集	一卷	一冊
榘庵集	十五卷	六冊
翠寒集	一卷	一冊
鯨背吟集	一卷	一冊
林外野言	二卷	一冊
山窗餘稿	一卷	一冊
樵雲獨唱	六卷	三冊
灤京雜詠	一卷	一冊
清閟閣集	十二卷	八冊
來鶴亭集八卷　補遺一卷		二冊
環谷集	八卷	四冊

性情集	六卷	二册
樗隱集	六卷	二册
麗則遺音	四卷	一册
玉笥集	九卷	四册
鳳池吟稿	十卷	四册
雲林集	二卷	一册
劉彥昺集	九卷	二册
白雲樵唱集四卷 附錄一卷		四册
半軒集	十四卷	六册
斗南老人集	六卷	六册
巽隱集	四卷	二册
野古集三卷 附錄一卷		四册
虛舟集	五卷	三册
運甓漫稿	七卷	五册
古穰集	三十卷	十二册
石田詩選	十卷	四册
青溪漫稿	二十四卷	十二册
樓居雜著 一卷 野航詩稿 一卷 野航文稿 一卷 附錄 一卷		一册
花谿集	三卷	二册
東山存稿七卷 附錄一卷		四册
夷白齋稿二十五卷 外集二卷		七册
明太祖集	二十卷	八册
說學齋稿	四卷	四册
稽頡集七卷 附錄一卷		四册
藍澗集	六卷	二册
草澤狂歌	五卷	三册
海桑集	十卷	六册
峴泉集	四卷	四册
易齋集	二卷	二册
文毅集	十六卷	六册
王舍人詩集	五卷	四册
梧岡集	八卷	五册
謙齋文錄	四卷	四册
東園文集十三卷 附錄一卷		五册
康齋文集	十二卷	十册
一峯集	十四卷	六册

楓山集 四卷 附錄	一卷	四冊
未軒集十二卷 附錄一卷		八冊
翠渠摘稿七卷 補遺二卷		七冊
雙溪集	八卷	二冊
雲村文集	十四卷	六冊
海壑吟稿	十一卷	五冊
備忘集	十卷	六冊
薜荔園詩集	四卷	四冊
亦玉堂稿	十	四冊
幔亭詩集	十五	八冊
凌忠介集	六	四冊
忠貞集	十	六冊
讀書齋偶存稿	四	四冊
鐙中集	一	一冊
古今歲時雜詠	四六	十四冊
萬首唐人絕句	九一	二四冊
衆妙集	一	一冊
荊南唱和集	一	一冊
元音	十二	六冊
廣州四先生詩	四	一冊
閩中十子詩	三十	八冊

莊定山集	十卷	六冊
醫閭集	九卷	四冊
熊峯集	十卷	七冊
對山集	十卷	五冊
瑤石山人稿	十六稿	八冊
伐檀齋集	十二卷	四冊
宗子相集	十五卷	六冊
郭鯤溟集	四	三冊
學古緒言	二五	十二冊
集玉山房稿	十	六冊
申忠愍集	六	一冊
精華錄	十	八冊
高氏三宴詩集 附香山九老詩	三卷 一卷	一冊
坡門酬唱集	二三	八冊
嚴陵集	九	四冊
妙絕古今	四	二冊
古樂府	十	五冊
乾坤淸氣集	十四	六冊
雅頌正音	五	二冊
三華集	十八	五冊
元詩體要	十四	六冊

滄海遺珠	四	二冊
古樂苑	五二	廿六冊
西漢文紀	二四	二十冊
南齊文紀	十	八冊
三家宮詞	三	一冊
詩品	三	一冊
續詩話	一	一冊
珊瑚鉤詩話	三	一冊
環溪詩話	一	一冊
姑溪詞	一	一冊
初寮詞	一	一冊
聖求詞	一	一冊
龍洲詞	一	一冊
珠玉詞(乙卯補購)	一	一冊
樂章集(乙卯補購)	一	一冊
六一詞(乙卯補購)	一	一冊
竹齋詩餘	一	一冊
渚山堂詞話	三	一冊

補遺

南軒集	四四	十四冊
陳秋巖詩集	二	一冊
友石山人遺稿	一	一冊
自怡集	一	一冊

中州名賢文表	三〇	十八冊
皇霸文紀	十三	七冊
東漢文紀	三十二	三十冊
後周文紀	八	六冊
二家宮詞	二	一冊
六一詩話	一	一冊
中山詩話	一	一冊
石林詩話	一	一冊
師友詩傳錄一卷 續錄一卷		一冊
溪堂詞	一	一冊
和清眞詞	一	一冊
西樵語業	一	一冊
竹屋癡語	一	一冊
書舟河(同上)	一	一冊
小山詞(同上)	一	一冊
斷腸詞(同上)	一	一冊
石屏詞	一	一冊
搜玉小集	一	一冊
金石要例	一	一冊
高常侍集	十	五冊

文瀾閣四庫全書燹後原鈔表二

——奇零殘闕者——

部類	書名	卷數	冊數	舊鈔存在卷數	共計卷數	共計冊數	備考
經 易	子夏易傳	一一	四	三—四、八—十一	6	2	餘丁鈔
	周易集解	一七	八	十三、十四	2	1	仝上
	周易口訣義	六	四	一—二	2	1	仝上
	讀易詳說	一〇	六	三—五、八	4	3	仝上
	易小傳	六	六	二、六	2	2	仝上
	漢上易集傳 卦圖 叢說	一一 三 三	一〇	一、四	2	2	仝上
	易變體義	一二	五	八—十二	5	2	仝上
	易原	八	四	五、六	2	1	仝上
	周易義海撮要	一二	一〇	二—五	4	4	仝上
	復齋易說	六	二	四—六	3	1	仝上
	大易粹言	一〇	一八	四六—五一	6	1	餘癸亥鈔

厚齋易學 附錄	五〇 二	二四十二—十六(三冊) 四四—五〇	12	6	餘丁鈔
易通	六	六一、五	2	2	餘癸亥鈔
周易要義	一〇	六四—七	4	3	餘丁鈔
周易詳解	一六	六八—十、十四—十六	6	2	仝上
淙山讀周易記	二一	六四—六	3	1	仝上
周易傳義附錄	一四	一二首冊(程朱易綱領等)及五—七	3首冊	4	仝上
周易集說	四〇	一二一四—一七	4	1	仝上
易本義附錄纂疏	一五	五二	1	1	仝上
易纂言	一〇	六三—四	2	1	仝上
周易程朱傳義折衷	三三	一四一四—一六	3	1	餘癸亥鈔
周易衍義	一六	一六一—一三、一五	14	3	仝上
易精蘊大義	一二	一二一、三—四	3	3	餘丁鈔
周易會通	一四	一二十二	1	1	仝上
易經存疑	一二	一二七	1	1	仝上
洗心齋讀易述	一七	一三一—三	3	3	仝上
兒易內儀以 兒易外儀	六 一五	一—三 五十一—十五	8	2	仝上

周易玩辭困學記	一五	一二十二	1	1	餘丁鈔
日講易經解義	一八	一二二、三	2	1	仝上
周易折中	二二	二〇三、五、十三、十四、廿一、廿二	6	4	仝上
周易箋述	八	六七	1	1	仝上
仲氏易	三〇	一四十六—廿二、廿五、廿六、廿九、卅	11	5	仝上
推易始末	四	二三、四	2	1	仝上
喬氏易俟	一八	一二十二—十八	7	4	仝上
周易通論	四	四一—三	3	3	仝上
周易淺述	八	八五	1	1	餘癸亥補
周原就正	一二	一〇一、四—六	4	3	餘丁鈔
大易通解 附錄	一五 一	一二七—八	2	2	餘癸亥鈔
易圖明辨	十	五一	1	1	餘丁鈔
合訂删補大易集義粹言	八〇	三六五六、六〇—六四、六九—七〇	9		仝上
周易傳義合訂	十二	六一—二、五—十二	10	5	仝上
周易函書約存 約注 別集	十八 十八 十六	二八十四—十五	2	1	仝上

易	易箋	八	六 卷首 一—二	3	3	餘丁鈔
	楚蒙山房易經解	一六	十 學易初津二卷 易翼宗六卷	8	5	仝上
	周易述	二三	二一 十四 十五、十八—二二	6	3	餘乙卯鈔
	易漢學	八	三 三—四	2	1	餘丁鈔
	大易擇言	三六	一二 一六—一八(此殆章箴館長時代補購者)	3	1	餘乙卯補鈔
書	東坡書傳	二〇	六 一三—一六	4	1	餘丁鈔
	尚書全解	四〇	二四 三六 二—五、二七、三一—三二	8	5	仝上
	禹貢指南	四	二 三—四	2	1	仝上
	禹貢論 後論 地理圖	二 一 二	下卷 四後論 地圖	4	3	仝上
	尚書詳解	五〇	一八 十七—二〇、二六—二八、三五—三八、四一—四四	15	4	仝上
	書蔡傳旁通	六	八 卷六上	1	1	仝上
	書經傳說彙纂	二四	二〇 卷首下	1	1	仝上
詩	毛詩名物解	二〇	二 十—廿	11	1	仝上
	詩地理考	六	三 一—二	2	1	仝上
	詩集傳名物鈔	八	八 五	1	1	仝上

詩傳旁通	一五	六一—二 六一—一〇	8	3	餘丁鈔
詩經疏義會通	二〇	二〇卷首第二冊 一、五六	不分卷 2	4	仝上
詩纘緒	一八	六八—一〇	3	1	仝上
詩所	八	六乙卯補購 卷八	1	1	仝上
詩演義	一五	六一三—一五	3	1	仝上
詩傳大全	二〇	一八五—八	4	2	仝上
詩解說頤	四〇	一二二一—二三 正釋一五—一八	7	2	仝上
六家詩名物疏	五五	二四二五—二六	2	1	仝上
重訂詩經疑問	一二	一〇一、四、六—一〇	7	6	仝上
讀詩略記	六	六四	1	1	仝上
詩經傳說彙纂	序二卷 二一	二四一四	1	1	仝上
詩識名解	一五	六一—二、五—一〇 六一四—一五	10	4	仝上
詩傳名物集覽	一二	一〇六—七、九—十一	5	4	仝上
讀詩質疑 附錄	三一 一五	一八卷首十五卷（即附錄） 三〇—三一	17	4	仝上
廣東學詩	一二	一〇一〇—一一	2	2	仝上
禮 周禮新義 附考工記	一六 二	六一三—一六	4	1	仝上

周官總義	三〇	一二一五—一六、二一—二三	4	2	餘丁鈔
周禮訂義	八〇	三六七—八、十一—十二 四五—四六	6	3	仝上
周禮句解	一二	六一—四、九—十二	8	4	仝上
周禮集說	一二	一二五	1	1	仝上
周官義疏	四八	三四 卷首 一—五	6	6	仝上
周禮述注	二四	一二一〇—一三	4	2	仝上
周禮訓纂	二一	一〇五—六、九—一六	10	5	仝上
儀禮注疏	一七	一四二、一〇、一七、九、一六、	5	3	仝上
儀禮集釋	三〇	一六七—八、一八—三〇	15	7	仝上
儀禮圖 儀禮旁通圖	一七 一	一二十一	1	1	仝上
儀禮要義	五〇	一八 廿一—廿二、廿七—廿八 三七—四二	10	4	仝上
儀禮集說	一七	一六一、六、八上	5	3	仝上
儀禮義疏	四八	五〇 卷首下十三、廿六、四三、	4	4	仝上
儀禮集編	四〇	三六 二五、二九—三〇 三八—三九	5	3	仝上
讀禮通攷	一二〇	六〇 二三—二八、五九—六〇、六三—六六 一〇九—一一〇、一一五—一二〇	20	10	仝上
禮記注疏	原目一卷 六三	三二 二一—二二、三九—四〇 四七—五二、五五—六一	17	8	仝上

	禮記集說	一六〇	八四	二三—二四、二九—三〇、七五—七六、八三—八四、一〇九—一一〇、一一五—一一六、一二七—一三二、一三五—一三六	20	11	餘丁鈔
	禮記纂言	三六	二六卷一上		1	1	仝上
	日講禮記解義	六四	三〇	一九—二〇	2	1	仝上
	禮記義疏	八二	六二	二三—二四　二六—二七	4	3	仝上
春秋	春秋事義全攷	一六	一四	一二	1	1	仝上
	半農春秋說	一五	一二八		1	1	仝上
四書	四書問辨錄	一〇	四	一—七	7	3	仝上
	論語類攷	二〇	六	三—六	4	1	仝上
	四書近指	二〇	六	一四—一六	3	1	仝上
	七經孟子考文補遺	一九九	三〇乙卯購回　二〇〇	一六二—一八三　一九三—	30	5	仝上
小學	重修玉篇	三〇	六	一一—一五	5	1	仝上
	漢隸字源	六	六二		1	1	仝上
	唐韻正	二〇	一〇	一六	1	1	仝上
	古今通韻	一二	五	卷首卷一	2	1	仝上

		唐韵考	五	五	一—二	2	2	餘丁鈔
史	正史	史記	一三〇	九一	卷首—一三、三一—三二、八八—一三〇	66	19	餘丁鈔癸亥鈔
		史記集解	一三〇	二八	一六—一八、二二—二八、三三—四〇、四五—四六	30	7	餘丁鈔
		史記正義	一三〇	三〇	六〇—六七、七二—七九、八六—九五、一一一—一一五、一二〇—一三〇	42	7	仝上
		漢書	一二〇	五四	目錄及卷一上之半、卷一下之三—九、一五上一六—一八、三一—四六、七七—八三、八七下—九一九四下—九五、九九—一〇〇、		23	仝上
		後漢書	一二〇	八〇	五三—五五、一〇〇—一〇二、一〇八—一二〇	19	12	餘丁鈔癸亥鈔
		晉書	一三〇	五四	三四—三五、三八—四〇、五〇—五二、五六—五七、六二—六六、七二—七四、一二五—一二七	21	8	餘丁鈔癸亥鈔
		宋書	一〇〇	六八	乙卯補購 九〇—九三、十四—十九、五三—五六	10,4	4,1	餘丁鈔癸亥鈔
		魏書	一一四	九五	二—三、一六—一九上	11	2	仝上
		北齊書	五〇	三二	九—一六	7	2	仝上
		周書	五〇	二一	四二—五〇	9	3	仝上
		隋書	八五	五八	一三—一四、二五—二六	4	2	仝上
		舊唐書	二〇〇	一七二	二六—二七、一三四—一三五	2	2	仝上

新唐書	二二五	九二	五六—五八、一七六—一七八、一八六—一九〇	11	3	餘丁鈔癸亥鈔
宋史	四九六	一八八	一—四、二五—二七、四〇八—四一四	14	4	餘丁鈔
遼史	一一六	七八	六三—六四	2	1	餘丁鈔癸亥鈔
金史	一三五	三六	八〇—八二	3	1	餘丁鈔
元史	二一〇	七〇	一七三—一七五、一八四—一八七	7	2	餘丁鈔癸亥鈔
明史	三三六	一三七	四二—四三、七三—七四、八一—八二、八七—八八、九三—九七、一〇一—一〇二、一〇七—一〇九、一四九—一五二、一六四—一七四、二二九—二三一、二三四—二三五	38	15	仝上
編年竹書統箋	一二	六	三—四	2	1	餘丁鈔
後漢紀	三〇	一二	一八—二〇、二三—二五	6	2	仝上
資治通鑑	二九四	一四四	三九—五〇、八七—八八、一四三、一五七—一六二、一六七—一七〇、一七五—一七六、一八三—一八四、一九一—一九四、二〇三—二〇四、二三二—三、二八三—四、二八七—二九一	44	22	仝上
資治通鑑	三〇	二〇	三—四、九	3	2	仝上
資治通鑑外紀目錄	一五〇	六	九—一〇、三	3	1	仝上
皇王大紀	八〇	一八	二六—五八	33	7	仝上

中興小紀	四〇	一四	二八—三〇	3	1	餘丁鈔
續資治通鑑長編	五二〇	一九一	三—六、五六—五七、六二—六三、六六—七四、一〇五—一一〇、二六〇—二六二、二七五—二七八、二九九—三一五、三七九—三九三、四〇三—四〇八、四六〇—四六二、四六七—四九七、五〇〇—五〇三、五一一—五一四、乙卯補購二七一—二五七四、四三八—四四〇、	108 7,	42 2,	餘丁鈔
綱目續麟 校正凡例 附錄 彙覽	二〇 一 一 三	一四 一—一〇 校正凡例 附錄		12	8	餘癸亥鈔
綱目分注拾遺	四	四一		1	1	二—四乙卯年補足
大事紀、通釋、解題	一二 三 一二	一二	五—八 乙卯補購九—十二	4, 4	1,1.	餘丁鈔
建炎以來繫年要錄	二〇〇	七二	一—一四、二一—二五、三〇—三九、五八—六一、六九—七七、八四—八五、一三〇—一三二、一九三、一三六—一五三 一九五—一九六	67	24	仝上
宋九朝編年備要	三〇	二四	二五	1	1	仝上
宋史全文	三六	三六	一、六、十三上、二十中下、二九—三二、三六、	15	12	仝上
資治通鑑前編 舉要	一八 二	一〇	乙卯補購前編十一—十四 一—二	2,4	1,2	仝上
大事記續編	七七	三〇	二六—二八、三一—四八	21	7	仝上

	通鑑輯覽附明唐桂二王本末	一一六 三	一〇〇	二七、二九—三一、四五、九〇、乙卯補購五六	1,6	1,5	餘丁鈔
	通鑑綱目三編	四〇	一八	一七—三一	15	6	仝上
	資治通鑑後編	一八四	六六	二四—二六、七〇—八二、一〇四—一一九、一七〇—一七五、一八一—一八四	42	11	仝上
紀事本末	通鑑紀事本末	四二	六六	五下—六下、九上、一五下、一七下、十八下—二十上、二四中—二五上、二八上、乙卯補購二一上、二八下、四一上	3,14	3,10	仝上
	宋史紀事本末	二六	一八	乙卯購回 二二—二三	2	1	仝上
	春秋左氏傳事類始末	五	六	一下、二上	2	1	仝上
	三朝北盟會編	二五〇	四四	三三—四二、四八—六八、八五—九二、二四三—二五〇、乙卯補購五—八	4,47	1,8	仝上
	平定三逆方略	六〇	一二	三一—五五	25	5	餘癸亥鈔
	親征平定朔漠方略	四八	二六	一九—二一、二九—三〇、三三—三四	7	2	餘丁鈔
	平定兩金川方略	一五二	五五	臣工頌詞、六八—七三、一二三—一二四、乙卯補購一〇七—一〇九	3,12	1,4	餘癸亥鈔
	台灣紀略	七〇	二四	三一—三三、三八—四五	21	4	餘丁鈔
	明史紀事本末	八〇	二〇	三九—四三	5	1	仝上
	繹史	一六〇	七二	首卷一—二〇、二三下、二四之三—四、四四之三—四、八六之二、一一三—一三〇、一五九下		15	仝上

左傳紀事本末	五三	二二	一—二五、二七—二八、三一、三五—五三、	47	19	
別史通志	二〇〇	一九四	一四上、一五上、一八、二六—三〇、三三—三六、四一、四四—四六、五五—六一、七七、七九—八〇、九二—九三、九五—九七、九八下、一〇七下—一一三下、一一八下—一一九、一二一上下、一二三—一二七、一三三、一三七、一四〇、一四二—一四四、一五〇上—一五七、一六八—一六九、一七一—一七四、一七八—一八〇 乙卯購回一二九下	132 1,	69 1,	徐丁鈔
東都事略	一三〇	二四	六九—七三、七八—一〇五一一—一三〇	53	9	仝上
路史	四七	一八	一〇—一三、二一—二三、二七、三一—三二	9	4	仝上
重訂契丹國志	二七	六	一八—二八	11	2	閣目二第十二頁 仝上
古今紀要	一九	一二	一二	1	1	徐丁鈔
續後漢書	九〇	三四	三—一六、六六下—六九中	18	6	仝上
歷代紀事年表	一〇〇	九八	一四、三二、四二、八〇—八二	6	6	至今地圖仍缺 仝上
歷代史表	五三	一二	一—三	3	1	仝上
續通志	六四〇	一九九	一—七、三六—六〇、七六—八四、九四—一三一、一四六—一四九、一五六—一五七、二九一—二九五、二九九—三〇〇、三〇四—三〇七、三六四—三	1,68	55	仝上

				六六、三九五—三九七、四〇三—四〇五、四〇九—四一五、四三七—四四〇、四六八—四八八、四九二—四九五、五〇四—五一三、五一七—五二二、五三六—五三八、五四三—五四五、五七一—五七五			
	春秋戰國異詞 通表 摭遺	五四 一二		五〇—五一	2	1	餘癸亥鈔
	尙史	一〇七	四七	二八—三〇、三三—三四、三八—四一、五六—五七、八三—八九 乙卯補購 二五—二七、四二—四四	6,17	2,9	餘丁鈔
雜史	戰國策校註	一〇	八	一—二	2	1	仝上
	貞觀政要	一〇	六	一	1	1	仝上
	弇山堂別集	一〇〇	四四	六九—八一	13	6	仝上
詔令奏議	清世宗聖訓	三六	一二	一三—一六、三四—三六、	7	2	仝上
	清世宗硃批諭旨	二二三	二二六	一三四—一三七、一三九、一四一、一四二七、一五五—一五六、一七四之十一、二一三之三、二二三之中、		8	仝上
	唐大詔令集	一三〇	二四	一〇—三〇	21	2	仝上
	馬端肅奏議	一二	四	一—四、九—一二	8	2	仝上
	關中奏議	一三	一二	八—九	2	1	仝上

	諸臣奏議	一五〇	四八一四〇—一四二	3	1	餘丁鈔
	歷代名臣奏議	三五〇	六六、六八—七一、九九—一〇〇、一二二—一二五、一三〇—一三一、二二一四四—一四五、一八六—一八七、一九七、二〇〇、二二二、二四八—二四九	22	13	仝上
傳記	金陀粹編 續編	二八 三〇	一三粹一九—二三	5	1	餘丁鈔乙卯鈔
	伊雒淵源錄	一四	五七—九	3	1	餘丁鈔
	宋名臣言行錄前集 後集 續集 別集 外集	一〇 一四 八 二六 一七	二四外集四—六、十二—一三	5	2	仝上
	敬鄉錄	一四	四十一—十四	4	1	仝上
	宗室王公功績表傳	一二	七六—七	2	1	仝上
	史傳三編	五六	二二二八—三〇	3	1	仝上
史鈔	粵閩巡視紀略	六	四四—六	3	2	仝上
	兩漢博聞	一二	六三—四、九〇	3	2	仝上
	通鑑總類	二〇	二四四、一六下	2	2	仝上
	南北史識小錄	八 八	六南錄四—五	2	1	仝上
載記	越絕書	一五	二九—一五	7	1	仝上

十六國春秋	一〇〇	二四二—二五、四一—四二	7	2	餘丁鈔
陸氏南唐書 音釋	一八 一	四一—五	5	1	仝上
地理方輿勝覽	七〇	二三、六—一六、二〇—二三、五二—五八 、六八—七〇	25	7	仝上
明一統志	九〇	四八四〇—四八、八三—八四、八九—九〇	13	5	仝上
淸一統志	五〇〇	一五二二四—三一、三五—三九、四二—四三 、乙卯補購一七—一九	3,17	1,4	仝上
㓨錄	一〇	三八—一〇	3	1	仝上
嘉泰會稽志 寶慶續志	二〇 八	二三嘉志二、一三、	2	2	仝上
寶慶四明志 開慶續志	二一 二	一二寶志一七—一九	3	1	仝上
景定建康志	五〇	二八二〇—一一、一八—一九	4	2	仝上
咸淳臨安志	九七	三〇一—三	3	1	仝上
至大金陵新志	一五	一四一三下之上下	2	1	餘丁鈔癸亥鈔
姑蘇志	六〇	三〇一五—一七、三六—三七、五四—五五	7	3	餘丁鈔
日下舊聞考	一六〇	六四三一—三二	2	1	仝上
熱河志	一二〇	四一二二—二四	3	1	仝上
盛京通志	一三〇	五四二六、四六—四八、五六—五八、九五 —九六、一〇八—一一〇、一一八—一一 二二、一二六—一二七	19	8	仝上

畿輔通志	一二〇	七二	七四—七五	2	1	餘丁鈔
江南通志	二〇〇	一四〇	一八—一九、二三、二七、三一—三四、三七—三八、七四、一〇八—一〇九、一七八—一七九、一八一、一八三—一八四	18	14	案卷首四卷尚不在內 餘丁鈔
江西通志	一六二	一三八	六—八、一一—一三、一七、三三—三四、四二—四四、一三〇、一四九、一五一—一五四 乙卯補購八一	1,18	1,15	餘丁鈔
浙江通志	二八〇	一五〇	卷首、卷二—三、六—七、八二—八三、二六三	8	4	卷首三卷尚不計在內 仝上
福建通志	七八	五八	一—三、一三—一六、一九—二〇、五一—五二、六五、	12	7	案此書實八十三卷惟卷首五卷不計耳 餘丁鈔癸亥鈔
湖廣通志	一二〇	七八	五—六、四九—五五、七三	10	7	卷首不計 餘丁鈔
河南通志	八〇	六八	三二、三五—三六、四一—四二、四五—四七、四九、五二、五九、七四・	12	7	仝上
山東通志	三六	五八	卷首一之一、一五之二上下	3	2	仝上
山西通志	二三〇	一八四	一七—一九、二三、九一—九二、一〇六、一三七、一四一、一八〇、一九四—一九七	14	11	仝上
陝西通志	一〇〇	一〇〇	、二三、四一、五六、六九、七一、八四	6	6	仝上
甘肅通志	五〇	三四	三二—三三、四一—四二、四七上下	10	4	仝上
四川通志	四七	四八	二、一二、二〇、二三、二五、二八	6	6	仝上

廣東通志	六四	五六四七—四八、五九	3	3	餘丁鈔
廣西通志	一二八	七八、一四、一七、三九—四〇、四五—四八、五一、八六—八七	11	8	仝上
雲南通志	三〇	四〇一六之二、二九之一	3	2	仝上
貴州通志	四六	三六二一、三四、三六、乙卯補購五	1,3	1,3	仝上
水經注	四〇	一八一五—二二	7	3	仝上
水經注集釋訂訛	四〇	一八六—七	2	1	餘癸亥鈔
水經注釋 刊誤 附錄	四〇 一二二	二四一—九、一七—二〇 刊誤一—四	17	7	餘丁鈔
河防一覽	一四	一二一三—一四	2	2	仝上
河源紀略	二五	二三紀事六卷 雜錄一—二	8	7	仝上
居濟一得	八	四三—六	4	2	仝上
行水金鑑	一七五	六〇四—九、六七—六九、七二—七四、一四七—一四九	15	6	仝上
西湖遊覽志（志餘廿六卷）	五〇	一八一六九—一七一、一八—二二	7	1	仝上
桂勝（桂故八卷）	二四	九桂勝一、三、	2	2	餘丁鈔癸亥鈔
長安志	二〇	五一三—一六	4	1	餘丁鈔
諸蕃志	二	二乙卯購回卷下	1	1	仝上

	雍錄	一〇	四	六—八	3	1	餘丁鈔
	徐霞客遊記	一二	一二	五	1	1	餘丁鈔
職官	宋宰輔編年錄	二〇	一八	一〇	1	1	仝上
	禮部志稿	一一〇	四九	一〇—一一、一八—二〇、二五—二六、三三	8	5	餘癸亥鈔
政書	通典	二〇〇	六〇	一二—一四、三三—三六、一八四—一八五一九〇—一九二、乙卯補購四八—五〇	3,12	1,4	餘丁鈔
	文獻通攷	三四八	一六八	一二三、一三五—一三七、一七九—一八〇、一八五—一八七、一九二—一九三、二〇二—二〇四、二三三—二三四、二七一—二七二、二八七—二八八、三一五—三二〇、三三七—三三八乙卯補購二四七—二四八、	2,38	1,13	仝上
	七國考	一四	七	八—一〇	3	1	餘丁鈔
	清會典則例	一八〇	一二六	乙卯購冋六八、一七五	2	2	仝上
	清會典	一〇〇	二四	六一—六三乙卯補購七〇—七四	5,3	1,1	仝上
	續文獻通考	二五〇	一〇八	九〇、二三—二四、二七、三一、六八—七三、八三—八五、一〇四—一〇六、一五四—一五九、一七九—一八三乙卯補購二一六—二一八	3,28	1,9	仝上
	清文獻通考	三〇〇	一一五	八六—九三、一三一—一三二、一四一—一四三、二二三—二二四	15	3	仝上
	續通典	一五〇	八〇	七—九、四五、六五—六六乙卯補購三〇	1,6	1,4	仝上

清通典	一〇〇	四一	一四—一五、五六、八九—九〇 乙卯補購五九、六三—六四	3,5	2,3	餘丁氏
清通志	一二六	四一	三九—四〇、四六—四八	5	2	仝上
元朝典故編年考	一〇	六	九〇 卷十末缺數頁	1	1	餘丁鈔癸亥鈔
大唐開元禮	一五〇	二四	四三—四八、七七—八四	14	2	餘丁鈔
政和五禮新儀	二二〇	二四	一二—一三八	18	1	仝上
大金集禮	四〇	一〇	七—八、二四—二七 乙卯補購一—三	3,6	1,2	餘丁鈔
明集禮	五三	三〇	三〇—三一、三九—四二	6	3	仝上
幸魯盛典	四〇	一二	二八—三八	11	3	仝上
萬壽盛典	一二〇	四二	二三—二四	2	1	仝上
清通禮	五〇	一二	九—一一、二六—三二	10	2	仝上
清宮史	三六	一七	一四	1	1	餘乙卯鈔
滿洲祭神祭天典禮	六	六	三	1	1	餘丁鈔
八旬萬壽盛典	一二〇	五七	八—九　一五—一七、六三—六四、九三—九四、一一〇	10	5	仝上
目錄 崇文總目	二〇	六	七—八	2	1	仝上
千頃堂書目	三二	一八	九—一〇、一五—一六、三〇	5	3	仝上

經義考	三〇〇	七八一一五—一二七、一四三—一四六、一六二—一六五、二二四—二二七、二九〇—二九四、二九七—二九八	32	9	餘丁鈔
集古錄	一〇	五一—二、五—六	4	2	仝上
寶刻類編	八	四一—二	2	1	仝上
名蹟錄	六	二四—六	3	1	餘丁鈔癸亥鈔
金薤琳琅	二〇	六一一—一四	4	1	餘丁鈔
嵩陽石刻集記	二	二卷上	1	1	仝上
史評 史通通釋	二〇	一〇一八—二〇	3	2	仝上
大事記講義	二三	六一—四	4	1	仝上
兩漢筆記	一二	四四—六	3	3	餘癸亥鈔
清聖祖批通鑑綱目前編	一五九	一〇五九下、一二、三二、三六、四四下、四五下、續二〇、又綱目二三下—二四下、三一上下、前編九、一三—一四	21	5	
擧編續要	二三七	續一八、乙卯補購綱目二三下—二四下、三一上下、前編九、一三—一四、又續編一八、	9,	5,	計補抄者鈔
子 儒家 孔子家語	一〇	五一—二、五—一〇	8	4	餘丁鈔
鹽鐵論	一二	六三—一二	10	5	仝上
新序	一〇	四六—八	3	1	仝上

潛夫論	一〇	三	四—一〇	7	2	餘丁鈔
家範	一〇	二	七—一〇	4	1	仝上
帝學	八	二	一—四	4	1	仝上
正蒙初義	一七	一〇	三—四、七—八	4	2	餘丁鈔癸亥鈔
二程遺書 附錄	二五 一	一〇	二下—一四	25	3	餘丁鈔
朱子語類	一四〇	九二	二—四、一二—二〇、二六、五三—五四、五七—五八、六七—六八、七三、八六、一〇一—一〇四、一一七—一二〇、一二六、一二八—一二九、一三三、一三七—一三八	35	26	仝上
麗澤論說集錄	一〇	六	二、五—六、八—一〇	6	3	仝上
通言	一二		一—八	8	1	餘癸亥鈔
經濟文衡 前集 後集 續集	二五 二五 二二	二〇	前五—二〇 後二三—二五	19	7	餘丁鈔
大學衍義	四三	一八	二四—二六、二九—三三	8	3	仝上
西山讀書記	六一	四〇	甲集二七—二八、三一—三二 乙集二—一〇、一二	14	12	仝上
黃氏日鈔	九五	六四	一—八、一三、一五—一八、二〇—二四、二九—三〇、五一—五二、五六—五七、六一、六六—六七、七二—九七	53	34	閣目三第五頁云：「內八一、八九兩卷本缺，故仍止九十五卷」餘丁鈔癸亥鈔

大學衍義補	一六〇	六四	二四—三六、四二—四三、四六—四七、七九—八三、一〇二—一二六、一二九—一三六、一四五—一四七	58	24	餘丁鈔
讀書箚記	八	二	一—五	5	1	仝上
士翼	四	三	一	1	1	仝上
涇野子內篇	二七	七	二二—二四	3	1	仝上
中庸衍義	一七	一六	一〇—一七	8	8	仝上
格物通	一〇〇	三四	三六—三七、八一—八四	6	2	仝上
內則衍言	一六	八	一—四、七—一六	14	7	仝上
孝經衍義	一〇〇	四三	一〇—一四、一九—二四、五〇—五四、五八—五九、七八—九八	39	18	仝上
朱子全書	六六	六〇	一五、二三—三三、三五、四二—四六、四八—五三、五六—六〇	38	34	仝上
經史講義	三一	三二	目錄一冊、卷首一冊、六—一〇、一五—一八、二一、	10	16	仝上
思辨錄輯要	三五	一二	一—二七、三〇—三五	33	11	仝上
榕村語錄	三〇	二〇	一	1	1	仝上
兵家武經總要	四〇	三二	前集三—四、九、一五—一七、一八下	7	6	仝上
虎鈐經	二〇	四	一—五、九—二〇	17	3	仝上
守城錄	四	二	三—四	2	1	仝上

武編	一〇	一〇後編卷三	1	1	餘丁鈔
江南經略	八	一四七、八下	3	2	仝上
紀效新書	一八	六首卷一—八	8	2	仝上
法家 管子	二四	一〇一二—一四、一八—二四	10	4	仝上
管子補注	二四	一二一—四、一一—一四	8	4	仝上
韓子	二〇	一〇三—一七	15	7	仝上
疑獄集 補集	四 六	三一—三	3	1	仝上
農經 農書	二三	一〇九—一〇	2	1	仝上
救荒本草	二	八七—八	2	2	仝上
農政全書	六〇	四〇一三—一四 三八	3	2	仝上
授時通考	七八	三二一—七 九—一〇 一五 一八—二三 二六—二七 四四—四六	20	9	仝上
醫 甲乙經	一二	八一一—一二	2	1	仝上
素問入式運氣論奧 附黃帝內經素問遺篇	三 一	三論奧卷中下 又遺篇	2	2	仝上
小兒衞生總微論方	二〇	一二九—一〇 一六—一七	4	2	仝上
太平惠民和濟局方 總論	一〇 三	一〇三—四	2	1	仝上
鍼灸資生經	七	四二—三	2	1	仝上

三因極一病症方論	一八	一四	一、三—四 五—七、九	7	5	餘丁鈔
仁齋直指附傷寒類書活人總括	二六 七	二四	六、八—九、一二—十、二一 總括六—七	10	7	仝上
儒門事親	一五	一〇	一〇—一一	2	1	仝上
普濟方	四二六	三〇〇	三一五—三一六 三五一—三五二	4	4	餘癸亥鈔
推求師意	二	二	卷上	1	1	餘丁鈔
玉機微義	五〇	一六	一—一八 二七—四八	40	11	仝上
薛氏醫案	七八	六二	一二—一四	3	2	仝上
鍼灸問對	三	三	卷中	1	1	餘丁鈔
赤水玄珠	三〇	三〇	二—六、一二、一六 二三—二六	11	11	仝上
證治準繩		一二〇	一—二、七—八、一〇—一二、二六、三七—四五、四七、六〇—六一、六七、六九、七一、七三、七五—七六、七九—八〇、八三、八五、八九、九三	32	34	閣目三第十七頁『舊鈔尚六十二與三四共三冊上與舊鈔之六一不相連下與舊鈔之六七不相應統觀其六二當爲第百十一其六三當爲百十二其六四當爲百十三莫測其致誤之由』除丁鈔
本草綱目（圖三卷）	五五	五九	三七	1	1	餘丁鈔乙卯鈔
先醒齋廣筆記用藥凡例	四 一	四	一	1	1	餘丁鈔

類經 圖翼 附翼	三二 一一 四	四〇二七—二九	3	3	餘丁鈔
景岳全書	六四	五四七、六二	2	2	仝上
溫疫論（補遺二卷）	三	二論下及補遺	2	1	仝上
本草乘雅半偈	一一	一〇六—一〇	5	5	仝上
醫宗金鑑	九〇	八〇—二三、四六—五一、五八—六二 六四 —七三、七六—七八	25	22	仝上
尙論篇（後篇四卷）	八	八 尙論二、四、 後論一、四、	4	4	仝上
天文 古今律曆考	七二	三二三五—三六	2	1	仝上
新法算書 附錄	一〇〇 一四	四〇六三—六五	2	1	餘丁鈔癸亥鈔
曆象考成	四二	二六上編卷八	1	1	餘丁鈔
儀象考成	三二	一六 卷首上 三—七	6	3	仝上
曆算全書	七四	二六一三—一四　五一—五三	5	2	仝上
全史日至源流	三二	二八三—五、一二—一三、一五—一九、	10	9	仝上
數學九章	一八	一二 卷一上下 七下	3	3	仝上
測圓海鏡	一二	四九—一二	4	1	仝上
數理精蘊	五三	五〇 下編三四 表一上　三之一二		3	仝上

	數學鑰	六	六	二—三 六	3	3	餘丁鈔
	數度衍	二四	九	卷首一、二、一—五	7	2	餘丁鈔癸亥鈔
	莊氏算學	八	六	三 七—八	3	2	仝上
	九章錄要	一二	五	五—六	2	2	仝上
術數	太玄本旨	九	五	四—五 八—九	4	2	仝上
	元包 附元包數總義	五 二	二	總義二卷	2	1	餘癸亥鈔
	皇極經世書	一二	二六	卷一上中二、三 五上中	6	8	餘丁鈔
	易通變	四〇	二二	一三—三〇	18	10	仝上
	皇極經世書解	十四	一二	卷首上、二、十一	3	3	仝上
	三易洞璣	一六	六	一四—一六	3	1	仝上
	唐開元占經	一二〇	三八	一—二 八五—一〇一	20	7	仝上
	徐氏珞琭子賦注	二	二	卷下	1	1	仝上
	三命通會	一二	一二	八	1	1	仝上
	星曆考原	六	四	五—六	2	1	仝上
藝術	墨池編	六	六	二—三、六	3	3	仝上
	宣和畫譜	二〇	六	四—八	5	1	仝上

宣和書譜	二〇	四十一—二〇	10	2	餘丁鈔
書概	一〇	二五—一〇	6	1	仝上
寶眞齋法書贊	二八	六一—八	8	2	仝上
法書考	八	二三—八	6	1	仝上
珊瑚木難	八	八一—四	4	4	仝上
鐵網珊瑚	一六	一六四—五、八、十一	4	4	仝上
清河書畫舫	一二	二〇卷十下	1	9	仝上
珊瑚網	四八	二六一—九	9	4	仝上
佩文齋書畫譜	一〇〇	九六第一冊、卷一三—一四、一七—一九、二二、二八、三二、三五、三八—三九、四四—五〇、五九、六一、七六—七七、七九八四—八八、九五—九九、	33	33	總目及纂輯書不入卷數 仝上
石渠寶笈	四四	二八二七—二八、三四—三六　三三	6	2	餘癸亥鈔
庚子銷夏記	八	三三—四	2	1	餘丁鈔
繪事備考	八	六五—六	2	3	仝上
書法正傳	一〇	四一—四　六—一〇	9	3	仝上
江村銷夏錄	三	三一、三、	2	2	仝上
式古堂書畫彙考	六〇	五八目錄一—二　又五—六　卷十一、十三、十九　二二—二三　二五—二六	16	13	仝上

南宋院畫錄	八	四 三八—四〇 五六—五七 一—二 五—六	4	2	餘丁鈔
六藝之一錄	四〇六	一六八 八—九 五八—五九 二〇〇—二〇二 、二一六—二二〇 一二一—一二八 一八七—一八九、二四〇—二五〇 二 五三—二五八 三一一—三二七	52	25	餘癸亥鈔
印典	八	四 一—二	2	1	餘丁鈔
譜錄嘯堂集古錄	二	四卷上之下	2,1	1	仝上
重修宣和博古圖	三〇	一八 一三—一四 一七—一八 二〇—二一	6	3	仝上
西清古鑑	四〇	二八 六—八	3	2	仝上
陳氏香譜	四	四 一	1	1	餘癸亥鈔
廣羣芳譜	一〇〇	目錄一冊 卷九—二九 三三—三八 五四 四一—四四 七九—八〇 八三—八六 八九—九〇 九六—九七	41	22	仝上
雜家習學記言	五〇	二〇 三五—三六	2	1	仝上
古今注 附中華古今注	三 三	二 古今注三卷	3	1	仝上
近事會元	五	二 三—五	3	1	仝上
甕牖閒評	八	四 一—二	2	1	仝上
學齋佔畢	四	二 一—二	2	1	仝上
丹鉛餘錄 續錄 摘錄 總錄	一七 一二 一〇 二七	二三 摘錄卷一—一〇三 總錄一—三 二一—二三	26	8	餘丁鈔癸亥鈔

名義考	一二	六一—一〇	10	5	餘丁鈔
通雅	五二	卷首之二、三、卷二、六—一三 一八 四二—一九 二一—二二 三七—三九 四 六、五二、	24	15	仝上
日知錄	三二	三〇 一—七 一四—一五 一七—一九 二 一、二七—三二	19	18	仝上
藝林彙考	四〇	一四一—二〇 二四—二九	26	10	仝上
義門讀書記	五八	三八一—一九	19	12	仝上
示兒編	二三	八四—六	3	1	仝上
游宦紀聞	一〇	二七—一〇	4	1	仝上
梁谿漫志	一〇	四六—一〇	5	2	仝上
愧郯錄	一五	四一—三	3	1	仝上
六研齋筆記（一筆四卷二筆四卷三筆四卷）	一二	一二 筆記四卷 二筆二卷	6	6	仝上
春明夢餘錄	七〇	三〇 一四—二三 四五 四九—五二	15	6	仝上
居易錄	三四	一六 五—六 九—一二 一五—二六 又乙卯購回十三—十四	20	1,8	仝上
古夫于亭雜錄	六	二一—三	3	1	仝上
遵生八箋	一九	一八 十三	1	1	仝上
長物志	一二	二六—一二	7	1	仝上

研山齋雜記	二	一一—二	2	1	餘癸亥鈔
類說	六○	四○二五—二六、三一—三三、三五—三六、四一、四三—四九	15	9	餘丁鈔
事實類苑	六三	二四一—一四、四一—四二 二六—二八	19,	7	仝上
仕學規範	四○	六一—五 一九—二五	12	2	仝上
言行龜鑑	八	四六	1	1	餘癸亥鈔
說郛	一二○	一四二 一、四下 十二上、二○、二七、三三、四四上、四八、五二、五四、五六—五七上、六五、六七上、七四、七八下、八三下 八七、九○、九三、九八、一○四下、一○五、一○九、	40	24	餘丁鈔
古今說海	一四二	二四三四—四二 八四—九一	17	2	仝上
玉芝堂談薈	三六	三二一—二、五、二○—三六	20	17	仝上
元明事類鈔	四○	二四一—一三、一六—二七	25	15	餘癸亥鈔
儼山外集	三四	七一三—一六 二三—二七	9	2	餘丁鈔
少室山房筆叢正集續集	三二 一六	一六正卷一—二三	23	10	仝上
北堂書鈔	一六○	三二一—一○ 三二—三六 九四—一六○	82	18	仝上
初學記	三○	一六三—一六	14	8	仝上
白孔六帖	一○○	五六七七 八八—八九 九二—九四 九七—一○○	10	6	仝上

事類賦	三〇	八	一三—一五 二三—二六	7	2	餘丁鈔
太平御覽	一〇〇〇	一八〇	三〇—三四	5	1	
冊府元龜	一〇〇〇	三五六	一三—一四 三一—三四、一八四—二三二、二五〇—二五五 二六八—二七六、二八一—二八三、二九六—二九八、三〇九—三一一 三一五—三三二 三四四—三四六 三八七—三八九 四二八—四二九、四八一—四八三 五三〇—五三一 六〇一—六〇七 六五八—六六三 六七五—六八四、六八八—六九一 七一三—七二六 七三八、七三九、七七一—七七三、八一〇—八一二、八二三—八四一、八七三—九七五	181	61	仝上
事物紀原	一〇	一〇	一、六—一〇	6	6	仝上
實賓錄	一四	六	十一—一四	4	1	餘癸亥鈔
書敘指南	二〇	六	四—六	3	1	餘丁鈔
海錄碎事	二三	二八	卷十上、一七—二二	13	7	仝上
古今姓氏書辯證	四〇	一六	一—一八	18	7	仝上
帝王經世圖譜	一六	五	六—八、十二—十六	8	2	仝上
職官分紀	五〇	二八	一—三〇 三三—三四	32	20	仝上
錦繡萬花谷 前集 後集 續集	四〇 四〇 四〇	二六	一—二〇 三七—四〇 九—一二	28	9	仝上

事文類聚	二三六	一四〇	前集一—一四 三四 四二—六〇、後 集全五〇、續集二八別集一—一七新集 一三—三六遺集全	76	97	餘丁鈔
記纂淵海	一〇〇	七六	一〇—一九 二二—三二 三七—三八 四一、五一 五五—六四 六六—七三 七六—九五 九八—一〇〇	66	48	仝上
名賢氏族言行類稿	六〇	二六	一—三 一六—一七 三三—三四 五三—五五	10	4	仝上
羣書會元截江網	三五	一六	五—一九 二二—二三	17	7	仝上
全芳備祖 前集 後集	二七 三一	二三	前一六—二七 後一—十一 一四—一九 二八—三一	45	11	仝上
羣書考索 前 後 續 別集	六六 六五 五六 二五	一〇二	前三—四 二二—二五 二八—二九 六〇—六二 六五—六六 後三—一五 三二、四一—四二、續一 —二 四九—五二 五五—五六別七— 八 二三—二四	41	31	仝上
古今合璧事類備要 前 後 續 別 外集	六九 八一 五六 九四 六六	八〇	七—九 十四—十六 三八—四五 五 〇—五二 六二—六四 七—一九 十三—十七 三四—四二 十五—十八 三五—四一 七二—七六 三二—三九	71	14	仝上
源流至論 前 後 續 別集	一〇〇 一〇〇 一〇〇 一〇〇	二六	續四—五 八 別四—五	5,	3	餘丁鈔
玉海（附詞學指南四卷）	二〇四	一六四	二 四 一七—一八 二二 四一—五 五 一二三—一一六 一二六—一二 七 一三〇—一三二 一三九 一四四 一五一—一五二 一五五—一五六 一	35,	29	仝上

韵府羣玉	二〇	一八七	六一　一七二—一七四　一八六—一九〇　一九二—一九三　二百三四	1	1	餘丁鈔
翰苑新書 前 後集上下 別 續	七〇　二六　六　一二　四二	四八	前集一—五　五四—五七　六六—六八後集上卷一—七	19	4	仝上
排韵增廣事類氏族大全 增補	二〇　二	二〇	一〇—一八	9	8	仝上
荊川稗編	一二〇	八二	三—四　一四—一五　二六　二九—四六—四七　五一—五三　五六　六一—六二　七六—七七　八一—八二　一〇四—一〇六　一〇八　一一六	33	15	仝上
萬姓統譜	一四六	四四	二〇—二五　三四—三九　四八—六二　六八—七三　七七—七八　一一九—一二一	38	13	仝上
喻林	一二〇	五六	五—八　一七—二八　三一—三二　六七—六八	20	5	仝上
經濟類編	一〇〇	七五	六　十　一七—二三　二六—二七　四八　五九　六三—六四、六九—七〇　八一—八六	23	19	仝上
同姓名錄（錄補一卷）	一三	一二	二—三　八—九　十一	5	5	仝上
說略	三〇	二〇	六—十　一六	6	5	
天中記	六〇	六〇	二　一九　二六—二七　三一—三五　四八	10	10	餘丁鈔
圖書編	一二七	七二	十	1	1	仝上
駢志	二〇	一八	四—五　八　一一—一二	5	4	仝上

山堂肆考 又補遺	二八二 一二	一二六	五｜八 三三｜三五 五六 六〇｜六三 七六｜七七 八〇｜一〇四 一二五｜一二八 一三一｜一二五 一三九｜一四〇 一四五｜一四六 一五四 一七八｜一九二 二二六｜二二八	71	37	餘丁鈔
古儷府	一二	一二	五	2	2	餘癸亥鈔
廣博物志	五〇	三八	一 四 一｜二	13	3	餘丁鈔
淵鑑類函	四五〇	二五四	目錄四卷 一｜四 六八｜六九 九八｜一〇二 一一〇｜一一六 一三五｜一三八 一四七｜一四九 一五二｜一五六 一七七｜一八五 一九四｜一九六 一九八｜一九九 二三八｜二三九 二四二｜二五九 三〇九｜三一〇 三一二｜三一八 三五三｜三六一 三九四｜三九五 四二四 四二七｜四三六	99	60	仝上
駢字類編	二四〇	二一〇	四｜六 八 二七｜四一 四八 五〇 六二 六五 七〇｜七一 七六 七八 八七 九一｜九六 一〇五 一一〇｜一二三 一二六 一三二｜一三七 一四二 一四五 一六二 一七二 一七六｜一八二 一八四 一九九｜二〇三 二一三｜二一四 二一六｜二一七 二二六 二三〇	79	69	仝上
分類字錦	六四	六一	一｜一四 三七｜三八 四二 四六｜四七 四九｜五六 五八｜五九 六一 乙卯補購 五七	1,30	1,28	仝上

子史精華	一六〇	五四	三—五 三六—三八 五七—七五 八〇—九三 一〇七—一〇八	41	31	
佩文韻府	四四四	四四四	一之二—二之二 四之一—四之六 五之一—五之三 七之一—七之八 七之十—八之二 十之二—十六之三 十六之五至十六之九 十六之十一—十七之三 十七之五—十九之三 二十之二 二十之四—二二之七 二七之五 二九之一—三〇 四七之一四九之二—四九之四 五〇之二 五一之二 五二之一 五三之二 五五之二—三 六〇之一—二 六三之一—三 六三之六 六七之九 七〇之二 七三之四 七四之三 七四之五 七五之一—七六之四 七六之六 七七之 八二之五—八三之一 九十之七 九二之二—九三之六 九五之 —四 九六之一 九八之四—九九之五 九九之八—九 一〇〇之四—六 一〇一之二 一〇二之八—九 一〇〇之四—六 一〇一之二 一〇二之三 一〇六之一		152	餘丁氏補鈔二九三冊乙卯補鈔一〇五之一
韻府拾遺	一〇七	三八	七 三五—三七 四四—四九 九六—一〇一	16	5	丁氏補抄者計三十三冊
格致鏡原	一〇〇	三八	二九—三〇 五一—五四 六三—六四 七九—八二	12	4	丁氏補抄者計三十四冊
讀書記數略	五四	三〇	十四—五 二四—二五 三九—五四	20	10	丁氏補抄者計二十冊
花木鳥獸集類	三	三	卷中 下	2	2	癸亥補抄一冊全
別號錄	九	四	二—三 七—九	5	2	丁氏補抄者計二冊
宋稗類鈔	三六	一八	三五—三六	2	1	丁氏補抄十七冊 癸亥補抄十八冊

小說世說新語	三	六中上　中下　下上	3	3	丁氏補抄者計三冊
因話錄	六	二五—六	2	1	丁氏補抄者計一冊
唐摭言	一五	四一—三	3	1	丁氏補抄者計三冊
東齋記事 補遺	一五 一	二四—五	2	1	丁氏補抄者計一冊
墨客揮犀	一〇	二六—十	5	1	丁氏補抄者計一冊
唐語林	八	七四—五	2	2	丁氏補抄者計五冊
揮麈 前錄 後錄 第三錄 餘話	四 十一 三 二	十一三錄全	3	2	丁氏補抄者計九冊
聞見後錄	三〇	六一—五	5	1	丁氏補抄者計五冊
癸辛雜識 前集 後集 續集 別集	一 一 二 二	四 前、續、別、三集全	5	3	丁氏補抄者計一冊
山居新語	四	二三—四	2	1	丁氏補抄者計一冊
輟耕錄	三〇	一四五—六　二八—三〇	5	2	丁氏補抄者計十二冊
菽園雜記	一五	四五—十二	8	2	丁氏補抄者計二冊
何氏語林	三〇	二六一—二十	20	11	丁氏補抄者計五冊

	山海經	一八	三	一—十八	18	1	丁氏補抄者計二冊
	太平廣記	五〇〇	七八	一三四—一四二 二四五—二五〇 三四三—三八二 四九四—五〇〇 卷一六—一九 二四—二六 四五 五四—五六 二五九 三三七—三三九 又十月間購回卷二〇—二三 四六—五三 二六〇 二九〇—二九六 三四〇—三四二	39,64	5,10	廿二年所購回除配成完帙五本外尚有殘本多卷丁氏補抄者計六八冊
	分門古今類事	二〇	八	五—六 十八—二〇	5	2	丁氏補抄者計六冊
	夷堅支志	五〇	一二	六—一四 二一—二四	13	3	餘丁氏補抄
	酉陽雜俎續集十卷	三〇	八	一—二	2	1	丁氏補抄者計七冊
釋家	弘明集	一四	六	三—四 七—十一	7	3	丁氏補抄者計三冊
	廣弘明集	三〇	一四	四—五 一二—一八 二二—二三	11	5	丁氏補抄者計九冊
	法苑珠林	一二〇	六二	五—六 一五—一六 一九—二〇 三三—三四 四一—四四 四七—四八 五三—五八 七九—八〇 八七—八八 一〇一—一〇四 一〇八 一一五—一一六	31	16	丁氏補抄者計四十六冊
	宋高僧傳	三〇	一四	一一—一三 二三—二四	5	2	丁氏補抄者計十二冊
	法藏碎金錄	一〇	八	五—七	3	2	丁氏補抄者計六冊
	禪林僧寶傳 附補僧寶傳 臨濟宗旨	三〇	六	一—四 二九—三二	8	2	丁氏補抄者計四冊
道	南華眞經義海纂微	一〇六	三二	十四—十六 二〇—三〇 四四—五〇 五五—一〇六	73	20	餘丁氏補抄

	文子續義	十二	五七—八	2	1	丁氏補抄者計四冊
	雲笈七籤	一二二	十一 十八—五六 民國廿二年先後購回卷四—六 四八 八四—八六 八七—八九 九〇—九四 九五—九七	17,40	5,18	餘丁氏補抄（原三十冊）
集 楚辭	楚辭集注 辯證 後語	八二六	六 一—三 、	3	1	丁氏補抄者計五冊
別集	李北海集 附錄	六一	二 一—三	3	1	丁氏補抄者計一冊
	李太白集分類補注	三〇	一〇 一—六 一三—一五 二二—二四 二八—三〇	15	5	丁氏補抄者計五冊
	李太白詩集注	三六	一六二 一七—一九 二九 三六	6	4	丁氏補抄者計十二冊
	黃氏補注杜詩	三六	二六三〇 三三—三四	3	2	丁氏補抄者計二十四冊
	集千家注杜詩	二〇	一六 二—五 乙卯補購 一—二	2,4	1,3	餘丁氏補抄（原二十三冊）
	杜詩擴	四	四一	1	1	癸亥補抄三冊全
	杜詩詳注 附編	二五 二	一六二一 二四 補注上下卷諸家論杜一冊	4	3	丁氏補抄者計二十三冊
	王右丞集箋注 附錄	二八 二	一四一—十五	15	7	丁氏補抄者計一冊
	△高常侍集	十	二 一—五 乙卯補購 六—十	5,5	1,1	應列原鈔表一
	劉隨州集	十一	四 一—六 乙卯補購 七—八	2,6	1,2	餘丁氏補抄（原二冊）
	翰苑集	二二	八 二一—二二	2	1	丁氏補抄者計七冊

五百家注音辨昌黎先生文集	四〇	二〇 七—八 一九—二〇 二五—二六 二九—四〇 乙卯購回三—四	2,18	1,8	餘丁氏抄（原十二冊）
柳河東集 外集 新編外集	四五 二 一	二〇 十一—十二 十六—四五 外集全	47	15	丁氏補抄者計五冊
柳河東集注 附別集注 外集注 附錄	四三 二 二 一	十二 二〇—二五	6	1	丁氏補抄者計十一冊
五百家注音辨柳先生文集 外集 新編外集 附錄 附龍城錄	二一 二 一 三 二	八 新編外集 乙卯補購 文集 三—四	2,27	1,7	壬子文瀾閣目注云但缺新編外集今檢舊鈔宛在而不見於閣目補不知何時購回也
劉賓客文集 外集	三〇 一〇	十二 一—二三	22	6	丁氏補抄者計六冊
呂衡州集	一〇	二五—一〇	6	1	丁氏補抄者計一冊
會昌一品集 別集 外集	二〇 一〇 四	一〇 一四—二〇 別集外集全	21	6	丁氏補抄者計四冊
元氏長慶集 補遺	六〇 六	一四 一—三一	31	7	丁氏補抄者計七冊
白氏長慶集	七一	二八 一—一二 六一—七一 一六—一九 四八—五七	37	15	丁氏補抄者計十三冊
白香山詩集 附錄年譜	四〇 二	二〇 三一—三四 七—十一 十四—十五 一八—二二 乙卯購回 一—四 十二—十三 二五—二六 三五—三六	10,16	5,7	丁氏補抄者計十三冊
李義山詩集	三	三卷中	1	1	丁氏補抄者計二冊
李義山 注	四	三 民國廿三年自鐵琴銅劍樓購回卷上	1	1	餘丁氏補抄

司空表聖文集	一〇	二	一—五	5	1	丁氏補抄者計一冊
唐英歌詩	三	二	卷上	1	1	仝上
羅昭諫集	八	四	卷三	1	1	丁氏補抄者計三冊
禪月集 補遺	二五 一	四	一—五 一三—一八 補遺全	10	2	丁氏補抄者計二冊
浣花集 補遺	一〇 一	二	五—十 補遺全	7	1	丁氏補抄者計一冊
騎省集	三〇	八	十二—二三 乙卯購回卷二四—二七	4,12	1,3	丁氏補抄者計五冊
河東集 附錄	十五 一	四	五—十一	7	2	丁氏補抄者計二冊
南陽集	六	二	四—六	3	1	丁氏補抄者計一冊
武夷新集	二〇	一〇	一—八 乙卯購回卷十二	8	1,4	丁氏補抄者計六冊
元憲集	三六	十二	一—二 二三—二七 三一—三三 乙卯購回卷二十—二三	10	1,4	丁氏補抄者計八冊
宋景文集 補遺二卷 附錄一卷	六九	三二	一五—三八 五一—六二 乙卯購回卷六—八	3,36	1,30	丁氏補抄者計十二冊 癸亥補抄二冊全
文恭集 補遺	五〇 一		一—三 九—四〇	35	14	丁氏補鈔卷四至八乙卯補鈔卷一—一五〇 四一卷 又補遺
安陽集	三〇	一二	五—八 乙卯購回 一—四	4,4	1,6	丁氏補抄者計五冊 癸亥補抄六冊全
文正集 別集 補編	二〇 四 五	十	十七—二〇 全 全	13	5	丁氏補抄者計五冊

河南集	二七	六一—八 一七—一九	11	2	丁氏補抄者計四冊
徂徠集	二〇	七七—九（乙卯補購）四—六 一六—一八	6,3	2,1	餘丁氏補抄（原六冊）
端明集	四〇	一〇六—十 二五—四〇	21	6	丁氏補抄者計四冊
蘇學士集	一六	六七—九	3	1	丁氏補抄者計二冊
蘇魏公集	七二	二四二一—三六 四〇—五二 五五—六五	40	15	丁氏補抄者計九冊
華陽集	四〇	一二一七—二九（乙卯補購）三四—三六 三〇—三三	4,16	1,5	丁氏補抄者計七冊
古靈集	二五	六八—一四 二〇—二三	10	3	丁氏補抄者計三冊
傳家集	八〇	二八三八—四六 五一—八〇 乙卯補購 七—九	3,9	1,14	丁氏補抄者計十四冊
盱江集 外集三卷 年譜一卷	四一	一六十八—三七 外集全	20	10	丁氏補抄者計六冊
公是集	五四	二四十—十一 二九—五四	28	13	丁氏補抄者計十一冊
彭城集	四〇	一二一—二 五—六 十—四〇	35	10	丁氏補抄者計二冊
都官集	一四	六一—二	2	1	丁氏補抄者計五冊
丹淵集 拾遺 年譜 附錄	四十 二 一 二	十五—九 十九—二三	10	2	丁氏補抄者計八冊
錢塘集	一四	八三	1	1	丁氏補抄者計七冊
馮安岳集	一二	三一—五	5	1	丁氏補抄者計二冊

		元豐類稿	五〇	一六 八—十三 廿三—三十 四六—四八	17	15	丁氏補抄者計十一册
		宛陵集 附錄	六〇 一	二〇 四—十一 十九—二〇 三四—五二 五六—六〇 附錄全 乙卯補購 十二—十五	4,45	1,15	餘丁氏補抄（原五册）
		范太史集	五五	二〇 六—八 三二—五五	27	10	丁氏補抄者計十册
		周元公集	九	三 一—六	6	2	丁氏補抄者計一册
		節孝集 附錄	三〇 一	八 一—二三 二九—三〇 附全	26	7	丁氏補抄者計一册
		文忠集 附錄	一五三 三	三四 八四—八八 一—四—一四三 一四八—一五三 乙卯補購 二八—三三 附全 壬申補購 一—二七	27,6,46	5,1,12	餘丁氏補抄（原二十二册）
		樂全集	四〇	廿二 一—一七 二三—二四 二九—三六 乙卯補購 三九	1,25	1,12	丁氏補抄者計十册 癸亥補抄一册全
		臨川集	一〇〇	三〇 一—五〇 六七—七六 八一—一〇〇 乙卯補購 五一—五三	3,80	1,24	丁氏補抄者計六册
		王荊公詩注	五〇	一六 一—四七	47	15	丁氏補抄者計一册
		東坡全集	一一五	五六 二〇—三一 五八—五九 六六—六七 七二—七九 八六—八七 九八—一一五	39	20	丁氏補抄者計三十六册
		東坡詩注	三二	一二 乙卯補購 一七—一九	—	1	餘丁氏補抄
		施注蘇 東坡年譜 王注正譌 蘇續補遺	四二 一 一 二	二六 一—六 十五—三五 年譜 正譌全	29	17	丁氏補抄者計九册
		補注東坡編年詩	五〇	四〇 一—十三 十五—十八 二五—二七 二九—三〇 三三 乙卯補購 四五—四六.	2,21	1,'7	丁氏補抄者計二十三册

欒城集 後集 三集 應詔集	五〇 二四 一〇 十二	一—三　一七—二九　三二—三五　三四　三八—五〇　後集十一—十二　十六—十八　三集五—十　乙卯補贌欒城集三六—三七	2,44	1,17	丁氏補抄（原餘十七册）
山谷內集 外集 別集 詞集 簡尺 年譜	三〇 一四 二〇 一 二 三	內：二〇—三〇　別：十二—十四　三二　年譜二—三	16	7	丁氏補抄者計二十五册
後山詩註	十二	六　十一—十二	2	1	丁氏補抄者計五册
淮海集 後集 長短句	四〇 六 三	十二　一—四　九—三二　後集及長短句全	37	9	丁氏補抄者計三册
石門文字禪	三〇	十四　十三—十八	6	3	丁氏補抄者計一一册
景迂生集	二〇	二〇　一—七　十—二十	18	18	丁氏補抄者計二册
雞肋集	七〇	二　二一—二六　二九—四二　五五—七〇	56	17	丁氏補抄者計五册
龍雲集	三二	十二　二七—三二	6	2	丁氏補抄者計十册
雲谿居士集	三〇	一　四　十四—三〇	17	10	丁氏補抄者計四册
犁易集	八	四　四—七	4	2	丁氏補抄者計二册
竹友集	一〇	二　六—十	5	1	丁氏補抄者計一册
襄陵集	一二	四　一—三　七—九	6	2	癸亥補抄二册全

忠肅集	三	三卷上　卷下	2	2	丁氏補抄者計一冊
宗忠簡集	八	三一	1	1	丁氏補抄者計二冊
梁谿集 附錄	一八〇 六	五六 三七—四二 七〇—七三 八〇—八五 九八—一八〇 乙卯補購 一八—一九	2,119	1,29	餘丁氏補抄（原二十七冊）
初寮集	八	八四 乙卯補購 七	1,1	2	丁氏補抄者計七冊
橫塘集	二〇	八四—十四 乙卯補購 一—三	3,14	1,4	丁氏補抄者計四冊
東窗集	一六	八一—五 八	6	3	丁氏補抄者計四冊 癸亥補抄二冊全
簡齋集	一六	四四一—四十 三—一六	8	2	丁氏補抄者計二冊
苕溪集	五五	一二十—十九 三二—四〇 五一—五三 乙卯補購 五—九	5,22	1,4	丁氏補抄者計八冊
相山集	三〇	八五—八 二二—二五	8	2	丁氏補抄者計六冊
大隱集	一〇	四一—二 五—七	5	2	丁氏補抄者計二冊
鄱陽集	四	二三—四	2	1	丁氏補抄者計一冊
章齋集 附玉瀾集	一二 一	六三—五	3	1	丁氏補抄者計五冊
豫章文集	一七	六三—五 十四—十七	6	2	丁氏補抄者計四冊
歐陽修撰集	七	四三	1	1	丁氏補抄者計三冊
東萊詩集	二〇	五五—八 十三—二〇	12	3	丁氏補抄者計二冊

澹庵文集附錄	一六	三 存附錄	1	1	丁氏補抄者計二冊
五峯集	五	五 三—四	2	2	丁氏補抄者計三冊
橫浦集	二〇	八 二十 乙卯補購 一八—一九	2,1	1,1	丁氏補抄者計七冊
文定集	二四	八 一—十三	13	4	餘丁鈔
嵩山居士集	五四	一二十九—二二 三七—四五	13	3	餘癸亥鈔
默堂集	二二	八 八—十一	4	1	丁氏補抄者計四冊
漢濱集	一六	八 九—十六	8	4	餘丁鈔
太倉稊米集	七〇	二〇 一—二五 三六—四三 四七 四九	36	10	丁氏補抄者計十冊
竹軒雜著	六	三 乙卯購回 五—六	2	1	丁氏補抄
鄮峯眞隱漫錄	五〇	二〇 一—十五 二一—二三 三四—五〇	25	14	丁氏補抄者計六冊
海陵集 外集	二三 一	八 十一—十三	3	1	丁氏補抄者計七冊
鄂州小集 附錄	六 二	四 三—六	4	3	丁氏補抄者計一冊
艾軒集 附錄	九 一	四 四—五	2	1	丁氏補抄者計三冊
晦庵集 續集 別集	一〇〇 五 七	一—十三 三〇—四五 四七—五七 一〇〇 六五—七一 九〇 續卷一 別卷五 乙卯補購 一五 九二 九五下 續四	6,54	4,55	丁氏補抄者計五十五冊
文忠集	二〇〇	一—三 十二—十六 二四—四八 五 七八 二—五八 六五—七一 七五—一二八 一五四—二〇〇	148	61	丁氏補抄者計十七冊

四五

方舟集	二四	一〇 一—三 六—八 一八—二〇	9	3	丁氏補抄者計七冊
網山集	八	二五—八	4	1	丁氏補抄者計一冊
東萊集 文集十五卷 別集十六卷 外集五卷 附錄三卷	四〇	二〇 三—十 附錄一—三(全) 別集十一—十四 外集五 乙卯購回別集六—七	2,15	1,7	丁氏補抄者計十三冊
止齋文集 附錄	五一	一四 一—十七	17	9	丁氏補抄者計五冊
梅溪集	五〇	一八 前集一八—二〇 後集一—十九	22	7	丁氏補抄者計十一冊
定菴類稿	四	四二 四	2	2	丁氏補抄者計二冊
東堂集	二〇	十 一—十	10	5	丁氏補抄者計五冊
乾道稿 淳熙稿 章泉稿	一 二〇 五	十二 淳存一—二 七—一八 章稿全	19	8	丁氏補抄者計四冊
止堂集	二〇	八 九—十一 一六—一八	6	2	丁氏補抄者計六冊
絜齋集	二〇	八 九—十 乙卯購 一—三	3,2	1,1	丁氏補抄者計七冊
象山集 外集 附語錄	二八 四 四	十二 一—二 二三—二八 外附並全	16	7	餘丁鈔
慈湖遺書 續集	一八 二	十二 遺 八—十一	4	4	丁氏補抄者計八冊 癸亥補抄一冊全
雲莊集	二〇	六 一—三 五—二〇	19	5	丁氏補抄者計一冊
定齋集	二〇	八 乙卯補購 一—四	4	2	餘丁氏補抄

九華集　附錄	二五　一	八一—十八	18	6	餘癸亥補抄
盤洲集	八〇	一四二五—三〇　六二—六七	12	2	丁氏補抄者計十二冊
應齋雜著	六	三五—六	2	1	丁氏補抄者計二冊
浪語集	三五	一六五—十二　一七—二二　二九—三四	30	9	丁氏補抄者計七冊
石湖詩集	三四	八一七—一九	3	1	丁氏補抄者計七冊
誠齋集　附錄	一三二　一	三八　六九—七一　七七—八七　九〇—一三二	57	18	丁氏補抄者計二十冊
劍南詩稿	八五	四四十二—四七	36	21	丁氏補抄者計二十三冊
水心集	二九	二〇一—十九　乙卯贖回　二四—二五	2,19	1,13	丁氏補抄者計七冊
南澗甲乙稿	二二	八一—十　十七—二二	26	5	丁氏補抄者計三冊
蓮峯集	一〇	五三—五　乙卯贖回　八—一〇　六—七五	2,6	1,3	丁氏補抄者計二冊
江湖長翁集	四〇	二〇十三—十四　乙卯贖回　五—六　三一—四〇　十七—十八	4,12	2,6	丁氏補抄者計廿四冊
燭湖集　附編	二〇　二	一〇五—六　乙卯贖回　十三—十四　十五—十六	2,4	1,2	丁氏補抄者計八冊
省齋集	一〇	五一—二	3	1	癸亥補抄三冊全
南軒集	四四	一四一—十七　乙卯贖回　二一—四四　十八—二〇	3,41	1,13	丁氏補抄者計一冊
勉齋集	四〇	二二一—二四　三七　三九—四十	27	14	丁氏補抄者計八冊
北溪大全集　外集	五〇　一	一六　十一—十三　二〇—二二　三五—三七　四八—五〇　外全	12	4	丁氏補抄者計十二冊

山房集	九	五 八—九 乙卯購回 一—二	2,2	1,1	丁氏補抄者計四冊
橘山四六	二〇	十二 九—十二 一九—二〇	6	3	丁氏補抄者計九冊
後樂集	二〇	一〇 九—十	2	1	丁氏補抄者計九冊
梅山續稿	一七	六 一—三	3	1	丁氏補抄者計五冊
漫塘文集	三六	二〇 十七—十八	2	1	丁氏補抄者計十九冊
克齋集	一七	六 一—三 七—十七	14	5	丁氏補抄者計一冊
洺水集	三〇	八 九—十二	4	1	餘丁氏補抄（原八冊）
龍川文集	三〇	八 九—十二	4	1	餘丁氏補抄（原七冊）
鶴山集	一〇九	四八 二〇—三四	15	6	丁氏補抄者計二十四冊 癸亥補抄一冊全
西山文集	五五	三〇 一—十二	12	6	餘丁氏補抄者計二十四冊
蒙齋集	二〇	十一 四—五	2	1	餘丁氏補抄者計十冊
鶴林集	四〇	二〇 十九—二十 二七—四〇	16	8	餘丁氏補抄者計十二冊
東澗集	一四	六 十三—十四 乙卯購回 一—二	2,3	1,1	餘丁氏補抄者計五冊
浣川集	一〇	四 一—三 九—十	5	2	餘丁氏補抄者計二冊
四六標準	四〇	三〇 二四—三二 三六—四〇 乙卯補購 三三	1,14	1,10	丁氏補抄者計二十冊

方壺存稿補遺	一八	四 一—四	4	2	丁氏補抄者計二冊
鐵庵集	四五	十三 四—八 乙卯補購 二一—二四	4,5	1,1	丁氏補抄者計十一冊
臞軒集	一六	一〇 一—八	8	5	丁氏補抄者計五冊
冷然齋集	八	四 一—二 五—六	4	2	丁氏補抄者計二冊
可齋雜稿 可齋續稿 續稿後	三四 八 十二	二四 一—二〇 三一—三四 續全 續後 一—五 八 十一—十二	47	18	丁氏補抄者計六冊
後邨集	五〇	二四 一—六 十三—十七 二四—三七 乙卯購回 四五—四六	2,24	1,12	丁氏補抄者計十二冊
澗泉集	二〇	一〇 三—四 十一—十二 十五—二〇	10	5	癸亥補抄五冊全
彝齋文編	四	三	1	1	丁氏補抄者計二冊
秋崖集	四〇	十六 一—二八	28	12	丁氏補抄者計四冊
蒙川遺稿	四	二 三—四	2	1	丁氏補抄者計一冊
北磵集	一〇	六 一—六 乙卯購回 七—八	2,5	1,3	丁氏補抄者計三冊
恥堂存稿	八	六 乙卯購回 三、六、	2	2	丁氏補抄
巽齋文集	二七	七 二十—二三	4	1	癸亥補抄六冊全
雪坡山集	五〇	一四 一—二六	26	7	丁氏補抄者計七冊
文山集	二一	一〇 一—十二	12	5	丁氏補抄者計五冊

本堂集	九四	二〇（？）一—九	9	2	餘丁鈔共一八冊現尚缺卷廿八六七七六八七等四卷
廬齋續集	三〇	十二 十六—十八	3	1	丁氏補抄者計十一冊
魯齋集	二〇	一〇一—一〇	10	5	丁氏補抄者補五冊
須溪集	一〇	八三	1	1	丁氏補抄者計七冊
柳塘外集	四	二 一—二	2	1	丁氏補抄者計一冊
閩風集	十二	五乙卯購回 一—二 五—七	5	2	餘丁氏補抄
秋聲集	六	四一 五—六	3	2	丁氏補抄者計二冊
梅巖文集	一〇	二、六一—一〇	5	1	丁氏補抄者計一冊
四如集	五	四 四—五	2	1	丁氏補抄者計三冊
林霽山集	五	三三	1	1	丁氏補抄者計二冊
勿軒集	八	三 一—二	2	1	丁氏補抄者計二冊
滹南遺老集	四五	十二 四—九 乙卯補購 二三—四五 十一—十四	4,29	1,8	餘丁氏補抄（原四冊）
遺山集 附錄	四〇 一	一、八 十八—四〇 附全	29	12	丁氏補抄者計六冊
歸田類稿	二四	五 九—十二	4	1	丁氏補抄者計四冊
桐江續集	三七	八 二九—三二	4	1	丁氏補抄者計七冊

剡源文集	三〇	一 六 十六—十八 乙卯購回 一—二 十一—十二 二九	5,3	3,1	餘丁氏補抄（原十五冊）
紫山大全集	二六	一 八 五 九—十二 十八—十九 二六	8	5	丁氏補抄者計十二冊
松雲齋集 外集 續集	一一〇	六 八—九	2	1	丁氏補抄者計五冊
吳文正集	一〇〇	三—七 三—八四 乙卯購回 一〇—三五 九五—一〇〇 八七—八九 四九—五〇 五	3,3	1,1	原丁氏補抄（原十二冊）
靜修集	三〇	八 十二—十四 乙卯補購 十九—二	3,3	1,1	餘丁氏補抄（原七冊）
魯齋遺書 附錄	八 二	四 乙卯補購 六—十一	6	1	餘丁氏補抄
青崖集	五	四 四	1	1	丁氏補抄者計三冊
養吾齋集	三二	一 四 一—二 乙卯補購 二三—二四 八—十	3,4	1,2	餘丁氏補抄（原十二冊）
東庵集	四	二 三—四	2	1	丁氏補抄者計一冊
白雲集	四	二 三—四	2	1	丁氏補抄
秋澗集	一〇〇	四〇 一—三 七—六九 乙卯補購 一六—四〇 七三—八二 七—八 五一—五三 八六—八八 六一—六二 六	4,47	2,18	餘丁氏補抄（原二十二冊）
牧庵文集	三六	一二 一—一八	18	7	丁氏補抄者計五冊
雪樓集	三〇	一五 十六—一七 二二—三〇	11	6	丁氏補抄者計九冊

清容居士集	五〇	一六 十三—五〇	38	12	丁氏補抄者計四冊
此山集	一〇	二一—四	4	1	丁氏補抄者計一冊
蒲室集	一五	五 乙卯補購 十四—十五	2	1	餘丁氏補抄
弁山小隱吟錄	二	二	1	1	丁氏補抄者計一冊
中菴集	二〇	八—十五	15	5	丁氏補抄者計三冊
道園學古錄	五〇	三〇二九—三〇 三四—四六	5	9	丁氏補抄者計二十一冊
道園遺稿	六	四一	1	1	丁氏補抄者計三冊
黃文獻集	一〇	一四五	1	1	丁氏補抄者計十三冊
待制集 附錄	三〇 一	一四一—九 十三—十四	11	7	丁氏補抄者計七冊
閒居叢稿	二六	八七—九 二四—二六	6	2	餘丁氏補抄
至正集	八一	一八六二—六六 七七—八一	10	2	丁氏補抄者計十六冊
禮部集 附錄	二〇 一	一〇四—五 一七—一八 乙卯購回 六—八	3,4	1,2	餘丁氏補抄（原八冊）
瓢泉吟稿	五	二一—二	2	1	丁氏補抄者計一冊
筠軒集	十三	六七—八	2	1	癸亥補抄四冊全
滋溪文稿	三〇	一四六—七 十—十一 二〇—二二	6	3	丁氏補抄者計十一冊
青陽集	四	四一—二	2	2	丁氏補抄者計二冊

經濟文集	六	三一—二	2	1	丁氏補抄者計六冊
玩齋集 拾遺	一〇 一	八存卷首	1	1	丁氏補抄者計七冊
羽庭集	六	四六	1	1	餘丁鈔
不繫舟漁集 附錄	一五 一	六六—九	4	1	仝上
師山文集 遺文 附錄	八 五 一	四五—八	4	1	仝上
聞過齋集	八	四一—三	3	2	仝上
玉笥集(元鄧雅撰)	一〇	四三—四	2	1	仝上
[illegible]巢集	十七	十三五—十七	13	10	仝上
九靈山房集 補編	三〇 二	一四一—四 九—二一	17	8	仝上
麟原集 後集	十二 十二	八前全 後一—六	18	5	仝上
東維子集 附錄	三〇 一	一四六—十一 十七—三〇	20	10	仝上
可閒老人集	四	四三 乙卯購回卷一	1,1	1,1	仝上
石門集	七	二乙卯購回 一—四	4	1	仝上
文憲集	三六	三二十五—二一 乙卯補購 九 十一	2,7	2,7	仝上
誠意伯集	二〇	一六十一—二〇	10	7	仝上

陶學士集	二〇	八 三—二〇	18	7	餘丁鈔
西隱集	一〇	四 一—五	5	2	仝上
王忠文公集	二四	一八 四—七 九—二一 二四	18	14	仝上
東皐集	三	三卷中	1	1	仝上
柘軒集	五	四 四—五 乙卯補購 卷三	1,2	1,1	仝上(原二冊)
清江詩文集	一〇 三一	一四 詩一—二 八—一〇 文一〇—三一	26	9	餘丁鈔
蘇平仲文集	十六	十二 一—九 一四	10	7	仝上
始豐稿	一四	八 五 十	2	2	仝上
藍山集	六	二 一—三	3	1	仝上
滎陽外史集	一〇〇	一八 十一—二〇 九八—一〇〇 三五—五二 五七—六五	40	9	閣目四頁五八注原本一百卷佚三十卷故總目僅明目錄作七十卷閣鈔實存六十二卷今案癸亥已補全
繼志齋集附錄	十二 一	三 四—六	3	1	餘丁抄
遜志齋集	二四	二 一 五 十—二四	16	15	仝上
毅齋詩文集附錄	八 一	四 四—六	3	2	餘癸亥抄

頤菴文選	二	二卷下	1	1	餘丁抄
青城山人集	八	四四—八	5	2	餘丁抄
東里文集 續集 詩集 別集 附錄	二五 六二 三 三 四	文全 續一—十一 一四—一六 二二—二 四八 三三八—三九 四七—六二 二四— 乙卯補購：續集 一七—一八 二六 四〇 四一	7,34	3,28	餘丁鈔（原二十冊）
文敏集	二五	一四一—十三	13	7	餘丁抄
金文靖集	一〇	八一—六	6	4	仝上
抑菴前集 後集	十三 三七	四九 前六 十二—十三 一六—一七 三二—三七 後一—十三	24	25	乙卯補抄後集卷十四 五及十八至三十凡 十二冊餘丁氏抄九冊
古廉集附錄	十一	六六—十一	6	5	丁鈔附錄
薛文清集	二四	一四 十五—十六 十七—十八 乙卯購回	2,2	1,1	餘丁抄（原十三冊）
兩溪文集	二四	八四—九	6	2	餘丁鈔
于忠肅集附錄	十四 四	一〇 乙卯購回 原鈔九—十	2	1	餘丁鈔
倪文僖集	三二	一四一—十九	19	7	仝上
襄毅文集	一五	七五—六 十三—一五	5	2	癸亥補抄六冊
白沙集	九	十一—二 四—五	4	4	餘丁抄
方洲集	三二	十二三〇—三二	3	1	仝上

重編瓊台會稿	二四	一六 五—六 八—二四	18	13	餘丁抄
椒邱文集 外集	三四 一	一六 十一—三四 外集全	25	11	仝上
懷麓堂集	一〇〇	三〇 六—七八	73	22	仝上
篁墩文集	九三	五六 十九—二一 三五—六七 七〇—九三 乙卯補購 一五—一六	2,60	1,33	仝上
家藏集	七七	三四 一—三九 五七—七七	60	27	仝上
歸田稿	八	四 七—八	2	1	仝上
震澤集	三六	一六 一—二 五—六 十六—二八 乙卯補購 十三—十五	3,17	1,8	仝上
見素集 奏議 續集	二八 七 十二	二四 一—十二 二五—二八 奏續全	35	18	仝上
容春堂 前集 後集 續集 別集	二〇 一四 一八 九	三二 前三—五 八—二〇 別二—九	24	10	仝上
羅圭峯文集	三〇	一四 三—十一 二六	10	7	仝上
西村集 附錄	一八	八 一	1	1	餘丁抄 乙卯補抄附錄
小鳴稿	九	八 一—五 八—九	8	6	餘丁抄
懷星堂集	三〇	一六 十二—二十	9	5	仝上
空同集	六六	二六 三五—五〇	15	7	仝上

華泉集	十四	十一－十二	12	9	餘丁抄
沙溪集	二三	五一	1	1	仝上
王文成全書	三八	三四 一四 七－八 十 一六－一九 二一－二三 二六 二八 三一上 乙卯購回 十四 二九 二七	3,17	8,12	仝上
柏齋集	十一	一 八七 九－十	3	2	仝上
竹澗集 奏議	八 四	七五 十－十一	3	2	仝上
大復集	三八	一四 四－八 二二－三八 乙卯購回 一－三 十二－十三 十七－十八	7,22	3,8	仝上
亘詞	十二	十二 一－二 六－十二	9	9	仝上
莊渠遺書	十二	十二 三 五－六 十二	4	4	仝上
儼山集 續集	一〇〇 一〇	二八 一－三二 三八－四〇 五六－六九 七四－八二 八六－九二 九七－一〇〇	69	17	仝上
迪功集 附談藝錄	一六	二 一－三	3	1	仝上
鄭少谷集	二五	十二 四－五 十一－十四	6	2	仝上
苑洛集	二三	一四 四－五、七－十四 乙卯購回卷六	51,10	41,6	仝上
東洲初稿	一四	十二 二－四 十 十三			仝上
升菴集	八一	三四 一－二四 二九－四八 七五－七六 乙卯購回 六〇 六六－七二	7,46	4,16	仝上

東巖集	六	三二—四	3	1	馀丁鈔
文簡集	五八	二二七—九 十八—四五	31	11	馀癸亥抄
小山類稿	二〇	八一—八 十一—十五 十九—二〇	15	6	馀丁抄
夢澤集	二三	八一—三 十三—十六	7	3	仝上
泰泉集	一〇	四乙卯補購 六—七	2	1	仝上
甫田集 附錄	三五 一	十二二七—二八	2	1	仝上
蘇門集	八	四一—四	4	2	仝上
遵巖集	二四	一四一—八	8	5	仝上
念菴集	二二	一六十七	1	1	仝上
南行集 東游集 北觀集(即上山集) 出中集	四 二 四 一〇	三北觀集 四卷	4	1	馀癸亥補鈔
洞麓堂集	十	八一 四—六 八—九	6	4	馀丁抄
具茨詩集 補遺 文集 補遺 附錄 遺稿	五 一 八 一 一 一	九 詩 一—三 文 二—六 遺全	9	5	丁鈔三冊 癸亥補抄附錄及遺稿共一冊

青霞集 年譜	十一 一	五 四—五	2	1	餘丁抄
滄溟集 附錄	三〇 一	一四 一—十二 二四—二五	14	6	仝上
楊忠愍公集 附錄	三 一	四 三	1	1	仝上
弇州四部稿 續稿	一七四 二〇七	一八八 一—三 九—十 三七—四六 五一—六十 六三—六六 八二—八三 一〇一—一一三 一一六—一一九 一二四—一五二 一五七—一六〇 一六三—一七四 續 —四八 六五—一六七 一七九—一九〇 一九三—二〇七 乙卯補購四部稿 六七—六九 一六一—一六二	5,280	2,139	仝上（原四九冊）
書後	八	四 乙卯購回 三—四	2	1	仝上（原四冊）
方麓集	十六	十二 一 六—七 九 十一—十六	10	6	餘丁抄
存家詩稿	八	三 一—二	2	1	餘乙卯抄
石洞集	一八	一二 一—二 七—八	13	8	餘丁抄
衡廬精舍藏稿 續稿	三〇 十一	二〇 一—九 十二—十三 一六—二一 二六—二八 三〇 續全	21	19	丁抄四冊癸亥補抄卷廿二一冊
震川文集 別集	三〇 一〇	一八 一—八 十三—二七 乙卯補購 一 七—八	3,33	1,9	餘丁抄
四溟集	一〇	六 一—三 乙卯補購 五	1,3	1;2	仝上
少室山房類稿	一二〇	二八 一—十一 五九—六二 六七—七三 八四—八五 九三—一〇〇 一一八—一二〇	35	8	仝上

宗伯集	一〇	八	七—一〇	2	2	餘丁抄
臨臯文集	四	四	二	1	1	餘癸亥抄
澹然軒集	八	八	六　八	2	2	餘丁抄
涇臯藏稿	二三	一〇	八—十一	4	2	仝上
馮少墟集	二二	十二	一　三—七　十三—二〇	14	9	仝上
石隱園藏稿	八	八	一—三　六　乙卯補購卷八	1,4	1,4	餘丁鈔（原四冊）
仰節堂集	一四	六	五—十三	7	3	餘丁抄
願學集	八	八	三　八　乙卯補購　二　四	2,2	2,2	仝上（原六冊）
劉蕺山集	一七	八	九—十七	8	4	餘丁抄
檀園集	十二	四	一—六　九—十二	10	3	仝上
范文忠集	十二	八	一—二　五　七—九　十一—十二　乙卯補購　三—四　六	3,8	2,5	仝上
孫白谷集	六	六	一	1	1	仝上
倪文貞集　續編　奏疏　講編　詩集	十七　十三　十二　四　二	十	七　九　十四—十七　續　奏　講　詩均全　乙卯補購　卷一—六　十二—十三	8,28	3,6	仝上　原四冊
陶庵全集	二三	八	五—十　十四—二三　乙卯補購	9,6	2,2	仝上（原六冊）

清聖祖文 初集 二集 三集 四集	四〇 五〇 五〇 三六	七二	初目錄全一—十五 二集二五—四五 三集四—十六 二五—五〇 四集 一九—二一 乙卯購回四集一—二 二八—三三	6,80	3,40	餘丁抄（原卅二冊）
清世宗文集	三〇	一〇	十九—三〇	12	5	餘丁鈔
清高宗文 初集 二集	三〇 四〇	一六	二集全	44	8	仝上
清高宗詩 初集 目錄 二集 目錄 三集 目錄 四集 目錄	四四 四 九〇 一〇 一〇〇 十二 一〇〇 十二	二二八	初一—八 十一—十二 二七—二八 二集一〇—一九 二九—三七 七五—八一 八六—八八 目錄六—一〇 三集一—十 二三—二五 四七—四九 五三—五五 六五—六七 七一 八六 九八—九九 目錄二、八 四集三 二二—二三 二九—三〇 三九—四二 四九 五五—五六 六〇 六八—七二 八二—八七 目錄一 九 乙卯補購 初集二九—三〇 四集一四 三七	4, 101	3, 65	仝上（原百五三冊）
梅村集	四〇	一六	一—三 九—四〇	35	14	餘丁抄
秉濟堂文集	二〇	一四	一 五—六 八	4	3	仝上
學餘堂文集 詩 外	五〇 二八 二	二三	文八—十一 詩一—二五 四〇—四八 乙卯補購 文十二—八 二三—二六	11,38	3,10	仝上（原十二冊）
林蕙堂集	二六	一八	一 三—四 七—十 十五—二六 乙卯補購 五—六 十三—十四	4,19	2,14	仝上（原四冊）
堯峯文鈔	五〇	一六	一 九—二八 三五—四〇 四六—五〇 乙卯補購 四一—四五	5,21	2,6	仝上（原十冊）
午亭文編	五〇	二二	一—四 十四—十八 二三—二六 三六—三七 四〇—四二	18	8	仝上

松桂堂全集 南淮集 延露詞	三七 三 三	十 一—八	8	2	餘丁抄
曝書亭集 附錄	八〇 一	二六 一—二一 三一—三三 四〇—四二 四九—五一 五八—七七	50	16	仝上
愚菴小集	一五	八 八 十一—十二	3	2	仝上
西河文集	一七九	六九 十二—十五 一九—三七 四五—四七 五一—五二 五六—五七 六〇—六三 六七—七一 七四—七五 七八—七九 九五—九九 一〇三—一〇四 一五二—一六八 乙卯補購 七—十一	5,79	1, 25	餘丁鈔（原四十四冊）
陳檢討四六	二〇	一〇 一—十四 十九—二〇	16	8	餘丁抄
蓮洋詩鈔	一〇	四 乙卯補購 四—七	4	1	仝上
張文貞集	十二	十二 八—一〇	3	3	仝上
西陂類稿	三九	十二 一—三 十二—十五	7	2	仝上
湛園集	八	八 三—四 六—七	4	3	仝上
古懽堂集 附黔書 長河志籍考	三七 二 一〇	一六 七—八 一七—三二 四〇—四四 乙卯補購 一四—一六 四五—四九	8,23	2,7	仝上（原九冊）
榕村集	四〇	一八 一—十二 三一—三二 乙卯補購 三三—三五	1,13	1,7	仝上（原十一冊）
三魚堂文集 外集 附錄	十二 六 一	十四 四—六 八—十二 外集全	13	8	仝上（四冊）

懷清堂集	二〇	八三—七 十二—十四 十九—二〇	9	4	餘丁抄
因園集	十三	六一—二 十二—十三	4	2	仝上
二希堂文集	十一	六二—十一	10	5	仝上
敬業堂集	五〇	二八 二—三 五—六 十一—二一 二五— 三〇 三 八 四一—四二 四九—五〇 乙卯補購 一 三一—三二 三五—三七	6, 26	3, 15	仝上
望溪集	八	五三—五	3	2	仝上
存硯樓集	一六	一四三—七 十一 十五	6	8	仝上（原八冊）
香屑集	一八	八三—四 十二—十三	4	2	餘丁抄
鹿洲初集	二〇	十二五—七 十二 十五—十七 乙卯補購 一—四 八	5,7	3,4	仝上（原八冊）
樊榭山房集 續集	一〇 一〇	一〇七—八	2	1	餘丁抄
松泉詩文集	二〇 二六	一八二—四 九—十二 十九—二〇	9	4	仝上
總集 文選註	一〇	三三—十五 二一—二二 乙卯補購 一九—二〇 五八—六〇	5,17	2,6	餘丁抄（原十六冊）
六臣註文選	六〇	四七三—五 九—十 十二—二十 四一 四七乙卯補購 四九—五〇 二四	1,18	1,14	仝上（原卅二冊）
文選顏鮑謝詩評	四	二三—四	2	1	餘丁抄
玉臺新詠考異	一〇	四四—五	2	1	仝上

河岳英靈集	三	二乙卯補購卷中下	2	1	餘丁抄
松陵集	一〇	四四—五	2	1	仝上
二皇甫集	七	二一—三	3	1	仝上
古文苑	廿一	六四—六 十八—廿一	8	2	仝上
文苑英華	一〇〇〇	二九三 五七—六三 八五—九〇 一〇〇—六 一三四—一三六 一五五—一六三 一六七—一六九 二〇三—二〇五 二四二—二四四 二五一—二七三 二七九—二九三 二九七—三二三 三二七—三三五 三三九—三四一 三五〇—三七一 三七八—三八一 三八四—三八六 四七三—四七六 五四七—五五〇 六〇一—六〇四 六三一—六四〇 六四六—六四八 六五四—六六一 六七二—六七五 六七九—六九二 七〇六—七〇八 七五二—七五五 七七六—七八一 七八六—七八八 七九二—七九四 八〇三—八〇五 八三八—八四〇 八五三—八六〇 八九二—八九五 乙卯補購：三七五—三七七 三八七—三八九 四五一—四五四 六四一—六四五 六四九—六五三 六六二—六六四 七八九—七九一 八二六—八二九 九七九—九八二 九八七—九九〇 九九四—九九七	42, 236	11, 73	仝上（原二三〇冊）
唐文粹	一〇〇	一—三 六—十二 五一—五四 六三 四八—六四 六七—八四 八七—九〇 九	4,41	2,19	餘丁抄（原廿九冊）

同文館唱和詩	一〇	二	六—十 三—九七 乙卯補購 五七—五八 六五—六六	5	1	餘丁抄
唐百家詩選	二〇	八	八—十 乙卯補購 十五—十七	3,3	1,1	餘丁抄(原七冊)
會稽掇英總集	二〇	八	九—十六	8	3	餘丁抄
清江三孔集	三〇	一六	一—五 一六—二〇 二四—二七	14	7	仝上
二程文集 附錄	十三 二	六	七—八	2	1	仝上
宋文選	三二	一六	三—五 十七—三二	19	10	仝上(原六冊)
樂府詩集	一〇〇	三二	一—二二 三〇—四〇 四四—四六 八〇—八四 八八—一〇〇	55	18	餘丁抄
宋文鑑	一五〇	六六	一六—二七 三一—三八 四一—四二 八六—一〇〇 一一三—一一五 一二八—一二九 一三八—一五〇 乙卯補購 五五—五七 一〇八—一一〇	6,55	22,4	仝上(原四十二冊)
古文關鍵	二	二	卷上	1	1	餘丁抄
五百家播芳大全文粹	一一〇	六六	卷一中—三下 五 八 十一—十五 一八—一九 二三 二六—三六 三八 —三九 四三—五四 五六—六四 八六 七—八一 九三—九五 一〇七—一〇八 乙卯補購 卷六上中下 九—十 廿三年十二月購回卷一上卷七上	2,3,200	2,2,44	仝上(原廿二冊)
崇古文訣	三五	十二	一—三 七—二五 二八—三二	27	9	

成都文類	五〇	二四 一—七 一四—一六六 二三 四九—五〇 乙卯補購 十一—十二	2,13	1,6	徐丁抄（原十八冊）
文章正宗續集	一九 二四	四〇 目錄全 一—四 八—十三 一五—一九 續卷十及廿四 乙卯補購正宗 五 續十七	2 18	2,18	徐丁抄（原廿二冊）
天台前集 前集別編 續集 續集別編	三一三六	八 前集卷下 續集兩別編俱全	11	5	徐丁抄
赤城集	一八	八 一—三 七—八 十一—十二 廿三年五月購回卷十三—十六	4,7	2,3	仝上（原五冊）
江湖小集	九五	二八 一—三 五七—五八 六二—六九 七四—九四	34	9	徐丁抄
江湖後集	二四	十二 五—六 九—十 一五—二二	12	6	仝上
三體唐詩	六	三 一 二 五—六	4	2	仝上
論學繩尺	一〇	一〇 三 五—八	5	5	仝上
古文集成前集	七八	二〇 一—二一 三一—三三 三七—四〇 六三—七八	34	11	徐癸亥補
文選補遺	四〇	二六 一—六 八—九 三二—三六	13	9	徐丁抄
蘇門六君子文粹	七〇	二二 七—三四 三九—四五 五〇—五五 五九—六一	24	7	仝上
三國文類	六〇	一四 一—一四 二三—三五 四七—五一 五五 五六—六〇	37	8	仝上
增註唐策	一〇	五 五—六	2	1	仝上

兩宋名賢小集	三八〇	七六 一—四一 五四—六〇 八二—八五 九七—一七四 二一七—二二九 二三九—二四八 二五八—二六七 二七一—二八七 二九五—三〇八 三三六—三六八 廿三年十月購回卷三七六	1,227	1, 42	乙卯補鈔卷：一八六—一八八 二三〇—二三八 二四九—二五三 共二冊 餘癸亥補抄足
中州集 附中州樂府	一〇 一	一〇 二五 七—二〇 樂府全 乙卯補購 三—六	4,6	2,6	餘丁抄(原四冊)
二妙集	八	三 一—三	3	1	餘丁抄
瀛奎律髓	四九	二〇 四—五 一〇—十一 一七—三二 乙卯補購 十二—十四 四一—四七	10,23	4,10	仝上(原十冊)
天下同文集	四四	五 九—十九	11	1	餘丁抄
古賦辯體 外集	八 二	五 一—二	2	1	仝上
宛陵羣英集	十二	四 十—十二	3	1	仝上
元文類 目錄	七〇 三	四八 一—十三 二〇—二一 三四—三七 五〇—五九 六八—六九	31	29	仝上
唐音	十四	七 二 四—五 乙卯補購	2,1	1,1	仝上(原六冊)
玉山名勝集 外集	八 一	六 存外集 乙卯購 四—七	4,1	4,1	仝上(原五冊)
草堂雅集	十三	八 一—二 六—七	4	2	仝上(六冊)
唐詩品彙 拾遺	九〇 一〇	二六 一—八〇 八六—九〇 拾遺全	95	25	餘丁抄
明文衡	一〇〇	三四 一—五六 六〇—六八 七二—一〇〇	94	32	仝上

新安文獻志	一〇〇	四二	一|七七 九一|九六 九九|一〇〇	85	35	餘丁抄
文編	六四	四八	六|十二 一六|二九 三一 三四|四六	51	41	仝上
古詩紀 目錄三十二卷不計	一五六	五四	十三|一五六 目一|十二 乙卯購回目錄十三|十八 二四|三六	29,156	3, 47	餘丁鈔（原七冊）
全蜀藝文志	六四	三〇	一|二〇 二五|二八 三一|三二 三四|四四 五二|六四	51	23	餘丁鈔
古今詩刪	三四	十二	一|四 乙卯補購 二二|二三	2,4	1,1	仝上（原十一冊）
唐宋元名表	四	四	二	2	2	餘丁抄
文氏五家詩	一四	五	五|十一	7	3	仝上
宋藝圃集	二二	一四	三 七 十|十一	4	3	餘丁鈔
唐宋八大家文鈔	一六四	五三	七|九 二〇|二八 三一|三四 三八|四五 四九|五一 五八|八〇 八四|九二 九六|一二五 一二九|一四八	109	35	餘丁抄
吳都文萃續集 補遺	五六 一	三二	一|二 九|十 二五|二六 三一|三二 三六|四〇 四九 五一|五二 五五|五六 補遺仝 乙卯補購續集卷五|六	2,18	1,13	仝上（原十九冊）
石倉歷代詩選	五〇六	一七四	二三|二四 四〇|四九 五二|五六 五九|六四 一一四|一一六 一二六|一三一 一九一|二二〇 二五一|二五二 二七三|二七五 二八二|二八七 二九〇|二九一 三〇一|三二三 三二八|三三五 三六七|三六八 三八〇|三八九 四四七 四四九	2,136	1,48	丁抄十四冊 癸亥補抄二冊（五〇四至五〇六卷）

			｜四五一 四五七｜四五八 四六四｜四六七 四九九 五〇一 乙卯補購 二九四｜二九五			
四六法海	十二	十二	一｜九	9	9	餘丁鈔
西晉文紀	二〇	一八	一｜十五	15	14	仝上
宋文紀	一八	一六	七｜一八	12	10	仝上
梁文紀	十四	十二	一 五 一（｜十一 乙卯補購 四	1,4	1,4	仝上(原八冊)
陳文紀	八	八	一｜二 五｜六	·4	4	仝上
北齊文紀	三	二	二｜三	2	1	仝上
隋文紀	八	八	一 三 五 八	4	4	仝上
釋文紀	四五	四一	一｜三 十三 十五｜十七 十九｜三 十三二 三九 四二｜四三 乙卯補購 五	1,22	1,21	仝上(原廿冊)
文章辨體彙選	七八〇	二五三	一｜五六 五九｜九八 一〇四｜百十 一一二｜一一四 一二五｜一五四 一六五｜一七四 一八一｜一八四 一 九五｜二〇九 二一四｜二一五 二二 〇｜二二二 二二七｜二四〇 二四三 ｜二四四 二六二｜二八三 二九三｜二九四 三 〇三｜三〇四 三一一｜三一三 三二 四｜三四一 三四六｜三五〇 三八九 ｜三九〇 三九四｜四三〇 四一六｜ 四一七 四二一｜四二六 四四五｜四 四七 四五一｜四九五 四六五｜四七	41,405	11,133	丁氏補鈔一二〇冊

					一 四七六｜四七九 四八五｜四八八 四九九｜五〇三 五〇六｜五〇七 五一三｜五一五 五一八｜五二〇 五 四三｜五七二 五九一｜六二〇 六六 八｜六七二 六七五｜六八七 九九｜ ｜七〇二 七〇五｜七二二 七二六｜ 七二八 七七九｜七八〇 乙卯補購 一七五｜一八〇 二九八｜ 三 〇 四二九｜四四二 四七二｜四 七五 五二四｜五二七 五四〇｜五四 二 五七七｜五七九 六五一｜六五四			
		古詩鏡 唐詩鏡	三六 五四	二四	古一｜九 唐十八｜三二 四六｜五四	33	10	餘丁鈔
		漢魏六朝一百三家集	一一八	九〇	一｜二七 三一｜三三 四三｜四四 四六｜四八 五〇 五六 五八 六〇｜七六 九一｜一〇三 一〇五｜一一一上 乙卯補購 三四	1,149	1, 65	仝上(原廿五册)
		古文淵鑑	六四	五四	五｜六 八 十一 十三 二三｜三〇 四八｜四九 五二 乙卯補購 一｜二 十五 五三｜五四 五八	6,16	1,13	餘丁鈔(原四一册)
		歷代賦彙 外集 逸句 補遺	一四〇 二〇 二 二三	一二〇	七｜十 一四｜一八 三二 三七｜三 八 六八｜八〇 九七｜九八 一二九 ｜一三〇 外集目錄全 一 四｜七 一八｜一九 補遺目錄全 一 三｜五 七｜十四 ｜七｜十八 二一｜二二 乙卯補購 四五｜四六 八三｜八四 八九｜九〇	6,51	3,37	仝上(原八三册)

全唐詩	九〇〇	二五六	二二—二四 二九—三四 六三—七〇 七六—九〇 一二六—一二八 一七一—一七五 一八八—一九八 二〇二—二[illegible]六 二四一—二四四 二四九—二五〇 二五七—二六八 二八二—二八三 三〇九—三一六 三一八—三三三 三三六—三三九 三四二—三四三 三五三—三五四 三六四—三六九 三九八—四〇一 四〇八—四一四 四二七—四二八 四三〇—四三二 四三四—四三五 四三七—四三八 四四〇—四四二 四四五—四四九 四五二—四五六 四六九—四七四 五一一—五一四 五四一 五五四—六〇〇 六〇六—六一五 六五四—六五六 六六三—六八一 七一七—七四七 七五八—七八四 七九一—八五二 八五四—八六五 八七五—九〇〇 乙卯補購 一—三 二〇—二一 二七—二八 四五—四八 三九四—三九七 四四三—四四四 四九三—四九八 五一五—五一九	28,384	9,115	癸亥補卷三〇五—三〇八（二冊） 餘丁氏補鈔共一三九冊
全金詩	七四	四〇	四三—四 五九—七二	12	12	餘丁鈔
四朝詩	三一二（姓名爵里併記）	現存二三二冊	宋姓名爵里全 一—四二 四四—四七 六三 六九 七一 七三—七八 金詩全 元詩姓名爵里全 十一 一四—一六 一八—二一 二五 二七 三〇—三九 四一—四五 明詩 四九—五〇 五三—五八 七三—八四 百五—百六 一一一—一一八 乙卯補購宋 六內詩 六六 元詩 二	8,479	6,106	餘丁氏補鈔一二六冊 倘缺元詩末卷（第八一卷）及明詩末八卷（一二一—一二八）待補

			八 ｜一二〇 六八 明詩 五一｜五二 一一九			
佩文齋詠物詩選	四八六	七一	一｜三七 四三｜一六〇 一六八｜二 三二 二三五｜二三七 二一｜二四 三 二五三｜二七六 二八九｜三三七 三五八｜四三六	278	56	餘丁抄
歷代題畫詩類	一二〇	三八	一｜六〇 一〇三｜一二〇	78	25	仝上
唐詩附錄	三二 三	三二	一六｜二三	8	7	仝上
千叟宴詩	四	二	一｜二	2	1	仝上
明文海	四八二	二〇八	五八｜六五 七五｜九四 一一一｜一六｜一 三八 一四二｜一四四 一四九｜一五 〇 一五五｜一五八 一六四｜二二一 二八五｜三一五 三三四｜三六八 三七一｜三七八 四〇三｜四二六 四 二九｜四三三 四三六｜四四九 四五 六｜四八〇 乙卯補購 一五一｜一五二	2,260	1,117	餘丁抄（原九一、冊）
唐宋詩醇	四七	二八	一七 二〇｜二三 乙卯補購 十一｜十二	2,5	1,3	餘丁抄（原廿五冊）
清文穎	一二四	六八	目錄一｜二 卷首一｜九 十二｜十四 一｜三 七｜八 十三｜十四 二九｜ 四二 五一｜八六 八九｜九〇 九五	85	44	餘丁抄
四書文	四一	三二	明文全 清文卷 一｜七	7	25	仝上
千叟宴詩	三六	三五	卷首全 一｜十七 二一 二三 二五 二七｜三六	30	29	仝上
明詩綜	一〇〇	五〇	三〇｜三一 四四｜四五 八四｜八七 乙卯補購 十六｜十七 九四｜一〇〇	9,8	3,3	仝上（原四十七冊）

宋詩鈔	一二〇	五〇	五—八　一九　六一—七二　七七—七八　八一—八二　八八—八九　九二—九五　一〇四—一〇六　乙卯補購卷十三—十六　二五—二六	6,30	3,16	癸亥補抄二冊（卷二十）餘丁氏補鈔（原共三十四冊）
宋元詩會	一〇〇	五〇	一五—一八　二一—二二　三一—三四　三九—四〇　四七—四八　五一—五四　五七—七〇　七三—七四　七九—八〇　八九—九二　九五—一〇〇　乙卯補購　四一—四二　七一—七二　七七—七八	6,46	3,23	餘丁鈔（原廿七冊）
粵西詩載 文載 叢載	二五 七五 三〇	八二	詩載　三—四　九—十一　一四—一五　二〇—二五　文載　九—一七　二七—三七　五二—六二　叢載仝　乙卯補購　詩載　十—十八	2,44	1,45	仝上（原卅七冊）
元詩選 卷首 初集 二集 三集	一 六八 二六 一六	八六	初一—二三　四九　五〇—五六　六四　二集　十一—十八　三集卷九　乙卯補購　初四二—四三　五〇—五一　三集　八　一九　三集　一　十	6,41	6,27	餘丁抄（原五九冊）
全唐詩錄	一〇〇	五四	一　三—四　五五—七〇　九七　乙卯補購　九—十　十三	3,20	2,11	餘丁鈔（原四三冊）
甬上耆舊詩	三〇	一八	十四　十九—二一　二四—三〇　乙卯補購　七　九—十三	6,10	3, 6	仝上（原十二冊）
檇李詩繫	四二	三〇	六　十一—十二　十五—十八　二一—二二　二五—二六　二九—四二　乙卯補購　四—五	2,25	2,16	仝上（原十四冊）
古文雅正	十四	十二	八—十　十三　十四	5	4	餘丁鈔
鄱陽五家集	十五	八	四—五　十四—十五	4	2	仝上

	南宋雜事詩	七	四 二—三	2	1	餘丁抄
	宋百家詩存	四〇	三六 一—八 十—十四 一六—二五 二八 三〇 三四 三六—四〇 乙卯補購 二七	1,25	1,22	餘丁鈔（原十四冊）
文評	文心雕龍	一〇	四 四—一〇	7	3	餘丁抄
	文心雕龍輯注	一〇	四 三—四	2	1	仝上
	詩話總龜前後集	四八 五〇	二四 前一—三 十一—十三 後三六—五〇	21	5	仝上
	韵語陽秋	二〇	六 一—三	3	1	仝上
	唐詩紀事	八一	三〇 一—六 十三—十八 三五—三七 四七—四九 七四—七七 乙卯補購 二七—二八	2,25	1, 7	仝上（原廿三冊）
	苕溪漁隱叢話前後集	六〇 四〇	二二 前五—一八 五六—六〇	20	4	餘丁抄
	詩人玉屑	二〇	一〇 三—五 一四—一八 乙補購 一九—二〇	2,8	1,5	餘丁鈔（原五冊）
	後村詩話前後續新集	二二四六	五 新全 乙卯購回前集二卷	2,6	2,2	仝上（原三冊）
	荆溪林下偶談	四	二 一—二	2	1	餘丁鈔
	竹莊詩話	二四	八 七—八	2	1	餘癸亥補抄
	詩林廣記前後集	一〇 一〇	八 後一—三	3	1	餘丁鈔

唐音癸籤	三三	八	一—七　二七—三三	14	4	餘丁抄
歷代詩話	八〇	三六	十八—二〇　三一—三六　四七—四八 五二—五三　五八　六四—六七 七〇—七一　七四—七六 乙卯補購：三七—三九　六一—六三	6,22	3,12	仝上(原廿四册)
漁洋詩話	三	三	卷上	1	1	仝上
宋詩紀事	一〇〇	六四	總目一册　一—六　十九　二三　三五 —三六　四一—四二　四五—四六 六六　六八—七三　八一　八七—八九 九一—九三　九八—一〇〇 乙卯補購　七—十三　二〇　三七—三八 六一—六二　六七　七四—七五 八〇　八二—八四	11,30	12,22	仝上(原四二册)
全閩詩話	十二	十二	二—三　五　九	4	4	餘丁鈔
五代詩話	十	八	二　五—六　八	4	3	仝上
詞曲類						
樂府雅詞 補遺	三 一	四	卷下	1	1	仝上
花菴詞選	二〇	八	前集一—二　後集三—四	4	2	餘丁抄
類編草堂詩餘	四	四	三	1	1	仝上
絕妙好詞箋	七	四	乙卯購回原鈔卷一	1	1	仝上
花草粹編 附錄	二三 一	二二	二—三　五　十三—十五 十七—十八	8	7	仝上

歷代詩餘	一二〇	八六	九—十　十二　十五—十七　二六—二七　二九　三一—三二　三五—三八　四一　五五—五六　五八　六三　六五　七五—七六　八七—九二　一一九　一二〇　乙卯購回　二〇　二三　二五	3,31	3,24	餘丁抄（原六二冊）
詞綜	三六	一四	二六—三一　乙卯購回　六—八　二三—二五	6,6	2,2	餘丁鈔（原十二冊）
十五家詞	三七	一四	一—九　十三—十五　乙卯購回　十九—二〇	2,12	1, 5	仝上（原廿二冊）
詞苑叢談	十二	六	九	1	1	餘丁鈔
詞譜	四〇	二二	一〇—一二　二五—二八　三五	8	5	仝上
詞律	二〇	十二	五—十三	9	4	仝上

補遺

集　別集　庾開府集箋注	一六	一四	乙卯購回　卷二	1	1	餘丁抄
曲江集	二〇	四	同上　卷十一—十五	5	1	仝上
九家集注杜詩	三六	一八	同上　卷十九	1	1	仝上
韋蘇州集	一〇	四	同上　四—六	3	1	仝上
廣成集	一二	四	同上　四—六	3	1	仝上
庸齋集	六	三	同上　三—四	2	1	餘癸亥抄參「補鈔文瀾闕簡紀錄紀」

(附錄五)丁氏補鈔後閣書重佚表

易雅箋宗各一卷　見壬子閣目一頁第五
易圖通變　見同上頁六
尙書疑義卷六　同上頁十五
春秋傳說彙纂　卷一—二四　廿四册　頁三十
黃氏日鈔　卷十九—二七　六八　七一　參閱閣目四及補
鈔文瀾閣闕簡紀錄
本草綱目　四十三至五十六　及圖三册　詳閣目三頁十七
佩文韻府　一百五之一　閣目三頁五六
湖山集　一—四卷　閣目四頁二五
止堂集　十九—二〇卷　同上頁二九
慈湖遺書續集二卷　同上
吳文正集　卷五十一　二　同上頁四三
鐵厓古樂府補　同上頁五三
王常宗集　補遺一卷續補遺一卷　同上頁五六
臨安集　卷六　同上
艸閣集六卷　同上頁五七
海叟集外詩一卷　同上　頁五八
唐愚士會稽懷古詩一卷　同上　五八
貞白遺稿附顯忠錄二卷　同上頁五九
類博稿　附錄二卷　同上頁六二
具茨詩集補遺　文集補遺　附錄合三卷　同上　頁六九
小辨齋偶存附事定錄　三卷　同上　頁七二
元風雅　前集　七—一二　後集　一—三　七—十二／共十四卷　同上頁八六
全唐詩　卷三〇五—三〇八　四卷　同上頁九三
四朝詩　元詩末卷　明詩末八卷　共九卷　同上頁九〇
于湖詞第三卷　同上頁一〇四

(附錄六)本篇參考書目舉要

1 四庫全書總目提要
2 文瀾閣志　孫清峻　孫樹禮編　三册
3 文瀾閣四庫闕簡紀錄記　周慶雲編
4 文瀾閣嘉慶舊目

5 武林藏書錄　清丁申撰
6 清高宗御製詩集　一至五集
7 清高宗御製文集
8 北平故宮博物院圖書館概況　民國二十年十月印本
9 國立北平圖書館概況　民二十年六月印
10 浙江圖書館年報一至十一期
11 浙江省立圖書館館報一—六期
12 重修兩浙鹽法志　清嘉慶阮元修
13 宜堂類編(丁松生年譜在內)
14 汪容甫先生年譜
15 八千卷樓書目序跋
16 錢艫香先生筆記　載人文月刊二卷第七期至三卷第八期
17 覆瓿集　清南匯張文虎撰
18 四庫全書答問　民國任松如著
19 浙江省立圖書館檔案
20 壬子所存文瀾閣目　錢恂編　及閣目補　章箴編
21 文瀾閣目索引　楊立誠編
22 四部備要增輯緣起　桐鄉陸費逵著中華書局本
23 乾隆嘉慶兩朝東華錄
24 書談　吳興周越然著　小說月報二十二卷五　六　七號
25 中華圖書館協會會報　五卷一　二期
26 國學圖書館小史
27 松軒書錄　江蘇省立圖書館第三年刊
28 藏園羣書題記　江安傅增湘著
29 評影印四庫全書未刊本草目　冷廬主人　國聞周報十卷卅六期
30 影印四庫全書未刊本草目簽注　陳垣著　二十二年九月五日　北平晨報副刊　北晨學園
31 譚文勤公奏稿　清譚鍾麟著
32 乾隆杭州府志
33 光緒杭州府志
34 圖書館學季刊　一卷第一至四期
35 中華圖書館協會會報　第四卷三—四期　七卷二期(京師圖書館迴廳錄)
36 四庫全書纂修考跋　金梁　東方雜志　廿一卷第九期補白

37 東北叢刊　第六期
38 四庫全書表文箋釋　林鶴年著
39 清史稿
40 清史列傳
41 清代通史
42 耆獻類徵
43 國朝先正事略
44 正續碑傳集
45 碑傳集補
46 四庫全書總目及未收書目引得序　洪業著
民二十年燕京大學圖書館出版
47 善本書室藏書志序及附錄
48 冷廬雜識　清陸以湉著
49 清類稗鈔　民國徐珂編
50 清通考及續清文獻通考
51 清會典
52 南省公餘錄　清梁章鉅著

53 定香亭筆談　清阮元著
浙江官書局本
54 榆巢雜識　清趙遵路著　筆記小說大觀第四輯本
55 春冰室野乘　清李孟符著
56 詁經精舍文集
57 紀文達公全集　清紀昀著
58 揅經室集　清阮元著
59 恩餘堂集　清彭元瑞著
60 四庫全書　鄭鶴聲著
民二十二年南京鍾山書店出版
61 樂善錄　清丁丙編
62 四庫大辭典　近人楊家駱著
63 甘泉鄉人稿　清錢泰吉
64 天津大公報文學副刊
65 紀曉嵐先生年譜　近人王蘭蔭著
北平師範大學月刊第六期
66 伏敔堂集　清江湜著
67 文宗閣四庫全書裝函清冊四卷　見書目長編及北海圖書館目（此書未見）
68 抄本丁氏濟陽家集　清丁丙編
69 善本書室藏書志附錄

浙江文瀾閣賦

江蘇海門周家祿

乾隆四十七年，欽定四庫全書成，高宗純皇帝特命如內廷四閣例，分繕全袠，頒儲江浙二省；於是江蘇建閣二：在鎭江金山者曰文宗，在揚州大觀堂者曰文匯；而浙江文瀾閣則建於杭州西湖。煙霞隩區，文章藪澤，偉矣哉！鰤生客游，敢獻賦曰：

粵若稽古高宗，東闢華紐，西靡安敦；南狠朧而列郡，北鄂羅而開屯；既惟揚我武烈，復疇咨予儒臣，輯全書爲四庫，宏大雅以千春；於是熹平石經，則國學勒貞珉焉；永樂大典，則武英儲聚珍焉；圖書集成，則諸子百家荷陶甄焉；佩文韻府，則四聲九紐得和均焉；繙譯五經，則北魏國語之合音，於是討論焉；淵鑑類函，則太平御覽之隸事於是諏詢焉；蓋向歆舊錄，既析其部爲經史子集，則祿渠新構，又焉得不廣其儲於淵溯源津；然而禹穴龍威之簡，吳宮雞次之篇，陽曜陰藏，金天之遂宇；珠連璧合。奎府之右躔。自非衡陽大藩，孰能窺其祕籥？河間貴胄，莫由啓其旁鍵。徒令河內壞屋之家，規摹書而疑似，汲郡好古之士，撫竹紀而茫然。公羊大師，忱學海而莫窮其際，長楊詞客，覬經郛而罕涉其顚；此殊方下士，誦提要一書，所爲懷鉛而太息，握槧而流連者也。且夫不遇重熙累洽之朝，無由瞻列聖之文治也，不逢參乾兩離之運，無以舉遐陬之文事也；純皇帝以杭郡負海涵青，倚山蓄翠，竹箭隕籜，西漢會稽之上都；元蓋停雲，東晉謝安所游憩；有明聖之舊湖，占臨安之勝地，其地則霓態春融，煙姿秋媚，夏雨而清浥荷心，冬雪而香蘇梅意；雖風景之殊常，奈雅音之莫嗣；故湖乾隆四十七年以前，周西湖三十餘里之閒，而未有盛事可記。俄而黃帝合符，重華省方，輯諸侯之圭璧，頒天府之琳琅；江漢朝宗，榜揭金山之寺，滄浪東匯，標題揚州之堂；惟茲湖之巨浸，有大波之容光，廣陵觀濤，旁分乎墨瀋，斗魁分野，工應乎文昌；允宜崇飾樓觀，大庇縹緗，鍍雲鏤霞，九邑營其土木，冕日藻月，十郡蔚其冠裳；將使金牛出沒之淵，回精靈於龕赭；泥馬駐蹕之域，聳瑰觀於錢塘。蓋睎其外，僅千門之籠曜，而瞰其中，已萬軸之騰芳矣。夫其篇篇靈蛇之珠，字字隨侯之璧；芳瑛駢組，傾崐圃而裁箋，纙貝連絲，網珊林而授策。光射南斗，儒林文人所鈔藏，紙貴東都，諸生祭酒所紬繹；都其數：六千三百六十有三函，析其編：三萬六千三百有七冊；雖復刊名寶笈，饒范懋柱之賜書；綴錄珠林，盛子敏中之獻袠；要之文命之朝，無取私家之籍；故使浙江細瀆，揚雲漢之波濤，折水涓流，灑大河之潤澤，閣名文瀾，稱其實已。自貪狠扇欻於東南，封豕荐食於吳粵，嬴火再燔，天弧不伐，燒城赤舌，灰蠹簡於春颸，照野朱眉，燼蟫篇於秋月；遂令百城坐摧，六籍淪沒，井藻自落，羽陵之觴會希逢，蒼鏵空搖，孔壁之金絲暫歇；黃魔使者，委枕祕於鱗堂，絳帳生徒，泣弧編於虎窟；斯亦志士聞而欷歔，游侶迸而叱咄者也。皇上紹聞宗祖，纘蹟云亭，洛出河浮，契高文於穹顥；金磨石泐，搜斷畫於璧瓴；永平典學之年，臨雍講義；空同問道之歲，當膳諏經。方當訪宛委之舊藏，絳囊集雨，修永徽之故事，翠軸攢星。聞之耀珠采於媚川，則驪龍幨寐，陳金奏於廣莫，則鑽馬聳聽。方今聖學晦昧，異說紛熒，惟經史子集之在天壤，若日月星辰之燭幽冥，斯閣霧闢昕啓，雲軒夕扃，炳丹綠之奇氣，流積素之芳馨；巋然獨存，峙靈光於千載，大哉不朽，齊聖壽以億齡。又何止炎漢舊規，咸陽侈靈臺之頌，吳都佳氣，孝穆撰太極之銘而已哉？

（此賦不見文瀾閣志，承江蘇國學圖王煥鑣先生錄示，亟刊于此，並道謝焉。編者識）

文淵閣藏書全景後記

朱啟鈐

民國九年，啟鈐奉東海徐公之命，董景印四庫全書之役；是時文淵，文津，文溯所庋三本，皆萃於燕京，檢校故甚便也。范靜生源廉適長教部，主持傳寫尤力，徐公納海內士大夫之議，以教令宣告景印四庫若干部，公諸世界。其詞曰：

四庫全書爲我國最鉅典籍，名播海外，迄今百載，前之分存七部，僅餘其三，既有日卽淪散之虞，而承學之儔，亦未由得資沾溉。中外人士多有以印行爲請者，自應設法仿印，以廣流傳，而垂久遠。茲據教育部呈請籌欵付印，應特派專員主持其事，著派朱啟鈐督理印行四庫全書事宜，卽行會商主管各部，擬定辦法，迅速從事，以副本大總統闡揚文化之至意。

歐戰告終，美故總統威爾遜倡民族自決主義，和平之聲充塞寰宇，歐陸士流追惆戰禍創夷之鉅，亦頗歆慕東土禮讓之風。法故總揆班樂衞者，素尙儒術，尤以溝通中西文化爲己任；先是葉玉甫恭綽銜命赴歐，與彼都人士壇坫相接，協議於巴黎大學設中國學院。黔人韓汝甲爲譯學館及門高材，介其辭於兩國之間，擬借用四庫全書之議，列舉十四端，騰爲書說。是時和會方開，萬方冠蓋，鱗萃法京，梁任公，蔡子民，汪精衞，李石曾諸君旅游同集，迭相倡和，班氏遂以九年五月來聘，歷訪朝野，親加商榷，爰定由我國刋印全書，而以三部贈諸法國。未幾，遂由巴黎大學贈奉徐公以名譽博士，蓋文化互通，其途愈密矣。

徐公既受巴黎大學之贈，命啟鈐代表使法，接受便道，周歷英、意、比、美、日各邦，考察印書事宜。出國時，以文淵閣藏書內景製彩色版十二幅，裝璜成册，投贈各國皇室學府，用作羔雁。彼中學者，豔聞乾隆四庫之名，而不知充棟之量數，以爲不過如彼邦之百科全書，得之可以囊括無遺。偶舉全書之卷數，册數，字數，又示以圖中部居，乃憬然知非斗室插架可容之物，皆舌橋不敢復問鼎之輕重。啟鈐遍歷諸邦，訪問最巨之圖書館，其結構皆不能容此巨製，豈能令世人得此書者，俱建天一閣以貯之耶！私衷竊慮，空言景印，殊非易易。歸而陳之政府，徵集專家，折衷討論，大率區爲景印、縮印、選印三端。景印則製版一如原本，朱闌墨字，不失故型，篇幅既多，不惟紙不足用，工事亦非曠日至十年以上不辦。僅印百部，由官設廠，估值約需二百萬。縮印則具體而微，可由商家承印，所費約當景印之半。選印則於四部中，擇其罕見之本，印製別行，彌爲合理，而不獲全璧，又恐無以饜人望。他若金君息侯主重校；邵君次公主續編；學人所見，尤持之有故，發言盈廷，政局旋變，而事遂中寢。然擬議及之者，仍未稍輟。十一年葉君出長交通，猶聞建議撥郵政餘欵若干萬以充印本也。繼前議而進者，則商務印書館與敎育部主之。商務印書館嘗述其經過略曰：

民國十三年，敝館爲籌備開業三十週年紀念，呈請政府借印文淵閣四庫全書，既擬具計劃，經政府批准，並已由敝館點裝三分之一，忽奉公府秘書處公函阻止裝運，事因中止。

十四年續奉政府明令，改將文津閣全書點交敝館景印，敎育部簽訂合同，全書裝點完畢。正擬請撥專車起運，適戰事發生交通阻滯延至十五年秋，敝館呈請照約起運，事又中變，簽約無效。是後，文溯全書運回東省，未幾而有校印之議，計劃未定，而瀋陽失陷，全書遂入滿鐵圖書館。乾隆成書七部，僅存文淵、文津、文溯、三部，全書今又去其一矣。二十二年熱河被侵，北平震動，文淵全書既隨古物南移，於是敎育部復有選印四庫珍本及委托敝館景印之議。其選印之旨，以四庫全書中已有單行印本者甚多，茲爲節省經費易於實現起見，擬將其中向未付印或已絕版之珍本約八九百種付印。規定將文淵閣四庫未刊珍本縮成小六開本，印成一千五百部，每部九萬葉，限二年內出齊。由部聘專家十五人，編訂四庫全書珍本初集目錄，選書二百三十一種，增加二萬餘葉，分裝約二千册，十餘年來中外所期待敝館所經營者，至此始得實現。

善夫張君菊生，引曹石倉之言曰：「釋道兩家皆能集刻藏經，惟我儒家獨無此舉。」今釋藏道藏皆景印出版，儒若有藏，必推是書，頗欲爲石倉一彌此憾。故全書雖不能徧及，而珍本別行，世人亦可嘗鼎一臠。要使吾國盛時文物，猶得傳諸人寰，撫時感事，有足令人悲喜交集者矣。迴溯刱議之始，以迄於今，已十五寒暑，啟鈐受命之際，心知其難，百折千迴，卒有今日。其中委曲所知獨多，述其遺佚，亦後世嘉話之資也。昔聞范靜生言，文津之運京，發端於清末張文襄之管學部時，傅君沅叔與靜生承命籌設京師圖書館，移內閣大庫書以實之。內閣大庫書者，卽前明文淵閣之遺錄也，文津全書裝箱未及起運，而值辛亥鼎革，內務府梗其議，爲中止。至民國二年，啟鈐掌內務部，始與熱河避暑山莊諸物移運俱來，置之國子監中。靜生時長教育，猶援文襄舊案以請也。迨景印四庫之說興，靜生、沅叔、菊生集議，初擬採用文津本，以其庋於宮外，便於取攜；又傳聞仁宗幸避暑山莊，頗有補訂，故文瀾補鈔，取給於是。民國十年，郭君世五參與印書計議，所印樣本亦取焉。

文溯一本，繕寫時訛奪最甚，故陸耳山有兩次赴奉校正之役。民國二年，啟鈐主議與奉天行宮古物併運入關，庋存保和殿中。民國十五年，奉軍將領索回奉熱行宮古物不遂，乃先捆載此書以去。未幾，議在瀋陽景印，金息侯主之，經變不果。

文淵閣在大內文華殿之後，鼎革以後，猶司於內務府，四庫正本庋焉。民國六年，陳君援庵發願親手檢點全書卷數、葉數、字數，費十餘月之心力，逐卷抖擻，發見闕佚不少，援庵別有記注，此舉極有裨於印工之估計。援庵後預故宮清查之役，又將歷朝調取別庋之書歸還入閣，其功誠不可沒。此次古物南遷，權寄滬庫，石渠寶笈，廣內尊藏，遂與文瀾刦灰所遺同作江表靈光矣。今之選印傳布天壤者，仍爲此本，而文津、文溯曾經擬議，終不得預，豈非若有數存也。

文淵始建甲於七閣，事在乾隆三十九年，見高宗御製碑文。閣制規仿范氏天一閣，然占地不廣，閣前濬池，引金水東繞，出橋之左，疊石植樹，逾嫌偪仄，遠不如圓明園之文源、避暑山莊之文津，山池曠秀，適合范家景物。文瀾、文宗、文匯，皆在南土，取則不遠，當時規制，略可推知，而文溯在奉天行宮，因陋就簡，彌不足稱。啓鈐閒嘗徵集內廷營繕圖案，與天一閣現存結構比較，令營造學社諸生實測，文淵閣眞型，南北異宜，頗有變通。閣爲六間，實則割取半間爲胡梯，乃止五間有半，至高下深度，及書廚數目，皆積六成數，亦未盡合，梁君思成，劉君士能，並爲之考證疏說焉。

民國二十年，新建國立北平圖書館，爲北方最鉅文庫，文津全書庋存其中，因錫名元隆福宮舊址曰文津街，意至深美，惜規畫建築時，未能別構一樓，而但以全書扃置窟室中，藏書家頗引爲疵病，主者欲改建而未遑也。文淵一本，今旣蒙塵於外滬，瀆非可久，居當於金陵首善，大啟宏規，愼卜爽塏，鼎建新閣，俾天一之製，矩矱不殊，文淵之名，巋然長峙，斯則尤爲愛護四庫者所企瞻已。

民國初元，啟鈐修繕文華殿時，曾攝取文淵閣藏書內景，及陳設廚架几案實狀，嗣於巴黎精製彩色版，原擬於景印成書時，用作引首，忽忽十餘年不復檢校及之。茲以選印珍本，旣與原書大小迥殊，不堪附入，而文獻所關，亦非一人所得而私。爰商諸故宮博物院理事同人，裴池別行，郭君世五又出其所藏紀文達手書進呈簡明目錄，及陸耳山恭書御製文淵閣記，皆一代故實，滋可寶也。其文源一碑，圓明刦後，尚復摩挲可辨，亦附於文淵，一碑拓本之後，蔓草斜陽，頓殊今昔，後之過者，其能不倂生銅駝陌上之感乎？

抑居今之世，而尙論乾隆編書之舉，其爲太平盛事，有助於耳目之發皇，誠不待言。自發議之初，以至於寫定之日，盈廷之執辨，當宁之斷裁，海內承學之士，早已不能無私議得失者。時移事異，來軫方遒，他日秉先正之遺規，而擴其未竟之緒，當有以上繼七略，勒成巨典，津逮後學於無涯，此則炳燭餘光，或猶及拭目以覩者矣。

民國二十四年八月紫江朱啟鈐記於勤炳燭齋

覆勘文淵文源二閣所貯四庫全書檔 乾隆五十二年五月

此檔原藏內務府，內收廷寄一，奏摺二，附單二，皆有關覆勘文淵文源二閣所貯四庫全書案。其中廷寄，已載在北平圖書館出版之辦理四庫全書檔案中，以與他件相關連，一併刊錄。

乾隆五十二年五月二十日由熱河寄來廷寄大學士和字寄六阿哥大學士

公阿乾隆五十二年五月十九日奉上諭熱河文津閣所貯四庫全書朕偶加繙閱其中訛謬甚多已派隨從熱河之阿哥及軍機大臣並部院隨出之阮葵生阿肅胡高望嵩貴吉夢熊再行詳加校閱改正因思文淵文源二閣所貯四庫全書其訛舛處所亦皆不一而足除年老大學士嵇璜不派外着派科甲出身之尚書侍郎京堂以及翰詹科道部屬等官分司校閱其尚書侍郎管理事務繁多者每人每日着各看書一匣六阿哥八阿哥及事簡之堂官各看書二匣京堂翰詹科道部屬等官每人每日俱各看書二匣再六部司員中並着該堂官每司各派出一人每人每日各看書二匣總計大小各官不下二百餘人

每人每日二匣計算不過兩月兩閣書籍卽可校閱完竣其文淵閣書籍着在
文華殿內閣等處閱看文源閣書籍着在圓明園朝房閱看內中天文推算等
書交欽天監堂司各官專看樂律等書交樂部專看醫藥等書交太醫院官員
專看文淵閣書着六阿哥阿桂專司收發其挖改換頁等事卽交彭元瑞金簡管
理文源閣書着伊齡阿巴寧阿專司收發其挖改換頁等事着八阿哥劉墉專
管八阿哥現住圓明園劉墉係總師傅自必隨同阿哥等在彼居住卽着八阿
哥劉墉常川往彼以資料理並揀派武英殿匠役前往圓明園承辦仍着六阿
哥阿桂總司其事除校出一二錯字卽隨時挖改毋庸零星進呈如有語句違
碍錯亂簡編及悞寫廟諱並繕寫荒謬錯亂過多應行換五頁以上者再隨報
進呈仍查明原辦總纂總校提調校對各員分別治罪並將業經議叙已登仕
板之該謄錄亦予斥革俾甄叙不得濫邀而藏書益臻完善並着六阿哥阿桂
一面卽行酌派分閱天氣炎熱閱書諸人家中早飯於辰正進申初出仍給與
清茶暑湯京中金簡園中伊齡阿專司其事一面將如何分派校勘酌定章程

之處隨報具奏欽此遵旨寄信前來

二

臣永等謹奏爲遵旨酌定校勘章程恭摺覆奏事本月二十日接奉上諭欽此竊照文淵文源兩閣所貯四庫全書訛舛甚多自應詳加校正今擬派部院各官共二百五十餘員兩閣各分一百二十餘員專司校閱校出書籍內如有諭旨指出各條非尋常錯誤者卽行隨報進呈將原辦各員並謄錄等嚴行參奏分別辦理其一切校勘事宜除每日課程及在京在園管理收發挖改等事欽遵聖訓分投妥辦臣等復會同臣永等悉心商酌此次校閱全書卷帙浩繁應查應改名簽必須彙齊覆核卽有簽出不甚確當者亦可隨時更正以免錯誤應請旨令彭紀總司其事毋庸兼看書籍凡各官校勘之簽均由彭等覆看一過送交永劉金另派妥員登記册檔挖改後再行照檔銷簽並於書前副頁下粘簽註明詳校官恭閱銜名如敢草率從事仍前舛謬卽惟詳校之員是問責成既專讐校益可精審至此項書籍均係裝潢成帙之書簽出數字錯誤衹須

就書挖改遇有更換篇頁者再行拆釘重裝並飭令匠役等小心辦理不得稍有污損以昭慎重再從前司校之員此時若概令迴避人數不敷分派應請將原校之書另派他員詳校以防廻護臣等現在赶緊辦理數日內即可開局校勘務令尅期速竣除揀選熟諳辦書人員及供事等分管收發催查事務並酌定應辦一切事宜分別續行具奏外謹將現在會議緣由先行恭摺覆奏伏祈

皇上睿鑒謹奏

經部二十架每架四十八函 計九百六十函 大殿東稍間

除樂書二十九函計一百六十二册 應歸樂部看

除繙繹四書十五函

除清文鑑二種 西域同文志十五函計八十三册 應歸繙繹處看

架上實貯書九百零一函計五千零八册

史部三十三架每架四十八函計一千五百八十四函 二層仙樓

除國史館留空書三函

除方略館留空書六十九函
除三通館留空書一百零五函
除武英殿留空書七函
除現扣銷燬書十三函
架上實貯書一千三百八十七函計八千一百五十四册
子部二十二架每架七十二函　計一千五百八十四函　大樓
除醫藥方書二百四十七函　計一千三百十六册　應歸太醫院看
除天文算法書七十九函計三百三十八册　應歸欽天監看
除琴譜一函三册　應歸樂部看
除現扣銷燬書五函
架上實貯書一千二百五十二函計七千三百三十三册
集部二十八架每架七十二函　計二千零十六函　大樓
除留空書二十函

架上實貯書一千九百九十六函計一萬二千零六十二册

四部共一百零三架計六千一百四十四函計三萬六千册

内除繙繹樂書天文琴譜醫書及留空銷燬等書六百零八函外實五千五百三十六函計三萬二千六百二十九册

前殿地平東西

科道看書設　紅漆桌二十八張

照壁後

京堂看書設　紅漆桌十五張

西稍間

挖補處設　紅漆桌三十二張

後殿地平東西

翰詹看書設　紅漆桌十張條桌十八張

照壁後

翰林看書設　八仙桌四張

西稍間

收發處設　紅漆桌十九張

共用桌一百二十六張

三

臣永臣阿謹奏竊臣等奉旨校勘文淵文源兩閣書籍業將酌定章程恭摺具奏在案現據各該衙門將派出看書人員開送前來臣等遵旨將在城在園各員酌爲分派除臣永臣阿各閱看書籍並天文樂律醫書專派各該衙門人員閱看外其餘每處各一百二十四員業經金伊等將應用桌櫈紙張及挖補匠役人等妥爲預備即于本月二十七日開局校勘臣現將辦理章程及每日看出錯誤挖改添補等事通行傳知辦書各員一體遵照並分設循環簿將簽出各條登記如有字句違碍書寫廟諱及篇頁錯誤過多未經簽明將來别經看出者將詳校官分别議處其業經簽出而總核之員辦理不當者將彭元瑞紀

飭二員議處以專責成至在城在園兩處書籍浩繁一切挖補換頁等事必須
分員經理方可無誤查從前續辦三分四庫書提調共八員應請將原派之編
修羅修源胡榮降調侍講恭泰筆帖式阿林四員派令承辦文淵閣書籍學士
玉保編修吳敬興檢討徐鑑員外郎蘇保四員派令承辦文源閣書籍其一切
匠役人等俱係武英殿派撥亦須專員管束總司查催收發等事查有現充該
處提調及曾任提調共四員應請將編修朱攸降調編修吳裕德二員分派在
城編修㶅槐檢討彭元珫二員分派在園以資督率再查提調內恭泰吳裕德
二員雖經降調俱係候補人員辦書尚屬熟手是以一併酌派合併陳明伏乞
皇上睿鑒謹奏
每日帶領蘇拉下架分送書籍並挖補入函後搬送上架
郎中佶山　長闌　員外郎依清阿　錫林　內管領鄂起　恒貴
收發書籍閱簽及應送彭大人核簽發補送原校官銷簽完竣發交入函上架
翰林四員吳裕德　恭泰　羅修源　胡榮　御史劉坤

挖補訛字登記改補檔册

武英殿提調朱攸　六庫郎中福克精額　蘇楞額　員外郎依凊阿

主事文瑞　李如枚

提調六員

御史劉坤　編修羅修源　胡榮　朱攸　降調侍講恭泰　降調編修奐

裕德

看書各員名單

吏部堂官一員謝墉　禮部堂官一員德保　刑部堂官一員李封　工部

堂官一員劉耀雲　都察院堂官一員李綬

給事中六員

戴璐　丁雲錦　李台　鄧文泮　查善長　王鍾健

御史二十二員

劉芬　劉人睿　王爾烈　左周　邱庭澍　孫家賢　盛嘉佑　沈孫璉

曹錫寶　范衮　莫瞻菉　祝德麟　邱文愷　徐如澍　施朝幹　曹坦
李陽棫　査榮　陳化龍　周元良　劉湄　龔驂文
通政司堂官一員夢吉　太常寺堂官一員陳桂森　大理寺堂官一員富
炎泰　太僕寺堂官一員李廷欽　鴻臚寺堂官一員梁景陽　國子監堂
官二員覺羅吉善　韋謙恒　宗人府府丞一員竇光鼐
翰詹五十員
侍讀學士陸伯焜　侍講學士法式善　平恕　侍講陳崇本　王燕緒
陳萬青
編修李璜　馬啟泰　李堯棟　裘謙　曹城　黄壽齡　錢樾　邱庭漋
周瓊　曹錫齡
檢討羅國俊　編修翟槐　檢討德生　編修范來宗　修撰錢棨
編修俞廷掄　檢討劉錫五　編修吳廷選　曹振鏞　温汝适　謝振定
編修潘庭筠　檢討朱依炅　劉炘

庶吉士朱理　李如筠　馬履泰　何道沖　范逢恩　龍廷槐　謝恭銘
李傳熊　胡鋌　汪彦博　初彭齡　吳垣　陳若霖　張溥　翁樹培
瑚圖禮
詹事府中允瑭五株　薩敏　贊善朱紱
起居注主事顧宗泰　閣學二員瑞保　尹壯圖
侍讀學士一員沈咸熙
典籍中書三十員
潘奕雋　程炎　張虎拜　孫球　康綸鈞　張姚成　秦瀛　金應琦
凃日煥　羅錦森　李釆　潘有爲　閔思毅　竇汝翼　丁榮祚
徐志晉　呂光復　葉元符　李彤　瞿照　張經田　王鵬　孫溶　洪
文翰　沈鳳輝　孫衡　吳壤　賈鉉　沈颺　陸湘
在園校勘文源閣書籍翰詹官員五十員
侍讀學士葉觀國　王懿修　侍讀白麟　編修陳嗣龍　檢討温常綬

編修秦泉　黄瀛元　檢討蕭九成　編修邵普涵　嚴福　李光雲　戴
心亨　程昌期　祝堃　初彭齡　甘立猷　戴聯奎　王受　秦承業
蔡善述
檢討萬承風　編修邵玉清　陳昌齊　吳紹濲　吳方培　崔景儀　周
光基　陳萬全　程嘉謨　李驥元　蔣攸銛
檢討張翺　倪思淳　蔡共武　鄧再馨　修撰史致光　編修孫星衍
董教增　庶吉士王觀　秦恩復　任衔蕙　何泌　王祖武　陳士雅
顧鈺　潘紹經　尹英圖
詹事府庶子茅元銘　洗馬薩提　贊善鄭際唐

康德五年四月增訂

文溯閣四庫全書要略及索引

國立奉天圖書館

文 溯 閣 全 景

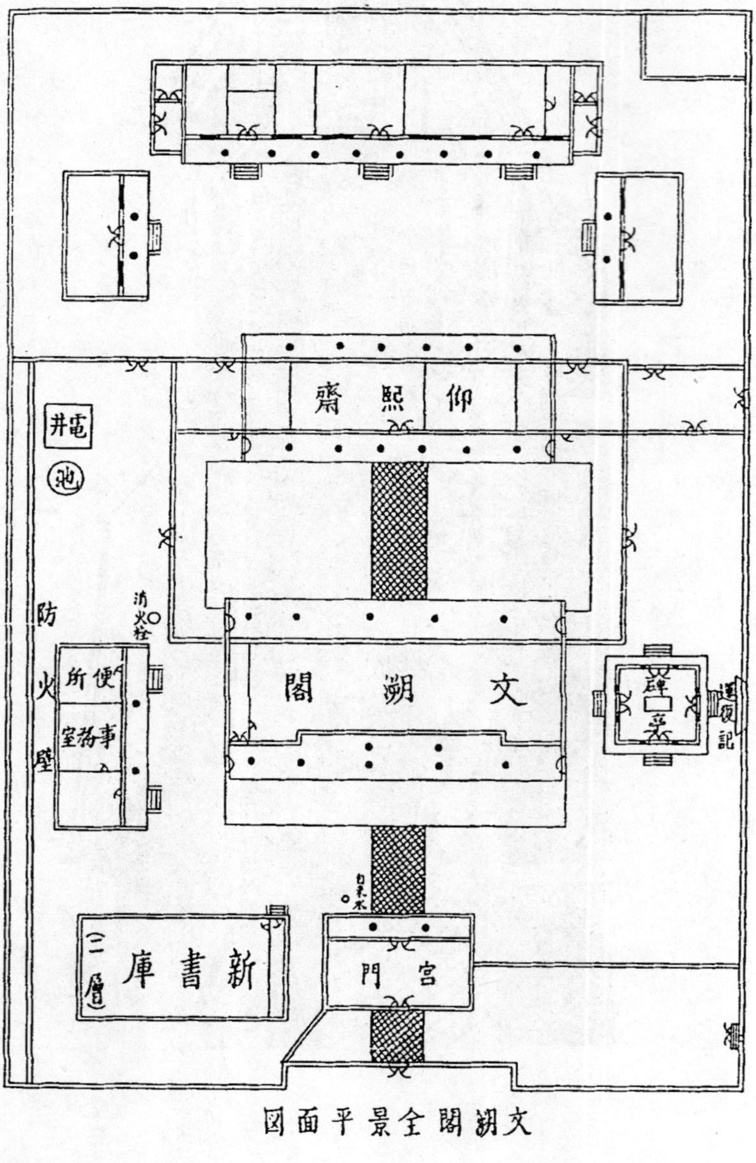

文溯閣全景平面図

文溯閣扁額

御製文溯閣記碑亭

文瀾閣新建書庫外景

文溯閣·舊書庫內書架之一部留影

文溯閣新建書庫內部書架之一部

欽定四庫全書　　　經部

子夏易傳　　　易類

提要

臣等謹案子夏易傳十一卷舊本題曰卜商
撰按說易之家最古者莫若是書其偽中生
偽至一至再而未已者亦莫若是書唐會要
載開元七年詔子夏易傳近無習者令儒官
評定劉知幾議曰漢志易有十三家而無子

欽定四庫全書

子夏易傳卷一

周易

上經乾傳第一

乾下
乾上

乾元亨利貞彖曰大哉乾元萬物資始乃統天雲行雨
施品物流行大明終始六位時成時乘六龍以御天乾
道變化各正性命保合太和乃利貞首出庶物萬國咸

正義今刪

乾隆御覽之寶

史記卷一考證

史記集解序

裴駰 索隱駰字龍駒河東聞喜人宋中郎外兵曹參軍父松之字世期太中大夫注三國志宋書父子同傳正義裴駰採九經諸史并漢書音義及衆書之目而解史記題史記集解序序緒也孫炎云謂端緒也孔子作易卦子夏作詩序之義其來尚矣

班固有言曰 索隱固撰漢書作司馬遷傳評其作史記所採之書兼論其得失故裴駰此序先引之為説也按固字孟堅扶風人後漢明帝時仕至中護軍祖稱廣平太守父彪徐令續太史公書 司馬遷 正義字子長左馮翊人也漢武帝時為太史令撰史記百三十篇父談亦為太史令 據左氏國語 索隱仲尼作春秋經魯史左丘明作傳合三十篇故曰左氏傳國語亦丘明所撰上起周穆王下訖敬王

文溯閣四庫全書要略

一 全書概略

一 創議 纂修四庫全書之議 實發起於大興朱笥河筠 初清高宗乾隆三十七年諭各省訪求遺書 時笥河任安徽學政 即於三十八年 奏請開館校書 以四事上陳 一 舊本抄本 當爲急搜 用廣前史藝文之闕 以備我朝儲書之全 二 先定中書目錄 宣示外庭 令各舉所未備者以獻 並請擇永樂大典中古書完者若干部 分別繕寫 各自爲書 以備著錄 三 著錄校讎 當爲並重 令儒臣分任校書之選 每一書上 必校其得失 撮舉大旨 敍於本書首卷 四 收書之外 兼收金石圖譜 凡直省所存鐘銘碑刻 悉宜拓取 一併校錄（參閱笥河文集卷一頁四謹陳管見開館校書摺子） 高宗即根據此議詔開四庫全書館 以後全書規模 舉不出其範圍 笥河對於一代藝文之功

誠不可忽視也

二 **館臣** 四庫館既開 以軍機大臣劉統勳于敏中等總其事 紀昀陸錫熊孫士毅爲總纂官 陸費墀爲總校官 纂修分校 則戴震主經 邵晉涵主史 周永年主子 紀昀主集外 王念孫程晉芳任大椿俞大猷朱筠翁方綱王太岳姚鼐金榜吳錫麒盧文弨丁杰等一時名宿 皆在網羅 而是役最足爲奉天生色者 時遼陽王爾烈以陝西道監察御史而參加纂修之役是也

三 **書籍來源** 館中所據書籍之來源 約而言之 有四 曰政府固有藏書 曰公私進到遺書 曰永樂大典中散見各書 曰臨時編纂加入之書 政府固有藏書 又有敕撰本內府本之別 公私進到遺書 又有各省採進本私人進獻本通行本之別 如全唐詩皇朝文獻通考等之類 所謂敕撰本也 內廷如皇史宬懋勤殿內閣大庫 武英殿昭仁殿摛藻堂等處藏書 悉爲發出 以資採擇 所謂內府本也 凡各省督撫學政採取各地遺書 送館備用者 爲各省採進本 各地藏書家自行送館備用者 爲私人進獻本 當時各省 進書最多者爲浙江

最少者爲奉天 然猶勝於甘肅貴州四川三省之絕未進呈 私人方面 則天一閣范氏 飛鴻堂汪氏 曝書亭朱氏 瓶花齋吳氏 汲古閣毛氏 二老閣鄭氏 嘉松堂孫氏 振綺堂汪氏 知不足齋鮑氏 平津館孫氏 抱經堂盧氏等 皆海內藏書巨擘 多以宋槧元刊孤本秘笈進呈 多者至六七百種 少者亦在百種上下 至於永樂大典 價值之鉅 益難估計 中多未見之本 當時開館動機 實由於摘抄大典而來 其重要可知 館中所據書籍 其來源方面 如此宏富 無怪全書之蔚爲大觀 超絕千古也

四 大典沿革

考永樂大典自明嘉靖壬戌 禁中失火 幾被焚燬後 遂詔閣臣照抄一部 以正書留乾清宮 副本貯皇史宬 清雍正中 因皇史宬恭藏聖祖仁皇帝實錄 屏當書架 乃將副本移於翰林院 時全謝山先生適寓臨川李穆堂第 驚爲創獲 因與定爲日課 日盡二十卷 以所簽分令四人鈔之 一日所簽 或至浹旬未畢 其難如此 會纂修三禮 謝山語總裁方望溪 鈔三禮之不傳者 而院中所儲副本 缺少幾及二千卷 擬奏請發宮中正書補足之

事亦未果　祁門馬嶰谷曰琯　仁和趙谷林昱　均曾爲謝山致鈔貲　而謝山旋改知縣　事遂中輟（參閱全謝山結埼亭集永樂大典抄書記）杭堇浦世駿纂輯續禮記集說　所採宋元人說　半出於大典　蓋亦繼謝山之志者　而惜皆未能作大規模之抄錄也　至四庫館開　始因笥河之議　以國家之力　分輯繕寫各自爲書　計編入四庫者經部六十六種　史部四十一種　子部一百三種　集部一百七十五種　共三百八十五種　四千九百二十六卷　而存目與業經輯出而未及進呈者　尙不與焉　嗣後嘉慶丁巳　乾清宮災　正本遂燬　副本萬餘册　則庋藏翰林院敬一亭　蛛網塵封　無人過問　而書之珍貴　人所共知遂漸漸遺失　日見減少　光緒乙亥　重修翰林院衙門　檢查此書　已不及五千册　當時嚴究館人　甚至有交刑部鞫于獄者　而書仍無著　光緒丙子　繆筱珊荃孫入翰林　詢之前輩　祇有三千餘册　癸巳詢之　不及七百册　庚子拳匪倡亂　燬翰林院　以攻使館之背　舊所儲藏均付一炬　除早日遺失流落中外者外　大典遂一册不存　正書早歸天上　副本亦付刦灰　使四庫館不先

抄輯數百部　以遺後學　則大典之價値　將永無光大之可能　可勝嘆哉（參閱國粹學報繆荃孫大典源流考）纂修四庫全書與保存永樂大典之關係　至爲重大　故不惜詳述大典之沿革如此

五　繕寫　各書採集後　分爲應刻　應抄　存目三種　凡有益於世道人心之書或罕見之書　一面抄列四庫中　一面付印　流通天下　是爲應刻之書　凡有裨實用之書　則僅抄列四庫中而不再付印　是二類皆係正式收入四庫全書者至其書雖關係世道人心　有裨實用　而其中不免有俚淺訛謬之言　則不抄不刻　僅存其書名於總目　所謂存目是也　當時校核各本　奉旨決定後　即交館中繕書處繕寫成册　須俟高宗信手抽閱　不見謬舛　始作定本　其愼重如此　全書都凡三千四百五十七種　七萬九千零十卷　分裝三萬六千餘册

六　貯藏　自三十七年經始　至四十七年　凡十年之久　共繕全書四份　分貯於圓明園之文源　大內之文淵　熱河之文津　奉天之文溯　所謂內廷四閣或北四閣　北四閣本抄成後　復令續抄三份　五十三年書成　分貯於揚州大

觀堂之文滙　鎮江金山寺之文宗　杭州西湖行宮之文瀾　所謂江浙三閣　或南三閣　此七份謂之正本　正本之外　復令續抄副本一份　貯藏翰林院　統計全書共八份　四十三年　恐全書工鉅　難早觀成　又命萃全書之精　編纂全書薈要　都四百六十四種　分裝一萬二千册　四十四年　第一份薈要書成　貯於紫禁城坤寧宮後御花園內之摛藻堂　四十七年　第二份書成　貯於長春園含經堂之味腴書室　全書八份薈要二份　總計得三十一萬二千册　皆由繕寫而成　工事之鉅　古今中外　罕有其儔　雖擬諸古之長城運河　不是過也

七　提要目錄

繕抄全書之餘　復依笥河之議　於每書之首　撰述提要　將一書原委　撮舉大凡　並詳著其人之世次爵里　以便觀覽　復將各書提要　彙爲一編　名爲總目　刊布流傳　嘉惠藝林　又以總目提要　卷帙甚繁繙閱不易　復於總目之外　另刊簡明目錄一編　祇載其書若干卷　注明某朝某人撰著、以便檢查　總目及簡明目錄二書外　復成全書考證一百卷　備載考訂校勘之詳　於是學者由簡明目錄而尋總目　由總目而得全書　提綱挈領　考鏡

源流　嘉惠士林　海內稱便　蓋亦文治極盛之徵也

二　本閣沿革

一　貯藏校對　乾隆四十八年　貯四庫全書一份於奉天行宮之文溯閣　當時送書到奉者爲陸費墀　與將軍永瑋　並御製文溯閣記以寵之（參閱附錄二）是爲本閣藏書之始　五十二年以熱河文津閣所貯全書　錯謬甚多　遂飭令將文淵文源文津三閣書籍　一體重行校閱　並將文津閣看出疏陋之原校官　罰往奉天重校文溯閣全書　領其事者爲總纂陸錫熊　五十五年九月陸氏奏　所有書籍　業經全數校畢　覆行覈簽　亦已竣事　其中錯落偏謬各書　隨時繕寫改正　此外漏寫錯寫　應行另繕之本　俱即自行賠寫完妥　五十六年十二月陸氏又奏　全書卷帙繁富　雖經屢校　時有改正　文淵文源兩閣　經紀昀等覆校　中間缺落舛謁尙多　所有文溯閣全書　亦應一體覆加詳覈　俾得益增完善　一交明年新春　臣即起程前往　詳爲覈辦　五十七年　氏抵奉天省

城　未及覆校　即發病卒　亦本閣之不幸也（參閱清史列傳陸錫熊傳）

二　保管運復　本閣六間三層　頂樓存貯子部集部　共三千六百函　中層存貯史部　共一千五百八十四函　底樓存貯經部及古今圖書集成簡明目錄總目考證　共書一千五百六十六函　外日講詩經解義二空函　自移貯以來　有清一代　均歸內務府保管　每年四月由盛京工部　領取樟腦六十六斤　野鷄尾撣八把　短把鷄毛撣八把　以備應用　隔一年　復由工部派員携帶紙張　糊飾窗扇一次（參閱盛京典制備考及盛京通鑑）　民國三年　段芝貴督奉　將本閣全書　移往北平故宮之保和殿　十四年　奉天教育會長馮廣民　赴平參加善後會議　覩之有感　歸即謀諸當道　力倡運復之議　馮氏復奔走京津　各方關說　卒通過閣議允爲運復　於是電召張元俊汪芝雲趙純等　並奉人士之旅京者三十餘人　以八日之力　檢收本閣全書于保和殿　而全書始爲物歸故所運復本閣　時民國十四年八月七日也　既運歸　馮氏復請于省署　設保管委員會　延聘當地鴻儒巨紳爲委員　以司保管之責　並于文溯閣院內　建購電

并消防機　以防火患　每至六七月間　逐本裝入樟腦　時啓門窗　以通空氣防護保管　至爲周詳　復以全書　舊多遺佚　光緒間　全書即間有缺册　盛京典制備考謂蓋爲俄人攘去者民三之厄　展轉流徙　遺失益易　乃於十五年夏　仿文瀾閣抄補之例　請於北京故宮博物院　依文淵閣本　傭二十人補抄以董衆譚峻山董其事　計補抄十六種共七十二卷　而本閣全書　始復成完璧亦云難矣（參閱附錄二本閣全書運復記）（查其間散失圖書　雖曾於民國十五年鈔補　然仍有重複及佚缺者　本館復於康德元年　在北京　依文津閣本補鈔先後又寫成三種　計十二册八百四十一葉）　考全書八份　英法聯軍之役　文源化爲烏有　洪楊之亂　文匯文宗　胥成劫灰　翰林院副本　英法聯軍八國聯軍二役　焚燬攜取　散失無餘　文瀾則掇拾於叢殘之餘　六十年來　補苴罅漏　勉成完帙　現全書之存于世者　惟文淵閣書現歸北京故宮博物院圖書館　文津閣書現歸北京國立圖書館　及本閣書現歸本館　此三份尙爲原來面目耳　然則本閣全書　益爲世界之瓌寶也矣

三　**澈底檢查**　本館自大同元年九月一日移管本閣全書以來　首從事於澈底檢查　費時六月　始爲竣事　計上層子部二十二架（現改爲三十三架）一千五百八十四函　九千零七十一册　五十六萬六千七百七十九葉　集部二十八架（現改爲四十二架）二千零十六函　一萬三千二百六十五册　六十七萬零四百九十四葉　中層（現改下層）史部　三十三架　一千五百八十四函　九千四百零八册　七十萬三千二百十七葉　下層經部　二十架　九百六十函（內有簡明目錄三函　日講詩經解義二空函）五千五百零九册　三十六萬五千八百七十五葉　殿本圖書集成十二架　五百七十六函　五千零二十册　此外復有殿本四庫總目二十函　一百二十七册　內府寫本四庫全書考證十二函　七十二册　不歸架　册面則子部用青絹　集部用灰絹　史部用紅絹　經部用綠絹　圖書集成及總目考證等用黃絹　至於全書內容　經本館此次澈底清查　其通行本簡明目錄　雖經著錄　而本閣實無其書　及有函無書　卷數缺佚　或卷數重複　前無提要各項　並皆列表以詳　以明眞相　函架册數　書架配

置　亦俱製作表圖　用便檢査　此本館對於本閣全書清査之狀況也（參閱附錄三、四、五、六、七、八、九）

四　建新書庫　文溯閣書庫　建築迄今　已百五十餘年　以其經此悠久歲月　故滲漏傾圮　勢所難免　以藏珍帙　實非所宜　本館有鑒及此　爰於康德二年　請准文教部　批撥鉅款　重建二層樓房之新書庫于院之西南　內部結構　皆依照現代之藏書庫　不僅無滲漏之虞　對防火險　尤爲注意　書架皆以鋼製　門窗悉包鐵葉　以期萬全　外部則飛閣雕牆　仍仿舊制　已於四年季夏　將全書移入　意必爲關心國寶之士所贊許也

三　印行原本提要

印行原本提要　通行之總目　本擷取各書提要而成　然乃經紀昀一度筆削　非各書提要之原來面目也　取原書提要與總目相對　幾無一編無異同者　考全書編纂之時　戴東原主經部　邵南江主史部　周書昌主子部　紀文達主集部

並皆專門名家　各盡所長　東原爲有清一代經學大師　對于名物訓詁　經解大義皆有特識創解　衣被海內　至今學者奉爲圭臬　固無論矣　南江則承浙東文獻之學　對于史部諸籍　如數家珍　在館時總裁問以某代某事　答以在某書某册第幾頁中　百不失一　其博洽如此　嘗病宋史是非失實　有志改修先成南都事略一編　畢沅續修通鑑　亦待先生删補考定　方敢問世　其史才史識　除章實齋外　殆無倫比　書昌則浸淫于書　別具慧眼　子部諸書　用力尤勤　嘗以藉書名園　著儒藏之說　蓋儼然一圖書館學大師也　在館時採輯永樂大典　目盡九千鉅册　風雨寒暑　未嘗少輟　其毅力又有非常人所能及者　文達則淹貫百家　人所共知　夫以如斯之專門學者　各騁所長　探賾索隱　其原本提要　精采絕倫　自不待言　東原南江書昌文達之著作　單篇碎義　學者至今　視爲拱璧　況此數千百篇精心結構之作　而可仍令其湮沒於高閣書蠹之間乎　本館有見于此　爰悉依原本　抄出付印　現已行世　不特各家批評之精神　文章之個性　可以躍然紙上　且取以與總目對校　則文

達筆削之權衡　先後增刪之用意　亦不難藉以考見　民國十六年　北平學者曾發起影印原本提要　惜中經事故　未見實行　本館謹繼其志而促成之　想亦海內外學者所樂聞也

四　附錄

一　御製文溯閣記（附扁聯彙錄）
二　文溯閣全書運復記
三　文溯閣全書函架册數表
四　文溯閣全書舊書庫書架配置圖（三張）
五　文溯閣全書新書庫書架配置圖（二張）
六　文溯閣全書抄補書名表
七　簡明目錄著錄文溯閣四庫無書書名表
八　文溯閣全書書册重復缺佚表

九　文溯閣四庫全書缺佚提要書名表

附錄一　御製文溯閣記

輯四庫之書　分四處以庋之　方以類聚　數以偶成　文淵文源文津三閣之記早成　則此文溯閣之記　亦不可再緩　因爲之辭曰　權輿二典之贊堯舜也　一則曰文思　一則曰文明　蓋思乃蘊於中　明乃發於外　而胥藉文以顯　文者理也　文之所在　天理存焉　文不在斯乎　孔子所以繼堯舜之心傳也　世無文天理泯而不成其爲世　夫豈鉛槧簡編云乎哉　然文固不離乎鉛槧簡編以化世此四庫之輯所由亟亟也　茲則首部告成　綱紀已定　與之暇以究其核　督之勤以防其忽　乙夜幾暇　亦亹披覽　怪辟側豔　滌濯劃硤　犂然理明　奕然文顯所餘三部　惟鈔胥之事　然而豕亥陶陰　猶不可不讐校也　四閣之名　皆冠以文　而若淵若源　若津若溯　皆從水以立義者　蓋取范氏天一閣之爲　亦既見於前記矣　若夫海淵也　衆水各有源而同歸於海　似海爲其尾而非源　不知尾閭何洩　則仍運而爲源　原始反終　大易所以示其端也　津則窮源之徑而溯之

是則溯也津也　實亦迨源之淵也　水也　體用如是　文之體用　顧獨不如是乎
恰於盛京而名此名　更有合周詩所謂遡洄求本之義　而予不忘祖宗創業之艱
示子孫守文之模　意在斯乎　意在斯乎　乾隆四十有七歲在壬寅仲春之月上澣
御筆

附乾隆御筆扁聯彙錄

老方四庫集全書　竟得功成幸莫如　京國略欣淵已滙　陪都今次溯其初
源寧外此園近矣　津以問之莊繼諸　搜秘探奇力資衆　折衷取要意虛予
唐函宋苑實應遜　荀勗劉歆名亦虛　東壁五星斯聚朗　西都七略彼空儲
以云過洄在茲爾　敢曰牖民舍是歟　敬緬天聰文館闢　必先敢懈有開餘
癸卯季秋中澣御題（每行六七字不等　計十八行）
由監古以垂模敦化川流區脈絡　古今並入含茹萬象滄溟探大本
本紹聞爲典學心傳道法驗權輿　禮樂仰承基緒三江天漢導洪瀾

附錄二　文溯閣四庫全書運復記

四庫全書凡七閣　奉天之文溯其一也　民國三年　袁世凱將稱帝　以段芝貴督奉　段氏袁氏之私人　既涖奉　遂運文溯閣書於京師以要寵　奉人士恒痛心焉　民國十四年　張上將軍入京師　段祺瑞執國政　馮公廣民以奉教育會長參善後會議　遊古物陳列所　覩是書　喟然嘆曰　四庫全書　有清一代之文獻集古藝文之大成　我奉文化之所繫也　人遺之而我不能保之　士君子之恥也轉而之東　余之責焉　亟歸而謀諸潔珊袁公金鎧　岷源王省長永江　咸韙其議乃走津謁軍長張公學良　總參議楊公宇霆　至京謁農商總長莫公德惠　古物陳列所會辦梁公玉書　得諸公力贊　遂允於閣議　於是電張元俊汪芝雲趙純來京並奉人旅京者三十餘人　以八日力　檢收於保和殿而東歸奉天　時八月七日也文溯閣書既至奉　奉人士舉相慶　馮公曰　未已也　天下之珍物　得之非難既得之而經營保護　持之以恒心　要之以毅力　其難有百倍於前者　文溯閣書

之復歸於奉也　不過一轉移之力耳　此後水火燥濕之虞　蠹魚鳥鼠之害　在在皆需擘畫　非專所掌不爲功　於是請省署　設保管委員會以司其責　又推李象庚修葺文溯閣以善其藏　而是書以變亂轉置而亡者　經部禮書綱目十卷　春秋列國世紀編一卷　春秋集傳詳說八卷　繙譯五經四書七卷　瑟譜六卷　韶舞九成樂補一卷　史部欽定勝朝殉節諸臣錄十二卷　欽定盛京通志四卷　謚法四卷　子部證治準繩一卷　高齋漫錄一卷　集部鯨背集一卷　西河集九卷　御製詩集二卷　玉瀾集一卷　雁門集四卷　計凡七十二卷　嗚呼　自古藝文之著錄　若漢若隋　若唐若宋　若明　承喪亂兵燹之餘　經朝野竭力搜求　而後山崖屋壁遺藏漸出　稍稍顯於人世　而鳩之天府　不數年間　而世又大亂　刼奪燔燬千里無人煙　自古迄今　四五千年　若此者　蓋不知幾千百數　而視爲無足重輕之藝文　其亡佚殘闕　不足異也　然則文溯閣書之殘　以視夫文宗文匯之燬於洪楊　文源之燬於八國聯軍　文瀾之殘闕過半　殆不幸中之猶幸者焉　迺以十五年夏　仿文瀾閣例　請於故宮博物院　依文淵閣本　傭二十人補鈔　以董

衆譚峻山董其事　盛夏揮汗　浹背霑衣　嚴冬沍寒　爐火無温　龜手瑟縮　而
伏案校錄　未嘗稍輟　僅七十二卷　越一載而始成　蓋補修若是之難且勞也
然則有清纂修七閣書　其難且勞　寗祗千百倍於此　而後世坐視其亡佚轉置
不稍惜　豈非以不知其難且勞而忽之哉　夫知其難且勞　而後知珍惜　知珍惜
而後是書方能永永保存　垂千古　傳萬世　而不亡佚轉置　則向之亡佚轉置
與今之補修　正天之所以曲全是書　而令人知所珍守也　繼任會長姫公振鐸
王公化一　爰將運復始末謀勒於石　以爲之記云　法庫董衆撰瀋陽韓國植書丹
中華民國二十年六月一日遼寧省敎育會立

附錄三　文溯閣全書函架册數表

經部二十架　每架四十八函

類別	種數	卷數	册數	函數	備考
易類	一九〇	一、八四四	一〇八二	一九〇	
書類	五九	六六一	三七一	六五	
詩類	六三	九四五	五〇五	九〇	
禮類	八八	二、一六三	一、二二四	二〇二	
春秋類	一一九	一、八二四	九二八	一六二	
孝經類	一一	二三	一五	四	
五經総義類	三三	七二三	三三九	五六	
四書類	七三	七四三	三七四	六五	
樂類	二二	四八四	一九四	三三	

小學類	八九	八三二	四六〇	八八
經部合計	七四八	一〇、二四二	五、四九二	九五五

史部三十三架 每架四十八函

正史類	四〇	三、六七九	一、二九三	二一二
編年類	四二	二、〇六二	九〇九	一四九
紀事本末類	二三	一、二四三	四六六	七六
別史類	二〇	一、七三四	七四四	一二五
雜史類	二二	二七四	一一七	二〇
詔令奏議類	四一	一、五七五	七七七	一二八
傳記類	六〇	九八八	三五一	五九
史鈔類	四	四八	三六	七
載記類	二三	三九〇	九九	一八
時令類	二	二九	一九	三

地理類	一五五	四、七九四	二、五四〇	四三二
職官類	二一	三九一	一七六	三一
政書類	五七	三、八一八	一、四二七	二四二
目錄類	四七	六九七	二五三	四四
史評類	二四	三九九	二〇二	三八
史部合計	五八一	二三、一二一	九、四〇八	一、五八四

子部二十二架 每架七十二函（新書庫內改爲三十三架 每架四十八函）

儒家類	一一四	一、六八三	八八六	一六七
兵家類	二〇	一五四	八九	一八
法家類	八	九四	四一	八
農家類	一一	二〇一	一一四	二〇
醫家類	一〇五	一八、〇一〇	一、三一二	二四七
天文算法類	五九	六三七	三四七	七九

術數類	五三	四六五	二八五	五六
藝術類	八五	一、一四一	六〇六	一一八
譜錄類	五七	三六二	一八二	三九
雜家類	一九一	二、二三六	一、一〇〇	一九二
類書類	六六	七、〇五八	三、三八三	五一二
小說家類	一二五	一、三四六	三六九	六八
釋家類	一五	二九六	一六九	二六
道家類	四八	四二二	一八八	三四
子部合計	九五七	一七、九四五	九、〇七一	一、五八四

集部二十八架 每架七十二函（新書庫內改爲四十八架 每架四十八函）

楚辭類	六	六六	二九	五
別集類	九八六	一八、二七八	七、五二九	一、二九四
總集類	一六八	一〇、〇三九	四、一三四	六〇六

文溯閣四庫全書新書庫書架配置圖

第二層

子部（藍）三十三架 一五八四函 九〇七一册

集部（灰）四十二架 二〇一六函 一二二六五册

第一層

經部（綠）二十架 九五五函 五四九二册 外空函二個

史部（紅）三十三架 一五八四函 九四〇八册

圖書集成（黃）十二架 五七六函 五〇二〇册

簡明目錄（三函 十七册）

總目（二十函 一百二十七册）

考證（十二函 七十二册）

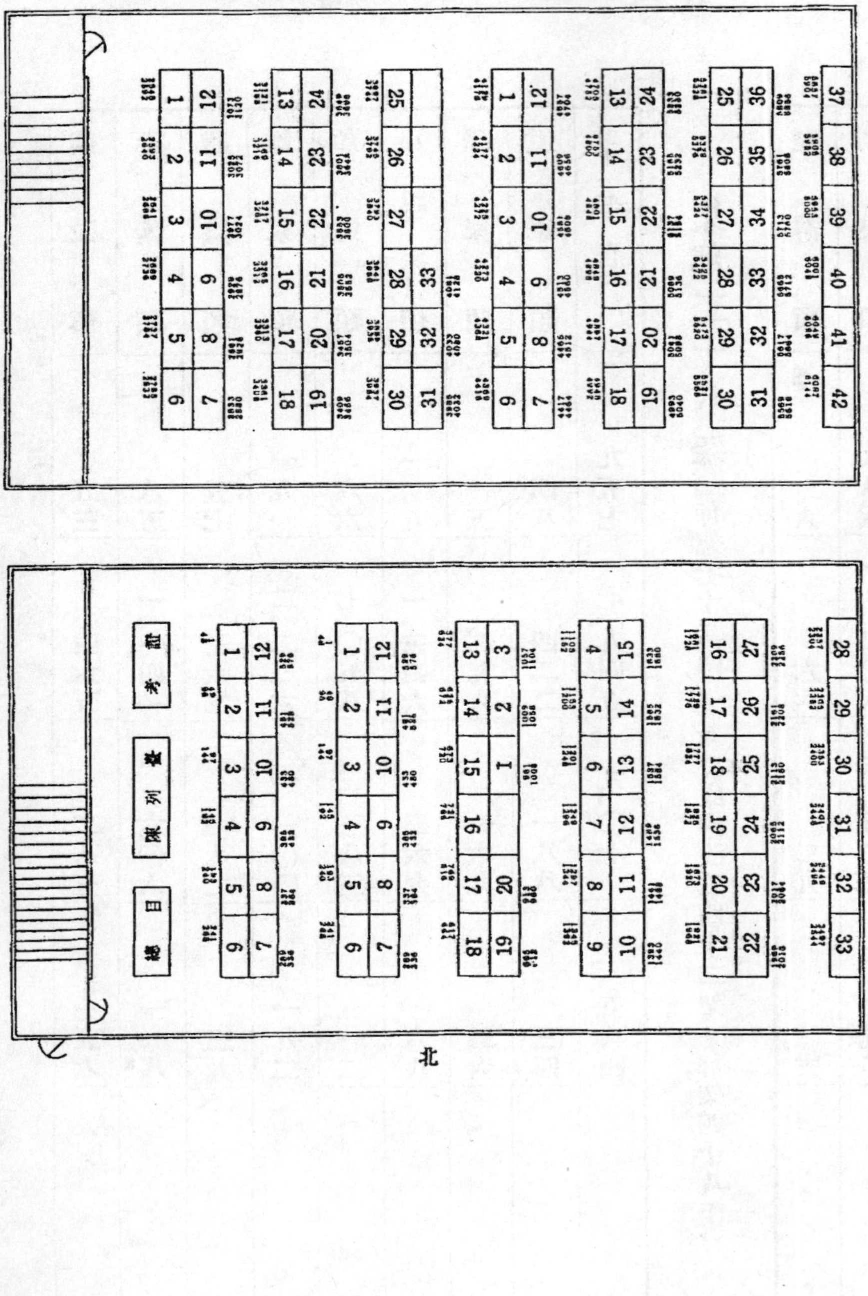

文溯閣四庫全書舊書庫書架配置圖

六千一百四十四函

三萬六千二百五十三册

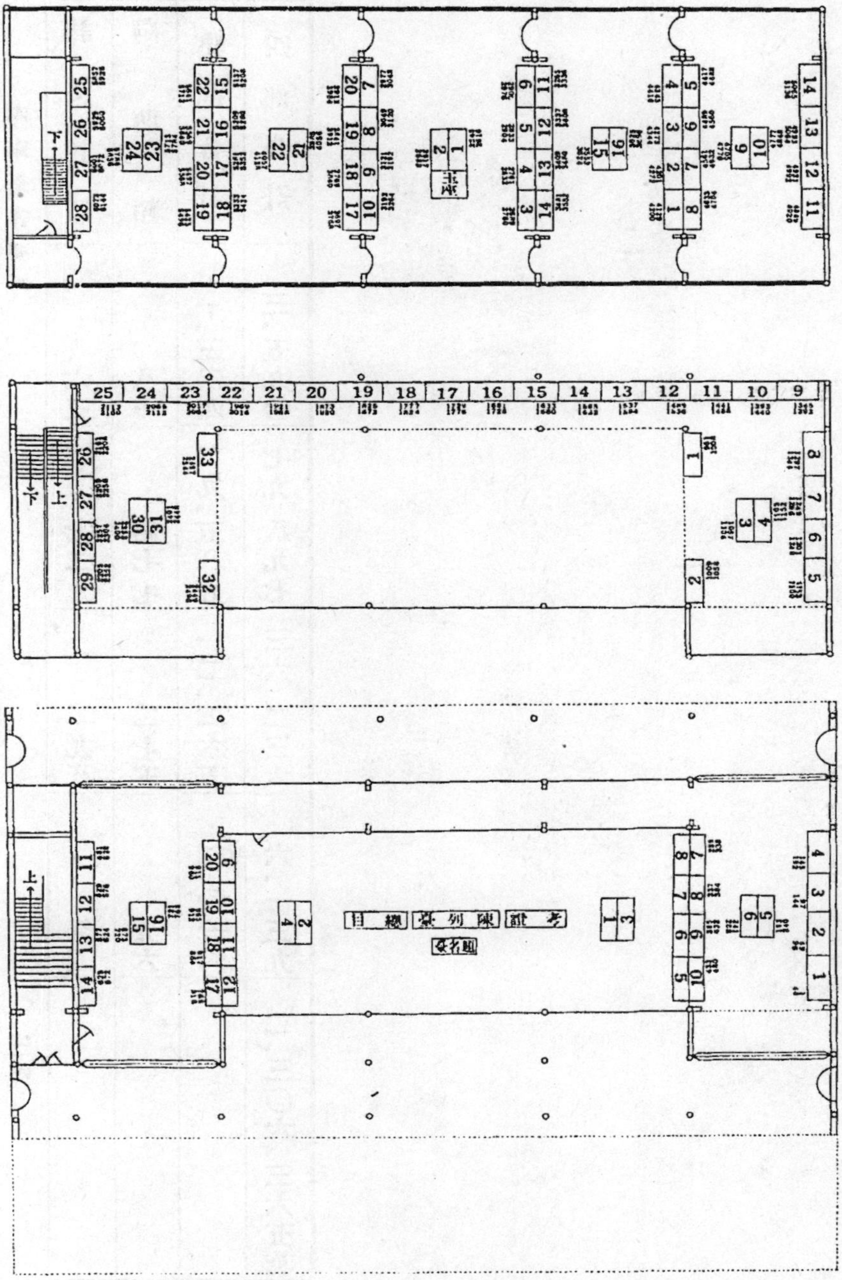

第三層

子部（青）二十二架 一五八四函 九〇七一册

集部（灰）二十八架 二〇一六函 一二三六五册

第二層

史部（紅）三十三架 一五八四函 九四〇八册

第一層

經部（綠）二十架 九五五函 五四九二册 外空函二個

圖書集成（黃）十二架 五七六函 五〇二〇册

簡明目錄 三函 十七册

總目 二十函 一百二十七册

考證 十二函 七十二册

詩文評類	六三	七二九	二九八	五五	
詞曲類	八一	四七七	二七五	五六	
集部合計	一、三〇四	二九、五八九	一二、二六五	二、〇一六	
四部合計	三、五九〇	七九、八九七	三六、二三六	六、一三九	二、三〇六、三六五葉

附錄六　文溯閣四庫全書抄補書名表

部類		書目	卷數	册數	葉數	備考
經	禮	禮書綱目	一四	九	五一一	有重複
同	春秋	春秋列國世紀編	一	一	七〇	
同	同	春秋集傳詳說	八	六	二五四	
同	五經總義	繙譯五經四書	一八	一四	一,二六八	有重複
同	樂	瑟譜	六	二	八四	
同	樂	韶舞九成樂補	一	一	四〇	
史	傳記	欽定勝朝殉節諸臣錄	一二	一二	五九八	
同	地理	盛京通誌	四	二	一五二	
同	政書	謚法	四	一	五二	
子	醫家	證治準繩	一	一	三九	
同	小說家	高齋漫錄	一	一	二〇	

子	同	揮麈錄	二	一	三五	
集	別集	鯨背集	一	一	一〇	
同	同	西河集	九	三	一三二	有重複
同	同	御製詩	二	一	五四	
同	同	玉闌集	一	一	二三	
同	同	雁門集	四	三	一九六	
計		十七種	八九	六〇	三、五三八	

附錄七 簡明目錄著錄文溯閣四庫無書書名表

部類		書名	著者	卷數	文溯閣庫書有無是書	備考
經	書	鄭敷文書說	宋鄭伯熊	一	有	
同	四書	中庸集解	宋石𡼖	三	無	
史	別史	南北史合註	明李清	一〇五	無	按原奏李清因撰諸史同異錄涉悖不經奏請抽燬並將書中李清所撰各書概行查燬
同	載記	南唐書合訂	明李清	二五	無	查燬
同	地理	蕭山縣志刊誤	清毛奇齡	三	無	入地理類存目
同	同	閩小紀	清周亮工	四	無	按原奏周亮工因撰讀書錄語涉違礙奏請抽燬並將周亮工所撰各書一概抽燬
同	政書	明謚考	明葉秉敬	三〇	無	入政書類存目
同	史評	國史考異		六	無	因內多引用錢謙益之辨證奏明應燬
子	醫家	衛生十全方 奇疾方	宋夏德	一〇 三	文溯有目無書	
同	藝術	讀書錄	清周亮工	四	無	查燬
同	同	書畫記	清吳其貞	六	無	因書內所載春宮秘戲圖語多褻奏明抽燬

子	藝術	印人傳	清周亮工	三	無	抽燬
同	雜家	書影	清周亮工	一〇	無	抽燬
同	類書	歷代不知姓名錄	明李清	一〇	無	抽燬
同	同	諸史同異	明李清	一〇	無	抽燬
同	同	同書	清周亮工	四	無	抽燬
集	別集	歸愚集	宋葛立方	一〇	無	
同	同	菊山清雋集（題遺詩 詮錢集 雜文）	宋鄭震	一	無	
同	同	方淑淵遺稿	元方瀾	一	無	
同	同	黃給諫遺稿	明黃鉞	一	無	
同	同	孫白谷詩鈔	明孫傳庭	二	無	
同	同	完玉堂詩集	清僧光璟	一〇	無	入別集類存目八
同	詩文評	詩品	唐司空圖	一	有	
同	詞曲	詞藻	清彭孫遹	四	無	

附錄八　文溯閣四庫全書重複及缺佚書名表

部	類	書名	重複	缺佚	備考
經	詩	日講詩經解義		計二函內無書修庫書時是書尚未成故虛存其目而無書然其後迄未修成	
同	禮	禮書綱目	內卷四四、四五共二卷重複計二册		係抄補
同	五經總義	欽定繙譯五經四書	內春秋卷四六至五二共七卷重複計七册		係抄補
集	別集	西河文集	內卷九一、九二、九九共三卷重複計一册		係抄補

附錄九　文溯閣四庫全書缺佚提要書名表

部	類	書名	著者	卷數	備考
史	政書	南巡盛典	清高晉	一〇〇	
同	同	八旗通志初集	清雍正御定	三四二	
子	儒家	性理大全書	明胡廣等	七〇	

文溯閣四庫全書書名索引

文溯閣四庫全書書名索引

二

十先生奧論註	四〇		三	五七二集三二	五五七九 五五八〇
十國春秋	一一四	清吳任臣	二四	一八七四史一七	一七四九 一七五二
七政推步	七	明貝林修	四	二四〇子一〇	三〇〇七
七國考	一四	明董說	七	四六〇史一六	三三七七
七頌堂識小錄	一	清劉體仁	一	一七子一九	三四三六
七經小傳	三	宋劉敞	一	八二經一六	七二四
七經孟子考文補遺	二〇〇		三〇	一七五四經一六	七五三 七五七
卜法詳考	八	清胡煦	五	二五三子一三	三一一九
八白易傳					見葉八白易傳
八旬萬壽盛典	一二〇	清阿桂等纂	六二	三三六四史三一	二四一二 二四一九
八面鋒	一三	宋陳傅良	四	一六七子一三	三六一五
八旗通志初集	二五〇	清雍正御定	一八〇	一二七〇四史三二 三三	二四二八 二四五五
八旗滿洲氏族通譜	八〇	清乾隆御定	三〇	二〇八五史二六	一七〇五 一七〇八
入蜀記	四	宋陸游	二	九三史二六	一七二八

人臣儆心錄	一	清順治御製	一	三三 史二七	二三二〇
人物志	三	魏劉卲	一	六八 子一六	三三〇二
人倫大統賦	二	金張行簡	二	六二 子一三	三一三二
人譜	一 附二	明劉宗周	二	一八六 子一三	二六六九
九家集註杜詩	三六	宋郭知達編	三	一三三 集一	四一五九 四一六一
九章算術	九 附一		三	二六二 子二	三〇五六
九章錄要	三	清屠文漪	五	二一三 子一三	三〇八三
九朝編年備要	三〇	宋陳均	二四	一七〇五 史七	一二六一 一二六四
九華詩集	一	宋陳巖	一	五一 集一四	四七七六
九華集	二五 附一	宋員興宗	八	四二九 集一〇	四六〇五 四六〇六
九經三傳沿革例	一	宋岳珂	一	三六 經一六	七二七（刊正）
九經古義	一六	清惠棟	六	二七五 經一六	七五八
九經字樣	一	唐唐元度	一	二〇 經一九	八八八
九經直音					見明本排字九經直音

九經補韻	一	宋楊伯喦	一	一六經三〇	九三八	
九經誤字	一	清顧炎武	一	二二經一六	七五三	
九經辨字瀆蒙	三	清沈炳震	六	四七五經一七	七七〇	
九靈山房集	三〇 附二	元戴良	一四	七〇九集一七	四九一六 四九一八	
了翁易說	一	宋陳瓘	一	八九經一	一六	
三 畫						
三正考	二	清吳鼐	一	三二經一五	七二	
三史國語解						見遼金元三史國語解
三因極一病證方論	一八	宋陳言	一四	五四四子六	一六一〇 一六一一	
三合切音清文鑑	三二	清聖祖御定	三	三三八經三〇	九二一 九一六	
三吳水考	一六	明張內蘊等	三	一〇四三史二五	三二〇 三二一	
三吳水利錄	四	明歸有光	一	九四史二五	三一八	
三事忠告	四	元張養吾	一	六三史二七	三二〇	
三易洞璣	一六	明黃道周	六	四九六子二三	三一〇五	

三易備遺	一〇	宋朱元昇	四	二六三	經	二	六三
三命指迷賦補註	一	宋岳珂	一	二七	子	一三	三三
三命通會	三		三	一三四八	子	一三	三二七 三一〇
三家宮詞	三	明毛晉編	一	四七	集	三五	五八〇二
三家詩拾遺	一〇	清范家相	二	一七三	經	八	三四五
三畧直解	三	明劉寅	合	五四	子	四	二七一三
三國志文類	六〇		一四	五三〇	集	三一	五五七六 五五七七
三國史辨誤	一		一	二〇	史	一	一〇〇三
三國志	六五	晉陳壽	二四	一八三五	史	一	九九八 一〇〇一
三國志補註	六 附一	清杭世駿	五	一九四	史	一	一〇〇三
三國雜事	二	宋唐庚	一	二九	史	三三	二五二二
三魚堂文集	一二 附七	清陸隴其	一四	五七四	集	二七	五四〇八 五四〇九
三魚堂賸言	一二	清陸隴其	三	一二三	子	三	二七一〇
三朝北盟會編	二五〇	宋徐夢莘	四五	三六七二	史	八	一三三四 一三四〇

三華集	一八	明錢子正	五	二九四 集三二	五六二八
三楚新錄	三	宋周羽翀	一	三一 史一七	一七四四
三傳折諸	四四	清張尚瑗	一八	一四五三 經一五	六九四 六九六
三傳辨疑	二〇	元程端學	一三	一〇一九 經一三	六二二 六二三
三輔黃圖	六		二	六九 史一七	一七五八
三餘集	四	宋黃彥平	二	六〇 集八	四四八一
三劉家集	二	宋劉渙等	一	八七 集二九	五四九五
三禮圖	四	明劉績	四	一六五 經二一	四九九
三禮圖集注	二〇	宋聶崇義	六	五五〇 經二一	四九八
三體唐詩	六	宋周弼	三	一三一 集三〇	五五五九
千祿字書	一	唐顏元孫	一	一三 經一九	八八八
于忠肅集					見忠肅集
于清端政書	八	清于成龍	六	四七八 集二七	五三八〇
于湖詞	三	宋張孝祥	一	五七 集四二	六〇九七

三畫 大

大金弔伐錄	四		四	一九二史二三	一五三四	
大金國志	四二	宋宇文懋昭	八	五三二史二二	一四四六	
大金集禮	四〇		一〇	五三二史三〇	二三七六 二三七七	
大金德運圖說	一		一	二六史三〇	二三七八	
大衍索隱	三	宋丁易東	三	二一二子三	三二〇四	
大唐西域記	一二	唐釋玄奘譯辯機撰	五	三四三史二六	三一八四	
大唐開元禮	一五〇	唐蕭嵩等	二四	一七〇七史三〇	二三六八 二三七一	
大唐創業起居注						見唐創業起居注
大唐新語						見唐新語
大唐傳載	一		一	二七子三	四〇〇四	
大清一統志	四二四	清乾隆御定	一五三	一五〇二四史一八	一七八一 一八一〇	
大清律例	四七	清乾隆御定	一八	一六七五史三三	二四五八 二四六一	
大清通禮	五〇	清乾隆御定	三	一〇二五史三〇	二三九七 二三九八	
大清會典	一〇〇	清乾隆御定	二四	一七九七史二八	二三七八 二三八一	

九

大清會典則例	一八〇	清乾隆御定	二三六	八八七二 史二八	三三八二 三三〇一
大復集	三八	明何景明	一四	七〇九 集三	五一三九 五一四〇
大統歷志	八 附一	清梅文鼎	四	三七二 子二	三〇四九
大雅集	八	元賴良	三	一三〇 集三	五六一八
大德昌國州圖志					見昌國州圖志
大學古本說					見榕村四書說
大學衍義	四三	宋眞德秀	一八	八九六 子二	二五九三 二五九五
大學衍義補	一六〇	明邱濬	六四	三六七〇 子三	二六三九 二六五〇
大學章句	一 附一八	宋朱子	六	四一三 經一七	七八二
大學疏義	一	元金履祥	一	六六 經一七	七九八
大學翼眞	四	清胡渭	四	二八五 經一八	八三〇
大學證文	四	清毛奇齡	二	七三 經一八	八三六
大隱居士集	二	宋鄧深	一	五六 集八	四五〇七
大隱集	一〇	宋李正民	四	三三 集八	四四八一

一二

山海漫淡	三 附二	明任環	一	一〇九集三三	五一九九	
山帶閣註楚辭	六 附三	清蔣驥	七	三八五集一	四一三三	
山堂考索	—		—	—	—	見羣書考索
山堂肆考	二二八 附一二	明彭大翼	一二六	七五七一子二七	三七九五 三八一一	
山窗餘稿	一	元甘復	一	五七集一七	四九二二	
山齋文集	二四	明鄭岳	五	一六三集二二	五一二三	
千金要方	—		—	—	—	見備急千金要方
千叟宴詩	三六	清乾隆御定	三五	一五二〇集三八	五九八八 五九四一	
千叟宴詩	四	清康熙御定	四	一九〇集三八	五九一五	
千頃堂書目	三二	清黃虞稷	一八	一五〇二史三三	二四七一 二四七三	
子史精華	一六〇	清康熙御定	五四	三九〇三子二九	三九一三 三九二〇	
子思子	一	宋汪晫	一	四三子一	二五八八	
子夏易傳	一一	周卜子夏	四	二四八經一	四	
子淵詩集	六	元張仲深	三	九一集一七	四九〇四	

子略	四	宋高似孫	二	六五五	史三三	二四六五
子華子	二	晉程本	一	六〇〇	子一六	三三九七
四畫						
斗南老人集	六	明胡奎	六	四四三	集一八	四九九一
六一詞	一	宋歐陽修	合	四五	集四二	六〇八九
六一詩話	一	宋歐陽修	一	一六	集四〇	六〇三六
六壬大全	一二		一〇	七三九	子二三	三二一七、三二一八
六帖補	二〇	宋楊伯嵓	四	一八六	子二五	三七〇六
六家詩名物疏						見詩名物疏
六書正譌	五	元周伯琦	二	一五二	經一九	九〇三
六書本義	一二	明趙撝謙	四	一七九	經一九	九〇四
六書故	三三	元戴侗	一三	一三二	經一九	八九七、八九八
六書統	二〇	元楊桓	一四	一三六〇	經一九	九〇〇、九〇二
六研齋筆記	四 附八	明李日華	三	四九五	子一九	三四一四、三四一五

文公易說	二三	宋朱鑑	一三	九四五	經	二	五三 五四
文氏五家詩	一四	明文洪	六	四三六	集	三三	五六七一
文正集	二〇 附九	宋范仲淹	一〇	六三九	集	三	四二六九 四二七〇
文安集	一四	元揭傒斯	四	三〇五	集	一六	四八七一
文定集	二四	宋汪應辰	八	四七二	集	九八	四五二二 四五二三
文房四譜	五	宋蘇易簡	二	一三〇	子	一六	三二七二
文昌雜錄	六	宋龐元英	二	一二一	子	一八	三三八一
文忠集	二〇〇 附五	宋周必大	七六	四三三六	集	九	四五五〇 四五五九
文忠集	一五三 附五	宋歐陽修	三四	二八二六	集	三	四三二九 四三三四
文忠集							見范文忠集
文苑英華	一〇〇〇	宋李昉等	二九二	一五三五六	集	二六 二九	五四四六 五四八二
文苑英華辨證	一〇	宋彭叔夏	四	一〇七	集	二九	五四八三
文則	二	宋陳騤	一	五二	集	四二	六〇五六
文信公集杜詩	四	宋文天祥	一	七二	集	一三	四七四九

文泉子集	一	唐劉蛻	四	四三 集三	四二三四
文淵閣書目	四	明楊士奇	四	二三五 史三三	二四六八
文章正宗	二四 續二〇	宋眞德秀	四〇	三三六三 集三三〇	五五四一 五五四八
文章軌範	七	宋謝枋得	三	一四一 集三三〇	五五六八
文章精義	一	宋李耆卿	一	一八 集四一	六〇六三
文章緣起	一	梁任昉	一	六 集四〇	六〇三五
文章辨體彙選	七八〇	明賀復徵	二五四	一三一八〇 集三三四 三三五	五七四八 五七七九
文恭集	四〇	宋胡宿	一四	六九九 集三	四二六四 四二六五
文莊集	三六	宋夏竦	一三	一六九 集三	四二五四 四二五五
文敏集	二六 附一	明楊榮	一四	八三七 集一九	五〇一八 五〇一九
文陽端平詩雋	四	宋周弼	一	五三 集一三	四七五二
文溪存稿	二〇	宋李昂英	四	二三三 集一三	四七三〇
文端集	四六	清張英	一四	九二四 集二七	五三八三 五三八四
文說	一	元陳繹曾	一	二二 集四一	六〇六五

方洲集	二六 附六 明張寧	三	九五九 集二〇	五〇四九 五〇五〇
方是閒居士小稿	二 宋劉學箕	一	一一〇 集一三	四六九七
方泉詩集	四 宋周文璞	二	七一 集一三	四六八七
方壺存稿	四 宋汪莘	二	五〇 集一三	四七〇九
方輿勝覽	七〇 宋祝穆	三	九五八 史一七	一七七〇 一七七二
方簡肅文集	一〇 明方良永	三	一六五 集二一	五一〇八
方麓集	一六 明王樵	三	七〇八 集二三	五三三五 五三三六
方齋存稿	一〇 明林文俊	六	三四二 集二一	五一六八
亢倉子	一 庚桑楚	一	三四 子三三	四一一九
亢倉子注	一 何粲	合	四〇 子三三	四一一九
心泉學詩稿	六 宋蒲壽宬	二	七四 集一四	四七七八
心經	一 宋眞德秀	一	二六 子二	二六〇四
王子安集	一六 唐王勃	五	二三四 集一	四一四六
王文正筆錄	一 宋王曾	一	一九 子三二	四〇〇九

天中記	六〇	明陳耀文	六〇	五四七四	子二六	三七六四 三七七五	
天玉經	四	唐楊筠松	合	四四	子三	三一一四	
天台集	三 附一〇	宋林師蒧等	八	四〇五	集三〇	五五四九	
天步眞原	一	清薛鳳祚譯	一	二六	子二	三〇四二	
天馬山房遺稿	八	明朱淛	五	二三三	集三	五一七六	
天原發微	五	宋鮑雲龍	二	五九七	子三	三一〇二 三一〇三	
天問畧	一	明西洋人陽瑪諾	一	五一	子一〇	三〇一四	
天經或問	四	清游藝	三	一四六	子二	三〇四一	
天祿琳琅書目	一〇	清乾隆御定	五	五二	史三三	二四七〇	
天學會通	一	清薛鳳祚	一	三二	子二	三〇四一	
天籟集	二	金白樸	一	五七	集四三	六二〇四	
元文類	七〇	元蘇天爵	四八	一六九九	集三二	五六〇六 五六一一	
元元棋經							見棋經
元氏長慶集	六〇 附六	唐元稹	一四	六〇二	集二	四二一七 四二一八	

元史	二一〇	明宋濂	六九	五六〇五 史四	一一三九 一一四九	
元史紀事本末	四	明陳邦瞻	四	二四六 史九	一三四五	
元史續編	一六	明胡粹中	六	二九六 史七	一三八六	
元包經傳	五 附二	北周衛元嵩	二	八六 子三	三〇八六	
元明事類鈔	四〇	清姚之駰	一四	一三四 子二〇	三四八〇 三四八二	
元和姓纂	一〇	唐林寶	八	五一七 子二〇	三五〇四	
元和郡縣志	四〇	唐李吉甫	一八	一〇三四 史一七	一七五九 一七六一	
元音	一二		六	三四六 集三三	五六三三	
元音遺響	一〇	元胡布	六	三三七 集三二	五六一九	
元英集						見玄英集
元城語錄解	三 附一	宋馬永卿編	二	九〇 子一八	三三八六	
元眞子						見玄眞子
元風雅	一二 附一二	元傅習	八	三一三 集三二	五六一三	
元朝名臣事略	一五	元蘇天爵	七	三七〇 史一六	一六八三	

太玄經	一〇	漢楊雄	四	一七六子二三	三〇八四
太平治迹統類	三〇	宋彭百川	一八	一五三六史二三	一五三一 一五三三
太平御覽	一〇〇〇	宋李昉等	一八〇	一三七四六子三	三五一四 三五四三
太平惠民和劑局方	一〇 附三	宋陳師文等	一〇	五一八子六	二八〇二 二八〇三
太平經國書	一一	宋鄭伯謙	三	一五〇經八	三五八
太平寰宇記	一九三	宋樂史	三六	三〇八二史一七	一七六二 一七六七
太平廣記	五〇〇	宋李昉等	七八	五六八四子三	四〇四九 四〇六一
太白山人漫稿	八	明孫一元	三	一三一集三	五一五〇
太白陰經	八	唐李筌	三	一三九子四	二七一四
太宗聖訓	六	清康熙御定	二	一一〇史一三	一五四三
太祖聖訓	四	清康熙御定	二	七二史一三	一五四三
太倉稊米集	七〇	宋周紫芝	二〇	九八五集九	四五二五 四五二八
太清神鑑	六	王朴	三	一三三子一三	三一三三
太常續考	八		八	六三九史二六	三三〇七 三三〇八

五百家播芳大全文粹	一一〇	宋魏齊賢	六六	三一九四	集三〇	五五二三 五五三四
五音集韻	一五	金韓道昭	三	六八六	經三〇	九三九 九四〇
五峯集	五	宋胡宏	五	三三三	集八	四五〇三
五峯集	一〇	元李孝光	二	一八二	集一七	四九〇二
五曹算經	五	唐李淳風	一	二五	子一一	三〇五七
五國故事	二		一	三三	史一七	一七四五
五經文字	三	唐張參	三	八二	經一九	八八八
五經說						見經說
五經算術	二	北周甄鸞	二	六二	子一一	三〇五七
五經稽疑	八	明朱睦㮮	四	一九〇	經一六	七三三
五經蠡測	六	明蔣悌生	四	二〇三	經一六	七三二
五誥解	四	宋楊簡	一	五〇	經五	二二一
五燈會元	二〇	宋釋普濟	二〇	一七七三	子三三	四〇八七 四〇九〇
五禮通考	二六二	清秦蕙田	二三八	一三九九	經一一 一二	五一七 五五〇

二一六

五總志	一	宋吳坰	一	三五	子一八	三三九〇
少谷集	二五	明鄭善夫	三	六三九	集三三	五一五一 五一五二
少室山房筆叢	三二 附一六	明胡應麟	三	六五四	子二〇	三四八七 三四八八
少室山房集	一二〇	明胡應麟	二八	一七四三	集二四	五二四五 五二四八
少陽集	六	宋陳東	二	九五	集一八	四四九九
少廣補遺	一	清陳世仁	一	四三	子三	三〇八一
少墟集	二〇	明馮從吾	三	七三五	集二四	五二五八 五二六〇
少儀外傳	二	宋呂祖謙	二	八九	子一	二五八六
止山全集	二〇	明邱雲霄	四	一九六	集三三	五一九二
止堂集	一八	宋彭龜年	四	四四一	集二〇	四五九四
止齋集	一六 附一	宋陳傅良	一六	八五三	集二〇	四五六七 四五六九
日下舊聞考	一六〇	清乾隆御定	六四	四〇九八	史一九	一八五八 一八六五
日知薈說	四	清乾隆御定	四	一四五	子三	二六七三
日知錄	三二	清顧炎武	三二	一四一五	子一七	三三五六 三三六〇

中星譜	一	清胡亶	一	五二子二	三〇四〇	
中原音韻	二	元周德清	三	二二集四三	六一四四	
中庸指歸	一 附三	宋黎立武	一	九三經一七	七九四	
中庸衍義	一七	明夏良勝	一六	九八五子三	二六五八 二六六一	
中庸章段						見榕村四書說
中庸餘論						見榕村四書說
中庸輯畧	二	宋石𡼖	二	一一七經一七	七八七	
中朝故事	二	南唐尉遲偓	一	二五子三二	四〇〇六	
中菴集	二〇	元劉敏中	八	三八五集一六	四八五九 四八六〇	
中說	一〇	隋王通	三	一二四子一	二五五三	
中論	二	漢徐幹	一	六九子一	二五五三	
中興小紀	四〇	宋熊克	一四	八二六史六	二三一四 二三一五	
中興間氣集	二	唐高仲武	一	四三集二六	五四四一	
內外服制通釋	七	宋車垓	一	一一七經二〇	四三四	

公是集	五四	宋劉敞	一六	九四二	集 四	四二九七 四二九八
公孫龍子	三	周公孫龍	一	二三	子 一六	三三九八
分甘餘話	四	清王士禎	二	一〇四	子 一九	三四二八
分門古今類事	二〇		八	三七三	子 二三	四〇六三
分隸偶存	二	清萬經	二	一〇七	史 三三	二五〇五
分類字錦	六四	清康熙御定	六〇	五一五六	子 二九	三九〇一 三九一一
分類補註李太白集	三〇	宋楊齊賢集註	一〇	六二五	集 一	四一五三 四一五四
今獻備遺	四二	明項篤壽	六	四二九	史 一六	一六九九
介菴詞	一	宋趙彥端	一	四五	集 四三	六〇九七
毛詩古音考	四	明陳第	四	三二七	經 一〇	九四五
毛詩本義	一六	宋歐陽修	四	二五七	經 六	二六六
毛詩名物解	二〇	宋蔡卞	二	一四八	經 六	二六八
毛詩注疏	三〇	漢鄭氏箋 唐孔穎達疏	一三	一八六八	經 六	二六一 二六四
毛詩草木鳥獸蟲魚疏	二	吳陸璣	一	三九	經 六	二六五

毛詩指說	一	唐成伯璵	一	二〇 經六	二六六	
毛詩陸疏廣要						見陸氏詩疏廣要
毛詩集解	四二	宋李樗等	三四	一五七三 經六	二六九 二七四	
毛詩集解	二五	宋段昌武	一三	八二七 經六	二八七 二八八	
毛詩寫官記	四 附二	清毛奇齡	三	一三五 經七	三三六	
毛詩稽古編	三〇	清陳啓源	一三	九九〇 經七	三三三 三三四	
毛詩講義	一二	宋林岊	六	四四七 經六	二八五	
毛詩類釋	二一 附三	清顧棟高	六	四〇五 經八	三四三	
午亭文編	五〇	清陳廷敬	三二	一四五八 集二六	五三七一 五三七三	
午溪集	一〇	元陳鎰	二	一二六 集一七	四九〇四	
升菴集	八一	明楊愼	二四	一六二三 集三三	五一五八 五一六三	
片玉詞	二 附一	宋周邦彥	一	六八 集四一	六〇九二	
仁山文集	四	宋金履祥	二	九七 集一四	四七七七	
仁端錄	一六	明徐謙	一六	六二六 子八	二八八八 二八八九	

仁齋直指	二六 附七	宋楊士瀛	二四	一三五五 子 六	二八一三 二八一七
仇池筆記	二	宋蘇軾	一	三七 子 一八	三三八三
化書	六	南唐譚峭	合	四八 子 一六	三三〇五
氏族大全	三		二〇	一〇三七 子 一五	三七一七 三七一九
丹淵集	四〇 附三	宋文同	一〇	五四三 集 四	四三〇二 四三〇三
丹陽詞	一	宋葛勝仲	合	三 集 四二	六〇九四
丹陽集	二四	宋葛勝仲	二	五一四 集 七	四四五五 四四五六
丹鉛餘錄	一七 附五 三	明楊慎	二〇	一三一四 子 一七	三三三九 三三四二
月令明義	四	明黃道周	二	一〇五 經 一〇	四七四
月令解	三	宋張虙	三	一三 經 一〇	四四九
月令輯要	二四 附一	清聖祖御定	一八	一三六三 史 一七	一七五五 一七五七
月波洞中記	二		一	三七 子 一三	三一三二
月洞吟	一	宋王鎡	一	一七 集 一四	四七七四
月泉吟社	二	宋吳渭	一	五六 集 三〇	五五六八

月屋漫稿	一	元黃庚	一	九四集一四	四七九六
勿軒集	八	宋熊禾	三	一五三集一四	四七七〇
勿菴歷算書記	一	清梅文鼎	一	六〇子二二	三〇五〇
勿齋集	二	宋楊至質	一	五五集一三	四七四三
尹文子	一	周尹文	一	三三子一六	三一九八
巴西集	二	元鄧文原	二	一四七集一五	四八〇六
孔子家語	一〇	魏王肅	五三	三二四子一	二五四五
孔子集語	二	宋薛據	三	六〇子三	二六三三
孔子編年	五	宋胡舜陟	一	一〇八史一五	一六七一
孔氏談苑	四	宋孔平仲	一	七二子三	四〇一三
孔北海集	一附一	漢孔融	一	六〇集一	四一三五
孔叢子	三	漢孔鮒	二	一一八子一	二五四七

五畫

半軒集	一四補二	明王行	六	三六四集一八	四九八〇

半農春秋說							見春秋說
玄英集	八	唐方干	二	七九	集三	四二四〇	
玄眞子	三	唐張志和	一	三三	子三	四二一九	
立齋遺文	五 附一	明鄒智	二	一〇七	集三	五二〇五	
永嘉八面鋒							見八面鋒
平江紀事	一	元高德基	一	三二	史二六	三一七〇	
平宋錄	三	元劉敏中	一	四七	史二三	一五三五	
平定三逆方略	六〇	淸康熙御定	三	八三一	史九	一三四六 一三四七	
平定兩金川方略	一五四	淸阿桂	五四	三三六三	史九	一三六三 一三六九	
平定金川方略	三六	淸來保	三	一〇五九	史九	一三五二 一三五三	
平定朔漠方略	四八	淸溫達等	二六	一九一三	史九	一三四八 一三五一	
平定準噶爾方略前編正編	一七二	淸傅恒	四八	五二〇八	史九	一三五四 一三六二	
平定臺灣紀略	七〇	淸乾隆御定	二四	一六四四	史九	一三七四 一三七七	
平臺紀略	三 附六	淸藍鼎元	三	一七三	史一〇	一三九七	

平橋稿	一八	明鄭文康	八	三〇〇 集二〇	三〇四七
平齋詞	一	宋洪咨夔	一	一七 集四三	六一〇〇
平齋集	三二	宋洪咨夔	七	三八二 集二三	四六八九
玉山名勝集	八 外一	元顧瑛	六	三二五 集三一	五六一五
玉山紀遊	一	明袁華	一	五九 集三一	五六一八
玉山璞稿	一	元顧瑛	一	四五 集一七	四九三〇
玉斗山人集	三	宋王奕	一	六〇 集一五	四八〇七
玉井樵唱	三	元尹廷高	一	六六 集一五	四八四四
玉坡奏議	五	明張原	二	一二三 史一四	一六二〇
玉芝堂談薈	三六	明徐應秋	三二	一六九八 子二〇	三四七六
玉泉子	一		一	四三 子三一	四〇〇五
玉海	二〇〇 附四	宋王應麟	一六四	八六九五 子二四 二五	三六八三 三七〇三
玉堂嘉話	八	元王惲	二	一四三 子一八	三四〇七
玉堂雜記	三	宋周必大	一	四五 史二六	二一九三

玉笥集	九	元鄧雅	四	一四四集一七	四九四二	
玉笥集	一〇	元張憲	四	二〇八集一七	四九一五	
玉壺野史	一〇	宋釋文瑩	三	一三八子三一	四〇一四	
玉楮集	八	宋岳珂	八	一一六集一三	四七三三	
玉照定眞經	一	晉郭璞	一	二九子一三	三一二〇	
玉照新志	六	宋王明清	二	二三四子三一	四〇二三	
玉臺新詠	一〇	陳徐陵	三	一〇七集二八	五四三八	
玉臺新詠考異	一〇	清紀容舒	五	二三九集二八	五四三九	
玉管照神局	三	南宋齊邱	一	八七子一三	三一三一	
玉篇	三〇	梁顧野王	六	四三二經一九	八八七	
玉璣微義	五〇	明徐用誠	一六	一〇七六子一八	二八八四 二八八七	
玉瀾集						見京齋集
示兒編	二三	宋孫奕	八	三三六子一八	三三九四	
未軒集	三	明黃仲照	八	四〇二集二〇	五〇七九	

正楊	四	明陳燿文	四	三二 子一七	三三四四	
正蒙初義	一七	清王植	一〇	五八〇 子一	二五六〇 二五六一	
正學隅見述	一	清王宏	一	六二三 子四	二七〇五	
甘肅通志	五〇	清許容	三四	二七七九 史二三	二〇五五 二〇五九	
甘澤謠	一	唐袁郊	一	二四〇 子三三	四〇四七	
世宗上諭八旗	一三	清世宗	六	六二三 史一三	一五四九	
世宗上諭內閣	一五九	清世宗	四二	三〇六二 史一三	一五五二 一五五八	
世宗上諭旗務議覆	一二	清元祿	五	三三一 史一三	一五五〇	
世宗諭行旗務奏議						見諭行旗務奏議
世宗硃批諭旨	三六〇	清世宗	三一七	一五六六〇 史一三 一四	一五五九 一五九四	
世宗御製文集	三〇	清世宗	一〇	四四七 集二五	五二九〇 五二九一	
世宗聖訓	三六	清乾隆勅編	一三	九三二 史一三	一五三七 一五三八	
世祖聖訓	六	清康熙勅編	二	九二一 史一三	一五四三	
世說新語	三	清劉義慶	六	八八八 子三一	四〇〇一	

世緯	三	清袁袠	一	四七子三	二六六八	
世醫得效方	三〇	元危亦林	一八	二六八子六	二六二七 二六三〇	
古文四聲韻	五	宋夏竦	二	一九八經一九	八九〇	
古文孝經孔子傳	附一	漢孔安國	一	四二經一五	七二五	
古文孝經指解	一	宋司馬光	一	二六經一五	七一五	
古文尚書冤詞	八	清毛奇齡	三	一六五經六	二五〇	
古文尚書疏證						見尚書古文疏證
古文苑	三	宋章樵	六	三〇八集二八	五四四五	
古文參同契集解	三	明蔣一彪	三	二九二子三三	四一一五	
古文淵鑑	四六	清康熙勅撰	五四	二九五九集三五 三六	五八〇三 五八一二	
古文雅正	一四	清蔡世遠	一三	四八六集四〇	六〇二三 六〇二四	
古文集成	七八	王霆震	三〇	一〇四三集三〇	五五六四 五五六七	
古文龍虎經注疏						見龍虎經注疏
古文關鍵	二	宋呂祖謙	二	一五三集三〇	五五二三	

古夫于亭雜錄	五	清王世禎	二	一三五	子一九	三四二八	
古史	六〇	宋蘇轍	一四	八七二	史一〇	一四〇三	
古今刀劍錄	一	梁陶宏景	一	一三	子一〇	三三五八	
古今考	三八	宋魏了翁	二四	九八八	子一五	三三二九 三三三二	
古今列女傳	三	明解縉	三	一六一	史一六	一六九三	
古今同姓名錄	二	明孝元皇帝	一	六九	子二〇	三四八九	
古今合璧事類備要	六九	宋謝維新	八〇	四三四三	子二四	三六六九 三六七八	
古今事文類聚							見事文類聚
古今姓氏書辨證	四〇	宋鄧名世	一六	七三六	子三三	三六〇八 三六〇九	
古今律歷考	七二	明邢雲路	三	一四六二	子一〇	三〇〇九 三〇一三	
古今紀要	一九	宋黃震	三	七四六	史二一	一四四七 一四四八	
古今通韻	一二	清毛奇齡	五	六四四	經二〇	九五八	
古今註	三	晉崔豹	二	九七	子一七	三三一〇	
古今源流至論	一〇	宋林駉	二四	一三七七	子二四	三六七九 三六八二	

古今詩删	三四	明李攀龍	三	五六〇 集三三	五六六八 五六六九	
古今說海	一四二	明陸楫	二四	一二四七 子二〇	三四八四 三四八六	
古今歲時雜詠						見歲時雜詠
古今禪藻集	二八	明釋正勉	一四	七三三 集三五	五八〇〇 五八〇二	
古今儲貳金鑑	六	清乾隆御撰	二	一四四 史三三	二五四四	
古今韻會舉要	三〇	元熊忠	三	九二七 經二〇	九四一 九四二	
古列女傳	七 續一	漢劉向	二	一五四 史一五	一六七九	
古刻叢鈔	一	明陶宗儀	一	四七 史三三	二四九六	
古周易	一	宋呂祖謙	一	五四 經一	四〇	
古周易訂詁	一六	明何楷	一〇	七三九 經三	一二六 一二七	
古周易章句外編						見周易古占法
古音表	二	清顧炎武	一	二二 經二	九五七	
古音略例	一	明楊慎	一	二八 經二〇	九四四	
古音駢字	二 續五	明楊慎	六	一六三 經一九	九〇五	

古音叢目、獵要、音餘	各五	明楊慎	三	一八三經二〇	九四四
古城集	六	明張吉	六	三一三集三	五〇九五
古梅遺稿	六	宋吳龍翰	一	五七集一四	四七七〇
古畫品錄	一	南齊謝赫	一	一〇子一三	三一四〇
古詩記	一五六	明馮惟訥	五四	二五六〇集三	五六五七 五六六三
古詩鏡	三六	明陸時雍	二四	一七四三集三五	五七八〇 五七八五
古廉集	一二	明李時勉	八	四七七集一九	五〇三一
古經解鉤沈	三〇	清余蕭客	三	八八七經一七	七七一 七七二
古徽書	三六	清孫瑴	三	四九八經一七	七七三 七七四
古賦辨體	一〇	元祝堯	五	二六〇集三一	五六〇四
古樂府	一〇	元左克明	五	二五三集三一	五六一四
古樂苑	五二	明梅鼎祚	二六	二六〇集三四	五七一五 五七一八
古樂書	二	清應撝謙	二	二〇四經一九	八六八
古樂經傳	五	清李光地	三	一八九經一九	八六八

古韻標準	四	清江永	二	一三九 經三〇	一九六〇
古懽堂集	四九	清田雯	一六	一〇三八 集二七	五四〇二 五四〇四
古儷府	一三	明王志慶	一三	一二四二 子二七	三八一二 三八一四
古穰集	三〇	明李賢	三	六一五 集一九	五〇三八 五〇三九
古靈集	二五	宋陳襄	六	四四四 集四	四二八八
本事詩	一	唐孟棨	一	二八 集四〇	六〇三五
本草乘雅半偈	一〇	明盧之頤	一〇	六三〇 子九	二九七一 二九七二
本草綱目	五二	明李時珍	六四	三六八六 子九	二九三二 二九四五
本堂集	九四	宋陳著	二〇	一〇二四 集一三	四七五〇 四七五二
本語	六	明高拱	三	一一〇 子一六	三三〇九
可閒老人集	四	元張昱	四	二三四 集一七	四九四一
可傳集	一	明袁華	一	四二 集一八	四九八五
可齋雜稿	三四	宋李曾伯	二六	一三二 集一三	四七一七 四七二三
丙子學易編	一	宋李心傳	一	四三 經一	四八

石山醫案	三附一	明陳桷	四	一六五子八	二九〇〇
石田文集	一五	元馬祖常	八	三七〇集一六	四八六三
石田詩選	一〇	明沈周	四	三三三集二〇·	五〇五八
石初集	一〇	元周霆震	三	一六七集一七	四九二二
石刻鋪敘	二	宋曾宏父	一	四四史三二	二四九二
石林居士建康集					見建康集
石林詞	一	宋葉夢得	一	三五集四一	六〇九四
石林詩話	一	宋葉夢得	一	四九集四〇	六〇四三
石林燕語	一〇	宋葉夢得	五	一八二子一八	三三八八
石門文字禪	三〇	宋釋覺範	一四	九三五集六	四三九八 四四〇〇
石門集	七	元梁寅	二	九一集一七	四九四二
石洞集	一八	明葉春及	一三	九九三集二三	五二三〇 五二三一
石柱記箋釋	五	清鄭元慶	二	八八史二五	二二六〇
石峯堡紀略	二〇	清乾隆御定	八	六〇五史九	一三七二 一三七三

石倉歷代詩選	五〇六	明曹學佺	一七四	一二六八七	集三三	五六八八 五七一一
石屏詞	一	宋戴復古	一	一五	集四三	六一〇三
石屏詩集	六	宋戴復古	四	三一七	集二一	四六三八
石湖詩集	三四	宋范成大	八	四八九	集二一	四六一五
石渠寶笈	四四	清乾隆勅編	二八	三三四七	子一四	三一九九 三三〇五
石鼓論語問答	三	宋戴溪	三	三一三	經一七	七八七
石經考	一	清顧炎武	一	三八	史三三	二五〇一
石經考	二	清萬斯同	一	八八	史三三	二五〇三
石經考異	二	清杭世駿	一	五一	史三三	二五〇六
石墨鐫華	六	明趙崡	四	一五二	史三三	二四九九
石隱園藏稿	八	明畢自嚴	八	五七九	集二四	五三六一 五三六二
左氏博議	二五	宋呂祖謙	三	五一六	經一三	五八八 五八九
左氏傳說	二〇	宋呂祖謙	六	二六四	經一三	五八六
左氏釋	二	明馮時可	一	五〇	經一四	六六二

左史諫草	一	宋呂午	一	五三	史一四	一六〇三	
左傳杜林合注	五〇	明王道焜	三	一二〇九	經一四	六七〇 六七一	
左傳杜解補正	三	清顧炎武	三	九九	經一五	六八二	
左傳注疏							見春秋左氏傳注疏
左傳事緯	一二	清馬驌	一八	一二〇八	經一五	六八五 六八七	
左傳附注	五	明陸粲	三	一一三	經一四	六四九	
左傳記事本末	五三	清高士奇	一三	一〇六二	史二〇	一三九四 一三九六	
左傳補注	六	清惠棟	三	二七	經一五	七一〇	
左傳屬事							見春秋左傳屬事
北山小集	四〇	宋鄭剛中	一三	五五九	集八	四四六八 四四六九	
北山酒經	三	宋翼中	一	四四四	子一六	三一八二	
北山集	四〇	宋程俱	一六	七七三	集八	四五〇八 四五〇九	
北戶錄	三	唐段公路	一	六三	史二六	二一六三	
北史	一〇〇	唐李延壽	五〇	三六三六	史三二	一〇四七 一〇五四	

北河記	附 八 四	明謝肇淛	五	四〇四 史二五	三二一八
北郊配位尊西向議	一	清毛奇齡	一	三 史三一	二四三
北狩見聞錄	一	宋曹勛	一	一五 史二二	一五三〇
北海集	四六	宋綦崇禮	一四	五九九 集 八	四四九〇 四四九一
北軒筆記	一	元陳世隆	一	三五 子一八	三四〇八
北堂書鈔	一六〇	唐虞世南	三三	一七一五 子二〇	三四九七 三五〇〇
北郭集	六	明徐賁	二	一五四 集一八	四九七八
北郭集	六	元許恕	二	一〇〇 集一七	四九一四
北湖集	五	宋吳則禮	三	二二 集 七	四四三一
北窗炙輠錄	二	宋施德操	一	七四 子三一	四〇二七
北溪大全集	五〇	宋陳淳	一六	七〇四 集二一	四六五五 四六五六
北溪字義	二	宋陳淳	二	三〇 子 二	二六二〇
北遊集	二	宋汪夢斗	一	四八 集一四	四七六三
北齊文紀	三	明梅鼎祚	二	一〇四 集三四	五七四〇

史記正義	一三〇	唐張守節	一三〇	二九九	史一	九七四 九七八
史記索隱	三〇	唐司馬貞	六	四三三	史一	九七三
史記集解	一三〇	宋裴駰	二九	二〇六六	史一	九六八 二
史記疑問	三	清邵泰衢	一	一二三	史一	九七九
史通	二〇	唐劉知幾	六	二六九	史三三	二五〇七
史通通釋	二〇	清浦起龍	二〇	五八五	史三三	二五〇八 二五〇九
史傳三編	五六	清朱軾	三	一九一四	史一六	一七二〇 一七二三
史纂通要	一七	元胡一桂	六	四五三	史三三	二五二三
四川通志	四七	清黃廷桂	四八	四〇三九	史二三 二四	二〇六〇 二〇六七
四六法海	一二	明王志堅	一二	九八四	集三三 三四	五七一二 五七一四
四六話	二	宋王銍	一	三六	集四〇	六〇四二
四六談麈	一	宋謝伋	一	一五	集四一	六〇五三
四六標準	四〇	宋李劉	三〇	一七三三	集一二 一三	四七〇一 四七〇七
四如集	四	宋黃仲元	四	一八七	集一四	四七六九

四書逸箋	六	清程大中	二	八八 經一八	八三八
四書經疑貫通	八	元王充耘	三	一三二 經一七	八〇六
四書蒙引	一五 別一	明蔡清	一六	一四七〇 經一八	八一七 八一九
四書管窺	八	元史伯璿	六	五五八 經一七	八一〇
四書劄記	四	清楊名時	一	七三 經一八	八三七
四書疑節	一二	元袁俊翁	六	二七五 經一七	八〇六
四書辨疑	一五		六	三五二 經一七	八〇〇
四書講義困勉錄	三七	清陸隴其	一八	一六四七 經一八	八三一 八三三
四書賸言	四 補二	清毛奇齡	三	一三二 經一八	八三六
四書釋地	一	清閻若璩	五	三二四 經一八	八三七
四書纂疏	二九	宋趙順孫	一八	一六三九 經一七	七九五 七九七
四書纂箋	二八	元詹道傳	三	九九七 經一七	八〇七 八〇八
四朝詩	三一四	清康熙御定	二三二	一二三九五 集三七	五八七六 五九〇四
四朝聞見錄	五	宋葉紹翁	五	二四二 子三三	四〇二九

白香山詩集	四〇	清汪立名	二〇	一〇二九	集三	四二二五 四二二八
白雲集	四	元許謙	二	一四九	集一五	四八二八
白雲集	七	明唐桂芳	五	二五七	集一八	四九五八
白雲集	三	元釋英	一	一三二	集一四	四七九一
白雲稿	五	明朱右	二	一四七	集一八	四九六四
白雲樵唱集	四	明王恭	四	二四六	集一八	四九七九
白蓮集	一〇	唐釋齊已	四	一八三	集一三	四二四二
瓜廬詩	一	宋薛師石	一	三〇	集二三	四六六九
外科理例	七	明汪機	六	四二三	子八	二八九九
外科精義	二	元齊德之	二	五三	子六	二八三二
外臺秘要方	四〇	唐王燾	四〇	二五七九	子五	二七七四 二七八三
外藩蒙古回部王公功績表傳	一二〇	清乾隆敕撰	三	一四九八	史一六	一七〇二 一七〇四
用易詳解	一六	宋李杞	六	四三九	經二	五七
句曲外史集	三	元張雨	三	一四三二	集一七	四九〇九

江西通志	一六三	清謝旻	一三八	九九〇九史三三〇	一九一四 一九三五
江村銷夏錄	三	清高士奇	三	三二〇子一四	三二〇九
江表志	三	宋鄭文寶	一	三三史一七	一七四四
江南別錄	一	宋陳彭年	一	二〇史一七	一七四三
江南野史	一〇	宋龍袞	二	九七史一七	一七四三
江南通志	二〇〇	清趙宏恩	一四〇	九七八八史三〇	一八九三 一九一三
江南經略	八	明鄭若曾	一四	九一五子四	二七二五 二七三七
江南餘載	二		二	二五史一七	一七四四
江城名蹟記	四	清陳宏緒	三	一六九史二五	三一五九
江淮異人錄	二	宋吳淑	一	二五子三	四〇四八
江湖小集	九五	宋陳起	二六	一八九〇集三〇	五五五二 五五五六
江湖長翁集	四〇	宋陳造	二〇	一〇〇二集二一	四六四〇 四六四三
江湖後集	二四	宋陳起	三	五七六集三〇	五五五七 五五五九
江漢叢談	二	陳士元	一	五三史二六	三一七〇

安陽集	五〇	宋韓琦	一二	六四五集三	四二六七 四二六八	
次山集	一二	唐元結	三	一四六集二	四一七八	
次柳氏舊聞	一	唐李德裕	一	一三子三	四〇〇二	
亦玉堂稿	一〇	明沈鯉	四	一二九七集二四	五二三七	
州縣提綱	四		二	六五史二七	三二一九	
式古堂書畫彙攷						見書畫彙攷
圭峯集	二	元盧琦	二	一三二集一七	四九〇一	
圭峯集	三〇	明羅玘	一四	六九三集三	五一〇三 五一〇四	
圭塘小稿	一三	元許有壬	四	三一三集一六	四八八七	
圭塘款乃集	二	元許有壬	二	九六集三一	五〇〇四	
圭齋集	一五	元歐陽元	六	三七五集一六	四八七八	
老子道德經	二	晉王弼	二	九五子三三	四〇九六	
老子道德經注	二	河上公	一	五五子三三	四〇九五	
老子道德經解	二	宋蘇轍	二	九八子三三	四〇九七	

老子說略	二	清張爾岐	一	七三子三	四〇九九	
老子翼	三	明焦竑	三	二三九子三	四〇九八	
老圃集	二	宋洪芻	一	三九集七	四四五五	
老學菴筆記	一〇	宋陸游	四	一七三子一八	三三七九	
考工記解						見周官新義
考工記解	二	宋林希逸	二	二〇三經八	三六八	
考古文集	二	明趙僞謙	二	一一六集一八	四九七三	
考古圖	一〇	宋呂大臨	五	五六〇子一五	三二五九	
考古質疑	六	宋葉大慶	二	一〇三子一七	三三二八	
考古編	一〇	宋程大昌	二	一二七子一七	三三三一	
考功集	一〇 附一	明薛蕙	四	二五一集三	五一六九	
西山文集	五五	宋眞德秀	三〇	一七〇集三	四六八二 四六八七	
西山讀書記	六一	宋眞德秀	四〇	二六五六子二	二五九六 二六〇三	
西村集	八	明史鑑	八	三六七集三	五一〇七	

西村詩集	二	明朱朴	二	八一　集三三	五一七五
西河集	一九〇	清毛奇齡	七〇	三三八五　集三二七	五三八五 五三九三
西河詞話	二	清毛奇齡	一	三七　集四三	六一三三
西京雜記	六	晉葛洪	一	五三　子三一	四〇〇一
西使記	一	元劉郁	一	九　史一六	一七二八
西陂類稿	三九	清宋犖	三	一〇四九　集三七	五三九八 五三九九
西郊笑端集	二	明董紀	二	一四八　集一八	四九八二
西晉文紀	二〇	明梅鼎祚	一八	九一〇　集三四	五七二九 五七三三
西清古鑑	四〇	清乾隆御定	二八	三三九五　子一一五 一一六	三二六四 三二七〇
西清硯譜	二五	清乾隆御定	三	九六四　子一一六	三二七三 三二七五
西域同文志	二四	清乾隆御定	三	八四〇　經二〇	九二七 九二八
西崑酬唱集	二	宋楊億	一	六八　集二九	五四九〇
西渡集	二	宋洪炎	一	四三　集一七	四四五四
西湖百詠	二	宋董嗣杲	二	七六　集一四	四七七二

西湖志纂	一二	清梁詩正	五	四八二 史二五	三二五三
西湖遊覽志	二四	明田汝成	一八	二一一〇 史二五	二二四七 二二四九
西菴集	九	明孫蕡	四	三〇三 集一八	四九八一
西溪集	一〇	宋沈遘	四	二〇八 集四	四三〇四
西溪叢語	二	宋姚寬	二	二六 子一七	三三一六
西塘集	一〇	宋鄭俠	六	二八五 集六	四四〇五
西塍集	一	宋宋伯仁	一	三三 集一三	四七四一
西漢文紀	二四	明梅鼎祚	二〇	九七七 集三四	五七二〇 五七二三
西漢年紀	三〇	宋王益之	三	七八九 史七	一二六六 一二六七
西漢會要	七〇	宋徐天麟	三	八七六 史二七	二三四〇 二三四一
西臺集	二〇	宋畢仲游	八	四九九 集七	四四二八 四四二九
西樵語業	一	宋楊炎正	一	一七 集四二	六〇九九
西谿易說	一二	宋李過	四	二九七 經一	四八
西隱文稿	一〇	明宋訥	四	二三四 集一八	四九五三

西巖集	一	宋翁卷	二	三	集二三	四六六九
西巖集	二〇	宋張之翰	八	三二三	集一六	四八五三
在軒集	一	宋黄公紹	一	四七	集一四	四七七六
列子	八	周列禦寇	三	一四四	子一三	四二〇〇
列仙傳	二	漢劉向	一	四二	子一三	四二一三
百正集	三	宋連文鳳	一	四八	集一四	四七七四
百官箴	六	宋許月卿	二	九二	史二七	三三一九
百越先賢志	四	明歐大任	二	八六	史一六	一七〇〇
百菊集譜	六	宋史鑄	三	一三六	子一六	三三八四
存悔齋稿	一	元龔璛	一	六〇	集一五	四八二七
存家詩稿	八	明楊巍	三	一三三	集二三	五三三六
存研樓文集	一六	清儲大文	一四	七六	集二七	五四一九 五四二〇
存雅堂遺稿	五	宋方鳳	一	六六	集一四	四七七五
至大金陵新志	一五	元張鉉	一四	一三九四	史一九	一八四〇 一八四二

至元嘉禾志	三三 元徐碩	七	五九〇 史一九	一八三六
至正集	八二 元許有壬	一八	一二七 集一六	四八八三 四八八六
夷白齋稿	三五 元陳基	七	四一九 集一七	四九三九
夷堅支志	五〇 宋洪邁	三	五九六 子三三	四〇六四 四〇六五
匡謬正俗	八 唐顏師古	二	八二 經一九	八七六
此山集	五 元周權	二	六二 集一六	四八五〇
此木軒四書說	九 清焦袁熹	四	二六三 經一八	八三八
此事難知	四 元王好古	二	一一三 子六	二八三三
艾軒集	九 宋林光朝	四	三三二 集九	四五三五
曲江集	二〇 唐張九齡	四	三一五 集一	四一五一
曲阜集	四 宋曾肇	四	一七〇 集五	四三三五
曲有舊聞	一〇 宋朱弁	三	一一三 子一八	三三八六
曲譜	一三 清康熙御定	八	四六九 集四二	六一四三 六一四四
同文算指前編	二 明李之藻演	五	三九六 子一二	三〇六三

同文館唱和詩	一〇 宋鄧忠臣	二	六九九 集 二九	五四九〇
同文韻統	六 清乾隆御定	二	一七三 經 二	九四九
同姓名錄	一二 明余寅	三	六二一 子 二六	三七五九 三七六〇
因話錄	六 唐趙璘	二	七六 子 三	四〇〇三
因園集	一三 清趙執信	六	一二五〇 集 二七	五四一〇
回文類聚	補一 四 宋桑世昌	一	六九九 集 三〇	五五三三
全史日至源流	三三 清許伯政	二八	一二七二 子 二	三〇五一 三〇五四
全生指迷方	四 宋王貺	二	九二二 子 六	二七九八
全芳備祖	二七 宋陳景沂	三	一二〇七 子 二四	三六五三 三六五五
全金詩增補中州集	七四 清康熙御定	四〇	一九二四 集 三八	五九〇五 五九一〇
全室外集	九 明僧宗泐	三	一三六 集 一九	四二九八
全唐詩	九〇〇 清康熙御定	二五四	一三五三八 集 三六 三七	五八一九 五八六〇
全唐詩錄	清徐倬	五四	三一〇三 集 二七	六〇〇九 六〇一五
全閩詩話	一二 清鄭方坤	一三	九〇〇 集 四二	六〇八五 六〇八六

全蜀藝文志	六四	明周復俊	三〇	一六〇七	集三三	五六六四 五六六七	
合訂刪補大易集義粹言							見大易集義粹言
朱子五經語類	八〇	清程川	二〇	一四三三	經一六	七六五 七六八	
朱子全書	六六	清康熙御定	六〇	三一二八	子四三	二六八四 二六九四	
朱子年譜	四 附六	清王懋竑	六	四〇〇	史一五	一六七八	
朱子抄釋	二	明呂柟	一	五九	子三	二六五七	
朱子語類	一四〇	宋黎敬德	九二	五三四三	子一	二五七二 二五八四	
朱子禮纂	五	清李光地	三	一五六	經三	五五二	
朱子讀書法	四	宋張洪	二	一三四	子二	二六二三	
朱文公易說						[illegible]	見文公易說
先進遺風	二	明耿定向	二	九八	子三三	四〇三六	
先聖大訓	六	宋楊簡	六	四二四	子二	二六〇五 二六〇六	
先醒齋廣筆記	四	明繆希雍	四	二五一	子九	二九四七	
竹山詞	一	宋蔣捷	一	三六	集四二	六一〇三	

竹友集	一〇	宋謝薖	二	一〇七 集七	四四三二
竹坡詞	三	宋周紫芝	一	四六 集四一	六〇九五
竹坡詩話	一	宋周紫芝	一	三二 集四一	六〇五六
竹洲集	二〇	宋吳儆	四	一八三 集九	四五三三
竹屋癡語	一	宋高觀國	一	三四 集四三	六一〇一
竹素山房詩集	三	元吾邱衍	二	六二 集一五	四八〇七
竹軒雜著	六	宋林季仲	三	一八 集九	四五二二
竹書紀年	二	梁沈約	一	八一 史五	一一七三
竹書統箋	一二	清徐文靖	五	三〇九 史五	一一七三
竹莊詩話	二四	宋何谿汶	八	四九五 集四一	六〇六二
竹雲題跋	四	清王澍	四	一二八 史三三	二五〇六
竹溪鬳齋十一稿續集	三〇	宋林希逸	一三	六一七 集一四	四七五三 四七五四
竹澗集	·八	明潘希曾	八	三四七 集三三	五一三八
竹嶼山房雜部	三二	明宋詡	五	四二〇 子一九	三四三〇

竹齋集	三	明王冕	三	一九三	集一八	四九八八
竹齋詩集	四	宋裘萬頃	一	六九	集二三	四六五九
竹齋詩餘	一	宋黃機	一	三二	集四三	六一〇三
竹隱畸士集	二〇	宋趙鼎臣	八	三一六	集七	四四三九
竹譜	一	晉戴凱之	一	一六	子一六	三三八五
竹譜	一〇	元李衎	五	一九五	子一三	三一五七
竹巖集	一	明柯潛	二	九六	集三〇	五〇四六
印典	八	淸朱象賢	四	二四五	子一五	三三五七
伐檀集	二	宋黃庶	一	九七	集四	四二八四
伐檀集	三	明張元凱	四	二三四	集三三	五三二八
仲氏易	三〇	淸毛奇齡	一四	五〇〇	經四	一四六 一四七
仲宏集	八	元楊載	二	一三六	集一六	四八七〇
伊川易傳	四	宋程子	四	四九四	經一	一五
伊洛淵源錄	一四	宋朱子	五	二三六	史一六	一六八一

伊濱集	二四	元王沂	八	三八九	集一六	四八七三
仰節堂集	一四	明曹于汴	六	三五六	集二四	五二六三
自怡集	一	明劉璉	一	三三	集一八	四九九〇
自堂存稿	四	宋陳杰	二	八四	集一四	七七七
自鳴集	六	宋章甫	一	九三	集二一	四六三六
自警編	九	宋趙善璙	五	五〇七	子一九	三四五〇 三四五一
后山詩註	一二	宋趙師道	六	二七八	集六	四三九〇
行水金鑑	一七五	清傅澤洪	五八	四一三七	史二五	二一三二 二一三九
名臣言行錄前集	一〇 後一四	宋朱子	二四	一六四六	史一六	一六八二 一六八四
名臣碑傳琬琰之集	一七〇	宋杜大桂	二六	一三五二	史一六	一六八五 一六八八
名臣經濟錄	五三	明黃訓	三〇	二四三三	史一五	一六六二 一六六六
名義考	一二	明周祈	六	二六八	子一七	三三四六
名賢氏族言行類稿	六〇	宋章定	二二	一五三六	子一三 二四	三六四八 三六五〇
名疑	四	明陳士元	四	一八三	子二五	三七一九

宋文選	三二		一六	八八五集二九	五四九六 五四九七	
宋文鑑	一五〇	宋呂祖謙	六八	三〇六五集二九 三〇	五五一一 五五二一	
宋元詩會	一〇〇	清陳焯	五〇	三〇九八集三九	五九七九 五九八五	
宋史	四九六	元托克托	一八〇	一四一六四史三 四	一〇九五 一一二五	
宋史全文	三六		三六	三三五九史七	一二七一 一二七六	
宋史紀事本末	二八	明陳邦瞻	一八	一四七三史八	一三四二 一三四四	
宋布衣集	三	明宋登春	二	九六集二四	五二七五	
宋百家詩存	四〇	清曹庭棟	三六	二〇五三集四〇	六〇二七 六〇三三	
宋名臣言行錄						見名臣言行錄
宋名臣奏議	一五〇	宋趙汝愚	四八	三七〇五史一四	一六一七 一六二四	
宋季三朝政要	六		四	一五一史七	一二七〇	
宋宰輔編年錄	二〇	宋徐自明	一八	一四三五史二六	二二九四 二二九六	
宋高僧傳	三〇	宋釋贊寧	一四	八一六子三三	四〇八二 四〇八三	
宋書	一〇〇	梁沈約	三六	二八七六史二	一〇一二 一〇一七	

宋朝名畫評	三	宋劉道醇	一	五九子一三	三二四四	
宋朝事實	二〇	宋李攸	六	四六五史二七	二三三七	
宋景文筆記	三	宋李祁	一	五二子一八	三三八〇	
宋景文集						見景文集
宋景濂未刻集	二	明宋濂	二	一二三集一八	四九四八	
宋詩紀事	一〇〇	清厲鶚	六四	三一五八集四一	六〇七六 六〇八四	
宋詩鈔	一〇六	清吳之振	五〇	三六二〇集三九	五九七二 五九七八	
宋稗類鈔	三六	清潘永因	一八	一〇三五子三一	三九九八 四〇〇〇	
宋藝圃集	二二	明李蓘	一四	六六六集三三	五六七二 五六七三	
宋寶祐四年登科錄	四	宋文天祥	二	一三八史一六	一六八九	
宏明集						見弘明集
冷齋夜話	一〇	宋僧惠洪	二	九二子一八	三三八五	
言行龜鑑	八	元張光祖	四	一七四子一九	三四五一	
初寮集	八	宋王安中	八	三二〇集七	四四五三	

初寮詞	一	宋王安中	一	一八	集四二	六〇九三
初學記	三〇	唐徐堅等	一六	八九八	子二〇	三五〇二 三五〇三
求古錄	一	清顧炎武	一	八五	史三三	二五〇二
坊記集傳	二 附一	明黃道周	二	一七二	經一〇	四七四
赤水玄珠	三〇	明孫一奎	三〇	二〇八二	子八	二九〇四 二九一〇
赤松山志	一	宋倪守約	一	三三	史二五	三二四六
赤城志	四〇	宋陳耆卿	三	七六七	史一八	一八二一 一八二三
赤城集	一八	宋林表民	八	三二八	集三〇	五五五〇
赤雅	三	明鄺露	一	六〇	史二六	三二八八
孝詩	一	宋林同	一	七六	集一三	四七四一
孝經大義	一	元董鼎	一	二八	經一五	七一六
孝經刊誤	一	宋朱子	一	一四	經一五	七一六
孝經注	一	清世祖御定	一	二七	經一五	七一八
孝經注疏	九	唐明皇帝御注 宋邢昺疏	二	一二四	經一五	七一五

杜詩攟	四	明唐元竑	四	一七三	集一	四一六八
杜楊雜編	三	唐蘇鶚	一	五三	子三	四〇四五
杏亭摘稿	一	元洪焱祖	一	二九八	集一六	四九九三
李文公集	一八	唐李翱	三	一八〇	集二	四三二〇
李元賓文編	三 附二	唐李觀	二	八七	集二	四三二一
李太白集	三〇	唐李白	七	四二五	集一	四二五三
李太白集						見分類補注李太白集
李太白詩集註	三六	清王琦	一六	一三六七	集一	四二五五 四二五九
李氏學樂錄	二	清李塨	一	五七	經一九	八七〇
李北海集	六 附一	唐李邕	二	一〇〇	集一	四一五一
李長吉歌集	四 附一	西泉吳正子	四	一三八	集二	四三二三
李相國論事集	六	唐李絳	三	八一	史一五	一六七二
李虛中命書	三	鬼谷子 唐李虛中註	一	五四	子三	三一二〇
李義山文集箋註	一〇	清徐樹穀箋 清徐炯註	六	四〇八	集三	四三三二

別雅	五	清吳玉搢	五	三三五經一九	八八〇
別號錄	九	清葛萬里	四	一九五子三二	三九九七
吳子	一	周吳起	合	一五子四	，二七三
吳文正集	一〇〇附一	元吳澄	四二	一八四六集一五	四八一三 四八一九
吳文肅摘稿	四	明吳儼	四	一五四集二二	五一〇五
吳中水利書	二八	明張國維	三	一八三六史二五	三一三三 三一三五
吳中水利書	一	宋單鍔	一	二七史二五	三一四
吳中金石新編	八	明陳暐	六	二五一史三三	二四九七
吳中舊事	一	元陸友仁	一	三一史二六	三六九
吳地記	一	唐陸廣微	一	二六史二五	三二五三
吳郡志	五〇	宋范成大	三	六五二史一八	一八一四 一八一五
吳郡圖經續記	三	宋朱長文	二	一八二史一八	一八二一
吳船錄	二	宋范成大	一	五三史一七	一七二七
吳都文粹	九	宋鄭虎臣	一〇	五一四集二〇	五五六二 五五六三

七六

法帖譜系	二	宋曹士冕	一	三二	史三二	二四九三	
法帖釋文	一〇	宋劉次莊	一	六二	史三二	二四八九	
法帖音釋刊誤							附翠藪後
法帖釋文考異	一〇	明顧從義	三	一二三	史三三	二四九八	
法苑珠林	一二〇	唐釋道世	六三	三四九七	子三三	四〇七三 四〇七九	
法書考	八	元盛熙明	二	一三六	子一三	三一五八	
法書要錄	一〇	唐張彥遠	六	三四〇	子一三	三一四三	
法藏碎金錄	一〇	宋晁迥	八	三五七	子三三	四〇八四	
河汾諸老詩集	八	元房祺	一	六五	集三二	五五九八	
河防一覽	一四	明潘季馴	三	七一六	史二五	三三一六 三三一七	
河防通議	二	元沙克什	二	五三	史二五	三三一四	
河東集	一六	宋柳開	四	三六	集三	四二四六	
河南通志	八〇	清王士俊	六四	五七三〇	史一三	一九八四 一九九四	
河南集	二七	宋尹洙	六	一九〇	集三	四二七一	

宗子相集	一五	明宗臣	六	四四二 集三三	五三三二	
宗玄文集	三	唐吳筠	二	九九 集二	四一八〇	
宗伯集	一〇	明孫繼皋	八	七八四 集三四	五三五〇 五三五一	
宗忠簡集	八	宋宗澤	三	一九五 集七	四四四三	
宗室王公功績表傳	一二	淸乾隆御定	七	四一六 史一六	一七〇二	
定山集						見莊定山集
定宇集	一六 附一	元陳櫟	三	五七五 集一六	四八五五 四八五六	
定菴類稿	四	宋衞博	四	一四七 集一〇	四五七七	
定齋集	二〇	宋蔡戡	八	三八四 集一〇	四六〇四	
官箴	一	宋呂本中	一	一三 史二七	二三二九	
空同集	六六	明李夢陽	一六	一九二 集三三	五一一九 五一二三	
宛邱集						見柯山集
宛陵集	六〇	宋梅堯臣	一〇	九三八 集四	四三一四 四三一六	
宛陵羣英集	一二	元汪澤民	四	一三七 集三二	五六〇五	

京口耆舊傳	九		三	一九四 史一六	一六九〇
京氏易傳	三	漢京房	一	六二 子三	三一一六
放翁詞	一	宋陸游	一	四〇 集四三	六〇九九
放翁詩選	三	宋羅椅等	一〇	一八八 集一一	四六三〇
庚子銷夏記	八	清孫承澤	四	一九六 子一四	三三〇六
庚溪詩話	二	清陳巖月	一	四五 集四〇	六〇四四
炎徼紀聞	四	明田汝成	二	一〇八 史八	一三四一
武功集	五	明徐有貞	五	四五九 集一九	五〇四〇
武功縣志	三	明康海	二	九〇 史一九	一八四八
武夷新集	二〇	宋楊億	一〇	四七六 集三	四二五一 四二五二
武林梵志	一二	明吳之鯨	九	五五九 史二五	三五八 三五九
武林舊事	一〇	宋周密	二	二五三 史二六	三六九
武林舊事	八	明朱廷煥輯	六	二八五 史二六	三七八
武英殿聚珍版程式	一	清金簡	一	四三 史三二	二四六二

武溪集	二〇	宋余靖	二〇	四二〇集三	四二六六
武經總要	四〇	宋曾公亮	三	一四一五子四	一二七一五 一二七一九
武編	一〇	明唐順之	一〇	九二四子四	一二七二三 一二七二四
青山集	三〇	宋郭祥正	八	四二〇集六	四四〇一
青山集	八	元趙文	四	二一九集一五	四八〇三
青山續集	七	宋郭祥正	四	一九一集六	四四〇二
青村遺稿	一	元金涓	一	三八集一七	四九一五
青城山人集	八	明王璲	四	一七一集一九	五〇一二
青崖集	五	元魏初	四	一九〇集一五	四八二四
青陽集	四	元余闕	四	一三四集一七	四八九九
青箱雜記	一〇	宋吳處厚	二	九四子三二	四〇一一
青霞集	二	明沈鍊	五	三四〇集三三	五一九五
青囊序	一 附一	唐楊筠松 曾文辿序	一	一二子三	三一一四
玩齋集	一〇	元貢師泰	八	四六五集一七	四九〇六

表度說	一 明西洋人熊三拔	一	八〇子一〇	三〇一四	
表記集傳	二附一 明黃道周	二	一八五經一〇	四七四	
辛魯盛典	四〇 清孔毓圻等	三	九九九史一〇	一三八八 一三八九	
却掃編	三 宋徐度	三	一〇三子一八	三三九〇	
卦變考略	二 明董守諭	一	四九經三	一二五	
坦菴詞	一 宋趙師使	一	四六集四二	六〇九四	
坦齋通編	一	一	二四子一七	三三二八	
坤輿圖說	二 清南懷仁	一	二六史二六	二八九	
坡門酬唱集	二三 宋邵浩	八	三四八集二九	五四九八	
政府奏議	二 宋范仲淹	二	一三六史一四	一六〇〇	
政和五禮新儀	二二〇 宋鄭居中	二四	一六六六史三〇	一三七二 一三七五	
政書					見于清端政書
政經	一 宋眞德秀	一	五七子二	一六〇四	
押韻釋疑	五 宋歐陽德隆	五	三七五經二〇	九三八	

松絃館琴譜	二	明嚴澂	二	一六	子一五	三三五三
松雪齋集	一〇	元趙孟頫	六	三一三	集一五	四八一三
松陵集	一〇	唐皮日休	四	三二四	集二八	五四四三
松陽鈔存	二	清陸隴其	二	六二	子四	二七二二
松陽講義	一二	清陸隴其	六	四〇八	經一八	八三四
松鄉文集	一〇	元任士林	三	三二二	集一五	四八一二
松漠紀聞	一 續一	宋洪皓	一	三八	史三	一五三〇
松窗雜錄	一	唐李濬	一	三	子三一	四〇〇四
松隱文集	四〇	宋曹勛	一〇	五一八	集八	四四六五、四四六六
杼山集	一〇	唐僧皎然	四	一九一	集二	四一八〇
來齋金石刻考畧	三	清林侗	三	一八五	史三三	二五〇三
來鶴亭詩	八	元呂誠	二	九七	集一七	四九三三
東山存稿	七	元趙汸	五	四〇五	集一七	四九三五
東山詩選	二	宋葛紹體	一	四六	集一三	四六八八

東田遺稿	二	明張羽	二	一三三 集三	五一二九	
東江家藏集	四二	明顧清	三	一七三 集三	五一一五 五一一八	
東西洋考	一二	明張燮	四	二七二 史二六	二一八七	
東牟集	一四	宋王洋	八	四三六 集八	四四七九	
東里全集	九七	明楊士奇	四八	二七四四 集一九	五〇一二 五〇一七	
東谷易翼傳						見易翼傳
東京夢華錄	一〇	宋孟元老	二	九九 史二六	二一六五	
東坡全集	一一五	宋蘇軾	五六	三〇九九 集五	四三五二 四三五八	
東坡志林	三	宋蘇軾	四	一四九 子一八	三三八三	
東坡易傳						見易傳
東坡書傳						見書傳
東坡詞	一	宋蘇軾	一	九七 集四二	六〇九〇	
東坡詩集註	三二	宋王十朋	一〇	一三三四 集五	四三五九 四三六〇	
東林列傳	二四	清陳鼎	一〇	六六八 史一六	一七一六 一七一七	

東征錄					見平臺紀略
東洲初稿	一四	明夏良勝	三	六四九 集三六	五一五六 五一五七
東南紀聞	三		一	四四 子三二	四〇三二
東浦詞	一	宋韓玉	一	一五 集四二	六〇九六
東家雜記	二	宋孔傳	一	七三 史一五	一六七〇
東宮備覽	六	宋陳模	一	五五 子二	二六三
東城雜記	二	清厲鶚	二	八一 史二六	二二八〇
東軒筆錄	一五	宋魏泰	四	一七〇 子三二	四〇一
東原錄	一	宋龔鼎臣	一	三九 子一八	三三八〇
東堂詞	一	宋毛滂	一	五七 集四二	六〇九二
東堂集	一〇	宋毛滂	五	二六二 集七	四四三七
東野農歌集	五	宋戴昺	一	三八 集一三	四七一四
東都事畧	一三〇	宋王偁	二四	一六四八 史二〇	一四三八 一四四二
東菴集	四	元滕安上	二	七〇 集一五	四八二八

東維子集	三〇	元楊維貞	一四	六六二集一七	四九三六 四九三七
東澗集	一四	宋許應龍	六	三三二集二三	四六九六
東窻集	一六	宋張擴	八	二四八集七	四四六三
東齋記事	六	宋范鎮	二	五八子三二	四〇二一
東巖集	六	明夏尚樸	一	一二二集三三	五一六三
東觀奏記	三	唐裴庭裕	一	四三史二三	一五二九
東觀集	一〇	宋魏野	二	九七集三	四二五六
東觀漢記	二四		四	三一三史一〇	一三九八
東觀餘論	二	宋黃伯思	二	一七九子一六	三三一二
事文類聚	六〇 附一五	宋祝穆等	一四〇	七八三八子三三	三六二〇 三六三七
事物紀原	一〇	宋高承	一〇	五六三子三三	三六〇〇 三六〇一
事實類苑	六三	宋姜少虞	二四	一〇四四子一九	三四四五 三四四八
事類賦	三〇	宋吳淑	八	四九〇子三	三五一三
雨航雜錄	二	明馮時可	一	五八子一九	三四一三

兩同書	二	唐羅隱	一	二六子一六	三三〇五
兩宋名賢小集	三八〇	宋陳思 陳世隆	七六	四四七四集三二	五五八一 五五九四
兩河清彙易覽	八	清薛鳳祚	四	二七五史二五	三二八
兩河經畧	四	明潘季馴	一	二八史一四	一六二三
兩垣奏議	一	明逯中立	一	一八史一四	一六一四
兩朝綱目備要	一六		八	五四一史七	一二六九 一二七〇
兩溪文集	二四	明劉球	八	六四九集一九	五〇三四 五〇三五
兩漢刋誤補遺	一〇	宋吳仁傑	三	一五三史一	九九七
兩漢詔令	二三	宋林虙 樓昉等	六	二八三史一四	一五九九
兩漢博文	一二	明黃魯曾	六	三九二史一七	一七三〇
兩漢筆記	一二	宋錢時	四	三一〇史三三	二五一五
協紀辨方書	三六	清乾隆御定	三六	一七三子一三	三一三五 三一三九
奇字韻	五	明楊愼	一	四五經一九	九〇五
奇經八脈考	一	明李時珍	一	四二子九	一九四五

尚書要義	二〇	宋魏了翁	六	三六九經五	三三三	
尚書砭蔡編	一	明袁仁	一	四六經五	二四〇	
尚書埤傳	一七	清朱鶴齡	一〇	五七七經六	二五一 二五二	
尚書通考	一〇	元黃鎮成	六	四〇七經五	二三九	
尚書註考	一	明陳泰交	一	四二經六	二四一	
尚書疏衍	四	明陳第	二	一三三經五	二四〇	
尚書集傳或問						見書集傳或問
尚書集傳纂疏						見書集傳纂疏
尚書詳解	一三	宋胡士行	四	二九一經五	二三四	
尚書詳解	二六	宋夏僎	一八	一二三四經五	二〇五 二〇七	
尚書詳解	五〇	宋陳經	一六	八九二經五	二一九 二二一	
尚書稗疏	四	清王夫之	三	二三八經六	二四七	
尚書解義	二	清李光地	二	八五經六	二五八	
尚書說	七	宋黃度	六	二五八經五	三二一	

尚書精義	五〇	宋黄倫	二四	一〇九〇	經五	二二五 二二八
尚書疑義	六	明馬明衡	三	三三九	經五	三三七
尚書廣聽錄	五	清毛奇齡	二	一〇八	經六	二五〇
尚書輯錄纂注						見書傳輯錄纂注
尚書講義	二〇	宋史浩	六	四四三	經五	二〇四
尚書纂傳	四六	元王天與	三	五七〇	經五	二三二 二三三
尚絅齋集	五	明童軒	三	一八二	集一八	四九七二
尚論篇	八	清喻昌	八	四八七	子一〇	二九八九 二九九〇
長江集	一〇	唐賈島	二	九〇	集二	四三二二
長安志	二〇	宋宋敏求	五	三三九	史二五	二一五四
長安志圖	三	元李好文	一	八六	史二五	二一五六
長物志	三	明文震亨	二	二一四	子一九	三四三五
長短經	九	唐趙蕤	八	四二〇	子一六	三三〇四
長興集	一九	宋沈括	四	一九二	集六	四四〇四

果堂集	一〇	清沈彤	三	一五〇	集二八	五四二五	
昌谷集	三	宋曹彥約	一三	五三一	集二一	四六四六 四六四七	
昌谷集	四	唐李賀	四	八〇	集二	四二一三	
昌國州圖志	七	元馮復京 郭薦等	一	一〇一	史一九	一八三七	
昌黎先生集							見韓昌黎集
昌黎集注							見韓昌黎集注
廸功集	六	明徐禎卿	二	一〇二	集三三	五一五〇	
明一統志	九〇	明李賢等	四八	三九六二	史一七 一八	一七七三 一七八〇	
明文海	四八二	清黄宗羲	一八八	九〇二六	集三八 三九	五九四二 五九六三	
明文衡	一〇〇	明程敏政	三四	三三四三	集三三 三二	五六三五 五六四二	
明太祖文集	二〇	明沈鉄等	八	四五三	集一七	四九四三	
明本排字九經直音	二		二	一五七	經一六	七三〇	
明本釋	三	宋劉荀	三	一一七	子一	二五八六	
明史	三三六	清張廷玉	一四五	九九〇三	史五	一一五三 一一七二	

明史紀事本末	八〇	清谷應泰	二〇	一八三三 史 九	一三八〇 一三八二	
明臣奏議	四〇	清乾隆御定	二四	一三三〇 史 一五	一六六七 一六七〇	
明臣諡考	二	明鮑應鰲	一	九五 史 三〇	二三八六	
明名臣琬琰錄	二四 續二四	明徐紘	一〇	九九三 史 一六	一六九七 一六九八	
明皇雜錄	二	唐鄭處誨	一	三五 子 三二	四〇〇三	
明宮史	五	明呂毖校	二	一二七 史 三〇	二三八七	
明唐桂二王本末						附通鑑輯覽後
明堂灸經	八	西方子	一	九二 子 五	二七八四	
明集禮	五三	明徐一夔	二〇	二〇八一 史 三〇	二三七九 二三八三	
明詩綜	一〇〇	明朱彝尊	五〇	三五二五 集 三九	五九六五 五九七一	
明會典	一八〇	明宏治敕	四二	三六二四 史 二八	二二七〇 二二七六	
明諡記彙編	二五	明郭良翰	四	一六八 史 三〇	二三八六 二三八七	
明儒言行錄	一〇 續二	清沈佳	三	八三三 史 一六	一七一八 一七一九	
明儒學案	六二	清黃宗羲	二〇	三二四五 史 一六	一七一一 一七一五	

易小帖	五	清毛奇齡	二	二六經四	一四八	
易小傳	六	宋沈該	六	三七四經一	一九	
易本義附錄纂疏						見周易本義附錄纂疏
易外別傳	一	宋俞琰	一	三三子三	四二七	
易用	六	明陳祖念	四	一九一經三	一三三	
易林						見焦氏易林
易例	二	清惠棟	二	九七經四	一八七	
易音	三	清顧炎武	一	四四經二〇	九五五	
易俟	一八	清喬萊	三	五〇二經四	一四九 一五〇	
易酌	一五	清刁包	三	八四四經三	一三八 一三九	
易原	八	宋程大昌	四	一九二經一	二六	
易原就正	三	清包儀	三	五七三經四	一五五 一五六	
易原奥義	一	元寳巴	五	三四七經二	七二	
易通	六	宋趙以夫	六	二三七經二	四九	

易通變	四〇	宋張行成	三	九八五子三	一三〇九四 一三〇九六
易稗傳	二	宋林至	一	五〇經一	四〇
易象大意存解	一	清任陳晉	一	五八經四	一八七
易象正	一四	明黃道周	九	六八九經三	一二三 一二四
易象鈔	一八	明胡居仁	七	五七二易三	一〇八
易象鈎解	四	明陳士元	四	一五六經三	一一〇
易象意言	一	宋蔡淵	一	三一經二	五〇
易象義	一六	宋丁易東	三	六一五經二	六七 六八
易象圖說	六	元張理	二	一二四子三	三一〇四
易義古象通	八	明魏濬	六	三八八經三	一二〇
易筮通變					見易圖通變
易傳	九	宋蘇軾	六	二九六經一	一四
易傳					見伊川易傳
易傳燈	四		二	七九經一	四〇

易經存疑	三 明林希元	三	八七八經三	一〇五 一〇六
易經衷論	三 清張英	二	一二三經四	一五九
易經通注	九 清傅以漸	六	三九一經三	一三〇
易經蒙引	三 明蔡清	二六	一五四七經三	九八 一〇三
易漢學	八 清惠棟	三	一三二經四	一八七
易說	六 清惠士奇	三	一六四經四	一六九
易說	四 宋趙善譽	四	一一九經一	三四
易精蘊大義	三 元解蒙	二三	四六九經二	八六 八七
易圖明辨	一〇 清胡渭	五	三五九經四	一五九
易圖通變	五 宋雷思齊	二	一〇三經二	六八
易圖說	三 宋吳仁傑	一	五一經一	四〇
易箋	八 清陳法	六	五一六經四	一七五
易璇璣	三 宋吳沆	一	五六經一	二三
易數鉤隱圖	三 宋劉牧	一	七九經一	一〇

易學	二	宋王湜	一	一五四子一三	三〇二	
易學啟蒙小傳	一	宋稅與權	一	四七經二	五四	
易學啟蒙通釋	二	宋胡方平	一	一六六經二	六三	
易學啟蒙意見	四	明韓邦奇	四	一八九經三	一〇四	
易學啟蒙翼傳						見周易啓蒙翼傳
易學象數論	六	清黃宗羲	六	三〇二經三	一四二	
易學辨惑	一	宋邵伯溫	一	三三經一	一五	
易學濫觴	二	元黃澤	一	二八經二	七八	
易學變通	六	元曾貫	三	一二九經二	九〇	
易緯八種			四	一七三經五	一九五	
易緯坤靈圖	一					
易緯是類謀	一					
易緯乾元序制記	一					
易緯乾坤鑿度						

忠穆集	八	宋李頤浩	四	一五七 集 八	四四七四	
念菴文集	二二	明羅洪先	一六	一〇〇九 集 二二	五一八二 五一八四	
金文靖集	一〇	明金幼孜	八	六五五 集 一九	五〇二二 五〇二三	
金氏文集	二	宋金君卿	二	九五 集 四	四二九六	
金石文字記	六	清顧炎武	六	二五〇 史 三三	二五〇一	
金石文考畧	一六	清李光暎	一〇	五四二 史 三三	二五〇三 二五〇四	
金石史	二	明郭宗昌	一	二五〇 史 三三	二五〇〇	
金石考異						見石經考異
金石林時地考	二	明趙均	一	五七 史 三三	二四九九	
金石例	一〇	元潘昂霄	二	一五八 集 四二	六〇六五	
金石要例	一	清黃宗羲	一	二三 集 四二	六〇七五	
金石經眼錄	一	清褚峻	一	六七 史 三三	二五〇六	
金石錄	三〇	宋趙明誠	六	四四九 史 三二	二四八八	
金史	一三四	元托克托	四八	三二七二 史 四	一一三二 一一三八	

金陀粹編	二八 續三	宋岳珂	三	八八〇 史一五	一六七四 一六七五
金陵百詠	一	宋曾極	一	二六 集二	四六三〇
金淵集	六	元仇遠	三	一三 集一五	四八三〇
金華子	二	南唐劉崇遠	合	三九 子三一	四〇〇六
金漳蘭譜	三	宋趙時庚	一	二〇 子一六	三八二四
金臺集	二	元納新	一	八九 集一七	四九〇三
金匱要略論注	二四	漢張機	四	三九四 子五	二七六二
金匱鈎玄	三	元朱震亨	三	一〇八 子六	二八三一
金樓子	六	梁孝元皇帝	四	一七三 子一六	三三二〇
金薤琳琅	二〇	明都穆	六	二七〇 史三三	二四九八
金鼇退食筆記	二	清高士奇	一	六〇 史二五	三一六〇
知言	六 附一	宋胡宏	二	九七 子一	二五八五
知非堂稿	六	元何中	三	一三六 集一六	四八五七
知稼翁詞	一	宋黃公度	一	一四 集四三	六〇九九

知稼翁集	二	宋黄公度	二	一四三集九	四五一八	
牧菴文集	三六	元姚燧	一〇	七四四集一五	四八三八 四八三九	
牧潛集	七	元釋圓至	二	一〇〇集一五	四八三	
物理小識	一二	明方以智	八	四六七子一九	三四一六	
乖崖集	一二	宋張詠	四	一七八集三	四二四八	
和淸眞詞	一	宋方千里	一	三四集四二	六〇九三	
和靖集	八	宋尹焞	二	一一七集八	四四九七	
和靖集	四	宋林逋	一	八二集三	四二五三	
佩文韻府	四四四	淸康熙御定	四三六	二八一六一子一九 三〇	三九二一 三九八〇	
佩文齋書畫譜	一〇〇	淸康熙御定	九六	六六四子一四	三一八二 三一九七	
佩文齋詠物詩選						見詠物詩選
佩玉齋類稿	一〇	元楊翮	二	一五一集一七	四九三〇	
佩韋齋集	二〇	宋俞德鄰	六	三一五集一四	四七七二	
佩韋齋輯聞	二	宋俞德鄰	二	七二子一八	三四〇二	

書名	卷數	著者			
佩觿	三	宋郭忠恕	一	八〇經一九	八八九
岳武穆遺文	一	宋岳飛	一	二五集八	四五〇〇
岳陽風土記	一	宋范致明	一	三〇史二六	二六五
兒易內外儀	六一五	明倪元璐	五	三六八經三	一三五
近光集	三	元周伯琦	二	八九集一七	四九〇〇
近事會元	五	宋李上交	二	九三子一六	三三一二
近思錄	一四	宋朱子	四	二四七子一	二五六八
近思錄集註	一四	清江永	四	二五八子一	二五七〇
近思錄集註	一四	清茅星來	六	四五〇子一	二五六九
所安遺集	一	元陳泰	一	四六集一六	四八八一
征南錄	一	宋滕甫	一	一〇史一六	一七二七
徂徠集	二〇	宋石介	七	二九四集三	四二七二
周子抄釋	二附一	明呂柟	一	五八子三	二六五六
周元公集	八	宋周敦頤	三	一六九集五	四三二六

書名	卷數	著者	冊數	頁數	類	號	頁
周官集注	一二	清方苞	一〇	七五四	經	九	三九〇 三九一
周官集傳	一六	元毛應龍	六	四七〇	經	八	三七一
周官新義	一六	宋王安石	六	三八三	經	八	三五五
周官義疏	四八		三四	二五三五	經	八 九	三八〇 三八五
周官祿田考	三	清沈彤	一	九六	經	九	三九四
周官總義	三〇	宋易祓	三	八三三	經	八	三六〇 三六一
周易口訣義	六	唐史徵	四	二〇四	經	一	一〇
周易口義	一二	宋倪天隱	三	七七六	經	一	一二 一三
周易文詮	四	元趙汸	三	四六八	經	二	九三
周易爻變義蘊	八	元陳應潤	六	三七七	經	二	九二
周易孔義集說	二〇	清沈起元	三	一〇三二	經	四	一七八 一七九
周易古占法	一	宋程迥	一	四八	經	一	二七
周易本義	四	宋朱子	三	一六二	經	一	二七
周易本義	三	宋朱子	二	一五六	經	一	二七

周易本義附錄纂註	一五	元胡一桂	五	三五九	經二	六九
周易本義通釋	一二	元胡炳文	六	五三七	經二	八一
周易本義集成	一二	元熊良輔	六	四五三	經二	八二
周易折中	二二	清康熙御定	二〇	一〇九〇	經三	一三三 一三五
周易玩辭	一六	宋項安世	六	四五六	經一	三三
周易玩辭困學記	一五	明張次仲	一二	九四三	經三	一二八 一二九
周易玩辭集解	一〇	清查愼行	六	四九〇	經四	一六七
周易卦爻經傳訓解	二	宋蔡淵	二	二〇八	經二	五〇
周易易簡說	三	明高攀龍	三	二〇四	經三	一一九
周易函書	一八	清胡煦	二八	二二二	經四	一七〇 一七四
周易洗心	九	清任啓運	六	三九三	經四	一八三
周易述義	一〇	清乾隆御定	六	四四七	經三	一三六
周易要義	一〇	宋魏了翁	六	三五二	經二	五一
周易衍義	一六	元胡震	一六	八一七	經二	七五 七七

周易述	二三	清惠棟	三	五九二	經四	一八五 一八六
周易淺述	八	清陳夢雷	八	六八二	經四	一五四
周易淺釋	四	清潘思榘	四	三五五	經四	一八二
周易章句證異	一二	清翟均廉	五	二九五	經五	一九四
周易啟蒙翼傳	四	元胡一桂	四	三八八	經二	七〇
周易通論	四	清李光地	四	一四六	經四	一五二
周易參同契分章註	三	元陳致虛	二	一三	子三	四一一五
周易參同契考異	一	宋朱子	一	四五	子三	四一一三
周易參同契通眞義	三	後蜀彭曉	一	九〇	子三	四一一三
周易參同契發揮	三	宋俞琰	四	一三四	子三	四一一四
周易參同契解	三	宋陳顯微	二	八三	子三	四一一四
周易參義	一二	宋梁寅	六	四四五	經二	九二
周易註	一〇	魏王弼	四	一五七	經一	五
周易註疏	一三	魏王弼註 唐孔穎達疏	三	六一九	經一	六 七

周易傳義附錄	一四	宋董楷	二〇	一二五七	經	二	五九 六二
周易傳註	七	清李塨	六	四〇六	經	四	一六六
周易會通	一四	元董眞卿	一三	九三四	經	二	八八 八九
周易經傳集解	三六	宋林栗	一四	九八二	經	一	二四 二五
周易圖書質疑	二四	清趙繼序	六	四九〇	經	五	一九三
周易圖說	二	元錢義方	一	七三	經	二	九〇
周易箚記	二	清楊名時	一	七七	經	四	一六八
周易箚記	三	明逯中立	二	一二〇	經	三	一一九
周易像象述	一〇	明吳桂森	一〇	五七三	經	三	一二二 一二三
周易鄭康成註	一	宋王應麟	一	三五	經	一	四
周易窺餘	一五	宋鄭剛中	六	三八六	經	一	二二
周易辨畫	四〇	清連斗山	一六	八二三	經	四	一九〇 一九二
周易辨錄	四	明楊爵	四	二五一	經	一	一〇七
周易輯聞	六	宋趙汝楳	八	六三二	經	二	五五 五六

周易舉正	三	唐郭京	一	三九經一	一〇
周易總義	二〇	宋易祓	六	四七八經一	四七
周易觀彖	一二	清李光地	六	三八四經四	一五三
周忠愍奏疏	二	明周啟元	一	八五史一四	一六一四
周書	五〇	唐令狐德棻	三	九〇六史二	一〇三五 一〇三六
周秦刻石釋音	一	元吾邱衍	一	二八經一九	九〇三
周禮句解	一二	宋朱申	四	二八二經八	三六八
周禮全經釋原	一四	明柯尚遷	三	一二七經八	三七四 三七五
周禮注疏	四二	漢鄭康成注	二四	一五六〇經八	三五一 三五四
周禮注疏刪翼	三〇	明王志長	三	一八〇二經八	三七六 三七九
周禮訂義	八〇	宋王與之	三六	二五八五經八	三六二 三六七
周禮述註	二四	清李光坡	三	一〇六〇經九	三八六 三八七
周禮集說	一〇		二	一〇〇六經八	三六九 三七〇
周禮復古編	一	宋俞廷椿	一	四〇經八	三五八

孟子集註考證		七	宋金履祥	三	九二	經一七	七九八
孟子集疏		一四	宋蔡模	六	三三	經一七	七九三
孟子說		七	宋張栻	七	四五四	經一七	七八九
孟子傳		二九	宋張九成	七	五五八	經一七	七八一
孟子解		一	宋蘇轍	一	一八	經一七	七八〇
孟子辨	續	三三	宋余允文	一	一〇五	經一七	七八二
孟子雜記		四	明陳士元	二	一三	經一八	八二三
孟東野詩集		一〇	唐孟郊	四	一四九	集二	四二二
孟浩然集		四	唐孟浩然	一	六七	集三	四一七七
姑溪居士前集		五〇	宋李之儀	三	六七〇	集七	四四二一 四四三三
姑溪詞		一	宋李之儀	一	二八	集四二	六〇九二
姑蘇志		六〇	明王鏊	三〇	三三二一	史一九	一八四三 一八四七
姓氏急就篇		二	宋王應麟	二	一三五	子三五	三七〇五
始豐稿		一四	明徐一夔	八	四八〇	集一八	四九七〇

附釋文互註禮部韻畧					見禮部韻略

九畫

洪武正韻	一六	明王僎修	六	四六六經二〇	九四三
洪範口義	二	宋胡瑗	一	六五經五	一九八
洪範正論	五	清胡渭	三	一九二經六	二五八
洪範明義	二	明黃道周	三	二〇三經六	二四一
洪範皇極內篇	五	宋蔡沈	二	一〇八子三	三〇一
洪範統一	一	宋趙善湘	一	二四經五	二三三
洪龜父集	二	宋洪朋	一	四八集七	四四〇
洹詞	一二	明崔銑	一二	五八九集三	五一四三 五一四二
洞天清錄	一	宋趙希鵠	一	五八子一九	三四二九
洞冥記					見漢武洞冥記
洞霄圖志	六	宋鄧牧	三	一二三史一五	二二五五
洞麓堂集	一〇	明尹臺	八	四八七集一三	五一九三

客亭類稿	一四 宋楊冠卿	六	三三一 集一二	四六三七
帝王經世圖譜	一六 宋唐仲友	八	四九九 子一三	三六一〇
帝範	四 唐太宗	二	六二 子一	二三五四
帝學	八 宋范祖禹	二	一〇四 子一	二三五五
音論	三 清顧炎武	一	六四 經二〇	九五五
音韻述微(欽定)	三〇 清乾隆御定	三〇	六〇二 經二〇	九五二 九五四
音韻闡微(御定)	一八 清康熙御定	一八	五八八 經二〇	九四七 九四八
彥周詩話	一 宋許顗	一	三九 集四〇	六〇四二
訂譌雜錄	一〇 清胡鳴玉	五	一七六 子一八	三三七五
郊社禘祫問	一 清毛奇齡	一	三 經一二	五〇〇
施註蘇詩	四二 附四 宋施元之	二六	一四九一 集五	四三六一 四三六六
前定錄	一 附一 唐鍾輅	一	四四 子三三	四〇四五
前漢書	一〇〇 漢班固	五四	三九三四 史一	九八〇 九八八
前漢紀	三〇 漢荀悅	六	五六二 史五	一一七四

春王正月考	二〇	明張以寧	二	九五	經一四	六四一
春明退朝錄	三	宋宋敏求	一	六六	子一八	三三七九
春明夢餘錄	七〇	清孫承澤	三三	三三七	子一九	三四一七 三四二三
春秋三傳辨疑						見三傳辨疑
春秋三傳讞	三	宋葉夢得	一〇	六七三	經一三	五七八 五七九
春秋大全	三七	明胡廣等	三三	一九三	經一四	六四二 六四五
春秋大事表	五〇 附三	清顧棟高	三四	二八三	經一五	七〇四 七〇九
春秋王霸列國世紀編	三	宋李琪	三	二三	經一三	六〇二
春秋左氏傳說						見春秋毛氏傳
春秋凡例						見春秋𨌊傳
春秋毛氏傳	三六	清毛奇齡	一八	七八一	經一五	六六八 六九〇
春秋比事	二〇	宋沈棐	六	四八四	經一三	五九〇
春秋公羊傳注疏	二八	漢何休	一九	一〇三六	經一二	五五九 五六一
春秋分記	九〇	宋程公說	二八	二〇五〇	經一三	五九二 五九五

春秋孔義	一二	明高攀龍	六	二九九經一四	六六三
春秋平義	一二	清俞汝言	七	三七一經一五	六八三
春秋正旨	一	明高拱	一	二三經一四	六五二
春秋正傳	三七	明湛若水	一八	一二六三經一四	六四六 六四八
春秋本例	二〇	宋崔子方	四	三三四經一二	五七三
春秋本義	三〇	元程端學	三	一〇一八經一三	六一九 六二〇
春秋五禮例宗	一〇	宋張大亨	三	一四二經一三	五七五
春秋世族譜	二	清陳厚耀	一	八四經一五	七〇〇
春秋占筮書	三	清毛奇齡	一	五六經一	四八
春秋左氏傳注疏	六〇	唐孔穎達	三六	二五九四經一三	五五三 五五八
春秋左氏傳事類始末	五 附一	宋章沖	六	五三三史八	一三三
春秋左氏傳補注	一〇	元趙汸	二	一六八經一四	六三三
春秋左氏傳續說	一二	宋呂祖謙	六	二九四經一三	五八七
春秋左傳小疏	一	清沈彤	一	二三經一五	七二

春秋左傳要義	三一	宋魏了翁	七	五五五	經一三	五九二	
春秋左傳屬事	二〇	明傅遜	一八	八三八	經一四	六五九 六六一	
春秋四傳糾正	一	清俞汝言	一	四二	經一五	六八二	
春秋四傳質	二	明王介之	二	一八九	經一四	六六九	
春秋考	一六	宋葉夢得	六	四八七	經一三	五七七	
春秋地名攷畧	一四	清高士奇	六	三八〇	經一五	六九二	
春秋地理攷實	四	清江永	三	一五五	經一五	七一二	
春秋臣傳	三〇	宋王當	四	三〇四	史一五	一六八〇	
春秋名號歸一圖	二	五代馮繼光	一	六三	經一三	五六七	
春秋年表	一		一	五六	經一三	五六七	
春秋究遺	一六	清葉酉	三	六二一	經一五	七一二 七一三	
春秋別典	一五	明薛虞畿	六	三〇九	史一一	一四五七	
春秋宗朱辨義	一二	清張自超	一〇	五六四	經一五	六九八 六九九	
春秋或問							見程氏春秋或問

春秋或問						見呂氏春秋或問
春秋直解(御纂)	一二	清乾隆御纂	一〇	五五一經一五	六八〇 六八一	
春秋事義全考	一六	明姜寶	一四	七九六經一四	六五六 六五八	
春秋長歷	一〇	清陳厚耀	六	四五六經一五	七〇二	
春秋明志錄	一二	明熊過	一〇	六二八經一四	六五〇 六五一	
春秋例要	一	宋崔子方	一	二〇經一二	五七三	
春秋金鎖匙	一	元趙汸	一	五四經一四	六三三	
春秋胡氏傳辨疑	二	明陸粲	一	五三經一四	六四九	
春秋胡傳考誤	一	明袁仁	一	二九經一四	六六二	
春秋胡傳附錄纂疏	三〇	元汪克寬	二八	一四六五經一四	六三六 六四〇	
春秋皇綱論	五	宋王晳	一	五九經一二	五六八	
春秋後傳	一二	宋陳傅良	六	二四六經一三	五八五	
春秋師說	三	元趙汸	二	一四五經一四	六三三	
春秋通訓	六	宋張大亨	三	一九三經一三	五七五	

春秋通義	一		一	三二經二三	五六八
春秋通說	一三	宋黃仲炎	六	三三四經一三	六〇三
春秋通論	四	淸方苞	二	一二三經一五	七〇〇
春秋尊王發微	一二	宋孫復	五	二四六經二三	五六八
春秋集註	四〇	宋高閌	一四	六六四經一三	五八三 五八四
春秋集註	綱領一一	宋張洽	四	三五二經一三	六〇〇
春秋集義	五〇	宋李明復	一八	二六四經一三	五九七 五九九
春秋集傳	一五	元趙汸	八	四九三經一四	六三二
春秋集傳微旨	三	唐陸淳	三	二一一經二二	五六六
春秋集傳辨疑	一〇	唐陸淳	四	一七五經二二	五六七
春秋集傳纂例	一〇	唐陸淳	四	三一八經二二	五六六
春秋集傳釋義大成	一二	元俞皐	一〇	六三六經一三	六一四 六一五
春秋集解	三〇	宋呂本中	一四	二一一經一三	五八〇 五八一
春秋集解	一二	宋蘇轍	四	二〇六經二二	五七二

春秋意林							見劉氏春秋意林
春秋稗疏	二	清王夫之	二	八二	經一五	六八三	
春秋提綱	一〇	宋陳則通	四	二二三	經一三	六一八	
春秋詳說	三〇	宋家鉉翁	一三	九三七	經一三	六〇九 六一三	
春秋鉤玄	三	明石光霽	三	一四三	經一四	六四一	
春秋傳	一五	宋劉敞	四	二三七	經一二	五七〇	
春秋傳	三〇	宋胡安國	六	四八六	經一三	五八二	
春秋傳	二〇	宋葉夢得	八	四八八	經一二	五七六	
春秋傳說例	一	宋劉敞	一	一六	經一二	五七二	
春秋傳說彙纂（欽定）	三八	清聖祖御定	二四	一九一九	經一五	六七六 六七九	
春秋會通	二四	元李廉	一三	八五二	經一四	六二五 六二六	
春秋經筌	一六	宋趙鵬飛	一四	九一五	經一三	六〇五 六〇七	
春秋經解	一三	宋孫覺	七	四五四	經一三	五七一	
春秋經解	一三	宋崔子方	五	三三六	經一二	五七四	

春秋經傳辨疑	一	明 童品	一	六〇 經一四	六四五
春秋經傳闕疑	四五	元 鄭玉	二四	一三二 經一四	六二七 六三一
春秋說	一五	清 惠士奇	三	七〇六 經一五	七〇二 七〇三
春秋說	三〇	宋 洪咨夔	一〇	五三二 經一三	六〇二 六〇三
春秋管窺	一二	清 徐庭垣	六	三三二 經一五	六九三
春秋穀梁傳注疏	二〇	唐 楊士勛	一〇	六四四 經一二	五六二 五六三
春秋億	六	明 徐學謨	四	一五五 經一四	六五五
春秋質疑	一二	明 楊于庭	二	九八 經一四	六六二
春秋辨疑	四	宋 蕭楚	二	一二七 經一二	五七二
春秋諸國統紀	目一 一六	元 齊履謙	一	一三三 經一三	六一八
春秋輯傳	一三 附二	明 王樵	一四	一三四五 經一四	六五三 六五四
春秋戰國異辭	五四 附二	清 陳厚耀	二八	二〇五九 史一二	一五一一 一五一五
春秋隨筆	二	清 顧奎光	一	七〇 經一五	七一四
春秋講義	四	宋 戴溪	六	三三八 經一三	五九六

春秋繁露	一七	漢董仲舒	六	三二二	經一五	七一四
春秋簡書刊誤	二	清毛奇齡	一	五三	經一五	六九二
春秋闕如編	八	清焦元熹	六	三四八	經一五	六九七
春秋識小錄	九	清程廷祚	三	三三五	經一五	七一〇
春秋屬辭	一五	元趙汸	八	六〇〇	經一四	六三四 六三五
春秋屬辭比事記	四	清毛奇齡	三	七三	經一五	六九一
春秋纂言	一二 總例一二	元吳澄	一〇	八五〇	經一三	六一六 六一七
春秋釋例	一五	晉杜預	一〇	九七三	經一三	五六四 五六五
春秋辯義	三九	明卓爾康	三〇	一六五二	經一四	六六四 六六七
春秋權衡	一七	宋劉敞	六	三七九	經一三	五六九
春秋讞義	九	元王元杰	六	三一五	經一三	六二四
春草齋集	一〇 附一〇	明烏斯道	五	二六二	集一一八 一二三	四九八四
春卿遺稿	一	宋蔣堂	一	一七	集三	四二五六
春渚紀聞	一〇	宋何薳	四	一六二	子一八	三三八七

珂雪詞	二	清曹貞吉	二	八四	集·四二	六一〇四
珍席放談	二	宋高晦叟	一	三三	子·三二	四〇一六
珊瑚木難	八	明朱存理	八	五〇九	子·一三	三一六二 三一六二
珊瑚鉤詩話	三	宋張表臣	一	四四	集·四〇	六〇四三
珊瑚網	四八	明汪砢玉	二四	一八三八	子·一四	三一八一 三一八七
契丹國志	二六	宋葉龍禮	六	二九七	史·二	一四四五
封氏聞見記	一〇	唐封演	二	九二	子·一八	三三七八
拾遺記	一〇	秦王嘉	二	一八	子·三三	四〇四二
拾遺錄	一	明胡爌	一	七三	子·一七	三三五五
革除逸史	二	明朱睦㮮	一	四〇	史·二三	一五四一
革象新書(原本)	五		三	九九	子·一〇	三〇〇六
革象新書(重修)	二	明王禕	一	七〇	子·一〇	三〇〇六
述書賦	二	唐竇蒙臮註	一	四五	子·一三	三一四一
述異記	二	梁任昉	一	四六	子·三三	四〇六六

柯山集	五〇	宋張耒	一三	八三三	集一六	四三九一 四三九三
柘軒集	五	明凌雲翰	四	二三七	集一八	四九六三
相山集	三〇	宋王之道	八	四六一	集八	四四八〇
柏齋集	一一	明何塘	八	三五三	集三三	四一三七
柳先生集	附 三〇 七	宋魏仲舉	七	六〇二	集二	四二〇六
柳河東集	外 一二	唐柳宗元	二〇	九〇七	集二	四二〇〇 四二〇二
柳河東集注	四三	宋童宗說	一三	七四四	集二	四二〇三 四二〇五
柳塘外集	四	宋釋道璨	二	一三七	集一四	四七六〇
厚齋易學	五〇	宋馮椅	一四	一六六一	經一	四一 四四
咸平集	三〇	宋田錫	八	四二〇	集三	四二四七
咸淳遺事	二		一	六九	史一二	一五三四
咸淳臨安志	一〇〇	元潛說友	三〇	一九八四	史一九	一八三一 一八三五
南方草木狀	三	晉嵇含	一	三一	史二六	二六三
南北史識小錄	八	清沈名蓀等	六	三三一	史一七	一七三五

南史	八〇	唐李延壽	三二	三六三	史二二	一〇四三 一〇四六	
南行集							見北山全集
南巡盛典	一〇〇	清高晉等	六三	二六六二	史三二	一四〇六 一四一二	
南宋院畫錄	八	清厲鶚	四	三一二	子一五	三三六	
南宋館閣錄	一〇 續一〇	宋陳騤	五	二五三	史二六	二九三	
南宋雜事詩	七	清沈嘉轍等	四	二七七	集四〇	六二六	
南邨詩集	四	明陶宗儀	三	一一九	集一八	四九八一	
南宮奏稿	五	明夏言	五	二五三	史一四	一六二一	
南唐近事	二	宋鄭文寶	一	三〇	子三二	四〇〇七	
南唐書	三〇	宋馬令	四	二六三	史一七	一七四六	
南唐書	一八 音釋一	宋陸游	四	三三四	史一七	一七四七	
南軒易說	三	宋張栻	三	一〇八	經一	三一	
南軒集	四四	宋張栻	一四	六九九	集二一	四六四九 四六五〇	
南部新書	一〇	宋錢易	四	一七八	子三二	四〇〇八	

南湖集	一〇	宋張鎡	五	二三五八集二一	四六三四
南湖集	二	元貢性之	二	九〇集一七	四九三〇
南窗記談	一		一	一七子三	四〇一九
南華眞經新傳	二〇	宋王雱	八	三六七子一三	四一〇三
南華眞經義海纂微	一〇六	宋褚伯秀	三三	一五六八子一三	四一〇六 四二〇九
南陽書畫表	一 附一	明張丑	一	一九子一四	三一七六
南陽集	六	宋趙湘	二	九二集三	四二五一
南陽集	三〇 附一	宋韓維	八	五三六集五	四三二七
南園漫錄	一〇	明張志淳	二	一八八子一九	三四一二
南齊文紀	一〇	明梅鼎祚	八	四四四集三四	五七三六
南齊書	五九	梁蕭子顯	一八	一二二六史二	一〇一八 一〇二〇
南澗甲乙稿	二二	宋韓元吉	八	七四六集二一	四六三五 四六三六
南嶽小錄	一	唐李沖昭	一	一九史二五	三二四六
南嶽酬倡集	二	唐朱子等	一	六九集二九	五五〇五

胡文穆雜著	一	明胡廣	一	四八 子一九	三四一〇	
胡文敬公集						見敬齋集
胡仲子集	一〇	明胡翰	六	二八一 集一八	四九六九	
胡端敏奏議	一〇	明胡世寧	六	三七八 史一四	一六〇七	
郁氏書畫題跋記						見書畫題跋記
省心雜言	一	宋李邦獻	一	三八 子一	二五六六	
省愆集	二	明黃淮	二	九二 集一九	五〇二〇	
省齋集	附一 二〇	宋廖行之	五	二七九 集一二	四六四八	
貞白遺稿	附一 二〇	明程通	三	一四七 集一九	五〇〇三	
貞素齋集	附 一八	元舒頔	三	二六六 集一七	四九一六	
貞觀公私畫史	一	唐裴孝源	合	二〇 子一三	三一四〇	
貞觀政要	一〇	唐吳兢	六	四一九 史一二	一五二八	
范文正集						見文正集
范文忠集	三	明范景文	八	三九〇 集二四	五三七二	

范太史集	五五	宋范祖禹	二〇	九四二集四	四三一九 四三二二	
范村梅譜	一	宋范成大	合	六子一六	三二八三	
范村菊譜	一	宋范成大	合	八子一六	三二八三	
范忠貞集						見忠貞集
范忠宣集	二〇	宋范純仁	三	六三三集五	四三四〇 四三四一	
范德機詩	七	宋范梈	三	一五八集一六	四八七〇	
苑洛志樂	二〇	明韓邦奇	三	八八九經一八	八四五 八四六	
苑洛集	二二	明韓邦奇	一四	七五一集一三	五一三三 五一三五	
茅亭客話	一〇	宋黄休復	一	九九子一三	四〇四八	
茅簷集	八	明魏學洢	四	三三八集二四	五二九	
苕溪集	五五	宋劉一止	三	五七〇集五	四四七七 四四七八	
苕溪漁隱叢話						見漁隱叢話
柴氏四隱集	三	宋柴望	一	七二集三一	五五九四	
則堂集	六	宋家鉉翁	四	一七七集一四	四七七三	

昭明太子集	六	梁蕭統	二	八四 集一	四一三九
昭忠錄	一		一	六三 史一六	一六九〇
昭德新編	三	宋晁迥	一	四七 子一六	三三〇五
星命溯源	五		二	一二五 子一三	三一二〇
星命總括	三	遼耶律純	三	八七 子一三	三一一三
星歷考原	六	清康熙御定	四	三九 子一三	三一一四
星學大成	三	明萬民英	三	一三八 子一三	三一一三 三一一六
品茶要錄	一	宋黃儒	合	八 子一六	三三八〇
思陵翰墨志	一	宋高宗御定	一	一一 子一三	三一四四
思辨錄輯要	三五	清陸世儀	三	六五四 子四	二七〇四 二七〇五
迪功集	一六 附一	明徐禎卿	二	一〇二 集三	五一五〇
毘陵集	二五	唐獨孤及	六	二八三 集七	四四五七
毘陵集	一六	宋張守	六	三六一 集二	四一八二
畏齋集	六	元程端禮	五	一八六 集一五	四八二九

幽閒鼓吹	一	唐張固	合	二子三一	四〇〇四	
郤埽編						見却掃編
弇山堂別集	一〇〇	明王世貞	四四	二六五三史一二一三	一五三六，一五四一	
弇州四部稿	一七四 附二〇七	明王世貞	一八八	九六一六集二四一六	五二〇〇 五二二三	
垂光集	一	明周璽	一	四九史一四	一六一〇	
秋堂集	三	宋柴望	一	三五集一四	四七六四	
秋崖集	四〇	宋方岳	一六	九六一集一三	四七三六 四七三八	
秋澗集	一〇〇	元王惲	四〇	二四三六集一五	四八三一 四八三七	
秋聲集	四	元黄鎭成	二	七一集一六	四八九二	
秋聲集	六	宋衛宗武	四	一八八集一四	四七六五	
秋巖詩集	二	元陳宜甫	一	三七集一五	四八四四	
香山集	一六	宋喻良能	五	二五集一〇	四五七四	
香祖筆記	三	淸王士禎	四	三一九子一九	三四二七	
香乘	二八	明周家胄	八	四四五子一六	三二七九	

香屑集	一八	清黃之雋	八	三五七集二七	五四二二	
香溪集	三二	宋范浚	八	三五七集九	四五二二	
香譜	二	宋洪芻	一	四二子一六	三七八	
重訂詩經疑問						見詩經疑問
重修玉篇						見玉篇
重修宣和博古圖						見宣和博古圖
重修革象新書						見革象新書
重修廣韻						見廣韻
重編瓊臺會稿						見瓊臺會稿
保命集	三	金張元素	三	一八七子六	二八一九	
保越錄	一		一	二七史一六	一七二八	
俗書刊誤	一二	明焦竑	二	八九經一九	九〇六	
俟菴集	三〇	元李存	八	四五六集一六	四八九六	
俟鯖錄	八	宋趙令畤	二	一三九子三二	四〇一五	

皇王大紀	八〇	宋胡宏	一八	一五一八史六六	一三一一 一三一三
皇言定聲錄	八	清毛奇齡	三	一三九經一九	八六九
皇甫少玄集	附一〇六	明皇甫涍	八	四七三集三三	五一九〇
皇甫司勳集	六〇	明皇甫汸	八	七六八集三三	五一八五 五一八六
皇甫持正集	六	唐皇甫湜	二	七四集二	四三二〇
皇祐新樂圖記	三	宋阮逸等	一	四六經一八	八三九
皇清文穎	二四	清康熙御編	六八	三五四六集三八	五九一四 五九三二
皇清開國方略	三二	清乾隆御定	一四	八九六史八	一三四〇 一三四一
皇清職貢圖	九	清乾隆御定	八	六五二史一九	一八七三
皇朝文獻通考	三〇〇	清乾隆御定	二五	一三〇三史二九	一三三二 一三四三
皇朝通志	二六	清乾隆御定	三〇	一九九四史三〇	一三六一 一三六六
皇朝通典	一〇〇	清乾隆御定	三五	三二五八史三〇	一三五四 一三六〇
皇朝禮器圖式	一八	清乾隆御定	一四	一八〇四史三〇三一	一三九九 一四〇一
皇極經世觀物外篇衍義	九	宋張行成	八	三一〇子一三	三〇九三

待軒詩記	八	明張次仲	六	六六二	經七	三二〇
律呂正義	五	清聖祖御定	五	四〇二	經一八	八五三
律呂正義後編	一二八	清高宗御製	六〇	五二五六	經一八	八五四 八六三
律呂成書	二	元劉瑾	二	一四三	經一八	八四四
律呂新書	二	宋蔡元定	二	八九	經一八	八四三
律呂新論	二	清江永	一	七〇	經一九	八七一
律呂闡微	一〇	清江永	四	二六九	經一九	八七二
後山集	二四	宋陳師道	八	四四二	集六	四三八九
後山詩話	一	宋陳師道	一	三〇	集四〇	六〇三七
後山談叢	四	宋陳師道	一	六四	子三二	四〇二
後村集	五〇	宋劉克莊	二四	一〇九三	集一三	四七二三 四七二六
後村詩話	二 附三	宋劉克莊	五	三一	集四一	六〇六〇
後周文紀	八	明梅鼎祚	六	二七四	集三四	五七四〇
後漢紀	三〇	晉袁宏	一三	六五九	史一五	一一七五 一一七六

浪語集	三五	宋薛季宣	一六	八七四	集二	四六一二 四六一四	
浙江通志	二八〇	清嵇曾筠等	一五〇	二七六三	史三	一九三六 一九六〇	
浙西水利書	三	明姚文灝	二	一〇五	史三五	三二一五	
浦陽人物記	二	明宋濂	一	六七	史一六	一六九三	
涑水記聞	一六	宋司馬光	四	三〇二	子三一	四〇〇九	
酒譜	一	宋竇苹	一	六	子一六	三三八二	
酒邊詞	二	宋向子諲	一	五〇	集四二	六〇九五	
涇野子內篇	二七	明呂柟	七	四六〇	子三	二六五五	
涇皋藏稿	二二	明顧憲成	一〇	四九〇	集二四	五三五四 五三五五	
涉史隨筆	一	宋葛洪	一	三七	史三三	二五一三	
涉齋集	一八	宋許綸	六	二五五	集一〇	四五八七	
浮山集	八	宋仲并	四	一八〇	集八	四五〇七	
浮沚集	八	宋周行己	四	一八三	集七	四四三六	
浮湘集							見顧華玉集

海語	三	明黄衷	一	三九 史二六	二一八七
海壑吟稿	二	明趙完璧	五	三三 集二四	五三三七
海錄碎事	三	宋葉廷桂	二八	一九二 子二三	三六〇四 三六〇七
海鹽澉水志	八	宋常棠	一	六一 史一九	一八二五
悟眞篇註疏	三 附一	宋張伯端	三	三一五 子二三	四一二六
家山圖書	一		一	六七 子二	二六二三
家範	一〇	宋司馬光	二	一三五 子一	二五五五
家禮	一 附一	宋朱子	二	一三一 經一三	五三一
家藏集	七七 補一	明吳寬	二四	一五五四 集二〇	五〇八二 五〇八六
宮室考	二	清任啓運	一	四二 經九	四二六
宮教集	一二	宋崔敦禮	四	二〇三 集一〇	四五七五
容春堂全集	二〇	明邵寶	二二	一五二四 集三	五〇九七 五一〇二
容齋隨筆	一六 附二六	宋洪邁	二二	一一四〇 子一七	三三一八 三三二二
記纂淵海	一〇〇	宋潘自牧	七七	四五四九 子一三	三六三八 三六四七

凌忠介集	六	明凌義渠	四	一七五 集二四	五三七八	
高士傳	三	晉皇甫謐	一	五五 史一五	一六七九	
高子遺書	一二 附二	明高攀龍	三	八六五 集二四	五三五六 五三五七	
高氏三宴詩集	三 附一	唐高正臣	一	一七 集二八	五四三九	
高峯文集	三	宋廖剛	六	三〇七 集九	四五三四	
高常侍集	一〇	唐高適	二	一〇一 集二	四一七七	
高齋漫錄	一	宋曾慥	一	二〇 子三一	四〇二〇	
病機氣宜保命集						見保命集
席上腐談	二	宋俞琰	一	五八 子三三	四一二七	
庭訓格言						見聖祖庭訓格言
唐人萬首絕句選	七	清王士禎	三	一七一 集三九	五九六四	
唐才子傳	八	元辛文房	三	一六七 史一六	一六九一	
唐大詔令集	一三〇	宋宋敏求	二四	一九二六 史一四	一五九五 一五九八	
唐子西集						見眉山文集

唐書							見新唐書
唐書直筆	四 附一	宋呂夏卿	一	六五五	史三三	二五二一	
唐國史補	三	唐李肇	二	八二三	子三二	四〇〇三	
唐策							見增註唐策
唐朝名畫錄	一	唐朱景元	一	三一三	子一三	三一四三	
唐開元占經	一二〇	唐瞿曇悉達	三八	一六九四	子二三	三二一〇七 三二一二二	
唐創業起居注	三	唐溫大雅	一	六七	史五	一二七	
唐御覽詩							見御覽詩
唐新語	一三	唐劉肅	五	三三六	子三二	四〇〇三	
唐詩	三二 附三	清康熙御選	三二	二〇三二	集三八	五九一一 五九一四	
唐詩品彙	九〇 拾遺一〇	明高棅	二六	二〇二四	集三三	五六二三 五六二七	
唐詩紀事	八一	宋計有功	二六	一五七三	集四〇 四一	六〇四六 六〇五一	
唐詩鼓吹	一〇	元郝天挺	五	二七三	集三一	五五九七	
唐詩鏡							見古詩鏡

唐愚士詩	附一四	明唐之淳	二	一三八 集一九	五○○六	
唐會要	一○○	宋王溥	三○	二五七二 史二七	一二三二 一二三五	
唐僧宏秀集						見弘秀集
唐語林	八	宋王讜	七	四○六 子三二	四○一八	
唐摭言	一五	五代王定保	四	三三三 子三二	四○○五	
唐賢三昧集	三	清王士禛	三	一三○ 集三九	五九六四	
唐闕史	二	唐高彥休	二	六七 子三三	四○四七	
唐韻正	二○	清顧炎武	一○	七○二 經二○	九五六 九五七	
唐韻考（孫氏）	五	清紀容舒	五	二七二 經二○	九五九	
唐鑑	二四	宋范祖禹	六	三四 史三三	二五一○	
旅舍備要方	一	宋董汲	一	二三 子六	二七八七	
益古演段	三	元李冶	二	三三 子二	三○六二	
益州名畫錄	三	宋黃休復	一	六○ 子一三	三一四五	
益部方物略記	一	宋宋祁	一	一五 史二六	二二六四	

谷部談資	二	明何宇度	一	四四史二六	二七八
秉明書	五五	五代丘光庭	二	七五五子一六	三三二
秉濟堂文集	二〇	清魏裔介	一四	六九七集二六	五三五八 五三五九
剡源集	三〇	元戴表元	一六	七六二集一四	四七九七 四七九九
剡錄	一〇	宋高似孫	三	一八七史一八	一八一六
泰西水法	六	明熊三拔 西洋人	二	九四子一五	二七五一
泰泉集	一〇	明黄佐	四	一九二集三三	五一七五
泰泉鄉禮	七	明黄佐	二	一三八經二三	五五二
班馬字類	五	宋婁機	二	八二經一九	八九五
班馬異同	三五	宋倪思	六	五四三史一	九八九
珠玉詞	一	宋晏殊	一	三八集四二	六〇八九
珩璜新論	一	宋孔平仲	一	七八子一八	三三八四
珞琭子三命消息賦註	二	宋徐子平	一	三八子一三	三一三
珞琭子賦註(徐氏)	二	宋徐子平	二	一〇〇子一三	三一三

素書							見黃石公素書
素問入式運氣論奧	三	宋劉温舒	三	一七三	子	六	二七八七
素問元機原病式	一	金劉完素	一	八二	子	六	二六一八
素履子	三	唐張弧	一	二〇	子	一	二五五五
祕書監志	一一	元王士點 商企翁	四	二〇三	史	二六	二九七
祕殿珠林	二四	清乾隆御定	八	六〇五	子	一四	三一九八
祛疑說	一	宋儲泳	一	三八	子	一八	三三九八
祠部集	三五	宋強至	三	七七三	集	四	四二七五 四二七七
祖英集	二	宋李重顯	二	六七	集	四	四二七九
神仙傳	一〇	晉葛洪	二	一一〇	子	一三	四一一七
神異經	一	漢東方朔	一	一五	子	一三	四〇四二
神農本草百種錄	一	清徐大椿	一	四三	子	一〇	三〇〇四
神農本草經疏	三〇	明繆希雍	一四	一〇九六	子	九	一九四八 一九五一
恥堂存稿	八	宋高斯得	六	二四二	集	一三	四七三五

袁氏世範	三	宋袁采	三	八七子一一	二五六七
耆舊續聞	一〇	陳鵠	三	九七子三二	四〇二八
捕蝗考	一	清陳芳生	一	二〇史三二	二四二五
桂林風土記	一	唐莫休符	一	二六史二六	三一六四
桂苑叢談	一	唐馮翊子	一	三一子三三	四〇四六
桂海虞衡志	一	宋范成大	一	四一史二六	三一六六
桂勝	附 八四	明張鳴鳳	四	二六九史二五	三二五〇
桂隱文集	附 四四	元劉銑	八	四一五集一五	四八〇四
栲栳山人集	三	元岑安卿	一	六一集一七	四九〇五
桐山老農文集	四	元魯貞	一	六三集一七	四九二五
桐江續集	三六	元方回	一八	九九三集一四	四七九三 四七九五
格古要論	三	明曹昭	一	三六子一九	三四三〇
格物通	一〇〇	明湛若水	三四	一七四〇子三	二六六二 二六六七
格致餘論	一	元朱震亨	一	七五子六	二八三一

荀子	二〇	周荀況	七	三六八	子一	二五四六
荔枝譜	一	宋蔡襄	一	一三一	子一六	三三八五
晏子春秋	八	齊晏嬰	三	一二七	史一五	一六七二
晏元獻遺文	一	宋晏殊	一	二四	集三	四二五三
晁氏客語	一	宋晁說之	一	五七	子一八	三三八四
晁旡咎詞	六	宋晁補之	一	五五	集四二	六〇九一
蚓竅集	一〇	明管時敏	二	八九	集一八	四九八二
峴泉集	四	明張宇初	四	三六二	集一九	五〇〇六
耕學齋詩集	一二	明袁華	四	一九五	集一八	四九八五
矩山存稿	五 附一	宋徐經孫	二	一二八	集一三	四七二九
倚松詩集（老人）	二	宋饒節	二	九七	集一六	四四〇四
修辭鑑衡	二	元王構	一	六七	集四一	六〇六五
倪文貞集	二〇 附一三	明倪元璐	一〇	七三二	集二四	五二七六 五二七七
倪文僖集	三二	明倪謙	一四	七〇九	集二〇	五〇四一 五〇四二

倪石陵書	一	宋倪樸	一	四八集一〇	四五七六
島夷志畧	一	元汪大淵	一	五七史二六	二二八六
師山集	八 附六	元鄭玉	四	二四九集一七	四九二三
師友詩傳錄	一 附一	清郎廷槐	合	三三集四一	六〇七五
師友談記	一	宋李廌	一	三七子一八	三三八四
鬼谷子	一		合	二七子一六	三三九八
徐氏珞琭子賦注					見珞琭子賦注
徐氏筆精	八	明徐𤊹	六	二七四子一七	三三四七
徐正字詩賦	二	唐徐寅	一	七七集三	四二四一
徐孝穆集(箋註)	六 附一	陳徐陵	六 附一	二七五集一	四一四四
徐霞客遊記	三	明徐宏祖	三	一〇八一史二六	二八二二 二八三三
逃禪詞	二	宋楊旡咎	一	五四集四一	六〇九六
追昔遊集	三	唐李紳	一	五三集二	四二一五
脈訣刊誤	二 附一	元戴啓宗	二	一四七子七	二八三三

芻言	三	宋崔敦禮	一	三五 子一六	三三〇五
芻蕘集	六	明周士修	四	二六六 集一九	五〇〇三
能改齋漫錄	一八	宋吳曾	一〇	六八三 子一七	三三一四 三三一五
書小史	一〇	宋陳思	二	一五〇 子一三	三一五六
書史	一	宋米芾	合	一四六 子一三	三一四八
書史會要	九附一	明陶宗儀	三	四〇五 子一三	三一六〇
書舟詞	一	宋程垓	一	四六 集四二	六〇九一
書法正傳	一〇	清馮武	四	二七六 子一四	三二〇八
書法雅言	一	明項穆	一	三九 子一三	三一六七
書法離鉤	一〇	明潘之淙	二	一二〇 子一三	三一六八
書苑菁華	二〇	宋陳思	八	三九三 子一三	三一五五
書品	一附一	梁庾肩吾 唐孫過庭	一	二四 子一三	三一四〇
書敘指南	二〇	宋任廣	六	二六三 子一三	三六〇三
書訣	一	明豐坊	一	七二 子一三	三一六七

書集傳或問	二	宋陳大猷	二	一七一經五	二三四
書集傳纂疏	六	元陳櫟	六	五三四經五	二三七
書畫跋跋	三 附三	明孫鑛	三	二六九子一三	三一六六
書畫彙考	六〇	清卞永譽	五八	四七九四子一四 一五	三三二〇 三三二五
書畫題跋記	一二 附一二	明郁逢慶	一四	六八七子一四	三一七〇 三一七一
書畫譜					見佩文齋書畫譜
書義衿式	六	元王充耘	四	二八二經六	二六〇
書義斷法	六 附一	元陳悅道	二	一四七經五	二三一
書傳	二〇	宋蘇軾	六	三五三經五	一九八
書傳大全	一〇	明胡廣等	二	一〇二經五	二三五 二三六
書傳旁通	六	元陳師凱	八	四五四經五	二三〇
書傳會通	六	明劉三吾等	六	三五七經五	二三四
書傳輯錄纂注	六	元董鼎	六	六〇四經五	二三八
書經衷論	四	清張英	二	一四六經六	二五九

書經集傳	六	宋蔡沈	六	一二六七 經五	二二四	
書經傳說彙纂	三	清聖祖勅撰	二〇	一一六八 經六	二四四 二四六	
書經稗疏						見尚書稗疏
書說						見東萊書說
書儀	一〇	宋司馬光	三	一一三 經二三	五五一	
書齋夜話	四	宋俞琰	一	四六 子一八	三四〇二	
書錄	三 外一	宋董更	一	六九 子一三	三一五六	
書斷	三	唐張懷瓘	一	七九 子一三	三一四〇	
書纂言	四	元吳澄	四	三七九 經五	二二六	
郡齋讀書志	四 附四	宋晁公武	六	五四八 史三三	二四六四	
孫子	一	周孫武	一	二六 子四	二七一二	
孫子算經	三		一	四一 子一一	三〇五六	
孫公談圃	三	宋劉延世錄	一	四五 子三一	四〇一三	
孫氏唐韻考						見唐韻考

孫白谷集						見白谷集
孫可之集	一〇	唐孫樵	一	六二 集三	四二三五	
孫明復小集	一	宋孫復	一	三八 集三	四二七二	
孫威敏征南錄						見征南錄
孫穀菴奏議	二	明孫懋	二	一三三 史一四	一六二〇	
娛書堂詩話	一	宋趙與虤	一	四四 集四一	六〇六一	
純正蒙求	三	元胡炳文	三	一二四 子一二五	三七一六	
純白齋類稿	二〇 附二	元胡助	六	二六五 集一七	四九〇一	
陣紀	四	明何良臣	二	一〇二 子四	二七二四	
陝西通志	一〇〇	清劉於義	一〇〇	一〇一九四 史二三	二〇三三 二〇五四	
邕州小集	一	宋陶弼	一	一九 集四	四三〇一	
十一畫						
淙山讀周易	三	宋方實孫	六	四八四 經二	五八	
淳化秘閣法帖考正	一二	清王澍	四	二六九 史一三	二五〇五	

清風亭稿	八	明童軒	三	一五〇集二〇	五〇四八
清容居士集	五〇	元袁桷	一五	一三三〇集一五六	四八四六 四八四九
清秘藏	二	明張應文	一	五四子一九	三四三五
清異錄	二	宋陶穀	二	・一八二子三三	四〇六八
清惠集	三	明劉麟	七	三三三集三三	五一二九
清閟閣集	三	元倪瓚	八	三九〇集一七	四九三一
清谿漫稿	二四	明倪岳	二	六九〇集三〇	五五六五 五五六六
清獻集	一〇	宋趙抃	四	三一九集四	四二九三
清獻集	二〇	宋杜範	七	四五四集二三	四六九二
淨德集	三八	宋呂陶	八	五六三集四	四三〇八 四三〇九
淮南鴻烈解	三	漢劉安	八	四九九子一六	三三〇二
淮海詞	一	宋秦觀	一	二九集四二	六〇九〇
淮海集	四〇 附九	宋秦觀	二	五三二集六	四三九四 四三九五
淮陽集	一	元張宏範	一	三六集一四	四七八七

梁文紀	一四	明梅鼎祚	三	六二二	集三四	五七三七 五七三八	
梁書	五六	唐姚思廉	三	一〇〇二	史二	一〇二一 一〇二二	
梁園寓稿	九	明王翰	二	一二九	集一八	四九九〇	
梁谿集	一八〇 附六	宋李綱	五六	二八四七	集七	四四四六 四四五二	
梁谿漫志	一〇	宋費袞	四	一五三	子一八	三三九六	
梁谿遺稿	二	宋尤袤	一	三八	集九	四五六〇	
淵穎集	一二 附一	元吳萊	八	四一四	集一六	四八七四	
淵鑑類函	四五〇	清康熙御定	二七二	一九五三三	子二七 二八	三八二〇 三八六五	
惜香樂府	一〇	宋趙長卿	三	一二三	集四二	六二〇一	
惟實集	八 附一	元劉鶚	二	一八五	集一六	四八六二	
密菴集	八	明謝肅	四	一九四	集一八	四九六四	
密齋筆記	五 附一	宋謝伯采	二	九二	子一八	三三九五	
寇忠愍公詩集							見忠愍集
商子	五	秦商鞅	一	六八	子一四	二七三四	

商文毅疏稿	一	明商輅	一	六九	史一四	一六〇三
竟山樂錄	四	清毛奇齡	二	九四	經一九	八七〇
產育寶慶集	二		一	六一	子六	二八〇九
產寶諸方	一		一	三四	子六	二八一三
訥谿奏疏	一	明周怡	一	五六	史一四	一六一三
郭氏傳家易說	二	宋郭雍	六	五三	經一	二八
郭鯤溟集						見鯤溟詩集
痎瘧論說	一	明盧之頤	一	六六	子九	二九七〇
庶齋老學叢談	三	元盛如梓	二	八九	子一八	三四〇七
庾子山集註	一六 附一	清倪璠	一四	一〇〇三	集一	四一四一 四一四三
庾開府集箋註	一〇	周庾信	八	五七七	集一	四一四〇
康熙字典	四二	清聖祖御定	四〇	三九三七	經一九 二〇	九〇七 九一三
康範詩集	一 附三	宋汪晫	一	五〇	集二三	四六九一
康濟錄	四 附四	清乾隆御定	七	四一八	史三二	二四二六

康齋文集	一二	明吳與弼	一〇	四五九	集二〇	五〇六七 五〇六八
庸菴集	一四	元宋禧	五	二〇一	集一七	四九四〇
庸齋集	六	宋趙汝騰	三	一三四	集一三	四七三一
鹿皮子集	四	元陳樵	二	一〇八	集一七	四九一一
鹿洲初集	二〇	清藍鼎元	三	一九八	集二七	五四二二 五四二三
望雲集	五	明郭奎	一	七〇	集一八	四九八二
望溪集	八	清方苞	五	二六八	集二七	五四一八
雪山集	一六	宋王質	七	三三二	集九	四五六〇
雪坡集	五〇	宋姚勉	一四	六九六	集一三	四七四五 四七四六
雪溪集	五	宋王銍	一	六七	集八	四五〇二
雪樓集	三〇	元程鉅夫	一五	九二六	集一五	四八四〇 四八四二
雪窗集	二 附一	宋孫夢觀	二	九七	集一三	四七二九
雪履齋筆記	一	元郭翼	一	二〇	子一九	三四〇九
雪磯叢稿	五	宋樂雷發	一	四七	集一三	四七三九

理學類編	八	明張九韶	四	一九六子二	二六二八
救荒本草	八	明周王朱橚	八	四九二子五	二七四三 二七四四
救荒活民書	一三 附	宋董煟	二	一五三史三一	二四三三
執中成憲	八	淸雍正御定	四	一三五子四	二六九五
埤雅	二〇	宋陸佃	六	三五二經一九	八七七
敎坊記	一	唐崔令欽	一	一五子三一	四〇〇四
碧溪詩話	一〇	宋黃徹	二	九〇集四〇	六〇四五
授時通考	七八	淸乾隆御定	三	三二六子五	二七五三 二七五七
授經圖	二〇	明朱睦㮮	五	一九二史三三	二四六九
採芹錄	四	明徐三重	二	一三三子一九	三四二三
排字九經直音					見明本排字九經直音
排韻增廣事類氏族大全					見氏族大全
推易始末	四	淸毛奇齡	二	七六經四	一四八
推求師意	二	明汪機	二	七五子八	二六九八

郴江百咏	一	宋阮閱	一	三一 集一八	四四九七
梧岡集	一〇	明唐文鳳	六	二七〇 集一九	五〇三〇
梧溪集	七	元王逢	六	五一五 集一七	四九二二 四九二三
桯史	一五	宋岳珂	五	三七 子三二	四〇二七
梅山續稾	一八	宋姜特立	六	三一 集一二	四六六二
梅村集	四〇	清吳偉業	一六	七八九 集二六	五三五五 五三五六
梅花字字香	一 附一	元郭豫亨	一	三〇 集一六	四八五八
梅花百詠	一 附一	元馮子振	一	六〇 集三二	五六〇三
梅花道人遺墨	二	元吳鎮	一	三八 集一七	四九〇五
梅苑	一〇	宋黃大輿	三	一三一 集四二	六一〇五
梅屋集	五	宋許棐	一	四七 集一三	四七四一
梅溪詞	一	宋史達祖	一	四二 集四三	六一〇三
梅溪集	五四 附五	宋王十朋	一七	一一五二 集一〇	四五七〇 四五七三
梅巖文集	一〇	宋胡次焱	二	一一四 集一四	四七六九

曹子建集	一〇	魏曹植	二	一三五	集二	四二三六	
曹文貞詩集	一〇 附一	元曹伯啓	三	一三七	集一五	四八四三	
曹月川集	一	明曹端	一	五五	集一九	五〇三三	
曹祠部集	二 附一	唐曹鄴	一	五〇	集三	四二三五	
研山齋雜記	四		二	一三三	子一九	三四三七	
研北雜志	二	元陸友	二	九三	子一八	三四〇八	
硃批諭旨							見世宗硃批諭旨
乾坤清氣集	一四	明偶桓	六	一三七	集三三	五六三二	
乾坤體義	三	明利瑪竇	二	一〇三	子一〇	三〇一四	
乾坤鑿度							見易緯八種
乾道稿	二 附二五	宋趙蕃	三	八〇四	集一〇	四五八九 四五九一	
乾道臨安志	三	宋周淙	二	一〇九	史一八	一八一二	
乾隆御製文集	三〇	清乾隆御撰	二六	一三八九	集二五	五三九四 五三九九	
乾隆御製詩集	四八	清乾隆御撰	二九〇	一五四五三	集二六	五三〇〇 五三五四	

常建詩	三	唐常建	一	三九 集二	四一七七
常談	一	宋吳箕	一	四〇 子一八	三三九三
逍遙集	一	宋潘閬	一	一七 集三	四二四八
莊子口義	一〇	宋林希逸	一〇	六二 子三	四一〇四 四二〇五
莊子註	一〇	晉郭象	六	三八 子三	四一〇二
莊子翼	八 附二	明焦竑	八	五八五 子三	四一一〇 四二一一
莊氏算學	八	清莊亨陽	四	二六六 子一二	三〇八二
莊定山集	一〇 附一	明莊泉	六	四三五 集三〇	五〇七八
莊渠遺書	一三	明魏校	一三	四六〇 集三三	五一四三 五一四四
莊靖集	一〇	金李俊民	四	三〇一 集一四	四七八二
莊簡集	一八	宋李光	八	三九八 集七	四四六一
紫山大全集	二六	元胡祗遹	一八	九四三 集一五	四八〇八 四八一〇
紫微集	三六	宋張嵲	三	六一八 集八	四四七五 四四七六
紫薇詩話	一	宋呂本中	一	二四 集四〇	六〇四二

紫微雜說	一	宋呂祖謙	一	五四	子一八	三三九〇	
紫巖易傳	一〇	宋張浚	六	五一三	經一	一七	
紫巖詩選	三	宋于石	一	六三	集一四	四七七六	
野古集	三 附一	明龔詡	四	一一七	集一九	五〇〇五	
野古詩稿	六	宋趙汝鐩	二	八五	集一三	四六八八	
野老記聞							見野客叢書
野客叢書	三〇	宋王楙	一四	四六九	子一七	三三二六 三三二七	
野處集	四	元邵亨貞	三	七九	集一七	四九〇三	
野處類稿	二	宋洪邁	一	三六	集一〇	四六〇六	
野菜博錄	四	明鮑山	四	二六三	子五	二七五一	
野趣有聲畫	二	元楊公遠	二	九三	集一四	四七九六	
畦樂詩集	一	明梁蘭	一	六八	集一八	四九八八	
晦菴集	一〇〇 附一二	宋朱子	一〇〇	五七八一	集九	四五三六 四五四九	
晞髮集	一〇 附六	宋謝翱	二	一五六	集一四	四七六七	

國子監志	六二	清梁國志等	一八	二一五三	史二七	二三二〇 二三二二
國老談苑	二	王君玉	一	二七	子三一	四〇一七
國秀集	三	唐芮挺章	一	五九	集二八	五四四〇
國朝宮史	三六	清乾隆御定	一八	一三〇八	史三一	二四〇二 二四〇四
國語	二一	吳韋昭	四	三五七	史一三	一五三三
國語補音	三	宋宋庠	二	一〇〇	史一三	一五三三
唯室集	附一四	宋陳長方	三	八九	集九	四五一八
問辨錄	一〇	明高拱	四	一八三	經一八	八二二
崇文總目	一二	宋王堯臣等	六	二九〇	史三三	二四六三
崇古文訣	三五	宋樓昉	三	五六一	集三〇	五五三五 五五三六
崧菴集	六	宋李處權	二	一三一	集八	四四九五
崑崙河源考	一	清萬斯同	一	五九	史二五	二二二八
笠澤叢書	附一四	唐陸龜蒙	二	九三	集三	四二三六
釣磯立談	一		一	五一	史一七	一七四三

書名	卷數	著者	冊數	頁次	編號	附注
敞帚稿略	八	宋包恢	四	一九八集一三	四七一四	
猗覺寮雜記	二	宋朱翌	二	一六五子一七	三三一三	
術數記遺						見數術記遺
御覽詩	一	唐令狐楚	一	五六集二八	五四四一	一名唐歌詩一名選進集一名元和御覽
脚氣治法總要	二	宋董汲	一	四〇子六	二七八六	
脚氣集	一	宋車若水	一	五九子一八	三四〇二	
扈從西巡目錄	一	清高士奇	一	三五史一七	一七二九	
習學記言	五〇	宋葉適	二〇	九四〇子一六	三三〇六 三三〇八	
通志	二〇〇	宋鄭樵	一八九	一五三八九史二〇	一四〇四 一四三七	
通典	二〇〇	唐杜佑	六〇	四五一五史二七	三三一一 三三三〇	
通書述解	二	明曹端	二	一〇五子一	二五五六	
通雅	五三	明方以智	四二	一九〇七子一七	三三四八 三三五三	
通鑑外紀						見資治通鑑外紀
通鑑地理通釋	一四	宋王應麟	六	四一七史一六	一三〇七	

通鑑前編							見資治通鑑前編
通鑑胡註擧正	一	清陳景雲	一	一九	史六	一二〇九	
通鑑紀事本末	四二	宋袁樞	六六	五四一五	史八	一一三三 一一三三	
通鑑問疑	一	宋劉羲仲	一	二二	史三	二五一二	
通鑑答問	五	宋王應麟	二	一九五	史三	二五一六	
通鑑綱目	五九	宋朱子振	六六	五六一九	史三	二五二四 二五三五	
通鑑綱目三編	四〇	清乾隆御定	一八	一五七〇	史八	一三〇七 一三〇九	
通鑑綱目前編外紀	一 附三	元金履祥	一六	一二四六	史三	二五三六 二五三八	
通鑑綱目續編							見通鑑綱目
通鑑輯覽	一一六 附三	清乾隆御定	一〇二	七四二〇	史八七	一二八七 一三〇六	
通鑑總類	二〇	宋沈樞	二四	一九六五	史一七	一七三一 一七三四	
通鑑釋例	一	宋司馬光	合	七	史六	一二〇三	
通鑑續編	二四	元陳桱	三	一〇三三	史七	一二七九 一二八〇	
參寥子詩集	三	宋僧道潛	四	一六二	集六	四三九七	

參讀禮志疑	二	清汪紱	二	一四三	經二二	五〇〇
晝簾緒論	一	宋胡太初	一	四二	史二七	三三〇
屏山集	二〇	宋劉子翬	六	三二三	集八	四四八九
屏巖小稿	一	元張觀光	一	九二	集一五	四八〇六
尉繚子	五	周尉繚	一	三五	子四	二七一三
張子抄釋	六	明呂柟	三	一四八	子三	二六五六
張子全書	一四 附一	宋張載	一〇	四九六	子一	二五五七 二五五八
張文貞集	一二	清張玉書	三	五八二	集二七	五三九六 五三九七
張氏可書	一	宋張知甫	一	一四	子三一	四〇二三
張氏拙軒集	六	宋張侃	三	一三七	集一三	四七三二
張司業集	八	唐張籍	二	一二〇	集二	四二〇九
張邱建算經	三		二	九五	子二	三〇五八
張莊僖文集	五	明張永明	四	一八五	集三三	五一九二
張燕公集	二五	唐張說	七	四五二	集一	四一五〇

張襄壯奏疏	六	清張勇	六	二七五	史一四	一六一四
婦人大全良方	二四	宋陳自明	一四	六七七	子六	二八〇七 二八〇八
紺珠集	一三	宋朱勝非	三	五二六	子一九	三四三八 三四三九
紹陶錄	二	宋王質	一	六二	史一五	一六七三
紹熙州縣釋奠儀圖	一	宋朱子	一	四二	史三〇	二三七五
紹興十八年同年小錄	一	宋王佐榜	一	一三八	史一六	一六八一
陸士龍集	一〇	晉陸雲	四	一四六	集一	四一三七
陸子餘集	八	明陸粲	四	一三九	集三	五一八一
陸氏易解	一	明姚士粦	一	二五	經一	五
陸氏詩疏廣要	二	吳陸璣撰 明毛晉廣要	四	二八	經六	二六五
陵川集	三九 附一	元郝經	一八	九七二	集一四	四七八八 四七九〇
陵陽集	四	宋韓駒	二	九七	集八	四四八六
陳文紀	八	明梅鼎祚	八	二八六	集三四	五七三九
陳氏香譜	四	宋陳敬	四	二三	子一六	三二七八

陳氏禮記集說補正	三八	清納喇性德	六	五一三 經一二	四九一	
陳拾遺集	一〇	唐陳子昂	五	三三〇 集一一	四一四九	
陳剛中集	四	元陳孚	二	一一〇 集一五	四八四四	
陳秋巖詩集						見秋巖詩集
陳書	三六	唐姚思廉	一〇	五六八 史二	一〇二三 一〇二四	
陳檢討四六	二〇	清陳維崧	一〇	五四〇 集二七	五三九四 五三九五	
陰符經考異	一	宋朱子	合	一五 子三三	四〇九五	
陰符經解	一	黃帝撰 太公等六家註	一	一八 子三三	四〇九五	
陰符經講義	四	宋夏元鼎	一	四九 子三三	四〇九五	
陶山集	一四	宋陸佃	六	二七九 集六	四四〇三	
陶朱新錄	一	宋馬純	一	四五 子三三	四〇六三	
陶淵明集	八	晉陶潛	二	一二〇 集一	四一三七	
陶菴全集	二二	明黃淳耀	八	四九一 集二四	五二八〇	
陶學士集	二〇	明陶安	八	四七〇 集一八	四九五一 四九五二	

巢氏諸病源候總論	五〇	隋巢元方等	一四	七〇三	子五	二七六五 二七六六

十二畫

游宦紀聞	一〇	宋張世南	三	一二三	子一八	三三九五
游城南記			一			見遊城南記
游廌山集	四	宋游酢	二	一六一	集七	四四二七
渾蓋通憲圖說	二	明李之藻	三	一〇四	子一一	三〇二六
渚山堂詞話	三	明陳霆	一	三六	集四三	六一三三
渚宮舊事	五 附一	唐余知古	二	一〇五	史一二	一五二九
湛淵集	一	元白珽	一	四〇	集一五	四八二〇
湛淵靜語	二	元白珽	一	七三	子一八	三四〇六
湛然居士集	一四	元耶律楚材	四	二七四	集一四	四七八六
湛園禮記	四	清姜宸英	四	一四七	子一八	三三六四
湛園集	八	清姜宸英	八	五一六	集二七	五四〇〇 五四〇一
湘山野錄	三 附一	宋釋文瑩	二	一一四	子三二	四〇一四

湖山集	一〇	宋呂芾	四	二七六集八	四五二一
湖山類稿	五 附一	宋汪元量	二	一三二集一四	四七六七
湖廣通志	一二〇	清邁柱等	七二	六四九四史三三	一九七一 一九八三
測量法義	一 附二	明徐光啓	一	七〇子二	三〇三五
測圓海鏡	一二	元李冶	四	二四五子二	三〇六一
測圓海鏡分類釋術	一〇	明顧應祥	二	三三七子二	三〇六二
湯子遺書	一〇 附一	清湯斌	五	三八九集二六	五三五七
湯液本草	三	元王好古	三	八四子六	二八二六
温公易說	六	宋司馬光	二	一八三經一	一三
温氏母訓	一	明温璜	一	一七子三	二六七一
温疫論	二	明吳有性	二	一一九子九	二九七〇
温恭毅集	三〇	明温純	三	七四六集二四	五二三八 五二三九
温飛卿集箋注	九	明曾益謙	四	二二〇集三	四二三三
渭南文集	五〇 附二	宋陸游	一四	八〇四集二	四六二八 四六二九

詞林典故	八	清鄂爾泰	六	四七一	史二七	二三〇九	
詞苑叢談	一二	清徐釚	六	三四九	集四二	六一三四	
詞律	二〇	清萬樹	三	七四五	集四二	六一四〇 六一四二	
詞話							見西河詞話
詞綜	三六	清朱彝尊	一四	八〇七	集四二	六一二八 六一一九	
詞譜	四〇	清康熙御定	三	一三五七	集四二	六一三五 六一三九	
馮少墟集							見少墟集
馮安岳集							見安岳集
普濟方	四二六	明周王朱橚	三〇〇	二四〇〇一	子八七	二八三四 二八八三	
曾子	一	宋汪晫編	一	六〇	子二	二五八八	
尊白堂集	六	宋庾儔	五	二七〇	集一〇	四五八四	
尊孟辨							見孟子辨
尊前集	二		一	六〇	集四三	六一〇五	
尊巖集	二		一	六〇	集四三	六一〇五	

雲莊禮記集說					見禮記集說
雲巢編	一〇	宋沈遼	三	二三二集六	四四〇六
雲溪友議	三	唐范攄	三	一〇四子三一	四〇〇四
雲溪居士集	三〇	宋華鎮	一四	二三三集七六	四四一六 四四一七
雲溪集	一二	宋郭印	四	一八五集八	四四八七
雲陽集	一〇	元李祁	六	二七四集一七	四九二九
雲臺編	三	唐鄭谷	一	七三集三	四二三八
雲麓漫鈔	一五	宋趙彥衛	八	二九七子一八	三三九三
琴史	六	宋朱長文	三	一二九子一五	三三五二
琴旨	二	清王坦	二	一三七經一九	八七三
琴堂諭俗編	二	宋鄭玉道等	一	五九子一八	三三九八
琴譜合璧	一八	明楊掄撰 清和素譯	一八	六三九子一五	三三五四 三三五六
絜齋毛詩經筵講義	四	宋袁燮	二	七九經六	二八四
絜齋家塾書鈔	三	宋袁燮	三	五六〇經五	二一二 二一三

絜齋集	二四	宋袁燮	一六	六三三集一〇	四六〇一 四六〇二
項氏家說	一〇 附二	宋項安世	四	三三〇子二	二六〇四
壺山四六	一		一	五五五集一三	四七一一
彭城集	四〇	宋劉敞	一〇	七六〇集四	四二九九 四三〇〇
彭惠安集	一〇 附一	明彭韶	四	一八二二集二〇	五〇四八
堯峰文鈔	五〇	清汪琬	一六	九九一集二六	五三六八 五三七〇
越史畧	三		三	一三〇史一七	一七五四
越絕書	一五		二	一二三史一七	一七三六
都官集	一四	宋陳舜俞	六	一二八五集四	四三〇一
都城記勝	一	灌圃耐得翁撰	一	二四〇史二六	二一六七
揮麈錄	四	宋王明清	九	四六〇子三一	四〇二二 四〇二三
揚子法言	一〇		四	一六三子一	二五五一
揚子雲集	六	漢揚雄	四	一三六二集一	四一三四
揚州芍藥譜	一	宋王觀	合	一一二子一六	三二八三

博濟方	五	宋王袞	五	三八子六	二七八五
栟櫚集	二五	宋鄧肅	四	三六集八	四四八三
棋訣	一	宋劉仲甫	合	七子一五	三二五八
棋經	一	宋晏天章	一	一〇子一五	三二五八
椒丘文集	三五	明何喬新	一六	一〇八集二〇	五〇五五 五〇五七
盛京通志	一三〇	清乾隆欽定	五七	四一三一史二〇	一八七三 一八八〇
朝邑縣志	二	明韓邦靖	一	二七史一九	一八四八
朝野僉載	六	唐張鷟	三	一三八子三	四〇〇二
朝野類要	五	宋趙昇	一	七〇子一七	三三三四
朝鮮史略	三		六	三七五史一七	一七五三
朝鮮國志	二		一	五一史二六	二一八八
朝鮮賦	一	明董越	一	二〇史二六	二一八七
硯史	一	宋米芾	一	一八子一六	三二七二
硯箋	四	宋高似孫	二	六九子一六	三二七二

硯譜	一		合	九子一六	三三七二
雁門集	附 一三	元薩都拉	三	一九六集一六	四八九二
雅頌正音	五	明劉仔肩	二	一二三集三三	五六二三
棠陰比事	附 一一	宋桂萬榮	一	五三子五	二七三七
萍洲可談	一	宋朱彧	三	七五子三一	四〇二〇
華亭百泳	一	宋許尙	一	一八集三三	四六六二
華泉集	一四	明邊貢	一〇	四七七集三三	五一二七 五一二八
華野疏藁	五	淸郭琇	三	一八二史一四	一六一六
華陽國志	附 一二	晉常璩	六	三三五史一七	一七三七
華陽集	附 一三	唐顧況	三	一〇四集二二	四一八四
華陽集	附 一四〇	宋王珪	一二	七八四集四	四二八五 四二八七
華陽集	四〇	宋張綱	八	四九一集八	四四七三
菽園雜記	一五	明陸容	四	二八八子三三	四〇三六
菌譜	一	宋陳仁玉	合	六子一六	三二八五

菊錄	三	元韓彥直	合	一七子一六	三二八五	
菊磵集	一 附一	宋高翥	一	六〇集一三	四六六二	
虛舟集	五	明王偁	三	一五三集一九	五〇〇八	
虛齋集	五	明蔡清	五	三一六集二一	五〇九六	
景文集	六二 附三	宋宋祁	二〇	一一八二集一三	四二五九 四二六三	
景迂生集	二〇	宋晁說之	二〇	一一七二集一六	四四〇七 四四〇九	
景定建康志	五〇	宋周應合	二八	一三三三史一九	一八二六 一八三〇	
景定嚴州續志						見嚴州續志
景岳全書	六四	明張介賓	五四	三三五〇子九	二九五九 二九六九	
異苑	一〇	宋劉敬叔	二	一〇四子一三	四〇四四	
異域錄	二	清圖理琛	一	一〇六史二六	二一八九	
異魚圖贊	一	明楊慎	一	一二七子一六	三二九五	
異魚圖贊補	三 附一	清胡世安	一	六七子一六	三二九六	
異魚圖贊箋	四	清胡世安	二	一三三子一六	三二九六	

舒文靖集	二	宋舒璘	二	一〇九 集一〇	四六〇三
斐然集	三〇	宋胡寅	一四	九八四 集八	四五〇四 四五〇六
無住詞	一	宋陳與義	一	七 集四二	六〇九五
無爲集	一五	宋楊傑	五	一九九 集四	四三一八
無能子	一		合	三三 子三三	四二一九
無錫縣志	四		三	二六二 史一九	一八四二
剩語	二	元艾性	一	六〇二 集一四	四七九九
嵇中散集	一〇	晉嵇康	三	二一六 集一	四二三六
程氏春秋或問	一〇	元程端學	六	三三〇 經一三	六二二
程氏經說	七	宋程伊川	二	一八二 經一六	七二四
程氏演繁露	一六 附六	宋程大昌	七	三七〇 子一七	三三三
喬氏易俟					見易俟
焦氏易林	四	漢焦贛	四	三三三 子三	三一一六
集千家注杜詩集	二〇 附三		一六	七八八 集一	四一六六 四一六八

集玉山房稿	二〇	明葛昕	六	三一九 集二四	五二七四
集古錄	一〇	宋歐陽修	五	二七九 史三三	二四八九
集異記	一	唐薛用弱	一	三 子三三	四〇四五
集韻	一〇	宋丁度等	一〇	七六〇 經二〇	九三三 九三四
集驗背疽方	一	宋李迅	一	三〇 子六	二八三
備忘集	一〇	明海瑞	六	三五九 集三三	五三三九
備急千金要方	九三	唐孫思邈	四〇	一八三二 子一五	二七六七 二七七二
衆妙集	一	宋趙師秀	一	五〇 集三〇	五五五一
傅子	一	晉傅玄	一	三四 子一	二五五三
傅與礪詩文集	二〇 附一	元傅若金	六	三七三 集一六	四八九四
傲軒吟稿	一	元胡天游	一	四六 集一七	四九一二
粤西詩載	二五 附一〇五	清汪森編	八二	四六七八 集三九	五九八六 五九九六
粤閩巡視記略	六	清杜臻	四	三五九 史一七	一七二九
復古詩集	六	元楊維楨	一	四〇 集一七	四九三八

復古編	二	宋張有	三	一四〇經一九	八九五
復齋易說	六	宋趙彥肅	二	一一〇經一	三一
須溪四景詩集	四	宋劉辰翁	一	四八集一四	四七五九
須溪集	一〇	宋劉辰翁	八	四五六集一四	四七五八
勝朝殉節諸臣錄	一二	清乾隆御定	三	五九八史一六	一七〇九 一七一〇
脾胃論	四	元李杲	三	一三〇子六	二八二二
逸周書	一〇	晉孔晁注	二	一三七史一〇	一三九八
象山集	二八 附八	宋陸九淵	三	六一五集一〇	四五九六 四五九七
象臺首末	五	宋胡知柔	二	一〇三史一五	一六七六
觚不觚錄	一	明王世貞	一	三一子三	四〇三六
登州集	二三	明林弼	八	三九三集一八	四九五九
發微論	一	宋蔡元定	一	一四子一三	三一一五
畫山水賦	一 附一	唐荊浩	一	一〇子一三	三一四三
畫史	一	宋米芾	一	四九子一三	三一四八

畫史會要	五	明朱謀垔	五	三六〇子一四	三一六九
畫墁集	八	宋張舜民	三	一〇五集六	四四〇三
畫墁錄	一	宋張舜民	一	四四子三二	四〇一三
畫蟬室隨筆	四	明董其昌	二	一三〇子一九	三四一三
畫鑒	一	宋東楚湯垕君載	一	四二子一三	三一五七
畫繼	一〇	宋鄧椿	二	八六子一三	三一五三
巽隱集	四	明程本立	二	一三〇集一九	五〇〇四
巽齋文集	二七	宋歐陽守道	七	四五三集一三	四七四四
彊齋集	一〇	明殷奎	五	二七〇集一八	四九八六
給事集	五	宋劉安上	二	一〇六集七	四四三八
絳守居園池記	一	唐樊宗師	一	四二集二	四二一四
絳帖平	六	宋姜夔	一	六九史三三	二四九二
絳雪園古方選註	一六 附一	清王子接	六	三一〇子一〇	二九九五
絕妙好詞箋	一〇	宋周密編 清查爲仁等撰箋	四	一九七集四二	六二〇九

幾何原本	六	西洋人歐几里得 西洋人利瑪竇譯	四	三六八	子二	三〇六四
幾何論要	七	清杜知耕	二	一八七	子三	三〇七七
隋文紀	八	明梅鼎祚	八	四三八	集三四	五七四一
隋書	八五	唐魏徵等	三〇	三〇二	史二	一〇三七 一〇四二
隆平集	二〇	宋曾鞏	六	三九九	史一〇	一四〇一

十三畫

滏水集	二〇	金趙秉文	八	三七六	集一四	四七七九	
滋溪文稿	三〇	元蘇天爵	一四	六七四	集一七	四八九七 四八九八	
源流至論							見古今源流至論
滇考	二	清馮甦	二	二三三	史九	一三七九	
滇略	一〇	明謝肇淛	六	二六九	史一九	一八四九	
溪堂詞	一	宋謝逸	合	一七	集四二	六〇九二	
溪堂集	一〇	宋謝逸	四	一六八	集七	四四三一	
溪蠻叢笑	一	宋朱輔	一	一七	史二六	二二八六	

滄浪集	三	宋嚴羽	二	七八	集一三	四七一六
滄浪詩話	一	宋嚴羽	一	二九	集四二	六〇五七
滄溟集	三〇 附一	明李攀龍	一四	八二〇	集一三	五一九六 五一九八
滄洲塵缶編	一四	宋程公許	六	三二四	集一二	四七〇〇
滄海遺珠	四		二	七九	集一三	五六三〇
滄螺集	六	明孫作	一	七〇	集一八	四九七一
準齋雜說	二	宋吳如愚	二	五〇	子二	二六二〇
慎子	一	周慎到	合	一一	子一六	三二九八
愧郯錄	一五	宋岳珂	四	二〇六	子一八	三三九八
靖康要錄	三		六	五四七	史七	二二六八
靖康緗素雜記	一〇	宋黄朝英	二	七六	子一七	三三一三
意林	五	唐馬總	四	一四四	子一九	三四三七
新五代史						見五代史
新安文獻志	一〇〇	明程敏政	四三	二六八二	集三三	五六四三 五六四九

詩集傳	一九	宋蘇轍	八	四四〇	經六	二六七
詩集傳名物鈔	八	元許謙	八	五〇九	經七	二九三
詩話補遺	三	明楊愼	二	七三	集四一	六〇六七
詩話總龜	四八 附五〇	元阮閱	二四	一一三七	集四〇	六〇三八 六〇四一
詩義折中	二〇		一四	七六四	經七	三三八 三三九
詩補傳	三〇	宋范處義	一四	八四一	經六	二七五 二七六
詩傳大全	二〇	明胡廣等	一八	一一〇五	經七	三〇四 三〇七
詩傳名物集覽	一二	清陳大章	一〇	五四六	經八	三三八 三三九
詩傳旁通	一五	元梁益	六	三八五	經七	二九六
詩傳通釋	二〇	元劉瑾	一三	一〇四二	經七	二九四 二九五
詩傳詩說駁義	五	清毛奇齡	二	八三	經七	三三六
詩傳遺說	六	宋朱鑑	三	一八九	經七	二九一
詩經世本古義	二八	明何楷	一八	一六五七	經七	三一七 三一九
詩經通義	一二	清朱鶴齡	六	六四二	經七	三三二

詩經集傳	八	宋朱子	四	三二	經	六	二七九
詩經稗疏	四	清王夫之	四	二三七	經	七	三三一
詩經傳說彙纂	序二 三	清康熙御定	二四	一六五	經	七	三三二 三三五
詩經疏義會通	二〇	元朱公遷	二〇	九一九	經	七	二九七 三〇〇
詩經疑問	三	明姚舜牧	一〇	六七二	經	七	三一五 三一六
詩經樂譜全書	三〇	清乾隆御定	二四	一八二	經	一八 一九	八六四 八六七
詩經劄記	一	清楊名時	一	三〇	經	八	三四〇
詩解頤	四	明朱善	四	二三六	經	七	三〇三
詩演義	一五	元梁寅	六	三七一	經	七	三〇二
詩說	三	清惠周惕	一	五三	經	八	三三九
詩說解頤	四〇	明季本	三	九八二	經	七	三〇八 三〇九
詩疑問	附一 七	元朱倬	二	八三	經	七	三〇〇
詩疑辨證	六	清黃中松	六	五六三	經	八	三四四
詩緝	三六	宋嚴粲	三	九六二	經	七	二八九 二九〇

詩總聞	二〇	宋王質	三	五九七	經六	二七七　二七八
詩瀋	二〇	清范家相	四	三三二	經八	三四五
詩識名解	一五	清姚炳	六	四五六	經八	三三七
詩纘續	一八	元劉玉汝	六	四〇七	經七	三〇一
雍錄	一〇	宋程大昌	四	三〇六	史二五	三五五
資治通鑑	二九四	宋司馬光	一四四	一〇八八	史六五	二七八　三〇七
資治通鑑目錄	三〇	宋司馬光	二〇	一三七〇	史六	三〇四　三〇六
資治通鑑外紀	一〇　目五	宋劉恕	六	六〇三	史六	三一〇
資治通鑑考異	三〇	宋司馬光	一三	六一二	史六	三〇二　三〇三
資治通鑑前編	一八　舉要三	宋金履祥	一〇	八四七	史七	三七七　三七八
資治通鑑後編	一八四	清徐乾學	六六	五五五九	史八	三一二　三一一
資治通鑑釋文辨誤	三	元胡三省	六	三一六	史八	三〇八
資政要覽	三　後序一	清順治御定	二	一一二	子三	一六七二
資暇集	三	唐李匡乂	一	四三	子一六	三二〇

聖求詞	一	宋呂濱老	合	四三	集四二	六〇九三	
聖祖庭訓格言	一	清世宗御定	一	九九	子三	二六七二	
聖祖聖訓	六〇	清世宗御定	一八	一三〇三	史一三	一五四四 一五四六	
聖祖御製文集	一七六	清康熙御定	五八	二七八三	集二五	五三八一 五三八九	
聖壽萬年歷	五 附一	明朱載堉	七	四四二	子一〇	三〇〇八	
聖諭廣訓	一	清聖祖御定	一	三七	子三	二六七三	
聖諭樂本解說	二	清毛希齡	一	四三	經一九	八六九	
聖學宗要							見劉子遺書
聖濟總錄纂要	二六	清程林刪定	二〇	九九二	子六	二七八九 二七九一	
靳文襄奏疏							見文襄奏疏
搜玉小集	一		一	二三五	集二八	五四四四	
勤有堂隨錄	一	元陳櫟	合	一〇	子一八	三四〇七	
勤齋集	八	元蕭𣂏	三	一二五七	集一六	四八六二	
賈氏譚錄	一	宋張洎	一	一〇	子三二	四〇〇八	

楳埜集	一二	宋徐元杰	八	三七七	集一三	四七三四	
禁扁	五	元王士點	二	二〇二	史一七	一七五八	
楚蒙山房易經解	一六	清晏斯盛	一〇	八九〇	經四	一七六 一七七	
楚辭章句	一七	漢王逸	四	二一九	集一	四二二九	
楚辭集註	八	宋朱子	六	三〇五	集一	四二三一	
楚辭補註	一七	宋洪興祖	七	三五三	集一	四二三〇	
楊文忠公三錄	七	明楊廷和	三	二三五	史一四	一六〇八	
楊文敏集							見文敏集
楊公筆錄	一	宋楊延齡	一	三〇	子一八	三三八五	
楊氏易傳	二〇	宋楊簡	六	四一五	經一	三三	
楊仲宏集							見仲宏集
楊忠介集	一三	明楊爵	六	三五〇	集一三	五一八七	
楊忠愍集	三	明楊繼盛	四	一七二	集一三	五一九九	
楊誠齋詩話							見誠齋詩話

極玄集	二	唐姚合	一	二六	集二八	五四四二	
楓山集	附一四	明張懋	四	二八〇	集二〇	五〇七七	
楓山語錄	一	明章懋	一	四五	子三	二六五二	
楓窗小牘	三		一	五二一	子三二	四〇一九	
肆獻祼饋食禮	三	清任起運	二	一〇三	經九	四二七	
虞東學詩	三	清顧鎮	一〇	七六〇	經八	三四八 三四九	
歲時廣記	四	宋陳元靚	一	七二	史一七	一七五四	
歲時雜詠	四六	宋蒲積中	一四	六五三	集二九	五五〇三 五五〇四	
歲華記麗譜	一	元費著	一	一九	史二六	二二六九	附箋紙譜蜀錦譜
歲寒堂詩話	一	宋張戒	一	三八	集四〇	六〇四四	
葉八白易傳	一六	明葉山	三	五九九	經三	一一四 一一五	
葬書	一	晉郭璞	一	五三二	子一三	三一一三	
萬花谷集							見錦繡萬花谷集
萬首唐人絕句詩	一〇〇	宋洪邁	二四	一五七二	集二九	五五〇六 五五〇九	

萬姓統譜	一四六	明凌廸知	四八	三五五七	子二五	三七三一 三七三八
萬壽盛典初集	一二〇	清康熙御定	四二	二九八六	史三〇	三三九〇 三三九六
敬止集	四	明陳應芳	三	一六七五	史二五	二一一九
敬軒集	二四	明薛瑄	一四	七三六	集一九	五〇三二 五〇三三
敬鄉錄	一四	元吳師道	四	三二一	史一六	一六九一
敬業堂詩集	五〇	清査慎行	二八	一三五五	集二七	五四一三 五四一七
敬齋古今黈	八	元李冶	五	二六〇	子一八	三四〇六
敬齋集	三	明胡居仁	二	一五三	集三二	五二〇八
葦航漫遊稿	四	宋胡仲弓	二	一〇八	集一四	四七五九
葯房樵唱	三 附一	元吳景奎	二	七六	集一七	四九〇五
蜀中廣記	一〇八	明曹學佺	四〇	二九四二	史二六	二二七一 二二七七
蜀檮杌	二	宋張唐英	一	四五	史一七	一七四五
蜀鑑	一〇	宋郭元蹈	四	二三九	史八	一三四一
鼎錄	一	梁虞荔	一	二	子一五	三三五八

愚谷集	一〇	明李舜臣	四	一八四集三	五一七七
愚菴小集	一五	清朱鶴齡	八	三九五集二七	五三八一 五三八二
農政全書	六〇	明徐光啟	四〇	一七七二子五	二七四五 二七五〇
農桑衣食撮要	二	元魯明善	一	四七子五	二七三九
農桑輯要	七	元世祖時官	四	一八九子五	二七三九
農書	三 附	宋陳旉	一	五三子五	二七三九
農書	二二	元王禎	一六	五五八子五	二七四〇 二七四二
跨鼇集	三〇	宋李新	八	四五五集七	四四四一
路史	四七	宋羅泌	一八	一三三史二	一四四二 一四四四
鄖溪集	二八	宋鄭獬	一〇	五二六集四	四三〇五 四三〇六
蛻菴集	五	元張翥	二	一七六集一七	四九〇二
蛻巖詞	二	元張翥	一	四九集四二	六一〇四
過庭錄	一	宋范公偁	一	五四子三二	四〇一九
嵩山集	五四	宋晁公遡	三	五九二集九	四五一五 四五一六

嵩陽石刻集記	二	清葉封	二	一四四 史三三	二五〇二
筠軒集	一三	元唐元	六	三三七 集一六	四八九五
筠溪集	二四	宋李彌遜	三	五〇七 集八	四四七一 四四七二
筠谿樂府	一	宋李彌遜	一	三八 集四二	六〇九四
愛日齋叢抄	五		三	一六一 子一七	三三三八
禽星易見	一	明池本理	一	五三 子一三	三一三三
禽經	一	周師曠 晉張華註	一	三二 子一六	三三九五
會昌一品集	二〇 附一四	唐李德裕	一〇	四六一 集二	四二二五 四二二六
會稽三賦	三	宋王十朋	一	七三 史二六	二二六六
會稽志	二〇 續八	宋施宿等	一三	一二〇 史一八	一八一七 一八二〇
會稽掇英總集	二〇	宋孔延之	八	三三七 集二九	五四九二
稗編	一二〇	明唐順之	八二	四五一〇 子二五	三七二〇 三七三〇
傳信適用方	四		二	一三一 子六	二八〇四
傳家集	一八	宋司馬光	二八	一三三 集四	四二八九 四二九二

傳神祕要	一	清蔣驥	一	一八子一五	三三五三
催官篇	二	宋賴文俊	一	七二子一三	三二一四
傷寒舌鑑	一	清張登	一	六八子一〇	二九九四
傷寒直格論方	三附二	金劉完素	二	一五六子六	二八一九
傷寒兼證析義	一	清張倬	一	八七子一〇	二九九四
傷寒微旨	二	宋韓祗和	一	六四子六	二七八八
傷寒論條辨	八	明方有執	六	三〇五子九	二九四六
傷寒論註釋	一〇附四	漢張機	六	三〇九子五	二七六三
傷寒總病論	六附二	宋龐安時	四	一七八子六	二七八八
傷寒類方	二	清徐大椿	二	二一子一〇	三〇〇四
鼠璞	二	宋戴埴	二	八〇子一七	三三三四
鳧藻集	五	明高啓	三	一五〇集一八	四九七六
遁甲演義	四	明程道生	二	一五七子一三	三一三三
殿閣詞林記	三	明廖道南	三	五七九史一六	一六九四 一六九五

羣書考索	六六	宋章如愚	一〇三	五四〇三	子二四	三六五六 三六六八
羣書會元截江網	三五		一六	一〇〇五	子二四	三六五一 三六五三
羣經音辨	七	宋賈昌朝	二	一〇〇	經一九	八七六
羣經補義	五	清江永	三	一二三	經一七	七六九
經史正音切韻指南	一	元劉鑑	一	四七	經二〇	九四二
經史講義	三一	清乾隆御定	三二	一三七四	子四	二六九六 二七〇三
經外雜鈔	二	宋魏了翁	一	七四	子一七	三三二八
經典釋文	三〇	唐陸元朗	二四	一〇八九	經一五 一六	七二〇 七三〇
經典稽疑	二	明陳耀文	二	一六七	經一六	七三三
經咫	一	清陳祖范	一	六三	經一七	七六九
經問	一八 補三	清毛奇齡	一〇	四七三	經一六	七五〇 七五一
經幄管見	四	宋曹彥約	二	八七	史三三	二五一二
經稗	一二	清鄭方坤	三	五九一	經一六	七五九 七六〇
經義考	三〇〇	清朱彝尊	七八	六三八八	史三三	二四七四 二四八六

經義模範	一		一	四二	集三三	五六五〇
經說	七	元熊朋來	四	一八九	經一六	七三〇
經濟文集	六	元李士瞻	三	一四〇	集一七	四九〇〇
經濟文衡集	二五 後集二五		三〇	九五九	子一	二五九〇 二五九二
經濟類編	一〇〇	明馮琦	七六	六六六〇	子二六	三七四六 三七五八
經禮補逸	九	元汪克寬	四	一六八	經九	四一〇
綏寇紀略	一二	清吳偉業	六	四三〇	史九	一三七八
郲黨圖考	一〇	清江永	五	四三二	經一八	八三九
勦捕臨清逆匪紀略	一六		五	四五六	史九	一三七〇

十四畫

演山集	六〇	宋黃裳	一六	七四四	集七	四四一八 四四二〇
演禽通纂	二		二	九三三	子一三	三一三二
演繁露	見程氏演繁露					
滿洲祭神祭天典禮	六	清乾隆御定	六	二八七	史三二	二四〇五

滿洲源流考	二〇 清乾隆御定	八	六五〇 史一九	一八六六 一八六七	
滿珠蒙古漢字三合切音清文鑑					見三合切音清文鑑
漢上易集傳	附二四 宋朱震	一〇	七八三 經一	二一〇	
漢官舊儀	補一三 漢衛宏	一	三五 史三〇	二三六七	
漢武故事	一 漢班固	一	三 子三三	四〇四一	
漢武洞冥記	四 後漢郭憲	一	三 子三三	四〇四二	
漢武帝內傳	一 漢班固	合	一八 子三三	四〇四一	
漢制考	四 宋王應麟	一	一三一 史二七	二三四三	
漢隸分韻	七	二	二〇六 經一九	九〇四	
漢隸字源	六 宋婁機	六	三七三 經一九	八九六	
漢濱集	一六 宋王之望	八	四四三 集九	四五一九 四五二〇	
漢魏六朝一百三家集	一八〇 明張溥	九〇	五四九九 集三五	五七八六 五七九九	
漢藝文志考證	一〇 宋王應麟	二	二一七 史三三	二四六八	
漱玉詞	一 宋李清照	合	一三 集四一	六〇九五	

滹南集	四五	金王若虛	三	四六二集一四	四七八〇 四七八一
漫塘文集	三六	宋劉宰	二〇	一〇一六集一三	四六六四 四六六七
漁洋詩話	三	清王士禎	三	八三二集四二	六〇七五
漁墅類稿	八	宋陳元晉	四	一四八集一三	四六九九
漁隱叢話	六〇 附四〇	宋胡仔	三	一三〇五集四二	六〇五三 六〇五五
寧海將軍固山貝子功績錄	一		一	三二史一五	一六七七
寧極齋稿	一 附一	宋陳深	一	四七集一四	四七七七
賓退錄	一〇	宋趙與旹	五	三三子一七	三三三三
寶賓錄	一四	宋馬永易	六	三一三子三五	三六〇二
說文字原	一	元周伯琦	一	五三經一九	九〇三
說文解字	三〇	漢許愼	八	六三二經一九	八八二 八八三
說文解字篆韻譜	五	南唐徐鍇	五	二七六經一九	八八六
說文繫傳	四〇	南唐徐鍇	一〇	八一三經一九	八八四 八八五
說文繫傳考異	四 附一	清汪憲	二	一一四經一九	八八六

嘉禾百詠	一	宋張堯同	一	三三	集	一四	四七六〇	
嘉定赤城志								見赤城志
嘉泰會稽志								見會稽志
嘉祐集	一六 附二	宋蘇洵	六	二七九	集	五	四三四三	
嘉祐雜志	一	宋江休復	一	四〇	子	三一	四〇一一	
嘉靖以來首輔傳	八	明王世貞	四	三六	史	一六	一六九八	
趙氏鐵網珊瑚								見鐵網珊瑚
趙考古文集								見考古文集
榕村四書說五種	七	清李光地	四	二五四	經	一八	八三五	
榕村集	四〇	清李光地	一八	一〇八一	集	二七	五四〇五 五四〇七	
榕村語錄	三〇	清李光地	三〇	九二三	子	四	二七〇七 二七〇九	
榕壇問業	一八	明黃道周	八	四八六	子	三	二六七〇 二六七一	
槎翁詩集	八	明劉崧	八	七〇五	集	一八	四九六〇 四九六一	
爾雅注疏	一一	晉郭璞注 唐陸德明音義	六	四六四	經	一九	八七三	

閩越巡視記略						見粵閩巡視紀略
鳴盛集	四	明林鴻	四	一五九集一八	四九七八	
幔亭集	一五	明徐熥	八	三七五集二四	五一七三	
圖書編	一二七	明章潢	七二	八二九子二六	三七七六 三七九一	
圖書見聞誌	六	宋郭若虛	二	一三五子一三	三一四五	
圖繪寶鑑	五	元夏文彥	四	一八三子一三	三一五九	
管子	二四	周管仲	一〇	五二一子四	二七三〇 二七三一	
管子補注	二四	明劉績	三	五三五子四	二七三二 二七三三	
管城碩記	三〇	清徐文靖	一六	八三二子一八	三三七二 三三七四	
管窺外篇	二	元史伯璿	二	二〇三子二	二六二五	
箋註評點李長吉歌詩						見李長吉歌詩
算學						見數學
銅人鍼灸經	七		二	六〇子五	二七八四	
銀海精微	二	唐孫思邈	二	三四子五	二七七三	

榘菴集	一五	元同恕	六	三〇五 集一六	四八六四
僑吳集	一三 附一	元鄭元祐	八	三八五 集一七	四九一〇
像象管見	九	明錢一本	六	四九三 經三	一一八
鳳池吟稿	一〇	明汪廣洋	四	一四〇 集一八	四九五一
翠屏集	四	明張以寧	四	二五三 集一八	四九五六
翠渠摘稿	七 附一	明周瑛	六	三〇七 集三〇	五〇八一
翠寒集	一	元宋元	一	六二 集一六	四八七二
翠微南征錄	一一	宋華岳	三	一九 集一三	四六九七
熊峯集	一〇	明石珤	七	三八五 集三二	五〇一六
盡言集	一三	宋劉安世	四	二六七 史一四	一六〇二
遜志齋集	二四	明方孝孺	三	五二四 集一九	四九九九 五〇〇一
疑獄集	四 附六	晉和凝	三	一二三 子四	二七三六
疑耀	七	明李贄	六	二四六 子一七	三三四五
網山集	八	宋林亦之	二	一三〇 集一〇	四五六二

綱目分註拾遺	四	清芮長恤	四	二三五	史 六	一二四八
綱目訂誤	四	清陳景雲	一	六二	史 六	一二四八
綱目續麟	二〇 附一	明張自勳	一四	一〇〇二	史 六	一二四六 一二四七
緇衣集傳	四	明黃道周	四	一六五	經 一〇	四七五

十五畫

澂水志		見海鹽澉水志				
潛山集	三	宋釋文珦	四	三二	集 一四	四七五七
潛夫論	一〇	漢王符	三	一四七	子 一	二五五二
潛邱劄記	六	清閻若璩	五	三六二	子 一八	三三六三
潛虛	一 附一	宋司馬光	一	五四	子 三	三〇八六
潛齋文集	一一 附一	宋何夢桂	八	三一八	集 一四	四七六八
澗泉日記	三	宋韓淲	一	五四	子 一八	三三九六
澗泉集	二〇	宋韓淲	一〇	五八五	集 一三	四七二七 四七二八
潞公文集	四〇	宋文彥博	八	四四三	集 五	四三二三

潘司空奏疏	六	明潘季馴	六	二九二	史一四	一六一三	
濳水集	一六	宋李復	八	三〇〇	集七	四四一三	
審齋詞	一	宋王千秋	合	三一三	集四三	六〇九七	
穀齋詩集	一八 附一	明王洪	六	三三八	集一九	五〇二〇	
談苑							見孔子談苑
談龍錄	一	清趙執信	合	一一三	集四二	六〇七五	
談藝錄							見廸功集
論孟精義	二四	宋朱子	三	一〇〇七	經一七	七六五 七八六	
論語注疏	二〇	魏何晏	六	三四五	經一七	七七八	
論語全解	一〇	宋陳祥道	六	三一八	經一七	七八〇	
論語拾遺	一	宋蘇轍	一	一五一	經一七	七七九	
論語商	二	明周宗建	三	一四六	經一八	八二三	
論語筆解	二	唐韓愈等	二	五〇	經一七	七七九	
論語集註考證	一〇	宋金履祥	二	一三八	經一七	七九八	

論語集解義疏	一〇	魏何晏	五	三七六	經一七	七七七
論語集說	一〇	宋蔡節	五	三〇二	經一七	七九四
論語意原	四	宋鄭汝諧	二	一五二	經一七	七八七
論語解	一〇	宋張栻	五	二五三	經一七	七八八
論語稽求篇	七	清毛奇齡	二	一四三	經一八	八三五
論語類考	二〇	明陳士元	六	三七二	經一八	八三三
論語學案	一〇	明劉宗周	八	三九六	經一八	八二四
論衡	三〇	漢王充	一三	六六〇	子一八	三三七六 三三七七
論學繩尺	一〇 附一	宋魏天應	一〇	一〇三〇	集三〇	五五六〇 五五六一
廣川書跋	一〇	宋董逌	四	二二二	子一三	三一五一
廣川畫跋	六	宋董逌	三	一一〇	子一三	三一五二
廣州四先生詩	四		一	六三	集三三	五六二八
廣西通志	一二八	清金鉷等	七八	六二一九	史二四	二〇七九 二〇九〇
廣成集	三	蜀杜光庭	四	一八三	集三	四二四四

廣弘明集	三〇	唐釋道宣	一四	一一五四	子三三	四〇七〇 四〇七一
廣東通志	六四	清郝玉麟等	五六	五四〇五	史二四	二〇六八 二〇七八
廣陵集	三〇 附一	宋王令	五	四五六	集五	四三五一
廣博物志	五〇	明董斯張	三八	三三二七	子二七	三八一五 三八一九
廣雅	一〇	魏張揖	二	八四	經一九	八七五
廣羣芳譜	一〇〇	清康熙御定	五四	三九〇四	子一六	三三八六 三三九四
廣韻	五	宋陳彭年等	五	三九九	經二三	九三三
廣韻（重修）	五		五	三八〇	經二〇	九三一
廟制圖考	一	清萬斯同	一	一〇六	史三一	二四二一
廟學典禮	六		三	一七〇	史三〇	二三七八
慶元黨禁	一	滄州樵叟	一	五四	史一六	一六八九
慶湖遺老詩集	九	宋賀鑄	四	一九八	集七	四四三四
羯鼓錄	一	唐南卓	一	一七	子一五	三三五七
養吾齋集	三二	元劉將孫	一五	六一九	集一五	四八二五 四八二六

養蒙集	一〇	元張伯淳	四	一八三	集一四	四八〇〇
鄭少谷集						見少谷集
鄭氏周易	三	清惠棟	一	六八	經一	四
鄭志	三	魏鄭小同	三	五五	經一五	七一九
鄭忠肅奏議遺集	二	宋鄭興裔	一	六四	集九	四五三
鄭開陽雜著	二	明鄭若曾	六	三八九	史二五	二二四五
褚氏遺書	一	南齊褚澄	一	一五	子五	二七六四
震川集	三〇 附二	明歸有光	一八	二九四	集二四	五二四〇 五二四二
震澤長語	二	明王鏊	一	八四	子一九	三四二二
震澤集	三六	明王鏊	一六	七九九	集二〇	五〇八八 五〇九〇
璇璣圖詩讀法	二	明康萬民	一	六五	集一	四一三八
熬波圖	二	元陳椿	二	一〇三	史三一	二四二三
穀誠山館詩集	二〇	明于慎行	八	三六九	集二四	五二四九
熱河志	一二〇	清乾隆御定	四二	三三五二	史一九	一八五二 一八五七

增修互註禮部韻略						見禮部韻略
增修校正押韻釋疑						見押韻釋疑
增註唐策	一〇		五	二三七集三一	五五七八	
增補武林舊事						見武林舊事
樗菴類稿	二	明鄭潛	一	五六集一八	四九八三	
樗隱集	六	元胡行簡	二	九三集一七	四九三四	
樓居雜著	一 附三	明朱存理	一	六三集二〇	五〇六八	
樊川集	二〇 附二	唐杜牧	六	三八二集三	四二三九	
樊謝山房集	二〇	清厲鶚	一〇	五四九集二七 二八	五四二四 五四二五	
耰耕錄	三〇	明陶宗儀	一四	六七〇子三	四〇三三 四〇三四	
歐陽文粹	二〇	宋陳亮	六	三一三集五	四三三五	
歐陽行周集	一〇	唐歐陽詹	二	一三七集二	四二一一	
歐陽修撰集	六 附一	宋歐陽澈	四	一九〇集八	四四九九	
蓮洋詩鈔	一〇	清吳雯	四	二〇二集二七	五三九五	

蓮峰集	一〇	宋史堯弼	五	一三三集二	四六三九
蔡中郎集	六	漢蔡邕	五	一八三集一	四一三五
劇談錄	二	唐康駢	一	六五子三	四〇四六
頤山詩話	二	明安磐	一	二七集四二	六〇六七
頤菴文選	二	明胡儼	二	三六六集一九	五〇二一
頤菴居士集	二	宋劉應時	一	二七集二二	四六三〇
墨子	一五	宋墨翟	六	二四九子一六	三二九七
墨史	三	元陸友	一	四三子一六	三二七六
墨池璅錄	三	明楊愼	一	二七子一三	三二六六
墨池編	六	宋朱長文	六	六四一子一三	三二四六 三二四七
墨法集要	一	明沈繼孫	一	五一子一六	三二七六
墨客揮犀	一〇	宋彭乘	二	八六子三二	四〇一七
墨莊漫錄	一〇	宋張邦基	四	一九七子一八	三三九一
墨經	一	晁李一	合	一三子一六	三二七六

墨譜法式	三	宋李孝美	一	五四	子一六	三二七六
墨藪	二 附一	唐韋續	二	八三	子一三	三一四三
閩風集	三	宋舒岳祥	五	二四三	集一四	四七六三
數度衍	二四	清方仲通	八	六六	子一三	三〇七九 三〇八〇
數理精蘊	五三	清康熙御定	五〇	三九一〇	子一二 三	三〇六五 三〇七七
數術記遺	一	漢徐岳	一	三一	子一二	三〇五七
數學	八 附一	清江永	三	二九二	子一二	三〇五五
數學九章	一八	宋秦九韶	三	五六四	子一二	三〇五九 三〇六〇
數學鑰	六	清杜知耕	六	三〇三	子一三	三〇七八
箴膏肓	一 附二	漢鄭玄	一	二六	經三	五六三
篋中集	一	唐元結	一	一〇	集二六	五四四〇
篁墩集	九三	明程敏政	五六	二八四六	集二〇	五〇七〇 五〇七六
篆隸考異	四	清周靖	四	一五一	經二〇	九三〇
節孝集	三〇 附一	宋徐積	八	三三二	集一五	四三二八

節孝語錄	一	宋徐積	一	四四子一	二三六五
劍南詩稿	八五	宋陸游	四四	三三三四集二	四六二三 四六二七
鄱陽五家集	一五	清史簡	八	四四〇集四〇	六二二五
鄱陽集	三	宋彭汝礪	六	二九四集五	四三二四
鄱陽集	四	宋洪皓	二	六二集八	四四八四
稼村類稿	三〇	元王義山	八	四二五集一四	四七九二
稼軒詞	四	宋辛棄疾	四	一七八集四三	六〇九八
稽古錄	二〇	宋司馬光	五	三五〇史六	一三〇九
稽神錄	六	宋徐鉉	二	一〇八子三	四〇四八
黎嶽集	一	唐李頻	一	四四集三	四二三四
儀象考成	三二	清乾隆御定	一六	七九五子二	三〇三七 三〇三九
儀禮小疏	七	清彭彤	三	一八〇經九	四二七
儀禮注疏	一七	漢鄭康成	一四	一三七經九	三九五 三九七
儀禮析疑	一七	清方苞	三	五五七經九	四二二 四二三

儀禮述註	一七	清李光坡	三	九〇五	經九	四二〇 四二一
儀禮要義	五〇	宋魏了翁	一八	一〇〇九	經九	四〇三 四〇五
儀禮商	一二 附一	清萬斯大	一	八〇	經九	四二〇
儀禮章句	一七	清吳廷華	五	三六七	經九	四二四
儀禮集說	一七	元敖繼公	一六	一一七三	經九	四〇六 四〇九
儀禮集編	四〇	清盛世佐	三四	二八一七	經九 一〇	四二八 四三三
儀禮集釋	三〇	宋李如圭	一六	九六〇	經九	三九八 四〇〇
儀禮逸經	二	元吳澄	一	五六	經九	四〇五
儀禮義疏	四八	清乾隆御定	五〇	三一四七	經九	四一一 四一八
儀禮經傳通解	三七 附二九	宋朱子	五二	三一九一	經一二	五〇四 五一〇
儀禮圖	一七 附一	宋楊復	一三	六五九	經九	四〇一 四〇二
儀禮鄭注句讀	一七	清張爾岐	六	四八二	經九	四一九
儀禮識誤	三	宋張惇	二	五六	經九	三九八
儀禮釋宮	一	宋李如圭	一	二七	經九	四〇〇

儀禮釋宮增註	一	清江永	一	三〇經九	四二七
樂全集	四〇 附一	宋張方平	三	一〇五二集五	四三六 四三九
樂府指迷	一	宋沈義父	合	八集四三	六一三
樂府詩集	一〇〇	宋郭茂倩	三	一六五〇集二九	五四九九 五五〇二
樂府補題	一		一	二〇集四二	六一〇九
樂府雅詞	三	宋曾慥	四	二七一集四二	六一〇六
樂府雜錄	一	唐段安節	合	三三子一五	三三五七
樂郊私語	一	元姚桐壽	合	三三子三二	四〇三三
樂律全書	四四	明朱載堉	三	三五八五經一八	八四八 八五二
樂律表微	八	清胡彥昇	六	二七二經一九	八七一
樂軒集	八	宋陳藻	四	一七六集一〇	四五七六
樂圃餘藁	一〇 附一	宋朱長文	二	三八集六	四四一四
樂書	二〇〇	宋陳暘	二四	一六九七經一八	八四〇 八四三
樂章集	一	宋柳永	一	七〇集四二	六〇八九

二二八

樂庵語錄	五	宋龔昱	合	五二 子一六	三三〇五	
樂善堂文集定本（御製）	三〇	清乾隆御製	三	六一八 集二五	五五九二 五五九三	
樂靜集	三〇	宋李昭玘	五	三二〇 集七	四四三〇	
德隅齋畫品	一	宋李廌	一	一五 子一三	三一四八	
盤山志	一六	清蔣溥等	六	六九四 史二五	二二五一	
盤洲文集	八〇	宋洪适	一四	一〇七三 集一〇	四六〇七 四六一〇	
鄧峰眞隱漫錄	五〇	宋史浩	二〇	七六九 集九	四五二九 四五三一	
劉子遺書	四	明劉宗周	四	一四三 子三	二六六八	
劉氏春秋意林	二	宋劉敞	二	一〇九 經三	五七〇	
劉氏菊譜	一	宋劉蒙	一	二四 子一六	三二八三	
劉左史集	四	宋劉安節	二	一〇七 集七	四四三八	
劉彥昺集	九	明劉炳	二	二一 集一八	四九七三	
劉清惠集						見惠清集
劉給事集						見給事集

劉賓客文集	三〇 附一〇	唐劉禹錫	三	五三五	集二	四二〇七 四二〇八	
劉賓客嘉話錄	一	唐韋絢	一	二六	子三一	四〇〇三	
劉隨州集	一一	唐劉長卿	四	一四七	集二	四一八二	
劉蕺山集	一七	明劉宗周	八	六五九	集二四	五二六六 五二六七	
魯齋集	二〇	宋王柏	一〇	五六四	集一四	四七五五 四七五六	
魯齋遺書	一一	元許衡	四	三八	集一五	四八二三	
鄧子	一	周鄧析	一	一二	子四	二七三三	
鄧紳伯集							見大隱居士集
履齋遺集	四	宋吳潛	二	九二	集一三	四七二一	
練中丞集							見中丞集
練兵實紀	九	明戚繼光	八	二七六	子四	二七三九	
練兵雜紀							見練兵實紀
編珠	二 附四	隋杜公瞻	四	一九二	子二〇	三四八九	
緝古算經	一	唐王孝通	一	二七	子二	三〇五八	

緣督集	二〇	宋曾豐	八	四三六	集二〇	四五九五
畿輔通志	一三〇	清李衛等	七三	五四五三	史二〇	一八八一 一八九二

十六畫

澠水燕談錄	一〇	宋王闢之	二	一三一	子三二	四〇一〇
澹軒集	八	宋李呂	三	一二六八	集二〇	四五七七
澹菴集	六	宋胡銓	三	一六二	集八	四五〇三
澹齋集	一八	宋李流謙	八	三九三	集八	四四八五
親征朔漠方畧	四八	清溫達等	二六	一九一三	史九	一三四八 一三五一
辨定祭禮通俗譜	五	清毛奇齡	二	一〇六	經一三	五五二
辨惑編	四 附一	元謝應芳	三	一二一	子二	二六二四
龍川詞	一	宋陳亮	合	一五	集四三	六〇九八
龍川畧志	一〇	宋蘇轍	三	一二五	子三二	四〇一二
龍川集	三〇	宋陳亮	八	五九七	集二三	四六七二 四六七三
龍沙紀畧	一	清方式濟	一	三七	史二六	二一七九

龍虎經註疏	三	宋王道	一	七七	子二二	四一二七	
龍洲詞	一	宋劉過	一	三一	集四二	六一〇二	
龍洲集	一四	宋劉過	三	一四一	集一三	四六七三	
龍雲集	三二	宋劉弇	二	三五五	集六	四四一四 四四一五	
龍筋鳳髓判	四	唐張鷟	四	一五四	子二〇	三五〇二	
龍學文集	一六	宋祖無擇	四	一八一	集四	四三一三	
龍龕手鑑	四	遼僧行均	三	三七六	經一九	八九九	
諡法	四	宋蘇洵	一	五三二	史三〇	二三七一	
諸史然疑							見三國志補注
諸臣奏議							見宋名臣奏議
諸葛忠武書	一〇	明楊時偉	四	一九〇	史一五	一六六七	
諸蕃志	二	宋趙汝适	二	七八	史二六	三八五	
諭行旗務奏議	一三	清允祿等	四	二八五	史一三	一五五一	
塵史	三	宋王得臣	一	一〇六	子一八	三三八一	

燕翼貽謀錄	五	宋王栐	二	八〇	史二三	一五三〇
整菴存稿	二〇	明羅欽順	一〇	五二六	集二三	五二一三 五二一四
融堂四書管見	一三	宋錢時	五	三〇九	經一六	七二八
融堂書解	二〇	宋錢時	五	三六七	經五	二二三
瓢泉吟稿	五	元朱晞顏	二	一〇三	集一六	四八九五
横浦集	二〇	宋張九成	八	三〇八	集八	四五一〇
横塘集	二〇	宋許景衡	七	三六八	集七	四四五四
横渠易說	三	宋張載	三	一九七	經一	一三
樵香小記	二	清何琇	一	四三	子一八	三三六五
樵雲獨唱	六	元葉顒	三	一五一	集一七	四九二四
樵隱詞	一	宋毛幵	合	一七	集四三	六〇九九
橘山四六	二〇	宋李廷忠	三	五五六	集二三	四六五八 四六五九
橘錄	三	宋韓彥直	合	一七	子一六	三二八五
歷代史表						見補歷代史表

歷代名臣奏議	三五〇	明楊士奇等	三三	一六六二六	史一四	一六二五 一六六一
歷代名畫記	一〇	唐張彥遠	三	一五五	子一三	三一四一
歷代名賢確論	一〇〇		二四	一六六三	史二三	一五一七 一五二〇
歷代兵制	八	宋陳傅良	二	八五	史三一	二四二七
歷代制度詳說	一二	宋呂祖謙	四	一八五	子一三	三六一五
歷代帝王宅京記	二〇	清顧炎武	六	四三二	史二四	三一〇三
歷代建元考	一〇	清鍾淵映	六	三〇二	史三一	二四二〇
歷代紀事年表	一〇〇	清康熙御定	九八	八四八二	史一二	一四五八 一四七六
歷代通略	四	元陳櫟	四	二〇八	史三三	二五二二
歷代詩話	八〇	清吳景旭	三六	一五七三	集四一	六〇六九 六〇七四
歷代詩餘	一二〇	清康熙御定	八六	三三四六	集四二	六二一四 六二二七
歷代賦彙	一四〇 附四四	清康熙御定	一二二	六七九六	集三六	五八一三 五八二八
歷代職官表	七二	清乾隆御定	三六	二八三八	史二七	三三一三 三三一八
歷代題畫詩類（御定）	一二〇	清康熙御定	三八	二八九〇	集三七	五八七〇 五八七五

歷代鐘鼎彝器款識法帖	二〇	宋薛尚功	六	三四〇	經一九	八九四
歷象考成(御製)	四二	清康熙御製	二〇	二〇五五	子二	三〇二七 三〇三四
歷象考成後編(御製)	一〇	清乾隆御製	八	七六二	子二	三〇三五 三〇三六
歷算全書	六〇	清梅文鼎	二六	二六八七	子二	三〇四二 三〇四八
歷體畧	三	明王英明	一	七四	子二	三〇二六
翰林志	一	唐李肇	一	一四	史二六	二一九二
翰林記	二〇		四	四六二	史二六	二一九八
翰苑新書前集	七〇 附八六		四八	二五七八	子二五	三七〇七 三七一二
翰苑集	二二	唐陸贄	八	三九七	集二	四一八五 四一八六
翰苑羣書	一二	宋洪遵	三	一四四	史二六	二一九二
翰墨志						見思陵翰墨志
駮五經異義	一 補一	漢鄭玄	二	五五	經一五	七一九
駱丞集	四	唐駱賓王	四	三四三	集一	四一四八
鬳齋考工記解						見考工記解

鬳齋續集							見竹溪鬳齋十一稿續集
盧昇之集	七	唐盧照鄰	二	九三	集一	四一四七	
盧溪文集	五〇	宋王庭珪	八	四九三	集八	四四八八	
鄴中記	一	晉陸翽	一	一八	史一七	一七三七	
默成文集	四	宋潘良貴	一	三五	集八	四四八三	
默記	三	宋王銍	一	七二	子三	四〇二〇	
默堂集	二二	宋陳淵	八	四七九	集九	四五一七	
默菴集	五	元安熙	一	七三	集一五	四八三〇	
默齋遺稿	二	宋游九言	一	四八	集一三	四七一一	
曉菴新法	六	清王錫闡	三	一五一	子二	三〇四〇	
遺山文集	四〇	金元好問	一八	九三七	集一四	四七八三 四七八五	
圜容較義	一	明李之藻	一	三八	子二	三〇二六	
戰國策	三三	漢高誘	七	四四五	史三	一五二四	
戰國策注	一〇	宋鮑彪	四	四九九	史三	一五二五	

戰國策校註	一〇	元吳師道	八	六六五 史三三	一五三六 一五三七	
貧窗集	一〇	宋陳耆卿	四	一七一 集三三	四七〇八	
餘師錄	四	宋王正德	二	二九 集四二	六〇五七	
錢氏私志	一	宋錢世昭	一	一八 子三一	四〇一二	
錢仲文集	一〇	唐錢起	二	一二〇 集二	四一八四	
錢通	三二	明胡我琨	三	八七七 史三二	二四一三 二四一四	
錢塘先賢傳贊	一	宋袁韶	一	三三 史一六	一六八九	
錢塘集	一四	宋韋驤	八	四九六 集四	四三〇七	
錢塘遺事	一〇	元劉一清	二	一三六 史三	一五三五	
錢錄	一六	清乾隆御定	六	四二七 子一六	三三七七	
錦里耆舊傳	四	宋句延慶	一	五五 史一七	一七四五	又名成都理亂記
錦繡萬花谷前集	四〇 附八〇		二六	一九九〇 子二三	三三六一六 三三六一九	
歙州硯譜	一	宋唐積	合	七 子一六	三三七二	
歙硯說	附一		合	三 子一六	三三七二	

十七畫

鴻慶居士集	四三	宋孫覿	三〇	九〇九 集八	四四九二 四四九四
謙齋文錄	四	明徐溥	四	二七六 集二〇	五〇五四
謝宣成集	五	齊謝朓	一	七二 集一	四一三八
襄陵文集	三	宋許翰	四	二〇八 集七	四四三六
襄毅文集	一五	明韓雍	七	四〇三 集二〇	五〇四三
應齋雜著	六	宋趙善括	三	一二七 集一一	四六二一
營平二州地名記	一	清顧炎武	一	五二 史二五	二二六〇
營造法式	三四	宋李誡	七	六〇二 史三三	二四六二
燭湖集	二〇 附二	宋孫應時	一〇	五〇二 集一一	四六四四 四六四五
霞外詩集	一〇	元馬臻	四	三二八 集一六	四八五〇
環谷集	八	元汪克寬	四	一七四 集一七	四九三三
環溪詩話	一		一	三五 集四一	六〇五二
禪月集	二五 附一	唐釋貫休	四	二〇三 集三	四二四三
禪林僧寶傳	三二 附二	宋釋惠洪	六	二九八 子三三	四〇八五

聲畫集	八	宋孫紹遠	四	二四九	集二九	五五二〇
聲調譜	一	清趙執信	一	三四	集四二	六〇七五
輿地碑記目	四	宋王象之	二	一二八	史三三	二四九六
輿地廣記	三八	宋歐陽忞	六	六〇三	史一七	一七六九
聲壤集	二〇	宋邵子	八	三三七	集一五	四三二三
檀弓疑問	一	清邵泰衢	一	二五	經一一	四九五
檀園集	一二	明李流芳	四	三三六	集二四	五二七〇
梤溪居士集	一二	宋劉才邵	八	三四三	集一八	四四七〇
隸辨	八	清顧藹吉	八	八一八	經三〇	九二九 九三〇
隸釋	二七	宋洪适	三	五九六	史三三	二四九〇 二四九一
隸續	二一	宋洪适	三	三三六	史三三	二四九二
檜亭集	九	元丁復	二	一〇九	集一六	四八七二
檇李詩繫	四二	清沈季友	三〇	一九三	集四〇	六〇一九 六〇三三
韓文考異（別本）	四〇 附二	宋王伯大	二〇	九四六	集二	四一八九 四一九一

韓內翰別集	一	唐韓偓	一	六二集三	四三九	
韓非子	二〇	周韓非	二〇	三七七子四	二七三四 二七三五	
韓昌黎集	四〇	宋魏仲舉	三〇	一〇六三集三	四一九二 四一九五	
韓昌黎集註（東雅堂）	四〇		三〇	一〇三五集三	四一九六 四一九九	
韓集考異（原本）	一〇	宋朱子	五	二五四集三	四一八八	
韓集舉正	一〇 附一	宋方崧卿	四	三三六集三	四一八七	
韓集點勘	四	清陳景雲	二	八六集二	四一九九	
韓詩外傳						見詩外傳
薛文清集						見敬軒文集
薛氏醫案	七七	明薛已	六二	三一八九子八	二六九〇 二六九七	
薛濤李冶詩集	二		一	二九集二八	五四四三	
薛荔園詩集	四	明余翔	四	二六二集二四	五三三六	
還山遺稿	二 附一	元楊奐	一	一〇八集一五	四八二一	
還冤志	一	隋顏之推	一	三三子三三	四〇四四	

禮記大全	三〇	明胡廣等	一八	一五三七	經一〇	四七一 四七三
禮記注疏	六三	漢鄭康成注	三二	三七九	經一〇	四四四 四四九
禮記析疑	四八	清方苞	六	五二八	經一二	四九五
禮記述註	二八	清李光坡	一六	一三一三	經一二	四九二 四九四
禮記訓義擇言	八	清江永	四	一九八	經一二	四九六
禮記集說	一〇	元陳澔	一〇	六五九	經一〇	四六九 四七〇
禮記集說	一六〇	宋衞湜	八四	六二七〇	經一〇	四五〇 四六三
禮記義疏	八二	清乾隆御定	六二	四三三五	經一二	四八一 四九〇
禮記纂言	三六	元吳澄	三六	一三二〇	經一〇	四六四 四六八
禮書	一五〇	宋陳祥道	一八	一六三七	經一二	五〇一 五〇三
禮書綱目	八五	清江永	三八	二四三三	經一二	五一一 五一六
禮部志稿	一〇〇	明俞汝楫	四八	三六六一	史二六	三二九九 三三〇六
禮部集	二〇 附一	元吳師道	一〇	五七九	集一六	四八八八 四八九〇
禮部韻畧	五	宋毛晃增	五	四九四	經二〇	九三七

禮部韻略	五 附一	宋丁度	六	三八八 經 二〇	九三六
禮經本義	一七	清蔡德晋	一〇	五八六 經 九	四二五 四二六
禮經會元	四	宋葉時	六	三五九 經 八	三五九
禮說	一四	惠士奇	三	五三九 經 九	三九二 三九三
職方外紀	六	明西洋人艾儒略	一	二一四 史 二六	三八八
職官分紀	五〇	宋孫逢吉	元	一七五三 子 一三	三六一一 三六一四
轉注古音略	五	明楊愼	二	一〇四 經 二〇	九四四
覆瓿集	六	宋趙必𤩪	二	九二 集 一四	四七六二
覆瓿集	七 附一	明朱同	四	一五八 集 一八	四九六二
醫旨緒餘	二	明孫一奎	二	一八七 子 八	二元一一
醫宗金鑑	九〇	清乾隆御定	八〇	四三三 子 一〇九	二元七三 二九八八
醫門法律	一二 附四	清喻昌	一六	八二六 子 一〇	二元九一 二九九三
醫經溯洄集	二	元王履	二	八七 子 七	二八三三
醫說	一〇	宋張杲	六	四一一 子 六	二六〇五

醫閭集	九	明賀欽	四	二〇三	集一〇	五〇八〇
醫壘元戎	三	元王好古	三	五三四	子六	一八二四 一八二五
醫學源流論	二	清徐大椿	二	一二八	子一〇	三〇〇四
邇言	三	宋劉炎	二	八五	子一	二五八八
駢字類編	二四〇	清康熙御定	三〇	一六〇二〇	子二八 子二九	三八六六 三九〇〇
駢志	二〇	明陳禹謨	一八	一二二四	子二六 子二七	三七九二 三七九四
駢雅	七	明朱謀㙔	一	六八	經一九	八七九
騎省集	三〇	宋徐鉉	八	四六八	集三	四二四五
藏一話腴	四	宋陳郁	二	六六	子一八	三四〇一
藏春集	六	元劉秉忠	三	一二九	集一四	四七八七
藏海居士集	二	宋吳可	一	三一	集八	四四九六
藏海詩話	一	宋吳可	一	三〇	集四〇	六〇四三
藍山集	六	明藍仁	二	一三〇	集一八	四九七四
藍澗集	六	明藍智	二	一〇二	集一八	四九七四

韻語陽秋	二〇	宋葛立方	六	二六五 集四二	六〇四五
識小編	二	清董豐垣	二	六四 子一八	三三七五
識遺	一〇	宋羅璧	四	二〇四 子一七	三三三七
譚苑醍醐	九	明楊愼	二	一六九 子一七	三三四三
譚襄敏奏議	一〇	明譚綸	五	四七〇 史一四	一六二二
證治準繩	一二〇	明王肯堂	一二〇	六九七三 子八 九	一二九二二 一二九三一
證類本草	三〇	宋唐愼微	三	三四五 子六	一二七九二 一二七九八
離騷草木疏	四	宋吳仁傑	二	七九 集一	四一三二
廬山記	三 附一	宋陳舜俞	一	六一 史三五	二二四六
廬山集	五 附一	宋董嗣杲	三	一三五 集一四	四七七二
類博稿	一〇 附二	明岳正	四	三二一 集二〇	五〇一六
類經	三二 附二	明張介賓	四〇	一九〇九 子九	二九五二 二九五八
類說	六〇	宋曾慥	四〇	一七七四 子一九	三四四〇 三四四四
類篇	四五	宋司馬光	三	九八三 經一九	八九一 八九三

類編草堂詩餘						見草堂詩餘
類證普濟本事方	一〇	宋許叔微	五	一九二子六	二六〇二	
瓊臺會稿	二四	明邱濬	一六	一〇一八集二〇	五〇五一 五〇五三	
難經本義	二	元滑壽	二	一四五子五	二七六〇	
麗則遺音	四	元楊維楨	一	七三集一七	四九三八	
麗澤論說集錄	一〇	宋呂祖謙	六	三七三子一	二五八七	
願學集	八	明鄒元標	九	五八八集二四	五三六四 五三六五	
藝文類聚	一〇〇	唐歐陽詢	五六	三二〇子二〇	三四九〇 三四九六	
藝林彙考	四〇	清沈自南	一四	七三三子一八	三三六一 三三六二	
藝圃擷餘	一	明王世懋	一	一八集四二	六〇六七	
藝彀	三 附一	明鄧伯羔	三	八三三子一七	三三四三	
羅圭峯集						見圭峯集
羅昭諫集	八	唐羅隱	四	一八五集三	四二四一	
羅湖野錄	四	宋釋曉瑩	二	九五子三三	四〇八六	

蘇平仲集	一六	明蘇伯衡	三	六四四	集一八	四九六七 四九六八
蘇沈良方	八	宋蘇軾 沈括	二	三七	子六	二七八五
蘇門六君子文粹	七〇		二〇	九七二	集三二	五五七三 五五七五
蘇門集	八	明高叔嗣	四	一七八	集三三	五一七七
蘇詩						見施註蘇詩
蘇詩補註	五〇	清查慎行	四〇	一八五三	集五六	四三六七 四三七三
蘇學士集	一六	宋蘇舜欽	六	二四六	集四	四二七九
蘇魏公文集	七二	宋蘇頌	二四	一三三三	集四	四二八〇 四二八四
鶡冠子	三	宋陸佃解	三	八六	子一六	三三九八
籌海圖編	一三	明胡宗憲	一〇	八四八	史二五	二二四三 二二四四
鐔津集	二二	宋釋契嵩	八	四六三	集四	四二七八
釋文紀	四五	明梅鼎祚	四〇	一七六四	集三四	五七四二 五七四七
釋氏稽古略	四	元釋覺岸	四	四三〇	子三三	四〇九一
釋名	八	漢劉熙	一	八〇	經一九	八七五

蘭室祕藏	六	元李杲	三	二〇〇	子六	二八三三
蘭亭考	三	宋桑世昌	四	一四七	史三二	二四九三
蘭亭續考	二	宋俞松	一	四八	史三一	二四九三
蘭亭集	二	明謝晉	二	一三三	集一九	五〇三八
蘭軒集	一六	元王𥙷	八	三一五	集一五	四八四五
蘭臯集	三	宋吳錫疇	一	三四	集一四	四七五九
蘭臺軌範	八	清徐大椿	八	四〇九	子一〇	三〇〇三
蠛蠓集	五	明盧柟	五	二五八	集二四	五二四四
鐵崖古樂府	一〇 附六	元楊維楨	四	二〇八	集一七	四九三八
鐵菴集	三五	宋方大琮	八	三六三	集一三	四七一〇
鐵圍山叢談	六	宋蔡絛	二	一五四	子三一	四〇一六
鐵網珊瑚	一六	明朱存理	一六	一二三	子一三	三一六三 三一六五
鐵廬集	四 附二	清潘天成	四	一三三	集二七	五四〇〇
蠡海集	一	宋王逵	一	六五	子一九	三四〇九

續文獻通考	二五〇	清乾隆御定	二四	九四一四	史 二六 一九	二三〇三 二三二〇
續方言	二	清杭世駿	一	四二	經 一九	八九
續仙傳	三	唐沈汾	一	六六	子 三三	四一九
續名醫類案	六〇	清魏之琇	一六	三三〇〇	子 一〇	二九九六 三〇〇二
續宋編年資治通鑑	一五	宋劉時舉	六	三一九	史 七	一二六五
續呂氏家塾讀詩記	三	宋戴溪	三	一六五	經 六	二八四
續孟子	二	唐林愼思	一	一三	子 一	二五五四
續茶經	三 附一	清陸廷燦	四	二八〇	子 一六	三三八一
續後漢書	四八 附四	宋蕭常	三	六〇三	史 二	一四四九 一四五〇
續後漢書	九〇	元郝經	三四	二六六四	史 二	一四五一 一四五六
續軒渠集	一〇 附一	元洪希文	四	一八五	集 一六	四八五四
續書畫題跋記						見書畫題跋記
續書譜	一	宋姜夔	一	一七	子 一三	三一五三
續通志	六四〇	清乾隆御定	二〇〇	一四七六六	史 一二 一三	一四七七 一五〇六

二十二畫

讀易考原	一	元蕭漢中	一	五三	經二	八五	
讀易私言	一	元許衡	一	一五	經二	六九	
讀易述	一七	明潘士藻	一四	一〇三五	經三	一一六 一一七	
讀易紀聞	六	明張獻翼	六	三〇二	經三	一一三	
讀易詳說	一〇	宋李光	六	三八三	經一	一八	
讀易餘言	五	明崔銑	二	一八六	經三	一〇四	
讀易舉要	四	宋俞琰	四	一四七	經二	六六	
讀孟子劄記							見榕村四書說
讀春秋畧記	三	明朱朝瑛	六	四四三	經一四	六六八	
讀春秋編	三	宋陳深	六	三三三	經一三	六一三	
讀書分年日程	三	元程端禮	三	一五三	子二	二六二四	
讀書記							見西山讀書記
讀書後	八	明王世貞	四	一九九	集二三	五三二四	
讀書紀數畧	五四	清宮夢仁	三〇	一五二五	子三一	三九九三 三九九六	

疊山集	四 附一	宋謝枋得	三	一三九 集一三	四七四九
鑑誡錄	一〇	蜀何光遠	二	一一七 子三一	四〇〇六
儼山外集	三四	明陸深	七	四三六 子二〇	三四八三
儼山集	一〇〇 附一〇	明陸深	二八	一四三〇 集三三	五一四五 五一四九
臞軒集	一六	宋王邁	三	四六九 集一三	四七一二 四七一三
鷃子	一	周鷃熊	一	三三 子一六	三二九七

二十三畫

欒城遺言	一	宋蘇籀	一	一九 子一八	三三九二
欒城集	五〇 附四六	宋蘇轍	三四	一八一五 集六	四三七四 四三七九
麟角集	一	唐王棨	一	六三 集三	四二三五
麟原文集	八 附一	元王禮	八	四〇四 集一七	四九三二
麟臺故事	五	宋程俱	二	七三 史二六	二一九二
巖下放言	三	宋葉夢得	一	五〇 子一八	三三八九

二十四畫

讕言長語	二	明曹安	一	八三	子一九	三四一〇
靈城精義	二	南唐何溥	一	七九	子一三	三一一四
靈棋經	二	漢東方朔	二	一〇四	子一三	三一一五
靈臺祕苑	一五	北周庾季才原撰 宋人重修	四	三〇八	子一三	三一〇六
靈樞經	一二		四	二一八	子五	二七六〇
靈巖集	八	宋唐士耻	四	一八九	集一三	四七三三
蠹齋鉛刀編	三二	宋周孚	五	二四一	集一〇	四五八八
鹽鐵論	一二	漢桓寬	六	三六五	子一	二五四九
孏窟詞	二	宋侯寘	合	二八	集四二	六〇九六

二十五畫

蠻書	一〇	唐樊綽	二	八〇	史一七	一七四二
觀妙齋金石文考略						見金石文考略
觀物篇解	五 附一	宋祝泌	五	四六五	子一三	三〇九七
觀林詩話	一	宋吳聿	一	三一	集四二	六〇五三

四庫全書索引 終

文瀾閣四庫全書戰時播遷紀略

毛春翔

浙江省立圖書館孤山分館所藏文瀾閣四庫全書，民國二十六年避寇遷徙，地經五省，時歷八載，余始終其事，爰紀其略，存閣書一段掌故云爾。

初遷富陽：二十六年七月七日，倭寇在盧溝橋發動侵略戰爭，未幾，滬杭綫，時有敵機肆擾，館長陳叔諒先生恐閣書被炸，即命總務組趕製木箱，準備遷移。七月末，情勢日益惡劣，乃決定遷運日期及地點。日期，定於八月四日。地點，決定富陽魚山石馬村趙宅，乃本館編纂夏君定域向趙君坤良商得同意。八月一日，全館職員屬集孤山分館，點書裝箱，至三日深夜裝竣。計閣書一百四十箱善本書八十八箱，共二百廿八箱。四日晨閣書離館，運往江干裝一大船，余奉命隨書出發，負保管之責。五日午刻，抵達魚山。自江邊至石馬村，計程十五華里，僱工挑運，二人共肩一箱，半日竣事，趙君坤良昆仲，富有資產，待人和善，號召力强，一聲令出，數百挑夫立至，故搬運書箱，毫不費力。

趙君坤良合家居住新建大廈，其舊宅棄置未用，閣書即庋藏其中，余偕工友一人居樓下，樓下正房一間，原作廚房，供宅前店夥用，自書遷入，趙君即令拆灶，余與工友飲食，由新廈供應。其照應周到如此。至待余之厚，更非楮墨所能罄。

旋遷建德：十月杪，敵機轟炸杭垣日益烈，魚山可聞爆炸聲，留杭總館工作人員，悉往蘭谿。富陽鄰杭，魚山安全頓成問題，乃再議遷建德。由總務主任史君美誠出面向趙君坤良及夏君定域懇商借得運費二百數十元，僱工搬運書箱至江邊，裝船上駛。二百餘箱書，一夜搬運竣事。夏君定域趙君傅泉送余至富陽縣城。翌日，夏君還里山，趙君繼續伴余行。越桐廬，至俞趙，船重水急，水手二人，無法上駛，余乃隻身搭乘軍車去建德謁館長叔諒先生，商得浙大同意，由浙大派大卡車一輛，開往俞趙，將書分批運至建德北鄉松陽塢暫存。余因妻孥在江山原籍，乏人照應，乃請假回籍。趙君傅泉回魚山。存建德之書，由虞君佩嵐、汪君聞興保管。

三遷龍泉：杭城淪陷，建德震動，館派史君美誠王君文萊至建德，僱民船運書至金華，再覓車轉運龍泉，暫存縣城中心學校，由虞君佩嵐獨任保管之責，汪君聞興留建德保管西文書。

部令閣書遷往貴陽：閣書及善本書運抵龍泉，時當廿七年一月底。至三月初，教育部派浙大教授李絜非來浙，商運閣書去貴陽保存。意謂西南僻遠，戰事不至波及，遷書斯土，可高枕無憂，浙人士亦以爲然。浙教廳長初持異議，後亦同意，閣書遷黔之議決，善本仍留龍泉。由龍泉經閩省浦城至江山通公路，由江山入贛至湘省長沙通火車，由長沙經湘北湘西入黔直達貴陽通公路，閣書入黔，取道此線。在龍泉起運之前，余奉史君美誠函召去江山縣城協助運輸。自浦城至江山峽口，險路甚多，運輸車，中有一輛，在離江山峽口不遠處，傾覆，十一箱翻落池中，虞君佩嵐急往附近村莊招僱粗工，入池起箱，另僱他車星夜運送江山縣城。翌晨，幸有太陽，借寶在城隍廟大天井中曝晒，書浸水中久，晒兩日，水漬如故。絜非先生以運輸時間迫促，不容久延，即命裝箱，謂運抵長沙，再從容翻晒，余與佩嵐未有異議。後書安抵貴陽，藏於西門外約一里之遙張家祠堂，夏君定域奉命前往保管，重加曝晒始乾。三千餘册書，每册每頁須細心揭開，夏君竭數月之力，始完成此艱鉅工作。

由張家祠遷往地母洞：貴陽僻處萬山之中，人咸以爲安全地帶，不意敵機亦能光臨。二十八年二月四日，敵機十八架襲擊貴陽，自城南開始投彈，至城中心，彈盡，逸去，燬建築物無數，死人數千，張家祠堂在西郊，幸免於難，然地當衝要，離城太近，敵機難免再來，閣書安全，終屬可慮。由貴州省立圖書館一勤工建議，覓定貴陽北郊距城八里之地母洞，作為閣書安置之所。洞在高山之巔，高約四五丈，深約七八丈，實為天造地設書庫，雖附近無居民，荒涼異常，但敵機轟炸，可保無虞。於是呈廳轉部，奉准建屋三楹，遷書其中。招僱工友二名，請警局派警二名駐守洞口？洞口有平地數方丈，另建屋供工警居住，夏君時住山中指揮工警，時住張家祠，便利接洽關於保管事務。

曬書：山洞潮濕，每年秋季必須曬書一次，每日五六箱，貴州多雨，晴天少，每季曬書，輒歷時數月。曬書開始前，函請浙大派教授一人蒞臨指導，成為定例。曬書竣事，購多量石灰，撒播洞中吸收潮氣。曬書時，啓箱裝箱，翻書點書捆書，工作至為辛苦，上峯頗知體卹，每季晒書，皆有伙食津貼，數目多寡，臨時核定。

保管員更動：夏君定域於廿九年秋，應浙大聘，任國文系教授，柳君逸厂繼任保管。柳君頗知改進保管方法。當曬書竣事，除撒播石灰外，每箱更置樟腦丸十數顆，防蠹；寫一裝箱單，便利檢點；寬待工友，以安其心；凡此皆足稱道。保管費之請領發放報銷，向歸貴州省立圖書館經管，保管員每月向該館支領薪餉，往往遭遇困難。柳君接事後，乃毅然決然將經費收支事務收回自辦，便利不少。三十年秋，柳君因病堅請辭職，時余適在湘西黔陽任事，叔諒先生自渝函召回館接管閣書，並寄旅費三百元，柳君又匯旅費二百元，催余就道，余乃應命去筑，代柳君負保管責。三十一年一月，教部特派邵鶴亭先生赴黔西調處交大風潮，順便視察地母洞藏庫，垂詢防潮工作在技術上應如何改進，余乃建議將書庫三面間以板壁，在箱底溝中多置白炭，潮氣可以稍殺。邵先生一一採納，報部撥款，將余之建議付諸實施。嗣余又鑒每年僅秋季晒書一次，仍不濟事，自三十二年始，春季加晒一次。事出自動，不敢更向部請領津貼，勉從辦公費項下提欵補助工警伙食。黔人質樸，得此少許津貼，亦知感奮，汗流浹背，毫無怨言。

委座關懷閣書：三十二年春，將委員長電諭貴州省主席吳鼎昌以「

地母洞潮濕，藏書恐霉爛，應另覓安全處所遷藏」。吳主席轉令教廳從速辦理，廳長歐元懷電話要余陪往地母洞察看，經啓數箱檢查，未見霉壞之書，歐廳長認為滿意，主不遷移。因面諭擬稿，詳敘藏書實況，交省府電覆委座，請准免遷。

許廳長視察藏書：三十二年九月，浙教廳長許紹棣自渝回浙過筑，往地母洞視察藏書，隨取與地面最接近者數箱啓視，情況皆好，許廳長深表滿意。回浙後，匯發獎金三千元，獎勵員工。

添造職員宿舍：三十二年七月，部督學吳學增視察地母洞，回部報告，以為山上工警四人，力量單薄，又不住洞中，不帶槍械，保管員不常住山上，而居於貴陽城中，張家祠堂，保管殊欠周密云云。不知工警加人，薪餉增加，呈准不易。荒僻山野，留為匪藪，工警携槍，不但無益，反而有害。洞中即使有屋可住，而火燭堪虞，亦非工警所宜居。張家祠在城郊並非城內，山上留有保管員住屋，夏君任職時，即已倒塌，迄未修建，保管員即欲山居，亦不能露宿，吳君所云，全無根據。顧余因是亦頗不自安，乃向部建議築宿舍二間於距洞口數十步處，為保管員住宿之所，未幾，奉准撥款修建泥牆茅棚二間於山顛，修築方成，而黔南告急，不及移居，書已再徙入川矣。

閣書入川：三十三年十一月，敵騎長驅入黔，黔匪響應，筑市人心惶惶不可終日，余疊快函渝方請示，旋得叔諒先生覆書，言正與教部洽商將書遷渝。至十二月四日夜奉張部長道藩通知，言後勤部俞部長已抵筑已令戰區司令部派堅固卡車六輛，儘速運書入川，余得訊喜極，即向公路局探詢消息，得悉卡車六輛，六日晨準赴張家祠報到。竭六七二日之力，僱工數十人，搬運書箱下山，裝車竣，八日晨起程，部派督學楊予秀、陳國禮二人協同運輸。自十二日至二十三日，書車陸續到達重慶青木關。書藏教部部長公館隔壁瓦房中。計屋四大間，東向，在山麓，地勢高燥，藏書適宜。且部長公館置有警衛四人，備有武器，書庫安全，又多得一重保障。

文瀾閣四庫全書保管委員會成立：教育部為愼重保管閣書起見，特設置保管委員會，聘徐青甫、張宗祥、余紹宋、竺可楨、賀師俊、顧樹森、蔣復璁、陳訓慈八人爲委員，並推定顧樹森、蔣復璁、陳訓慈三人爲常務委員。訂立委員會組織大綱，設置祕書一人，管理員一人，住會，負實際保管之責。余奉派爲祕書，原任職戰指會吳君兼任管理員，時在三十四年二月。

添製書箱：閣書自杭出發時，每箱裝書太多，兼逢倆書，裝箱輒感困難，書腦破損甚多，夾板亦多有損裂者。至是，呈准添製杉木箱十六只，每箱勻出一二十冊，由是，書腦夾板得免毀損。

閣書回浙：三十四年八月，倭寇投降，戰事結束，閣書即議遷回浙。十月十三日奉部令造具庫書遷浙運費預算報核。時因運輸困難，運費無標準，預算編造大不易，擱置未辦。至三十五年二月八日，保管會開會，據部長交下傅孟博先生所擬預算書及運輸應行注意事項，詳加研討，當經議決：閣書回浙以空運爲原則，倘空運不可能，改用車運，水運絕對避免，餘應悉照傅先生所擬辦理，報部候命。延至四月二十五日，始奉准決用車運，即向公路總局租用卡車六輛，取道川南入黔經湘贛入浙。派押運員六人，派警士十人巡官一人護送。保管會奉令後，積極進行，租定車輛，編定概算，計車租共三千一百卅九萬二千五百十八元，押運人員及警士旅費，並搬運辦公獎金等項費用三百廿萬元合共三千四百五十九萬三千五百十八元。押運員六人除余外，餘爲社教司科長徐伯璞科員吳展予祕書組主任黃閣、汪祖惠，浙大教授前保管員夏定域。徐伯璞爲領隊，吳展予爲庶務，余爲出納。

五月十五日由重慶出發，至七月五日抵達杭州，歷時五十餘日，途中麻煩之事，困苦之狀，非數紙所能盡。在衡陽遇匪，警士開槍百餘發匪始逸，在邵陽候渡二日夜；在安仁遇一小河，卸書渡河費時一日；在江西永新，余車左輪陷入水坑，幾傾覆；在銀坑宿露天茶棚；在上饒遇罕有大水，公路橋樑冲毀，停留十餘日；在蘭溪過渡，卸書，烈日熏灼一日，皮膚若焦炭：凡此皆爲令人永遠難忘之遭遇。

閣書現狀：閣書運回杭州西湖孤山舊藏書樓以後，教部即撥善後經費一千萬元，作爲修繕之用。現藏書樓朽壞大樑兩根，已加抽換，修理竣工。書廚大銅鎖一百一十只，配裝完成，式樣與戰前所用者無殊。惟重裝五千冊封面，因工程較爲複雜，完工尚須數日。一俟封面配齊，即可定期開放閱覽。

清咸豐庚申之變，閣書散而復存，閣燬而復建，全賴錢塘先賢丁松生先生倡導之力。此次倭寇入侵，燒殺焚掠，慘酷於洪楊，閣書顛沛流離，奔徙數千里，其艱危亦遠甚於往昔，八載深錮邊壥，卒復完璧歸杭，是誰之力與？曰陳叔諒先生之力居多。凡人事安排，經費請領，防潮設備之改善，員工生活之維持，以及其他有關於閣書之安全者，皆賴先生主持維護於其間，前丁後陳，並垂不朽。而教部主遷書於西南，由浙而黔，由黔而川，更由川而回浙，先後所費數千萬元，保管所需，有求必應；浙大派車救書之危難於俞趙，派人督運於龍泉，指導曝晒於黔中；陳部長立公，朱部長騮公，竺校長舫公，愛護鄉邦文物，比之浙撫譚公鍾麟猶或過之。教部徐黃汪吳諸先生舍棄飛航還都之便利，甘願率眷護書，蹋蹐車中，在途五十餘日，雞鳴而起，披星投宿，茹苦含辛，無怨言，其功亦不小也，凡我浙人皆當同聲稱謝。

久荒鉛研，所記辭不雅馴，讀者諒之。倘有遺漏，或記憶錯誤，深望虞柳夏諸先生糾補。

民國期刊資料分類彙編

四庫全書研究

下

孫彥 王姿怡 李曉明 選編

國家圖書館出版社

總目提要

專著二

四庫提要校訂

孫德謙

目錄之學。官私兩家外。余向謂別有史家。其體最尊。嘗撰漢書藝文志舉例。發明其義。蓋史家目錄。考鏡源流。辯章失得。非通古今學術。不足與語於斯。私家之中。宋刻元刊。講求板本者。固卑之無甚高論。四庫提要者。官家目錄之書也。其論析是非。折衷去取。昌黎所謂鈎元提要。誠無愧乎是言。惟於分別部居。尙有未盡確當者。如名墨家學。以後世無傳。槪入雜家。未免失之淆亂。余往歲捜采浙人著述。見其載於四庫者。編次均有違誤。爰一一爲之校訂。此外亦間及也。今錄成一篇。願以質之當世知言君子。或者有可取云。

四庫經部四書類。凡宋蔡節論語集說。桑調元論語說。黃宗羲孟子師說。皆列入於其中。論語孟子則不復分類。非也。論孟者爲　欽定十三經之兩種。故釋二經者。應各自爲類。不得以四書該之。卽蔡氏桑氏。皆闡發朱子集註。然不可以其爲宋學家言。遂附之四書。此猶王弼注易。專言義理。未嘗不與漢學諸書。同列易類。況論孟之爲經。又爲　欽定者乎。

四庫樂類。不與禮類相廁。列在四書之後。此未得其當。何則。樂書既立爲一類。仍當比次禮後爲是。樂雖無經。而禮樂二者。實相須爲用。豈可以此類入經。乃退居四書下耶。

四庫史部以明范理讀史備忘入別史類。未是。此係分類摘鈔之書。宜改列史抄類。或仍歸入雜史中。考別史之名。雖創自陳振孫書錄解題。四庫亦有依據。然史志中無此目。故凡明王洙宋史質。王復禮季漢五志。郭倫晉記。亦宜次之雜史。隋書經籍志於雜史序云。又自後漢以來。學者多抄撮舊史。自爲一書。或起自人皇。或斷之近史。亦各其志。則范理諸家書。均編雜史可矣。不必重立別史名目也。

四庫之有別史類。既不必分立門目。此類中如明鄭汝璧明帝后紀略。其書所載。爲明代帝后卽位冊立年月。及生辰壽數謚號山陵之類。以隋志長沙檀太妃薨弔書推之。是應改入儀注類。

四庫雜史類載宋倪思重明節館伴語錄一種。今考此書爲金主使臣賀宋重明節。一時問答之詞。及饋送之禮。則是賓禮類也。亦宜改列儀注中。

漢志不立史部。目錄家編史部書。當一本隋志。庶無紕繆。乃自來諸家目錄。於傳記與雜史兩類。往往分次不甚明晰。考隋志於雜史云。大抵皆帝王之事。於雜傳云。股肱輔弼之臣。扶義俶儻之士。皆有紀錄。可知書爲羣臣列士而作。不關國君之事。宜入傳記。不可混列雜史者也。四庫以平濠記。平夷功次錄。守麋記略。以及平寇本末。封長白山記。皆載之雜史中。是不知雜史傳記義例固自有別。蓋平濠記諸書。乃記王守仁功業。而非帝王之事。應入傳記爲當。至封長白山記。雖述　聖祖遣官至山事。然於國政無涉。且并記所睹諸靈瑞。是實方象瑛述征之作。亦猶許善心符瑞記等書也。許氏書。隋志次之雜傳。則此亦歸之傳記可矣.四庫入雜史.特未達隋志所以設立雜史之義.與雜傳不同.漫無區別.則不然也.

四庫史部有詔令奏議類.今據隋志.凡魏朝雜詔山公啓事諸書.幷入集部總集類.則此類自可删去.

四庫傳記中有宋魯訔杜工部詩年譜.此書爲杜詩而作.當與注杜詩者類.厠入集部文史類.即以其書名曰年譜.亦當編次譜系中.入之傳記.非是.至明劉濬孔顏孟三氏志.首考三氏世系.徐沁謝皐羽年譜.則載皐羽遺事.皆爲譜系之書.其陸氏世史鈔一種.乃陸氏族譜之類.亦宜改列譜系.四庫均入傳記.失之.

明王應昌宗譜纂要.與黃宗羲明儒學案.萬斯同儒林宗派.此三書.四庫均列傳記.不知此皆爲儒家學派而作.非僅記一人行事已也.宜改歸子部儒家.爲得其正.

四庫以宋盧襄西征記入傳記.未合.宜改編地理類.余宋塞垣別記同.

四庫傳記中有劉豫事迹一種.此等書.本宜次之霸史.或僞史類.今既無此目.隋志呂布本事一卷.入雜史中.可援其例.亦編之雜史類.

四庫有載記類.史志無之.其毛光舒南唐拾遺記.則宜改入雜史.考隋志雜史類.載宋拾遺記十卷.以此爲例.是毛氏書應列雜史矣.蓋南唐爲後五代.劉宋則前五代也.况其書俱名曰拾遺記乎.

隋志史部有舊事類.其序曰.不足經遠者爲法令.施行制度者爲令品式章程者爲故事.各還其官府.可見故事一門.皆官府守藏之籍也.四庫地理中.明張國維吳中水利書.黃承元河漕通考.吳時來江防考.

及陳士鑛明江南治水記．沈愷東南水利．沈光曾安瀾文獻姜宸英江防總論海防總論翟均廉海塘錄．若此類書均爲典章所繫．不僅專記輿地者也．應出之地理．改歸故事爲得．

四庫職官中登宋胡太初晝簾緒論一書．其說云論次縣令居官之道．是非就職守言也．考職官表始於漢書．蓋列衆職之事．記在位之次而已．至隋志職官一類．所載各書．爲漢以後儀式品格．所以居官之道．則不詳也．今四庫入職官似不類．且其書首盡已終遠嫌．凡分十五類．有誥誡之意．隋志儒家載百官新誥．應從其例．改入子部儒家．

四庫不立故事門．據錢溥祕閣書目別立政書一類．雖漢武故事．濫及稗官．文貞故事．橫牽家傳．如其所言．糾正隋唐者．亦極精審．然概名政書．一切職官儀注．均得入之．爲例不免太寬．不如仍從史志立故事爲有本．

四庫政書中有萬斯同廟制考．以舊唐書經籍志晉七廟議證之．當入儀注類．且此書論廟制沿革．以經爲主．隋志經部禮類．列周室王城明堂宗廟圖．則亦經部書也．宜改入經禮類中．不得雜廁政書矣．

元陳椿熬波圖．明馮夢禎歷代貢舉志．王宗沐海運詳考．海運志．查志隆山東鹽法志．何繼高長蘆鹽法志．張陛救荒事宜．龔輝西槎彙草．與陳芳生捕蝗考．俞森荒政叢書．奇毛齡制科雜錄．胡文學淮鹺本論．曹溶明漕運志．邱峻泉刀匯纂．譚吉璁歷代武舉考．吳允嘉浮梁陶政志．都十六種．四庫並入政書．實則此等著述．皆典章制度之書．依隋志可改列故事．

四庫以陳懋仁年號韻編入政書。非是。蓋即舊唐志雜史類通曆雜曆之屬。宜歸雜史。

唐志姚察傳國璽入儀注中。四庫以明沈德符秦璽始末次在政書。非也。宜用唐志列儀注。

四庫子部以政刑類要續刑法敘略入法家。未嘗不是。但此應列史部刑法類。四庫於唐律疏義諸書。編入政書。而刑法則無專目。因取此類書次之法家。不知非也。刑法之在史。法家之在子。其所以分析者。蓋一考制度。一明義理。豈可混然無別乎。

四庫子部藝術類。載胡文煥文會堂琴譜。曹廷棟琴學內篇。亦屬有見。然漢志樂家有雅琴龍氏三種。隋志亦以戴氏琴譜入經部樂類。則胡曹兩家。今列藝術。未得其當也。

宋劉仲甫棋訣。明程道生射義新書。四庫入子部藝術。以此爲雜技之書。似也。考漢志兵家技巧有逢門射法諸書。隋志亦以梁武帝棋法等書入兵家。則劉程二書。亦歸兵家爲宜。蓋棋射本兵家之術。不可不明其源流也。

四庫不立農家。於是以百菊集譜諸書。別標譜錄類。此後世諸子家學所以無人辨析也。今宜以百菊集譜數種。載之農家。其明顧孟容冠譜。似不得列農家中。不知漢志農家引洪範八政。二曰貨。則凡爲貨物。皆得入之。至孫之騄晴川蟹錄。陳邦彥烏衣香牒。春駒小譜。以唐志農家浮邱公相鶴經例之。入農家亦未失也。

姚之駰元明事類抄。當入史部史抄類。四庫載雜家。非。

四庫雜家錄明朱得之宵練匣.此書提倡心學.雖爲陸王一派.然不得謂非儒家也.宜改列儒家.明詹在泮微言一卷.四庫入雜家.亦非.此書皆採明儒講學語錄.亦宜歸之儒家.至勞大與萬世太平書.其命名卽取宋儒爲萬世開太平語.以爲標題.豈可廁之雜家.又儒家之道.以明倫爲主.五倫懿範一書.固儒家言也.四庫列在雜家.亦未犂然有當.後世目錄家.於子部儒雜兩家.往往去取任臆.四庫亦蹈此失.何也.

孫之騄枝語.取花木蔬果之類.釋其名義.實農家學也.四庫入雜家.蓋其於雜家之道.以爲駁雜不純.故可一切歸之.而豈知古之雜家.非漫然無宗旨者也.明愼懋官華夷花木鳥獸珍玩考.亦宜歸入農家.

明項元忭蕉窗九錄.雖出僞託.然其書所錄者.爲紙墨筆硯書帖琴香.當入藝術.今四庫乃次雜家.雜家之學.與道相同.豈若是乎.

漢志論雜家云.兼儒墨合名法.是言其無所不包也.然儒墨諸家.自爲專門之學.仍各有其類.後之目錄家.毋謂有此雜家.而一切皆可雜投也.四庫於明屠隆遊具雅編.又復載之雜家.不知此當入小說家.於雜家則不合也.

宋高似孫文苑英華鈔.四庫亦列雜家.按文苑英華乃集部總集類也.高氏雖爲節鈔之書.當附總集後.

漢志靑史子.虞初周說.皆入小說家.宋俞文豹古今藝術談概.雜采故實.亦靑史流也.則應列小說.四庫載雜家.殆不然矣.至元林坤誠齋雜記.况多采各家小說.亦豈得次之雜家.

四庫雜家閔忠人道譜．此仿劉宗周人譜而作．宜入儒家．

四庫以明祝彥祝氏事偶入類書類．未是．此書分類仿世說新語．則亦當列小說．

明胡文煥詩學彙選．當入集部總集類．四庫入類書．未然也．

李繩遠姓氏譜．王廷燦同姓名錄．明明係史部譜系之書．四庫入類書．此豈可以類書視之．類書包舉衆事．分類纂輯．今單考姓氏．非類書體也．宜改列譜系．

四庫類書中汪文柏杜韓集韻．原爲杜韓兩家而作．應入集部文史類．或附杜韓二公集後．要之非類書也．

四庫小說類．陳忱讀史隨筆．應次史部史評類．

Meredithiana: being a supplement to the Bibliography of Meredith. Edinburgh, at the Dunedin Press. 1925. 315p. 21s.

右記第一書爲劍橋大學 Keynes 博士所輯，搜集十七世紀文學家 Thomas Browne 著述及他人評論之文而編次之；凡歷十六年，始克告成。第二第三兩書，均爲 M.B. Forman 所輯，爲英倫目錄學會叢刊之一，與該會刊印之 Coleridge 及 Landor 著述書目，同屬一集，體例均極謹嚴。我國文學家著述書目，向乏專書，間有一二，亦不免有掛一漏萬之譏，故特介紹於此，俾資借鏡。

Georg Schneider, Handbuch der Bibliographie, Leipzig, Hiersemann, 1923, 544p 11 marks

Schneider 君爲德普魯士國家圖書館館員，近有目錄學概論之作，頗風行一世。是書分兩編，(一)理論編，Theoretischen Teil。理論編分五章，詳述目錄學之性質，目錄之格式，以及編纂目錄之原則。索引編著錄各種書目，而爲解題，網羅宏富，不啻爲書目舉要。應與法國現代史學家 Ch. Langlois 之 Manuel de Bibliographie historique 互相參考。Geschichtlichen Teil(二)索引編，Verzeichnenden Teil。

圖書學概論大正十三年十月東京富山房刊本，價日金四元五十錢。田中敬著。田中氏爲東北帝國大學司書官在日本圖書館界，素負重名。是書體裁頗與德人 Gardthausen 之 Handbuch der Wissenschaftlichen Bibliothekskunde 相似。惟關于東方印書史材料，較爲豐富，引證諸書，亦極賅備；雖間有誤，要不傷大體也。

Wolfgang Mejer, Bibliographie des Buchbindereiliteratur. Leipzig, Hiersemann, 1925 208p. 20 marks.

關於書籍裝訂之著述，散見於各書，一八九二年英人 S. T. Prideaux 始有是項書目之輯，書名爲 Bibliography of Bookbinding. London, James Bain 1892. 23p. 但所採錄者，以英法著述爲多；而於德人之著述，反闕焉。是書爲德人 mejer 氏近著，將三十年來關於是項著述，彙爲一編，旁搜博採，足補 Prideaux 之遺，治目錄學者，當有取於是編。

Lauritz Nielsen, Boghistoriske Studier til Dansk Bibliografi, 1550-1600. Copenhagen, 1923. 164p. 11 plates

丹麥圖書業，在十六世紀之末葉，最爲發達；雖印書術受德國之影響者甚鉅，然書業已不復操於德人。Lorenz Benedicht 及 Mads Vingaard 二氏皆十六世紀後半葉丹麥之印書家，所刻之書，凡逾五百餘種。是書搜集當時（一五五〇至一六〇〇）丹麥出品，編成目錄，共九百餘種，俾後人有所考鏡。

孤本四庫全書薈要之發見

陳仲益

四庫全書之外，尚有四庫全書薈要，世人每多忽略。四庫全書有七部，薈要祇有兩部。四庫全書七部，分貯七閣，故得見者尚多；薈要二部，一貯御花園摛藻堂，一貯長春園含經堂內昧腴書室。長春園在圓明園東，英法聯軍之役，(咸豐十年)薈要一部與文源閣之四庫全書同時被燬。惟摛藻堂在紫禁城內，庚子之役，紫禁城爲日美軍所占，未加蹂躪，故此摛藻堂之四庫全書薈要一萬二千餘冊，尚得與文淵閣之四庫全書三萬六千餘冊並存。然以地在宮禁，除掌管該處之極少宮監外，無論何人，足迹絕不能到此，故此書之是否存在，世莫能知。自清室善後委員會接收清宮，始知此書尚塵封於御花園之東北角中，安然無恙；實與掘地發見古物之情形無甚異也！今將編纂此書之始末，略爲介紹如左：

乾隆三十八年詔編四庫全書，同時編纂四庫全書薈要，當因時高宗年已六十有三，恐不獲躬覩全書之成，乃命擇其尤精者先爲薈要，期速蕆事，以王際華特管其事，乾隆御製詩四集卷八十七四庫全書第一部告成注有曰：

癸巳歲，始思及依經史子集爲四庫全書，並命輯永樂大典中散篇成帙，然朕臨御已三十餘年，亦望七之歲矣，斯事體大，而物博，時略嫌遲，故甲午聯句詩有『逢會累嫌遲歲月』之句。今壬寅甫及十年，薈要兩部及全書第一部均已蕆事，裝貯貯閣，遹觀厥成，實堪嘉慰！

第一部四庫全書三萬六千冊，薈要兩部共二萬四千冊，以十年寫定，不能不歎其敏捷！故同前詩註又有云：

明永樂大典一萬一千九十五冊，凡五年書成；今四庫全書每部三萬六千冊，又薈要每部一萬二千冊，癸巳年（乾隆三十八年）起。至今壬寅（乾隆四十七年）將及十年，薈要兩部及全書第一部，均已蕆事，較之永樂大典，數多五倍。

薈要兩部，成書在四庫全書之前，全書第一部以乾隆四十七年告成，薈要第一部以乾隆四十四年告成，第二部以乾隆四十五年告成。紀進呈四庫全書表云：別採英華，先爲縮本，八年敬繕，兩部分儲，即指此也。乾隆詩四集卷六十五有題四庫全書薈要二律，曰，摛藻先陳冀是速，味腴繼貯亦非遲。注云：

薈要萃全書之精，每部凡萬二千冊，一貯摛藻堂，于巳亥年告成：一貯味腴書室，于庚子年告成。

又卷七十八味腴書室八韻注云；

薈要二部貯大內者，每冊每頁用摛藻堂印，貯御園者，用味腴書室印。

今味腴書室印之書不可見，而摛藻堂印之書已由清室善後委員會發見，亦文獻中一佳話也！

摛藻堂在宮內最深入之御花園內東北隅，若由神武門順貞門進，則一入卽御花園，日下舊聞考卷十四云：

坤甯宮後爲御花園，御花園內有摛藻堂，摛藻堂向爲藏弆秘籍之所，以經史子集四部分置。乾隆三十八年命彙集四庫全書，復命擇其尤精者，錄爲薈要，于堂內東西增置書架庋弆，仍依四庫之序。

同卷又有乾隆四十三年題摛藻堂詩，注云；

命詞臣校勘永樂大典，並蒐輯遺書分別應刊，應鈔，應存目三種，彙爲四庫全書。復於應鈔之中，擇其尤精者，錄爲薈要，列架弆摛藻堂內，以備臨憩閱覽。此堂原爲御花園貯書之所，己巳秋（乾隆十四年）卽命以經史子集四部分置，並有詩，蓋已爲之兆云。

至其書內容如何，據乾隆詩四集卷六十五，有四庫全書薈要聯句，記載最詳，可供參考。稽璜詩注云；

所載者於全書中書其尤醲者，經部一百七十三種，史部七十種，子部八十二種，集部一百三十九種，所取貴精，視全書不及十之三。每書前皆有提要，以括書中大旨，有凡例，總目，列爲首函。

其書體裁蓋與四庫全書無異，經部書面爲黃色，史紅色，子淺黃色，集灰色，均藏以木函。清宮史續編卷八十二有四庫全書薈要目錄，其序錄有云：

薈要集全書之精，自乾隆癸巳編錄，閱七載告成。命於摛藻堂排貯，經部列架六，史部列架十，陳於左，子部列架六，集部列架十，陳於右。凡萬一千二百六十六冊，四百六十四部，總目一函。經部三百八十四函，史部六百四十函，子部三百八十四函，集部五百九十二函，總二千函云。

此序錄並見存悔齋集卷七，蓋劉鳳誥手筆也。近人刻松鄰叢書，有薈要目錄，但其間頗有誤字，如西域同文志，誤爲西城同文志之類是也。今四庫全書，京中尚有三部，浙江近亦補鈔完成一部，惟薈要則世界祇有此摛藻堂一部耳，孤本誠足貴也！

（錄平中半月刊第一期）

本會圖書館通告

茲承：

松坡圖書館贈
松坡圖書館格式圖表　一份，
松坡圖書館十三年報告　一冊；

太倉縣圖書館贈
太倉縣圖書館書目　二冊；

天津南開學校圖書館贈
南開學校圖書館格式圖表　一份；

上海世界佛教居士林贈
佛學書籍　二十五種；

馬寅初先生贈
馬寅初講演集第一二集　二冊；

徐寶璜先生贈
新聞學　一冊，
貨幣論　一冊；

王岫廬先生贈
百科小叢書六輯　七十二種；
國學小叢書　十種；

黃文弼先生贈
二程子哲學方法論　三冊；

中華書局陸伯鴻總經理贈
教育文存　一冊，
學生叢書　十一種，
常識叢書　九種，
科學小叢書　六種，
國民外交叢書　四種，
西文打字機　一架，

袁同禮先生贈
南洋大學圖書館目錄（外國文部）　一冊，
內學（第一期）　一冊；

葉玉甫先生贈
交通部法規等六十七種共一百二十冊，
英文書　十種；

張宗載甯達蘊兩居士贈
佛學書報　六種；

上海博古齋書莊贈
金剛經大悲經　一冊，
曹氏吉金圖　二冊、

史，則非紀載；如以爲子，則又與紀載實蹟之書垂隔，如四庫兵家之於軍政，法家之於法令，亦非所以辨章學術之道。則子史之區分，似於類例之一貫，亦有障礙矣。子部十九類，其次第悉本七略之諸子兵書數術方技四略，益以晚出之宗教科學與類書。於推尋學術源流，尤爲三致意。破歷來著錄之傳統，洵足多焉。但升雜家於儒家之次，謂其氣類相近，第二十八頁似已悖。班氏合儒墨兼名法之言，且既識四庫不明雜家之性質，乃又謂其分雜學雜攷雜說雜品、等爲有條理。同上僅出雜纂雜編列入類書，仍存雜攷等於雜家之下。不知雜錄考訂品題藝術之書，何有於立說。然則齊固失之，楚亦未爲得也。列入宗教科學二類，允推卓識。然術數爲原始之宗教與科學；方技乃原始科學之應用。況諸子在昔，自爲一略，與兵書術數等，本有不同。以之統攝一切，張氏似已覺其不當。徒以無所附麗，乃因循舊事。則何如推尋其論理的次序，於諸子之後，列宗教術數科學方技等類之爲愈耶？至於類書與近今之小說不可以當子之名目，則論之者衆，不復贅辭。私意，小說可入集部。類書叢書雜攷等皆當於四部之外，別立一部以統之。至於集部，則來自劉氏之詩賦略阮氏之文集錄。然四庫所收已有不盡屬文章者。貲園之書目未印，不知此部所收之書爲何。但觀其類目與四庫大同。知楚辭爲合集而不敢遽歸入其類。殆亦不免積重難返者歟。

由此觀之，張氏之類目較四庫雖有進益，而參差之處亦所不免。推原其故，皆因沿襲四部制度而起。四部制度本不適於學理上圖書分類之用。張氏存其大體，而欲於枝節中救正之，是大本已虧矣，安能免於支絀？誠能毅然本學術分類之精神，參以書籍特性之需要，則必廢除四部。于是出政書於史，合以論政之書及兵書爲一部，諸子術數方技藝術宗教科學各爲一部，類書叢書亦爲一部，合原有之經史文集爲十一部，豈不怡然理順？然十三經亦叢書也，於類可與叢書類書合。術數爲宗教之權輿，可附其後。然則實祇九部耳。以較七略才多二部。張氏曰：「後世卮言日出，非六略所能容，變爲四部，誠非得已。」夫後世書籍種類既非六略所能容，自當擴充，豈反有削減以就四部之理？毋亦以四部之制，傳世已久，習俗移人，賢者不免歟？故曰張氏之長在明學術之系統，而其弊也在泥四部之制。

四庫全書總目索引評

劉純

四庫全書總目附未收書目及索引　民國十五年上海大東書局石印

四庫全書總目爲我國目錄學上之巨製，其價值固已早有定評。惟是目既有二百卷之多，又有著錄與存目之別，讀者欲求何書，苟不明其部類，即不免望洋之歎。邇者上海大東書局影印四庫總目，附有上虞陳乃乾氏編製之人名索引，而中華圖書館印行四庫提要，亦附有書名索引，名曰簡明檢查表，嗣後檢查當可較爲便利矣。然亦有不盡然者。

考編製索引，不僅宜簡易明瞭，且須有一定之準則，俾閱者依次求之，無不一索即得，以免前後翻閱耗費時間。如陳乃乾氏編製四庫人名索引，對於檢查四庫書名即失效用。按其纂例第一條云「本擬用書名第一字排比，然書名無一定標準，如李長吉歌詩或題昌谷集，頗感困難，因改用著作人姓名排比，且可借此考見某人有著作若干種。」書名無一定標準，確係編製索引之困難，然亦非絕對不可解決者。即以李長吉歌詩或題昌谷集而論，編者雙方均可收入，按照李字昌字之次序分別排比。再於李長吉歌詩下附註或題昌谷集，又於昌谷集下附註即李長吉歌詩。似此彼此互見，閱者雙方俱可檢查，不致有一隅之失。攷四庫提要本作箋註評點李長吉歌詩，最好於箋字內亦排入之，或於李長吉歌詩書名下加箋註評點四小字，以括弧括之，使閱者知原書本有箋註評點四字。蓋普通閱者只知李長吉歌詩，大都皆向李字內檢查，決不致檢查箋字也。類似此項者，如書名上冠有如「欽定」「增廣」等字者，均可移於本書名下，用括弧註一小字。如後漢書與續後漢書，假使再有增補後漢書，均可排比一處，不致前後參差。又如「欽定續文獻通考」「欽定四庫全書」等，假令閱者僅知文獻通考與四庫全書之名，檢查索引時，亦不必在續字或欽字內翻閱。且欽定御纂等字在四庫書內雖不過多，若在大規模之圖書館編製索引時，尤宜刪去，移在書名下方，用括弧註二小字，以免凡有欽定御纂等字之書，連篇累牘，使檢查者費時眩目，感受不便。此甚宜注意者也。

陳氏所編索引，係按人名第一字之筆畫多寡，分別排比。同畫之字，則按康熙字典部首次序分別先後。欲知某人在四庫書內著有何書共若干種，固舍此莫由。惜其僅註明類目，對於所在之冊數頁數乃至卷數，均未註明，似覺簡略。且同一筆畫之字，或至三十餘面之多，書口亦未標明筆畫，檢查仍覺費時，此其不便者一。既查出書名，再檢總目，必須熟於四庫分類法者，方可知其次序之所在，蓋僅註明類目，閱者未必盡知某類即在某冊某卷某頁，檢查時仍屬不得要領，此其不便者二。即知某類目屬於某卷，而按照該部類之卷數尋查，亦須翻書數十面方可尋獲，此其不便者三。又如無名氏所著之書，幾達六百種，僅按總目原來次序，未將書名首字按照筆畫分排，檢查尤感不便。

至中華圖書館之四庫提要簡明檢查表，雖尚未見全書，然其體例亦可得言。係將書名第一字，照按康熙字典部首法依次排比。至第二字以後之筆畫部首若何，均所不計，未免太覺攏統。且其第一字相同之書名，仍依提要原來之次序排印，尤失編製索引之本意。如周易之周字，易經之易字，春秋之春字等同書名之首字者，約有百餘種之多。若無一定之準則分別次序，檢查仍屬不易。況康熙字典部首法，在習慣上似無甚問題。然亦未必人人都能使用。因其部首含混及不能辨別之處甚多。如「承」「才」二字入於手部，「及」字入又部，「求」字入水部，「王」字入玉部，「尹」字入尸部等。又如「條」字從條，而「倏」字從人；「狀」字從犬，而「牀」字又從爿。諸如此類，所在皆是。若非對於康熙字典用之有素者，決不能遽然辨別。是則康熙字典本身已發生困難，以之編製索引，豈能稱便。

四庫提要檢查表，雖已註明卷數頁數，似較四庫人名索引為詳。然僅列書名而無著作人，實為大謬。同一書名而有數書，其著作人亦不相同者，在四庫書內亦不為少。譬如瘞鶴銘考，有明之顧元慶，及清之汪士銘所著兩種。又如集部之詩所係明之臧懋循著，而經部之詩所為清之李光地撰，即如最普通之竹譜一書，亦有晉之戴凱之，元之李衎，清之陳鼎等三種，類似此類者，不知凡幾。閱者檢查索引時，遇有此種衝突，又將如何解決。以此相較，中華圖書館之簡明檢查表，尚不及大東書局之四庫人名索引編製得體矣。作者非敢有意妄加批評，實因此項索引關係重要，極望編製諸君，對於指出各點，加以改善，庶可成為完璧。倘能彼此合作，將此兩種索引彙為一編，則更較為完善。

作者服務圖書館界，亦因檢查四庫書名無從摸索，特於三年前編有四庫索引一套。因四庫總簡兩目，以廣東書局出版者流行甚廣，校讐亦精，故根據粵版總簡兩目分別書名卷數著作人部類冊卷頁數備考等欄編制而成。原按書名首字筆畫相同，則按部首次序分別先後。如「大」「小」兩字同爲三畫，按照部首法小字應在前大字應在後。如筆畫部首均同，則按本字之第二部首排比，如「把」「抄」二字同屬手部，同爲七畫，則第二部首一屬巳部，一屬小部，故抄字列前，把字排後。如書名第一字相同，則以第二字筆畫部首分之。第二字同，則以第三字分之。餘類推。試用多時，檢查仍有不便。茲將所感困難分述於下。

(一)同一字因書法不同，而筆畫亦因之各異，如「為」字本係九筆，而宋體之「爲」字則十二畫。「玆」字本作九筆，而宋體之「茲」字則爲十畫。他如「幷」「開」「并」「開」等字，其筆畫不能一致者，比比皆是。

(二)筆畫不能確定，如「成」字本係六畫，而字典因成字從丁，作爲七畫。「臣」字本係七畫，而字典部首作爲六畫。其他部首從臣之字，亦有作爲七畫者。又如「亞」字本寫十筆，而字典則作八筆。「爾」字本寫十四筆，而字典則作十三筆，亦有時作十四筆。似此種種，極不一致。

(三)同一筆畫同一部首之字，康熙字典本無先後之可分。如大小把抄四字，如何能知小字應在大字前，把字係在抄字後，一二兩項之困難，尚可以彼此互見法解決之。至第三項即以康熙字典本身之次序而論，亦不能知其究竟，更無妙法可以解決其困難。總之編製索引用筆畫部首排比，業已發生如上述之困難。即用詩韻法，永字法，亦有種種之不便。如王雲五最近發明之四角號碼法，(見東方二十三卷第三期)比較似覺新穎而簡易，用以編製較大之索引，亦有排列不能一致之處。即如王君自排之新文化辭書索引，樣張內獨占，財獨斷的形式，獨占的經濟組織，獨斷論，獨占市場等，是其第二字相同者，因號碼之關係，排列未能一致，以致獨占與獨斷之次序不分。美觀上，檢查上，均覺感有不便。作者所編之四庫索引，係用卡片排列。故不妨作種種之試驗，試驗結果，仍以萬國鼎所著之漢字母筆排列法，(見東方第二十三卷第二期及圖書館學季刊第一卷第二期)較爲完善。因其起筆不外橫直點撇四種，以之排列索引，簡易明瞭。雖起筆各有不同，如「馬」「門」等字，有作橫起，有作直起者，似覺發生問題。然萬君所著之筆順論，凡起筆可橫可直者概作直起，可直可點者概作點論。又如「與」「與」「學」等字，或有先書中央者，本法一律認作自左至右，先寫「𠂎」。是起筆問題亦可解決。至於筆畫間之關係，不外離接交連逆及自左而右自上而下自外而內等定例。明斯意旨，檢查極便。因其有一定之準則，無須前後翻閱，且原理單純易記，字序一見即知。惟書法不同，如「反」「反」「啟」「啓」「非」「非」「延」「延」等字，起筆各異者，亦祇有彼此互見之一法亦解決之。試用多時，較諸以上諸法便利實多。因論陳書之便，故略及之。海內學者如有以其他排列法見示，則不勝感孝之至矣。

公共圖書館之廣告術

Publicity for Public Libraries, by Gilbert O. Ward N. Y., H. W. Wilson, 1924 315p.

劉國鈞

右書之全名爲「公共圖書館之廣告術原理及方法供圖書館館長館員董事及學校之用。」論圖書館宣傳術之專著也。作者華德，爲克里扶輪城公共圖書館工藝部主任。克里扶輪之公共圖書館事業，在美國素著名。費用不大而人民用書之比例甚高，殆以擅長廣告術之故。然則此書其亦本於經驗而作者歟？圖書館宣傳術在外國久爲從事圖書事業者所重視，往往殫心竭慮以從事，而我國似猶未遑及此。今年夏予有滬杭之行，便道參觀各地之圖書館。某館長謂予曰：自從事以來，於鼓勵人民閱書之事無不竭力，若閱覽之費，不許借出之禁，均爲革除。然來閱書者，猶不踴躍。其奈之何？善哉乎言！一切圖書館宣傳事業，皆從此要求出也。蓋教育無論如何普及，分館如何衆多，終有少數甚至多數人民，或不知圖書館之所在，或不知使用之規程，或不知館中搜羅之內容，因而裹足者。故必設種種法，以使公衆明瞭圖書館之性質。此種努力，華德即謂之爲圖書館之廣告術。(P.1)方今我國圖書館事業日漸發達，此種需要亦將日漸增加。則本書於吾人，似不無參攷之價值也。

本書之目的注重實用，故所述之原理，均取其能應用於各地，所述之方法，亦取其能便於選擇，以合各地情形之用。（序言）要在能使人運用廣告術而得其効果而已。華氏以爲實用廣告術之研究有四大問題，第一爲社會，即研究圖書館所在地社會之人民地勢組

四庫總目索引與四庫撰人錄

鞠增鈺

陳教授垣著四庫撰人錄，以四庫總目所載撰人姓氏筆畫爲次，同姓以朝代爲次，各人繫小傳並所撰書名卷數類屬於其後，以便按人求書。又著四庫書名錄，以四庫總目所載書名首字筆畫爲次，同字以朝代爲次，同朝代以類爲次，各書繫撰人類屬於其下，以便按書求人。二書不名索引，無異索引也。

近上海出版有四庫總目索引，其用意與四庫撰人錄同；但不載撰人履歷，同姓不以朝代爲次，而以名之筆畫爲次，斯爲異耳。課餘之暇，嘗取以與四庫撰人錄互校，覺其中訛誤多有，特爲舉例如下，宜亦著者讀者所樂聞也。

訛誤有由於校對不細者，有由於編纂失檢者，如：

高姓高仲武與高宏圖之間有唐廷珍；唐爲高之訛，此姓誤之由於校對者也。若鄭姓鄭光義與鄭伯熊之間有鄧伯羔則鄧姓混入鄭姓，校對之誤，亦編纂之誤也。

李京誤爲李忠；晁溧誤爲晁慄；傅霖誤爲傅森；劉元亨誤爲劉元高；俞夔誤爲俞大夔，此名誤之由於校對者也。

任淵之後重出任淵；胡應麟之後重出胡應麟；此姓名重出之由於校對者也。

若其前既有沈思孝，隔十餘行後又有沈思孝；其前既有張鍊，隔十餘行後又有張鍊；其前既有劉義仲，隔十餘行後又有劉義仲；則一人誤爲二人，非校對之過，而編纂之過也。

有姓名脫落，而書誤隸他人者，如于慎思著龐眉生集；別集存六。今將慎思名脫落，而龐眉生集遂隸於于慎行。

有姓名錯置，而書誤隸他人者，如方勺著青溪寇軌；雜史存一。今將方勺名錯置，而青溪寇軌遂隸於文徵明，此校對之失也。

校對之誤不勝舉，茲僅舉其編纂之訛者。既名索引，爲便尋檢，有姓誤混入他姓者，則在本姓無從檢起，失索引之能力矣。如：

牛斗星著檀弓評，禮存二。　今誤作「朱斗星。」

汪柏著青峯存集，別集存四。　今誤作「江柏。」

汪宗姬著儒函數類，類書存二。　今誤作「江宗姬。」

汪縉著讀道德經私記，道家存。　今誤作「江縉。」

汪爲熹著鄢署雜抄，小說存二。　今誤作「江爲熹。」

汪宗伊著南京吏部志，職官存。　今誤作「王宗伊。」

汪晉徵著雙溪草堂詩集，別集存十。　今誤作「王晉徵。」

余丙著學宮輯略，傳記存五。　今誤作「徐丙。」

余懋學著說頤，雜家存五。今誤作「徐懋學」。

涂宗濬著續韋齋易義，易存二。今誤作「徐宗濬」。

邵居敬著龜鑑易影皇極數，術數存二。今誤作「郭居敬」。

畢自嚴著石隱園藏稿，別集廿五。今誤作「華自嚴」。

章煥著平倭四疏，奏議存。今誤作「張煥」。

童承敘著平漢錄，雜史存二。今誤作「章承敘」。

董楷著周易傳義附錄，易三。今誤作「童楷」。

揚无咎著逃禪詞，詞曲一。今誤作「楊无咎」。

楊嘉森著琴譜正傳，藝術存。今誤作「陽嘉森」。

蔡夢弼著草堂詩話，詩文評一。今誤作「葉夢弼」。

韓拙著山水純全集，藝術一。今誤作「薛拙」。

薛鳳翔著牡丹史，譜錄存。今誤作「韓鳳翔」。

皆因姓誤，混入他姓者也。又有因姓誤混入他畫者，如：

宮夢仁著讀書紀數略，類書二。今誤作「官夢仁」；「宮」本十畫，誤作「官」則入八畫。傅汎際著寰有詮，雜家存二。今誤作「溥汎際」；「傅」本十二畫，誤作「溥」則入十三畫，皆不易檢尋，失索引之能力者也。

有因姓誤，一人分為二人者，如：

宋張炎著山中白雲詞，既見張姓；而著樂府指迷者，則誤爲「楊炎」。

明鄧元錫著三禮編繹，禮存三。既見鄧姓；而著五經繹經總義存。者，則誤爲「鄭元錫」。

明譚實煥著譚樵海集，別集存三。既見譚姓；而著性理吟別集存三。者，則誤爲「謝實煥」，是因姓誤一人分爲二人也。

有因名誤，一人分爲二人者，如：

明周應賓普陀山志；地理存五。而著九經考異經總義存。者，則誤爲「周應實」。

明胡瓚著禹貢備遺增注；書存二。而著泉河史地理存四。者，則誤爲「胡纘」。

明彭韶著彭惠安集；別集廿三。而別本彭惠安公集，別集存二。則誤爲「彭紹」。

明董越著朝鮮賦；地理四。而著朝鮮雜誌地理存七。者，則誤爲「董樾」。

明王士騏著武侯全書；傳記存二。而著馭倭錄雜史存三。者，則誤爲「王世騏」。

淸胡世安著大易則通；易存三。而著操縵錄藝術存。者，則誤爲「胡仕安」。

淸徐倬著蘋村類稾，別集存十。而著全唐詩錄總集五。者，則誤爲「徐焯。」皆因名誤，一人分爲二人也。

又如王姓王邦俊與王宏誨之間，有王宏著山志，雜家存六。此人名宏撰，今誤去撰字，校對之失也。而其前有著周易筮述。易六之王宏，亦脫去撰字；則編纂之咎，一人誤爲二人矣。

有名號分題，一人誤爲二人者，如：

著鄭敷文書説。書一之鄭伯熊，與著蒙齋筆談雜家存四。之鄭景望，實一人；景望，伯熊字也。

著范德機詩別集二十。之范梈，與著木天禁語詩文評存。之范德機，實一人；德機，范梈字也。

著吳中舊事地理三。之陸友仁，與著詞旨詞曲存。之陸輔之實一人；輔之，友仁字也。

著四時氣候集解時令存。之李泰，與著原本五行類事占徵驗術數存二。之李淑通，實一人；淑通，李泰字也，

若著程氏墨苑譜錄存。之程君房，與著程幼博集別集存六。之程大約；著衡書雜家存二。之唐大陶，與著潛書雜家存二。之唐甄；著詩經六帖重訂詩存一。之范方，與著詩經彙詁詩存二。之范芳，皆一人；四庫提要誤爲二人，今亦沿提要之誤，未嘗訂正。

有新舊名分題，一人誤爲二人者，如：

著清河書畫舫藝術二。之張丑，與著瓶花譜譜錄存。之張謙德，實一人；謙德張丑舊名也。

著舞志樂存。之張敉，與著讀易紀聞易五。之張獻翼，實一人；獻翼，張敉舊名也。

著奏對稿奏議存。之張孚敬，與著保和冠服圖政書存一。之張璁實一人；璁，張孚敬舊名也。今皆誤爲二人。

又有二人混爲一人者，四庫撰人錄著朝代，四庫索引不著朝代，故同名者輒混爲一人。如：

晉有葛洪，號稚川，著抱朴子；道家。宋亦有葛洪，字容甫，著涉史隨筆。史評。

梁有吳均，著續齊諧記；小說三。元明之間亦有吳均，著增修復古編。小學存一。

唐有李冶，女道士，有薛濤李冶詩集總集一。；元亦有李冶，著測圓海鏡。天算二。

宋有方鳳，字韶卿，著野服考類書存一。；明亦有方鳳，字時鳴，著方改亭奏草。奏議存。

宋有黃鶴，字叔似，有黃氏補注杜詩；別集二。明亦有黃鶴，字修翎，著槎居譜。譜錄存。

宋有潘緯，字仲實，見增廣註釋音辨柳集；別集三。明亦有潘緯，字仲文，有潘象安詩集。別集存七。

宋有劉炳，字睦堂，著四書問目（四書存。）；明亦有劉炳，字彥昺，有劉彥昺集。（別集二十二。）

宋有盧襄，著西征記（傳記存六。）；明亦有盧襄，著石湖志略。（地理存六。）

今則以不著朝代故盡混爲一人。

又四庫撰人錄著履歷，四庫索引不著履歷，亦易混二人爲一人。如：

明有兩王恕，一字宗貫，三原人，著玩易意見（易存一。）；一字尙忠，湖口人，著石鐘山志。（總集存一。）

有兩王畿，一字汝中，山陰人，著龍谿全集（別集存四。）；一字翼道，晉江人，著檇全集。（別集存六。）

有兩沈津，一慈谿人，著百家類纂（雜家存八。）；一蘇州人，著鄧尉山志。（地理存五。）

有兩徐邦佐，一號雁洲，浦城人，著京口三山續志（地理存五。）；一字孟超，錢塘人，著四書經學考。（四書存。）

有兩張羽，一字鳳舉，泰興人，著東田遺稿（別集二十四。）；一字來儀，潯陽人，著靜居集。（別集二十二。）

有兩張鳳翔，一字光世，洵陽人，有張伎陵集（別集存三。）；一字蓬元，堂邑人，著禮經集註。（禮存一。）

有兩黃溥，一弋陽人，著簡籍遺聞（雜家存三。）；一鄞縣人，著詩學權輿。（總集存一。）

有兩戴冠，一字仲鶡，信陽人，著邃谷集（別集存三。）；一字章甫，長洲人，著禮記集說辨疑。（禮存二。）

淸有兩孫鋐，一字可菴，錢塘人，著爲政第一編（職官存。）；一字思九，華亭人，著淸詩選。（總集存四。）

有兩張遠，一字超然，侯官人，著超然詩集（別集存十。）；一字邇可，蕭山人，著杜詩會粹。（別集存一。）

有兩陳兆成，一字宜赤，上虞人，著參同契註（道家存。）；一字愼亭，常熟人，著太極圖說註解。（儒家存一。）

今則以不著履歷故，亦盡混爲一人。

此外有誤以朝代爲姓者，如：宗懍梁人，著荊楚歲時記，地理三、今誤入梁姓。永亨，宋人，著搜采異聞集。雜家存三。今誤入宋姓。

有誤以僧名爲姓者，如僧元復著武林西湖高僧事略；釋家存。今誤入元姓。釋居簡著北磵集，別集十七。今誤入居姓。

又有誤以王號爲王姓者，如明慶成王宗川，明親王也，著寶善堂稾；別集存五。當姓朱，今誤入王姓。

凡此，皆編纂之誤，而不得委之校對者也。嘗追尋其致誤之由，大抵由於以四庫書目略爲根據；故凡四庫書目略誤者，四庫索引無不誤也，希望再版時細訂之。

四庫總目韻編勘誤目錄

十四　以刊書人爲撰人
十五　以評書人爲撰人
十六　以地名爲撰人
十七　以年號爲撰人
十八　撰人姓誤
甲　音近而訛　乙　形近而訛　丙　以王號爲姓　丁　姓脱一字
十九　人名漏字
二十　人名衍字
二一　人名誤字
甲　音近而訛　乙　形近而訛
二二　類次錯漏
二三　韻目錯置
二四　同字分置
二五　不應删而删
二六　欽定字省否不一

四庫總目韻編勘誤

那志廉

四庫全書總目韻編，爲武昌范志熙月槎編，有同治十年自序，稱此編係本京江戴槇培之所輯提要別目而作，書已付梓，惟今所據者爲北海圖書館藏瀛香簃鈔本，分上平，下平，上，去，入聲，凡五冊，以書名首字，按韻分編，與四庫館之簡明目錄韻編，以書名末字按韻分編者不同，而其利於檢尋則一也，嘗取以與陳氏四庫書名錄互校，書名錄以書名首字筆畫簡繁爲次，同畫以四聲爲次，互校結果，知韻編訛者三百餘條，出於鈔胥錯誤者半，出於編纂錯誤者亦半，其鈔胥錯誤者刻本或不至誤，其編纂錯誤者，刻本亦必同誤，且有因排列地位不同而失檢索之效力者矣，今爲分類條舉如下，其原鈔已經校出者不錄，錄其未經校出者，想此等錯誤，凡編書目者所不容易免也。

一　全書漏去

冊	頁			
1	60	崔氏小爾雅	明崔銑	小學存一
1	83	原詩	清葉燮	別集存十
3	19	禹貢圖說	明鄭曉	書存
3	51	省愆稿	明劉魁	別集存三
5	20	一齋集	明朱善	別集存二

二 一書重出

1	29	麗則遺音	元楊維禎	別集二	與第四冊二五頁重
1	30	疑獄集　補疑獄集	五代和凝	法家	與本頁重
1	37	漁墅類稿	宋陳元晉	別集十五	漁作魚　與四十頁重
1	50	喻林	明徐元太	類書二	與第四冊二十頁重
1	75	釣臺集	明楊束	總集存三	與第四冊五一頁重
1	90	寒山帚談	明趙宧光	藝術二	與八六頁重
2	53	青山集	宋郭祥正	別集七	與本頁重
2	79	演禽總法		術數存二	與第三冊三六頁重
3	32	渾然子	明張翀	雜家存二	與第一冊八五頁重
3	46	稼村類稿	元王義山	別集十九	與第四冊五五頁重
3	46	稼軒詞	宋辛棄疾	詞曲一	與第四冊五五頁重
4	33	畫禪室隨筆	明董其昌	雜家六	與本頁重　其一又誤室字爲寶字
4	55	華禮部集	明華叔陽	別集存六	與第二冊二四頁重
4	63	整菴存稿	明羅欽順	別集二四	與第三冊四九頁重
5	2	讀禮竊註	清孫自務	禮存三	與本頁重

5	5	文編	明唐順之	總集四	文誤作六　與第一册七七頁重
5	50	歷代駙馬錄		雜家存八	與前頁重　卷次又誤
5	56	集千家註杜詩	元高楚芳	別集二	與本頁重　又誤作別集存

三　無中生有

1	10	崇德堂文集	清胡萬年	別集存（卷一九四）	總目無此書　按卷一九四爲總集存四
1	28	隨定詩草	清張孝存	別集存	總目無此書
1	69	身世寶鑑	清張明廉	別集存（卷三一二）	總目無此書
1	70	人物歷代考	清張宗瀚	雜家存（卷一四〇）	總目無此書
1	78	雲帆嗣香堂集	清張宗瀚	別集存	總目無此書

四　不成書名

2	31	綱領	宋李明復	春秋二	本爲春秋集義之綱領
2	31	綱領	宋張洽	春秋二	本爲春秋集註之綱領
3	2	總例	元吳澄	春秋三	本爲春秋纂言之總例
3	18	補遺	明楊循吉	傳記存三	本爲吳中故實記之補遺　類別亦闕
3	37	小札	清萬正色	奏議存	本爲師中小札　又誤入小學類
4	31	外紀舉要	宋劉恕	史評	本爲通鑑外紀通鑑舉要

5	6	目錄	元齊履謙	春秋三	本爲春秋諸國統紀之目錄
5	10	續集附通鑑總論	南宮靖一	史評存	本爲小學史斷之續集
5	10	續集	明樊深	儒家存二	本爲西田語畧之續集
5	60	劄記	清李光地	四書二	本爲讀論語劄記讀孟子劄記　又誤作四書存

五　書名衍字

1	53	洙泗源流		傳記存一	流下衍一傳字
4	20	附春秋五論	宋呂大圭	春秋二	附字衍　應歸併第一册六五頁春秋或問下
5	30	浙西水利書		地理存四	利下衍一利字

六　書名漏字

1	22	詩經圖史合考	明鍾惺	詩存一	漏合考二字
1	29	麗澤論說集錄	宋呂祖儉	儒家二	漏集錄二字　又誤作祖謙　又誤入支韻　宜改入第四册二五頁
2	69	鄭南皋語義合編	明鄒元標	儒家存二	漏合編二字
3	5	史論初集	清朱直	史評存二	漏初集二字
3	18	古文正集二編	明葛鼒	總集存三	漏「二編」二字又漏朝代明字
3	35	善卷堂四六	清陸繁弨	別集存十	漏「六」字

3 37 小學集解 清黃澄 儒家存一 漏集解二字

3 47 廣仁品二集 明李長科 雜家存九 漏「二集」二字

4 61 政學合一集 清許三禮 雜家存十一 漏「一集」二字

5 18 七頌堂識小錄 清劉體仁 雜家七 漏識字

5 24 月泉吟社詩 宋吳渭 總集二 漏詩字

5 39 易經一說 清王俶 易存四 漏一說二字

七 書名誤字

甲 音近而訛

1 3 東塘集 宋袁說友 別集十二 塘誤作堂

1 17 農政全書 明徐光啓 農家 政誤作正

1 19 江東地利論 宋陳武 地理存四 利誤作理

1 29 知新錄 清王棠 雜家存三 新誤作心

1 31 巵壇對問 清江德中 雜家存六 壇誤作談

1 37 書義卓躍 元陳雅言 書二 義誤作疑

1 45 圖註水陸路程途 明黃汴 地理存一 途誤作圖

1 57 黎洲野乘 明舒嬰 小說存二 野誤作雅

1 57 倪石陵書 宋倪樸 別集十二 陵誤作林
1 71 閩中十子詩 明袁表 總集四 子誤作字
2 8 璇璣遺述 清揭暄 天算存 述誤作術
2 10 聯句私抄 明毛紀 總集存二 私誤作詩
2 33 王常宗集 明王彝 別集二二 宗誤作忠
2 44 明本排字九經直音 經總義 字誤作氏
2 47 貞元子詩草 明項穆 別集存七 草誤作鈔
2 50 名筆私鈔 明曾佩 總集存二 私誤作詩
2 54 經史辨疑 清朱萱祥 經總義存 史誤作世
2 76 金陵古金石考 明顧起元 目錄存 金誤作今
2 84 三餘贅筆 明都卬 雜家存四 筆誤作畢
3 15 古今韻表新編 清仇廷模 小學存二 今誤作音
3 26 體獨私鈔 清黃百家 儒家存三 私誤作詩
3 32 宛陵羣英集 元汪澤民 總集三 羣誤作孕
4 3 共發編 明曹于汴 雜家存二 編誤作徧
4 9 類編南北經驗醫方大成 元孫允賢 醫家存 編誤作徧 經誤作徑

4 55	射義新書	明程道生	藝術存	義誤作易
5 54	北齊文紀	明梅鼎祚	總集四	文誤誤作聞

乙 形近而訛

1 6	中庸管窺	明廖紀	四書存	窺誤作規
1 7	蒙古譯語		小學存一	古誤作中
1 37	書經衷論	清張英	書二	論誤作說
1 47	姑孰備考	清夏之符	地理存六	孰誤作熟
1 47	姑孰集	明章嘉禎	別集存六	孰誤作熟
1 57	雞土集	明劉乾	別集存四	土誤作士
1 65	春秋金鎖匙	元趙汸	春秋三	匙誤作題
1 69	春卿遺稾	宋蔣堂	別集五	卿誤作鄉
1 76	文海披沙	明謝肇淛	雜家存五	沙誤作抄
1 77	文儷	明陳翼飛	總集存三	儷誤作儼
2 5	延陵書塾合璧	清吳季長	總集存四	塾誤作墊
2 16	毛詩原解	明郝敬	詩存一	解誤作餘
2 25	霞外雜俎	鐵脚道人	道家存	俎誤作姐

2 27	方韶卿集	宋方鳳	別集存一	卿誤作鄉
2 45	明宮史	明呂毖	政書二	宮誤作官　又漏載撰人
2 54	靑溪先正詩集	淸鮑楹	總集存四	正誤作生
2 78	音論	淸顧炎武	小學三	論誤作諭
3 12	呂氏筆奕	明呂曾見	雜家存五	奕誤作尖
3 18	古論元箸	明傅振商	總集存三	箸作著
3 44	廣金石韻府	淸林尙葵	小學存一	金誤作全
3 51	嶺南五朝詩選	淸黃登	總集存四	朝誤作湖
4 20	瓠尊山人詩集	淸夏熙臣	別集存十一	尊誤作等
4 30	太倉稊米集	宋周紫芝	別集十一	稊誤作梯　米誤作未
4 33	戒菴漫筆	明李詡	雜家存五	筆誤作舉
5 38	易學筮貞	淸趙世對	易存三	貞誤作負
5 39	易觀	淸凌去盈	易存四	觀誤作覩
5 43	白雪堂詩	明李嵩	別集存七	雪誤作雲
5 44	碧雞漫志	宋王灼	詞曲二	雞誤作谿
5 50	析酲漫錄	明陳懋仁	雜家存三	酲誤作醒

5 54 北壑緒言 清陸次雲 別集存九 壑誤作野

5 54 北壑抱瓮錄 清高士奇 譜錄存 壑誤作野

丙 義近而訛

1 3 東皋錄 明釋妙聲 別集二二 錄誤作集

1 31 醫學彙纂指南 清端木縉 醫家存 學誤作家

1 39 輿地名勝志 明曹學佺 地理存一 志誤作記

2 6 仙愁館雜帖 明黃元會 雜家存五 帖誤作錄

2 44 明通紀述遺 卜世昌 編年存 述誤作拾

2 50 名家詞鈔 清蘇先 詞曲存 詞鈔誤作詩鈔

2 65 周官析義 清方苞 禮存一 官作禮

3 10 履齋遺集 宋吳潛 別集十六 集作稿

3 43 左傳注解辨誤 明傅遜 春秋存一 傳作氏

4 29 太宗文皇帝聖訓 詔令 宗誤作祖

4 44 翰苑新書 宋謝枋得 類書一 苑誤作林

4 58 放鶴村文集 清張侗 別集存十二 鶴誤作翁

4 60 孟子訂測 明管志道 四書存 子作義

八　書名首字誤

1 14 鍾評左傳　明鍾惺　春秋存一　鍾誤作鐘

1 14 鍾筠溪家藏集　明鍾芳　別集存三　鍾誤作鐘

1 14 鍾水堂集　清顏肇維　別集存十一　鍾誤作鐘

1 25 惟實集　元劉鶚　別集二十　惟誤作維

1 41 疏食譜　明陳達叟　譜錄存　疏誤作蔬

1 57 棃岳集　唐李頻　別集四　棃誤作黎

1 82 原文韓文考異　宋朱熹　別集三　原作元　三誤四

2 25 瓜廬詩　宋薛師石　別集十五　瓜誤作爪

2 42 彊識畧　明吳夢材　類書存二　彊作强

3 46 橡村集　清朱緗　別集存十一　橡誤作像

3 49 絅山集　宋林亦之　別集十二　絅誤作綱　姓名又漏林字

3 59 憺園集　清徐乾學　別集存十　憺作澹

4 43 巽齋文集　宋歐陽守道　別集十七　巽誤作選　姓名又漏守字

4 47 幻華集　明釋斯學　別集存七　幻誤作幼

4 50 笑拙墅稿　明金建中　別集存七　笑誤作嘯

4 50 笑門詩集　清戚玾　別集存十二　笑誤作嘯
4 58 抗言在昔集　清沈氷壺　別集存十二　抗誤作杭

九　因書名首字誤而混入他韻

1 38 法書考　元盛熙明　藝術二　法書誤作書法
1 42 佘山人詩集　明佘世亨　別集存三　佘誤作余
1 42 佘山詩話　明陳繼儒　詩文評存　佘誤作余
1 88 宏藝錄　明邵經邦　別集存二　宏誤作安　又漏朝代明字
2 9 綠杉野屋集　清徐以泰　別集存十二　綠誤作緣
2 10 藺庭集　明謝晉　別集二三　藺誤作蕭
2 61 用易詳解　宋李杞　易三　用作周
3 22 杕左堂詩集　清孫致彌　別集存十　杕誤作杜
3 34 辦苗紀畧　清俞益謨　雜史存三　辦誤作辨
3 52 泠然齋集　宋蘇泂　別集十六　泠誤作冷
3 59 淡然軒集　明余繼登　別集二五　淡作澹
3 59 淡軒稾　明林文　別集存二　淡作澹
4 7 廿一史識餘　明張墉　史鈔存　廿作二十

4 27	甜雪齋集	明單思恭	別集存七	甜誤作甛
4 29	太藪外史	明蔡羽	雜家存一	太作大
4 29	太學黼藻文章百段錦	宋方頤孫	詩文評存	太作大
4 40	讀春秋編	宋陳深	春秋二	讀誤作論
4 54	廿二史紀事提要	清吳綏	別史存	廿作念
5 27	雲山堂集	明魏裳	別集存五	雲誤作雪

十　朝代錯漏

1 1	東觀漢記	漢劉珍	別史	漢誤作隋
1 32	槃苑三編	明吳國安	雜家存五	漏明字
1 45	胡仲子集	明胡翰	別集二三	明作元
1 55	西隱集	明宋訥	別集二三	明作元
1 66	春秋左傳句解	宋朱申	春秋存一	宋作元
2 6	千秋金鑑錄	唐張九齡	儒家存一	唐誤作清
2 17	高氏三宴詩集	唐高正臣	總集一	唐誤作清
2 39	莊靖集	金李俊民	別集十九	金誤作晉
3 15	古學偶編	明張絅	經總義存	漏明字　絅誤作網

3 16	古畫品錄	南齊謝赫	藝術一	南齊誤作明
3 55	後漢書	宋范蔚宗	正史一	宋誤作後漢
4 68	孝經句解	宋朱申	孝經存	宋作元
5 2	讀史圖纂	明俞煥章	別史存	明誤作元

十一　撰人闕畧

1 55	西崑酬唱集	宋楊億	總集一	闕撰人及類次
1 66	春秋道統	宋劉絢	春秋存一	闕撰人

十二　撰人錯誤

1 30	猗覺寮雜記	宋朱翌	雜家二	誤題朱昱
1 91	欒城集	宋蘇轍	別集七	誤題蘇軾
2 6	宣和博古圖	宋王黼	譜錄	誤題王楚
2 67	劉子	北齊劉晝	雜家一	誤題劉勰
2 77	琴譜合璧	清和素	藝術二	誤題國楊倫
3 3	紫微雜說	宋呂本中	雜家五	誤題呂祖謙　微誤作陽
3 6	李虛中命書	唐李虛中	術數二	誤題鬼國子
3 15	古今通韻	清毛奇齡	小學三	誤題顧炎武

3 28 海涯集 明顧磐 別集存三 誤題周廷用
3 52 靜便齋集 清王曾祥 別集存十一 誤題施瑮
4 28 大儒粹語 清顧棟南 儒家存三 誤題顧棟高
5 12 玉靈聚義 元陸森 術數存二 誤題明陸深

十三 以作序人爲撰人

1 39 徐仙翰藻 不著撰人 道家存 誤題周壯翁
2 28 唐律文明法會要錄 不著撰人 法家存 誤題沈侃
2 51 宏正詩鈔 明楊二山 總集存二 誤題曹忭
2 55 經濟文衡 不著撰人 儒家二 誤題楊一清
3 7 李太白詩選 明張含 總集存二 誤題楊愼
5 33 樂全集 宋張方中 別集六 誤題蘇軾 軾又誤洵

十四 以刋書人爲撰人

3 48 兩漢博聞 宋楊侃 史鈔 誤題黃省曾

十五 以評書人爲撰人

2 55 靈樞經 不著撰人 醫家一 誤題晁公武
5 35 珞琭子三命消息賦注 釋曇瑩 術數二 誤題錢曾 又誤作術數存

十六 以地名為撰人

2 48	清江三孔集	宋王蓮	總集一	誤題宋新喻等

十七 以年號為撰人

1 44	朱子語類	宋黎靖德	儒家二	誤題宋咸淳

十八 撰人姓誤

甲 音近而訛

1 20	雙溪草堂詩集	清汪晉徵	別集存十	汪誤作王
2 47	平倭四疏	明章煥	奏議存	章誤作張
4 43	巽隱集	明程本立	別集二三	程誤作陳
5 27	說文廣義	清程德洽	小學存一	程誤作陳
5 36	易纂言	元吳澄	易四	吳誤作胡
5 49	曆體略	明王英明	天算一	王誤作黃
5 54	北海野人稿	明黃禎	別集存四	黃誤作王
5 60	峽山神異記	宋黃輔	小說存二	黃誤作王

乙 形近而訛

1 21	詩傳遺說	宋朱鑑	詩一	朱誤作宋

2 11 朝鮮國紀 明黃洪憲 載記存 黃誤作苗

2 45 明書 淸傅維鱗 別史存 傅誤作傳 鱗誤作麟 史誤作集

2 45 明功臣封爵考 明鄭汝壁 職官存 鄭誤作郭

3 4 史記集解 宋裴駰 正史一 裴誤作張

5 1 讀易畧記 明朱朝瑛 易存二 朱誤作宋

5 42 石秀齋集 明莫是龍 別集存七 莫誤作吳

丙 以王號爲姓

1 24 詩心珠會 明華陽王朱宣墡 詩文評存 誤作華陽王宋宣墡

3 40 寶善堂稿 明慶成王宗川 別集存五 誤作王宗川

4 50 少鶴詩集 明武剛王顯槐 別集存四 誤作王顯槐

丁 姓脫一字

3 13 許魯齋考歲畧 元耶律有尙 傳記存一 漏耶字 校者又誤律爲許

十九 人名漏字

1 23 詩韻更定 淸吳國縉 小學存二 漏縉字

1 47 姑溪居士集 宋李之儀 別集八 漏儀字 溪誤作蘇

1 53 齊民要術 後魏賈思勰 農家 漏勰字

1 91山志　清王宏撰　雜家存六　漏撰字

2 37琅琊代醉編　明張鼎思　雜家存九　漏思字

2 62周易筮述　清王宏撰　易六　漏撰字

4 42願學編　明胡纘宗　儒家存二　漏纘字

4 61正學隅見述　清王宏撰　儒家四　漏撰字

二十　人名衍字

2 79禽蟲述　明袁達　譜錄存　袁達字德修　誤作袁達德

2 81南宋補遺　元謝朱勝　雜史存一　朱勝字復廬　誤作朱勝復廬

2 82南嶽倡酬集　宋朱子等　總集二　朱子與張栻林用中同遊南嶽倡和之詩　誤作朱子與

二一　人名誤字

甲　音近而訛

1 22詩經副墨　明陳組綬　詩存一　組誤作祖

1 29知非錄　清鄧鍾岳　儒家存四　鍾誤作宗

1 38書法離鈎　明潘之淙　藝術二　淙誤作琮

1 43吳疏山集　明吳悌　傳記存二　悌誤作梯

1 45	圖書紀愚	明阮琳	易存一	琳誤作林　紀作記
1 52	吾野詩集	明黃克晦	別集存七	晦誤作悔
1 63	眞如子醉言	明王化隆	雜家存二	隆誤作龍
1 70	人物志	魏劉邵	雜家一	邵作劭
1 76	文選錦字	明凌迪知	類書存一	知誤作子
1 81	元相臣傳	明魏顯國	傳記存四	顯誤作憲
1 87	檀弓論文	清孫濩孫	禮存二	濩誤作護
3 1	孔子世家補	宋歐陽士秀	傳記存一	秀誤作修
3 40	道釋集	清張祖年	雜家存六	年誤作言
5 42	尺五堂詩刪	清嚴我斯	別集存十	斯誤作師

乙　形近而訛

1 19	江漢書院講義	清王功	四書存	功誤作切
1 21	詩故	明朱謀㙔	詩二	㙔誤作㨦
1 23	詩原	清顧大申	總集存四	大誤作太
1 24	詩談	明徐泰	詩文評存	泰誤作奉
1 38	書肆說鈴	明葉秉敬	雜家存五	秉誤作東

1 40 漁父詞集句	宋釋少嵩	別集存一	嵩誤作蒿
1 45 儒函數類	明汪宗姬	儒家存三	姬誤作嫗
1 51 盧昇之集	唐盧照隣	別集二	隣誤作陵
1 63 眞珠船	明胡侍	雜家存四	侍誤作傳
1 74 寅菴集	明羅肅	別集存二	肅誤作甬
1 77 文章正論	明劉祜	總集存二	祜誤作祐
2 17 毛詩通義	清方葇如	詩存二	葇誤作蓁
2 36 長沙藥解	清黃元御	醫家存	御誤作卿
2 46 明世說新語	明李紹文	小說存一	紹誤作治
4 5 四書說註卮詞	清胡在甪	四書存	甪誤作用
4 21 數學九章	宋秦九韶	天算二	韶誤作韻
4 28 大樂律呂元聲	明李文利	樂存	利誤作刑 樂誤作學
4 57 尙約居士集	明蕭鎡	別集存二	鎡誤作錄
4 60 聖學大成	清孫鍾瑞	雜家存二	瑞誤作端
5 15 學易集	宋劉跂	別集八	跂誤作跋
5 19 逸民傳	明皇甫濂	傳記存二	濂誤作涍

5 42 石洞遺芳　明郭鈇　總集存二　鈇誤作鉄

5 49 歷代史表　清萬斯同　別史　同誤作國

二二　類次錯漏

1 1 東祀錄　明李東陽　傳記存六　六誤五

1 4 東坡詞　宋蘇軾　詞曲一　誤作總集存

1 4 東堂詞　宋毛滂　詞曲一　誤作總集存

1 4 東白堂詞選初集　清佟世南　詞曲存　誤作總集存　又多詩選

1 40 漁墅類稿　宋陳元晉　別集十五　類次闕

1 78 雲中紀變　明孫允中　雜史存二　二誤一

1 86 寒山帚談　明趙宧光　藝術二　誤作雜家存

2 46 平定三逆方略　紀事本末　誤作編年存

3 13 敘天齋講義　清賫文炳　儒家存四　誤作傳記存

4 25 麗則遺音　元楊維禎　別集二一　只註集部二字　禎誤作貞

4 51 鈎臺集二部　明陳文煥楊東　總集存三　類次闕

4 58 望雲集　明郭奎　別集二二　誤作雜家存

二三　韻目錯置

1 35 幾何原本　幾何論約　應入第三册十一頁尾韻

4 53 沁勘艷三韻　應在六八頁宥韻後

4 68 效韻　應在五一頁號韻前

二四　同字分置

1 29 麗字　應歸併第四册二五頁

1 53 鳥字　應歸併四八頁

1 85 論字　應歸併第四册四十頁

2 40 蒼字　應歸併三八頁

3 33 寓字　應歸併第四册二二頁

3 44 佐字　應歸併第四册五二頁

4 15 歲字　應歸併第四册二五頁

4 53 飲字　應歸併第三册五九頁

5 9 覆字　應歸併第八頁　覆誤覆　詆又誤詆

5 44 射字　應歸併第四册五五頁

二五　不應删而删

4 35 對山集　明康海　別集存三　誤删　一著錄　一存目

4
55射易淡詠　不著撰人　易存二　誤刪

二六　欽定字省否不一

2
73欽定書六十餘部、而同冊四十頁有康熙字典、四十六頁有平定三逆方略、第五冊一八頁有日講書五種、均省去欽定二字、其例不一、則檢索費時、

右錯誤廿六類中、有可認爲鈔胥錯誤者、如

全書漏去　書名衍字　書名漏字　書名誤字　朝代錯誤　撰人闕署　人名漏字　人名誤字　類次錯漏

等、刻本或不至誤、若

一書重出　無中生有　不成書名　誤入他韻　撰人錯誤　以作序人爲撰人　以刊書人爲撰人　以評書人爲撰人

以地名年號爲撰人　以王號爲姓　人名衍字　韻字錯置　同字分置　欽定字省否不一

等、則似非鈔胥錯誤，而原稿亦必錯誤者也。

又同是錯誤，有錯誤而無害於檢尋者，如一書重出，書名衍字之類，無害於檢尋也。若全書漏去，誤入他韻，韻字錯置、同字分置，欽定字省否不一等，則大不利於檢尋，而失編纂此書之目的矣。又如類次錯漏，雖係鈔胥一時筆誤，然此書之目的，係爲猝略一書不知其門類卷次者便於檢尋而作，今類次一誤，則與全書漏去無異，故此書之校對甚難，非將一書一書與四庫總目檢校一次，不敢信其無訛，此次校法，係與陳氏四庫書名錄互校，有異同然後檢校四庫總目，故爲力較省，然已費三十餘日矣。

評四庫總目史部目錄類及子部雜家類

張秀民 滌瞻

王蘭泉銘陸錫熊墓，稱「四庫全書總目提要之作，以陸氏之功爲最多」；施朝幹作任幼植墓表以爲「出大椿筆者什七」；李慈銘曰：「四庫總目雖紀文達陸耳山總其成；然經部屬之戴東源，史部屬之邵南江，(二雲 晉涵)子部屬之周書昌(永年有儒藏說)，皆各集所長」。而清史紀陸二傳曰：「撰述提要，粲然可觀，則成於紀昀陸錫熊之手」。又江藩漢學師承記紀昀傳曰：「四庫全書提要簡明目錄皆出公手」。又云：「公一生精力，粹於提要一書」。張維屏亦曰：「文達一生精力，具見於四庫全書提要」。要之，四庫提要，原爲分工合作之書，而最出力者，厥推曉嵐也。

余嘗謂爲解題目錄者有三難：一曰博覽羣書難，二曰自有見解難，三曰持論公正難。淺陋寡聞，讀書未徧，不足以通古今；人云亦云，了無心得，不足以撮全書旨要；出主入奴，逞私意，妒道眞，雖辭辨而不足以服人心。觀夫四庫總目則鈎元提要，索隱探幽，考訂異同，別白得失，簡練賅洽，詞明理正，善善惡惡，允得厥中，依此以閱原書，則有如胸中所欲吐而未能者，提要已先我而發之，此其所長也。或以「記醜言辨尸重名」責紀氏，知其妄施譏貶矣。

雖然，竊有議者：四庫提要史部目錄類，著錄經籍之屬十一部，金石之屬三十六部；目錄類存目，經籍之屬十四部，金石之屬二十二部。其案語則曰：「目錄皆爲經籍作，金石其附庸也」。奈以數量較之，則附庸蔚爲上國，上國降爲附庸何？又曰：「記載金石之書，無類可歸，仍入目錄；然別爲子目，不與經籍相參」云云；然既冠以「史部十四目錄類」字樣，以統「經籍」「金石」二子目，其有不認蘭亭考石經考爲目錄者鮮矣。夫記載金石之書，或記一地碑刻，或論分隸書法，嚴格言之，於劉班略錄之學，非唯理異犬牙，固亦事同風馬。鄭樵通志有藝文略又別創金石略，雲南通志，湖州府志等皆因之，雖金石略祇載歷代彝器碑刻，一省府吉金貞石；然可師其意，於目錄類外另闢一金石類，凡記載金石者皆屬之，使類例較然有別，豈非目錄學中一大快事歟？漢書藝文志楚漢春秋九篇太史公百三十篇馮商所續太史公七篇，入六藝春秋；荀勗丙部，有史記舊事皇覽簿雜事；王儉經典志紀六藝小學史記雜傳（案仲寶於六藝類以孝經居首與劉班孝緒以易居首者皆所不同）；阮孝緒記傳錄紀史傳，次經典錄之後；隋書經籍志始別爲史部。蓋後世紀傳編年之作繁興，若不另立部類，何以部次羣籍？宋以前刻石石經，寥寥數種，故隋唐志附於小學，降及歐陽趙洪黃董田陳人各有書；而元，而明，而清，斯學浸盛；有金石錄，則有續金石錄，金石錄補；有金石萃編，則有金石萃編續，金石萃編補略；有寰宇訪碑錄，則有補寰宇訪碑錄。若夫記載一地域之所有，則：兩浙金石志，山左金石志，粵東金石略，粵西金石略，安徽金石略，河陽金石記，趙州石刻全錄，吳中金石記，括蒼金石志，東甌金石志，越中金石記，關中金石記，武林金石記，安陽縣金石錄，興平縣金石志，扶風縣石刻記之屬，風蔚雲起。編目者必欲將此數百家強入史部目錄類，豈特鳩居鵲巢？亦且指大於臂矣。夫學術有新興，而部類不增益，此所謂膠柱而調瑟也。隋志變孟堅之法，立史部，宋以後公私目錄，增四書類，後之人未嘗不許以爲當。蓋事之有便於學術者，不妨自我而開之。或曰金石錄，金薤琳琅，蘭亭考，蘭亭續考，提要不當與目錄同科，固發前人所未發矣；而不歸之子部藝術類，或譜錄類，必於史部目錄類下，別創一金石類何也？曰藝術以概書畫琴譜，譜錄以統茶酒果物，亦有消遣玩好而已矣，非所以語金石也。續通志曰：「注史記者引泗水之碑，釋漢書者，據伏生之碣，官爵年月，世繫子姓，俱得因碑文，以補史家之闕遺，而辨章其同異」。錢大昕曰：「歐趙洪諸家，涉獵正史，是正尤多」。 何以言之？集古錄跋尾卷五唐孔穎達碑跋云：「右孔穎達碑于志甯撰。其文摩滅；然尚可讀。今以其可見質於唐書列傳，列傳所闕者，不載穎達年壽，其與魏鄭公奉敕共修隋書，亦不著；又其字不同，傳云：「字仲達」，碑云：「字仲遠」。碑字多殘缺，惟其名字特完，可以正傳之繆不疑。以此文字轉易，失其眞者，何可勝數？幸而因余集錄所得，以正其訛舛者，亦爲不少也」。 金石之學，旣所以補史事之闕，正列傳之訛，且屬專門之學，則其書當入史部金石類明矣。次於目錄後者，以明二者有先後輕重耳。提要譜錄類叙云:「古人學問,各守專門,其著述具有源流，易於配隸；六朝以後，作者漸出，新裁體例多由創造，古來舊目，遂不能該，附贅懸疣，往往牽强。隋志譜系本陳族姓，而末載竹譜錢圖；唐志農家，本言種植，而雜列錢譜相鶴經相馬經鷙擊錄相貝經；文獻通考亦以香譜入農家。是皆明知其不安，而限於無類可歸，又復窮而不變，故支離顚舛,遂至於斯」。其言韙矣。然目錄類本爲書目之目，今提要則記載金石者居其大半，則所謂「附贅懸疣，往往牽强，明知其不安，而限於無類可歸上文云「記載金石之書無類可歸」，又復窮而不變,以至支離顚舛者」不啻自狀其過,知提要又無辭以自解也。考提要所以如此者，藉口於宋史藝文志有先例也·宋志目錄類，誠有歐陽修集古錄五卷,崔君授京兆金石錄十卷,劉涇成都府石刻總目一卷,趙明誠金石錄三十卷,諸道石刻目錄十卷;然其小學類,復載趙明誠金石錄三十卷,又別本三十卷,歐陽修集古錄跋尾六卷，又二卷，洪适隸釋二十七卷，隸續二十一卷;黃伯思法帖刊誤一卷,施宿大觀法帖總釋二卷。然則果用宋志之例，洪黃輩豈無家可歸耶？今亦使之與劉次莊桑世昌同家矣。後此公私目錄,以四部分者,莫不於史部目錄類，大書曰;「右目錄類，經籍之屬;右目錄類金石之屬。屬」若四庫簡明目錄標注，八千卷樓書目，鄭堂讀書記，光緒湖通志藝文志；民國湖北通志藝文志，台州經籍志，鐵琴銅劍樓藏書目錄皆是也. 溫州經籍志目錄類, 僅載東嘉書目考一種，猶標云「金石無，」帶經堂書目，雖不題「經籍」「金石」之名目，而其目錄類汲古閣藏書目後，次以集古錄，隸釋，蘭亭考諸書。而以蒼崖先生金石例殿焉·夫金石例墓銘舉例皆可入錄，則四部書復何一而不可入目錄類哉？習非成是，相沿不察，則提要有以啓之也。惟書目答問依鄭夾漈例，別出一門爲「金石類，」賁園書庫目錄輯略亦以金石自有目錄，並列於目錄類，則耳目易迷，故亦另爲一門。變通得宜，於例爲善。近出之清史稿藝文志，其分類一準提要，而史部目錄類後多一「金石類」，則勝提要處也。又提要將開元釋敎錄, 道藏目錄詳注, 列入子部, 夫其人則釋也, 道也, 而其書固目錄也·史部旣有目錄類, 則何不以之與經義考, 崇文總目並列乎？編目分類，所重在乎書之內容，而不可以人之行業爲標準也。不觀邵齋讀書志乎？其史部書目類，載開元釋敎錄三十卷，道藏書目一卷，則釋道書目入目錄類，固有先例；而提要不知擇善而從何也？

提要評千頃書目有云：「子部分十二門，其墨家，名家，法家，縱橫家，併爲一類，總名雜家，雖亦簡括；然名家，墨家，縱橫家，傳述者稀，遺編無幾，併之可也；幷法家删之，不太簡乎？」法家固不可删，而名，墨，縱橫，因遺編無幾，顧可删併乎？鄭漁仲曰：「類例旣分, 學術自明」, 劉班之所以剖判百家區分九流者此也。若必以傳述無多，遺編寥寥， 遽加歸併 ，是無以異乎趙錢孫李四家 ，錢孫李三家式微，後裔無幾，有力者强易三家之姓，而併入趙家，此三家能帖然乎？是猶王文郁之併韻也，王氏將母音不同之虞ㄩ模ㄨ:灰ㄟ咍ㄞ;元ㄢ與魂痕ㄣ。各相歸併。一以韻部所屬字數多少爲標準，鹵莽滅裂，不顧音理；雖爲作詩者所遵用，難免知音之非笑。道也，法也，名也，墨也，縱橫也，雜也，亦猶虞，模；灰，咍；元，與魂痕；截然異趣。今提要雖不剔法家，而將鬻子一卷漢志道家鬻子二十二篇又小說家鬻子說十九篇，墨子十五卷漢志墨家墨子七十一篇，尹文子一卷漢志名家尹文子一篇，愼子一卷漢志法家愼子四十二篇，鶡冠子三卷漢志道家鶡冠子一篇，公孫龍子三卷漢志名家公孫龍子十四篇，鬼谷子一卷隋志入縱橫家，皆入子部雜家類，與呂氏春秋，淮南子同列，合道，法，名，墨，縱橫爲一家，亦將虞，模，灰，咍，元，與魂痕爲一韻矣．鹵莽滅裂，較王氏爲尤甚，蓋王氏尙不過合二類相異之母音爲一部，此則將五六家固有之藩籬盡撤之矣。去劉班漁仲斤斤以學術類例爲事者何其遠耶？其雜家類，雜學之屬案語曰:「名家稱出於禮官;然堅石白馬之辨，無所謂禮；縱橫家稱出於行人；然傾危變詐，古行人無是詞命；墨家稱出於淸廟之守，併不解其爲何語以上某家出某皆班固之說。實皆儒之失其本原者，各以私智變爲雜學而已。其傳者寥寥無幾，不足自名一家，今均以雜學目之」。漢志叙次學術，必探其源，而窮其本，揚其長．而抑其短，深得天下篇六家要指之遺旨，其所以別於後世甲乙簿者亦此也。其所謂：「堅石白馬之辨」，則「名家之警者苟鉤鈲析亂」是也；「傾危變詐」則「縱橫之邪人上詐諼，而棄其信」是也。雖皆爲末流，而一出自禮官，一出於行人之官，固各有其淵源也。至不解其爲何語，卽以爲墨家非出自淸廟之守，且稱三者皆儒之失其本原，各以私智變爲雜學，眞不解其爲何語矣。若謂傳者寥寥無幾，均以雜學目之，論量不論質，編目分類者詎宜出此乎？提要凡例有云：「自隋志以下，門目大同小異，互有出入，亦各具得失，今擇善而從。」又云:「名家，墨家，縱橫家，歷代著錄各不過一二種，難以成帙，今從黃虞稷千頃堂書目例，併入雜家爲一門」。此猶子貢欲去告朔之餼羊。子曰：「賜也！爾愛愛其羊，我愛其禮。」以名，墨，縱橫，一一併入雜家，則羊亡而禮遂矣。又雜家類序曰：「千頃堂書目於寥寥不能成類者,併入雜家。雜之義廣無所不見包,班固所謂合儒，墨兼名，法也.今從其說」。惡是何言？夫孟堅所謂兼儒墨合名法，言雜家書之內容複雜如是，故立雜家類以統之；非謂有雜家，而儒，墨，名，法，無不包於其中．必如提要之强解，則子部僅標一雜家類已足，儒家，法家雖多，亦可歸併其中，今其子部又標十四類復何謂耶？

總之：提要史部目錄類中記金石之文，當另立一類者不立。道，法，名，墨，縱橫，須各獨自一家者，又妄併入雜家類。毋乃所見之戾乎？

上右文爲鄙人拙著中國歷代目錄家傳略紀昀等傳後案語之一不當之處尚請海內賢達有以教之滌曕識於鷲江映雪樓　　　　一九二九，十，三十一．

文瀾閣目索引序

顧頡剛

清高宗竭一代全盛時期之人力，開館編纂四庫全書，閱二十餘載而告成。卷帙之富，甲於歷代帝室之藏。至於今日，凡一言及四庫全書，遂若古今載籍盡已包羅於此者。此雖未合事實，而清代中葉所存留之典册經此編置，自有合成一個集團，歷千百年而不散之勢；又淸代中葉當國者所承認之正統之學，其可見之載籍悉已薈萃於斯：則固事實也。

全書之編，隨時撰爲提要，加以評騭，爰有總目二百卷。嫌其文繁，不便檢覽，復作簡明目錄二十卷。然承學之士猶苦其多，於是胡氏虔有四庫存目，費莫氏文良有四庫書目略，但錄書名而去其平議。夫簡則易從固人類之恒情，執簡御繁亦學者之所有事，此書旣爲古今載籍之最大結集，有若干人致其全力，使之秩然就範，俾應用之者不因卷帙之多而無所措手，是固學術界中一重要事也。

昔年頡剛參觀京師圖書館，見文津閣本四庫書，有庋架圖四大册，依架上陳列之序繪爲圖譜架中所儲之書既於圖中示其固定之位置，取書還書之時遂可遵循之而弗亂。斯亦一索引法：第嫌其僅依類屬編次，欲求書名與著作人者檢尋尚不易耳。

民國肇造，四庫書時時有付印之議，益為世人所注目。陳援庵先生垣遍讀全庫，成四庫書目考異四十卷，又成四庫撰人錄若干卷。陳乃乾先生重印總目，亦為四庫書目索引，附刊於後。撰人錄一書，予所未見。索引則以人名為綱，而略於書名之次序：凡知本書著作人者覓之自不為難，若僅知書名而不悉其著作人者將無從求得之，是則索引之功猶未盡也。

同學楊以明先生（立誠）有見於此，作為文瀾閣目索引，更以書名為綱，而後得與陳氏之目盡參伍錯綜之用。

文瀾閣者，清高宗於杭州儲四庫書之地。太平天國之際焚燬散失殆十七八。錢塘丁松生先生（丙）購求殘本，且為補鈔。大工未畢，丁氏謝世。民國以來，浙省府又派員北去補寫，單不厂先生（丕）校之。蓋至五年前始成完帙。

當浙江省立圖書館接管文瀾閣時，錢念劬先生（恂）任館長，曾編文瀾閣現存書目，記卷其冊之存佚與鈔寫之先後。十餘年來，全書告成，目錄正待改編，而以明適來主持館務，念先人裒集之艱辛，謀後學覽觀之便利，乃綜合諸目以成此書。選凡書名，著者，卷數，冊數，架數，以及寫錄之年月，莫不犂然詳載於表。卷葉視諸家為少，而縝密則過之。夫當年七閣，今存者四，制斷若畫一，舍寫錄年月一事之外，即以此書爲文淵，文津，文溯各本之索引固亦無不可也。以明又爲四庫目略，合提要與版本與一編，檢索之便與此書同。前人視工具書，常笑其爲人者多，自得者寡，相率束手不爲，用使初學者不易得其從入之門。自西學東漸，羣知欲得正確敏捷之知識，有賴於工具之完備，而工具書之編纂遂爲今日治學者第一步工夫。以明既掌四庫書，即以極簡單極明白之方式表現四庫書之內涵，從此有志讀書者雖不習熟其部類次第及其著作人，而得此一書，頃刻可以求索，無復望洋之歎，則以明之所以自盡其任務以裨益於學術界者爲何如乎！

是書既印成，予適遊杭，展讀一過，極佩以明工作之猛與其謀慮之忠，遂不辭而爲之序。

十八年七月。

四庫全書詞曲類提要校議

夏承燾

哄堂詞一卷　宋盧炳

「書錄解題本作「哄堂詞」，毛晉刊本則作「烘堂」。案：唐趙璘因話錄：「御史院合座俱笑，謂之哄堂。」炳蓋謙言博笑，故以爲名；若作「烘堂」，於義無取；知晉所刊爲誤。」

案：此說未審。宋人本有「烘堂」之語；其義有二：張綱華陽長短句 八頁 西江月壬午生日云：『爲具隨宜飣餖，烘堂不用笙簧。』韓淲澗泉詩餘 二十三頁 好事近鄭倅生朝云：『烘堂贏得戲萊衣。』此當如唐人所謂「暖房」：王建宮詞：『太儀前日暖房來。』陶宗儀輟耕錄云：『今之入宅與遷居者，鄰里醵金治具過主人飲，謂之「暖屋」或曰「暖房」。』其一義也。又賀鑄慶湖遺老集 卷四 金山夜集詩云：『狂歌聞險語，捧腹每烘堂。』華陽長短句 六頁 鳳棲梧安人生日云：『怪底烘堂添笑語。』此與因話錄『合座俱笑』之意合：是宋人「哄堂」亦作「烘堂」，與前義微別也。盧詞多同官飲席間酬唱之作，或取前義；卽如提要之說爲「謙言博笑」，亦不必改作「哄堂」。直齋書錄蓋出淺人肊易，毛刻猶舊本可据者也。

樂章集一卷　宋柳永

『宋詞之傳於今者，惟此集最爲殘闕。晉此刻亦殊少勘正，譌不勝乙。節 字句之顯然舛誤者，如節 望遠行之，「亂飄僧舍，密灑歌樓」二句，上下倒置。節 萬樹作詞律，已駁正之，今並從其說。』

案：唐宋詞有倒平仄之例，其一句平仄相倒者，如：花間集 卷三 牛嶠天仙子共五首，第二句皆作「平平仄仄仄平平」，惟第三首作『天外鴻聲枕上聞』，與餘不同。同書 卷八 顧敻醉公子共二首，一首上片起句作『雨晴鶯百囀』，下片起句作『高樓簾半捲』。而他首則上起作『紅藕香侵檻』，下起作『獨望情何限』。柳永樂章集引駕行上片『泛畫鷁翩翩』，與下片『念吳邦越國』相對，而平仄相倒，詞律七謂『吳邦越國』當作『越國吳邦』；不知晁氏琴趣外編亦同柳詞，不必改也。其兩句平仄相倒者，如蘇軾東坡樂府石香子上片起作『攜手江村，梅雪飄裙。』後片起則作『尋常行處，題詩千首。』柳永望遠行『亂飄僧舍，密灑歌樓』二句，正同此例。詞律必欲改爲『密灑歌樓，亂飄僧舍，』不知歷代詩餘無名氏此調，此二句平灰，亦同柳詞，不必改也。提要沿詞律之誤，謂毛晉「殊少勘正」；實則此等不妄更改，猶毛氏之愼也。

書舟詞一卷　宋程垓

『前有王偁序，與書錄解題所載合。序云尙書尤袤曾稱其文過於詩詞。節 蓋垓與蘇軾爲中表，耳濡目染，有自來也。』

案：程垓與蘇軾爲中表之說，始於楊愼詞品；毛晉書舟詞跋，歷代詩餘詞人姓氏及提要皆沿其誤。王偁序題「紹熙甲寅」，乃南宋孝宗年號，序謂『正伯方爲當塗諸公以制舉論薦；使正伯惟以詞名，豈不小哉。』是王偁作序時，垓尙健在無疑。南宋紹熙，距蘇軾之卒幾已百年，何能連爲中表；此其誤甚明。且提要旣引偁序，謂尤袤曾稱垓文過於詩詞，而又謂與軾爲中表，是并尤袤爲南宋孝宗時人而偶忘之矣。聞往年梁啟超曾爲文辨此，未之見也。蕙風詞話四亦曾駁楊說。

惜香樂府十卷　宋趙長卿

『其詞往往瑕瑜互見，如卷二中水龍吟第四闋以「少」「峭」叶「晝」「秀」，純用江右鄉音，終非正律。』

案：宋詞有用方音叶韻者，如張先慶春澤用吳音，讀「絮」爲「梟」；黃庭堅念奴嬌用蜀音，讀「笛」爲「獨」；吳文英法曲獻仙音用吳音，以「冷」叶「帳」；林外洞仙歌用閩音，以「掃」叶「鎖」：蓋當時無通行之韻書，詞人間參用方音，取順歌者口吻聽者悅耳而已，可不拘也。惟趙長卿此詞以「少」「峭」叶「晝」「秀」，則實用古音而非江右方音。知之：如曾覿汴人也，而其釵頭鳳以「透」叶「照」；陳允平四明人也，而探春慢以「了」叶「酒」，寶鼎現以「峭」叶「袖」；毛滂江山人也，而清平樂以「壽」叶「孝」；皆其顯證。提要於烘堂詞之武陵春以「老」叶「頭」，水龍吟以「斗」「奏」叶「表」，清平樂以「皺」叶「好」「笑」，謂是用古韻，既與此說違異，而又謂『雖古韻本通，而詞家無用古韻之例，』亦未詳考也。」

尊前集二卷

『不著編輯者名氏，前有萬歷間嘉興顧梧芳序云：「余愛花間集，欲播傳之；而予斯編第有類焉。」似卽梧芳所輯。故毛晉亦謂「梧芳採錄名篇，釐爲二卷。」而朱彝尊跋則謂「於吳下得吳寬手抄本，取顧本勘之，詞人之後先，樂章之次第，靡有不同，」因定爲宋初人編輯。考宋張炎樂府指迷曰：「粵自隋唐以來，聲詩間爲長短句；至唐人則有尊前花間集。」似乎此書與花間集皆爲五代舊本；然樂府指迷一云沈伯時作，又云顧阿瑛作，其爲真出張炎與否，蓋未可定；又陳振孫書錄解題歌詞類以花間集爲首，註曰：「此近世倚聲塡詞之祖。」而無尊前集之名；不應張炎見之而陳振孫不見；彝尊定爲宋本，亦未可盡憑；疑以傳疑，無庸強指。』

案：歷代詩餘詞話引古今詞話云：『趙崇祚花間集載溫飛卿菩薩蠻甚多，合之呂鵬尊前集，不下二十闋。』此條不見於沈雄古今詞話，當出楊湜之書：是宋人以此書爲呂鵬作也。劉毓盤曰：王灼碧雞漫志亦謂呂鵬尊前集。又花庵詞選卷一李白淸平樂令下註云：『接唐呂鵬遏雲集載應制詞四首，以後二首，無淸逸氣，疑非太白所作』。劉氏詞史引。是以呂鵬爲唐人，與張炎詞源合。尊前之外，又有遏雲集：此皆提要及朱孝臧先生尊前集跋所未及者。大抵其書宋時已不甚通行，爲陳振孫所未見。詞源當修四庫時，全書未出，故提要誤稱爲樂府指迷；然碧雞漫志及花庵詞選皆曾錄入四庫者，而亦未詳檢，可謂失之眉睫矣。

白石道人歌曲四卷別集一卷　宋姜夔

『自製曲一卷及二卷鬲梅溪令，杏花天影，醉吟商小品，玉梅令，三卷之霓裳中序第一，皆記拍於字旁。宋代曲譜今不可見，亦無人能辨其似波似磔宛轉欹斜如西域旁行字者節奏安在。』

案：今人据以辨白石歌曲旁譜者，有詞源事林廣記及朱子琴律說三書；雖節奏未明，而工尺盡可識矣。詞源廣記固四庫館臣所未嘗見；然琴律說載朱子集中，當時具在；乃不引其工尺俗字以證白石譜，亦一疏也。

東浦詞一卷　宋韓玉

『上西平調卽金人捧露盤，前闋「暗惜雙雪」句，「惜」字據譜亦不宜仄。節賀新郎第三首後闋「冷」字韻複，當屬譌字。』

案：上西平「惜」字乃入作平，非誤。「雙」原書作「霜」，是。賀新郎押二「冷」字，蓋宋詞押複韻之例；如黃庭堅撥棹子用二「夾」韻，呂渭老撲蝴蝶用二「斗」韻，吳文英采桑子用二「時」韻，蔣捷梅花引用二「舟」韻，程垓四代好用二「好」韻，戴復古賀新郎寄豐宅之用二「舊」韻，張繼先蘇幕遮用二「走」韻：此等複韻有分在兩片者，有在一片中者，不可具數。提要於丹陽詞，据其和葉夢得江城子上片用「宮」韻，下片用「翁」韻，證夢得原唱用二「宮」字爲誤複，亦未達此例也。

逃禪詞一卷　宋楊旡咎

『點絳脣原註「用蘇軾韻」；其後闋尾韻舊本作「裹」字，〔毛〕晉因改作「堁」，並詳載「堁」字義訓於下；實則蘇詞末句乃「破」字韻，此「裹」字且誤，而「堁」字尤爲臆改。』

案：謂毛晉易「裹」爲「堁」爲臆改，是也；若以蘇軾原韻作「破」，疑楊詞作「裹」字爲誤，則非篤論。宋人和詞有偶改原唱一二韻者，如：方千里和周邦彥荔枝香近，改「卷」韻爲「徧」；側犯改「靜」韻爲「迥」；葛勝仲和葉夢得江城子改「宮」韻爲「翁」；皆顯例也。

夢窗稿四卷補遺一卷　宋吳文英

『案文英卒於淳祐十一年辛亥。節文英及與姜夔辛棄疾游，倡和俱載集中。而又有壽賈似道諸作，殆亦晚節頹唐如朱希真陸游之比。』

案：毛晉跋吳詞，以其淳祐十一年鶯啼序豐樂樓一首爲絕筆，提要及鄞縣志皆沿其誤，定文英卽卒於淳祐十一年。實則文英景定四年癸亥尙在，周密草窗詞癸亥拜星月慢「寄夢窗」一首可證也。文英集中有姜石帚而無姜白石，石帚白石非一人，未可斷爲曾與白石游；其云及交辛棄疾，殆據集中洞仙歌「黃木香贈辛稼軒」一詞而言；不知此詞乃白石之誤作，入吳集者，當時元鈔白石歌曲未出，故無由發其覆；文英實不及奉手棄疾也。至其晚節未嘗阿附賈似道，則劉毓崧爲夢窗詞序，辨之詳矣。

樂府補題一卷

『皆宋遺民倡和之作，節作者凡爲王沂孫，周密，王易簡，馮應瑞，唐藝孫，呂同老，李彭老，陳恕可，唐珏，趙汝鈉，李居仁，張炎，仇遠等十三人，又無名氏二人。』

案：此編作者共十四人，一佚其名；提要謂「無名氏二人」，非是。卷中浮翠山房賦白蓮，餘閒書院賦蟬，王樹榮跋謂「浮翠」卽唐藝孫「瑤翠」之譌，非別一人。惟餘閒何人，不可考耳。

中原音韻二卷　元周德清

『宋代三百年，作者如雲，亦無詞韻。』仲恆詞韻提要亦云『塡詞莫盛於宋，而二者餘載，作者雲興，但有製調之文，絕無撰韻之事。』案：宋人朱敦儒已爲應制詞韻，其書予另有考。

歷代詩餘一百二十卷　康熙御定

『洎乎五季，詞格乃成，其歧爲別集，始於馮延已之陽春詞；其歧爲總集，則始於趙崇祚之花間集。』

案：花間之前，唐人尙有尊前集，前已考之。又案歐陽炯花間集序云：「明皇朝則有李太白之應制清平調四首，近代溫飛卿又有金荃集。』是別集當始於溫岐之金荃，而非延巳之陽春也。歷代詩餘亦謂『唐自大中後，詩衰而倚聲作，至庭筠有專集名握蘭金荃。』近王國維爲唐五代二十一家詞輯，以新唐書藝文志作金荃集十卷，而顧嗣立跋飛卿詩集謂見宋刻金荃詞一卷，因疑飛卿詞本止一卷，金荃握蘭是詩文集非詞集。然金荃爲詞集，歐陽炯旣顯言之，其說終爲近古可信；且顧嗣立所見一卷本亦名金荃詞，則以爲詞別集之祖，可毋疑矣。

樂府指迷一卷　宋張炎

『其書分詞源，製曲，句法，字面，節十四篇，而附以楊萬里作詞五要五則。節又稱元遺山極稱辛稼軒詞，追成於北遊大都之後歟。』

案：此詞源之殘本也，而題爲樂府指迷，蓋沿陳繼儒祕笈之誤。作詞五要乃楊纘作，而非萬里，前人已辨之。至張炎成書年代，今可考者：錢良祐跋署「丁巳正月」，蓋元仁宗延祐四年；陸文圭跋有玉田棄家客游三十年之語，考張炎北遊行迹，見於詞集臺城路詞，乃至元廿七年庚寅，時四十三歲。自至元廿七年數至延祐四年，凡廿八年，與陸跋客游三十年之語合；知錢陸二序同時作，詞源成書，必在延祐初年也。又考山中白雲紀年最後者爲臨江仙（甲寅秋客吳，時年六十七）一首；甲寅爲延祐元年，當卽山中白雲結集之年；而錢良祐詞源跋載炎延祐二年乙卯臺城路一詞，不載於集，足見詞源之成，必在延祐元年詞集結集之後，延祐四年錢良祐作跋之前；炎時已七十左右，自序所謂爲詞章用功踰四十年，蓋紀實也。據珊瑚網記陸行直家使事，炎卒時已在延祐至治間，七十三四歲。詞源當爲其最後著述。提要疑其成於北游之後，誤早二三十年矣。

四庫全書目錄板本考

葉啓勳

引用各家書目

姚際恒古今僞書考 一卷乾隆庚子鮑廷博知不足齋叢書本省稱姚考

朱彝尊經義考 三百卷乾隆乙亥馬曰璐盧見曾合刊本省稱朱考

翁方綱經義考補正 十二卷乾隆壬子家刻本省稱翁考

顏師古注班固前漢書藝文志 一卷乾隆四年武英殿本省稱漢志

唐魏徵等隋書經籍志 四卷武英殿本省稱隋志

陸德明經典釋文叙錄 乾隆辛亥盧文弨抱經堂叢書本省稱盧叙錄

晉劉煦等舊唐書經籍志 二卷武英殿本省稱舊唐志

宋歐陽修等唐書經籍志 四卷武英殿本省稱唐志

唐馬總意林 五卷乾隆四十八年武英殿聚珍叢書本

日本佐世輿唐時見在書目 一卷光緒十年黎庶昌古逸叢書本省稱見在目

宋王堯臣等崇文總目 五卷補遺 一卷嘉慶己未秦鑒汗筠齋叢書本省稱崇文目

宋紹興中官撰祕書省續編到四庫闕書目 二卷光緒癸卯觀古堂刊本省稱宋闕書目

晁公武郡齋讀書志　一嘉慶己卯汪士鐘刻衢州本二十卷後志二卷宋趙希弁考異一卷附志一卷　一康熙壬寅陳氏刻袁州本四卷省稱衢本晁志袁本晁志

陳振孫直齋書錄解題　二十二卷武英殿聚珍本省稱陳錄

尤袤遂初堂書目　一卷道光丙午潘仕誠海山仙館叢書本省稱尤目

高似孫史畧　六卷古逸叢書本

高似孫子畧　四卷目錄　一卷明宏治十四年華珵百川學海本

元托克托等宋史藝文志　三卷武英殿本省稱宋志

宋王應麟玉海　明南監補修元本

元馬端臨文獻通考經籍考　乾隆丁卯武英殿刻三通本省稱馬考

明楊士奇等文淵閣書目　二十卷嘉慶己未顧修讀畫齋叢書本省稱明文淵閣目

張萱等內閣書目　八卷近張鈞衡刻適園叢書本省稱內閣目

張廷玉等明史藝文志　四卷武英殿本省稱明志

明高儒百川書志　二十卷乙卯觀古堂刊本省稱高志

陳第世善堂書目　二卷知不足齋叢書本省稱陳目

范懋柱天一閣書目　十卷嘉慶戊辰阮元編刊本省稱范目

天一閣見存書目　四卷又首末二卷共六卷光緒己丑薛福成編刻本省稱見存目

朱睦㮮萬卷堂書目 四卷宣統庚戌羅振玉玉簡齋叢書本 省稱萬卷堂目

祁承㸁澹生堂書目 十四卷光緒廿年徐友蘭紹興先正遺書本 省稱祁目

黃虞稷千頃堂書目 三十二卷適園叢書本 省稱黃目

豐道生華夏眞賞齋賦 一卷近繆荃蓀刊本 省稱華賦

李如一得月樓書目 一卷光緒丁酉盛宣懷常州先哲遺書本 省稱得月樓目

陳景雲注錢謙益絳雲樓書目 四卷道光庚戌伍崇耀粵雅堂叢書本 省稱陳注錢目

于敏中等欽定天祿琳琅書目 十卷光緒甲申王先謙刊本 省稱天祿目

彭元瑞等欽定天祿琳琅續編 二十卷王氏合刻本 省稱天祿續編

盧文弨補宋史藝文志 一卷日本文化八年八史經籍志本 省稱盧補宋志

錢大昕元史藝文志 四卷嘉慶丙寅黃丕烈士禮居叢書本 省稱錢補志

盧文弨補遼金元三史藝文志 一卷八史經籍志本 省稱盧補志

金門詔補遼金元三史藝文志 一卷八史經籍志本 省稱金補志

錢曾讀書敏求記 四卷道光乙酉阮氏刻本 省稱錢記

述古堂書目 四卷粵雅堂叢書本

也是園書目 十卷玉簡齋叢書本

毛扆汲古閣珍藏祕本書目 一卷士禮居叢書本 省稱毛目

顧湘汲古閣板本存亡考 一卷道光辛丑顧湘小石山房叢書本 省稱汲古板本考

季滄葦延令宋板書目 一卷士禮居叢書本 省稱季目

徐乾學傳是樓書目 不分卷傳鈔劉喜海抄校本 省稱徐目

　傳是樓宋元板書目 一卷玉簡齋叢書本 省稱徐宋元目

徐秉義培林堂書目 四卷舊抄本 省稱培林堂目

王聞遠孝慈堂書目 一卷家刻本 省稱王目

陸漻佳趣堂書目 不分卷家刻本 省稱陸目

曹溶靜惕堂宋元人集目 一卷光緒壬寅觀古堂刊本 省稱曹目

朱彝尊潛采堂宋金元人集目 一卷宣統辛亥觀古堂刊本 省稱潛采堂目

何焯校翁方綱通志堂經解目錄 一卷粵雅堂叢書本 省稱翁錄

金檀文瑞樓書目 十二卷讀畫齋叢書本 省稱金目

全祖望讀易別錄 一卷知不足齋叢書本 省稱全錄

吳焯繡谷亭薰習錄 殘本存經集兩部吳昌綬刊本 省稱吳錄

王亶望浙江採集遺書總錄 十卷 閏集 一卷乾隆甲申原刊本 省稱浙錄

阮元揅經室外集 五卷道光癸未阮氏文選樓叢書本 省稱阮外集

錢大昕竹汀日記抄 三卷嘉慶十年何元錫編刻本 省稱錢日記抄

孫星衍祠堂書目 內編四卷 外編三卷 嘉慶庚午原刊本 省稱孫目

平津館鑒藏書籍記 三卷 補遺 一卷 續編 一卷道光庚子獨抱樓刊本 省稱孫記

陳宗彝編廉石居藏書題跋記 二卷光緒甲申式訓堂叢書本 省稱陳編孫記

陳揆稽瑞樓書目 四卷光緒三年潘祖蔭滂喜齋叢書本 省稱稽瑞目

張金吾愛日精廬藏書志 三十六卷 省稱張志 續志 四卷道光丁亥原刻本 省稱張續志

彭元瑞知聖道齋書目 四卷玉簡齋叢書本 省稱彭目

彭元瑞知聖道齋讀書跋尾 二卷式訓堂叢書本 省稱彭跋

倪模江上雲林閣書目 四卷道光癸夘原刻本 省稱倪目

陳鱣經籍跋文 一卷道光丁酉蔣光煦別下齋叢書本 省稱陳跋

簡莊隨筆 一卷 省稱陳筆

吳騫拜經樓藏書題跋記 五卷 附錄 一卷道光丁未別下齋叢書本 省稱吳記

黃丕烈士禮居藏書題識 十卷近繆荃孫輯刻足本 省稱黃記

百宋一廛書錄 一卷適園叢書本 省稱黃書錄

顧廣圻注黃丕烈百宋一廛賦一卷士禮居叢書本省稱黃賦注

思適齋集十八卷道光己酉徐渭仁春暉堂叢書本省稱顧集

汪士鐘藝芸書舍宋元板書目一卷滂喜齋叢書本省稱汪目

蔣光煦東湖叢記六卷近繆荃孫雲自在龕叢書本省稱蔣記

瞿世瑛清吟閣書目四卷近吳昌綬刊本首稱淸吟閣目

錢泰吉曝書雜記三卷同治戊辰莫友芝刻本省稱曝書記

瞿中溶古泉山館題跋一卷近繆荃孫藕香零拾本省稱瞿跋

胡爾榮破鐵網一卷繆荃孫刊本

陳徵芝帶經堂書目五卷近上海排印活字本

丁日昌持靜齋書目四卷省稱丁目續一卷丁氏原刊本省稱丁續目

朱緒曾開有益齋讀書志六卷省稱朱志續一卷光緒庚辰朱崇鐸刻本省稱朱續志

趙魏竹菴盦傳抄書目一卷光緒甲辰觀古堂刻本省稱竹崦盦目

瞿鏞鐵琴銅劍樓藏書目廿四卷光緒廿四年瞿啓甲刊本省稱瞿目

丁丙善本書室藏書志四十卷光緒辛丑刊本省稱丁志

陸心源皕宋樓藏書志一百廿卷省稱陸志續四卷光緒壬辰刊本省稱陸續志

儀顧堂集十六卷同治甲戌原刊本省稱陸集

儀顧堂題跋十六卷省稱陸跋續跋十六卷光緒庚寅十萬卷樓叢書本省稱陸續跋

楊紹和楹書隅錄五卷省稱楊錄續四卷光緒甲午原刊本省稱楊續錄

日本森立之經籍訪古志六卷省稱森志補遺一卷光緒乙酉姚文棟在日本排印活字本省稱森志補遺

朱學勤結一廬書目四卷光緒壬寅觀古堂刊本省稱朱目

別本結一廬書目不分卷庚申觀古堂刊本省稱別本朱目

邵懿辰標注四庫全書簡明目錄宣統辛亥邵章刊本二十卷省稱邵注目

楊守敬日本訪書志十六卷光緒丁酉刊本省稱楊志

莫友芝宋元本經眼錄三卷附錄二卷同治癸酉莫繩孫刊本省稱莫錄

郘亭知見傳本書目四卷宣統已酉日本田中慶太郎活字排印本省稱莫目一無名人批注本省稱批注莫目一傳增湘批注本省稱傳批莫目

日本島田翰古今舊書攷四卷光緒甲辰活字排印本省稱島田考

繆荃蓀編京師學部圖書館書目四卷近上海排印活字本省稱學部館目

藝風堂藏書記八卷省稱繆記續記八卷光緒辛丑原刊本省稱繆續記

王懿榮增補顧湘彙刻書目二十册光緒十二年上海鴻瀛書局刊本

李之鼎增補楊守敬叢書舉要八十卷近江西宜秋館活字排印本

經部一

易類一

子夏易傳十一卷舊本題卜子夏撰（姚考云漢志無隋志始有子夏易二卷崇文總目曰此書篇第略依王弼式決非子夏之文又其言近而不篤然學者尚異頗傳習之晁子止公武讀書志曰景迂云張弧僞作陳直齋曰隋唐時久殘缺宋安得有十卷陸氏釋文所引隋子夏易傳今本皆無之豈直非漢世書並非隋唐之書矣恒案胡元瑞筆叢曰子夏易載通考者今亦不傳今崑山徐氏新刊有之胡蓋未見云朱考五易卜子商易傳僞本（中經簿四卷七錄六卷國史志中興書目十卷）佚（今存別本十一卷）又周易子夏十八章僞本一卷（崇文總目三卷）佚又（二十）卜子夏易傳解佚）

目錄

隋志周易二卷（魏文侯師卜子夏傳殘缺梁六卷玉海（卅五）引同） 陸序錄子夏易傳三卷（玉海引同） 舊唐志周易二卷（卜商傳） 唐志周易卜商傳二卷（玉海引同） 宋崇文目周易傳十卷（馬攷（十八上）引原釋此書篇第畧依王式決非卜子夏之文又其言近而不篤然學者尚異頗傳習之） 晁志卜子夏易十卷（右舊題卜子夏傳袁本同馬攷引同玉海引同） 陳錄子夏易傳十卷（馬攷引同） 尤目卜子夏易傳（原均不載卷數以下各書並同） 宋志易傳十卷（玉海引國史志子夏易傳十卷假託眞子夏傳一行所論是然殘缺又引中興書目十卷或題卜子夏） 明文淵閣目周易子夏傳（一部二册闕原不載卷數以下各書並同） 陳目卜氏易十卷（卜子夏後人僞作） 祁目續收卜子夏易傳二册（十卷） 陳注錢目卜子夏易卷（十卷） 也是園目子夏易傳十二卷

版本

一明毛晉刊本見孫目外編勳案各家書目均未著有此本檢毛考亦無此書疑孫氏涉他刻誤記　一明刊本見帶經堂目勳案各家均未藏有明本余家藏明高承埏稽古堂刻本每半葉八行行十八字此本蓋即高刻攷黃目子部叢書類載有高承埏稽古堂羣書祕檢二十二種此書前後無序跋年月可考是即祕檢之一也　一通志堂經解本見徐目季目王目金目勳案徐季王金四目均未標何人刊本檢其目錄敘次與通志堂經解目錄相合並載有成德著合訂删補大易集義粹言一種據此的爲通志堂本無疑以後四目著錄各書與通志堂本卷數合者均入通志堂本下　倪目丁目邵注目翁錄子夏易傳十一卷或云唐張弧撰勳案此書刻于康熙丙辰（十五年）凡白紙印本板心無通志堂三字者乃徐乾學刊成時初印後以板歸納蘭成德始補刻通志堂三字于中縫下方檢姚考云今崑山徐氏新刊有之何校翁錄屬稱東海是此刻當時並非成于成德之手今通行同治十年鍾謙鈞等重刻此書卷首載乾隆五十年上諭亦以爲徐乾學所裒輯令成德出名刊刻云以下省曰通志堂本　一學津討原本見邵注目莫目勳案此書嘉慶十年張海鵬照曠閣校刊每葉板心中縫下方有照曠閣三字

〔附輯本〕此各家從眞本輯出有刻本者

一王謨輯一卷漢魏遺書本見邵注目勳案今乾隆辛亥刻本無此書莫目載王謨輯漢魏遺書鈔部一卷今通行嘉慶戊午刊本亦無之或莫氏所見爲足本疑本氏涉此刻誤記以下省曰王謨輯本　一孫堂輯一卷漢魏二十一家易注本見孫目內編邵注目莫目勳案此孫堂輯本一卷嘉慶四年刻行以下省曰孫堂輯本　一孫馮翼集本一卷見孫目外編勳案此嘉慶十一年問經堂叢書刻本　一問經堂叢書本見邵注目一卷勳案此孫馮翼輯本題臧庸述嘉慶十一年刻本庸序以子夏易傳爲漢韓嬰撰非卜子夏撰所輯惟經典釋文正義集解古易音訓大衍義五家不採宋以後書以下省曰孫馮翼輯本　一道光辛巳二酉堂叢書刻張澍輯本一卷見觀古堂藏書以下省曰張澍輯本　一光緒癸巳補咸豐癸丑漢學堂經解刻黃奭輯本一卷勳案光緒癸巳揚州補板本前有劉富曾序稱刻成粵匪犯郡未及印行云云考杜文瀾平定粵寇紀略咸豐三年癸丑二月賊陷鎮江揚州據此則黃氏必刻始于道光末年成于咸豐三年也見觀古堂藏書以下省曰黃奭輯本　一同治庚午補道光己酉玉函山房叢書刻馬國翰輯

本二卷見觀古堂藏書（以下省曰馬國翰輯本）　一吳騫義疏本二卷見邵注目莫目（勳案此書刻于嘉慶自王謨以下諸本皆從他書輯出不如此本之精審）　一張惠言輯本見邵注目莫目（勳案嘉慶八年阮氏刻張皋文編易詮全集並無此書莫目同載此本然莫氏以邵注目爲底本或是原誤）

周易鄭康成註一卷宋王應麟編（朱考（九）易鄭氏（玄）周易注（七錄十二卷）佚（王應麟輯錄成一卷）又（三十三）王氏（應麟）古易考未見輯周易鄭注一卷存　翁考易鄭氏（康成）周易注）

目錄

隋志周易九卷（後漢大司農鄭玄注　玉海（三十五）引同）　唐陸序錄鄭玄注十卷（錄一卷七錄云十二卷　玉海引同）　舊唐志周易九卷（鄭玄注）　唐志鄭玄注周易十卷　唐見在目周易十卷（後漢鄭玄注）　宋崇文目周易一卷（馬考引原釋鄭康成注今惟文言說卦序卦雜卦合四篇餘皆逸指趣淵確本去聖之未遠）　宋志鄭玄周易文言注義一卷　明文淵閣目周易鄭康成注（一部一冊闕）　陳目鄭氏易注一卷（康成）　祁目鄭康成周易注（一卷　玉海本）　汪目（子部類書）周易鄭注一卷（元板）

版本

勳案易鄭注自宋已亡佚世無傳本王應麟始旁摭諸書輯錄得一卷今舉輯錄各刻本列之於後

一元至元四年玉海附刻本見丁目學部館目（每半葉十行行二十字）　一元至正辛卯慶元路補元至元四年玉海附刻本見張志瞿目丁志陸志陸續跋（每葉二十行行二十字）　朱目莫錄（均見子部類書）　一明正德二年補元刊玉海附刻本見錢日記抄（云中有正德元年二年補葉蓋明正德間印本）　一玉海刊本見孫目內編（勳案孫目子部玉海條下注一元刊本一補修元本考孫記載玉海注云明正德二年嘉靖庚戌至丁巳補修元至正本每葉廿行行廿字）　一明胡震亨姚士粦祕冊彙函刊周易集解附刻本見祁目黃目（子部類書）　金目（子部小說）秘冊彙函二十二種明武原胡震亨秀水沈士龍新都沈震卿同輯）　邵注目（勳案此書刻于明萬曆癸卯刊板未久即燬于火其殘板後歸

毛晉汲古閣編入津逮秘書以下省曰秘冊彙函本　一嘉慶丙寅江寧藩庫刊玉海附刻本見錢曝書記倪目・子部勤案此爲康基田校刊板藏江寧藩庫故世稱江寧本後燬于火　一無年月十行宋本易經注疏本見帶經堂目勤案各家所刻注疏均魏王弼晉韓康伯注余家所藏各本亦同陳氏誤作鄭注

新本鄭氏周易三卷國朝惠棟編

目錄

稽瑞目鄭氏周易三卷輯本附爻辰圖一冊

版本

一盧氏雅雨堂刊本見孫目內編三卷末附爻辰圖　倪目邵注目勤案此乾隆丙子盧見曾編刻以下省曰雅雨堂本　一孫堂輯本見孫目外編邵注目　一孔廣林輯本十二卷見孫目內編勤案此書孔氏脫稿于嘉慶癸酉其時無傳本行世今通行光緒庚寅山東書局刻通德遺書所見錄本　一張惠言雖著本見邵注目勤案此書三卷嘉慶八年阮元刻張皋文箋易詮全集本道光九年又重刻入皇淸經解中莫目云輯義二卷　一丁杰輯補十二卷湖海樓叢書本見莫目勤案此書嘉慶二十四年陳春編刻以下省曰湖海樓本　一廣東新刊古經解彙函本見莫目勤案此書同治十二年鍾謙鈞編刻後附小學彙函以下省曰古經解本小學彙函本　一光緒戊子浙江書局刻鄭氏佚書袁鈞輯本九卷見觀古堂叢書以下省曰袁鈞輯本

陸氏易解一卷明姚士粦所輯吳陸績周易注也朱考（十）易陸氏（績）周易注（會通一卷）佚（鹽邑志林載有一卷）翁考陸氏（績）周易注

目錄

隋志周易十五卷吳鬱林太守陸績注 陸序錄陸績注十三卷 唐見在目周易八卷陸善經注 明萬卷堂目京氏易傳一卷陸績 培林堂目陸績易解一卷 也是園目陸績解三卷

〔附輯本〕勤案陸績易原本自宋志始不著錄當佚于唐宋之間至明姚士粦始採集陸氏經典釋文李氏周易集解及京氏易傳注輯成一卷凡百五十條今舉輯錄各刻本列于後

一明天啓三年樊維城刋鹽邑志林本見黃目子部類書類以下省曰鹽邑志林本 培林目吳錄浙錄子部叢書類 倪目丁目子部雜家類 邵注目題易傳三卷

〔附增輯本〕

一孫堂輯本見孫目外編邵注目勤案此一卷 一古經解彙函本見莫目勤案此即重刻孫堂輯本題陸氏周易述 一馬國翰輯本三卷 一黃奭輯本一卷並見觀古堂藏書

周易註十卷上下經註及略例魏王弼撰繫辭傳說卦傳序卦傳雜卦傳註晉韓康伯撰朱攷（十）王氏（弼）周易注（七志十卷）存又周易畧例存 翁攷王氏弼周易註註又周易畧例

〔目錄〕

隋志周易十卷魏尚書郎王弼注六十四卦六卷韓康伯注繫辭以下三卷王弼又撰易畧例一卷 又周易繫辭二卷晉太常韓康伯注玉海（三十六）引同 陸序錄易王弼注七卷七志云注易十卷 舊唐志周易七卷王弼注 又十卷王弼韓康伯注 唐志王弼注七卷玉海引同 又王弼韓康伯注十卷 唐見在目周易十卷又周易畧例一卷唐邢璹注 宋崇文目周易十卷原釋王弼注見天一閣抄本勤案今本馮攷（十八上）無原釋 宋闕書目王弼周易略例一卷 晁志王弼周易十卷右上下經魏尚書郎王弼輔嗣注繫

辭說卦雜卦序卦弼之門人韓康伯注又載弼所作略例通十卷袁本同馬攷引同

陳錄周易注六卷略例一卷繫辭注三卷魏尚書郎山陽王弼輔嗣注上下經王撰略例晉太常潁川韓康伯注繫辭說卦雜卦馬攷引同

宋志上下經六卷繫辭說卦序卦雜卦三卷韓康伯注　又王弼略例一卷玉海引國史志王弼易論一卷又引中興書目弼有易辨一卷

元馬考王弼易注略例繫辭注十卷　明文淵閣目周易王弼注一部五冊闕又一部四冊闕又一部四冊闕又一部三冊闕又一部一冊闕又一部纂圖三冊闕

高志周易略例一卷王弼撰　陳目王氏易注略例繫辭注共十卷王弼　又易經略例一卷王弼　范目周易十卷刊本上下經六卷魏王弼注繫辭二卷說卦序卦雜卦一卷晉韓康伯注無序見存目無　祁目續收

王輔嗣注周易二冊十卷王弼　又韓康伯注周易繫注一冊一卷　陳注錢目王弼注六卷注上下經　韓康伯注三卷輔嗣門人注繫辭　又略例一卷王弼　錢目周易古注王弼注周易彖義上下經傳六卷略例一卷韓康伯注周易彖義七卷之九經典釋文一卷三冊

天祿目一周易一函五冊　上下經六卷魏王弼注繫辭以下三卷晉韓康伯注周易略例一卷王弼著唐邢璹注俱唐陸德明音義共十卷宋板云是書不載刊刻年月於宋光宗以前諱皆缺筆又每卷末詳記經注音義字數宋板多此式其爲南宋刊本無疑云

錢記北宋刻本周易十卷經傳一之六王弼注繫傳七之八說卦序卦雜卦九韓康伯注略例十邢璹注

述古堂目易經王弼注十卷一本宋本也是園目周易十卷　也是園目王弼周易略例一卷　季目宋板纂圖互注易經十卷王弼二卷　又宋本周易一之六卷王弼注七之九卷韓康伯注　吳錄周易注六卷　稽瑞目周易略例一卷舊刻一冊　倪目周易注十卷一本附陸德明釋文一卷明監板本　丁目周易注一卷坊本

版本

勤案宋岳珂九經三傳沿革例有九經建余氏興國于氏二本廖氏世綵堂本唐石刻本晉天福鋟板本京師大字舊本紹興初監本監中見行本蜀大字舊本蜀學重刻大字本中字本又中字有句讀附音本潭州舊本撫州舊本建大字本（俗稱無比九經）兪韶卿家本又中字凡四本婺州舊本又有越中舊本註疏建本有音釋注疏蜀注疏本凡各家藏書志目間有傳本者引注各目之下各目所無

者以其年代過遠無從考查其當時各刻爲注本爲疏本爲注疏合刻本概不詳載云

一唐開成二年刊石本見孫目內編　唐石經周易九卷附略例一卷尚書十三卷毛詩二十卷周禮十二卷儀禮十七卷禮記二十卷春秋左氏傳三十卷春秋公羊傳十卷春秋穀梁傳十卷孝經一卷論語十卷爾雅三卷

彭目　唐石經一百五十册

邵注目　云唐文宗二年鄭覃奏刊共十二經無孟子孟子係續刻唐石經有孟子者不佳

叢書舉要　唐石經周易九卷（魏王弼注上經下傳共二卷又王弼畧例一卷二萬四千四百三十七卷）尚書十三卷（魏孔安國傳并序二萬七千一百三十四字）毛詩二十卷（漢鄭玄箋四萬八百四十八字）周禮十一卷（漢鄭玄注四萬九千五百十六字）儀禮十七卷（漢鄭玄注五萬七千一百一十字）禮記二十卷（漢鄭玄注月令一卷李林甫等注九萬八千九百九十四字）春秋左氏傳三十卷（晉杜預集解幷序一十九萬八千九百四十五字）春秋公羊傳十二卷（漢何休解詁幷序四萬四千七百四十八字）春秋穀梁傳十二卷（晉范寧集解并序四萬二千八十九字）孝經一卷（唐元宗御注并序二千口百口十三字）論語十三卷（唐張參）九經字樣一卷（唐唐元度）云石在西安府學中有殘缺明萬曆間王堯等補刊別書於石然所補多不典又有孟子七卷是國朝陝西巡撫所刊又云此書日本有縮刻本寫刻頗精缺字以圈識別甚便翻閱惜版已毀惺吾識

一蜀孟昶時刊石本見趙附志　石經周易（右周易十卷經注六萬六千八百四十四字將仕郎守國子助教臣楊鈞朝議郎守國子毛詩博士柱國臣孫逢吉書）石經尚書（右尚書十三卷經注幷序八萬一千九百四十四字將仕郎試秘書省校書郎臣周德貞書鐫玉冊官陳德超錢）石經毛詩（右毛詩二十卷經注一十四萬六千七百四十字將仕郎試秘書省校書郎張紹文書）石經周禮（右周禮十二卷經注十六萬三千一百單三字將仕郎試秘書省校書郎孫明吉書）石經儀禮（右儀禮十七卷經注一十六萬五百七十三字將仕郎試秘書省校書郎張紹文書）石經禮記（右禮記二十卷經注十九萬六千七百五十一字卷首題日御删定禮記月令第一集賢院學士尙書左僕射兼右相吏部尙書修國史上柱國晉國公臣林甫奉敕注曲禮爲第二蓋唐明皇删定之本也將仕郎試秘書省校書郎張紹文書）石經春秋（右春秋經傳集解二十卷經注并序三十四萬五千一百四十四字不題所書人姓氏）石經公羊（右公羊十二卷經注一十三萬一千五百一十四字不題所書人姓氏）石經穀梁（右穀梁十二卷經注八萬一千六百二十字不題所書人姓氏）石經論語（右論語十卷經注并序三萬五千三百六十八字將仕郎前守簡州平泉縣令兼殿中侍御史賜緋魚袋張德釗書穎州郡陳德謙鐫字）石經孝經（右孝經一卷經注并序四千九百八十五字不題所書人姓氏但題穎州郡陳德謙鐫字）石經孟子（右孟子十四卷不題經注字數若干亦不題所書人姓氏）石經爾雅（右

蜀雅三卷將仕郎前守簡州平泉縣令賜緋魚袋張德釗書武令昇鐫不題經注字數若干）以上石室十三經蓋孟昶時所鐫故周易後書廣政十四年歲次辛亥五月二十日唯三傳至皇祐初方畢故公羊傳後書大宋皇祐元年歲次己丑九月辛卯朔十五日乙己工畢

一宋刊本見九經三傳沿革例 蜀學重刊大字本勵案此本近涵芬樓影印入四部叢刊其書錄解題載云周易十卷卷首題周易上經乾傳第一次行低七格題王弼注每半葉十行行大字十六小字廿四四周雙邊上魚尾上雙行記大小字數下魚尾下記刻工姓名卷末各記經注字數不附釋文殷匡貞徵桓媾姤敦等字皆爲字不成卷五第十五葉刻工爲巴川口郁當郎岳氏九經三傳沿革例所稱蜀學重刊大字本云

一南宋槧巾箱本見森志 云卷一至卷六體式並同前諸本（勵案森氏前載大永三年抄本云卷首第一行題周易上經乾傳第一次行王弼第三行三（乾下乾上）乾元亨利貞）卷七至卷九繫辭上下說卦韓康伯注附釋音及重言重意每卷不題經注字數略例有注題云周易略例序唐四門助教邢璹注每半葉九行行十七字注雙行行十八字四周雙邊界長三寸一分幅二寸左方欄邊記卦名若篇名

一金天德三年國子監印定本見金補志 王弼韓康伯易經注

一宋刻本見瞿目 云卷一首行題上經乾傳第一下夾注釋文周代名也云云至次行止三行題王弼注四行題唐國子博士兼太子中允贈齊州刺史吳縣開國男陸德明釋文附卷二以下無唐國子至釋文附二行繫辭以下題韓康伯注每半葉十二行行二十一二十二字不等注用雙行行二十八字宋諱殷匡筐恒貞徵懲構媾遘慎等字皆闕筆而敦字不闕蓋孝宗時刻本也

一宋刻本見天祿續編一 周易（一函四冊）王弼本十卷上下經弼注繫辭傳說卦傳序卦傳雜卦傳韓康伯注附略例邢璹注是書不載鐫板年月於孝宗以上諱俱闕筆乃淳熙乾道年刊宋本中之佳者

丁志 云每半葉八行行十七字首行頂格題周易上經乾傳第一次行低十字題王弼注三行頂格三三（乾上乾下）下接經文經注繫辭首行題周易繫辭卷七次行低一十格題韓康伯注三行以下刻繫辭卷九說卦傳格式同卷十首行題周易略例序次行低六格題唐四門助教邢璹注三行刻序文序後另行題周易略例卷第十次行頂格題明象三行頂格刻略例每卷後半葉邊匡外之上刻乾坤屯蒙及繫說卦略例等字缺筆至慎字止當爲乾道淳熙閒刻本

一

宋岳倦翁五經本 見九經三傳沿革例 季目 勵按張志有毛氏影寫宋相臺岳氏本云每卷末俱有相臺岳氏刻梓荊谿家塾篆文木記

一明味經堂刻本 見錢日記鈔 云附陸氏釋文頗以宋板每葉左線外標其卦某傳 邵注目 云九行十八字佳頗以宋板每頁左線外標某卦某傳

一明葛鼒葛鼐永懷堂

刻十三經古註本見天祿續十三云十三經注（二十函一百七十四冊）明金蟠葛鼐同校前有宣德乙卯蟠順跋又總目附考一卷是本刊注不刊疏在神宗時南北兩雍刊行十三經注疏之前校對極精審勳案此書刻始于萬曆成于崇禎已卯在南北監本之前莫目云今在浙猶存同治丁卯見新印本以下省曰永懷堂刊本倪目丁續目

一乾隆四十八年武英殿仿宋岳氏五經本見錢曝書記云卷首御撰五經萃室記每經前御製詩一首每卷後附考證倪目勳案余有藏本每卷末均有相臺岳氏刻梓家塾或相臺岳氏刻梓荊谿家塾篆書木牌記大小不一其形爲長方橢圓亞字諸式以下省曰武英殿仿宋本

一江西稽古樓刻十三經古注巾箱本見邵注目莫目勳案此是洛于氏允良校刊以下省曰稽古樓本

〔附單刊零例本〕

一明范欽天一閣刻二十種奇書本見范目云明司馬公諱欽訂見存目全祁目黃目子部類書繆續記勳案此書明嘉靖刊余家有藏本首行大題周易略例次行低三格題晉王弼署（空一格）唐邢璹注（空一格）明范欽訂每半葉九行行大字十八注雙行字數同以下省曰天一閣本

一明毛晉津逮祕書本見黃目子部類書孫目內編倪目子部丁目子雜家勳案晉得胡震亨秘冊彙函殘板收拾增補易名爲此書于崇禎庚午印行凡板心書名在魚尾上用宋本舊式者皆震亨之舊書名在魚尾上下刻汲古閣三字者晉所增也汲古板本考云此書板已無以下省曰津逮秘書本

一明萬曆壬辰程榮彙刻漢魏叢書本勳案程本無序跋刊刻年月前有萬曆壬辰屠隆序據明史藝文志子部類書類載屠隆漢魏叢書六十卷似屠氏別有刻本今無一種流傳不知何故嘗因程序本前有屠序遂誤程爲屠耶乾隆辛亥金谿王謨重刻此書增訂爲八十六種其凡例云漢魏叢書輯自括蒼何鏜舊目原有百種新安程氏板行僅梓三十七種武林何氏又搜益其半合七十六種而前序則東海屠隆撰按何氏原跋云往見緯眞氏別本分典雅奇古閎肆藻艷四家以類從殊爲鉅觀緯眞即隆字也則仍緯眞又自叢書行世明史藝文志類書門載有屠隆漢魏叢書六十卷必即何氏所見緯眞別本但不應何本又冠以屠序也又云新安程氏武林何氏二本並行於世而何本流傳較廣據屠隆作序年月在萬曆壬辰蠟月則此書或即刻於是時於今二百餘年何本原書亦僅有存者坊間多以建陽書林所刻漢魏名文乘冒充由原板久已漫漶後又未有重刻者所以眞本難得而可貴也又云何書原祇七十六種此外二十四種未見書目無繇采補而唐宋叢書中尙載有漢魏人書書板字體俱相彷彿因援取十種一同編入又云何氏校刊本亦不精且多脫誤此書祇就何氏原板

翻刻未另辨稿付梓故不免有渻繆承譌之病據據王氏所稱則其書行款全依何刻未有移其書每半葉九行每行二十字而世行本漢魏叢書本板式行字亦復相同卽程氏原刻亦半葉九行二十字以三本板框大小相較皆不相差疑何本翻雕程板王又繙雕何板故三本之中字體以程刻爲最善尚有嘉靖遺風則以其爲原刻也程何王廣四刻余家皆有藏本暇日取以校勘之故得知其原委余又竊疑程榮所刻三十七種其中必有屠刻之書明志云屠書六十卷今程書有二百餘卷則當日程榮就屠原有之板并入巳刻三十七種此事理之常否則屠書何以散佚不留一種見於各家藏書志目耶是知屠書爲程所併故前仍存屠序則王氏疑何本不應有屠序者不知程本前亦存屠序遞相傳刻不忘所祖其蛛絲馬迹因有可以考繹者矣

見祁目子（十三一叢書類

范目子漢魏叢書二百五十卷明萬曆壬辰東海屠隆纂見存目全

黃目子類書屠隆漢魏叢書六十卷

天祿續編十七漢魏叢書明程榮彙刻刊于萬曆壬辰前有屠隆序

孫目內編丁目子雜家漢魏叢書一百一十四種刊本明程榮何鏜編以下省曰程刊漢魏叢書本

一明何允中增刻漢魏叢書本勳案何允中刻本有允中識語不載年月云叢書彙自括蒼何鏜版行則新安程氏何氏舊目百種程氏僅梓三十七種茲搜益其半仍何氏經史子雜舊目云見觀古堂藏書以下省曰何刻漢魏叢書本

一五柳居刻廣漢魏叢書本見倪目子部勳案凡八十種王補顧彙刻書目云乾隆間蘇州書坊刊本卽此本也五柳居陶氏刻有太玄經集注十卷後有嘉慶戊午五柳居主人跋據此則此書當刻于嘉慶間五柳居則以黃記考之是書估陶廷學子蘊輝書坊牌名以下省曰陶刻廣漢魏叢書本

一乾隆辛亥王謨刻漢魏叢書本見觀古堂藏書以下省曰王刻漢魏叢書本

一陶宗儀說郛刻本見黃目子類書培林堂目丁目說郛一百二十卷刊本明陶宗儀編倪目子雜家勳案說郛有二刻一明宏治丙辰郁文博刊本一順治丁亥姚安陶珽重編刊本莫目云說郛本畢刊界例無邢璐注以下省曰說郛本

（附白文本）

勳案盧抱經云九經小字本吾見南宋本不如北宋本錫山秦氏本又不如南宋今之翻秦本者更不及焉

一宋嘉祐二年刊石本見絲目內編宋二體石經周易一冊尙書二冊周禮一冊禮記一冊

一宋高宗時刊五經本見天祿目

一五經易書詩禮記經文春秋左氏經傳不分卷云巾箱本行竄字展郎若列眉中楷字闕筆愼字缺字不闕乃高宗時刊上方列字音

一宋刊九經本見天祿續編三九經巾箱本不分卷易書共一冊詩二冊周禮二冊禮記三冊左傳六冊孝經論語共一冊孟子一冊音義皆附上方諱容不諱惇湻熙乾道間刻也吳記云每葉四十行行二十七字蓋卽漁洋先生居

易錄所載倪璠闕尙書家小本九經者也丁目密行小字五經二函十六本云此卽世所稱宋巾箱本也每半葉二十行行二十七字行密如橫字纖如髮云丁志九經宋刊本拜經樓吳氏藏書云謹案天祿琳琅正續所收宋刊巾箱本九經二部一爲至善堂本云云一爲巾箱本九經不分卷易書詩周禮禮記左傳孝經論語孟子音義皆附上方淳熙乾道間刻也此書每葉四十行行二十七字上格欄載音義凡易二十一葉書二十六葉詩四十七葉左傳一百九十八葉禮記九十三葉周禮五十五葉孝經三葉論語十六葉孟子三十四葉卽天祿之第二部也陸志周易尙書毛詩禮記左傳宋刊巾箱本孔安國尙書序杜預左傳序按每半葉二十行二十七字箱端有音此本惇字以上諱皆缺避廓字不缺字體行格與婺本重言重意尙書周禮相似疑是宋光宗時婺州刊本云陸跋宋婺州本五經白文跋云右宋刊五經正文十册不分卷書估所謂澄淸本者也宋帝諱自孝宗以前皆缺避光宗諱惇字不缺當是孝宗時所刻此書每葉四十行每行二十七字陸續跋宋槧婺州九經跋云周易二十一葉尙書二十六葉前有孔安國序毛詩四十七葉周禮五十五葉孝經三葉前有唐明皇序論語十六葉前有何晏序孟子三十四葉前有孟子題辭禮記九十三葉春秋左傳一百九十八葉每葉四十行每行二十五字眉間有心切板心有易書詩禮孝論孟左等字及刊工姓名字數余向藏五經正文審爲婺州刻今得此本參互考訂益信前之言不誣云

一元至善堂刊九經本見天祿目五元板九經周易尙書毛詩春秋禮記孝經論語孟子爾雅小爾雅附中庸大學重出各經序文傳注俱不載云此書專刻經文無校刊人姓名亦不載鏤板年月易經後有識語云云「文贅不錄「至善堂記按至善堂當是書估坊名其專刻經文蓋取便于行笥所攜亦仍宋槧九經巾箱之意丁志宋刊本九經云謹案天祿琳琅正續所收宋刻巾箱本九經二部一爲至善堂刊凡周易尙書毛詩春秋禮記孝經論語孟子爾雅小爾雅附中庸大學重出各經序文傳注皆不載

一明嘉靖戊戌止至善堂刊九經白文本見邵注目易諸卦皆仿乾卦經頂格十翼低一格詩書不刻小序春秋不附傳文孝經論語孟子爾雅附小爾雅十二行行二十四字以下省曰明止至善堂刊九經本

一明嘉靖庚子衛王府刊五經白文本見莫目以下省曰明衛王府刊五經本

一明趙用賢刊五經白文本見邵注目莫目

一明錫山秦氏刊本見吳記云宋刊九經本先君子跋云九經白文乃宋麻沙本之佳者蓋明錫山秦氏刊本之所祖也勳案此明崇禎庚辰秦鏷刻不分卷每葉四十行行二十七字上格標載音義凡易二十一葉書二十六葉詩四十七葉左傳一百九十八葉禮記九十三葉周禮五十五葉孝經三葉論語十六葉孟子三十四葉原刻甚精點畫不苟重刻則失之遠矣

一經培林堂目

一明細楷精刻本見祁目九經眞文十二册十二卷

一武英殿雙鉤鐫榻本見曝書雜記云金壇蔣湘帆先生書十三經始末詳見其自

跋十三經殘字冊云余遂失志力書計全經八十餘萬言於是先其難者以春秋左傳二十萬言始凡五年訖工繼以禮記十萬又二年其餘周易尚書毛詩周禮儀禮公羊穀梁爾雅孝經論語孟子又五年共歷一紀乃畢事以碑洞石經爲式摹善本校正用東洋紙界烏絲闌書之將成馬君秋玉聞之二千金延吳中名手裝潢於梅花書院共三百本五十函總河高公摺奏先呈周易二函奉　旨大學士等議奏既又奉　旨以字畫端好命取全經交武英殿校對十月奉　命武英殿照淳化閣帖式用棗木板鐫搨頒發各省云勤案湘陰李桓賓退紀談云金壇蔣湘帆初名振生博學工書與王虛舟澍友善嘗寫法華經成以示虛舟虛舟曰君儒生盍寫十三經乎湘帆踐之涓吉張筵從事寫經先寫春秋左傳五年畢事繼禮記二年畢繼羣經五年畢時乾隆三年戊午也楊州馬氏以白金二千爲裝潢共成三百冊以庚申進呈賜藏國子監學正衙擬付武英殿校刊會有泥之者不果藏奉懋勤殿越四年癸亥湘帆卒後四十九年辛亥爲乾隆五十六年奉敕刊石列於太學派和坤等十四人充總裁校勘等官訂正譌舛次第上石越歲刊竣凡立石百八十有九周易六石在修道堂尚書八石在修道堂詩經十三石在修道堂周禮十五石在修道堂及正義堂儀禮十七石在正義堂禮記二十八石在正義堂及廣業堂春秋左傳六十石在廣業堂崇志堂誠心堂三堂中春秋公羊傳十二石在誠心堂春秋穀梁傳十一石在率性堂論語五石在率性堂孝經一石在率性堂孟子十石在率性堂云是蔣湘帆所寫十三經當時並未用棗木板雙鉤鐫搨也

一國子監刊石本見叢書舉要　周易九卷尚書十三卷毛詩二十卷周禮十一卷儀禮十七卷禮記二十卷春秋左氏傳三十卷春秋公羊傳十二卷春秋穀梁傳十二卷孝經一卷論語十卷爾雅三卷孟子七卷云乾隆間以無錫布衣蔣衡所書刻石於太學嘉慶八年詳勘磨改故今之拓本與乾隆間本頗有同異云勤案此乾隆五十六年奉敕刊石（詳見前條）

一錫山秦氏仿宋刻巾箱九經本見天祿目一　宋板五經云近錫山秦氏仿宋刻巾箱九經亦同此例　丁志　宋刊本九經云嘉慶戊辰人日吳燾題云九經白文乃宋麻沙本之佳者蓋錫山秦氏刊本之所祖也　陸志　宋刊巾箱本云秦刻即從此出但改每半二十行爲十八行耳　陸跋　宋婺州本五經正文跋云乾隆中秦氏所刻疑即從此出惟秦氏改每頁四十行爲三十六行耳

邵注目　九經白文無錫秦氏刻巾箱本易三卷書詩各四卷春秋十七卷禮記六卷周禮六卷孝經一卷論語二卷孟子七卷合五十卷又附大學中庸章句各一卷小學二卷　莫目　云按秦板以附小學者爲眞

一古香齋巾箱六經白文本見邵注目莫目　勤案此四書五經白文乾隆間內府刻古香齋袖珍十種之一南海孔氏有重刻本

（附白文本）

一宋嘉祐三年刻章友直篆書本見邵注目　云間字堂目有宋二體石經周易一冊尚書一冊周禮一冊嘉祐三年刻章友直篆書

一明刊篆

文七經白文本見莫目 云易書詩春秋周禮儀禮四書半葉九行行十三字 一國朝內府刊篆文見莫目 云半葉八行行十三字李光地張照奉旨

校閱

周易正義十卷魏弼晉韓康伯注唐孔穎達疏 朱考（十四）孔氏（穎達）等周易正義中興書目十四卷存

目錄

舊唐志周易正義十四卷 孔穎達撰玉海卅六引同 唐志周易正義十六卷 國子祭酒孔穎達顏師古司馬才章王恭太學博士馬嘉運太學助教趙乾叶王談于志寧等奉詔撰回門博士蘇德融趙弘智覆審玉海（卅六）引同 唐見在目周易正義十四卷 唐國子祭酒孔穎達撰 宋崇文目周易正義十四卷原釋孔穎達等 見天一閣抄本勵案今本馬攷（十八上）引原釋云唐太尉長孫無忌與諸儒刊定宋朝端拱初國子司業孔維等奉詔是正其言主申王學云 晁志周易正義十四卷 袁本同馬攷（十八上）引同 陳錄周易正義十三卷 唐國子祭酒冀州孔穎達仲達撰馬攷（十八上）引同 尤目周易正義 宋志孔穎達正義十四卷 玉海（卅六）引志正義十六卷（舊志十四卷書目十四卷） 明文淵目周易正義 一部二冊闕

又周易孔穎達注疏 一部十冊闕又一部六冊完全 內閣目九經注疏共十七冊不全 原不載卷數以下各書並同 高志周易兼義九卷 王弼注六卷康伯注三卷孔穎達等正義 陳目易經正義十四卷 孔穎達 又易經注疏九卷 范目易經注疏九卷 見存目無 又周易兼義九卷 魏王弼注唐孔穎達正義釋文一卷唐陸德明撰畧例一卷魏王弼撰見存目無 萬卷堂目周易要義十卷 長孫無忌 又易經注疏九卷 孔穎達 祁目監本周易注疏八冊 九卷 陳註錢目監本十三經注疏 下不分列 又宋板周易注疏十二冊 又周易兼義即注疏三冊 原不載卷數以下各書同 錢目監本十三經注疏 下不分列 又宋刻周易注疏 十二冊 又周易兼義 即易經注疏三冊原不載卷數以下各書同 述古堂目孔穎達易經注疏十卷五.

本（也是圖目同）毛目元板周易兼義八本（原不載卷數以下各書同）季目宋板周易正義十四卷（四本又一部十三卷十本）

徐宋元目宋本周易注疏十三卷（新入）徐目（晉王弼韓康伯唐邢璹注）周易注（上下經六卷畧例一卷繫辭三卷）王目元板周易兼義注疏（陸德明釋文附）九卷（二册）金目易經注疏九卷 倪目明監板本周易九卷 汪目宋板周易注疏抄補十三卷（魏王弼注唐國子祭酒上護軍曲阜縣開國子臣孔穎達奉敕撰正義）森志南宋槧本周易注疏十三卷

【版本】

一宋淳化三年監本見島田攷（紹興本毛詩正義引云自宋淳化始有五經正義刊本云）

一宋刻大字本見九經三傳沿革例（紹興初監本）陳跋（題周易注疏十三卷云每半葉八行行十九字皆頂格經下夾行注皆有注云二字注下作大字陰文疏字仍夾行先鏊釋經文然後釋注再接大字經文書中避敬恒貞恆等字而不避慎字間有避慎字者係修板疑即沿革例所謂紹興初監本其刷印則在乾道淳熙間也）瞿目（首題周易注疏卷一次題國子祭酒上護軍曲阜縣開國子臣孔穎達奉勅撰餘卷竝同此式不題王弼注繫辭亦不題韓康伯注其分卷則乾一坤二師三大有四復五咸六損七鼎八旅九繫辭上十繫辭上第六章十一繫辭下十二說卦十三每半葉八行行十九字皆頂格經下夾行注皆有注云二字疏上則作陰文大疏字疏仍夾行行亦十九字遇敬殷匡恒貞恒構字皆闕筆而慎字不闕陳仲魚謂即九經沿革例中所稱紹興初監本也勳案此即陳氏藏本後歸瞿氏耳）

一南宋紹熙間三山黃唐刊閩本見楊志（尚書注疏宋本下黃唐題識云六經疏義自京監蜀本省有正文及注又篇章散亂覽者病爲本司舊刊易書周禮正經注疏萃見一書便於披繹云云故各經後皆有此跋勳案楊守敬編叢書舉要載宋閩刊本周易注疏十三卷尚書注疏二十卷毛詩注疏四十卷周禮注疏四十二卷禮記注疏七十卷春秋左氏傳注疏六十三卷凡六種云今惟日本足利學藏有全部余所見閩周易則有德化李木齋藏本余亦有明代重刻本（案即永樂刊本）尚書則有日本重刻本其原宋本余亦得之今歸南皮張文襄公毛詩則有影抄本余從日本得之禮記則有曲阜孔氏藏本惟周禮左傳未見勳案易疏書疏永樂均有仿本書疏尚有日本弘化丁未覆宋本均每半葉八行行十七八字不等）

一宋刻十行行十七字附釋音見邵注目莫目（云明正德後遞有修補之業即明初南雍所集舊板也其初本闕儀禮以楊復儀禮圖補之（亦宋元舊板）嘉靖五年陳風梧刻儀禮注疏於山東以板送監（十行行二十字）勳案此即岳珂九經三傳沿革例所載建本附釋

晉注疏者刊于宋南渡後由元自明正德遞有修補改爲黑口無大小字數無刻工姓名無小耳字畫書勁是一次補刻有刻正德十二年者亦無大小字數刻工姓名及小耳是二次補刻有上刻閱何校中刻鄉林重校中作書疏一下有刻工名姓是三次補刻均無小耳至嘉靖中閩中御史李元陽据以重刊其板遂廢院文達藏十一經獨闕儀禮爾雅兩種所刻注疏據此校勘頗佳

帶經堂目　十行宋本勳案此目尙書毛詩等疏亦十行宋本當是十三經合刊者故列此

一宋本見邵注目莫目　半葉十行每行大字十八小字二十四

吳記　周易兼義十卷末一卷爲略例並附陸氏釋文每半葉十行每行大字十八小字二十四板心有校正重校等銜名蓋明時修板

瞿目　周易兼義九卷略例一卷音義一卷云首行題周易兼義上經乾傳第一次行題國子祭酒上護軍曲阜縣開國子臣孔穎達奉勅撰正義三行題王弼注繫辭以下題韓康伯注畧例次行題王弼音音義首行題經典釋文越數格題周易音義次行題唐國子博士兼太子中允贈徐州刺史吳縣開國男陸德明撰每卦經文連注疏行行頂格其爻辭及彖象文言等並不題行注皆夾行不作中等字每半葉十行行大字十八小字二十四葉心間有正德六年及十二年等字則修板也故亦名正德本勳案此與莫目邵目載十行十七字本行同而字異疑即一本誤記然此目有附釋音尙書注疏宋本十行行十七字可見宋時原有二本同爲十行不過彼係十三經合刊此則單刻也

一宋板見孫記續編　周易兼義九卷題國子祭酒上護軍曲阜縣開國子臣孔穎達奉勅撰正義第三行題王弼注繫辭以下題韓康伯注上經乾傳第一等字俱與大題相連前有孔穎達周易正義序幷八論末附陸德明周易音義一卷王弼周易畧例一卷審其紙板當出於南宋閩中所刊黑口板每葉二十行行二十一字內有內人補刊葉板心有懷浙湖校林重校等字

一宋刊本見學部館目　題周易兼義十卷畧例一卷釋文一卷每半葉八行行十八字小字二十五字高六寸八分廣五寸二分白口單邊（存七之九）又一部（全）云與前書行款同而印在後

一元刊本見吳記　宋本中記云元本半葉九行每行十七字

邵注目莫目　云每半葉九行行十七字

一明永樂甲申刊本見別本朱目　周易正義九卷（畧例一釋文一）卷

傳批莫目　云曾見日本田中慶太郎收此本八行黑口蓋從黃唐本翻刻云得之王蓮生家

一明閩刊本見祁目　周易注疏九卷閩本

孫記　周易兼義九卷題魏王弼注唐孔穎達正義繫辭以下三卷題晉韓康伯注上下經兼義下連題上經乾傳第一上經需傳卷第二（餘隨傳成傳夾傳豐傳俱做此）繫辭以下則別行起附陸德明釋文一卷周易畧例一卷前有孔穎達周易正義序後有八論每葉十八行行二十一字板心下有刻字人姓名

孫目內編　云有畧例

丁志　周易兼義九卷畧例一卷音義一卷云前行題周易兼義上經乾傳第一次行題魏王弼注三行題唐孔穎達正義繫辭以下題晉韓康伯注唐孔穎達正義畧例題魏王弼撰附刻音義首行題經典釋文次行題唐國子博士兼太子中允贈齊州刺史吳縣開國男陸德明撰經文每節提行下連注疏次低一

格注則夾行前有周易正義序明大理太和李元陽巡按福建時所刊謂之閩本又謂之九行本明北監與汲古所刊皆從之出陸志繆續記云每半葉九行行二十一字口下有刻工姓名

一明萬曆十四年逮二十一年刻北監十三經注疏本見內閣目十三經注疏八十八冊全國子監新刻內閣孝經祁目監本周易注疏八冊天祿目七十三經注疏周易九經上下經魏王弼注繫辭晉韓康伯注唐孔穎達疏前穎達序後附唐陸德明音義王弼略例云此明北監本也其板心皆記刊刻之年係冊始於萬曆十四年迄二十一年而工畢每卷標題次行分別校刊及重修者各列其祭酒司業銜名勸案家藏此本每半葉九行行二十一字即據閩本重刊未改易行款者彭目王目丁志十三經注疏以下省曰北監本

一崇正五年重修萬曆二十一年刻北監十三經注疏本見錢日記鈔云崇正六年祭酒吳士元題疏稱板一萬二千有奇始刻于萬曆十四年成于二十一年至崇正五年冬奉旨重修每葉十八行行二十一字

一明毛晉汲古閣刻本見孫目內編倪目丁目王目邵注目莫目勸案此崇禎四年毛晉據北監本重刊板心下有汲古閣三字檢汲古板本攷云現存常熟小東門外東倉街席氏近吳郡有翻刻以下省曰汲古閣本

一乾隆四年武英刻十三經注疏本見邵注目莫目以下省曰武英殿本勸案同治十年廣州有復刊本

一嘉慶二十一年江西南昌學刻十三經注疏本見錢曝書記云始於嘉慶二十年二月成於二十一年八月倪目邵注目莫目勸案此儀徵阮氏巡撫江西與僚屬紳士捐貲校刻董其事者盧江胡稷武寧盧宣旬以十行宋元舊本十一經及儀禮爾雅單疏本為主不欲聽改古書即知宋版之誤但加圈於誤字之旁而附校勘記於每卷之末惜刊板時原校諸人已散亡刊者意在速成不免小有舛誤故公子福撰雷塘菴主記不以此書為盡善也以下省曰南昌學本

〔附單疏本〕勸案四庫著錄單注本周易此單疏本亦應列入蓋以世無傳本故缺今附此

一雍熙二年官槧本見繆記影寫本云此書宋本先藏徐星伯先生家見程侍郎遺集詩注陳東之筆記亦云雍熙二年官槧末葉銜名有呂蒙正等十餘人（鈔本無官銜）近聞由長沙何歸吾友徐梧生戶部

一舊鈔本見楊志周易正義十四卷云古鈔本無年月相傳為弘治永祿間鈔本首周易正義序次周易正義第一國子祭酒上護軍曲阜縣開國子臣孔穎達奉敕撰定第二卷以下題同但無定字凡標經注起止並大字居中正義則雙行小字每半葉八行行二十一字（以大字計）

一影寫東洋單疏本見繆記云宜都楊

惕吾同年守敬遺予每半葉十四行每行二十字首周易正義序次周易正義卷第三國子祭酒上護軍曲阜縣開國子臣孔穎達奉（空格）勅撰定自此下分爲八段第一論易之三名第二論重卦之人第三論三代易名第四論卦辭爻辭誰作第五論分上下二篇第六論夫子十翼第七論傳易之人第八論誰加經字次周易上經乾傳第一勘案此本卽從楊本影出而行字各異蓋楊以大字計繆或以小字計也

周易集解十七卷唐李鼎祚撰

朱攷（十四）李氏（鼎祚）周易集解中興書目通考十卷存翁攷補正李氏（鼎祚）周易集解

目錄

唐志李鼎祚集注周易十七卷　宋崇文目周易十卷原釋李鼎祚注 見天一閣抄本勘案今本馬攷（十八上）無原釋　宋闕書目李鼎祚集周易解十卷　晁志李氏集解十卷 唐著作郎李鼎祚集馬攷引同　尤目李鼎祚易解　宋志李鼎祚集解十卷 玉海（三十六）引志李鼎祚十七卷元載百卷又引書目集解十卷（序亦云十卷唐志誤）　元馬攷李鼎祚周易集解十卷

明文淵目李鼎祚易傳集解 一部十册闕　陳目周易集解十卷 李鼎祚　萬卷堂目周易集解十卷 李鼎祚　祁目續收周易集解八册 十七卷附王輔嗣畧例一卷李鼎祚　陳註錢目李鼎祚周易集解 十七卷　述古堂目李鼎祚易解十七卷四本 也是園目同　徐宋元目元本李氏周易句解十卷 二本　徐目唐李鼎祚周易集解十七卷

稽瑞目周易集解十卷 九册

版本

一北宋慶曆甲申計用章序刊本見陳跋 嘉定本云後載計用章序每葉十六行行十八字　朱攷 計序云鵬所親眉陽孫景初募工刊刻以廣傳布　丁志 明刊本云此翻刻　陸志 張紹仁校宋本計序　陸跋 易傳二十卷下題李氏集解影寫宋刊本每葉十六行行十八字前有鼎祚自序後有慶曆甲申計用章序勘案邵注目有萬曆重刊此本八行行十八字

一南宋乾道二年贇中郡守鮮于侃刊本見陳跋丁志 明刊本　陸志 張校本鮮于侃序云因鎮板藏之學宮　一

嘉定五年侃子申之刊大字本見陳跋十卷影宋寫本首題易傳卷第幾下題李氏集解前列易傳序併祕書省著作郎臣李鼎祚序次載晁公武書又次李燾書又次鮮子侃書又次侃子申之書末附易傳畧例後載計用章序每葉十六行行十八字自乾坤二卦以外卦爻下俱列某宮某月二世等字作三行凡遇貞恒等字俱缺筆此郎從嘉定本影寫者 張志影寫宋刊 丁志明本

陸志張校本申之序云先君子刊之學宮板復叢老且字小不便於覽書玆將口（原空五格）指敬大字刻之漕司題易傳十卷畧例一卷中遇宋諱若貞若殷若恒俱缺末筆蓋影寫宋嘉定重刊本也

一明嘉靖丁已宗室朱睦㮮刊本見范目李氏易傳集解十七卷後附王氏畧例乙卷上海潘序云刻之解者我明宗室西亭氏也見存目

無 朱攷朱序云是編刻自宋季人間希有存者予得之李中麓氏復用校梓以傳 陳跋宋本 莫錄每半葉八行行十八字注皆低一格 一萬曆中重刻計用章

宋本見邵注目八行行十八字 一明鮑山刊十卷本見邵注目 一祕册彙函本見祁目十卷附易解附錄一卷 黃目

金目子部 丁志此爲胡震亨別從趙清常傳鈔本刊刻有計用章後序而無畧例又附補鄭康成易注一卷 邵注目莫目 一津逮祕書本見孫目內

編明毛晉刊本倪目子 丁目附釋文畧例 黃目子 邵注目莫目 一雅雨堂本見孫目內編倪目邵注目

莫目題李氏易傳勦案陳跋云爲惠定宇聽改舊六十餘處與宋本校對時多乖異 一學津討原本見邵注目莫目 一嘉慶戊寅周孝垓

刊本見邵注目莫目 一古經解彙函本見莫目勦案此重刻學津討原本

〔附輯本〕

一嘉慶三年孫氏岱南閣刊巾箱叢書本見孫目內編周易集解十卷星衍輯佚注并王弼注李鼎祚解刊本 倪目邵注目莫目

勦案此孫刊周易古註亦題曰周易解十卷每條先列李氏集解次列王弼注又自採漢儒說附後補李氏所不及以下省曰岱南閣刊巾箱叢書本 一咸豐三年伍崇曜刻粵雅

堂叢書本見丁目子雜家以下省曰粵雅堂本

周易口訣義六卷唐史徵撰朱攷（十五）史氏證周易口訣義佚

目錄

宋崇文目周易口訣義六卷馬攷（十八上）引原釋河南史證撰不詳何代人其書直抄孔氏說以便講習故曰口訣　晁志周易口訣義七卷右唐史證撰寶本同馬攷引同　陳錄周易口訣義六卷河南史之徵撰馬攷引同　宋志史文徽易口訣義六卷　明文淵目易史徵口訣義一部六冊闕　稽瑞目周易口訣義六卷二冊

版本

勳案此書傳本未見館臣從永樂大典採輯編爲六卷尚闕豫隨无妄大壯晉睽蹇中孚八卦

一武英殿聚珍板本見丁目倪目邵注莫目勳案此書乾隆甲午活字排印福建浙江杭州均有覆本以下省曰聚珍本　一岱南閣刊巾箱叢書本見孫目內編星衍校刊本　倪目孫氏本附急就章夏正一本　邵注目莫目　一古經解彙函本見莫目　一道光己酉江西刊遜敏齋叢書本見批注莫目　一傳抄本見竹崦盦目

周易舉正三卷舊本題唐郭京撰朱攷（十四）郭氏京易舉正存

目錄

宋崇文目周易舉正三卷馬攷（十八上）引原釋云唐蘇州司戶參軍郭京撰京世授五經得王輔嗣韓康伯手寫易經皆世所行或頗差殿故舉正其訛而著于篇玉海三十六卷引同　晁志周易舉正三卷袁本同玉海馬攷引同　陳錄周易舉正三卷唐蘇州司戶參軍郭京撰　尤目易舉正　宋志郭京舉正三卷玉海引書目三卷　明陳目周易舉正三卷郭京　陳註錢目郭京周易舉正一冊三卷　也是園目郭京周易舉正三卷　吳錄周易舉正三卷　徐目周易舉正三卷　培林堂目郭京周易舉正三卷　浙錄周易舉正三卷刊本

版本

一二十種奇書本見范目（見存目全）祁目黃目（子類書）丁志陸目繆續記邵注目莫目（勵案此明范欽天一閣刊本余家有藏本首行（大題周易擧正卷幾次行題唐蘇州司戶參軍郭京撰三行題皇明兵部右侍郎范欽訂每半葉九行每行十八字注接正文低一格行十七字光緒巳丑薛福成編天一閣見存書目卷末附此書目二十種云皆閣中校刊板本至今尚存彙刻書目題曰奇書今驗板式俱同而奇書之名未之何據）　一津逮祕書本見黃目（子類書）孫目內編倪目丁目邵注目莫目　一學津討原本見邵注目莫目　一說乳本見黃目倪目丁目（子）

經部二

易類二

易數鈎隱圖三卷附遺論一卷宋劉牧撰（朱攷（十六）劉氏（牧）新注周易（紹興書目十卷）佚卦德通論（紹興書目作統總）存周易先儒遺論九事一卷存易數鈎隱圖（讀書志紹興書目作三卷今本同）存翁攷補正劉氏（牧）易數鈎隱圖）

目錄

宋闕書目劉牧注周易十卷　又劉牧撰周易先儒遺事一卷（闕）　又劉牧撰卦德統論（原不載卷數）　劉牧撰鈎隱圖三卷　又劉牧易卦統論疏一卷　晁志劉長民易十五卷（皇朝劉牧民撰袁本同馬攷（十八上）引同）　鈎隱圖三卷（袁本同）　陳錄新注周易十一卷卦德統論一卷略例一卷又易數鈎隱圖二一（太常博士劉牧長民撰馬攷引）（同）　尤目劉攽易傳　劉攽易數鈎隱圖　宋志劉牧新注周易十一卷（玉海（三十六）劉牧（長明）易十卷（書目）劉牧新注十

卷又卦德通論一卷易數鈎隱圖一卷（玉海又鈎隱圖三卷（書目一卷又卦德通論一卷）） 元馬攷劉長民易解十五卷 明文淵目劉氏易數鈎隱（一部一冊闕） 萬卷堂目易數鈎隱一卷（劉牧） 范目易鈎隱圖三卷（進呈） 吳錄易數鈎隱圖三卷（宋槧通志堂據此翻本）

版本

一南宋時劉敏士浙右漕司刊本見四庫著錄（提要云前有歐陽修序又有三衢劉敏士刻于浙右庾司） 一通志堂本見徐目季目王目金目孫目外編（勵案孫氏未注何人刊本檢其目錄敍次未有成德著大易集義粹言知是通志堂本以後各種卷數與此本合者附入此本） 倪目丁目邵注目莫目（翁錄易數鈎隱圖三卷（附）遺論九事一卷宋劉牧撰以九爲河圖以十爲洛書長洲何焯曰此藏本也勵案吳錄有宋本云通志堂據此翻刻檢家藏本首有成德序末云從何本出然各家均未著有宋本唯陸志有明人影抄宋藏本吳氏所藏當爲宋刻藏本也） 一道藏本見祁目邵注目

周易口義十二卷宋倪天隱述其師胡瑗之説（朱攷（十七）胡氏（瑗）易傳口義存）

目錄

宋闕書目胡瑗口義二十卷 晁志胡先生易傳十卷（右皇朝胡瑗撰蓋門人倪天隱所纂非其自著故序首稱先生曰袁本同馬攷（十八上引同）） 陳錄周易口義十三卷（直講海陵胡瑗翼之撰） 宋志胡瑗易解十二卷口義十卷繫辭說卦三卷 元馬攷胡安定易傳十卷 明文淵目周易安定口義（一部八冊闕） 萬卷堂目安定先生周易口義十三卷（胡瑗） 祁目續收胡安定先生周易口義八冊（十卷門人倪天隱輯） 徐目宋胡瑗周易口義十三卷 培林堂目胡瑗安定繫辭口義二卷 浙錄周易口義十卷（刊本） 帶經堂目周易口義十二卷（刊本）

版本

一明刋本見陸志題安定先生周易口義十五卷陸跋云十二卷　一康熙丁卯吉水李振裕刋本見吳錄十四卷邵注目莫目　一丁德明本見倪目莫目

溫公易說六卷宋司馬光撰朱攷（十九）司馬光易說佚

目錄

晁志溫公易說一卷右皇朝司馬光君實撰袁本同馬攷（十八上）引同　陳錄易說三卷丞相溫公涑水司馬光君實撰　宋志司馬光易說一卷又三卷繫辭說卦二卷　元馬攷溫公易說一卷　明文淵目溫公易說一部一冊闕

版本勵案此書久佚館臣從永樂大典中輯出

一聚珍本見丁目倪目邵注目莫目　一河南新刻經苑本見邵注目莫目勵案此道光庚戌錢儀吉編刻板藏河南大梁書院

以下省目經苑本

橫渠易說三卷宋張子撰朱攷（十九）張子載橫渠易說存翁攷補正張子載橫渠易說

目錄

晁志橫渠易說十卷右皇朝張載子厚撰袁本後志同馬攷（十八上）引同　陳錄橫渠易說三卷崇文校書長安張載子厚撰　尤目橫渠易說　宋志張載易說十卷　元馬攷橫渠易說十卷　明文淵目橫渠易說一部三冊闕　陳目橫渠易說十卷張子　萬卷堂目橫渠易說二卷張載　陳註錢目橫渠易說十卷　也是園目張載橫渠易說三卷

942

版本

一明劉椿程爵同校刊本見瞿目（二卷云有呂柟序）批注莫目（云收呂柟刊本勵案此卽劉程刻本前有呂柟序耳）一明刊白口本見莫目　一通志堂本見徐目季目王目金目孫目外編倪目丁目（翁錄横渠易說三卷宋張載）邵注目莫目　一張載本集本見祁目（勵案張集刊本頗多詳子部儒家）

東坡易傳九卷宋蘇軾撰（朱攷（十九）蘇氏軾易傳存）

目錄

晁志東坡易傳十一卷（右皇朝蘇軾子瞻撰袁本作毘陵易傳馬攷（十八上）引同）陳錄東坡易傳十卷（端明殿學士眉山蘇軾子瞻撰）尤目蘇文忠易傳　宋志蘇軾易傳九卷　元馬攷東坡易傳十一卷　明文淵目東坡易解（一部四册闕又一部三册闕又一部三册闕蘇本易傳）又蘇氏易傳（一部三册闕）內閣目東坡先生易解（一册不全）又東坡易解（三册不全）陳目東坡易傳十一卷　萬卷堂目東坡易解四册九卷（蘇軾）祁目蘇氏易傳四册（八卷蘇軾又一册九卷）陳註錢目東坡易解（九卷）也是園蘇氏毘陵易傳十一卷　又蘇東坡易解九卷　陸目易傳九卷（蘇軾）徐目蘇長公易解八卷　宋蘇軾蘇氏易傳八卷　培林堂目蘇軾易解八卷　浙錄東坡易傳九卷（刊本）

版本

一宋紹興南昌莫將序刊本看范目（烏絲欄抄本莫序云將初得先生書易傳于眉山士人家舛誤幾不能讀丁己年臨出蜀得孫朝陰所藏書傳癸亥年爲明州得蘇館所藏易傳朝陰眉山人簡卽先生族從子故所藏皆善本將以二家所藏及先得眉山士人家本參定校正亢一字誤乃刊板以廣其傳云見存目無）一明萬歷丙申虎林吳之鯨

校刊本見邵注目莫目　一萬曆丁酉焦竑刻兩經解本見范目見存目缺卷五至九存　祁目彭目稽瑞目倪目丁目瞿目邵注目莫目　一萬曆甲午南京吏部文選司郎中穎川陳所蘊子有序刊本見丁志蘇氏易解八卷前有陳序云與同舍郎黃君繼周雍是正梓之　一萬曆丙申閔齊伋刻朱墨套印本見天祿後編十二丁目邵注目莫目　一崇禎丙子顧賓序刊本見丁志大易疏解十卷眉山蘇軾東坡先生著會稽錢受益之定武林顧賓王閱前有顧序云余亦務揚坡公傳中之意以公同好並有南昌劉日寗江夏黃汝亨萬歷丙申吳之鯨諸序　一明氷玉堂刊本見帶經堂目蘇氏易解九卷明南京吏部較刊本板心刻氷玉堂三字勵案此即丁志所載陳刊本也　一明刊本見陸志東坡先生易傳九卷　一津逮祕書本見倪目丁目邵注目莫目　一學津討原本見邵注目莫目　一道光乙未劉廷陛刻青照樓叢書本見觀古堂書蘇氏易傳九卷以下省曰青照樓本

易傳四卷宋伊川程子撰朱攷（二十）程氏頤易傳存

目錄

晁志程氏易十卷右皇朝程頤正叔撰袁本同馬攷（十八上）引同　陳錄伊川易解六卷崇政殿說書河南程頤正叔撰馬攷引同　尤目程氏易傳　宋志程頤易傳九卷又易繫辭解一卷　元馬攷伊川易傳十卷　明文淵閣目程氏易傳一部十二冊闕　陳目伊川易傳十卷　萬卷堂目程氏易傳十二卷程頤　祁目易經程傳十二卷程頤　陳註錢目周易程朱氏說伊川易傳十卷　天祿後編一御題易傳一函六冊宋程頤撰上下經六卷宋板云是書不載鐫板年月於眞宗諱恆字欽宗諱桓字仁宗嫌名貞字皆闕筆而臨復艮三卦中敦字乃光宗諱皆不闕筆蓋猶在紹熙以前所刻　錢記程伊川易傳六卷　述古堂目程頤易傳六卷六本宋板　也是園目程氏易傳六卷　丁目伊川易傳四卷刊本

版本

一宋乾道五年呂祖謙校刊本見朱攷呂跋云某家所藏本出尹和靖家標注皆和靖筆近復得新安朱元晦所訂讎校精甚遂合尹氏朱氏書手自叅定其同異兩存之會稽周汝能堯夫鄭山樓鑰景山方職教東陽迺取刊諸學宮云　古逸叢書刻元翻宋本有呂跋光緒乙酉黎庶昌古逸叢書重刻　一宋咸淳間吳革章貢郡齋刊本見莫錄宋槧本朱子本義咸淳乙丑九江吳革序云昨刊程傳於章貢郡齋勤案本義乾隆內府仿宋重刊前有吳序云同　一宋本見莫目每葉二十四行行二十二字　一宋刊殘本見傅批莫目云京師見宋刊殘本題晦庵先生校正伊川易傳十一行二十一字注雙行二十八字黑口單邊框外左方記篇名　一元至正己丑積德書堂刊本見楊志題伊川易解六卷繫辭精義二卷云中缺宋諱當係重翻宋本首載朱子九圖又精義勤案此書光緒癸未黎庶昌刊入古逸叢書題周易上經卷第幾下空六格題程頤傳（餘卷倣此）末附繫辭精義二卷首行題晦庵先生校正周易繫辭精義卷上二行題東萊呂祖謙編（下卷同）每半葉十一行行大二十一字小注雙行行二十六字桓貞敦字俱缺末筆首附九圖圖後有至正己卯孟春（一行）積德書堂新刊（二行）長方木牌記　莫目云光緒八年遵義黎欽使庶昌在日本得元本每葉大字二十二行行二十一字即在日本東京據以重刻甚精勤案此即刊入古逸叢書者　一明初刊本見瞿目伊川程先生周易經傳十卷云蓋明初所刊每半葉七行行十五字字大行疏頗爲清郎卦下接經經下接傳皆不提行　一明吳勉學刊本見瞿目明初刊本　一同治丙寅金陵書局刻本見莫目八卷　一禦兒呂氏刻二程全書本見莫目勤案此康熙石門呂氏寶誥堂校刊易傳四卷　一何南程氏祠堂本見莫目　一二程全書本見倪目邵注目勤案此書刊本頗多詳子部儒家　一光緒甲申黎庶昌古逸叢書刻本并附刻繫辭精義二卷

（附程朱傳義合刊本）

一元延祐甲寅翠巖精舍刊本見森志周易傳義十卷首題程朱二先生周易上經傳卷之一伊川先生程頤傳晦庵先生朱熹本義前有程頤序及朱子易圖後有延祐甲寅孟冬翠巖精舍新刊本記四周雙邊每半葉十一行行二十一字注二十五字界長六寸七分半幅四寸二分半　楊志積德書堂本云日本昌平學藏程朱傳義元延祐甲寅孟冬翠巖精舍刊

本亦缺宋諱　一元刊本見丁志周易程朱二先生傳義十九卷前有宋元符二年正月庚申河南程頤正叔序次程子上下篇義次朱子周易五贊筮儀每葉二十行行二十二字上下經傳義十五卷繫辭精義二卷說卦傳義一卷序卦傳義一卷　一明正統司禮監刊本見天祿目七五經四書云首載英宗諭旨次易宋程頤傳朱子本義十卷前頭序次易圖說綱領後上下篇義五贊筮儀書　丁志經文大字每節提行大字頂格傳及本義夾行低一格每半葉八行每行經文十四字注十七字　邵注目　一嘉靖十一年福建等處提刑按察司嘉靖拾一年拾二月日故牒建寧府刻書文牌子　邵注目

一建寧府刊本見范目周易傳義二十四卷首列程子易傳序易序上下篇義朱子易本義圖五贊筮儀　丁志周易經傳二十四卷經文傳及本義均接刻不提行傳則圓規標白文傳字本義則橢圓規標白文本義字每半葉九行傳本義夾行每行均十七字　繆續記周易傳義二十四卷前有程子易傳序朱子周易本義序次上下篇義次經傳總目次易圖說次朱五贊次易筮儀次上下經二十一卷次繫辭上下傳二卷次說卦傳序卦傳雜卦傳共一卷惟經文傳及本義均接刻不提行傳則圓規標白文傳字本義則橢圓規標白文本義字每半葉九行傳本義夾行每行均十七字有稱

一嘉靖丙辰廣東崇正堂刊本見范目周易卷義十卷卷首載程朱易說綱領見存目缺存卷一至八　邵注目

一明閩人詮校應檟刊本每半葉九行行十八字

一明巡按福建監察御史吉澄刊本見丁志周易程朱傳義二十四卷前有程子易傳序朱子周易本義序次上下篇義次經傳總目次圖說次五贊次筮儀次上下經二十一卷次繫辭上下傳二卷次說卦傳序卦傳雜卦傳共一卷傳及本義均方規白文標傳本義字每半葉九行每行十七字傳本義夾行字數同每卷末均有巡按福建監察御史吉澄校刊長方木記

一咸豐六年浦城祝鳳喈刻本彙音訓後附刻易學啓蒙　見觀古堂藏書勵案書目答問載有盱眙吳氏望三益齋本未見據同治五年望三益齋刻有書傳音釋係重刊祝本則此書應亦有重刻也

易學辨惑一卷宋邵伯溫撰

朱攷（十二）邵氏（伯溫）周易辨惑未見翁攷補正邵氏伯溫易學辨惑

[目錄]

宋志邵伯溫周易辨惑一卷

[版本]

勵案此書久佚館臣從永樂大典中錄出未付梓珍板

一永樂大典本見四庫著錄　一文瀾閣傳鈔本見張志陸志　一元和顧氏藝海樓傳鈔閣本見朱目　一吳門周漪堂手鈔本見帶經堂目　一傳永樂大典本見丁志

了翁易說一卷宋陳瓘撰 朱攷（十二）陳氏瓘了翁易說存

目錄

陳錄了翁易說一卷 左司陳延年陳瓘了翁撰晚年所著也馬攷（十八上）引同　尤目了齋易說　宋志陳瓘了齋易說一卷　元馬攷陳了翁易說一卷　明文淵閣目易陳了翁說 一部一冊闕　萬卷堂目了齋易說一卷 陳瓘　祁目收了齋易說一冊 一卷陳瓘

版本

一宋紹興十二年瓘子正同毘陵官舍刊本見四庫著錄 提要云此本爲紹興中其孫正同所刊　朱攷 正同跋云謹以家藏刊于毘陵官舍又引胡一桂元日了翁子正同紹興十二年知常州刊于官舍刊本止題云了翁易說初不分卷　吳錄 潞生堂鈔本卷尾載紹興十二年子正同跋　浙錄 山陰祁氏澹生堂寫本子齋易說一卷瓘子正同紹興十二年知常州曾刊於官舍有跋　批注莫目　一文瀾閣抄本見陸志 了齋易說一卷　一抄本見帶經堂目 了齋易說一卷 錢塘吳敦復瓶花齋藏書勵案四庫著錄爲浙江吳玉墀家藏本攷玉墀爲吳焯（繡谷主人）之子吳敦復之弟乾隆間開四庫館玉墀以家藏書恭進此書焯得自澹生堂抄宋本爲其時亦已呈進文瀾閣傳錄副本藏之閣書散出轉歸陸氏今陸氏後人盡以所藏售之日本岩猗靜嘉堂其吳氏原本展轉爲陳氏帶經堂所得此書世無宋本賴有此傳抄宗本不絕如綫故特攷其源流附記于此

吳園易解九卷宋張根撰 朱攷（二十二）張氏（根）吳園易解存翁攷補正張氏（根）吳園易解

目錄

陳錄吳園易解十卷 祕閣修撰鄱陽張根知常撰馬玫（十八上）引同 宋志張根易解九卷 元馬玫吳園易解十卷 萬卷堂目吳園易解十卷 張根 祁目續收吳園易解二册 十卷張根

版本

一聚珍本見倪目丁目邵注目莫目 一墨海金壺本見邵注目莫目 勳案此書嘉慶十七年虞山張海鵬校刊旋燬于火其殘板後歸金山錢氏守山閣 一經苑本見邵注目莫目

周易新講義十卷宋耿南仲撰 朱攷（二十二）耿氏（南仲）易解義存

目錄

晁志耿南仲註易二十卷 袁本同馬攷（十八上）引同 宋志耿南仲易講義十卷 元馬玫龔原耿南仲註易各二十卷 吳錄耿南仲易講義十卷 培林堂目耿南仲周易新講義六卷

版本

一寫本見浙錄 周易講義十卷間有闕文

紫巖易傳十卷宋張浚撰 朱考（二十三）張氏浚紫巖易傳存

目錄

宋趙附志紫巖易傳十卷 右紫巖居士魏國張忠獻公（浚）德遠所著也 宋志張浚易傳十卷 尤目張忠獻易 明文淵閣目張紫巖易傳 一部八册闕 萬卷堂目紫巖易傳十卷 張浚 祁目續收紫巖居士易傳八册 十卷張忠

（獻公浚）也是園目張浚巖易傳十卷

版本

一宋嘉定庚辰浚曾孫獻之春陵郡齋刊本見朱攷（獻之跋云瑞來春陵刻于郡齋與學者共之又引王應麟曰紹興三年四月六日定本成嘉定庚辰曾孫獻之刊於春陵郡齋）莫目批注（引經義攷王伯厚云）陸志（舊抄本獻之跋）一明萬曆甲戌郭朴跋刊本見陸續跋（明抄本紫巖居士易傳十卷首載易論一篇後有嘉定庚申曾孫獻之跋萬曆甲戌郭朴跋朴稱得錄本于林慮李龍岡主事林錄自唐荊州家成皐王傳易論及易注因取朴所藏本刻焉此本蓋從王府刊本影寫者第二第三行空當是明人校刊銜名故影抄時削之卷十末有木記云此書舊本（按即春陵郡齋刊本）貞敦二字多減去點畫恒字間有更爲常字者皆避宋帝諱也惟敬字每以欽字代之似爲張公家諱不知敬亦宋太宗嫌名也云云）

一通志堂本見徐目季目王目金目孫目外編倪目丁目邵注目莫目（翁錄紫巖易傳十卷宋張浚撰其第十卷是讀易雜記何焯曰明書帕板恐不足憑勳案陸續跋云通志堂所據本亦即明藩府本（即郭朴本）創去獻之跋並缺卷首易論）

讀易詳說十卷宋李光撰（朱攷（二十三）李氏（光）讀易老人解說未見翁攷補正李氏（光）讀易老人解說）

目錄

陳錄讀易老人詳說十卷（參政莊簡公上虞李光泰發撰馬攷（十八上）引同）宋志李光易說十卷　元馬攷讀易老人解說十卷　明文淵閣目讀易老人詳說（一部五冊闕又一部五冊闕）

版本

一永樂大典四庫著錄（勳按此書久無傳本館臣從永樂大典中輯出析爲十卷未付聚珍板印行）　一文瀾閣傳鈔本見張志陸志　一元和顧氏藝海樓傳鈔閣本見朱目（周易詳解十六卷）　一傳鈔永樂大典本見丁志　一鈔本見帶經堂目瞿

易小傳六卷宋沈該撰朱攷（二十三）沈氏（該）周易小傳存翁攷補正沈氏（該）周易小傳

目錄

陳錄易小傳六卷丞相吳興沈該守約撰馬攷（十八上）引同 宋志沈該易小傳六卷 元馬攷沈該周易小傳六卷

明文淵閣目易沈氏小傳一部六册闕 萬卷堂目易小傳六卷沈該 祁目續收易小傳六册十卷沈該 也是園目沈該易小傳六卷 培林堂目沈該易小傳十二卷

版本

一通志堂本見徐目季目王目金目孫目外編倪目丁目邵注目莫目翁錄易小傳六卷宋左僕射吳興沈該撰紹興二十八年表進之其書專釋六爻每卦後爲一論何焯曰原本未詳何自勳案莫目云宋本潛生堂抄本向藏均有繫辭補注一卷附卷末此本已佚抄本向藏沈氏詒經堂止十數葉

漢上易集傳十一卷卦圖三卷叢說一卷宋朱震撰朱攷（二十三）朱氏（震）漢上易集傳存周易卦圖存周易叢說存

目錄

晁志朱子發易集傳十一卷易圖三卷叢說一卷右皇朝朱震子發撰袁本同馬攷（十八上）引同 尤目朱子發易說卦圖 宋志朱震易傳十一卷卦圖三卷叢說一卷 元馬攷漢上易集傳易圖叢說共十五卷明文淵閣目漢上朱震易圖一部三册闕又一部十册闕 萬卷堂目漢上易傳九卷朱震 祁目續收漢上易傳十册十五卷 易圖叢說一卷朱震 也是園目朱震漢上易傳十一卷卦圖三卷叢說一卷

版本

一宋刊本見學部館目漢上易集傳十一卷每半葉十行行二十一字高六寸七分寬四寸六分白口單邊上有字數下有刻工姓名首二卷均缺三卷首行題周易上經噬嗑傳第三次行翰林學士左朝奉大夫知制誥兼侍讀兼資善堂翊善長林縣開國男食邑三百戶賜紫金魚袋朱震集傳下卷首行題周易下經咸傳第四周易下經夬傳第五第二冊上卷首頁殘缺中下卷首行題周易繫辭上卷第七周易繫辭下傳第八周易說卦傳第九次行結衔皆同惟末卷題周易序卦傳第十周易雜卦傳第十一皆無結衔貞恒等諱皆缺筆

一通志堂本見徐目季目王目金目孫目外編倪目丁目邵注目莫目翁錄漢上易傳十一卷附卦圖三卷叢說一卷宋朱震撰震下門軍人紹興四年嘗成其書以程子易傳爲宗兼采漢魏以莿諸家謂王弼注雜入莊老爲非故於象數特詳何焯曰卦圖及叢說西亭王孫抄本尙未盡善其十一卷影宋本可據

楊忠愍公讀書處

清秦寶璣瀣權

日暮停車北河市，獨謁荒祠薦芳芷，有碑屹立在水湄，知昔先生讀於此。
我聞公讀蕭寺中，忍飢矻矻窮經史，隆冬衣單迫霜雪，繞室疾走蘇凍趾；
宵燈無膏月披卷，曉甕自汲冰凝指，磨鍊鐵石成肺腸，事業知從憂患始。
擊奸不憚熈鶡逐，有膽奚用蚺蛇舐，直節嶙峋一再疏，綱常扶植三百禩。
行人下馬緬遺烈，謖謖松風生澗沚，鈴山亦有讀書堂，千古誰與湔餘滓。

——霜傑齋詩——

四庫全書目錄板本考

葉啓勳

經部三

易類三

周易窺餘十五卷宋鄭剛中撰朱考（三十四）鄭氏剛中周易窺餘未見

【目錄】陳錄周易窺餘十五卷資政殿學士金華鄭剛中亨仲撰馬考（十八上）引同　尤目鄭氏易窺餘　宋志鄭剛中周易窺餘十五卷　元馬考周易窺餘十五卷　明文淵閣目周易鄭剛中窺餘十五卷鄭剛中

【版本】勳案此書久無傳本館臣從永樂大典採綴裒輯編爲十五卷其七卦爲原本所闕但錄經文或其說別見他書者亦蒐錄補入未付聚珍本

一宋淳熙乙未中子良嗣刊本見張志陸志文瀾閣傳抄本淳熙乙未年十一月一日潛陽陳俊卿序云乙未春予再守長樂公之子良嗣持憲節于此邦因得是書觀之又云今其子收拾遺稿爲十五卷將鋟板傳諸學請序以冠其首云　一永樂大典本見四庫著錄　一元和顧氏藝海廬傳鈔閣本見朱目

易璇璣三卷宋吳沆撰朱考（二十四）吳氏沆易璇璣存翁考異氏沆易璇璣

【目錄】

宋志吳沆易璇璣三卷　明文淵閣目吳沆大易璇璣一部冊闕　一　陳註錢目吳沆易璇璣一冊二卷　也

是園目吳沆易璇璣三卷　陸目易璇璣三卷撫州吳沆

版本

一通志堂本見徐目季目王目金目孫目外編倪目丁目邵注目莫目翁錄易璇璣二卷宋崇仁布衣吳沆撰紹興十六年自序何焯曰汲古閣後得舊本尚有序文寫樣付東海後人竟未曾刻其全書亦尚有訛處不曾修板

易變體義十二卷宋都撰朱考（二十四）都氏絜易變體（一作體義）未見（一齋書目有又續中興書目易變體十六卷）周易說義十四卷佚

目錄

陳錄周易變體十六卷吏部郎中京山都絜聖與撰馬考（十八上）引同　宋志都絜易變體十六卷玉海引續書目易變體十六卷　元馬

考周易變體十二卷　明文淵閣目都絜易變體義一部八冊闕

版本勳案此書久佚館臣從永樂大典中輯出編爲十二卷闕豫隨大畜大睽蹇中孚等七卦及晉卦之後四爻未付聚珍本

一宋紹興二十九年曾幾序刊本見張志陸續志文淵閣傳抄本曾序云書成獻之于天子又鋟板而傳之且屬余爲之序　一永樂大典

本見四庫著錄　一傳鈔永樂大典本見陸跋　一元和顧氏藝海樓傳鈔閣本見朱目

周易經傳集解三十六卷宋林栗撰朱考（二十七）林氏栗周易經傳集解存

目錄

陳錄周易經傳集解三十六卷兵部侍郎福清林栗黃中撰馬考（十八上）引同　尤目林黃中易傳　宋志林栗易經傳集

解三十六卷　元馬考林黃中周易經傳集解三十六卷　明文淵閣目林栗易集解一部十册闕　徐目

宋林栗林氏易解三十二卷　吳錄周易經傳集解三十六卷云福清林栗黃中著昆山徐尚書原一雖刻經解黃中此書業開雕矣武官黃中獲罪朱子若刊其書是亦朱子罪人矣乃并以斯之

版本

一影宋抄本見陸續跋周易經傳集解三十六卷題曰朝議大夫直寶文閣權發遣潭州軍州主管荊湖南路安撫使公事臣林栗上進前有栗進表貼黃獎諭勅栗自序每葉二十行每行二十二字每卷爲兩卦六十四卦分三十二卷卷三十三三十四繫辭卷三十五文言說卦序卦雜卦卷三十六河圖洛書八卦九疇大衍總會圖六十四卦立成圖大衍揲蓍解蓋從宋本傳錄者每卦以序卦列首列雜卦于爻辭之前而爲之解故卷三十六序卦雜卦有經無解卷五後有履卦序說一篇題紹興甲戌秋九月崇仁學易堂書　一元影宋抄本見批注莫

目每葉九行行二十二字末有口宋三年八月趙以誠校畢口元口口三自劉思義手錄　一明抄本見別本朱目後缺四卷　一文瀾閣傳鈔本見

張志帶經堂目　一秀水曹氏倦圃寫本見浙錄云此編向少流傳近昆山徐氏業已開雕或以栗嘗與朱子爲難因毀其板　一舊鈔本

見瞿目陸續志周易經傳集解三十二卷　一曝書亭藏鈔本四庫著錄

易原八卷宋程大昌撰朱考（二十六）程氏大昌易原佚翁考程氏大昌易原

目錄

陳錄易原十卷吏部尚書新安程大昌泰之撰馬考（十八上）引同　尤目程尚書易原　宋志程大昌易原十卷　元馬考

程大昌易原十卷

版本

謹案此書久佚館臣從永樂大典中採綴釐訂勒爲八卷

一聚珍本見丁目倪目邵注目莫目

周易古占法一卷古周易章句外編一卷宋程迴撰（朱考（二十八）程氏迴易章句佚周易外篇存古易攷未見古易占法存翁攷程氏迴易章句周易外篇古易考古易占法）

目錄

宋陳錄沙隨易章句十卷外編一卷占法一卷古易考一卷（沙隨程迴可久撰馬考（十八上）引同）　尤目程迴易章句　程迴古易傳　程迴易古占法　宋志程迴易章句十卷又外篇一卷占法古易考一卷　元馬考　沙隨易章句十卷　外篇一卷　占法一卷　古易考一卷　明文淵閣目（子陰陽家）周易古占法（一部冊闕）　一　陳目易占二卷（程沙隨迴）　陳注錢目程迴周易古占法（一卷又有易章句十卷外篇一卷古易考一卷）　徐目宋程迴周易古占法二卷　培林堂目程迴周易古占法二卷　也是園目程迴周易尙占三卷　吳錄周易古占法二卷（宋沙隨程迴字可久撰）

版本

一二十種奇書本見范目（周易古占法上下二卷見存目全）　祁目（周易古占法二卷）　黃目（子書類）　倪目丁志（周易古占法一卷古周易章句外篇一卷）　陸志（周易古占法三卷）　繆續記（周易古占法一卷）　邵注目莫目（勤案此書余家有藏本上卷首行大題周易古占法上次行題沙隨程迴纂三行題四明范欽訂下卷首行大題周易古占法下（空一格）古周易章句外篇（附錄占驗）次行題沙隨程迴注三行同前卷每半葉九行行大字十八小注夾行字數同）　一明刊本見莫目（曹倦圃藏勤案古今書刻載有明內府刊本）　一說郛本見黃目倪目丁目（子）　莫目（古占一卷）

周易本義十二卷附重刻周易本義四卷宋朱子撰朱考（三十一）朱子熹易傳佚周易本義存易學啓蒙存古易音訓未見蓍卦考誤存翁
考朱子周易本義朱子古易音訓未見

目錄

宋趙附志周易本義十卷右晦菴先生朱文公熹仲晦所定也發例筮儀附　陳錄易傳十一卷本義十二卷易學啓蒙一卷
煥章閣待制侍講新安朱熹晦菴撰馬考（十八上）引同　尤目朱氏易本義　宋志朱熹易傳十一卷又本義十二卷易學啓
蒙三卷古易音訓二卷　元馬考晦菴易傳本義易學啓蒙傳十一卷　本義十二卷　啓蒙一卷
明文淵閣目朱子本義一部四冊殘缺又一部四冊缺又一部六冊缺　朱子易學啓蒙一部一冊缺　朱子啓蒙一部二冊缺又一部一冊缺
本義啓蒙一部二冊缺　高志周易本義四卷圖說一卷宋晦庵先生新安朱熹元晦撰　陳目周易本義四卷　萬卷
堂目周易本義二卷朱熹　祁目易經本義四卷　朱子易學啓蒙四卷四卷朱文公　陳註錢目朱子周易本
義十二卷又有易傳十一卷易學啓蒙一卷　天祿後編二宋板　周易本義一函八冊　宋朱熹本義依古周易經二卷傳十卷
前易圖九後周易五贊筮儀　錢記朱子周易本義十二卷　述古堂目朱子易學啓蒙二卷　朱子
周易本義十二卷宋板也是圖目同　季目宋元雜板　周易本義二十四卷四本　宋刻周易朱熹本義十卷六本
徐宋元目僞宋本周易圖說朱熹本義　宋本元套周易八卷朱熹本義六本　宋本周易本義十二卷四本
陸目周易本義四卷　培林堂目時板本義四義　汪目宋板　周易本義抄補十二卷　易經三卷　元
板周易朱子本義十卷　帶經堂目周易本義二十二卷刊本勳案周星詒批訂云女二卷本與俗刻不同　丁志周易本義

956

十二卷元刊本右書上經一下經二彖上傳三彖下傳四象上傳五象下傳六繫辭上傳七繫辭下傳八文言傳九說卦傳十序卦傳十一雜卦傳十二前有九圖後有五贊　倪目周

易本義十二卷通行本

版本

一宋咸淳乙丑九江吳革刊本見四庫著錄提要云此本爲咸淳乙丑九江吳革所校刊內府以宋槧摹雕者　楊錄周易本義十二卷每半葉六行行十五字　陳跋每葉十二行行十五字　吳錄朱子本義十二卷分上下經二卷錄二卷象二卷繫辭二卷文言一卷說卦序卦雜卦三卷前述九圖後附五贊筮儀有咸淳乙卯九江吳革序勸按家藏乾隆內府仿宋本每卷後均有跋原後學劉宏校正一行首吳序云昨刊程傳子革賀郡齋今敬刊本義子朱子故里與同志共之據此則吳氏程傳朱義均經刊刻程傳無翻宋本流傳故知之者鮮　一宋本見邵注目每葉十四行十五字　一明覆宋咸淳本見陳跋云卷帙次序悉同宋本惟字樣較大每葉十二行行十五字　陸志周易本義十卷首吳革序每卷後有跋原後學劉宏校正一行　陸續跋周易上下經二卷錄傳象傳文言繫辭說卦序卦雜卦十卷題曰朱熹本義前有易圖題曰朱熹集錄後有五贊筮儀題曰朱熹系述每葉十二行每行十五字　錢目記鈔　一明成化間成矩刊本見朱攷洪常云率化邑庠敎諭成君矩謂世之讀易者先本義而後傳乃獨刻本義行於世度爲率化數諭謂學者先義而後傳遂刊本義行世　一明官刊本見丁續目朱子本義十二卷云字大醒目　一明刻巾箱本板心署恕堂藏板　一崇正十四年海虞毛晉訂正本並見彙刻書目板心署文公祠崇道堂藏板題易本義四卷以下省曰毛晉訂正本　一康熙五十年曹寅刊本見陳跋宋咸淳本云曹寅刻于揚州者卽此本而改其行款縮爲小字密格　邵注目蜀黃山巴錦刊前列九圖後附五贊筮儀　莫目周易本義十二卷　一康熙丁已文公十七世孫朱錫旂刻本以下省曰朱錫旂刻本　一長洲尤侗訂本板心署聖業堂刻本　並見彙刻目五經四書易本義四卷　一乾隆元年武英殿仿宋吳革本見四庫著錄提要云　別本朱目邵注目莫目彙刻書目以下省曰武英殿本　一乾隆七年和碩怡親王明善堂刻巾箱四書五經本見錢曝書記以下省曰

明善堂巾箱本 一寶應劉氏獲古齋重刊宋本見邵注目劉端臨翻刻宋吳革本附音訓 莫目附載呂氏音訓惟不載九圖筮儀爲繆 一嘉慶間揚州鮑氏刻五經四書本見錢曝書記彙刻書目易本義四卷以下省曰揚州鮑氏刻本 一嘉慶元年萬廷蘭刻本見邵注目附錄云計樹園十一經無論語孟子無注以下省曰萬廷蘭刻本 一同治四年浙江書局刻本 一同治五年金陵書局刻本本義依朱子原本分十二卷 一同治七年湖北崇文書局刻本並見彙刻書目五經四書 一方功惠重刻內府本見批注莫目 一日本刊本見丁志周易十卷右錄象文言各自分卷不依王弼本與提要所載宋本合首有序例一卷所載九圖及易象筮儀及履夬象不載程傳當依宋刻重雕每葉之上刻倭板周易四字未有延寶三年三月壽文堂書板鈐亡寬政改元己酉年九月再刻成兩條勳案四裔編年表延寶三年當中國康熙十四年寬政改元己酉當中國乾隆五十四年 一天都黃晟刻巾箱本見莫目

[附單刻易學啓蒙本]

一宋本見黃賦注朱子易學啓蒙上下卷每半葉七行每行十五字卷首自序一通末署雲臺眞逸手記 邵注目莫目宋本上下二卷每半葉七行行十五字

一龔兒呂氏刻朱子遺書本見倪目莫目勳案此康熙石門呂氏寶誥堂校刊四卷 一通志堂本見莫目余家有藏本無此書莫氏誤記

一咸豐六年浦城祝鳳喈刻本附刻傳義音訓後 見觀古堂藏書

郭氏傳家易說十一卷宋郭雍撰朱考（二十四）郭氏雍傳家易說闕（今惟大易粹言所載存卦辭旨要六卷未見）（中興書目郭雍卦辭旨要六卷）蓍卦辨疑二卷未見

目錄

宋陳錄傳家易說十一卷沖晦處士河南郭雍頤正撰馬考十八上引同 宋志郭雍傳家易解十一卷 元馬考傳家易說

十一卷　明文淵閣目易郭氏解一部八册闕　萬卷堂目河南郭氏傳家易說八卷郭雍　祁目續收河南郭氏傳家易說八册八卷郭雍

版本

一聚珍本見丁目倪目邵注目莫目　一三單本見丁志云聚珍板既刊是書又浙江廣爲刊行即世所稱三單本也

周易義海撮要十二卷宋李衡撰朱考（二十六）李氏（衡）周易義海撮要存

目錄

宋陳錄易義海撮要十卷熙寧中蜀人房審權編義海凡百卷近時江都李衡彥平刪削　宋志李衡易義撮要十二卷　明文淵閣目周易撮要一部六册闕　萬卷堂目周易義海撮要十二卷李衡　祁目續收周易義海撮要八册十二卷李衡輯　陳註錢目李衡周易義海撮要六册十卷　也是園目李衡周易義海撮要十二卷○錢日記鈔李衡周易義海撮要十二卷　稽瑞目周易義海撮要十二卷四册

版本

一宋乾道六年衡守婺州刊本見四庫著錄云衡以御史守婺州始鋟於木朱考周汝能樓鑰識後曰公自御史來守婺鋟諸板教授周汝能樓鑰識之乾道六年十一月望日也　一淡生堂餘苑本見祁目批注莫目一卷勳案此明萬曆山陰祁承㸁校刊印行甚希　一通志堂本見徐目季目王目金目孫目外編倪目丁目邵注目莫目翁錄周易義海撮要十二卷宋熙寧間蜀人房審權集鄭康成以下至王介甫易說凡百家擇取專明人事者編爲百卷周易義海至紹興三十年江都李衡彥平刪之益以伊川東坡漢上易傳爲撮要十卷義海失傳而是編存何焯曰汲古宋本每首葉有印其文云淳熙七年明州恭奉聖旨敎

賜魏王府書籍謹藏于九經堂不許借出其印精工絕倫宛然鈞州學記

南軒易說三卷宋張栻撰朱考（二十八）張氏（栻）易說十一卷未見

目錄

明文淵閣目南軒易說一部四冊殘闕又一部三冊闕　南軒繫辭說一部四冊闕　萬卷堂目南軒易說四卷張栻

版本

一元至元壬辰贛州路儒學學正胡順父刊本見四庫著錄嘉興曹溶傳寫並六十四卦皆佚之順父序稱嘗入東泉王公分司廉訪章貢等路公餘講論嘗誦伊川易傳特闕繫辭留心訪求因得南軒解說易繫繕寫家藏儒合以並傳斯爲完書乃出示知事吳將仕刊之學宮序末有鈞摹舊本三小印一作謙卦一曰贛州胡氏和順父即贛入一曰和卿　吳錄曹氏倦圃舊藏抄本不分卷軼後跋云廉使東泉王先生傳授正本贛州路總管府知事吳將仕樟董刊後學胡順父嘗所闕甚多不止乾坤二卦也　浙錄南軒易說（原十一卷今止存三冊不分卷）倦圃寫本僅存繫辭以下後跋云廉使東泉王氏傳授正本贛州路總管府知事吳將仕樟董刊　道古堂集繫辭說二卷

復齋易說六卷宋趙彥肅撰朱考（二十八）趙氏（彥肅）復齋易說六卷存

目錄

明文淵閣目易趙復齋說一部二冊闕又一部二冊完全　內閣目復齋易說一冊全宋李宗朝宗室趙彥肅著　萬卷堂目復齋易說六卷趙彥肅　得月樓目易說六卷四本趙彥肅元板　陳註鍰目趙彥肅復齋易說一冊三卷　也是園目趙彥肅復齋易說三卷

版本

一宋嘉定辛巳許興裔刊本見朱考喻仲可跋曰郡太守蕭陽許公取是書刊爲許興裔跋曰余假守嚴陵因屬喻君校勘刊置公之祠堂　天錄目四影宋抄本六卷前載彥肅行實後宋喻仲可許興裔二跋許跋後紀年爲嘉定辛巳　丁志舊抄本嘉定辛巳門人喻仲可識以傳之郡守蕭陽許興裔刊而跋之　陸志復齋易說六卷易彖歸元一卷舊抄本後喻仲可許興裔二跋復齋行實

一通志堂本見徐目季目王目金目孫目外編倪目丁目邵注目莫目

翁錄復齋易說六卷宋趙彥肅錄何焯曰天乙閣抄本

楊氏易傳二十卷宋楊簡撰朱考（二七七）楊氏簡慈湖易解十卷存已易存易學啟蔽未見翁攷楊氏簡慈湖易解

目錄

宋志楊簡己易一卷　明文淵閣目楊慈湖己易傳一部一册闕又一部一册闕又部三册闕又一部四册闕　陳目慈湖己易一卷楊簡　萬卷堂目慈湖易傳二十卷楊簡　己易一卷楊簡　祁目楊慈湖先生易傳四册二十卷楊簡　陳註

錢目楊慈湖易說二十卷　錢記慈湖書二十卷　也是園目楊慈湖易傳二十卷　陸目易傳二十卷

吳錄楊氏易傳二十卷　浙錄慈湖易解二十卷刊本右宋寶謨閣學士慈谿楊簡撰　倪目楊氏易傳二十卷四本宋楊簡撰

版本

一明萬曆乙未劉日升陳道亨刊本見四庫著錄瞿目蔡國珍序　丁志前有南京吏部尚書蔡國珍序云封司劉君功司陳君刻楊敬仲易傳成闔序劉廬陵人名昇楊豫章人名道亨也　一明刊本見陸志

周易玩辭十六卷宋項安世撰朱攷（二十八）項氏（安世）周易玩辭存翁攷項氏（安世）周易玩辭

目錄

宋陳錄周易玩辭十六卷太府卿松陽項安世平甫撰馬攷（十八上）引同　宋志項安世周易玩辭十六卷　元馬考項安世周易玩辭十六卷　明文淵閣目周易項安世玩辭一部二册闕　萬卷堂目周易玩辭十六卷項安世　也是園目項安世周易玩辭十六卷　陸目項安世周易玩辭十六卷　培林堂目項安世周易玩辭十六卷

版本

一宋嘉定辛未安世子寅孫建安書院刊本見趙附志其子寅孫刊于建安書院樂章識於後　吳錄明初鈔本云卷末有子寅孫刊于建昌書院一條嘉定辛未樂章跋其後勤案此第一祖本世無傳書

一元大德丁未馬端臨序刊本見朱考馬序云家有善本先公嘗熟復而手校之方塘徐君掌教初庵以是書鋟梓學舍又徐之祥序曰集賢初庵傳公以易學經世被遇殊休傳其徒黄棠創建精廬經府寓中獨鈌此書予過梧翁先生馬公攷學得所藏本乃咸淳乙丑禮部貢院所點校敬鋟諸梓云云勤案吳錄云鄱陽馬廷鸞校本末有咸淳己丑被命點舉以花朝日點舉於禮部貢院其地在今錢塘門外王家橋臨安府舊有刻也

一元大德中幹玉倫徒刊本見朱考虞集序曰今淮西廉訪僉事幹君克莊持節淮壖至於江上取是書於篋傳齊安郡學刻而廣之　吳錄明初抄本云鄱陽馬廷鸞校本末有咸淳已丑被命點舉以花朝日點舉於禮部貢院其地在今錢塘門外王家橋臨安府舊有刻也元大德中幹玉倫徒重刻虞集馬端臨徐之祥並有序勤案此重翻馬端臨本也　陸志影元抄本題宋江陵項安世述鄱陽馬廷鸞點校虞集序大德丁未徐之祥序馬端臨序又慶元戊午自序自跋嘉定辛未樂章跋　邵注目

一通志堂本見徐目季目王目金目孫目外編倪目丁目　邵注目莫翁錄周易玩辭十六卷宋項安世撰安世字平甫江陵人書成於慶元四年重修嘉泰二年盜嘗問學於朱子者其書不全錄經文摘取經中之辭說之何煒曰大江以南抄本有五部俱不全後於李中麓家得殘本其文獨全遂成完書勤案家有藏本首虞集序次大德丁未孟秋冷椽徐之祥拜手序又大德丁未菊月後學馬端臨序第十六卷末有咸淳乙丑（空一格）命典舉以花朝日點舉於禮部貢院（空二格）鄱陽馬廷鸞（二行）後有嘉定辛未歲閏二月中澣江陵後學樂章跋

易說四卷宋趙善譽撰朱考（二十八）趙氏善譽易說佚

目錄

宋陳錄易說二卷潼川漕趙善譽德廣撰馬考（十八上）引同　宋志趙善譽易說二卷　元馬考趙善譽易說二卷

版本勳案此書舊本二卷久佚館臣從永樂大典錄出釐爲四卷缺豫隨无妄大壯晉睽蹇解中孚九卦未付聚珍本

一墨海金壺本邵注目莫目　一守山閣叢書本見邵注目莫目勳案此書編于道光壬辰即墨海金壺之燼餘錢氏得其殘板補刊五十六種印行咸豐庚申又燬于粵寇故此二書今均罕見

誠齋易傳二十卷宋楊萬里撰朱考（二十九）楊氏（萬里）誠齋易傳存翁考楊氏（萬里）誠齋易傳

目錄

宋趙附志誠齋易傳二十卷右誠齋先生楊文節公萬里廷秀所著　陳錄誠齋易傳二十卷宋寶謨閣學士廬陵楊萬里廷秀撰馬考（十八上）引同　尤目誠齋易傳　宋志楊萬里易傳二十卷　元馬考楊誠齋易傳二十卷　明文淵閣目楊氏易傳一部五冊闕　萬卷堂目誠齋易傳二十卷　祁目楊誠齋先生易傳八冊二十卷楊萬里　陳註錢目楊誠齋易傳二十卷　述古堂目楊萬里誠齋易傳二十卷四本　王目楊氏易傳宋楊萬里二十卷二冊　徐目宋楊萬里誠齋易傳二十卷　浙錄誠齋易傳二十卷刊本　稽瑞目誠齋易傳八冊舊刻本　倪目誠齋易傳二十卷六本宋楊萬里撰

版本

一宋嘉定二年門人張敬之刊本見朱考徐乾學曰此本爲其門人張敬之校刊黃書錄張先生校正楊寶學易傳二十卷門人張敬之校正前有淳熙戊申八月二日自序奏劄一通口誠齋易傳投進本末黃賦注張先生校正楊寶學易傳二十卷每半葉十行每行二十一字張先生者誠齋門人張敬之顯父也前有淳熙戊申楊誠齋自序及奏劄汪目宋板楊誠易傳二十卷勳案黃氏百宋一廛之書晚年盡歸汪氏識以黃書錄所載是此本故列此下同瞿目張先生校正楊寶學易傳二十卷題盧陵楊萬里廷秀撰門人張敬之顯父校正前後皆有自序前序後次以誠齋易傳投進本末戲劄兩通一下吉州錄進易傳指揮省劄後大書嘉定元年八月十八日一易傳進呈畢宣付史館下吉州照會指揮省劄後大書嘉定二年四月二十二日每半葉十行行大字二十一小字二十六恆貞桓構愼敦等字皆缺筆楊錄此本百宋一廛賦箸錄每半葉十行行大二十一字小二十六字前有自序及奏劄吳錄陸續跋明張時徹本云徐乾學傳是樓有宋張敬之校刊本

一宋代書肆刊見四庫著錄提要云與程傳竝刊以行謂之程楊易傳

一明嘉靖壬寅尹耕療鶴亭刊本見瞿目宋本云明有二刻一刻開州一刻鄖縣而開州刻較前所謂療鶴亭本也丁志誠齋先生易傳三十卷宋寶謨閣士楊萬里廷秀著前有宋臣傺請鈔錄易傳狀又楊承議申送易傳狀中云前攜道州軍州簽管內勸農營田事楊長儒准本州公文備准省劄照對先父生前所著易傳盡自淳熙戊申八月下筆至嘉泰甲子四月脫稿閱十有七年而後成書約十五萬字乞繕寫申發又前後自序又嘉靖壬寅開州王崇慶朔野尹耕重刻兩序板心刊療鶴亭三字繆記誠齋先生易傳二十卷板心有療鶴亭三字邵注目莫目

一嘉靖甲辰敏學書院刊本見繆記標題張先生校正楊寶學易傳二十卷次行盧陵楊萬里廷秀著三行門人張敬之顯父校嘉靖甲辰魯國望洋子當衕序

一嘉靖四十二年張時徹序刊本見朱考張序曰寶大夫淇出宰涞水典衡以爲良從令吾鄞政理之暇則過涵碧之堂而論易爲曰請梓而行之云吳錄楊氏易傳二十卷宋寶謨閣學士盧陵楊萬里廷秀謚文節著嘉靖四十二年九月兵部尙書張時徹序陸志陸續跋誠齋先生易傳二十卷次行題宋寶謨閣學士楊萬里廷秀著前有淳熙戊申誠齋自序臣傺請抄錄易傳狀楊承議申送易傳狀及張序後有嘉泰甲子誠齋自序

一明刊本見帶經堂目誠齋易傳二十卷有其子承議郎長孺進書狀勳案家有藏本首行題楊誠齋先生易傳卷之一次行題宋寶謨閣學士少師諡文節贈盧陵侯吉水楊萬里廷秀甫著三行題宋敷文閣學士工部尙書少保諡文惠贈盧陵侯男長孺伯子甫較每半葉九行行二十字注低一格行十九字全書無直欄首有嘉靖壬寅歲仲春朔朔野尹耕序次永樂壬寅冬十有一月辛酉後裔楊士奇序次淳熙戊申八月二日吉水楊萬里序次臣寮

一聚珍本見丁目倪目邵注目莫目　一經苑本見邵注目請抄錄易傳、狀亦楊承議申送易傳狀後有嘉泰甲子四月八日萬里後序

莫目　一慈谿葉氏刋本見莫目

大易粹言十卷宋方聞一編朱考（二十九）曾氏（穜）大易粹言（或作七十卷）翁考曾氏（穜）大易粹言

【目錄】

宋趙附志大易粹言七十卷總論三卷　陳錄大易粹言十卷知舒州溫陵曾穜獻之集馬考（十八上）引同　尤目大易粹言　宋志曾穜大易粹言十卷　元馬考大易粹言十卷　明文淵閣目大易曾穜粹言一部二十冊闕又一部十四冊闕又一部二十冊闕　萬卷堂目大易粹言十卷曾穜　祁目續收大易粹言十二冊二十卷曾穜

【版本】

一宋淳熙三年曾穜守舒州刋本見四庫著錄提要云溫陵曾穜舒州命閩一輯爲是書初刻板置郡齋　朱考穜序曰板之以傳　天錄後編二大易粹言（一函二十冊）十二卷第一卷程頤易傳序郭雍易說序標爲總序第十二卷諸家姓氏文集學易論易明卦明文明十翼五篇有淳熙四年程九萬李祐之跋淳熙三年雕後牒二通舒州公使庫雕造所本所依奉台旨校正到大易粹言雕造了畢右具如前淳熙三年正月日池州青陽縣學諭李祐之迪功郎舒州懷寧縣尉許邦弼迪功郎新無爲軍無爲縣主簿方頤迪功郎舒州太湖縣主簿張䕫迪功郎舒州州學望江縣主簿程九萬從政郎舒州錄事參軍莫抃儒林郎安慶軍節度掌書記趙善登從事郎舒州州學敎授方聞一（俱校勘）奉議郎權通判舒州軍州兼管內勸農田事陸同朝請大夫知舒州軍州兼管內勸農營田屯田事曾穜又牒令具大易粹言乙部計二十冊合用紙數印造上墨錢下項紙副耗共一千三百張裝背饒青紙三十張背青白紙三十張俊墨糊藥印背匠工食等錢共一貫五百文足賃板錢一貫二百文足本庫印造見成出賣每部價錢八貫文足右具如前淳熙三年正月日雕造所貼司胡至和具杭州路儒學敎授李清孫校勘無差是此本即穜知舒州時書成刋印

莫目　一宋嘉定癸酉張嗣古修補淳熙本見四庫著錄提要云穜初刻版直部齋後癸印淳德張嗣古陳造、

先後修之此本郎嗣古嘉定癸酉所補刻 朱攷張跋云歲久板漫滅不可讀因念刊書之難復爲之修改七百三十有六板凡二十六萬一千五百九十有四字以與學者共之 天錄後編二淳熙雕本至嘉定癸酉張嗣古以漫漶重修則在後以逢爲佳本 莫目云淳熙中曾穜守舒州命閭一輯是書刊板直郡齋後摹印漫漶張嗣古陳造先後修之 一宋刊本見學部館目大易粹言七十卷宋曾穜撰每半葉十二行行二十三字不等高六寸二分廣四寸三分口有細墨線在魚尾上單邊於貞恆等諱皆缺筆殘帙存六十之六十七部八卷

一宋陳造修補淳熙本見四庫著錄朱攷陳造曰粹言板在舒州已就漫漶予修之

易圖說三卷宋吳仁傑撰朱攷（三十）吳氏仁傑古周易未見周易圖說存集古易存

目錄

宋陳錄古周易十二卷國子錄吳郡吳仁傑斗南所錄馬攷（十上八）引同 尤目吳氏古周易 宋志吳仁傑古周易十二卷 陳註錢目吳仁傑易圖說一册又有古周易十二卷 也是園目吳仁傑易圖說六卷

版本

一宋端平丙申何元壽刊本見通志堂刊本後有端平丙申四月旣望吳人何元壽因刊于湖廣餉所敬書其後 一通志堂本見徐目季目王目金目孫目外編倪目丁目邵注目莫目翁錄易圖說三卷宋吳仁傑撰仁傑淳熙進士嘗講學朱子之門此所著圖全以揲蓍所用言之

古周易一卷宋呂祖謙編朱攷（三十）呂氏祖謙古易通考十二卷存東萊易說二卷存古易音訓存讀易紀聞一卷存翁攷呂氏祖謙古易

目錄

宋陳錄古易十二卷音訓二卷著作郎東萊呂祖謙伯恭所定馬攷（十八上）引同 尤目呂氏古周易 宋志呂祖謙定古易十二篇爲一卷又音訓二卷周易繫辭精義二卷 元馬攷呂伯恭古易音訓共十四卷 明文淵

閣目東萊周易古注彖一部一冊闕一　萬卷堂目程朱易傳十卷呂祖謙　陳注錢目東萊呂氏古易十一篇也是園目呂祖謙古周易一卷

[版本]

一通志堂本見徐目季目王目金目孫目外編倪目丁目邵注目莫目翁錄古周易一卷宋呂祖謙撰此周易篇次考也最有關孫之書後有朱子跋　一同里宋氏刊本見別本朱目勤案此仁和宋咸熙刊易音訓朱氏誤記　一退補齋金華叢書本見彙刻書目云同治間永康胡鳳丹月樵編刊並纂書目提要八卷勤案余家有藏本刊于同治戊辰

[增輯本]

一函海本見倪目丁目邵注目莫目李調元輯易古文三卷勤案此書乾隆四十年李氏編刊光緒八年鍾登甲重刊巾箱本七

[附古易音訓刊本]

一宋淳熙九年朱晦庵臨漳會稽刊本見陳錄音訓則其門人王莘叟筆受朱晦菴刻之於臨漳會稽　朱玫引陳錄云　通志堂刊古周易後有淳熙九年夏六月庚子朔日新安朱熹跋　批注莫目陳伯已曰　一劉台拱翻宋刊本見邵注莫目附本義後勤案此寶應劉端臨覆古齋校刊　一嘉慶壬戌仁和宋小茗咸熙刊本見孫目內編二卷　錢曝書記云余欲求善本呂氏古周易音訓梅里李香子文告予仁和宋小茗咸熙嘗校刊此書盡嘉慶戊午冬月從元董季眞周易會通中采出因依呂氏篇第鈔錄者也小茗嘗欲合刊呂氏古易音訓宋氏國語補音等書而易音訓獨成自爲序歸安嚴氏元照爲後序莫目　一光緒庚辰章氏式訓堂叢書本見觀古堂藏書

易傳燈卷四宋徐總幹撰

目錄

版本 勳案此書久佚館臣從永樂大典中輯出未付聚珍板

一宋寶祐丁巳季子徐子東刊本見陸志舊鈔本有寶祐丁巳仲春既望季子徐子東跋曰愚不敢私郎取而公之悉取鋟諸梓云四卷 一函海本見倪目丁目邵注目莫目 一經苑本見邵注目莫目 一傳鈔本見竹崦庵目

目錄

易裨傳二卷宋林至撰朱攷（三十一）林氏至易裨傳存

宋陳錄林至易裨傳二卷外編一卷秘書省正字檇李林至撰馬攷（十八上）引同 宋志林至易裨傳一卷 元馬攷林至易裨傳二卷 外編一卷 明文淵閣目易林至裨一部一冊闕 一萬卷堂目周易裨傳二卷林至 祁目續收易裨傳一冊林至一卷 也是園目林至周易裨傳二卷

版本

一元至正十五年陳泰嘉興郡學刊本見四庫著錄朱攷陳泰曰是書乃廣田使康公出授士子今太守劉公命鋟於嘉興郡學傳示學者云今瞿目舊鈔本云此從至正十五年陳泰刊本傳錄序後有識云是書乃廣田使康公出授士子今太守劉公命鋟於嘉興郡學傳示學者云至正四年十月朔日識 一通志堂本見徐目季目王目金目孫目外編倪目丁目邵注目莫目翁錄周易裨傳二卷宋松江林至撰至淳熙間人及朱子之門其上卷論揲著其下卷外編論卦變勳案家有藏本首有林至序序後接刻至十四年（瞿目自誤作四年）十月朔日識云云（文同瞿目）次行題嘉興路儒學教授陳泰至正十五年刊置又次題提調官三字又次題亞中大夫嘉興路總管兼管內勸農事知渠堰事一兼行劉貞二行

厚齋易學五十二卷宋馮椅撰（三十一）馮氏椅厚齋易學未見　翁攷馮氏椅厚齋易傳

目錄

宋志馮椅易學五十卷　元馬攷馮椅厚齋易學原不載卷數

版本

勳案此書久佚館臣從永樂大典中錄出釐爲輯注四卷輯傳三十卷外傳十八卷末付聚珍板　一永樂大典本見四庫著錄朱志厚齋易學五十卷附錄二卷　一文瀾閣傳抄本見張志陸續志陸跋　一元和顧氏藝海樓傳抄閣本見朱目　一舊鈔本見丁目丁志邵注目云路小洲藏

童溪易傳三十卷宋王宗傳撰朱考（三十二）王氏宗傳童溪易傳三十卷存　翁考王氏宗傳童溪易傳

目錄

明萬卷堂目童溪易傳三十卷王宗傳　祁目續收童溪先生易傳十册三十卷王宗傳　也是園目王宗傳童溪易傳三十卷　培林堂目王宗傳童溪易傳三十卷　陸跋童溪王先生易傳三十卷迪功郎前韶州州學教授王宗傳景孟撰

板本

一宋開禧更元劉日新刊本見朱攷林焞序曰開禧更元族子翔客武陵以書來曰劉君日新將以童溪易傳壽鋟天下後世　天祿後編二童溪王先生易傳（二函十二册）三十卷揭銜迪功郎前韶州州學教授王宗傳景孟撰前二十六卷上下二經後易四卷繫辭上下前有宗傳自序第二十七卷前又自序自序後有墨印三一曰前大易發明一曰建安劉日新宅鋟梓於三桂堂一曰經學之寶又有林焞序云云（與朱考同）是書纂於孝宗朝刊於寧宗朝此其付梓時所序也宋孝宗諱昚古愼字宋本諸易經多於愼不害也句闕筆蓋言愼也

句改順此獨作讀不害也書旨讀也與諸刻不同

一通志堂本見徐目季目王目金目孫目外編倪目丁目邵注目莫目鈔錄

寶漢易傳十一卷宋朱震撰說卦以下皆有經無傳何焯曰汲古宋本俞石澗收藏後缺二卷非全書屢考其始末寄來京師跋中竟未及此勳案家有藏本首王宗傳自序次儒林郎知衢州開化縣主管勸農公事林焯炳叔序

周易總義二十卷宋易祓撰朱考（三十二）易氏祓周易總義二十卷未見易學舉隅四卷未見

目錄

宋趙附志周易總義二十卷　易學舉隅四卷右山齋易祓彥章所著也　明文淵閣目易祓山齋口義一部四冊闕

萬卷目周易總義二十卷易祓　祁目續收周易總義六冊二十卷宋易祓

版本

一宋紹定四年眉山李𡧖序刊本見吳錄周易總義二十卷長沙易祓彥章著郗夢祥校正紹定戊子門人朝議大夫知信州軍仙居縣開國男陳章序又眉山李𡧖序云彥章學問該貫爲時聞人鄉守謝侯鋟其所著易總義舉隅二書遣予使序之　陸志舊抄本有紹定四年立秋前三日眉山李𡧖書于武信玉山堂序云□□謝侯鋟其所著易總義舉隅二書且以遺予欲使序之　瞿目舊抄本題長沙易祓學前有紹定戊子門人朝議大夫知信州軍州事統管內勸農營田使仙居縣開國男陳章序又紹定四年眉山李𡧖序卷末皆題長沙郗孟祥校正

一文瀾閣傳抄本見張志陸志　一元和顧氏藝海樓傳抄閣本見朱目　一寫本見浙錄

丁志館臣從大典中輯出　邵注目云路小洲振綺堂均有　一吳尺鳧繡谷亭鈔本見帶經堂殘本　一近湘南刊本見丁志抄本云不及抄本之全

西溪易說十二卷宋李過撰朱考（三十三）李氏過西溪易說十二卷存

目錄

范目西溪易說十二卷宋李過撰無序例卷首附載西溪先生周易序說一卷 黃目李過西溪易說十二卷 盧補宋志李過西溪易說十二卷字季辦興化人或云在宋時 徐目宋李過西溪易說十二卷

版本

一元和顧氏藝海樓傳抄閣本見朱目 一抄本見吳錄上經六卷下經六卷無繫辭 浙錄中多闕文 帶經堂目瞿目慶元戊午自序失去 丁志西溪先生易說十二卷

丙子學易編一卷宋李心傳撰朱考（三十三）李氏心傳丙子學易編十五卷闕

目錄

也是園目李心傳丙子學易一卷

版本

一宋淳祐八年高斯得刊本見朱攷高跋曰斯得受業於門每念有以廣其傳者來守桐江首取時易二書刊之 通志堂刊本後有淳祐八年上巳日門下生臨邛高斯得跋（文同朱考） 一通志堂本見徐目季目王目金目孫目外編倪目丁目邵注目莫目翁錄丙子學易編一卷宋李心傳撰其書取王弼張橫渠郭子和伊川紫陽之說附以巳見原書十五卷俞石澗琬節鈔僅十之一耳丙子嘉定五年也勤案家有藏本後有高跋又泰定元年歲在甲子十一月十八日石澗老人俞琬書于梅齋西塾跋曰此書借閱健坊周家書肆所購者天寒日短老眼昏花併日而抄其可取者云云

易通六卷宋趙以夫撰朱考（三十三）趙氏以夫易通十卷（聚樂堂目六卷）存

目錄 明文淵閣目易趙以夫通一部冊闕 六 萬卷堂目周易通六卷趙以夫

版本 一祁氏淡生堂舊抄本見吳錄卷端有自序 一抄本見浙錄帶經堂目云海虞孫慶增藏書

目錄 周易經傳訓解二卷宋蔡淵撰朱攷（三十一）蔡氏淵周易經傳訓解四卷存（止三卷）

明文淵閣目蔡淵易傳訓解一部冊闕 二 蔡節齋易解一部冊闕 四 吳錄周易卦爻經傳訓解二卷節齋先生著

版本 一淡生堂抄本見邵注目云四庫著錄勤案四庫著錄爲吳玉墀家藏本 一寫本見浙錄周易卦爻經傳上下篇訓解二卷有開禧乙丑自序

易象意言一卷宋蔡淵撰朱攷（三十一）易象意旨卦爻辭旨大傳易說古象數餘論古易叶韶俱佚

目錄 明文淵閣目蔡淵易象意言一部冊闕 一

版本 勤案此書久佚館臣從永樂大典中錄出

二聚珍本見丁目倪目邵注目莫目 一藝海珠塵本見倪目子類書 邵注目勤案此嘉慶己巳吳省蘭聽彝堂編刊原編本以甲乙十干分集其辛集刊而未竟後人就其已梓成者均爲八集以八音分之印行後板片漫漶其殘餘板爲金山錢熙輔所得補苴完整於道光庚戌續輯刊壬癸二集重印行世 一吳氏聽

彝堂叢書本見邵注目莫目勤案此部藝海珠塵本邵莫誤以爲二種

周易要義十卷宋魏了翁撰朱攷（二百四十四）羣經類魏氏（了翁）九經要義二百六十三卷（分見諸經外有類目六卷）闕（勤案朱注云分見各經然諸經皆誠要義而易類則備載周易集義六十四卷不載要義豈郎以集義爲要義歟攷宋志載魏了翁集義六十四卷又要義十十一卷則確爲二書審矣）翁攷魏氏了翁周易集解

目錄

宋志魏了翁易集義六十四卷　易要義十卷　明文淵閣目諸總經類魏了翁九經要義一部六冊闕下不分列　內閣目鶴山九經要義六十八冊不全宋魏了翁著考究九經中義理制度也見存儀禮七冊禮記三冊周易二冊尚書一冊春秋二冊論語二冊孟子二冊又於前書各段分類爲類目六卷以便檢閱今止存四冊　鶴山九經要義二十四冊不全同全止類目六冊下不分列　范目進呈　周易要義十卷見存目同云鈔本　徐目宋魏了翁周易要義十卷

版本

一宋刊本見莫目云郁松年藏甚精勤案此書今藏上海涵芬樓辛酉夏余道過滬上從涵芬樓借觀紙墨如新槧刻精美每半葉八行行十八字書中宋諱闕筆　一光緒丙戌江蘇書局刊木見觀古堂藏書

東谷易翼傳二卷宋鄭汝諧撰朱攷（三十四）鄭氏汝諧易翼傳存翁攷鄭氏汝諧易翼傳

目錄

宋陳錄易翼傳二卷史部侍郎栝蒼鄭汝諧舜舉撰馬考（十八上）引同　宋志鄭汝諧易翼傳二卷　元馬攷鄭汝諧易翼傳二卷　明文淵閣目鄭氏易翼一部二冊闕　鄭氏易翼傳一部二冊闕　也是園目鄭汝諧東谷易翼傳二

卷鄭謨趙

版本

一宋紹定壬辰諸子鄭如岡刊本見朱考如岡跋曰歲在壬辰如岡持節閩嶠是歲仲夏刻於漕司之澄清堂云　瞿目元刊本云其子如岡初刻于閩有跋　通志堂刊本後有如口跋曰歲在壬辰如口持節閩嶠以藏本求是正於西山眞公貳卿且請叙於篇首是歲仲夏朔旦男朝請大夫福建路轉運判官如口敬刻於漕司之澄清堂結衛無年號可查首亦失闕得秀序唯後又有元大德丁未曾孫陶孫跋曰後六十年陶孫勸學七閩訪求澄清堂板已罹兵燹又十有六年陶孫由詞垣勸學江右云云總七十六年上溯數之正紹定五年壬辰歲也

一元大德丁未諸曾孫陶孫江右刊本見朱考陶孫跋曰後六十年陶孫勸學七閩訪澄清堂板已罹兵燹又十年有六年陶孫由詞垣勸學江右會廬陵學官來徵遺書謹取家藏本授之能刻梓以與程楊兩先生參亦斯文之一幸也　瞿目東谷鄭先生易翼傳二卷云大德丁未曾孫陶孫復跋而刻于江右者　通志堂刊本大德丁未九日曾孫承事郎江西等處儒學提舉陶孫謹書於儒學公字之存聖閣後序云　批注莫目云鄭如岡刊於閩嶠漕司函又有廬陵刊本　一通志堂本見徐目季目王目金目孫目外編倪目丁目邵注目莫目翁錄東谷易翼傳二卷宋處州鄭汝諧撰（通志堂原目誤作趙汝諧）其書止有上下經全以程傳何焯曰汲古閣元本最精勤宋此書後藏瞿氏

朱文公易說二十三卷宋朱鑑編朱考（三十一）朱文公易說三十三卷存

目錄

明文淵閣目朱文公易說一部四冊闕　黃目朱鑑朱子易說二十三卷文公孫　盧補宋志朱鑑文公易說二十三卷文公孫　也是園目朱鑑文公易說二十三卷

版本

一宋建陽縣齋趙君刊本見瞿目云前有淳祐壬子題詞云假守富川時所會粹建陽令趙君刊於縣齋鑑晉爲之序　一宋淳祐壬子刊本見朱考徐乾學曰淳祐中鋟板　張續志晦庵先生朱文公易說二十三卷元刊本卷一闕抄補每冊首俱有毛氏印記淳祐壬子自序　汪目元板　瞿目宋刊本朱子適孫鑑編前有淳祐壬子題詞又云假守富川時所會粹建陽令趙君刊於縣齋鑑晉爲之序今復以付之書肆使鋟以廣其傳此即淳祐本卷中有宋諱闕筆字每半葉十三行行二十一字此書昔歲邑中張氏載愛日精廬藏書續志卽云卷一抄補後從郡中汪氏（案卽汪士鐘藝芸書舍）聽入余家未幾又從郡中物色得舊刻首冊其裝訂款式毛氏圖章無不與全書昭合云勳案張汪二氏未見首冊序文故誤爲元板

一通志堂本見徐目季目王目金目孫目外編倪目丁目邵注目莫目翁錄文公易說二十三卷宋朱鑑文公之孫集語錄爲之　何焯曰汲古元本惜有模糊處勳案此宋刻也今藏瞿氏家藏通志堂本後有淳祐壬子王春正月朔適孫朝請大夫主管紹興府千秋鴻禧觀朱鑑跋

易學啓蒙小傳一卷附古經傳一卷宋稅與權撰朱考（三十六）稅氏與權校正周易古經十二卷闕易學啓蒙小傳一卷存　翁考稅氏與權校正周易古經

目錄

也是園目稅與權易學啓蒙小傳一卷　丁目易學啓蒙小傳一卷附古經傳一卷坊本

版本

一通志堂本見徐目季目王目金目孫目外編倪目丁目邵注目莫目翁錄易學啓蒙小傳一卷宋稅與權撰與權字巽甫臨邛鶴山弟子

周易輯聞六卷附易雅一卷筮宗一卷宋趙汝楳撰朱考（三十六）趙氏汝楳周易輯聞六卷存易雅一卷存筮宗三卷存

目錄

明文淵閣目趙汝楳易序叢書（一部四冊）趙汝楳易雅（一部一冊闕）周易趙汝楳輯聞（一部八冊闕）周易趙汝楳輯聞（一部八冊闕）萬卷堂目周易輯聞六卷（趙汝楳）叢書十卷（趙汝楳）祁目續收易序叢書三冊（十卷）

周易輯聞八冊（十一卷趙汝楳易雅二卷輯聞六卷筮宗三卷）述古堂目季（誤當作趙下同）汝楳周易輯聞一卷　李汝楳筮宗輯聞一卷　也是園目趙汝楳周易輯聞六卷　趙汝楳筮宗輯聞二卷　趙汝楳易雅一卷　天祿後編二（宋板）周易輯聞（二函八卷）六卷（上下二經每卦以大象冠首始及經文而小象文言分列諸爻之下後爲易雅一通釋二書釋三學釋四情釋五位釋六象釋七辭釋八變釋九占釋十卦變釋十一爻變釋十二得失釋十三八卦釋十四六爻釋十五陰陽釋十六太極名義釋十七象數體用釋十八圖書釋前有自序又筮宗一筮宗釋本二筮述三先傳考亦有自序）培林堂目趙汝楳易序叢書十卷

版本

一宋寶祐丁巳福葛中序刊本見批注（莫目云道古堂集易序叢書）道古堂集（易序叢書寶祐丁巳福葛中序云當時已板行之首列易雅及筮宗三卷以後爲深衣考爲律本義爲周尺記爲八陣通記爲如意城略爲六日七分論爲辨方圖爲納甲辨合共十卷云）

一萬曆間　周藩刊本見邵注目莫目　一通志堂本見徐目季目王目金目吳錄（趙氏易序叢書十卷）孫目外編倪目丁目邵注目莫目（翁錄周易輯聞六卷附易雅一卷筮宗一卷宋汴水趙汝楳勳案四庫存目易序叢書十卷提要云汝楳有周易輯聞六卷易雅一卷筮宗三卷總謂之易序叢書已著於錄家藏通志堂本首有成德序云周易輯聞六卷易雅一卷筮宗三卷合名之曰易序叢書朱考謂卽輯輯聞易雅筮宗三書惟邵注目云易序叢書有易雅筮宗皆旁涉握奇遁甲之說而無輯聞存目則疑好事者得殘本雜抄他書以足十卷之數歟）

周易詳解十六卷宋李杞撰（朱考（三十七）李氏杞謙齋周易詳解二十卷未見）

【目錄】明文淵閣目李謙齋詳解一部二冊闕　萬卷堂目謙齋周易詳解二十卷李杞　祁目續收李子才先生周易編六冊二十卷李杞

【版本】勤案此書未付聚珍板

一永樂大典本見四庫著錄丁志原書二十卷久佚館臣從永樂大典錄出編為十六卷僅闕隨无妄大壯睽蹇中孚及晉卦後四爻此乃館中底本　一文瀾閣傳抄本見張志陸志　一元和顧氏藝海樓傳抄閣本見朱目　一抄本見邵注目云路有

淙山讀周易記二十一卷宋方實孫撰朱考（三十六）方氏實孫淙山讀周易記存（引曹溶目聚樂堂目作十六卷）翁考方實孫淙山讀周易記

【目錄】宋志方實孫讀易記八卷　明文淵閣目方實孫淙山讀易記一部六冊闕　萬卷堂目讀周易十六卷方實孫　祁目續收方淙山讀周易六冊十卷方實孫

【版本】一秀水朱氏曝書亭寫本見浙錄十卷有自作前後序　一舊抄本見陸續志讀周易八卷　邵注目云路有　一元和顧氏藝海樓傳抄閣本見朱目

周易傳義附錄十四卷宋董楷撰朱考（三十七）董氏楷周易傳義附錄十四卷存翁考董氏楷周易傳義附錄

【目錄】

明文淵閣目周易本義附錄一部一冊闕又一部一冊闕 黃目董楷周易程朱氏說附錄十八卷 盧補宋志董楷周易程朱傳義附錄十八卷一作十四卷 圖說一卷字正叔臨海人吏部郎中 也是園目董楷程朱傳義附錄二十卷 季目周易程朱傳義附錄十五卷十卷宋板 元板周易程朱傳義附錄十卷四本 徐宋元目元本周易傳義十八卷董楷 宋本周易傳繫八卷董楷附錄

版本

一元至正壬午桃溪居敬書堂刊本見張續志周易程朱先生傳義附錄十七卷後學天台董楷纂集分卷與通志堂本異凡例後有至壬午桃溪居敬書堂刊行木印前咸淳丙寅自序凡例 吳記周易傳義附錄十四卷每葉二十四行行二十三字前列圖說綱領後附五贊筮儀卷末有至正壬午桃溪居敬堂刊行方印又一部紙黑更舊後印爲書賈剜去 帶經堂目周易傳義附錄十四卷云前有咸淳丙寅自序每冊末有至正壬午桃溪居敬書校刊行兩行 莫目

一元延祐乙卯圓沙書院刊本見傳批莫目云曾爲涵芬樓收得十二行二十二字延祐乙卯圓沙書院刊木記在凡例後

一元刊本見陸志周易程朱先生傳義附錄二十卷後學天台董楷纂集每葉二十四行每行二十一字小字雙行每行二十二字小黑口 陸續跋周易程朱先生傳義附錄十四卷題曰後學天台董楷纂集每葉二十四行每行二十二字小字雙行傳本義以大字黑質白章列之附錄以粗線黑圈圍之一作某亦以小字黑質白章別之前有咸淳丙寅董楷序及識語凡例朱易圖說程子易傳序程傳綱領朱子說易綱領後有程子緒義朱子五贊筮儀先爲海寧周松靄所藏後歸吳兔牀拜經樓者動案吳記著錄卷末有居敬書堂牌記方印又一部爲書賈剜去牌記此當是剜去牌記之本唯元時又有圓沙書院刊本凡例後亦有牌記兩本行款均同此不知何人刊本

一通志堂本見徐目季目王目金目孫目外編倪目丁目邵注目莫目翁錄周易傳義附錄十四卷宋天台董楷正叔依程傳朱義爲之割裂本義以附程傳自此書始楷文天祥榜進士自序在咸淳丙寅前有綱領一卷圖說一卷

易學啓蒙通釋二卷宋胡方平撰朱考（四十）胡氏方平易學啓蒙通釋二卷存外易（一作翼）四卷未見易餘間記一卷未見翁考胡氏方平易學啓蒙通釋

目錄

明文淵閣目胡方平學易啓蒙（一部二冊闕）　萬卷堂目周易啓蒙通釋二卷（胡方平）　黃目胡方平周方平周啓蒙通釋二卷（一作四卷）　又外易四卷　盧補宋志胡方平周易啓蒙通釋二卷（一作四卷）　外易四卷（號玉）（堂婺源人）　錢補元志胡方平易學啓蒙通釋二卷（至元巳丑自序）　外易四卷　易餘閑記一卷　金補三史志元胡方平易學啓蒙通釋二卷　又易餘間記　錢記胡方平易學啓蒙通釋二卷　述古堂目胡方平通釋易學啓蒙二卷（也是園目同）

版本

一元至元壬辰劉涇刊本見朱考（熊禾跋曰己丑春余讀書武夷山中有新安胡君庭芳來訪出其父書一編曰易學啓蒙通釋茲因刻梓告成輒述所見以識其後云又劉涇跋曰一日約无咎詹君退齋熊君訪雲谷遺跡適值新安胡君庭芳來訪出易學啓蒙通釋一編見示謂其父玉齋平生精力盡在此書時熊君以易學授兒翟謂是誠讀者不可闕之書因言庭芳再入閩惟汲汲焉父書無傳是懼且欲以見屬輒爲刊寘書堂云）　通志堂刊本（前有淳熙丙午莫春既望雲臺眞逸手記次姓氏次圖後有元壬辰季夏劉涇欂之跋（文同朱考）又有壬辰仲夏望日後學武夷熊禾跋（文同朱考））

一通志堂本見徐目季目王目金目孫目外編倪目丁目邵注目莫目（翁錄易學啓蒙通釋二卷宋婺源胡方平撰至元巳丑自序今所刻淳熙丙午序乃朱子啓蒙原序也勘案此從元本付梓）

［附述解本］

一明刊本見丁志（易學啓蒙二卷題新安胡方平通釋永嘉朱謚述解前朱子原序題淳熙丙午暮春雲臺眞逸手記又劉涇序及熊禾跋書中凡通釋夾行低二格述解夾行低三格每半葉十二行每行二十字）

三易備遺十卷宋朱元昇撰 朱考（三十九）朱氏元昇三易備遺十卷存 翁老朱氏元昇三易備遺

目錄

明文淵閣目朱元昇三易備遺 一部二册闕 萬卷堂目三易備遺十卷 朱元昇 祁目續收三易備遺三册

也是園目朱元昇三易備遺十卷 十卷 朱元昇

版本

一元元貞乙未昇子士立刊本見黃目 河圖洛書一卷連山備遺三卷歸藏備遺三卷周易備遺三卷成淳元年浙東提刑家鉉翁奏其書於朝未幾宋亡元昇亦死其子士可次子士立卒成之元元貞乙未士立乃爲刊本 朱攷 元貞乙未立春日子士立跋曰士立補遺其闕備完其帙敬鋟諸梓 盧補宋志 河洛圖書一卷連山歸藏周易各三卷家鉉翁進其書於朝子士立梓行 陸志 舊抄本三易備遺十卷東嘉朱元昇日華述咸淳八年中書省照劄癸巳林千之序咸淳癸酉葛寅炎序咸淳庚午自序元貞乙未男士立誌 傳批莫目

一通志堂本見徐目季目王目金目孫目外編倪目丁目邵注目莫目 翁錄三易備遺十卷宋東嘉朱元昇撰自序在咸淳庚午其書第一卷言河圖洛書二卷至四卷言連山五卷至七卷言歸藏八卷至十卷言周易勳在宋家有藏本首有癸巳臘月朔林千之能一序次咸淳癸酉四月朔日後學天台東泉葛寅炎同叟序次咸淳庚午冬至朱元昇自序次目錄次中書省照劄末署成淳八年六月口日後有元貞乙未立春日男士立跋（文同朱考）

一傳抄本見竹崦盦目

周易集說四十卷宋俞琰撰 朱考（四十）俞氏（琰）周易集說四十卷存 讀易舉要四卷未見 易圖纂要二卷存 易古占法一卷未見 易外別傳一卷存 易經考証 易傳考証 讀易須知 六十四卦圖 卦爻象占 分類易圖 合璧連珠 大易會要一百三十卷俱佚

目錄

明文淵閣目周易俞石澗集說 一部四册闕 一部四册闕 又 陳目周易集說四十卷 林屋山人俞氏 黃目俞琰大易會

要一百卷（述諸家易說）又周易集說四十卷（分上下經十翼今世傳本十卷）又纂圖二卷又古占法一卷又讀易舉要四卷又周易象辭二卷又讀易須知口卷又卦爻象占分類口卷又易圖合璧連珠說口卷又周易參同契發揮三卷又易外別傳一卷　陳註錢目俞石澗琰周易解八冊（周易集說四十卷石澗集說自序云予自德祐後集諸儒之說吳中人物志石澗生宋末宋亡遂不仕）　錢補元志俞玉吾大易會要一百三十卷（或作一百卷）　周易集說四十卷　讀易舉要四卷　易圖纂要二卷（一名纂圖）　易古占法一卷　經傳考證（卷亡）　讀易須知一卷　六十四卦圖（卷亡）　卦爻象占分類一卷　易圖合璧連珠說（卷亡）　周易象辭二卷　盧補三史志俞琰大易會要一百卷　周易集說四十卷（今傳本十卷）　易圖纂要二卷　古占法一卷　讀易舉要四卷　周易象（張作繫）辭二卷　讀易須知　卦爻象占分類一卷　易圖合璧連珠說　周易參同契發揮三卷　易外別傳一卷（字玉吾吳縣人）　金補三史志（元）俞琰大易集說十卷一作會要　又大易纂圖二卷　又古占法一卷　述古堂目俞石澗周易集說十卷

版本

一元至大庚戌王都中刊本見朱攷（王序曰書成不可不傳敬請鋟諸梓）　傳批莫目（云至大庚戌王都中刊本）　通志堂刊本（首有題辭九仙山人王本齋曰書成不可不傳敬請鋟諸梓以與同志者共之至大庚戌冬至日通議大夫江淮等處泉貨太監王都中謹序云）

一至正庚寅琰子仲溫刊本見汪目（元板）　陸志（周易集說不分卷泰定元年十月甲子金華黃溍序元貞丙申五月六日林屋山人俞琰玉吾叟序皇慶癸丑四月十日石澗俞琰玉吾叟誌上經後跋曰嗣男仲溫校正命兒相繕寫謹鋟梓于家之讀易樓至正八年歲在戊子十二月二十五日謹誌下經後跋曰嗣男仲溫點校孫貞木繕寫鋟梓于家之讀易樓至正九年歲在巳丑十二月朔旦誌象傳後跋曰嗣男仲溫校正）

命見傾宕繕寫謹鋟梓于家之讀易樓至正十年歲在庚寅八月旦謹誌上經抄補每葉二十四行每行二十字板心間有存存齋勤四字卷中有汪士鐘曾讀朱文方印

陸續跋 俞石澗周易上經下經彖傳上彖傳下爻傳象辭文言繫辭上繫辭下說卦序卦雜卦或題林屋山人俞琰玉吾叟或題林屋山人俞琰集說前有黃溍題辭琰自序後有琰後序序後慕方印三一曰俞琰一曰玉吾一曰石澗皆陽文一曰林屋山人讀鈞陽文每葉二十四行每行二十一字板心間有存存齋刊四字經頂格說低一格引諸家說以黑質白章別之上經下經象傳後三跋〔同陸志〕每卷末或題俞氏易集說或題俞石澗易集說

學部館目 周易集說十二卷每半葉十二行行二十一字高六寸廣四寸四分黑綫口用牘背紙印經頂格說低一格引諸家說以黑黃白章別之次行或題林屋山人俞琰集說或題林屋山人俞琰玉吾叟不等末題仲溫點校孫貞木精寫鋟梓於家之讀易樓至正九年歲在巳丑十一月朔日、誌存下經一卷爻傳上下彖傳上一彖辭說上下

一通志堂本見徐目季目王目金目孫目外編倪目丁目邵注目莫目 翁錄大易集說十卷按經義考作四十卷今以通志堂此刻板心計之則是十三卷元俞琰號石澗宋末遺老其書成於元至大間敏求記備載其序定精究之說何焯曰此遵王元本惜屬伊人所校板心大謬勤索余家有藏本首有王郜中題詞云石澗先生周易集說凡三十餘卷茲守郡陽泉監與先生偕行是書作於甲申迄今二十有七年未嘗一日去手凡三脫稿書成不可不傳敬請鋟諸梓云據此則經義考所載當是王郜中刊本此則據至正十年未付梓序跋分卷卷首題撰人姓名悉同唯刪去上經下經彖傳後三跋文爲謬至正本卷末結銜不一此則整齊一番通題俞氏易集說矣成德序曰合十三卷各冠以序統名曰周易集說而易圖纂要一卷易外別傳一卷附焉家藏本無之

讀易舉要四卷宋俞琰撰 朱考見前

目錄

明萬卷堂目讀易舉要四卷 俞琰 黃目 錢補元志 盧補三史志均見前

版本 勳案此書傳本極希館臣從永樂大典中錄出編爲四卷未付聚珍板

一永樂大典本見四庫著錄 一文瀾閣傳抄本見張志 一舊抄本見陸志

周易象義十六卷宋丁易東撰朱考（四十三）丁氏（易東）周易象義十卷存

目錄

明文淵閣目周易丁易東象義一部十冊闕　丁易東大衍索隱一部五冊闕　萬卷堂目周易傳十四卷丁易東

黃目丁易東易傳十一卷一作十四卷　又大衍索隱三卷　錢補元志丁易東周易象義十卷　大衍索隱三卷　易傳十一卷　盧補三史志丁易東周易傳疏十一卷一作十四卷　大衍索隱三卷

版本

一宋刊本見張續志殘本云原書卷數無考是卷標題周易下經第二之三自豐至未濟凡一卷　瞿目周易象義十二卷題武陵丁易東象義凡象分上下經為二卷又每卷各分子卷三傳十篇為十卷前有自序二篇易統論三篇凡例十四條後亦有自序一篇宋本存下經第二之三（豐未至濟）自彖傳以下十卷皆全餘則假諸太倉顧竹泉藏文瀾閣傳錄本鈔補惟豫隨无妄三卦經注闕本亦闕每半葉九行行十八字注下經文一格匡貞恒桓郎字有減筆下經一冊舊為張愛日精廬藏本十翼十卷孫退谷藏本邑人能芳谷覓得以貽　朱志云余閱錢塘汪氏振綺堂書目有此書首行標易上經第一之一次行武陵丁易東象義各卷仿此乃宋舊式也其書分易上經第一之一一之二下經二之一二之二彖上傳一上傳二下傳一下傳二文言五繫辭上傳六下傳七說卦八序卦九雜卦十凡爲十八卷汪氏上經一之一一之二闕泰否同人大有謙豫隨蠱臨觀噬嗑賁剝復无妄大畜頤大過坎離凡二十卦爻其彖象皆所無闕以永樂大典本互為補足僅闕豫隨无妄三卦爻耳

［附輯本］提要云世所傳本殘闕特甚僅存十之二三惟散見永樂大典中者排比其文僅闕隨豫无妄大壯暌蹇中孚七卦及晉卦之後四爻餘皆完具與殘本互相參補遂還舊觀以篇頁頗繁議析爲一十六卷未付梨珍板

一永樂大典本見四庫著錄朱志　一文瀾閣傳抄本見張志丁志云郎張藏　一藝海樓傳抄閣本見朱

目一抄本見邵注目

易圖通變五卷易筮通變三卷宋雷思齊撰（朱攷（四十八）雷氏思齊易圖通變五卷存 易筮通變三卷存）

目錄

明范目進呈易筮通變三卷（見存目同） 祁目易筮通變三卷（雷思齊） 黃目雷思齊易圖通變五卷（一作三卷） 錢補元志雷思齊易圖通變五卷 易筮通變三卷 盧補三史志雷思齊易圖通變五卷 易筮通變三卷（張增） 金補三史志（元）雷思齊易圖通變五卷 也是園目雷思齊易圖通變五卷 丁目易圖通變五卷易筮通變三卷（坊本）

版本

一白雲霽道藏本見四庫著錄（提要云太元部若字號中） 邵注目莫目（云道藏太元部若字號中） 一通志堂本見徐目季目王目金目孫目外編倪目丁目邵注目莫目（翁錄易圖通變五卷元臨川道士雷思齊勳案余家有二藏本首有成德序曰易圖世有傳本易筮則得之道藏中二書顧相爲表裏今幷行者也云云則當時似二書並刻今經解中祇易圖五卷而無易筮蓋以其近於占卜不宜入經解耶）

四庫全書目錄板本考（續）

葉啟勳

經部四

易類四

讀易私言一卷元許衡撰 朱改（四十二）許氏（衡）讀易私言一卷存

〔目錄〕

明祁目續收許魯齋讀易私言一卷許衡　黃目許衡讀易私言一卷　錢補元志許衡讀易私言一卷　盧補三史志許衡讀易私言一卷　金補三史志元許衡讀易私言一卷　也是園目許衡讀易私言一卷　陸目讀易私言一卷許衡

〔版本〕

一許衡本集本見祁目邵注目莫目勳案魯齋遺書刻本頗多詳集部　一說郛本見黃目倪目子丁目培林堂目　一學海類編本見邵注目莫目勳案此書據李書溶編輯門人陶越增訂道光辛卯六安晁氏活字排印　一通志堂本見徐目季目王目金目孫目外編倪目丁目邵注目莫目翁錄讀易私言一卷元許衡何焯曰記昔未曾刻提要云何焯校正九經解目錄以爲即元李簡之書今考簡所撰學易記其書具在未嘗與此書相複且永樂大典所載亦作許衡則非簡書明甚焯之所校不知何以云然也云云勳案今本翁錄無此語蓋後來改定本也

易本義附錄纂疏十五卷元胡一桂撰　朱攷(四十三)胡氏(一桂)周易附錄纂疏十五卷存　翁攷胡氏(一桂)周易附錄纂疏

目錄

明黃目胡一桂周易本通義釋附錄纂疏十四卷又周易啓蒙翼傳四卷　盧補宋志胡一桂周易本義附錄纂疏十四卷　周易啟蒙翼傳四卷　錢補元志胡一桂周易本義附錄纂疏十五卷或作十四卷　易學啟蒙翼傳三篇　外篇一篇　金補三史志元胡一桂周易本義附錄纂疏十五卷　又周易啟蒙翼傳三卷外編一卷　也是園目胡一桂周易本義附錄纂注十五卷　丁志周易本義附錄纂注十五卷元刊本

版本

一通志堂本見徐目季目王目金目孫目外編倪目丁目邵注目莫目　纂錄周易本義附錄纂注十五卷元新安胡一桂雙湖取朱子文集語錄之及於易者附於本義下謂之附錄取諸儒易說之發明本義者謂之纂注動案丁志有元刊本云通志堂經解中有此書其圖錄卦序圖卦互體圖易十翼論文言辨本義啓蒙論原缺之字即此帙紙敞字滅之處當時即據此以登木者也

易學啟蒙翼傳四卷元胡一桂撰　朱攷(四十三)易學啓蒙翼傳四卷存

目錄

明文淵閣目本義啟蒙翼傳一部四册闕　萬卷堂目周易啟蒙翼傳四册胡一桂　祁目續收周易翼傳四册四卷　天錄目五元板周易本義啟蒙翼傳一函八册元胡一桂撰四卷前一桂自序是書字體版式規仿宋槧亦元刻之佳者　盧補

宋志　錢補元志　金補三史志均見前　也是園目胡一桂易學啟蒙翼傳三篇外一篇　培林堂目胡一桂周易本義啓蒙翼傳四卷

[版本]

一元皇慶癸丑一桂子思紹刊本見森志（周易本義啓蒙翼傳上中下三篇外篇題元新安前鄉貢進士胡一桂撰前有皇慶癸丑自序卷末題男思紹校正四周雙邊每半葉十一行行二十一字界長六十五分幅四寸二分）傳批莫目（云李木齋藏元刊本十一行二十一字類宋槧傳低一格白口單邊外篇末有男思紹校正一行）一元刊本見朱目別本朱目邵注目（朱修伯曰（即結一廬主人）曾見元本頁十六行行十六字）莫目（每葉十六行行十六字）一通志堂本見徐目季目王目金目孫目外編倪目丁目邵注目莫目（翁錄周易啓蒙翼傳三篇外篇一篇元胡一桂其中篇著古本及諸家本又及歷代授受傳注敘錄雖云略舉所知然頗足資攷据下篇著左傳及後人占筮外篇則兼京以下太元諸書至皇極世也何焯曰汲古元本）

易纂言十卷元吳澄撰（朱攷（四十二）吳氏（澂）易纂言十卷存易敘錄十二篇存）

[目錄]

明文淵閣目易吳澄纂言一部八冊闕又一部三冊闕又一部二冊闕又一部七冊闕　萬卷堂目周易纂言八卷（吳澄）祁目吳草廬易纂言四冊（六卷吳澄）　黃目吳澄易敘錄十二篇又易纂言十二卷　陳註錢目吳澄易纂言（十二卷）錢補元志吳澄易纂言十卷（或作十二卷）　易纂言外翼八卷　易敘錄十二篇　盧補三史志吳澄易敘錄十二篇　易纂言十卷外翼八卷　金補三史志（元）吳澄易纂言十三卷　又校定周易　又易經著錄　述古堂目吳澄草廬周易纂言十二卷　也是園目吳澄易纂言十二卷　培林堂目吳澄

易纂言十二卷　王目易纂言十二卷　陸目易纂言八卷 吳澄

版本

一元至治癸亥口觀生刊本見朱攷 至治癸亥五月口觀生跋曰先生著是書殆四十年壬戌秋書成明年春觀生固請鋟諸梓先生慨然許之猶慮傳寫之或差乃命抄寫而自督視寫未及半適特旨遣使召入翰林不數日上道觀生繼侍至郡城集同志分帙畢寫將及九江點校繼竟卦圖象例陸續刊行云　一明天順八年天台林公鶚一江西刊本見吳錄 成化本翁世資序曰林公按察江西得是書於先生家塾壽梓以傳　一成化丁亥刊本見吳錄 云有蕭田翁世資序　莫目

邵注目　一明嘉靖己酉顧應祥刊本見邵注目 云許氏有明本十二卷假即此本　十傳批莫目　一萬曆甲寅焦竑序刊本見朱攷 攷序曰余藏是本（案經義考首載元至治序即接此序然云是本蓋指元本）數十年考功大夫陳（龍光）蘇（進）張（斗樞）三君梓之學傳而余復屬友人黃應徵校讐至再因并著之云

陸志莫目　一通志堂本見徐目季目王目金目孫目外編倪目丁目丁志邵注目莫目 纂錄易纂言三卷元吳澄

易纂言外翼八卷元吳澄撰 朱攷（四十二）引菉竹堂目纂言外翼四册

十成于至治書二年秋

目錄

明文淵閣目易吳徵纂言外翼 一部四册闕　錢補元志　盧補三史志均見前

版本

勤案此書久佚館臣從永樂大典中錄出未付梓珍板

一永樂大典本四庫著錄　一文瀾閣傳抄本見張志陸志　一藝海樓傳抄閣本見朱目　一刊

本見邵注目 云朱修伯曰漁洋康熙丙辰得之京師亦刊本 一抄本見邵注目 云路有

易原奧義一卷周易原旨六卷元寶巴撰 朱攷（四十五）寶巴易源奧義統名易體用一卷存周易原旨六卷存周易尙占三卷佚翁攷寶巴易源奧義

目錄

明文淵閣目保八易原奧義 一部一冊闕 周易保八原旨 一部六冊闕 萬卷堂目周易原旨六卷 保八 黃目保八周易原旨六卷又繫辭二卷又周易奧義一卷又周易尙占三卷 一名易體用 得月樓目洛陽保八原旨八卷 四冊元板 錢補元志保八易原奧義一卷 周易原旨六卷 繫辭二卷 盧補三史志保八周易原旨六卷 繫辭二卷 易原奧義一卷 周易尙占三卷 亦名易體用 吳錄易原奧義一卷周易原旨六卷 元保八著 周易尙占三卷 元保八序曰今豐蠡子李淸菴分析爻辭聯纂綴梓以廣其傳據序云云蓋出他人手筆保八爲之序以付梓千頃堂書目（案即黃目）誤列原旨之後云

版本

一文瀾閣傳抄本見張志 周易奧義一卷周易原旨八卷有進太子牋 一舊抄本見陸志 朱竹垞舊藏 陸續跋 題洛後學保八進有太子牋序獻跋 吳記 周易原旨八 浙錄丁志

周易程朱傳義折衷三十三卷元趙采撰 朱攷（四十四）趙氏（采）周易折衷二十三卷存

目錄

明萬卷堂目周易折衷三十三卷 趙采 祁目續收周易傳義折衷八冊 三十卷趙采 黃目趙采周易折衷

三十三卷　錢補元志趙采周易朱程傳義折衷三十三卷　盧補三史志趙采周易傳義折衷三十三卷　吳錄周易折衷三十三卷遼川趙采德亮著卷首自序上經十六卷下經十七卷總三十三卷

板本

一倦圃寫本見浙錄周易折衷二十三卷勳案倦圃爲檇李曹秋岳侍郎溶別號　一精抄本見邵注目云振綺堂有

周易衍義十六卷的胡震撰朱攷(四十四)胡氏(震)周易衍義存

目錄

明文淵閣目易胡震衍義一部八册闕塾本胡作吳　萬卷堂目周易衍義八卷胡震　黃目胡震周易衍義八卷　錢補元志胡震周易衍義十六卷　盧補三史志胡震周易衍義十六卷子廣大擅成　吳錄周易衍義不分卷元南康路儒學致仕敎授深溪胡震撰

版本

一明抄本見帶經堂目晉江黃兪邰虞稷千頃堂藏書　一杭大宗抄本見道古堂集跋曰此本舊藏檇李曹氏輾轉歸有力家余亟謀錄其副云勳案此從何本傳錄既未著明無由懸揣矣　一寫本見浙錄七册　邵注目云振綺堂有抄本八册不分卷

易學濫觴一卷元黃澤撰朱攷(四十七)黃氏澤易學濫觴佚

目錄

明黃目黃澤易學濫觴十翼舉要　錢補元志黃澤易學濫觴一卷　十翼舉要　忘象辨　象略

辨同論（卷並亡）　盧補三史志黃澤易學濫觴一卷　十翼舉要　金補三史志（元）黃澤易經解　又十翼舉要　又周易辨忘　又象略辨同論　又易學濫觴

板本

一聚珍本見丁目倪目邵注目莫目　一經苑本見邵注目莫目　一海昌蔣氏別下齋刊本見丁目邵注目（勤案道光丁酉蔣光煦編別下齋叢書咸豐丙辰再編刻涉聞梓舊此其首種也以下均曰別下齋刊本）　一錢氏小萬卷樓叢書本見邵注目附某氏批（勤案此書咸豐五年錢培名編刊工未及半值粵匪之亂中止就其已竣工者十七種編印行世未幾板燬今頗希見現通行爲光緒戊寅重刻本以下省曰小萬卷樓本）

大易緝說十卷元王申子撰（朱攷（四十四）王氏（申子）大易集說十卷存）

目錄

明黃目王申子大易緝說十卷　得月樓目大易緝說十卷（五本王申子元板）　盧補宋志王申子大易緝說十卷　錢補元志王申子大易緝說十卷　盧補三史志王申子大易緝說十卷　也是園目王申子周易緝說十卷

版本

一元延祐丙辰田澤刊本見四庫著錄（提要云卷首載田澤刊書始末稱皇慶二年行省劄付充武昌路南陽書院山長又稱其寓居慈利州天門出垂三十年始成）通志堂刊本（後有延祐丙辰日長至承直郎前常德路總管府推官居延田澤續刊大易緝說始末曰澤嚮春秋類傳及此書澤爲申送行省咨都省移翰林國史院勘定令本處儒學印造已刊類傳於澧賊見者稱善茲念緝說尤不可无愛醵同志鋟諸梓以與學者共云）　一通志堂本見徐目李目王目金目孫目外編倪目丁目

邵注目莫目　翁錄大易緝說十卷元臨邛王申子巽卿撰申子皇慶二年充武昌路南陽書院山長朱氏經義攷列於元人通志堂原目作宋王申子非何曰吳志伊有宋本屬甯扎東海託其借校竟未借來僅從抄本付刊勳案通志本後有元田澤刊書始末又有延祐三年十一月望日前進士長沙李琳後序蓋從元本付刊據田澤云皇慶二年四月蒙行省劄付擬王申子充武昌路南陽書院山長王申子守志不出隱處山林云通志堂目作宋人蓋以其不仕元也

周易本義通釋十二卷元胡炳文撰　朱攷（四十三）胡氏（炳文）周易本義通釋十二卷存

目錄

明文淵閣目胡炳文易本義通　一部八冊闕　萬卷堂目周易本義通釋十二卷　胡炳文　祁目周易本義通釋四冊　十卷胡炳文　黃目胡炳文周易義通釋十卷　自繫辭以下俱佚取大全所輯一桂附說之　又周易啟蒙通釋口卷　錢補志胡炳文周易本義通釋十卷　或作十二卷作義通八卷　一　周易啓蒙通釋二卷盧補史志胡炳文周易本義通釋十卷　周易啟蒙通釋二卷　金補三史志　元　胡炳文周易本義通釋十二卷　帶經堂目周易本義通釋十二卷　刊本李鹿山藏

版本

一元郭文卿守浮梁時刊本見四庫著錄　提要云雲峯集中有與吳澄書日本義通釋郭文卿守浮梁時爲刊其半出之太早今悔之無及也刊本今以呈似中有譌戾閣下削之繩之幸甚云云　通志堂刊本　首有九世孫胡珙輯錄雲峯易義一卷首雲峯與吳臨川書云（同提要）　一明嘉靖元年新安潘旦刊本見范目　藍絲闌抄本嘉靖元年新安潘旦重刊序正德庚辰九世孫胡珙後序嘉靖元年邵武縣儒學教諭盱江鄧杞校刊　四庫著錄　提要云此本前有潘旦序稱書經兵燹多至亡佚其九世孫珙及弟玠蒐遺書得上下經而闕十翼乃復博蒐諸集中以補之云　朱攷　潘序曰書經兵燹多至亡佚其九世孫珙暨弟玠乃復蒐蒐諸集中以補之幾爲全書且畀鄧教諭杞校而傳之云　丁志

說補完別輯雲峯文集中易義一卷嘉靖元年知邵武府事新安後學潘旦命郡教諭杞校而傳之並有其前後擬序珙亦有後序　邵注目莫目　一通本堂本見徐目季目王目金目孫目外編倪目丁目邵注目莫目翁錄周易本義通釋十二卷元安新胡炳文雲峯自序在延祐丙辰何焯曰汲古元本勤案據雲峯與吳草廬書元本只刊其中此從明本付梓首有九世孫珙輯錄雲峰文集易義一卷唯佚前後潘胡諸序耳

周易本義集成十二卷元熊良輔撰朱攷(四十六)熊氏(良輔)周易本義集成十二卷存　翁攷熊氏(良輔)周易本義集成

目錄

明萬卷堂目周易本義集成十二卷熊良輔　祁目續收周易本義集成二冊二卷熊良輔　黃目熊良輔周易本義集成二卷易詩集說不傳　錢補元志熊良輔周易本義集成十二卷　盧補三史志熊良輔周易本義集二卷　金補三史志元熊良輔周易本義集成十二卷　也是園目熊良輔周易本義集成十二卷

版本

一元至治壬戌熊良輔刊本見四庫著錄提要云是書前有良輔自序稱丁巳以易貢同志信其僭說閔其久勤出工費鋟梓　朱攷良輔自序云　通志堂刊本首有至治壬戌五月辛卯南昌後學鄉貢進士熊良輔任重謹序云(文同提要)

一元刊本見學部館目每半葉十行行十八字小字二十四高六寸寬四寸二分小黑口首行周易本義集成上經卷第一南昌熊良輔編泉峯龔煥校正集疏二字陰文加方圍至二年六月所江陳櫟孟實序又一部同存七之十

一通志堂本見徐目季目王目金目孫目外編倪目丁目邵目注目莫目翁錄周易本義集成十二卷元南昌熊良輔季重自序在至治二年五月

大易象數鈎深圖三卷張理撰朱攷(四十五)張氏理易象圖說六卷存

【目錄】

明范目（進呈）易數鉤深圖三卷（見存　目同）萬卷堂目大易象數鉤深圖三卷（張理）盧補三史志張理象圖說內篇三卷　外篇三卷　錢補元志張理易象圖說內篇三卷　外篇三卷　大易象數鉤深圖三卷　金補三史志（元）張理易象圖說三卷　又大易象數鉤隱深圖三卷　也是園目張理大易象數鉤深圖三卷

【版本】

（勤案理尙有易象圖說六卷四庫未收通志堂與此合刊）

一通志堂本見徐目季目王目金目孫目外編倪目丁目邵注目莫目（翁錄大易象數鉤深圖三卷元張理何焯曰道藏本）

一道藏本見陸志（明人影寫道藏本勤案叢刻書目洞眞部靈圖類載此書目宋劉牧撰攷提要云子霽道藏目錄以易數白隱圖與理此書並屬之劉牧亦由但據標題稽錄未及核作者之）

（吾同云今通志堂經解異刻本卽從道藏錄出）

學易記九卷元李簡撰（朱攷（四十二）李氏（簡）學（易記九）卷存）

【目錄】

明文淵閣目李簡學易記（一部九冊闕　又一部九冊闕）萬卷堂目學易記九卷（李簡）祁目續收蒙齋學易記九冊（九卷　李簡）黃目李簡學易記九卷　金補三史志（元）李簡學易記九卷　也是園目李簡學易記九卷

稽瑞樓目學易記九卷（六冊）

版本

一元延祐七年刊本見天祿後編八元板云據自序始功於壬寅重定於己未纂輯閱十八年己未爲元仁宗延祐七年當即是時刊布者前有簡自序次古今注解姓氏六十四家次河圖洛書圖次先天則河圖後天則洛書圖次易有太極圖次伏羲八卦次序圖次重卦圖次洪範六十四卦生自兩儀圖次先天衍河圖萬物數圖次學易綱領 一通志堂本見徐目季目王目金目孫目外目編倪目丁目邵注目莫目翁錄學易記九卷元李簡仿李鼎祚集解房審權義海之例采于夏易傳以下六十四家之說自序在中統元年前有圖綱領一卷何焯曰從李中麓家藏抄本發刊後健庵得一元刻書實僞作劉跋者蓋假遺劉跋序文健翁云近得劉跋學易余狂喜叫絕急索觀之開卷即李簡之書也余云即宜校正去僞序並傳皆未從也勤案余家有藏本首簡序及圖說綱領均與元本同當是據傳抄元本付梓者

周易集傳八卷龍仁夫撰朱攷(四十二)龍氏(仁夫)周易集傳十八卷闕

目錄

明黃目龍仁夫周易集傳十八卷 錢補元志龍仁夫周易集傳十八卷今存八卷 盧補三史志周易集傳十八卷 金補三史志元龍仁夫周易集傳十八卷

版本

一元龍仁夫子陽壽校刊本見晁錄八卷男陽壽校刊按是編至未濟而止則上下經雖全而十傳缺如八卷斷非完書至治辛酉自序今并其序失之云 陸志景寫元刊本云每卷末有男陽壽校刊五字 陸續跋影元抄八卷題曰廬陵龍仁夫學每葉十六行每行十六字注雙行每卷後有男陽壽校刊五字 一別下齋本見丁目邵注莫目莫目勤案余家有藏本原書從海里朱錫鬯抄本付刻蓋非完書

讀易考原一卷元蕭漢中撰朱攷(四十六)蕭氏(漢中)讀易攷原三卷存

【目錄】明黃目蕭漢中讀易攷原四卷　錢補元志蕭漢中讀易攷原一卷　陳注錢目蕭漢中讀易原攷三卷

盧補三史志蕭漢中讀易原攷四卷

【版本】勤案此書明初朱升作周易旁注始采錄漢中文附於末卷升自記稱謹節縮爲上下經二圖於右而錄其原文於下以廣其傳於不朽云則是書經升編輯刊行不盡漢中之舊矣

一明初朱升刊本見朱攷升序曰謹節縮爲上下經二圖於右而錄其全文於下以廣其傳於不朽云　浙錄曝書亭寫本一册不分卷云書成於泰定年間至明朱升表而出之始廣其傳首有楊溯南序末一篇題曰蕭楊合易　一文瀾閣傳抄本見陸續志　一依抄文瀾閣本見丁目　一精抄本見培林堂目丁志

易精蘊大義十二卷元解蒙撰朱攷(四十六)解氏(蒙)易經精蘊佚翁攷解氏蒙易經精蘊

【目錄】錢補元志解蒙易精蘊大義十二卷　盧補三史志解蒙易精蘊大義十二卷

【版本】勤案此書久佚館臣從永樂大典中錄出未付聚珍板

一永樂大典本四庫著錄　一文瀾閣傳抄本見張志陸續志　一藝海樓傳抄閣本見朱目　一海山仙館叢書本見邵注目勤案海山仙館叢書爲咸豐辛亥潘仕誠編刊內無此書疑邵氏涉惠棟易大義誤記　一抄本見邵注目有路

易學變通六卷元曾貫撰 朱致(四十八)曾氏(貫)周易變通佚 又無名氏易學變通十冊未見

目錄

錢補元志曾貫易學變通六卷 盧補三史志曾貫易學變通六卷

版本

勤案此書久佚館臣從永樂大典中錄出惟闕豫隨无妄大壯晉睽蹇中孚八卦未付梓參板

一永樂大典本四庫著錄 一文瀾閣傳抄本見張志 一藝海樓傳抄閣本見朱目 一抄本見文淵閣目一部一冊闕 一瞿目陸志邵注目有路

周易會通十四卷元董眞卿撰 朱攷(四十六)董氏(眞卿)周易會通一曰周易經傳程朱集解附錄纂注十四卷存 易傳因革一卷存 翁攷董氏(眞卿)周易會通 周易傳因革

目錄

明文淵閣目易會通一部四冊闕又一部十五冊闕又一部四冊闕又一部四冊闕 萬卷堂目周易纂注十四卷 歷代因革一卷 董眞卿 黃目董眞卿周易纂注會通十四卷又歷代因革一卷 得月樓目易經會通十四卷董眞卿元板

陳注錢目董眞卿周易朱程傳附錄纂注二冊十四卷 錢補元志董眞卿周易纂注會通十四卷 易傳因革一卷 盧補三史志董眞卿周易纂注會通十四卷 金補三史志元元董眞卿周易會通十四卷也是園目董眞卿周易會通十五卷 季目元板周易會通十四卷六本

版本

一元元統二年眞卿子僎閩中刊本見朱攷 子僎跋曰貢笈閩關謀總諸梓庶幾家傳而人誦之云 帶經堂目 周易會通十四卷前有天歷初元自序元統二年九月其子僎跋 天祿後編八 題錄易經傳集程朱解附錄纂注十四卷標集解附錄纂注三門前有朱熹易學啓蒙序易九圖胡一桂卦象圖爻象圖卦序圖卦互體圖後有朱熹五贊筮儀云是書後定名周易會通有天歷戊眞卿自序元統甲戌子僎刻於閩有跋 瞿目 周易經傳集程朱解附錄纂注十四卷題鄱陽後學董眞卿編集書成於天歷初元迨元統二年其子僎跋而刻而刻於閩每半葉十一行行十九字筆畫清勁雅近顏柳 一元刊本見傳批莫目 云題周易經傳集程朱解附錄纂注十一行行二十字 一明洪武戊辰建安務本堂刊本見朱目別本朱目學部館目 周易會通十四卷每半葉十一行行二十字高六寸五分廣四寸一分墨口雙邊首行經傳集程朱解附錄纂注卷第幾次行後學鄱陽董眞卿編集有洪武戊辰年建安務本堂重刊長方牌記勤案傳批莫目元本行款與此本款同或傳藏郎此刻書估削去木記僞充者 一舊刻本見邵注目 許氏有 一通志堂本見季目徐目王目金目孫目外編倪目丁目邵注目莫目 翁錄周易會通十四卷元鄱陽董眞卿季眞自序在天歷元年前有例目姓氏因革一圖二卷其姓氏因革頗足以資攷據此書板心云周易會通而其每卷題云周易經傳集程朱解附錄纂注後學鄱陽董眞卿編集並無會通二字之名蓋宋朝刊書已有此失攷勤案此從元本付刻其前自序及卦圖均同內府藏本惟內府本前尙佚凡例程朱門人姓氏引用羣賢姓氏經傳歷代因革程頤易傳序易序上下篇義朱熹古易後序程朱說易綱領等篇此本均全

周易圖說二卷元錢義方撰 朱攷（四十七）錢氏（義方）周易圖說一卷存翁攷錢氏（義方）周易圖說

目錄

明黃目錢義方周易圖說一卷 至正丙戌六年序 得月樓目易經圖說三卷 錢補元志錢義方周易圖說二卷盧補三史志錢義方周易圖說一卷 王目周易圖說 元錢義方 二卷 元板自序 吳錄錢氏周易圖說二卷 分上下二卷爲圖二十七上卷本旨圖凡七下卷後天演義圖凡二十

版本

勤案邵注目云振綺堂汪氏有元刊本今元本世少流傳祇存抄本矣

一曝書亭寫本見浙錄　一文瀾閣傳抄本見陸志　一吳玉墀家抄本見邵注目莫目（云四庫著錄）　一傳抄文瀾閣本見丁目　一精抄本見丁志邵注目（云繡谷亭（即吳玉墀）藏）　培林堂目

周易爻變義蘊四卷元陳應潤撰（朱攷（四十七）陳氏（應潤）周易爻變易蘊四卷存　翁攷陳氏（應潤）周易爻變易蘊）

【目錄】

明文淵閣目陳應潤易爻變易蘊（一部四冊闕）　黃目陳應潤周易爻變易蘊四卷　錢補元志陳應潤周易爻變義蘊四卷　盧補三史志陳應潤周易爻變易蘊四卷　吳錄周易爻變易蘊四卷（元天台陳應潤澤雲著）

【版本】

一仁和鮑渌飲知不足齋抄本見帶經堂目　一吳玉墀家抄本見邵注目莫目（云四庫著錄）　一藝海樓傳抄閣本見朱目　一影寫元刊本見陸志（舊抄本）　陸續跋（首有至正丙戌黃溍序）　邵注目（云陸有汪啓淑舊藏）　一抄本見浙錄（寫本）　培林堂目丁志邵注目（云振綺堂有　路有）

周易參義十二卷元梁寅撰（朱攷（四十九）梁氏（寅）周易參義十二卷存）

【目錄】

明志梁寅周易參義十二卷　文淵閣目梁寅周易參義（一部四冊闕）　黃目梁寅周易參義十二卷　萬

卷堂目周易參義九卷（梁寅）陳注錢目梁寅周易參義三冊（九卷一云十二卷）也是園目梁寅周易參義十二卷

版本

一元刊本見朱目別本朱目學部館目（每半葉十二行行二十一字高五寸七分寬三寸九分墨口單邊存三之十）一通志堂本見徐目季目王目金目孫目外編倪目丁目邵注目莫目（翁錄周易參義十二卷元新喻梁寅孟敬自序在後至元六年）

周易文詮四卷元趙汸撰（朱攷（四十九）趙氏汸大易文詮八卷存）

目錄

明志趙汸大易文詮八卷　盧補三史志趙汸周易文詮四卷

版本

一舊抄本見四庫著錄張志　一藝海樓傳抄閣本見朱目

經部五

易類五

周易大全二十四卷明胡廣等奉敕撰（朱攷（四十九）胡氏（廣）等周易傳義大全二十四卷又義例一卷存）

目錄

明志永樂中敕修周易傳義大全二十四卷義例一卷（胡廣等纂） 文淵閣目五經四書性理大全（一部一百九十册完全又一部一百十九册殘缺下不分別） 內閣目周易傳義大全二部共十三册不全 范目周易大全二十四卷（明翰林學士胡廣等纂修） 陳目易經大全十六卷 萬卷堂目周易大全二十卷（胡廣） 祁目易經大全（十四卷） 培林堂目周易大全二十四卷（九册）

版本

一明永樂十三年禮部官刊本見四庫著錄天祿目七（五經四書性理大全（十二函百二十册）明永樂間奉敕輯首載胡廣等進書表易宋程頤傳朱子本義二十四卷前總目次凡例程頤序朱子上下篇義圖說五贊筮儀易說綱領前明成祖序次先儒姓氏成祖序諸臣進表皆作於永樂十三年書前所列編纂儒臣銜名共四十有二兩胡廣楊榮金幼孜實董其成刊印之善亦足稱焉） 天祿後編十二黃目（周易傳義大全二十四卷義例一卷永樂十二年命胡廣等修五經四書大全十三年九月告成御製序文刊賜天下）

一明刊大字本見孫目外編（勤案此經廠刊） 陳注錢目（內板五經四書大全） 培林堂目（內板） 丁續目（明初刊） 丁志（明內府刊本）

一高麗五經四書大全本見邵注目（本每半葉十行行二十二字上下大黑口余家有藏本）

一無年月菊仙書屋本見倪目莫目

易經蒙引十二卷明蔡清（朱玫（五十）蔡氏（清）周易蒙引二十四卷存 翁玫蔡氏（清）周易蒙引）

目錄

明志蔡清周易蒙引二十四卷 陳目易經蒙引二十卷 萬卷堂目周易蒙引八卷（蔡清） 徐目明蔡清易經蒙引十二卷（十二本） 又明蔡清易經蒙引十二卷（十六本） 培林堂目蔡清易經蒙引十二卷（說虛齋七册又一部十二册）

版本

一明嘉靖八年福建提學刊本見黃目云嘉靖八年十月清子直隸松江府推官蔡存遠奏進頒行又河洛私見一卷 吳錄周易蒙引二十四卷云嘉靖八年文莊子存遠為松江推官以所著蒙引奏進世宗下部議部行福建提學訂正發刊書坊今卷首所載奏刊勘合是已同安林希元為之序又謝廷讚序 朱攷云嘉靖八年直隸松江府推官蔡存遠奏進世廟發禮部禮部行福建提學副使將易經蒙引訂證明白發刊書坊云又林希元序曰坊間有書刻顧荒缺弗理人有遺恨三臨字存徵存遠存勞雅嗣先志各出家本以增校予感鑑仕分心未之及也退居暇日始克成事書成將刻之云又謝廷讚序 邵注目莫目嘉靖八年建陽書坊初刊本勳案此禮部發刊書坊者

一林希元序刊本見吳錄朱考見上邵注目莫目勳案此清子存徵等因福建刻本殘缺各出家本付刊林希元為之序

一明刊本見陸志林希元序薛宗鎧跋勳案此薛鳴重刊林本

一無年月

宋兆論重訂刊本見邵注目莫目

讀易餘言五卷明崔銑撰朱攷(五十一)崔氏(銑)讀易餘言五卷存 易大象說一卷存

目錄

明志崔銑讀易餘言五卷 易大象說一卷 萬卷堂目讀易餘言五卷崔銑 祁目續收讀易餘言二册五卷崔銑 高志易大象說一卷皇明少石老人崔銑仲鳧著 也是園目崔銑讀易餘言五卷 又崔銑易大象說一卷

版本

勳案易大象說有嘉靖庚戌袁褧編刊金聲玉振集本

一明刊本見黃目讀易餘言五卷又易大象說一卷嘉靖十九年庚子序 丁志書凡上下經略二卷大象說繫辭輯說說卦調一卷前有嘉靖庚子冬自序 陸志題相臺崔

易學啟蒙意見五卷明韓邦奇撰（朱攷（五十二）韓氏（邦奇）易學啓蒙意見（一名易學疏原）四卷存 易占經緯四卷存 卦爻要圖□卷存 易林推用未見）

目錄

明志韓邦奇易學啟蒙意見四卷（一名易學疏原） 易占經緯四卷 范目（進呈） 易占經緯五卷 萬卷堂目易占經緯四卷（韓邦奇） 祁目續收易占經緯五冊（五卷 附錄一卷 韓邦奇） 黃目韓邦奇易學啟蒙意見四卷 又易占經緯四卷 陳注錢目韓邦奇易學啟蒙本原二冊（四卷 更著詩說 毛詩未喩 禮記斷章） 徐目明韓邦奇周一敬易學疏四卷（三本） 明韓邦奇易占經緯四卷（四本） 明韓邦奇易學啟蒙意見（一本） 培林堂目韓邦奇易學疏四卷（失目 三冊） 浙錄易學本原啟蒙意見四卷（刊本 明兵部尚書朝邑韓邦奇撰） 易占經緯四卷（刊本）

版本

一明正德甲戌李滄刊本見范目（云河東七十三翁賀庵序云邇者侍御崑周公伯按臨河東見而奇之乃命貳守李君鋟梓推守東君校正云云又正德甲戌平陽同知古余滄後序滄爲之梓） 吳錄（云有正德癸酉河東七十三翁賀庵序正德甲戌平陽府同知李滄序宏治十二年自序） 邵注目莫目

一明蘇祐上谷刊本見朱攷（祐跋曰舊嘗刻諸河東原卦畫缺焉茲乃大備刻諸上谷與同志者共焉） 吳錄（祐跋云）

一明刊本見陸志（韓建圖解）

易經存疑十二卷明林希元撰（朱攷（五十三）林氏（希元）易經存疑十二卷存）

目錄

明志林希元易經存疑十二卷 黃目林希元易經存疑十二卷 徐目明林希元易經存疑十二卷

本六　培林堂目林希元易經存疑十二卷 林次崖四册　吳錄易經存疑十二卷

版本

一明刊本見朱彛 洪朝選序曰子有梧才甫首刻此書以惠多士云　陸志　一乾隆壬戌裔孫廷玠刻本見四庫著錄邵注目

莫目

周易辨錄四卷明楊爵撰 朱彛(四十五)楊氏(爵)周易辨錄四卷存

目錄

明志楊爵周易辨錄四卷 楊爵　萬卷堂目周易辨錄四卷 楊爵　祁目續收楊斛山周易辨錄四册 四卷楊爵

黃目楊爵周易辨錄四卷　王目周易辨錄 明楊爵 四卷 四册　浙錄周易辨錄四卷 刊本明贈大理丞富平楊爵撰

版本

一明隆慶二年東郡楊巍序刊本見道古堂集 跋云隆慶二年此書嘗刻關中有東郡楊巍序刊本不獲覩得舊抄於歙李遂錄而藏之　吳錄 明贈光祿寺少卿山東道監察御史富平斛山楊爵著門人張志道張承光校錄卷端有自序又蓼山楊巍序勤察此目未注明何人刊本因有楊巍序故列此

易象鈔四卷明胡居仁撰 朱彛(五十三)胡氏(居仁)易通解未見

目錄

明黃目胡居仁易通解 原不載卷數　倪目易象鈔四卷 四本

版本

勤案提要云萬曆乙酉御史李頤請以居仁從祀孔子廟庭疏稱所著有易傳春秋傳今顧散佚失次云故各家官私志目罕見著錄四庫入職爲兩淮鹽政採進本云李頤時已稱散佚失次何以此本獨完疑後人裒其緒言重爲編次非居仁手著也云云然則兩淮採進本爲後刻爲抄是否居仁手著抑出後人輯佚旣未注明無由論定矣

周易象旨決錄七卷明熊過撰 朱攷(五十四)熊氏(過)周易象旨決錄七卷存

目錄

明志熊過周易象旨決錄七卷　萬卷堂目周易象旨決錄七卷熊過　祁目周易象旨決錄六冊七卷熊過

黃目熊過周易象旨決錄七卷嘉靖三十年辛亥序　陳註錢目熊過周易象旨決徵二冊七卷　徐目明熊過周易象旨七卷八本　浙錄周易象旨決錄七卷刊本

版本

一康熙　刊本見邵注目莫目

易象鈎解四卷明陳士元撰 朱攷(五十五)陳氏(士元)易象鈎解四卷易象彙解二卷俱存　翁攷陳氏(士元)易象鈎解易象彙解

目錄

明志陳士元易象鈎解四卷易象彙解二卷　黃目陳士元易象鈎解四卷　又易象彙解二卷　徐目明陳士元易象鈎解四卷附彙解一本

版本

一歸雲別集本見四庫著錄祁目勤案此明嘉靖辛亥刊行鈎解每半葉十行行十九字彙解每半葉九行行十五字余家有藏本十　陸志明刊本勤案此即歸雲別

一道光癸巳刊歸雲別集本見丁目莫目（勤案此吳穌梅重刻明嘉靖本集本也）　一守山閣叢書本見邵注目莫目

周易集注十六卷明來知德撰（朱攷（五十五）來氏（知德）周易集注十六卷存　讀易竊言存）

目錄　明志來知德周易集注十六卷　祁目來以鮮周易集注十冊（十六卷來知德輯）　又來氏易注圖說（一卷來知德）　述古堂目來知德周易集注十六卷（也是目同）　徐目明來知德周易集注十六卷（八本）　明來知德易卷十五卷（九本）　培林堂目來知德周易集注十六卷（號麗唐九冊）　浙錄閏集周易集注十五卷（刊本明翰林待詔梁山來知德撰）

版本　一明萬曆戊戌自刊本見黃目吳錄（云此書萬曆時刻於蜀中毁於兵燹勤案來氏此書脫稿于萬曆戊戌書成即刻于蜀中旋燬於兵故傳本希見攷黃目載此書云有萬曆二十六年戊戌自序蓋據此刻入目故列此）　邵注目（云萬曆時蜀中刊本）　一萬曆辛丑郭子章刊本見莫目　一萬曆三十八年杭州重刻本見吳錄（云萬曆三十八年重刻於晉郡南屏山黃汝亨序）　邵注目　一康熙戊辰平山崔華刊本見吳錄（云國朝康熙戊辰平山崔華官兩淮鹽法道又梓以行世）　邵注目莫目　一嘉慶　蜀中翻刊本見莫目　一無年月寶廉堂刊本見倪目莫目

讀易紀聞六卷明張獻翼撰（朱攷（五十六）張氏（獻翼）讀易紀聞六卷　周易約說三卷　易雜記二卷　讀易臆說二卷俱未見　讀易韻考七卷存）

目錄

明祁目張氏三易三册七卷張獻翼約說三卷雜說二卷臆說二卷 黃目張獻翼讀易紀聞六卷萬曆十年壬午王偉等序 又張氏三易七卷約說三卷雜說二卷臆說二卷 培林堂目張獻翼讀易紀聞六卷又檥經約說六卷 吳錄讀易紀聞六卷簡端自題祭酒諸生布衣長洲張獻翼幼于纂集 浙錄讀易紀聞六卷刊本明大學生崑山張獻翼撰

版本

一明張一鯤刊本見邵注目勤案張氏于萬曆辛已刊有國語國策二種攷黃目載此書云有萬曆十年壬午王偉等序或即此書刊於萬曆十年前有王序耳

八白易傳十六卷明葉山撰朱攷(五十六)葉氏(山)八白易傳十六卷存

目錄

明志葉山八白易傳十六卷 黃目葉山八白易傳十六卷 范目(進呈)葉山八白易傳十六卷見存目同云抄本

版本

勤案集目云有刊本攷各家書目罕見著錄

一天一閣寫本見浙錄 一抄本見徐目邵注目云路有

洗心齋讀易述十七卷明潘士藻撰朱攷(五十九)潘氏(士藻)洗心齋讀易述十七卷存

目錄

明志潘士藻洗心齋讀易述十七卷 祁目洗心齋讀易述十三册十七卷潘士藻

版本

一明萬曆丙午焦竑序刊本見朱攷（焦序曰子師晉翟不以自私梓而公諸同好云萬曆丙午冬日）黃目陸志（萬曆丙午焦竑序）吳錄（云萬曆丙午焦竑序曰沒後其子師晉翟梓行）浙錄（刊本勤案此未標何人所刊因引有焦竑曰云云知即此本）丁目丁志（鈔本云前有萬曆丙午鄒孫焦竑序云云文同朱考）莫目

像象管見九卷明錢一本撰（朱攷（五十九）錢氏（一本）像象管見七卷存啓新齋易象鈔　續鈔共六卷存　四聖一心錄四卷存）

目錄

明志錢一本像象管見七卷易象鈔續鈔共六卷　祁目像象管見四冊（六卷錢一本）　陳目像象管見五卷　徐目明錢一本像象管見五卷　又易象鈔六卷　浙錄易象鈔上下經二卷卦圖繫辭附錄共四卷（刊本）　倪目像象管見九卷（五本）

版本

一明萬曆甲辰鄒元標序刊本見黃目（萬曆三十二年甲辰序）吳錄（云是編上下經四卷繫辭二卷說序雜三卦三卷總九卷有自序鄒元標序）丁志（五卷云前有萬曆甲辰自序與序測例略及吉水鄒元標序）繆續記（五卷）邵注目（明刊本）莫目陸志（周易象管見九卷有萬曆甲寅鄒元標序萬曆甲寅自序）

周易劄記三卷明逯中立撰

目錄

培林堂目逯周易中立劄記（一冊原不載卷數）　邵注目周易劄記三卷

版本

一兩垣奏議合刊本見四庫著錄（勤案此書刊本詳史部奏議類）

周易易簡說三卷明高攀龍撰 朱攷(六十)高氏(攀龍)大易易簡說三卷存 周易孔義一卷存

目錄

明志高攀龍大易易簡說三卷周易孔義一卷　黃目高攀龍易簡說三卷　又周易孔義一卷　徐目明高攀龍周易孔義二卷　明高攀龍易簡說三卷　培林堂目高攀龍周易孔義三卷

版本

一明刊本見丁志 影抄本題周易孔義三卷前有壬戌冬月自撰易簡說云云又有孔義自序云云蓋一書而兩名也並有門人華允誠及其侄世泰兩跋 邵注目 云有刊本

目錄

易義古象通八卷明魏濬撰 朱攷(六十一)魏氏(濬)周易古象通八卷存

明志魏濬周易古象通八卷　黃目魏濬周易古象易通八卷　吳錄易義古象八卷　浙錄易義古象通八卷 刊本明右僉都御史松谿魏濬撰

版本

一明刊本見朱攷丁志 題周易古象通八卷云前有黎陽王在晉序首列明象總論八篇 邵注目莫目 云有刊本

周易像象述五卷明吳桂森撰 朱攷(六十二)吳氏(桂森)像象述五卷存

目錄

明志吳桂森像象述五卷　黃目吳桂森周易像象述五卷 無錫人述錢一本之學　徐目明吳桂森像象述五

卷吳錄吳柱森字叔美有像象有述八卷（像象管見中引）

版本

一寫本見浙錄　一抄本見陸志莫目（崇禎丙子同郡張建序又天啓乙丑自序）

易用五卷明陳祖念撰

目錄

明陳目易用六卷（先祖心一公）

版本

謹案此書各家志目罕見著錄四庫入藏爲福建巡撫採進本不知爲刻爲抄既未注明無由斷定

易象正十六卷明黃道周撰（朱攷（六十三）黃氏（道周）易象正十四卷存三易洞璣十六卷存）

目錄

明志黃道周易象正十四卷三易洞璣十六卷　陳目易象正十六卷（黃石齋）　黃目黃道周易象正十四卷　又三易洞璣十五卷　徐目明黃道周易本象四卷　明黃道周三易洞璣十五卷　明黃道周周易象正十八卷　培林堂目黃道周易象正十二卷　陸目黃石齋周易象正十六卷　吳錄易本象四卷　浙錄易象正十四卷（刊本）　三易洞璣十六卷（刊本明左諭德漳州黃道周撰）

版本

一康熙癸亥石齋九種本見朱攷（鄭開極序曰余於視學兩浙始得觀易學之全亟授之梓云）丁目莫目倪目邵注目（云黃石齋九種本勤案此鄭開極序刊余家有藏本）

兒易內儀以六卷外儀十五卷明倪元璐撰（朱攷（六十三）倪氏（元璐）兒易內儀六卷外儀十五卷存）

目錄

明志倪元璐兒易內儀六卷外儀十五卷　徐目明倪元璐兒易外儀十五卷　培林堂目倪元璐兒易十五卷　倪目兒易內儀以六卷兒易外儀十五卷

版本

一明崇禎辛巳刊本見黃目（崇禎辛巳序）吳錄（云有崇禎辛巳自序）浙錄（刊本）莫目（刊于崇禎辛巳五月序）丁志（明刊本）　一粵雅堂刊本見批注莫目（勤案咸豐辛酉伍崇曜粵雅堂叢書刊外儀十五卷光緒乙亥伍紹棠續粵雅堂叢書刊內儀六卷）丁目（子）

卦變考略一卷明董守諭撰（朱攷（六十三）董氏（守諭）讀易鈔卦變攷略易韻補遺（原均不敘卷數）未見）

目錄

勤案此書明史藝文志不載各家志目亦未著錄

版本

勤案此書四庫著錄為浙江巡撫採進本檢浙錄未注明何時何人所刊

一刊本見邵注目莫目　一依抄閣本見丁目

古周易訂詁十六卷明何楷撰 朱攷(六十三)何氏(楷古)周易訂詁十六卷存劉攷何氏楷古周易訂詁

目錄

明志何楷古周易訂詁十六卷　黃目何楷古周易訂詁十六卷錄 崇禎六年癸酉序　徐目明何楷易訂詁十六卷　培林堂目何楷古周易訂詁十六卷

版本

一乾隆辛未刊本見浙錄 刊本　邵注目莫目

周易玩辭困學記十五卷記張次仲撰 朱攷(六十三)張氏(次仲)周易玩辭困學記十二卷(原本無卷數今拆之)存

目錄

明志張次周易玩辭困學記十二卷

版本

一康熙己酉自序刊本見朱攷 錢謙益序自序　浙錄 八冊刊本自序　吳錄 云卷端有自序又鈔謙益序　丁目邵注目莫目 云國初刊本

四庫全書目錄板本考〔續〕

葉啓勳

經部六

易類六

易經通注九卷　國朝大學士傅以漸左庶子曹本榮奉敕撰

〔目錄〕

〔版本〕

一光緒辛卯趙尙輔刻湖北叢書本據臺本刻

日講易經解義十八卷　康熙二十二年　聖祖仁皇帝御定

〔目錄〕

倪目日講易經解義十八卷六本國朝牛鈕等

〔版本〕

一康熙二十二年內府刊本見朱攷一皇帝御製序曰於是刊刻成書頒示天下云邵注目莫目勳案此書同治間江西浙江湖北等各直省皆有翻本

御纂周易折中二十二卷　康熙五十四年　聖祖仁皇帝御纂

目錄

倪目御纂周易折中二十二卷十六本　國朝李光地等

版本

一內府刋本見邵注目莫目　一江西官刋本見丁目勅案御纂七經福建等各直省俱有翻刻謂之外板

御纂周易述義十卷　乾隆二十年奉　敕撰

目錄

倪目御纂周易述義十卷六本　國朝傅恒等

版本

一內府刋本見邵注目莫目

讀易大旨五卷　國朝孫奇逢撰

目錄

版本

一門人耿極校訂刋本見四庫著錄提要云其門人耿極爲之校訂末附敍山堂問答及與三無道人李顒論易之語別爲一卷後奇逢曾孫用正復取其論易之語散見他著述者五條彙冠卷首題曰義例跋稱原本序文凡例皆闕故以是補亡　浙錄刋本云門人耿極爲之校訂　吳錄云耿極序　一容城刋本見莫目

周易稗疏四卷附考異一卷　國朝王夫之撰

目錄

版本

一道光二十二年湘潭王氏刊船山遺書本見邵注目莫目（勳案此夫之七世孫世全校刊）一同治四年湘鄉曾氏刊本見丁目莫目（勳案此曾國荃刻船山遺書本較道光本多十餘種）一昭代叢書壬集刊本見邵注目莫目（勳案此康熙乙亥癸未間歙縣張潮山來編凡甲乙丙三集而刻本無丙集乙集亦復殘缺乾隆丙申震澤楊復吉列歐輯新續廣埤別五種未刻至道光癸巳吳江沈楙德翠嶺取楊本易爲丁戊己庚辛五集合刻行世甲辰續輯壬癸兩集凡十集集各五十卷每卷一種仍張例也八集刻竣以嘉興沈侍郎維鐈言删去六十種另補如數）一光緒戊子王先謙刻皇清經解續編本見觀古堂藏書

易酌十四卷　國朝刁包撰（朱攷（六十四）刁氏包易酌未見）

目錄

明黃目刁包易酌（原不載卷數）

版本

一雍正初年句孫顯祖刊本見四庫著錄（提要云原序稱臨屬其官靈壽時欲爲刊板不果雍正初其孫顯祖又以己意附益之）邵注目莫目（云雍正中刁承祖與潛室札記合刊於江西）

田間易學十二卷　國朝錢澄之撰（朱攷（六十五）錢氏（澄之）田間易學四卷存）

目錄

【版本】

一桐城刊本見浙錄刊本　邵注目莫目孫目內編侃目勳案此康熙甲子斛峰堂校刊余家有藏本

易學象數論六卷　國朝黃宗羲撰朱攷（六十五）黃氏（宗羲）易學象數論六卷存

【目錄】

【版本】

一門人新安汪瑞齡刊本見朱攷汪序稱因請於夫子而刻之云　邵注目云卷首標題無易學二字　莫目云西爽堂刊本勳案余家有藏本前有汪序封面題西爽堂藏版五字全書有圈點

周易象辭二十一卷附尋門餘論二卷圖學辨惑一卷　國朝黃宗炎撰朱攷（六十五）黃氏（宗炎）周易象辭十九卷周易尋門餘論二卷存圖學辨惑一卷存翁攷黃氏（宗炎）周易象辭圖學辨惑

【目錄】勳案四庫著錄為浙江巡撫採進本檢浙錄所載為黃氏手稿本周易象辭十九卷（一卷名憂患學易論）周易尋門餘論二卷圖學辨惑一卷與四庫書錄者卷數不符（黃氏刊本卷同浙錄）殆當日館臣誤記

【版本】

一會稽姜垚蒼崖醵貲刊本見吳錄周易象辭十九卷又尋門餘論圖學辨惑一卷其友會稽姜垚蒼崖醵貲刻以行世　一昭代叢書癸集刊本見邵注目莫目勳案此祗刻尋門餘論及圖書辨惑二種未刻象辭

周易筮述八卷　國朝王宏撰撰朱攷（六十六）王氏（宏撰）周易圖說述三卷存筮述八卷存

目錄

版本

一乾隆癸丑滋德堂刊本見邵注目莫目

仲氏易三十卷　國朝毛奇齡撰 朱攷（六十八）毛氏（奇齡）仲氏易三十卷存

目錄

版本

一西河全集本見四庫著錄 浙江巡撫採進本勤案浙錄集部有西河全集此其中之一也下同 倪目丁目邵注目 勤案此書康熙庚子門人蔣樞編刊印刷有年漸就模糊至嘉慶元年陸成棟得其殘板補修印行 莫目 一阮刻經解見邵注目莫目 勤案此道光九年阮元編刻皇清經解本

推易始末四卷　國朝毛奇齡撰 朱攷推易始末四卷存

目錄

版本

一西河全集本見四庫著錄 浙江巡撫採進本 倪目丁目邵注目莫目 一龍威祕書縮刻本見莫目 勤案此石門馬俊良輯乾隆馬氏大酉山房刊巾箱本江西有翻刻

春秋占筮書三卷　國朝毛奇齡撰

目錄

【版本】一西河全集本見四庫著錄浙江巡撫採進本　倪目丁目邵注目莫目　一龍威祕書刊本見莫目　一皇清經解續編本

易小帖五卷　國朝毛奇齡撰　朱攷易小帖五卷存

【目錄】

【版本】一西河全集本見四庫著錄浙江巡撫採進本　倪目丁目邵注目莫目

喬氏易俟十八卷　國朝喬萊撰　朱攷（六十八）喬氏（萊）易俟六卷存

【目錄】

【版本】一刊本見浙錄邵注目　一道光辛丑載繇刊本見莫目

讀易日鈔六卷　國朝張烈撰

【目錄】

【版本】一張氏手稿本見四庫著錄山東巡撫採進提要云前有其子益孫升孫紹貲云此稿已删潤四十餘過至易簀數日尚合蒙引通典存疑諸書考訂知來藏往二義旋加改補

云云

周易通論四卷　國朝李光地撰

【目錄】

【版本】

一安溪全集本見倪目丁目　一榕村全集刊本見邵注目莫目勤案此其孫清植編刊初名安溪全集無刊刻年月至乾隆元年彙印行世改榕村全集云　一乾隆丙午元孫維迪刊李文貞公全書本見觀古堂藏書以下省曰李文貞公全書本　一道光貴州刊本見莫目云許滇生校

周易觀彖十二卷　國朝李光地撰

【目錄】

【版本】

一榕村全集本見四庫著錄浙錄刊本倪目丁目邵注目莫目　一李文貞公全書本見觀古堂藏書

一嘉慶九年梅映壁刻本見邵注目云無闕對　一道光貴陽刻本見邵注目莫目云許滇生校　一江寧刊本見莫目

周易淺述八卷　國朝陳夢雷撰

【目錄】

版本 四庫著錄內府藏本

易原就正十二卷　國朝包儀撰

目錄

版本 四庫著錄直隸總督採進本

大易通解十五卷附錄一卷　國朝魏荔彤撰

目錄

邵注目大易通解四卷　莫目大易通解四卷

版本 四庫著錄直隸總督採進本

易經衷論二卷　國朝張英撰

目錄

版本

一張文端全集本見四庫著錄浙錄閩集刊本倪目邵注目莫目勳案此據縣末年刊

易圖明辨十卷　國朝胡渭撰

目錄

倪目易圖明辨十卷三本　別本朱目易圖明辨十卷一册

版本

一耆學齋刊本見四庫著錄浙錄刊本　孫目內編邵注目莫目勤案此康熙丙戌家刻本板心下方有耆學齋三字板久未印至嘉慶元年阮元飭補板本重印行世無耆學齋三字矣　一守山閣叢書本見邵注目莫目　一粵雅堂本見丁目邵注目莫目　一皇清

經解續編本

合訂刪補大易集義粹言八十卷　國朝納喇性德撰

朱攷（六十八）納喇氏（性德）大易集義粹言合訂八十卷存

目錄

版本

一通志堂本見四庫著錄朱攷徐目季目培林堂目王目金目孫目外編倪目丁目邵注目莫目舊錄合訂

刪補大易集義粹言八十卷成德編何焯曰集義粹言本係兩書兩人所著今合之殊屬杜撰方綱按宋陳友文大易集義摭周邵朱子及上蔡和靖南軒藍田五峯屏山漢上東萊十一家之說曾穜大易粹言摭二程張子及龜山定夫兼山白雲父子七家之說此書一覽輯成八十卷凡采十八家之說而義門以爲杜撰亦過泥矣又按大易粹言今攷定是宋方聞一撰宋史藝文志作曾穜撰也

周易傳註七卷附周易筮考一卷　國朝李塨撰

目錄

版本

一道光癸卯石寶林刊本見觀古堂藏書

周易劄記二卷　國朝楊名時撰

目錄

版本

一楊氏全書本見倪目邵注目莫目勤案無刊刻年月其子應詢編刊

周易傳義合訂十二卷　國朝朱軾撰

目錄

版本

一乾隆丁巳兩廣總督鄂彌達刊本見四庫著錄倪目高安十三種本勤案倪目子雜家類收此書云鄂彌達刊本邵注目莫目高安全書本

周易玩辭集解十卷　國朝查慎行撰

目錄

版本

一刊本見浙錄邵注目　一昭代叢書已集刊本見莫目

易說六卷 國朝惠士奇撰

目錄

浙錄易說六卷（刊本國朝侍讀學士長州惠士奇著） 孫目內編易說三卷 倪目易說六卷 丁目易說六卷（坊本又手稿本）

版本

一康熙癸亥家刻本見觀古堂藏書（每葉板心下方有紅豆齋三字）

一乾隆已已吳英刻本見經學叢書本（英序云半農易說惜其書爲未成之書故止有六卷乾隆已已版鐫于予家而今版壞散云）

一璜川吳氏刊本見邵注目莫目（勵案此嘉慶庚午吳志忠刻經學叢書本）

一阮刻經解本見邵注目莫目

周易函書約存十八卷約注十八卷別集十六卷 國朝胡煦撰

目錄

（勵案提要云是書原本百十八卷正集九十九卷別集十九卷別集先已刊板正集因卷帙浩繁艱於剞劂乃取證釋經文之四十九卷約爲十八卷名曰函書約注又取首傳五十卷約爲十六卷附以續約旨二卷共十八卷刊之名曰續集皆煦所手訂也其正集原本煦門人李學裕欲爲校刊摘其蕪去會學裕病卒遂散佚後別集續集板庋漫漶其子季堂重爲校定即此本也云云則此乃其子季堂編定殘稿非完書也）

版本

一康熙 煦手訂刊本見四庫提要云（約注十八卷別集十九卷續集十八卷） 浙錄（周易函書約注十八卷別集十九卷刊本約注有自序云唯因別集先梓而正集未出故又自取正集後四十九卷之釋經文者節爲此編云云勵案據提要云倘有續集十八卷）

一乾隆癸已胡季堂刊本見四庫著錄倪目邵注目莫目（勵案此書每葉板心下方有葆璞堂三字余家有藏本後附卜法詳考四卷倪邵莫三目誤約存爲二十四卷） 孫目外編

易箋八卷　國朝陳法撰

目錄

版本

一京師刊本見倪目莫目勳案此乾隆三十年桂林陳宏謀刊于榕門同治中京師黃州館有寄售者故誤以爲京師刊余家有藏本莫錄云榕門刊本順行于世

楚蒙山房易經解十六卷　國朝晏斯盛撰

目錄四庫著錄江西巡撫採進本

版本

一刊本見邵注目莫目勳案余藏有道光二十一年晏氏家刻本

周易孔義集說二十卷　國朝沈起元撰

目錄

版本

一學易堂刊本見莫目邵注目云有刊本

易翼述信十二卷　國朝王又樸撰

目錄

倪目易翼述信十二卷六本

【版本】四庫著錄直隸總督採進本

一刋本見浙錄云前有讀法一卷末附緒論 一 邵注目莫目

周易淺釋四卷 國朝潘思榘撰

【目錄】

【版本】四庫著錄江蘇巡撫採進本提要云前有白灝序後有松江沈大成與其門人鄭唐林述光二跋

一刋本見邵注目莫目

周易洗心九卷 國朝任啟運撰

【目錄】

【版本】

一釣臺全書刋本見倪目邵注目莫目勳案此清芬樓刊六種本

豐川易說十卷 國朝王心敬撰

【目錄】

【版本】四庫著錄兩江總督採進本

一刋本見莫目

周易述二十三卷 國朝惠棟撰

目錄

倪撰周易述二十三卷六本

版本

勤案此棟未成之稿原祇二十一卷其門人江藩有周易述補四卷道光癸卯刊行

一乾隆庚辰雅雨堂刊本見孫目內編浙錄刊本云原缺八卷及二十一卷後附徵書二卷邵注目莫目勤案此盧見曾刊于寒江官舍旣成未印行壬午秋盧以板歸棟子承緒刷印行世每葉板心下左方有雅雨堂三字封面題清來堂藏板五字

一阮刻經解本見邵注目莫目

易漢學八卷　國朝惠棟撰

目錄

孫目內編易漢學八卷

版本

一無年月棟子承緒清來堂刊本見觀古堂藏書勤案此書前後無刻書人序跋有棟自序封面題清來堂藏板五字卷一後畢刊本缺六行此本全

一畢氏經訓堂叢書本見丁目倪目邵注目莫目勤案此乾隆五十五年鎮洋畢沅湘衡校刊

一昭代叢書壬集刊本見莫目不全

一阮刻經解本見邵注目

一坊本見莫目

易例二卷　國朝惠棟撰

目錄

孫目內編易例二卷

版本

一乾隆乙未潮陽刊本見四庫提要云此易例二卷卽七書中之第三種近始刊本于潮陽云勤案此卽貸園叢書本後有李文藻記云周校書永年寄易例一册予以惠棟爲二卷屬順德張明經錦芳校日乙未夏刊至己亥畢　一貸園叢書本見倪目莫目邵注目勤案此歷城周永年書倉輯錄李文藻刊于潮陽乾隆己酉重印今其版在京都琉璃廠翰文齋韓氏間亦印行　一無年月活字排印本余家有藏本首錄提要云云前後無刻書人序跋字體似嘉道間排印　一借月山房彙鈔本見倪目莫目　一澤古齋叢鈔本見觀古堂藏書　一指海本見邵注目勤案嘉慶昭文張海鵬編刊名借月山房彙抄至道光元年其板爲上海陳璜購得重編并補刊多種更名澤古齋叢抄未久此殘板又爲金山錢熙祚購得又補刊若干種改題指海道光二十六年印行近均難見　一阮刻經解本見邵注目

易象大意存解一卷　國朝任陳晉撰

目錄

四庫著錄程晉芳家藏本

版本

一刊本見丁目

大易擇言三十六卷　國朝程廷祚撰

目錄

倪目大易擇言三十六卷十四本

版本

四庫著錄兩江總督採進本

周易辨畫四十卷　國朝連斗山撰

【目錄】

倪目周易辨畫四十卷八本

【版本】四庫著錄安徽巡撫採進本

一抄本見邵注目云路有

周易圖書質疑二十四卷　國朝趙繼序撰

【目錄】

【版本】

四庫著錄安徽巡撫採進本

周易章句證異十一卷　國朝翟均廉撰

【目錄】

【版本】四庫著錄江蘇巡撫採進本

一抄本見邵注目云路有

【附錄】謹案以下緯書八種館臣從永樂大典中輯出付刊後編入聚珍板叢書之首

乾坤鑿度二卷　無撰人 朱攷(二百六三)乾坤鑿度(一作坤鑿度)通通志二卷存

目錄

宋闕書目蒼頡注坤鑿度二卷　晁志坤鑿度二卷 右題曰包羲氏先文軒轅氏演古籒文蒼頡修袁本後志同玉海(三十三)引同馬攷引同

陳錄讖緯類乾坤鑿度二卷 一作巛鑿度題包羲氏先文軒轅氏演籒蒼頡修馬攷引同　尤目坤鑿度　元馬攷坤鑿度二卷

乾坤鑿三卷　明高志坤鑿度一卷 庖犧氏先文公孫軒轅氏演古籒文蒼頡修爲上下二篇　萬卷堂目坤鑿度一卷 蒼頡　錢記

乾坤鑿度二卷 宋本　也是園目乾坤鑿度二卷　徐目鄭注乾坤鑿度二卷

版本

一明刊二十種奇書本見黃目 子　范目 明司馬公校刊見存目全　祁目丁志 云蓋爲天一閣范司馬欽所刊　繆續記邵注目莫目 勤案繆記云此等書唯宋本行欵恰當爲妙嘗以四明范欽訂刊者對之字句譌謬中間舛亂失序云余家有藏本首行題乾坤鑿度次行題卷上三行題明范欽訂每半葉九行行十八字小注雙行字同

一明楊之森刊本見孫目內編邵注目 上卷爲乾鑿度下卷爲坤鑿度　批注莫目　一明蔡文範刊本見孫目內編批注莫目

一明刊本見陸志 題易乾坤鑿度二卷　一聚珍本見孫目內編稽瑞目 易緯十二卷共八種勤案此未標刊刻時代驗其目次當是此本

倪目 子　丁目 云武英殿刊本易緯八種之一後編在聚珍板叢書中　邵注目莫目 勤案提要云七經緯皆佚於唐存者獨易逮宋末而盡失其傳今永樂大典所載易緯具存多宋以後諸儒所未見而此書遂爲其一謹校定訛舛釐勘著正冠諸易緯之首云云據此尚不知明嘉靖間有范氏刊本也

一七緯本見邵注目莫目 云嘉慶十四年侯官趙氏刊勤案此趙在翰輯刊末卷有木記云皇清嘉慶九年小積石山房刊十二字蓋九年開雕至十四年書竣余家有藏本

一藝海珠塵本見邵注目莫目 勤案此書入土集題易緯乾坤鑿度二卷

一秀水章全攷定句讀刊本見莫目　一古經解彙函本見莫目

周易乾鑿度二卷　鄭康成注　姚考云易乾鑿度比緯書僞託孔子作按緯書自隋末禁絶宋世所傳七緯今傳者僅乾鑿度而已然亦宋人掇拾類書而成非本書也晁子止曰崇文書目錄元祐田氏書目始載當是國朝人爲之使眞者尚存猶不足信況此又非其眞也恒又案後人以乾坤鑿度二卷合之爲一書然實二書也合之者又稱黃帝撰並無稽朱攷（二百六三易緯（七錄九卷）佚（惟乾鑿度存餘未見）乾鑿度宋均注通志二卷存

【目錄】

宋崇文目周易乾鑿度二卷原釋中述陰陽日辰數識　見朱攷易類勤案今本馬攷無原釋　闕書目蒼頡注乾鑿度二卷　見朱攷引興續書目　晁志易乾鑿度二卷　右舊題蒼頡修古籀文鄭氏注袁本同玉海引同馬攷引同　陳錄讖緯類易乾鑿度二卷　亦鄭氏注　尤目乾鑿度　宋志易乾鑿度三卷　元馬攷易乾鑿度二卷　明文淵目易乾鑿度　一部一冊缺　高志乾鑿度一卷　又周易乾鑿度二卷　鄭氏注　萬卷堂目周易乾鑿度二卷　蒼頡　陳注錢目周易乾鑿度　二卷　錢目周易乾鑿度　一冊　錢記周易乾鑿度二卷　述古堂目周易乾鑿度鄭康成注二卷　也是園目周易乾坤鑿度二卷　培林堂目周易乾坤鑿定二卷　許當世序一冊

【版本】

一明刊二十種奇書本見黃目　子　祁目丁志　云其中缺字皆作方口　繆續記邵注目莫目　宋有藏本首行題周易乾鑿度卷上次行題漢鄭康成注三行題明范欽訂每半葉九行行十八字小注雙行字同

一聚珍本見孫目內編稽瑞目倪目　子　丁目　易緯八種之二　邵注目莫目　勤案提要云原本文字斷缺多有訛舛謹依經史所引各文及旁採明錢叔寶舊本互相校正增損若干字其定爲上下二卷則從鄭樵通志之日也云云據此尚不知明有范刊亦二卷本也

一雅雨堂刊本見孫目內編倪目丁志　云乾隆丙子盧見曾得嘉靖中錢叔寶影本不失舊觀梓而行世　邵注目莫目

一七緯本見

邵注目莫目　一古經解彙函本見莫目　一說郛本見黃目倪目丁目　子

易緯稽覽圖二卷　鄭康成注朱攷（二百六三）易稽覽圖通志七卷（通考三卷）佚

隋志易緯八卷鄭玄注梁有九卷玉海（三五）引同　舊唐志易緯九卷宋均注玉海（三十五）引同　唐志宋均注易緯九卷玉海引宋衷注九卷　見在目易緯十卷鄭玄注　宋崇文目易緯九卷原釋王弼注見天一閣抄本勤案今本馬攷無原釋　又易緯九卷漢鄭康成注見朱攷引馮椅曰　闕書目周易緯稽覽圖一卷　晁志周易緯稽覽圖二卷周易緯是類謀一卷周易緯辨終備一卷周易緯乾元序制記一卷周易緯坤靈圖一卷易通卦驗一卷覆按通考通卦驗二卷右漢鄭玄注宣本後志同馬攷引同　陳錄易緯七卷漢鄭康成注其名曰稽覽圖辨終備是類謀乾元序制記坤靈圖其閒推陰陽卦直至唐元和中蓋後世術士所附益也按七緯之名無乾元序制記　又易稽覽圖三卷馬攷引同　尤目易緯　宋志易緯七卷易緯稽覽圖一卷玉海引李淑書目九卷凡乾鑿度稽覽圖通卦驗各二辨終備是類謀坤靈圖各一　元馬攷周易緯稽覽圖二卷　易稽覽圖三卷

版本

一聚珍本見孫目內編稽瑞目倪目丁目易緯八種之三　丁志鈔校本云館臣抄自永樂大典中刊布以裏後學　邵注目莫目　一藝海珠塵本見邵注目莫目勤案此書入癸集　一七緯本見邵注目莫目　一古經解彙函本見莫目　一說郛本見黃目丁目倪目　子

易緯辨終備一卷鄭康成注朱攷（二百六三）易辨終備（終或作中）佚

目錄

隋志　舊唐志　唐志　見在目　宋崇文目　晁志　陳錄　尤目　宋志　均見前　元馬攷辨

終備一卷

版本

一聚珍本見孫目內編稽瑞目倪目丁目（易緯八種之四）邵注目莫目　一七緯本見邵注目莫目　一古經解彙函本見莫目

易緯通卦驗二卷　無撰人（朱攷（二百六三）易通卦驗佚）

目錄

隋志　舊唐志　唐志　見在目　宋崇文目均見前　闕書目鄭康成注易通卦驗二卷　晁志　陳錄　見前　又讖緯類易通卦驗二卷（鄭康成注）　尤目周易通卦驗　宋志見前　又易通卦驗二卷（鄭玄注）　元馬攷通卦驗二卷

版本

一聚珍本見孫目內編稽瑞目倪目丁目（易緯八種之五）邵注目莫目　一說郛本見黃目倪目丁目（子一）

七緯本見邵注目莫目　一古經解彙函本見莫目

易緯坤靈圖一卷（朱攷（二百六三）坤靈圖佚）

目錄

隋志　舊唐志　唐志　見在目　宋崇文目　晁志　陳錄　尤目　宋志　均見前　元馬攷坤

靈圖一卷

版本

一聚珍本見孫目內編稽瑞目倪目丁目（易緯八種之八）邵注目莫目　一說郛刻本見黃目倪目丁目（子）

一七緯本見邵注目莫目　一古經解彙函本見莫目

右易類一百五十九部一千七百四十八卷附錄八部十二卷皆文淵閣著錄

四庫全書目錄板本考（續）

葉啓勳

經部七

書類一

尚書正義二十卷　舊本題漢孔安國傳其書至晉豫章內史梅賾始奏於朝唐貞觀十六年孔穎達等為之疏永徽四年長孫無忌等又加刊定（姚考云古文尚書二十五篇并孔安國傳出于東晉梅賾上之朝僞稱孔壁所出安國爲傳序別有通論十卷茲不更詳）尚書漢孔氏傳說見上　朱攷（七十四）古文尚書存又（七十六）孔氏（安國）尚書傳存又（七十八）孔氏（穎達）等尚書正義存（中興書目尚書正義二十卷永徽四年長孫無忌等承詔刊定）翁攷古文尚書孔氏（安國）尚書傳　孔氏（穎達）等尚書正義

目錄

漢志尚書古文經四十六卷（爲五十七篇師古曰孔安國書序云凡五十九篇爲四十六卷承詔作傳引序各冠其篇首定五十八篇鄭玄序贊云後又亡其一篇故五十七）

隋志古文尚書十三卷（漢臨淮太守孔安國傳）　今字尚書十四卷（孔安國傳）　陸序錄孔安國古文尚書傳十三卷

舊唐志古文尚書十三卷（孔安國傳）　尚書正義二十卷（孔穎達撰）　唐志古文尚書孔安國傳十三卷　尚書正義二十卷（國子祭酒孔穎達太學博士王德韶四門助教李子雲等奉詔撰四門博士王士雄趙宏智覆審太尉揚州都督長孫無忌司空李勣左僕射于志寧右僕射張行成吏部尚書侍中高季輔吏部尚書褚遂良中書令柳奭弘文館學士谷那律劉伯莊太學博士賈公彥范義頵齊威太常博士柳士宣孔志約四門博士趙君贊右內率府長史宏文館直學士薛伯珍國子助教史士弘太學助教）

見在目古文尚書十三卷漢臨淮太守孔安國注尚書正義二十卷唐國子祭酒孔穎達
鄭祖玄周玄達四門助教李玄植王貞儒與王德韶隋德素等刊定
撰　宋崇文目古文尚書十三卷　尚書正義二十卷原釋孔穎達等見天一閣抄本
勘案今本馬攷無原釋　晁志尚書十三卷右本古文孔安國傳五十九篇安國取序一篇分諸篇之首更定五十八篇晉之亂歐陽夏侯尚書並亡晉梅頤始得此傳闕舜典一篇乃以王肅
注足成上之齊建武中吳姚方興得之於大桁比王注多二十八字　古文尚書十三卷右漢孔安國以隸古定五十九篇之書　尚書正義二十卷右唐孔穎達撰袁本
同馬攷引同　陳錄尚書十二卷尚書注十三卷漢諫議大夫魯國孔安國傳　尚書正義二十卷唐孔穎達與博士王德韶等共爲之馬攷引同
尤目古文尚書　尚書正義　宋志尚書十二卷漢孔安國傳　古文尚書二卷孔安國隸　孔穎達正義二十
卷玉海引藝文志尚書古文經四十六卷爲五十七篇又引志尚書正義三十卷國子祭酒孔穎達太學博士王德韶等奉詔撰四門博士朱長才蘇德融助教王士雄趙弘智覆審（書目云永徽四年長孫無忌
等承詔刊定）　元馬攷孔安國尚書注十三卷　孔穎達尚書正義二十卷　古文尚書十三卷　明文淵
閣目古文尚書一部二冊闕　尚書一部二冊闕又一部四冊闕又一部二冊闕　尚書孔傳一部六冊闕又一部三冊闕又一部三冊闕　尚書注疏
一部十二冊殘缺　尚書穎達注疏一部十冊完全又一部十六冊闕　尚書孔穎達正義一部十五冊完全　內閣目十三經尚書注疏
十六冊全　尚書正義十五冊唐孔穎達著凡二十卷　高志尚書正義注疏二十卷孔氏傳孔穎達等疏　孔安國書序一
卷　後序一卷　陳目古文尚書注十三卷孔安國　尚書注疏二十卷　范目尚書疏二十卷宋刊本見存目
全　萬卷堂目經解類書經注疏二十卷孔穎達　祁目尚書注疏十冊十二卷孔穎達疏監本　陳注錢目宋板尚
書正義二十冊二十卷　纂圖互注點注尚書四冊　書經注疏　天祿目五　元板尚書注疏一函四冊　漢孔安
國傳唐孔穎達正義二十卷　金補志頒定書經傳疏一部道宗清寧元年頒賜學校遼　述古堂目

宋板尙書孔安國傳十卷四本　孔穎達書經注疏二十卷六本也是園目同　尙書孔安國傳十卷四本

宋板也是園目尙書孔氏傳十三卷　季目宋板尙書十三卷四本　宋元雜板書經注疏二十卷六本

宋板尙書注疏六本　徐宋元目宋本尙書一本新入　宋本尙書注疏二十卷孔穎達　金目書經注疏二十卷漢孔安國序唐孔穎達疏　倪目尙書正義二十卷八本明監板本　汪目宋板尙書孔傳十三卷　莫目尙書正義二十卷漢孔安國傳唐孔穎達疏元板本

版本

一宋淳化三年監本見島田攷紹興本毛詩正義云自宋淳化始有五經正義刊本云

一宋槧本見森志尙書注疏二十卷前有端拱元年孔維等上表永徽四年無忌等上五經正義表及孔穎達尙書正義序卷首題尙書正義卷第一國子祭酒上護軍曲阜縣開國子臣孔穎達等奉勅撰二卷以下題云尙書正義卷第幾卷末記六經疏義自京監蜀本皆省正文及注又篇章散亂覽者病爲本司舊刊易書周禮正經注疏萃見一書便於披繹它經獨闕紹興辛亥仲冬唐備員司庾遂取毛詩禮記疏義如前三經編彙精加讎正用鋟諸本庶廣前人之所未備乃若春秋一經顧力未暇姑以貽同志云壬子秋八月三山黃唐謹識每半版八行行十七八字注雙行行十九字界長七寸一分幅五寸四分

一帶經堂目宋紹興刊本楊志云南宋紹熙閒三山黃唐題識稱六經疏義自京監蜀本皆省正文及注又篇章散亂覽者病爲本司舊刊易書周禮正經注疏萃見一書便於披繹云云各經後皆有此跋此書今歸南皮張制府勵案傳批莫目云張文襄藏宋刊八行本尙書正義行款與日本足利本同惟板心刻工人姓名乃無一合疑宋時有繙刻也云云傳不知此即楊惺吾曾見過者載之訪古志中黃唐刊本也今日本有仿刊本甚精款式亦同後並刻壬子八月黃唐識一段

一宋刊本見丁志閩刊本引云宋槧正義每半葉十行行大字十八小字二十四

一十行宋本見帶經堂目瞿目題附釋音尙書注疏二十卷首尙書正義序題國子祭酒上護軍曲阜縣開國子臣孔穎達奉勅撰卷一同惟達下有等字餘卷但題孔穎達疏此卽世稱十行本行大字十七小字二十三書中匡恒貞惇諸字皆闕筆　陸志宋刊十行本　繆續記云每半葉十行行大字十七小字二十三高六寸三分廣四寸四分單邊白口首行附釋音尙書注疏卷第一次行國子祭酒上護軍曲阜縣開國子臣孔穎達等奉勅撰三行國子博士兼太子中允贈齊州刺史吳

縣闕闢男臣陸德明釋文疏口作書疏一上有大小字數下有刻工姓名小耳記序記篇名

一宋刊本見傅批莫目云天一閣藏一本八行十八字注疏雙行二十字板心無字數無人名與所見宋刊八行本不類疑即永樂二年刊本

一金刊本見汪目金板瞿目題尚書注疏二十卷卷首卷一篇題與十行本同卷二以後次行並具唐孔氏銜名撰下幷有正義二字而孔氏傳下仍有孔穎達疏四字正義序後有新彫尚書纂圖首爲書編名十例遂書篇名次爲圖凡十九圖曰唐虞夏商譜系圖曰曆象授時圖曰堯典中星圖圖上圖下曰日永日短圖曰璿璣玉衡圖曰律度量衡圖曰諸侯玉帛圖曰十二章服圖曰虞舜九韶樂器圖曰禹貢九州地理圖曰隨山濬川圖曰任土圖曰千羽圖曰周彝圖曰太常圖曰圭瓚圖曰牧誓兵器圖曰費誓兵器圖而地理圖中有款一行曰平水劉敏仲編蓋即校刻之人也每半葉十三行行大字二十六至二十九不等小字皆三十五蠅頭小楷

學部館目尚書正義二十卷每半葉十三行行大字約二十八小字三十五高七寸一分廣四寸一分白口單邊欄裝存禹貢至微子多士至秦誓都十卷禹貢首題尚書注疏卷第六次行低四格題國子祭酒上護軍曲阜縣開國子臣孔穎達奉勅撰正義三行爲貢第一夏書孔氏傳以後各卷篇題下均是夏書商書周書孔氏傳等字而湯誓以後孔氏傳下均有孔穎達疏四字又每篇前列書序每卷後附釋文殷敬匡愼諸字皆不缺筆而末卷釋文後有長平晝淳校正六字

一明永樂二年刻本見陸志尚書注疏二十卷覆宋八行大字本

明邵注目莫目云永樂二年甲申刊尚書注疏二十卷勳案此覆宋黃唐本半葉均八行每行十七八字

一明正德間補修宋槧本見天祿續編二附釋音尚書注疏（二函十六冊）漢孔安國傳唐孔穎達正義并序附音義書二十卷云宋諱惇字以上闕筆其敬殷恒讓等字不闕蓋已祧也卷中有正德年補刊之葉蓋宋槧明印故間有漫漶處勳案此即十行宋本也仁宗睿皇帝以賜彭元瑞文勤載彭目云賜本彭目宋本附釋音尚書注疏賜本十六本

一明閩刊本見范目書經注疏二十卷明御史李元陽僉事江以達校刊祁目丁志云每半葉九行每行大小均二十字陸志明刊九行本學部館目明李元陽刊十三經本繆續記邵注目莫目

一北監本見內閣目祁目監本天祿目七十三經注疏尚書二十卷漢孔按國傳唐孔穎達疏陸德明音義前孔穎達序次安國序彭目王目丁志十三經注疏倪目邵注目莫目

一崇正五年重修北監本見錢日記抄

一汲古閣本見孫目內編倪目丁目王目邵注目莫目

一武英殿刊本見邵注目莫目

一江西南昌學刊本見錢曝書記倪目邵注目莫目

一東洋覆宋本見陸志尚書正義二十卷邵注目莫目云日本于道光丁亥新刊影宋本尚書正義二十卷顧精勳案此日本弘化丁未仿宋黃唐本注疏非單疏也

〔附單疏本〕

一北宋槧本見森志 尚書正義二十卷首有端拱元年三月日臣秦奭等上表後題軒轅節胡令問解貞吉胡廸解損李覺袁逢吉孔維八人銜名又有永徽四年一月二十四日太尉揚州都督上柱國趙國公臣無忌等上表及尚書正義序卷端題尚書正義卷第一次行署國子祭酒上護軍曲阜縣開國子臣孔穎達奉勅撰（國上空四字勅字提頭）玄胤讓敬弘等字缺筆每半板十五行行二十四字左右雙邊缺玄胤讓敬弘等諱卷三末書嘉元二年暮春二十五朝約句讀子圓種

島田攷 云寧宗時刊本其避宋諱則玄胤讓敬弘恒等字缺末筆闕至敦字則係寧宗後刊本界闕則有四周雙邊有左右雙邊半板十五行行二十四字界長七寸五分六釐幅五寸五分六釐不齊整蓋是書以刀法字體攷之汴京末就端拱原刻所入梓以下遞有補修至寧宗而止是以不一也其左右雙邊則汴都刻本四周雙邊則係後來葺板卷第三末有讀記云嘉元二年暮春二十五朝約句讀了圓種卷四末云嘉元元年歲次癸卯十一月二十一日加朱點了圓種卷六末云嘉元二年（甲辰）卯月二十二日拭老眼粗加鹿點了佛子圓種流年六句又卷中間有朱黑古點嘉元紀元即當元大德七年其船載之古亦可類推也板心有朱因王政施章葛甕黃暉王伸吳珪王正張元汪改汪盛陳忠王寔方成洪茂洪先蔡至道等是鐫手氏名也

〔附單傳本〕

一唐開成二年刊石本見孫目內編彭目邵注目叢書舉要

一蜀孟昶時刊石本見趙附志

一宋刊本見繆續記 題監本纂圖重言重意互註點校尚書十三卷每半葉十行行大字十九小字二十四高六寸六分廣四寸二分白口雙邊板心首葉末葉無字中作尚書一書一尚書一卷並是行書前刊書學傳授圖唐虞夏商周譜系圖堯制五服圖禹弼五服圖伏生洪範九疇圖劉向洪範傳圖日永日短圖隨山濬川圖共八圖重言重意互注釋文皆用單綫以別之首行監本纂圖重言重意互註點校尚書卷第一次行頂格題堯典第一越四格題虞書又越三格題孔氏傳匡恒愼敦皆缺筆每葉左方闌綫外標篇名

四部叢刊書錄 云首行題監本纂圖重言重意互註點校尚書卷第幾次行頂格題堯典第一越三格題虞書又越三格題孔氏傳每半葉十行每行大十八字夾注二十四字上下小黑綫匡讓恒敦愼皆闕筆每葉左方闌外標篇名重言重意互註釋文皆用單線別之勷案此涵芬樓假烏程劉氏嘉業堂藏本付印原爲繆氏藝風堂舊藏今歸劉氏者唯此本十行行大字十八繆續記誤作十行每行大字十九耳

一宋刊巾箱本見陳跋 尚書孔傳十二卷宋刻巾箱本題曰

婺本點校重言重意互注尚書卷第一次行頂格題堯典第一越五格題虞書又越三格題孔氏傳每葉二十行行三十字凡遇匡恒慎敦等字皆缺筆仍是紹熙以前所刊每册前後有彭城楚殷氏讀書長方印黃錄題婺本點校重言重意互註尚書孔氏傳云上有彭城楚殷氏讀書記一印勘案此書即陳跋載本瞿目題婺本點校重言重意互註尚書十三卷云首題尚書卷第一次頂格題堯典第一越數格題虞書又越數格題孔氏傳以下篇式同前尚書序次行載唐國子博士吳縣開國男陸德明釋文附以後傳下即入釋文不加識別釋文下即入重言重意互注等皆標以陰文卷止四寸寬不及三寸每半葉十行行二十字傳用夾注匡恒慎敦等字皆闕筆每葉左方欄線外標篇名標爲吾邑錢楚殷藏本勘案此宋時婺州衆經並刻即岳氏九經三傳沿革例所稱婺州舊刻是也陳跋黃錄所載即此後歸瞿氏今載入瞿氏書影中縫上下小黑綫口陳跋云行册字者誤

一金天德三年國子監印定本見金補志孔安國尚書傳注　一宋光宗時麻沙刊本見天錄續編二題纂圖互注尚書（一函六册）漢孔安國傳序唐陸德明音義書十三卷前標尚書舉要圖曰唐虞夏殷周譜系圖曰律度量衡圖曰璣制五服圖曰禹弼五服圖曰諸侯玉帛圖曰有虞氏詔樂器圖曰東坡禹迹圖曰隨山濬川圖曰商七廟之圖曰商遷都之圖曰周營洛邑圖曰召誥土中圖曰諸儒傳授書學圖是爲纂圖又取本書相同之字是爲重意又取本書相同之句是爲重言又取他書中所引尚書之文是爲互注云麻沙本闕筆至惇字乃光宗時刊　一宋刊本見傳批莫目云李木齋藏宋本尚書孔傳十三卷十行二十字小字同白口魚尾下記字數下記人名單邊板心或記尚幾或記書幾避諱至愼字止字體古樸　一宋岳倦翁刊五經本見季目　一明永懷堂刻本見天祿續編十三倪目丁續目　一武英殿仿宋岳氏本見錢曝書記倪目邵注目莫目　一江西稽古樓刊本見邵注目莫目

（附白文本）

一宋嘉祐二年刊石本見孫目內編　一宋高宗時刊五經本見天祿目一　一宋刻九經本見天祿續編三丁目丁志陸志陸跋陸續跋　一元至善堂刊九經本見邵注目　一明衛王府刊五經本見莫目　一明趙用賢刊五經本見邵注目莫目　一明錫山秦氏刊本見吳記培林堂目　一細楷精

刻本見祁目　一武英殿雙鈎鐫榻本見曝書雜記　一國子監刊石本見叢書舉要　一錫山秦氏仿宋刻巾箱九經本見天祿目　一丁志陸志陸跋邵注目莫目　一古香齋巾箱六經本見邵注目莫目

〔附篆文本〕

一宋嘉祐三年刋本見邵注目　一明刻七經本見莫目　一國朝內府刋本見莫目

洪範口義二卷宋胡瑗撰朱攷（七十九）胡氏（瑗）尙書全解佚又（九十五）胡氏（瑗）洪範口義未見

目錄

宋闕書目胡瑗洪範口義一卷　晁志胡翼之洪範解一卷右皇朝胡瑗翼之皆其門人所錄無詮次首尾實本同玉海引同馬攷引同

宋志胡瑗洪範口義一卷　元馬攷胡翼之洪範解一卷　明文淵閣目胡先生洪範口義一部一冊

陳目洪範解一卷胡瑗

版本

勳案此書未見傳本其文散見永樂大典中館臣排纂成書末付聚珍板

一墨海金壺本見邵注目莫目

東坡書傳十三卷宋蘇軾撰朱攷（七十九）蘇氏（軾）書傳存

目錄

1040

宋晁志東坡書傳十三卷右皇朝蘇軾子瞻撰袁本同玉海引同馬攷引同　陳錄東坡書傳十三卷蘇軾撰馬攷引同　尤目蘇氏書傳　宋志蘇氏書傳十三卷　元馬攷東坡書傳十三卷　明文淵閣目尚書東坡傳一部三册闕又一部四册闕　陳目東坡尚書傳十三卷　萬卷堂目東坡書傳二十卷蘇軾　祁目萬蘇文忠公書傳四册二十卷蘇軾　陳注錢目東坡書解三册十三卷　錢目東坡書解三册　季目宋元雜板東坡書傳二十卷二本　徐目宋蘇軾東坡書傳二十卷　徐宋元目宋本書經十三卷東坡　培林堂目蘇軾書傳二十卷二册又四册　浙錄東坡書傳二十卷刊本　孫目東坡書傳十三卷

版本

一明刊兩蘇經解本見范目見存日全　祁目經總　彭目稽瑞目倪目丁目瞿目邵注目莫目繆續記　一明閔齊伋朱墨套印本見天祿續編十二二十卷云前有凌濛初序上方輯諸家評說與易傳同亦閔齊伋家朱墨本　一明人刊本見陳編孫記二十卷云前無叙　丁志陸志東坡先生書傳二十卷　一學津討原本見邵注目莫目

尚書全解四十卷宋林之奇撰朱考（八十）林氏（之奇）尚書解集存翁考林氏（之奇）尚書集解

目錄

宋陳錄拙齋書集解五十八卷校書郎三山林之奇少穎撰馬考引同　宋志林之奇集解五十八卷　元馬攷林少頴拙齋書集解五十八卷　明文淵閣目尚書林之奇解一部十二册闕　也是園目林之奇尚書全解四十卷　培林堂目林之奇尚書全解四十卷缺多方　字少穎號拙齋

版本

一宋淳祐建安余氏刊見朱攷序引　通志堂本首有淳祐庚戌孫𤱶後序曰建安書坊余氏數年前新刻一本謂之三山林少穎先生尙書全解此集葢得其眞刊成僅數月而書坊火今板本不存矣

一宋淳祐庚戌衡州州學教授兼石鼓書院山長之奇孫𤱶刊本見朱攷序引　通志堂本首𤱶序云書解自麻沙初刻繼而婺女及蜀中皆有本然承襲舛訛竟莫能辨二十餘年得字文私錄又得余氏新刊全解又得葉學錄家藏寫本稽驗新故訂正眞贋淳祐丁未之歲乃會書院新租歲入之積因郡庠憲臺撥錄之美擀學臨淸倅公給之餘計日命工以此全書叵錢諸梓字稍加大釐爲四十卷始于己酉之孟冬迨明年夏五月而畢

一通志堂本見徐目季目王目金目孫目外編倪目丁目邵注目莫目翁錄尙書全解四十卷宋三山拙齋林之奇少穎撰原闕第三十四卷多方篇今於永樂大典中得之鈔補乃成完書何焯曰此書朱子所稱勳案此書原本自洛誥以下皆佚其孫𤱶始掇拾補完明以來又佚多方一篇成德刊時徧求未獲此篇缺如

一別下齋刊本見邵注目莫目單刻多方篇

鄭敷文書說一卷宋鄭伯熊撰朱攷（八十）鄭氏（伯熊）書說一卷存

目錄

明文淵閣目書鄭敷文說一部一冊闕　萬卷堂目景望書說一卷鄭敷文　祁目續收鄭景望書說一冊鄭敷文一卷

版本

一函海本見倪目丁目邵注目莫目．一藝海珠塵本見莫目勳案此書入絲集　一經苑本見邵注目莫目

一傳抄本見竹崦庵目

禹貢指南四卷宋毛晃撰朱考（九十三）毛氏（晃）禹貢指南二卷未見

目錄

明文淵閣毛晃禹貢指南一部一冊闕 黃目毛晃禹貢指南一卷 盧補宋志毛晃禹貢指南一卷 稽瑞樓目禹貢指南四卷二冊

版本

勤案此書久佚永樂大典散附各經文下館臣綴錄成篇釐爲四卷

一聚珍本見孫目內編 倪目丁目邵注目莫目

禹貢論五卷後論一卷山川地理圖二卷宋程大昌撰朱考（八十二）程氏（大昌）書譜佚又（九十三）程氏（大昌）禹貢論存禹貢論圖未見禹貢後論未見翁考程氏（大昌）禹貢論圖

目錄

宋陳錄禹貢論二卷圖二卷程大昌撰馬考引同 尤目程倘書禹貢圖論 倘書治要圖 宋志程大昌書譜二十卷 又禹貢論五卷 禹貢論圖五卷 禹貢後論一卷玉海引書目禹貢論五卷後論一卷又禹貢論圖五卷 元馬攷大昌禹貢論圖共四卷 程大昌書譜二十卷 明文淵閣目程大昌禹貢論一部二冊闕 陳目禹貢論圖四卷程大昌論六十篇圖三十一篇 范目禹貢論二卷後論一卷宋淳熙四年程大昌奏上凡五十二篇幷序 萬卷堂目禹貢論五卷程大昌 禹貢後論一卷程大昌 禹貢圖二卷程大昌 祁目續收程大昌禹貢論二冊三卷 也是園目程大昌禹貢論四卷 稽瑞樓目禹貢論三卷一冊

版本

一宋淳熙辛丑泉州刻本見四庫提要云歸有光跋稱吳純甫家有淳熙辛丑泉州舊刻陳註錢目程大昌禹貢論淳熙中泉州刊本佳禹貢論五十三篇後論八篇圖三十一共四卷又別有書譜二十一卷帶經堂目禹貢論五卷後論一卷山川地理圖二卷影宋抄本宋程大昌撰勵案陸心源批訂云此書宋本在丁中丞日昌處紙墨如新丁志鈔本引云淳熙四年詔付祕閣舶使彭椿年嘗刊於泉州學宮云丁目禹貢圖上下二卷宋刊本較四庫本多九州山川實證總圖今定禹河漢河對出圖共只三十圖不知陳振孫書錄解題何以云三十一圖其敘說上下卷共五十四篇與所云論五十二篇後論八篇亦不同圖中地名有隨方向為位置者甚精邵注目錢天樹日胡氏小重山館藏宋刊宋印禹貢山川地理圖古香可愛內圖三十種細審無缺序內云三十一圖必是筆誤徐刻僅總圖二頁大典祇二十一有八不及胡氏所藏之完全朱攷引淳熙辛丑上元後五日陳應行後序曰編修彭公提舶于此乃請於公願刊之羣庠以與學者共之云又引歸有光跋曰禹貢論五十二篇得之魏恭簡公而亡友吳純甫家藏有禹貢圖皆淳熙辛丑泉州舊刻也通志堂本首有淳熙辛丑提學福建路市舶彭椿年序云郡博士陳君應行請以其著刻木郡庠布之學者云後有歸有光跋云禹貢論五十二篇得之魏恭簡公而亡友吳純甫家藏有禹貢圖皆淳熙辛丑泉州舊刻也

一通志堂本見徐目季目王目金目孫目外編

倪目丁目邵注目莫目翁錄禹貢論四卷宋新安程大昌泰之淳熙四年六月自序上進何焯曰從天乙閣鈔本惜乎無圖應訪有圖者補之方網按今於永樂大典鈔補勵案陸跋云山川地理圖傳本尤稀通志堂經解祇刊其敘說而無圖乾隆中館臣始從永樂大典輯出二十九圖以聚珍板印行尚缺九州山水實證及禹河漢河二圖云云檢武英殿叢書並未刊是書陸氏殆誤記

一指海本見邵注目莫目單刻禹貢山川地理圖二卷

一傳抄本見竹崦庵目禹貢山川地理圖二卷宋程大昌撰百零三

尙書講義二十卷宋史浩撰朱考（八十）史氏（浩）尙書講義未見（一齋書目有）

錄目

宋志史浩講義二十二卷玉海引書目淳熙十六年正月二十三日太傅史浩進講義二十二卷藏祕府 陳目尙書講義二十二卷史浩

版本

勵案此書久無傳本惟永樂大典各韻中尙全錄其文四庫依經文考次排定釐為二十卷未付聚珍板

一永樂大典本四庫著錄　一文瀾閣傳鈔本見張志　一藝海樓傳鈔閣本見朱目　一精抄本見丁志（云乾隆間所錄）　一抄本見陸志邵注目（路有）

尚書詳解二十六卷宋夏僎撰（朱攷（八十一）夏氏（僎）尚書解存）

目錄

宋陳錄柯山書解十六卷（柯山夏僎元肅撰馬攷引同）　宋志夏僎書解十六卷　元馬攷柯山書解十六卷　萬卷堂目尚書詳解十六卷（夏僎）　徐目宋夏僎尚書解十六卷（四本）

版本

（勦案此書淳熙刻本世久無傳其抄本脫誤孔多館臣從永樂大典中補輯復成完帙勒爲二十卷）

一宋淳熙間麻沙劉氏書坊刊本見四庫提要（云淳熙間麻沙劉氏書坊有刻板世久無傳云）朱攷（引時瀾序云麻沙劉君智明得其繕本不欲祕爲已私命工鐫木以與學者共之云）張志（題柯山夏先生重修尚書詳解十六卷舊抄本云經文下有重言重意蓋從宋麻沙坊本傳錄者有時瀾序）莫目（勦案藂珍本前有時瀾時題淳熙丙午）　一聚珍本倪目丁目邵注目莫目

禹貢說斷四卷宋傅寅撰（朱攷（九十四）傅氏（寅）禹貢集解二卷存闕）

目錄

明文淵閣目傅寅禹貢說（一部二册闕又一部六册闕）　萬卷堂目杏溪禹貢集解二卷（傅寅）　也是園目傅寅禹貢集解二卷　稽瑞樓目禹貢說斷四卷（四本）　彭目禹貢說斷（傅寅）　四本

版本

一宋刊本見瞿目題沓溪傳氏禹貢集解二卷東陽喬行簡序首列山川總會及九河山江九江四圖序首行題曰沓溪傳氏禹貢集解圖後又題曰尚書諸家說斷次行曰禹貢第一每半葉十一行每行經文十八字引諸家說首行低一格次行低二格已說則擬低三格書中匡匡愼字有闕筆貞觀改作正觀魏徵改作魏證惟惇字不闕當是孝宗時刻 一通志堂本見徐目季目王目金目孫目外編倪目丁目邵注目莫目翁錄禹貢集解二卷宋義烏杏溪傳寅撰此書凡闕四十餘板何焯曰宋本勘案此從宋本出原爲王止仲所藏後歸都元敬劉公𢧐入傳是樓即據以傳刻闕四十餘簡及五服辨九州辨今藏瞿氏檢容若序云第一卷闕三十有七板第二卷又闕其四板云 一聚珍本見陳編孫記禹貢說斷四卷云經解中所刊禹貢詳解二卷永樂大典載其書題曰禹貢說斷經解本元闕四十餘簡四庫館纂珍板本據大典補完析爲四卷丁目倪目邵注目莫目 一義烏陳坡刊本 一守山閣叢書本 一墨海金壺本並見邵注目莫目 一經苑本見莫目 一退補齋金華叢書本見彙刻書目

書說三十五卷宋呂祖謙撰朱攷（八十一）呂氏（祖謙）書說存 又時氏（瀾）增修東萊書說三十卷存 翁攷呂氏（祖謙）書說 又時氏（瀾）增修東萊書說三十卷存

目錄

宋趙附志書說六卷右東萊先生呂成公祖謙之說也自洛誥至秦誓凡一十七篇云 陳錄東萊書說十卷呂祖謙撰馬攷引同 宋志呂祖謙書說三十五卷見存目同 元馬攷東萊書說十卷 明文淵閣目書東萊說一部三冊闕 陳目東萊書說十卷 范目進呈增修東萊書說三十五卷 萬卷堂目東萊書說三十五卷時瀾 天祿續編二增修東萊說書一函十二冊三十五卷宋巾箱本第十三卷至三十卷刻本第一卷至十二卷第三十一卷第三十五卷影宋抄本 錢記時瀾增訂東萊書說三十五卷 也是園目時瀾增定書說三十五卷 毛目巾箱本小宋板東萊書說十六冊售宋 培林目時瀾

增修呂氏書說三十五卷（六册） 帶經堂目書說三十五卷（宋呂祖謙撰時瀾增修刊本） 陸跋書說二十五卷（宋呂祖謙撰）

【版本】

一宋刊本見蔣記（題增修東萊書說三十五卷門人晉時瀾修定後學趙六善鑑鈔宋刊本每半葉十行行大字十九小字二十二） 傳批莫目（云宋刊本半葉十行每行大字十九小字二十二蔣記） 一宋刊殘本見邵注目（云嚴元照有宋刊東萊書說未經時氏增修之本自堯典至武成十六卷首題門人鞏豐仲至鈔乃時瀾序中所云先已板行者也） 莫目（云嚴先生有宋殘本十六卷自堯典至武成首無敘目卷首題門人鞏豐仲至鈔即時氏據以芟夷剪截者紙墨良善書中有禹貢圖一紙旁小字一行云（丁未六月蔡清刊）） 一史曾侯刊本見朱攷（引大愚叟書後曰南康史君曾侯取而刊之學宮云） 蔣記（宋刊本云黃堯圃主事藏有千頃堂鈔本後有大愚叟跋云南康史君曾侯取而刊之學宮云） 一通志堂本見徐目季目王目金目孫目（外編） 倪目丁目邵注目莫目（翁錄增修東萊書說三十五卷宋東萊呂成公輯書說自秦誓洎洛誥未畢而卒門人濟江時瀾以平昔所聞纂成之何焯日影宋鈔本） 一退補齋金華叢書本見彙刻書目

尙書說七卷宋黃度撰（朱攷（八十一）黃氏（度）書說存）

【目錄】

宋陳錄書說七卷（禮部尙書會稽黃度文叔撰馬攷引同） 宋志黃度書說七卷 元馬攷黃度文叔書說七卷 萬卷堂目書說七卷（黃度） 祁目（續收） 黃先生書說七册（七卷黃度） 也是園目黃度尙書說七卷

【版本】

一明呂光洵唐順之校刊本見四庫著錄（提要云此本乃明呂光洵唐順之所校前有光洵序）與朱攷（引呂光洵序云洵得黃氏尙書說七卷於武部呂江峯氏與太史唐荊州氏校其訛謬以授黃氏子孫刻諸家塾云） 瞿目（舊抄本云注用大字注中間有疏語則用雙行夾注明呂氏光洵與荊州唐氏校刊是書改注爲細字盡刪小注） 莫目 一明

刊本見孫目外編勳案各家著錄別無明人刊本此蓋即呂唐刻本也

一通志堂本見徐目季目王目金目孫目外編倪目丁目

邵注目莫目翁錄尙書說七卷宋新昌黃度文叔 何焯曰明書帕本

一黃氏家塾刻本見邵注目莫目云較通志堂本爲完善

五誥解四卷宋楊簡撰朱攷（九十五）楊氏（簡）書五誥解一册未見

目錄

明文淵閣目楊慈湖五誥解一部一册闕

版本

勳案此書傳本未見館臣從永樂大典各韻中案條薈萃釐爲四卷唯闕梓材一篇未付聚珍板

一墨海金壺本見邵注目莫目勳案此從文瀾閣本寫出校梓

絜齋家塾書鈔十二卷宋袁燮撰朱攷（八十三）袁氏（燮）絜齋家塾書鈔未見

目錄

宋陳錄絜齋家塾書鈔十卷禮部侍郎鄞袁燮和叔號絜齋先生其子喬崇謙錄其家庭所聞至君奭而止馬攷引同

宋志袁燮書鈔十卷

元馬攷袁燮絜齋家塾書鈔十卷

明文淵閣目絜齋書鈔一部五册闕

版本

勳案此書傳本久佚館臣從永樂大典採輯編次釐爲一十二卷未付聚珍板

一宋紹定四年燮子甫象山書院刊本見四庫提要云紹定四年子甫刻置象山書院今佚久矣謹從永樂大典所載採輯編次以篇帙稍繁釐爲一十二卷

一永樂大典本見四庫著錄一

張志文淵閣抄本紹定四年辛卯良月已未男甫序云遂鍥是編名曰絜齋家塾書鈔而納諸象山書院以與世世學者共之

藝海樓傳抄閣本見朱目 一抄本見邵注目云路氏有

書集傳六卷宋蔡沈撰朱攷（八十二）蔡氏（沈）書傳存又（八十六）鄒氏（季友）尚書蔡傳音釋六卷存翁攷蔡氏（沈）集傳

目錄

宋趙附志書集傳六卷右晦庵先生朱文公訂正而武夷蔡沈集傳也 宋志蔡沈書傳六卷 元馬攷蔡九峰書集傳原不詳卷數

明文淵閣目尚書蔡傳一部四册闕 高志書經集註十卷宋九峯先生建陽蔡沈集註 范目書經集注八卷宋蔡九峯撰同存目無 萬堂目書傳六卷蔡沈 祁目書經集傳六册六卷蔡沈注 尚書解詁四卷孔安國疏蔡沈注 黄目鄒季友書集傳音釋一卷 陳注錢目蔡氏尚書集傳六卷 錢目蔡氏尚書傳元板六本 天祿目五元板書集傳一函七册宋蔡沈撰六卷宋鄒近仁音釋前沈序並尚書纂圖書傳序共一册後附書序一篇 錢補元志鄒季友書蔡傳音釋六卷 盧補元志鄒季友書蔡傳音釋六卷 述古堂目蔡沈書傳六卷四册 也是園目蔡沈書集傳六卷 季目宋元雜板書經蔡沈集傳六卷六本 元板書經蔡氏集傳六卷二本 徐目元鄒季友尚書蔡傳音釋六卷三本 培林堂目蔡沈尚書集傳六卷又監本六卷又監板 鄒季友書釋六卷又書序一卷元四册板 陸目書經集注十卷蔡沈 元板蔡氏書傳 倪目書集傳六卷宋蔡沈撰 帶經堂目蔡氏尚書注八卷刊本宋蔡九峯撰 丁目書集傳六卷坊本 丁志書集傳六卷元刊本前有書序 別本朱目書傳音釋六卷圖一卷序一卷元鄒季友撰六册

版本

一宋刊本見陳跋尙集傳六卷宋刊本每葉十六行行十七字首題書卷第一晦庵先生訂定門人蔡沈集傳餘卷止題蔡沈集傳四字　邵注目云陳仲魚有宋刊本缺夏商二卷八行十七字序後有眞西山跋不附音釋首卷題晦庵先生訂定門人蔡沈集傳餘卷止題蔡沈集傳四字　一宋刊本見傳批莫目云有朱鑑草書後序每篇提行另紙每半葉十行刻工極精　一元麻沙劉氏南澗書堂刊本見森志書集傳六卷首載書序題晦庵先生訂定門人蔡沈集傳（每半板十一行行二十一字）次有慶元己未武夷蔡沈序（十一行行十八字）文公親帖（行艸）陳淳安卿記文公語（十一行行二十字）臣抗識語（低頭渡字八行）書序（行款與本文同）卷端題書卷第一晦庵先生訂定門人蔡沈集傳每半板十一行行二十四字注雙行界長七寸或六寸八九分幅四寸二三分蔡沈序後有麻鈔劉氏南澗書堂新刊木記　一元末明初刊本見四庫提要云考朱升尙書旁注稱古文書序自爲一篇孔注移之各冠篇首蔡氏删之而置于後以存其舊蓋朱子所授之旨是元末明初刊本尙連小序云　一元吉州刊本見四庫提要云元何異孫十一經問對稱吉州所刊蔡傳仍以書序置之各篇云　一明嘉靖十一年刊本見邵注目云創去序說綱領　一明嘉靖丙辰刊本見范目題書經集注六卷見存目無　邵注目莫目　一明福建建寧府知府曲梁楊一鶚刊本見范目書經集注六卷見存目無　邵注目莫目　一明萬曆間陳奇泉刊本見范目書經集注六卷明萬曆陳奇泉梓高首有元元集注明徐汧著陳孫賢編　邵注目　一明熊振宇刊本見范目登雲書經集注六卷見存目無　邵注目莫目　一明刊巾箱本板心署恕堂藏本　一明毛晉訂正本板心署文公祠崇道堂藏板　一朱錫旂刊本　一長洲尤侗重訂本板心署聚業堂刻本　一武英殿本幷見彙刻書目　一明善堂刻本見錢曝書記　一萬廷蘭刻本四卷見邵注目附錄云　一揚州鮑氏刊本見錢曝書記　一浙江書局刊本　一金陵書局刊本　一湖北崇文書局刊本並見彙刻書目　一光緒六年江蘇公善堂仿元刻本勤案此本書法圓滿確是元體每半葉十一行每行大小字均二十一字前附文公親帖陳淳記文公語與前森志載元麻沙劉氏南澗書堂本合殆重翻此本也見觀古堂藏書　一天都黃

晟刻巾箱本見莫目

〔附音釋本〕

一元至正乙酉虞氏明復齋刊本見天祿續編八 書集傳（一函六冊）宋蔡沈撰鄒季友音釋書六卷前列書經序後有書序序末有南谿精舍及至正乙酉鐘式明復齋鼎式墨印三書末刻至正乙酉菊節虞氏明復齋刊 邵注目 云天祿後目有元至正刊鄒氏音釋本

一元至正辛卯德星堂刊本見瞿目 盦刊明本書集傳附音釋六卷題朱子訂定蔡氏集傳鄱陽鄒季友音釋後有墨圖記曰至正辛卯孟夏德星堂重刊 張志 尙書蔡傳音釋六卷序一卷附尙書纂圖有蔡氏書集傳序孔安國書傳序書蔡氏傳重刊明本（明本明州本也）凡例凡例後有至正辛卯孟夏德星書堂重刊木記勳案此書舊爲虞山孫仲孝維收藏後歸張氏旋轉藏瞿氏 帶經堂目 尙書經傳音釋六卷纂圖一卷元至正德星堂刊本云此元時影宋本間答一卷猶存 傳批莫目 云元至正德星堂刊本 邵注目 云昭文張氏有元至正刊本

一元至正辛卯雙桂堂刊本見帶經堂目 德星堂本云此書有元至正德星堂雙桂堂兩刻 邵注目 云硤石蔣氏生沐亦有此書錢警石借校尙不如正統本之佳所謂至正辛卯雙桂堂刊本也

一元刊本見學部館目 書集傳六卷宋蔡沈撰元鄒季友音釋元刊每半葉十二行行二十一字高四寸四分廣四寸一分黑口雙邊又一部行款與上同而印稍後 繆續記 云每半葉十二行行二十一字高七寸六分廣四寸三分黑音釋以方匡別之經傳以圓規標白文前書說綱領次纂圖後有書序印本極清郎

一元刊本見學部館目 云每半葉十三行行二十三字高七寸一分廣四寸四分墨綫口雙邊 邵注目 云蔣寅昉新得元刊本每半葉十三行每行二十三字 傳批莫目 云元刊鄒季友音釋本十三行二十三字黑口雙邊

一元刊本見學部館目 元刊十二行本引云配一二兩卷十一行字數同（案二十一字）首行書卷第幾次行下四格蔡氏集傳空五格鄱陽鄒季友音釋音釋外加方圍經傳皆圓式陰文

一元刊黑口巾箱本見孫記續編 書經集注十卷題蔡沈集注前有嘉定已巳蔡沈序末附書序每句皆作小圈誠法或作連圈欽愼徧恤中止等字間作大圈標出書中亦附鄒近仁音釋黑口巾箱本每葉十八行行十七字 邵注目莫目 云陽湖孫氏有元坊刊本改集傳作集注六卷作十卷附鄒氏音釋每句皆作小圈誠法或作連圈黑口巾箱本每葉十八行行二十七字

一元槧本見森志 書集傳音釋六卷云五六兩卷缺無序及跋文每卷首題書卷第幾蔡氏集傳鄱陽鄒季友音釋每半板十二行行二十二字注雙行界長六寸三分幅四寸四分弱

一元刻

黑口本見觀古堂藏書首題書卷第幾空六格接題蔡沈集傳每半葉十行行二十字音釋外加方圈經傳皆圓式陰文　一明正統刻本見培林堂

目監板又一部監本六卷未訂　天祿目七五經四書云書宋蔡沈集傳六卷前沈序次書圖書說綱領次漢孔安國序後書序　丁志云首蔡氏自序次纂圖六十次朱子說書綱領次孔安國書序

次序悉依元板　別本朱目邵注目莫目云內附鄒季友音釋最善　一明嘉靖贛州刻巾箱本見丁志書經集注十卷序一卷云與陽湖孫氏所藏元

本合惟元板係黑口本附鄒氏音釋且每句加一圈讀法作連圈而此本刪節音義并削去其圈似非全依元板者後有木記楷書二行嘉靖癸未季春月刊行於贛州府清獻堂

邵注目　一道光戊子旌德朱琳立本齋刊本見莫目　一咸豐丙寅祝桐君仿正統本見莫目云精校勘

按此咸豐五年浦城祝鳳喈刻本見觀古堂藏書　一同治五年吳氏望三益齋刊本見邵注目附錄云　莫目云依正統刊附音釋精校勘案此吳棠重

刊祝鳳喈本板心下有望三益齋四字余家有藏本　一日本黃備昌谷碩刊本見丁志明正統本云音釋今尚有單行本乃日本黃備昌谷碩所刊

尚書精義五十卷宋黃倫撰朱攷（八十三）黃氏（倫）尚書精義佚

目錄

宋陳錄尚書精義六十卷三山黃倫彝卿編次或書坊所託馬攷引同　宋志黃倫尚書精義六十卷　元馬攷尚書精義

六十卷

版本

勳案此書傳本久絕館臣從永樂大典各韻中採撮編綴釐訂爲五十卷未付棗珍板

一宋余氏萬卷堂刊本見四庫提要云此本前有余氏萬卷堂刊行小序其書傳本久絕今從永樂大典各韻中採撮編綴釐訂成帙分爲五十卷　張志文瀾閣傳抄本

云有淳熙庚子臘月朔且建安余氏萬卷堂謹書云余得之不敢自私敬鋟諸本與天下共之云　瞿目抄本云前有淳熙庚子龍溪張鳳序又建安余氏萬卷堂刊板識語　陸志文瀾閣傳抄本引序

陸跋（云此本前有建安余氏萬卷堂刊行小序）莫目（云余氏萬春堂刊本勤案此蓋莫氏誤萬卷爲萬春）　一經苑本見邵注目莫目

尚書詳解五十卷宋陳經撰（朱考（八十三）陳氏（經）尚書詳解存　翁考陳氏（經）尚書詳解）

目錄

宋志陳經詳解五十卷　明文淵閣目尚書陳氏詳解（一部六冊闕）　萬卷堂目陳先生書詳解五十卷（陳經）

版本

一宋刊本見陸續跋（陳先生尚書詳解五十卷題曰從事郎新泉州節度推官陳經顯之影寫宋刊本每葉二十四行每行二十四字前有發題）　一聚珍本見丁目

倪目邵注目莫目（勤案陸氏云以宋本校頗多脫落）

融堂書解二十卷宋錢時撰（朱考（八十三）錢氏（時）尚書演義八卷未見）

目錄

明文淵閣目書錢融堂傳（一部一冊闕）　孫目（內編）融堂書解二十卷

版本

（勤案此書舊本久佚館臣從永樂大典采綴裒勒爲二十卷惟伊訓梓材泰誓三篇全佚說命呂刑亦間有闕文）

一聚珍本見丁目倪目邵注目莫目

洪範統一卷宋趙善湘撰（朱考（九十六）趙氏（善湘）洪範統紀（宋史列傳作統論）一卷未見）

目錄

明文淵閣目趙善湘洪範統一一部七冊闕　內閣目洪範統一一冊宋開禧間宗室濮國善湘著

版本　勤案此書傳本未見館臣從永樂大典輯成未付聚珍板

一函海本見丁目倪目邵注目莫目　一藝海珠塵本　一經苑本並見邵注目莫目　一傳抄本見竹崦庵目

尚書要義十七卷序說一卷宋魏了翁撰朱考（八十三）魏氏了翁尚書要義存

目錄　勤案此書原二十卷中第七卷第八卷第九卷並佚阮文達曾以舊抄本進呈

宋志魏了翁書要義二十卷　明文淵閣目尚書要義一部二冊闕又一部八冊闕　萬卷堂目尚書要義二十卷魏了翁　祁目續收尚書要義八冊二十卷魏了翁

版本

一宋刊本藏上海涵芬樓勤壬戌道過滬上從涵芬樓借閱每半葉九行每行十八字　一光緒丙戌江蘇書局仿宋本見批注莫目觀古堂藏書

尚書集傳或問二卷宋陳大猷撰朱考（八十三）陳氏（大猷）東齋書傳會通十一卷佚尚書集傳或問二卷存翁攷陳氏（大猷）尚書集傳或問

目錄

明文淵閣目尚書陳大猷集傳（一部十四册闕）　又尚書陳大猷或問（一部一册闕）　萬卷堂目書傳會通十一卷（陳大猷）　又書集傳或問二卷（陳大猷）　黃補宋目陳大猷書傳會通十一卷　又書集說或問二卷（東陽人）　盧補宋志陳大猷書傳會通十一卷　又書集說或問二卷　也是園目陳大猷書集傳或問二卷　培林堂目陳大猷書集傳或問二卷　汪目元板陳大猷尚書集傳十二卷或問二卷　邵注目元槧陳大猷書集傳十二卷（錢天樹云）

版本

一宋刊本見瞿目（書集傳十二卷或問二卷前有綱領及書始末書序傳注傳授集傳條例進書上表錄本其末題嘉熙貳年三月日從事郎前宣差充兩浙路轉運司準備差遣臣陳大猷表上表拾叁日奉旨降付尚書省送後省看詳申又後省看詳申狀錄本其末題嘉熙二年五月日李劉牛大年高定子許應龍游侶狀結銜四行拾玖日奉聖旨陳大猷與六部架閣差遣其書集傳并或問付祕書省卷一首行題書傳會通卷第一次行題陳大猷集傳（餘卷則題並書傳之若干越數格題陳大猷集傳）書中匡筐恒貞徵勗桓慎惇愍等字皆有闕筆與經文並同）

宋本書傳十二卷或問二卷　莫目（云禾中胡氏有之題陳氏尚書東齋集傳十二卷）　一通志堂本見徐目季目王目金目孫目（外編）倪目丁目　邵注目（朱修伯曰樂意軒書目有）

邵注目莫目（翁錄書集傳或問二卷宋陳大猷既集書傳復自爲或問同時東陽都昌有兩陳大猷都昌陳大猷號東齋饒雙峯弟子著書傳會通仕爲黃州判官集陳潏之父也東陽陳大猷紹興二年進士官六部架閣今集傳不可見而或問猶存張雲章以集解或問是東陽之書朱氏經義攷則謂蔡竹堂書目萬卷堂目皆載尚書集傳十四册未知是誰之書而鄱陽董氏書纂注列引用姓氏於陳氏書集傳注云東齋則未可定爲東陽而非都昌也陳氏蔡傳旁通亦引東齋集傳何焯曰汲古元本）

尚書詳解十三卷宋胡士行撰（宋考（八十四）胡氏（士行）初學尚書詳解十三卷存）

目錄

明文淵閣目尚書胡士行詳解一部三册闕 范目進呈尚書詳解十三卷見存目同 萬卷堂目尚書詳解十三卷胡士行 黃補元目胡士行尚書詳解十三卷 天祿續編一宋板尚書詳解一函六册十三卷 盧補元志胡士行尚書詳解十三卷 也是園目胡士行尚書詳解十二卷 培林堂目胡士行尚書詳解十三卷四册

版本

一通志堂本見徐目季目王目金目孫目編外 倪目丁目邵注目莫目翁錄初學尚書詳解十三卷宋盧陵胡士行何焯曰從天乙閣抄本通志堂原目無初學二字杭世駿道古堂文集有跋謂初學二字不當刪勳案天祿續編一宋板尚書詳解十三卷云揭銜前臨江軍學教授盧陵胡士行編通部於經文句內逐字梳櫛夾臆名物象數間有圖夾講經旨皆另行注中所引楊時林之奇呂祖謙夏僎之說皆著明某氏界標首冠孔安國序亦注之是書通志堂經解內翻刻此其原本也

尚書表注二卷宋金履祥撰朱考（八十四）金氏（履祥）尚書注十二卷存尚書表注二卷存

目錄

明文淵閣目尚書金履祥表注一部二册闕 萬卷堂目尚書表注一卷金履祥 祁目金仁山先生尚書表注一册二卷金履祥 黃補元目金履祥尚書表注十二卷 又尚書雜論一卷 陳注錢目金履祥尚書表注一册二卷 錢目元板尚書表注金履祥一册 錢補元志金履祥尚書表注四卷武作十二卷一作一卷 又尚書注十二卷 又尚書雜論一卷 盧補元志金履祥尚書表注十二卷 又尚書雜論一卷 金補元志金履祥尚書表注四卷廉訪使鄭允中表上 述古堂目金履祥表注尚書一卷 也是園目金履祥尚書

表注一卷　徐目尚書金氏注十二卷六本　培林堂目金履祥尚書表注二卷　陸目尚書表注二卷金履祥　汪目宋板金仁山尚書表注二卷　寶書閣目尚書表注六卷

版本

一宋刊本見張志題尚書表注不分卷中遇宋諱間有缺筆蓋宋末元初刊本也板心有齊芳堂（仁山集附錄文安公墓暑曰晚年館唐氏之齊芳書院成通鑑前編濂洛風雅齊芳堂未知即齊芳書院否）存耕堂章林書院納齋等字顧伊人藏丁目二卷云此刻猶避宋諱大約刊於宋末元初可知也　一通志堂本見徐目季目王目金目孫目外編倪目丁目邵注目莫目翁錄尚書表注二卷元蘭谿金履祥撰王柏弟子也書之上下四旁皆有識語何焯曰金仁山表注名重而書僅中等且元刻有殘闕處補全者未可盡信是顧涸伊人忘為補全耳勳案此從顧伊人影抄宋本付梓攷張志引顧氏手跋云予寶愛是書恐紙墨未歛因手抄二帙以為廣其傳云崑山所刻者是也又引周春手跋云何義門謂書有殘闕顧伊人意為補全未可盡信細校此書方知意為補全之處且與通志堂刊本微有異同云檢丁目云通志堂所刻即尚顧伊人借抄者然缺抄序四闕外之上下左右標識亦多脫誤蓋借抄有時伊人不示以原本但據另本過抄輾轉訛傳遂致魯魚亥豕云　一婺州本見丁目宋刊本條下云婺州本復以通志堂本重刻縮小標題位置尤多錯脫勳案此乾隆二年婺源祠堂刻率祖堂叢書本余家有藏本　一金仁山全書本見邵注目莫目勳案此書一名率祖堂叢書　一退補齋金華叢書本見彙刻書目

〔附單注本〕

一光緒己卯陸心源刻十萬卷叢書本見觀古堂藏書勳案張志載尚書金氏注殘本六卷云嘉靖戊午從子謙姪藏舊抄本傳錄卷末有嘉靖戊午仲冬錄完八字云此書後歸陸氏復得秦文舊藏抄本全書校刊之

四庫全書目錄板本考（續）

葉啟勳

經部八

書類二

書纂言四卷元吳澄撰 朱考八十五吳氏澄書經纂言四卷存

目錄

明文淵閣目尚書吳文正公纂言一部二冊闕 祁目續收吳草廬書經纂言四冊四卷吳澄 黃補元目吳澄尚書纂言四卷澄敘錄分別今古文纂言則今文二十八篇也 錢補元志吳澄書纂言四卷 盧補元志吳澄尚書纂言四卷今文二十八篇也 金補元志吳澂書經纂言四卷 也是園目吳澄書纂言四卷 培林堂目吳澄書纂言四卷三冊 王目書纂言元吳澄 四卷曹秋岳藏本四册綿紙

版本

一明正德辛巳刊本見丁目嘉靖本云即據正德辛巳本重刊于滇中云 莫目莫錄

一明嘉靖戊申顧應祥序刊本見朱攷引顧序云應祥按察江右時過臨川得之藏之篋笥久矣及嘉靖戊申起廢再撫南中乃命郡文學偕治書諸生正其譌舛屬雲南守陳君光華刻以傳焉云 丁目陸志舊抄本有顧應祥序 邵注目莫目莫錄

一通志堂本見徐目季目王目金目孫目外編 倪目丁目邵注目莫目翁錄今文尚書纂言四卷元吳澄其卷前序目即盧之古今文攷也勤案丁目云海鹽鄭端簡批校通志堂刊經解時向朱竹垞借鈔即此本也檢莫錄云豐順丁氏本卷首有竹垞翁識云是書賜之海鹽鄭氏簡端所書猶是端簡公手

跋也會通志堂懸刊解以此弁之云

尚書集傳纂疏六卷元陳櫟撰 朱攷八十五陳氏櫟書傳折衷佚又尚書集傳纂疏六卷存翁攷陳氏櫟書解折衷

目錄

明文淵閣目書傳纂疏 一部二冊闕　萬卷堂目書集傳六卷 陳櫟　黃補元目陳櫟書集傳纂注六卷 又書解折衷　錢補元志陳櫟書解折衷 又書集傳纂疏六卷 又書解折衷　金補元志陳櫟書傳纂疏六卷　也是園目陳櫟書集傳纂疏六卷　培林堂目陳櫟書纂疏六卷 四冊　彭目書集傳纂疏 元陳櫟賜本四本　帶經堂目尚書集傳纂疏六卷 元刊本

版本

一元泰定丁卯張子禹刊本見朱攷 引櫟自序云今謀板行幸遇吉邢張子禹命工刊刻以與四方學者共之云　通志堂刊本 首有泰定丁卯四年正月望日陳櫟序云文同朱攷

一元泰定丁卯梅溪書院刊本見張志 題書蔡氏傳纂疏六卷朱氏訂定蔡氏集傳元後學新安陳櫟纂疏蔡氏序後有泰定丁卯陽月梅溪書院新刊木記　陸志 云有泰定四年丁卯正月望日陳櫟序文同朱考首有嘉定乙巳蔡沈序每半葉十一行行二十一字小字雙行前說讀尚書綱領次纂疏凡例蔡序後有泰定丁卯陽月梅溪書院新刊木記　陸續跋 云次行題曰朱子訂定蔡沈集傳三行題後學新安陳櫟纂疏前列孔安國序漢書藝文志一條孔穎達疏一條皆有蔡注亦題朱子訂定次書序無朱子訂定前有蔡沈序陳櫟序纂疏凡例讀尚書綱領每頁二十二行每行二十一字小字雙行纂疏以墨圍附之蔡序後有木記二行曰泰定丁卯陽月梅溪書院新刊十二字長　森志 首有嘉定己巳武夷蔡沈序每半板九行行十八字泰定四年陳櫟序十行行十八字每行上空一字次有讀尚書綱領十一行行二十三字書蔡氏傳纂疏凡例八行行二十二字書序行款與本文同上卷首題書卷第一朱子訂定蔡氏集傳後學新安陳櫟纂疏每半板十一行行二十一字注雙行界長六寸八分弱幅四寸三分弱四周雙邊蔡序後有泰定丁卯陽月梅溪書院新刊木記　邵注目　莫目 云昭文張氏有勤[illegible]陸志載有陳櫟序云幸遇古邢

刊本記據此則當時張子禹刻于梅溪書院爲此書第一刻本也 一通志堂本見季目徐目王目金目孫目外編倪目丁目邵注目莫目

讀書叢說六卷元許謙撰 朱攷八十六許氏謙讀書叢說六卷存

[目錄]

明文淵閣目尚書許謙叢說 一部四冊闕 萬卷堂目讀書叢說六卷 許謙 祁目續收許白雲先生讀書叢說二冊 六卷許謙 黃補元目許謙讀書叢說六卷 子仁及門人俞實叟校正 錢補元志許謙讀書叢說六卷 陸目讀書叢說六卷 許謙 金目讀書叢說六卷 許謙

[版本]

一元至正六年門人白野普花帖睦爾刊本見朱攷 引張樞序云至正六年門人南臺監察御史白野普花帖睦爾與其僚大梁湯公惠移浙東廉訪使錢板以傳 四庫著錄 提要云其詩名物抄四書叢說並刊於至正六年其板久佚此本爲浙江吳玉墀家所藏其第二卷卷中脫四頁第三卷中脫兩頁第五卷第六卷各脫四頁勘驗別本亦皆相同今亦無從校補姑仍其舊焉 別本朱目 影元板 莫目 一學海類編本見邵注目莫目 一退補齋金華叢書本見彙刻書目

尚書輯錄纂注六卷元董鼎撰 朱考八十五董氏鼎尚書輯錄纂注六卷存 翁考董氏尚書輯錄纂注

[目錄]

明文淵閣目書傳纂注 一部三冊闕 萬卷堂目尚書纂注六卷 董鼎 黃補元目董鼎書經輯錄纂注六

卷鼎字秀亨鄱陽人子眞卿乞吳澄爲序　得月樓目鄱陽董鼎纂注蔡傳六卷二本　錢補元志董鼎尙書輯錄纂注六卷字秀亨鄱陽人眞卿之父　盧補元志董鼎尙書輯錄纂注六卷　也是園目董鼎尙書輯錄六卷　汪目元板尙書輯錄纂注六卷

版本

一元延祐戊午子董眞卿刊本見朱攷引眞卿跋云敬書梓閩坊以廣其傳云延祐戊午十月朔日　傳批莫目莫錄題書纂輯錄纂疏六卷書序一卷至大戊申十二月自序延祐戊午其子眞卿于小閩坊刊行其綱領末後半葉有篆文二行木記云建安余氏勤有堂刊每半葉十行行大字二十小字二十四字字體書式絕似十行本諸經疏　瞿目題書蔡氏傳輯錄纂注六卷云首題朱子訂定蔡氏集傳次題後學鄱陽董鼎輯錄纂注前載嘉定己巳三月既望蔡氏原序繼以至大戊申十二月己未董氏自序又凡例八條及輯錄引用諸書輯錄所載朱子門人姓氏纂注引用諸書纂注引用諸家姓氏又朱子說書綱領三十一條書序總置卷末其引用諸家姓氏後有鐘形墨圖記曰延祐戊午鼎形墨圖記曰勤有堂皆纂書綱領末葉板心有延祐已未正月印七字作行書後半葉有建安余氏勤有堂刊八字篆書墨圖記卷末有男眞卿編校姪濟卿登卿同校建安余志安刊行三行全書皆朱筆點勘劃有手眼簡末有王元亮點校訖一行又卷四末有延祐已未八月點校訖一行圖記曰王景陶父識其字也又曰一陽羨山城曰當爲宜興人　丁目元建安余氏勤有堂刊本多書序纂注一卷　天祿續編八題書纂輯錄纂注六卷首列蔡傳又取朱子之說爲輯錄諸家之說爲纂注各以白文標之前有蔡沈集傳序又朱子說書綱領又書序綱領後有建安余氏勤有堂刊墨圖記　又陸續跋云鼎書成于至大戊申至延祐戊申而余仁仲刊于勤有堂　莫目元建安余氏勤有堂刊本半葉十行行大字二十小字二十四多書序纂注一卷勤案建安余氏爲閩書坊之最著者據莫錄載本云云蓋當時眞卿以稿付余氏壽梓故跋有壽梓閩坊之語余氏既刻此書遂附刻圖記非同時有二刊本也

一元至正甲午劉廷佐翠巖精舍刊本見陸志書集傳輯錄纂注六卷云每半葉十一行每行二十字小字雙行每行二十五字序後有□□甲午孟夏翠巖精舍新刊木記引用諸書後有建安後學余安定編校一行元至正十四年歲在甲午所缺蓋至正二字也　陸續跋尙書輯錄纂注六卷先列孔安國序漢書藝文志一條孔穎達正義一條書序次于六卷之後皆有注題朱子訂定蔡氏集傳後學鄱陽董鼎輯錄纂注前載蔡序及至大戊申董鼎序次朱子說書綱領次輯錄纂注凡列次輯錄纂注引用諸書次所載朱子

門人姓氏次纂注引用諸書次纂注引用諸家姓氏後有建安後學余安定編校一行綱領末有至正甲午翠巖精舍新刊木記二行鼎書成于至大戊申至延祐戊申而余仁仲刊于勤有堂至正甲午而劉廷佐刊于翠巖精舍皆建寧府麻沙坊本也 邵注目云陸氏有 傳批莫目云京肆見元刊殘本十一行行二十字注雙行行二十五字黑口單邊 一通志堂本見徐目季目王目孫目外編 金目倪目丁目邵注目莫目翁錄書葉氏傳錄纂注六卷元鄱陽董鼎季亨撰眞卿之父勤案家有藏本首有引用諸家姓氏後有建安後學余安定編校一行據陸志陸續跋藏本云云知從元翠巖精舍刊本出

尙書通攷十卷元黃鎭成撰朱攷八十六黃氏鎭成尙書通攷十卷存翁攷黃氏鎭成尙書通攷

目錄

明文淵閣目尙書黃存齋通攷一部一冊闕 一萬卷堂目尙書通攷十卷黃鎭成 祁目續收尙書通攷二冊十卷黃鎭成 黃補元目黃鎭成尙書通考十卷字元鎭昭武人 錢補元志黃鎭成尙書通攷十卷 金補元志黃鎭成尙書通攷十三卷 也是園目黃鎭成尙書通考十卷

版本

一元天曆丁亥雷幾序刊本見張續志題昭武存齋黃鎭成元鎭父編輯云闕卷二卷三兩卷 瞿目有雷幾序云每半葉十二行行二十四字 森志首有至正丁亥建安雷機子樞父序行書七行天曆三年黃鎭成敘意及目錄卷端題尙書通攷卷之一昭武存齋黃鎭成元鎭父編輯每半板十一行行二十字界長六寸四分幅四寸二分 邵注目 莫目云昭文張氏有 傳批莫目云曾在濟南官書局見元刊本其缺葉正同爲李木齋購之

一通志堂本見徐目季目王目金目孫目外編 倪目丁目邵注目莫目翁錄尙書通攷十卷元昭武黃鎭成存齋何焯曰汲古元刻借有闕葉鷹爲標出勤案此從元天府本出據張續志云卷一缺兩葉卷四缺一葉瞿目云失去雷序卷一而明白坦下脫去兩葉天府本不缺

一乾隆中建寧徐時仿元本見瞿目元刊本下云乾隆中建寧重刻徐氏時作序云選拔陸君鶚兪得此原本於郡學然

其佚葉仍未之有云

書蔡傳旁通六卷元陳師凱撰 朱改八十六陳氏師凱書蔡傳旁通六卷存

目錄

明文淵閣目書傳陳師凱旁通 一部二册闕　萬卷堂目書傳旁通六卷 陳師凱　祁目續收蔡氏書傳旁通八册 八卷陳師凱　黃補元目陳師凱書蔡傳旁通六卷 彭蠡人　陳注錢目陳師凱書傳旁通一册　錢目書蔡傳旁通 陳師凱一册　錢補元志陳師凱書蔡傳旁通六卷　盧補元志陳師凱蔡傳旁通六卷 浮梁人　金補元志陳師凱書經蔡傳旁通六卷　也是園目陳師凱書蔡傳旁通六卷

版本

一元至正乙酉余氏勤有堂刊本見張志 題書蔡氏傳旁通六卷元後學東匯澤陳師凱撰後學豫章朱萬初校正卷一卷四分上中下三卷卷六分上下兩卷前有引用書目隱字書音末有至正乙酉歲四月余氏勤有堂印行木記　瞿目 影元抄本云卷目後有墨記云崇化余志安刻於勤有堂末又有至正乙酉歲四月余氏勤有堂印行墨記通志堂本即從此出　陸跋 景元刊本云前有引用書目隱書音木有至正乙酉歲四月余氏勤有堂印木記　邵注目莫目 云昭文張氏有　道古堂集 跋云此本向為元刻首簡一行云豫章朱萬初校正卷末一行云至正乙酉崇化余志安勤有堂印行　森志 首有至治元年陳師凱序每半板十一行行二十字及引用書目隱字書音卷端題書蔡傳旁通卷之一上後學東匯澤陳師凱譔後學豫章朱萬初校正每半板十三行行二十五字界長六寸五分幅□寸□分左右雙邊勤案此即余本失載勤有堂印記一行耳

一通志堂本見徐目季目王目金目孫目外編倪目丁目邵注目莫目 翁錄書蔡氏傳旁通六卷元彭蠡陳師凱不錄經文但摘蔡傳語猶如蔡傳之疏耳然頗足資攷據　何焯曰汲古元板勤案瞿目云此從余本出　攷道古堂集云徐氏藏稿原用勤有堂本其首簡豫章朱萬初校正一行卷末至治乙酉崇化余志安勤有堂印行一行削去不錄原刻之面目亡矣

讀書管見二卷元王充耘撰（朱攷八十六王氏充耘讀書管見二卷存書義主意六卷存）

【目錄】

明文淵閣目王耕野讀書管見（一部一冊闕） 萬卷堂目讀書管見二卷（王耕野） 祁目續收王耕野讀書竊見二冊（二卷） 黃補元目王充耘讀書管見二卷（字與耕吉水人） 得月樓目王耕野讀書管見二卷（一本王充耘） 錢補元志王充耘讀書管見二卷（字與耕吉水人永州同知） 盧補元志王充耘讀書管見二卷 金補元志王充耘書經管見二卷 也是園目王充耘讀書管見二卷（元王充耘） 陸目讀書管見二卷

【版本】

一明初刊本見陸志（四卷有無名氏序梅幼和鶚跋于頃堂舊藏吳槎客跋） 陸跋（每半頁十行行十七字有千頃堂圖書藏） 傅批莫目（云曾收明初刊本乃天一閣所刊） 吳記（云舊刻有千頃堂圖書勤案此條予本書例當入目錄以陸志陸跋證之當即此本故列此）

一通志堂本見徐目季目王目金目孫目（外編） 倪目丁目邵注目莫目（翁錄讀書管見二卷元吉水王充耘耕野摘取經語說之勤案余家有藏本首有亡名氏序後有梅幼和鶚跋知即從明初刊本出）

書義斷法六卷元陳悅道撰（朱攷八十六陳氏悅道書義斷法六卷存）

【目錄】

錢補元志（科舉類） 陳悅道書義斷法六卷 盧補元志（制舉類） 陳悅道書義斷法六卷

【版本】

一寫本見浙錄閏集培林堂目

尚書纂傳四十六卷元王天與撰 朱攷八十六王氏天與尚書纂傳四十六卷存

目錄

明文淵閣目尚書王天與纂傳 一部五册闕 黃補元目王天與尚書纂傳四十六卷 錢補元志王天與尚書纂傳四十六卷 字立大海浦人大德中臨江路儒學教授 盧補元志王天與尚書纂傳四十六卷 金補元志王天與尚書纂傳四十六卷 也是園目王天與書纂傳四十六卷 季目元板尚書纂傳四十六卷五本 培林堂目王天與尚書纂傳四十六卷

版本

一元至大元年天與子振刊本見朱考 引天與自序云俾振鋟之梓又引振跋云大德二年憲使眷山臧公夢解保申臺省迺得上聞先父遂蘇贛州路先賢書院山長授臨江路儒學教授恩命正隆餘齡忽頒歲月既久字畫缺漫遺孤振泣抱父書深思聖澤儒工補葺庶幾永傳云 張續志 影寫元刊本題元後學王天與立大纂類集齊彭應龍翼夫增校至大元年天與子振跋 莫目 勤叅癸亥夏見影元抄殘本每半頁十二行行大字二十字小注低一格每行廿九字

一通志堂本見徐目季目王目金目孫目外編

倪目丁目邵注目莫目 翁錄尚書纂傳四十六卷元梅浦王天與立大撰何焯曰李氏元刻最精勘宋家有藏本首有戊子王天與識後有至大元年三月朔嗣王振題又有成德序云大德中鄭人臧夢解爲憲使以其書上于朝得授臨江路儒學教授其子振板行之余所見者即至大鋟本也云云是此從元本出

尚書句解十三卷元朱祖義撰 朱攷八十六朱氏祖義尚書句解十三卷存

目錄

明萬卷堂目尚書句解十三卷朱祖義 黃補元目朱祖義尚書句解十三卷 陳注錢目朱祖義尚書句

解四十三卷 錢目元板尚書句解朱祖義四冊 錢補元志朱祖義尚書句解十三卷 盧補元志朱祖義尚書句解十三卷 金補元志朱祖義尚書句解十三卷 也是園目朱祖義尚書句解十三卷 彭目尚書句解元朱祖義賜本二本 帶經堂目尚書句解十三卷刊本

版本

一通志堂本見徐目季目王目金目孫目外編 倪目丁目邵注目莫目

句解不過節略舊注非另出手眼者

翁錄尚書句解十三卷元廬陵朱祖義子由撰何焯曰六經皆存

書傳會選六卷明翰林學士劉三吾等奉敕撰朱攷八十七劉氏三吾等書傳會選六卷存

目錄

明文淵閣目書傳彙選一部六冊闕 案本彙作會 明志洪武中敕修書傳會選六卷劉三吾等訂正之 萬卷堂目書傳會選六卷劉三吾 又書傳會選六冊 祁目續收書傳會選六冊六卷劉三吾等輯 陳注錢目書傳會選六冊洪武二十七年劉三吾等奉敕編輯 錢目書傳會選六冊 季目宋元雜板書傳會選六卷六本 培林堂目劉三吾等書傳會選六卷六冊又六冊 浙錄書傳會選六卷刊本

版本

一明洪武二十七年禮部刻本見黃目洪武二十七年四月詔徵儒臣訂正蔡氏書傳命學士劉三吾等總其事三吾等上進賜名書傳會選命禮部刊行天下云 天祿續編十二前有書序每句注下附音釋云洪武二十七年命禮部頒行 邵注目莫目

一明味經堂刻本見天祿續編十二倪

目丁志朱目邵注目莫目余家有藏本每半頁九行每行十八字每頁板心上方均有味經堂三字　一明刊本見陸志

書傳大全十卷明胡廣等奉敕撰朱攷八十七胡氏廣等書傳大全十卷存

目錄

明志永樂中敕修書傳大全十卷胡廣等纂　高志書經大全十卷國朝翰林院學士胡廣等奉敕纂修　陳目書經大全二十卷明翰林學士胡廣等奉敕纂修　又書經大全十卷見存目缺卷九至末存　萬卷堂目書經大全十卷胡廣　祁目書經大全八册十卷　黃目書傳大全十卷永樂十二年命儒臣胡廣等纂修　徐目尚書大全十卷五本

培林堂目書傳大全十卷十册

版本

一明禮部官刻本見天祿目七宋蔡沈集傳十卷前凡例書圖沈集書傳序書說綱領漢孔安國序後書序　天祿續編十二五經四書大全之二書十卷前凡例三十五書集傳序書說綱領書序後有書序修書官與周易傳義大全同　黃目陳注錢目丁志明內府刊本　莫目　一明刊大字本見孫目外編勤案此經廠刊本每半頁十行每行二十二字上下大黑口余家有藏本　邵注目明刊本　一詩瘦閣刊本見倪目莫目　一高麗五經四書大全本見邵注目

尚書考異五卷明梅鷟撰朱攷八十八梅氏鷟讀書譜四卷存尚書攷異一卷存

目錄

范目進呈　尚書考異三册見存目五卷　黃目梅鷟尚書譜五卷　又尚書攷異旌德人正德癸酉舉人南京國子監助教復官鹽課司提舉

舉力攷古文之僞

徐目尚書攷異一本　孫目尚書攷異六卷

版本

一傳抄本見竹崦盦目　一平津館叢書本勤案此書有光緒朱記榮重繙本見邵注目莫目勤案此嘉慶甲戌陽湖孫星衍校刊据序云兹得舊寫本合取其長錄為定本共成六卷云

一道光乙酉旌德朱琳立本齋刊本見丁目邵注目莫目五卷

尚書疑義六卷明馬明衡撰朱攷八十八馬氏明衡尚書疑義一卷存

目錄

明志馬明衡尚書疑義一卷　范目尚書疑義四卷明嘉靖壬寅馬明衡制并序　徐目明馬明衡尚書疑義一本

版本

一天一閣寫本見范目進呈目見存目同四庫著錄云浙江范懋柱家天一閣藏本浙錄邵注目莫目　一抄本見朱攷引闕

雲章曰是編亦只見抄本願未詳其出處云　見存目缺存卷三四

尚書日記十六卷明王樵撰朱攷八十九王氏樵尚書日記十六卷存書帷別記四卷存

目錄

明內閣書目尚書日記八冊全萬歷間金壇王樵著凡十六卷　明志王樵尚書日記十六卷　書帷別記四卷　祁目尚書日記八冊十六卷王樵　黃目王樵尚書日記十六卷萬歷乙未序　又書帷別記四卷　陳注錢目王樵尚書日記四冊　錢目尚書日記王樵四冊　也是園目王樵尚書日記十六卷　徐目明王樵尚書日

記十六卷六本　培林堂目王樵尚書日記十六卷八冊　王目尚書日記明王樵十六卷葉立身校八冊　浙錄

尚書日記十六卷刊本　又書惟別記四卷刊本

版本

一明萬曆乙未刊本見丁志題方麓先生尚書日記十六卷前有萬曆乙未自序又池州青陽知縣門生葉立身撰序前後有南昌彭爔題識云樵晚年增刪日記又以別記併入成此十六卷　邵注目莫目　一明崇禎五年莊繼光重刊本見邵注目莫目

尚書砭蔡編一卷明袁仁撰朱攷九十袁氏仁尚書砭蔡編一卷未見翁攷袁氏仁尚書砭蔡篇

目錄

祁目書經砭蔡編一卷袁仁　黃目袁仁砭蔡篇一篇

版本

一明袁黃刊袁氏叢書本見邵注目云仁黃之父也　一明原刊本見莫目　一學海類編本見四庫著錄提要云此本載曹溶學海類編中題曰尚書蔡注攷誤　邵注目莫目

尚書注攷一卷明陳泰交撰朱攷九十陳氏泰來尚書注考一卷未見翁攷陳氏泰來尚書注考

目錄

祁目尚書注攷一冊一卷陳泰交　黃目陳泰交尚書注考一卷

版本

一海山仙館本見邵注目（道光丁未刊）

尚書疏衍四卷明陳第撰（朱攷九十陳氏第尚書疏衍四卷存　翁攷陳氏第尚書疏衍）

目錄

明志陳第尚書疏衍四卷　陳目尚書疏衍四卷（曾祖一齋公）一　祈目尚書疏衍二冊（四卷陳第）　黃目陳第尚書疏衍四卷　徐目明陳第尚書疏衍四卷一本　培林堂目陳第尚書疏衍四卷一冊　王目尚書疏衍明陳第四卷一冊　孫目外編尚書疏衍四卷

版本

一明萬曆壬子自刊本見丁志（精抄本陳第自序云遂付之梓以與古音圖贊並行）邵注目（云余得此假郎全書本也）莫目（陳一齋全書刊本勤案一家有藏本首
有萬曆壬子自序焦竑序每半葉十行每行二十一字上空一格實行二十字首行題尚書疏衍卷一次行題閩中陳第季立著三行題金陵焦竑弱侯閱）

洪範明義四卷明黃道周撰（朱攷九十七黃氏道周洪範明義四卷存）

目錄

明志黃道周洪範明義四卷　黃目黃道周洪範明義四卷（崇禎四年道周爲經筵日講官左春坊左諭德掌司經局事時編纂進呈）

版本

一石齋九種本見倪目丁目邵注目莫目觀古堂藏書目講書經講義十卷康熙十九年聖祖仁皇帝御定

版本

一康熙中內府刊本見邵注目莫目　欽定書經傳說彙纂二十四卷康熙末聖祖仁皇帝敕撰雍正八年告成　世宗憲皇帝御製序文刊行

版本

一雍正八年內府刊本見四庫著錄 提要云 邵注目莫目書經稗疏四卷國朝王夫之撰

版本

一昭代叢書癸集本見邵注目莫目 勤案此不全只一卷 一王刻遺書本見邵注目莫目　一曾刻遺書本見丁目邵注目莫目

古文尚書疏證八卷　國朝閻若璩撰 朱攷九十二閻氏若璩尚書古文疏證十卷存

版本

一乾隆乙丑刊本見邵注目 云其板閣在杭州汪小米家 莫目 云此書有胡肎亭序通刊本無之勤案此刻板心下方均有脊西堂三字後板歸錢塘汪氏振綺堂修補印行　一武德刊本莫目　一天津吳氏刊本見莫目　一皇清經解續編本見觀古堂藏書

古文尚書寃詞八卷　國朝毛奇齡撰 朱攷九十二毛氏奇齡古文尚書寃詞八卷存

版本

一西河全集本見四庫著錄 浙江巡撫採進本 倪目丁目邵注目莫目

尙書廣聽錄五卷　國朝毛奇齡撰

版本

一西河全集本見四庫著錄浙江巡撫採進本倪目丁目邵注目莫目

尙書埤傳十七卷　國朝朱鶴齡撰朱攷九十二尙書埤傳十卷攷異一卷存

版本

一康熙中刋本見丁目邵注目莫目云刋本作十卷

禹貢長箋十二卷　國朝朱鶴齡撰朱攷九十四禹貢長箋十卷存

版本

一刋本見浙錄邵注目莫目

禹貢錐指十二卷圖一卷　國朝胡渭撰朱攷九十四胡氏渭生禹貢錐指二十卷存

版本

一康熙乙酉漱六軒刋本見浙錄丁目邵注目莫目勤案余家有藏本甚精　一阮刻經解本見邵注目莫目

洪範正論五卷　國朝胡渭撰

版本

一康熙中刋本見邵注目莫目

尚書解義一卷　國朝李光地撰

版本

一榕村全集本見倪目二卷丁目七卷附洪範說一卷邵注目莫目　一李文忠公全書本見觀古堂藏書　一坊本見丁目

書經衷論四卷　國朝張英撰

版本

一張文端公全集本見邵注目莫目

尚書地理今釋一卷　國朝蔣廷錫撰

版本

一無年月原刻本見觀古堂藏書　一借月山房本見倪目邵注目莫目　一澤古齋叢鈔本　一指海本並見邵注目莫目勤案此三書皆一板易主而易名　一阮刻經解本見邵注目莫目

禹貢會箋十二卷　國朝徐文靖撰

版本

一乾隆十八年家刻位山六種本見倪目莫目勤案余家有藏本　一乾隆十八年趙氏刻本見邵注目莫目

附錄

尚書大傳四卷補遺一卷舊本題漢伏勝撰 朱攷七十四今文尚書存又七十六伏氏勝尚書傳佚 翁攷伏氏勝尚書大傳

【目錄】

漢志經二十九卷 大小夏侯二家歐陽經三十二卷師古曰此二十九卷伏生傳授者 又傳四十一篇 隋志尚書大傳三卷 鄭玄注玉海引同 陸敘錄尚書大傳三卷 伏生作玉海引同 舊唐志尚書暢訓三卷 伏勝注 唐志伏勝注大傳三卷 又暢訓一卷 玉海引同 見在目尚書大傳三卷 鄭玄注二本伏生注 宋崇文目尚書大傳三卷 馬攷引原釋漢濟南伏勝撰後漢大司農鄭元注伏生本秦博士以章句授諸儒故博引異書授受援經而申證云 晁志尚書大傳三卷 右秦伏生勝撰鄭康成注袁本同馬攷引同 陳錄尚書大傳四卷 漢濟南伏勝撰大司農北海鄭康成注馬攷引同 尤目尚書大傳 宋志伏勝大傳三卷 鄭玄注 元馬攷尚書大傳三卷 稽瑞樓目尚書大傳四卷 附攷異補遺一冊 彭目尚書大傳 鄭注 一本 倪目尚書大傳四卷補遺一卷 一本鄭康成注

【版本】 勤案此書佚于元明之間今舉各家輯本列於後

一雅雨堂叢書本見孫目 內編 邵注目莫目 三卷 一孫之騄輯孫晴川八種本見浙錄 刊本云乃近時仁和孫之騄編舊作三卷故仍其數 邵注目莫目 云三卷不全勤案此刻于乾隆 一嘉慶庚申刊本見邵注目莫目 云盧抱經校補本勤案余此從孫輯本校補附盧氏攷異一卷續補遺一卷余有藏本爲愛月草廬刊 一景豐垣考纂本見莫目 三卷勤案此書刻于乾隆九月余家有藏本 一陳壽祺重校補本見邵注目莫目 五卷勤案此侯官陳氏所著書之一尚書大傳定本八卷 一經學孟周重刊陳壽祺本見批注莫目 一古經解續編重刻陳本見觀古堂藏書 三卷 一樊氏刊本見莫目 一漢魏遺書本見邵注目莫目 勤案無此書邵莫二家誤記

書義矜式六卷元王充耘撰 朱攷八十六書義矜式六卷存

目錄

明范目 進呈 書義矜式六卷 見存目同云鈔本 黃目 制舉類 王充耘書義矜式□卷錢補元志 科舉類 王充耘書義矜式六卷 盧補元志 制舉類 王充耘書義矜式 彭目書義矜式 王充耘 一本 彭跋王充耘書義矜式

版本

一元刊本見帶經堂目 勤案朱攷載王充耘書義主意有至正戊子劉景文序云不敢私秘用刻諸梓以廣流傳云云疑劉氏亦曾並刻是書此本是也 一道光五年廣州葉氏友多聞齋翻元刊本見邵注目 云書義主意六卷與矜式及管見似各爲一書亦充耘所撰 莫目 近年廣東仿元刊本

右書類五十六部六百五十一卷附錄二部十一卷皆文淵閣著錄

四庫全書目錄板本考（續）

葉啓勳

經部九

詩類一

詩序二卷 姚考云詩序漢志無但云又有毛公之學自謂子夏所傳而河間獻王好之未得立迄東漢毛傳始行而詩序亦出後漢儒林傳曰衛宏字敬仲東海人初九江謝曼卿善毛詩宏從初學作毛詩序隋志曰先儒相承謂毛詩序子夏所作毛公及衛敬仲更加潤色鄭詩譜謂大序是子夏作小序是子夏毛公所作卜商意有不盡毛公更足成之案世以序發端一二語謂之小序以其少也是以子下續申者謂之大序以其多也又以小序爲古序前序大序爲後序今皆從之鄭譜所謂大序今所謂小序也所謂小序今所謂大序也今不用其說其謂子夏作者徒以孔子有起予者商也一語此明係附會絕不可信所謂毛公作者亦妄也毛公作傳何嘗作序乎鄭玄又謂詩序本一篇毛公始分以置諸篇之首則亦信序而爲此說未必然也世又謂大序是宏爲之小序則係古序案漢世未有引序一語魏世始引之及梁蕭統文選直以爲子夏作固承前人之訛也鄭玄且以小序爲孔子作王安石且以小序爲詩人自製益可笑矣大抵小大序皆出于東漢范曄既明指衛宏自必不諱其大序固宏爲之小序亦必漢人所爲何以知之序于周頌潛詩曰季冬獻魚春獻鮪全本月令之文故知爲漢人也宋儒辨序之妄自晁說之程泰之鄭漁仲而朱文公承之是小大序本皆非僞後人以小序爲子夏作大序爲毛公作遵之者儼如功令不敢寸尺易是雖非僞書而實亦同于僞書也故列之于此朱攷（九十九）卜子商詩序存 翁攷補正卜子商詩序

舊唐志毛詩集序二卷 卜商撰 唐志卜商集序二卷 玉海引同 見在目毛詩譜序一卷 鄭玄撰 宋陳錄詩風雅頌四卷序一卷 朱熹所錄 明高志詩序一卷 後漢衛宏作毛詩序見朱子辨說 陳目小序一卷 卜子夏朱子謂爲毛萇及衛宏作 王目古纂詩序 子夏 一卷 二冊 陸目詩小序 卜商

勳案注疏及各本小序分冠各篇之首朱傳以後始合附卷末然亦未嘗離本經而別自爲書也

一胡文煥格致叢書本見黃目子部類彙刻書目云明萬曆間錢塘胡文煥刊是編雜採諸書更易名目且所列諸書亦無定數隨印數十種即隨刻一目錄故世間所行之本部部各殊究不知其全書凡幾種案此書一稱百家名書本　一明泰和郭子章校刊本見浙錄云即子夏小序也其言曰是序獨行于世獲本與詩傳同篆故並刊以行云天祿續編十二二賢言詩云明維楨以豐坊僞子貢詩傳與子夏詩序合刻前有序稱郭司馬相奎授梓蜀中楨謹　錄板行名曰二賢言詩次兩序其一畧云得黃文裕秘閣子貢詩傳石本與成都守詹牧父分校并小序刻之而不著姓名考郭子章字相奎泰和人隆慶辛未進士官至兵部尙書詳其文意即子章所也其一畧云歲已丑謙亭以識事侍文獻郭公所出藏祕閣子貢詩傳石本示謙要與小序相發明爰命工摹勒而不著姓考通志成都知府有詹思謙萬曆中任即郭序所云詹牧父也其標題子章原刻二賢詩傳維楨再刻改曰二賢言詩　一明李維楨刻本見天祿續目十二二賢言詩　一唐宋叢書本見黃目培林堂目倪目子彙刻書目　一明鍾惺彙刻古名儒毛詩解本余有藏本詩序一卷首行題小序次行題衞卜商子夏述三行題明後學鍾惺閱每半葉十行行二十字元體字極精　云明武林鐘人傑瑞先張遂辰卿子編刊按是書雜採諸書有全載者有摘抄者甚或有一書而全錄其中摘抄其中者體例殊未盡善　一津逮祕書本見倪目丁目莫目子　一學津討原本見莫目卷一

一王謨刻漢魏叢書本見彙刻書目

毛詩正義四十卷漢毛亨傳鄭元箋唐孔穎達疏朱攷（一百一）鄭氏玄毛詩箋存　又（一百三）孔氏穎達等毛詩正義存翁攷補正孔氏穎達等毛詩正義

漢志毛詩二十九卷　又毛詩故訓傳三十卷　隨志毛詩二十卷漢河間太守毛萇傳鄭氏箋梁有毛詩十卷馬融注亡　陸序錄毛詩故訓傳二十卷鄭氏箋　舊唐志毛詩詁訓二十卷鄭玄箋　毛詩正義四十卷孔穎達撰　唐志毛萇傳十卷　鄭玄箋毛詩詁訓二十卷　毛詩正義四十卷孔穎達王德韶齊威等奉詔撰趙乾叶四門助教賈普曜趙弘治等覆正　見在目毛詩二十卷漢河間大傳毛萇傳鄭氏箋　毛詩正義四十卷孔穎達撰　宋崇文目毛詩古訓傳二十卷毛亨撰　毛詩正義四十卷馬攷引原釋云唐國子祭酒孔穎達撰太尉長孫無忌諸儒刊定國朝端拱初國子司業孔維等奉詔是正詩學之家此最爲詳　晁志毛詩故訓傳二十

卷　毛詩正義四十卷右唐孔穎達等撰袁本同馬攷引同　陳錄毛詩二十卷　毛詩故訓傳二十卷漢河間王傳士趙人毛公撰後漢大司農鄭康成箋　毛詩正義四十卷唐孔穎達與王德韶等撰　尤目毛詩正義　宋志毛詩二十卷漢毛萇爲詁訓傳鄭玄箋　孔穎達正義四十卷玉海引正毛詩正義四十卷孔穎達王德韶齊威等撰趙乾壽賈普曜趙弘智等覆正（宋淳化三年四月校定上之）　元馬攷毛詩故訓傳二十卷

毛詩正義四十卷　明文淵閣目詩鄭氏箋一部六册闕又一部六册缺又一部五册缺又一部十册缺又一部一册缺又一部四册缺　詩經注疏一部二十九册完全又一部二十四册缺又一部二十册完全又一部十三册殘缺　詩經正義一部十二册缺　內閣目毛詩注疏二十九册全舊板　高志毛詩注疏七十卷鄭氏箋唐國子祭酒孔穎達奉敕撰陸德明音義　陳目詩經注疏四十卷　范目詩經注疏二十卷漢鄭玄箋

唐孔穎達撰見存目缺存卷一至十二卷十七至二十　萬卷堂目毛詩注疏二十卷孔穎達　祁目毛詩注疏十八册二十卷　陳注

錢目毛詩注疏　宋板詩經毛鄭箋三册　錢目詩經注疏　天祿目一監本纂圖重言重意互注點校毛詩二函十二册　首毛詩圖譜正文全錄漢毛萇傳鄭康成箋附唐陸德明音義復加重言重意互注三例共二十卷宋板　金補志頌定詩經傳疏一部清寧元年須賜學校遼　又錢記毛詩鄭氏箋二十卷南宋刊本

首載毛詩舉要圖　述古堂目毛詩鄭箋二十卷八本宋板　孔穎達詩經注疏二十卷十七本　也是園目毛詩鄭氏箋二十卷　季目毛詩鄭箋七卷六本　徐宋元目宋本詩經重言重意陸德明　十本　金目詩經注疏二十卷漢鄭氏箋唐孔穎達疏　黃記毛詩傳箋本□卷宋刊本　汪目宋板詩經二十卷

一宋淳化三年監本見島攷紹興刊本云右宋紹興九年紹興府覆翻淳化三年監本毛詩正義四十卷　一宋紹興九年紹興府刊本見島攷毛詩正義三十三卷殘本末卷尾載紹興九年九月十五日紹興府雕造（一行）校對官右迪功郎監潭州南嶽廟韓彰（二行）校對右官迪功郎監潭州南嶽廟穆淮（三行）管幹雕造官右文林郎紹

興府觀察推官曾撥（四行）管幹雕造官右承直郎紹興府觀察推官白彥良（五行）每卷末計字數卷端題毛詩正義卷第幾次行署唐國子祭酒曲阜縣開國子臣孔穎達等奉敕撰定（敕字以下別起）

次記卷中詳目每如此正經注語皆標起止一字空缺列疏其下桓作桓殷作殷徵作徵竟作竟敬作敬完作宇垣作垣貞作貞恒作恒境作境胤作胤筐作筐雀作雀匡作匡弘作弘炅作炅匡胤宋太祖諱筐其嫌

名敬帝祖諱竟境並其嫌諱弘殷帝父諱炅太宗諱恒眞宗諱貞仁宗嫌名桓欽宗諱舊完共其嫌名缺筆至欽字而止半板十力行二十二字三字四字不等左右雙邊界長七寸七分强幅五寸三分弱繆續

記影宋抄本每半葉十五行行二十五字高七寸四分廣五寸後有初刻重刻官銜　一南宋紹熙間三山黃唐閩刊本見叢書舉要五經注疏載毛詩注疏四

十卷云有影抄本勦案黃刊易疏書疏均有永樂仿本書疏尚有東洋翻本均每半頁八行行十七八字不等　一宋刊本見孫目內編附釋音孫記附釋音毛詩注疏二十卷每卷

又分卷數首行大題下俱有小墨蓋子共七十卷次行題鄁柏舟詁訓傳第四（凡標題俱據卷一此本卷一卷二俱補寫故據卷三題款）第三行題毛詩國風空二字題鄭氏箋空二字題孔穎達疏每篇前俱載

詩譜詩序凡詩俱連詩序寫不另提行前有孔穎達毛詩正義序每葉二十行行十七字小字行二十三字有明正德補刻葉帶經堂目十行宋本陸志附釋音毛詩注疏七十卷宋刊十行本

一南宋刊本見森志附釋音毛詩注疏二十卷首載毛詩正義序（闕明代補刊）次有詩補序序後有劉氏文府叔剛桂軒弌經堂記卷端首行題附釋音毛詩注疏卷第一次行毛詩國

風鄭氏箋孔穎達疏每半葉十行行十八字注雙行界長六寸二分幅四寸二分左右雙邊烏絲外標題　一元刻大字見陳跋毛詩注疏二十卷每葉十六行行十八字傳釋文及正義夾行

行二十五字首題毛詩注疏卷第一不注一之一二等字次低二格夾行唐國子祭酒上護軍曲阜縣開國子孔穎達奉敕撰次項格毛詩國風夾注釋文正義下接大書鄭氏箋仍夾注釋文正義張志

毛詩注疏二十卷唐國子祭酒上護軍曲阜縣開國子孔穎達等奉敕撰云分卷與宋刊本同每頁十六行每行大十八字小二十五字經單行大字傳箋釋文正義雙行小字傳箋釋文與宋刊本同疏則以正義二行

字冠之詩譜序後即繼以周南召南譜邵注目云陳仲魚有每半葉十六行大十八字小二十五字莫目每葉十六行大十八字小二十五字　一明閩刊本見祁目丁志

陸志繆續記孫目內編孫記毛詩注疏二十卷題漢鄭氏箋唐孔穎達疏毛詩國風四字在第二行漢鄭氏箋上前有詩譜序孔穎達毛詩正義序陸德明音義附於書中而不別出

其名云每頁十八行行二十一字板心下刻字人姓名同易疏　一明北監本見內閣目天祿目七十三經注疏毛詩二十卷漢鄭康成箋唐孔穎達疏陸德明音義前穎達序次

詩譜序彭目王目倪目丁志邵注目莫目　一崇禎五年重修北監本見錢日記抄　一汲古閣本見王

目孫目內編倪目丁目邵注目莫目

一武英殿刊本見四庫著錄提要云乾隆四年皇上特命校刊十三經注疏頒布學宮云邵注目莫目

一江西南昌學刊本見錢曝書記倪目邵注目莫目

〔附單疏本〕

一明刊本見范目毛詩疏四十卷

〔附單傳箋本〕

一金天德三年國子監印定本見金補志毛詩經一部毛萇注鄭元箋

一宋刊本見陳跋毛詩二十卷首題監本纂圖重言重意互注點校毛詩卷第一次低二格題唐國子博士兼太子中允贈齊州刺史吳縣開國男陸德明釋文附又次頂格周南關雎詁訓傳第一格次低一格次注釋文後接毛詩國風次注釋文接鄭氏箋次注釋文次提行關雎后妃之德也起每葉十二行行十八字凡重言重意互注俱用規識凡釋文與傳箋相連不加識別避諱愼字缺筆敦字則否殆是孝宗時刻者楊錄云此本爲海寧陳仲魚先生鱣舊藏辛酉遭寇亂自第十二卷以下皆焚失每半葉十行行大十八字小二十四字黃記纂圖重言重意互注毛詩二十卷云內原缺五至第七計三卷五柳主人從都中歸攜有全部宋刻本行款正同謂可借以影抄補全無如已許售海寧陳仲魚遂轉向仲魚借之以了此願云邵注目云陳仲魚有宋刊重言重意傳箋本每頁十二行行十八字乃南宋監本巾等字勵案此即岳氏九經三傳沿革例所稱監中現行本是也

一宋光宗時刊小字本見黃記毛詩傳箋二十卷云余自購求書籍以來於宋刊毛詩傳箋附釋文本凡五見而有其三一爲顧氏小讀書堆本相傳爲南宋光宗時刻云邵注目云阮氏校勘記所據有光宗時所刻小字傳箋本閒今在汪小米家每半葉十三行大小皆二十四家頗多訛謬

一宋刊本見張志纂圖互注毛詩二十卷附毛詩舉要圖毛詩篇目漢鄭氏箋是書傳箋下附釋文及互注重言重意蓋南宋麻沙坊本也傳箋釋文俱雙行小字傳無標題箋以箋云冠之箋無傳者亦無標題釋文則以一圈隔之每頁二十四行每行大二十一字小二十五字邵注目云昭文張氏有宋刊纂圖互注傳箋本十二行大二十一字小二十五字

一南宋巾箱本見瞿目毛詩二十卷第一卷首行題毛詩傳第一次三行題唐國子監博士兼太子中允贈齊州刺史吳縣開國男陸德明釋文附四行題周南關雎詁訓傳第一以下題毛詩國風以下題鄭氏箋第二卷以後無唐國子云云二行餘悉同前每半葉十行行大字十七小字二十二傳箋下即接釋文不加識別惟

所音經注字皆作陰文於釋文多所删改宋諱匡殷桓觀慎字有缺筆敦字不缺孝宗以後刻本也勱案此本上海涵芬樓借之影刊入四部叢刊中

一宋刊小字婺本見邵注目云瞿氏有重言重意傳箋本十行二十字板心長不及四寸

一宋岳倦翁五經本見季目

一明程應衢刻本見邵注目二十卷云許氏有莫目眉批云明江都陸猷程應衢刊板心有玩鑒定三字

一明馬應龍孫開校刊本見觀古堂藏書七卷每卷後附音釋每半葉八行行十七字注雙行字數同首行題毛詩卷一次行題漢毛氏傳下空二格題鄭氏箋三行題明馬應龍下空二格接題孫開校每板心下方均有刻工姓名首葉爲古吳錢世傑寫陳元刻當是刊于萬曆間余別有楚騷綺語係萬曆中刊本板心刻工爲錢世傑故知之

一明永懷堂刻本見天祿續編十三倪目丁續目

一武英殿仿宋岳氏本見錢曝書記瞿跋云大板每葉十六行行十七字板匡左外上有耳格摺口板心中題詩幾下記葉號每卷末皆有亞形長木記中題篆文二行云相臺岳氏刻梓荊谿家塾第一卷首題毛詩卷第一（卷尾同）次行題周南關雎詁訓傳第一三行低四字題國風下題鄭氏箋後小序序下作圈下即接關雎鳩餘皆做此注文雙行首上不標傳字毛傳末接鄭箋云二字箋末之下加圈附音義其字以下圈圈之經傳箋皆有句讀小圈并以圈圈四角以分平上去入此乾隆間內府以宋刻重刊悉如舊式板口上題乾隆四十八年武英殿仿宋本書首有癸卯新正月御筆七律一首首卷後皆有考證刻于另葉倪目邵注目莫目

一嘉慶丙子蘇州周孝垓刻本見邵注目莫目蘇州近年刊本瞿目宋刊本云今以木瀆周氏刊本校之

一旌德立本齋刊本見莫目勱案余家有藏本旌德朱琳刊于道光乙酉

一江西稽古樓刊小箱本見邵注目莫目

一光緒乙未貴陽陳矩仿唐寫殘本見觀古堂藏書二卷

〔附單傳本〕

一元刊本見瞿目詳音句讀明本大字毛詩四卷云不著撰人名氏亦無序跋惟刻經文篇首冠以小序卷末有盱南孫氏丁未孟夏刊行一條元時丁未非成宗大德十一年即順帝至正二十七年也

一段玉裁經韻樓本見邵注目莫目勱案此道光元年刊叢書本

〔附單箋本〕

一唐開成二年刊石本見孫目內編彭目邵注叢書舉要　一蜀孟昶時刊石本見趙附志

〔附白文本〕

一宋高宗時刊五經本見天祿目一　一宋刻九經本見天祿續編三吳記丁目丁志陸志陸跋陸續跋　一元至善堂本見天祿目五丁志　一明止至善堂九經本見邵注目　一明衛王府刊五經本見莫目　一明趙用賢刊五經本見邵注目莫目　一明錫山秦氏刊本見吳記培林堂目　一細楷精刻本見祁目　一武英殿雙鉤鐫榻本見曝書雜記　一國子監刊石本見叢書舉要　一錫山秦氏仿宋刻巾箱九經本見天祿目　一丁志陸志陸跋邵注目莫目　一古香齋巾箱六經本見邵注目莫目

〔附篆文本〕

一宋嘉祐三年刻本見邵注目　一明刻七經本見莫目　一國朝內府刊本見莫目

毛詩草木鳥獸蟲魚疏二卷吳陸璣撰 朱攷百陸氏璣毛詩草木鳥獸蟲魚疏存　翁、攷補正陸氏璣毛詩草木鳥獸蟲魚疏

目錄

隋志毛詩草木蟲魚疏二卷 烏程令吳郡陸機撰　陸欽錄陸璣毛詩草木鳥獸蟲魚疏二卷　舊唐志毛詩草木鳥獸蟲魚疏 陸璣撰　唐志陸璣草木鳥獸魚蟲疏二卷　見在目毛詩草木魚蟲疏二卷 唐陸璣撰　宋崇文目毛詩草木鳥獸蟲魚疏二卷 馬攷引原釋吳太子中庶子烏程令陸璣撰世或以璣爲機非也機自爲晉人本不治詩今應以機爲正然書但附詩釋義竊于采獲似

晁志毛詩草木鳥獸禽魚疏二卷（右唐陸璣撰　袁本作毛詩草木鳥獸蟲疏二卷）陳錄毛詩鳥獸草木（非通儒所爲者將後世失傳不得其眞歟）蟲魚疏二卷（題吳郡庶子陸璣撰　馬玫引同）尤目陸璣草木蟲魚疏　宋志陸璣草木鳥獸蟲疏二卷（玉海引志陸璣毛詩草木魚蟲）（疏二卷（吳太子中庶子烏程令書目同按釋文璣字元恪易釋文引之））元馬玫毛詩草木鳥獸蟲魚疏二卷　明文淵閣目陸璣詩鳥獸草木蟲魚疏（一部一冊缺）　陳目毛詩草木鳥獸蟲魚疏二卷（陸璣）　陳注錢目陸璣草木蟲魚疏（二卷字元恪吳郡人吳太子中庶子烏程令見經典釋文）　錢目陸璣詩草木蟲魚疏一冊　也是園目陸璣草木蟲魚疏二卷　王目毛詩草木蟲魚疏（陸璣）四卷（四冊）　陸目毛詩草木鳥獸蟲疏二卷（陸璣）　稽瑞樓目毛詩草木蟲魚疏二卷（一冊）

板本（勵案此書久佚不知何人從詩正義中錄出今學各輯刊本列後）

一鹽邑志林本見黃目培林堂目浙錄倪目丁目（子）邵注目莫目　一唐宋叢書本見黃目（俱非足本）　培林堂目倪目（子）孫目內編邵注目莫目　一說郛本見黃目培林目倪目丁目（子）丁目　一祕笈本見培林堂目（云亦政堂板）黃目浙錄（子）莫目（勵案此明雲間陳繼儒輯刊寶顏堂祕笈分正續廣普彙五集後附眉公雜著此書刊入普集）　一續百川學海本見黃目范培林堂目（子）邵注目莫目（勵案此明昌江吳永輯刊）　一津逮祕書本見黃目倪目丁目（子）　四庫著錄（提要云毛詩津逮祕書所刻）孫目內編（明毛晉刊本）　一漢魏叢書本見邵注目莫目（勵案無此書）　一乾隆辛亥趙佑全書刊見觀古堂藏書（宋體字甚精）　一乾隆末趙佑校正刊本見丁目邵注目莫目（勵案余家有藏本刊于乾隆辛亥白鷺洲書院雕板元體字）　一咸豐七年丁晏六藝堂校刊頤志齋全書本　一古今解彙函重刻丁晏本並見觀古堂藏書　一丁杰校刊本見孫目內編邵注目莫目

〔附攷證本〕

一焦循攷証焦氏叢書見邵注目茅氏附注勳案現行雕菰樓叢書中無此書 一光緒戊子王先謙刻南菁書院叢書本

見觀古堂藏書一卷

毛詩陸疏廣要二卷吳陸璣撰明毛晉注朱攷〔一百十八〕毛氏晉毛詩草木蟲魚疏廣要四卷存 翁攷補正毛氏晉毛詩草木蟲魚疏廣要

目錄

明黃目毛鳳苞草木蟲魚疏廣要四卷 徐目明毛晉毛詩陸疏廣要四卷 孫目外編毛詩陸疏廣

二卷 稽瑞目毛詩陸疏廣要四卷

板本

一津逮秘書本見黃目倪目丁目子邵注目莫目 一學津討原本見邵注目莫目

毛詩指說一卷唐成伯璵撰朱考〔一百三〕成氏伯璵毛詩斷章佚 毛詩指說存

目錄

唐志成伯璵毛詩指說一卷又斷章二卷玉海引同 宋崇文目毛詩指說一卷馬攷引原釋曰唐成伯璵撰略叙作詩大旨及詩承次叙

〔崇文目注云見熊克毛詩指說跋〕 闕書目成伯璵撰毛詩指說一卷 尤目唐成伯璵毛斷章 唐成伯璵毛詩指

說 宋志成伯璵毛詩指說統論一卷 又毛詩斷章二卷玉海引書目指說統論一卷凡四篇略叙作詩大指及詩承次叙 元馬攷

毛詩指說 毛詩斷章 明文淵閣目唐成伯璵詩經指說一部一册完全 內閣目毛詩指說一册唐成伯璵撰述中叙作

詩大旨及師承次第　萬卷堂目毛詩指說一卷成伯璵　陳注錢目成伯璵毛詩指說一册唐一卷　錢目唐成伯璵毛詩指說一册　也是園目成伯璵毛詩指說一卷　培林堂目成伯璵毛詩指說一卷一册又一册又一部未訂

陸目毛詩指說唐成伯璵撰

板本

一宋乾道壬辰毗陵沈必豫刋本見四庫提要云宋熊克嘗與毘陵沈必豫欲合二書刻之而斷章一書竟求之不獲乃先刻指說此本末有克跋蓋卽從宋本一傳刻也其刻此書時方分敎於京口故跋稱刻之泮林云　朱考引熊克跋曰克先世藏書偶存指說會分敎京口一日同官毘陵沈必豫子順見之欲更訪斷章合爲一帙蓋久而未獲乃先刋指說於泮林云云

吳記舊抄本後跋云云（文同朱攷）末署乾道壬辰三月十九日建（下缺）　傳批莫目云宋沈必毅本佳　通志堂刋本後有熊克跋云云（文同朱攷）末署乾道壬辰三月十九日建安熊克記　一藝圃搜奇本見邵注莫目勵案此明徐一夔編刋後附補刋拾九種續集四十餘種　一通志堂本見徐目季目王目金目孫目外編倪目丁目邵注目莫目翁錄毛詩指說一卷唐成伯璵撰凡四編其中其傳受一篇足資攷核唐世說詩捐正義而外傳者惟此書耳其中何有缺字瑜新唐志作璵何焯曰李中麓抄本勵案家有藏本後有乾道壬辰建安熊克跋又有成德跋云右毛詩指說四篇一興述二解說三傳受四文體令爲一卷唐成伯璵撰後有建安熊子復跋尾蓋乾道中嘗刻于京口者不可不廣其傳也云云可見此從乾道刋本出

毛詩本義十六卷宋歐陽修撰朱攷（一百四）歐陽氏修毛詩本義存　詩譜補缺存

目錄

晁志歐陽詩本義十五卷右皇朝歐陽修永叔撰黄本同馬攷引同　陳錄詩本義十六卷圖譜附歐陽修撰馬攷引同　尤目歐陽修氏詩本義　宋志歐陽修詩本義十六卷又補注毛詩譜一卷玉海歐陽修爲毛詩本義十六卷凡百十四篇　元馬考歐

陽詩本義十六卷　明文淵閣目詩歐陽氏本義一部六冊闕　萬卷堂目毛詩本義十六卷歐陽修　祁目歐文忠公毛詩本義四冊十六卷　述古堂目歐陽修詩本義十五卷二本宋板　鄭氏詩譜補亡一卷一本宋板錢記同　也是園目歐陽氏詩本義十五卷　歐陽氏鄭氏詩譜補亡一卷錢記同　培林堂目歐陽詩本義十五卷四冊　稽瑞樓目詩本義十五卷附詩譜補亡六冊　帶經堂目毛詩本義十六卷明鈔本（季滄葦振宜藏書勵案周星詒抄訂云季目無此本）宋歐陽修撰

板本

一明成化間刊本見朱目　一明刊本張志題宋翰林學士兼龍圖閣學士朝散大夫給事中知制誥充史館修撰判秘閣歐陽修撰云是書每篇冠以小序經文下備列傳箋後乃繫之以論與本義有開禧三年張爟跋　陸志邵注目昭文張氏有較通志堂本完善　莫目云每篇冠以小序經文下備列傳箋乃附論及本義　一通志堂本見徐目季目王目金目孫目外編　倪目丁目邵注目莫目翁錄毛詩本義十五附補鄭氏詩譜一卷宋歐陽修前十二卷摭篇為十五論為本義多規毛鄭之說其偶從毛鄭者則於第十三卷取合義一條中著之蓋後三卷是總論也此書召南篇內缺失二十餘行又此詩譜一卷當云補鄭氏詩譜板心云詩本義譜專系之本義者非也目云鄭氏詩譜又專以歸鄭者亦非也何焯云遵王宋本伊人校勘未當深為可惜勵案張志云通志堂本刪去小序經注止以篇名標題蓋非歐陽氏之舊矣　一江西祠堂刊本見莫目云依傳箋悉補舊本節去字句勵案此道光十四年商孫杰刊行係據明考功陳君伯為等刊本通志堂本參校訂正　一江西祠堂刊本見莫目云衣傳箋悉補舊本節去字句勵案此道光十四年商孫杰刊行係據明考功陳君伯等刊本通志堂本參校訂正

〔附單刊補亡本〕

一乾隆壬子吳騫拜經樓刊愚谷叢書本　一光緒乙酉章氏式訓堂重刻拜經樓愚谷叢書本並見

觀古堂藏書

詩集傳二十卷宋蘇轍撰朱攷（一百四）蘇氏轍詩解集傳存

目錄

晁志蘇氏詩解二十卷右皇朝蘇轍子由撰袁本同馬考引同　陳錄詩解集傳二十卷門下侍郎眉山蘇轍子由撰　尤目裴誤當作蘇氏詩集傳　宋志蘇轍詩解集傳二十卷玉海蘇轍詩解二十卷　元馬攷蘇子由詩解二十卷　明文淵閣目詩穎濱傳一部五冊缺　陳目詩解二十卷蘇子由　萬卷堂目穎濱詩傳二十卷蘇子由　祁目蘇文定公詩集傳四冊十九卷　陳注錢目蘇穎濱詩集解三冊二十卷　錢目蘇穎濱詩集解三冊　徐目宋蘇轍穎濱詩集傳十九卷　培林堂目蘇轍詩集傳十九卷四冊　陸目穎濱先生詩集傳十九卷戊子　浙錄穎濱詩解集傳二十卷刊本右宋學士眉山蘇轍撰　孫目外編詩集傳十九卷

板本

一明刊兩蘇經解本見范目見存目全　祁目天祿續編十二穎濱先生詩集傳十九卷　彭目稽瑞目倪目下志瞿目邵注目莫目

一明嘉靖江西南康府六老堂刊本見帶經堂目穎濱詩傳十九卷

一明刊本見陸志穎濱先生詩集傳二十卷

毛詩名物解二十卷宋蔡卞撰朱攷（一百五）蔡氏卞毛詩名物解存

目錄

宋闕書目毛詩名物解十卷　陳錄詩學名物解二十卷知樞密院蔡卞元度撰馬攷引同　宋志蔡卞毛詩名物

解二十卷　元馬考詩學名物解二十卷　萬卷堂目毛詩名物解蔡元度　祁目續收毛詩名物解二册二十卷蔡元度　也是園目蔡卞毛詩名物解二十卷　陸目毛詩名物解二十卷蔡卞戊子　帶經堂目毛詩名物解二十卷刊本

板本

一通志堂本見徐目季目王目金目孫目外編倪目丁目邵注目莫目翁錄毛詩名物解二十卷宋蔡卞多用王氏字說

毛詩集解四十二卷不著編錄人名氏集宋李樗黃櫄兩家詩解爲一編而附以李泳所呂祖謙釋音朱攷（一百五）李氏樗毛詩詳解存（一百八）黃氏櫄詩解二十卷總論一卷存翁攷李氏樗毛詩詳解

目錄

宋陳錄毛詩詳解三十六卷長樂李樗迂仲撰馬攷（十上）引同　宋志李樗毛詩詳解四十六卷　黃櫄詩解二十卷總論一卷　元馬考李樗毛詩詳解三十六卷　明文淵閣目詩李黃集解一部六册缺又一部六册缺　萬卷堂目毛詩集解四十二卷李迂仲　盧補宋志李樗黃櫄毛詩集解三十六卷樗字若林閩縣人櫄字實夫漳州人　也是園目李樗黃櫄詩集解四十二卷.

板本

一通志堂本見徐目季目王目金目孫目外編倪目丁目邵注目莫目翁錄毛詩集解四十二卷宋李樗黃櫄此書閩縣李迂仲龍谿黃實夫二家卷前各有詳說總論其卷內黃氏又引李說蓋在李後或是本相續而作互爲補苴并爲一書故無令編姓氏也

詩補傳三十卷舊本題曰逸齋撰不著名氏朱攷（一百六）范氏處義詩學佚解頤新詩佚詩補傳存

目錄

宋志范處義詩學一卷又解頤新語十四卷詩補傳三十卷　明文淵閣目詩逸齋補傳一部六册缺又一部十册缺

范目進呈詩補傳三十卷見存目同　祁目續收逸齋詩補傳八册三十卷　黃目逸齋補傳二十卷　也是園目逸齋詩補傳三十卷　培林堂目范逸齋詩補傳三十卷八册　帶經堂目詩補傳三十卷刊本

板本

一通志堂本見徐目季目王目金目孫目外編倪目丁目邵注目莫目翁錄詩補傳三十卷題曰逸齋不著姓名朱氏經義攷據宋藝文志作金

范處義紹興中進士也第三十卷廣詁足備查檢華南宋之初最攻序者鄭樵最尊序者范處義也

詩總聞二十卷宋王質撰朱攷（一百六）王氏質詩總聞存

目錄

宋陳錄王氏詩總聞三卷不知名氏及時代馬攷引同　宋志王質詩總聞二十卷　元馬攷王景文詩總聞三

明文淵閣目詩王氏總聞一部十册完全　內閣目詩總聞十四册宋汝陽王質箋注凡二十卷又一部二册不全　萬卷堂目詩

總聞二十卷王質　祁目續收王景文詩總聞十册二十卷王質輯　陳注錢目宋王質詩總聞六册二十卷　錢

目宋王質詩總聞六册　也是園目王質詩總聞二十卷　帶經堂目質詩總聞六册　也是園目王

質詩總聞二十卷　帶經堂目詩總聞二十卷刊本

板本

一宋澹祐癸卯吳興陳日强富川刊本見四庫著錄 提要云澹祐癸卯吳興陳日强始爲鋟板於富川云 朱玫 陳日强跋曰臨川貳車國正韓公據守是邦慨念前輩著述不可湮沒迺從其孫宗且求此書鋟梓以廣其傳命工經始而日强分符此來趣使鏤刻凡三閱月而後竣事使斯文顯行于世後學之幸也云 丁目 云祁氏據宋刻富川本過抄者 陸志 臨讀跋舊抄本後有澹祐癸卯陳日强跋 莫目　一聚珍本見倪目丁目邵注目莫目　一經苑本見邵注目莫目

詩集傳八卷宋朱子撰 朱玫（一百八）朱子熹毛詩集傳存翁玫補正朱子詩集傳

目錄

宋志朱熹詩集傳二十卷詩序辨一卷 玉海朱子輯詩傳二十卷 元馬玫詩風雅頌四卷序一卷　晦庵詩集傳詩序辨說共二十一卷　明文淵閣目詩朱子集傳 一部二册缺又一部十册缺又一部六册缺又一部一册缺又一部二册缺 高志詩經集注八卷 宋晦庵先生新安朱熹集注　陳目詩集傳詩序辨說二十二卷 朱文公　范目詩經集注二十卷 見存目缺存卷一至十二卷十七十八　萬卷堂目詩經集注八卷 朱熹　祁目詩經集傳四册 八卷　天祿續目式宋板詩集傳四函十六册　宋朱熹集傳二十卷前有詩傳綱領詩圖自序大小序　也是園目許謙音釋朱子詩集傳十卷圖序二卷　季目朱子詩傳童子問師友粹言二十卷 八本　詩經朱熹集傳二十卷 六本宋元雜板　徐目宋朱熹詩經朱傳二十卷 六本　徐宋元目宋本毛詩二十卷 八本　元本朱子詩傳童子問二十卷 六本

培林目朱熹詩集傳八卷 四册　汪目宋板詩經二十卷　元板詩經朱子集傳十卷　又十卷

板本

一宋江西漕趙崇憲刊於計臺本見趙附志詩集傳二十卷詩序辨說一卷云江西漕趙崇憲刊于計臺而識其後　陳錄詩集傳二十卷詩序辨說一卷云今江西所刻晚年本得於南康胡泳伯量校之建安本更定者幾什一云　吳記詩集傳不全宋本係下引文公孫鑑詩傳遺說序云詩集傳豫章長沙後山皆有本云勤案此即豫章本也　丁志

一宋端平乙未文公孫鑑富川學宮刻本見朱攷朱氏鑑文公詩傳遺說鑑後序曰先文公詩集傳豫章長沙後山皆有本而後山讎校爲最精第初脫稿時音訓間有未備刊板已竟不容增益欲著補脫終非克就未免仍用舊板葺爲全書補綴趲那久將漶漫揚來富川郡事餘暇輒取家本親加是正刻置學宮以傳永久　四庫著錄詩傳遺說提要引鑑自序曰（同朱攷）

通志堂刻本見詩傳遺說鑑後序曰（文同朱攷）末署端平乙未五月朔孫承議郎權知興國軍兼管內勸農營田事節制屯戍軍馬鑑百拜敬識勸案據此詩集傳文公家塾舊有刻本後板片漫漶鑑會修補印行

一宋刊本見瞿目殘本一卷云此本僅存文王之什稱卷十六葢與宋志合猶朱子舊第也書中宋諱皆缺筆每半葉八行行十八字

一宋刊本見吳記云右不全宋本只八卷陳簡莊徵君從吳中爲先君子所得經文悉與唐石經同注文悉存文公原本與徵君所藏宋刻相伯神係明晉府圖書每冊皆有印記又先君子書云簡莊徵君跋其所藏詩集傳云攷文公孫鑑詩傳遺說序云詩集傳豫章長沙後山皆有本而後山校讎最精是本或亦係後山本耶自小雅以後闕徵君所藏亦缺小雅蓼莪至大雅板之什吉光片羽彌足珍已云　錢日記抄之晤袁又嘗見宋刻朱文公詩集傳此大字本每葉十四行行十五字　瞿目校宋本云宋刊朱子詩集傳舊爲吳門袁氏廷檮所藏此本即其所校錄後有自記云嘉慶乙丑夏季以家藏宋刊本換與陳仲魚因校存此本云又宋刊殘本係下云與袁本七行十六字者不同勤案錢記抄云見袁又借宋刊大字本每葉十四行行十五字瞿氏誤作每行十六字　丁志詩集傳八卷宋刊吳兎牀藏書　陸志詩集傳二十卷宋刊本五硯樓舊藏自序吳氏手跋曰宋本詩集傳吾鄉舊有二本一爲吳徵君簡莊年丈所藏一爲叔祖兎君先生拜經樓所藏云云末署吳之璞厚渠氏識每半葉七行每行十五字注雙文行板心有字數及刻工姓名　陸續跋詩二十卷題朱熹集傳每葉十四行每行大十五字小字雙行板心有字數及刊工姓名不盈傾筐承筐是將之匡無折我樹杞樹桑樹檀爰有樹檀之樹穀及其盈矣之殷筐篤朱鄭之鄭上愼脯哉愼爾優游之愼我觀之子之觀如月之恒以匡王國之匡爾不我畜之畜皆缺筆蓋齊宗刊本也　學部館目詩集傳二十卷宋刊大字本每半葉七行行大小十五字高五寸九分廣四寸六分白口上有大小字數有刻工姓名蝶裝首行題詩傳第幾朱熹集傳今存小雅鹿鳴至四月爲卷九之十二大雅蕩至商雅長發爲卷十八之二十於宋諱玄畜匡樹殷恒徵愼郭鄭等字皆缺筆蓋孝宗時刊本也　邵注目云竹汀所見袁又燈藏宋刊大字本二十卷每葉十四行行十五字缺小雅蓼莪至板之什云又附錄云吳氏本今歸陸氏自蓼莪注則無所恃四字起至大雅板篇影抄保

宋刊宋印本每半葉七行行十五字注文雙行板心有字數及刻工姓名傳批莫目云宋刊本二十卷半葉七行行十五字極佳後勳案此書三宋本一校宋本一爲袁又愷廷檮五硯樓所藏後爲海寧陳簡莊仲魚所得復爲陸心源皕宋樓所得自蓼莪注則無所恃四字起至大雅板篇止影抄補全一爲吳兔牀拜經樓所藏後爲丁丙善本書室所得只存八自小雅以下俱缺一宋本係袁氏以宋本換陳仲魚後校存之本後爲瞿鏞鐵琴銅劍樓所得一爲學部圖書館藏本存小雅鹿鳴至四月爲卷九之十二大雅蕩至商頌長發爲卷十八之二十共七卷然則此書二十卷本唯陸氏所藏爲最全惜爲其子售之東瀛矣

一宋建安本見陳錄云今江西所刻晚年本得於南康胡泳伯量校之建安本更定者幾什一云

一宋長沙本見吳記先君子書云簡莊徵君跋其所藏詩集傳云致文公孫鑑詩傳遺說序云詩集傳豫章長沙後山皆有本云

一元刊本見學部館目詩集傳十卷每半葉十三行行二十三字高七寸廣四寸四分黑口雙邊存五之十

一大行臺尚書田侯刊本見朱攷部經序曰大行臺尚書田侯得善本命工板以傳永久書走保下屬經爲序云

一明正德十二年司禮監刊本勳案余藏此本每半葉八行行十四字上下大黑口字大悅目見范目二十卷見存目云正統重刻宋本缺存卷一至十二卷十七十八培林堂目又監板一部未訂

一天祿目七五經四書云詩朱子集傳二十卷前朱子序詩圖詩說綱領大小序辨說丁目詩集傳八卷云明司禮監官刊附釋音本帶經堂目詩經集傳二十卷舊刊本云朱子集傳二十卷與毛傳同明監本併爲八卷遂相沿襲幾不知有二十卷之舊此本尚是明神廟以前舊刻是可寶也云勳案此書後爲陸氏皕宋樓所得引有無名氏此跋末署甲戌仲秋二十八日記定爲明正統內府刊本故列此丁志詩經二十卷明正統司禮刊本卷前爲淳熙四年丁酉冬十月戊子新安朱子序次詩圖詩說次綱領次大小序亦正統間經廠刊本陸志邵注目云天一閣目有正德十二年司禮監刊本二十卷又附錄云又有明正統內府本莫目二十卷字大醒目

一明刊本見天祿目七詩經集傳（一函十册）宋朱子集傳二十卷云此書前後俱無序跋亦不載刊刻年月而板式字體實屬明刊其刻字印工咸出上選惜墨色稍差耳

一舊刻附釋音巾箱本見觀古堂藏書詩經八卷首有淳熙四年丁酉冬十月戊子新安朱子序首行題詩經卷之一空四格題朱熹集傳每半葉九行行大字十七小注雙行行字同前後無刻書人姓名有曹棟亭寅藏印

一明刻巾箱本板心署恕堂藏板

一毛晉訂正本板心署文公蔭崇道堂藏板

一朱錫旂刻本

一又長洲尤侗重訂本板心署聖棠堂刻本

一武英殿刻本並見彙刻書目

一明善堂刻巾箱本見錢曝書記

一萬廷蘭刻本見邵注目附錄云

一揚州鮑氏刻本見錢曝書記

一浙

江書局刻本　一金陵書局刻本　一湖北崇文書局刻本並見彙刻書目

（附音釋本）

一元槧本見森志詩集傳音釋二十卷卷首題詩卷第一次朱子集傳東陽許謙音釋每半葉十三行行二十三字四周雙邊不記梓行年月攷字體恐是至正間刊本　一元刊本見繆續記詩傳音釋十卷詩序一卷詩圖一卷元許謙撰每半葉十行行二十二字高七寸九分廣五寸八分單邊黑口字大悅目

（附單刊詩序辨本）

一朱子遺書本見邵注目莫目倪目

慈湖詩傳二十卷宋楊簡撰朱攷（一百八）楊氏簡詩解佚翁攷補正楊氏簡詩解佚

目錄

明文淵閣目詩楊慈湖解一部八冊缺

板本勸案此書久佚館臣從永樂大典中錄出未付聚珍板

一永樂大典本見四庫著錄　一文瀾閣傳鈔本見張志陸續志　一藝海樓傳抄閣本見朱目　一抄本見丁志邵注目云路有

呂氏家塾讀書記三十二卷宋呂祖謙撰朱攷（一百七）呂氏祖謙家塾讀詩記存翁攷補正呂氏祖謙家塾讀詩記

目錄

宋陳錄呂氏家塾讀詩記三十二卷馬攷引同　尤目呂氏讀詩記　宋志呂祖謙家塾讀詩記三十二卷

玉海呂祖謙讀詩記二十卷　元馬攷呂氏讀詩記三十二卷　明文淵閣目呂氏讀詩記一部五冊缺又部五冊缺　見存

目呂氏家塾讀詩記三十二卷缺小字本　宋呂祖謙撰存卷五至二十三卷二十六二十七　萬卷堂目呂氏讀書記三十二

呂祖謙　祁目呂氏讀詩記十冊二十五卷舊本　陳注錢目呂東萊讀詩記十冊三十二卷　錢目呂東萊讀詩記

十冊　述古堂目呂氏讀詩記二十二卷八本　也是園目呂氏讀詩記三十二卷　季目呂氏讀詩記

三十二十本宋元雜板　徐目宋呂祖謙呂氏家塾讀詩記三十二卷十六本　徐宋元目宋本讀詩記三十二

卷朱熹序十本　培林目呂祖謙讀詩記三十二卷十冊　王目讀詩記宋呂祖謙三十二卷十冊　稽瑞樓目呂氏

讀詩記三十二卷舊刻十冊　倪目呂氏家塾讀詩記三十二卷二十本宋呂祖謙撰宋本

板本

一宋建寧巾箱本見天祿續編二云此本十四行行十九字注中引諸家姓氏皆用白文或即尤跋所云建寧刻也　瞿目云是書在宋有建寧巾箱本　丁志明萬

曆本條下云　島田攷尤延之刻本條下云讀詩記之有雕板自建寧始　邵注目莫目云天祿後目有宋刊巾箱本二部一本十四行行十九字又云邵亭有刊殘本每半葉十四行行十九字

卽天祿後目云第二本同存第二十一至三十二凡十二卷　一宋呂氏家塾刻本見天祿目一云第一卷爲綱領卷二以下釋大小傳經文博引諸家注成之朱子序巾箱本

不載鋟刻年月案陳振孫書錄解題云自劉公後編纂已備條例未竟學者惜之是本劉公首章下識云先兄修是書至此終自公劉次章訖終篇則往歲所纂輯未及刊定今不敢損姑從其舊則此書乃其弟所校

刊也御題此呂氏家塾本也云云檇李項元汴藏本有印記　陳編孫記云前有淳熙壬寅九月朱文公敘云所謂朱氏者實熹少時淺陋之說又云伯恭父之弟子約旣以是書授其兄之友丘侯宗卿而

宗卿將爲板本以傳永久且以書屬熹序之云云小板十二行每行十九字天祿琳琅所載宋本有項元汴家藏印記者卽此　一宋眉山賀春卿刊本見四庫提要云了翁後

序爲眉山賀春卿重刻是書而作　朱攷魏了翁後序云因眉山賀春卿刻此書以廣其傳而屬余序之　欽天祿續編二云又別本魏了翁序乃爲眉山賀春卿重刻而作　丁志明萬曆本

引云瞿目云又有蜀本眉山賀春卿刻鶴山魏氏爲之序島田攷尤延之刻本云又有眉山賀春卿刻本莫目

一宋丘宗卿刻本見朱攷朱子序云伯恭父之弟子約旣以是書授其兄之友丘侯宗卿而宗卿將爲板本以傳永久且以書屬熹序之瞿目云前有朱子序後有尤袤序俱題淳熙壬寅九月爲邱宗卿刻本每半葉九行行十九字注下經文一格附注雙行細字亦無參差宋諱朗殷匡筐桓楨貞樹勗桓構覯蓍愼等字皆有缺筆而惇敦字不缺刻在孝宗時無疑島田攷尤延之刻本云丘漕宗卿重鋟之於江西漕臺

一宋淳熙壬寅遂初先生尤延之刻本見島田攷云四周雙邊半板十二行行二十二字注雙行低頭一字行二十一字界長五寸四分至六分橫三寸九分三厘細楷端正首有朱子序（文集作後序此直緊日序）無目錄卷端題呂氏家塾讀詩記卷第一次行以下載綱領卷末有跋云云末署淳熙壬寅重陽後一日錫山尤袤書殷玄禎愼等宋諱缺末釁每卷首有鈞印又板心有刻工氏名蔣輝李忠約蔣元陳亢等又刻畢字名氏極多天祿續編二云第一卷綱領詩樂刪次大小序六義風雅頌章句音韻卷帙訓訪傳沒條例第三卷以下詩正文小注引諸家說斷以已意前朱熹序後尤袤跋宋巾箱本案陳振孫書錄解題云自公以後編纂已備條例未竟學者惜之此本公劉首章下有識云先兄已亥之秋復修是書至此而終自公劉之後章訖於終篇則往歲所纂輯者皆未及刊定如小序之有所去取諸家之末次先後與今編條例多未合今不敢復有所損益姑從其舊以補是書之缺云按前序云伯恭父之弟子約以是書授其兄之友邱侯宗卿而宗卿將爲板本以傳永久後跋亦云今東州士子家寶其書而鐫之佚旣多傳寫易誤建寧所刻又益缺遺其友邱侯宗卿惜其傳之未廣始鋟木於江西漕臺據此則是書本有建寧坊本邱宗卿乃爲重刻此帙也云又第二部栽云前本每板十二行每行二十二字勳案邱宗卿刻本九行十九字與此刊行字數不同天祿目誤邵注目莫目云天祿後目有宋巾箱本二部一本十二行行二十二字又云宋殘本每葉二十四行行二十二字

一宋末刻本見張志殘本云原三十二卷今存卷一至卷十九每葉二十四行行二十二字島田攷云壹號御庫又藏宋槧本一通首有目錄界長六寸二分幅四寸一分長短不一行字數並同尤刻有普門院艮岳院仁正侯長昭黃雪書屋鑒藏圖書之印昌平板學問所淺雜文庫等圖章森志云昌平學藏首有目錄每半板十二行行二十二字界長六寸一分强幅四寸一分有普門院艮岳院二朱印按愛日精樓藏書志亦載宋板殘本云每頁二十四行行二十二字朱子序抄補豈即此本與勳案張氏藏本不知爲尤刻爲此刻因森志云云故列此邵注目云昭文張氏有十二行行二十二字本勳案尤袤序本爲邱宗卿刻此書而作邱本九行十九字後尤復自刊一本爲十二行二十二字故兩本行字數不同而均有尤序殆宋末又不知何人從尤本重雕行字數悉同本

一宋刊巾箱本見丁目云續得宋刋巾箱本共三十二卷陸武所爾得宋本於豐存叔處凡二十二卷者誤也其二十六卷篤公劉首章註後識云先兄子已亥之秋復修是書至此而終自公劉之後則往歲所纂輯者皆未及刊定如小序之有所去

取諸家之序次先後與今編條例多未合今不敢復有所損益姑從其舊以補是書之缺云云然則是書其爲弟祖約所校刊與朱子序合陳振孫書錄解題所云公劉以下編纂已備者爲是而陸釴所稱公劉以下其爲門人續成者乃懸揣之談以前半葉二十四行行二十四字後半每頁二十六行行二十五字張金吾所藏殘本十九卷者僅見其前半孫淵如所藏小板十二行行十九字者與此又不同矣勘案張氏藏本二十四行二十二字孫氏藏本即祖約刊者丁氏均誤記

一明嘉靖辛卯南昌刻本見四庫著錄 提要云此本爲陸釴所重刊釴序稱得宋本於友人豐存叔呂氏書凡二十二卷公劉以後其門人續成之 浙錄云刊本勤案四庫著錄爲浙江汪汝璪家藏此本故列此 朱考陸釴序云予嘗讀呂氏讀書記大事記未睹讀詩記也近得宋本於友人豐存叔論而愛之又云迺杜史應臺傅公刻於南昌郡刻成云 天祿續編二宋巾箱本第二部條下云又明陸釴重刊是書釴有序 羣書拾補呂氏讀詩記三十二卷云明御史傅應臺氏刻于南昌有嘉靖辛卯鄞陸釴序從宋本出字多從古 孫目外編孫記二云前有嘉靖辛卯陸釴序稱近得宋本杜史應臺傅公刻于南昌郡又有湻熙壬寅朱子序每葉二十八行行二十九字 張志嘉靖辛卯陸釴序 帶經目呂氏讀詩記三十二卷明嘉靖刻本甚佳 瞿目宋刊本條下云明嘉靖間鄞陸氏釴得宋本於豐存叔刻于南昌 丁志云此明御史傅應臺氏刻于南昌有嘉靖辛卯冬古鄞陸釴序每葉二十八行每行十九字經頂格注低一格注中有注旁行而字畧小不作雙行引各家注氏以墨質白文別之書法以篆作楷宋諱有缺筆蓋從宋巾箱本翻雕者 陸志陸續跋云前有湻熙壬寅朱子序嘉靖辛卯陸釴序諸家姓氏引用書目每葉二十八行每行十九字經頂格注低一格注中有注旁行而字畧小不作雙行各家姓氏以黑蓋白章別之書法以篆作楷宋諱有缺筆從宋本翻雕者 朱目明嘉靖十年影宋刊本 別本朱目莫錄云嘉靖本係每葉二十八行行十九字 島田攷尤延之刻本條下云嘉靖中有四明陸釴刻本即就是書重雕者 學部館目明嘉靖刊本 繆續記云嘉靖辛卯明御史傅應臺刻于南昌前有湻熙壬寅朱子序又有陸釴序 邵注目云嘉靖辛卯四明陸釴序御史傅應臺仿宋刊本佳字多古體嘉靖本十四行十九字所出諸家說如某氏曰等皆黑蓋白字 莫目勘案此書以行款攷之當是從建寧巾箱本出

一明萬曆癸丑南都刻本見祁目 勘案此目編于萬曆癸丑所載新本當是此刻故列此 朱攷顧起元序曰東萊先生呂成公讀詩記舊南雍蜀省皆有刻歲久夷漫罕行於世余家有藏本南攷功陳君取而諷焉謀於寮蘇君程君授諸梓既成屬余以序云 羣書拾補云世所通行者乃神廟癸丑南都所刻本 孫記二云盧氏羣書拾補所據以補萬曆癸丑南都刻本缺葉者 帶經堂目嘉靖本條下云萬曆刻南雍本多缺脫 瞿目宋刊本云又有顧氏起元序刻于萬曆間即出陸本益多譌脫 丁志云此萬曆癸丑江寧顧起元序謂南考功陳君與寮蘇君程君授諸梓 陸志陸續跋云明陳龍光刻本前有萬曆癸卯顧起元序其書亦源出嘉靖刻而改其行款變其字體易旁行小

注爲雙行注莫錄神廟本畠田攷尤延之刻本云又別有萬曆蘇程君刻本是寶永元年刻、本所原比陸本稍爲近稱邵注目云萬曆癸丑陳刊本劣莫目　一張氏墨海金壺本見瞿目宋刊本條下云近邑中張氏墨海金壺所刻但據顧本並未見陸本邵注目莫目　一經苑本見畠田考尤延之刻本條下云又有錢儀吉經苑本邵注目莫目　一嘉慶中聽䕫堂刻本見邵注目莫目勳案余家有藏本刻于嘉慶辛未係從萬曆本出　一退補齋叢書本見畠田考尤延之刻本條下云彙刻書目　一寶永元年刻本見畠田考尤延之刻本條下云又別有萬曆蘇程君刻本是寶永元年刻本所原勳案寶永爲日本元號當中國康熙四十三年

續呂氏家塾讀詩記三卷宋載溪所續呂祖謙之書也朱攷（一百八）載氏（溪）續讀詩記未見翁考補正載氏溪續讀詩記

目錄

宋陳錄岷隱續讀詩記三卷馬攷引同　宋志載溪續讀詩記三卷　元馬考岷隱續讀詩記三卷　陳注

錢目呂東萊讀詩記十册三十二卷又載溪撰續讀詩記三卷亦多不用小序　稽瑞樓目續呂氏讀詩記三卷三册　帶經堂目

續呂氏讀詩記三卷刊本

板本

勳案此書原本三卷久佚不傳散見於永樂大典中者尚得十之七八館臣從之綴輯成佚仍釐爲三卷但永樂大典詩字一韻缺卷獨多其原序總綱無從補錄則亦從缺焉

一聚珍本見倪目丁目邵注目莫目　一墨海金壺本見邵注目莫目　一經苑本見邵注目莫目

一錢氏小萬卷樓本見邵注目附錄云勳案咸豐五年原刻本有此書光緒八年重刻本無之

絜齋毛詩經筵講義四卷宋袁燮撰

目錄

板本 勘案此書久佚館臣從永樂大典中錄出國風盡佚四卷其雅頌諸篇缺

一聚珍本見孫目外編倪目丁目邵注莫目

毛詩講義十二卷宋林岊撰 朱考（一百六）林氏岊毛詩講義佚

目錄

宋志林岊講義五卷　明文淵閣目讀林岊講義一部五册缺

板本 勘案此書久無傳本館臣從永樂大典中錄出永樂大典所原缺者則亦缺焉未付聚珍板

一永樂大典本見四庫著錄陸跋　一文瀾閣傳抄本見張志陸續志　一藝海樓傳鈔閣本見朱目

一抄本見丁志云此錄自大典者　邵注目云路有

詩童子問十卷宋輔廣撰 朱考（一百八）輔氏廣詩童子問二十卷存

目錄

宋志輔廣詩說一部　明文淵閣目輔氏童子問一部二册缺　萬卷堂目詩童子問二十卷輔廣　祁目續收詩傳童子問十册二十卷輔廣韻考義一卷朱氏詩傳綱領一師友粹言一卷詩序辨說一卷　徐目宋輔廣童子問八卷二本　徐宋元目宋本朱子詩傳童子問二十卷八册　培林堂目輔廣詩集傳童子問八卷二册

板本

一元建安余氏勤有堂刻本見四庫提要云朱彝尊經義攷載是書二十卷有胡一中序言閩陽書市鬻得而鋟諸梓且載文公傳於上童子問於下朱攷胡一中序曰今閩建陽書市至余君志安勤有堂防得是書而鋟諸梓且載文公傳於上而附童子問於下森志詩童子問十卷云首有至正癸未會稽胡一中序卷末有成淳七年嗣孫至之望跋又有崇化余志安刻于勤有堂記至正甲申上元印記及邵注目云路有二十卷載文公詩傳於上及詩友粹言莫目云路小洲有學部館目詩童子問二十卷元刊本每半葉十一行行二十一字高六寸七分廣四寸一分黑口雙邊首行詩卷第幾次行空四格朱子集傳三行空九字門人輔廣學童子問作陰文存四之十二勸案此勤有堂刊本失去首尾卷故無序跋印記耳一汲古閣刊本見四庫著錄提要云此本十卷不載朱子集傳亦無一中序盖一中與集傳合編故卷帙加倍此則汲古閣所刊廣原本故一卷數減半非有所缺佚也浙錄八卷云刊本勤案四庫著錄爲浙江吳玉墀家藏此本故列此惟誤作八卷吳記詩童子問邵注目莫目云童子問十卷末附詩叶韻攷異一卷一學海類編本見邵注目莫目勤案此單刊詩叶韻考異一卷

毛詩集解二十五卷宋段昌武撰朱攷（一百九）段氏（昌武）叢桂毛詩集解三十卷缺讀詩總說一卷存詩義指南一卷存

目錄

明黃目段昌武叢桂毛詩集解三十卷又詩義指南一卷字子武廬陵官朝奉郎是書爲舉業發題作也盧補宋志段昌武

叢桂毛詩集解三十卷字子武廬陵人

板本勤案提要云原書三十卷明代惟朱睦㮮萬卷堂有宋槧完本後沒於汴梁之水此本爲孫承澤所鈔僅存二十五卷其周頌清廟之什以下並已脫佚

一宋淳祐八年刻本見張志叢桂毛詩集解三十卷附學詩總說論詩總說舊抄本云原本三十卷今佚卷五卷十卷二十二卷十三及末五卷每冊首俱有千頃堂圖書印記行在國子監禁止翻板公據曰行在國子監據迪功郎新贛州會昌縣丞段維清狀維清先叔朝奉昌武以詩經而兩魁秋貢以累舉而擢第春官學者咸宗師之卬山羅史君瀛嘗遣其子姪來學先叔以毛氏詩口講指畫筆以成編本之東萊詩記參以晦庵詩傳以至近世諸儒一話一言苟足發明率以錄焉名曰叢桂毛詩集解獨羅氏得其繕本校讎最爲精密今其姪漕貢樾鋟梓以廣其傳維清竊惟先叔刻志窮經平生精力

畢於此書儀或其他書肆嗜利翻板則必寘易首尾增損書義非惟有幸羅貢士錢梓之意亦重爲先叔明經之坫今狀披陳乞備牒兩浙福建路運司備詞納束乞給據付羅貢士爲照未敢自專伏候台旨呈奉台判牒仍給本監除已備牒兩浙福建路運司備詞約束所屬書肆取責知委文狀回申外如有不遵約束違戾之人仰執此經所屬陳乞追板劈毀斷罪施行須至給據者右出給公據付羅貢士樾收執照應淳祐八年七月口日給云

錢日記抄云黃堯圃出示段昌武毛詩集解（前有淳祐八年國子監公據本三十卷缺後三卷及衛風解）南邱宋關卿家所藏也

瞿目叢桂毛詩集解二十一卷舊抄本云前有其從子維淸請給據狀是書宋槧完本藏西亭朱氏者已沒於汴梁之水此即北平孫氏本商邱宋鈔所錄原書三十卷今存卷一至二十五中又缺衛風一卷唐風一卷小雅魚藻之什一卷大雅文王之什一卷實存二十一卷竹汀錢氏日記抄云黃堯圃出示段昌武毛詩集解爲商邱宋關揮（揮錢作揮）家所藏則其所見即此書乃止云缺後五卷及衛風殆未細檢與

浙錄寫本云有淳祐八年從迪功郞段維段淸跋勳案四庫著錄爲兩江總督採進本據提要云是孫承澤鈔宋本

莫目

一孫承澤鈔本見四庫著錄提要云此本爲孫承澤所鈔僅存二十五卷其周頌淸廟之什以下竝已脫佚勳案據浙錄云有淳祐八年從子迪功郞段維淸跋而提要未言有此跋何也

一藝海樓傳抄本見朱目

一鈔見見邵注目云路有

（附詩義指南單刊本）

一知不足齋刊本見倪目邵注目勳案此叢書之一爲乾隆丙申至道光癸未歙縣鮑廷博以文校刊後板片漫漶爲廣某某書坊購去修補印行

詩緝三十六卷宋嚴粲撰朱玫（一百九）嚴氏粲詩緝三十六卷存一翁玫補正嚴氏粲詩緝

目錄

宋志嚴粲詩緝一部　明文淵閣目嚴粲詩緝一部十三册完全　又嚴氏詩解一部十册缺　內閣目嚴氏詩緝三册全宋朝奉大夫嚴粲集凡三十六卷　萬卷堂目詩緝三十六卷嚴粲　祁目續收嚴氏詩緝十二册三十六卷嚴粲　錢目嚴氏詩緝八册宋人嚴粲　也是園目嚴粲詩說二十六卷　培林堂目嚴粲詩緝缺九卷至十二卷存十一册　王目嚴氏詩緝三十六卷林希逸序十二册綿紙　帶經堂目詩緝三十六卷元刊本前有林希逸序及淳祐戊申粲自序

板本

一宋淳祐戊申嚴粲自序刻本見范目 詩緝三十六卷刊本宋淳祐嚴粲撰并自序見存目無 朱攷 粲自序曰二兒初爲周南召南受東萊義誦之不能習余爲集諸家說句析其訓章括其旨使之瞭然易見既而朋友訓其子若弟者竟傳寫之困于鈔割胥易命鋟之本 味經堂刊本 余家有藏本首有淳祐戊申夏五月華谷嚴粲序云云（文同朱攷所引序）

一明趙府刻本見陳詒錢目 嚴氏詩緝八册（三十六卷名粲字坦叔明趙府刊過顧仲恭言詩緝作於朱注之後優于諸家） 天祿目七 云前宋林希逸序粲自序袁甫手帖并條例清濁音圖十五國風地理圖粲自序作於宋理宋淳祐八年稱緝諸家說句析其訓章括其旨使之瞭然易見命鋟之木云云是宋時此書槧經刊行而此本固非宋槧按音圖後別行有趙府刊於居敬堂七字又一部云篇目同前又一部云篇目同前林希逸嚴粲二序袁甫手帖俱缺又一部云篇目同前以上三書皆與前部同板攙印並出一時缺二補卷十三三 續編十二 云前有淳祐甲辰林希逸序次戊申粲自序次袁甫手帖次條例次淸濁音圖次十五國風地理圖次毛詩綱目音圖後刻趙府刊於居敬堂有趙府居敬堂章盏其所刻也又云粲自序有命鋟之木之語是當時巳爲本此從宋板重刊細案書中如何彼禨矣之禨揚且之皙也之皙終然允藏之然不能辰夜之辰籥葭淒淒之淒約甌錯衡之紙其下維穀之穀成不以甯之或朔初辛卯之月家伯維宰之維不離于裡之離爰其適歸之爰興雨祁祁之祁不皇朝矣之皇以篤于周祐之于洒掃廷內之廷既右爨之來假來爨之爨降予卿士之予皆興後來誤本不同雖明刻而猶存宋本之舊也 丁志 明味經堂翻刊本條下云明趙府居敬堂曾爲鍥行 邵注目莫目 明趙府居敬堂刊本

一明味經堂刻本見倪目朱目別本朱目瞿目 云題朝奉大夫嚴粲述前有林希逸序自序蒙齋袁先生手帖條例淸濁音圖十五國風地理圖綱目（篇目下皆載詩序首句）是本爲味經堂所刻其經文皆不似俗本之誤謬如何彼禨矣終然允藏遠兄弟父母不能辰夜不可畏也朔月辛卯家伯維宰以篤于周祐婁豐年降予卿士之類皆同舊本盏猶自出之宋槧也 丁志 云前有竹溪林希逸序次淳祐戊申夏華谷嚴粲自序謂鋟之木便於童習次袁蒙齋手帖次條例次淸濁音圖次十五國風地理圖次毛詩綱目卷中之字往往與今本不同猶存宋刻之舊明趙府居敬堂曾爲鍥行此則味經堂刊也 陸志 題朝奉大夫臣嚴粲述有竹溪獻齋林希逸序淳祐戊申夏五月華容嚴粲序 繆記邵注目莫目 勵案余家有藏本首林希逸序次自序次蒙齋袁先生手帖次條例次淸濁音圖次十五國風地理圖次毛詩綱目首行題詩緝卷之一次題朝奉大夫臣嚴粲述次題周南空三格接題國風每半葉九行行大小均十八字音圖後有趙府刊于居敬堂一行下有趙府居敬堂章六字篆文長方本印每葉中縫魚尾上方均有味經堂三字攷丁志載崔銑恒詞十二卷云板心有趙府味經堂五字是居敬堂味經堂同爲趙府堂名此書

當係一刻而諸家均誤作二刻丁志著有洹詞曾不檢閱攷定何也

一近年刊本見邵注目云甚劣錯誤甚多 批注莫目云味經本乾嘉中似有繙刻本

詩傳遺說六卷宋朱鑑編朱攷（一百八）朱氏鑑文公詩傳遺說六卷存

目錄

明文淵閣目詩傳遺說一部三册缺 萬卷堂目詩傳遺說六卷朱鑑 祁目續收朱氏詩說補遺三册朱鑑六卷

黃目朱鑑詩傳遺說六卷一名朱氏詩說補遺 盧補宋志朱鑑詩傳遺說六卷一名朱氏詩說補遺 也是園目朱鑑

詩傳遺說六卷培林堂目朱鑑集文公詩傳遺說六卷一册

板本

一通志堂本見徐目季目王目金目孫目外編 倪目丁目邵注目莫目翁錄文公詩傳遺說六卷宋朱鑑文公之孫集語類爲之自跋在端

平二年

詩考一卷宋王應麟撰朱攷（一百九）詩攷（今六卷）存翁攷補正王氏應麟詩攷

目錄

宋志王應麟詩攷五卷 元馬攷詩攷五卷浚儀王應麟撰 祁目詩攷一卷玉海本 萬卷堂目詩攷一卷王應麟

徐目宋王應麟詩攷一卷一册 徐目元本詩攷六卷一本勵案此本卷同泰定本而題名不同故入目錄

板本

一元泰定刻本見張志題韓魯齊三家詩考六卷云是本刊附胡氏詩傳集疏後韓詩韓奕幹正也謂以其識非而正之玉海本缺下一句餘異同處頗多玉海通爲一卷此本六卷蓋猶

是王氏舊第也有景定五年甲子良月之望古浩文及翁伯學甫廷序祐甲寅秋新安後學胡一桂序後載詩集傳附錄纂疏二十卷云是本元刊元印語錄輯要後有泰定丁卯仲冬翠巖精舍新刊木印又云文場取士以朱子集傳爲主明經也新安胡氏編入附錄纂疏羽翼朱傳也增以浚儀王內翰韓魯齊三家詩攷求無遺也今以詩考證鋟諸梓附于集傳之後合而行之學詩之士潛心披玩蜚英聲於場屋間者當自此得之時泰定丁卯日長至後學建安劉君佐謹識

汪目　元板齊魯韓三家詩攷六卷勤案此目前載有詩經集傳附錄纂疏二十卷連載此書題名又與張志合故列此

瞿目　詩集傳附錄纂疏二十卷云前有揭祐民序建安劉君佐刻書識語又有文及翁王應麟韓魯齊三家詩攷序惜附刻之詩攷已佚不知何時得合也卷首有泰定丁卯仲冬翠巖精舍新刊黑記舊藏汲古閣毛氏後歸愛日精盧張氏其說之已詳藏書志者茲不復及云

丁志　詩攷六卷舊抄本云玉海後附刻作一卷昭文張氏愛日精盧藏有元泰定丁卯翠巖精舍刊六卷本題曰韓魯齊三家詩攷與玉海本頗多異同有景定五年文及翁及延祐甲寅胡一桂附序

陸志　韓魯齊三家詩攷六卷元刊本每半葉十一行每行二十二字前爲三家詩傳授圖卷一韓詩卷二魯詩卷三齊詩卷四逸詩卷五詩異字異義卷六補遺與玉海刊本不同無王伯厚自序及後序而有延祐甲寅胡一桂序卽一桂所刊也一桂既撰詩集傳附錄纂疏復以詩攷刊附于後

楊錄　韓魯齊三家詩考六卷每半葉十一行行二十二字元刊元印張氏藏書志云刊附胡氏詩集傳纂疏後卷前有泰定丁卯仲冬翠巖精舍新刊木記即此本也惜纂疏不知何時散佚

邵注目　云昭文張氏有元刊本六卷與玉海本多異又附錄云陸云陸有元泰定單刊六卷本每葉二十行行二十二字大黑口

莫錄　詩集傳附錄纂疏二十卷詩序辨說附錄纂疏一卷語錄輯要五葉後有篆文爲二行木記云泰定丁卯仲冬翠巖精舍新刊詩傳綱領七葉篇目後有行書七行木記云云（文同張志）據其木記尚附有王伯厚詩攷而此失之

莫目　云昭文張氏有元刊本六卷與玉海附本多異胡心耘亦有元泰定丁卯翠巖精舍刊本六卷又云元泰定刊本附胡氏詩傳纂疏後丙寅秋郘亭客滬見有持售者與張胡藏本同

一元刊元印本見陸志　勤案陸志子部類書載玉海元至正三年慶元路刊本此當係玉海附刻本

一玉海附刻本見孫目　內編　汪目倪目丁目邵注目莫目　勤案玉海四庫子部類書著錄各家藏本玉海有元刊明刊嘉慶刊均詳子部玉海條下

一百家名書本見黃目祁目　子　邵注目彙刻書目　格致叢書

一津逮祕書本見孫目　內編云明毛晉刊本　倪目丁目邵注目莫目

一明鍾惺彙刻古名儒毛詩解本　余有藏本首行題新刻詩考全次行題宋浚儀王應麟伯厚甫編輯三行題明竟陵鍾惺伯敬甫校閱半葉十行行二十字

一學津討原本見邵注目莫目

一坊本見丁目

附錄

一武進胡文英詩攷校補二卷乾隆四十九年刊本見莫目　一周邵蓮詩考異字箋餘十四卷嘉慶六年刊本見邵注目莫目　一阮元王應麟三家詩補遺三卷見觀古堂藏書勵案大伯父文選君得文建手稿于光緒甲午爲儀徵李洛才火令智傳刻入崇惠堂叢書大令罷官後板攜歸揚州戊戌大伯父重刻之入觀古堂所刻書　一馮登訓疏證九卷嘉慶間刊本見邵注目莫目勵案馮登訓三字訛誤此馮登府三家詩異文疏證六卷補遺三卷道光十年自刊石經閣叢書本又皇清經解本又別有三家詩異義遺說二十卷未刊　一丁晏詩攷補注二卷補遺一卷楊以增刊本見楹書隅錄元本韓魯齊三家詩攷云山陽儉卿丁文晏先公同年友也嘗著詩禮七編先公序而梓之中有詩攷補注二卷補遺一卷頗多訂正勵案此咸豐壬子刻詩禮七篇本後並入頤志齋叢書又皇清經解續編本　一陳壽祺三家詩遺說考十五卷侯官陳氏所著書本見彙刻書目魯六卷韓五卷齊四卷熙案此同治元年福州彙印行世又皇清經解續編本　一王先謙三家詩義集疏二十八卷見觀古堂藏書宣統三年家刻本

詩地理考六卷宋王應麟編朱攷（一百九）王氏應麟詩地理考存

目錄

宋志詩地理考五卷　明萬卷堂目詩地理攷六卷王應麟　祁目詩地理考六卷玉海本　培林堂目王應麟詩地理考六卷一冊

板本

一元刊元印本見陸志　一玉海附刻本見孫目內編　汪目倪邵注目莫目　一百家名書本見黃目祁

目邵注目子彙刻書目　一津逮祕書本見倪目丁目邵注目莫目　一明鍾惺彙刻古名儒毛詩解本余有藏本　學津討原本見邵注目莫目

（未完）

乞書啓

陳得善 慧齋

蓋聞開卷有益，仲舒所以下帷；讀書便佳，孫敬因而閉戶。然而家無玉版，案乏珠韜，雖欲竄而囿荒，蠹將蝕而字盡，好蜻未集，窺豹仍迷。必至兩戒不知，三冬莫用，棧鐘銅鼓，芒然秘閣之文章，走肉行尸，孤負少年之血氣，馬齒加長，驥隙不留，羣居無所用心，長日惟知瞌睡。抱朴子曰不學而求知，猶願魚而無網，又曰懷空抱虛，似蜀人瓠壺之喻，此延篤所以有乞書之請，武帝所以有送書之舉也。我公繡褫連屋，錦贉充庭，綠水孚來，銀幽亦碧，丹經排次，玉案猶紅。聚書必興，丁度定能繼志，借人不孝，杜暹原非達人。前入曹倉，偶翻鄴架，見有希有之本，必讀之書，善也只歎心盲，未遑手寫，健忘有病，熱記無功，過若水之窗，流涎已久，擬士安之表，啓口常羞，龍乞雨而有心，泥憶雲而輒隔。豈有羊祜未送，被予阿叔，尾生反乞醯於其鄰乎？雖然王翦索美田而秦王不斥其戇，杜牧求愛妓而李聰不病其狂。千載風流，一時佳話。況乎羅友乞食，祇期一餐，杜甫乞絲，不過一兩，焚車者徒傷人意，得隴者不望其他。李嶠之假直爲豪，胡濳之忿爭太鄙。恃公謬愛，貢我狂言，得賜一癡，勝加九錫。分鵂鶹以弱幹，何損參天？飲偃鼠以涓流，已能滿腹。遽割鄭樵之良產，定嗤朱異之不廉。束修未投，胠篋以走，未必座驚王粲，克傳中郎之書，所幸夢穩荊州，永隸劉家之版。

（石壇山房文集）

四庫全書目錄板本考（續）

葉啟勳

經部十

詩類二

詩集傳名物抄八卷元許謙撰 朱攷一百十一許氏謙詩集傳名物抄八卷存

〔目錄〕

明文淵閣目詩許謙名物抄一部八册缺 陳目詩名物鈔十卷 萬卷堂目詩集傳名物鈔八卷許謙 祁目續收詩傳名物抄八册許謙 黃目許謙詩集傳名物鈔八卷 錢補志許謙詩集傳名物抄八卷一作十二卷 盧補志許謙詩集傳名物鈔八卷 述古堂目許謙詩集傳名物鈔十二卷錢記同 也是園目許謙詩集傳名物抄八卷

〔板本〕

一元至正六年門人南臺監察御史白野普花帖睦爾刻本見朱攷 讀書叢說引張樞序曰至正六年門人南臺監察御史白野普花帖睦爾興其傑大梁偈公惠移浙東廉訪使鋟板以傳是先生所著詩名物抄八篇四書叢說十二篇與讀書叢說皆刊行 四庫著錄 讀書叢說提要云其書興詩名物抄四書叢說並刊於至正六年其板久佚云云

一通志堂本見徐目季目王目金目孫目外篇 倪目丁目邵注目莫目 翁錄詩集傳名物抄八卷元東陽許謙敏求記云朱子之學一傳爲何基王柏再傳爲金履祥許謙自雲一代大儒其於詩事宗朱子汎掃毛鄭之說然此書頗有資考據處何焯曰汲古閣舊抄本

一退補齋金華叢書本見彙刻書目

〔附音釋本〕

一元至正刊本見張志詩集傳音釋二十卷朱子集傳元東陽許謙名物抄音釋後學廬陵羅復纂輯凡例後有至正辛卯孟夏雙桂書堂重刊木印 瞿目詩集傳音釋二十卷題東陽許謙名物抄音釋後學廬陵羅復纂輯凡例後有墨圖記云至正辛卯孟夏雙桂書堂重刊書全載集傳俱雙行夾注音釋即次集傳末墨圖音釋二字以別之前後無序跋 邵注目元至正刊本昭文張氏有此書元廬陵羅復纂輯許氏名物抄作爲集傳音釋 莫目昭文張氏有元至正刊本 一元槧本見森志詩集傳音釋二十卷卷首題詩卷第一次朱子集傳東陽許謙音釋每半頁十三行行二十三字四周雙邊不記梓行年月攷字體恐是至正間刊本 一元刊本見繆續記詩傳音釋十卷詩序一卷詩圖一卷元許謙撰每半葉十二行行二十二字高七寸九分廣五寸八分單邊黑口字大悦目前後均缺一葉是書專爲朱子集傳作音釋詩傳綱領詩圖詩序附爲 一明初本見陸續跋詩集傳音釋三十卷次行題朱子集說前有朱子序詩傳綱領詩序辨說書先列集傳後附音釋以墨圈隔之所附音釋不著作者姓氏案元羅復字中行廬陵人著有詩集傳音釋二十卷見千頃堂書目當即此書綱領前有詩圖十八葉圖下多引朱子說亦必羅復所作

詩傳通釋二十卷元劉瑾撰朱攷一百十一劉氏瑾詩傳通釋二十卷存

〔目錄〕

明文淵閣目詩傳通釋一部五冊缺部四冊缺又 萬卷堂目詩傳通釋二十卷劉瑾 黃目劉瑾詩傳通釋二十卷字公瑾安城人 陳註錢目劉瑾詩傳通釋八冊二十卷 錢目詩傳通釋劉瑾八冊 錢補志劉瑾詩傳通釋二十卷字公瑾安城人 盧補志劉瑾詩傳通釋二十卷字公瑾安城人 金補志劉瑾詩傳通釋 述古堂目劉瑾詩傳通釋二十卷八本 也是園目劉瑾詩傳通釋二十卷 培林堂目劉瑾詩傳通釋舊板不全

〔板本〕

一元至正刊本見天祿目五云前載朱子詩集傳序詩序辨說又詩傳綱領並外綱領書中詩傳綱領首葉於劉謹署名次行有建安劉氏日新堂校刊九字卷一末又有至正壬辰仲春日新堂刻梓木記攷至正壬辰爲元順帝十二年劉氏未詳其名想亦當時書賈也 王目元板十冊第十六卷抄勳案張志載至正刊本抄補第十六卷當是王藏展轉歸張所有 張志附詩傳綱領題朱子集傳後學安成劉瑾通釋卷一後有至正壬辰仲春日新堂梓木印卷十六缺抄補 汪目 帶經堂目元刊本勳案此書元時僅此一刻故列此 瞿目云前有詩傳綱領二卷上卷先以大序次詩書周禮禮記論語孟子之言詩以及程子張子謝氏論詩之語與慶源輔氏詩童子問同下卷稱外綱領爲諸國世次圖作詩時世圖詩源流章句音韻詩樂刪次凡六則詩序辨說朱子本自爲卷詩童子問亦合載卷首此則分列各章之後其爲例亦獨殊卷一後有正書墨圖記云至正壬辰仲春日新堂梓卷十六抄補舊爲愛日張氏藏書 丁志東瀛刊本下云元至正壬辰日新堂有刻本 陸志附詩傳綱領一卷云案卷一後有至正壬辰仲春日新堂梓木印 陸續跋云次行題朱子集傳三行題後學安成劉瑾通釋卷一後有至正壬辰仲春日新堂梓木印詩小序次每篇之後一辨說次序之後每頁二十四行每行二十三字經頂格集傳低一格通釋雙行諸說以黑質白章別之自爲之說悉以愚按二字亦以黑質白章別之經文無諷字反切不改直音朱子說無刪削多與宋刊集傳同足以正俗本之誤 森志詩集傳音釋二十卷云卷端首行題詩第一次行朱子集傳第三後學安成劉瑾通釋一卷末有至正壬辰仲春日新書堂刻梓木記 學部館目云每半葉十二行行二十三字高六寸九分廣四寸二分黑口雙邊首列朱熹詩集傳序次詩傳通釋外綱領引諸諸書引用諸儒姓氏自此以下爲詩傳綱領外綱領均與鐵琴銅劍樓書目所載元刻本詩傳通釋合本書諸書題詩傳通釋大成卷弟一朱子集傳後學安仁劉瑾通釋卷末有長方木印至正壬辰仲春日新書堂刻梓而詩傳綱領卷首亦迺建安劉氏日新堂校刊 繆續記云每半葉十二行行二十一字高六寸三分廣四寸一分黑口雙邊首行詩卷第一次行朱子集傳三行後學安成劉瑾通釋首有綱領序及愚案引用書均作陰文第一卷後有至正壬辰仲春日新書堂刻梓牌子兩行缺卷二三又十二之十八 邵注目云瞿氏有元刊本昭文張氏亦藏元至正刊本又附錄云陸有元至正刊本卷後有至正壬辰仲春日新堂梓木印 莫目云路小洲有元刊本一卷後有至正壬辰仲春日新堂梓木印張氏志亦有之 傳批莫目云文左堂見元刊本初印甚精十二行經大字二十三傳低一格二十二字注雙行二十二字卷一後有至正壬辰仲春日新書堂刻梓木記勳案瞿目載詩經疑問七卷元刊本云此本爲建安書林劉錦文叔簡所刻又藏春秋胡氏纂疏三十卷元刊本云凡例後有墨圖記云建安劉叔簡刊于日新堂是日新堂爲書林劉錦文叔簡也

一東瀛刊本見丁志云元至正壬辰日新堂有刻本此日本所刊

詩傳旁通十五卷元梁益撰朱攷一百十一梁氏益詩傳旁通十五卷存詩緒餘未見

〔目錄〕

明文淵閣目翟思忠詩傳旁通一部八冊缺　萬卷堂目詩傳旁通十五卷梁益　祁目續收詩傳旁通八冊十五卷梁益　黃目梁益詩傳旁通十五卷　翟思忠詩傳旁通十五卷　錢補志梁益詩傳旁通十五卷　盧補志梁益詩傳旁通十五卷詩傳緒餘　金補志梁益詩傳旁通

〔板本〕

一光緒丁酉盛宣懷刻常州先哲遺書本見觀古堂藏書勤案此據文淵閣傳抄本校刻

詩經疏義二十卷元朱公遷撰朱攷一百十一朱氏公遷詩傳疏義二十卷存

〔目錄〕

明陳目詩經疏義二十卷朱公遷　范目進呈詩傳會通二十卷見存目作詩傳疏義會通二十卷　萬卷堂目詩傳疏義二十卷朱公遷　黃目朱公遷詩傳疏義二十卷樂平人　錢補志朱公遷詩傳疏義二十卷字克叔樂平人處州學正　盧補志朱公遷詩傳疏義二十卷字克升樂平人處州教授　金補志朱公遷詩傳疏義二十卷　培林堂目朱公遷詩經疏義十卷八冊　浙錄詩傳疏義會通二十卷曝書亭藏本刊本右元處州學正樂平朱公遷撰　汪目元板詩經疏二十卷　帶經堂目詩經疏義會通二十卷元刊本　丁目詩經疏義二十卷元刊本不甚精

〔板本〕勤案是書爲發明朱子集傳而作如注有疏故曰疏義其後同里王逢及逢之門人何英又采衆說以補之逢所補題曰輯錄英所補題曰增釋

一明正統甲子書林葉氏刊本見四庫著錄提要云書成於至正丁亥正統甲子英始取逢所授遺稿重加增訂題曰詩傳義詳釋發明以授書林葉氏刊行之面板心又標詩傳會通未喻其故云

朱攷何英後序曰永樂乙酉先師宗兄世載遊書林至葉君景逢家因閱四書通旨面語及疏義景逢尙德之士風致書徵請梓傳歲丁酉英侍先師館於葉氏廣勤堂忝校是書旁取諸儒之說節其切要者錄而附之纂成未就鋟刻先生還旃考終正統庚申景逢書來囑英曰所傳詩傳疏義輯錄遺其稿散卷不存願爲補葺而壽諸梓英竊處其所遺志恐成湮沒況景逢欲廣惠愛之仁故不揆淺陋攷取先師所受餘緒謹錄補遺重加增釋足成是編名曰詩傳疏義詳釋發明質諸同門友京況劉剡以卒先師之志云

瞿跋詩義通釋（五冊六本不全）中板每葉二十二行行二十一字細綫黑口第一卷首行題詩卷之一次行低三字題朱子集傳後三行下分爲四行題後學鄱陽朱公遷克升疏義野谷門人王逢源夫輯錄松鷗門人何英積中增釋書林三峯葉添德景逢刊校其書以集傳亦作大字而低一字疏義輯錄增釋則皆雙行注於其下而上標疏義二字增錄集釋亦各標二字於上爲別卷首標詩別無總名而摺口板心中多標詩傳會通恐非朱氏原書有是名乃後人因其有二輯錄增釋等而更爲此總稱以別之耳疑即出於書坊葉添德也此書僅止第六卷秦風餘皆缺佚

邵注目云正統甲子刊本題詩傳會通

莫目

一嘉靖二年安正堂重刻本見吳記云卷首列後學番陽朱公遷克升疏義野谷門人王逢原夫輯錄松鷗門人何英積中增釋有至正丁亥公遷自序復有明正統甲子何英後序前嘉靖二年孟夏月安正堂重刊長印後有癸未年仲夏安正書堂刊長方印蓋初刻於正統間重刻於嘉靖二年卷首列詩序辨說及綱領二十五圖前有識書凡例

瞿目題後學番陽朱公遷克升疏義野谷門人王逢源夫輯錄松鷗門人何英積中增釋前有至正丁亥陽所朱氏自序次朱子集傳序并注次正統甲子何氏序次讀詩凡例九條皆推求經文句法次疏義凡例八條皆辨正經文集傳誤字次外綱領則引用先儒姓氏也次詩序朱子辨說悉爲之注又從集傳改定小序皆仿小序之文國風總繫名國後雅頌總繫每什後次綱領則採諸經及諸儒論詩之語次大全圖凡十九其書專主集傳故集傳用大字而疏義輯錄增釋皆小字夾注於下疏義用己意闡發輯錄增釋則引舊說以証明之陽所疏義成於至正丁亥迄極谷（勤案何英號）序刻已將百年其傳之難如此是本板心標詩經疏義不作詩傳會通何序稱朱子序後不稱後序序中亦無以授書林葉氏刊行之語與四庫所收異前題書林安正堂劉氏重刊後有癸未年仲夏安正堂刊墨記蓋又重加訂正矣

丁志詩經疏義會通二十卷題朱子集傳後學番陽朱公遷撰野谷門人王逢輯錄松鷗門人何英增釋前有綱領及疏義大全圖其說墨守朱子亦間有辨證書成于至正丁亥川正統甲子英始取逢所授遺稿重加增訂付梓每卷首行末行疏義下又增題會通未喻其故此爲安正書堂重刊本缺卷鈔補有吳城敦復及陶世濟印

邵注目傳批莫目云嘉靖二年重刊本前有嘉靖二年孟夏月安正堂重刊長印後有癸未年仲夏安正堂刊長方印吳記

一明初本見陸志詩經疏義二十卷題後學番陽朱公遷疏義野谷門人王逢原夫明番陽後學朱公遷輯錄松塢門人何英積中增釋有朱熹集傳序至正丁亥秋八月序勤案此書疑是正統刊本然題名不同未敢斷定　一克勤堂余氏刊本見莫目勤案汪目帶經堂目丁目均載有元刊本或此書元時余氏勤有堂曾有刻本莫氏誤作克勤堂余氏

詩疑問七卷附詩辨說一卷元朱倬撰朱攷一百十一朱氏倬詩疑問七卷存

〔目錄〕

明文淵閣目朱倬詩經疑問一部一冊缺　黃目朱倬詩經疑問七卷末附趙悳詩辨疑一卷　錢補志朱倬詩疑問七卷一作八卷　盧補志朱倬詩經疑問七卷字孟章盱江人進士末附趙德詩辨疑一卷　金補志朱倬詩經疑問七卷　也是園目朱倬詩經疑問七卷　陸目詩經疑問七卷朱倬　疑問附篇趙悳丁卯

〔板本〕

一元刊本見范目烏絲欄抄本云詩經疑問七卷疑問附篇一卷建安劉錦文識末云詩經疑問朱君孟章所擬以私淑人也舊所錄先後無傳今一時為之詮次梓行復以豫章趙氏所編頗采以附于後見見存目無　汪目元板詩經疑問八卷　瞿目詩經疑問七卷附編一卷題士盱黎朱倬孟章編附編題豫章後學趙悳編此本為建安書林劉錦文叔簡所刻繹叔簡序殆即其後所合編也書中頗多有問無答者蓋刻時已脫故缺此處皆留有空行也通志堂記即出所刻首葉序文脫去下方十餘字通志堂本所缺正同其作墨丁者皆此本所漫漶目錄後有墨本云至正丁亥菖節刻

通志堂刊本首有識云詩經疑問朱君孟章所擬以□淑人者也朱經以明經取□□凡所辨雖誠足以發朱子之□而無高叟之固然其間□□□無答者豈眞以為疑哉在乎學者深思而自得耳舊□□□先後無緒今特為之論□□□使盲同而辭小異者因得以互觀焉復以豫章趙氏所編之頗以采附於後其於四詩之旨剖析殆無肯綮明經之士必將有得於斯皆至正丁亥蒲節建安書林劉錦文叔簡因書以識卷末云　一通志堂本見徐目季目王目金目孫目外編　倪目丁目邵注目莫目翁錄詩經疑問七卷元盱黎朱倬孟章撰此書內問有有問無答者云以俟後人深思也後附南昌趙悳疑問附編何焯曰汲古元板勤案余家有藏本殆據至正後刻後印本出其附元本漫漶處皆留空格

詩纘緒十八卷元劉玉汝撰

〔目錄〕

錢補志劉玉汝詩纘緒十八卷（字成之廬陵人） 盧補志劉玉汝詩纘緒十八卷

〔板本〕（勤案此書久佚館臣從永樂大典所載依經排纂正其脫譌定爲一十八卷未付聚珍板印行）

一永樂大典本見四庫著錄 一文瀾閣傳抄本見張志陸志 一藝海樓傳抄閣本見朱目 一傳抄永樂大典本見丁志 一抄本見邵注目（云路有）

詩演義十五卷元梁寅撰（朱攷一百十二梁氏寅詩演義八卷未見詩攷四卷未見）

〔目錄〕

明文淵閣目詩經演義（一部二册缺） 明志梁寅詩演義八卷詩攷四卷 祁目續收梁石門詩演義一册（四卷梁寅） 黃目梁寅詩經演義八卷（因朱子之傳演而申之）又詩攷四卷 陳註錢目梁寅詩演義一册（八卷） 錢目梁寅詩演義（一册） 也是園目梁寅詩經演義八卷

〔板本〕

一天一閣寫本見四庫著錄（提要云此本至小雅苕之華篇止以下皆缺而已有一十五卷） 范目（進呈）（詩演義十四卷見存目十五卷） 浙錄（十四卷天一閣寫本）

（勤案四庫著錄此書爲浙江范懋柱家天一閣藏本蓋即范氏由浙進呈唯范目浙錄均作十四卷恐四庫誤記） 一文瀾閣傳抄本見張志陸志 一藝海樓傳抄本見朱目 一抄本見述古堂目（八卷） 帶經堂目丁志邵注目（云路有）

詩解頤四卷明朱善撰 朱玫一百十一朱氏善詩解頤四卷存

〔目錄〕

明文淵閣目朱善詩經解頤 一部一冊缺　明志朱善詩解頤四卷　黃目朱善詩解頤四卷　也是園目朱善毛詩解頤四卷

〔板本〕

一明善子叔口刊本　一明洪武壬午丁隆重刻本並見朱玫 丁隆題後曰詩經解頤一篇先師文淵閣大學士一齋朱先生之所述也其子叔口既鋟諸梓遠邇讀詩之士往往稱之不啻良金美玉之重焉比年忠承乏南昌司訓上下亦莫不重是編之便學者但歲久不能無亥豕魯魚之雖辨於是僉議命工重刊以廣其傳忠僭分章析類正其譌課以便觀覽亦未必無小補云

天祿續編二十 明抄本詩經解頤書四卷不載經文或為總論或分章立說未有洪武壬午丁隆識稱其子既鋟諸梓歲久不能無譌命工重刻此本乃汲古閣藏收書家所珍為毛抄也

通志堂刊本 後有洪武三十五年歲在壬午夏孟上澣後學豐城丁隆謹識云云文同朱玫　莫目 云明有爾刊本　一通志堂本見徐目季目乇目金目孫目 外編　倪目丁目邵注目莫目 翁錄毛詩解頤四卷明朱善撰善字一齋豐城人明洪武初文淵閣大學士何焯曰葉九來藏本勳案余家有藏本後有丁隆識知從洪武本出

詩經大全二十卷明胡廣等奉敕撰 朱玫一百十二胡氏廣等詩集傳大全二十卷存

〔目錄〕

明志永樂中敕修詩集傳大全二十卷 胡廣等纂　高志詩傳大全二十卷 皇明翰林學士胡廣等奉敕纂修　陳目詩經大全二十八卷　范目毛詩大全二十卷 明翰林學士胡廣等奉敕纂修見存目無　萬卷堂目詩經大全二十卷 胡廣　黃

目詩集傳大全二十卷永樂間命胡廣等四十一人編輯 徐目詩傳大全二十卷六本 倪目詩集傳大全二十卷十本

〔板本〕

一明禮部官刊本見黃目陳注錢目天祿目七詩朱子集傳二十卷前凡例詩圖朱子序詩傳綱領後大小序辨說 天祿續編十三詩傳大全二十卷前有凡例朱熹集傳序綱領圖二十五詩序辨說修書官與周易傳義大全同 一明刊大字本見孫目外編邵注目莫目勤案此經廠刊本每半葉十行行二十二字上下大黑口余家有藏本 一高麗刊本見丁志

詩說解頤四十卷明季本撰朱攷一百十三季氏本詩說解頤八卷又總論二卷存

〔目錄〕

明志季本詩說解頤八卷總論二卷 祁目季氏詩說解頤正繹三十卷詩說解頤字義八卷共十冊季本

陳泮錢目季本詩說解頤十冊八卷 錢目季本詩說解頤十冊 述古堂目季氏詩說解頤八卷 徐目明季本詩說解頤三十卷又字義八卷 王目詩說解頤明季本正釋三十卷字義八卷 倪目詩說解頤四十卷五本

〔板本〕

一明刊本見范目刊本云明嘉靖季本撰并序云書有總論二卷以提其綱正釋三十卷則說正經者也別爲字義八卷附於其後以補正說之所未備而性情之本名物之詳一覽可盡矣卷首附錄釋詩先儒姓名旁引證義書目門人馬棫張道王探徐謂同校正見存目無 黃目季本詩說解頤正釋三十卷又總論二卷又字說八卷嘉靖丁巳序 帶經堂目丁志題後學紹興季本舊鈔云是書前有嘉靖丁巳三月既望彭山季本自序凡總論二卷正釋三十卷字義八卷書爲門人會稽馬棫校正兵部尚書兼都察院右都御史總督浙直福建軍務新安胡宗憲所刻並撰序於首 陸

志（詩說解頤正釋三十卷總論二卷辨字八卷題後學紹興季本輯抄門人會稽馬楲校正有嘉靖庚申胡宗憲序嘉靖丁巳自序）邵注目莫目

讀詩私記二卷明李先芳撰（朱考一百十三李氏先芳毛詩攷正未見）

〔目錄〕

黃目李先芳毛詩考正（以詩注邶鄘諸風多解淫奔疑而未安素注疏及呂氏讀詩記考正其說先芳中字伯承濮州人嘉靖丁未進士歷官尙寶司丞左遷亳州同知升寧國府同知罷計歸）

〔板本〕

一刊本見四庫著錄（浙江巡撫採進本）浙錄邵注目莫目

詩故十卷明朱謀㙔撰（朱考一百十四朱氏謀㙔詩故十卷存）

〔目錄〕

明志朱謀㙔詩故十卷　陳注錢目朱謀㙔詩故一册（十卷）　錢目詩故一册（朱謀㙔）　述古堂目詩故一卷　徐目明朱謀㙔詩故十卷

〔板本〕

一天寶藏書刊本見祁目黃目（萬歷三十七年己酉序）四庫著錄（浙江吳玉墀家藏本）浙錄（刊本有黃汝亨序勳案此書只此一刻故列此）丁志（鈔本）（題敕理石城王府奉鎭國中尉朱謀㙔字鬱儀撰云前有萬曆三十七年孟冬自序又武林黃汝亨序浙江採進遺書尙屬刊本此則傳抄者耳）邵注目莫目（勳案此謀㙔書述合名黃目浙錄丁志所載均有萬曆間序余家藏謀㙔水經注箋亦爲萬曆乙卯自序刊本此書當亦萬曆時刊行）

六家詩名物疏五十四卷明馮應京撰朱攷一百十四馮氏復京六家詩名物疏五十五卷存翁攷補正馮氏復京六家詩名物疏

〔目錄〕

明志馮復京六家詩名物疏五十五卷　徐目明馮復京六家詩名物疏五十五卷　培林堂目馮復京詩名物疏五十五卷　王目詩名物疏明馮應京五十五卷十冊　浙錄六家詩名物疏五十五卷刊本　孫目外編詩名物疏五十五卷　倪目六家詩名物疏五十四卷八本原本　稽瑞目六家詩名物疏五十五卷馮復京

〔板本〕

一明萬曆乙巳刋本見黃目萬曆乙巳焦竑等序四庫著錄內府藏本勸案此當是天祿續目所載本天祿續編十二書五十五卷取齊魯毛韓鄭箋朱傳六家釋名物之說輯為一書前有王道新序萬曆乙巳申時行序焦竑序莊驤夔字陳禹謨序又提要二卷列釋天釋神釋時序釋地釋國邑釋山釋水釋體釋親屬釋姓釋爵位釋飲食釋服飾釋宮釋器釋布帛釋寶玉釋禮釋樂釋兵釋舟車釋色釋藝業釋夷釋獸釋鳥釋鱗介釋蟲釋木釋草釋雜物三十二門次卷目次引用書目丁目丁志明焦竑本五十五卷云前有萬曆乙巳瑯琊焦竑撰序又序例十則邵注目莫目

一明葉尙高序刻本見觀古堂藏書首有賜進士出身通議大夫南京吏部右侍郎前左庶子兪總兼翰林院侍講侍讀掌春坊經局事臨清葉尙高撰序次提要三卷末有校于博物齋一行次卷目一卷次引用書目一卷每半葉九行每行十九字卷一卷六卷十三末有友人陳三吾則一行輿屬提室校正二行兩行卷丑末有友人金憲祖校于敦說堂一行卷九末有王文昌校一行卷十末有在茲閣一行卷十一末有校于在茲閣一行卷十四卷二十二卷五十卷五十一卷五十二卷五十四末有陳三吾校一行卷十九末有門人周明臣校一行卷二十五卷三十八末有友人陳三吾校一行卷二十七末有金鼎祖校一行卷二十八末有王文昌校一行卷四十卷四十三末有弟遞京校一行卷四十九末有門人觀允升校一行按此書葉序不紀帝號年歲考陳鼎東林列傳葉尙高傳二十五年以左春坊左中允典試南京明年陞左庶子兼侍讀掌坊事既陞南京禮部右侍郎再轉吏部則此書之刻當在萬曆二十六七年矣上闕匡載有音釋下欄隔

詩經疑問十二卷明姚舜牧撰朱攷一百十五姚氏舜牧詩經疑問十二卷存單線再刻正文

〔目錄〕

明志姚舜牧詩經疑問十二卷　祁目詩經疑問六册十二卷　黃目姚舜牧詩經疑問十二卷　倪目重訂詩經疑問十二卷六本國朝姚舜牧著

〔板本〕

一明刊本見浙錄邵注目莫目刊本勳案此書國朝無刊本浙錄邵注目所載當是此本

詩經世本古義二十八卷明何楷撰朱攷一百十六何氏楷毛詩世本古義二十八卷存翁攷補正何氏楷毛詩世本古義

〔目錄〕

明志何楷毛詩世本古義二十八卷　黃目何楷毛詩世本古義二十八篇　徐目明何楷詩經世本古義二十八卷　培林堂目何楷毛詩世本古義二十八卷

〔板本〕

一明末刊本見四庫著錄浙江巡撫採進本　浙錄閏集刊本勳案此書國初別無刊本浙錄採進當是此本　天祿續編十二云前有范景文序林閣友序曹學佺序楷自序次原引一首附錄論風雅頌三條　邵注目莫目　一嘉慶已卯謝氏刊本見邵注目莫目　一嘉慶癸酉周秉仁書三昧齋刊本　一閩新刊本見莫目

待軒詩記八卷明張次仲撰 朱攷一百十六張氏次仲待軒詩記六卷存

〔目錄〕明志張次仲待軒詩記六卷

〔板本〕一張次仲孫詡刊本見朱攷 孫治序曰詩記者鹽官張元岵先生之所爲作也其孫詡受業於余者曾刻先生詩記成因作數言於簡端云 四庫著錄 浙江巡撫採進本 浙錄 詩紀八冊前有總論二卷刊本 邵注目莫目 刊本云或作十卷動案此書別無刻本諸家所載當是一本

讀詩略記六卷明朱朝瑛撰 朱攷一百十七朱氏朝瑛讀詩略記二卷存翁考補正朱氏朝瑛讀詩略記

〔目錄〕明志朱朝瑛讀詩略記二卷 黃目朱朝瑛讀詩略記二卷

〔板本〕一刊本見四庫提要 云此本六冊不分卷數核其篇頁不止二卷疑原書本十二卷刊本譌脫壹十字傳寫者病其繁瑣併爲六冊也 一寫本見四庫著錄 浙江巡撫採進本 浙錄 三冊 邵注目莫目 云四庫著錄係抄本

欽定詩經傳說彙纂二十卷序二卷 康熙末聖祖仁皇帝御定刻成於雍正五年世宗憲皇帝製序頒行

〔目錄〕

倪目欽定詩經傳說彙纂二十卷序二卷十二本

〔板本〕

一雍正五年內府刊本見四庫著錄邵注目莫目　一江南官刊本見丁目

欽定詩義折中二十卷　乾隆二十年皇上御纂

〔目錄〕

倪目御纂詩義折中二十卷十二本

〔板本〕

一內府刊本　一外省覆本並見莫目

田間詩學十二卷　國朝錢澄之撰朱攷一百十七錢氏澄之田間詩學五卷存翁攷補正錢氏澄之田間詩學五卷

〔目錄〕

〔板本〕

一桐城刊本見四庫著錄提要云有徐元文序張英序　浙錄刊本　倪目邵注目莫目勤案余家有藏本康熙甲子髯維堂刊首有張英序徐元文序

詩經稗疏四卷　國朝王夫之撰

〔目錄〕

倪目詩經稗疏四卷二本

〔板本〕

一王刻遺書本見邵注目莫目　一曾刻遺書本見丁目邵注目

詩經通義十二卷　國朝朱鶴齡撰朱攷一百十八朱氏鶴齡毛詩通義卷存翁攷補正朱氏鶴齡毛詩通義

〔目錄〕

〔板本〕

一康熙乙巳刊本見四庫著錄浙江汪啓淑家藏本浙錄刊本倪目原本邵注目莫目

毛詩稽古篇三十卷　國朝陳啓源撰朱攷一百十八陳氏啓源毛詩稽古篇卷存

〔目錄〕

〔板本〕

一嘉慶十八年龐氏刊本見邵注目莫目勤案余家有藏本係龐佑清據陳氏手稿付刊　一阮刻經解本見邵注目莫目

詩所八卷　國朝李光地撰

〔目錄〕

〔板本〕

一雍正丁未刊本見邵注目　一榕村全集本見倪目丁目邵注目莫目　一李文貞公全書本見觀古堂藏書

毛詩寫官記四卷　國朝毛奇齡撰　朱攷一百十八毛氏奇齡毛詩寫官記四卷存

〔目錄〕

〔板本〕

一西河全集本見四庫著錄　浙江巡撫採進本　倪目丁目邵注目莫目

詩札二卷　國朝毛奇齡撰　朱攷一百十八詩札二卷存

〔目錄〕

〔板本〕

一西河全集本見四庫著錄　浙江巡撫採進本　倪目丁目邵注目莫目

詩傳詩說駁義五卷　國朝毛奇齡撰　朱攷一百十八詩傳詩說駁義五卷存

〔目錄〕

〔板本〕

一西河全集本見四庫著錄　浙江巡撫採進本　倪目丁目邵注目莫目

續詩傳鳥名三卷　國朝毛奇齡撰

〔目錄〕

〔板本〕

一西河全集本見四庫著錄浙江巡撫採進本倪目丁目邵注目莫目　一皇清經解續編本見觀古堂藏書

詩識名解十五卷　國朝姚炳撰

〔目錄〕

〔板本〕

一原刊本見四庫著錄浙江巡撫採進本浙錄刊本倪目邵注目莫目勤案此刊于康熙丁亥　一嘉慶丁卯校修本見莫目

詩傳名物集覽十二卷　國朝陳大章撰

〔目錄〕

〔板本〕

一康熙癸巳刊本見四庫著錄提要云所作集覽本百卷凡三易稿而後成此乃其摘錄附梓之本凡鳥二卷獸二卷蟲豸一卷鱗介一卷草四卷木二卷丁目邵注目莫目　一湖北叢書本見觀古堂藏書

詩說三卷　國朝惠周惕撰朱攷一百十八惠氏周惕詩說三卷存

〔目錄〕

〔板本〕

一康熙癸亥紅豆齋自刊本見四庫著錄浙錄刊本觀古堂藏書附文集一卷小門生王澍跋手書精楷付刊一嘉慶十七年金氏刊本見邵注目莫目一阮刻經解本一指海本並見邵注目莫目一借月山房本見倪目一璜川吳氏刊本見莫目

詩經劄記一卷　國朝楊名時撰

（目錄）

（板本）

一楊氏全書本見倪目邵注目莫目

讀詩質疑三十一卷附錄十五卷　國朝嚴虞惇撰

（目錄）

（板本）

一虞惇孫有禧刊本見四庫著錄提要云是編乃其孫湖南驛鹽道有禧所刊乾隆十二年經進御覽浙錄閏集三十一卷刊本倪目邵注目莫目乾隆中刊本云有沈淑補輯經文考異百三十餘條附刊卷首

毛詩類釋二十一卷續編三卷　國朝顧棟高撰

（目錄）

（板本）

一鈔本見四庫著錄提要云是編成于乾隆壬申序文案語皆稱臣蓋擬進之本凡分二十一之其續編三卷則成於乾隆癸酉取爾雅釋詁釋言釋訓之文有關於詩者摘而錄之類亦略爲疏解蓋訓詁名物相輔而行之義以爾雅校之尙缺之匹也言戒也二條或繕槁時偶誤脫歟　邵注目云有路

1124

詩經辨證六卷　國朝黃中松撰

〔目錄〕

〔板本〕

一鈔本見邵注目云有路

三家詩拾遺十卷　國朝范家相撰

〔目錄〕

〔板本〕

一范氏遺書本見觀古堂藏書　一嘉慶中與前書合刋本見邵注目莫目

詩序補義二十四卷　國朝姜炳璋撰

〔目錄〕

〔板本〕

一乾隆二十七年孫人寬刋本見邵注目莫目作廣義

虞東學詩十二卷　國朝顧鎭撰

〔目錄〕

〔板本〕

一乾隆中誦芬堂刊本見倪目莫目勤案余家有藏本刻于乾隆戊子

附錄

韓詩外傳十卷漢韓嬰撰朱攷一百韓氏嬰韓故漢志三十六卷新唐書志韓詩卜商佚序韓嬰注二十二卷詩內傳漢志四卷佚漢詩外傳存韓詩說漢志四十一卷佚翁攷補正韓氏嬰韓故漢志三十六卷新唐書志韓詩卜商序韓嬰注二十二卷

〔目錄〕

漢志韓外傳六卷　隋志韓詩外傳十卷梁有韓詩譜二卷詩神泉一卷漢有道徵士趙曄撰亡　一　舊唐志韓詩外傳十卷韓嬰撰　宋崇文目韓詩外傳十卷韓嬰撰馬攷引同　晁志韓詩外傳十卷右漢韓嬰撰宣本同馬攷引同　陳錄韓詩外傳十卷漢常山太傅燕韓嬰撰馬攷引同　尤目韓詩外傳　宋志韓詩外傳漢韓嬰傳玉海引志韓內傳四卷韓外傳六卷四篇名內傳復推詩人之意作外傳數萬言隋唐止存外傳析爲十一篇　內閣目韓詩外傳三冊不全漢韓嬰著抄本缺第一第二及第九以下　明高志韓詩外傳十卷漢文帝時博士燕韓嬰作　陳目韓詩外傳十卷韓嬰　萬卷堂目韓詩外傳十卷韓嬰　也是園目韓詩外傳十卷　培林堂目韓詩外傳十卷一冊　稽瑞樓目韓詩外傳十卷二冊　帶經堂目韓詩外傳十卷趙清川先生校宋本

〔版本〕

一宋慶曆中將作監主簿李用章序刻本見容齋續筆八韓嬰詩云今惟存外傳十卷慶曆中將作監主簿李用章序之命工刊刻于杭其云又題云

篆文相公改正三千餘字予家有其書

陳注錢目莫目　一元至正十五年錢維善序刊本見天祿目七云前元錢維善序作於元順帝至正十五年稱海岱劉侯貞來守嘉禾聽政之暇因以所藏諸書悉刊郡庠云云是此書實爲元末刊本然觀其紙質與明板諸書相同當屬元刊而明印者又一部篇目同前缺錢維善序云此書即是前板而無印則愈後紙色黯光遠遜之矣錢目季目元板述古堂目元本校過勳案此書元時只此一刻諸家所藏當是此本莫目勳案丁卯避亂滬上從友人秦曼青處假得沈辨之本黃復翁以元本手校者云袁氏五硯樓藏元本每半葉十行行二十字板高營造尺七寸四分廣五寸黑綫口單邊雙魚尾中縫詩外傳卷ㄙ上記字數下偶記刻工姓名不皆有也有顧千里跋木夫龔麗正手跋余亦以沈本勝錄一過并影摹各跋附訂一

一嘉靖初年金臺汪諒刊本見邵注目莫目　一明芙蓉泉屋刊本見丁志通津草堂刊本云宏治後歷下薛來新都唐琳吳人蘇獻可及周廷案先後傳刊陸志云有嘉靖十八年無名氏序又陽祐序薛來序邵注目莫目嘉靖巳亥歷下薛來刊本傅批

莫目云歷下薛來本即芙蓉泉書屋本此本較通津本爲善十之八九與元本合　一明嘉靖間通津草堂仿宋本見朱目別本朱目丁志詩外傳十卷云此則沈辨之通津草堂原刊初印也邵注目云瞿氏有明通津草堂仿宋刊本莫目嘉靖乙未吳人蘇獻可刊本傳批云即通津草堂主人勳案余家藏論衡每葉板心均有通津草堂四字目錄末有嘉靖乙未春後學吳郡蘇獻可校刊一行是通津草堂爲蘇獻可刻書堂名丁氏誤以爲沈辨之　一明沈辨之刊本見孫目內編陳編孫

記云元板本前有至正十五年錢維善序稱海岱劉侯貞來守嘉禾因以其先君子節齋先生手抄所藏諸書悉刊置郡庠後有吳郡沈辨之野竹齋校雕印楊志云每卷題詩外傳無韓字惟卷首錢維善序題有韓字序後有吳郡沈辨之野竹齋校雕書木記首行題詩外傳卷第一次行題韓嬰二字每半葉九行行十七字字大篆如錢左右雙邊學部館目云第二葉未脫沈辨之行野竹最爲善本有牌子云吳郡齋校雕二行兩行篆文邵注目莫目傳批云即通津草堂本改刻牌記勳案余有藏本沈之牌記刻于錢維善序後故孫氏誤作元本　一明新都唐琳刊本見王目唐琳序倪目明唐琳校丁志通津草堂刊本引云邵注目莫目　一百名家書本見黃目子鄗目邵注目彙刻書目格致叢書　一快閣藏書本見彙刻書目云明刻本　一鍾伯敬評祕書十八種本見彙刻書目云明有刻本邵注目子　一津逮祕書本見黃目子孫目內編云明毛晉刊本倪目丁目邵注目莫目楊志沈辨刊之

一程榮刊漢魏叢書本見祁目黃目范子見存目全天祿後編十七丁目倪目邵注目莫目楊志

引本云　一何允中增刊漢魏叢書

沈辨之刊本云程榮漢魏叢書所據原本脫首卷第二葉竟以抽腸接遊女不可求思刊之其他謬誤亦多何允中雖補此一葉而謬誤書亦未能校正

本見丁目莫目楊志　一王謨刊漢魏叢書本見觀古堂藏書　一五柳居刊本見倪目勳案此廣郎漢魏叢書本

一文乘本見倪目　一學津討原本見邵注目莫目　一古經解彙函本見觀古堂藏書係從通津草堂本出而以

學津本重校　一朝鮮國刊本見森志云每卷題詩外傳無韓字者戴至正十五年曲江錢維善序序後有吳郡沈辨之野竹齋校雕記在亞字形內蓋依照元板重雕者　一

趙懷玉校刊本見孫目內編　陳編孫記沈辨之刊本中云吾友趙司馬懷玉借盧學士文弨校刊本依據書傳頗多改正之處附補遺五板於後誠爲善本　一倪目

邵注目莫目云最善勳案余家有藏本刊於乾隆庚戌　一周廷寀校刊本見孫目內編　丁志通津草堂刊本引云　倪目邵注目莫目

勳案余家有藏本乾隆丙午刊校注本　一望三益齋刻周趙合校本見邵注目附錄云勳案余家有藏本光緒乙亥盱眙吳棠校刊

右詩類六十二部九百四十一卷附錄一部十卷皆文淵閣著錄

四庫全書目錄板本攷　詩類終

四庫全書目錄板本攷

葉啓勳

經部十一

禮類一

周禮注疏四十二卷漢鄭元注唐賈公彥疏 姚考周禮出于東漢之末予別有通論十卷茲不更詳朱考(百二十一)鄭氏(玄)周官禮注存賈氏(公彥)周禮疏(今並爲十二卷)存 翁考鄭氏康成周官禮注 賈氏公彥周禮疏

〔目錄〕

隋志周官禮十二卷鄭玄注 陸敘錄鄭玄注十二卷 舊唐志周官禮十三卷鄭玄注 周禮疏十五卷唐賈公彥撰 唐志周禮疏五十卷 見在目周禮疏五十卷唐賈公彥撰 宋崇文目周禮十二卷鄭康成注 周禮疏五十卷原釋賈公彥見天一閣抄本勳案今本馬攷無原釋 晁志周禮十二卷右鄭元注 周禮疏十二卷右唐賈公彥撰袁本作四十卷云今併爲十二卷馬攷引同 陳錄周禮十二卷 周禮注十二卷漢鄭康成撰 周禮疏五十卷唐賈公彥撰馬攷引同 尤目周禮疏 宋志周禮注十二卷 周禮疏五十卷玉海引志周禮疏五十卷 元馬攷周禮十二卷 周禮疏十二卷 明文淵閣目周禮鄭氏注一部五冊缺又一部六冊缺 周禮賈公彥疏一部六冊缺又一部四冊缺又一部十七冊缺又一部十七冊缺又一部八冊殘缺又一部十五冊完全又一部十五冊缺又一部六冊缺又一部二十六冊完全 周禮賈公彥正義一部六冊缺 內閣目九經周禮注疏

十五册全（賈公彥著又一部二十册全又一部九册不全）　高志周禮疏十二卷（唐弘文館學士賈公彥等奉勑）　陳目周禮注疏四十二卷　范目周禮注疏四十二卷（漢鄭元注唐賈公彥疏陸德明釋文見存目無）　萬卷堂目周禮古注十二卷（鄭玄）

周禮注疏十五册（賈公彥）　祁目周禮注疏十六册（四十二卷）　陳注錢目三禮注疏　天祿目一纂圖互注周禮（前周禮經圖三十有九各系以說次篇目正文全錄鄭注及唐陸德明音義復加重言重意互注三例共十二卷）　天祿續編二周禮鄭康成注十二卷後附陸德明音義一卷（云岳珂所謂音釋自爲一書眞宋監本之證也）　述古堂目賈公彥周禮注疏四十二卷（十四本也是園目同）

季目周禮十二卷　周禮重言重意十二卷　宋刻周禮纂圖互注十二卷　周禮重言重意十二卷　季宋元目宋板周禮六卷　周禮注疏四十二卷（八本）　周禮正義四十二卷（八本）　宋板周禮十二卷附釋（八本）　徐目周禮注疏四十二卷（二十本）　漢鄭玄注周禮十二卷（六本）　徐宋元目宋本周禮重言重意（鄭注）　宋本周禮纂圖互注十二卷（鄭注）　宋本周禮十二卷（鄭注）　金目周禮注疏四十二卷（漢鄭氏注唐賈公彥疏）　黃記纂圖互注重言重意周禮十二卷（宋京本）　汪目宋板周禮注十二卷（又存（一之三）卷）　周禮十二卷（又存（三之六）九十卷）

〔板本〕

一宋咸平六年刊本見玉海（三十九咸平禮記疏條中云六年八月敕雕印周禮正義頒行景德六年七月癸未朔賜諸王宗室近臣新印周禮疏）

一宋天德三年印定本見金補志（云鄭賈周禮注疏天德三年國子監印定周禮用鄭玄注賈公彥疏）

一南宋紹熙間三山黃唐閩刊本見叢書舉要（宋閩刊本六經注疏周禮注疏四十二卷云今惟有日本足利學校藏有五經注疏全部余所見閩惟左傳周

禮末見

一宋慶元間吳興沈賓之校刊本見朱目周禮注疏五十卷每半頁八行行大十六字至十九字小二十二字至二十七字不等不附音釋　別本朱目周禮注疏五十卷宋慶元間沈中賓刊　傳批莫目云李木齋藏宋本周禮注疏八行行大十五字至十九字不等小二十二三字不等序十二行白口板心止記字數下記姓名存一至三十三至十四三十一至四十七四十九至五十共二十四卷

一十行宋本見帶經堂目周禮注疏二十四卷　丁志蜀刊本引阮氏校勘記云附釋音周禮注疏每葉二十行每行十七字注疏夾行每行二十三字因雜載釋文故稱附釋音因每半葉十故今稱十行本　陸志附釋音周禮注疏四十二卷宋刊十行本　森志附釋音周禮注疏四十二卷自卷一至卷七缺南宋槧本云每卷首題附釋音周禮注疏卷第幾次行中央鄭氏下方賈公彥疏每半板十行每行經十七字注疏並雙行二十三字每注末爲方圍大書疏字以界注文每疏首冠釋曰二字左右雙邊烏絲外標記篇名界長六寸六分幅四寸板式一與毛詩注疏同阮元校勘記所謂十行本者即此

一元刊十行本見丁目附釋音周禮注疏四十二卷

一明正德時修補宋十行本見莫錄云其經補刊之葉即錯誤無完篇其係原刻雖就漫漶無誤字通計宋刻猶存十分之四

一明閩人詮刊本見學部館目周禮正義四十二卷　邵注目云陔華堂許氏有明嘉靖中閩人詮應檟刊周禮注疏九行本　莫目

一明閩刊本見孫目內編明刊九行本　孫記周禮注疏四十二卷題漢鄭氏注唐賈公彥疏鄭氏注下又題陸德明釋文爲他經所無前有賈公彥周禮正義序結銜汲古閣本作唐朝散騎大夫此本作唐朝散大夫與宋本五經正義表合每葉十八行行二十一字板心下刻字人姓名同前　丁志周禮注疏四十二卷明閩刊本漢鄭氏注唐賈公彥疏陸德明釋文前有唐朝散大夫行太學博士宏文館學士臣賈公彥等奉勅撰正義序次序周禮廢興　陸志周禮注疏四十二卷明刊九行本　學部館目周禮正義四十二卷明李元陽刊十三經本　繆續記周禮注疏十二卷　邵注目莫目

一北監本見內閣目天祿目七十三經注疏周禮四十二卷漢鄭康成注唐賈公彥疏前公彥序次序周禮廢興王目彭目倪目丁志十三經注疏

邵注目莫目

一崇禎五年重修北監本見錢日記鈔

一汲古閣本見王目孫目內編倪目丁目邵注目莫目

一武英殿本見邵注目莫目

一江西南昌學刊本見曝書雜記倪目邵注目莫目

〔附單注本〕

一唐開成二年刊石本見孫目內編彭目邵注目叢書舉要　一蜀孟昶時刊石本見趙附志　一蜀大字本見九經三傳沿革例黃記周禮鄭氏注殘本云倚樹吟軒錫氏有殘宋蜀大字本周禮秋官二册黃賦注殘大字本周禮鄭氏注秋官二每半葉八行每行大字十六小字二十一黃書錄云余友倚樹吟軒中有大字本周禮二册驗是蜀本適爲秋官陸志周禮殘本二卷云按此宋蜀大字本每葉十六行每行十六字即百宋一廛中所謂周禮十一官者也陸續跋周禮宋槧本存卷九卷十兩卷首行題秋官司寇第五下題鄭氏注每葉十六行每行十六字注雙行每行二十二字板心有字數及刻工姓名殷敬恒桓貞構愼皆缺筆當爲宋孝宗時蜀中刊本邵注目附錄云監有

一宋余仁仲刊本見九經三傳沿革例建余氏本天祿目一周禮漢鄭康成注唐陸德明音義十二卷云宋岳珂相臺書塾刊正九經三傳沿革例云世傳九經自建蜀京杭而下有建余氏本分句讀稱爲善本云云此書每卷後或識余仁仲比校或余氏刊於萬卷堂或余仁仲刊於家塾所謂建余氏也句讀處亦與所言相合又卷未名詳注經注音義字數陳跋宋刊小字本周禮注十二卷云以余仁仲本補之亦附音義首題周禮卷第次與纂圖本同每葉二十行行十七字注行二十二字黃記宋京本條下云宋刻周禮所見有三本一爲余仁仲

本藏於小讀書堆係中板獨缺秋官丁志明閩刊本條下云宋槧余仁仲本周禮經注每卷末分記經注音義字數邵注曰黃丕烈云曾見宋余仁仲刊本十行十七字小字二十二字楊志春秋穀梁傳宋刊本云周禮舊藏盧雅雨家

一宋紹興間集古堂董氏雕本見黃丕烈重雕嘉靖本校宋周禮札記序云近於同郡故藏書家見有紹興間集古堂董氏雕本後爲嘉松堂蔣氏收得遂假歸校勘多所取正因思刻以傳世柰字體細小衆多破體云

一宋槧巾箱本見陸續跋周禮十二卷次行篇名在上下題周禮鄭氏注每頁二十四行每行二十三字小字雙行板心有字數格闌外有篇名經文大字注小字次陸氏釋文次重言重意次互注所附釋文以白質黑章別之但採音切而無義訓與閩刊稍別字體工整與婺州本點校重意重言互注尙書相仿慣字敎字皆缺末筆當爲寧宗時婺州刊本

一宋婺州舊本見九經三傳沿革例楊錄宋本周禮十二卷云此本每半葉十三行行大二十五字小三十五字首題周禮卷第一次行頂格天官家宰第一越十三格題鄭氏注每卷末題經注若干字有木記三卷三後曰婺州市門巷唐宅刊卷四卷十二後曰婺州唐奉議宅蓋印婺州舊本

一宋相臺岳氏刊本見九經三傳沿革例云乃命良工刻梓家塾森志周禮鄭氏注十二卷舊鈔本云此本附釋音卷一卷八尾共有相臺岳氏刻梓荊谿家塾記在一亞字形內知依岳珂本傳鈔者

一宋刻小字本見陳跋周禮注十二卷附釋音義首題纂圖互注周禮卷第一次天官冢宰第一次注音義下題周禮越格題鄭氏注文次經文起前列周禮篇目次列圖說凡三十五每葉二十四行行二十一字注行二十五字缺秋官冬官四卷以余仁仲本補之吳記周禮纂圖互注重言重意十二卷前周禮圖經三十有九各系以說次篇目正文全錄鄭注及唐陸德明音義復加重言重意互注三十例共十二卷勘案此條於例當入目錄檢邵注目云拜經樓吳氏有宋刊周禮纂圖互注重言重意本十二卷單鄭注附釋文十二行行二十一字小字二十五字云云故列此瞿目纂圖互注周禮十二卷云是書首題纂圖互注周禮卷第一次行頂格題天官冢宰第一次注音義下越題周禮又越格題鄭氏注三行經文起以下卷式同前列篇目又圖說二十七葉較海昌陳氏所藏宋刻小字本少八葉而首尾已全殆重刻有幷省處耳圖各有說每半葉十二行行二十一字注行二十五字左方欄綫外有篇名卷數葉數注中重言重意互注字作飛白文陸志纂圖互注周禮十二卷云案此南宋麻沙本每半頁十二行每行二十一字注小字雙行行二十五字陸續跋宋槧纂圖互注周禮十二卷小題在上下題周禮鄭氏注每葉二十四行每行大字二十一小字雙行每行二十五六不等格闌外有卷數字數前有篇目三頁周禮經圖三十七葉圖凡三十有九曰王國經緯涂軌圖曰朝位寢廟社稷圖曰次辰九筵圖曰五冕圖曰弁服之圖曰王后六服之圖曰天子玉路圖曰玉后翟車圖曰天子圭璋繅藉之圖曰諸臣圭璧繅藉之圖曰六尊圖曰彝彝圖曰圭璋瓚圖曰禮神王圖曰新舊鼎俎之圖

曰籩豆簠簋登爵之圖曰彝洗勺罍圖曰壘概散修圖曰諸禮器圖曰六尊之圖曰龜筮圖曰犧牲圖曰器用之圖曰鳧氏爲鐘圖曰磬氏爲磬圖曰鐘磬總圖曰鼓制圖上曰鼓制圖下曰樂器之圖曰幣圖曰八節圖曰九節制圖曰兵器總圖曰兵甲之圖曰車制之圖曰蓋來圖曰蓋鞶圖曰轉殳纆圖經文大字注小字次釋文次重言重意次互注與互注禮記大路相同惟禮記以陸曰別于鄭注此則稱陸德明音義禮記于釋文所出之字每字以圖圖之此則但于注下加小圖別之而不加圖蓋非一家所刊也傳批莫目云景機孫歲宋本十二行二十一字

一宋刊殘本見瞿目周禮注六卷云此書首題周禮卷第一次行頂格題天官冢宰第一越四格題周禮越一格題鄭氏注下五官同前書十二卷今存卷一天官上卷三地官上卷五卷六春官上下卷十秋官下卷十一冬宮上每半頁九行行十七字注雙行行十八九字不等附重言釋音音刊澤文於慎恒貞字皆缺筆每葉左右欄綫外標六官卷第長僅四寸寬三寸而字畫纖細精整乃宋刻之精善者森志周禮鄭氏注十二卷宋槧巾箱本云此本附音重言重意每半板九行行十七字或十五六字注雙行行十八字左右雙邊界長三寸一分幅二寸烏絲外標題乃與昌平學所藏周易禮記同種板式正符楊志周禮鄭氏注十二卷清長樂巾箱本云中有重言無重意故標題略之其文字往往與岳本及明刊徐氏本合江陰繆筱珊編修愛不釋手乃影摹一通而以原本歸之繆記周禮十二卷宋刊巾箱(二字作陰文)無重意刻印俱精每半葉九行每行十七字

一宋刊本見傳批莫目云周禮纂圖互注重言重意十二卷十一行大二十字小二十七字小黑口雙邊闌外標篇名魚尾上記字數下記人名每卷後有注若干字音義若干字三行

一明初撫印本見天祿目七周禮漢鄭氏注唐陸德明音義十二卷云此書不載刊刻年月而紙色甚薄是明初撫印

一明嘉靖丁亥松江守何鼇刊本見學部館目周禮六卷附考工記明陳鳳梧刊經注本嘉靖丁亥鳳梧序邵注目明嘉靖丁亥松江守何鼇刊本周禮鄭注六卷考工記卷有陳鳳梧序

一莫目范目周禮鄭注六卷考工記一卷嘉靖丁亥陳鳳梧編行並序松江守何鼇梓

一明嘉靖仿宋刊本見孫目內編周禮鄭注十二卷孫記補遺周禮十二卷每卷次行依注疏本小題在下下題在上大題鄭氏注三字前後無序跋每卷後俱注經若干字注若干字顧澗蘋文學以爲明嘉靖中翻宋本每葉十六行行十七字陸志周禮注十二卷明覆宋本漢鄭氏注陸續跋宋蜀大字本跋云今以嘉靖覆宋八行十七字本爲最善邵注目云朱伯韓有明嘉靖中仿宋刊三禮單注本周禮十二卷儀禮十七卷禮記二十卷又云平津館目有翻宋本周禮鄭注十二卷每頁十六行行十七字批注莫目云徐刻三禮箋見以黃丕烈番周禮惟之皆每葉十六行行十七字不附音釋勘案此本相傳爲余氏繙宋刊三禮之一又別有人繙仿宋岳珂九經本此刻周禮不如岳本之精岳本儀禮又不如此刻之善大伯父文選君曾取兩本逐一細校詳郋園讀書志

一明八行附釋文

刊本見孫目內編孫記補遺周禮十二卷次行題天官冢宰第一下題鄭氏注（餘卷仿此）前有目錄板式大小與前本無異唯此本兼載陸德明音義句讀但有小闕每葉十八
（誤當作六）行行十七字朱目周禮鄭氏注十二卷漢鄭康成注明嘉靖間重刊相臺岳氏本別本朱目明嘉靖刊學部館目周禮十二卷明覆岳本繆續記周禮十二
卷明嘉靖繙刻岳本三禮之一邵注目云平津館目又有一部十二卷每頁十八行行十七字兼載陸德明音義句讀俱有小闕勤案有藏本每卷題周禮卷第幾次行頂格書篇名下空五格題鄭氏注
釋文以闕隔之通體有句讀左闌外有耳標篇名中縫下方記刻工姓名行款字體與徐氏仿宋本同唯徐本不附音釋欄外無耳中縫無刻工姓名爲異　一明坊間刻三禮本
見天祿目七三禮漢鄭康成注周禮十二卷儀禮十七卷禮記二十卷共四十九卷云此書與前周禮儀禮皆無校刊人序跋當是坊間所刻之本　一明永懷堂本見
天祿續編十三倪目丁續目　一嘉善周氏福禮堂本見曝書雜記云倪目別本朱目邵注目莫目云福
禮堂本周禮單注善　一嘉慶十七年順德張清選淸芬閣重刊福禮堂本見曝書雜記云若欲讀鄭氏注陸氏音義則嘉善周氏福禮
堂本爲善嘉慶十七年順德張公青選宰嘉善重校付梓是爲淸芬閣重刊本也邵注目莫目　一黃丕烈刊單注本見邵注目莫目勤案此書刊于
嘉慶戊寅編入士禮居叢書之首係從嘉靖中徐氏仿宋本出而以宋董氏集古堂本蜀大字本岳本余氏萬卷堂本互校末附札記一卷行款體式悉依徐刻家有藏本精善　一曲阜孔
氏敎本堂刊本見邵注目莫目　一殷盤校刻本見觀古堂藏書得齋校本周官禮注六卷鄭注間采賈疏及宋人說　一稽古
樓刊巾箱本見邵注目莫目　一德淸袁氏樾校刊本見曝書雜記云周禮讀本以德淸袁氏樾校刊本爲善正文句讀音切頗淸晰便
於童蒙　一朝鮮國活字刊本見森志纂圖互注周禮十二卷未見
〔附白文本〕
一宋嘉祐二年刊石本見孫目內編　一宋刻九經本見天祿續編三吳記丁志陸續跋　一明錫山
秦氏刊本見吳記培林堂目　一武英殿雙鉤鐫榻本見曝書雜記　一國子監刊石本見叢書舉要

一錫山秦氏仿宋刊巾箱九經本見天祿目、丁志邵注目

〔附纂文本〕

一宋嘉祐三年刻本見邵注目　一明刊七經本　一國朝內府刊本幷見莫目

周官新義十六卷附考工記解二卷宋王安石撰（朱考（百二十二）王氏（安石）新經周禮義未見）

〔目錄〕

宋晁志新經周禮義二十二卷（右皇朝王安石介甫撰宣本同玉海引同馬考引同）　陳錄周禮新義二十二卷（王安石撰馬考引同）　尤目王文公周禮新經　宋志王安石新經周禮義二十二卷　元馬考新經周禮義二十二卷　明文淵閣目周禮王荊公解義（一部三册缺）　內閣目荊公周禮解義三册不全（宋王安石注）

〔板本〕（謹案此書外間久無傳本館臣從永樂大典中輯出編爲十六卷附考工記解二卷內缺地官夏官二卷無從輯補未付聚珍板印行考王氏當時本未解考工記而永樂大典中乃備載其說據晁志云蓋鄭宗顏輯王氏字說爲之以補其缺者）

一明萬曆中刊本見莫目、墨海金壺本見邵注目莫目　一粵雅堂叢書本見丁目（子）莫目　一經苑本見曝書雜記邵注目（云增多百餘條）莫目

周禮詳解四十卷宋王昭禹撰（朱考（百二十二）王氏（昭禹）周禮詳解存　彙考補正王氏（昭禹）周禮詳解）

〔目錄〕

宋陳錄周禮詳解四十卷（王昭禹撰馬考引同）　宋志王昭禹周禮詳解四十卷（玉海引晁志王昭禹撰詳解四十卷）　元馬考周禮詳解四十卷明文淵閣目王昭禹詳解（一部二十册完全）

〔板本〕

一商邱宋氏寫本見四庫著錄勵案此書各家著錄均爲鈔本唯邵注目云路有宋刊本陸續跋云閣山西路小丹有宋本今已散落云 浙錄云浙江巡撫採進本 浙錄云內附載陸德明釋文卷首有總括十八則 一文瀾閣傳抄本見張志

一舊抄本見丁志王昭禹周禮詳解四十卷唐國子博士吳縣開國男陸德明釋文附前有王昭禹光遠自序又周禮互注總括十五則附載陸德明釋文而即以陸德明之名冠卷首有虎林盧文昭寫本錢唐抱經堂藏印 陸志陸續跋云王昭禹周禮詳解四十卷次行題曰唐國子監博士吳縣開國男陸德明釋文附前有昭禹自序及周禮互注總括十七條每頁十八行每行十八字似從宋本傳錄者 朱目 一抄本見內閣目王昭禹周禮詳解二十冊全云抄本天官八卷地官八卷春官六卷夏官三卷秋官五卷冬官六卷 培林堂目王昭禹周禮詳解十六卷抄五冊 帶經堂目周禮詳解四十卷 邵注目云振綺堂有

周禮復古編一卷宋俞庭椿撰朱考(百二十三)俞氏(庭椿)周禮復古編存 翁攷補正俞氏(庭椿)周禮復古編

〔目錄〕

宋志俞庭椿周禮復古編三卷 明文淵閣目周禮復古編一部一冊缺 陳注錢目俞庭椿周禮復古編一冊 錢目俞廷椿周禮復古編一冊 述古堂目俞壽翁周禮復古編一卷 也是園目俞廷椿周禮復古編一卷 徐目俞庭椿周禮復古編一本 浙錄俞廷椿復古編一卷刊本周禮集說後附

〔板本〕

一元刊本見吳記云周禮集說末卷每葉二十四行行二十五字 錢日記抄云元槧周禮義疏其第二十卷則俞庭椿周禮復古編也 天祿續編八周禮集說云宋署至元戊子歲盞友仁本宋遺老而是書則刊於元初者也庭椿復古編於五官中割取四十九以補冬官之缺友仁截之簡末失別裁矣 丁志周禮集說十二卷附復古編元刊本云復古編題臨川俞庭椿壽翁編 一明成化間閩撫張瑄建陽書院刊本見瞿目周禮集說末附俞庭椿復古編一卷亦題陳友仁編其標目則云周禮復古編卷第十二蓋合

集說並數耳丁志陸志明刊本周禮復古編一卷宋臨川俞庭椿壽翁編陸集周禮集說明成化刊本卷十二題日周禮復古編臨川俞庭椿壽翁編後有成化甲午張瑄刊本跋繆續記周禮集說後附俞庭椿周禮復古編成化辛未張瑄跋道古堂集周禮集說末卷乃復古編邵注目明刊本附元陳友仁周禮集說之後濟生堂餘苑本見祁目邵注目莫目勵案此明萬曆間山陰祁承㸁編刊行世甚希

禮經會元四卷宋葉時撰宋考（百二十五葉氏時禮經會元四卷存翁考補正葉氏（時）禮經會元

〔目錄〕

明文淵閣目禮記會元一部四册缺陳目禮經會元四卷葉時萬卷堂目禮經會元四卷葉時祁目禮經會元四册四卷葉時黃補宋目葉時禮經會元四卷陳注錢目宋葉時禮經會元四册錢目宋葉時禮經會元四册盧補宋志葉時禮經會元四册述古堂目葉時禮經會元四卷四本也是園目同陸目葉時禮經會元四卷稽瑞樓目禮經會元四册舊刻本

〔板本〕

一元刊本朱考引潘元明序云舊板之燬已久因重鋟梓以廣其傳云又陳基序云公裔孫今浙江儒學副提舉廣居奉遺編獻之江浙行中書右丞榮陽潘公公命刻諸梓且為書俾余序其篇端云又葉廣居跋云禮經會元四卷其書皆授門人丹山翁同父氏自翁氏復歸家檟年兵亂流竄躬負遺笈得不失際江浙右丞榮陽公敦古尚治命鋟梓以不朽其傳云比帶經堂目瞿目禮經會元四卷題宋龍圖閣學士光祿大夫贈開府儀同三司南陽郡開國公食邑二千一百戶食實封一百戶諡文康葉時著其書公授門人丹山翁同父後六世孫廣居得之翁氏至正二十五年江浙行省右丞海陵潘元明刻之有元明及臨海陳基序廣居跋此書第一刻本也天祿目五禮經會元宋葉時撰四卷前元潘元明序時家傳六世孫廣居識云是書時書中廣居識語稱榮陽公教古尚治命鋟梓以不朽其傳云云則知此書在宋時並未刊行故不顯於世榮陽為潘氏郡望前有海陵潘元明序作於至正乙巳按乙巳為元順帝二十五年其結銜稱榮祿大夫江淛行省右丞兼同知行樞密院事

天祿續編八 禮經會元宋葉時撰四卷云前有至正二十六年陳基序又潘元明序又竹埜先生傳則時 家傳也又六世孫廣居識詳諸篇乃元明序刻是書而其爲作序其後人又作讚又一部云同

上陳潘二序佚 丁志 禮經會元四卷題宋龍圖閣學士光祿大夫贈開府儀同三司南陽郡開國公食邑二千一 百戶實一百戶諡文康葉時著前有至正二十六年丙午後學陳基序云云（文同朱考）後有

竹埜先生傳及至正二十五年六世孫葉廣居識語又一部云此則印本校後惟前 多至正乙巳中秋榮祿大夫•江浙行省右丞兼同知行樞密院事海陵潘元明序 陸志 禮經會元四卷 （題銜同丁志）有

至正乙巳中秋日榮祿大夫江浙行省右丞兼同知行樞密院事海陵潘元明序至正二十六年歲丙 正月甲辰後學臨海陳基序至正二十五年八月吉日六世孫將仕郎江浙等處儒學副提舉葉廣居百

拜譔 讚 莫錄 禮經會元四卷結銜云（同丁志作一行）首載至正二十六年丙午臨海陳基序及至正乙巳中 秋江浙行省右丞兼同知行樞密院事海陵潘元明仲遠序次竹埜先生傳尾有至正二十

五年八月六世孫江浙等處儒學副提舉葉廣居識蓋•元明從廣居得本 所重刊也每半葉十一行行二十四字篇中具刻點抹蓋仍宋刻之舊 繆記 禮經會元四卷有至正乙 己潘元明序至正丙午陳

基序本傳後有六世孫葉廣居識每 半葉十一行每行二十四字小黑口 莫目 元至正刊本半葉十 一行行二十四字 傅批莫目 云元至正乙巳 潘元明刊本 一明成化

閒刊本見朱目傅批莫目 云明初 黑口本 一明繙元本見余藏書 每半葉十一行行二十四字白 口篇無點抹字體似嘉靖時刻 一通志

堂本見徐目季目王目金目孫目 外 編 倪目丁目邵注目莫目 余錄云禮經會元四卷宋錢唐葉時官龍 圖閣學士諡文康與朱子友善稱竹埜先

生其書凡百篇勵案目錄載元刊本云篇中具刻 點抹蓋仍宋刻之舊通志堂刊本乃盡去之非也 一乾隆五年刊本見邵注目莫目 一道光中賀

長齡撫黔刊本見邵注目莫目 一國朝許元淮刊本見邵注目 云館爲短篇似郎 乾隆五年刊本 一藤花樹刊本

見邵注目莫 勵案此郎汪紹成編刻 正誼齋叢書之初名 一汪氏叢書本見邵注目莫目 勵案家有藏本道光庚子汪紹 成刻初名藤花榭後名正誼齋

唯刻 甚精 一洞庭席氏刊本見莫目 云附陸清獻許點勵案家有 藏本雍正席永琦等刻

太平經國之書十一卷宋鄭伯謙撰 朱考（百二十四）鄭氏（伯謙）太平 經國之書統集（今本十一卷）存

〔目錄〕

宋志鄭伯謙太平經國書統集七卷　明祁目（史類典故）太平經國書二册（十一卷鄭伯謙撰）得月樓目太平經國之書十一卷（鄭伯謙）　陳注錢目太平經國書　也是園目鄭伯謙太平經國書十一卷　培林堂目鄭伯謙太平經國之書十一卷（一册又三册）　陸目太平經國書十一卷

〔板本〕

一明嘉靖丙申山西布政司刋本見明范目（史政書類太平經國書二卷(刋本)宋永嘉鄭伯謙節鄉撰祥符高叔嗣序云予雅好是書聞人有異本不憚遠求同縣人按察司副使田勤甫氏刋周禮集說讀其中往往引太平經國書可觀取恨不見其全他日翰林學士姚維東氏云有之傳以眎叔嗣錄藏於家後十而年刋於山西布政司）朱考（引高叔嗣序云）丁目（明嘉靖間刋本）丁志（太平經國之書十一卷前有自序題修職郎衢州府學教授永嘉鄭伯謙撰卷之首列成周官制秦官制秦官制漢南北軍四圖爲目三十嘉靖丙申山西左參政祥符高叔嗣序列於山西布政司）陸志（太平經國之書十一卷題職郎衢州府學教授永嘉鄭伯謙節鄉撰自序嘉靖丙申高叔嗣序）繆續玭（有高叔嗣序）邵注目莫目　一通志堂本見徐目季目王目金目孫目（外編）倪目丁目邵注目莫目（翁錄太平經國之書十一卷宋永嘉鄭伯謙撰其目二十）　一汪氏叢書本見邵注目莫目　一學津討原本見邵注目莫目

周官總義三十卷宋易祓撰（朱考(百二十三)易氏(祓)周禮總義未見）

〔目錄〕

宋志易祓周禮總義三十六卷（玉海引晁氏志易祓總義三十卷）　明文淵閣目周禮易祓總義（一部十二册缺）　內閣目周禮總義十一册全（宋嘉定間長沙易祓注凡三十六卷）

〔板本〕

（勤案此書世無傳本館臣從永樂大典輯出編爲三十卷其地官夏官則采王與之周禮訂義所引補其亡未付聚珍板）

一宋許儀衡陽刊本見趙附志（云許儀爲之序刻於衡陽）朱考（引趙希弁目）四庫提要云（引趙希弁讀書附志）一永樂大典本見

四庫著錄　一文瀾閣傳抄本見張志陸續志　一藝海樓傳抄本見丁志邵注目（云路有）

周禮訂義八十卷宋王與之撰（朱考（百二十四）王氏與之周禮訂義存　翁考補正王氏與之周禮訂義）

〔目錄〕

宋志王與之周禮訂義八十卷　明文淵閣目周禮王與之訂義（一部十五册闕又一部二册完全晁本作東巖周禮訂義）也是

園目王與之周禮訂義八十卷　帶經堂目周禮訂義八十卷（板本）

〔板本〕

一宋縉紳韋布刊本見朱考（引淳祐二年十二月朝奉郞直煥章閣權知溫州軍州兼管內勸農事趙汝騰奏云縉紳韋布爭欲得之與之刊於家云）天祿續編（東巖周禮訂義宋王與之撰八十卷前有秘書省下溫州牒次溫州繳書申次知溫州趙汝騰奏次檢正都司看詳次省投賓州文學又紹定五年眞德秀序編類姓氏世次編集條例序周禮廢興後有嘉熙丁酉趙汝騰後序中內印本二十四在當時已鐫板奏書中採諸儒說五十一家是書近通志堂經解有重梓本）一通志堂本見徐目季目王目金目孫目

外編　倪目丁目邵注目莫目（翁錄周禮訂義八十卷宋樂淸王與之次點東巖撰東巖嘗撰周官補遺摘取五官之屬以補冬官其說始自臨川俞壽翁廷椿周禮復古編而東巖與淸源邱葵繼之然東巖所著訂義則以諸屬仍列五官而爲之說也此書採儒說五十一家宋儒之說又四十五家蓋言義理者略備于此何焯曰李申耆宋本）

鬳齋考工記解二卷宋林希逸撰（朱考（百二十九）林氏（希逸）鬳齋考工記解三卷存）

〔目錄〕

明文淵閣目周禮林希逸考工說（一部二册闕）　高志周禮考工記解二卷（鬳齋林希逸撰）　黃補宋目林希逸考

工記圖解四卷　陳注錢目林希逸考工記解一册二卷　錢目林希逸考工記解一册　盧補宋志林希逸考工記圖解四卷今梓本無圖止二卷　述古堂目林希逸考工記二卷二本也是闕目同　帶經堂目鬳齋考工記解二卷刊本

〔板本〕

一通志堂本見徐目季目王目金目浙錄刊本孫目外編倪目丁目邵注目莫目翁錄鬳齋考工記解二卷宋林希逸每段有圖雖未極詳博而文頗顯明　何焯曰汲古宋本中有敏業應訪求補全

周禮句解十二卷宋朱申撰朱考（百二十五）朱氏（申）周禮句解（十二）卷存

〔目錄〕

明文淵閣目周禮句解一部三册完全又一部二册完全　內閣目周禮句解二册全朱申著又一册完全　高志周禮句解十二卷魯齋朱申周翰句解　范進呈目周禮句解十二卷見存目同　范目周禮句解十二卷魯齋朱申周翰著見存目全　萬卷堂目周禮句解十二卷朱申　黃補宋目朱申周禮句解十二卷　陳注錢目朱申周禮句解六册十二卷　錢目朱申周禮句解六册　盧補宋志朱申周禮句解十二卷　也是園目朱申周禮句解十卷　徐目宋朱申周禮句解十二卷四本　徐宋元目元板周禮句解十二卷朱申六本　又元板周禮十二卷朱申六本　培林堂目朱申周禮句解十二卷二册　王目周禮句解元朱申十二卷葉文莊家藏本一册　浙錄周禮句解十二卷右宋新安朱申撰天一閣藏刊本

〔板本〕

一宋刊本見瞿目 周禮句解十二卷題晉齋朱申周翰此就沙本刻於宋末其序官皆刪去每半葉十行行二十五字夾注在各句下卷末有姑蘇吳岫家藏六字卷首末有吳岫葉樹廉印石君諸朱記勤案張志載明初刊本吳葉印記均同當是張藏後歸瞿氏實一書也 一明初刊本見張志 周禮句解十二卷題晉齋朱申周翰撰明初刊本卷末有題識云姑蘇吳岫家藏卷首有葉石君印記勤案此書瞿目著錄以為宋末麻沙本未見原書不知孰是 一明初刊本見陸志 校正詳增音訓周禮句解十二卷宋晉齋朱申注釋 邵注目莫目 一明永樂中刊本見莫目 有黃翰跋 一明正統刊本見邵注目莫目 一明陳儒序刊本見朱考 引陳儒序曰往歲秋八月儒奉命督撫淮南適有遺我周禮句解者乃遂檄淮守蔡子揚金刊之將以布諸學宮云 浙錄 云明陳儒督撫淮南時嘗刊行之 丁志 周禮句解十二卷晉齋朱申周翰明嘉靖刊本前有嘉靖丙辰春賜進士出身資善大夫奉敕總督漕運兼巡撫鳳陽等處地方都察院右副都御史前奉敕提督浙江學校廣陽陳儒撰序曰云云（文同朱考）又一部校正詳增音訓周禮句解十二卷題晉齋朱申註釋後學陳儒校刊云此書從明刻影抄前缺陳儒序

周禮集說十卷不著撰人名氏 朱考（百二十五）亡名氏周禮集說十二卷缺 翁考補正亡名氏周禮集說

〔目錄〕

明內閣目周禮集說十二册全 元至正間陳友仁編 范目周禮集說十二卷 闕中劉儲秀補編見存目缺存卷一卷三至末又一部存卷三四卷

萬卷堂目周禮集說十二卷 陳友仁 黃補元目周禮集說十二卷 不知何人所輯元吳興陳友仁君復得之於沈則正因傳之內地官末卷亡明關中劉儲秀補注

得月樓目周禮集說十卷 五本陳友仁 陳注錢目陳友仁周禮集說十二册 十二卷元人

錢目陳友仁周禮集說 十二册 錢補元志陳友仁周禮集說十二卷 盧補元志周禮集說十二卷 失名內地官末卷亡明關中劉儲秀補注

金補三史志陳友仁集說十二卷 述古堂目陳友仁周禮集說十二卷 十二本也是園目同

徐目元陳友仁周禮集說十二卷十二本　培林堂目陳友仁周禮集說十二卷號君復十二冊　　王目周禮集說元陳友仁十二卷十冊棉紙　浙錄周禮集說十二卷刊本　倪目周禮集說十二卷

〔板本〕

一元初刊本見天祿續編八周禮集說元陳友仁因無名氏舊本增元本十二卷今書十卷其地官二卷元佚前有友仁自序次凡例綱領每官有總論案千頃堂書目云周禮集說十二卷內地官末卷亡明關中劉儲秀補注據此則黃氏所見本地官尚非全缺此則地官二卷俱係劉補又劉補在卷三卷四其卷皆復出或後人不欲易陳氏舊第故以劉補編入而不增卷也明成化間閩撫張暄刻於建陽書院　丁志周禮集說十二卷題吳澂後學前溪陳友仁君復編地官闕中劉儲秀編補云此書前有成化甲午巡撫福建部御史江浦張暄序原缺地官闕中劉儲秀補之四庫未見劉補仍其舊缺此固補入第三第四也　陸志周禮集說十二卷元吳興後學前溪陳友仁君復編有至正戊子歲吳興後學前溪陳友仁君復序凡例綱領成化甲午張暄題　陸集周禮集說十二卷卷一至十一卷題曰周禮集說吳興後學前谿陳友仁君復編卷十二題目周禮復古編臨川俞庭椿壽翁編首爲凡例次爲綱領卷一天官總論卷二卷三天官集說卷四五春官集說卷六七夏官集說卷十卷十一考工記集說卷十二則復古編也前有至正戊子陳友仁序後有成化甲午張暄刊板跋地官原缺以卷第觀之似友仁原本已然　繆續記周禮集說十一卷明刻本元陳友仁因舊本重輯原佚地官二卷卷首有總綱領總論凡例成化辛未張暄跋　邵注目云許氏有明張暄刊本補抄明劉儲秀補編地官二卷共十四卷　批注莫目云明成化戊子刊本每葉二十行行二十三字

一明初刊本見批注莫目前有奉敕提督學政奉政大夫陝西提刑按察司僉事臨川伍福序後有西安府庠生員六名李文煥韓聰許仁宋欽楊鵬宋繪謄寫字劃西安郡守孫世榮重刻　道古堂集云第四卷爲闕中劉儲秀補編成化間刊于建陽書院則閩撫張暄也

一明初刊本見批注莫目云成化本伍福序稱梓刻久敝流傳失勘是本有遼刻矣

一明按察副使祥符田勤甫刊本見朱考太平經國之書引嘉靖丙申高叔嗣序曰正德十四年叔嗣舉於鄉後三年得進士爲考功主事始好是書聞人有異本不憚求之同縣人按察副使田勤甫氏刊周禮集說云云　莫目

周官集傳十六卷元毛應龍撰朱考（百二十五）毛氏（應龍）周禮集傳二十四卷存　周官或問五卷未見

〔目錄〕 明文淵閣目周禮毛應龍集傳一部十六冊完全 周禮毛應龍或問一部一冊完全 黃補元目毛應龍周禮集傳二十四卷一作十三卷成問五卷 錢補元志毛應龍周官集傳二十四今存十六卷 周官或問五卷 盧補元志毛應龍周禮集傳二十四卷今十六卷 述古堂目毛應龍周禮集傳二十卷 也是園目毛應龍周禮集傳二十四卷

〔板本〕勸案此書諸家著錄皆云二十四卷今散見于永樂大典者缺地官夏官其餘四官首尾頗完具館臣從大典中輯出編爲十六卷以一官四卷共得二十四卷計之仍其舊第也別有周官或問五卷在集傳之外永樂大典割附集傳之後其存者僅天官十九條春官十四條秋官冬官各一條館臣以篇幅寥寥不能成帙仍錄附於各傳下未付聚珍板

一鈔本見內閣目周禮集傳十六冊全鈔本元大德間澧州教授豫章介石毛應龍著總緒儒訓釋斷以己見凡二十四卷勸案此尚是毛氏原本地官夏官未缺者非館臣從永樂大典輯本可比也 一永樂大典本見四庫著錄 一文瀾閣傳抄本見張志陸續志 一藝海樓傳抄閣本見朱目 一抄本見滯經堂目瞿目云其書傳採諸家注釋而自注則以應龍曰別之諸家書目俱作二十四卷今館本編爲十六卷實完書也 丁志云原編官四卷故合二十四卷永樂大典中缺地官夏官故止十六卷 邵注目云路有

周禮傳十卷圖說二卷翼傳二卷明王應電撰朱考(百二十七)王氏應電周禮傳十卷存周禮圖說二卷存學周禮法一卷存非周禮辨一卷存翁考補正王氏應電周禮傳

〔目錄〕 明志王應電周禮傳十卷周禮圖說二卷學周禮法一卷非周禮辨一卷 范進呈目周禮圖說二卷

見存目周禮傳十卷圖說二卷翼傳二卷　祁目周禮傳十卷周禮翼傳二卷周禮圖說二卷王應電　徐目明王應電周禮傳十卷附翼傳圖說二卷七本　培林堂目王應電周禮傳十四卷七册　倪目周禮傳十卷圖說二卷翼傳二共十三本

〔板本〕

一明嘉靖戊午刊本見黃目王應電周禮傳十卷(嘉靖戊午序)翼傳二卷圖説二卷(五官各二卷翼傳者上卷爲冬官補義一天王會通二學周禮法三治地事宜四下卷爲經傳五非周禮辨六經傳正誤七圖説(分上下二卷)　朱考引羅洪先曰甲寅秋挾册南遊得予訂正手遺多故不假而君亦播遷戊午夏避暑蓮洞始獲卒業見其言如盤根樛枝附麗宛轉鑱鑱刻鏤色理甄紛云云　浙錄周禮傳五卷(各分上下)刊本右明崑山王應電撰周禮圖説二卷刊本周禮翼傳二卷刊本右前人撰分學周禮法一卷非周禮辨一卷刊　丁志周禮傳十卷翼傳二卷明嘉靖官刊本云前有嘉靖戊午秋日吳人王應電自序又壬子楊豫孫及念庵羅洪先永豐今楚蘄吳鳳瑞三序並嘉靖三十九年六月泰和縣丞分守道奉都察行文又四十二年六月永豐縣丞都察院行文兩件爲刊周禮傳翼以明聖經事理云　陸志周禮傳十卷翼傳二卷圖説二卷嘉靖戊午王應電序楊豫孫序嘉靖三十七年羅洪先序嘉靖癸亥吳鳳瑞序　邵注目云有刊本　莫目明刊

周禮全經釋原十四卷明柯尚遷撰朱考(百二十七柯氏(尚遷)周經全經釋原十四卷(內原流敘論一卷通論一卷)存　翁考補正柯氏尚遷周禮全經釋原

〔目錄〕

明志柯尚遷周禮全經釋原十四卷　祁目周禮全經釋原十二卷　周禮源流敘論一卷　周禮通論一卷　共十二册柯尚遷　黃目柯尚遷周禮全經釋原十二卷附錄二卷天官三卷地官三卷春官三卷夏官秋官共三卷冬官一卷末附周禮通論周禮通考續論二卷嘉靖乙巳序　徐目明柯尚遷周禮全經十三卷十三本　培林堂目柯尚遷周禮全經釋原十二卷又附錄二卷嘉靖丙午序十三册

〔板本〕

一明隆慶四年刊本見丁目丁志周禮全經釋原十二卷附周禮通論一卷周禮通今續論一卷後題學柯尚遷集釋井原云是書前列總序一篇原流序論一篇六官目問四篇全經綱領十二條先儒姓氏考釋原凡例七條書中所釋者皆采輯古注也其曰原者則尚遷推闡本意也隆慶四年遷按直隸御史蜀巴傳諭序之前丁未進士金壇王樵盧州知府張大忠跋其後 陸志周禮全經釋原十四卷明刊本隆慶戊辰王樵序 邵注目明刊本 莫目

周禮注疏刪翼三十卷明王志長撰朱考(百二十八)王氏(志長)周禮注疏刪翼三卷存翁攷補正王氏志長周禮注疏刪翼

〔目錄〕

明王志長周禮注疏刪翼三十卷 徐目明王志長周禮注疏刪翼三十卷十本 培林堂目王志長

周禮注疏刪翼三十卷八冊

〔板本〕

一明崇禎己卯序刊本見黃目王志長周禮注疏三十卷崇禎己卯序 朱考引志長自序曰邑侯葉公見而稱善書成相與盤正之遂授之梓 浙錄刊本 丁志周禮注疏刪翼三十卷題後學葉培恕行可定王志長平仲輯首列賈氏正義序周禮廢興序崇禎己卯葉培恕張溥王志長及志長刪翼四序凡例十一則 邵注目莫目

欽定周官義疏四十八卷 乾隆十三年

御定三禮義疏之第一部也

〔目錄〕

倪目欽定周禮義疏四十八卷三十本

〔板本〕

一内府刊本 一外省覆本並見莫目

周禮述注二十四卷 國朝李光坡撰

〔目錄〕

倪目周禮述注二十四卷（八本國朝李光坡著）

〔板本〕

一刊本見邵注目莫目

周禮訓纂二十一卷 國朝李鍾倫撰

〔目錄〕

〔板本〕

一乾隆丁丑其子清馥刊本見四庫著錄（提要云書後有乾隆其子廣平府知府清馥跋）邵注目莫目（勤案余家有藏本附刻榕村全集後）

周官集注十二卷 國朝方苞撰

〔目錄〕

〔板本〕

一康熙辛丑陳鵬年刊本（天官地官） 一雍正辛亥朱軾刊本（春官夏官）並見觀古堂藏書 一望溪全書本見

邵注目莫目 勳案余家有藏本乾隆八年門人程瑩綱刊 一抗希堂本見倪目 勳案叢書舉要載方望溪抗希堂全集安徽活字本此本是也

禮說十四卷 國朝惠士奇撰

〔目錄〕

倪目禮說十四卷 六本國朝惠士奇撰 孫目禮說十四卷 惠士奇撰

〔板本〕

一紅豆齋原刊本見浙錄 刊本 莫目 勳案余家有藏本雍正乙巳刻于廣東使署有圈點 一嘉慶丁已上海彭氏校刊本見邵注目莫目 勳案北彭氏校刊 一璜川吳氏經學叢書本見觀古堂藏書 勳案此郎嘉慶丁巳彭氏刊本板歸吳氏彙入經學叢書印行 一院刻經解本見邵注目莫目

周官祿田考三卷 國朝沈彤撰

〔目錄〕

孫目周官祿田考三卷 沈彤撰

〔板本〕

一果堂集刊本見浙錄 刊本 四庫著錄 浙江巡撫採進本 丁目邵注目倪目 原本 莫目 勳案余家有藏本乾隆十五年刊 一阮刻經解本見邵注目莫目

周禮疑義舉要七卷 國朝江永撰

〔目錄〕

倪目周禮疑義舉要八卷二本國朝江永撰　孫目周禮疑義舉要七卷

〔板本〕

一乾隆辛亥許作屛刊本見邵注目　一守山閣本見邵注目　一無年月原刊本見觀古堂藏書

一阮刻經解本見邵注目　一敷文閣叢書本見邵注目勤案此成都龔氏校刊一名敷文閣叢抄

右禮類周禮之屬二十二部四百五十三卷皆文淵閣著錄

四庫全書目錄板本　周禮類終

經部十二

葉啟勳

禮類二

編者按四庫全書目錄禮類儀禮之屬卷首著錄有儀禮註疏（十七卷），儀禮識誤（三卷），儀禮集釋（三十卷），儀禮釋宮（一卷），儀禮圖（十七卷），儀禮旁通圖（一卷），儀禮要義（五十卷），數類本文原稿未加考釋或被胥手鈔佚，亦未可知。謹識於此。

儀禮逸經傳二卷元吳澄撰

朱考（百三十三）吳氏澄儀禮逸經八篇（焦氏經籍志作六卷非）存　儀禮傳十篇存　翁考補正吳氏澄儀禮逸經

（目錄）

明文淵閣目儀禮吳澄逸經一部一册　高志儀禮考注十七卷　儀禮逸注六卷　儀禮傳十五卷三書元翰林學士臨川吳澄幼清撰　陳目儀禮逸經十八篇劉有年　儀禮傳十篇吳澄序　萬卷堂目儀禮逸經一卷吳澄　黃目儀禮逸經十八篇洪武中御史沅州劉有年以辭秩養母忤旨謫翰站役通州後於州衙家得其書獻之朝命付史館　陳注錢目吳澄儀禮逸經一册六卷　錢目儀禮逸經一册　錢補志儀禮逸篇八篇　傳十篇　盧補志元吳澄敍次儀禮十七篇　儀禮傳十五篇一云十篇　儀禮逸經八篇　金補志見後禮記纂言條下　也是園目吳澄儀禮儀經傳一卷

（板本）

一元李俊民序刊本見朱攷引李俊民序曰儀禮逸經八篇傳十篇草廬吳先生之所纂次也先生易書春秋小戴記纂言大戴記訂正經文悉行於世獨此十有八篇學者未之見也先生之孫今禮部郎中當伯尚高第弟子兵部員外郎危素太僕卿與俊民同官學者乃請

而得之緒寫甚謹校讐甚精於是一時僚友謂宜刊布以淑來學遂命工鋟梓旣畢云云 黃目 吳澄敘次儀禮十七篇（至正十四年甲午李俊民序）儀禮傳十五篇（與逸經俱入三禮考注中）儀禮逸經八卷（澄以小戴記投壺奔喪大戴記公冠諸侯遷廟釁廟鄭注之中霤禘于太廟禮王居明堂禮皆禮之遺者取以補之元集慶路有刊本今收入三禮考注中） 瞿目 明刊本云前列李俊民序卷末程敏政跋據程跋知元至正間李莊定刻置國子監崇文閣明天順初板已亡失云 陸志 元刊本有至正十四年歲次甲午七月既望奉直大夫國子司業李俊民謹序云云 邵注目 元刊本 附錄云陸有 勤案朱考引楊士奇曰此書刻版在北京國學彭士揚爲典籍蒐閱崇文閣不完書板而此獨完卽日印惠親友壹已廢棄六十餘年其顯晦固有時哉又引程敏政跋曰右元吳文正公儀禮逸經一卷當時刻于國子監崇文閣國朝宣德中尙存見楊文貞公圖籍志館閣書目亦有之天順初予被命讀中秘書已無其本而國監本亡久矣云云是此書刻于元李俊民集慶路明時取各路書板入監此板至宣德中板尙完全彭士揚嘗印行迨天順初而板亡矣外間亦少傳本程敏政乃據此本再刊

一明成化癸卯何喬新序刊本見朱考 何喬新又曰元吳文正公儀禮逸經一卷刻在太學楊文貞三禮考注跋稱文正之書爲其鄉人晏璧所竊又私加删改走當時卽求其書而太學刻本亡矣搜訪十餘年無所得友人羅太史倫校三禮考注梓行而篇目注疏悉用晏本幷毆之跡居然可見而恨無正文原本可正也成化癸卯始得於楊循吉家以付司業費居閒就國學殘本刊足之云云 四庫著錄 提要云明何喬新嘗取以次朝事儀後幷爲之跋通志堂刻九經解復佚其文蓋所據乃未補之舊本非喬新本也

一明宏治丁巳程敏政刊本見朱攷 引程敏政跋曰右元吳文正公儀禮逸經一卷當時刻于國子監崇文閣國朝宣德中尙存見楊文貞公圖籍志館閣書目亦有之天順初予被命讀中秘書已無其本而國監本亡久矣成化甲辰春過吳門知楊讀曹君謙嘗著書識之云家有藏本猝尋不獲馳舟候歛月得之然欲謀重刻以傳未有應冎以記請辭匆獲則念學校禮之所從出也受以畀斯役云 瞿目 云前列李俊民序卷末程敏政跋弘治丁巳篁墩得楊君謙藏本重刻於新安縣學云

一通志堂本見季目徐目王目金目孫目外編倪目丁目邵注目一卷 莫目 翁錄儀禮逸經傳一卷元吳澄撰八篇傳十篇朱竹垞謂應列於學宮勤案余家有藏本分逸經八篇傳十篇首有至正十四年歲次甲午七月既望奉直大夫國子司業李俊民序末有是歲冬十有二月六日新安後學程敏政跋殆從程本出

一學津討原本見邵注目莫目

儀禮集說十七卷元敖繼公撰

朱攷（一百三十三）敖氏繼公儀禮集說十七卷存 翁考補正敖繼公儀禮集說

（目錄）

明文淵閣目儀禮敖繼公集說一部十二册又一部十五册完全 內閣目儀禮集說十五册全元大德間長樂敖繼公注多仍鄭文與朱子通解稍異凡十七卷又十二册不全 萬卷堂目儀禮集說十七卷敖繼公 黃目敖繼公儀禮集說十七卷 陳注錢目敖繼公儀禮集說十册十七卷元人 錢目敖繼公儀禮集說十册 錢補志敖繼公儀禮集說十七卷字君善長樂人信州教授 盧補志敖繼公儀禮集說十七卷長樂人 金補志敖繼公儀禮集說十七卷 也是園目敖繼公儀禮集說十七卷

（板本）

一元敖自序本見范目（儀禮集說十七卷刊本元敖繼公撰并自序云見存目缺存卷一至七卷九至十七）陸志（儀禮十七卷敖繼公集說有大德辛丑孟秋望日長樂敖繼公序又有大德辛丑仲秋望日長樂敖繼公序按每葉二十四行每行十八字板心有字數及刻工姓名字體遒勁每卷後有考異一葉元板中之最精者）陸續跋（儀禮十七卷題曰敖繼公集說每頁二十四行每行十八字經頂格注低一格板心有字數間有刻工姓前大德辛丑自序後有後序十一卷後有識語每卷後有正誤數條言所以去取之意如後世校勘記之類惟卷一卷十一獨無）邵注目（附錄云陸有元刊元印本每頁二十四行行十八字板心有字數及刻工名字體遒勁每卷後有考異一葉元板中之最精者）莫目（元板大字本）學部館目（每半頁十二行行十八字高七寸二分廣五寸五分白口單邊僅存十七卷勵案余家有藏本大題儀禮卷第幾次存敖繼公集說每半頁十二行行十八字白口大板板心上記字數下記刻工姓名黑魚尾下儀禮卷幾每卷末附正誤考辨字句此元大德辛丑刊本）一明初刊本見丁目傳批莫目（云明成化程敏政本）一通志堂本見季目徐目王目金目孫目（外編）倪目丁目陸續跋（元刊本云與通志堂刻同）邵注目莫目（翁錄儀禮集說十七卷元福州敖繼公君善家於吳興趙孟頫之師也　何焯曰每卷後有一紙最善惜尚缺幾卷失記其詳應訪求補足方綱按此謂其每卷後正誤也所無者第一卷士冠第十一卷喪服第十五卷特牲饋食此三卷之末無此正誤耳此須覓元朝刻本攷之矣勵案余家有藏本首有大德辛丑孟秋望日長樂敖繼公序後有大德辛丑仲秋望日長樂敖繼公後序卷一士冠禮卷十一喪服卷十三既夕禮卷十五特牲饋食禮四卷之末無此正誤檢家藏元刻本所缺正目殆是原缺耳唯陸續跋載本只卷一卷十一無正誤今其書售之東瀛無從考查矣）

經傳補逸九卷元汪克寬撰（朱攷（一百三十四）汪氏克寬經傳補逸九卷（焦氏經籍志作十卷）存　翁攷補正汪氏克寬經傳補逸）

（目錄）

明志汪克寬經傳補逸九卷　祁目續收禮經補逸二四（二卷汪克寬）　陳注錢目汪克寬儀禮補逸一冊（十卷）錢目汪克寬經禮補逸一冊　盧補志汪克寬經傳補逸九卷　也是園目汪克寬經禮補逸九卷　培林堂目汪克寬經禮補逸九卷一冊

（板本）

一明洪武刊本見朱攷（引曾魯序曰郁門汪先生德輔父閒嘗因其成法引為義例以吉凶軍賓嘉五禮之目會梓成書名曰經禮補逸云）莫目　一明程敏政刊本見朱攷（引程敏政書後曰經禮補

逸一編尤號精確不可見者侍郎曾公之序耳予族孫恕保每語及之其子儒學生啓從予游知予之惓惓於是乃百計購得之先生玄孫文璧從玄孫仁知等與恕保圖刊布祁門令武昌熊君伯清實助之予因爲手校且摹先生之像於篇首別爲附錄一卷云 黃目 云克寬歿後是書爲人所竊幾不傳程敏政使族人啓仿得手稿乃爲刊行一名儀禮補逸弘治二年已酉曾啓序 四庫提要 云程敏政篁墩集有書是書後曰環谷汪先生著書凡十餘種先生既歿悉被一人竊去據爲已書經禮補逸一編尤號精確乃百計購得之其原本雖被改竄然有附麗而無剽補竄竄之跡皦然甚明先生元孫文璧等力圖刊布因爲手校且摹先生之像於編首別爲附錄一卷云云 丁志 儀禮補逸九卷云前有汪克寬自序又有洪武二年臨江曾啓序宏治六年少詹事程敏政序並題環谷汪先生眞像先生五世孫文棒等力爲刊布別錄闕文行狀之類附於後書則細字密行刊頗精工 陸志 儀禮補逸十卷附錄一卷有洪武二年歲在已酉秋月下澣臨江諸生曾啓序弘治六年程敏政序弘治十年程敏政跋 邵注目 明弘治中程敏政校刊本又附錄云陸志有弘治本題十卷附錄一卷 一明刊本見學部館目 存一之五 一通志堂本見季目徐目王目金目孫目 外編 倪目丁目邵注目莫目 翁錄經禮補逸九卷元新安汪克寬環谷鈔合三禮三傳諸經之文以五禮統之與草廬之書不侔矣勳案余家有藏本首有洪武二年歲在已酉秋八月下澣臨江諸生曾啓序次自序末有附錄一卷而無眞像及程敏政跋或係佚失歟

欽定儀禮義疏四十八卷 乾隆十三年

御定三禮義疏之第二部也

（目錄）

倪目欽定儀禮義疏四十八卷 四十本

（板本）

一內府刊本 一外省覆本並見莫目

儀禮鄭注句讀十七卷附監本正誤石經正誤二卷 國朝張爾岐撰

（目錄）

孫目內編儀禮鄭注句讀十七卷附監本正誤一卷石經正誤一卷 張爾岐撰

（板本）

一乾隆八年高氏刊本見四庫著錄提要云此編乃新刊之本無所佚脫云勷案此本以前別無刊本故列此　倪目和衷堂本　邵注目莫刊勷案此書余家有藏本濟陽高廷樞和衷堂校刊閣點甚精

儀禮商二卷附錄一卷　國朝萬斯大撰朱攷（一百三十四）萬氏斯大儀禮商二卷存

（目錄）

孫目外編儀禮商二卷萬斯大撰

（板本）

一經學五書本見四庫著錄浙江巡撫採進本提要云前有應撝謙序　浙錄刊本云共六十八條應撝謙序後有附錄七篇圖一說一書五　倪目邵注目莫目勷案此乾隆戊寅斯大孫緒校刊家有藏一本

儀禮述注十七卷　國朝李光坡撰

（目錄）

倪目儀禮述注十九卷六本國朝李光坡撰

（板本）

一乾隆三十二年刊本見邵注目莫目

儀禮析疑十七卷　國朝方苞撰

（目錄）

（板本）

一望溪全集本見邵注目莫目　一抗希堂本見倪目儀禮章句十七卷　國朝吳廷華撰

（目錄）

（板本）

一乾隆丁丑刊本見浙錄（刊本）邵注目莫目（勤案此延華子壽祺校刊本）　一書業堂本見倪目（勤案此嘉慶丙辰刊）　一阮刻經解本

見邵注目莫目

補饗禮一卷　國朝諸錦撰

（目錄）

（板本）

一乾隆十八年門人潘思光王其華校刻本見四庫著錄（浙江巡撫採進本）浙錄（饗禮補亡一卷刊本）觀古堂藏書　一藝海珠塵本見倪目邵注目莫目　一昭代叢書本見邵注目（勤案此刻入辛集）

禮經本義十七卷　國朝蔡德晉撰

（目錄）

（板本）

一鈔本見邵注目（云路有）莫目（云兩見舊寫本德晉書原本共三十七卷前二十卷解周禮爲上編入存目）

宮室考十三卷　國朝任啟運撰

（目錄）

（板本）

一任釣臺清芬樓六種本見邵注目莫目　一嘉慶庚午彭信刻任釣臺先生遺書本見觀古堂藏書朝廟宮室攷井圖一卷即遺書之第四卷

肆獻祼饋食禮三卷　國朝任啟運撰

（目錄）

倪目肆獻祼饋食禮三卷一本國朝任啓運撰

（板本）

一清芬樓本見邵注目莫目勤案此書前有乾隆癸巳檀萃序　一彭刻遺書本見觀古堂藏書

儀禮釋宮增注一卷　國朝江永撰

（目錄）

孫目內編儀禮釋宮補注一卷江永撰

（版本）

一安徽刊本見倪目　一敷文閣叢書本見邵注目莫目　一指海本見莫目　一皇清經解續編本見觀古堂藏書

儀禮小疏一卷　國朝沈彤撰

（目錄）

倪目儀禮小疏一卷 三本國朝沈彤撰

（板本）

一果堂集本見邵注目莫目　一阮刻經解本見邵注目八卷莫目

儀禮集編四十卷　國朝盛世佐撰

目錄　勤案四庫著錄爲浙江巡撫採進本檢浙錄儀禮集編十七卷寫本提要云是書成于乾隆丁卯裒輯古今說儀禮者一百九十七家而斷以己意浙江遺書總錄作十七卷且稱積帙共二千餘翻爲卷僅十七者案經編數分之不欲於一篇之中橫隔也然此本目錄列十七卷者則實四十卷蓋終以卷軸太重不得已而分之證錄又稱末附勘正監本石經補顧炎武張爾岐之缺此本亦有錄而無書蓋總錄但據目錄載之與

倪目儀禮集編四十卷 二十本國朝盛世佐撰

（板本）

一嘉慶辛酉馮氏刻本見邵注目莫目 十七卷勤案此馮集梧據稿本刊行

附錄

內外服制通釋七卷宋車垓撰 朱考（一百三十七）車氏垓內外服制通釋九卷存

（目錄）

明黃目車垓內外服制通釋九卷 字經臣天台人是書凡六類一五服諸圖二五服制名義三五服提要四五服圖說五三殤以次降服六深衣疑義男瑺編次

盧補宋志車垓內外服制

通釋九卷 字經臣天台人

（板本）

一元至元後戊寅子瑢刊本見朱考 引子瑢跋曰庚午春先師棲筠郎先生亡余往弔有先生書中見內外服制通釋一書儼然俱在於是繕寫成帙衆謂是書有補世教瑢不敢私遂鋟諸梓與衆共之至元後戊寅孟春 張志 文瀾閣傳抄本有至元後己卯牟楷序至元後戊寅垓子瑢跋國上垓從子惟賢跋至元後庚辰張復跋 陸志 文瀾閣傳抄本云有至元後己卯暢月下澣葛屋野人牟楷仲裴序至元後戊寅孟春望日孝男瑢百拜謹識云文目（朱考）至元後戊寅仲夏中潮從子惟賢百拜謹跋至元後庚辰六月望日東海布衣此山張復謹跋

一曝書亭寫本見浙錄 車氏內外服制通釋九卷（今缺七八兩卷）右宋廸功郎浦江縣尉天台車垓撰 一文瀾閣傳抄本見張志 云原九卷今佚末兩卷 陸志 一傳寫本見四庫著錄 提要云朱彝尊經義考曰車氏書余所儲者缺第八卷以後卷八書目爲三殤以次降服應期而殤者降服大功小功應服大功而殤者降服小功應服小功而殤者降服緦麻卷九爲深衣疑義其標題則仍稱九卷注存而不注缺蓋未敢斷後二卷之必佚然今所傳寫皆與彝尊本同則此二卷已佚矣 邵注目 云四庫著錄係抄本原九卷佚末二卷 莫目 一抄本見丁目 云依閣本抄 瞿目 云前有至元後己卯葛屋野人牟楷仲裴序後有至元後戊寅男瑢從子惟賢跋又有至元後庚辰東海布衣此山張復跋 丁志 前有至元後己卯葛屋野人牟楷仲裴序後有男瑢從子惟賢及東海布衣張復三跋 一舊抄校本見朱目 八九兩卷原缺

讀禮通攷一百二十卷 國朝徐乾學撰 朱考（一百三十七）徐氏乾學讀禮通考一百二十卷存

（目錄）

孫目內編讀禮通考一百二十卷 徐乾學撰 倪目讀禮通考一百二十卷 四十本國朝徐乾學撰

（板本）

一康熙間刊本見朱考 彝尊序曰公歸田後開雕是書賢因勤公并修吉軍賓嘉四禮庶成完書公喜劇即編定體例分授諸子方事排纂而公逝又二年先以刊完喪禮行世彝尊夙承公命作序云 丁目 云又初印宣紙本極精善 邵注目 莫目 勤案此刊于康熙三十五年

右禮類儀禮之屬二十二部三百四十四卷附錄二部一百二十七卷皆文瀾閣著錄

經部十三

禮類三

禮記正義六十三卷漢鄭元注唐孔穎達疏 朱考(一百三十九)鄭氏玄禮記注存禮記音七錄一卷佚孔氏穎達禮記正義存 翁考補正鄭氏康成禮記注孔氏穎達禮記正義

(目錄)

陸序錄鄭玄注禮記二十卷 舊唐志禮記正義二十卷孔穎達撰 唐志禮記正義七十卷孔穎達國子司業朱子奢國子助教李善信賈公彥柳士宣范義頵魏王參軍事張樞等奉詔譔與周玄達趙君贊王士雄趙弘智覆審 見在目禮記正議七十卷孔穎達撰 宋崇文目禮記二十卷鄭康成注 禮記正義七十卷原釋孔穎達見天一閣抄本勤案今撰馬考無原釋 晁志禮記疏七十卷右唐孔穎達等貞觀中奉詔撰袁本同馬考引同 陳錄禮記注二十卷漢鄭康成撰 禮記正義七十卷唐孔穎達等撰馬考引同 尤目禮記正義 宋志鄭玄禮記注二十卷 孔穎達禮記正義七十卷玉海引志禮記正義七十卷祭酒孔穎達司業朱子奢國子助教李善信太學博士賈公彥柳士宣范義頵魏王參軍事張樞等奉詔撰周玄達趙君博王士雄趙弘智等覆審(宋朝祭酒邢昺等奉詔定正) 元馬考禮記二十卷鄭玄注 禮記正義七十卷 明文淵閣目禮記鄭氏注一部十二册缺又一部九册完全又一部十册完全塾本補入 禮記孔穎達注疏一部二十二册缺又一部十二册缺又一部十册缺又一部二十九册殘缺 禮記孔穎達正義一部四十册缺 內閣目禮記疏義十八册不全唐孔穎達著即正義也缺十九至二十二卷 禮記六册不全鄭注又六册不全 禮記三册不全又六册不全又九册不全 大注禮記十册釋文四册全即禮記注疏 高志禮記注疏六十三卷唐孔穎達奉敕撰陸德明釋文 陳目禮記注疏六十二卷 范目禮記注疏六十三卷漢鄭元注唐孔穎達疏陸德明釋文見存目無 禮記二十卷宋刊本漢鄭玄注唐陸德明釋文見存目云全元刊本 萬卷堂目禮記古注二十卷鄭玄 經解禮記注疏三十六卷孔穎達 祁目禮記注疏

四十二冊五十八卷　陳注錢目元板禮記注疏十四冊　宋板禮記十冊二十卷　錢目元板禮記注疏十四冊

宋板禮記十冊　宋板禮記十冊　金補志孔穎達禮記疏　述古堂目孔穎達禮記注疏六十三卷十

六本也是園目同　禮記鄭氏注二十卷十本宋板　也是園目鄭玄注禮記二十卷　季目宋板纂圖互注禮

記二十卷八本　禮記一部十本案一部瞿本二十卷　宋元雜板　禮記注疏六十三卷十四本禮記　徐目漢鄭玄禮記注二十卷

八本總本解　禮記注疏六十三卷二本　徐宋元目宋本禮記二十卷鄭注缺十五十六二卷十五本　宋本禮記纂圖互注二十卷

鄭注八本　宋本纂圖互註重言重意禮記二十卷鄭注十本　元本禮記正義注疏六十三卷鄭氏注孔穎達疏二十二本　金目

禮記注疏六十三卷　稽瑞目禮記鄭注四卷宋刻殘本六冊　汪目宋板禮記鄭注二十卷　禮記二十卷

禮記存一二五之十二卷　丁志監本纂國重言重意互注禮記殘本宋刊本

（板本）

一宋紹熙壬子刊本見森志禮記注疏六十三卷卷末有三山黃唐刊行跋文卷三十三至卷四十缺逸以附釋音本抄補　傅批莫目云盛意園藏宋紹熙本乃三山黃唐所刊即曲阜孔氏所藏有惠棟跋惟惠跋誤爲紹興本耳　叢

書舉要宋閩刊六經注疏云禮記則有曲阜孔氏藏本　一宋刊本見陳跋禮記正義七十卷首題禮記正義卷第一次列國子祭酒上護軍曲阜縣開國子臣孔穎達等奉敕撰勅字提行次列正義夾行次曲禮上第一自首至夫禮者所以定親疏節正義之後題禮記正義

卷第一終每半葉八行經每行十六字注及正義小字雙行行二十二字注後不附釋文前有禮記正義序此必南宋初刻　邵注目云宋刊七十卷本八禮記大十六字小二十二字　顧集撫本禮記鄭注考異序云曲阜孔氏別有宋槧注疏本每半葉八行經字每行十六注及正義雙行小字每行

二十二每卷首題禮記正義卷第云亦七十卷計必南宋初所刻云　一附釋音宋刊本見孫目內編孫記附釋音禮記注疏六十三卷題國子祭酒上護軍曲阜縣開國子臣孔穎達等撰國子博士兼太子中允贈齊州刺史吳縣開國男臣陸德明

釋文前有禮記正義題不題姓名孔穎達序係後人抄補黑口板每葉二十行行十七字小字行二十三字有明正德嘉靖時暨不詳年代補刻葉此本與故相國和坤翻宋刻本行欵相同惟彼本孔穎達序後有建安劉叔剛宅鋟梓木長印此本原序已缺無從考証　陳跋云有書賈錢聽默竊以所藏十行本重臨惠校綴以

原跋十行本者亦南宋時刻以其每半葉十行故稱十行本首題附釋音禮記注疏亦稱附音本前序後有建安劉叔剛宅鋟梓爻偁劉叔剛本實即沿革例所謂建本有音釋注疏其版漸損遞修至明正德故山井鼎考文目爲正德本厥後閩本監本毛本皆從此出　帶經堂目十目宋本　陸志

附釋音禮記注疏六十三卷宋刊十行本漢鄭氏注唐國子祭酒上護軍曲阜縣開國子臣孔穎達等奉敕撰國子博士太子中允贈齊州刺史吳縣開國男臣陸德明釋文禮記正義孔穎達序 邵注目 附錄云陸文有宋刊十行本附釋音禮記注疏六十三卷云 莫目

一元刊十行本見丁目 附釋音禮記注疏六十三卷 顧集 代張古餘撫本禮記鄭注考異序云南雍本世稱十行本蓋原出宋季建附音本而元明間所刻正德以後遞有修補小異大同耳勳案此十行本者明間遞有修補故有目爲元刊本者有目爲明刊本者其實一本也

一明閩刊本見丁志 禮記注疏六十三卷云前有禮記正義序題國子祭酒上護軍曲阜縣開國子臣孔穎達等奉敕撰此爲閩中李元陽刻每葉中縫著記疏字當是十行本舊式 陸志 禮記注疏六十卷明刊九行本 邵注目 云陸文有明刊九行本注疏六十卷 繆續記 禮記注疏六十三卷題漢鄭氏注唐孔穎達疏陸德明釋文次行題明御史李元陽提學僉事江以達校刊（此欵初印本有之後削去）首有孔穎達序 莫目

一明北監本見內閣目天祿目七十三經注疏禮記六十三卷漢鄭康成注唐孔穎達疏前題達序 四庫提要 云按明北監本以皇侃爲皇甫侃熊安生爲熊安二人名姓并誤足徵校本之疏謹附訂於此云 王目彭目 十三經注疏 倪目丁目 十三經注疏 邵注目 莫目

一崇禎五年重修北監本見錢日記抄

一汲古閣本見王目孫目內編 明毛晉刊本 倪目丁目學部館目邵注目莫目

一和坤仿宋刊本見孫目內編孫記 附釋音宋刊本云此本與故相國和坤翻刻宋本行欵相同惟彼本孔穎達序後有建安劉叔剛宅鋟梓木長印 陳跋 宋本云向爲吳門吳拙庵行人所藏傳於其子企晉博士乾隆十四年惠定宇徵君取校毛氏刻本計脫誤萬餘字爲跋而識之其後七十卷之本歸于曲阜孔氏而定宇本間或傳校毛刻有書賈錢聽默竊以所儲十行本重臨惠校綴以原跋詭言惠校宋本且僞用故家收藏印記鬻諸長安貴客所獻伯相和坤遂屬其黨復將毛本略校影寫摹雕後有坤跋下用致齋和坤小印及大學七章及壓角印曰子子孫孫其永寶之時乾隆六十年事嘉慶三年其家籍沒板已散亡印本流傳甚少 別本朱目邵注目莫目 乾隆乙卯和坤仿宋刊本 批注莫目 云和刻序文後有建安劉叔剛宅鋟梓木記勳案余家有藏本題附釋音禮記注疏六十三卷每半葉十行行大字十七小注雙行行字二十三宋諱缺筆孔穎達序後建安劉叔剛宅鋟梓六字隸書本長方牌記後有己巳秋日惠棟跋乾隆歲在乙卯孟夏之月長白和坤跋

一武英殿刊本見邵注目莫目

一江西南昌學刊本見錢曝書記倪目邵注目莫目

（附單注本）

一唐開成二年刊石本見孫目內編彭目邵注目叢書舉要

一蜀孟昶時刊石本見趙附志

一太平興國本見黃記黃錄 禮記鄭氏注云宋本禮記惟故人顧抱冲小讀書堆有全本曾子十中多周人卒哭而致事句定爲太平興國本

一宋淳熙三年撫州公使庫刊本見錢日記抄 云晤黃堯圃見宋淳熙三年撫州公使庫本禮記音義 九經三傳沿革例 撫州舊本 陳跋 禮記注二十卷首題禮記卷第一次行頂格曲禮上第一越二格題禮記又越二格題鄭氏注次頂格經文起每半頁十行行十六字夾注本二十四五字不等每卷夾

注經幾字注幾字最後卷總書凡幾字又夾注經幾字注幾字末葉題撫州公使庫次題新刊注禮記二十卷并釋文四卷次列校正銜名七字末題淳熙四年二月日後附釋文中字大版 黃記 宋殘本云宋本禮記經注全書係宋特撫本 顧集 撫本禮記鄭注考異序云撫本禮記鄭注者宋淳熙四年撫州公使庫刻 錢曝書記 云嘉慶十一年陽城張古餘太守敦仁影抄吳門顧之逵抱冲所藏宋本禮記注二十卷付梓乃淳熙四年撫州公使庫刻本也每卷後記經若干字注若干字第二十卷後記凡二十萬一千九百九十二字（經九萬七千七百五十九字注一十萬四千二百三十三字）卷尾有撫州公使庫新刊注禮記二十卷並釋文四卷福州鄉貢進士陳寅校正及修職郎司戶參軍楊教授趙善璙等銜名又陳筠莊所藏經籍云禮記注則宋淳熙刊本二十卷（即張氏重刊本） 瞿目 禮記釋文四卷題唐國子博士兼太子中允贈齊州刺史吳縣開國男陸德明撰此淳熙四年撫州公使庫本刻附禮記二十卷後卷中有銜名七行歲月一行每半葉十行行大字十六小注二十二三字不等板心分記大小字數工匠姓名凡宋諱匡恇筐絹輕恒完萱雈貞禎殷讓瑱勗縣瓌遘斂愼等字皆缺筆蓋宋槧之最精者 丁志 明嘉靖繙宋本云案今所傳宋本一爲撫州公使庫刊有釋文四卷并校正銜名 楊錄 宋本禮記二十卷此撫州公使庫本是南宋淳熙四年官書末有名銜一紙裝匠誤分入釋文後不知者輒認以爲蜀監本非也每半葉十行行大十六字小二十四五字不等

一宋咸淳九年黃東發修撫州六經本見楊錄 引黃東發咸淳九年修撫州六經跋云撫州舊板惟六經三傳今用監本添刊論語孟子孝經以足九經之數云

一宋余仁仲刊本見九經三傳沿革例 見余仁仲本 天祿續編二 禮記鄭康成注附音義書二十卷每卷末刻經若干字注若干字音義若干字按每卷有余氏刊于萬卷堂或余仁仲刊于家塾或仁仲比校訖又一部云每卷末刻經若干字注若干字宋中字本校正與前余仁仲本同 瞿目 明刊本云然謂注中間雜釋文是原本已刻在附音本後非余仁仲大字本也 丁志 明嘉靖繙宋本云案今所傳宋本一爲萬卷堂余仁仲刊有音義本卷末總注經凡九萬八千一百七十一言注一十萬九千三百七十八言

一宋岳氏家塾刊九經本見九經三傳沿革例瞿目 宋刊殘本云案此本猶刊於岳本前云

一蜀宋大字本見九經三傳沿革例天祿續編二 禮記鄭康成注二十卷末總注經凡九萬八千一百七十一言注一十萬九千三百七十八言宋大字本自宗以上諱皆闕筆校正與余仁仲本同惟劍首足形首作手爲小異耳闕補卷十九十三 張續志 禮記殘本八卷漢鄭氏注存卷一卷二卷五至卷十凡八卷每半葉十行行大字十六字小字二十一字愼云是筆蓋孝宗以後刊本也 邵注目 云張目有蜀大字注殘本八卷半葉十行大十六字小二十一字原二十卷

一宋婺州刊本見九經三傳沿革例瞿目 禮記五卷禮記書卷長四寸寬三寸僅存卷一至卷五首行題禮記卷第一次字題曲禮第一越三格題禮記又越三格題鄭氏注（唯卷三禮記下越五格）每半葉十行行二十至二十四字不等注雙行行二十八字每卷終記經注字數第一後有楷書墨圖記云婺州義烏酥溪蔣宅崇知齋刊書中匡筐恒徵讓殷敬竟樹恒完愼字俱闕筆敦郭不闕當是光宗以前刻本也 張志 禮記月令一卷宋巾箱本云蓋宋刊禮記第五卷也後有婺州義烏酥溪蔣宅崇知齋刊本印 邵注目 云張目又有婺州蔣氏刊巾箱本只月令一卷

一宋刊本見黃記 禮記鄭氏注殘本九卷五至八十一至十五共九卷 求古居宋本目 禮記鄭注殘本五至八十一至十五每卷一册九册 黃錄 云此殘宋本禮記鄭氏注今存者五卷至八卷十一卷至十五卷 黃賦注 云殘大字本禮記鄭氏注每半葉十行每行大十八字小二十五字不等所存五至八又十一至十五僅九卷 汪目 宋板存九卷

一宋槧巾箱本見森志 禮記鄭氏注二十卷云每卷首行題禮記卷第幾次行篇名第三行上方禮記下方鄭氏注注後係以釋音及重言重意與國學所藏周易注同種則行欵字數板式正符勤案森志前載周易每半葉九行行十七字注雙行行十八字四周雙邊

一南宋槧巾箱本見森志 禮記鄭氏注二十卷云求古樓又藏一本題曰京本點校附音重言重意互注禮記亦爲南宋

槧巾箱一本纔惜僅存第六一卷每半板口行行二十字界長四寸三分幅口寸口分四周雙邊勤案此本藏留真譜正郎第六卷半葉十一行行十九字小注雙行行字同此殆誤記

一宋刊巾箱本見黃記校宋本云附音重言古注禮記曲記至月令凡五冊宋刻巾箱本之殘者也每葉十六行行十六字大小俱如此　求古居宋本目附音重言古注禮記五冊　瞿目禮記一冊附釋音重言當是南宋書林所刻僅存投壺儒行二篇冊長三寸寬二寸餘每半葉八行行十六字注雙行行亦十六字書中愼字皆闕筆　楊錄校宋本引黃丕烈跋云附重言古注禮記曲禮至月令凡五冊宋刻巾箱本之殘者也每葉十六行行十六字大小俱如此

一宋刊殘本見瞿目禮記十六卷云此南宋附釋文本首行題禮記篇第次行題篇名三行下三格題禮記又二格曰鄭氏注又二格曰附陸氏釋文四行經文起每半葉十一行行二十字注雙行行二十六字所附釋文皆全錄不同岳本有刪節其出字概用陸文標識句有點逗每節末句不點與岳本同書中玄殷匡恒徵讓桓完愼字缺筆外加墨圍朗貞樹豎頊煦選字但加墨圍不缺筆經注字與撫州本岳本略有出入惜缺卷一至四卷

一宋刊宋印本見陸志纂圖互注禮記二十卷禮記舉要圖一卷漢鄭氏注云按此南宋麻沙本每半十一行每行二十一字小字雙行行二十五六字不等鄭注下附陸氏釋文釋文之後爲重言重意重言者其文同也重意者其意同也讓字缺筆蓋孝宗時刊本也　陸續跋纂圖互注禮記二十卷每葉二十二行每行二十一字小字雙行每行二十五字格欄外有篇名卷數葉數匡崇恆貞桓構愼讓等字皆避缺惟溫柔敦厚之敦惜行之惜棺槨之槨不缺當是孝宗時刊本前有篇目一葉禮記舉要圖二十三葉圖凡二十有九曰王制商建國圖曰周制建國之圖曰天子縣內圖曰方伯建師圖曰王制九命之圖曰公卿大夫士圖曰月令十二律管候氣圖曰月令所屬圖曰月令四季昏星圖曰十二律還相爲宮圖曰袞冕袞衣制圖曰韠制度圖曰帶制度圖曰元端冠冕制圖曰委貌錦衣制圖曰曲禮師行圖曰玉藻雜佩圖曰童子服圖曰三加冠圖曰冠冕制圖曰器用制圖曰深衣圖下曰天子五學之圖曰天子大射之圖曰天子習五戎圖曰五服之圖曰司馬溫公五服之圖曰禮記傳授之圖篇名在前次題禮記鄭氏注猶存唐石經舊式經文大字注雙行陸德明釋文凡陸有而注無者以陸曰二字別之釋文所出之字以圈圍之次重言重意互注凡與禮本經辭不同而意同者謂之重意文義皆同者謂之重言文意與他經相同者謂之互注疑爲書坊所爲　邵注目附錄云陸有纂圖互注禮記二十卷禮記舉要圖一卷南宋麻沙宋印本季滄葦舊藏每半葉十一行大二十一字小二十五六字不等鄭注下附陸氏釋文釋文後爲重言重意讓字缺筆遂孝宗時刊本也

一宋刊本見四庫叢刊序錄纂圖互注禮記二十卷漢鄭玄注卷首第一行題纂圖互注禮記卷第幾第二行篇名頂格第三行經名低三格前列禮記舉要圖十五幅每葉二十四行行大字二十一小字二十三四五不等魚尾下標記幾重言重意均從白文釋文以圈隔之每葉欄外有耳記篇名卷數葉數惟卷一前半抄補餘皆完善

一明嘉靖時相臺岳氏有附音本見顧集代張古餘撫本禮記鄭注考異序云明嘉靖時有單行經注本又相臺岳氏有附音本云　朱目禮記鄭氏注四十九卷明嘉靖間重刊宋相臺岳氏本　邵注目單注二十卷仿宋相臺本　莫目禮記單注仿宋岳本勵案此本每本葉八行行十七字每卷後有經若干字注若千字兩行左闌外有耳標篇名

一明嘉靖中仿宋本見孫記禮記二十卷每卷次行依注疏本小題在上大題在下下題鄭氏注三字每卷俱注經若干字每篇分章俱用圈以別之與上周禮嘉靖繙字本同時並刊前後無序跋每葉十六行行十七字　陳跋蕘圃刻本云余家藏禮記注有明嘉靖時仿宋刊本有近時仿觀岳氏刻本　顧集代張古餘撫本禮記鄭注考異序云明嘉靖時有單行經注本　瞿目禮記二十卷云此書行款分卷與南宋巾箱本同每卷後記經若干字注若千字無序跋亦無刊刻年月金壇段氏謂爲嘉靖間仿宋刻本　丁志禮記二十卷鄭氏注首行題禮記卷第一次行頂格曲禮第一越四格禮記越三格鄭氏注次行頂格經文起每葉十六行行十七字每卷後夾注經幾字注幾字此亦明嘉靖間徐氏繙刻宋本三禮之一也　陸志禮記注二十卷明覆宋本　邵注目嘉靖中三禮合刊本又附錄云陸有明覆宋單注廿卷本　莫目

一明坊間刻三禮本見天祿目七

一明永懷堂本見天祿續編十三

一嘉慶丙寅張敦仁仿宋撫州本見孫目內編禮記鄭氏注二十卷附陸德明音義四卷考異二卷　倪目張敦仁刊　陳跋宋淳熙刻本云吾友吳門顧安道明經所得安道將刊行未及而沒陽城張君古餘來守蘇州借讀而愛之亟覓好手影摹重刻云　黃記宋殘本云宋本禮記注經全者係宋時撫州本陽城張古餘守江寧介抱沖從弟千里影寫付刊云　顧集代張古餘撫本禮記鄭注考異序云撫本禮記鄭注者宋淳熙四年撫州公使庫刻今爲元和顧千里之從兄抱沖氏所藏予轉借影寫一部又慮其僅存之易絕也以壽於板云　楊錄宋本云近張古餘太守開工重雕行世　別本朱目仿宋撫州本　邵注目嘉慶丙寅張氏仿宋撫州公使庫本十行大十六字小二十四字　莫錄禮記釋文下云　莫目繆續記重校禮記釋文一卷云嘉慶丙寅陽城張氏覆刻宋淳熙撫州公使庫本禮記附釋文一卷禮記一卷顧千里校刊勘案此刻釋文張氏未見宋本係以通志堂單刊本翻刻頗多訛誤至庚辰始見宋刻乃再校改末葉勒嘉慶二十五年庚辰宋本釋文再校修訖印行一行又考異末條亦經校改故此書經注以丙寅初印本爲佳釋文則以庚辰校定本爲善余兩本均有之

一武英殿仿宋岳氏本見錢曝書記　陳跋宋淳熙本引云　黃記校宋本云國朝有武英殿仿宋本禮記係從岳刻繙雕注後附釋文不專鄭注也　瞿目繙宋岳氏本禮記十册二十卷云大板每葉十六行行十七字板匡右外上有耳格如題曲禮上之類也摺只板心中題禮記幾下記葉號每卷後皆有長亞形木記中題篆書二行云相臺岳氏刻梓荊谿家塾第一卷首題禮記卷第一(卷同)尾次行題曲禮上第一下題鄭氏注餘倣此其注文雙行上分標注字注末間以圈下附音義第一條音有陸曰二字餘皆無其餘句讀圈聲悉與詩同亦爲內府以宋本重刊書首有癸卯新正月御筆七律一首每卷後皆有另葉刻考正板心上亦題乾隆四十八年武英殿仿宋本每卷首尾幷摹御用各寶及舊有晉府書畫之印李國邑印　倪目禮記注二十卷十本仿宋版岳本　一稽古樓刊巾箱本見邵注目莫目　一活字刊本見森志禮記鄭氏注二十卷云世傳活字本凡二通俱卷末不記經注字數勘案此不知刊于何時故列後

(附單疏本)

一天德三年國子監印定本見金補志云禮記用孔穎達疏　一宋咸平二年新印本見玉海咸平禮記疏云二年六月己巳祭酒邢昺上新印禮記疏七十卷賜諸王輔臣人一本　朱考引王應麟曰　陳跋宋本禮記注疏引云玉海卷三十九禮記疏一條云咸平二年三月己巳祭酒邢昺上新印禮記疏七十卷是爲正義原書云　顧集撫本禮記鄭注考異序云引玉海

(附白文本)

一宋嘉祐二年刊石本見孫目內編　一宋高宗時刊五經本見天錄目一　一宋刻九經本見天錄續編三　吳記丁目丁志陸志陸跋陸續跋　一元至善堂刊九經本見天錄目五丁志　一明止至善堂刊九經本見邵注目　一明衢王府刊五經本見莫目　一明趙用賢刊五經本見邵注目莫目

一明錫山秦氏刋本見吳記培林堂目　一細板精刻本見邵目　一武英殿雙鈎鐫榻本見曝書雜記

一國子監刋石本見叢書舉要　一錫山秦氏仿宋刻巾箱九經本見天錄目一丁志陸志陸跋邵

注目莫目　一古香齋巾箱六經本見邵注目莫目

月令解十二卷宋張虙撰朱考(一百四十九)張氏虙月令解未見按連江陳氏書目有之凡十二篇

(目錄)

宋志張虙月令解十二卷　明文淵閣目月令一部三册完全又一部三册闕　內閣目月令三册全宋端平間祭酒慈溪張虙入侍緝熙講幄解釋其義以孟仲季

析爲寒暑之期於朔望弦占作旦昏之候以十二月分十二卷按月而彙釋之　陳目月令解十二篇一卷張虙

版本勤案此書因隨月進御故凡解見孟月者仲月季月皆重見永樂大典所載合爲一編多删其複餘臣從之錄出釐爲十二卷末付聚珍板　一永樂大典本見四庫著錄　一文瀾閣傳抄本

見張志帶經堂目　一藝海樓傳抄閣本見朱目　一抄本見稽瑞樓目邵注目云路有　丁目云依閣抄本　陸

續志

禮記集說一百六十卷宋衛湜撰朱考(一百四十二)衛氏禮記集說存

(目錄)

宋陳錄禮記集說一百六十卷直秘閣崑山衛湜正叔集諸家說自注疏而下爲一書各著其姓氏馬考引同　宋志衛湜禮記集說一百六十卷　元馬考

禮記集說一百六十卷　明文淵閣目禮記衛湜集說一部四十二册完全又一部四十二册完全又一部四十二册闕又一部四十一册完全又一部四十二册完全塾本衛湜作櫟齋

禮記衛湜圖說一部二册闕塾本衛湜作朱子　內閣目櫟齋禮記集說四十二册完宋寶慶間武進令衛正叔湜撰進凡一百六十卷魏了翁有序又一册不全又四十二册全又四十册不全又四十

一册不全文三十四册不全文四十二册不全　陳目禮記集說一百六十卷　萬卷堂目衞氏禮記集說一百六十卷衞湜　祁目續收衞氏禮記集說四十二册一百六十卷　陳注錢目宋板衞湜禮記集說一百六十卷　錢目宋板禮記集說一百册　也是園目衞湜禮記集說一百六十卷　陳跋衞湜禮記集解百六十卷元本陳澔禮記集說條下引云　汪目宋板禮記集說一百六十卷

（版本）

一宋紹定辛卯趙善湘刊本　一嘉熙己亥湜自刊本並見朱考　引湜跋尾云紹定辛卯歲湜備員江東漕院大資政趙公善湘以制師攝漕事見余集說欣然捐資鋟木以廣其傳迨嘉熙己亥夏首尾閱九載矣披閱舊帙搜訪新聞遇有可採隨筆添入視前所刊增十之三間亦删去冗複揭來嚴瀨乃樽節浮費別刊此本期與學者共之云　毛目禮記集說四十二本影宋抄本引公自跋云云（文同朱考）所以有卷第幾之後添入幾條者乃趙公刻後所增也云　四庫著錄提要云紹定辛卯趙善湘爲鋟板於江東漕院越九年湜復加釐訂定爲此本自作前序後序又自作跋尾述其始末甚詳云　丁目宋刊本首卷首葉魏鶴山序已殘缺僅存了翁二字鶴山書院一印次列原注書人姓名凡一百四十四卷首卷末附正叔後序並跋尾復附眞西山回翰此書印　國初盛稱項氏宋本者通志堂刻時僅見抄本而未見此本故多謬誤　丁志影宋抄本題通直郎知常州武進縣主管勸農事主管運河提岸專一檢點圍田事借緋臣衞湜長上自作前後兩序及跋尾閱三十餘載採鄭注而下凡一百四十四家前臨邛魏了翁序紹定辛卯趙善湘鋟板江東漕院越九年復爲釐定別刊于新定郡齋傳本絕希此當從納蘭氏未刻以前所鈔云

一通志堂本見毛目　影宋抄本云今崑山所刻借此寫樣而新刻後半部爲顧伊人紊亂又云崑山刻書時下半部乃伊人校對竟將後添者移入前去失之矣　徐目季目王目金目孫目外編　倪目丁目　宋刻本云通志堂補遺錯誤尤甚者七十三卷七十六卷七十七卷九十四卷九十六卷九十七卷九十九卷此閣省中覆刊通志堂本當抄此數篇寄之云　邵注目莫目　翁錄禮記集說一百六十卷宋直秘閣崑山衞湜正叔櫟齋採集漢至宋說禮之言凡一百四十四家寶慶二年表進　何焯曰名垂而書平平　文曰集說從兩鈔本付刻皆未盡善伊人分校成部大有乖誤後數年有項氏宋本爲骨董家所得中缺十餘卷其板最精且多魏鶴山序一首歷勘東海借校並補刻魏序未之從也其書今在金陵應物色得之眞至寶也伊人擅亂補遺卷數另疏別紙　何焯曰衞正叔禮記集說內補遺在卷數後者七十三卷（玉藻）七十六卷（玉藻）七十七卷（玉藻）九十三卷（樂記）九十三卷（樂記）九十四卷（樂記）九十六卷（樂記）九十七卷（樂記）九十九卷（樂記）毛扆汲古閣書目云禮記集說四十二本綿紙舊鈔世無其書止有此影抄宋本一部徐崑山所刻借此去寫樣而新刻後半部爲顧伊人紊亂次第幸存此本爲正衞正叔自跋云紹定辛卯某備員江東漕院大資政趙公善湘見予集書欣然捐資鋟木次年秋予秩滿而歸迨嘉熙己亥越九年矣里居需次搜訪新聞遇有可採隨筆補入增十之三揭來嚴瀨別刊此本庚子六月跋也所以有卷第幾之後添入幾條者乃趙公刻後所增也崑山刻書時下半部乃顧伊人所校對將後添者移入前去失之矣賴此本猶存衞公之舊　方綱按衞氏此書刻于嘉熙四年庚子慈溪黃氏日抄云吳郡衞氏集禮記解自鄭康成而下得一百四十四家惟方氏馬氏陸氏有全書其餘僅解篇章凡講義論說嘗及之者皆取之其書浩瀚惟嚴陵郡有官本此所謂嚴陵郡官本者即此跋所云庚子六月刊于嚴瀨者是已勦案余家有藏本首有康熙丁巳納蘭

成德容若序云是書抄帙頗有缺軼然不礙其可傳因從東海夫子請歸校而授梓焉云云次寶慶丙戌七月旣望吳郡衞湜正叔序次寶慶元年冬十有一月甲申臨卬魏了翁序後有寶慶丙戌冬至日吳郡衞湜序又有庚子六月書于新安郡齋云云（文同朱考）按此當是抄宋嘉熙本傳刻唯何焯云云則魏了翁序或是後來補刻

一省中覆刻通志堂本刊丁目 朱刊本云

禮記纂言三十六卷元吳澄撰 朱攷（百四十三）吳氏澂禮記纂言三十六卷存 翁攷補正吳氏澂禮記纂言

（目錄）

明文淵閣目禮記吳澂纂言 一部十三册缺又一部二十五册完全又一部十二册缺 內閣目禮記纂言二十五册全 元吳澄分類次第曰通禮曰喪禮曰祭禮曰通論共三十六篇又四十一册不全又四十二册全 陳目校正小戴記三十六篇 吳澂亭 萬卷堂目禮記纂言三十六卷 吳澄 祁目續收吳草盧禮記纂言十册 三十六卷吳澄 黃目吳澄禮記纂言三十六卷序次小戴記八卷 陳注錢目吳澄禮記纂言十二册 草廬之孫當著周禮纂言見元史當係草盧又有春秋纂言三十六卷惜力訪之未得也 錢目禮記纂言 臨川吳文正公十二册 錢補志禮記澄言三十六卷 盧補志吳澄禮記纂言三十六卷 序次小戴記八卷 金補志吳澄禮記纂言三十六卷 又校定禮記又校定大戴禮 又曲禮考注十卷 又校定儀禮 又儀禮逸經五卷 又儀禮逸經八篇 儀禮傳十五卷 又三禮序錄 述古堂目吳澂禮記 纂言三十六卷十本 也是園目同 徐目元吳澄禮纂言三十六卷 十二本 培林堂目吳澄禮記纂言三十六卷 八册 陸目吳草盧禮記纂言三十六卷 浙錄禮記纂言三十六卷 刊本

（板本）

一元元統甲戌吳尙志刊本見朱攷 引吳尙志曰先生禮記纂言凡數易稿稿成尙志請鋟木得命遂與先生之甥周濂集同門之士相與成之先生手自點校未及畢而先生捐館矣先生之孫當對門考訂始於壬辰癸酉之春畢於元統甲戌之夏

瞿目 明刊本云初刻于元統中有門人吳尙跋及文正生前所刻 陸志 元刊元印本小戴記纂言三十六卷元臨川吳文正公澄纂言云右文正公蚤年序次小戴記之正文而書其後如此全載其語于纂言之首庶讀者有所考云按每葉二十行行二十字字大而道紙質瑩潔元板中精品也 陸續跋 禮小戴記三十六卷題曰臨川吳文正公纂言前有目錄題曰臨川吳澄幼清敍次後有元統甲戌門人吳尙跋每葉二十行每行二十二字經頂格注低一格蓋是書初刊本也 邵注目 云陸有元刊元印本每葉二十行行二十字字大而遒勁紙質瑩潔元板中精品也 莫錄 禮記纂言元本云其篇目次序多所更定不錄大學中庸投壺奔喪及冠義昏義鄉飲酒義射義燕義聘義十篇而曲禮檀弓雜本之上下皆合爲一篇于是鄭注之四十九篇者僅有三十六篇每半葉十行行二十字經文分節頂格寫注文雙行低一字行僅十九字 莫目 元板長格大字本半葉十行行二十字

一明正德庚辰寧國守胡汝登刊本見朱攷 引魏校序曰寧國守胡君東皋爰刻是書喜與四方士共之云云又王守仁序曰姻友胡汝登忠信而好禮其爲寧國也將以是而施之刻纂言以數其說而屬序於予云又引陸元輔曰是書一刻于正德庚辰寧國守胡汝登而王伯安爲之序再刻于嘉靖己丑而高梯爲之序三刻于崇禎己巳侍御史張養而王象晉爲之序 范目 禮記纂言三十六卷云吳尙序正德崑山魏校序寧國守胡君東皋刻見存目缺存卷一二卷七至末 張志 禮記纂言三十六卷題臨川吳文正公澄纂言正德庚辰王守仁刊版序自序正德庚辰魏校後序元統甲戌吳尙跋 瞿目 云篇目題臨川吳澄幼清敍次前列正德庚辰王守仁序次列澄書後一篇明改定篇次之由此明正德庚辰寧國守胡汝登刻本有崑山魏校跋後又有嘉靖己丑崇禎己巳二刻本云 丁志 云是書爲澄晚年手定每書一卷爲一篇共三十六篇次第亦頗相從凡通禮九篇喪禮十一篇祭禮四篇通論十一篇各爲標目前有正德庚辰冬至後學餘桃王守仁序云云後有崑山魏校序云云（文目朱考） 邵注目 云有王守仁序 莫目

一明嘉靖己丑高梯序刊本見朱考 引陸元輔曰（見前） 瞿目 正德本下云 莫目 云嘉靖己丑再刻

一明嘉靖中新安黃氏刊本見范目 禮記纂言三十六卷（新安黃氏刊本）吳尙序正德崑山魏校序寧國守胡君東皋刻 莫目

一明崇禎己巳張養刊本見朱考 引陸元輔曰 帶經堂目 云有新城王象晉序 瞿目 正德本下云 陸志 明刊本云有正德庚辰王守仁序崇禎己巳唐顯悅序崇禎二年張養序王象晉序云 邵注目 崇禎中刊本 莫目

雲莊禮記集說十卷元陳澔撰 朱攷（百四十三）陳氏澔禮記集說三十卷存 翁攷補正陳氏澔禮記集說

（目錄）

明文淵閣目禮記陳澔集說 一部四册完全又一部三册缺又一部四三册又一部二册缺 內閣目禮記集說十册全 又十册全又十册全又八册全又四册全又一册不全 高志禮記集注三十卷 宋東滙澤陳澔集說大學中庸世宗朱注澔注止四十七篇 陳目禮記集說十卷 陳澔 萬卷堂目禮記集說十六卷 陳澔 祁目禮記集記七册 三十卷 黃目陳澔禮記集說三十卷 字可大號雲柱又號北山叟都昌人 陳注錢目元板禮記集說八册 十六

卷陳澔 錢目元板禮記集說八冊 錢補志陳澔禮記集說十卷一作十六卷字可大都昌人 盧補心元陳澔禮記集說三十卷字可大都昌人 也是園目陳澔禮記集說三十卷 季目宋元雜板禮記程灝集說十六卷八本按程澔當是陳澔之誤 元板禮記集說十卷五本 徐宋元目元本禮記集說十六卷陳澔八本新入 元本禮記集說二十卷鄭注十本 培林堂目陳澔禮記集說十卷五冊又一部未訂 汪目元板陳澔禮記集說十六卷 陸志雲莊禮記集說三十卷元刊本

（板本）

一元天曆戊辰建安鄭明德宅刊本見陳跋禮記集說十六卷首題禮記卷第一次題後學東匯澤陳澔集說此本首卷後識云天歷戊辰建安鄭明德宅刊行自序後有凡例五條首校讎經文列蜀大字本宋齊監本興國于氏本盱郡重刊廖氏本建本注疏南康經傳通解凡六種次援引書籍次注說去取次音文反切次章句分段皆今本所無每葉二十二行行二十字 瞿目禮記集說十六卷題後學東匯澤陳澔集說前列至治壬戌澔自序次禮記集說凡例首列校讎經文目曰蜀文字本宋蔡監本興國于氏本盱郡重刊廖氏本建本注疏南康經傳通解凡六種次援引書籍凡三十九種次注說去取下半葉殘缺以明嘉靖間六老堂本覈之則缺去音文反切及章句分段也海寧陳仲魚藏有天歷刻本十六卷爲建安鄭明德所刊此本與之闇合當是元時最初本也 丁志明正統經廠本云陳仲魚有元刊本首題禮記卷第幾次題後學東匯澤陳澔集說爲天曆戊辰建安鄭明德宅刊行 森志禮記集說十六卷每半葉十一行行二十一字界長六寸八分幅四寸一分四周雙邊卷一末有天曆戊辰建安鄭明德宅新刊木記 邵注目元文宗時建安鄭明德刊本十六卷十一行行二十二十一字又云瞿氏有元板十六卷首有凡例數頁 莫目繆記禮記集說十六卷首行禮記卷第一次行後學東匯澤陳澔集說篇首有至治壬戌澔自序及凡例五則每半葉十一行每行二十一字大黑口

一元刊本見傳批莫目云大板心十二行十八字單邊魚尾上記字數

一元刊見傳批莫目云九行十七字魚尾下姓名皆陰識 批注莫目云頃見元巾箱本半葉九行行十七字注四行低一格行十六字

一元槧本見森志元天曆本下云聞足利學又藏元槧本卷末有延德一年記不知與此同種否

一明正統間司禮監刊本見天祿目七五經四書禮記宋陳澔集說十六卷前澔序集說凡例又一部云明正統間奉敕列篇目同前 大祿續編十二禮記集說(二函十六)冊云書十六卷前有澔序例書首刻司禮監欽奉聖旨五經四書經注坊刻本字有差訛恁同禮監將易程朱傳義書蔡沈集傳詩朱熹集傳晉秋胡安國傳禮記陳澔集說四書朱熹集注都謄寫的本重新刊印便于觀覽欽此正統十二年五月初二日每冊黚以表章經史之寶次明宣刊祕籍云 陳跋元本云明內府刻本 丁志禮記集說十六卷明正統經廠本云此書標題卷第與元刊合惟無後學東匯澤五字前有自序後有凡例五條首校讎經文乃援引書籍次注說去取次音義反切次章句分段與元刊亦合按天祿琳琅載此書云云（勘案此見前天祿續編下故從略）此刻本大約因司禮監所刊割去前葉以掩其迹耳 邵注目云許氏有正統十二年刊本十六卷

一明嘉靖庚寅刊本見范目禮記集說十卷元至治壬戌後學東匯澤陳澔著幷序刊于嘉靖庚寅仲夏見存目作禮記集傳十卷缺存卷一至五卷七八 瞿目禮記集說十卷題後學東匯澤陳澔著前有自序凡例此巾箱本刊于嘉

靖庚寅爲後十卷存之祖 邵注目莫目十卷 一明嘉靖丁亥南康府六老堂刊本見范目 禮記集說三十卷元陳澔注并自序嘉靖丁亥南康府六老堂刊本見存目無 瞿目

禮記集說三十卷卷首列澔自序及凡例俱與元本合惟分卷己失其舊此本乃嘉靖間南康六老堂刊本 丁志 禮記集說三十卷前有後學東匯澤陳澔自序文集說凡例五條以下用有今所取諸儒姓氏除爲引書籍己見外餘開於左自周子暨臨川吳氏凡四十二家文集說總集五條每葉二十二行行二十字當是

嘉靖間南康逸老堂所刊 邵注目莫目繆記 元刊本云六老堂三卷 一明嘉靖十一年閩中刊本見丁志 禮記論說三十卷前爲後學東匯澤陳澔自序次爲禮記篇目序後爲嘉靖十一年

十二月日福建等處提刑按察司爲書籍事照得四書五經士子第一切要之書舊刻頗稱善本近時書坊射利改刻袖珍等板欵制褊狹字多差譌如巽與譌作巽語由晋譌作晉之類豈但有誤初學致士子在場屋亦譌寫被黜其爲誤亦己甚矣該本司看得書傳海內板在閩中若不精校另刊以正書坊之謬恐致易誤後學議呈巡按察

院詳允會督學道選委明經師生將各書一遵欽頒官本重復校讎字畫句讀音釋俱頗明的書詩禮記四書傳說如舊易經加刻程傳恐只窮本義涉偏廢也春秋以胡傳爲主而左公穀三傳附爲資參攷也刻成合發刊布爲此牒仰本府著落當該官吏即將發去各學轉發建陽縣拘各刻書匠戶到官每給一部嚴督務要照式翻刊縣仍選

委師生對同方許刷賣賣尾就刻匠戶姓名查考再不許故違官式另自改刊如有違謬拿問重罪追板劃毀決不輕貸仍取匠戶不致違謬結狀同依准繳來故牒建寧府此雖禮記一書足概明時法制謹嚴垂憲經籍之義是刻每半葉九行行十七字小字雙行板心上下黑口工匠人名作白文 觀古堂藏書

禮記集說三十卷每半葉九行行十七字小字雙行字數同上下大黑口板心魚尾下禮記集說卷幾叉下一魚尾載葉數刻工姓各黑地白文即刻下黑口上前澔序餘板刻福建等處提刑按察司爲書籍事云云（文同丁志）末署嘉慶拾壹年拾貳月　日故牒建寧府牒文一道計十四行書中上闌匡遇有經文音讀即將闌

匡凸出以免音讀損壞 一明嘉靖丙申重刊本見莫目 一明嘉靖丙辰重刊本見范目 禮記集說三十卷見存目無 邵注目莫目 勳案

此重刊六老堂本 一明崇禎癸酉閔烏閔齊伋三訂本見莫目 一明苕溪范翔刊本見繆續記 禮記集說三十卷每半頁九行行十七字白口

口上有字數及匠人名字據翔序五經合刻今只存一種首缺五葉鈔配 觀古堂藏書 禮記集說三十卷每半頁九行行大小均十七字注雙行白口口上有字數及匠人名字書中上闌匡間有經文音讀原缺翔序 一明吳勉學刊本見繆

續記 禮記集說三十卷 一毛晉訂正本 板心署文公祠崇道堂藏板 一明刻巾箱本 板心署恕堂藏板 並見彙刻書目 五經四書禮記集說十卷 一明刊

本見陸志 雲莊禮記集說三十卷自序凡例成化壬寅程廷琪序 一明刊本見帶經堂目 禮說十卷 丁目 雲莊禮記集說十卷云明刊本三十卷 一明刊本見學部館

目 雲莊禮記集說三十卷上有音釋 一朱錫旂刊本 一長洲尤侗重訂本 板心署聖業堂刻本 一武英殿刻本並見彙刻書目 禮記集說十卷

一明善堂刊巾箱本見錢曝書記 一萬廷蘭刊本見邵注目 附錄 一揚州鮑氏刊本見錢曝書記

一浙江書局本 一金陵書局本 一湖北崇文書局本並見彙刻書目 一達行本見四庫著錄倪

瞿目 元刊本云是書通行本俱作十卷 繆記 元刊本云通行本十卷非舊第且并凡例失之 朱攷(一百四十四)胡氏廣等禮記大全三十卷存

禮記大全二十卷明胡廣等奉敕撰

(目錄)

明內閣目禮記集說大全十八册全 明志永樂中敕修禮記大全三十卷胡廣等纂 陳目禮記大全三十卷 范目禮記大全十二卷明翰林學士胡廣等奉敕纂修見存目無 萬卷堂目經解禮記大全三十卷胡廣 祁目禮記大全十四册卷三十 黃目禮記集說大全三十卷所采諸儒之說自周子至臨川吳氏凡四十二家 培林堂目禮記集說大全三十卷十册

(板本)

一明禮部官刊本見陳注錢目內板五經四書大全 天祿目七五經四書性理大全禮記宋陳澔集說三十卷前凡例總論澔序 天祿續編十二禮記集說大全明胡廣等奉敕撰五經四書大全之五書三十卷前有凡例總論陳澔序修書官與周易傳義大全同明官刊頒行本 一明刊大字本見孫目外編 一明刊本見丁志云此明永樂中翰林學士胡廣等奉敕撰前有胡廣楊榮金幼孜等四十二人銜名并陳澔序大全總論顧氏日知錄曰八股行而古學棄大全出而經學亡然當時功令所垂不獨內府刊行而風聲遠播外間坊肆亦相率鋟印此亦其一也 邵注目莫目

月令明義四卷明黃道周撰 朱(一百四十九)黃氏道周月令明義四卷存

(目錄)

明志黃道周月令明義四卷 黃目黃道周月令明義四卷坊記集注二卷表記集傳二卷儒行集傳二卷緇衣集傳二卷崇禎十一年道周官詹事府少詹事進呈

(板本)

一石齋九種本見浙錄（刊本）倪目丁目邵注目莫目　一乾隆初年汪銓刊本見觀古堂藏書

表記集傳二卷明黃道周撰（朱攷（一百五十）表記集傳二卷存　翁攷補正黃氏道周表記集傳）

（目錄）

明志表記集傳二卷　黃目見前　徐目明黃道周表記集傳二卷（二本）

（板本）

一石齋九種本見浙錄（刊七）倪目丁目邵注目莫目

坊記集傳二卷附春秋問業一卷明黃道周撰（朱攷（一百五十）黃氏道周坊記集傳二卷存）

（目錄）

明志坊記集傳二卷　黃目見前　徐目明黃道周坊記集傳二卷

（板本）

一石齋九種本見浙錄（刊本）倪目丁目邵注目莫目

緇衣集傳四卷明黃道周撰（朱攷（一百五十）黃氏道周緇衣集傳二卷存）

（目錄）

明志緇記集解二卷　黃目見前

（板本）

一石齋九種本見浙錄刊本 倪目丁目邵注目莫目

儒行集傳二卷明黃道周撰 朱攷(一百六十二)黃氏道周儒行集解一卷存

(目錄)

明黃目見前 徐目雜著 明黃道周儒行集傳二卷二本 培林堂目黃道周儒行集傳二卷二冊

(板本)

一石齋九種本見浙錄刊本 倪目丁目邵注目莫目 一彭蘊章補刊本見邵注目

日講禮記解義六十四卷 謹案是書爲

聖祖仁皇帝經筵所講皆經

御定而未及編次成帙

皇上御極之初乃

命取繙書房舊藁校刊頒行

(目錄)

(板本)

一內府刊本見莫目

欽定禮記義疏八十二卷 乾隆十三年

御定三禮義疏之第三部也

（目錄）倪目欽定禮記義疏八十二卷 五十本

（板本）

一內府刊本　一各省覆本並見莫目

深衣考一卷　國朝黃宗羲撰

（目錄）

（板本）

一借月山房彙抄本　一澤古齋叢鈔本並見莫目 勘案此即一板先後易名

一光緒戊子王先謙刻南菁書院叢書本見觀古堂藏書

陳氏禮記集說補正三十八卷　國朝納蘭性德撰 朱攷（一百四十六）納蘭氏成德禮記陳氏集說補正三十八卷存　翁考納蘭氏成德禮記陳氏集說補正

目錄 勘案陸清獻日記及方望溪集均謂此書本嘉興陸元輔所撰

（板本）

一通志堂本見徐目季目王目金目孫目 編外 倪目丁目邵注目莫目 翁錄禮記陳氏集說補正三十八卷成德撰何焯曰不足据　方苞曰張樸村以爲陸翼王所述按望溪志樸村之墓云君始以校勘宋元經解客徐司寇家

禮記述注二十八卷　國朝李光坡撰

（目錄）

倪目禮記述注二十八卷十本國朝李光坡撰

（板本）

一乾隆三十二年刋本見邵注目莫目

禮記析疑四十六卷　國朝方苞撰

（目錄）

（板本）

一望溪全書本見邵注目莫目　一抗希堂本見倪目四十八卷

檀弓疑問一卷　國朝邵泰衢撰

（目錄）

（板本）

一刋本見浙錄邵注目莫目云與史記疑問合刋

禮記訓義擇言八卷　國朝江永撰

（目錄）

（板本）

一乾隆辛亥刊本見邵注目莫目勤案此朱珪序刊　一安徽刊本見倪目　一墨海金壺本　一守山閣刊本并見邵注目莫目

深衣考誤一卷　國朝江永撰

（目錄）

孫目內編深衣考誤一卷江永撰

（板本）

一阮刻經解本見邵注目莫目

附錄

大戴禮記十三卷漢戴德撰姚考云陳直齋曰漢信都王太傅戴德九江太守聖皆受禮于后倉漢初以來迄于劉向校定中書諸家所記殆數百篇戴德刪其繁重爲八十五篇聖又刪爲四十九篇相傳如此今小戴之書行於世而大戴之書止此篇第自三十九而下止于八十一前缺三十八篇末缺四篇中間又有缺有重意其缺者卽聖所刪耶然哀公問投壺二篇與今禮記文不異他亦間有同者保傅篇世言賈誼書所從出也今考禮察篇湯武秦定收舍一則盡出誼疏中反若誼語勸入其中者公符篇至錄漢昭帝冠辭則此書殆後人好事者采獲諸書爲之故駁雜不經決非戴德本書也題九江太守乃戴聖所歷官尤非是（予前作古文尚書通論其中辨大戴禮非本書乃後人之僞未見直齋此論也今從通考中閱之正相合）朱攷（一百三十八）戴氏德禮（隋志下小正別爲卷唐志無小正之別）缺　翁攷補正戴氏德禮記

（目錄）

隋志大戴禮記十三卷漢信都王太傅戴德撰梁有謚法三卷後漢安南太守劉熙注亡（玉海引目）　舊唐志大戴禮記十三卷戴德撰　唐志大戴德禮記十三卷又喪服變除一卷　宋崇文目大戴禮十三卷原釋三十五篇鄭元祐引見經義攷禮類勤案今本馬攷無原釋玉海（藝文）引崇文總目大戴禮記十卷三十五篇又

一本三十三篇 晁志大戴禮記十三卷 右漢戴德纂袁本同馬攷引同 陳錄大戴禮十三卷 漢信都王太傅梁戴德延君九江太守聖次君皆受禮於后蒼所謂大小戴禮者也馬攷引同 尤目

大戴禮 宋志大戴禮記十三卷 戴德纂 元馬攷大戴禮十三卷 明文淵閣目大戴禮記 一部二册完全一部二册完全

一部二册缺 內閣目大戴禮二册全 漢儒戴德輯又二册全 陳目大戴禮十三卷 萬卷堂目禮記十三卷 戴德 祁目續

收大戴禮四册 十三卷九江太守戴德撰 陳注錢目元板大戴禮 十二卷 錢目元板大戴禮記 四册 也是園目大戴禮記

十三卷 徐目漢戴德大戴禮記十三卷 一本 稽瑞目大戴禮記十三卷 三册 彭目宋本大戴禮 漢戴德四本

（板本）

一宋淳熙乙未韓元吉建安郡齋刊本見朱攷 引韓元吉曰序家舊傳此書嘗得范太史家一本校之篇卷悉同其訛缺謬誤則不敢改從懼其寖久而傳又加舛也乃刊置建安郡齋庶可考焉 天祿續編

二 大戴禮記漢戴德撰後周盧辨注十三卷八卷有注五卷無注篇後間注章數字數前有韓元吉序蓋淳熙乙未刻于建安郡齋時作也又一部云同上又一部云同上 丁志 元至正刊本云後有韓元吉序蓋淳熙乙未刻于建安郡齋時作 陸志 明覆宋本引淳熙乙未歲後九月潁川韓元吉書云

云文同朱考 楊錄 云每半葉十行行二十字遇宋諱傴匡恒垣等字間有缺筆然相其字體板式（每葉板心上記字數下記刻工姓名）的屬宋槧宋槧固不以避諱之詳略辨眞贋也 一元至正刊本見朱攷 引鄭元祐曰海岱劉貞廷幹父以中朝貴官出

爲嘉興路總管政平訟理發其先府君御史公節軒先生所藏書刊諸梓寘之郡學大戴禮其一也 帶經堂目 云前有淳熙乙未韓元吉序 丁志 題漢九江太守戴德此爲至正甲午嘉興路總管劉貞所梓鄭元祐自序每半葉十行行二十字板心刻大小字數刻工姓名篇後間注章數字數

楊錄 宋本云雅雨堂本則以元至正甲午嘉興路學刻本校訂 邵注目 繡谷亭書錄云曾見元嘉興路總管海岱劉貞廷幹刊本大戴禮記有至正甲午逯昌鄭元祐序與韓元吉序一字不易殊不可解勳案宣統辛亥劉氏仿元至正本首有至正甲午十二月朔日鄭元祐序後有淳熙乙未歲後九月潁川

韓元吉書序每半葉十行行二十字板心刊大小字數及刻工姓名原本分四册首册另葉首行題大戴禮記卷一之三後有每卷篇目下同次册大戴禮記卷四之六三册大戴禮記卷七之九四册大戴禮記卷十之十三書首行題大戴禮記卷第一次行漢九江太守戴德三行題篇名次接本文篇後卷三卷十注章數字數 邵注

目莫目

一明嘉靖仿宋本見孫目 內編 孫記 題漢九江太守戴德撰前有淳熙乙未韓元吉序每葉二十行行十八字宋諱俱有缺筆末卷後有嘉靖癸巳吳郡袁氏嘉趣堂重雕十三字 丁志 元本云明袁褧有繙宋本傳亦甚罕 朱目

明嘉靖十二年吳郡袁氏重刊宋本 別本朱目 明袁氏刊宋本 邵注目 朱修伯曰宋刻久已失傳以明袁褧繙韓本爲最善每半葉十行行二十字後有嘉靖癸巳吳郡袁氏嘉趣堂重雕一行孔氏云宋本即此也云 莫目 明袁褧繙刻宋本最善每半頁十行行二十字後有

一明仿宋本見天祿目七云前宋韓元吉序此書係明仿宋刻僅能効其板式而字畫則拘滯矣　陸志前淳熙乙未歲後九月潁川韓元吉序　瞿目大戴禮三十卷（勤案此誤記當作十三卷）明刊本云前有淳熙乙未韓元吉序其本自宋相傳最爲近古　邵注目附錄云陸有明覆宋本　一明沈泰刊本見孫目內編邵注目批注莫目云明崇禎年沈泰本　一明蔡文範刊本見孫目內編邵注目莫目明蔡本　一明仿本　一明屠本　一明鍾本均見邵注目莫目　一明浙江朱養純本見孔廣森補注本敍錄云邵注目莫目朱養純本　一明刊本見丁志　一文乘本見倪目　一明程榮刻漢魏叢書本見祁目十二卷　莫目范目子見存目全　天祿後編十七大戴禮記十三卷前韓元吉序　孫目內編明程榮刊本　倪目程榮本　丁目子　邵注目莫目　一明何允中刻漢魏叢書本見邵注目莫目　一王謨刻漢魏叢書本見觀古堂藏書　一五柳居本見倪目　一聚珍板刊本見孫目內編倪目丁目邵注目莫目　一雅雨堂刊本見孫目內編瞿目明刊本云勝雅雨堂刊本　楊錄宋本云雅雨堂本則以元至正甲午嘉興路學刊本校訂　邵注目莫目　一高安朱氏本見倪目邵注目莫目云國朝高安本尚可取　一宣統辛亥劉世珩仿刻元至正本見觀古堂藏書

（附錄）

一孔廣森補注本見孫目內編丁目刊本　丁志邵注目莫目勤案此孔顨軒著書之一大戴禮記補注十三卷敍錄一卷嘉慶丁丑刻顨軒所著書本又皇清經解刻本　一嘉定汪照解詁十三卷敍錄一卷王昶序本見莫目勤案此書嘉慶九年自刻本又皇清經解續編本　一玉聘珍解詁本見邵注目莫目勤案此大戴禮記解詁十三卷敍錄一卷嘉慶九年刻本又皇清經解續編本　一汪中正誤一卷道光癸未中子喜孫刻問禮堂遺書本又皇清經解本見觀古堂藏書

夏小正戴氏傳四卷宋傅崧卿撰朱攷（一百四十七）傅氏崧卿夏小正戴氏傳四卷存

（目錄）

宋陳錄（時令類）夏小正傳四卷（漢戴德傳給事中山陰傅崧卿注）明文淵閣目夏小正戴氏傳一部一冊（缺）萬卷堂目夏小正傳一卷（傅崧卿）祁目戴氏夏小正傳注一冊（四卷傅崧卿）（史政實類）戴氏夏小正一卷 傅氏夏小正注傳一冊（二卷傅崧卿）陳注錢目（農家子）夏小正戴氏（德）傳四卷 錢目（農家子）夏小正戴氏傳 也是園目（時令）夏小正戴氏傳四卷陸目夏小正四卷 夏小正四卷（傅崧卿）稽瑞目夏小正戴氏傳四卷（舊刻校本一冊）新校夏小正傳二卷一冊

（板本）

一宋刊本見朱考（云按傅氏書余見宋時鋟本後題男右通直郎知泉州晉江縣事賴刊板孫右迪功郎前靜江府修仁縣尉崧校勘）士禮居刻本（卷四後有男右通直郎知泉州晉江縣事賴刊版（一行）孫右迪功郎前靜江府修仁縣尉崧校勘（二行）兩行）

一元至大元年刻本見述古堂目（夏小正戴氏傳五卷一本元板）錢記（時令類夏小正戴氏傳四卷云夏小正大戴禮之篇名也政和中山陰傅崧卿從其外兄關滄得之闗本合傳爲一卷不著作傳人名氏崧卿倣左氏春秋列正文于前而附以傳目爲一篇凡十有二篇釐爲四卷重刊于至大元年）瞿目（校宋本云舊有至大年刻本明嘉靖間袁尙之重繙）批注莫目（云元至大元年重刪宋本有元劉廷幹本未知即其本否勘案劉氏于至正甲午刊有大戴禮記此其中之一篇非至大本也批誤）士禮居刻本（卷四後有至大元年二月十一日校錄一行）

一明嘉靖間袁尙之重繙本見瞿目（校宋本云）朱目（明吳郡袁氏重刊宋本勘案此書士禮居仿刻半頁八行行大小均十七字白口板心上魚尾刻一經字下魚尾有刻工姓名卷一後有皇朝嘉靖丙午孟夏吳郡袁氏刊（一行）卷四後有男右通直郎知泉州晉江縣事賴刊板（一行）孫右迪功郎前靜江府修仁縣尉崧校勘（二行）至大元年二月十一月校錄（三行）當是據元繙宋本重雕）

一明甬東屠本畯序刊本見范目（夏小正四卷（刊本）明甬東屠本畯序見存目殘）

一通志堂本見徐目季目王目金目孫目（內編）倪目丁目邵注目莫目（翁錄夏小正戴氏傳四卷宋山陰傅崧卿世所傳夏小正與大戴傳文合傳氏始爲釐定以正文居前以傳列于後 何焯曰汲古宋人抄本）

一黃氏覆刻袁本見瞿目（校宋本云近時郡中黃氏覆刻袁本後有校錄一卷）邵注目（黃丕烈景明袁本重刊）莫目（明袁褧本士禮居重刊勘案余家有藏本刊于道光辛巳）

一同治己巳傅以禮刊傅氏先世遺書本見觀古堂藏書

（附錄）

一孫星衍夏小正傳校正三卷星衍校刊本孫目內編倪目周易口訣義下　邵注目勤案余家有藏本上下二卷係用大戴禮第四十七篇參合諸家異文校訂于嘉慶戊午刊入岱南閣巾箱叢書　一畢沅夏小正考注一卷經訓堂刊見丁目倪目邵注目莫目勤案此乾隆癸卯自刊經訓堂叢書本　一莊述祖考釋本見邵注目莫目勤案此書題明堂陰陽夏小正考釋十卷嘉慶十四年自刻珍藝宧叢書本又光緒癸未劉翊宸校刊本　一洪震煊疏義本見邵注目莫目勤案此書四卷附釋音異字記一卷傳經堂叢書刊本又皇清經解刊本　一范家相夏小正輯注四卷乾隆戊子刊本見丁目勤案此家刻范氏遺書　一任文田夏小正補注一卷心齋十種刊本見丁目倪目勤案此乾隆丙午任自編刊　一李調元夏小正箋一卷函海本見倪目　一黃氏附刊顧鳳藻夏小正經傳集解本見邵注目莫目勤案余家有藏本四卷道光元年士禮居叢書刻附夏小正後　一王筠夏小正正義四卷咸豐壬子刻鄂宰四種本見觀古堂藏書　一諸錦夏小正詁一卷道光庚寅顧沅編刊賜硯堂叢書本見觀古堂藏書　一黃模夏小正分箋四卷夏小正義異二卷皇清經解續編本　又光緒癸巳鄦齋叢書本均見觀古堂藏書　一朱駿聲夏小正補傳一卷道光己酉家刻本見觀古堂藏書　一梁章鉅夏小正通釋一卷光緒丁亥浙江書局刻本見觀古堂藏書　一王貞夏小正小箋四卷同治元年自刻本見觀古堂藏書

右禮類禮記之屬二十部五百九十四卷附錄二部十七卷皆文淵閣著錄

四庫全書目錄板本考

葉啓勳

經部十四

禮類四

三禮圖集注二十卷宋聶崇義撰 朱攷一百六十三聶氏崇義三禮圖集注存　翁考補正聶氏崇義三禮圖集注

目錄

宋崇文目三禮圖二十卷原釋聶崇義集 見玉海藝文類勳案今本馬攷無原釋玉海引同　晁志三禮圖二十卷 右聶崇義周世宗時被旨纂輯袁本同馬考引同

陳錄三禮圖二十卷 國子司業太常博士河南聶崇義撰馬考引同　尤目聶崇義三禮圖　宋志聶崇義三禮圖集註二十卷 玉海引書目三

禮圖二十卷聶崇義周顯德中參定郊廟器玉因博采先儒三禮舊圖凡得六本考正是否繢素而申釋之每篇自敘其凡參以近世沿革之說建隆二年五月丙寅表上之竇儼爲序詔太子詹事尹拙集諸儒三五人更同參議拙多所駁正崇義復引經以釋之其駁議及答義名四卷率列於注釋詔頒行之又畫於國子監講堂之壁

元馬考三禮圖二十卷　明文淵閣目三禮圖 一部四册殘缺又一部六册缺又一部二册缺　陳注錢目宋板聶從義三禮圖 二十卷竇儼序

錢目宋板聶崇儀三禮圖　也是園目聶崇義禮三禮圖三十卷　季目宋板三禮圖二十卷 八本

培林堂目聶從義三禮圖二十卷 未訂　陸目聶崇義三禮圖二十卷 己巳　稽瑞目三禮圖二十卷 二册

帶經堂目三禮圖注三十卷 宋刊本

板本

一宋淳熙乙未陳伯廣刊本見朱考 引陳伯廣跋曰三禮圖始熊君子復得蜀本欲以刻于學而余至因屬予刻之云云淳熙乙未閏月三日　天祿目四 景宋抄本云前宋竇儼序後宋陳伯廣跋云云（文同朱考）後題淳熙

乙未閏月三日乙未爲宋孝宗淳熙三年此書圖畫人物器具用筆工細乃精於繪事者所作知景抄時殊費經營矣

天祿續編一 宋板三禮圖二十卷揭衛通議大夫國子司業兼太常博士柱國賜紫金魚袋臣聶崇義集注前有序通部分十六門上圖下說末卷則其目錄也此槧法紙墨俱右乃原刊也書末識云三禮圖始熊君子復得蜀本欲以刻于學而予至因屬予刻之予觀其圖度未必盡如古昔苟得而考之不猶愈于求諸野乎淳熙乙未閏三月三日永嘉陳伯廣書 天祿續編二 云同首部又一部云同首部 四庫提要云 淳熙中陳伯廣嘗爲重刻題其後云此書世所行者爲通志堂刊本或一頁一圖或一頁數圖而以說附載圖四隙行欵參差尋覽未便惟內府所藏錢曾也是園影宋抄本每頁自爲一圖而說附于後較爲清整易觀今依仿繕錄焉

一通志堂本見徐目季目玉目金目孫目

外編

天祿續編一 宋本云此書通志堂經解亦繙刻 四庫提要云倪目丁目邵注目莫目 翁錄三禮圖集注二十卷宋洛陽聶崇義自周顯德三年奉命參定郊廟器玉因采鄭康成阮諶等六家圖刊定至宋建隆二年奏之竇儼爲之序今通志此刻序無姓名者即竇序也而無崇義自序朱氏經義考尙節錄聶序蓋舊本有之也　何焯曰汲古宋本序文稍有訛處已經解正書中訛錯亦多蓋通志堂刻本不依原書欵式也

一別刊本見丁目 勤案此通志堂別刊余家有藏本尾卷後有五行牌記云三禮圖始熊君子復得蜀本欲以刻（一行）于學而予至因屬予刻之予觀其圖（二行）度未必盡如古昔苟得而考之不猶（三行）愈於求諸野乎淳熙乙未閏月三日（四行）永嘉陳伯廣書（五行）下隔一行有後學成德校訂一行經解本均無之檢翁錄知通志刻此書從汲古宋本出則此牌記當爲宋本原有容若初刻經解時多爲校勘人所誤往往有從宋元舊本繙雕而又改易字句行欵删削牌記者此書初刻時未刻陳伯廣跋後又別刊此本補刻陳跋于後此刻較經解本字體邊闌器服等均細緻間亦有粗於經解本者當以此本爲精然據四庫著錄錢曾述古堂影抄宋本云云則宋本圖自圖一頁注自注一頁此兩本均縮注於圖之下失宋本之舊矣

三禮圖四卷明劉績撰 朱考（一百六十五）劉氏績三禮圖二卷存

目錄

明志劉績三禮圖二卷　萬卷堂目三禮圖二卷劉績　黃目劉績三禮圖二卷江夏人　徐目明劉績禮圖二卷一本　孫目內編三禮圖二卷

板本

一曝書亭寫本見四庫著錄 浙江吳玉墀家藏本勤案浙錄云是曝書亭寫本故列此唯浙錄作二卷 浙錄二卷 丁志 精抄本云貳卷曝書亭舊有抄本此亦從之影寫者 邵注目莫目 均云四庫係曝書亭抄本

一抄本見培林堂目倪目丁志二卷　一影寫明刊本見陸續志

學禮質疑二卷 國朝萬斯大撰 朱考（一百四十六）萬氏斯大學禮質疑二卷存 翁考萬氏斯大學禮質疑

【目錄】孫目外編學禮質疑二卷 萬斯大撰

【板本】一經學五書本見浙錄 刊本 倪目邵注目莫目 一阮刻經解本見邵注目莫目

讀禮志疑六卷　國朝陸隴其撰

【目錄】

【板本】一門弟子編次校刊本見四庫著錄 提要云此蓋閱書時隨筆標記門弟子編次校刊 浙錄 刊本勤案四庫著錄爲浙江巡撫採進此本同列此 莫目 云有單刊本 一學海類編本見邵注目莫目 十二卷 一張清恪公刊本見邵注目莫目 勤案此正誼堂全書刊於康熙戊子後同治五年福州正誼書院重雕家有藏本 一書三味齋叢書本見莫目

郊社禘祫問一卷　國朝毛奇齡撰

【目錄】

【板本】一西河全集本見倪目丁目邵注目莫目　一藝海珠塵本見邵注目莫目

參讀禮志疑二卷　國朝汪紱撰

目錄

倪目參讀禮志疑二 二本國朝汪紱撰

板本

一刋本見浙錄邵注目　一樓碧山房刋本見莫目　右禮類三禮總義之屬六部三十五卷皆文淵閣著錄

禮書一百五十卷宋陳祥道撰 朱考(一百六十八)陳氏祥道禮書存

目錄

晁志太常禮書一百五十卷 右皇朝陳祥道用之撰袁本後志同馬考引同 陳錄禮圖一百五十卷 太常博士長樂陳祥道用之撰馬考引同 尤目陳祥道禮書　宋志陳祥道禮書一百五十卷 玉海引書目禮書一百五十卷陳祥道撰 元馬考太常禮書一百五十卷　明文淵閣目宋陳祥道禮書 一部十冊完全 內閣目禮書十五冊全 宋建中靖國間太常博士陳祥道撰進采集歷代典禮凡一百五十卷又九冊不全 萬卷堂目禮書一百五十卷 陳祥道 祁目 史禮樂類 陳氏禮書十冊 一百五十卷陳祥道輯 錢目陳祥道禮書 十二冊 述古堂目陳祥道禮書一百五十卷十二卷 也是園目同 張志禮書一百五十卷 宋左宣義郎太常博士臣陳祥道上進禮書表自序元刋本 汪目元板禮書一百五十卷　帶經堂目禮書一百五十卷 元刋本

板本

一宋元祐刊本見瞿目 元刊本云案是書有元祐刻本今已佚 丁志 元刊本云元祐刻本早佚 學部館目 禮書二百卷宋刊本每半葉十三行每行大字二十二一二不等小字二十八高四寸九分廣五寸二分白口單邊上有大小字數下有刻姓名蝶裝首列進禮書表結銜左宣義郎太常博士臣陳祥道上進次禮書序次建中靖國元年牒惟表末臣無任下另行接禮序又序中參有樂書序後葉而序牒板心魚尾下均有前序二字學莫友芝宋元舊本書經眼錄所見略同友芝謂當二書並刻眞是是書尚在慶元巳未樂書以前彼是覆刻此尚原槧確爲宋本宋印存一之十六二十八之六十四一百十八之一百二十九又一部云行款同前存六之十六二十八之三十六二册勵案禮樂二書慶元巳未三山陳岐以北宋本重梓于盱江此云在慶巳未樂書以前彼是覆刻此尚原槧云云當爲北宋刻本乃陳刊所祖也故列此

北宋本見楊錄 元本云蓋禮樂二書慶元間陳岐以北宋本重梓于盱江云勵案學部館目有宋刊樂書錄有慶元巳未重陽日三山陳岐跋與北書並刊

一宋槧本見森志 禮書零本三卷云原一百五十卷現存序目一二三三卷首有進禮書表竝敍建中靖國元年劄子目錄首署宣義左郎太常博士臣陳祥道上進每卷首載子目每半板十三行行二十一字板心記大小字數此本板頗刓缺中多有明代補刊 莫錄 陳氏禮書一百五十卷宋本云首載建中靖國元年正月禮部差楷書工人鈔祥道禮書牒竝及陳暘樂書次祥道進書表序中參有樂書序一葉無前半蓋當時二書并刻也肆中有樂書與此相似半葉十三行行二十一字

一宋刊本見莫目 云每葉二十行行二十二字

一元刊本見范目 題宋左宣義郎太常博士陳祥道上進元郡人林光大序云吾閩憲府前進士趙公宗吉先生購求善本首命鋟梓於學賓幕歷經前進士可行君知事前國學賓士允中張君蒉成之見存目缺存卷十至二十五卷八十至百十一 瞿目 題宣義郎太常博士臣陳祥道上進前有進書表及自序次列建中靖國元年尚書禮部牒案此書有元祐刻本今已佚此本每半葉十三行行二十一字板心有字數閩趙宗吉從宋板翻雕者惜每卷間有缺葉舊有林光大序亦脫去 丁志 題左宣義郎太常博士臣陳祥道上進前有進禮書表次祥道自序元祐刊本早佚今唯此閩趙宗吉從宋本繙雕者每半葉十三行行二十一字板心有字數雍虞集有重刻禮樂書總序 陸志 題宋左宣義郎太常博士臣陳祥道上進有雍虞集書序至正七年龍集丁亥八月三山後學余載識序校勘督工直學楊聰直學張文俊司書張伯通六齋訓導葉鉞黃誠陳淦陳貢琛鄭拱辰章泰福州路儒學正陳彬福州路儒學教授林光大銜名進禮書表自序建中靖國元年尚書禮部牒按此南宋刊本元人得其板而重修之冒爲已有余見吳小帆觀察所藏較此本印在後樂書後陳跋改慶元爲至正陳岐爲林光大此則初印本也每葉二十六行每行二十一字小字雙行每行三十四字板心有字數間有刻工姓名其板明時尚存南監見古今書刻然明印本脫葉數百此本有斷板而無缺葉猶元時印本也又一部宋刊元修本題宋左宣義郎太常博士陳祥道上進虞集序至正七年余載序校勘督工銜名進禮書表自序建中靖國元年牒案此本較第一本印本較後勵案各家志目均云南監有元至正丁亥刻本此即林光大序刊本也唯陸氏云元刻係修補宋板冒爲已刻并云見吳小帆觀察所藏樂書後陳跋改慶元爲至正陳岐爲林光大云云考慶元巳未三山陳岐跋學部館目宋本樂書錄之至正丁亥林光大合刻禮樂書後序張金吾志元本樂書載之林序明稱吾閩縣憲府僉憲前進士趙公宗吉先生購求善本首命鋟梓於學賓幕經歷前進士可行君知事前國學賓士允可張君蒉成其事爰馳一介謁序於翰林盱江伯生虞公云與宋慶元陳跋序文各異并非陳跋改題且至正本有虞集余載各序均云爲趙宗吉刻本而作的非修補宋板可知陸氏所見吳藏或係書估無識改刻或係明監補修元本致誤元冒宋板爲已刻殆肊度之詞也 楊錄 元本云每半葉十三行行二十一字首載建中靖國元年牒文樂書末有慶元巳未三山陳岐迪功郎建昌軍南豐縣主簿林子冲兩跋至正丁亥福州路儒學教授林光大後序蓋禮樂二書慶元間陳岐以北宋本重梓于盱江光大復繙刻之故卷中猶避宋諱 陳注錢目 陳祥道禮書十二册云一百五十卷陳用之禮書論辨詳博間以會畫元祐中表上之明南監有元板朱子極稱此書之該博勝陸農師禮象 朱目 元至正七年刊本 邵注目 云明南監中有元板至正丁亥刊又附錄云陸有元刻本云南宋刊本元人重修冒爲已有吳小帆觀察所藏印較後樂書陳跋改慶元爲至正陳岐爲林光大此則初印本每頁二十六行行二十一字小字雙行每行三十四字板心有字數間有刻工姓名其板明時尚存南監見古今書刻然明印本脫頁數百此本有斷板而無缺頁猶元時印本 莫目 明南監有元至正丁亥刻本

一元刊

本見陳編孫記 云今本爲元板前有至正七年余載序次目錄題左宣義郎太常博士臣陳祥道上進次進書表次禮書序每卷各有分目第一卷文在圖畫之前 邵注目 附錄云余曾見孫淵如所藏元大字本惜少一册詒讓勘案疑此卽林光大刻本但此不記行欵而林本各家著錄未云大小字本無從審證

一明張溥刊本見培林堂目 張天如板 孫目內編陳編孫記 元板云張溥刻本移其圖在文前去其結衘倒其表序其妄如此 邵注目莫目 明張溥盛順本

一明盛順本見倪目 勱案此卽張溥刊非別一本也 一福清郭氏刊本見丁目邵注目 嘉慶九年郭龍光刻本 莫目 嘉慶甲子閩郭氏刊本

一光緒丙子廣東菊坡精舍刊本見觀古堂藏書 此方功惠從張溥刊本重刻板存菊坡精舍

儀禮經傳通解三十七卷續二十九卷儀禮經傳通解宋朱子撰初名儀禮集傳集注 朱考（一百三十二）朱子熹儀禮經傳通解存　儀禮釋宮一篇存　黃氏幹續儀禮經傳通解存　翁攷補正朱子儀禮經傳通解　黃氏幹續儀禮經傳通解

目錄

宋趙附志 儀註類 儀禮經傳通解續纂祭禮十四卷 有朱文公編集 陳錄古禮經傳通解二十三卷集傳集注十四卷 朱熹撰 古禮經傳續通解二十九卷 外府丞長樂黃幹直卿撰馬考引同 宋志朱熹儀禮經傳通解二十三卷 黃幹續儀禮經傳通解二十九卷又儀禮集傳集注十四卷 元馬考古禮經傳通解二十三卷 集傳集注十四卷 引中興藝文志熹嘗爲家禮三卷鄉禮三卷學禮十一卷邦國禮四卷王朝禮十四卷其曰儀禮經傳通解者凡二十三卷熹晚歲所親定惟書數一篇缺而未補其曰儀禮集傳集注者卽此書舊名凡十四卷爲王朝禮而卜筮篇亦缺猶所草定未及删改 古禮經傳續通解二十九卷 明文淵閣目儀禮經傳通解 一部一百册又一部一百册又一部一百册又一部三十四册 儀禮經傳通解續 一部三十册又一部六册 內閣目儀禮經傳通解三十五册 宋朱熹著家禮六卷鄉禮四卷學禮十五卷邦國禮五卷王朝禮十四卷又四十三册不全又三十四册不全又二十四册不全又五十五册不全又七十四册不全又十册不全又六册不全又九册不全又二册不全 儀禮經傳通解續一百册全 宋淳祐間信齋楊復著朱晦庵編集儀禮經傳通解獨喪祭二禮未完而以屬黃勉齋幹續成之勉齋卽世祭禮猶未就於是信齋據二公草本參以舊聞精加修定凡十四卷八十一門是祭禮一書至此始大成也又十九册不全又十八册全又二十九册不全 儀禮經傳通解續五十三册不全 獨喪禮十五卷內闕第五第六第十三十四續祭禮二十九卷全 儀禮集傳集注七册不全 止王朝禮 萬卷堂目儀禮

經傳通解三十七卷黃幹 二十九卷黃幹 陳注錢目儀禮通解四十五册朱子 錢目儀禮通解四十五册 天祿續編八儀禮經傳通解 宋朱熹撰書三十七卷家禮六鄉禮四學禮十五邦國禮五王朝禮十四前有嘉定癸未張虙識乃宋嘉定年守南康郡錢版時所作此則元翻宋槧也 儀禮經傳續 宋黃幹撰 也是園目儀禮經傳通解二十三卷 儀禮集傳集注十四卷 儀禮經傳通解續二十九卷 徐目宋朱熹黃幹 儀禮經傳三十七卷 又續二十九卷十本 宋朱熹儀禮經傳通解三十七卷六本 宋楊復儀禮經傳通解續二十九卷十本 培林堂目黃幹儀禮經傳續解 半部三十五册 又儀禮經傳三十七卷 又儀禮續解二十九卷 共八册正德年校 王目儀禮經傳續 宋朱熹 二十九卷 楊復編三册綿紙 倪目儀禮經傳通解三十九卷續二十九卷 共二十四本宋朱子撰黃幹述

版本

一宋嘉定丁丑子在刊本見朱考 引子在跋曰右先君所著家禮五卷鄉禮三卷學禮十一卷邦國禮四卷王朝禮十四卷今刊於南康道院其曰經傳通解者凡二十三卷蓋先君晚歲之所親定是爲絕筆之書次第具見於目錄惟書數一篇缺而未補而大射禮聘禮公食大夫禮諸侯相朝禮八篇則猶未脫稿也其曰集傳集注者此書之舊名也凡十四卷爲王朝禮而曰卜筮篇亦缺餘則先君所草定而未暇删改者也今皆不敢有所增益悉從其藁至於喪祭二禮則嘗以規摹次第屬之門人黃幹俾之類次他日書成亦當相從于此庶幾此書始末具備云云嘉定丁丑八月又引陳振孫曰見陳錄 陳錄 古禮經傳通解二十三卷集傳集注十四卷朱熹撰以古十七篇爲主而取大小戴禮及他書傳所載繫於禮者附入之二十三卷已成書缺書數一篇其十四卷草定未删改曰集傳集注者蓋此書初名也其子在刻之南康一切仍其舊云 錢記 儀禮經傳通解二十三卷儀禮集傳集注十四卷云撰家禮五鄉禮三學禮十一邦國禮四共二十三卷曰儀禮經傳通解王朝禮十四卷曰儀禮集傳集注刊于南康道院 述古堂目 儀禮通解四十三卷四十三本(宋板) 四庫著錄 提要云朱子沒後嘉定丁丑始刊板于南康凡家禮五卷鄉禮三卷學禮十一卷邦國禮十四卷共二十三卷爲四十二篇中缺書數一篇大射至諸侯相朝十八篇尚未脫稿其卷二十四至卷三十七凡十八篇則仍前草創之本故用舊名集傳集注是爲王朝禮中缺卜筮一篇目錄內踐阼第三十一以後序說並缺蓋未成之本也云云 浙錄 儀禮經傳通解集注三十七卷刊本勵案四庫著錄爲浙江巡撫採進此本故列此 張志 影寫元刊本儀禮經傳通解續引王佖序云嘉定間嗣子侍郎公在方刻之南康郡學後來勉齋黃公續成喪祭二禮亦併刻焉 丁目 儀禮經傳通解三十七卷續二十九卷宋刊本宋朱子撰門人黃幹楊復重修云刊于嘉定丁丑 瞿目 儀禮經傳通解集傳集注十一卷宋朱子撰門人黃幹訂 原書三十七卷今存家禮五卷邦國禮二卷（缺卷二）王朝禮四卷（缺卷十）其鄉禮三卷學禮十一卷俱缺此書朱子沒後其子在刻於南康道院爲嘉定丁丑歲板移監中不久即漫漶是本每半葉七行行十五字夾注同心板有大小字數刊工姓名於匡徵恒愼敦讓字皆缺筆 丁志 詳嘉定癸未本 森志 儀禮經傳通解零本一卷宋槧本云原二十三卷今存第十七中庸一篇注與今章句全同但首章注爲小異蓋未定本也此本欵格寬格字殆錢大每半板七行行十五字界長六寸三分幅四寸六分左右雙邊字畫端勁頗有歐柳筆意板心上方草書記大小字數下方有刻工姓氏卷中愼樹等字缺筆中間有後人補刊勵案此書板存監中

此當是監中補板印行故列此　**莫目**　宋有嘉定丁卯刊大字本

一宋嘉定癸未張虙刊本見朱考　張虙序曰南康舊刻朱文公儀禮經傳與集傳集注而喪祭二禮俄空焉蓋以屬門人黃勉齋俾之類次而未成也虙來南康勉齋已下世深恨文公之志不終世友閻有言勉齋固嘗脫稿今在南劍陳使君處索之可也南劍知之果以其書來至是鋟木一年而畢是雖喪祭二門而卷帙多前書三之一點勘之功鄉貢進士楊復爲多助以王鎮圭童君欽黃嵩三君云　**錢記**　儀禮經傳通解續二十九卷云朱子晚年著經傳通解屬稿甫定而歿未成喪祭二門嘗以規摹次第屬之門人黃幹勉齋俾爲類次嘉定癸未四明張虙來南康知勉齋此稿在南劍陳史君宓處以書索來凡二十九卷校刻之并前書傳于世云　**天祿續編八**　儀禮經傳通解書三十七卷家禮六鄉禮四學禮十五邦國禮五王朝禮十四前有嘉定癸未張虙識是書目錄後載晦庵乞修三禮劄子其子在記稱家禮五卷鄉禮三卷學禮十一卷邦國禮四卷王朝禮十四卷爲先君晚歲親定絕筆惟書數一篇缺而未補而大射禮聘禮公食大夫禮諸侯相朝禮皆未脫稿王朝禮卜筮篇亦缺餘皆草定而未刪改惟喪祭二禮則嘗以屬之門人黃幹云云是此書與幹所續通爲一篇也虙識乃宋嘉定年守南康郡鋟板時所作此則元繙宋槧也一

四庫著錄　提要云然幹僅修喪禮十五卷成於嘉定已卯其祭禮則尚未訂定而幹又沒越四年壬午張虙刊之南康亦未完本也其後楊復重修祭禮鄭逢辰進之於朝復序幹之書云云又自序其書云南康學宮舊有家鄉邦國王朝禮及張侯虙續刊喪禮又取祭禮稿本並刊而存之云云　**浙錄**　儀禮經傳通解續二十九卷刊本勸案四庫著錄爲浙江巡撫採進此本故列此　**丁志**　儀禮經傳通解集傳集注三十七卷宋刊本云是書禮家六鄉禮四學禮十五邦國禮五王朝禮十四前有嘉定癸未孟秋四明張虙識目錄後載朱子乞修三禮劄子其孤在有嘉定丁丑八月謹記云此先君晚歲親定絕筆惟書數一篇缺而未補而大射禮聘禮公食大夫禮諸侯相朝禮皆未脫稿王朝禮卜筮篇亦缺餘皆草定而未刪改惟喪祭二禮則嘗以屬之門人黃幹云云即指勉齋所續之二十九卷也後有嘉定癸未門人三山楊復及陳宓二跋其書初刻於南康道院再刻於江左書院每葉十四行行十五字夾注同板心有大小字數刊工姓名於匡徽恒慎敦讓字有缺筆

一宋寶祐癸丑王佖刊本見張志　影寫元刊本儀禮經傳通解續二十九卷引王佖序曰嘉定間嗣子侍郎公在方刻之南康郡學後來勉齋黃公續成喪祭二禮亦併刻焉而書竟取之以去曾幾何年字畫漶漫幾不可讀識者病之蓋懼此書之無傳也佖乘軺東江因攸本司發下之券尚存遂命籌度命工重刻爰首諮於堂長饒伯輿甫總契所懷議以允協且輟餐供餘鏹以助遂囑其事於教官丁君抑而任其讐校於洞學之善士邦侯儀軒趙公希悅亦佐其費復幹旋本司所有以添給之志意既同始克有成迺就置其板於書院庶幾藏之名山或免湮墜其經之營之亦甚難矣然朱子所成三禮止二十餘秩而勉齋所續則又倍之厥後信齋楊君始刪其祭禮之繁複稍爲明淨今喪禮則用勉齋所纂祭禮則用信齋所修云云寶祐癸丑冬日南至後學金華王佖端拜敬言又引丁抑序曰一日貽書囑抑曰儀禮一書文公平生精力盡在於此雖喪祭二禮成於門弟子之手然昔定於師友平日之講論昔板康廬今歸秘府吾欲輟餐供之餘補遺書之闕子其爲我程督之抑雖晚學奚敢不力於是擇鄉國之通儒讐校其舛訛命庠備之端士董正其工役始于癸丑之仲春成于甲寅之季夏云云是年閏月旦日門人迪功郎南康軍軍學教授丁抑端拜敬書又引謝章序曰貳卿久軒蔡先生誕持節江左嘗以俸餘二萬楮遺白鹿買田以助公養歷年久未遂敬嚴王公乃移刊三禮書云云是歲重九日後學崑山謝章拜手謹書

一宋刊本見陸志　儀禮經傳通解續祭禮十四卷宋楊復撰有紹定辛卯七月望日三山楊復序鄭逢辰上表淳祐七年四月十三日贈復文林郎敕案每葉十四行每行十五字小字雙行板心有字數及刻工姓名原本十四八十一篇今卷第三全缺卷一卷十四亦不全　**陸續跋**　儀禮經傳通解續祭禮十四卷前有紹定辛卯楊復自序門人鄭逢辰序及逢辰進祭禮二十帙儀禮圖十四帙表淳祐六年十一月中書省劄付淳祐七年四月十三日贈復文林郎敕每葉十四行行十五字注雙行板心有字數及刻工姓名宋淳祐刊本　**邵注**

目　附錄云儀禮經傳通解續祭禮十四卷宋楊復撰陸有宋刊本每葉十四行行十五字小字雙行板心有字數及刻工姓名原本十四卷八十一篇今卷三全缺卷一卷十四亦不全勸案此楊復以黃幹稿本修定付刊者考陸志所載楊復序知復受業於朱子又受業于黃幹朱子纂儀禮經傳通解成家鄉邦國王朝禮而以喪祭二禮屬之黃幹至嘉定已卯黃始成喪禮而以祭禮稿本授楊復時在黃左右隨時咨問抄識以待黃筆削而黃即世嘉定癸未張虙知南康續刻喪禮又取祭禮稿本並刊以待後學楊復據稿本參以所聞稍加更定以續成其書是張虙所刊祭禮爲黃幹稿本此則楊修定之本也考此書又有宋寶祐王佖刊本據王序云云祭禮爲楊修定本王刊

移入監中至元統曾修補印行張刊後有呂氏寶誥堂重刻陸氏曾以此刊較呂刊兩本詳略互有出入或增或删或改或易能取兩本校其異同而刊之亦書林之快事也

一元元統補刊本見張志（影寫元刊本儀禮經傳通解續二十九卷宋黃榦撰卷十六至末則楊復所重修也此本從元元統補刊本影寫中多缺文甚有三四頁全缺者蓋元本模糊寫者未敢臆填目錄後有元統三年六月日刊補完成一行後列銜名五行有寶祐癸丑冬日南至後學金華王佖序是年閏月旦日門人迪功郎南康軍軍學教授丁抑序是歲重九日後學崑山謝章序勱案此當是元補宋寶祐癸丑王佖刊本）帶經堂目（儀禮經傳通解三十七卷通解續二十九卷云此本乃元元統時張佖所刻所謂南康本也板印漫漶脫頁錯間不可枚舉云勱案此誤通解當爲嘉定丁丑南康刊本續解當爲元統補修寶祐王佖刊本兩刻板均入監此當是監中修補印行者故多脫頁漫漶也）

一明正統間刊本見朱目別本朱目邵注目莫目

一明南京國子監刊本見邵注目（云𫄨谷亭書錄云板式精好振綺堂所藏似即此本）朱考（劉瑞序見後）

一明刊本見邵注目（云振綺堂有）

一劉瑞序刊本見朱考（引劉瑞序曰子朱子嘗欲請於朝修三禮制不果上晚乃著儀禮經傳通解始家禮次鄉禮次學禮次邦國禮而王朝禮終焉凡四十七卷覩初論少異蓋自成一家言矣書未就先生告終喪祭二禮則成于勉齋黃氏其規摹次第授於先生者也爲卷凡二十有七書刻于南京國子監卷帙浩繁點畫漫漶乃命教授陳塗等督諸生手錄經傳讐校付刻俾天下後世志于禮者有考焉）

一熊禾序刊本見朱考（引熊禾刊通解疏序曰文公晚年始爲經傳通解一書自鄉以至邦國王朝凡禮之大綱細目靡不具載歷門人勉齋黃氏信齋楊氏三世始克成書蓋有刊本兵燼之後板帙散亡今得考亭諸名儒參校訂定墨本擬就書坊板行以便流布仍於所補儀禮各卷篇目之下參以歷代沿革文制及關洛以來諸儒折衷之說酌古準今損文就質輯爲儀禮外傳以附其後庶可繼先儒未畢之志其於風教亦非小補云）

一舊刊本見邵注目（云瞿氏有續二十九卷舊刊本十一行行二十字）

一呂留良刊本見陸志（宋刊本云以呂留良刊本校之脫落譌錯妄删妄增竟無一合）陸續跋（宋槧本云）張志（影寫元刊本云呂氏刊本凡空白處皆以意聯屬）邵注目莫目（呂氏寶誥堂刊本中多脫字以意填補）

一日本寬文九年仿宋刊本見觀古堂藏書（此從宋嘉定丁丑刊本重雕儀禮經傳通解集傳集注三十七卷首目錄一卷有嘉定丁子在跋按四裔編年表日本寬文九年當中國康熙八年）

禮書綱目八十五卷　國朝江永撰

目錄（勱案浙錄有寫本禮書綱目九十一卷）

倪目禮書綱書八十五卷（二十四本國朝江永撰）

版本

一嘉慶庚午刊本見邵注目（近年婺源刊本） 莫目（勤案家有藏本婺源俞氏校刊）

五禮通考二百六十二卷　國朝秦蕙田撰

目錄

倪目五禮通考二百六十二卷（一百二十本國朝秦蕙田撰）

版本

一乾隆中刊本見丁目（云宣紙初印合讀禮通考爲一部） 邵注目莫目（勤案此乾隆十八年家塾刊本）

右禮類通禮之屬四部五百六十三卷皆文淵閣著錄

書儀十卷宋司馬光撰

目錄

宋陳錄溫公書儀一卷（司馬光撰馬考引同） 尤目（儀注類）司馬氏書儀　宋志（儀注類） 司馬光書儀八卷又涑水祭儀一卷　居家雜儀一卷　元馬考溫公書儀一卷　明文淵閣目溫公書儀（一部四册缺又一部二册缺） 高志司馬氏居家雜儀一卷（宋司馬溫公著凡二十條） 萬卷堂目書儀八卷（司馬光） 也是園目（家禮祭儀） 司馬氏書儀十卷（錢記同） 孫目內編書儀十卷　稽瑞目司馬氏書儀十卷（二册） 倪目書儀十卷（二本）

版本

一宋淳熙中崇川范氏刊本見瞿跋 翻宋司馬氏書儀十卷云前有行書序大略謂此書溫國文正公撰次淳熙中崇川范君鋟梓之本已缺裂不全曾見一本染紙作舊色書估欲充爲宋刻者似即此本也而目錄之尾有長方戳記中作二行云淳熙已亥九月崇川范氏鐫板考此本序後印文既云稚川世家則刻此書者當爲葛姓序中雖言淳熙中崇川范氏刻有是書而此本則以家藏繕錄之本再加訂證訛謬編排繕刻則未必卽以范本重刻疑此本記乃書估竊取序中之語欲以此衒爲口眞宋刻而僞作者亦未可知云 汪亮采刻本 前有稚川世家行書序云淳熙口崇川范君此潛得是書雖嘗鋟梓然亦以缺裂不全爲欠云 一宋刊本見天祿續編二 司馬氏書儀宋司馬撰十卷分七門曰表奏曰公文曰私書曰家書曰冠儀曰昏儀曰喪儀前有刻書序無名氏按書中敦字缺筆乃光宗以後刻其曰歲壬子卽光宗之紹熙三年也又刻墨圖記曰傳㮚書堂曰稚川世家其人或葛姓也 邵注目 云天祿後目有宋紹熙三年刊本云卽汪刻所出 莫目 云天祿後目有宋紹熙三年刊本勤案此本雍正元年汪亮采曾以影抄本仿刊每半葉十一行行大字十九小字雙行行二十四五字不等板心上行草書記大小字數下記葉數中題書儀幾卷前有行書序大字每葉十二行行十字序末云旹歲口子菊月國日序于傳桂口序後上一外圓內方印文曰傳㮚書堂又一大方印文曰稚川世家而別無刻書人姓名 一明刊本見帶經堂目 司馬氏書儀十卷 莫目

一雍正元年汪氏影宋刊本見天祿續編二 宋刊本云近有影宋刻本甚工細按其缺空卽從此本影出 丁目 雍正元年汪亮采影宋抄本刊 別本朱目 汪氏刊本 邵注目莫目 勤家有藏本前有汪序係從宋抄本出雕鋟甚精每卷後有後學汪郊校定一行 一同治七年江蘇書局重刊汪氏本見別本朱目莫目 一盱眙吳氏重刊本見別本朱目 一繙宋刊本見四庫著錄 提要云此本首尾完具尚從宋本繙雕云 瞿跋 繙宋司馬氏書儀十卷大板每葉二十二行行九字雙行小注倒底者每行二十四字餘參差不齊摺口板心中上行草書記大小字數下記葉數中題書儀幾卷但於首題司馬氏書儀卷第幾不復題姓名前有行書序大字每葉十二行行十字序大略謂此書溫國文正公撰次淳熙中崇川范君鋟梓之本已缺裂不全又云先伯父仕閩與先生族孫同寮後見全書求錄家藏久矣以故再加訂證刊之然序末但旹歲口子菊月圓日序于傳桂口及後上一外圓內方印文曰傳鋟書堂外一大方印文曰稚川世家而別無姓名可考此書序中時下熙下刊下廣下皆空缺一字後三行末亦皆缺一字此必因原本已殘缺故也書雖雕鋟甚精幾可亂眞然據此缺字覩之其爲印宋繙刻無疑且翻刻失眞至有不可識之字予得此本卷十目後缺去末葉云勤案此與汪亮采倣宋本行欵均同唯汪本小注每行二十四字間有二十五字此本倒底者每行二十四字餘參差不齊爲異且汪本每卷後有後學汪郊校訂一行據汪序係從宋抄本出當是抄時已將行欵整齊一番此則從宋刻繙雕者也 一學津討原本見邵注目莫目

一日本重刻汪亮採本見觀古堂藏書

家禮五卷附錄一卷舊本題宋朱子撰

目錄

宋陳錄 禮注類 朱氏家禮一卷 朱熹撰馬考引同 宋志朱熹家禮一卷 缺 文公家禮附注 一部二冊缺 文公家禮附

錄一部一冊缺 祁目史禮樂類 朱文公家禮四冊四卷 陳注錢目文公家禮一冊 錢目文家禮一卷 王目家禮

宋板朱文公家禮朱熹 五卷趙凡夫藏凡夫寫脚二冊 帶經堂目家禮八卷元刊本

板本

一宋趙崇思刊本見趙附志家禮五卷右朱文公所定而趙崇思刻之萍鄉者潘時舉李道傳黃幹廖德明陳光祖序跋附焉勤案此本刊于嘉定間罶目有明刊本後有嘉定癸酉潘時舉跋可證 一宋趙師恕刊本見求古居宋本目朱氏家禮內抄一本三冊

黃錄云朱子書宋刻者余所見極多皆疏行大字字形方板此家禮一至三爲抄補四五卷附錄則皆宋刻也閱抄補之序云趙君師恕之宰餘杭也乃取是書鋟諸木以廣其傳是今所存者當是餘杭本刻本上有竹東草堂書畫印未知誰何

楊錄宋本家禮五卷附錄一卷每半葉七行行十六字卷一至卷三影宋精抄補附錄後有淳祐五年上饒周復跋云文公門人三山楊復所附注於逐條之下者可謂有功家禮復別出之以附於書之後恐其間斷文公本書也卷中避宋諸諱廓字缺筆當是上饒原刻瓊山所稱南雍舊本與此俱合未之爲明時重雕抑即此本舊帙弃之監中者耶有竹東草堂書畫印勤案此書即黃錄所載之本後爲楊有康熙辛巳汪啓淑曾仿刊之光緒庚寅江蘇公善堂又據汪本重刊 一宋開慶間葉懋臣刊本見內閣目八文公家禮附錄口冊全云文公家禮未及更定諸本皆有小異開慶間葉懋臣擇善本訂正梓之 一廖子晦刊本 一陳安卿刊本均見四庫提要云案王懋竑白田雜著家禮考曰又見行狀年譜所載廖子晦陳安卿皆爲刊刻云云 一明刊本見瞿目云朱子原書五卷附錄一卷迺淳祐間周氏復採信州楊氏所注各條下者別出之也是本與元刊本卷第同（勤按罶目此書前載增注補卷元刊本凡通禮一卷冠禮一卷昏禮一卷喪禮一卷祭禮一卷凡五卷云）而去其家禮圖一卷深衣考一卷故爲五卷卷首載本主式與元刊本小異主式後有嘉定癸酉潘時舉跋蓋明嘉靖間以舊本重刻者 一康熙辛巳汪氏刊本見邵注目莫目勤案此汪啓淑仿宋淳祐五年周復刊本 一鄧鍾岳仿宋刊本見邵注目莫目 一宋犖刊本見倪目 一禦兒呂氏刊見邵注目佳 莫目石門呂氏刊本 一盱眙吳氏重刊本見別本朱目 一光緒六年江蘇公善堂仿宋刻大字本見觀古堂藏書此從汪啓淑本重刊 一近洪氏刊宋本見批注莫目 一坊本見丁目

（附注本）

一宋刊本見毛目宋板文公家禮四本一套楊復附注劉垓孫補注 瞿目纂圖集注文公家禮十卷題門人秦溪楊復附注後學復軒劉垓孫增注前有朱子自序凡通禮一卷冠禮一卷昏禮一卷喪禮五卷祭禮二卷其圖散見各門中其附注增注俱以陰文標明每半葉七行行十

四字注雙行二十一字序文尚是朱子手書　朱目纂圖集注文公家禮十卷宋朱子撰門人楊復附注後學劉垓孫增注宋季麻沙坊間刊本汲古閣舊藏　邵注目云汲古閣有宋刊本毛扆曰與今世行本不同校對便知亦楊劉注　莫目云汲古閣有宋刊本楊復注與今世行本不同

一元刊本見瞿目文公先生家禮七卷題門人楊復注劉垓孫增注劉璋補注凡通禮一卷冠禮一卷昏禮一卷喪禮一卷祭禮一卷凡五卷首有家禮圖一卷末有深衣攷一卷前列朱子自序後有淳祐壬寅莆田芳大琮後序其楊復跋語則冠以長溪楊氏復曰六字則是本已非出楊氏手定矣又宋刊本云元刻本重編卷數抽出深衣制度另爲深衣考一卷並抽出各圖另立一卷失其舊矣　莫目元刊本纂圖集注十卷劉垓孫增注劉璋補注　一明刻本見瞿目宋刊本云其附注增注俱以陰文標明明刻混而一之遂致莫辨

（附箋補本）

一舊抄本見瞿目家禮箋補八卷舊題楊復撰有嘉定三年自序據序知復于家禮板行之後更以其獲聞師說而原書未及者爲箋補之惟覆是書與附注無一語相同疑出後人依託

泰泉鄉禮七卷明黃佐撰

目錄

明黃目黃佐禮典四十卷泰泉鄉禮七卷

板本

一道光辛巳香山黃氏刊本見莫目　一近年廣東祁制軍𡎴刊本見邵注目莫目兩廣總督祁𡎴刊本勳案余家有藏本刊于道光二十二年

一錢塘費丙章刊本見邵注目莫目勳案此即黃刊前有費序　一坊本見丁目

朱子禮纂五卷　國朝李光地撰

目錄

板本

一榕村全集本見倪目邵注目莫目（勳案此書雍正十一年門人汪刻本後并入榕村全集）　一李文貞公全書本見觀古堂藏書

辨定祭禮通俗譜五卷　國朝毛奇齡撰

目錄

板本

一河西全集本見四庫著錄（浙江巡撫採進本）　倪目丁目邵注目莫目

右禮類雜禮書之屬五部三十三卷皆文淵閣著錄

四庫全書目錄板本考　經部十四　禮記類終

四庫全書目錄板本考

葉啟勳

經部十五

春秋類一

春秋左傳正義六十卷周左丘明傳晉杜預注唐孔穎達疏朱考（一百六十九）左邱子（明）春秋傳存　（一百七十三）杜氏（預）春秋左氏經傳集解存　（一百七十六）孔氏（穎達）等春秋正義存　翁考左邱子（明）春秋傳杜氏（預）春秋左氏經傳集解孔氏（穎達）等春秋正義

【目錄】漢志左氏傳三十卷左丘明魯太史　隋志春秋左氏經傳集解三十卷杜預撰玉海（四十）引同　唐陸序錄杜預經傳集解三十卷字元凱京兆杜陵人晉鎮南大將軍開府儀同三司當陽穆侯　舊唐志春秋左氏傳三十卷杜預注　春秋正義三十七卷孔穎達撰　唐志杜預左氏經傳集解三十卷又釋例十五卷音三卷　春秋正義三十六卷孔穎達楊士勛朱長才奉詔撰馮嘉運王德韶蘇德融與隋德素覆審玉海引同　見在目春秋左氏集解卅卷晉杜預注　春秋正義卅卷孔穎達撰　宋崇文目春秋經傳集解三十卷杜預撰　春秋正義三十六卷馬考引原釋云唐國子祭酒孔穎達撰按漢張蒼賈誼尹咸鄭衆賈逵皆爲詁訓然參用公穀二家至晉杜預專治左氏其後有沈文阿蘇寬劉炫皆據杜說貞觀中穎達據劉學而捐益之長孫無忌等又復損益其書乃定皇朝孔維等奉詔是正　晁志春秋左氏傳三十卷右晉杜預元凱集劉子駿賈景伯父子許惠卿穎子嚴之注分經之年與傳之年相附故題曰春秋經傳集解　春秋正義三十六卷右唐孔穎達撰袁本同馬考引同　陳錄春秋左氏傳三十卷自昔相傳以爲左邱明撰　春秋左氏經傳集解三十卷晉鎮南大將軍京兆杜預撰　春秋左氏傳正義三十六卷唐孔穎達等撰馬考引同　尤目左氏正義　宋志杜預春秋左氏傳經傳集解三十卷　孔穎達春秋左氏傳正義三十六卷玉海

引志春秋正義三十六卷孔穎達谷那律楊七勛朱長才奉詔撰馬嘉運王德韶蘇德融隋德素等對趙弘智覆審(永徽四年二月二十四日上)　元馬考春秋左氏傳三十卷　春秋左氏經傳集解三十卷　春秋正義三十六卷　明文淵閣目春秋左傳一部六冊殘缺又一部六冊缺又一部四冊缺又一部六冊缺又一部十一冊缺又一部十三冊完全又一部十五冊完全又一部十五冊殘缺又一部四冊缺又一部四冊缺　春秋左氏注疏一部三十五冊完全又一部三十冊完全又一部二十七冊殘缺又一部三十五冊殘缺又一部三十冊完全又一部三十冊完全塾本補入　又春秋正義一部二十一冊殘缺　春秋左傳一部十六冊完全勘案此據塾本補入　又春秋正義一部二十一冊完全　內閣目十三經注疏十六冊不全春秋三傳俱有缺逸　春秋左傳四冊全　春秋七冊不全即左傳杜氏注　春秋經傳集解十一冊不全即左傳杜預注　羅文左傳四冊全即杜預注　春秋十六冊不全左傳正文缺第二第六第十三第十八　又春秋十五冊全　又十六冊全左傳杜氏注　春秋左傳八冊不全又春秋左傳五冊不全　又春秋正義二十冊全孔穎達著　又春秋左傳注疏十五冊全　又春秋正義二十八冊不全孔穎達注疏　又春秋正義六冊不全　高志春秋左氏注疏六十卷杜氏注唐孔穎達等奉敕撰國子博士陸德明釋文　春秋左傳十六卷左邱明傳　陳目春秋左氏傳三十卷　左氏注疏三十六卷　左氏集解三十卷杜預　范目春秋左傳注疏六十卷晉杜預注唐孔穎達疏陸德明釋文見存目無　春秋經傳三十八卷晉杜預注見存目無　春秋經傳集解三十卷晉杜預注見存目無　春秋經傳集解三十卷無刊者姓名見存目無　萬卷堂目春秋經傳集解三十卷杜預經解　春秋左傳注疏六十卷孔穎達　祁目左氏經傳集解十冊三十卷左傳音釋一卷杜預注釋　左氏解詁十三卷　得月樓目左傳六本小板　陳注錢目宋板左傳杜注三十卷杜氏又有釋例十五卷唐劉蕡作序　又宋板巾箱左傳五冊　又左傳注疏春秋正義三十六卷　錢目宋板左傳杜注　又宋板巾箱左傳五冊　又左傳注疏　天祿目一監本纂圖春秋經傳集解四函十八冊二　宋蘇軾春秋列國圖經傳全錄晉杜預集解附唐陸德明音義復加重言重意似句互注諸例共三十卷前後預自序宋板　金補志

頒定春秋傳疏清寧元年頒賜學校（遂） 述古堂目孔穎達春秋左傳注疏六十卷十六本（也是園目同） 也是園目春秋經傳集解三十卷 季目春秋經傳三十卷二十國年表號歸一圖（共十二本） 左傳三十卷（十四卷） 小板左傳三十卷（十五本） 春秋左傳陸德明釋文十二卷（六本） 春秋三傳併經典釋文共三十六卷（二十本公羊 左氏穀梁） 元板春秋注疏六十卷（十六本） 春秋注疏六十卷（十二本） 宋本左傳三十卷（三十本） 徐目晉杜預春秋經傳集解三十卷春秋注疏六十卷（二十三本） 徐宋元目宋本春秋正義三十六卷（孔穎達 缺四十六卷三本三） 宋本春秋經傳集解（十二本二套） 僞宋本春秋經傳集解三十卷（二十八本又一部二十四本又一部十六本又一部杜氏注（附歸一圖年表）十六本） 宋本春秋經傳集解三十卷（十三本又一部三十本） 宋本春秋經傳集解三十卷（十四本） 宋鈔本春秋左傳三十卷（十本） 元本春秋左傳注疏六十卷（杜氏注孔穎達疏 二十四本） 宋小本春傳左傳（二十八本） 王目宋板纂圖春秋經傳集解三十卷（三十冊二套） 春秋左傳五十卷（唐鑄萬手評八冊） 金目春秋注疏六十卷（晉杜預唐孔穎達疏） 稽瑞目春秋經傳集解十冊（舊刻本） 又春秋經傳集解三十卷（宋刻本錢竹汀跋附名號歸一圖十五冊） 汪目左傳集解（宋板小字重言重意本） 存（十五之三十） 卷 又三十卷 清吟閣目（名人批校刊本） 春秋經傳集解（二十八本） 森志春秋正義三十六卷（影舊抄本首有上五經正義表及春秋正義序本文首題春秋正義卷第一國子祭酒上護軍曲阜縣開國子臣孔穎達等奉敕撰每半葉十五行行二十五字）

板本

一宋淳化本見錢日記抄（云晤段懋堂云曾見春秋正義淳化本于朱文游家今哀公疏南北監本俱載釋文而缺正義但于疏下注同上唯淳化本有之與予所校說略同） 張（臨金壇段氏校宋慶元本後有段玉裁跋云此宋淳化庚寅官本慶元庚申摹刻者也） 丁志（明閣本云） 邵注目（竹汀日記稱朱文游所藏為淳化本蓋淳化庚寅官本慶元庚申重刻也） 莫目（愛日精廬藏書志春秋左傳正義三十六卷臨金壇段氏校宋慶元本段跋略云（文同不贅）） 傅批莫目（云半葉八行大字十六小字二十二） 一金天德三年國子監印定本見金補志（杜預左傳注） 一宋慶元庚申沈中賓刊本見張志（春秋左傳正義三十六卷臨金壇段氏校宋慶元本序後序慶庚申）

二月既望吳興沈中賓謹題跋後有陳樹華記杜氏後序並淳化元年勘校官姓名及慶元庚申吳興沈中賓重刻題跋一篇依宋本抄補于後又段玉裁記云此宋淳化庚寅官本慶元庚申摹刻者也凡宋本佳處此本盡有凡今日所存宋本未有能善于此者也爲滋蘭堂朱丈文游物 瞿目 附釋音春秋左傳注疏六十卷宋刻本云嘗以阮氏校勘記所載慶元間沈中賓刊本核之往往相符云 丁志 明閩刊本云案宋淳化庚寅所刊春秋左傳正義官本慶元庚申吳興沈中賓重刊有序爲三十六卷 邵注目 淳化本云又引錢氏養新續錄稱吳門朱文游家有宋刊春秋正義三十六卷疑即阮氏校勘記所據之宋慶元間吳興沈中賓刊本三十六卷也 莫目 引錢氏養新續錄云

一附釋音宋刊本見孫目 春秋左傳注疏六十卷晉杜預注唐孔穎達正義 孫記 附釋音春秋左傳注疏六十卷題孔穎達等陸德明銜名與禮記注疏本同唯孔穎達等字下有奉敕二字前有孔穎達春秋正義序此與禮記注疏皆南宋閩中刊本每葉二十行每行十七字小字行二十三字有明正德嘉靖年間補刻葉 帶經堂目 春秋左傳正義六十卷十行宋本 瞿目 附釋音春秋左傳注疏六十卷云此書爲南宋時刻本首題國子祭酒上護軍曲阜縣開國子臣孔穎達等奉敕撰次題國子博士兼太子中允贈齊州刺史吳縣開國男臣陸德明釋文餘卷止題杜氏注孔穎達疏即阮氏所稱注疏中六十卷本之最善者也前有正義序每半頁十行行十七字注疏皆雙行行二十三字行行項格經傳下載注不標注字正義上則冠一墨圍大疏字是本全書無明代修補字凡遇有模糊處其筆跡尚有推尋其爲元時印本無疑嘗以阮氏校勘記所載慶元間沈中賓刊本核之往往相符云 丁志 附釋音春秋左傳注疏六十卷宋刊十行本題國子祭酒上護軍曲阜縣開國子臣孔穎達等奉敕撰國子博士兼太子中允贈齊州刺史吳縣開國男臣陸德明釋文前有穎達正義序每半葉十行行十七字注疏每格雙行行二十三字傳與經皆平格經文每年下皆接書但冠以圈不提行注與釋文不混但作小字以圈隔之與宋本同蓋作釋文不作注也 陸志 附釋音春秋左傳注疏六十卷刊十行本題晉杜氏注唐國子祭酒上護軍曲阜縣開國子臣孔穎達疏國子博士兼太子中允贈齊州刺史吳縣開國男臣陸德明釋文杜預序孔穎達序景德二年中書門下牒 楊錄 宋本附釋音春秋左傳注疏六十卷四十八冊云此本行式視南雍本悉合遇宋諱字亦多缺筆的屬宋刻無疑或猶是倦翁所稱之建本耶即使與南雍本同爲一板而通體完善毫無修補亦必是宋印之舊勘案附釋音宋本注疏刊于宋南渡後歷元明遞有修補明初取其板入監故亦稱南雍本至今元陽本出此板遂廢 邵注目 附錄云陸又有宋刊注疏十行本(某氏) 繆續記 附釋音春秋左傳注疏六十卷宋刊本行款與尚書同首行附釋音春秋左傳注疏卷第一次行低二格國子祭酒上護軍曲阜縣開國子臣孔穎達等奉敕撰敕字提行四行國子博士兼太子中允贈齊州刺史吳縣開國男臣陸德明釋文補板侯吉劉校之外又有懷陳校巾刻卿林重校口上有作春秋疏第幾有作秋疏第幾並有作火忝第幾者

一宋槧本見森志 附釋音春秋左傳注疏六十卷宋建安劉叔剛父鋟梓本學所藏毛詩注疏亦與此同種 島田考 江公亮本春秋經傳集解云先大父又收儲宋建安劉叔剛刊注疏舊本

一元刊本見天祿目五 附釋音春秋左傳注疏(六函六十冊)晉杜預注唐孔穎達疏陸德明音義共六十卷前穎達春秋正義序云此書名附釋音春秋左傳注疏蓋仿宋板監本附音春秋公羊穀梁二書之例然元時監本已不逮於宋而此乃屬仿刻宜其又遜一籌矣缺補卷五十七(二十三)卷五十八(十八之二十七)卷六十(二十八二十九) 陳編孫記 云右附釋音春秋左傳注疏六十卷天祿琳琅有之以爲元板本此本喜無缺葉十行大字每行十七字注疏本宋本元印之最古者勘案此即宋十行本元時補刊印行者

一明補宋刊本見瞿目 附釋音春秋左傳注疏六十卷宋刊本云此明代修板本也板心有正德十二年字或稱正德十六年或但稱正德年或爲黑口或全葉重刊或剜改數字或連行皆作墨丁即所存原刻亦多模糊筆畫敧斜迥非前所錄明以前印本可比 邵注目 錢氏養新續錄又有十行宋刊附釋音注疏六十卷有明正德補修之頁此後閩監毛本皆分爲六十卷 莫目 錢氏養新續錄云云

一婺州刻本見內閣目 春秋注疏三十四冊全唐孔穎達左傳正義凡三十六卷婺州刻板勘案此不知刊刻年月以內閣月編于明代故列此

一明閩刊本見祁目 春秋左氏傳注疏三十冊六十卷閩本 丁志 春秋左氏傳注疏六十卷明閩刊本晉杜氏注唐孔穎達疏陸德明釋文首有春秋正義序題國子祭酒上護軍曲阜縣開國子臣孔穎達奉敕撰卷三十尚存劖板未盡之明御史李

元陽提擧僉事江以達刊校一條板心下有刻工姓名案宋淳化庚寅所刊春秋左傳正義官本慶元庚申吳興沈中賓重刊有序爲三十六卷自附釋音本作六十卷此本卽依其分卷每半葉九行每行二十一字 邵注目莫目繆續記 春秋左傳注疏六十卷明閩刊本首行題春秋左傳注疏次行晉杜預注陸德明釋文三行唐孔穎達疏行欵與毛詩同 一明北監本見內閣目祁目 監本 天錄目七 十三經注疏春秋左傳六十卷晉杜預注唐孔穎達疏陸德明音義前穎達序次預序後預後序 王目 左傳注疏杜氏注孔穎達疏六十卷三十册 彭目倪目丁 明北監萬歷二十九年刊本錢季修藏 邵注目莫目丁志 十三經注疏 一明崇禎五年補修北監本見錢日記抄 一刊本見吳記 春秋左傳注疏六十卷前題附釋音春秋左傳注疏每葉二十行每行大字十五小字二十三傳與經皆平格經文一年下皆接書但冠以圈不提行注與釋文不混皆與宋本同前有蒙叟圖記蓋曾入絳雲樓者 一汲古閣本見王目 左傳注疏六十卷十六册二套 孫目內編 明毛晉刊本 倪目丁目邵注目 汲古閣本脫去杜預後序並孔疏 莫目 一江西南昌學本見倪目錢曝書記瞿目 宋刊本云南昌府學重刊本雖據阮校多所改正云云 莫目 一武英殿本見莫目

附集解本

一殘宋闕民字本見島田考 春秋經傳集解二卷云左氏經本槧板之存於今日者以百數而宋板最善宋板之精者又以十數而缺民字本最善其稱曰缺民字本何以缺唐諱民字作民也而其宋諱則缺至徵字是以知其爲英宗時刊本也今僅存卷第二十及第二十九二卷字體豐容書法撫魯公裝作蝴蝶裝蓋宋監本絕佳之品四周雙邊半頁六行行十五字注雙行行十五字界長七寸五分幅五寸四分五釐以及五寸五分參差不一是蓋有修板故不一也但夫修板亦以係英宗時可以推知其初刻遠近也版心有刻工陳元孔淳鄭遂氏名而正中覆本版之 一宋監本見天錄續編二 春秋經傳集解（四函二十八册）杜預集解三十卷前預自序後預後序每卷末載經若干字注若干字後序末載凡三十四萬五千八百四十四字按是本乃眞宋監板希世之珍其證有四不附入音義一也自序後連卷一不另篇二也缺筆極謹嚴如桓二年玹字諸書從未見避三也明傳刻監本誤字一一無譌四也 彭跋 云最後得一本其通部欵式與諸宋本不同不附入釋文自序連卷一不另篇而桓公二年傳中玹字尚缺筆在順祖未祧之前余獲見北宋最初完善之本得以考正疑誤爲眞快也 陳筆 北宋本春秋經傳集解不附釋文自序連卷一不另篇桓二年傳中玹字缺筆在順祖未祧之前 邵注目 天祿後目有宋刊集解本三十卷不附音義自序後連卷一不另篇缺筆極謹嚴如桓二年玹字諸書從未見避各本誤字一一無訛如昭二十年賜北宮喜謚及葛田傳終言之無朱字而字以爲希世之珍非柏臺岳氏及諸宋本可及 莫目 一宋大字本見錢日記抄 云黃蕘圃示宋板不全左傳二部一爲大字本每葉十六行行十七字皆有杜解而無正義 黃書錄 大字春秋經傳集解三十卷存者十八卷與小字本合之只少第十四卷耳蓋爲毛氏所藏後序末有經凡一十九萬八千三百四十八言注凡一十四萬六千七百八十八言分兩行刻 黃賦注 云又殘中字本每半葉八行每行十七字所存前後凡十八卷 汪目 春秋集解（大字本）存（八之十十五之二十二二十之三十卷） 陸志 春秋經傳集解三十卷晉杜氏注杜預序案此宋蜀大字本每葉十六行每行十七字小字雙行每行二十四字板心有字數及刻工姓名 陸集 北宋蜀大字本春秋經傳集解三十卷每半葉八行行十七字注雙行字數多寡不等首行題曰春秋經傳集解某幾第幾次行題曰杜氏盡幾年板心有字數及刻工姓名卷末載經傳若干字注若干字字畫猷遜得顏歐體修板遜于原本板心有重刊二字亦有無重刊字而刊匠人姓名者

殿歆徵恒等字有缺有不缺殆承孟蜀舊板輾轉摹刻而然歟　邵注目　宋刊集解大字本八行十七字附錄云陸有宋刊蜀大字本春秋經傳集解三十卷每頁十六行行十七字小字雙行行二十四字板心有字數及刊工姓名

一宋紹興壬申鄭仲熊刊本見楊志　云蓋興國舊板始于紹興鄭仲熊只有五經云　島田考　聞人模本跋云本學五經舊板乃僉樞鄭公仲熊分教之日所刊實紹興壬申歲也

一南宋刻本見錢記　春秋經傳集解三十卷南宋刻本首列二十國年表音義視他本較詳初學集載牧翁跋宋板左傳其經傳十四至三十卷已歸天上圖說二卷經傳一至十三卷尚存人間幸爲予得之勵案牧齋初學集跋宋板左傳云宋建安余仁仲校刊左傳故少保殿文靖公所藏其少子中翰道普見贈者脫落圖說並隱公至閔公五卷昭公二十一卷至二十四卷却以建安江氏本補足今年賈人以殘缺本五冊來售恰是原本失去者卷尾老僧印記亦復宛然云是此爲余仁仲刊本也　述古堂目　宋板杜預春秋經傳集解三十卷十本勵案此本後入天祿琳琅續編云淳熙三年刻本印以椒紙有錢謙益牧翁錢遵王曾等印　天祿續編二　春秋經傳集解（四函三十冊）杜預集解三十卷附音義前預自序末卷載凡三十四萬五千八百四十四字經十九萬八千八百八十二字注十四萬六千九百六十二字後預後序又刻印記云淳熙三年四十七日左廊司局內曹掌典秦玉禎等奏聞壁經春秋左傳國語史記等書多爲蠹魚傷牘不敢備進上覽奉敕用棗木椒紙各造十部四年九月進覽監造臣曹棟梓校司局臣郭慶驗牘按書中字局間有一二與傳刻監本同者然大旨尚不外誤據識乃孝宗年所刻以備宣索者又一部同前後缺淳熙三年識又一部同前缺後識又一部同前缺後識以上四部皆一本所印後二部稍後出不及前二部紙墨之精良也　彭跋　云天祿琳瑯所收宋本云　陳筆　云宋建安余仁仲校刊左傳明少保殿文靖公所藏其少子中書道普以贈虞山某公其跋云是書脫落圖說並隱公至閔公五卷昭公二十一卷至二十四卷却以建安江氏本補足今年賈人以殘缺本五冊來售恰是原本失去者卷尾老僧印記亦復宛然崇禎辛未七月嘅書日記　陸志　春秋經傳集解殘本十五卷宋刊建大字本晉杜氏注杜預序案存宣上第十卷襄二十五卷襄三十六卷襄四十七卷襄五十八卷襄六十九卷昭元二十卷昭四二十三卷昭五二十四卷昭六二十五卷昭七二十六卷定上二十七卷定下二十八卷哀上二十九卷哀下三十卷餘詳儀顧堂集勵案陸氏北宋蜀大字本跋云但建本有句讀又考異條曰哀公十年石乞曰此事也克則爲卿不克則烹諸本多無也字建大字本有也字今從之云別未著錄此本　邵注目　附錄云陸又有宋刊建大字殘本十五卷

一宋刻麻沙本見天祿續編二　春秋經傳集解（四函三十一冊）杜預集解附音義書三十卷前預自序春秋諸國地理圖三皇五帝三代春秋諸侯世次春秋名號歸一圖諸侯興廢春傳總例春秋始終春秋傳授次第總名爲春秋圖說後預自序接名號歸一圖五代馮繼光撰諸國地理圖取之宋僞蘇軾地理指掌圖中餘不知撰自何氏宋麻沙本末刻印記云謹依監本寫作大字附以釋文三復校正刊行如履通衢了亡窒礙誠可嘉矣兼列圖表于卷首迹夫唐虞三代之本末源流雖千載之久豁然如一日矣其明經之指南歟以是衍傳願垂清鑑淳熙柔兆涒灘（丙申三年）中夏祿琳琅所收宋種德堂刊又一部（四函二十八冊）同前前預自序後序餘圖表俱缺失　彭跋　云天祿琳瑯所收宋本春秋經傳集解凡七其二本麻沙刻未記云　陳筆　又麻沙刻春秋經傳集解云謹依監本寫作大字附以釋文三復校正刊行兼列圖表於卷首淳熙柔兆涒灘中夏初吉閩山阮仲猷種德堂刊　瞿目　春秋經傳集解三十卷首題春秋序次題唐國子博士兼太子中允贈徐州刺史吳縣開國男陸德明釋文附首行題春秋經傳集解隱公第一下接釋文至三行止四行低八格題杜氏越二格題盡十一年每半葉十行行十八字注文雙行行二十二字卷末有墨圖識語八行云謹依監本寫作大字附以釋文三復校正刊行如履通衢了亡室礙（疑窒之誤）誠可嘉矣兼列圖表于卷首迹夫唐虞三代之本末源流雖千歲之久豁然于一日矣其明經之指南歟以是衍傳願垂清鑑淳熙柔兆涒灘中夏初吉閩山阮仲猷種德堂刊案柔兆涒灘爲丙申乃宋孝宗淳熙三年也與阮氏校勘記所載淳熙小字本正同唯此本前序後載有春秋圖說首春秋諸國地理圖次三皇五帝世系又次周及各國世次凡二十國視岳本所載年表多燕虞二國少小邾一國又次春秋名號歸一圖二卷又次諸侯興廢又次春秋總例又次春秋始終而以公羊穀梁左氏三家傳授終焉阮本止有春秋名號歸一圖二卷且附於末云　森志　宋淳熙丙申刊本體式亦同前本但以釋文附入前有釋文序春秋圖地理圖春秋諸侯世子表歷代世系表春秋名號歸一圖二卷卷尾有木記謹依監本寫作大字附以釋文三復校正刊行如履通衢了亡窒礙處誠可嘉矣兼列圖表于卷首迹夫唐虞三代之本末源流雖千歲之久豁然如一日矣

其明經之指南歟以是衍傳願垂清鑑淳熙柔兆涒灘中夏初吉閩山阮仲猷種德堂刊每半板十行行十八字注雙行二十二字界長五寸一分幅三寸五分左右雙邊青歸書屋所藏明刊本即覆刻此本者卷末木記亦全同但淳熙以下十九字改作口口丙戌孟冬之吉書林宗文堂樂齋鄭希善刊已 朱目 春秋經傳集解三十卷計三十本晉杜預撰宋淳熙三年閩山阮仲猷種德堂刊本每葉二十行行十八字注二十二字後附音釋季滄葦藏書 別本朱目 春秋經傳集解三十卷附春秋名號歸一圖二卷春秋年表一卷俱宋淳熙間種德堂刊三十二册 邵注目 拜經樓書目記云偶借得淳熙丙申閩山阮仲猷種德堂刊春秋經傳集解本後附諸侯興廢春秋總例春秋始終三種爲他刻所無此書在許氏陔華堂十行小字三十卷巾箱本亦附三種 莫錄 春秋經傳集解三十卷宋淳熙小字本每半葉十行行大十八字小廿二字板心高今營造尺五寸弱第三十卷後有楷書八行木記云謹依監本寫作大字附以釋文三復校正刊行如履通衢了亡窒礙處誠可嘉矣兼列圖表于卷首迹夫唐虞三代之本末源流雖千歲之久豁然如一日矣其明經之指南歟以是衍傳願垂清鑑淳熙柔兆涒灘中夏初吉閩山阮仲猷種德堂刊蓋閩阮氏種德堂書肆所刊 莫目 淳熙種德堂小字本每葉廿行行大字十八小字廿二末卷尾有楷書木記云依監本寫作大字附以釋文兼列圖表淳熙柔兆涒灘閩山阮仲猷刊則三年丙申也 島田考 秘府所儲秘笈浩如烟海而杜氏集解尚有宋淳熙種德堂刻本是書左右雙邊半板界長五寸幅三寸五分十行行十八字注雙行廿二字黑口板以釋文附入注文前有釋文序春秋圖地理圖春秋諸侯世子表歷代世系表春秋名號歸一圖二卷卷尾有木記云謹依監本寫作大字附以釋文三復校正刊行如履通衢了無窒礙處誠可嘉矣兼列圖表于卷首迹夫唐虞三代之本末源流雖千歲之久豁然如一日矣其明經之指南歟以是衍傳願垂清鑑淳熙兆柔灘中夏初吉閩山阮仲猷種德堂刊分裝十五册 繆續記 春秋經傳集解三十卷每半葉十行行十八字注文雙行行廿二字中板高四寸八分廣三寸四分白口單邊淳熙三年閩山阮氏種德堂刊本首題春秋序次題唐國子博士兼太子中允贈徐州刺史吳縣開國男陸德明釋文附分卷同唐石經首行題春秋經傳集解隱公第一下接釋文至三行止四行低八格題杜氏越三格題盡十一年與阮氏文達校勘記所載淳熙小字本正同惟是本前序後載有春秋圖說首載春秋諸國地理圖次三皇五帝世系又次周及各國世次凡二十國視岳本所載年表多燕虞二國少小邾一國又次春秋名號歸一圖二卷又次諸侯興廢又次春秋總例又次春秋始終而以公羊穀梁左氏三家傳授終焉卷末有識語八行方牌記云謹依□監本寫作大字附以釋(一行)文三復校正刊行如履通衢了(二行)亡室(疑是窒字之誤)礙處誠可嘉矣兼列圖表(三行)於卷首迹夫唐虞三代之本末(四行)源流雖千歲之久豁然如一日(五行)矣其明經之指南歟以是衍傳(六行)願垂清鑑淳熙柔兆涒灘中夏(七行)初吉閩山仲猷種德堂刊(八行)

一宋淳熙小字本見陳筆九經瞿目繆續記 云阮文達校勘記所載

一宋小字本見錢日記抄 云黃蕘圃元宋板不全左傳二部一爲小字本每葉二十四行每行二十二三四字不等一爲大字本每葉十六行行十七字皆有杜解而無正義昭二十年衛侯賜北宮喜析朱鉏謚一節注皆死而賜謚及墓田傳終言之兩本皆同即何屺瞻所見而閻百詩所歎賞者也 黃書錄 云小字本春秋經傳集解三十卷存者二十三卷每葉二十八行每行二十四字板刻狹小字畫精工 黃賦注 云殘小字本春秋經傳杜氏集解每半葉十四行每行大二十三字小二十三字所存前後凡二十三卷 汪目 左傳集解(小字本)存一之十三十九之二十四二十七之三十卷 瞿目 春秋經傳集解二十三卷云此宋槧小字不全本每卷首行題春秋經傳集解某公第幾次行下八格題杜氏越四格題盡某年卷首序殘闕經文四葉以前缺其缺卷自十四至十八及二十五二十六共七卷每半葉十四行行大小皆二十三字卷末杜氏後序殘缺遇高宗以上諸帝諱皆缺筆而慎字不缺蓋南渡初所刻也不附釋文舊藏黃氏百宋一廛錢氏潛研堂集云所見黃氏宋刻左傳二種小字本尤精妙即此本也 邵注目 宋刊集解小字本十三行行二十三四字

一宋嘉定癸酉刊本見森志 云卷末有嘉定六年閏月上澣三衢江公亮跋 島田考 春秋經傳集解三十卷江公亮刊本云嘉定六年江公亮所刻其原蓋出于北宋缺民字本而異同大率相同卷末有江跋云云嘉定六禩閏月上澣三衢江公亮識記勘案島田考聞人模本云每張十六行行十七字注雙行十七字其行款與江公亮本相同云

一宋刊本見天祿目一 春秋左傳音義(二函八册)唐陸德明著五卷附聞人模經傳識異按此即德明經典釋文之一左氏釋文元六卷今合卷五六爲一宋

嘉定興國學刊本興國學隸江南西路亦江西諸郡書板也卷末結銜五人爲知軍通判教授判官文有教授聞人模跋載本學補刊春秋更新五經之由蓋當時刻春秋而附以陸氏音義今獨存音義耳　森志　宋嘉定丙子興國軍學刊本文字鮮朗紙質堅固實宋刻之佳者勤案此本藏楊守敬編留眞譜每半葉八行行十八字宋諱缺筆卷末結銜廸從事郎興國軍判官沈景淵迪功郎興國軍軍學教授聞人模朝奉郎通判興國軍兼管內勸農營田事趙師夏奉議郎權發遣興國軍兼管內勸農營田事葉凱左行末有嘉定丙子年正月望日聞人模敬書跋　楊志　春秋經傳集解三十卷宋嘉定丙子興國軍教授聞人模校刊末有經傳識異數十事文有校刊諸人官銜及聞人模跋每半葉八行行十七字不附釋音　島田考　云一爲興國軍學本嘉定九年所刻于興國軍學者聞人模跋云云末題嘉定丙子年正月望日聞人模敬書奉議郎權發遣興國軍兼管內勸農營田事葉凱宣教郎前權發遣興國軍兼管內勸農營田事趙師夏朝奉郎通判興國軍兼管內勸農營田事鄭維迪功郎興國軍軍學教授聞人模從事郎興國軍判官沈景淵五人名銜併書左右雙邊每張十六行行十七字注雙行十七字界長七寸三分幅半板四寸九行共行欵與江公亮本相同弘殷玄匡筐恒貞幀徵讓瑗桓完洹構覯缺末筆縫心有刻工氏名高畀王仲陳全陳正張政胡桂鄧諫吳仁王純蔡祥詹仲占中方成全份張準劉全王采張友彥章劉永吳甫吳彥等人

一宋廖氏世綵堂刊本見天祿目一　春秋經傳集解(二函十五册)晉預集解三十卷自序此書每卷末有木記曰世綵廖氏刻梓家塾爲長方欄圓亞字諸式具篆文八分而不載年表歸一圖蓋岳珂所稱者卽爲此本缺補卷十三卷十四卷十七之卷二十二計四册鋟刻亦精但字畫較瘦卷末無世綵廖氏印乃用別本補入　陳跋　明繙宋岳本云視廖氏世綵堂本加詳焉

一宋長平尤御史本見陳筆

一宋建安江氏本見陳筆

一宋相臺岳氏刊本見天祿目一　春秋經傳集解四函三十二册晉杜預集解三十卷前自序末附五代馮繼先春秋名號歸一圖二卷無名氏春秋年表諸卷末有木記曰相臺岳氏刻梓家塾或曰相臺岳氏刻梓荊谿家塾爲長方欄圓亞字諸式具大小篆隸文　黃書錄　此宋本春秋經傳集解杜氏注前有春秋序一篇後有碑牌一其文作細篆計十字相臺岳氏刻梓荊谿家塾明時翻刻已無此欵今所存者卷一至卷六卷十五至卷十八卷二十三至卷二十六卷二十九至卷三十其間仍不無缺葉　汪目　左傳集解(岳板)(另配履本)三十卷　陳筆　相台岳氏本　陸志　春秋經傳集解三十卷宋相台岳氏刊配明覆本晉杜氏注杜預序宋每葉十六行每行十七字小字雙行每卷末有相台岳氏刻梓荊谿家塾十字篆文橢圓木記左線外標某公幾年板心有字數及刊公姓名板心魚尾全墨上魚尾之上下魚尾之下有細墨線卽世所謂小黑口也明時爲沈氏藏嘉慶歸黃蕘圃已不全卽百宋一廛賦所謂春秋春半者也明覆本無卷末木記及板心字數刻工姓名又改魚尾爲空白耳　邵注目　附錄云陸又有宋相臺岳氏刊配明覆本三十卷黃蕘圃舊藏每葉十六行行十七字小字雙行每卷末有相台岳氏刻梓荊谿家塾十字篆文橢圓木記左綫外標某公幾年板心有字數及刻工姓名魚尾全墨上魚尾之上下魚尾之下有細墨綫卽所謂小黑口　莫目　吳門黃氏又有宋岳氏本

一宋刊本見丁目　春秋經傳集解三十卷附年表一卷名號歸一圖二卷卷首序後有木記二行刻滑府劉氏家塾希世之寶　傳批莫目　云張菊生藏宋刊本三十卷板心略小十一行二十字注雙行二十七字卷首序後有木記滑府劉氏家塾希世之寶

一宋刊本見傳批莫目　云正文齋見宋刊春秋經傳集解十行十六字注雙行三十二字存二十六卷每卷後有鶴林于氏家塾棲雲之閣鋟梓木記

一宋黃東發刊六經三傳本見楊錄　禮紀條下

一宋巾箱本見楊錄　春秋經傳集解二十二卷二十二册春融堂集跋云宋板春秋左傳共三十卷止載杜注長四寸餘寬不及三寸卷首題云春秋經傳集解隱公卷第一他倣此卷尾亦然舊闕完帙惟卷十六以後頗多抄補辛酉之春遭捻寇亂焚失八卷每半葉十行行十九字　邵注目　宋刊集解巾箱本十行行十八九字巾箱本元刊著釋文所出字用黑蓋子宋刊則不然

一宋刊本見傳批莫目　云沈子封藏宋刊本春秋經傳集解大字精印八行十六字注雙行二十一字每卷紀經傳注音義字數三行

一宋元間龍山書院刊本見傳批

莫目云曾見抱經樓藏龍山書院本宋元之間刊者 一元坊間刻本見天祿續編八春秋經傳集解（四函三十二冊）篇目見前宋板經部書三十卷前有杜預序次春秋諸國地理圖次三皇至春秋諸國世次圖次春秋名號歸一圖次諸侯興廢圖次總例次春秋始終三傳授受圖後有預後序巾箱本繫工紙墨的係元時而篇式狹小乃坊間刻印者 一明仿宋岳本見倪目陳跋春秋經傳集解三十卷明仿宋相白岳氏刻本首題春秋經傳集解隱公第一次低四格杜氏注越三格盡十一年次傳文起每葉十六行行十七字注雙行附釋音每葉之末上刻篇識經傳俱加句讀與乾隆四十八年仿宋刊本纖毫無異惟每卷後無亞形相台岳氏刻梓荊谿家塾印耳前後序俱全尙有年表一卷名號歸一圖二卷此本則亡 曝書記云陳簡莊所藏經籍春秋經傳集解則明繙宋相台岳氏本三十卷簡莊謂明繙刻有三本此爲最佳不言何人所繙 丁目明繙岳本 丁志春秋經傳集解三十卷明覆相台岳氏刻本云海昌陳鱣經籍跋文有此書云云（文同不贅）明時繙刻有三此明繙三刻之一也 陸志明覆相台岳氏本 森志明嘉靖間刊本卽覆刻宋岳珂本者經末附釋音每半板八行行十七字注雙行界長六寸分幅四寸二分四周雙邊烏絲外標題 邵注目明代繙刻岳板凡有四本附錄云陸又有明覆宋相台本 莫目繆續記春秋經傳集解三十卷明嘉靖繙岳本 一明種德堂本見森志宋本云曾歸書扆所藏明刊本卽覆刻此本宥卷末記木亦全同但淳熙以下十九字改作口口丙戌孟冬之吉書林宗文堂樂齋鄭希善刊已 一明繙宋本見傳批莫目云繙宋淳熙種德堂本 學部館目春秋經傳集解三十卷明繙宋本每半葉十行行十七字小字二十七字高四寸二分廣三寸四分黑口雙邊行欵與淳熙閣中阮仲猷種德堂刊本相合而字迹呆滯傳末牌子亦無矣 一明覆宋小字本見陸志春秋經傳集解三十卷晉杜氏注杜預前序 邵注目附錄云陸有明覆宋小字本 一明繙宋槧本見天祿續編十二春秋經傳集解（六函三十四冊）篇目同前宋板經部明繙宋槧極精整又一部（四函二十八冊）同上係一板摹印又一部（四函三十冊）同上係一板摹印稍後 一明刊本見天祿目七春秋經傳集解三函三十冊晉杜預集解三十卷前預序後預後序此書寬行大字無刻極精書賈得之遂僞作咸平辛丑刊五字補印於板心上方以當宋槧不知墨色濃淡一望可知且其中有不能容五字者其咸字已印出邊欄之外而刊字復縮其結體用筆墨補塡于下心勞力拙此之謂也又一部二函十二冊篇目同前此書前書同出一板惟閱時既久板之徑圍稍縮書之撫印亦差其板心上方並無咸平辛丑刊五字益前證前書之僞矣 一明永懷堂本見倪目杜注左傳三十卷 丁續目莫目 一武英殿仿宋岳本見彭目云余獲見北善最初完善之本得以考正疑誤爲眞快也退直亟識之重刻岳珂本春秋經傳集解之後 倪目陳跋明繙本云 曝書記武英殿仿宋本五經 邵注目單杜氏集解有武英殿仿宋相台本 莫目 一雍正十三年和碩果親王校刊本見曝書記云春秋左傳較怡府所刻五經板式闊大字畫紙墨極精前有序 一汪氏叢書本見邵注目莫目 一稽古樓刊本見邵注目莫目 一刊本見丁續目春秋經傳集解三十卷刊本附考證音義名號歸一圖各卷近人合編 一正中覆北宋本見島田考春秋經傳集解三十卷云字樣纖瘦于正平本論語西視李鶚本爾雅更加豐肥卷末有跋云右一部三十卷督勸學徒詰据經營重命工刊行以弘其傳焉正中二年己丑仲春釋圓澄謹志而其卷第一直與杜序相接蓋一仍宋本之次第也民作巳弘作弘殷作殷玄作玄匡作匡筐作筐恆作恒貞作貞楨作楨徵作徵其所避諱蓋與北宋缺民字本合卷中宋諱缺至勖字則係英宗時刊本而其皇國繙雕之歲爲正中二年卽當元太定二年四周雙邊半板六行行十五字十六字不等界長七寸八分幅五寸八分五厘板心無刻工氏名 一東瀛翻宋

本見丁志 春秋經傳集解三十卷杜氏注首題春秋經傳集解某公第幾次行題杜氏注越三年題盡某年前有杜預序是書眞宗監刊不附音義卷末載經若干字注若干字後序末載凡三十四萬五千八百四十四字春秋宋板不止一刻此爲倭刊影宋每半葉九行行十七字注文雙行惟無預後序及經注字數耳

森志 舊板覆宋大字本體式同前每半板八行行十七字注雙行界長七寸幅五寸左右雙邊考此本蓋依蜀大字本重刊者與李鍔本爾雅同種其刻當作應永以前也求古樓所藏本卷尾有文安年記亦可以推知其刻時矣案四裔編年表文安當中國明英宗正統年間 楊志 春秋經傳集解三十卷右日本覆宋刻左傳集解不附釋音每半葉八行行十七字云 島田考 春秋經傳集解三十卷云舊刊覆江公亮本者即明德以前就宋嘉定六年三衢江公亮本所繙雕左右雙邊半葉八行行十七字注雙行十七字界長七寸幅四寸九分首有春秋左氏傳序卷端題春秋經傳集解其公第幾次行記杜氏盡幾年卷尾有後序予儲二通一通有明德四年正月識語乃知其繙雕之時當在明德以前矣明德元年當明洪武二十三年

一日本活字本見繆續記 春秋經傳集解三十卷半葉八行行十七字不附釋音末有經凡一十九萬八千三百四十八言注凡十四萬七百八十八言與訪古志所稱聞人模本相合其出于聞人本歟

附纂圖本

一宋刊本見陳編孫記 云右宋板纂圖互注春秋經傳集解三十卷前杜預序署陸德明音義附序後有紹定庚寅乖裕堂刊印記次爲春秋諸國地理圖次三皇五帝及諸國世系次春秋名號歸一圖上下二卷書中引他經注證本書者曰互注詞之複出者曰重言體例相似者曰重意不知何人所爲俟考

一宋刊本見丁志 監本纂圖春秋經傳集解三十卷杜氏是書前序後題唐國子博士兼太子中允贈齊州刺史吳縣開國男陸德明釋文附一條首行集解下題某公第幾次行夾注德明音義再次行低五格題杜氏中空五格盡幾年每半葉十行行二十字夾注小字行二十四字中有重言重意似句互注諸例俱加方圍每板左綫外標某公幾年凡句之詞者爲重言意之同者爲重意句之似者爲似句及見於他經者爲互注末有預後序蓋宋人帖括之書也遇恆讓慎貞匡筐敦多缺筆內卽襄四第十七題監本重言重意春秋經傳集解行數字數與第十七同是當時不止一刻也

一宋巾箱本見莫錄 春秋經傳集三十卷每半葉十一行行大二十字小二十一字每卷書題云京本點校重言重意春秋經傳集解某公某第某亦有一二處題于重意下多互注二字者核卷中當句下標記有重言重意互注似句四件不能盡見書題也經傳並句讀發四聲而不及注注下附陸氏音義核字體似南宋元初刻

一姚培謙刻本見邵注目 左傳杜注節附孔疏及顧氏補正作讀本甚佳 莫目 勵案此書刊于乾隆丙寅吳門陸氏道光十一年湖南尊經閣有繙本

附單疏本

一影寫東洋單疏本見繆記 左傳正義五卷存卷四魯隱公六年起至卷九莊公三十一年止

附白文本

一宋高宗時刊五經本見天祿目一

一宋刻九經本見天祿續編三吳記丁目丁志陸志陸跋陸續跋

一宋刊本見天祿續編三 春秋經傳二函十六册二十卷無注宋諱俱闕筆極謹嚴蓋刻于光宗時其宣祖不諱則已祧矣

一宋刊大字本見學部館目 春秋左傳三十卷宋刊大字本每半葉七行行二十字高七寸二分高五寸二分白口單邊蝶裝首行題京本春秋左傳第六僖公中盡二十七年第七僖公下盡三十三年第十二成公上盡十年第十六襄公三盡二十二年第二十九哀公上盡十三年每卷終有經傳幾仟幾伯幾拾幾字板心有刻工姓名板匡外右方有小字某公幾十幾年間有旁注卷中句讀圈發均與相台岳氏刊正九經三傳沿革例所言合疑此即沿革所稱建大字本也

一宋刊巾箱本見學部館目 巾箱本左傳一百九十八葉每葉二十行行二十七字高五寸廣二寸四分黑綫口單邊上有音釋 一元至善堂刊九經本見天祿目五丁志 一明宏治刊本見丁志 音點春秋左氏十六卷前列杜預元凱序次列刊書凡例五條後有徽州知府關中彭澤序云宏治辛酉秋巡撫都憲坦洞先生安成彭公蒞徽郡謂左傳無善本學者艱于誦習乃命刊如胡傳時通判睢陽陳君理署府事爰取左傳句解爲本存音點而去注釋刊置郡齋壬戌春工成澤適以入覲還郡取讀誠便遂令校正印行 一明會通館活字銅板本見瞿跋 校正音釋春秋十二卷一册大板每葉十八行行十七字前無序文銜名等後陸氏釋文雙行注摺口板心中上有小字二行云弘治歲在強圉大荒落下有二行云會通館活字銅板印勤案強圉爲丁大荒落爲巳宏治十年也 一明止至善堂刊九經本見邵注目 一明衛王府刊五經本見莫目 一明趙用賢刊五經本見邵注目莫目 一明錫山秦氏刊本見培林堂目吳記 一細楷精刻本見邵目 一武英殿雙鈎鐫榻本見曝書雜記 一古香齋巾箱六經本見邵注目莫目 一國子監刊石本見叢書舉要 一錫山秦氏仿宋刻巾箱九經本見天祿目一丁志陸志陸跋邵注目莫目

一段氏經韻樓本見邵注目莫目 單左氏古經校慶元本勤案此書刊于嘉慶辛未題春秋左氏古經十二卷附五十凡一卷後于道光元年彙刊經韻樓叢書印行

附篆文本

一明刊篆文七經本見莫目 一國朝內府刊篆文本見莫目

四庫全書目錄板本考

葉啟勳

經部十五

春秋類一（續）

春秋公羊傳注疏二十八卷漢公羊壽傳何休解詁唐徐彥疏朱考（一百七十）公羊氏（高）春秋傳存（一百七十二）何氏休春秋公羊解詁存（一百七十七）徐氏彥春秋公羊傳疏存　翁考公羊氏（高）春秋傳　何氏休春秋公羊解詁徐氏彥春秋公羊傳疏

【目錄】

漢志公羊傳十一卷公羊子齊人師古曰名高　隋志春秋公羊解詁十一卷漢諫議大夫何休注玉海十四引同　唐陸序錄何休注公羊十二卷　舊唐志春秋公羊經傳十三卷何休注　唐志何休公羊解詁十三卷　見在目春秋公羊集詁十二卷漢諫議大夫何休學　宋崇文目春秋公羊經傳解詁二十二卷何休撰　春秋公羊疏三十卷馬考引原釋云不著撰人名氏援證淺局出于近世或云徐彥撰皇朝邢昺等奉詔是正始令太學傳授以備春秋三家之旨　晁志春秋公羊傳十二卷　春秋公羊傳疏三十卷右不著撰人李獻民云徐彥撰亦不詳何代人也袁本同馬考引同　陳錄春秋公羊傳十二卷　春秋公羊傳解詁十二卷漢司空掾任城何休邵公撰　春秋公羊傳疏三十卷不著撰者名氏唐志亦不載廣川藏書志云世傳徐彥撰馬考引同　元馬考春秋尤目公羊正義　宋志何休公羊傳十二卷　公羊疏三十卷　徐彥公羊疏三十卷·　元馬考春秋公羊傳十二卷　公羊傳解詁十二卷　春秋公羊疏三十卷　明文淵閣目春秋公羊傳一部四册完全又一部六册完全又一部四册完全又一部六册完全又一部二册完全又一部六册完全又一部六册完全　春秋公羊傳傳一部二册完全又一部二册完全右二部塾本與前七部同不重傳字　春秋公羊傳注疏一部八册殘缺又一部八册缺

春秋公羊傳解詁一部四冊完全　又春秋公羊傳一部六冊完全勤案此目於前春秋備忘遺說下注云案以下二十四部俱閣本所無據埶本補入　又春秋十三經注疏公羊傳一部八冊完全又一部五冊完全　內閣目春秋公羊傳六冊全何休學又六冊全又六冊全又四冊全又二冊全又二冊全又四冊全又六冊全又四冊全　春秋解詁四冊全公羊傳何休學　高志春秋公羊傳注疏二十八卷漢司空掾任城何休集解　陳目公羊傳十二卷　公羊傳疏三十卷唐徐彥　萬卷堂目春秋公羊傳二十卷公羊高　經解春秋公羊注疏三十八卷徐彥　祁目公羊傳解詁三卷　陳注錢目宋板公羊傳十二卷　又公羊注疏疏三十卷　錢目宋板公羊傳　又公羊注疏　述古堂目公羊注疏二十八卷六本也是園目同　春秋公羊傳二十卷四本　何休春秋公羊傳解詁十二卷釋文一卷四本錢記同云此北宋板之精絕者故附釋文于經傳後云　也是園目春秋公羊經傳十卷　何休公羊傳解詁十二卷　季目公羊經傳十二卷四本　又宋元雜板公羊注疏二十八卷十本　徐目公羊注疏二十八卷五本　徐宋元目宋本公羊注疏四本一套　培林堂目春秋公羊穀梁傳二冊　陸目宋板公羊經傳解詁十二卷何休缺一卷二卷　金目公羊注疏二十八卷漢何休學　汪目宋板公羊經傳解詁存七之十二卷

板本

一宋景德二年中書牒刻本見天祿目一孫記瞿目丁志陸志宋刊十行本　一附釋音宋刊本見天祿目一監本附音春秋公羊注疏（二函十六冊）漢何休解詁唐徐彥疏附唐陸德明音義共二十八卷休自序宋景德二年六月中書門下牒文奉敕校讎刊印頒行具載篇首牒後結銜工部侍郎參知政事馮岳部侍郎參知政事王兵部侍郎平章事寇吏部侍郎平章事畢勤案莫目云天祿目有宋本卷首有景德二年六月牒文黑口本每葉二十行每行十七字　孫目春秋公羊傳注疏二十八卷漢何休注舊題唐徐彥疏　孫記監本附音春秋公羊注疏二十八卷前何休序疏不在卷中每卷某公俱與大題相連每葉二十行行十七字小字雙行二十三字亦有元明補刻葉岳珂云蜀新監本不附釋音此監本亦附音當出于岳珂所見刊本之後　汪目宋板公羊注疏（十行本）二十八卷　帶經堂目春秋公羊傳注疏二十八卷十行宋本　瞿目監本附音春秋公羊注疏二十八卷首載景德二年六月日中書門下牒後有結銜四行且曰工部侍郎參知政事天祿琳瑯宋本卷首有景德二年六月中書門下牒文此本無之

馮兵部侍郎參知政事王兵部侍郎平章事寇吏部侍郎平章事畢次列漢司空像任城樊何休序首卷題監本附音春秋公羊注疏隱公卷第一雙行注起元年餘卷式同或省附音二字次行題春秋公羊經傳解詁隱公第一疏後另行空二格題何休學每半葉十行行大字十七小字二十三每格闌外左角有某公某年板心有大小字數及刊匠姓名通體字畫清朗明代修板亦少　丁志監本附音春秋公羊注疏二十八卷宋刊十行本何休學卷首有景德二年六月中書門下牒文及工部侍郎參知政事馮兵部侍郎參知政事王兵部侍郎平章事寇吏部侍郎平章事畢四銜次漢司空擄任城樊何休序每卷某公俱與大題相連每葉二十行行十七字小字行二十三字間有元明補刻之葉岳倦翁云蒸新監板不附釋音此監本亦附釋音當出岳氏所見刊本之後而東瀛訪古志載有是書作元槧本謂元大德四年刻十三經之一明正德補刊所謂十行本者天水耶蒙古耶當再考之　陸志監本附音春秋公羊注疏二十八卷宋刊十行本漢何休學唐徐彥疏何休序景德二年中書門下牒　邵注目十行宋本附錄云陸有宋刊十行本又有明九行本

一元槧本見森志春秋公羊傳注疏二十八卷元太定四年刊十三經之一明正德補刊所謂十行本者　丁志前宋本下

一明御史李元陽校刊本見范目見存目全　祁目閩本　孫目明九行本　孫記春秋公羊注疏二十八卷題漢何休學撰疏人姓名留黑蓋一行未刻何休序疏不刻入卷中亦題漢何休學次行題明御史李元陽提學僉事江以達校刊前有景德二年中書門下牒徐彥公羊疏此本不著姓名頗勝于俗本每葉十八行行二十一字　瞿目校本春秋公羊注疏二十八卷云此郡中貝氏墉以宋本校於閩本上卽何氏煌所見宋槧官本世亦謂之鄂本云　丁志春秋公羊注疏二十八卷閩刊校宋本漢何休學前有景德二年六月中書門下牒文及馮王寇畢四銜名次漢司空擄任成樊何休序大理太和李中溪按閩時所刻十三經之一每卷首葉第三行並署云明御史李元陽提學僉事江以達校刊初印本各經皆有校刊一行此本唯序首猶存每卷則已削去或補一木條欲刻疏人而未刻乃修板者爲之非繙本也　陸志春秋公羊注疏二十八卷明刊九行本漢何休學唐徐彥疏何休序　邵注目云十行本閩本皆不題撰疏人姓名徐彥作公羊疏不見唐志北監本始依崇文總目題之　莫錄春秋公羊傳疏此大理太和李中谿先生按閩時所刻十三經之本每卷首葉第三行並署云明御史李元陽提學僉事江以達校刊世謂之閩本明南監汲古閣所刊皆從以出其初印本皆有刊一行此本唯序首猶存每卷則已削去或補一木條欲刻疏人而未刻乃修板者爲之其板卽中谿所刊非別繙也中谿本公羊第二行漢何休學亦有木條未刻乃待刻疏人此乃削去　莫目閩本　繆續記公羊正義二十八卷明閩刊本題銜首行題春秋公羊傳注疏次行漢何休學下空五格有疏字次行明御史李元陽提學僉事江以達校刊行欵與詩經同經前有景德牒文他書罕見中書門下□牒奉□敕國家欽崇儒術啓迪化源春六籍之垂文實百王之取法著于緗素皎若丹書乃有前修詮其奧義爲之疏釋播厥方來頤索隱于微言用繫蒙于後學流傳既久譌舛遂多爰命校讎俾從刊正歷歲時而盡瘁探簡策以維精誠嘉稽古之功允助好文之理宜從雕印以廣頒行牒至准□敕故牒□景德二年六月□日牒工部侍郎參知政事馮(一行)兵部侍郎參知政事王(二行)兵部侍郎平章事寇(三行)兵部侍郎平章事畢(四行)

一明北監本見內閣目祁目監本　天祿目七十三經注疏春秋公羊傳二十八卷漢何休注疏不著名或云徐彥撰陸德明音義前載宋景德二年校刊牒文次休序　彭目王目公羊傳注疏(何休)二十八卷六冊　倪目丁目邵注目莫目丁志十三經注疏

一明崇禎五年補修北監本見錢日記鈔

一明汲古閣本見王目公羊傳注疏(何休)二十八卷八冊一函　孫目內編明毛晉刊本　倪目丁目邵注目莫目

一武英殿本見莫目

一江西南昌學本見倪目錢曝書記莫目

【附解詁本】

一唐開成二年刊石本見孫目內編彭目叢書舉要邵注目　一宋余仁仲本見張志云臨何氏校宋余仁仲本後有經傳注音義字數三行余仁仲刊于家塾一行　黃記公羊解詁十二卷宋余仁仲本云九經三傳沿革例載有建安余氏本余所見殘本穀梁在周香嚴家郎萬卷堂余仁仲校刻者也此外有周禮亦缺秋官藏顧抱冲所今秋得此春秋公羊經傳解詁十二卷完善無缺實爲至寶云　瞿目春秋公羊經傳解詁十二卷宋刊本卷第一首行題春秋公羊經傳解詁隱公第一次行下數格題何休學餘卷並同此式前有漢司空掾任城樊何休序序後有余氏題識云公羊穀梁二書書肆苦無善本謹以家藏監本及江浙諸處官本參校頗加釐正唯是陸氏釋音字或與正文字不同如此序醎嘲陸氏醎作讓隱元年嫡子作適歸含作唅台公作邵桓四年日蒐作廋若此者甚衆皆不敢以臆見更定姑兩存之以俟知者紹興辛亥孟冬朔日建安余仁仲敬書凡六行每半葉十一行行大字十九（唯序行十八字）小字二十七殷匡貞桓完愼皆缺筆經下旣接傳文不加傳字注雙行解文分附注後每卷末俱有經傳及注及音義字數卷一末有余氏刊于萬卷堂一行卷二末曰余仁仲刊于家塾卷三字數三條刊置格闌外自卷四以下或曰仁仲比校訖或曰余仁仲刊于家塾尾卷春秋公羊卷第十二（此在第八行）經傳貳仟貳拾壹字（第九行）注叁仟叁百捌拾玖字（第十行）音義捌百捌拾柒字（第十一行）余仁仲刊于家塾（第十三行）癸丑仲秋重校（第十五行）　莫目云張氏志春秋公羊經傳解詁十二卷臨何氏校宋余仁仲本後有經傳注音義三行余仁仲刊于家塾一行云　四部叢刊書錄常熟瞿氏藏宋建安余氏刊本春秋公羊經傳解詁十二卷漢何休解詁每卷題春秋公羊經傳解詁某公第幾次行低五格或七格題何休學前有何氏序後有紹熙辛亥孟冬朔日建安余仁仲題識六行卷後皆記經注音義字數一二四六七八十一十二卷後有余氏刊於萬卷堂或仁仲比校訖字樣每葉二十二行每行大字十九（惟序每行十八字）小字二十七黑線口殷匡貞桓完愼第字皆闕末筆其勝鄂本處甚多詳見瞿氏藏書志有黃蕘圃跋　一宋刊本見天祿目一春秋公羊經傳解詁（二函十册）漢何休學十二卷休自序云鋟刻年月不載而字體甚古於宋孝宗以上諱皆闕筆如爲南渡後刊書中每間數紙輒有眞書木印曰鄂州州學官書曰鄂汴官書帶去準盜闕卷十二本　張志臨何氏校宋余仁仲本云卷三後題識云借蜀本大字校此三卷鄂州州學官書最爲精善惜無單疏本校疏文脫誤也康熙五十六年冬十月望日小山何焯記　一明永懷堂本見倪目何注公羊傳二十卷　丁續目　一楊州汪氏重刊本見森志宋槧穀梁傳云　別本朱目公羊傳解詁十二卷汪氏仿宋刊本四册　邵注目云單何氏解詁有汪氏問禮堂仿宋紹熙刻本十二卷　莫目云單何氏解詁有汪氏問禮堂仿宋淳熙辛亥刻本十二卷宋刊公羊注余仁仲本也同治二年邵陽魏彥㥋其板于上海補校勘記一卷刊附以行今板歸金陵書局每葉二十二行行大字十九小字雙行二十七勸案此嘉慶中汪中刊行序後余氏識語六行云云及各卷後經注音義字數余仁仲刊于家塾仁仲比校訖各行一仍宋本之舊仿本極佳者・　一稽古樓刊本見邵注目莫目

【附白文本】

一蜀孟昶時刊本見趙附志　一明刊本見丁志春秋公羊傳二十卷云此書前無序言板匡狹窄半葉十行行十八字棉紙初印後有朱字記庚寅四月十日點完一行當爲明人手題豈爲萬曆十八年耶　一武英殿雙鉤鐫榻本見錢暴書記　一國子監刊石本見叢書舉要

春秋穀梁傳注疏二十卷晉范甯集解唐楊士勛疏朱考（一百七十）穀梁氏（赤）春秋傳存（一百七十四）范氏（甯）春秋穀梁傳集解存（一百七十六）楊氏（士勛）春秋穀梁傳疏存春秋公穀考異佚　翁考穀

梁氏(赤)春秋傳　范氏(甯)春秋穀梁傳集解　楊氏(士勛)春秋穀梁傳疏

目錄

漢志穀梁傳十一卷穀梁子魯人師古曰名喜　隋志春秋穀梁傳十二卷范甯集解玉海引同　唐陸叙錄范甯集注十二卷　舊唐志穀梁十二卷范甯集注　春秋穀梁傳疏十三卷楊士勛注　唐志范甯集注十二卷　楊士勛穀梁疏十二卷玉海引同　見在目春秋穀梁傳十一卷范寧集解　春秋穀梁傳疏十三卷唐門博士楊士勛撰　宋崇文目春秋穀梁傳十二卷范寧注　春秋穀梁疏三十卷馬考引原釋云唐國子四門助教楊士勛撰皇朝邢昺等奉詔是正令太學傳授、　晁志春秋穀梁傳十二卷右范甯注袁本同　春秋穀梁傳疏十二卷右唐楊士勛撰馬攷引同袁本趙附志二十卷　陳錄春秋穀梁傳十二卷　春秋穀梁傳集解十二卷晉豫章太守順陽范寧武子撰　春秋穀梁傳疏十二卷唐國子四門助教楊士勛撰　尤目春秋穀梁正義　宋志范寧穀梁傳十二卷　楊士勛春秋穀梁疏十二卷　元馬考春秋穀梁傳十二卷　穀梁傳集解十二卷　春秋穀梁傳疏十二卷　明文淵閣目春秋穀梁傳一部四冊完全又一部四冊完全又一部六冊完全又一部一冊完全又一部二冊闕又一部四冊闕塾本補入又一部七冊闕又一部二冊完全　春秋穀梁傳注疏一部五冊完全又一部五冊完全又一部五冊闕又一部五冊闕　又春秋十三經注疏穀梁傳一部五冊完全又一部五冊完全勵案此據塾本補入　內閣目春秋穀梁傳四冊全范寧集解又五冊全又四冊全(同前)　又穀梁四冊全同前　穀梁注疏二冊全唐助教楊士勛著　又春秋穀梁六冊全范寧集解楊士勛疏　高志春秋穀梁傳注疏二十卷唐國子四門助教楊士勛撰陸氏釋文范寧集解　陳目穀梁傳十二卷　穀梁傳疏十二卷唐楊士勛　范目穀梁傳注疏十二卷晉范寧集解唐楊士勛疏見存目無　萬卷堂目春秋穀梁傳十二卷穀梁赤　經解春秋穀梁注疏二十卷楊士勛　祁目春秋穀梁傳解詁三卷　陳注錢目宋板穀梁傳十二卷　又穀梁注疏疏十二卷　錢目宋板穀梁傳　又穀梁

注疏　汲古堂目楊士勛穀梁注疏二十卷五本 也是園目同 春秋穀梁傳十二卷四本　范甯春秋穀梁傳集解十卷二本 宋板 也是園目春秋穀梁經傳十卷　范甯穀梁傳集解十三卷　季目宋元雜板穀梁注疏二十卷 六本 徐宋元目元本春秋穀梁傳注二十卷 六本 僞宋元本春秋穀梁傳注二十卷 三本 培林堂目春秋穀梁傳 二冊 金目穀梁注疏二十卷 晉范甯集解唐楊士勛疏 汪目宋板穀梁經傳解詁十二卷

板本

一宋刊本見天祿目一 監本附音春秋穀梁注疏（二函十冊）晉范甯集解唐楊士勛疏附唐陸德明音義共三十卷士勛序朝野雜記云監本書籍紹興末年所刊是書於欽宗以上諱皆缺筆而皇瑗瑗字乃孝宗諱全書不缺蓋紹興監本也 一宋刊本見天續編三 監本附音春秋穀梁傳注疏（二函十冊）范甯集解楊士勛疏二十卷前甯序缺補卷二（五六）卷六（十三）卷十二（十三之十八）又一部（二函十二冊）同前缺補卷一（一之四）卷四（十二十三）卷五（十十七）卷十（二）卷九（十八）卷十五（十三十四）卷二十（十五十六） 莫目 云天祿後目有宋刊監本附音春秋穀梁傳注疏二十卷二部宋板每半葉十行行大字十八小字二十三今歸袁芳暎漱六家 一附釋音宋刊本見天祿目一 監本附音春秋穀梁注疏（二函十二冊）繕目同前（勘案見前紹興監本條下）勘對此書與前景德二年中書牒刻公羊注疏板匡字體俱合板心上注每紙大小字數中標名公疏穀疏字亦從俗省筆出于匠手兩本正符蓋景德諸經此其二也 孫記 監本附音春秋穀梁注疏二十卷題范甯集解楊士勛疏每卷某公亦與大題相連前范甯序下題國子四門助教楊士勛撰國子博士兼太子中允贈齊州刺史吳縣開國男陸德明釋文序文標題穀梁下多一傳字每葉二十行行十七字小字行二十三字亦有元明補刻葉 黃書錄 云監本附音春秋穀梁傳注疏首題國子四門助教楊士勛疏國子博士兼太子中允贈齊州刺史吳縣開國男陸德明釋文蓋世所謂十行本也往見惠秋崖手校諸經注疏惟公羊穀梁皆以監本附音者爲據相傳是本爲宋刻流傳特元明以來代有修補耳外間行本有小字花數而修板至正德年止遇宋諱則以圓圍別之今此本純是細黑口無小字花數亦無修板其爲宋無疑且以余所得殘本公羊證之前有景祐年間牒文與此刻正同云云 帶經堂目 春秋穀梁傳注疏二十卷十行宋本 瞿目 監本附音春秋穀梁傳注疏二十卷宋刊本云此本首行較閩監毛本多監本附音序五字次行題國子四門助教楊士勛撰三行題國子博士兼太子中允贈齊州刺史吳縣開國男陸德明釋文亦與閩監毛本異何氏焯所謂宋南監本是也前有范氏集解序每半葉十行行十七字注疏俱雙行廿三字板心有大小字數刊字人名經傳不別如元年春王正月即接傳文不標傳字傳下集解亦不標注字惟疏文則冠一大疏字於上 丁志 監本附音春秋穀梁注疏二十卷宋刻十行本晉范甯集解楊士勛疏前范甯序下題國子四門助教楊士勛撰國子博士兼太子中允贈齊州刺史吳縣開國男陸德明釋文序文標題下多一傳字每卷某公與大題相連每半葉十行行十七字注疏俱雙行行二十三字經傳不別即接傳文不標傳字傳下集解亦不標注字唯疏文則冠一大疏字於上有元明補刻葉 陸志 監本附音春秋穀梁注疏二十卷宋刊十行本晉范甯集解唐國子四門助教楊士勛疏國子博士兼太子中允贈齊州刺史吳縣開國男陸德明釋文范甯序 邵注目 附錄云陸有宋刊十行本明九行本 傳批莫目 云余收得宋十行本自謂爲人間至寶 學部館目 春秋穀梁注疏二十卷宋監本每半葉十行行十七字注疏俱雙行二十三字高六寸四分廣四寸二分黑綫口單邊經傳不別傳下集

解亦不標注字惟疏文則冠一大疏字于上與善本書室所藏監本附音春秋穀梁注疏合今存文公至哀公十卷首行題監本春秋穀梁注疏文公卷第十一下小字雙行注起九年盡十八年次行題范寧集解楊士勛疏其成公十有八年卷末至襄公三十有一板卷末此二卷首題監本附音春秋穀梁注疏某公第十幾又與阮元重刻十三經注疏本合特阮元本既去卷末所題又板匡外右方去文九年等小字耳鐵琴銅劍樓藏書目錄亦載此本題監本附音春秋穀梁注疏今就其所校文皆與重刊本不同與此本同則此本洵為宋南監本又一部穀梁注疏二十卷宋十行本此宋印與外間常見本不同

一明閩刊本見祁目閩本孫記春秋穀梁注疏廿卷題晉范寧集解唐楊士勛疏范寧序疏亦不列入卷中恒愼等字俱從宋本闕筆每葉十八行每行二十一字板心下刻字人姓名同前（勘案同周易注疏）陳編孫記云右春秋穀梁注疏二十卷九行大字每行廿一字明本勝于今汲古閣本丁志春秋穀梁注疏二十卷明閩刊本晉范寧集解唐楊士勛疏此爲明李御史元陽刊前有范寧序陸志春秋穀梁注疏二十卷元刊九行本晉范寧集解唐楊士勛疏范寧序邵注目莫目繆續記穀梁注疏二十卷明閩刊本首行題春秋穀梁注疏隱公卷第一次晉范寧集解三行楊士勛疏行欵與詩經同

一北監本見內閣目祁目監本天祿目七十三經注疏春秋穀梁傳二十卷晉范寧集解唐楊士勛疏陸德明音義彭目王目穀梁傳注疏（范寧集解楊士勛疏）二十卷四冊倪目丁目邵注目莫目丁志

一明崇禎五年補修北監本見錢日記鈔

一明刊本見天祿目七監本附音春秋穀梁傳注疏（一函六冊）晉范寧集解唐楊士勛疏陸德明音義二十卷前范寧序按前宋板亦有此書標題稱監本附音春秋穀梁注疏此書標題於穀梁下刊入傳字其非宋本無疑觀每卷之板長短不齊其長方規仿宋槧猶有似處短者則遠遜之蓋係書賈偶得舊印不全之本繙刻者半補刊者半紙墨亦俱不佳非善本也

一汲古閣本見王目穀梁傳注疏（范寧集解楊士勛疏）二十卷四冊孫目內編明毛晉刊本倪目丁目邵注目莫目

一武英殿本見莫目

一江西南昌學本見倪目曝書記莫目

【附集解本】

一唐開成二年刊石本見孫目內編彭目邵注目叢書舉要

一宋余仁仲本見張志春秋穀梁傳十二卷范寧集解臨惠氏校余仁仲本云卷末有經傳注音義字數三行及國學進士余仁仲劉子庚陳幾張甫奉議郎僉書武安軍節度判官廳公事陳應行等銜名五行又余氏萬卷堂藏書記本印大字廿二行十九字注雙行每行廿七字（釋音同）黃記公羊解詁條云瞿目春秋穀梁傳六卷宋刊殘本原書十二卷每公爲一卷今存宣公以後六卷首行題春秋穀梁傳等七次行題范寧集解每卷末有經傳注音義字數又曰仁仲比校訖第九卷末曰余仁仲刊于家塾第十二卷末曰國學進士余仁仲校正國學進士劉子庚陳幾張甫同校奉議郎僉書武安軍節度判官廳公事陳應行參校共五行又有分書墨圖記曰余氏萬卷堂藏書記每半葉十一行注雙行行大字十九小字廿七匡恒字缺筆所附釋文專用音反不全錄森志春秋穀梁傳十二卷宋槧本晉范寧集解每半板十一行行十八字注雙行二十七字每章附音義每卷末有經傳注及字數音義又記仁仲比校訖余仁仲刊于家塾第十二卷末記國學進士余仁仲校正國學進士劉子庚陳幾張甫同校奉議郎僉事武安軍節度判官廳公事陳應行參校癸亥仲秋重校訖又紹興辛亥孟冬朔日建安余仁仲跋序後及卷尾有余氏萬卷室藏書記考清揚州汪氏重刊宋本公羊傳亦仁仲所校刊者與此同種此本已刊入古逸叢書邵注目云張目有臨惠校宋余仁仲本穀梁傳集解十二卷即何小山校本宋大字本十一行大十九字小二十七字附錄

云宋紹熙余仁仲本光緒癸未黎氏影刊于日本 楊志 春秋穀梁傳十二卷宋刊本刻入古逸叢書云余仁仲萬卷堂所刻經本今聞于世者曰周禮曰公羊曰穀梁公羊揚州汪氏有繙本周禮舊藏盧雅雨家惟穀梁僅康熙間長洲何煌見之然其本缺宣公已前已稱爲希世之珍此本首尾完具無一字損失以何氏校本照之有應有不應當由何氏所見爲初印本此又仁仲覆校重訂者故于何氏所稱脫誤之處皆挖補擠入然則此爲余氏定本何氏所見猶未善也 莫目 惠氏校宋余仁仲本春秋穀梁傳集解十二卷每頁二十二行行大字十九小字雙行行二十七字又有建安余氏萬卷堂刊本與公羊同卷末有經傳注音義字數三行及國學進士余人仲劉子庚等題名五行又余氏萬卷藏書印本記見張氏目 四部叢刊書錄 常熟瞿氏藏宋建安余氏刊本春秋穀梁傳十二卷晉范甯集解云此亦余氏萬卷本款式與公羊同宋本存卷七至十二缺卷以黎氏繙本補之精審下眞蹟一等耳有汪閬源印記 一明永懷堂本見倪目 甯注穀梁傳二十傳 丁續目 一稽古樓刊本見邵注目莫目・一光緒癸未黎氏影宋余氏本見邵注目 附錄云 楊志 見前宋本 莫目 宋余氏萬卷堂本光緒八年遵義黎星使得之日本東京即據以重刊極爲精雅

【附單疏本】

一照宋鈔本見稽瑞目 春秋穀梁傳疏七卷影宋抄殘本 二册 張志 春秋穀梁疏七卷殘本抄本唐國子四門助教楊士勛疏原十二卷今佚一至五五卷是書則從李中蘁藏本展轉傳寫者缺文誤字雖亦不少以無別本可校姑仍其舊不取據注疏本臆改也中有遠勝今本而校勘記未載者略疏一二於後云 陳跋 宋板穀梁傳單行疏跋云春秋穀梁傳疏十二卷照宋抄本是疏本單行而卷第仍范甯集解之舊首題春秋穀梁疏卷第幾越三格某公次行低八格唐國子四門助教楊士勛撰又次頂格疏文起每半葉十二行每行二十字二十一字不等凡疏傳處有傳字疏集解處有注字 曝書記 陳簡莊所藏經籍云穀梁傳則照宋抄單行疏十二卷(惜缺文公以前) 瞿目 春秋穀梁疏七卷鈔殘本題唐國子四門助教楊士勛撰原書十二卷今存卷六文公起至卷十二哀公止書中傳注一一標明間有釋曰二字所標起止與注疏本亦有不同處或曰某某至某某或云某某云云或舉全句通稱不提行惟每段空一字標起止後又空一字間有不空者想抄時誤連之也舊爲章丘李中蘁氏藏本今歸邑中張君伯夏從之假錄 邵注目 阮氏校勘記公羊穀梁注疏皆據何義門之弟煌依宋元諸本精校本又有不全影宋單疏本係李中蘁家抄本今年袁漱六編修從京師故書攤中檢得之買歸狂喜單疏本十二卷十二行二十字或二十一字

【附白文本】

一蜀孟昶時刊石本見趙附志 一明刊本見丁志 春秋穀梁傳十二卷云一公一卷與公羊傳同一板刻前亦無序 一武英殿雙鈎鐫榻本見曝書記 一國子監刊石本見叢書舉要

箴膏肓一卷起廢疾一卷發墨守一卷漢鄭元撰 (二百七十二)春秋公羊墨守(高麗史十五卷)佚 春秋左氏膏肓(中興書目第七卷缺)佚 春秋穀梁廢疾佚 春秋漢議佚 春秋公羊文謚例佚 春秋公羊傳條

偁（七錄一卷）佚　春秋議佚
箴考春秋左氏膏肓　春秋漢議

目錄

隋志駁何氏漢議二卷 鄭玄撰 春秋穀梁廢疾三卷 何休撰鄭玄釋張靖箋 舊唐志春秋左氏膏肓十卷 何休撰鄭玄箴 何氏春秋漢議十一卷 何休撰鄭玄駁糜信注 春秋公羊墨守二本 何休撰鄭玄發 春秋穀梁廢疾三卷 何休作鄭玄釋張靖箴 唐志何休左氏膏肓十卷 鄭玄箴 春秋漢議十卷 糜信注鄭玄駁 公羊條傳一卷墨守一卷 鄭玄發 穀梁廢疾三卷 鄭玄釋張靖成 見在目駁何氏漢議九卷 鄭玄撰 宋崇文目左氏膏肓九卷 馬考引原釋云漢司空掾何休始撰答賈逵事因記左氏所短遂頗流布學者稱之後更刪補為定今每事左方輒附鄭康成之學因引鄭說寔竒何書云書今殘逸第七卷亡 晁志左氏膏肓九卷 右漢何休撰休始答賈逵事因記左氏之短鄭康成嘗著箴膏肓後人附之逐章之下袁本同馬考引同 陳錄左氏膏肓十卷 何休著公羊墨守等三書鄭康成作鍼膏肓起廢疾發墨守以排之馬攷引同 尤目左氏膏肓 宋志左氏膏肓十卷 元馬考左氏膏肓九卷 明陳目左氏膏肓九卷 漢何休 倪目箴膏肓一卷 起廢疾一卷發墨守一卷附四種四卷 共一本漢鄭元撰

板本 勳案此書散佚於宋世此舉各家輯本列後

一傳抄本見竹崦盦目 箴膏肓起廢疾發墨守三卷漢鄭玄撰二十五 一武億校刊本見孫目內編邵注目 云朱修伯曰又有武億王復重訂本 莫目 一孔廣林集本見孫目內編莫目 勳案此書光緒庚寅山東書局刻通德遺書所見錄本 一武進莊述祖輯本見莫目 一漢魏叢書本見邵注目莫目 勳案漢魏叢書內並無此書蓋涉嘉慶三年王謨輯刊漢魏遺書鈔本誤記 一孫氏問經堂本見邵注目莫目 勳案此王復武億輯本刊于嘉慶五年 一藝海珠塵本見邵注目莫目 勳案此王復武億輯本 一陳氏刊許鄭遺書本見邵注目 朱修伯曰陳氏以巾箱本刊于雲南所謂許鄭遺書也又有鄭學本勳案此道光間浙東陳錫熊刊于雲南五華書院 一鄭學本見邵注目莫目 一漢學堂經解刻黃奭輯本見觀古堂藏書 一浙江書局刻袁鈞

輯本見觀古堂藏書

【附評本】

一皇清經解刻本見觀古堂藏書發墨守評一卷箴膏肓評一卷穀梁廢疾申何二卷劉逢祿撰

【附疏證本】

一光緒丙申湖南思賢書局刋本見觀古堂藏書箴膏肓疏證一卷釋廢疾疏證一卷發墨守疏證一卷皮錫瑞撰

春秋釋例十五卷晉杜預撰朱考（一百七十三）春秋釋例未見翁考杜氏預春秋釋例

目錄

隋志春秋釋例十五卷杜預撰玉海引同　唐陸序錄杜預春秋釋例十五卷四十篇　舊唐志春秋左氏傳例七卷　又十五卷杜預撰　唐志見前　見在目春秋釋例十五卷杜預注　宋崇文目春秋釋例十五卷杜預撰馬考引原釋云凡五十三例　晁志春秋釋例十五卷右晉杜預撰袁本同馬考引同　陳錄春秋釋例十五卷杜預撰馬考引同　尤目杜氏釋例　宋志春秋釋例十五卷　元馬考春秋釋例十五卷　明陳目左氏釋例十五卷杜預　陳注錢目宋板左傳杜注三十卷杜氏又有釋例十五卷唐劉蕡作序　稽瑞目春秋釋例十五卷六冊

版本

勤案此書元吳萊作後序云四十卷是元時所行之本如此自明以來此書久佚惟永樂大典中尙存三十篇並有唐劉蕡原序其六篇有釋例而無經傳餘則多有脫文館臣從永樂大典中錄出校其譌謬釐爲四十七篇仍分十五卷以還其舊吳萊後序亦並附焉　一永樂大典本見四庫著錄　一傳抄本見竹巷盦目春秋釋例十五卷晉杜預撰六百五十二又春秋長歷一卷同上五十三　一聚珍本見倪目丁目邵注目莫目　一莊述祖孫星衍刋本見孫目內編云四庫全書所錄莊述祖同星衍校刊本　邵注目嘉慶二年莊氏刊本　莫目　一岱南閣叢書本見邵

注目莫目勤案此據館本重校于嘉慶七年刊行後十一年編入叢書　一掃葉山房重刊本見邵注目莫目　一古經解彙刊本見彙刻書目
一微波榭刊本見丁目春秋釋例十九卷云刊其中之春秋土地名一卷春秋長歷三卷　邵注目孔氏微波榭刻杜氏長歷一卷地名一卷　莫目勤案此乾隆戊子孔繼涵自刊
春秋集傳纂例十卷唐陸湻撰　朱考（一百七十六）陸氏（質）集注春秋佚集傳春秋纂例存　翁考陸氏（質）集注春秋　集傳春秋纂例

目錄

唐志陸質集注春秋二十卷又集傳春秋纂例十卷春秋微旨二卷春秋辨疑七卷王海引同　宋晁志春秋
纂十卷右唐陸淳撰袁本同馬考引同　陳陸春秋集傳纂例十卷辨疑七卷唐給事中吳郡陸質伯沖撰　馬考引同　尤目唐陸淳纂例　宋志陸
淳集傳春秋纂例十卷玉海引志陸質集注二十卷纂例十卷微旨二卷辨疑七卷　元馬考春秋集傳纂例辨疑共十七卷　明文淵閣目春
秋啖趙纂例一部一冊完全　春秋陸淳三書一部十四冊闕　內閣目啖趙纂例一冊全門入陸淳纂啖助例也凡四十卷　春秋三書十
二冊不全即纂例辨疑微旨也皆淳纂例闕第六第七卷辨疑凡七卷淳取舍三傳之義可入條例者已於纂例備言之其有隨文解釋非例可舉者又纂啖趙二公之說著為辨疑其三傳繁文可以例包者但舉例不復繁釋也闕第四第五卷微旨闕上卷　萬卷堂目春
秋纂例十卷陸稿　陳注錢目唐陸淳春秋纂例十卷又有左氏章指四十二卷樓鑰序淳又有春秋集注十卷　錢目唐陸湻春秋纂例　述古
堂目陸湻春秋纂例十卷　也是園目陸湻春秋啖趙纂例十卷錢記同　徐目唐陸湻春秋啖趙集傳
纂例十卷五本　培林堂目陸湻春秋啖趙集傳纂例十卷八冊　又辨疑十卷四冊　稽瑞目春秋集傳
纂例十卷抄本校四冊　張志春秋啖趙二先生集傳纂例十卷舊抄本

版本

一宋刊本見范目春秋集傳纂例十卷宋慶歷吳興朱臨序陸自識云云見存目無　瞿目舊抄本云宋慶歷間刻本每半葉十行行三十字明嘉靖時有翻雕本至國朝襲氏所刻多脫誤處有行款宜大字者譌作小字引穀梁傳譌作公羊之類此從宋本抄出可以正其失云

陸續跋明覆宋刊本云邵注目云天一閣有宋刊本繆續記明嘉靖繙雕慶歷本勤案余見舊抄本前有慶歷戊子吳興朱臨序　一金泰和三年平陽府刊本見四庫提要
云朱考引吳萊後序云予北遊京師始從國子學見陸氏纂例十卷是金泰和間禮部尚書趙秉文手本太原板行後云又引柳貫後序曰陸文通先生春秋纂例十卷平陽府所刊本後有識云泰和三年五月十三日秉文置云云浙錄春秋集傳纂例十卷刊本云吳萊序謂金泰和間趙秉文手本太原
板行陸續跋明覆宋刊本云莫目金泰和三年刊本　一蜀小字本見四庫提要云朱考陸續跋明覆宋刊本云莫目　一寶章桂公校
本見四庫提要云袁桷後序稱此書燬已久所得爲寶章桂公校本聞蜀有小字本惜未之見吳萊柳貫二後序皆稱得平陽府所刊金泰和三年禮部尚書趙秉文家本云朱考引袁桷後序云予家所藏纂例乃寶章桂公所校號爲精善案纂例他無善本審此書燬已久聞蜀有小
字本惜未之見云　一元延祐五年江西刊本見四庫著錄春秋集傳辨疑十卷提要云此本十卷亦不知何人所分刊本於萊序之末附載延祐五年十一月集賢學士克酬（原作曲出今改正）言唐陸淳所著春秋纂例辨疑微旨三
書有益後學請令江西行省鋟梓云云其分於是時與陳注錢目云元史仁宗本紀延祐五年集賢大學士太保庫春言唐陸淳春秋辨疑纂例旨微三書請令江西行省鋟梓以廣其傳從之金補志刊定陸淳春秋纂例辨疑微旨延祐五年太原曲出請梓孫目元刊本
孫記元板春秋啖趙二先生集傳纂例十卷題陸淳纂前有慶歷戊子朱臨序春秋集傳辨疑凡例每葉二十行行二十字孫退谷墨蹟題識云延祐五年十一月集賢學士曲出言唐陸淳所著春秋纂例辨疑微旨三書有益後學請令江西行省鋟梓以廣其傳從之此當日鋟本余求之十年始見之云云陳編
孫記云右春秋纂例十卷唐陸淳集啖助趙匡之說前有慶歷間朱臨序此書曾爲孫侍郎承澤所藏前有題字云云（文同孫記不贅）是侍郎以爲元本當審此本爲明人繙刻或去後序耳莫目延祐五年集賢學士克酬言唐陸淳所著春秋纂例辨疑微旨三書請令江西行省鋟梓　一明
嘉靖繙宋慶曆本見瞿目舊鈔本云明嘉靖時有繙雕本丁志抄校本云以明嘉靖繙宋慶曆本校正繆續記春秋集傳纂例十卷每半葉十行行二十字　一明華察序刊本見
朱考引華察後序曰自漢以來言春秋者大概守三傳而已其能卓然有見於千載之後者自唐啖趙二子始至陸文通乃集合二家之說作纂例及辨疑數十篇其有功于經甚大顧其書今世罕傳余同年陸給事浚明得舊本以示吳邑令汪君君刻之踰年告成而君以考績去矣汪君名旦晉江人嘉靖乙未進士云陸
志春秋集傳纂例十卷明嘉靖刊本唐陸淳纂自序陸續跋春秋集傳纂例十卷題陸淳纂前有淳序及總目每卷有目連屬篇目每葉二十四行每行二十二字明覆宋刊本以襲氏玉玲瓏閣刊本互校襲本奪落甚多是書慶曆間有朱臨刊本見天一閣目後有蜀小字本見袁清容集金有平陽府刊本見吳淵穎
集元有江西刊本襲刊所祖與此本不同疑出自元江西刊本此則行密字小當祖蜀小字本嘉靖中吳邑令晉江汪旦有刻本見經義考華察後序是本字體與嘉靖吳中所刻唐文粹藝文類聚一例或即汪旦刻而失察序歟別本朱目春秋集傳纂例十卷辨疑十卷明嘉靖間刊本四册　一明
萬曆刊本見帶經堂目　一明人繙刻元本見陳編孫記元刊本云　一明刊本見邵注目莫目　一聚珍
板本見孫目內編勤案今聚珍板叢書內無此書當是單行本　一康熙中龔翔麟玲瓏閣刊本見培林堂目襲板二册丁目瞿目舊抄本云丁
志鈔校本云此從龔衡圃刊本影寫妙道人以明嘉靖繙宋慶曆本校正陸續跋明覆宋本云別本朱目玉玲瓏館刊邵注目莫目云並下二種　一乾隆中刊本見邵注

目莫目　一經苑本見曝書記邵注目莫目　一右經解彙函本見批注莫目（勘案此從經苑本重刻）　一傳抄本見竹菴盦目（三百三十六）

春秋微旨三卷唐陸湻撰（朱考春秋微旨（今本三卷）存）

目錄

唐志見前　宋崇文目集傳春秋微旨二卷（陸淳撰）　闕書目集注春秋微旨二十卷　晁志春秋微旨六卷春秋辨疑一卷（右唐陸淳伯同撰袁本春秋微旨六卷無辨疑）　尤目陸湻微旨　宋志集注春秋微旨三卷（玉海引書目三卷）　明文淵閣目春秋陸淳集傳微旨（一部一冊完全）　內閣目春秋集傳微旨一冊全（陸湻著凡三卷）　陳注錢目見下　也是園目陸淳春秋微旨三卷（錢記同）　徐目唐陸湻春秋集傳微旨三卷（一本）　培林堂目陸湻春秋集傳微旨三卷（一冊）　浙錄春秋微旨三卷（寫本）　稽瑞目春秋微旨三卷（一冊）、　陸志春秋集傳微旨三卷（唐朝議大夫守國子博士陸湻纂𢑴抄本呂氏舊藏）

版本

一宋皇祐間汴本見四庫提要云（袁桷作湻春秋纂例後序稱來杭得微旨三卷乃皇祐間汴本蓋其書刻于開封故南渡之後遂罕傳本至桷得北宋舊槧乃復行于世也云云）　朱攷（集傳春秋纂例引袁桷後序曰予來杭得微旨二卷乃皇祐間汴本云云）　陸續跋（春秋集傳微旨三卷題曰朝議大夫守國子博士上柱國陸湻纂前爲湻自序連屬篇目每頁二十行每行二十字影寫宋刊本卷龔翔麟玉玲瓏閣刊本互校雖大旨皆同而已削其結銜失宋本之舊矣是書宋有皇祐間汴梁刻本元有延祐江西刻本宋刻多有結銜元刻往往删之以此證之或出自宋刻未可知也）　莫目　一元延祐五年江西刊本見四庫著錄（春秋集傳辨疑十卷提要云云）　陳注錢目金補志孫記陸續跋莫目、　一龔翔麟刊本見丁目陸續跋別本朱目邵注目莫目學部館目（春秋集傳辨疑十卷微旨三卷舊抄本據龔翔麟刻本傳寫）　一學海類編本

見邵注目莫目 一學津討原本見邵注目莫目勤案此從舊抄本付刊 一經范本見曝書記邵注目莫目 一古經解彙函本見批注莫目勤案此重刻經范本 一海林陳氏刻本見倪目邵注目海昌陳氏刊小字本陸書微旨辨疑兩種 莫目海昌陳氏養和堂刊巾箱本勤案此陳謝侯維申校刊

春秋集傳辨疑十卷唐陸湻所述啖趙兩家考駁三傳之言也朱考春秋辨疑存

目錄

唐志見前 宋崇文目集傳春秋辨疑七卷馬考引原釋云唐給事中陸湻纂初湻以三家之傳不同故采獲善者參以啖助趙匡之說爲集傳春秋又本褒貶之意更爲微旨條別三家以朱墨記其勝否又摭三家得失與經戾者以啖趙之說訂正之爲辨疑 晁志 陳錄見前 尤目陸淳辨疑 宋志春秋辨疑七卷 元馬考 明文淵閣目 內閣目見前 萬卷堂目春秋辨疑十卷陸湻 陳注錢目陸湻春秋辨疑七卷又有春秋微旨三卷 錢目陸湻春秋辨疑 也是園目陸湻春秋啖趙辨疑十卷錢記同 徐目唐陸湻春秋啖趙集傳辨疑二本抄 培林堂目見前 稽瑞目春秋集傳十卷二冊 倪目春秋集傳辨疑十卷二本唐陸淳撰 帶經堂目春秋集傳辨疑十卷文淵閣傳抄本 陸志春秋集傳辨疑十卷陸湻纂慶歷戊子吳興朱臨誌舊抄本

板本

一元延祐五年江西刊本見四庫提要云陳注錢目金補志孫記莫目 一明華察序刊本見朱考范目春秋辨疑十卷刊本宋吳興朱臨序明無錫華察題跋見存目全 別本朱目見前纂例 帶經堂目批訂陸云見明刊本心源 邵注目莫目明嘉靖乙未刻 一龔翔麟刊本見培林堂目龔板一冊 丁目云合上纂例微旨共二十三卷爲一部 別本朱目邵注目龔翔麟玉玲瓏館刻本刊陸書三種 莫目學部館目 一汪文藻刊小字本

見邵注目莫目　一海昌陳氏刋小字本見邵注目云刊陸書微旨辨疑兩種　莫目　一古經解彙函本見批注莫目

勵案此重刻聚本　一傳抄本見竹崦盦目百七十七

春秋名號歸一圖二卷蜀馮繼先撰朱考（一百七十八）馮氏繼先春秋名號歸一圖存　翁考馮氏（繼先）春秋名號歸一圖

目錄

宋崇文目春秋名號歸一圖二卷馬考引原釋云僞蜀馮繼先撰以春秋官謚名字裒附初名之左　晁志春秋名號歸一圖二卷右僞蜀馮繼先撰裒本後志同馬考引同

陳錄春秋名號歸一圖二卷僞蜀馮繼先撰馬考引同　尤目名號歸一圖　宋志馮繼先春秋名號歸一圖又春秋名字同異錄五卷玉海引書目春秋名號歸一圖二卷名字同異錄五卷　元馬考春秋名號歸一圖二卷　明內閣目見後春秋年表條下　陳目春秋名號歸一圖二卷馮繼先　萬卷堂目春秋名號歸一圖一卷　祁目春秋名號歸一圖一卷一　也是園目春秋名號歸一圖二卷　季目春秋年表名號歸一圖一本　徐宋元目宋本春秋年表名號歸一圖上下卷一本　培林堂目馮繼先春秋名號歸一圖二卷一冊　帶經堂目春秋名號歸一圖二卷抄本宋岳珂重編

板本

一宋刻廠沙本見天祿續編三彭跋陳筆瞿目云此書原本多錯僞相臺岳氏合京杭建蜀諸者重加刊定此本亦湻熙三年閩阮仲猷刻即依岳氏原本　森志丁志汪松泉手抄本云宋岳珂因刻本多譌錯譬合京杭建蜀本參校刊定移易刻于相臺杜解之前湻熙中阮氏種德堂有十行小字刊本附集解宋湻熙刻本堂亦有刊本此爲康熙巳亥夏六月望汪由敦手抄者　朱目春秋經傳集解宋湻熙刻本後列春秋名號歸一圖二卷計一本云此即前書之首帙也　別本朱目邵注目云許氏宋種德堂本附集解前　莫目宋湻熙中阮氏種德堂十行小字本附集解前　莫錄島田考繆續記見前集解　一宋岳珂刊本見四庫提要云案岳珂雕印相臺九經例云春秋多號歸一圖二卷刻本多僞錯譬合京杭建蜀本參校有氏名異同實非一人而合爲一者有名字若殊本非二人而析爲二者有自某國適他國而前後互見者有稱某公與某年而經傳不合者或以傳爲經或以注爲傳或偏旁疑似而有亥豕之差或行欵牽連而無甲乙之別今皆訂其譌謬且爲分行以見別書然則今本蓋珂所刊定移

易云天祿目一見前集解朱考引岳珂曰春秋名號歸一圖二卷馮繼先撰刊本多訛錯嘗合京杭建蜀本參校云云又曰廖本無年表歸一圖今旣刊公穀併補二書以附經傳之後云 瞿目見宋刻麻沙本 丁志汪松泉手抄本云 莫目云岳本列集解前
一宋紹定庚寅垂裕堂刊見陳編孫記見前纂圖本集解附 一宋潛府劉氏家塾本見丁目前集解附 一南宋刻本
見錢記前集解附 述古堂目宋板春秋名號歸一圖二卷一本勤案此建安余仁仲刊本詳前集解 天祿續編三彭跋陳筆前集解附 一元刊小字本見丁志春秋胡氏傳首
一元坊間刊本見天祿續編八前集解附 一明嘉靖中翻刻宋種德堂本見邵注目云附集解後與通志堂本多異下年表同 傅批莫
目云明繙本莫目云嘉靖翻刊宋種德堂本附集解後與通志堂本多異 一明覆宋小字本見陸志 一明繙岳本見丁目莫目岳本列集解前明刊岳本同下年表亦然
一武英殿仿宋岳本見倪目邵注目云列杜解前下年表同 莫目 一通志堂本見四庫提要云季目徐目王目金
目孫目外編倪目丁目丁志汪松泉手抄本云 邵注目莫目翁錄春秋名號歸一圖二卷蜀馮繼元此書通志堂原目作宋馮繼先閻百詩與戴唐器書云繼先先當作元僞蜀朝人宜居宋孫復之首乃置劉敞之後何也 何焯曰海虞某
氏家藏宋本勤案此從錢牧齋所藏宋建安余仁仲本重刊卽錢記書錄之宋本也 一汪刻叢書本見邵注目 一繙雕宋板見王目校增春秋名號歸一圖（馮繼先）二卷一册繙雕宋板 一刊
本見丁續目前集解附

春秋年表一卷不著撰人名氏朱考（一百七十七）春秋年表存

目錄

宋尤目春秋年表　陳錄春秋二十國年表一卷不知何人作馬考引同　元馬考春秋二十國年表一卷　明內
閣目春秋年表一册又一册後附名號歸一圖二卷莫詳編輯姓氏　陳目春秋二十國年表一卷　也是園目春秋二十國年表二
卷　季目　徐宋元目見前

板本

一宋岳珂刊本見四庫提要云其書在宋本自單行岳珂雖印九經乃以附春秋之後珂記云春秋年表今諸本或鈌號名或兼年月參之經傳多有舛錯今皆爲刊正諸國今既刊公穀並補二書以附經傳之後是此書經珂刊補與馮繼先之名號歸一圖同刻者通志堂經解不考岳珂之語乃與名號歸一圖連爲一書亦以爲馮繼先所撰誤之甚矣天祿目一前集解附朱考引岳珂曰見前歸一圖　孫目內編　一宋刻麻沙本見天祿續編三彭跋陳筆瞿目森志朱目春秋經傳集解宋淳熙本後列春秋年表一卷不著撰人名氏云亦前書之首帙也別本朱目邵注目莫目莫祿島田考繆續記前集解附　一宋潛府劉氏家塾刊本見丁目前集解附　一南宋刻本見錢記前集解附述古堂目宋板春秋二十國年表一卷一本天祿續編三　一宋刊巾箱本見四部叢刊書錄前集解附　一元刊小字本見丁志春秋胡氏傳首　一明永樂刊本見陸志春秋二十國年表一卷不著撰人名氏邵注目附錄云春秋二十國年表陸有明永樂刊本(某氏)　一明嘉靖中翻宋種德堂本見邵注目　一明繙岳本見陳跋集解云尚有年表一卷春秋名號歸一圖二卷此本則亡莫目　一明刊本見繆續記春秋圖說年表一卷明刊本春秋諸國興廢說一篇東坡指掌春秋列國圖一篇春秋十二國年表一篇此明人覆本春秋僅存此首册云　一武英殿仿宋岳本見倪目邵注目　一通志堂本見四庫提要云倪目邵注目莫目勘案今行通志堂經解內無此書　一汪刻叢書本見觀古堂藏書

春秋尊王發微十二卷宋孫復撰朱考(一百七十九)孫氏復春秋尊王發微(中興目有總論三卷今佚存)　三傳辨失解佚　翁考孫氏(復)春秋尊王發微

目錄

宋晁志春秋尊王發微十二卷古皇朝孫明復撰袁本同馬考引同　陳錄春秋尊王發微十五卷國子監直講平陽孫明復撰馬考引同　尤目孫復尊王發微　宋志孫復春秋尊王發微十二卷玉海引書目十二卷又總論二卷總類例而爲之圖　元馬考春秋尊王發微十五卷　明文淵閣目春秋孫明復發微一部四册完全又一部四册闕　萬卷堂目春秋尊王發微十二卷孫復　也是園目孫復春秋尊王發微十二卷錢記同　陸目春秋尊王發微十二卷孫復庚午　丁志春秋尊王發微十二卷孫復撰盧抱經寫本

版本

一宋魏安行刋本見朱考引魏安行後序曰平陽孫明復先生奧學識屏置百家自得褒貶之意立爲訓傳名曰尊王發微其辭簡其義明惜流傳既久訛舛益多安行假守滁陽公餘獲與同寮參校釐正謬誤凡一百二十九釋文二百一十四命工鋟板以授學宮云云　范目藍絲欄抄本紹興鄱陽魏安行序卷末云安行假守鄱陽公餘獲與同僚參校整正謬誤凡一百十九釋文二百十四命工鋟板以授學宮云見存目無　述古堂目孫明復春秋尊王發微十二卷一本抄　吳記春秋尊王發微云是編影抄本每葉二十八行每行二十二字前有虞山錢曾尊王圖記　陸志春秋尊王發微十二卷舊抄本紹興辛未魏安行跋身尊王傳藏乾隆巳亥秋日吳兔牀騫手跋勳案述古堂目吳記云云均未注明影抄何本今以陸志證之當即從此本出其行款或未移易也　陸續跋影宋春秋尊王發微十二卷題曰孫復撰附錄范文正薦狀歐陽文忠公撰墓志銘後有紹興辛未鄱陽魏安行刋板跋每葉二十八行每行二十二字宋諱有改字者如夏徵舒徵作正公子貞貞亦作正此影寫宋紹興刋本之証也與通志堂刋本同出一源而通志本稍有脫落釋文二百一十四字則爲魏安行所爲見魏跋自來著錄家所未及也　莫目云吳兔牀有影宋抄本傳批云葉二十八行行二十二字

一通志堂本見徐目季目王目金目孫目外編倪目丁目邵注目莫目翁錄春秋尊王發微十二卷宋孫復撰明復嘉祐二年卒年六十六作此書時蓋在天聖間　唐以前說春秋者多本三傳至陸淳始別出新義此書本淳意多與先儒異此參合三傳本也勳案此書宋本無傳元明亦無重刻據陸續跋云云成德蓋從影宋紹興本出惟稍有脫落云

春秋皇綱論五卷宋王晳撰朱考(一百七十九)王氏(晳)春秋通義佚　春秋異義十二卷佚　春秋明例隱括圖佚　皇綱論存　翁考王氏(晳)皇綱論

目錄

宋陳錄春秋皇綱論五卷明例隱括圖一卷太常博士王晳撰馬考引同　宋志王哲春秋通義十二卷又皇綱論五卷

元馬考春秋皇綱論明例隱括圖共六卷　明文淵閣目春秋王哲皇綱論一部一册完全塾本補入　萬卷堂目

春秋皇綱論二册王晳　也是園目王哲春秋皇綱論五卷　培林堂目王哲春秋皇綱論五卷未訂　帶

經堂目春秋皇綱論五卷文淵閣傳抄本

板本

一通志堂本見季目徐目王目金目孫目外編倪目丁目邵注目莫目翁錄春秋皇綱論五卷宋太原王晳至和間官太常博士據三傳注疏及啖趙之說其缺者以已意釋之

凡二十三篇

春秋通義一卷不著撰人名氏

目錄 宋志家安國春秋通義二十四卷 蹇遵品春秋通義十二卷 陳注錢目邵弁春秋通議一册 錢目邵弁春秋通議一册

板本 勵案提要云考宋史藝文志蹇遵品王晳家安國邱葵皆有春秋通義其書均佚不傳蹇氏王氏書各十二卷家氏書二十四卷邱氏書二卷此本僅存一卷凡四十八條編端冠以小序稱孔子之修春秋也因其舊文乘以新意正例筆之常事削之其有繆戾乖剌然後從而正之別而書之曰特筆而小序之後亦以特筆二字爲標題蓋此卷爲通義中之一種特不知四家中爲誰氏之書耳 一文瀾閣傳抄本見陸續志 一小萬卷樓叢書本見邵注目附錄某氏云勵案此從文瀾閣傳抄本付刊

春秋權衡十七卷宋劉敞撰朱考(一百八十)春秋權衡存翁考劉氏敞春秋權衡

目錄 宋晁志春秋權衡十七卷春秋意林二卷春秋劉氏傳十五卷右皇朝劉敞原父撰袁本同馬攷引同 陳錄春秋傳十卷權衡十七卷意林二卷說例一卷集賢院學士清江劉敞原父撰馬攷引同 尤目劉氏權衡意林傳說例并全 宋志春秋權衡十七卷 元馬考春秋權衡意林劉氏春秋傳共三十四卷 明文淵閣目春秋劉敞權衡一部四册缺又一部三册缺又一部三册缺 萬卷堂目春秋權衡十七卷劉敞 也是園目劉敞春秋權衡十七卷 陸目春秋權衡十七卷劉敞 帶經堂目春秋權衡十七卷文瀾閣傳抄本 丁志春秋權衡十七卷舊抄本云王氏居易錄云康熙乙巳歸自揚州一日至青州與張杞園觀書市中此春秋權衡乃衡府高唐王號岱翁物也此朱檢討從而借抄有甲寅十月彝尊跋書序

板本

一宋元祐間刊本　一宋淳熙十三年刊本均見范目 紅絲欄抄本春秋權衡十七卷宋劉敞原父氏撰并自序其首定爲十七卷淳熙十三年劉𢿱從題跋云曾伯祖公是先生所作春秋傳說例權衡意林四書元祐間被官刊行今吳蜀江東西皆有本𢿱從修縣學既成鋟板于中以廣其傳云見存目無　一宋刊本見邵注目 云呂鶴田有宋刊權衡意林二書紙板甚寬大權衡半葉十三行意林半葉十四行均二十二字虞伯生送劉叔熙序云意林及此書刻本在學宮呂所藏其元板乎　一宋史有之序刊本見朱考 春秋意林引史有之序曰旁加搜訪得原父春秋意林三傳權衡再壽諸梓云云

莫目 云呂鶴田有宋刊權衡意林二書紙板甚寬大權衡半葉十三行意林半葉十二行行皆二十二字（勤案莫誤作十二字）虞集送劉叔熙序云意林及此書刻本在學宮是二書有元刻本　一明刊本見帶經堂目 陸心源批訂云此書有明刊　一通志堂本見四庫著錄 春秋傳說例提要云敞春秋傳權衡意林三書通志堂經解有刊本云

季目徐目王目金目孫目外編倪目丁目邵注目 云從孫北海家宋本付刊惜未邐其行欵　莫目 翁錄春秋權衡十七卷宋劉敞何焯曰孫北海藏宋本惜未邐其行欵勤案此從宋四明史有之本出

一三劉全集本見邵注目莫目 勤案此乾隆十六年江西新喻水西劉氏刊公是遺書本　一單刻本見莫目 云三劉全集本外有單刻本

春秋傳十五卷宋劉敞撰 朱攷（一百八十）劉氏敞春秋傳存

目錄

宋晁志　陳錄　尤目均見前　宋志劉敞春秋傳十五卷　元馬考見前　明內閣目春秋劉氏傳二冊全 莫詳其名　也是園目劉敞春秋傳十五卷　徐目宋劉敞春秋劉氏傳十五卷 抄二本

板本

一宋元祐間刊本　一宋淳熙十三年刊本均見范目　一通志堂本見四庫著錄 提要云敞所作春秋權衡及意林宋時即有刊本此傳則諸家識弃皆寫本相傳近時通志堂刻入經解始有板本云　季目徐目王目金目孫目外編倪目丁目邵注目莫目 翁錄春秋傳十五卷宋劉敞撰卷前有春秋傳名氏自周至宋凡八十七家二劉亦在內勤案此從宋史有之本出

一三劉全集本見邵注目莫目　一單刻本見莫目

春秋意林二卷宋劉敞撰朱攷（一百八十）春秋意林（玉海五卷）存

目錄

宋晁志　陳錄　尤目均見前　宋志春秋意林二卷玉海引中興書目意林二卷總四十卷無文樞　元馬考見前　明文淵閣目春秋劉敞意林一部二册鈌文一部二册鈌文一部一册完全文一部二册鈌　又春秋意林一部一册完全勤案此據塾本補入　內閣目春秋意林一册劉敞著　萬卷堂目春秋意林二卷劉敞　述古堂目劉敞春秋意林二卷抄　也是園目劉敞春秋意林二卷　季目元板春秋意林二卷二本　徐宋元目宋本春秋意林上下卷王與能一本　培林堂目劉敞春秋意林二卷一册

板本

一宋元祐間刊本　一宋淳熙十三年刊本均見范目　一宋刊本見邵注目呂鶴田藏見前　莫目　一宋史有之序刊本見朱考　一聚珍本見莫目　一通志堂本見四庫提要云前樞衡　季目徐目王目金目孫目外編倪目丁目邵注目莫目　一三劉全集本見邵注目莫目　一單刻本見莫目

春秋傳說例一卷宋劉敞撰朱攷（一百八十）春秋說例（玉海二卷中興目書一卷）佚　春秋文樞（玉海二卷）佚　翁攷春秋說例

翁錄春秋意林二卷宋劉敞

目錄

宋陳錄　尤目均見前　宋志春秋說例十一卷玉海引中興書目一卷例凡四十九　彭目春秋傳說例宋劉敞一本　陳編孫記春秋說例一卷永樂大典錄出據書錄解題稱原書凡四十九條今僅二十五條不得全書矣

板本

勤案此書久無傳本館臣從永樂大典中錄出僅二十五條中多另篇斷句釐爲一卷

一宋元祐間刊本　一宋淳熙十三年刊本均見范目　一永樂大典本見四庫著錄　一聚珍板本見丁目邵注目莫目　一重刻聚珍本見倪目　一藝海珠塵本見邵注目莫目

春秋經解十三卷宋孫覺撰（朱考（一百八十二）孫氏覺春秋經解存　春秋學纂佚　春秋經社要義佚　翁考孫氏覺春秋經解）

目錄

宋缺書目春秋經社十二卷（缺）　孫覺春秋經社要義八卷　晁志春秋經社六卷（右皇朝孫覺撰袁本後志同馬考引同）　陳錄春秋經社要義六卷（龍圖閣學士高郵孫覺莘老撰）　春秋經解十五卷（孫覺撰馬攷引同）　宋志孫覺春秋經社要義六卷又春秋經解十五卷　元馬攷春秋經社六卷　春秋經解十五卷　明文淵閣目春秋孫覺經解（一部十册完全）　內閣目龍學孫公春秋經傳十册全（宋孫覺撰）　范進呈目春秋經解十五卷　陳注錢目孫覺春秋經解四册十五卷卷首自序楊中立作後序莘老又有春秋經社六卷　錢目孫覺春秋經解（四册）　也是園目孫覺春秋經解十五卷　浙錄龍學孫公春秋經解十五卷（天一閣寫本右宋龍圖閣學士高郵孫覺撰）　帶經堂目春秋經解十五卷（抄本明錢蒙叟絳雲樓藏書）

板本

一宋紹興間陽羨邵輯序刊本見朱考（引邵輯序曰余灑得之親故間愛其議論之精審而文辭之辨博也常欲刊行與學者共之而力所不能既來楚鄖以爲此公之鄉里也近世兩淮如合淝之包孝肅集山陽之徐節孝集皆因其鄉里而易以傳布吾之志遂矣適值大歉朝夕汲汲焉荒政之是營未暇及此越明年歲稔公私租給於是撙節浮費鳩工鋟板置諸郡齋以永其傳云又引張頏曰前政邵君出家藏本刻板郡齋其嘉惠後進也博矣）　瞿目（傳抄本云舊有紹興間陽羨邵輯刻本相沿傳錄有輯序及周麟之跋已失此平津館孫氏藏本卷末有乾隆乙卯夏日王端履校過朱筆記云）　陸志（龍學孫公春秋經解十五卷傳抄本宋孫覺莘老著自序慶元改號朔旦樸李張頠書序云前政邵君出家藏本刻板郡齋茲復移書以樞密跋語俾附益卷末云龜山楊時後序嘉定丙子仲春上澣郡守新安汪綱書序云敬鋟諸梓以補前之未備云又紹熙四禩仲春陽邵輯序云云（文同朱考））又海陵周麟之茂貞跋　陸續跋（龍學孫公春秋經解十五卷題曰孫覺莘老序後有陽羨邵輯序樸李張頠跋楊時後序楊序後低二格有新安汪綱跋再後有周麟之跋及本傳據邵輯序紹熙以前是書未經板行自紹熙四年邵輯知高郵始刻于郡齋慶元改元張頠補刊周麟之跋于後嘉定丙子汪綱知高郵又補刊楊

時序每葉二十行每行一十九字蓋從邵輯刊本影寫者今本作一十二卷叉經後人合併矣

一宋嘉定丙子汪綱新安刊本見錢記新覺春秋經解十五卷云嘉定丙子汪綱題而刻之新安　陸志前邵刊本批注　莫目云嘉定丙子汪綱刻之新安

一宋嘉熙槧本見逑古堂目孫莘老春秋經傳解十五卷四本（抄有宋板嘉熙槧本）

一聚珍板本見丁目邵注目莫目

一通志堂本見倪目春秋經解十五卷　丁目邵注目云龔刻目通志堂經解有此書名今所行經解本無之翁刻經解目亦無之　莫目通志堂單刻本勤案姚元之竹葉亭雜記云通志堂經解納蘭成德容若校刊實則昆山徐健庵家刻本也高宗有成德借名徐乾學逢迎權貴之旨成德爲明珠之子徐以其家所藏經解之書薈而付梓鐫成德名攜板贈之序中絕不一語及徐氏也書中有宋孫莘老春秋經解十五卷而目錄中無之山東朱蔦湖在武英殿提調時得是本以外間無此書用活字板印之蓋以通志堂未曾付刻也其時校是本者爲秦編修敦甫恩復秦家有通志堂刻本持以告朱朱愕然不知當日目中何以缺此也秦云據其所見爲目中所無者尚不止此豈是書有續刻歟余謂此書隨刻隨印故今行本有多寡之不同也

一汪刻叢書本見邵注目莫目

春秋集解十二卷宋蘇轍撰朱考（百八十二）蘇氏轍春秋集解存　翁考蘇氏轍春秋集解

目錄

宋晁志潁濱春秋集傳十二卷右蘇轍子由撰袁本同馬考引同　陳錄春秋集傳十二卷蘇轍撰馬考引同　尤目蘇氏傳　宋志蘇轍春秋集傳十二卷　元馬考潁濱春秋集傳十二卷　明文淵閣目春秋蘇穎濱集解一部三册完全　內閣目春秋集解三册全宋蘇轍著凡十二卷　萬卷堂目潁濱春秋傳三册蘇轍　祁目蘇文定公春秋雜解二册十二卷　陳注錢目蘇潁濱春秋解十二卷　錢目蘇潁濱春秋解　也是園目蘇轍春秋集解十二卷　季目宋元雜板潁濱春秋集解十二卷二本　徐目宋蘇穎濱轍春秋集解十二卷　培林堂目蘇轍春秋集解十二卷二册　王目春秋集傳宋蘇轍十二卷董可存等校三册　浙錄春秋集解十二卷刊本勤案四庫著錄爲浙江吳玉墀家藏本提要云朱彝尊經義考載有陳弘緒跋此本不載蓋刻在宏緒前也

版本

一明刻兩蘇經解本見范目見存目全　彭目倪目邵注目莫目繆續記

一明刊本見陸志潁濱先生春秋集傳十二卷明刊本自序　邵注

目莫目　一經范本見曝書記邵注目莫目

春秋辨疑四卷宋蕭楚撰（朱考（二百八十四）蕭氏（楚）春秋經辨佚翁考蕭氏（楚）春秋經辨）

目錄

宋陳錄春秋經辨十卷（廬陵蕭楚子荆撰馬考引同）　尤目蕭子荆春秋經辨　宋志蕭楚春秋經辨十卷　元馬考春秋經辨十卷　明范進呈目春秋諸傳辨疑四卷　帶經堂目春秋辨疑四卷（抄本）

版本

一（勵案此書久已失傳館臣從永樂大典中錄出厘爲四卷提要云江西通志及萬姓統譜皆云是書四十九篇今止四十四篇蓋有佚脫云云考陸志載元刊元印本十卷與宋志合云與大典本篇目相同惟王天子天王辨未叉可知矣下脫注文數百字正文數百字書滅辨下篇然後辨故下脫三百餘字餘則無大異也兩字皆只四十五篇云是提要所謂有佚脫者不盡然也）

一宋乾道壬辰胡銓序刊本見朱考（引胡銓序曰羅氏兄弟泳泌傳學君子也願鋟梓以傳且乞某敍所以固辭不可於是乎書乾道壬辰）　陸志（元刊元印本門人胡銓序（文同朱考））

一元刊印本見陸志（春秋辨疑十卷門人胡銓序案春秋辨疑十卷元刊本每葉二十四行行二十三字題曰三楚隱士子荆蕭楚著臨江後學性善周自得校正四庫所收乃從永樂大典輯出此則其原本也大典篇目相同惟王天子天王辨未叉可知矣下脫注文數百字正文數百字書滅辨下篇然後辨故下脫三百餘則無大異也兩本皆只四十五篇大典本胡序脫二十餘字）　陸跋（元槧春秋辨疑跋云存春秋辨疑十卷元刊本每頁二十四行行二十三字題曰三楚隱士子莉蕭楚著臨江後學性善周自得校正四庫所收乃從永樂大典輯出此則其原本也大典本篇目相同惟王天子天王辨未叉可知矣下脫注文數百字正文數百字書滅辨下篇然後辨故下脫三百餘字餘則無大異也兩本皆祗四十五篇）　邵注目（附錄云陸有元刊元印本首題三楚隱士子莉蕭楚著臨江後學性善周自得校正（某氏））

一永樂大典本見四庫著錄

一聚珍板本見丁目丁續目邵注目莫目

一重刻聚珍本見倪目

一海寧新刊本見莫目

四庫全書目錄版本攷

——史部正史類——

南陽 葉啓勳 定侯 未定稿

引用各家書目

姚首源古今僞書考一卷 乾隆庚子鮑廷博知不足齋叢書本 省稱姚考

朱彝尊經義考三百卷 乾隆乙亥馬曰璐盧見曾合刻本 省稱朱考

翁方綱經義考補正十二卷 乾隆壬子家刻本 省稱翁考

顏師古注班固前漢書藝文志一卷 乾隆四年武英殿本 省稱漢志

唐魏徵等隋書經籍志四卷 武英殿本 省稱隋志

陸德明經典釋文序錄 乾隆辛亥盧文弨抱經堂叢書本 省稱陸序錄

晉劉昫等舊唐書經籍志二卷 武英殿本 省稱舊唐志

宋歐陽修等唐書藝文志四卷 武英殿本 省稱唐志

唐馬總意林五卷 乾隆四十八年武英殿聚珍叢書本

日本佐世輿唐時見在書目一卷 光緒十年黎庶昌古逸叢書本 省稱見在目

宋王堯臣等崇文總目五卷補遺一卷 嘉慶己未秦鑒汗筠齋叢書本 省稱崇文目

宋紹興中官撰祕書省續編到四庫闕書目二卷 觀古堂刻本 省稱宋闕書目

晁公武郡齋讀書志一卷 嘉慶己卯汪士鍾刻衢州本二十卷 一康熙壬寅陳氏刻袁州本四卷後志二卷宋趙希弁考異一卷附志一卷 省稱衢本晁志 袁本晁志

陳振孫直齋書錄解題二十二卷 武英殿聚珍本 省稱陳錄

尤袤遂初堂書目一卷 道光丙午潘仕誠海山仙館叢書本 省稱尤目

高似孫史略六卷 古逸叢書本

高似孫子略四卷目錄一卷 明宏治十四年華珵仿宋百川學海本

元托托克等宋史藝文志三卷 武英殿本 省稱宋志

宋王應麟玉海 明南監補修元本

元馬端臨文獻通考經籍考 乾隆丁卯武英殿刻三通本 省稱馬考

明楊士奇等文淵閣書目二十卷 嘉慶己未顧修讀畫齋叢書本 省稱明文淵閣目

張萱等內閣書目八卷 近張鈞衡適園叢書本 省稱內閣目

張廷玉等明史藝文志四卷 武英殿本 省稱明志

明高儒百川書志 二十卷　觀古堂刻本　省稱高志
陳第世善堂書目 二卷　知不足齋叢書本　省稱陳目
范懋柱天一閣書目 十卷　嘉慶戊辰阮元編刻本　省稱范目
天一閣見存書目 四卷又首末二卷共六卷　光緒己丑薛福成編刻本　省稱范見存目
朱睦㮮萬卷堂書目 四卷　宣統庚戌羅振玉玉簡齋叢書本　省稱萬卷堂目
祁承㸁澹生堂書目 十四卷　光緒二十年徐友蘭紹興先正遺書本　省稱祁目
黃虞稷千頃堂書目 三十二卷　適園叢書本　省稱黃目
豐道生華夏眞賞齋賦 一卷　近繆荃孫藕香零拾本　省稱華賦
李如一得月樓書目 一卷　光緒丁酉盛宣懷常州先哲遺書本　省稱得月樓目
陳景雲注錢謙益絳雲樓書目 四卷　道光庚戌伍崇耀粵雅堂叢書本　省稱陳注錢目
于敏中等欽定天祿琳琅 十卷　光緒甲申王先謙刻本　省稱天祿目
彭元瑞等欽定天祿琳琅續編 二十卷　王先謙合刻本　省稱天祿續編
盧文弨補宋史藝文志 一卷　日本文化八年八史經籍志　省稱盧補宋志
錢大昕元史藝文志 四卷　嘉慶丙寅黃丕烈校刻顧蒓寫本　省稱錢補志
盧文弨補遼金元三史藝文志 一卷　八史經籍志本　省稱盧補志
金門詔補遼金元三史藝文志 一卷　八史經籍志本　省稱金補志
錢曾讀書敏求記 四卷　道光乙酉阮氏刻本　省稱錢記
述古堂書目 四卷　粵雅堂叢書本　省稱述古堂目
也是園書目 十卷　玉簡齋叢書本　省稱也是園目
毛扆汲古閣珍藏祕本書目 一卷　士禮居叢書本　省稱毛目
顧湘汲古閣板本存亡考 一卷　道光辛丑顧湘小石山房叢書本　省稱汲古板本考
季滄葦延令宋板書目一卷　士禮居叢書本　省稱季目
徐乾學傳是樓書目不分卷　舊人傳抄劉喜海抄校本集部缺從馬玉堂本補全　省稱徐目
傳是樓宋元板書目 一卷　玉簡齋叢書本　省稱徐宋元目
徐秉義培林堂書目 四卷舊抄本　省稱培林堂目
王聞遠孝慈堂書目 一卷　觀古堂刻本　省稱王目
陸漻佳趣堂書目 不分卷　觀古堂家刻本　省稱陸目
曹溶靜惕堂宋元人集目 一卷　觀古堂刻本　省稱曹目
朱彝尊潛采堂宋金元人集目 一卷　觀古堂刻本　省稱潛采堂目
何焯校翁方綱通志堂經解目錄 一卷　粵雅堂叢書本　省稱翁錄
金檀文瑞樓書目十二卷 讀畫齋叢書本　省稱金目

全祖望讀易別錄 一卷知不足齋叢書本 省稱全錄
吳焯繡谷亭薰習錄 残本存經集兩部近吳昌綬刻本 省稱吳錄
王亶望浙江採集遺書總錄十卷閏集一卷乾隆甲申原刻本 省稱浙錄
阮元揅經室外集 五卷道光癸未阮氏文選樓叢書本 省稱阮外集
錢大昕竹汀日記鈔 三卷嘉慶十年何元錫編刻本 省稱錢日記抄
孫星衍祠堂書目內編四卷外編三卷 嘉慶庚午刻本 省稱孫目
平津館鑒藏記書籍三卷補遺一卷續編一卷道光庚子彌抱樓刊本 省稱孫記
陳宗彝編廉石居藏書題跋記 二卷光緒甲申式訓堂叢書本 省稱陳編孫記
陳揆稽瑞樓書目 四卷光緒三年滂喜齋叢書本 省稱稽瑞目
張金吾愛日精廬藏書志三十六卷省稱張志續志 四卷道光丁亥原刻本 省稱張續志
彭元瑞知聖道齋書目 四卷玉簡齋叢書本 省稱彭目
知聖道齋讀書跋尾 二卷式訓堂叢書本 省稱彭跋
倪模江上雲林閣書目 四卷道光癸卯原刻本 省稱倪目
陳鱣經籍跋文 一卷道光丁酉蔣光煦別下齋叢書本 省稱陳跋
簡莊隨筆 一卷 省稱陳筆
吳騫拜經樓藏書題跋記五卷附錄一卷別下齋叢書本 省稱吳記
黃丕烈士禮居藏書題識 十卷近繆荃孫輯刻足本 省稱黃記
百宋一廛書錄 一卷適園叢書本 省稱黃書錄
顧廣圻注黃丕烈百宋一廛賦 一卷士禮居叢書本 省稱黃賦注
顧廣圻思適齋集 十八卷道光己酉徐渭仁春暉堂叢書本 省稱顧集
汪士鐘藝芸書舍宋元板書目 一卷滂喜齋叢書本 省稱汪目
蔣光煦東湖叢記 六卷近繆荃孫雲自在龕叢書本 省稱蔣記
瞿世瑛清吟閣書目 四卷近吳昌綬刻本 省稱清吟閣目
錢泰吉曝書雜記 三卷同治戊辰莫友芝刻本 省稱錢曝書記
瞿中溶古泉山館題跋 一卷藕香零拾刻本 省稱瞿跋
胡爾榮破鐵網 一卷藕香零拾本
陳徵芝帶經堂書目 五卷近上海活字排印本 省稱帶經堂目
丁日昌持靜齋書目四卷省稱丁目續一卷原刻本無年月 省稱丁續目
朱緒曾開有益齋讀書志六卷省稱朱志續一卷光緒庚辰朱桂鐸刻本 省稱朱續志
趙魏竹崦盦傳抄書目一卷觀古堂家刻本 省稱竹崦盦目
瞿鏞鐵琴銅劍樓藏書目錄 二十四卷光緒二十四年瞿啓甲刻本 省稱瞿目

丁丙善本書室藏書志 四十卷 光緒辛丑刻本 省稱丁志

陸心源皕宋樓藏書志 一百廿卷省稱陸志 續四卷 光緒壬辰刻本 省稱陸續志

儀顧堂集 十六卷 同治甲戌原刻本 省稱陸集

儀顧堂題跋 十六卷省稱陸跋 續跋十六卷 光緒庚寅陸氏自刻本 省稱陸續跋

楊紹和楹書隅錄 五卷 省稱楊錄 續錄四卷 光緒甲午原刻本 省稱楊續錄

日本森立之經籍訪古志 六卷 省稱森志 補遺一卷補遺 光緒乙酉姚文棟在日本活字排印本 省稱森志

朱學勤結一廬書目 四卷 觀古堂家刻本 省稱朱目

別本結一廬書目 不分卷 觀古堂家刻本 省稱別本朱目

邵懿辰標注四庫全書簡明目錄 宣統辛亥邵章刻本二十卷 省稱邵注目

楊守敬日本訪書志 十六卷 光緒丁酉原刻本 省稱楊志

莫友芝宋元本經眼錄三卷附錄二卷 同治癸酉莫繩孫刻本 省稱莫錄

郘亭知見傳本書目 四卷宣統己酉日本田中慶太郎活字本 省稱莫目 又有無名人批注 省稱批注莫目 又有傅增湘批注本 省稱傅批莫目

日本島田翰古今舊書考 四卷 光緒甲辰活字本 省稱島田考

繆荃孫編京師學部圖書館書目 四卷 近上海活字排印本 省稱學部館目

藝風堂藏書記 八卷 省稱繆記 續記八卷光緒辛丑原刻本 省稱繆續記

王懿榮增補顧湘彙刻書目 二十册 光緒十二年上海福瀛書局刻本

李之鼎增補楊守敬叢書舉要 八十卷 近江西宜秋館活字排印本

例 言

一 古今僞書考 引在各僞書下

一 文獻通考經籍攷 除晁陳二志不引外如崇文總目釋文均從經籍考引出卽注崇文總目下

一 玉海引中興館閣書目或他種書目注宋史藝文志下

一 讀書敏求記如著錄之書與述古堂目重出者卽引注述古堂目之下目所無者始單提也是園目同

一 朱彝尊經義考引注諸經首一條書目下翁方綱補正同

一 盧文弨諸家補史志四庫著錄者用之不著錄者不補

一 朱學勤結一廬書目先刻本稱朱目後刻本稱別本朱目引注朱目下

一 凡稱宋板元刻舊刻刋本不題時代年月者悉入目錄 如天祿琳琅前後編所載宋元各刻不詳刻書時代但論書紙及槧法者皆不列入板本

一　宋遂初堂書目爲私家藏書目錄之始其書不詳卷數板本年月間載川本閩本等字猶是庭尊抎飲之意自不能以尋常書目相例加之削刪今仍引入目錄藉資考索

一　明文淵閣內閣兩目在當時祇存記幾部幾册全缺與否以備考查遺忘故所載各書多不能詳撰人卷數有明一代藏書略存梗概者獨賴茲編之存今例以官書入目錄

一　書分南宋北宋金元刻本但各家官私志目泯稱某刋不著廟諱年月行款字數刻工姓名者入目錄

一　宋元金刋必詳記行款字數如宋元金刋各書不詳而景宋景元景金本詳注者云見某家景抄本仿刋本云

一　明刻各書繙宋本同年代較近易於辨別凡各目稱曰明刋應列板本

一　凡通志堂經解本序跋有宋元本各目已見者引入翁方綱經解目錄下未見者始單提

一　明千頃堂書目有載某某年某某序而各家書目載有某某年序刋本者入板本

一　國朝人著述各家志目有祇載刋本未注明何人刊本者考當時祇有一刻本或有無數刋本而祇有一刻在編目之前者列入板本(如浙江採集遺書總錄祇載刋本二字者是也他目同此)

一　四庫著錄之書有載明何人刋本者有未載明者其浙江巡撫採進本當以浙錄所載何人刋本入板本

一　竹崦盦書目所載之書多係傳抄舊本近世雖多傳刻而當時則皆石渠孤本秘笈奇書賴茲傳鈔有關文獻自不能以尋常書目相例故入板本

史部一

正史類一

史記一百三十卷　漢司馬遷撰褚少孫補

目　錄

漢志春秋家太史公百三十篇十篇有錄無書玉海「四十六」引同　隋志史記一百三十卷目錄一卷漢中書令司馬遷撰玉海引同　舊唐志史記一百三十卷司馬遷作玉海引同

唐志司馬遷史記一百三十卷　宋崇文目新校史記一百三十卷原釋余靖等校正見天一閣抄本劃案今本馬考無原釋　趙附志補史記一百三十卷有唐司馬貞補司馬遷之書也　尤目川本史記

嚴州本史記　史略史記一百三十卷漢太史令司馬遷字子長撰遷殁之後逯亡景紀禮書樂書律書漢興以來將相年表三王世家日者龜策列傳靳蒯列傳元成間褚少孫補缺　明文淵閣目史記一部四十册缺又一部三十册完全又一部三十一册缺又一部十二册缺又一部十八册缺又一部二十二册缺又一部二十二册缺塾本二十一册　內閣目史記三十册全漢司馬遷著　又八册不全　又三十九册不全　陳目史記一百三十卷　萬卷堂目史記七十卷司馬遷　金補志欽定史記漢書咸雍十年頒定　季目史記二十五本　史記一百三十卷四十本　金板史記一百三十卷　徐宋元目宋本史記一百三十卷三十本六套　又張守節四十本有序　又七十卷二十四本四套　元本史記一百三十卷小司馬氏二十本　徐目補史記一百三十卷漢司馬遷二十六本　王目史記司馬遷一百三十卷十四册二套　司馬貞注史記一百三十卷唐鍾萬手評十六册　清吟閣目史記過何義門評十本名人批校刊本　又史記過盧批本十本

版　本

○宋淳化中刊本見天祿目二宋板漢書條云云見後傳批莫目云北宋淳化刊本十行十九字注雙行二十五六七字不等白口雙闌板心上記字數下記人名　○宋紹興庚申十年朱中奉宅刊本見傳批莫目云蘂生「張侍郎元濟」函云上海見宋本史記標題曰大字史記目錄後有牌子爲邵武東朱中奉宅紹興庚申刊行等語十一行二十三字　○宋嘉定戊辰元年蔡琪純父刊本見邵注目後漢書條下云史漢宋板有八行十六字本「嘉定戊辰蔡琪純父刊」　○宋刊元明遞修本見傳批莫目十行十九字注雙行二十七八字白口雙闌　○宋百衲本見述古堂目史記一百三十卷十本宋板　錢記史記一百三十卷云予昔藏宋刻史記有四而開元本亦其一焉今此本乃集諸宋板共成一書小大長短各種咸備余戲名此爲百衲本史記以發同人一笑焉　邵注目云又錢遵王百衲本輾轉售出今歸那竹汀之孫桂昌處又一部在劉燕庭處或曰百衲本凡有數本又一部在楊至堂處錢氏百衲本內有鈔補十餘卷所集宋板止四種一種小字十二行一種大字十行一種中字十二行一種小字十三行其十行十三行本單集解十二行本兼有索隱王鳴盛十七史商榷中痛詆之劉燕庭所藏百衲本云有宋板八種「亦只四種」無鈔補亦無硃筆鈎添似較桂昌所藏本爲佳　莫目錢氏百衲本有抄補十餘卷所集宋板只四種一種小字十二行一種大字十行一種中字十二行一種小字十三行其十行十三行本單集解十二行兼有索隱王鳴盛十七史商榷中痛詆之劉燕庭所藏百衲本一本但集解半頁十四行行二十四字或二十五六七不等注每行三十一二字愼字缺筆是南北本殷周本紀炮烙皆作炮格一本亦止集解半葉十行行正文十九字注二十五六字桓字不避嫌名當是北宋刻一本兼集解索隱半葉十二行行大二十二字小二十八字年表月表卷尾有建谿蔡夢弼傅卿謹案京蜀諸本校理鋟梓於東塾二十字二行與張金吾藏書志所記合避缺至愼字凡四字　○元覆宋十四行小字本見范見存目史記一百三十卷「缺元覆宋十四行小字本」漢司馬遷撰「存卷一至六卷十五卷四十三至一百三十有集解索隱無正義」又一本「缺小字本」「存表卷八九十」　○元刻明補本見學部館目史記一百三十卷元刻明補本每半葉十行行十八十九二十字小字二十八九不等高九寸五分廣四寸八分綫黑口單邊下有刻工姓名明刻甚多粗黑口存紀七　又十二　表一之五　世家一之八　列傳十七之二十九　六十三之七十　○江西白鹿書院刊本見錢日記抄吳記丁志見後明柯本云　邵注目見宋石公憲本　莫目見後明柯本條　傳批莫目云明正統十年白鹿書院刊本十行十九字注雙行同　○明劉本見丁目見前　○明吳勉學刊本見邵注目云學刊正文無注者　明吳勉學刊本葛氏刊本近日馮應榴刊本　莫目云何子貞有明武進吳中珩「勉學之子」刊本　叢書舉要明武進吳中珩刊本　○乾隆己酉五十四年蘇州文寶堂刻白文本見觀古堂藏書　○馮應榴刊本見邵注目明吳勉學刊本云　莫目近日馮應榴刊本　叢書舉要馮應榴刊本　○貴池劉世珩鉅

輯刊玉海堂景宋元本叢書本見叢書舉要宋百衲本史記一百三十卷

附錄評本

○明萬曆丁丑五年刊本見范目史記評林一百三十卷「刊本」漢司馬遷著宋裴駰集解唐司馬貞索隱張守節正義明萬曆四年冬歸安茅坤序萬曆五年八月天目徐中行序裴駰集解序司馬貞索隱前後兩序並補史記序張守節正義序并論例謚法解列國分野備載卷首見存目史記評林一百三十卷「鈌」明凌稚隆輯「存卷七十至七十二」祁目史記百家評林五十册「一百三十三卷凌穉隆輯」黃目史學類凌稚隆史記百家評林一百三十卷又漢書百家評林一百卷天祿續編十五史記評林「四函四十册」明凌稚隆撰篇目見前宋板史部稚隆所纂曰史評取自晉迄明說史記者百五十五家選輯其語各列於本文上方又總評四十九條冠於書前曰史櫽取史記所引古書今存而可相發明者並錄全文於上曰圖系增三皇五帝夏商周秦漢及春秋列國世系圖二十有四五帝夏商周秦漢都邑地理圖五曰批讀依宋本監本分句旁注文法自作凡例十八條並識以表作書大旨刻于萬曆戊子暨丙子冬始成前有王世貞茅坤徐中行三序又一部「四函二十四册」同上係一板摹印徐目史記評林一百三十卷明吳興凌氏板孫目內編見前明王本邵注目云王板柯板不可得凌稚隆評林本尚無甚删節評林萬曆五年刊本有繙刻本係李某重訂劣莫目凌稚隆評林本從柯本出尚無大删節又有繙本

○明懷德堂刊本見倪目史記評林一百三十卷三十本明陳明卿纂懷德堂本邵注目云坊刻陳明卿本最善莫目陳明卿本最善叢書舉要明陳明卿本最善

○明徐孚遠陳子龍評本見徐目十四本倪目史記一百三十卷十六本明陳臥子評素位堂本邵注目陳臥子本次之莫目陳臥子本次之叢書舉要明陳臥子本次之

○明陳仁錫評本見徐目二十本丁目

○明鍾惺評本見徐目十二本培林堂目鍾評十六册邵注目鍾伯敬本不載十表最下莫目鍾伯敬本不載十表最下叢書舉要明鍾伯敬本删十表最下

○明黃嘉惠評本見徐目二十四本培林堂目黃長吉刊十六册邵注目云明黃嘉惠本正文無注莫目寫會本叢書舉要寫會本

○明李光縉增補本見徐目史記評林明李光縉增補十七本邵注目見前萬曆本

○明葛鼒等刊九松里本見倪目史記附注二十四本明葛鼒等刊九松里本臨校歸批邵注目單刻正文無注者葛氏刊本莫目正文無注者明葛氏刊本勤察余藏此本崇禎丁酉葛鼒金蟠校刊每半葉九行每行二十五字眉上附評卷後附注尾有長方牌記云吳門王兄賓之名廷書法精工爲時所重茲集之「一行」刻延之九松里晨夕相對兄兩易寒暑賓之恂恂「二行」儒雅翛然物外偶臨池時意有未至則閣筆竟日「三行」不欲以草草卒業也任剞劂者爲劉君仲白律先「四行」伯承皆旌邑人其梓刻勤渠點畫間均有定法而「五行」意之巧則又行乎法之外故書凡二千餘紙若出「六行」一手爲書之以記一時共事如此　九松里識七行叢書舉要明葛氏刊本正文無注

○明嘉靖十六年丁酉胡有恆刊本見范目史記題評一百三十卷「刊本」明李元陽輯訂高世魁校正嘉靖十六年福州知府胡有恆同知胡瑞敦雕見存目史記題評一百三十卷鈌明李元陽輯訂「存卷五六卷二十二至二十五」丁志史記題評一百三十卷「明刻本」明李元陽輯訂高世魁校正前列司馬貞索隱前後序張守節正義序正義論例謚法解列國分野目錄題評諸儒名氏一百十六家此本爲嘉靖十六年丁酉太和李元陽中谿按閩所刊亦具三家注惟索隱述贊不錄而集諸家評語於書眉其不係名氏者則中谿說也卷前亦有不題輯校名氏者亦有數卷李元陽上增題楊愼升庵譎戍太和惟中谿爲至交此本蓋即升庵輯本因增益以付雕故題云爾邵注目云何子貞又有明李元陽高士魁校刊本名史記題評莫錄史記題評一百三十卷嘉靖十六年丁酉太和李元陽中谿按閩所刻亦具三家說「惟索隱序贊不錄」而集諸家評語于書眉其不係名氏者則中谿說也其每卷題明李元陽輯訂高世魁校正亦有不題者亦有數卷李元陽上增題楊愼名者昇庵譎戍太和惟中谿爲至交蓋即昇庵輯本因增益以付雕故題云爾莫目明李元陽高士魁校本名史記題評傳批莫目云九行二十字注雙行同

○明鍾人傑本見祁目史記删評二十册「七十卷鍾人傑輯」徐目明鍾人傑校本十六本培林堂目史記評林「鍾人傑」十六册邵注目又有鍾人傑本七十卷莫目叢書舉要明鍾人傑本

○明正德戊寅十三年刊本見范目史記大全一百三十卷「刊本」漢司馬遷撰唐司馬貞註元中董浦序明最泰吳節敍正德戊寅重校見存目無邵注目明正德戊寅刻本亦無正義俱百三十卷名史記大

全莫目云郘亭又有明正德刊本皆有集解索隱而無正義百三十卷 ○明正德十六年辛巳建寧府刊本見傳批莫目十行二十字 ○明嘉靖辛丑二十年王鳳麟敍刊本見范目史記考要十卷「刊本」明莆田柯維騏著嘉靖辛丑冬王鳳麟敍云柯子名維騏字奇紀希齋其號見存目史記考要十卷「全」「明柯維騏譔」 ○明茅坤本見徐目史記抄一百四卷明茅坤十二本

史記集解一百三十卷　宋裴駰撰

目錄

隋志史記八十卷宋南中郎外兵參軍裴駰注 舊唐志史記八十卷裴駰集解 唐志裴駰集解史記八十卷玉海引同 唐見在目史記八十卷漢中書令司馬遷宋南中郎外兵參軍裴駰集解 宋崇文目史記一百三十卷司馬遷撰裴駰集解 晁志史記一百三十卷右漢太史令司馬遷續其父談書遷沒後闕景武紀禮樂律書三王世家漢興以來將相年表日者龜策傳靳蒯列傳等十篇元成間褚少孫追補裴駰為之解袁本同馬考引同 陳錄史記百三十卷漢太史令夏陽司馬遷子長撰宋南中郎參軍河東裴駰集注馬考引同 史略裴駰史記注八十卷宋南中郎外兵參軍字龍駒河東人先是徐廣作音義辨諸家異同駰乃集之 宋志司馬遷史記一百三十卷裴駰等集注 也是園目史記集解一百三十卷劉宋裴駰集解六十本又一部唐司馬貞注三十本 稽瑞目史記集解十二冊何義門閱又歸震川閱本十六冊 張志史記殘本七十四卷元刊本宋裴駰集解唐司馬貞索隱存本紀三四又九至十二表六至十書一至五世家一二列傳一至七九至十五二十四至五十二五十七至六十九凡七十四卷 汪目宋版史記集解一百三十卷丁目見後索隱條 森志史記零本一卷「舊鈔卷子本」漢司馬遷撰宋裴駰集解現存河渠書一卷末題河渠書第七史記二十九界長六寸五分幅八分每行十六七字注雙行二十四五字又一部現存夏本紀一卷末題夏本紀第二史記二界長七寸七分餘幅八分每行十三四字注十八九字又一部現存孝景本紀一卷末題孝景本紀第十一又一部現存孝文本紀一卷未見又正和五年「勳案据四裔編年表當元仁宗延祐三年」僧宗康俊卷本現存五帝周秦孝武本紀四卷未見又「舊鈔卷子本」現存一卷未見

版本

○北宋仁宗以前刊本見瞿目史記集解一百三十卷「宋刊本」首行題史記集解序次行之半題裴駰二字三行即序文序末無結銜序後又行曰五帝本紀第一又行曰史記一下注凡是徐氏義云云又行即正文卷末曰五帝本紀第一以下卷式略同每半葉十四行行二十四至二十七字不等注每行三十四至三十九字不等敬竟殷匡恒字皆缺筆而禎貞字不闕仁宗以前刊本也此本與震澤王氏翻宋本及明監本毛本有異者今略舉之云云勳案瞿氏書影載此書上下白口中縫記第幾冊下記本紀幾再下記刻工姓名板式大 ○北宋神宗以前刊本見張志史記殘本十四卷「北宋刊本」宋裴駰集解存禮書至平準書八卷又列傳六十至六十二六十八至七十凡十四卷中遇禎字不闕筆蓋仁宗以前刊本也每葉二十八行行二十七字注三十一字至三十五字不等 瞿目史記十四卷「宋刊殘本」宋裴駰集解卷長六寸寬四寸每半葉十四行行二十七至二十九字不等注每行三十一至三十四字不等全書分一百三十卷今存第二十三卷至三十卷第一百二十卷至一百二十二卷第一百二十八卷至一百三十卷北宋刻史記集解正義本各單行南渡後始合刻之此本殷敬貞徵字闕筆而頊字不闕當出神宗以前刻本注文尚全可證孟本脫譌較耿氏蔡氏本尤為罕觀勳案瞿氏書影載此書密行細字上下白口較仁宗以前刊本板式小云向藏汲古閣後歸愛日精廬 邵注目云張目有北宋刊單集解殘本十四卷十四行行大二十七字小三十一至三十五字 莫目北宋殘本集解禎字不缺蓋仁宗以前刊頁二十八行行二十七字注三十一至三十五字不等 ○宋淮南路轉運司石蒙正監雕本見錢日記抄云晤黃蕘圃觀宋板史記每葉十八行行十六或十七字有集解而無索隱卷末有無為軍軍學教授潘旦校正淮南路轉運司幹辦公事石蒙正監雕字官銜分左右蓋南渡初官本也大題在下 邵注目單集解史記九行行十六七字卷末有無為軍軍學

數授濟旦校正淮南路轉運司幹辦公事石蒙正監雕字官銜分左右蓋南渡初官本也 ○宋
蜀大字本見毛目 蜀本大字史記半部有宋刻簽題二條 錢日
記抄 云嘖黃蕘圃見史記南宋大字板不全本每葉十八行行十七字有集解而無索隱正義僅司
馬相如至汲鄭列傳數卷耳 張志 史記殘本三十卷「宋蜀大字本」宋裴駰集解存本紀第五
第六又八至十二表第四第五世家四至十十八至二十四又二十六列傳三十九四十又四十七至五十凡
三十卷中遇慎字俱未闕筆當是孝宗以前刊本每頁十八行行十六字注二十字 黃書錄 史記
此大字宋板史記一百十六至一百二十爲列傳之第五十六至第六十一爲西南夷一爲司馬相如一爲淮
南衡山一爲循吏一爲汲鄭但有集解非三家注也余檢汲古閣珍藏祕本書目有蜀本大字史記注云有缺
未明言所缺何處此刻殆近之 黃賦注 蜀大字本史記集解一百三十卷每半葉九行每行大十
六字小二十字所缺舊抄補足又殘本僅有西南夷至汲鄭五列傳考汲古閣祕本書目有蜀本大字史記云
有缺未知與此如何也 汪目 宋板史記集解「抄補」百三十卷 嘯書記 夢家廬翁
記所見舊本書云史記殘本蜀大字本此不全本三十卷今藏小重山館胡氏 丁目 史記一百三十
卷漢司馬遷撰凡一百三十篇闕其十篇褚少孫補之宋刻蜀大字本曾藏黃氏士禮居卷數進及半而弱又
明刊本又柯刊本又江寧書局覆刻汲古閣本 邵注目 黃丕烈百宋一廛賦有蜀大字本集解一
百三十卷九行行大十六小二十字 莫錄 史記集解「宋蜀刻大字本」「上海郁氏藏」玄敬殷匡徵
讓鏤穹桓實缺愼不缺每葉十八行行十六字注行二十一二十二字不等本紀存五六八九十十一十二七
卷表存四五兩卷世家存五至十及十八至二十四及二十六十四卷傳三十九四十及四十七至五十僅六
卷共二十九卷 莫目 云昭文張氏又有九行大字北宋刊殘十四卷宋蜀大字史記殘本愼字不缺
是孝宗前刊頁十八行行十六字注二十字又云郁泰峯亦有蜀大字殘本爲姚氏畹眞芙初女史舊藏半頁
九行行十六字注行二十一二十二字不等 叢書舉要 北宋蜀九行十六字大字本

○宋乾道辛卯七年建溪蔡夢弼校刊本

見季目 宋板史記一百三十卷「三十本」 錢日記抄 云黃蕘圃過談言史
記有宋乾道蔡夢弼本及耿氏本又云嘗顧安道幷見史記一部目錄後有一行云三峯樵隱蔡夢弼傅卿校
正又三皇本紀末有二行云建溪蔡夢弼傅卿親校刻於東塾時乾道七月「當是年字之譌」春王正上日
書又五帝本紀末有鼎長印文二行云建溪三峯蔡夢弼傅卿親校謹刻梓於望道亭 張志 史記
一百三十卷「宋乾道蔡夢弼刊本」漢司馬遷撰宋裴駰集解唐司馬貞索隱目錄後有三峯樵隱蔡夢弼傅
卿校正一行三皇本紀後有建谿蔡夢弼傅卿親校刻梓於東塾時歲乾道七月「當是年字」春王正上日書
兩行五帝本紀後有建谿三峯蔡夢弼傅卿親校謹刻梓於望道亭兩行每葉二十四行行二十二字注二十
八字卷末又有題識云泰興縣季振宜滄葦氏珍藏史記集解序補史記序史記索隱序史記索隱後序
吳記見後 瞿目 見前北宋神宗本云 楊錄 宋本史記一百三十卷三十册六函每半
葉十二行行大二十一字小二十八字三皇本紀後有建谿蔡夢弼傅卿親校刻梓於東塾時歲乾道七月「
當是年字」春王正上日書兩行補史記序六國表秦楚之際月表漢興以來諸侯年表樂書歷書後均有建
谿蔡夢弼傅卿謹案京蜀諸本梓理重校於東塾兩行又目錄後有三峯樵隱蔡夢弼傅卿校正一行又五帝
本紀周本紀後均有建谿三峯蔡夢弼傅卿親校謹刻梓於望道亭兩行又殷本紀後有建谿三峯樵隱蔡夢
弼傅卿親校刻梓於東塾兩行又禮書後有建谿蔡夢弼校正刊於東塾一行卷首末有晶宋本彭城錢印祖
印季振宜印季振宜藏書各印　此先公四經四史齋藏宋槧史記第一部也延令書目著錄宋板史記三十
本錢竹汀養新錄云予見宋本史記黃蕘圃藏蔡夢弼刊「此本非蕘圃印記蕘圃注百宋一廛賦並予獨見
各書跋文均未及此當由竹翁誤記」張月霄藏書志所稱錢求赤藏本後歸季滄葦蓋宋板中之絕佳者皆
即此本「劉燕庭丈藏季滄葦舊集宋本史記亦有是刻二十六卷見錢警石先生甘泉鄉人稿」卷中間有
抄葉乃梁溪顧柔喜所錄「舊有題款在別紙」付工整治與淳熙辛丑耿秉本同爲什襲云 朱目
「附錄」史記集解殘本一百十三卷二十一册宋乾道間蔡夢弼刊今存乾道本九十三卷中統本二十卷缺
十七卷序目一卷「缺」卷二至卷四「乾道本」卷五至卷六「中統本」卷七至卷十四「缺」卷十五至十七
「乾道本」卷十八至卷二十「中統本」卷二十一至卷四十三「乾道本」卷四十四至卷四十六「缺」卷四十
七至卷四十八「中統本」卷四十九至五十三「缺」卷五十四至卷六十四「中統本」卷六十五至卷七十五
「乾道本」卷七十六至卷八十六「中統本」卷八十七至卷百三十「乾道本」別本朱目同 邵注
目 云昭文張氏有宋乾道蔡夢弼刊集解索隱足本史記目錄後一行云三峯樵隱蔡夢弼傅卿親校
正又三皇本紀末有二行云建谿蔡夢弼傅卿親校刻於東塾時乾道七月「當是年字之訛」春王正上日書
又五帝本紀末有鼎長印文二行云建谿三峯蔡夢弼傅卿親校謹刻于望道亭又云黃蕘圃有宋乾道三山
蔡夢弼刊本半頁十二行行大二十二字小二十八字 莫目 昭文張氏有宋乾道刊集解索隱足
本 史記集解索隱宋乾道蔡夢弼刊本目錄後有三峯樵隱蔡夢弼傅卿校正一行三皇本紀後有建谿蔡
夢弼傅卿親校刊梓於東塾時乾道七年春王正一日書兩行五帝紀後有建谿三峯蔡夢弼傅卿親校刊梓
字於望道亭兩行頁二十四行行二十二字注二十八字叢書則蓋錢求赤藏後歸季滄葦者又云黃蕘圃有
宋乾道三年蔡夢弼刊本 叢書舉要 宋乾道刊集解索隱足本 ○宋淳

熙丙申三年廣漢張材介仲桐川郡齋刊本

見陳錄 附索隱史記一百三十卷淳熙中廣漢張材介仲刊於桐川郡齋削去褚少孫所續而附
以司馬貞索隱其後江陰耿秉直之復取所削者別刊之云 馬考 引陳氏曰云云「文同上」 四
庫著錄 內府刊本提要云南宋廣漢張材又嘗刊去褚少孫所續趙山甫復病其不全取少孫書
別刊附入今亦均未見其本世所通行惟此本耳 季目 史記二十四本 徐宋元目
宋本史記一百三十卷二十五本「新入」 瞿目 見後 陸志陸跋 見宋耿本云
楊錄 宋本史記一百三十卷二十四冊四函每半葉十二行行二十三字　此本乃淳熙丙申廣漢
張杅守桐川時用蜀小字本重雕越二年趙山甫蒞郡復取褚少孫所續別爲一帙至八年辛丑澄江耿秉以
覽者弗便始次其卷第合而印之並是正譌脫一千九百九字錢曉徵詹事養新錄云序所見史記宋槧本吳
門顧抱冲所藏澄江耿秉刊於廣德郡齋者紙墨最精善云閻極以此本爲佳矣道光己酉以三百金得之吳
門每冊毛子晉季滄葦徐健庵印記纍纍延令書目宋板中書錄史記二十四本者即此卷中遇軒轅二字輒
缺筆云

〇宋淳熙辛丑八年江陰耿秉刊本

見陳錄馬考見前 錢日記抄 云見前又云顧安道過訪借得淳熙耿氏
刊史記本有集解與索隱而無正義每葉二十四行行二十五字前有淳熙辛丑耿秉序後有廣漢張杅跋「
即介仲」板心稱前跋當有後跋而今失之矣 吳記見後 汪目 史記索隱「耿板」存「帝紀八
之十二年表一之三六之十八　書一之四六之八列傳一之五十六世家八之三十」卷又存「帝紀一之
七年表一之七八書全世家一之十二二十五之三十列傳一之八十四之五十一五十八之七十」卷又存
「帝紀六之十二年表一之十八書全世家一之六十九之三十列傳十四之十八二十七之六十九」卷
瞿目 見前 陸志 史記殘本九十九卷「宋淳熙耿秉刊」漢司馬遷撰宋裴駰集解唐司
馬貞索隱存本紀卷八至卷十二表卷一至卷三卷六至卷十書卷一至卷四卷六至卷八世家卷八至卷三
十列傳卷一至卷五十六淳熙丙申郡守張介仲刊太史公書于郡齋凡褚少孫所續悉削去越二年趙山甫
守郡取所削別刊爲一帙而覽者復以卷第不相入覽究非便置而弗印殆成棄物屏之使不得並執若附之
其旁別以所續從其卷第而附入之兩存其板其訛謬重脫因爲是正凡一千九百九字以辛丑仲秋望日畢
工澄江耿秉直之謹書淳熙丙申立秋日廣漢張杅謹書云云「文繁不錄」按此淳熙刊本每頁二十四行每
行二十五字板心有字數及刻工姓名殷愼貞恒皆缺避諱序已缺黃蕘圃手抄補 陸跋 宋耿秉槧
本史記跋云史記一百三十卷宋槧本每頁二十四「原誤二」行行二十五字板心有字數及刊工姓名淳
熙丙申張杅介父守桐川以蜀小字本史記改寫中字刊于郡齋而削褚少孫所補趙山甫爲守取褚少孫書
別刊爲一帙淳熙辛丑耿秉爲郡復以褚書依次第補刊之集解之後綴以索隱而無正義校以王延喆柯維
熊毛子晉及官刊本頗有勝處云 楊錄 見前淳熙本云 邵注目 云顧抱冲有淳熙辛
丑澄江耿秉刊本十二行行二十五字 莫目 云顧抱冲有淳熙辛丑澄江耿秉刊本

〇元中統辛酉六年段子成重刊宋本見天

祿續編 云海寧吳槎客以元中統二年刻史記索隱本見示首有校理董浦序云平陽道參幕段
君子成募工刊行者也「黃蕘圃有南宋蔡夢弼本亦與中統本同有集解索隱而無正義」 吳記 史記
索隱帝紀十二年表十書八世家三十列傳七十每篇首題第幾不稱卷俱小名在上大名在下每葉二十八
行行二十五字蒙古中統二年刊錢辛楣宮詹養新錄云予所見史記宋槧本吳門顧抱冲所藏澄江耿秉刊
於廣德郡齋者紙墨最精善此淳熙辛丑官本也黃蕘圃所藏三山蔡夢弼刊本亦在淳熙間海寧吳槎客所
藏元中統刊本當其時在南宋之季此三本皆有索隱而無正義明嘉靖四年莆田柯維熊校本「金臺汪諒
刊」始合索隱正義爲一書前有費懋中序稱陝西翻宋本無正義江西白鹿本有正義是柯本出于白鹿本
矣同時震澤王氏亦有翻宋本大約與柯本不異史記索隱正義皆各自爲書不與本書比附宋南渡後始有
合索隱於史記者朔自蜀本繼有桐川三山兩本皆在淳熙以前其時正義猶單行也白鹿本未審刊于何年
以意揆之必在淳熙以後蓋以索隱爲主而正義輔之凡正義之文與索隱同者悉從删汰自是正義無單行
本而守節之元文不可攷矣先君子記云元中統刻史記索隱有中統二年校理董浦序按元世祖中統二年
爲宋理宗景定二年辛酉然則此書雖署元號年其實宋刻也汲古閣專刻史記索隱世稱善本餘刻皆妄節
不全此本較毛刻注尤備云 蔣記 陸梅谷藏書云平湖陸梅谷恆收藏甚富嘗見書估攜來中統
本史記後有梅谷跋云此書刊於中統二年按中統二年即宋理宗景定二年辛酉也 陸志 史記
殘本九十二卷「元中統刊本」漢司馬遷撰宋裴駰集解唐司馬貞索隱存卷六至卷三十六卷四十九至卷
六十卷七十四至卷七十八卷八十七至卷一百三十按此元中統二年刊本即宋理宗景定二年也每頁二
十八行每行二十二字小字雙行每頁格闌外標題篇名明游明本即從此本出前有中統二年校理董浦序
此本已缺 陸集 見後游明本云 楊錄 見後元本云 朱目別本朱目
宋乾道本云 邵注目 云天祿琳琅後目有元中統二年段刊索隱本又後游明本云 莫
錄 史記集解附索隱一百三十一卷「元中統本」海甯查氏藏半葉十四行行二十五字注雙行字同
前有中統二年董浦序謂平陽道參幕段君子成求到索隱善本募工刊行則刊者段氏也是年當宋理宗景
定二年尚稱蒙古未有元號或覆刊或易其行皆遠不及借印遲不能完好耳 莫目 天祿後目有又
一部即元中統二年段刊索隱本又黃蕘圃有元中統本半頁十四行行二十五字注雙行字同 叢
書舉要 元中統二年段刊索隱本

〇元刻本見楊錄 元本

史記一百三十卷三十二册四函每半葉十四行行二十五字　錢曉徵詹事養新錄記所見史記舊槧一宋乾道蔡傅卿本一宋淳熙耿直之本一元中統本云海寧吳槎客藏計其時亦在南宋之季嘉興馮石錢丈校史記雜識中亦有中統本稱自拜經樓蓋即詹事所見之本也予於吳本未得目驗錢校曾錄副藏之此本首載中統二年校理董浦序與吳本同然核之錢丈雜識中殊歧異雜識謂猶避宋諱此本則否又每葉末行外上角標題篇名此本亦無之至田敬仲世家標題後齊世家尤錢丈所譏爲肊造者此本並不誤且以校本勘對合者僅十九而所謂譌者脫者「如五帝紀登熊湘注帝陽縣譌爲縣耳夏本紀以出入五言女聽脫聽字之類不勝枚舉」此本多不譌不脫判然出於兩刻予案中統二年其時尚稱蒙古迨至元八年十一月始改國號曰元董浦序中統上署皇元二字自是後人追改必非段氏原刊之舊顧追改者既稱皇元則猶是元繙可知由是推之吳本與此皆元代從段刊重雕之本故於雜識所云密行細字大致略同特此本已補填宋諱校讎之功復加審耳詹事直以吳本刊於中統則非也予又藏有明建陽尹覆本標題款式全經竄易望而知爲明人晒板愈證此本的屬元槧無疑矣

○元明初游明重刊元中統本見陸志見前　陸集　游明本史記跋云史記集解索隱合刊本每葉二十八行每行二十五字從元中統刊本繙雕世所謂元槧游明本也是書行款紙質與建安余氏勤有書堂所刊相似疑爲大昇官福建時所刊當有序跋必爲書賈割去耳明成化以前刊本與元本款式相仿書賈往往割裂以充元槧此其一也　森志　史記索隱「元槧本」注文載集解索隱不載正義首有中統二年董浦序次史記集解序補史記目錄三皇本紀史記正義序史記索隱序史記正義論例諡法解首並題豐城游明大昇校正新增十字卷首題五帝本紀第一卷史記一每半板十四行行二十五字　邵注目　云許氏有附索隱史記一百三十卷十四行行二十四字云不知何時所刻舊稱明昌本即汪氏所校金板此書頃閱之竟是游明所繙中統本云金板誤也又云何子貞有游明校正元中統二年平陽道段氏刊本十四行二十五字均有集解索隱無正義中統二年即南宋景定二年時尚稱大蒙古國然世所傳本乃明人游氏翻刻游明或以爲明人然元刊宋史全文內列豐城游明大昇校正則游氏蓋元末明初人也　莫目　郘亭有明初游明校正重刊元中統二年平陽道段氏本　繆記　史記一百三十卷明繙宋本宋裴駰集解序幷注次唐張守節正義序次正義論例諡法解次目錄次補史記序次補史記書前有三家序而中只集解索隱兩家字畫古雅每半葉十四行每行二十五字有豐城游明大昇校正一行勦案先世父考功君云江西通志人物志選舉志載游明字大昇正統九年舉人叙泰二年進士天順末官福建提舉僉事又九年卒則明乃明人非元人也邵懿辰注簡明目云元刻宋史全文內列豐城游明大昇校正則元末明初人云云不知宋史全文亦係明刻非元刻也

○游明建陽尹覆元本見楊錄前元本云

○明刊本見天祿續編十四史記「八函六十四册」篇目見前宋板史部有索隱序集解序索隱後序是書槧法極工目錄後有淳祐丁未月正元日古贇蕆如杞謹書墨印然於宋諱俱不缺筆坊古作僞未能以一葉定爲宋本在明板則最上乘矣又一部「三函三十册」篇目見前宋板史部諸序俱不載缺補目錄「一二」卷五「一之十」

○明崇禎辛巳十四年毛晉汲古閣刊本見四庫著錄　江蘇巡撫採進本提要云此本爲毛氏汲古閣所刊析爲一百三十卷原第遂不可攷然注文猶仍舊本自明代監本以索隱正義附入其後又妄加刪削訛舛遂多云　金目　史記一百三十卷前漢書一百二十卷後漢書一百三十卷三國志總六十五卷晉書一百三十卷宋書一百卷齊書五十九卷梁書五十六卷陳書三十六卷北魏書一百三十卷北齊書五十卷後周書五十卷南史八十卷北史一百卷隋書八十五卷唐書二百七十二卷五代史七十四卷「以上俱汲古閣十七史」　孫目內編　史記集解一百三十卷宋裴駰撰明毛晉刊本　稽瑞目　十七史二百册「內史記宋齊陳北齊周隋書係校本」　倪目　二十本汲古閣本　清吟閣目　汲古閣十七史「許焞手批」二百八本　曝書記　吳子撰校史記云汲古閣史記但有裴氏集解耳司馬氏索隱則有單刻本張氏正義亦嘗訪求善本校核云　破鐵網　史記評本二十册即評於汲古閣本十七史內云云　帶經堂目　史記集解一百三十卷「汲古閣原刊本」宋裴駰撰前有裴駰序及司馬貞序　丁目　史記集解一百三十卷宋裴駰撰汲古閣刊本　瞿目見前　陸跋見宋耿本云　別本朱目　史記集解一百三十卷汲古閣刊本初印又一部　邵注目　汲古閣刊本毛刊單集解係翻北宋本正文與各本多異　莫目　云汲古閣十七史並明崇禎時刊成經亂未能合印頗有損失至本朝順治庚子修補完乃通行即以此時印者爲初印其明時初印僅有一二單部不能全覩也其史記集解後附司馬貞索隱三十卷五代史記後附五代史補五代史闕文二種又云毛氏十七史多據宋元舊板勝於十三經注疏之僅傳監板者多矣劉按汲古閣刻板存亡攷云十七史板現存蘇州掃葉山房近吳郡亦有翻板　彙刻目　汲古閣十七史「明崇禎間毛氏刻本後其板歸蘇州席氏掃葉山房　國朝嘉慶間蘇州趙氏書業堂繙刻」　叢書舉要　汲古閣十七史共二萬二千二百九十三葉外總序緣起共六千六葉　史記一百三十卷「一千二百二十葉」

○乾隆己未四年武英殿附攷證本見四庫著錄　內府刊本提要云明代國子監刊板頗有刊除點竄南本至以司馬貞所補三皇本紀冠之上殊失舊觀云　倪目　史記一百三十卷二十六本漢司馬遷撰

武英殿本 丁目 史記正義一百三十卷唐張守節撰合三家注有武英殿乾隆四年刊本又明嘉靖四年王延喆覆刊宋本又明陳仁錫刊本又萬曆二年余有丁南監刊本又粵東陳氏覆刊殿本又江寧書局翻刻汲古閣刊本 陸跋見宋耿本云 邵注目 乾隆四年殿本所載各注皆全殿板雖注文完全然多任意刊改如五帝本紀內有二處刊改極謬訛字亦仍不少不及殿本漢書校對之精 莫目 云乾隆殿本各注皆全又云乾隆四年武英殿刊板依北監二十一史式而益以新修明史及舊唐書曰二十三史史漢等前數部校對差善六朝及宋遼金等卽與北監無異乾隆四十九年刊舊五代史入之又曰二十四史其中宋遼金元四史以在乾隆四十年前印未改譯人名者爲不易得道光四年新修殿板校補漫缺多爲淺學誤改人不甚重仍以乾隆四年本爲佳殿本史漢初印者尤難得以史記五帝本紀末一葉不漫漶者爲最早精印之本乾隆殿板初印其上端大線皆齊甚若一 彙刻目 欽定二十四史「乾隆四年欽定此二十四部皆爲正史命武英殿校刻每卷各附攷證同治元年新會陳氏覆刻殿本道光十七年武英殿重修并刊遼金元三史附國語解同治十三年成都書局重刊史記漢書後漢書三國志五代史」史記一百三十卷「漢司馬遷撰晉裴駰集解唐司馬貞索隱張守節正義」 叢書舉要 ○古香齋巾箱本見邵注目 與殿本同 莫目 古香齋巾箱本與殿板同凡例言以宋本與汪本詳對卽柯本也 彙刻目 古香齋袖珍十種「乾隆間內府刊本」史記一百三十卷　三十六册 叢書舉要 古香齋袖珍十種「乾隆間內府刊本　南海孔氏重刊本」史記一百卅卷「三十六册」 ○粵東陳氏覆刻殿本見丁目 見前 莫目 云咸豐中廣州陳氏翻刊官本二十四史聞其史漢等二三部經校者意改字甚多故遲遲未印行今頗行矣人亦不重之 彙刻目 詳前殿本條 叢書舉要 廣州陳氏繙官本乃咸豐中刻其史漢等二三部經校書總改字甚多人亦不甚重之近年湖南寶慶三味書局亦翻刊與陳氏本不相上下 ○同治十三年甲戌成都書局重刻殿本見彙刻目 詳前殿本 ○江寧書局覆刻汲古閣本見丁目 詳前 彙刻目 同治間金陵江蘇淮南浙江湖北五書局合刻彙印本　史記「僅刻集解無索隱正義「金陵書局依汲古閣本刊」 叢書舉要 五書局合刻廿四史　史記集解索隱正義合編「光緒五年重刻汲古閣本史札記南匯張文虎著」 ○掃葉山房繙刻汲古閣本見莫目 勘案此席鑑市得汲古閣刊板印行非繙刻也 叢書舉要 掃葉山房廿三史　史記一百三十卷「國初毛氏家刻各書板典於席氏補印別史爲廿四史舊唐書版樣適欲刊刻庚申紅羊之劫全史被失殘缺未補貧力不逮爲傑蘇州書業堂繙刻毛氏十七史補宋遼金元史類篇爲二十二史云」 ○書業堂趙氏繙刻汲古閣本見莫目 云繙刻汲古十七史有書業堂及掃葉山房二本以書業趙氏本爲勝並嘉道來蘇城書肆 彙刻目 詳前毛本條 叢書舉要

史記索隱三十卷　唐司馬貞撰

目　錄

唐志司馬貞索隱三十卷 玉海引同 唐見在目史記索隱三十卷 唐朝散大夫司馬貞撰 宋崇文目史記索隱三十卷 司馬貞撰 晁志 史評類 史記索隱三十卷 右唐司馬貞撰袁本同馬考引同 陳錄史記索隱三十卷 唐宏文館學士河內司馬貞撰馬考史評類引同 尤目 史學類 史記索隱 史略 史記雜傳 司馬貞史記索隱三十卷 貞以徐廣裴駰鄒誕生劉伯莊音釋疏舛別加攷據作此書系以述贊 宋志司馬貞史記索隱三十卷 明文淵閣目司馬貞史記索隱一部六册闕 也是園目史記索隱一百三十卷 陸目史記索隱三十卷 司馬貞 金目 雜史 史記索隱三十卷 唐河內司馬貞 稽瑞目史記索隱三十卷 錢求赤校本 一册 彭目史記索隱 唐司馬貞 二本 汪目 宋板 史記索隱一百三十卷 帶經堂目史記索隱三十卷 盧抱經先生手抄本唐司馬貞撰 丁目史記索隱三十卷 唐司馬貞撰合集解一百三十卷元刊本上端考正詳明

自首至末均閱點完善　陸志史記索隱三十卷舊抄本唐
司馬貞撰裴駰集解序　森志史記零本二卷「舊抄卷子本」唐
司馬貞索隱存周秦本紀二卷未見　史記七十卷「宋槧本」唐司馬貞索隱載正
文全文未見

版　本

○宋嘉祐丁酉二年建邑王氏世翰堂刊本
見天祿續編四「詳後」　○北宋祕省刊本見
四庫提要云此單行之本為北宋祕省刊板毛晉得而重刻者云云　○

元至元刊本見曝書記吳子撰校史記云云「見前明王本史記條
下云　○明毛晉汲古閣仿北宋刻單行本
見四庫著錄江蘇巡撫採進本　孫目內編史記索隱三十卷唐司馬
貞撰明毛晉單刊本　倪目史記索隱三十卷四本唐司馬貞撰汲古閣本　吳記見前　曝
書記吳子撰校史記云云「見前」　丁續目史記索隱三十卷唐司馬貞撰明汲古閣
毛氏覆刊宋單行本　邵注目汲古閣刻單行本　盧抱經有据三家注本索隱校毛氏單刻本
莫錄史記索隱「汲古閣仿宋刊單行本」此本約略檢勘足補現行官私諸本條以千記而毛氏刊
誤亦自不少　莫目汲古閣　單行本勤案汲古板本攷云史記索隱板存常熟東門內魚家橋鮑
氏　彙刻目詳前「附刊史記後」　叢書舉要

史記正義一百三十卷　唐張守節撰

目　錄

唐志張守節史記正義三十卷玉海引同　宋
崇文目史記正義三十卷張守節撰馬攷引原釋曰為漢書學
者此最精博「勤案此乃釋漢書中語不應在此今姑仍之」馬考「史評類」引同　陳錄
史記正義三十卷唐諸王侍讀張守節撰開元二十四年作序馬考引同
尤目史學類　史記正義　史略史記雜傳張守
節正義三十卷唐開元中諸王侍讀采諸家訓釋為此書　宋志張
守節史記正義三十卷　天祿目五「元板史記」
史記「六函　六十册」漢司馬遷撰宋裴駰集解唐司馬貞索隱張守節正義一百三十卷前駰集
解序次貞史記索隱序補史記序張守節正義序論例謚法解是書目錄并以貞所補三皇本紀居卷一之首
尤失其舊板係繙刻宋槧未為工整闕補卷五「二十三一三十」卷九十二「四十六」卷九十七「三十二」
又一部「六函　六十册」篇目同前此即前板而摹印在先較為清朗闕補集解序「四」卷六十七「十六」卷
一百十八「八」又一部「六函　六十册」篇目同前闕集解序此書亦同前板闕補卷四「二」卷五「二十五」
卷八「三十之三十三」卷十六「三四五一十三」卷十八「五十六七十一」卷二十一「十七」卷三十五「一」
卷九十一「十八」卷九十七「九」卷一百十「二十六」卷一百二十九「四之八」又一部「六函　六十册」篇
目同前闕索隱補史記正義三序此書目錄後有大宋紹興五年王氏梅溪精舍鐫刻隸書木記「勤案此書
實作偽從他書移補宋時無此刊本故列此」乃割取別本以黏接者實與前三部同出一板闕補卷十六
「二十九」又一部「六函　六十册」篇目同前闕集解序此係宋印不全之本參入元刻以成完書闕補卷二
「十四二十五」卷十一「二」卷二十二「五」卷四十四「十二」卷一百三「一」　徐宋元目
元本史記正義索隱七十卷二十四本

版　本

○唐開元丙子二十四年刊本見范目史記正義一百三十
卷「刊本」唐張守節撰并序開元二十四年丙子八月刊成見「存目無」　錢記云云「詳後宋百衲本」
○北宋元祐刊本見天祿續編四史記「六函
六十册」漢司馬遷撰宋裴駰集解唐司馬貞索隱并補張守節正義書一百三十卷前有駰貞守節序目
錄後印校對宣德郎祕書省正字張耒八分書條記按集解索隱正義本各單行至宋始合刻據校書官乃張
文潛知為元祐時槧　邵注目云天祿後目有宋板史記目錄後刊校書官張耒職名因張文潛所
校定為北宋元祐間刊本劉燕庭云張耒校刊不可信　莫目云天祿後目有宋刊史記目錄後刊
校書官張耒職名因文潛所校定以為北宋元祐間本　劉方伯藏尚有三家注合刊本與何本行款同卷末
有校對宣德郎祕書省正字張耒隸書木記與天祿琳琅所記同勤案先世父考功君云此偽宋本張耒名隙

補印曾見之爲明時刊本張耒錄字木記僞添香也叢書舉要北宋元祐本 ○
宋紹興癸丑三年石公憲刊本見天祿續編
四史記「四函 二十四册」同上「勳案同元祐本」四序外有正義論例諡法解集解序後刻管工官王綱梓
匠張晉何恩章祥張敖馬龍徐敖陸仁李清李安陸鑾陸周莫徐周永日陸先王頁習每卷末載史記若干字
注若干字後有索隱後序印記紹興三年四月十二日右修職郎充提舉茶鹽司幹辦公事石公憲發刊至四
年十月二十日畢工是書眞南宋本 邵注目 云天祿琳琅後目有紹興三年官刊本有正義 又
附錄云石公憲本滬上出一書爲某姓以二千元得之曾過目止有集解而有索隱序官銜係兩行非柯本所
出柯本出於白鹿本也「荃蓀勳案此江陰繆小山學丞荃蓀 莫目 云天祿後目有紹興三年官刊
本 叢書舉要 宋紹興三年官刻本 ○宋紹興中兩淮
江東轉運司刻本見陳注錢目 宋板史記「一百二十
卷裴駰集解張守節正義司馬貞索隱容齋續筆云紹興中分命兩淮江東轉運司刻三史板其兩漢書內凡
欽宗諱竝小書四字曰淵聖御名或徑易爲威字而他廟諱皆只缺筆愚而自用爲可笑也」勳案余藏紹興
二十一年提舉兩浙西路常平茶鹽公事王珏刊臨川先生集一百卷書中桓字作淵聖御名四小字構字作
御名二小字考李心傳建炎以來朝野雜記云監本書籍紹興末年所刊國家艱難以來固未暇及九年九月
張彥實待制爲尙書郞始請下諸道州學取舊監本書籍鏤板頒行從之是紹興南渡軍事倥偬而高宗尙殷
殷垂意於此宜乎南宋文學之盛也余別藏宋衢州刊小字本蘇子由古史七十卷桓完字減筆亦刊于紹興
季年 ○宋建安黃善夫刊本見明華賦 建安
黃善夫史記 森志 史記一百三十卷「宋槧本」宋裴駰集解唐司馬貞索隱張守節正義首載目
錄集解序補史記序補史記三皇本紀索隱序正義序正義論例諡法解卷首題五帝本紀第一史記一每半
板十行行十八字注二十三字序目錄每板九行行十五字注二十字界長六寸五分幅四寸一分四周雙邊
烏絲外標題玄貞讓愼殷徵宏等字缺筆每卷末記史注字數集解序後有建安黃善夫刊于家塾之敬室木
記目錄末已缺以元本抄補「檢求古樓本目錄末完具有建安黃氏刻梓家塾木記」勳案先世父考功君
曰黃蕘安待御云黃宗仁善夫刻漢書有校字人劉之問識記係在宋慶元初年此史記亦係黃刻雖未載年
月大約在紹熙年間先刻史記後刻漢書也 傳批莫目 云十行十八字注雙行二十三
字黑口雙欄 繆續記 扁鵲倉公傳一卷日本影南宋刊本每半葉十行行大十八字小二十三
字烏絲闌外標題作小耳匡邊上有大小字數嘉永己酉開雕「道光廿九年」後附彙考二卷丹波元簡廉
夫著攷異一卷江戶堀川濟撰 集解序後有建安黃善夫刊於家塾之敬室木記日本有全書見經籍訪古

志我國所無也勳案此書上海涵芬樓從東瀛收回影刊行世惜僅存六十三卷王本柯本均從此本出秦藩
本又從王本出諸家志目未見此本均以柯王秦三本從紹興石公憲本重刊誤 ○宋嘉
定癸酉六年萬卷樓刊本見天祿續編 四史記「十二
函六十册」同上「案同元祐本」目錄後刻嘉定六年歲在癸酉季夏萬卷樓刊又一部「六函 五十六
册」同上又一部「六函 五十二册」同上按以上三部俱一板摹印其萬卷樓記後二部脫佚 邵
注目 云天祿琳琅後目有嘉定六年萬卷樓刊本三部有正義 莫目 云天祿後目有嘉定
六年萬卷樓刊本有正義 叢書舉要 明嘉靖「勳案宋嘉定之誤」六年萬卷樓刊本
○宋刊不全本見邵注目 云韓小亭有不全宋十二行十
四字本 ○元至元戊子二十五年彭寅翁刊本見
張志 史記殘本七十六卷「元刊本」宋裴駰集解唐司馬貞索隱張守節正義存本紀四至六表一
至四七至十書一至八世家八至十二列傳二十九至七十凡七十六卷十二諸侯年表後有木印云安成郡
彭寅翁鼎新刊行不著年月驗其板式蓋元刊本也舊本史記載正義者絕少此本有正義差可貴也
瞿目 史記七十六卷「元刊殘本」宋裴駰集解唐司馬貞索隱張守節正義全書一百三十卷今存
本紀四至六表一至四七至十書一至八世家八至十二列傳二十九至七十集解索隱正義合刻者始於宋
淳熙時是本一遵其舊其十二諸侯年表後有黑圖記云安成郡彭寅翁鼎新刊行舊藏愛日精廬張氏勳案
瞿氏書影藏此書每半葉十行每行大二十一字注雙行每行字數同上下白口下記大小字數左線外有篇
名 森志 史記一百三十卷「元至元戊子刊本」現存四十二本缺三十一卷首有中統二年董浦
序補史記序集解序索隱序論例諡法解目錄卷首標例與前本同「勳案宋建安黃善夫本」但注文間加
刪略每半板十行行十六字至十七八字界長六寸一二分幅四寸一二分左右雙邊目錄末雙邊匡中題安
成郡彭寅翁刊於崇道精舍列傳第十三卷末又題時至元戊子安成郡彭寅翁新刊年表第二卷末題安成郡
彭寅翁鼎新刊行正義序後有口同寅翁鼎新彭氏三印每卷有定府鼎印 按楓山官庫亦藏元槧足本卷
末有至元戊子菖節吉州安福彭寅翁新刊於崇道精舍木記卽與此同種云 邵注目 云程伯容
有安成郡彭寅翁崇道精舍刊本彭寅翁本有正義張目云驗其板式蓋元本也存七十六卷程容伯藏本亦
有鈔補 莫目 云程伯容有安成郡彭寅翁崇道精舍刊本又元本史記集解索隱正義殘本十二
諸侯年表後有木印云安成郡彭寅翁鼎新刊行不著年月驗板式蓋元刊也 ○明嘉
靖乙酉四年震澤王延喆仿宋刊本見陳注
錢目見前 四庫著錄 兵部侍郎紀昀家藏本提要云至明代監本採附集解索隱之

後更多所刪節失其本旨苟非震澤王氏刊本具存無由知監本之妄刪也

王目 史記一百三十卷王氏仿宋刻「三十册一套」

金目 史記一百三十卷明震澤王氏校

孫目內編 史記一百三十卷漢司馬遷撰褚少孫補宋裴駰集解唐司馬貞索隱張守節正義一明王氏仿宋刊本一明南雍刊本一明凌稚隆評林本

孫記 史記一百三十卷小題在上大題在下前有裴駰史記集解序小司馬補史記序史記目錄一卷張守節正義論例諡法解一卷小司馬三皇本紀一卷史記列傳各本俱以伯夷爲第一此依正義本以老子爲第一每葉二十行行十八字每卷後或注史記若干字注計若干字宋諱俱缺筆係明人仿宋重雕本裴駰集解序後書史錄後俱有補痕當有木印以記刻書年月姓名爲書估剜去「勵案余家有藏本集解序後有震澤王氏刻于恩褒四世之堂長方隸書木記目後有震澤王氏刻梓長方篆文木記

稽瑞目 史記三十二册震澤王氏刻本

吳記 見前

曝書記 吳子撰校史記云吳君春照字子讓嘗語余史記王本「明震澤王氏」柯本「嘉靖四年莆田柯維熊校本金臺汪諒刻」雖善惟是索隱正義刪削過多難於補綴正義何孟華有精抄本今未知在否索隱有至元刊本可據云

帶經堂目 史記正義一百三十卷「明震澤王氏刊本」唐張守節撰此書王氏係繙雕宋板遇宋諱皆爲缺筆取以校監本監本脫略者不下數千處云

丁目 見後

瞿目 見前

丁志 史記一百三十卷「明嘉靖震澤王氏刊本」漢司馬遷撰宋中郎外兵曹參軍裴駰集解唐朝散大夫國子博士宏文館學士河內司馬貞索隱諸王侍讀宣義郎守右清道率府長史張守節正義前有索隱序補史記序正義序集解序索隱後序目錄後有震澤王氏刻梓篆文木記集解序後有震澤王氏刻于恩褒四世之堂隸書木記索隱序後有跋云延喆不敏嘗聞先文恪公曰國語左傳經之翼也遷史班書史之良也今吳中刻左傳郢中刻國語閩中刻漢書而史記尚未板行因舊藏宋刊史記重加校讎繙刻于家塾與三書並行於世工始嘉靖乙酉臘月迄丁亥之三月林屋山人王延喆識于七十二峯深處

陸志 史記一百三十卷「明王延喆刊本」漢司馬遷撰宋中郎外兵曹參軍裴駰集解唐朝散大夫國子博士宏文館學士河內司馬貞索隱諸王侍讀宣義郎守右清道率府長史張守節正義索隱序補史記序正義序集解序索隱後序王延喆跋「嘉靖丁酉」案目錄後有震澤王氏刻梓木記集解序後有震澤王氏刻于恩褒四世之堂木記

陸跋 見宋耿氏本云

森志 史記一百三十卷「明王延喆繙刻宋本」體式行款一與前本同即繙雕前本者「勵案即宋黃善夫本」但目錄末篆字木記改題震澤王氏刻梓云

朱目 史記一百三十卷漢司馬遷撰宋裴駰集解唐司馬貞索隱明嘉靖四年震澤王氏重刊宋本別本朱目史記一百三十卷明王氏刊

邵注目 王板史記集解序後有震澤王氏刻於恩褒四世之堂十二字長方印目錄末有震澤王氏刻梓六字索隱後序末有王文恪之子延喆跋百六字稱刊始於嘉靖乙酉臘月迄丁亥三月乙酉爲嘉靖四年丁亥則六年也此三處往往爲書估割去僞充宋槧又云明震澤王氏刊本柯氏刊本又有影繙王刻即嘉靖十三年秦藩本俱仿宋皆十行十八字又見柯本條云

莫目 明嘉靖四年震澤王延喆刊本是年金臺汪諒先刊柯維熊校本十三年秦藩刊本俱繙宋板每半葉十行行大字十八小字二十三柯本索隱序後有紹興三年四月十二日右修職郎充提舉茶鹽司幹辦公事石公憲發刊至四年十月二十日畢工三行知三本並從紹興本出也每卷尾總計史若干字注若干字爲二行亦有不具者三本悉同王板所據本周本紀脫第二十七頁秦本紀脫第三十一頁各以意補綴注各有不全無可以互補秦藩本則兩頁並全所以爲勝也

傅批莫目 云十行十八字注雙行廿三字

繆續記 史記一百三十卷明嘉靖震澤王氏刊本前有索隱序補史記序正義序集解序索隱後序目後有震澤王氏刻梓篆文木記集解序後有震澤王氏刻於恩褒四世之堂隸文木記索隱後序有跋云延喆不敏云云「文同丁志不贅」案錢警石學博甘泉鄉人稿云史記明刻本集解索隱正義皆全備者以震澤王氏莆田柯氏本爲善王跋七行脫闕數字天祿琳琅所藏亦然且多爲書估割去僞爲宋本此本跋字獨不脫闕可寶也勵案王士禎池北偶談云明尚寶少卿王延喆文恪少子也喆少以椒房入宮中性豪侈一日有持宋槧史記求售者索價三百金延喆謂其人曰姑留此一月後可來取直乃鳩集善工就宋板本摹刻甫一月而畢工其人如期至索直故紿之曰以原書還汝其人不辨眞贗持去既而復來曰此亦宋槧而紙差不如吾書豈誤耶延喆大笑告以故因取新雕本數十部散置堂上示之曰君意在獲三百金耳今如數予君且爲君書幻千萬億化身矣其人大喜過望今所傳有震澤王氏摹刻印即此本也　先世父考功君曰黃箴安侍御云震澤王氏刻史記從宋紹熙建安黃善夫刻本出集解序後黃本有建安黃善夫刊于家塾之敬室王本改爲震澤王氏刻于恩褒四世之堂隸書木記目錄後黃本有建安黃氏刻梓篆書木記王本改爲震澤王氏刻梓篆書木記且王本索隱後序後有王延喆跋語云取舊藏宋刊史記重加校讎刻于家塾工始于嘉靖乙酉臘月迄于丁亥之三月其非就舊宋板者摹本一月畢工可知池北偶談所言未確丁禹生中丞云監本坊本脫誤不可枚舉毛子晉云延喆實此書功臣信然王西莊光祿十七史商榷亦稱此本之佳辛酉秋余從海上涵芬樓見宋黃善夫本史記半部行款字體與王本悉同爲王本所自出益信王氏摹倣精良碔砆固可亂玉毋怪書估恆以之作僞也錢警石學博甘泉鄉人稿校史記雜識云戊申三月五日書估持柯本來索隱序後有紹興三年四月十二日右修職郎充提舉茶鹽司幹辦公事石公憲發刊至四年十月二十日畢工三十八字凡三行始知柯本從紹興本繙刻也云云余藏王本柯本前後序跋俱全均無紹興云云三十八字則知錢或誤記繆筱山學丞曾於滬上見石公憲本云止有集解而有索隱序官銜係兩行非柯本所自出云蓋王柯二本同出黃善夫本也今黃本涵芬樓已影印行世惜僅存六十二卷餘則以王本

補配印行 叢書舉要 明嘉靖震澤王氏刊本 ○明嘉靖丁亥六年莆田柯維熊校刊本見陳注錢目元板史記「嘉靖間莆田柯維熊家刻史記最佳可與震澤王氏相埒維熊正德丁丑進士也」錢日記抄 云晤江叔澐見柯本史記明嘉靖四年金臺汪諒刻莆田柯維熊校正「費懋中序稱先有陝西繙宋本無正義江西白鹿本有正義而闕天官封禪三篇 吳記曝書記丁目均見前 丁志 史記一百三十卷「明嘉靖柯維熊刊本」漢太史令龍門司馬遷撰唐朝散大夫國子博士宏文館學士河內司馬貞索隱諸王侍讀宣數郎守右清道率府長史張守節正義前有嘉靖四年鉛山費懋中序云史記苦乏善本雖陝西有繙宋本江西有白鹿書院刊本差強人意金臺汪諒得舊本懇諸大行人柯君奇徵偏求諸本參互攷訂兩歲始就視陝本尤精絕白鹿本無正義陝西雖有之而封禪河渠平準三書特闕焉柯君悉增入之後有嘉靖六年上元日維熊自跋云云目錄後有明嘉靖四年乙酉金臺汪諒氏刊行兩條 陸志 史記一百三十卷「明柯維熊校刊本」漢太史令龍門司馬遷撰唐朝散大夫國子博士弘文館學士河內司馬貞索隱諸王侍讀宣數郎守右清道率府長史張守節正義正義序索隱序補史記序集解序索隱後序費懋中序「嘉靖四年」柯維熊跋「嘉靖六年」按目後有明嘉靖四年乙酉金臺汪諒刊行兩行每卷標題下有莆田柯維熊校正七字 陸跋 見宋耿氏本云 朱目 史記一百三十卷漢司馬遷撰宋裴駰集解唐司馬貞索隱明嘉靖四年莆出柯氏校刊宋本別本朱目史記一百三十卷明柯氏刊本 邵注目 柯板史記前有費懋中序作於嘉靖四年九月柯維熊序作於嘉靖六年上元日索隱序後有紹興三年提舉茶鹽司石公憲發刊等三十三字是柯本出於紹興本也目錄後有嘉靖乙酉年金臺汪諒氏刊行一長方木記又云嘉靖四年莆出柯維熊校金臺汪諒刊本前序稱陝西繙宋本有正義江西白鹿洞本無正義是柯本出於陝西本矣同時震澤王氏延喆刊本亦稱重繙宋本大約與柯本不異至安成郡彭寅翁本昭文張氏謂驗其板式似元刊本殆王板柯板及陝西板所自出歟錢竹汀養新錄誤以陝西本無正義白鹿本有正義今見費懋中序文始知其顛倒失憶也　王板多訛字不及柯板柯板實汪諒所刻當稱汪板振綺堂有舊柯板精校本 莫目 云柯維熊校金臺汪諒本前序云陝西繙宋板無正義白鹿洞本有正義卽柯所出 繆續記 見前王本條云 叢書舉要 明嘉靖柯維熊刊本

○明嘉靖庚寅九年國子監校刊本見明范目 史記一百三十卷「刊本」漢司馬遷撰唐司馬貞補撰幷注明嘉靖九年國子監祭酒張邦奇司業江汝璧奉旨校刊見存目缺南監本存「卷五至七卷四十七至五十二」 祁目 二十册「南監本」 四庫著錄 內府刊本提要云云「詳後」 徐目 明余有丁校本「十二本」明張邦奇校本「二十本」 培林堂目 南監板二十一史 史記一百三十卷「二十四册」　漢書班固一百卷「二十八册」　後漢書一百卷「范曄二十册」　三國志六十五卷「陳壽二十册」　晉書一百三十卷「唐太宗三十八册」　宋書一百卷「沈約三十四册又五十册」　南齊書五十九卷「蕭子顯十四册又初板八册」　梁書五十二卷「姚思廉十四册」　陳書三十六卷「姚思廉六册又十二册」　魏書一百二十四卷「魏收四十二册又初板五十册」　北齊書五十册「李百藥八册」　周書五十卷「令狐德棻十二册」　南史八十卷「李延壽六十册」　北史一百卷「李延壽三十册」　隋書八十五卷「魏徵等二十册」　唐書二百五十五卷「歐陽修等五十六册」　五代史七十四卷「歐陽修八册」　宋史四百九十六卷「脫脫等一百三十册」　遼史八十五卷「脫脫等十二册」　金史一百三十五卷「脫脫等三十二册」　元史二百零三卷「宋濂等五十册」 金目 史記一百三十卷「漢司馬遷撰」　前漢書一百卷「漢班固撰」　後漢書一百二十卷「宋范曄撰」　三國志六十五卷「晉陳壽撰」　晉書一百三十卷「唐太宗撰」　宋書一百十卷「梁沈約撰」　齊書五十九卷「梁蕭子顯撰」　梁書五十六卷「唐姚思廉撰」　陳書三十六卷「唐姚思廉撰」　魏書一百二十四卷「北齊魏收撰」北齊書五十卷「唐李百藥撰」　後周書五十卷「唐令狐德棻撰」　南史八十卷「唐李延壽撰」　北史一百卷「唐李延壽撰」　隋書八十五卷「唐魏徵撰」　唐書二百二十五卷「宋歐陽修撰」　五代史七十四卷「宋歐陽修撰」　宋史四百九十六卷「元脫脫修」　遼史一百十六卷「元脫脫修」　金史一百三十五卷「元脫脫修」　元史二百十卷「明宋濂王褘修」以上俱南監二十一史 孫目內編 見前 倪目 史記七十卷十二本明歸有光批本明南監本 帶經堂目 史記一百三十卷「明嘉靖南雍刊本」漢司馬遷撰唐司馬貞注嘉靖九年國子監祭酒張邦奇司業江汝璧校刊 丁志 明南監二十一史「嘉靖萬曆先後刊本」按黃佐南雍志梓刻本末云金陵新志所載集慶路儒學史書梓數正與今同則本監所藏諸梓多自舊國子學而來自後四方多以書板送入洪武永樂時兩經修補板旣叢亂旋補旋亡成化初祭酒王㑺會計之已逾二萬篇宏治初始作庫樓儲藏嘉靖七年錦衣衞閒住千戶沈麟奏准校刊史書禮部議以祭酒張邦奇司業江汝璧學博才裕使將原板刊補其廣東原刻宋史差取付監遼金二史原無板者購求善本繙刻以成全史邦奇奏稱史記前後漢書殘缺糢糊剜補易脫莫若重刊後邦奇汝璧遷去祭酒林文俊司業張星繼之乃克進呈云云今存史記一百三十卷嘉靖九年祭酒張邦奇司業江汝璧校刊又列萬曆二年祭酒余有丁司業周子義校刊題字又列萬曆二十四年祭酒馮夢禎序司業黃汝良同校刊前漢書一百二十卷嘉靖八年祭酒張邦奇司業江汝璧校刊後漢書一百二十卷嘉靖八年祭酒張邦奇司業江汝璧校刊三國志六十五卷萬曆二十四年祭酒馮夢禎序司業黃汝良重繙板

晉書一百三十卷前有舊板嘉靖戊午刊補萬曆十年
祭酒高啓愚司業劉瑊重修刊宋書一百卷萬曆二十
二年司業馮夢禎序祭酒陸可敎司業季道統校刊南
齊書五十九卷萬曆十七年趙用賢司業張一桂序并
校梁書五十六卷萬曆三年祭酒余有丁序稱南雍故
藏二十一史板多漫漶梁書尤甚武林許侍御三省督
鹺淮揚捐鍰付梓同司業周子義校陳書三十六卷萬
曆十六年祭酒趙用賢序司業余孟麟同校刊魏書一
百十四卷萬曆二十四年祭酒馮夢禎司業黃汝良同
校刊并同序北齊書五十卷萬曆十六年祭酒趙用賢
序同司業張一桂校刊周書五十卷萬曆十六年祭酒
趙用賢司業余孟麟同校刊隋書八十五卷萬曆二十
二年祭酒季道統校刊南史八十卷萬曆十七年祭酒
趙用賢司業張一桂校刊並題辭北史一百卷萬曆二
十年祭酒郭以廣司業劉應秋校正前祭酒陸可敎前
司業馮夢禎同校閱并序新唐書二百五十五卷前有
舊板嘉靖萬曆間監官先後重補新五代史七十五卷
萬曆四年祭酒余有丁司業周子義校刊宋史四百九
十六卷成化十六年總督兩廣兼巡撫朱英刊嘉靖丁
巳取入監重補修刊遼史一百十六卷嘉靖八年祭酒
張邦奇司業江汝璧依元刊本校刊金史一百三十五
卷嘉靖八年祭酒張邦奇司業江汝璧依元刻本校刊
最爲精善元史二百十卷本洪武舊板崇禎間祭酒侯
恪司業謝德溥補刊嘉靖七八九年張祭酒江司業祗
重刊史記前後漢書遼史金史凡五部其餘舊板尚未
全壞萬曆以來相隔又數十年不得不重新鋟板皆非
舊監之遺矣尚有小字本史記元刊
明修本三國志則無從併收彙列也 **邵注目** 云南監
本有四
嘉靖九年張邦奇本萬曆初余有丁大字小字二本
萬曆二十四年馮夢禎本北監本此五本注皆不全
莫目 云南監有四本嘉靖張邦奇本萬曆二年余有
丁大字本小字本萬曆二十四年馮夢禎本注
皆不全又云明南監板二十一史或取他省舊刊附官
刊元史不足之部則新刻足之其式大小行疏密皆不
一律以嘉靖印者爲最佳後來所收舊板遞有修補不
足貴矣其板至嘉靖間乃燬於火然自繼乾以來印者
不可讀矣又云收南監本能得嘉靖前印舊刊諸種最
以嘉靖新刊初印數種乃爲最佳梅伯言路小洲兩家
俱有初印本常是嘉靖時
印未必諸舊刊皆初印也 **彙刻目** 明南北監本二十
一史「南監乃嘉
靖間祭酒余有丁等取宋元舊板輳集而成並刻史記
漢書後漢書遼金元三史至萬曆間祭酒馮夢禎校刊
三國志注作大字北監係萬曆間奉敕
合刊板式與十三經注疏同」史記 **叢書舉要**
勤案家有藏本
十行二十一字 **○明嘉靖十三年**甲午 **秦藩**
刊本見別本朱目 史記一百三十
卷明秦藩刊 **邵注目** 秦藩
本刊
於嘉靖十三年前有鑒抑道人序後有濟南黃臣跋板
心以千字文分册天字至往字凡二十册又見前王本
條
云 **莫目** 見前王
本條下 **傳批莫目** 云十行十八字注
雙行二十三字 **學**
部館目 史記一百三十卷明秦藩刊本宋裴駰集解
唐司馬貞索隱張守節正義合刊有嘉靖十

三年秦藩鑒抑道人序以明史諸王表考之乃定王惟
焯也又有嘉靖庚戌秦藩九中道人序乃宣王懷埢也
以千文爲次自天至往凡二十册每卷有史若干字注
若干字兩行廿泉鄉人藁云板式與震澤王氏同而秦
藩爲勝後濟南
黃臣跋此本脫 **叢書舉要** 明秦藩刊
正義本 **○明汪**
文盛刊本見邵注目 云梅伯言見有汪
文盛刊本未確 **莫目**
云梅伯言嘗見有汪
文盛刊本史記注 **○明萬曆甲戌**二年 **余有**
丁南監刊本見徐目見前 **丁目**見後 **丁志**見前 **邵**
注目 云萬曆初余有丁大字小字二本又梁書條下
云余有丁又刊史記五代史五代史佳而史記
刪注太多內間注有丁及各家說有大字小字二本梁
書五代列於二十一史內而史記用馮夢禎本不用有
丁所刊
之本 **莫目** 見張邦奇本條下云注不全勤案余家
有藏本每半葉十行行二十一字大題
在下小題在上次行題大明南京
國子監祭酒余有丁周之義校正 **○明萬曆二**
十四年丙申 **馮夢禎本見邵注目** 張邦奇
本云 **莫目**
勤案余家有藏本每半葉十行行二
十一字首有馮夢禎黃汝良二序 **○明北監**
本見祁目 史記二十六册「一百三十卷司馬遷
撰裴駰集解司馬貞索隱張守節正義
監
本 **天祿目** 八二十一史「八十函五百五十册」明萬
曆間奉敕刊史記漢司馬遷撰宋裴駰集
解唐司馬貞索隱張守節正義一百三十卷前貞索隱
前後兩序補史記序駰集解序守節正義序論例謚法
解漢書漢班固撰唐顏師古注一百卷前顏師古漢書
序例宋余靖刊誤進表宋祁參校諸本目錄劉之問識
語後漢書宋范蔚宗撰唐章懷太子賢注一百三十卷
內志三十卷梁劉昭注補前宋余靖序三國志晉陳壽
撰宋裴松之注六十五卷晉書唐太宗御撰一百三十
卷後附唐楊齊宣序並音義三卷宋書梁沈約撰一百
卷南齊書梁蕭子顯撰五十九卷前宋曾鞏序梁書唐
姚思廉撰五十六卷陳書唐姚思廉撰三十六卷前宋
曾鞏序魏書齊魏收撰一百十四卷前宋劉攽等序北
齊書隋李百藥撰五十卷周書唐令狐德棻等撰五十
卷前宋梁燾等序南史唐李延壽撰八十五卷唐書宋
歐陽修宋祁撰二百二十五卷前宋曾公亮等進書表
後宋董衝唐書釋音二十五卷五代史宋歐陽修撰七
十四卷前宋陳師錫序宋史元脫脫「今改正曰脫克
脫」等撰四百九十六卷遼史元脫脫等撰一百十六
卷前脫脫等進書表金史元脫脫等撰一百三十五卷
前元阿魯圖「今改正曰阿魯圖」進書表元史明宋
濂王禕等撰二百十卷前明李善長等進書表明萬曆
二十一年刻十三經訖成遂於二十四年開雕此書閱
十有一載至三十四年竣事板式與十經同所列校刊
重修之祭酒司業
銜名亦仿前式 **四庫著錄** 內府刊本提
要云「見後」 **彭目** 北
監
本二十一史五
百七十六本 **丁志** 明北監二十一史「萬曆間刊
本」明萬曆間奉敕刊史記附

宋裴駰集解唐司馬貞索隱張守節正義一百三十卷
前有貞索隱前後二序補史記序駰集解序守節正義
序論例謚法解祭酒劉應秋司業楊道賓校刊漢書唐
顏師古注一百卷前有師古漢書序例宋余靖刊誤_
表宋祁參校諸本目錄劉之問識語劉應秋方從哲校
刊後漢書唐章懷太子賢注一百三十卷內志三十卷
梁劉昭注前有宋余靖序李廷機方從哲校刊三國志
宋裴松之注六十五卷敖文禎蕭雲舉校刊晉書一百
三十卷後附唐楊齊宣序並音義三卷方從哲校刊宋
書一百卷方從哲黃汝良校刊南齊書五十九卷前有
宋曾鞏序蕭雲舉李勝芳校刊梁書五十六卷蕭雲舉
李勝芳校刊陳書三十六卷前有宋曾鞏序李勝芳校
刊魏書一百十四卷前有宋劉邠等序李廷機方從哲
校刊北齊書五十卷李勝芳校刊周書五十卷前有宋
梁燾等序蕭雲舉李勝芳校刊南史八十卷楊道賓蕭
雲舉校刊北史一百卷方從哲黃汝良校刊隋書八十
五卷方從哲楊道賓校刊唐書二百二十五卷前有曾
公亮等進書表後附宋董衝唐書釋音二十五卷蕭良
有葉向高校刊五代史七十四卷前有宋陳師錫序敖
文禎黃汝良校刊宋史四百九十六卷方從哲黃汝良
校刊遼史一百十六卷前有脫脫進書表沈潅校刊金
史一百三十五卷前有阿魯圖進書表李勝芳校刊元
史一百十卷前有李善長等進書表蕭雲舉重校刊其
全史奉敕重修者祭酒吳士元司業黃錦也自萬曆二
十四年閱雕閱十有一載至三十四年竣事皆從南監
本繕寫刊刻雖行款較為整齊究不如南監之近古且
少譌字內三國志精校勝於南
監兩刻並存豈非合則雙美哉 邵注目 云注不全 莫目

北監本注不全又云明北監板萬曆間依南監本重寫
刊為一律雖較整齊而不如南監舊印之少譌字康熙
間通修補一過其板至今猶存然自乾隆殿板成此板
遂罕印矣又云北監不如南監古雅唯三國志一種精
校勝南監 彙刻目 詳南監本 叢書舉要 勘案余家有藏本每半葉十行行二
十一字 ○明仿宋刊本見天祿目 八史記「四函二十四
冊」漢司馬遷撰宋裴駰集解唐司馬貞補三皇本紀
并索隱張守節正義一百三十卷前守節正義序貞索
隱序補史記序裴駰集解序後貞索隱後序明仿宋刊
略得形似而已又一部「六函六十冊」篇目同前此與
前書同出一板前書目錄後之第三行四行有割去重
補之痕當是明人所記刻書年月書賈以其形似宋板
故為割去此書目錄後無史記目錄終五字而有校對
雲德郎祕書省正字張耒隸書木記較前書所補之痕
增寬一倍若果為原板所有前書何以割去即或割之
而補痕寬窄何以不合按祕書省正字雖宋代官名而
張耒者亦無可考其為書賈欲偽充宋槧別刊目錄末
葉增入木記彰然矣闕補傳七「六」傳五十「二十四」
傳六十「六」傳六十三
「十九」傳六十七「八」 ○朝鮮國刊本 ○
活字本均見森志 元至元戊子彭寅翁刊本云朝
鮮國刊本及今行活字板俱原
此本

讀史記十表十卷 國朝汪越撰徐古范補

目錄
版本

○原刊本見莫目繆續記 讀史記十表十卷傳
鈔本汪越撰此書先
抄自文瀾閣後得刻本吾友
蘭陵人索之去仍存鈔本

史記疑問一卷 國朝邵泰衢撰

目錄
版本

○原刊本見莫目 云有刊
本三卷

漢書一百二十卷 漢班固撰其妹班昭續成之

目錄

隋志漢書一百一十五卷 漢護軍班固撰太山
太守應劭集解玉海
引
同 舊唐志漢書一百一十五卷 班固
作 又

一百二十卷顏師古注　唐志班固漢書一百一十五卷又顏師古注漢書一百二十卷　唐見在目漢書一百一十五卷又漢書注一百二十卷唐祕書監顏師古注　宋崇文目漢書一百卷班固撰　新校漢書一百卷原釋余靖等見天一閣抄本勵案今本爲攷無原釋　晁志前漢書一百卷右後漢元武司馬班固續司馬遷史記撰固旣瘐死書頗散亂章帝令其妹曹世叔妻昭就東觀緒校內八表天文志皆其所補也唐太宗子承乾令顏師古考衆說爲之注袁本同馬考引同　陳錄漢書一百卷漢尚書郎扶風班固孟堅撰唐祕書監京兆顏師古注馬考引同　尤目川本前漢書　吉州本前漢書　越州本前漢書　湖北本前漢書　史略漢書漢尚書郎班固撰初固作帝紀十二表八志十傳七十固卒書頗散亡章帝詔其妹昭與諸儒較輯於東觀八表天文志是其補成者也　宋志班固漢書一百卷顏師古注玉海引中興書目漢書一百卷漢尚書郎班固撰　趙抃新校前漢書一百卷　明文淵閣目前漢書一部四十二册闕又一部四十九册闕又一部五十册闕又一部五十册闕又一部六十四册闕又一部五十九册闕又一部四十册闕又一部五十册闕　高志前漢書一百一十九卷帝紀十三　表九　志十八　列傳七十九　漢班固傳唐顏師古注　陳目前漢書一百卷　范目前漢書一百十九卷刊本漢班固撰唐顏師古注見存目無　萬卷堂目前漢書七十卷班固　祁目漢書一百二十四卷舊本　陳注　錢目元板前漢書一百二十卷顏師古注　天祿續編四宋板漢書「八函六十四册」漢班固撰唐顏師古注書一百卷帝紀十二年表八志十列傳七十闕補卷一上「十六　十七　三十」卷六「一」卷七「九十」卷八「十二　十三　二十三　二十四」卷五十九「一二」金補志見前　述古堂目班固前漢書一百二十卷也是園目班固前漢書一百一十卷　季目前漢書一百十四本　漢書四十本　徐

宋元目宋本前漢一百卷漢班固唐顏師古六十四本又一部六十本又一部四十本　徐目前漢書百卷二十六本　又補前漢書一百卷漢班固二十六本　王目前漢書班固一百卷二十四册三套　稽瑞目漢書二十四册陳少章跋又王艮齋閱本二十六册　彭目兩漢書漢班固范蔚宗四十六本　森志漢書零本一卷「李唐人眞蹟卷子本」漢班固撰唐顏師古注現存食貨志一卷卷首題食貨志第四漢書廿四次行署祕書監上護軍琅琊縣開國子顏師古注界長六寸九分幅七分每行十三四字注十六七字卷中民字闕末筆「勵案此本光緒甲申黎庶昌刊入古逸叢書中」又「舊抄卷子本」現存鄂通傳六行九十三字「又舊抄卷子本」現存二卷未見又一部現存一卷未見

版本

○北宋淳化甲午五年刊本見史略國朝會要云淳化五年七月詔選官分校史記前後漢命陳充阮思道尹少連趙況趙安仁孫何校前後漢校畢遣內侍裴愈賚本就杭州鏤板　天祿目二「見後宋紹興本」　丁志明正統繙本　楊錄宋本漢書一百二十卷三十册此本與宋本後漢書行式悉同共爲一帙云勵案楊錄載宋本後漢書二葉一引張志云卷末有右奉淳化五年云云二行此本卷末數葉均舊抄補故無此銜名下有小注云漢書亦缺卷末數葉抄補知即淳化刊本也　莫錄詳後宋刊元修本　莫目詳後宋宣和本　學部館目漢書一百二十卷明補元本行款與前同「勵案同宋刊元修本惟板心上下皆黑口間有大德元統某年刊字與前本異然亦元修宋本也據愛日精廬藏書志載北宋刊後漢書板心有大德九年元統二年補刊字蓋北宋刊板元代修補之本與此悉合知爲同時修補無疑「勵案張志後漢爲元補北宋淳化本」微嫌宋刊舊板漫漶過甚存志四下至六「陳勝項籍傳至荊燕吳傳」六之十八「楚王元傳至賈誼傳」三十四上之三十口「口朱傳至霍光傳」五十二至五十七上「王商史丹傳至揚雄傳上」六十九中之七十「王莽上至敘傳」七册

○北宋景德乙巳二年刊監本見史略國朝會要曰咸平中眞宗命刁衎晁迥丁遜覆校兩漢書板本迥知制誥以陳彭年同其事景德二年七月衎等上言漢書歷代名賢注釋至有章句不閒名氏交錯除無考據外博訪羣書徧觀諸本校定凡三百四十九卷簽正二千餘字錄爲六卷以進　天祿目二詳後　丁

志詳後 楊錄詳後宋蔡琪刊本 邵注目云內府有宋景德刊本 莫錄詳後宋刊元修本 莫目內府有宋景德本 叢書舉要宋景德本 ○北宋景祐甲戌元年刊誤本見史略景祐元年祕書丞余靖上言國子監所印兩漢書文字舛譌恐誤後學臣參括宋本旁據他書列而辨之望行刊正詔送翰林學士張觀等詳定聞奏又命國子監直講王洙與靖偕赴崇文院讎對二年九月校書畢凡增七百四十一字損二百一十二字改正一千三百三十九字 天祿目二「見後」 錢日記抄云黃蕘圃過談云又見北宋本漢書傳是宋景文手校本有倪元鎮跋每葉二十行行十七字每卷首小題在上大題在下中標班固姓名次行題唐祕書少監上護軍琅琊縣開國子顏師古 黃記前漢書一百二十卷「宋本」右宋景文公以諸本參校手所是正並附古注之末至正癸丑三月十二日雲林倪瓚在凝香閣謹閱末卷後有顧廣圻跋曰顏注班書行世諸刻大約源於南宋槧本文句或用三劉宋子京之說或校刊者用意添改往往致誤而剩字尤多惟是刻乃景祐二年監本獨存北宋時面目惟補板及剜損處無從取正然據是可以求其添改之迹云云又士禮居主人跋曰此北宋精刊景祐本漢書為余百宋一廛中史部之冠云

黃書錄漢書「祕書監上護軍琅琊縣開國子顏師古等注」此北宋刊本漢書無目錄前有中書門下牒國子監文一通細案之乃孫奭以劉昭注補後漢志三十卷入於范書中之緣由也末題乾興元年十一月十四日牒後列官銜四行一右諫議大夫參知政事晉一給事中參知政事呂一中書侍郎兼禮部尚書平章事王一守司徒兼侍中其最後不書姓者以其爵最尊故方知此牒誤置於此然世不多見且其誤已久故特仍之至漢書為景祐二年監本末有余靖上言獨存北宋本面目且是書相傳為宋景文手校本其所校當時諸本字朱書爍然各著同異後人以子京校語攙入本文無怪其失眞矣曾用以校汲古本知後人用意添改蓋不見子京未校以前本耳至此書之為宋子京手校與否無可徵信惟卷末有墨書二行云右宋景文公以諸本參校手所是正並附古注之末至正癸丑三月十二日雲林倪瓚在凝香閣謹識古者辨其字跡以為是眞云 黃賦注景祐二年本漢書一百卷每半葉十行每行大十九字小廿七字末列祕書丞余靖上言又張觀王洙皆預參詳中也每卷上下方皆有朱校字最後復有墨書二行云云「文同上」居士曾為予細校汲古本而予以汪文盛本佐證之凡於兩本所削所補各千百字推原其故景文之是正已喝有失無得烏論後此者乃遞經大書深刻悉溷班書唯此本未經猪亂云 汪目前漢書「景祐本」百卷又百卷 蔣記詳後 丁目漢書一百二十卷宋景祐本為北宋刻最前之本惟絳雲樓有之後歸塞外見宋牧仲筠廊偶筆首二卷尚是曹溶抄補其目則黃丕烈手抄也中與他卷殊者李兆洛撮為校勘記未果見卷首申書自跋歷藏陳鑑儲曹溶張蓉鏡黃丕烈郁松年諸家 瞿目漢書一百二十卷「宋刊本」首行高紀第一上雙行注師古曰云云空一格題班固又空一格題漢書次行低六格題祕書監上護軍琅琊縣開國子顏師古注三行本文後題二年九月校畢凡增七百四十一字損二百一十二字改正一千三百三字與監本首載宋景文所用參校諸本中之景祐刊誤本合每半葉十行行大字十九二十字不等小字廿五六七字不等宋諱惟匡允宏殷恆貞字缺筆乃是紹興刻本此本尚出其前卷端有朱墨二筆校語乃明時毘陵周迂叟所錄宋劉之同刊本中語今監本所未附者亦足以資參考舊有墨書題記云云又有顧廣圻手跋云云「文同黃記不贅」勵案瞿氏書影載此書上下白口下記刻工姓名 丁志見後 楊錄見蔡琪刊本云 邵注目云黃丕烈有宋景祐二年刊本一百卷云較汪毛二本多異十行行大十九字小二十七字此書在汪小米家 莫錄漢書一百卷「宋景祐本」影鈔補者目錄帝紀一上下表七上下傳三十三至三十四上數卷其實為景祐原刊合得七十餘卷餘者以元人覆本補之其中元大德修補之葉黃蕘圃悉記其目于卷端鈔補數卷則本自曹倦圃蕘圃有此書為倪雲林凝香閣舊藏者見百宋一廛賦注後歸汪閬原此其次也首有李申耆識云云「文贅不錄」後歸張氏郁氏今歸豐順丁氏勵案丁目云史漢經後世翻刻愈訂愈譌宋景文參校者顧氏已譏為有失無得何況餘子此景祐本尚未經後人猪亂足證明監本之誤者甚多宜申耆欲校勘而廣傳之也 莫目云黃丕烈有宋景祐二年刊本云以校汪毛二本多異 ○北宋熙寧二年己酉本熙寧二年參知政事趙抃進新校漢書五十册及陳繹所著是正文字七卷 史略 天祿目二見後 丁志見後 莫錄見後宋刊元修本條 莫目見宋宣和本條 ○北宋宣和本宣和六年甲辰國子監本 見史略 丁志見後 莫錄見宋刊元修本條 莫目北宋官刊漢書始於淳化後有景德元年刻本景祐二年刻本熙寧二年刊本宋景文所據以校者即景佑本也其原刊至今猶有傳者但景文校漢書無意改之字如有所疑即云某當作某豈料後人屢經傳刊竟據以改字即景文之罪人也此本猶刊於北宋而改已多惜哉不然何以熙寧以後刊本反與景文意合耶卷中避敬殷恆等字外尚有貞字係仁宗嫌名屬字眞宗嫌名煦字係哲宗諱此後桓慎等字不復避其為哲徽間刊本可知宣和六年國子監校刊漢書疑即此本然無跡可求宋刊漢書以此為中乘尚有紹興六年刊本當自鄶以下矣 此鐵樵朱筆記語其前有一行云蘇城汪氏有宋景祐刊本一百卷另卷有宋本一百卷補溝洫藝文志未審其記者即汪氏本否 ○南宋乾道丁亥三年麻沙小字本見帶經堂目見後後漢書條南監本下 楊錄宋蔡琪刊本引吳槎客曰 莫目金元間刊本云其列傳第二十九葉之後九葉及他卷缺一二葉者悉影乾道三年刊本補之其行字亦同「勵案每葉

二十行大字十九注字二十五.二十七八不等」大抵
皆出景祐紹興二本乾道本板心下端有乾道三年錄
書白文五字

〇宋紹興中兩淮江東轉運司刊本見陳注錢目見前史記天祿目二漢書「五函四十四册」漢班固
撰唐顏師古註帝紀十二卷年表八卷志十卷列傳七
十卷共一百卷宋景德二年七月中書門下牒文具載
篇首結銜爲畢士安寇準王旦馮拯書尾載淳化五年
奉敕刊正至道三年呂端等進書後又有景祐元年余
靖奏詔僧王洙赴崇文院讎對嘉祐六年陳澤重校歐
陽修看詳雕印熙寧二年書成奏御各銜名據此則淳
化至道間校正之本在宋太宗時業經雕印眞宗景德
年又經重刊仁宗景祐時復命余靖等校正神宗嘉祐
熙甯間經歐陽修詳定刊成是北宋時官刻漢書已非
一本而熙甯本最爲後然詳閱此書首葉牒文中愼字
有缺筆係避宋孝宗諱又凡遇完字皆缺筆係欽宗嫌
名則明爲南宋時重刊之書非熙甯舊本考朱彝尊經
義考載宋葉夢得語曰淳化中以史記前後漢書付有
司摹印自是書籍刊鏤者益多又載宋李心傳語曰監
本書籍者紹興末所刊也國家艱難以來固未暇此九
年九月張彥實待制爲尙書郞始請下諸道州學取舊
監本書籍鏤板頒行從之然所取者多殘闕故胄監刊
六經無禮記正史無漢書二十一年五月輔臣復以爲
言上謂秦益公曰監中其他闕書亦令次第鏤板雖重
有所費不惜也由是經籍復全云云乃知宋代摹刻漢
書始於淳化而此則照熙甯本重付剞劂想卽心傳所
稱紹興末年所刻之本直至孝宗之時校讎完備始得
次第成書耳

錢日記抄云借周漪塘宋板大字漢書殘本唯杜周傳張釋傳李廣傳諸
篇每頁十八行行十六字書法極嚴整乃宋刻之致佳
者於雒愼字皆缺筆則是南宋初刻也每卷首大題在
下而不注班氏姓名唯第二行云正議大夫行祕書省少監琅邪縣開國子顏師古注

瞿目見前

丁志見後

陸志漢書殘本八卷「宋蜀大字本」漢班固撰唐正議大夫行祕書少監琅邪
縣開國子顏師古注按此宋蜀大字本存卷六十四上
六十四下六十五六十六上六十六下六十七六十九
上六十九中每葉十八行每行十六字注雙行每行二
十一二十二字不等版心有字數及刊工姓名匡殷貞
敬境桓竟完遘貆穀讓構購皆缺末筆卷六十四下烏
桓之壘烏字下注淵聖御名蓋高宗時刊本也紙背皆
元時公牘間有官印

陸續跋宋蜀大字殘本漢書跋云漢書蜀大字本每葉十八行每行十六字
小字雙行每行二十字板心有刻工姓名每卷有目連
屬篇目首行大題在下篇名在上題正議大夫行祕書
少監瑯邪縣開國子顏師古注玄朗匡殷敬穀竟境完
桓貞徵愼桓讓等字皆缺避桓注淵聖御名構注今上
御名與紹興初非蠶慶眉山重刊嘉祐七史款式同蓋
亦紹興初蜀中刊本而孝宗時修改者世所稱蜀大字
本者也存卷六十四上下六十五至六十七六十九上中以汲古本互勘知毛本錯訛極多云

楊錄宋蔡琪刊本云弇州本漢書初爲趙文敏故物弇州從
錢牧齋購之轉鬻四明謝象三順治間復售諸新鄉某
公「見筠廊偶筆」後買入中祕藏考天祿琳琅書目云
云「文同前天祿目二不贅」可知非景祐原本特弇州
鑒未加詳考乃誤爲北宋槧耳

邵注目後漢書條云竹汀見周漪塘宋板漢書又一部殘本九行
行十六字雒愼字皆缺筆

莫錄詳宋刊元修本

學部館目漢書一百二十卷北宋刊
大字本每半葉九行行十六字小字同高七寸三分廣
六寸黑綫口單邊上字數下刻工姓名蝶裝卷中食貨
志管仲相桓公相字下注淵聖御名四字與靈心源皕
宋樓藏書書志所載宋蜀大字本漢書卷六十四下烏
桓之壘烏字下注淵聖御名合且行款亦一一相同然
其謂高宗時刊蜀大字本則未敢信今庫中尙有宋大
字本後漢書與此同時所刻其章帝紀章和元年六月
戊辰司徒桓虞免正文桓字有補刻痕注桓虞字仲春
馮翊萬年人虞字之上亦作淵聖御名四字據容齋續
筆云紹興中分命兩淮江東轉運司刻三史板其兩漢
書內凡欽宗諱並書四字曰淵聖御名則此爲兩淮江
東轉運司本而非蜀大字本明矣首葉有晉府圖書之
印　存紀六之十二「武紀至平紀」　志四上下「食
貨」　七中上下「五行」　八上「地理」又宋刊大字
本行款與上同蝶裝卷中宋諱亦皆缺筆其郊祀志上
卷缺三十三葉匈奴傳缺五六二葉皆以空白紙補之
恐印在元以後又板心魚尾下間有細墨綫而所記字
數不分大小且表皆半葉八行獨古今人表十行八行
不等疑亦元修矣存表四之八「高惠高后文功臣」
表至古今人表完　志四上之五下「食貨至郊祀」
傳六十四上之六十五「匈奴傳至西南夷西粵朝鮮」

〇宋紹熙辛亥二年湖北庾司本見錢日記鈔云黃蕘圃過談言所見漢書宋板湖
北庾司本有紹熙二年張孝曾跋及梅世昌諸人題銜每葉廿八行行廿四字

陸志湖北提舉
茶鹽司新刊前漢書一百二十卷「宋淳熙刊本」漢班
固撰唐正議大夫行祕書少監琅琊縣開國子顏師古
注敍例紹熙癸丑二月望日歷陽張孝曾題云湖北庾
司舊所刊西漢史今五六十年壬辰歲前提舉官梅公
嘗修治今又二十餘年矣鋟木既久板缺字脫余將命
于茲因取其朽腐漫漶者凡百二十有七板命工重刊
或加修剔俾稍如舊云淳熙二載季夏十日龢峴三山
黃杲升卿宜興沈綸季言敍云右孟堅所書湖北外臺
嘗鋟諸板歲月浸深字畫漫漶且舛誤脫落外府丞
姑蘇梅公爲部刺史自公之暇顧謂杲鑒讐而正之於
是集諸校本參訂非是凡改竄者數百字泯滅則復書
郡太守番昜張公實尸厥事迺庀工修鋟爲成書云朝
奉大夫提舉荊湖北路常平茶鹽公事梅世昌朝請大
夫知常德軍府事提舉常德府辰沅靖州兵馬盜賊
公事張𤄫從事郞荊湖北路提點刑獄司檢法官黃杲
校正迪功郞荊湖北路提點刑獄司幹辦公事沈綸校
正慶元戊午中元栝蒼梁季珌題云本司舊有西漢史
歲久镌漶因命工刊整計一百七十板仍委常德法曹
廬陵郭洵直是正訛舛二千五百五十八字庶幾復爲
全書云案每半頁十四行每行二十七字小字雙行每
行三十五六字不等

陸跋宋槧湖北庾司本漢書跋云漢書一百二十卷題曰正義大夫行祕書少

監瑯琊縣開國子顏師古注首行篇名在上大題在下
班固二字在中 前爲顏師古漢書敍例後有張孝曾跋
沈綸言敍梅世昌等校正銜名五行梁季祕題每頁二
十八行每行二十七字小字雙行每行三十五六字不
等板心有刊工姓名紹興初刊于湖北鹽茶提舉司淳
熙二年梅世昌爲提舉板已漫漶命三山黃杲升宜興
沈綸言重校刊二百二十七板慶元二年梁季祕爲守
又命郭洵直重刊一百七十板此則慶元間初印本也
以今所通行漢書評林汲古
閣明監本互校勝處頗多云
邵注目
紹熙二年湖北
庾司刊本漢書
十四行行二十四字有梅
世昌諸人銜名張孝曾跋
莫錄
漢書一百卷「宋湖
北提舉茶鹽司小字
本」半葉十四行二十七字或二十六二十八二十九
字不等注行三十四字或三十三三十五字不等板高
今七寸弱其避諱至愼字止蓋孝宗時刻涂初堂書目
有湖北本前漢書當卽此本以校明汪文盛本時有互
勝互脫字而足正汪誤者多汪本自
八表下每附劉氏說而此本皆不附
莫目
宋湖北提
舉茶鹽司
小字本每半葉十四行行廿七至廿九字不等注行
卅三至卅五字不等避諱至愼字蓋孝宗時刊本
叢書舉要宋鹽茶
司本
○宋慶元嗣歲乙
卯**劉之**
同刊本見楊錄
宋蔡琪刊本云又盟水夫宋本漢
書附錄札記序曰慶元元年劉之
同所刊漢書取宋景文所校外又於注末增入諸儒辨
論所列名目以蕭該音義居首是劉之同於宋校外復
有所
采云
森志
漢書一百二十卷「宋槧本」目錄末有
識語云集諸儒校本三十餘家及予五六
友澄思靜慮讎對同異是正舛訛始甲寅之春畢丙辰
之夏云云末記建安黃宗仁善夫謹咨又有校字人黃
顯陳熙陵應仲劉之問葉賁列名引用書目後有慶元
嗣歲端陽日建安劉之問謹識記「按此文甲寅蓋卽
紹熙五年而丙辰卽慶元二年也」列傳第一卷末有
建安黃善夫刊於家塾之敬室記卷第一末云右宋景
文公以諸本參校手所是正及數家辨疑並附古注之
末「每卷末有此記但字注小異」此本行款體式一與
前史記同求古樓藏本與此同種但殘缺不完「現存
七十三卷缺二至十二十五十六十九二十一下二十
七下二十八上三十九四十五十一五十二五十八五
十九六十六十九七十七十六八十五八十六百至百
二十凡
五十卷
邵注目
云袁漱六有宋慶元劉之問元起刊
本卽殿板所出　漱六所得慶元本
前漢書眞希世之寶中缺數卷影宋舊抄補足祗濮陽
李廷相圖記廷相弘治壬戌進士官至尙書諡文敏此
書似藏北方舊家久而後出國初竹垞及乾嘉諸書諸
公皆未之見　慶元本兩漢書乃建安劉之問元起所
刊十行行十八九字注二十四字前有之問識語南監
本訛問字爲閭字後又訛爲同字目錄後題云建安劉
元起刊於家塾之敬室似元起卽之問字也顧千里百
宋一廛賦及注以之閭爲元人而以元起爲宋人蓋但
見宋刻後漢而不見前漢故也然此書劉氏所刊
而書中又有黃某刊於某所之長方木記亦奇
莫目
袁漱六有宋慶元劉之問刊本卽殿本所從出云
勵案先世父考功君云黃策安侍御曰慶元本漢
書中土罕存同邑袁氏臥雪廬曾藏此本後歸德化李
木齋侍郎惟劉之問問字因南監本訛爲閭字黃氏百
宋一廛賦注以之閭爲
元人觀此可了然矣
叢書舉要
宋慶元劉之問
刊本卽殿本所
從
出
○宋嘉定戊辰元
年**蔡琪刊本見季目**
漢書五
十四本
錢日記抄
云海甯吳槎客有不全宋板漢
書大字本厘十四卷前題漢護
軍班固撰唐正議大夫行祕書少監瑯琊縣開國子顏
師古集注與今本異每卷之後記正文若干注文若干
眞宋本之最佳者「漢書大名在下卷首書文三王
傳而篇中又別題梁孝王傳梁懷王傳與今本異式
吳記
宋本前漢書列傳十四卷每葉十六行行十六
字首行大名在下小名在上次行題漢護軍班
固撰三行署唐正議大夫行祕書少監琅琊縣開國子
顏師古集注並與監本不同詳先君子跋語中卷末書
右將監本杭本越本及三劉宋祁諸本參校其有異同
並附于古注之下後記正文注文字數字畫工整洵宋
刻之最佳者仁和朱郎齋明經跋云云「文贅不錄」吳
縣黃蕘圃主事跋海甯吳槎客先生藏書甚富頃同陳
仲魚過訪其行篋攜得漢書殘宋本數册字大悅目在
宋槧中信爲佳刊余所藏景祐本外要無別本可對惟
范史亦有此十六行十六字本與此本當是同出一時
卷第下撰書注書亦分兩行蓋款式同也云云東里盧
抱經學士跋汲古所梓漢書當是据北宋本此疑是
南宋本誤字亦少汪文盛本殆亦從此本出云云
黃記
前漢書殘宋本云云
「文同吳記不贅」
縣書記
宋刻漢書殘本
云拜經樓吳氏
藏宋刻漢書殘本十四卷余嘗之吳氏展觀記其行款
蓋卽何小山所謂建甯書舖本乾隆癸丑嘉平盧抱經
跋云云「文同吳記不贅」又拜經樓宋本考異云拜
經樓漢書今藏槎客先生文孫拏文上舍之環所其與
汲古閣本異者余撰考異詳之愼字多缺避敦字或避
或不避當爲光宗時刻本而高宗以上之諱亦或避否
此蓋寫刻
之過云云
「志
漢書殘本十四卷「宋嘉定建安蔡琪
刊本」漢護軍班固撰唐正議大夫行
祕書少監瑯琊縣開國子顏師古集注拜經樓藏書題
跋云前漢書列傳十四卷每葉十六行行大十六字小
二十一字每卷首小名在上大名在下卷末書右將杭
本越本及三劉宋祁諸本參校其有同異幷附於古注
之下又載正文若干字注若干字後朱文藻周廣業陳
倬鮑廷博錢馥邵志純盧文弨胥繩武張燕昌黃丕烈
錢泰吉或題或觀或校或有印識皆不能定何時何人
所刊楊氏海源閣楹書隅錄載是書行款悉符目錄前
有木記云建安蔡琪純父所刻陸氏儀顧堂題跋宋槧
蔡琪一經堂本後漢書核與兎牀拜經樓所藏前漢列
傳十四卷款式相合
則爲蔡刻無疑矣
陸跋見後
漢書
楊錄
宋本漢書一
百二十卷六
十册六函每半葉八行行大十六字小二十一字目錄
前木記云建安蔡琪純父刻梓於家塾每卷首行小名
在上大名在下次行題漢護軍班固撰三行題唐正議
大夫行祕書少監瑯琊縣開國子顏師古集注每卷末
識云右將監本杭本越本及三劉宋祁諸本參校其有
同異並附於古注之下又正文若干字注文若干字考

黃蕘圃百宋一廛賦後漢書注云殘本二嘉定戊辰蔡
琪純父所刻此本自是同時授梓者志第九列傳第四
十五第四十六第四十七上第六十九上中均以別本
配補每半葉十行行大十九字小二十二字每卷末識
云右宋景文公手校辨疑並見注內「或云右宋景文
公參校諸本手所是正並附古注之下每卷均徵有異
同」無正文注文字數及卷首撰注兩行卽慶元劉蔵
劉之同本也近時瞿木夫中溶弈載堂集吳槎客蹇愚
谷文存錢警石泰吉甘泉鄉人稿皆載有蔡刻殘卷頗
疑爲之同本蓋未見卷首木記耳有古愚毛氏奏叔圖
書記御史振宜之印季振宜讀書乾學徐健庵諸印重
加裝潢貯以六函函十册其原册則延陵書目所載之
五十有四也案漢書自淳化五年命官分校三史始有
雕本迨景德景祐間疊事重刊最稱精善而之同取蕭
該音義三劉刊誤宋景文校語附之注末並以熙甯以
來十四本遂加讎對是正頁多故我朝武英殿本悉据
之同原刻凡明監之脫漏舛誤所謂於顏注十删其五
於慶元所附諸家之說十存其一者一一爲之補闕訂
訛力存眞面此本刻時已後之同十四年卷首所列參
校諸本俱仍其舊惟於王宣子前添入劉共甫本可知
卽從之同本覆出云　瞿木夫宋本漢書附錄札記序
曰漢書一種係大字本中附蕭該音義及三劉刊誤宋
景文校語等廑存六册首起文帝紀下憂苦萬民至末
又景帝紀卷首至夏募民止昭帝紀卷首至夏爲大止
又李廣蘇建傳及魏相丙吉傳卷首至獨賴吉得其恩
「今本作恩」止又揚雄傳上下及儒林傳卷首至梁
丘賀傳執戟止共八卷而全者只三卷耳每葉十六行
行十六字板匡左上角外有耳題每卷首行大題在下
次行題漢護軍班固撰三行題唐正議大夫祕書少監
琅邪縣開國子顏師古集注卷尾皆有二行云右將監
本杭本越本及三劉宋祁諸本參校其有同異「或作
異同」並附於古注之下又文帝紀及李廣蘇建傳尾
行並存記正文注文字數云云予故疑此宋本卽之同
所刊之原本且攷書中廓字避甯宗嫌名缺筆之同序
作於慶元元年正在其時惜未得見其卷首序例一證
之耳予又嘗見吳門周香嚴孝廉家不全宋本二卷板
式與此無異乃景十三王傳第二十三司馬相如傳第
二十七上卷尾亦皆有右將云云二行及正文注文字
數蓋同一板刻也　吳槎客宋槧漢書殘本跋曰漢書
以宋眞宗景德中雕本爲第一厥後仁宗景祐重刊本
亦佳此一十四册每册一卷皆列傳中間有闕繙且亡
其首尾刊書歲月莫可稽試以明南北監本校之首行
北監本列書名在上人名在下宋本則人名在上書名
在下次行監本題漢蘭臺令史班固撰宋本則曰漢護
軍班固撰三行監本署唐正議大夫行祕書少監瑯琊
縣開國子顏師古注宋本注上有集字至注中諸家考
校音釋俱極詳備監本任意芟薙全失本來面目昔何
義門太史嘗得北宋大字監本班書乃王弇州故物惜
其精而不全其弟心友畏三又購得徐東海家北宋大
字本南宋乾道丁亥小字本義門自詫晚年多幸今此
本雖無歲月可稽中多避孝宗光宗諱疑卽慶元嗣歲
建安劉之同校刊之本更俟博識者詳焉　錢警石宋
殘本漢書攷異跋曰云云「文同前曝書記不贅」何義
門兄弟校宋本中有建甯書舖本卽此小山校語謂爲
惡本警石丈頗疑所見非原刊又顧澗蘋百宋一廛賦
著錄景祐本「恐亦弇州本之類未必眞景祐原刻」有
每之同而愈況胡項背之敢望云云同譌作冏「明
嘉靖監本誤作冏」黃蕘圃注並以爲元人云云

邵注目　云吳槎客拜經樓有不全宋建甯書舖本吳
槎客殘本漢書八行行十六字黃蕘圃有後
漢書亦大字款式相同又後漢書條下云史漢宋
板有八行行十六字本「嘉定戊辰蔡琪純父刊」　莫

錄宋蘄洲書院本引云潘甯吳兔牀藏有宋刊
漢書殘本列傳十四卷葉十六行十六字　莫目

吳騫有不全宋本列傳十四
卷每頁十六行行十六字　叢書舉要　宋嘉定建
安蔡琪刊
本　○南宋大字本見錢日記抄　云晤周漪
塘見其所
藏南宋大字板兩漢書不全本每葉十八行每行十七
字與去歲所見張蓉傳行款相同間有元人重修之板
其紙背多洪武中黴册知爲明初印本也今本郭林宗
傳以注攙入正文一條此本儻不誤傳末茅容諸人亦
不跳行皆與
汪文盛本同　帶經堂目見
後邵注目　後漢書條下
云史漢宋板
有九行行
十七字本　○宋中字密行本見錢日記抄
云借周漪塘宋板漢書殘本三種其一與黃蕘圃所得
北宋本同其一與吳槎客藏本同其一中字密行似史
記蔡夢弼本每葉二十六行每行二
十五字卷首無班固顏師古銜名　邵注目　後漢書
條云竹
汀見周漪塘宋板漢書殘本三種其一與黃蕘圃所得
北宋本同其一與吳槎客本同其一中字密行似史記
蔡夢弼本十三行行二十五
字卷首無班固顏師古銜名　○宋刊元修本見

張志　漢書一百二十卷「宋刊元修本」漢班固撰
唐祕書監上護軍琅邪縣開國子顏師古注板
心有注大德至大延祐元統補刊者蓋宋刊元修本
也每葉二十行行十九字注廿五字至廿八字不等

瞿目　漢書一百二十卷「宋刊本」首卷首行題高紀
第一上又班固漢書一次行題祕書監上護軍
琅邪縣開國子顏師古注每半葉十行行十九字注二
十五字至二十八字不等板心有字數刊工姓名間有
大德至大延祐元統刊補板心一一注
明明監本多脫譌以此本校之云云　丁志　漢書一
百二十
卷「宋福唐刊明修本」班固撰祕書監上護軍琅邪
縣開國子顏師古注是書首行小名在上班固二字在
中大名在下次行顏注銜名每葉二十行行十九字注
二十五字至二十八字不等宋諱有缺筆板心注大德
至大元統延祐補刊蓋宋刊元修之本愛日精廬藏書
志有是帙幷有後漢書款式補修與此悉同目錄之外
前後無一攷證滬上更以此書來售案之卽瞩此刻惟
將次行顏注銜名改題鎭守福建都知監少監括蒼馮
讓宗和重修卷末有天順五年孟冬讓修刊福唐郡庠
書板跋云予奉命來鎭福建福庠書集板刻年深詢知
模糊殘缺過半不便觀覽心獨惻然鳩工
市板補刻云云始知宋時刻於福唐者　陸志　漢書
一百
二十卷「宋刊元修本張月霄藏書」漢班固撰唐祕
書監上護軍琅邪縣開國子顏師古注案此南宋監板

而元修者板心有至大大德延祐元統補刊字樣每葉二十行每行十九字注廿五字至廿八字不等板心有字數及刻工名姓大題在下 **陸集** 宋本漢書跋云右宋板漢書一百二十卷每葉二十行每行十九字注二十五字至二十八字不等修至元統二年止板心有字數刊匠姓名 **森志** 漢書一百二十卷「宋槧元修本」板式與前本同間有元代補刊板心記元統二年刊大德八年刊至大元年補刊大德八年補刊延祐二年刊補等字中間脫葉係天文間當「嘉靖十六年」補鈔案楓山官庫亦藏宋槧元修本二通俱板心有元代補刊記具年號與此本同蓋即同種也 **邵注目** 云張目宋刊元修本漢書十行行大十九字小二十五至二十八字不等板心有注大德至大延祐元統補刊者與黃氏所稱景祐本板式似同張氏又有宋刊元修後漢書行款亦同 **莫錄** 漢書「金元間刊本湘鄉曾氏藏」宋自監漢書始淳化五年孫何張佖等校定本次景德二年刁衎晁迥等覆校本次景祐二年余靖王洙重校定本次熙甯二年刊進嘉祐中陳繹重校歐陽修看詳本次宣和六年重修本次紹興二十一年重刊本今惟景祐紹興二本尚著錄于舊藏家大率每葉二十行行大字十九注字二十五至二十七八不等此本行字悉同「惟古今人表序十八行人表自第三葉至末皆三十行傳中注有擠補至行卅七字者蓋前人失記非有異也」其列傳第二十九之後九葉及他卷缺一二葉者悉影乾道三年刊本補之其行字亦同大抵皆出景祐紹興二本乾道本板心下端有乾道三隸書白文五字其寫刻人名悉此本中所有愈知景祐紹興為同祖惟於乾道五字處盡百卷皆剜補其卷首無中書牒及歷次校詳官銜及小顏敍列注家爵里余靖上言一並泯棄意其間有刊本年月必非宋時而售者必欲充北宋刊泯其迹耳按宋以後刊漢書有元大德九年太平路本此本本紀第三一葉板心有大德八年補刊六字則當為大德以前刊且北宋諱避缺至欽宗之桓南宋諱自構慎字不缺知非南宋乾道慶元及川吉越湖北諸本然審其字體板式已是宋末元初不精之刻蓋金元間以紹興本繙雕而大德修補之本其刻手善少劣多愛日精廬藏書志記宋刊元修本板心有記大德至大延祐元統補刊者其行字同友芝又見豐順丁氏收黃丕烈舊藏景祐殘帙足以宋刊元修若干卷者亦有大德至大諸補板行字亦同紙墨字體約略相似則此為金元間刻益無可疑同治戊辰文正湘鄉相公亦舊藏袁漱六贈本命檢勘審定云 **莫目** 張金吾書目記宋刊元修本每頁廿行行十九字注廿五字至廿八字不等板心注補刊年號云 **學部館目** 漢書一百二十卷宋刻元修本每半葉十行行十九字高七寸四分廣五寸單邊白口首行小題在上班固二字在中大題在下板心上魚尾上記大小字數下魚尾下記大德至大延祐元統補刊及刻工姓名與愛日精廬藏書志所載宋刻元修本合末卷漢書列傳第七十下有日雕修一行其日上有奉淳化五年七月二十五日等字已剷去又與丁丙善本書室藏書所載明正統翻宋淳化本合顧明本板心有正統刊字則此祇大德至大延祐元統補刊等字當是元修宋淳化本恢仍避宋諱其日雕修上必記元時年號月日非淳化也首冊列有漢書目錄其後低一格題西漢十二帝起高祖元年乙未盡王莽地皇四年癸未合二百三十九年共三行又低一格題十二帝紀一十三卷八表八卷十志一十八卷七十列傳七十九卷共四行與末葉題班固前漢書凡百篇總一百二十卷次行低二格題十二帝紀一十三卷低二格題八表一十卷為一行次行亦低二格題十志一十八卷低二格題七十列傳七十九卷為一行前後相應中有缺葉以黑匡空格補之恐印在正統前矣存紀一之五　志七中上之十「五行至藝文」傳十三之二十「酈陸朱劉叔孫傳至張馮汲鄭傳」三十一至六十「張騫李廣列傳酷吏傳」五十八至六十四「儒林傳至匈奴傳」六十七至七十「外戚敍傳」 **叢書舉要** 宋福唐刊元修本

○宋錢唐王叔邊刊本見楊錄 後漢書宋王刻木記云

○宋槧小字殘本見森志 現存列傳三十五卷「一至八二十六至三十一五十五至七十裝成十二冊」卷首署正議大夫行祕書少監琅邪縣開國子顏師古注每半板十二行行二十二字七十卷末記迪功郎新袁州萍鄉縣主簿主管學事江棨校正

○宋鷺洲書院大字殘本見莫錄 漢書半葉八行行正文十六字注文雙行二十一字每卷末皆記二行云右將監本杭本越本及三劉宋祁諸本參校其有同異並附於古注之下又有正文若干字注文若干字一行或二行在卷題後始刊于南宋末畢工于元至正間其卷末記甲子可考字較景祐本尤爽目惜僅景十三王傳司馬相如兩卷 **莫目** 鷺洲書院大字本始刊于南宋末畢工於元至正間半葉八行行大字十六小字二十一較景祐本尤爽目 **叢書舉要** 鷺洲書院大字本

○元大德乙己九年太平路刊本見范見存目 漢書一百卷「缺元大德乙已太平路刊有明成化補板」漢班固撰唐顏師古注「紀全表存一二三八志存一至八傳存二至十二二十三至三十五四十一至六十六上六十八至七十」 **天祿目** 五漢書「八函　八十冊」漢班固撰唐顏師古注帝紀十二卷年表八卷志十卷列傳七十卷共一百卷前師古敍例目錄後元孔文聲跋云江東建康道肅政廉訪司以十七史書艱得善本從太平路學官之請徧牒九路令本路以西漢書率先俾諸路咸取而式之置局于尊經閣致工于武林三復對讀者耆儒姚和中輩十有五人重校修補者學正蔡泰亨版用二千七百七十五面工費具載學記茲不重出始大德乙已仲夏六日終是歲十有二月廿四日太平路儒學教授曲阜孔文聲謹書跋後列承務郎太平路總管府判官劉達督工江東建康道肅政廉訪副使伯都提調當時以百卷之書仲夏開雕臘月而卽蒇事計工不為不速惜其舉印草草較宋刊則遠甚矣 **張志** 太平路學新刊漢書一百二十卷「元大德刊本」漢班固撰唐正議大夫行祕書少監琅邪縣開國子顏師古注敍例太平路儒學教授曲阜孔

文擘譔書跋「文同天祿目」陳筆云明以來刊本又多用顏校本間有用宋校者不過元大德時刊本俱經刪改非復宋時之舊予家藏宋槧漢書殘本其音注多與近刻不同者幾什之二三以此知宋刻之佳今偶記數則於此云云 黃記詳後 曝書記刻書用宋體字云宋刻兩漢書板縮而行密字畫活脫注有遺落可以補入此眞所謂宋字也汪文盛本猶得其遺意元大德板幅廣而行疎陳明卿鍾人傑覆稍縮小云 瞿目太平路新刊漢書一百卷「元刊本」首行提高帝紀第一上下注師古曰云云下題班固漢書一次行題正議大夫行祕書少監琅邪縣開國子顏師古注前有師古敍例又余靖上言首題景祐刊誤本五字是書刊於大德乙巳歲十有二月目後有太平路儒學敎授曲阜孔文聲跋云云跋後列銜名二條「均同天祿目」其書出自景祐本故謬譌尙少勳案瞿氏書影載此書每半葉十行每行大字廿二字注雙行每行字數同上下黑綫口上記大小字數下記刻工姓名 丁志詳後 陸跋詳後元本隋書 楊錄元本漢書一百二十卷三十册一函每半葉十行行二十二字目錄後跋云江東建康道肅政廉訪司以十七史書艱得善本從太平路學官之請遍牒九路令本路以西漢書率先俾諸路咸取而式之置局於尊經閣致工於武林三復對讀者書儒姚和中輩十有五人重校修補者學正蔡泰亨板用二千七百七十五面工費具載學計茲不重出始大德乙巳仲夏六日終是歲十有二月廿四日太平路儒學敎授曲阜孔文聲譔書又後列承務郎太平路總管府判官劉邋督工中順大夫江東建康道肅政廉訪副使伯都提調銜名二行又宋蔡琪本引瞿木夫宋本漢書附錄札記序曰並以家藏明成化補印之元大德乙巳太平路刊本及監本毛本互校與宋景文等所校各本異同者亦爲標出以見各本源流不同不可偏廢也云云 森志漢書一百二十卷「元槧本」卷首題太平路學新刊班固漢書目錄後有大德乙巳太平路儒學敎授孔文擘題言此本校改甚多不足据也 邵注目喬鵠儕有元大德九年太平路刊本許氏亦有之 莫錄前宋刊元修本云 莫目張金吾書目記元太平路新刊漢書有太平路儒學敎授孔文聲跋云用板二千七百七十五面始大德乙巳仲夏終是歲十有二月廿四日 學部館目漢書一百二十卷元刊本每半葉十行行二十二字大小同高七寸二分寬五寸二分黑綫口寬邊雙綫板心上魚尾上有細黑綫兩旁記大小字數下魚尾下有刻工姓名字畫刀口極工首葉首行太平路學新刊班固漢書次行正議大夫行祕書少監琅邪縣開國子顏師古注三行敍例目錄後有孔文聲跋曰云云「文同天祿目」承務郎太平路總管府判官劉邋督工中順大夫江東建康道肅政廉訪司伯都提調存紀一之十二「全」傳二十六之三十「董仲舒傳至杜周傳止」六十三之六十六上「佞幸傳至西域傳」勳案邵注目云朱修伯曰元大德間命諸路學校分派十七史付刊又江東建康道肅政廉訪司以太平路之請徧牒九路先刊漢書故世傳大德所刊史不一本大德刊史直至明嘉靖間尙有修板 叢書舉要元太平路本

○元大德十年丙午劉震卿刊本見森志漢書一百二十卷「元槧本」第四卷內十六十七二頁縫心有大德十年刻劉震卿八字每半葉十行行十九字注二十七八字界長七寸幅四寸八分此本係市野光彥舊藏光彥手跋云前漢書百十八卷爲元時印本其間有補刊記大德元統之號又有明正統正德等號誤脫極多云勳案此蓋宋刊元明補修本也

○元麻沙小字本見天祿續編九前漢書「十函六十册」篇目見前宋板史部前有顏師古敍例景祐刊誤本例麻沙小字本按舊祇稱漢書此本兩漢合刻故標題板心皆加前以別之 丁志詳後

○明初刊本見天祿目八漢書「六函 六十册」漢班固撰唐顏師古注一百卷前敍例一卷此書未知誰氏所刊字畫頗具顏體似明初之本闕補傳二十八之傳三十六「全」傳七十二「一二」

○明正統十年乙丑刊淳化本見黃記詳前 丁志漢書一百二十卷「明正統繙宋淳化本」祕書監上護軍琅邪縣開國子顏師古注是書小題在上大題在下次行開列顏氏銜名每半葉十行行大十九字小二十七字四邊極粗板心上記大小字數下記正統八年刻工姓名末有日雕修一行其日字上右奉淳化五年七月廿五日等字已剷去 莫錄前後漢書「明翻宋淳化本」末有淳化五年口月奉旨校刊字售者以爲北宋本細核之蓋明時翻刻者其避諱皆不及南宋固北宋子本也半葉十行前每行大十九字小廿七字後行大十九字小二十五字亦並有各少參差者四邊極粗 傳批莫目云十行十九字注雙行二十六七字 邵注目云蔣生沐有正統八年刊本前漢書魚尾下每葉板心有正統八年刊五字即袁漱六疑爲北宋本 學部館目漢書一百二十卷明正統刊本存紀一之五 七之十二 志七之十 表一之七 傳七之五十四 六十之七十又正統刊本存傳七之廿五 廿之廿五 三十六之四十一 六十之六十四 繆記漢書一百二十卷明正統翻刻宋淳化本首行高紀第一上雙行注師古曰云云空一格題班固又空一格題漢書一次行低六格題祕書監上護軍琅邪縣開國子顏師古注與瞿氏書目景祐本同板心每葉有正統八年刊五字魚尾上注大字若干小字若干下有刻工姓名末葉有右奉淳化五年七月二十五日奉提旨校定刊正兩行黃蕘圃以此本爲最善 叢書舉要明正統翻宋淳化本

○明嘉靖丁酉十六年廣東崇正書院刊本見金目前漢書一百卷明廣東崇正書院重修 朱目漢書一百二十卷漢班固撰唐顏師古注明嘉靖十六年廣東崇正書院刊本別本朱目無 邵注目見後漢 繆記漢書一百二十卷明嘉靖丁酉廣東崇正書院刊本首行高帝紀第一上雙行注師

古日云云空四格題漢書一次行低三格題正議大夫行祕書少監琅邪縣開國子顏師古注每半葉十行每行二十二字

○明嘉靖間汪文盛刻本見陳注錢目見後季目汪板前漢書九十卷後漢書八十卷「案卷數有誤」錢日記抄云見前孫目內編黃記黃賦注曝書記均見前帶經堂目丁志前漢書一百卷「明嘉靖汪文盛刊本」漢班固撰唐顏師古注明汪文盛高瀔傅汝舟校宋監漢書始淳化次景德次景祐二年余靖王洙重校定下則熙甯嘉祐宣和紹興先後凡七刻此本爲明嘉靖汪氏所刊每葉二十四行行二十二字板心亦加前字當出自元小字麻沙本而麻沙本又從景祐本出錢竹汀日記云云「文見前不贅錄」今細案周采等銜名實自後加其中汪高傅名字尚有剷削未盡者森志漢書一百二十卷「明刊本」每卷首題明汪文盛高「原脫高字」瀔傅汝舟校密行細字此本亦似原宋本邵注目見周采本莫錄見宋湖北庾司本云莫目明汪文盛刊本善傳批莫目云十二行廿二字注雙行廿八字此本後印已改題周采等三人銜名叢書舉要明汪文盛刊本善

○明嘉靖己酉二十八年周采校刊本見范目前漢書一百卷「刊本」明嘉靖己酉孟夏福建按察使周采提學副使周珫巡海副使柯喬同校訂「見存目無」錢日記抄云讀漢書嘉靖本卷首題福建按察司按察使周采提學副使周珫巡海副使柯喬校刊卷末題嘉靖己酉年孟夏月吉旦侯官縣儒學署教諭事主人廖言監修每葉二十四行行二十二字注中附三劉說以白文原父共父仲馮曰字別之趙廣漢傳長老傳以爲自漢興以來治京兆者莫能及北宋乾興本無以來二字此本雖有之其增添痕迹分明故知此本原出於北宋本也孫記漢書百卷小題在上大題在下題漢班固撰唐顏師古注明福建按察司按察使周采提學副使周珫巡海副使柯喬校刊「亦有題汪文盛高瀔傅汝舟三人姓名」前有顏師古漢書序例一卷目錄一卷末卷後有嘉靖己酉年孟夏月吉旦侯官縣儒學署教諭事舉人廖言監修注中載原父貢父仲馮三劉之說俱以黑蓋子別之錢少詹云趙廣漢傳長老傳以爲自漢興以來治京兆者莫能及北宋乾興本無以來二字此本雖有之其增添痕迹分明故知此本原出於北宋每葉廿四行行廿二字帶經堂目前漢書一百二十卷「明嘉靖刊本」漢班固撰明嘉靖己酉夏福建按察使周采提學副使周珫巡海副使柯喬同校刊勳案陸心源批訂云此即汪文盛本也後乃將文盛等名改刻周采等名後漢書同森志漢書一百二十卷「明刊本」卷末有嘉靖己酉廖言監修記恐依宋本者邵注目明周采本卷首題福建按察使司按察使周采提學副使周珫巡海副使柯喬校刊卷末題嘉靖己酉年孟夏月吉旦侯官縣儒學署教諭事舉人廖言監修 周采汪文盛本大題在上小題在下周本三劉說以黑蓋子別之二十四行行廿二字汪本同「勳案余藏此本其周采柯喬等名均係剜去汪文盛等名改刻增添痕迹顯明陸心源說是也」又云范目有嘉靖己酉福建按察司周采等校刊本莫目嘉靖己酉福建按察周采提學副使周珫柯喬等同校刊本即修汪本耳叢書舉要明嘉靖己酉修汪本

○明歐陽鐸刊本見孫目內編漢書一百二十卷漢班固撰唐顏師古注一明歐陽鐸刊本一明汪文盛刊本孫記漢書百卷小題在上大題在下題正議大夫行祕書少監琅邪縣開國子顏師古注大題中間間有班固二字前有漢書敘例一卷目錄後並卷末尾葉疑有題識已爲書估剜去唯地理志卷第八下司馬相如傳卷第廿七上王貢兩龔鮑傳第四十二題漢班固撰唐顏師古注明歐陽鐸刊田汝成重校歐刊本無三劉說田補刊俱羼入當條之下其有當條不能容者附刊于每卷之後每葉廿行行廿二字鐸字崇道泰和人正德戊辰進士歷官吏部右侍郎禮工部尚書謚恭簡邵注目歐陽鐸本田汝成重刻歐陽本 歐陽本小題在上大題在下歐陽本無三劉說田汝成補刊入每條下或附刊每卷之後十行行二十二字莫目歐陽鐸本叢書舉要明歐陽鐸本

○明田汝成重刻歐陽鐸本見孫記邵注目均詳前本莫目傳批云十行廿二字注雙行同叢書舉要明田汝成重刻歐陽本

○明仿宋本見天祿目八「明板」漢書「五函五十册」篇目同前仿宋本摹印紙質頗佳而字拙墨淡惜不能稱之闕補傳三十三「四」傳五十九「六」

○明重刊元大德太平路學本見丁志前漢書一百卷「明重刊元大德太平路學本」班固撰正議大夫行祕書省瑯邪縣開國子顏師古注前有師古序例目錄每半葉十行行廿二字亦大名在下班固二字居大名之上謹案天祿琳瑯元板所列漢書帝紀十二卷年表八卷志十卷列傳七十卷前師古序例目錄後元孔文聲跋云云「文見前不錄」此板雖縮狹小然款式行數字數實與九路刊者相同當從太平路學本重刻余所見者漢書之外則有甯國路刊後漢書池州路刊三國志信州路刊北史瑞州路刊隋書「即饒州路」建州路刊新唐書「即集慶路」而南史五代史未能定爲何路黃佐南雍志所載均稱集慶路無從考證矣叢書舉要明重刊元大德太平路學本

○舊刻本見莫錄云半葉十行行廿三字刻印清整以朱墨錄徐亮直何義門兩家評校于上下端

○明南監刻本見培林堂目金目詳前孫目內編明南雍刊本丁目明南監本丁志詳前楊錄宋蔡琪本引瞿木夫宋本漢書附錄札記序曰明南監本漢書師古注多刪削不全以宋本校

毛氏汲古閣本師古注皆同可知毛本勝於監本但毛本不附蕭該音義劉宋等校語而以殿本校監本則知監本所附甚多遺漏又以宋本校殿本知亦尚不全云 邵注目監本 莫目南監嘉靖九年張邦奇江汝璧校刊 彙刻目明南北監本二十一史 漢書 叢書舉要明南監嘉靖九年張邦奇江汝璧校刊本 ○明北監刊本見內閣目前漢書二十六冊全漢班固撰國子監新刻 祁目漢書三十冊「一百二十卷班固撰顏師古注監本」 天祿目八詳前 培林堂目漢書一百卷北監板「又初板二十六冊」卅六冊 彭目 丁志均詳前 楊錄詳宋蔡琪刊本引吳槎客曰 莫目北監本 邵注目監本 彙刻目詳前史記南監本 叢書舉要詳前 ○明汲古閣刊本見金目詳前 孫目內編漢書一百二十卷漢班固撰唐顏師古注一明毛晉刊本 倪目汲古閣本三十四本又一部二十八本 吳記 黃賦注 清吟閣目均詳前又汲古閣前後漢書「顧千里手校」三十六本 曝書記 破鐵網均詳前 丁目汲古閣刊本 陸續跋詳宋蜀大字殘本 楊錄詳宋蔡琪本引瞿木夫曰 別本朱目漢書一百二十卷汲古閣刊又一部 邵注目云汲古本無三劉說 莫目汲古閣本無三劉說善 彙刻目汲古閣十七史 漢書 叢書舉要汲古閣十七史 漢書一百二十卷「二千一十八葉」 ○武英殿刊本見四庫箸錄內府刊本 倪目漢書一百二十卷三十二本漢班固撰武英殿刊本 曝書記拜經樓宋本漢書考異云武英殿刻漢書据慶元舊本云 丁目漢書一百二十卷漢班固撰武英殿刊本 楊錄詳宋蔡琪刊本云 邵注目 莫目殿本 彙刻目欽定二十四史 漢書一百二十卷「漢班固撰其妹昭續成之唐顏師古注即宋慶元附三劉刊誤宋祁校語本他本皆無」 叢書舉要 ○粵東陳氏覆刻殿本見丁目漢書一百二十卷漢班固撰粵東陳氏覆刻殿本 莫目 彙刻目詳前殿本史記 叢書舉要 ○江寧書局覆刻汲古閣本見丁目漢書一百二十卷漢班固撰江甯書局覆刻汲古本 彙刻目五書局合刻彙印本 漢書「金陵書局依汲古閣本刊」 叢書舉要 ○成都書局刊本見彙刻目詳前殿本史記 ○掃葉山房本見莫目 叢書舉要掃葉山房二十三史 漢書一百二十卷 ○書業堂趙氏刊本見莫目 彙刻目詳前毛本史記 叢書舉要

附錄　白文本

○明德藩最樂軒刊本見邵注目明德藩最樂軒刊本漢書白文無注 傳批莫目云十行廿二字無注 叢書舉要明德藩最樂軒本 觀古堂藏書漢書一百卷內紀表志傳中分卷實一百三十卷明德藩最樂軒刊無注本每半葉十行行廿一字板心上有德藩最樂軒五字下有刻工名姓其刻工有與嘉靖十三年徐焴刻小字本唐文粹同者則是明嘉靖時刻矣取明南監本汪文盛本毛本殿本參校頗多異同長沙王葵園祭酒撰漢書補注時全錄以附入 ○明葛鼒刊無注本見邵注目勳案道州何子貞學使藏有此本經貞老手批余曾見之 ○明吳中珩刊本見邵注目詳後漢書 ○明陳明卿刊本見曝書記詳前元大德本 邵注目陳仁錫本 ○明鍾人傑校刊本見倪目三十六本明鍾人傑校刊明鍾本 曝書記詳前元大德本 邵注目鍾人傑本一百卷

附錄　評本

○明萬曆辛巳九年刊本見明范目漢書評林一百卷「刊本」漢班固撰唐顏師古注并序例明萬歷辛巳吳興淩稚隆輯校吳郡王世貞序「見存目」漢書評林一百卷「缺」明淩稚隆輯「存卷一至十二卷三十五三十六」 祁目漢書百家評林五十冊「一百十卷淩稚隆輯」 黃目史學類「見前」 天祿續編十五漢書評林「四函　二十八冊」明淩稚隆輯篇目見前宋板史部其彙輯如史記評林之例凡評者百四十七家又列古字借讀字同讀字爲字例一卷又增漢世係傳授圖國都地理圖南北軍圖刻于萬曆辛巳前有王世貞王宗沐茅坤陳文燭四序又一部「三函三十二冊」同上係一板彙印 徐目前漢書評林明淩稚隆三十本 培林堂目漢書評林三十一冊 王目前漢書評林一百卷淩稚隆輯「二十冊二套」 孫目內編一明淩稚隆評林本 彭目漢書評林二十四本 邵注目評林本一百卷注不全 ○明顧起元批評本見徐目前漢書評林明

顧起元批評三十四本　○明茅坤本見徐目漢書抄九十三卷明

茅坤三十本　○光緒庚子二十六年盧受堂刻王先

謙集解本見觀古堂藏書

班馬異同三十五卷　舊本或題宋倪思撰或題劉辰翁撰

目錄

宋陳錄類書類　班馬異辭三十五卷倪思撰馬考史評類

引同　元馬考史評類班馬異同三十五卷　明

陳目史論史漢異同六卷　萬卷堂目班馬

異同三十五卷宋倪思　祁目史評班馬異同

六冊三十五卷倪思輯劉會孟評　陳注鏤目史學類班馬異

同十册倪思三十五卷　述古堂目雜史班馬異同三十

五卷六本也是園目史論類同　季目宋倪思班馬異

同三十五卷　徐目通史倪思史漢異同補

評三十二卷十本　又補班馬異同三十五

卷宋倪思六本　浙錄史學類班馬異同二十五卷

刊本右宋寶謨閣學士歸安倪思撰今本有評點劉辰翁序

版本

勵案莫目云吳槎客有不全宋本又云喬鶴儕有元大德太平路刊

本疑涉漢書誤記非刊有史漢異同也

○明永樂中刊本見邵注目　○明嘉靖

丁酉十六年李元陽校刊本見范目史漢異同三十五卷

「刊本」宋倪思撰元劉會孟評明李元陽校永樂廬陵楊士奇跋云云弋陽汪佃跋見存目「史評類」班馬

異同評三十五卷「缺」宋倪思撰劉辰翁評「存卷二至十七卷二十九至三十五」　孫目內

編班馬異同三十五卷宋倪思撰明嘉靖汪佃刊本　孫記班馬異同卅五卷題宋倪思撰元劉

會孟評明李元陽校前有目錄一卷後有永樂壬寅楊士奇跋嘉靖丁酉汪佃序据楊汪二跋此書本名史漢

異同不題撰人姓名舊未有刻本李元陽付梓據文獻通考題作倪思改名班馬異同每葉十八行行十九字

史記大字作正文漢書小字注末後有嘉靖十六年歲次丁酉山人高濲覆校十五字　𦾔書記

班馬異同三十五卷嘉靖丁酉福建刊本蓋劉須溪評點倪文節公思之書也云云　帶經堂

目　班馬異同三十五卷「烏絲闌精抄本」宋倪思撰此本乃崐山葉氏小有堂抄明李元陽校訂本

每半葉九行行廿七字虞召弓先生收藏　陸志班馬異同三十五卷「明刊本」宋倪思撰楊士奇

跋「永樂壬寅」汪佃序「嘉靖丁酉」　邵注目嘉靖十六年汪佃校刊本据楊士奇跋內所稱此

書本名史漢異同不題撰人姓名李元陽付梓時据文獻通考作倪思並改此名　莫錄史記云四

月還金陵見肆中有史漢異同四册三十五卷亦嘉靖丁酉中谿校刊附此書後者其本出弋陽汪佃謂舊未

有刻本在吉郡貲鍾石少宰許手錄者詳其後序中且及中谿題評之刻尋當購而合之　莫目嘉靖

十六年李元陽汪佃校刊本楊士奇跋稱此書本名史漢異同不題撰人姓名据文獻通考題作倪思李刻因

改此名　○明萬曆刊本見邵注目云有劉須溪評淩稚隆補

評入存目　○明韓敬序刊本見丁志班馬異同三十五卷

「明刊本」宋倪思編劉辰翁評永樂壬寅八月楊士奇識云云舊有李元陽校弋陽汪佃跋本此則韓敬

所序刊也　莫目韓敬求仲序刊本勵案此天啓甲子「四年」閔齊祥刻劉辰翁九種本每半葉九

行行二十字前有韓序　○明刊本見倪目班馬異同三十五卷四本

宋倪思撰明刊本　○坊本見丁目班馬異同三十五卷坊本宋倪思撰

劉辰翁評點

史記漢書完正史類未完

四庫提要中之周亮工

陳垣

周亮工著述，四庫全書著錄五種，存目三種。其書影一種，四庫提要恆引之，稱其記述典贍，足爲文獻之徵。乾隆五十二年，覆勘四庫全書，詳校官祝堃因亮工所著讀畫錄有人皆漢魏上花亦義熙餘之句，特行簽出，認爲違礙。於是亮工著述之已著錄及存目者一律扣除，已刻提要之有亮工名者亦一律抽改。所改字數與原本同，則行款仍舊，倘增删過甚，而不挨篇改刻，則行款即有密有疎。此通行廣州小字本提要所以時與殿本異也。試舉關於錢謙益者一條爲例。

四庫提要每半葉九行，行二十一字，殿本以至廣州小字本皆同。惟廣州本別集類二十四第二十四葉，每半葉八行，行二十字或十九字，何也。則以祝允明懷星堂集提要自藝苑巵言以乞兒唱蓮花落詆之之下，原本有錢謙益一段，云：

錢謙益列朝詩集乃謂其晚益自放，不計工拙，興寄爛漫，時復斐然，所錄桃花塢歌之類，殆於釘鉸打油。朱彝尊明詩綜凡例，謂謙益無是非之心，是亦一端乎。

凡六十一字，今本删之也。顧何以知原本有此六十一字，民國十年秋，余得四庫館精繕提要底本六十册，不全，中有紀昀塗改筆蹟，所改多與今本同，而凡遇周亮工名，必行塗去，審爲乾隆五十二年以後刪改之底本。其懷星堂集提要即有此被刪錢謙益之一段，蓋四庫總目提要自乾隆四十七年初次告成，即付武英殿刊刻。至乾隆五十二年，因著錄書中仍有違礙之詞，乃將提要抽改。今殿本提要，乘乾隆五十七年四庫書全體告竣後，挨篇改刻，故無行款疏密之殊。惟廣州小字本由湖州沈氏本覆刻，湖州本由文瀾閣所藏初印殿本縮刻，後經挖改，行款不一，極易考見，然不能知所改內容。今特將原本周亮工各條錄出，以抉其隱，或亦譚四庫掌故者所樂聞也。

丹鉛餘錄　明楊愼撰　雜家類三　第二葉前

今本　計其平生所敍錄，不下二百餘種。

原本　周亮工嘗刊其書目，凡二百餘種。

所謂今本，指通行廣州小字本，湖州本俗稱揚州本同。所謂原本，指四庫館底本，即乾隆五十二年以前未改本。

此條文津閣書提要作其生平所著之書目凡二百餘種，文溯閣書則作流傳甚夥，世行書目凡二百餘種，皆避周亮工之名也。

又　同葉後

今本　書帕之本校讐草率譌字如林。

原本 周亮工書影稱其譌字如落葉。

此條文津本作或者稱其訛字如落葉，文溯本則作鋟板失於校讎，其訛字如落葉。

疑耀 明李贄撰 雜家類三 第七葉後

今本 相傳坊間所刻贄四書。

原本 周亮工書影稱贄四書。

此條文溯本作贄書多出依託，如四書云云。文津本則删去周亮工以下三十字。

封氏聞見記 唐封演撰 雜家類四 第六葉前

今本 後人不察有稱云云。

原本 周亮工書影稱云云。

以上各條，今本所改字數與原本同，故不見改板痕迹。惟此條殿本及文津文溯本皆漏改，是窺原本一斑。

說郛 明陶宗儀編 雜家類七 第二一葉後

今本 因樹屋書影稱。

原本 周亮工書影稱。

此條祇改周亮工三字，以書影二字不甚刺目也。惟殿本則删去周亮工以下三十字，文津本删去尤多，文溯本則改爲或謂曾見秦淮六字。

雞肋 宋趙崇絢撰 類書類一 第四二葉後

今本 方中德之古事比，其體例實源於此。

原本 周亮工之同書，其體例實源於此。

此條今本多一字，故字數特密。惟殿本無之字，而有挖改之痕，文津本則改爲朱謀㙔之駢雅，文溯本則改爲陳元龍之鏡原，皆爲避周亮工名也。

空同集 明李夢陽撰 別集類二四 第二六葉後

今本 因樹屋書影載。

原本 周亮工書影載。

殿本删此六字，文溯本則改作朱彝尊詩綜載，文津本漏改，亦未删。

妙遠堂集 明馮之駿撰 別集類存目七 第二葉前

今本 萬歷季年，文體漸變，竟陵鍾惺譚元春，倡尖新幽冷之派，以詩歸一編易天下之耳目。鍾譚之名最盛，後來受詬亦至深，之駿於鍾惺爲同年，亦與王穉登之子留造作新聲，務以鮮豔秀異相倡和，均別派也。之駿與留名不甚盛，故所作亦如花香草媚，不久而自萎，談藝者遂不復抨擊，此集蓋偶爾得存耳。殿本無第二鍾字及而字

原本　周亮工書影引張裴居之言曰，新野馬仲良同鍾伯敬起家庚戌進士，自造新聲，偕吳門王留亦房唱和。其詩抉鏤性靈，鮮警秀異，足以移易一世。王馬之名，宜與鍾譚並，乃世惟曰鍾譚，不及二子，則爲仲良者，不幸而詩不播于天下爲風氣所歸，抑幸而不列楚中得免世詆訶耶。觀亮工所記，即之駿之詩可知矣。

此條百二十字，今本所改少三字，行款不異，蓋末行一字可作一行，惟殿本少五字，故少一行。

青溪遺集　清程正揆撰　別集類存目八　第五葉前

今本　又有題正揆畫詩。

原本　又有爲周亮工題正揆畫詩。

此條雖刪四字，然今本此三葉行數特密，每半葉十行，蓋他條另有添改也。

貽清堂集　清張習孔撰　別集類存目八　第五三葉前

今本　施閏章序其詩。

原本　施閏章序其詩，而周亮工敘其文。

此條刪去一句七字，適在末行，故行數不異。惟殿本則並刪施閏章句，減少一行。

陋軒詩　清吳嘉紀撰　別集類存目九　第三一葉後

今本　其詩頗爲王士禎所稱，後刊板散佚。

原本　周亮工爲之刊板，王士禎亦亟稱之。

此條殿本所改同。

漢魏六朝百三家集　明張溥編　總集類四　頁五一葉後

今本　明之末年，中原雲擾，而江以南文社乃極盛。其最著者艾南英倡豫章社，衍歸有光等之說而暢其流。陳子龍倡幾社，承王世貞等之說而滌其濫。溥與張采倡復社，聲氣蔓衍，幾徧天下。然不甚爭學派，亦不甚爭文柄，故著作皆不甚多。溥所撰述，惟刪定名臣奏議及此編爲巨帙。名臣奏議去取未能盡允，此篇則元元本本，足資檢核，溥之遺書，固應以此爲最矣。

原本　周亮工書影曰，西蜀楊升菴太史著書至二百餘種，豫章朱鬱儀中尉著書至一百十二種，當時曾未聞有茂陵之求。張天如雖一時名流，然無多撰著，當時至見之章奏，求其遺書，人有幸有不幸如此云云。其於溥頗致不滿。今案溥所論著，率不出當時坊刻之習，誠可付之無譏。若此一篇，則原原本本，足資檢核，實遠勝其他作，雖使肩隨於二人，固亦無不可矣。

此條百三十九字，今本與原本字數適同，可見其有意遷就行款。惟文津本此條漏改，尙留原本遺迹，文溯本則自周亮工以下，悉數删除。

唐詩解 明唐汝詢撰 總集類存目三 第四十葉前

今本 書影曰。

原本 周亮工書影曰。

此條删去三字，故今本此二行字數特疎，惟殿本則六字全删去。

三蘇談 清高阜撰 總集類存目四 第五葉前

今本 祥符人。

原本 祥符人，與周亮工友善，此書以爲絲欄繕寫，板心有賴古堂字，猶亮工家舊鈔本也。

此條删去二十九字，然不見改板痕迹，蓋前後條各添一字，一字遂占一行。

全閩詩話 清鄭方坤編 詩文評類二 第二十葉後

今本 尚以其全作七言律體，辨其出於依託。

原本 尚引周亮工書影之說，辨其出於依託。

此條殿本文津本同，惟文溯本則作爲三山志所載者，亦能辨其出於依託。

右關於周亮工者凡十五條。

祝氏事偶 明祝彥撰 類書類存目二 第九葉後

今本　大致與後來方中德古事比約略相似，而不及其精密，每條後云云。

原本　後來李清之諸史同異，周亮工之同書，其體實權輿於此。然彥採摘疎略，既不能及李周二書之精密，而每條後云云。

此條今本少十九字，不見改板痕迹。惟殿本作大致與同時陳禹謨之駢志約略相似，而不能及陳書之精密云。

有關於周亮工與李清者一條。

李清著述，四庫始亦著錄，與周亮工同。乾隆五十二年覆勘庫書，先發見清所著諸史同異，以順治與崇禎相比，認爲悖謬，遂將清所著各書撤出。惟提要稱引李清之處不如周亮工之多。此外曾見一條，亦被删汰，附錄如後。

懿行編　清李清撰　雜家類存目十　第一葉後

今本　揚州興化人。

原本　揚州興化人，李清之從弟也。

今本删去李清之從弟也一句，故後三行字數特疎。

有關於李清者一條。

凡此所列舉，雖與殿本閣本時有不同，然删除周亮工李清諸人名字則一，非覩原本，孰知其所删者爲何。惜余所見僅得半部，未能全校。然因此提要行款疎密之疑問，略得解答，何快如之。原本尚有周亮工等著述提要多篇，今本悉已扣除，兹選錄二篇，亦前此未經發表者也。

賴古堂藏書 無卷數 浙江巡撫採進本

國朝周亮工編，其子在都續成之。亮工有閩小紀，已著錄。是書凡十種，一曰吉祥相，周坦然撰。二曰釋冰書，孫汧如撰。三曰皺水軒詞筌，賀裳撰。四曰六研齋二筆，李日華撰。五曰陳子旅書，陳璜撰。六曰客座贅語，顧起元撰。七曰强聒錄，彭堯諭撰。八曰人譜，劉宗周撰。九曰三十五忠詩，孫承宗撰。十曰漁談，郭欽華撰。在都凡例稱亮工嘗欲刻藏書百種未就，在都因先鐫爲此集，餘當次第續全。蓋一時雜採而成，苟盈卷帙，故絕無所持擇云。

右在雜家類存目十一。竹裕園筆語後。

賴古堂詩集四卷 江西巡撫採進本

國朝周亮工撰。亮工有閩小紀，已著錄。亮工所著書影，載論詩諸條，皆極排七子，其賴古堂印譜，並有一私印曰不讀王李鍾譚之詩。故其詩多刻意爲新語，而所作終不逮其所論，去王李誠遠，去鍾譚咫尺間耳。王士禎所稱亮工詩，花開今十日，酒冷古重陽之句，今載此集中。然是亮工述其友之作，非亮工詩，蓋士禎誤記也。

右在別集類存目八，古處堂集後。

閩小紀等提要，民國二十年滬上曾有四庫抽燬書提要稿印行，故不復錄。惟抽燬對全燬言，謂書中有一葉或數葉應抽出燬板也。若周亮工李清之書，除諸史同異有旨銷燬外，其他雖經奏燬，實祇撤出或扣除，撤出對著錄言，扣除對存目言。今故宮此類書繕本既殘留多種，可爲未燬之證，故此等提要，應名四庫撤出書提要，或四庫扣除書提要，較爲得實。附識於此，以諗高明。民國二十五年九月，新會陳垣。

康熙與羅馬使節關係文書

康熙四十四年及五十九年羅馬教王格勒門第十一兩次使節來華事，漢文記載極少，中國教會史敘述亦極略。今所影印者，即爲關係此事之文書，共十四通，皆有康熙親筆刪改處，爲可寶貴之史料，原存宮中懋勤殿。十二開宣紙影印一册，每册一元二角。

四庫全書目錄類小序注

李文裿

清代四庫全書爲一代鉅製，有功於學術者實深，即以部居而言，久爲圖書分類者所宗。其總目提要，各類冠以小敘每部則更繫以總敘，其中史部目錄類敘，則不啻目錄學之簡史，間嘗爲之注釋，以求讀者之易解，間有異說，亦附以攷証，非敢有駁前賢也。

鄭玄有三禮目錄一卷，此各所昉也。

鄭玄字康成，後漢高密人，爲治經名家，人稱後鄭，（鄭重爲先鄭）著書凡百餘萬言，唐貞觀中從祀孔廟。三禮目錄凡七十二篇，引見賈公彥儀禮周禮正義，孔穎達禮記正義。原書今佚，清孔廣林有輯本，依隋唐志訂爲一卷，見鄭氏佚書，漢魏遺書，通德佚書所見錄，漢學堂叢書。

按文選王康琚反招隱詩註，引「別錄列子目錄」；又任昉爲范始興求立大宰碑表注，引七略曰：「尙書有青絲編目錄」；據此，謂目錄之名起于前漢向歆校書之時，可以無疑。然則始於鄭玄之說其不確歟？

其有解題，胡應麟經義會通謂始於唐之李肇。

胡應麟字元瑞，明蘭谿人，萬曆丙子舉人，以依附王世貞得名，經義會通者，亦稱經籍會通，乃其生平致據雜說總集之少實山房筆叢十六種中之第一種，論古來藏書存亡聚散之迹，凡四卷。

李肇，唐元和中翰林學士。著有經史釋題二卷。

案漢書錄七略，書名，不過一卷，而劉氏七略，別錄至二十卷，此非有解題而何？

漢書，班固撰，其妹班昭續成之，中有藝文志一卷，云、「劉向司籍，九流以別，爰著目錄，略序洪烈」；又云：「今刪其要，以備篇籍」。

劉向字子政，本名更生，楚文王之後，漢元帝時爲中壘校尉。嘗校書天祿閣，每一書已，輒條其篇目，撮其指意，錄而奏之。後乃集爲一編，成七略別錄二十卷。其書隋唐皆有著錄，學者且多徵引，殆亡於北宋。浙江省立圖書館印珍本叢刊，有清姚振宗快閣師石山房叢書中七略別錄佚文一卷，爲輯本中之較善者。

隋志曰：「劉向別錄，劉歆七略，剖析條流，各有其序，推尋事迹，自是以後，不能辨其流別，但記書名而已。」其文甚明，應麟誤也。

隋書爲唐初魏徵等奉敕撰，隋志指隋書經籍志。此志成于長孫無忌之手。所引見經籍志簿錄篇，中遺「疑則古之制也」一句。

別錄卽七略別錄之通稱。劉歆字子駿，後名秀，字潁叔，向子與向領校秘書。班志云：「哀帝復使向子歆卒父業，歆于是總群書而奏其七略。」七略原書七卷，隋唐間亦有著錄，殆與別錄同佚；快閣師石山房叢書之第二種爲七略佚文一卷。

今所傳者以崇文總目爲古，晁公武，趙希弁，陳振孫并准爲撰述之式。

崇文總目，宋王堯臣歐陽修等奉敕撰，蓋崇文院三館及秘閣藏書併合著錄者也。亦稱秘書總目。共收書三千六百六十九卷，分類編目，總成六十六卷，或云六十七卷，六十四卷，六十卷，六十二卷，六十五卷。是全本已不甚行，若存若亡，幾希湮滅。及清修四庫書，自永樂大典中採輯佚文，成十二卷。另清錢東垣等五人，合編輯釋五卷，屢經收入叢書刊行，可推爲現行之善本。

晁公武字子止，宋鉅野人，官至敷文閣學士。趙希弁袁州人，宋太祖九世孫，爲四川轉運使。家多藏書，悉舉以贈公武。公武乃躬自讎校，疏其大略，成書六卷，以方守榮州，故名郡齋讀書志。嗣書散佚，而志猶存，淳祐間，希弁即其家所藏書目參校，刪複益闕，爲附志一卷，重刻之，是爲袁本。時公武門人姚應績所編蜀本在衢州刊行，是爲衢本。當時二書并行於世。

陳振孫字伯玉，號宜齋，宋安吉人，始仕州郡，終官侍郎。當時藏書最多，自莆（福建）傳錄舊書至五萬一千一百八十卷，仿讀書志作解題，極其精詳。不幸佚傳，惟永樂大典中尚載完帙然非舊觀。清初詳加校定，重整之爲二十二卷。

惟鄭樵作通志藝文略，始無所詮釋，併建議廢崇文總目之解題。而尤袤遂初堂書目因之。

鄭樵字漁仲，宋莆田人，居夾漈山中，因以爲號，又自稱西溪逸民。於目錄學之見解，主張「類例既分，學術自明」，因或疑建議廢崇文總目序釋。所撰通志書成，入爲樞秘院編修，藝文略爲通志二十略中之第十五。按崇文總目之無序釋，與鄭氏初無關係。四庫提要蓋本朱彝尊之說。抗世駿道古堂集卷二十五已曾駁之，錢大昕十駕齋養新錄卷十四，攷之尤詳。尤袤字延之，宋無錫人，紹興十八年進士，官至禮部尚書，諡文簡。其遂初堂藏書，陳振孫稱「爲近世冠」。惟所著錄書目，皆無解題故僅一卷。

自是以後，遂兩體并行，今亦兼收，以資攷核。

按四庫目錄類，兩體共收十一部，四百二十四卷。（一）崇文總目十二卷；（二）郡齋讀書志四卷，後志一卷，攷異一卷，附志一卷；（三）遂初堂書目一卷（四）子略一卷，目錄一卷；（五）宜齋書錄解題二十二卷；（六）漢書藝文志攷証十卷；（七）文淵閣書目四卷；（八）授經圖二十卷；（九）欽定天祿琳瑯書目十卷；（十）千頃堂書目三十二卷；（十一）經義攷三百卷。

金石之文，隋唐志附小學，宋志乃附目錄。今用宋志之例，幷例此門，而別爲子目，不使與經籍相淆焉。四庫書目於目錄類下，分爲兩屬，如上所述十一種是爲經籍之屬，其攷証法帖原委，叙述石經本末者爲金石之屬，凡三十六部二百七十六卷。隋唐志及宋志，指隋書經籍志、唐書經籍志，新唐書藝文志，及宋史藝文志。唐書晉劉昫等奉敕撰，新唐書宋陽修宋祁奉敕撰，宋史元托克托等奉敕撰。按宋志之例，不可用也。宋史之舛謬百出，不足依援，姑無論夫目錄之學，自始卽以書籍爲特徵，與一般名目簿冊不同，隋志曰：「古者史官旣司典籍，盖有目錄」。其精神則出入于全體學科之間，如劉向之「條篇目，撮旨意」是也。玆不以此爲部居之標的，而誤取準于書籍之形式，收金石于目錄之下，乃形成雜亂之交錯分類（Cro-ss-Division）裒集古刻，條列名目者，可入目錄；叙述書畫條列品目者乃不可入目錄（入子部藝術類）歐陽集古錄入金石；嘯堂集古錄乃入譜錄；薛氏鐘鼎款識乃又入小學！可見目錄欲統領所有目錄形式之書而不能，金石所應統領之書反裂置數處。是不使相淆，乃相淆愈甚矣。謬見以爲總括金石之書置于藝術或譜錄之下，儘優于列入目錄也。輓近史學發皇受西洋論義之影響，考古學取舊有之金石學而代之。故國立北京圖書館暫編分類法特定古器物學獨立一門，劉國鈞中國圖書分類法于史地部中專闢古物學一大類（七九〇）。此誠析分類例所必然之新趨勢焉。

四庫提要宣室志考證

葉德祿

四庫小說家類載宣室志十卷，補遺一卷。提要云：『唐張讀撰陳振孫書錄解題稱「讀字聖朋」。唐書藝文志載讀建中西狩錄十卷，註曰：「讀字聖用」。朋，用字形相近，義亦兩通，未詳孰是也。

按書錄解題云：『讀字聖用』。郡齋讀書志作『字聖朋』。舊鈔本，衢本讀書志作聖明。明爲朋之誤也。通考引讀書志亦作聖朋。提要誤讀書志爲書錄解題。新唐書一六一張薦傳及藝文志均作『字聖用』。朋，用形近而訛，應從新書及書錄解題作聖用。

『深州陸澤人，舊唐書附見其祖張薦傳中，稱其登進士第，有俊材，累官至中書舍人禮部侍郎，典貢舉，時稱得士，位終尚書左丞。新唐書藝文志則稱爲「僖宗時吏部侍郎」。高彥休唐闕史，亦稱「侍郎讀爲員外郎張休復之子，（原註云案舊書作希復）牛僧孺之外孫，年十九登進士第」。不言爲吏部禮部，以典貢舉之文證之；蓋新唐書爲誤矣。

按舊唐書一四九張薦傳及新書薦傳皆云：『深州陸澤人』。書錄解題則謂『讀常山人』。權載之文集二二禮部尙書張公墓誌銘序云：『常山張君諱薦，字孝舉』。又云：『君之先，漢常山景王耳之後也』。此書錄解題所本，蓋用其先世郡望也。新書薦傳云：『讀大中時第進士，鄭薰辟署宣州幕府，累遷禮部侍郎。中和初爲吏部，選牒精允，調者（殿本作調官）巧留二年，詔可，榜其事曹門。後兼弘文館學士判院事，卒』。新唐書一七七鄭薰傳云：『薰歷考工郎中翰林學士，出爲宣歙觀察使。懿宗立，召爲太常少卿』。是讀爲宣州幕府在懿宗即位之前，遷禮部侍郎則在咸通乾符之間，僖宗中和初爲吏部侍郎。唐闕史云：『張侍郎讀爲員外郎張希復之子』。獨言侍郎者，因讀先爲禮部侍郎，後爲吏部侍郎也。新書叙其官階可得考見。新唐書糾繆十二譏其事狀叢複，余謂志傳可資參照。新書未嘗誤也。提要引唐闕史希復作休復，今考文津閣，說郛，唐人說薈，知不足齋諸本，並作希復，無作休復者。說郛本題宣室志爲吳兢撰；唐人說薈本題張讀撰，並誤。

「是書所記，皆鬼神靈異之事。豈以其外祖牛僧孺嘗作玄怪錄，讀少而習見，故沿其流波歟？補遺一卷，舊本並題讀撰，然諸家書目皆無之，疑刊刻者摭他書所引載於後也。」

按權德輿撰張薦墓誌銘序云：『曾王父義皇，澤州治中。王父文成司門員外郎，贈國子司業。烈考不忒，揚州天長縣令，贈睦州刺史。代名儒學，至君章大。…有文集三十卷，犖犖然君子之詞也。…著史遁先生傳，臣節之貞厲見焉；纂十祖贊，家風之德善章焉。至若宰輔傳略，靈怪集，同僚籍寓居錄等，又數十篇，自成一家之言』。舊書薦傳亦言其有文集三十卷及所撰靈怪集等並傳於時。其靈怪集二卷，見新志小說家類。文成，鷟字。舊書鷟傳云：『祖鷟，字文成。聰警絕倫，書無不覽。…員半千謂人曰：「張子之文如靑錢萬簡萬中，未聞退時」。時流重之，目爲靑錢學士。…下筆敏速，著述尤多，言頗詼諧，是時天下知名，無賢不肖皆記誦其文。……新羅日本東夷諸蕃，尤重其文。每遣使入朝，必重出金貝以購其文，其才名遠播如此』。新傳亦云：『新羅日本使至，必出金寶購其文』。所著龍筋鳳髓判四卷，今存。朝野僉載三十卷，今存六卷。遊仙窟一卷，今存日本，蓋即唐時日使所購，或自新羅輾轉流入日本者；日文人多引以爲據，源順倭名類聚鈔引用尤夥。故近人謂日本文學受遊仙窟之影響甚巨也。

薦，讀祖。鷟，薦祖，皆以文名。薦有靈怪集；鷟有遊仙窟，皆誌怪小說也。則讀宣室志之作，可云得自祖傳。謂其爲外祖牛僧孺玄怪錄之流波，毋寧謂家學淵源。胡應麟少室山房筆叢三六曰：『變異之談，盛於六朝，然多是傳錄舛訛，未必盡幻設語。至唐人乃作意好奇，假小說以寄筆端』。其說甚是。志怪小說之作，爲唐時流行之風氣，讀之志宣室，受社會之影響最大，受外祖之影響，微乎微矣。稗海本附補遺一卷，全從太平廣記輯出。清末繆荃孫藝風藏書記八云：『宣室志十卷，補遺一卷，校稗海本。荃孫另輯補遺兩卷』。繆氏補遺，未見傳本。疑亦輯自廣記等書也。上海涵芬樓排印明鈔本說郛四一有節本，註云：『前三條今本未見』。按三條皆出廣記：李賀條見卷四九，叱金像條見卷一三六，鄭生條見卷三六六。繆亦嘗以廣記校稗海本，並輯補遺二卷。

『宣室之義，蓋取漢文帝受釐，召賈誼問鬼神事；然鬼神之對，雖在宣室，而宣室之名，實不因鬼神而立。取以題誌怪之書，於義未當。特久相沿習不覺耳。今特訂其失，庶讀者有考，無相沿用焉』。

按史記八四賈生傳云：『賈生徵見，孝文帝方受釐坐宣室。上因感鬼神事而問鬼神之本，賈生因具道所以然之狀』。並見漢書四八賈誼傳。史記集解云：『蘇林曰：「未央宮前正室」』；索隱曰：『三輔故事云：「宣室在未央宮之北」』。郡齋讀書志云：『纂輯仙鬼靈異事，名曰宣室志者，取漢文召見賈生論鬼神之義。苗台符爲之序』。直齋書錄解題云：『宣室者，漢文帝問鬼神之處也』。是宣室之名，雖不因鬼神立，而宣室實有鬼神之對，取以名誌鬼怪之書，固無不可。

據郡齋讀書志宣室志原有苗台符序。今本序已佚。台符兩唐書無傳，據王定保摭言知其與讀同爲少小以詞章著稱，又爲同年進士，復同佐鄭薰宣州幕府。二人出身經歷多相同。故讀書成台符得而序之也。摭言云：『苗台符六歲能屬文，聰悟無比。十餘歲博覽羣籍。著皇心三十卷。年十六及第。張讀亦幼擅詞賦，年十八及第。同年進士，同佐鄭薰少師宣州幕。二人嘗列題於西明寺之東廡。或纖注之曰：「一雙前進士，兩箇阿孩兒」』。台符十七不祿，讀位至正卿』。據此，則讀第進士時爲十八歲。新書謂：『年十九登進士第』者，誤也。又以『位至正卿』之文繹之，是讀嘗由太常少卿，升爲正卿者。新書叙其官階雖詳，亦未及此。

中華民國三十年雙十節嘉應葉德祿於故都李廣橋賃廬

記四庫提要辨證

三十三年中秋
借書雜記之一

張白珩

四庫提要辨證，史部四卷，子部八卷，共十二冊，二十六年排印本。武陵余嘉錫撰。嘉錫字季豫，前清孝廉，舉鄉試，民十七年以後，執講北京大學，今輔仁大學，藏書甚豐，著述有目錄學發微等書。此書全係辨證提要之錯誤，凡經史子集七百餘篇，今祇印出，史子兩部二百數十篇。嘉錫自謂少讀四庫提要，有所疑輒識之，如此三十餘年，積至二十許冊。自念平生於經學所得不深，集部書所涉獵未廣，讀之未徧，未易妄加論定。惟史子兩部，宋以前書，未見者少，元明以後，亦頗涉獵。因先就此兩部斐定之，畀之手民，以代鈔胥。則未出之藝術部也。考四庫提要成書以後，乾嘉諸儒，格於功令，不敢置一詞，惟姚姬傳頗詆之。（周壽昌說）而錢辛楣廿二史考異，潛研堂文集，答問，王西莊十七史商榷，孫怡谷讀書脞錄續編，嚴鐵橋漫稿等書，亦嘗有辨訂，頗致微詞，道咸以後，毀之者始多，陸存齋嘗欲撰正紀一書，俞曲園恐其罹禍阻之。然如許翰贊古小廬雜著，魏源古微堂外集，徐時棟煙嶼樓讀書志，周壽昌思益堂日札，勞格讀書雜識，李慈銘桃花聖解盦日記，荀學齋日記，（均在越縵堂日記中）讀諸史雜記，均加批駁。惜皆零條散記，未能勒爲專書。近人胡玉縉有四庫提要補正，孫德謙有四庫提要校訂，余未見傳本。嘉錫搜集證據，推勘事實，薈萃衆說，指謫摘謬，頗爲詳備。蓋提要一書，成於衆手，迫之以期限，繩之以考成，本無餘暇從容研究之功，不免因陋就簡之失。嘉錫序錄云，觀其援據紛繁，似極賅博，及按其出處，則經部多取之經義考，史子集三部多取之通考經籍考，即經陳書目，亦未嘗覆檢原書，無論其他也。及其自爲考索，徵引羣籍，又往往失之眉睫，如唐兩志，常忽不加察，通志玉海僅偶一引用，至宋明志及千頃堂書目，已憚於檢閱矣。甚至如顏叔秉燭，不知出於毛傳，（見裘求集註提要）說稱縊女，不知出於爾雅（見異物彙苑提要）作論衡之王仲任，不知有傳在後漢書，撰家訓之顏之推，不知已見於北齊史，（見論衡之史記，）謬猶嘗謂陸賈新語之胡纘之拾遺，未覺含抄困學紀聞，此皆見習聞者尚如此，其他疏漏，復何待言。蓋譏諸公，紬於時日，往往讀本終篇，粗得一義，便率爾操觚，因以立論，豈惟未嘗窮究全書，亦或不顧上下文理，此言實中其弊，可謂入室操戈者矣。大抵提要之誤有數端，一曰徵引疏漏，二曰常釋舛訛，三曰前後牴牾，四曰引證失始，五曰勦襲成說，嘉錫一一辨駁之，匡謬糾違，殆爲纂修諸臣之諍友也。

紀曉嵐閱微草堂筆記，於姚姬傳輩，嬉笑怒罵，無不盡戲謔揶揄之能事，雖偶飾莊語，實不掩其輕薄。四庫總目既成，其後奉旨編刻頒行，乃由紀氏一手修改，特其博洽，是其辭氣亦驕，率直書，不求諦審。且自名漢學，深惡性理，遂峻訶譏詆，攻擊宋賢，而不肯細讀其書。如謂朱子有意抑劉安世，於名臣言行錄不登一字，而不知原書探安氏言行多至二十二條。謂以呂惠卿之姦詐，與韓范諸人並列，而不知書中並無呂惠卿。謂楊萬里嘗以黨禁罷官，講學之家，終不引以爲氣類，故慶元黨禁，遂削其名，而不知萬里實於孝宗時乞祠不復出，並無因黨禁罷官之事。謂孔平仲不協於程子，諸學家百計排詆，終不能滅其著述（此條實隱詆朱子見珩璜新論提要）而不知朱子實未嘗詆平仲，且文集中有孔毅父談苑跋，於其著述，護惜甚至。謂唐仲友立身自有本末，其爲朱子所論劾，蓋以陳亮之譖構，周密齊東野語所載甚明，（見帝王經世圖譜提要）而不知密之所載，與朱子按狀皆不合。（以上節余氏序錄語）嘉錫一一爲之疏通辨駁，批穴導窾，非獨平反誣詞，實能箴肓起廢。淸儒自戴段汪中，始明目張膽，集矢宋儒，蔚成風氣，而其言均按之不實。至紀氏而大放厥詞，益無忌憚，張南皮輶軒語，謂四庫提要爲學問門徑之良師，嘉錫能廓而淸之，實一世之豪傑哉！

然嘉錫此書，多失之繁而不殺。如北齊書提要云，李百藥承其父德林之業，纂緝成書，猶姚思廉之繼姚察。此本緣飾之詞，辨證乃檢隋書李德林傳，舊唐書李百藥傳，謂于撰齊書事均不詳，而徵諸史通正史篇，以證提要之說。如異域錄提要云，以補亘古黃圖所未及，本是諛詞，數言可駁。辨證乃備徵何秋濤一言，以證明以前曾通中國。如荀卿之爲孫卿，徵顧炎武音轉之說，即可破提要避諱之解。而必廣引謝墉胡元儀之言，節外生枝。如楊倞之仕履先世，提要爲傳疑之詞。辨證博采郝懿行勞格之言，以及通鑑唐書，而仍不能定。又如提要謂北齊書大致仿後漢書之體，卷後各繫論贊，既云各繫，即謂皆有，云大致相仿者，以各繫論贊一端而言，固非謂史例全同范氏也。辨證謂百藥原書，每卷皆有論贊，體製全同范氏，不僅大致相仿，殊昧詞氣之詳。如提要謂陸賈新語，大旨皆崇王道黜霸術，以孔氏爲宗，漢儒自董仲舒外，未有如是之醇正，本已明白。辨證必廣引班固王充之言，以爲不待作提要時而始知其崇王黜霸，且仲舒之爲醇儒，千秋論定，劉子政尤比之於伊呂，章章在人耳目。提要之說贊賈已深。辨證必言董不如賈，提要所以贊賈者，未及其量。隨時抑揚，是非豈有定準？又旁引鐵樵漫稿之說而批駁之，益與提要無涉。新序提要意謂所引乘舟黍離二詩，不同毛傳，當用魯詩，又沿舊說，謂向世習魯詩。亦無大謬。辨證必詳考子政學問之廣博，非局於家學專習魯詩者，而仍不能定所引二詩爲何詩。辨新序亦如說苑之有所本，博引旁證，而失考於晉書陸喜傳。如此煩費，其例實多，或近深文，過爲毛舉，將欲敷暢其說，不避蕪穢之嫌，未始非才多爲累，而稍乖體要者矣。

四庫提要之正統觀念

柴德賡

四庫全書總目提要，集目錄之大成，爲後學之津梁，百數十年來，人無間言，亦以官書尊嚴，理詣難貢。近歲武陵余季豫丈撰四庫提要辨證，以四十年功力，攻二百卷提要，探原究委，錯誤立見。自辨證出，提要學術價值，勢須重加估定。余今所欲論者，四庫館臣之正統觀念耳。

清修四庫，名曰右文，實爲禁書，館臣兢兢業業，惟恐得咎，稍涉忌諱之處，無不先意承旨，摩挲剔抉。北平圖書館影印于文襄手札，皆商討當日修書函牘，不曰修書，而曰辦書，應付官差，意至顯著。故凡進呈著錄之書，率有抽改可能，而以史部爲尤甚。新會陳援庵師撰舊五代史輯本發覆，列舉四庫底本與定本同異，以見刪改之迹，實即四庫館臣刪改纂籍之通例。凡直接抵觸清室之書，既已禁燬無遺，其餘著錄存目之書，館臣不能一一刪改，輒於提要微發其意，正統問題其尤著者也。

正統問題，爲中國史籍一大糾紛，斤斤聚訟，多生是非，今時易勢異，學者不復措意。然論古之事，不能廢古之文，平情稱量，正統思想，影響中國歷史者，厥有二端。一曰謀國家之統一，一曰嚴夷夏之大防。

史家紀事，以事繫年，紀年之法，西人有公元，中國用年號。公元一而已，無政治意味。年號人各自主，用年號即爲奉正朔，故西史所認爲方便之事，至吾國史籍，則入主出奴，是非紛然。蓋當時政教號令，本不相統率，此目彼爲僭偽，北謂南曰島夷，盜憎主人，往往而有。然史家載筆，必取天下共主之年以紀之，即當分崩之際，亦必擇其可爲代表者以紀之，統一則爲正，偏霸則爲閏，故晉室猶存，苻堅不忘南牧，魏應天象，孫武引以爲慚，此春秋大一統之義，孟子所謂天無二日民無二王者也。如此大國，歷數千年，初雖由合而分，終至由分而合，不能再分，不忍再分者，不可謂非歷史之教訓也。

二　攘夷猾夏，黎庶左衽，古昔聖賢之所憂，亦自古以來所不能免。典午以後，疆宇分崩，稱帝稱王，興廢不常，然劉石慕容之流，不敢以正統自居。惟王通元經，乃尊中原而帝元魏，外託春秋之義，陰合時主之心，邪說所扇，聞者譏焉。劉知幾史通探賾篇力言中原之主，海內橫流，逃彼東南，更爲正朔，適使素王再出，南史重生，終不能別有異同。皇甫湜正集東晉元魏正閏論，亦謂魏氏恣其暴強，虐此中夏，此而帝之，則天下之士，有蹈海而死，天下之人，有登山而餓，忍食其粟而立其朝哉。二公之論，可謂壯矣。

及司馬溫公之撰通鑑，一反隋唐以來以北族為正統之觀念，遂以東晉宋齊梁陳紀年，此溫公特識，宋以前人見不及此，炎夏之辨，彰彰明矣。有宋一代，迭經外患，蒙古崛起，奄有中國，中國士大夫益知種族之不相容，國家之不可亡，故宋末遺民，齊項草野，抱首不顧者為獨多。明季陸沈，忠義士大夫，斷頭碎骨，血肉狼藉，其視死如歸之精神，可感天地，而泣鬼神。不幸而不死，則披髮行吟，終老江湖，哭冬青之樹，紀義熙之年，胸中耿然，一絲不可相掩。至清代民族思想，愈益發達，防之愈力，激之愈高，卒有辛亥之光復，此亦宋人心力培養之結果也。居今日而論正統，合統一與炎夏二者，一切可以不談，王莽也，武后也，曹操也，劉備也，彼皆中國人也，司馬溫公所不欲深論，固不必推波助瀾，為古人爭是非也。

四庫全書修於乾隆之世，清室本一統局面，乾隆又好大喜功，館臣著筆，於正統之說，不必有所顧忌，故凡官修書籍之提要，歌詠贊歎，邁湯武而越堯舜，極盡頌揚之能事。其論前代正閏，大抵拾前人牙慧，無關大體。如三國志提要云：

其書以魏為正統，至習鑿齒作漢晉春秋，始立異議，自朱以來無不是鑿齒而非壽。然以理而論，壽之謬萬萬無辭，以勢而論，則鑿齒帝漢順而易，壽欲帝漢逆而難。蓋鑿齒時晉已南渡，其事有類乎蜀，為偏安者爭正統，此孚於當代之論者也。壽則身為晉武之臣，而晉武承魏之統，偽魏是偽晉矣，其能行於當代哉。此猶宋太祖篡立近於魏，而北漢南唐蹟近於蜀，故北宋諸儒，皆有所避，而不偽魏。高宗以後，偏安江左，近於蜀，而中原魏地全入於金，故南宋諸儒，乃紛紛起而帝蜀，此皆當論其世，未可以一格繩也。

此論閃爍不定，多所顧忌，正坐胸中隔礙，不能快吐。如謂南宋諸儒帝蜀，由於魏地入金，指斥朱子以立論耳。然郝經北人，與宋為敵國，且為宋拘留十餘年，其撰續後漢書，亦黜魏而帝蜀，提要謂其敦尚氣節，學有本原，故所論說，多有裨於世教，寧非自相矛盾乎。惟館臣謂理屈於勢，自是身歷困難，有指而言。即此一語，可見修書諸臣立言準則。彼曹劉爭帝，各據一方，非統一之局，同屬華夏，無夷狄之禍，故於前人議論，兼容並蓄，不涉時忌。至於趙宋一代，與遼金元相錯綜，宋明三百年，與蒙古建州相終始，提要於此，極所關懷，凡涉宋遼金元明清國統者，均有一貫之主張，不肯一字放過，茲特分別述之：

一　關於宋者

春秋類李琪春秋王霸列國世紀提要云：

至於稱魯已滅之後，至秦漢猶為禮義之國，則自解南渡之弱。霸國之中，退楚莊秦穆，而進宋襄，則自解北狩之恥已亦楚與越於諸小國役，則又隱示抑金尊宋之意。

此言南渡北狩，抑金尊宋，深文周納，以相刺譏，是非固無足取，心術亦殊可鄙。大抵館臣於宋，惟恐其不弱，惟恐其不亡，非誠有惡於宋也，爲南明言之也。以時間論之，宋南渡延百五十年，南明僅得十八年，以情勢論之，固無不同。

易類存目一郭子章蠙衣生易解提要云：

至論遜討，謂懷愍不遜，故青衣行酒，徽欽不遜，故獻俘金廟，當時固執死社稷之說，爲晉宋大臣不學之過，尤紕繆不足與辨。

夫懷愍行酒，徽欽爲俘，此民族史上之大辱也，郭子章偶於論易時，微發其意，以爲遜之時義，非小儒所解。國家值喪亂之會，遭戎狄之侵，地非不廣，時有可爲，不妨易地以圖，徐謀恢復，何必固守一隅，身陷大辱，此自知人論世，非故作怪論可比。提要必斥爲紕謬者，非爲晉宋諸帝計，爲明莊烈帝言之耳。

莊烈殉國，北都傾覆，清兵乘機入關，奠定中土，自謂得之於李闖，非取之於明朝，爲得天下之正。然莊烈末年，內憂外患，交迫而至，當時朝臣，未嘗無建遷都之議者，清初亦有言崇禎不死，天下事未可知者，此正清室所惡聞，故提要抨擊甚力。而又不欲加以說明也。明史二七八萬元吉傳，弘光時，上疏曰：

及賊勢燎原，廷臣或勸南幸，或勸皇儲監國南都，皆權宜善計，而已有以邪妄議之者矣。由後事而觀，咸追恨議者之誤國，倘事幸不敗，必共服議者之守經。

林時對荷牐叢談三，萬茹茶奏疏條云：

大抵事須審時度勢，當關中旣陷，旋破三邊，渡河入晉，已成破竹之勢，燕京孤立無援，雖詔勤王，遠水不救，惟有急徹關寧勁兵，猶可背城一戰，至於親征避敵，撫巡江南，分藩閩浙，此皆萬全之策，誰秉鈞軸，誰筦中樞，陳演張縉彥欲逭罪得乎。然獨怪留心國計如范文貞，倪文正，李忠文，亦不聞宰執前議，痛哭排闥，何也。使遷長沙之謀，就挽洛陽之戈，雖盡瘁樂辱，只完得身事，于君國何補也。余所以嚼齒痛恨於光賊之阻撓，而於諸公，亦不能不追咎失算云。

觀林時　氏所論，正咎當時死守社稷之誤國，與郭子章所言，適相符合。林氏爲遺民中之老而壽者，其書於東林諸君意氣用事，不稍假借，其論此事，固非一人之私言。當時遺民，每當三月十九日野哭憑弔之際，未嘗不太息痛恨於崇禎之不南遷。全謝山作明毅宗南遷論，謂南遷無補於亡，其文中謂有李明睿者，至僞爲請南遷疏以自寄炫　可見當時人心，大體如是。館臣習聞此種議論，苟明社而可延，則天命其安歸，故於郭子章書，剔取此事，斥爲紕謬，其心思之周密，爲何如耶。

載紀類陸游南唐書提要云。

南唐元宗於周顯德五年，即去帝號，稱江南國主，胡恢從晉書之例，題曰載紀，不爲無理，游乃於烈祖元宗後主，皆稱本紀，且於烈祖論中，引蘇頌之言，以史記秦非楚王項羽本紀爲例，深斥胡恢之非，得非以南渡偏安事勢相近，有所左袒於其間乎，

夫國別爲史，列其主於本紀，史家通例，吳任臣十國春秋，十國各有本紀，提要譽之甚至，詎有班馬遺意，何獨於放翁之書，專事挑剔，蓋其意非僅爲南宋而發，亦以唐桂諸王與南唐有相似耳。南唐爲國，與夫閩楚，放翁南宋人，容有偏見，然元文類三三趙世延南唐書序云。

按南唐本紀，李氏系出憲宗，四世而國亡，據有江淮之地，僅餘三十年，卒不復振，而宋滅之。惟爲國褊小，紀其文物，當時諸國，莫與之並。稱南唐宋契丹締盟，虎視中原，晉唐之君，以臣子事之惟謹，顧乃獨舉拳拳於江淮小國，聘使不絕，嘗獻橐駝羊千計，高麗亦歲貢方物，然者文服唐之恩信，緣唐餘風，以唐爲猶未亡也耶。宋承五季閏統，目爲僭僞，故其國亡，而史錄散佚不彰，爲元康胡恢等，雖有所述，今復罕見，王山陰陸游，蔣處此書，最號有法，傳者亦寡。後世有能秉春秋直筆，究明綱目統紀之旨者，或有所考而辨之。

趙氏元代人，乃欲以南唐繼唐統，較之放翁，豈止左袒，明陳霆撰唐餘紀傳，清人陳鱣撰續唐書，皆有志於此，要出於人心之公，安能一筆抹殺耶。

別史類存目柯維騏宋史新編提要云：

託克托等作宋史，其最無理者，莫過於道學儒林之分傳，其最有理者，莫過於本紀終瀛國公，而不錄二王。及遼金兩朝，各自爲史，而不用島夷索虜互相附錄之例。至於元破臨安，宋統已絕，二王崎嶇海島，建號於斷檣壞艣之間，偷息於魚鱉黿鼉之窟，此而以帝統歸之，則景炎祥興以後，武庚稱亂之初，彼獨非夏商嫡冢稱號之自乎，何以三代以來序正統者不及也。

宋史修於元代，本紀終瀛國公，自是元人意見，與明史修於清代，止於崇禎，情況正同。然宋史非不錄二王，特不爲二王立專紀而已。二王者，吉王昰，瀛國公兄，德祐二年正月，升封益王，判福州，福建安撫大使。三月，瀛國公降，陳宜中等立昰於福州，年號景炎，後二年四月，殂於碙州。信王昺，瀛國公弟，德祐二年正月升封廣王，判泉州，昰敗，陸秀夫等復立衛王昺，年號祥興，衛王乃景炎時所封也。

廣益二王，雖僅各二年而亡，自是趙氏子孫，又宋之臣民之所擁戴也，比之於明，猶弘光，隆武，永曆也，廣益時

哲，永曆截長，使歲益二王得係獨統，元室不過自至元十九年始告統一，使弘光隆武永曆而係偽統，則順治一代，幾成閏位，此浩浩臣子所不忍言，亦即提要所謂不可行於當代者也，故必辨而闢之。

鮚埼亭集外編三七唐天祐紀年論云

漢亡而昭烈支一綫於蜀，梁亡而永嘉支一綫於郢，猶唐之太原，南宋之厓山，成敗修短不同，而其事同也。昭烈得為正統，則何氏之欲存永嘉亦宜，然儒者遺之，與劉崇等，以其在五代也，厓山則無可議矣。

全謝山深於民族思想者也。於厓山之覆沒，深致惋惜，於二王之為正統，以為決然無可議，提要哉二王崎嶇海島，

謝山撰張煌言尚書集序云：

當是時，以蠣灘鼇背為金湯，以鮫人蜒戶為丁口，風帆浪檝，窮餓零丁，而司隸威儀，一綫未絕，遺臣故吏，相與唱和於其間，其遇雖窮，其氣自壯，斯其所以為天地之所不能囿耶。

夫孤臣復國，極悲壯之事，不幸而敗，則厓山舟山，千古同嘆。如其成功，則南陽宗子，西蜀遺統，視為綱常所在，此史哲議論之所以不可情。謝山之論，正犯時主所忌，謝山集幸晚出，不為四庫館臣所注意，四庫於謝山亦僅於趙一清水經注釋提要略一及之，遂為漏網之魚，不然必在禁燬之列矣。

錢竹汀十駕齋養新錄七云：

宋史瀛國公紀繁冗無法，蓋采訪務博，而不知刪汰之失，推紀末附益衞二王事為得之。

錢氏重視二王事蹟，自是史家公論。錢於柯氏新編亦有微詞，提要僅以紀昰昺二王為柯氏罪，柯固笑而不受，錢亦不以為然也。

提要關二王事，所論尚多，如編年類陳桱通鑑續編提要云：

今觀其義例，於宋自太平興國四年平北漢，始為大書繫統，鄭瑗井觀瑣言，稱其本晦翁語錄，持論已偏。至於金承麟稱末帝，為之紀年，西遼自德宗以下，諸主年號，亦許為分注，雖各本史文，然承麟立僅一日，未成為君，西遼並無事蹟可紀，而必廁列其間，亦不免循名失實。蓋委曲以存昰昺二王，使承宋統，故輾轉相牽，生是義例，非千古公評。

又編年類胡粹中元史續編提要云：

又宋末二王不予以統，亦協其平，與鄭瑗井觀瑣言，乃曰：胡粹中元史續編又下於陳桱續編。德祐北遷，閩廣繼立，宋之統緒，猶未絕也，乃遽抑景炎祥興之年於分書，非綱目書蜀漢東晉例云云：何其偏歟。

陳胡二氏之書，所不同者，陳以二王為正統，胡則不予。鄭瑗是陳而非胡，提要是胡而非鄭。鄭瑗明代人，井觀瑣言四

庫子部雜家類存目。謂其考辨故實，品隲古今，頗能有所發明，在明人說部中，尚稱典核，惟論諸史紀年之例，尤傷駁
不足爲據云。統觀提要此語，蓋褒多而貶少，偏駁云云，特與元史類編提要相呼應耳，知非由衷之言也。
錢卓顯撰宋季三朝政要提要云：
其以理宗度宗瀛國公爲三朝，而殿益二王，則從附錄，尚例嚴謹。
又如乾隆御批通鑑輯覽提要云：
宋末昰昺二王，皆續延宋祚，紀年紀號，尤於限斷有關。
提要發明輯者，乃謂二王正統之存，寄以爲爵。此一觀念實本不可破，合則舉之，否則斥之，館臣豈不知「二王爲宋之
嫡系，而又爲端祐之兄弟，必須使承宋之統，措辭嚴謹，故特著其史法以繩之」，蓋亦館臣之著意也。

二 關於遼金者

遼金兩代，幾與宋相終始，當其強盛之世，宋室奔走流離，不遑寧處。南渡以後，幸能自保，淮水以北，長淪異域
。然中原衣冠文物正朔之所在，仍在江南，及元人混一區夏，元之視宋，與遼金等，當時議論，頗有欲以北方系統者，
如元文類四五修端辯遼金宋正統一文云：

金泰和間，南宋寒盟，起無名之師，侵逾唐鄧宿泗，章宗分遣偏兵，非淮漢荊蜀之間「大爲所敗，宋遣臣方信孺等卑辭
告和，請稱爲伯，進獻歲幣，獻臣韓侂胄之首，至於闕下。是時中原連年豐稔，五穀不登，山東盜起，章廟深用自責
，每以偃兵息民爲念。乃詔百官議，曰，朕聞海陵有言，我國家雖奄四方朝貢，宋猶假息江左，亦天下兩家耶，故
有親征之行。彼時宋人兵起無名，猶當伐之。今已敗衂，宋懲畏而服，思欲修好，其事如何。群臣下有議者進曰，昔
向者靖康間，宋祚已衰，其殘魂餘魄，今雖據江左，正猶昭烈之在蜀，不能紹漢氏之遺統明矣，於是宋爲和議定。

又云：

泰和初，詔翰林院，擬修遼史，後一南宋獻馘告和，臣下奏言，靖康間宋祚已絕，當承宋統，乃罷修遼史，以繼北中
，州士大夫間不知遼金之興，本末各異。向使遼史早成，天下自有定論，何待余言。

據修端所言，金人初欲繼遼，後欲繼北宋，是當時直以南宋爲閏位。修氏此文所主張者，以南爲宋，宋宗有異於昭烈
若事依泰和朝議，以金爲承宋統，亦非公論，故當以遼金爲北史，北宋爲宋史，南渡以後爲南宋史，其說主南北分列
，實亦揚北而抑南。自元季修史，楊維楨著正統辨，始一反其說，正統辨辭雖頗激，當時文宗不載，今陶宗儀輟耕
錄卷三載之，有曰：

今日之修宋遼金三史者，宜莫嚴於正統與大一統之辨矣。自我世祖皇帝立國史院，嘗命百一王鶚修遼金二史矣，宋亡又命詞臣通修三史矣。延祐天曆之間，屢勤詔旨，而二史卒無成書者，豈不以二史正統之議未決乎。夫其議未決者，又豈不以宋渡於南之後，拘於遼金之抗於北乎。吾嘗究契丹之有國矣，其初枯骨化形，戴豬服豕，中國之所不道也。至於阿保機，披其黨而自尊，迨耶律光，而其勢浸盛。契丹之號，立於梁貞明之初，大遼之號，復改於漢天福之日，夫遼固唐之邊夷也。乘唐之衰，草竊而起，石晉氏通之，且割燕雲以與之，遂得窺覦中夏，而石晉氏不得不亡矣，而議者以遼承晉統，吾不知其何統也。再考金之有國矣，始於完顏氏，實又臣屬於契丹者也。至阿骨打，苟逃性命於遺宋之世，遂敢萌人臣之將，而篡有其國，僭稱國號於宋重和之元，而議者又以金之平遼克宋，帝有中原，而謂接遼宋之統，吾又不知其何統也。命泰和之議，以靖康為游魂餘魄，比之昭烈在蜀，則泰和之議，固知其有遺統在江之左矣，而金欲承其絕為得統，可乎。好議君子，遂斥紹興為偽宋。吁，吾不忍道矣。我世祖平宋之時，有都遼歷不及漢，宋統當絕，我統當續之喻，是世祖以曆數之正歸之於宋，而以今日接宋統之正者自屬也。當時二大臣又有奏言曰，其國可滅，其史不可滅也，是又以編年之統在宋矣。論而至此，則中華之統，正而大者，不在遼金，而在於天付生靈之主也昭昭矣。然則論我大元之大一統者，當在平宋，而不在平遼與平金之日，又可推矣。而今日之君子，不以議公論定者自任，而又諉曰付公論於後之儒者，吾又不知後之儒者又何儒也。

夫當蒙古全盛之代，漢族陵夷之時，維楨力排眾議，主以宋為正統，何其壯也。明史文苑傳言帝修遼金宋三史成，維楨著正統辨千餘言，總裁官歐陽元功讀且歎曰，百年後公論定於此矣。嗣後柯維騏撰宋史新編，即本楊氏之說，以宋包舉遼金，談正統者，視為固然。四庫提要，則凡遇此等關鍵，必加抨擊。宋史新編提要云：

遼起滑鹽，金興肅慎，並受天明命，跨有中原，必元魏帝魏，進黜附朝，固褊之論。若夫南北分史，則李延壽之例，雖朱子生於兩宋，亦沿其舊軌，未以為非，元人三史並修，誠定論也。維騏強援蜀漢，增以正炎祚興，又以遼金一朝，置之外國，與西夏高麗同列，又豈公論乎。大綱之謬如是，則區區補苴之功，其亦不足道也已。

外國傳之名，起於宋史，當時遼金各自為史，西夏高麗等國，併入宋史，不曰四夷，而曰外國，識宋室無統治能力也。謝啟昆者，以宋為主，故遼金併列外國，此正楊維楨正統辨所主張者。朱彝尊曝書亭集四十五跋宋史新編後云：

柯氏撰新編，合宋遼金三史為一，以宋為正統，遼金附焉，升瀛國公益衛二王於帝紀以存統，正亡國諸叛臣之名以明倫，列道學於循吏之前以尊儒，歷二十載而成書，可謂有志之士矣。

朱氏此論　正與提要之說相反，官書安可盡信哉。

明史類存日鄧元錫函史提要云：

其尤甚者，南北史中，南朝全載吳晉宋齊梁陳，而北朝但有北魏，其北齊周隋，俱削其君臣不然，惟附錄王迪一人、宋遼金元四史中，惟錄宋元，亦不涉遼金一字，而十六國乃得立志，舛謬顛倒，殆難僕數。

提要引南北朝以比宋遼金，此元人思想，如修端輩所主張者也。然正統思想，隨民族思想以進步，柯邵皆生於明代，嘗受狄非虐之役，屆光復而得中國，非元宋以前人態度，其書有無史學價值，固屬問題，其思想則誠明代士大夫之思想也。提要續代官書，宜有貶語，皆曰，詣不同，不相稱謀，僅矣。

又紀事本末類陳邦瞻宋史紀事本末提要云：

書中紀事，既兼及遼金兩朝，當時南北分疆，未能統一，自當稱宋遼金三史紀事，方於體例無乖，乃專用宋史標名，殊涉偏見。

夫名從主人，事理之常，既曰宋史紀事本末，自當以宋為主，必責以三史紀事本本為名，非作者所願。提要強人所難，寧非一偏之見乎。陳氏以遼金入宋史紀事本末之內，提要斥之不已，而稱意斥其狄故遊者，責如通鑑，往往齊梁紀年，通鑑載北朝事，使閱者目迷心疑。顧提要於通鑑則一字不敢議，獨於後世之書，議其極嚴，毫不假借，總緣北朝事遼，遼金日近，清室於遼金，息息相通耳。

三　關於元者

遼金兩代，雖與宋分疆而治，究非一統之局，不過擬之如北魏北齊。提要為之爭統，意在扶立異族，為清室增地，言臨偏祖，請非迫切。至於元代，則勢與清無異，故凡涉及元代統系問題，提要絲毫不敢放過，如宋史紀事本末提要云：

元史紀事本末，邦瞻已別有成書，此內如蒙古諸帝之立，蒙古立國之制諸篇，皆事紀元初事實，即應析歸元紀之中，使其首尾相接，乃以臨安未破，一概列在宋編，未免限斷。

元史紀事本末提要云：

又於元明間事，皆以應入明國史，遂於徐達破大都，順帝駐應昌諸事，皆略而不書。夫元初草創之迹，邦瞻既列於宋編，又以燕京不守，元帝北徂，為當入明史，是一代興廢之大綱，皆沒而不著，揆以史例，未見其然。

陳氏宋元二紀事本末，於宋末明初之事，多不予元，提要以史例繩之，其意仍在民族問題也。惟陳氏書尚認元為正統，若王洙宋史質則盡削元統而不予，此非尋常細故。宋史質今不可見，提要別史類存目述其體例云：

是編因宋史而重修之，自以臆見，別創義例，大旨欲以明繼宋。非惟遼金兩朝，皆列於外國，即元一代年號，亦盡削之

•而於宋益王之末，即以明太祖之高祖，追稱德祖元皇帝，承宋統。大德三年，以太祖之曾祖，追稱懿祖恆皇帝者繼之。延祐四年，以太祖之祖，追稱熙祖裕皇帝者繼之。後至元五年，以太祖之父，追稱仁祖淳皇帝者繼之。至正十一年，即以為明之元年，且於瀛國公降元以後，以虞帝在漠地云云，傚春秋書公在乾侯，綱目書帝在房州之例。荒唐悖謬，讓指略見，自有史籍以來，未有病狂喪心如此人者，其書可焚，其版可斧，其目亦不宜存。然自明以來，印本已多，恐其或存於世，熒惑視聽，於世道人心之害，說得而闢之，俾人人知此書為狂吠，庶邪說不至於惑亂焉。

觀提要所述，宋史質蓋特別表現而作，乃表示思想之書，非史學之作。四庫意欲斥之，不得不述其書之大略，吾人今已知其大略，雖不見原書，亦無問矣。蓋代民族思想，追勝前代，王洙不過若干人中之一人，其著述又遠而為非注意耳。不啻就得志矣。然錢此書，特有其情。蓋以明太祖繼世統承，並臨清元一代為閏位，其威嚴猶甚，有昔甚嚴重。此四庫館臣，我等能忍，孰不可忍，於當故發撼而往評之，遂不覺其言之過很也。

考提要一書，其所失者，時亦有之，惟最痛恨者二人，一為李贄，見載書提要。以為罪不容誅，其書可燬，其名亦不足以污簡牘。一即王洙，所著同在一卷，同為別史一類。贄之開罪後世，乃誹謗聖人，與政教相悖，誅則忽涉遐想，其為創之說，有孔子所不敢，而清朝所斷斷不能容忍者，故其罪雖相等，情實加重。然此事不便明說，故遷以世道人心之害為辭。雍正朝文字獄，以浙江為多，雍正謂浙江風俗最壞，可見此等罪案，背叛大體如呂留良曾靜案，戮屍誅殺人不可勝計者即此類也。今日欲書絕本，猶或可見，宋史質則絕乎絕矣，雍幸提要採其大略，得見館臣有意之論，非書者所能知矣。茲舉編年類存目丘濬世史正綱提要云：

是書本方孝孺釋統之說，專明正統。起秦始皇帝二十六年，訖明洪武元年，紀世變事始之所由，於各條之事，隨事附論。然立說修辭殊不經，如紀年干支之下，皆規以一圈，中書國號，至元統則加以黑圈，附註至正，亦並係以起兵，則為白圈，其說以為本之太極圖之陰陽，至是天運由陰陽道復，陰盡消也。率臆妄作，為史家未有之變例，可知此說之王士禛池北偶談錄其蕪詞，殊為太過。而胡氏獨設忠稱其義嚴理到，括盡幽隱，深得麟經之旨。胡應麟史學佔畢稱春秋之後有朱氏，而綱目之後有丘氏，要稱許太史。丘濬號大學衍義補，而於稽古再造功多，閱者嫌惡，使後世亦深鄙其說。然其學術於政事頗有所裨益，非特于此書。雖元空為陰世，此之天地閉，以賢人隱，亦是明代士夫思想，十數胡應麟、胡輔等流，亦深相附驥，王士禛亦亟稱之。提要既斥其謬說，故引謝宗敬語以貶之，千秋之定論，非稍激論也。

編年類存目黃光昇昭代典則提要云：

是書起元至正壬辰，明太祖起兵，至韓宋龍鳳二年而止，編作紀年，皆係從提綱列削。其前四卷，自至正壬辰迄洪武建元以前，以明紀年，而元事則繫年附見，雖當時臣子之詞，然順帝北行以後，以明紀年可也。若至正戊申以前，非惟元祚未移，既然共主，即韓林兒諸將紛紜，明也亦自奉其號，乃於其初起兵時，即削元號，究非萬世之公論也。

又編年類存目[illegible]提要云：

是時建文帝雖遜位，故於己卯以後閏集，仍以洪武紀年，然建文於下列[illegible]當時[illegible]未足為[illegible]。若起壬辰至丙午，明號未建，順帝猶存，猶是元之天下，乃削去至正年號，惟書甲子，則僭偽太甚，於公議為不合矣。

按此附書皆紀明初事，不用至正年號，由於明代臣子之辭，若宋遺民之書甲子，不書年號，陶淵明早有此例，自宋[illegible]之[illegible]矣。又別集類[illegible]提要云：

不著撰人名氏，前有元初[illegible]序，[illegible]丙子[illegible]亡之歲，[illegible]至元[illegible]，而書丙子以繫年，蓋亦宋之遺民，故仿淵明不書年號之例，然淵明[illegible]惟題甲子，非以入宋之故，[illegible]集具存，故仁廉之辯考耳。

提要既知友仁為宋遺民，而不知題甲子為淵明之例，則丙子繫年九歲，正亡國此大義所關也，尚有何可議？況必題淵明在晉已用甲子，[illegible]不知甲子之[illegible]，[illegible]然[illegible]集用義熙年號，決不用永初元嘉年號，此即以心力相抵拒，[illegible]，亦[illegible]自以晉室世臣，[illegible]異代，豈得以同淵明乎，但淵明入宋不書宋年號，自此[illegible]以沮宋之於元，豈可與[illegible]氏與劉氏可比？提要強作解人，前既欲抑[illegible]而已，然提要於小類之不比此也，如春秋類之鄭玉春秋經傳闕疑提要云：

玉，歙人。元末除翰林待制，以疾辭。明兵入徽州，守將迫之降，玉不屈死，與余闕、李黼同時，可謂能明大義，不愧於殉節者矣。明鄭瑗井觀瑣言乃謂玉既不受元爵，自當仕明，謂之當生而不生，其說殊謬。伯夷叔齊，遺書具載，豈可以[illegible]所謂詩人[illegible]以殉之義哉。

按提要者大義[illegible]節論者[illegible]見各書，其[illegible]不[illegible]斥[illegible]為[illegible]強光玉為伯夷叔齊，過矣。

四　關於明者

謹案此提要所論，[illegible]正統觀念[illegible]持不移，若明代則直接與清室相關者也，然四庫明史提要云：

蓋[illegible]明中以後因仍[illegible]福王之[illegible]，[illegible]則須行以後，宣示綸綍，特命改增，聖人大公至正之心，以上洞三光，下昭萬禩，尤自有史籍以來所未嘗見者矣。

編年類御批通鑑輯覽附錄唐桂二王本末提要云：

如景炎祥興之不成為宋，而徒遯荒棄國者，始不能以濫竊虛名。仰見聖人之心體，如鑑空衡平，聖人之制作，如天施地設，惟循自然之理，而千古定案，遂無復能低昂而下於其間，誠聖無所謂此非一時之書而萬世之書也。至明季北都淪覆，宗大命已傾，福王竊位江東，僅及一載，史書上與天運，謂猶可援以特允分註其年，從建炎南渡之例。又唐桂二王，竄同昆蠻，逃難苟偷視，猶紛念其遺臣，亦紹明法始終，附綴書後，俾不致湮沒無傳。大哉王言，量同天地，尤非臣等所能仰贊一辭矣。

此兩提要，於保留唐桂諸王名字，備極頌揚。實則唐桂諸王，清室久已視為僭偽。提要凡為官書，盡諂媚之能事，此本環境所致，無足怪者。嘗閱御批通鑑提要，論胡身之注云：

深得注書之體，較尹起莘綱目發明，附和回護，如諧臣媚子所為，心術之公私，學術之真偽，尤相去[illegible]

提要以諧臣媚子四字，詆尹起莘，吾人每讀提要頌聖之文，何嘗無諧臣媚子之感，特人苦不自知耳。自四庫有此等正統觀念，流風所及，變本加厲，如汪日楨之撰歷長術輯要，即據李兆洛之撰紀元編，皆自明神宗萬曆四十四年以後，即用清太祖天命天聰等號，天啟崇禎，無復紀年，此亦諧臣媚子之所為，不可謂非四庫導之先路也。提要卷首載乾隆四十六年十一月廿六日內閣奉上諭云：

四庫全書館進呈宗室內閣宋隆、宋勃所撰擬昇國志，甚至大書帝號紀元於上，而以宋祖建隆等年號分注於下，尤為紕繆。夫梁晉漢周僭亂之主，享國日淺，且或稱臣稱兒稱孫於遼，分注紀元尚可，若北宋則中原一統，豈得以春秋分國之例，概分注於北遼之下。衡以此例，天命天聰，僻居關外，亦安得奉明號，在本朝諸臣修史之語，不免後世之譏，學者論評者哉，安可不慎乎。

民國十四年陳援庵師撰成二十史朔閏表，紀年之法，以存續統，其紀明代年號，於崇禎之後，繼以弘光，弘光之後，繼以隆武，隆武之後，繼以永曆，永曆十五年而後亡，適為順治十八年，故朔閏表中清代紀年，自康熙元年始，殆亦糾正汪李諸人之謬耳。丁丑變起，川桂滇黔為神州正朔之所在，吾人身居北平，追念當日桂王之艱辛，與夫中原遺民之所歸心，益覺朔閏表紀年之法，蓋有深意存焉。然則立言非為一時，史事又安可以成敗論哉。

民國三十四年端午節，於蒼山莊

四庫提要與宋史藝文志之關係

陳樂素

一

宋史藝文志八卷，序言：「宋舊史自太祖至寧宗，爲書凡四，志藝文者，前後部帙有亡增損，互有異同，今删其重複，合爲一志，益（刊本譌作蓋）以寧宗以後史之所未錄者，倣前史分經史子集四類而條列之；大凡爲書九千八百十九部，十一萬九千九百七十二卷。」四舊史者，太祖，太宗，眞宗三朝，仁英兩朝，神哲徽欽四朝及高孝光寧之中興四朝國史也。元人修宋史，有舊史爲據，且世祖以來，屢命修纂；然不能參互考證，博引旁徵，審愼增删，僅將舊史稍加排比聯綴，遂爾成書。旣病繁蕪，復嫌缺略。藝文一志，漏誤尤多。倪闇公，盧抱經，相繼補遺而未備；訂正訛舛，且乏專書，僅錢氏二十二史考異略會條舉而已。然宋國史旣已不傳，欲究天水一朝載籍，斯志畢竟猶未可廢也。

四庫提要分纂於衆儒，而紀曉嵐殫十年之力，一手删定。其於宋志，深致不滿而屢斥之。如崇文總目條云：「托克托等作宋史藝文志，紕漏顚倒，瑕隙百出，於諸史志中最爲叢脞。」劉賓客嘉話條云：「諸史藝文志，未有荒謬於宋志者。」類此批評，前後凡十餘見。又以其荒謬也，故於釣磯立談，小畜，欒城及西臺集等條，更申言其不足據，而當以晁陳二氏見聞最近者爲準。夫考證訛謬，以明其宜不可據，當也；然以鄙之也甚，遂竟有誤斥之者矣。如包孝肅奏議條云：「宋志載拯奏議十五卷，今此本爲拯門人張田所編，止有十卷，田序亦稱十卷，與史志不合；然宋志顚倒悖謬，爲自來史家所未有，不可援以爲據，殆誤衍五字歟？」案宋志，包拯奏議入別集類，成化本固作十卷而非十五卷，即殿本亦何獨不然；提要斯言，近於誣矣。

二

提要稱引宋志，前後逾三百條，能正厥失者，如 張淳儀禮識誤，賈昌朝羣經音辨，陳模東宮備覽，張行成皇極經世索隱，費袞梁谿漫志，金君卿文集，曾丰緣督集，並據原序或進書表牒，以證宋志卷數之譌。而鑑戒錄條云：「舊本前有劉曦度序，見趙希弁志，（指讀書後志，但後志非希弁撰，提要誤也），宋志遂以劉曦度鑑戒錄，何光遠鑑戒錄，分爲二書。」唐闕史條云：「書錄解題曰：彥休自號參寥子，唐藝文志註亦同，（案唐志實無此註），宋志載闕史一卷，註曰參寥子述，又載高彥休闕史，分爲兩書兩人，殊爲舛誤。」至黃彥平三餘集，則據豐城縣志，以知宋志作黃季岑，乃彥平之字，而字形相似，三餘誤作玉餘。他若胡瑗之周易口義與易解，孫覺之春秋經解與學纂，實則一書，而宋志誤分爲二。凡此皆是也。

惟周易口訣義條云：「唐史徵撰。崇文目曰：河南史徵，不詳何代人。晁公武讀書志曰：田氏以爲魏鄭公撰，誤。書錄解題曰：三朝史志有其書，非唐則五代人，避諱作證字。宋志又作史文徽，蓋以徵徽二字相近而譌；別本作史之徵，則又以之文互字相近而譌耳。今定爲史徵，從永樂大典，定爲唐人，從朱彝尊經義考。」案通考引崇文目，實作史證，不作史徵，且晁志已云唐人；又通志亦作史之證，提要定爲史徵，於之字尚無着落也。又橫渠易說條云：「宋志著錄作十卷，今本與宋志不合，然書錄解題已稱橫渠易說三卷，則宋志誤也。」案晁氏讀書後志及通考均作十卷，不獨宋志爲然，卷數分合有異同，不得遽謂宋志誤也。大易粹言條云：「方聞一，舒州人，淳熙中爲郡博士，時曾穜守舒州，命聞一輯爲是書，舊序甚明；經義考承宋志之誤，以爲穜作，非也。」案曾氏原序有云：「穜代匱龍舒，與二三僚友相與裒伊川家所發揮大易之旨者，集爲一書。」故書錄解題亦作曾穜集，是宋志未爲非也。蘇轍春秋集解條云：「宋志稱是書爲春秋集傳，通考則作集解，與今本合，知宋志爲傳寫誤。」案通考實作穎濱春秋集傳，不作集解，讀書志，書錄解題，亦皆作集傳，宋志傳寫不誤。

三

提要所稱引三百餘條中，除上述包孝肅奏議外，屬於提要錯誤，而非宋志原文者，竟逾三十事；是知目錄之爲事也，固不易言精密也。如：周易口義條，謂宋志載胡瑗易解十卷，實則原作一十二卷。吳仁傑易圖說，謂宋志作三卷，實則二卷。黃倫尚書精義。謂宋志作十六卷，實則六十卷。日講春秋解義條，謂宋志有王葆春秋講義二卷，實則三卷。張子全書條，謂宋志載張載有易說三卷，經學理窟十卷，實則易說十卷，經學理窟三卷。（見經解類）折獄龜鑑，謂宋志作二十卷，實則三卷。金樓子，謂宋志作二十卷，實則十卷。標題補註蒙求，謂宋志作八卷，實則三卷。涑水記聞，謂宋志作三十卷，實則作三十二卷。（見故事類）周子良冥通記，謂宋志作十卷，實則四卷。（見小說家類）駱丞集條，謂宋志載有百道判三卷，實則二卷。（見別集類）昌谷集條，謂宋志作李賀集五卷，實則集一卷，外集一卷。孫明復小集條，謂宋志作一卷，實則作孫復集十卷。縉雲文集，謂宋志作五十五卷，實則四十三卷。鄂州小集條，云：「羅願知鄂州，卒於官，劉清之為刊其遺稿，止六卷；史稱十卷，與原集不合，蓋宋史多譌不足據。」實則本傳作七卷，宋志作五卷，無十卷之說。勉齋集，謂宋志亦四十卷，實則作黃榦文集十卷。凡此皆卷誤也。

又如邵伯溫易學辨惑，謂宋志但題辨惑，無易學二字，實則原作周易辨惑。蕭楚春秋辨疑條，謂宋史載其春秋經解十卷，（案宋史無楚傳，此言史者，史志也），實則原作春秋經辨。竹莊詩話條云：「宋志有何谿汶竹莊詩話二十七卷，蓋即此書，惟今本二十四卷，或宋史誤四為七。」實則宋志作竹莊書話，不作詩話。（見小說家類）亢倉子條，謂宋志別有亢倉子音一卷，實則作亢倉子音義。此則書名誤也。玉泉子條云：「宋藝文志載玉泉子見聞眞錄五卷，與此本卷數不符，似別一書。」實則宋志玉泉子一卷，見雜家類，書名卷數正相符；謂玉泉子見聞眞錄五卷，乃唐藝文志之文耳。李彌遜筠溪集條，謂宋志載彌遜集二十四卷，實則作彌遠，不作彌遜，蓋史臣避孝宗嫌名改；提要於此，固當有所說明也。

乙巳占略例條云：「宋志無此書，遂初堂書目，焦竑經籍志，亦僅載乙巳占，不云別有略例，檢永樂大典，絕無一字之徵引，可知明以前無此書；錢曾述古堂書目始以乙巳占，乙巳略例，二書並列。」實則宋志以李淳風乙巳占入五行，而乙巳略例十五卷，則列於天文類，宋時固已有此書矣。趙以夫易通條云：「經義考曰：宋志十卷。」實則經義考止言十卷，不言宋志十卷，志亦本無是書也。春秋通義條，謂宋志蹇遵品，王晳，家安國，邱葵，皆有春秋通義，實則原無邱葵通義。北狩行錄條，謂宋志以為蔡鞗撰，實則原但有蔡鞗北征紀實而無此書。其他若桐陰舊話，嶺外代答，均謂宋志作十卷，竇漢卿瘡瘍經驗全書條，謂宋志有竇太師子午流注，山水松石格條，謂是書宋志始著錄，林希逸鬳齋續集條，謂宋志載鬳齋前集六十八卷；實則桐陰舊話以下諸書，宋志皆未著錄。又汪文定集條，謂宋志載其集五十卷，實則為翰林詞章五卷。浮溪集條云：「汪藻集見於讀書志僅十卷，書錄解題始載浮溪集六十卷，而趙希弁讀書後志（應作讀書附志）

又增猥稿外集一卷，龍溪文集六十卷，共一百二十一卷，宋志並著於錄。」實則宋志僅載汪藻集六十卷耳，無猥稿外集與龍溪文集也。其錯誤有至於此者。

四

雖曰宋志荒謬不可據，而提要所稱引，固又有不少明以之爲依據者。其從永樂大典輯出之溫公易說，戴溪春秋講義及顱顖經，皆依宋志分卷。王弼老子註，張嵲紫微集，又書名之從宋志者也。崔子方春秋經解十二卷，則書名卷數且並從焉。（原云，卷帙書名，並遵宋史，按子方史無傳，是指史志也。）

至徐氏珞琭子賦注條云：「珞琭子賦始見於宋志，自宋以來，註此賦者，有王廷光，李仝，釋曇瑩及徐子平四家。子平事蹟無可考，獨命學爲世所宗；其註久無傳本，惟見於永樂大典中者，尚稱完帙，謹重加裒輯，釐爲上下二卷，以符宋志之舊。」案珞琭子三命消息賦，宋志作一卷，此書並見於紹興續編四庫闕書目及通志，固皆前乎宋志者也。至註此賦者，宋志唯李企一家，亦止一卷，曰徐子平撰，曰三卷，俱非宋志之舊也。熊克中興小紀條云：「依宋史所載原數，仍勒爲四十卷。」案宋史本傳未及此書，然則所依乃宋志也，而宋志實作中興小曆四十一卷，不作小紀四十卷。吳箕常談條云：「勒爲一卷，用還宋志卷目之舊。」案是書成化本宋志作二卷，殿本作一卷，宋志之舊，當爲二卷而非一卷。江淮異人錄條云：「宋史吳淑本傳載是書三卷，而書錄解題作二卷，宋志亦同，則列傳以二爲三，由字誤矣；今從永樂大典掇拾編次，謹依宋志，仍分爲上下二卷，以復其舊。」案此書成化本，殿本宋志，皆作三卷，與本傳正合；今分爲上下二卷，謂依解題則可，依宋志則不然也。尹河南集條云：「集凡二十七卷，與宋志所載合，讀書志云二十卷者，蓋傳寫之脫漏。」然宋志實作二十八卷，非二十七卷。蔡忠惠集條云：「宋志載蔡襄集六十卷，奏議十卷，通考則作十七卷，多寡懸殊，不應如是，疑通考以奏議十卷合於集六十卷，總爲七十卷，而傳刻譌舛，倒其文爲十七也。」案君謨集，讀書志作十七卷，通志三十卷，書錄解題三十六卷，卷數之異如此，通考之作十七卷，顯然據讀書志，固不能因宋志之數而謂其譌舛也。吳縝五代史記纂誤條云：「讀書志，書錄解題載此書五卷，宋志載叱書三卷。是書久佚，惟永樂大典頗載其文，採掇裒集，猶能得其次序；晁公武稱所列二百餘事，今檢驗僅一百十二事，約存原書十之五六，然梗概已略具矣；謹依宋史目次，釐爲三卷。」案旣言當以晁陳見聞最近者爲準，豈可因裒集所得較夥，便依較少之宋志卷數乎？

尚有一事，則宋志來源，提要似未深注意。如：鄭汝諧論語意原條云：「書錄解題載論語意原一卷，不著撰人，宋志因之。」案宋志著錄意原凡兩部；一作十卷，在張演魯論明徵之下，是蓋據宋舊史者也；一作一卷，黃榦撰，則元人修史時所增，而皆與書錄解題不相涉也。吳仁傑兩漢刊誤補遺條云：「通考載是書十七卷，宋志作十卷，殆修宋史時已佚其七卷，以不完之本著錄歟？」案此書爲宋志正史類五十七部之一，亦據宋舊史著錄者也；元人修史時，於正史類所增唯葛炳奎國朝名臣叙傳一部而已，焉能有不完本著錄之說哉？又洪炎西渡集條云：「炎與兄朋，芻，弟羽，號曰四洪；書錄解題載朋清非集一卷，芻老圃集一卷，炎西渡集一卷，宋史藝文志並同。此本分上下二卷，與陳氏所載少異，或解題傳寫之譌，宋志因之。」案謂宋史藝文志並同者，恐原意指通考，但其心目中似認定有誤必爲宋志，故下筆不自覺而然矣。實則宋志所著錄唯洪龜父詩一卷，旣無老圃，亦缺西渡，而乃以其因依解題爲疑；夫宋舊史固不據解題，即元人修志，若能並以解題等目參照，則訛奪諒不致如是其衆矣。至於提要多誤之由，或緣宋志缺誤太甚，便人目眩意惑，不得已稱引，遂易蹈其覆轍歟？然則正本清源，訂譌之作，蓋未可無也。

四庫全書簡明目錄箋迻

孫詒讓遺著

卷一

經部一

葛板十三經注　葛板近有杭州重修補印本。

仿宋相臺岳氏本五經注　岳本五經有明繙及國朝江南、貴陽、廣州、成都諸繙刻本，殿本有考證。

江西稽古樓巾箱本春秋三傳　稽古樓本江西于氏刊，十三經皆具，不止三傳。

葛鼐葛鼒刊十三經古注　按葛刻即永懷堂本，此重出。

本朝殿板注疏　殿本經疏，乾隆四年刻，每卷後附考證。同治十年，廣州覆刊。

【易類】

子夏易傳　子夏易傳有孫馮翼問經堂叢書，張澍二酉堂叢書，馬國翰玉函山房叢書諸輯本。

倪天隱周易口義　皕宋樓有明刊本，題安定先生周易口義十五卷。

程頤易傳　遵義黎氏覆元至正本易傳六卷，附呂氏繫辭精義二卷。

張浚紫巖易傳拜經樓吳氏有舊鈔本　吳本近歸皕宋樓。

朱子周易本義　皕宋樓有明仿宋本。

趙彥肅復齋易說　皕宋樓有舊鈔本，後多易象歸元一卷。

董楷周易傳義附錄　皕宋樓亦有元刊本。

胡方平易學啓蒙通釋　皕宋樓有宋熊禾勿軒易學啓蒙圖傳通義七卷，四庫未收。

俞琰周易集說　皕宋樓有元至正存齋刊本，不分卷。

俞琰讀易舉要　皕宋樓有易圖舉要元刊本。

保八易原奧義周易原旨　皕宋樓有朱竹垞鈔本二種，全。

黃澤易學濫觴　錢氏小萬卷樓叢書本。

龍仁夫周易集傳　皕宋樓有影寫元刊本。

解蒙易精蘊大義　案海山仙館刊惠棟易大義一卷，與此迥異，此誤記。

董養性周易本義原本十二卷　皕宋樓有元張清子周易本義附錄集注十卷，四庫未收，影寫元刊本。

倪元璐兒易外儀　外儀有粵雅堂叢書續刻本。

黃宗羲易學象數論　象數論有南雷門人新安汪瑞齡刊本，卷首標題無易學二字，疑不當有；亦不宜入經部。

黃宗炎周易象詞附尋門餘論圖書辨惑　案尋門餘論及圖書辨惑，有沈楙德昭代叢書刊本。

胡渭易圖明辨　錢熙祚守山閣叢書本，伍崇曜粵雅堂叢書本。張惠言易圖條辨一卷，茗柯集本。

周易乾鑿度　明范欽本亦佳。

卷二

經部二

【書類】

呂祖謙書說三十五卷　東湖叢記云：「增修東萊書說三十五卷，門人時瀾修定，後學趙善鏞。鈔宋刊本每半頁十行，每行大字十九，小字二十二。」又云：「黃蕘圃有千頃堂鈔本，後有大愚叟跋。」案太愚叟即呂祖儉別號。

金履祥尚書表註二卷　尚書註十二卷，歸安陸氏十萬卷樓叢書本，完全。

尚書大傳四卷補遺一卷　董豐垣輯本。陳本廣州新刊古經解彙函本，少洪範五行傳二卷。（煥楷謹案：陳本謂陳壽祺重校補本五卷）

王充耘書義主意張泰羣英書義　羣英書義及主意，並有粵雅堂叢書續刻本。

經部三

【詩類】

毛詩正義四十卷　嘉慶甲子木瀆周氏刊毛詩三十卷，附詩譜一卷，音義三卷，毛詩校字記一卷。

戴溪續呂氏家塾讀詩記三卷　錢氏小萬卷樓本。

魏了翁毛詩要義　近有唐炯刊本。

許謙詩集傳名物鈔　案蔣光煦東湖叢記有元盧觀撰詩經講集說六卷，影元鈔本，卷末有至正辛巳校梓一行。又引吳騫云：「千頃堂書目載元毛直方詩學大成，吾鄉周芚兮大令春，曾見元刊本，有毛直方自序，而不著撰人。」（煥椿謹案：此條與許書無涉，以其爲元人所著，故綴注於是目之眉端。）

經部四

【禮類】

周禮註疏　張孝達師云：「明仿岳本三禮，嘉靖間徐氏刻，今不多見。」明刊十六行十七字本，余家亦有之，前有汪道昆序，有音義，每句讀亦有小圈。

王昭禹周禮詳解　余家有鈔本。

李光坡周禮述註　近揚州書局重刻本。

李鍾倫周禮訓纂　刊本題纂訓。

楊復儀禮圖儀禮旁通圖　東湖叢記云：「有宋刊本」。

吳廷華儀禮疑義禮記疑義周禮疑義　三禮疑義，錢唐丁氏有鈔本，殘缺。

盛世佐儀禮集編　楮寅亮儀禮管見十七卷，粵雅堂續刻本，（煥椿謹案：此條註於盛書目後之眉上）

車垓內外服制通釋　四庫底本乃曝書亭鈔本，今尙在翰林院。

陳祥道禮書　余曾見孫淵如所藏元大字本，惜少一冊。

纂圖集註文公家禮　東湖叢記有宋刊纂圖集注本。

卷二冊尾　同治壬申，十一月朔日鐙下校畢此卷。某某。

卷三

經部五

【春秋類】

紹熙本春秋公羊傳注疏　紹熙本即余仁仲本，余本紹熙辛亥刻。

余仁仲本穀梁傳集解　余本近遵義黎庶昌仿刻於日本，極精。紹熙癸丑刊本與汪刻公羊行款正同。

春秋通義一卷　小萬卷樓本。

張大亨春秋五禮例宗　有粵雅堂續刻刊本。

沈棐春秋比事　東湖叢記云：「本刊本有嘉定辛未譚卿月，至元己卯王顯仁二跋，首題沈先生春秋比事。」

家鉉翁春秋詳說　陳仲魚跋云：「每卷題云音注全文春秋括例始末左傳句讀直解，凡七十卷。」東湖叢記云：「嘗見元刻四十卷本，題云春秋正經全文左傳増注句解，次行梅谿林叟唐翁，後學林仲連校定，每葉二十二行，每行二十一字。」

趙汸春秋金鎖匙一卷　東湖叢記有殘元本春秋透天關，存卷三卷四共二卷，不著撰人。又云：「補元史藝文志有楊維楨春秋透天關十二卷，千頃堂書目有晏兼善春秋透天關十二卷」。此未知何本？

陳樹華春秋經傳集解考證七卷春秋外傳考正二十一卷　東湖叢記云：「春秋內外傳考證五十一卷。」

經部六

【孝經類】

孝經鄭氏注　日本所刻孝經鄭注，實從羣書治要鈔出，岡田挺之序嘗言之，以校它書所引鄭注多不合，然亦必唐以前舊注，非日本人僞作也。

唐元宗御注孝經　永懷堂本單注孝經題鄭注，仍是玄宗御注，葛氏妄題。遵義黎庶昌得舊鈔卷子本開元御注孝經於日本，影寫付刊，與石臺本同，惟多元行沖一敘。

經部七

【五經總義類】

蜀大字本論孟孝經三經音義　蜀大字本尚書釋音，近遵義黎氏有影刻本，與黃本三經音義版式同。又江山劉氏履芬影宋刊本亦同。兩刻並據吳中潘氏影寫本。

明本排字九經直音　吳興陸氏十萬卷樓仿元刊本。

單刻尚書中候　尚書中候有學津討原本。

卷四

經部八

【四書類】

孟子正義　孟子外書四卷，熙時子注，函海藝海珠塵經苑並有刊本。吳氏拜經樓叢書，輯刻晉綦毋邃孟子外書注一卷。

日本刊本論語集解　黎庶昌云：「正平本卷末題堺浦道祐居士梓，正平甲辰誌，當中土元順帝至正二十四年。日本有別刻，題學古神德楷法日下逸人貫書。又有津藩有造經本論語集解，亦出舊鈔，異同處尤爲近古，天保中有縮刻本。」黎覆正平本與錢本正同。（煥椿謹案：錢本謂錢遵王藏本）

劉因四書集義精要　案蔣光煦東湖叢記，有殘元本四書總要，不著撰人名氏，馬衎齋思贊藏本，有馬氏手跋云：「宋婺源程先生所著」。元刊本每半葉十三行，行二十四字。

許謙讀四書叢說　東湖叢記有元刊本八卷，每半葉十六行，行二十四字。

張存中四書通證　東湖叢記有元刊本，每半葉十三行，行二十四字。

王充耘四書經疑貫通　此書余家有鈔本，有璜川吳氏收藏印。

蕭鎰四書待問　東湖叢記有元刊本，每半葉十四行，行二十三字。

經部九

【樂類】

江永律呂新論　余從歙汪仲伊茂才宗沂假得江先生律呂新義鈔本，其書凡五卷，與新論迥異，會錄副弃之。

蔡邕琴操　碣石調幽蘭一卷，陳時人所撰琴譜之一。黎庶昌得舊鈔卷子本於日本，影寫付刊。

經部十

【小學類】

宋刊單疏本爾雅　單疏本近吳興陸氏十萬卷樓已付刊。遵義黎氏庶昌影宋蜀大字本據日本仿宋刊本重刊。黎氏本原出後唐長興中國子博士李鍔書本，蓋經注版本之最古者，黎跋云：「日本有兩翻本」。

顧廣圻仿明吳元恭刊本爾雅注疏　顧仿宋本，今揚州有重刻本。

爾雅注疏　日本松崎復重刊北宋明道小字單注本。明天順胡深等刊注疏本。

宋咸李軌注小爾雅　案李軌小爾雅略解，今不傳，王煦小爾雅疏，迺誤認宋咸注爲李解，可笑也。

陳道人本釋名　余家有明呂柟仿宋陳道人本。

陸佃埤雅　桐城蕭茂才穆云：「有元刊本」。

王念孫廣雅音釋十卷　音釋十卷，十當作一，原稿已誤。

宋翔鳳小爾雅疏　案宋書名小爾雅訓纂，凡六卷，浮谿叢書刊本。

重修玉篇三十卷　遵義黎庶昌得舊鈔卷子本原本玉篇殘本于日本國，確爲顧氏原書，注多引古小學書，校重修本增十之五六，惜僅存十分之二，未爲完帙，近已影寫付刊。黎本僅存三卷又半卷。黎跋云：「日本西京某氏尚有一卷，惜無從羅致。」

顧氏玲瓏山館刻五經文字　案顧刻即馬刻，顧印入叢書耳。

司馬光類篇　甲戌四月聞朱修伯丈云：「收得景宋本類篇」。惜匆匆出都，未及假觀。

薛尚功鐘鼎款識　手蹟本余家有舊影鈔本，首有元明間人題識，亦依原本摹出。又案朱謀垔本亦附刊元明間人題跋，阮刊乃刪之耳。

曹本續復古編六卷　案東湖叢記作四卷。

婁機漢隸字源　海昌唐端夫仁壽有傳錄翁覃溪校本，余從借錄。翁校據朱竹君所得南宋本校汲古本之誤。

馬氏本史漢字類顧氏班馬字類　顧馬兩本同一板，特印時有先後耳。

吾邱衍周秦石釋音　十萬卷樓本。

無名氏漢隸分韻　許瀚據宋史藝文志定爲宋馬居易撰。云：「書中碑錄子愼字，作今上御名四字，知爲孝宗時人，與洪文惠同時。」

原本廣韻五卷　余家有元刊本，卷一末葉有文明坊劉氏新刊一行。又黎庶昌刊泰定本。宜都楊氏有永樂甲辰廣成書堂，宣德年間清江書堂兩刊本，均從泰定本出，而注文迭有刊落；別有元至順庚午刻本，刪節尤多。

張氏刊陳彭年等重修廣韻五卷　黎庶昌覆刊宋本，即張刻祖本也。

丁度集韻　東湖叢記有段茂堂手校本。日本國重刊曹本內，有數處依宋本校補。

司馬光切韻指掌圖附檢例　十萬卷樓仿元刊本。張麟之韻鏡一卷，黎氏庶昌據日本國永祿年間刊本覆刊，永祿當明嘉靖間。

丁度禮部韻略五卷　東湖叢記載宋刊禮部韻略，後有紹定庚寅上巳重刊於藏書閣二行，周錫瓚跋云：「此書邵僧彌家藏本，余於南城顧抱冲處借得顧步巖家藏汲古閣宋本六冊，其韻略條例一冊，邵本所缺，倩友補錄。」叢記又云：「吳門汪氏藏宋本五冊，韻略條式爲前冊，每半葉十行，行十八字，小字雙行三十二三不等；冊後分五卷，韻字每行排五大字，注文同前。紹定重刊行書二行在五卷後，條式至六十六葉，前半葉止下缺。」又云：「千頃堂書目載宋高宗御書禮部韻寶六冊，刊於湖州。」吳兎牀云：「吾邑陳氏有是書，係行書，今不知在何所？」

卷四冊尾　十一月四日，校畢此冊，共二卷。某某。此書所刪簡明目錄原文，經部四卷，並邵先生手筆鈎乙，史部以下，原未動筆，茲以管見刪存之，謹附識於此，中容又記。

卷五

史部一

【正史類】

史記集解　單集解史記，九行，行十六七字，卷末有無爲軍軍學教授潘旦校正，淮南路轉運司斡辦公事石蒙正監雕字。官銜分左右，蓋南渡初官本也。

漢書　遵義黎觀察庶昌得唐寫本漢書食貨志於日本，影寫付刊，此漢書第一古本也。

徐松漢書西域傳補注　章氏式訓堂刊本。

無名氏三國誌辨誤　余嘗見漢陽葉氏舊鈔本，題何焯撰。

杭世駿三國志補注　有粤雅堂續刻本。

海昌馬氏藏宋刊小字本晉書　東湖叢記云：「馬二槎瀛有宋本晉書，爲天籟閣故物，有王弇州手鈔補缺之卷。」案此即所謂海昌馬氏有宋刊小字本。

章宗源隋書經籍志考證　章氏手稿三冊，今存儀徵劉副貢壽曾所，內有許周生校正數條，原稿無子部。

南史　明張溥本有評點，版式與所刊藝書同。

新唐書　南宋本每葉二十行，行十九字。己卯二月，書賈攜來，惜內有元時修版，甚劣。余家亦有大德刊本，內有明人修版。

舊五代史　甲戌三月，余於做肆得一舊鈔本，亦逐條注所出書。

金史　東湖叢記載烏程施國祁金史板刻說云：「在吳門從友人借得浙刻元本，與南本相校，其字行格（每頁二十行，每行二十二字），低行（天會十五年），錯卷（哀紀刑志等）皆同，惟衞紀（大安三年）大六字提行，而完顏合達傳（百二十卷）後凡北兵事又皆不提行（是書不全，書賈取南本補入者），大抵取浙版印本翻作監版無疑，故其文字互譌不及二百字。百官志二（五十六卷）尾頁載軍須庫典牧司圉牧司提舉牧圉所四官，兩監本皆脫去，且其末頁直書卷目于下格，若本無此四職者，乃鈔胥之弊。又禮志六（三十三卷）原廟下，列傳（七十六卷）宗磐傳下，兩監本皆脫一頁，並存空白一版，而所校浙本兩頁皆存，想當日所取翻刻之本偶缺耳。」案施氏所稱南本，即指南監本。施氏又云北監本頁二十二行，每行二十一字。

史部二

【編年類】

資治通鑑　東湖叢記有宋刊本資治通鑑，每半葉十一行，行二十一二字不等，序每行十九字，卷中銜名隨官改換。又一殘宋本，題增節司馬温公資治通鑑，首行末行均夾行大字，每半葉十四行，行二十四五不等，存三冊，未詳何人增節。

資治通鑑目錄　蘇州新刊倣宋本。

史炤資治通鑑釋文　黃丕烈氏宋本史炤釋文，近歸歸安陸氏，已刊入十萬卷樓叢書。

劉恕通鑑外紀　胡注近蘇州書局刊本。

李燾續資治通鑑長編　杭州書局刊本。余家有傳是樓鈔本百八卷，即從宋本迻錄者。

李心傳建炎以來繫年要錄　四川新刊本。

史部三

【紀事本末類】

徐夢莘三朝北盟會編　余家有舊鈔校本。

史部四

【別史類】

逸周書　朱右曾周書集訓校釋七卷，逸文一卷。是書甚精核，惟間從宗洛補缺字，是其小疵。

葉隆禮契丹國志　余家有陸香圃依元槧校正本。

無名氏元祕史　有楊氏連筠簃刊本。

史部五

【雜史類】

國語　余家亦有之，凡宋諱皆缺筆，惟淳字不諱，蓋依南宋初本覆刊者。

皇元聖武親征錄　親征錄有何願船校注本，甚精，余家有鈔本。

卷六

史部六

【詔令奏議類】

郎曄注陸宣公奏議　有十萬卷樓刊本，依元本付刊。

吳潛許國公奏議四卷附年譜二卷　十萬卷樓本四卷，無年譜。

趙汝愚編諸臣奏議　歸安陸觀察心源有宋刊本，戊辰春余在滬上見之。

史部七

【傳記類】

孔傳東家雜記　余家有景宋鈔本。

李樸豐清敏公遺事　有小萬卷樓刊本，云依明景泰六年四明豐慶刊本重刻。

王質紹陶錄　十萬卷樓刊本。

李維樾林增志同編忠貞錄　有明刊本。

張敬夫諸葛忠武侯傳　有十萬卷樓刊本。

王懋竑朱子年譜　粵雅堂叢書本。

明黃省曾刊晉皇甫謐高士傳　黃本每傳後有頌，亦省曾所增也。

紹興十八年同年小錄　粵雅堂續刻本。

杜大珪名臣碑傳琬琰集　余于戊辰在滬上書肆曾見宋刊小字本，惜不全。

無名氏襄陽耆舊傳一卷　任兆麟刻本二卷。

寶祐四年登科錄　粵雅堂續刊本。

洪武四年會試錄　有藝海珠塵本。

無名氏京口耆舊傳　余家有鈔本，近有粵雅堂續刻本。

馮從吾元儒考略　余嘗見毛嶽生手鈔本。

無名氏保越錄　十萬卷樓刊本。

史部八

【史鈔類】

楊侃兩漢博聞　有粵雅堂續刻本。

西漢精華東漢精華各十四卷　東湖叢記有東萊呂氏兩漢精華二十八卷，影宋精鈔，有竹垞老人手跋。

史部九

【載記類】

趙煜吳越春秋　蔣光煦斠補偶錄內有吳越春秋校語，係據影宋本及元刊本合校。五柳居刻漢魏叢書，當亦依元本校補，尚佳。余家有明萬曆丙戌武林馮念祖刊本，亦依元本覆刻者。

明汪綱刊本越絕書　汪綱宋人，明刊本有汪跋，此誤以為明人，十萬卷樓本附校記，佳。

常璩華陽國志　五柳居刊漢魏叢書依景宋本校補。

陸翽鄴中記　五柳刊漢魏叢書本。

龍袞江南野史　余家有舊鈔本。

李清南唐書合訂　粵雅堂續刻本。

鄭麟祉高麗史　東湖叢記載海東諸國紀，朝鮮申舟著，成於成化七年，在鄭麟祉之後。

道光二十五年俄羅斯移送書籍三百五十七種　俄羅斯書目，何氏朔方備乘全載之。

卷七

史部十

【時令類】

陳元靚歲時廣記　隋杜臺卿玉燭寶典十二卷，黎庶昌得舊鈔卷子本於日本，缺第九卷，近已覆刊。（煥椿謹案：歲時廣記目前，邵先生原注有唐韓諤歲華紀麗一書，而孫先生以杜書又在韓書之先，故此條附綴於其前。
歲時廣記　十萬卷樓刊四十二卷。

史部十一

【地理類】

樂史太平寰宇記一百九十三卷　遵義黎本影宋刊本，據日本國官書庫所弆宋本補至百十三至百十九七卷。
祝穆方輿勝覽　余家有原刊本。
朱長文吳郡圖經續記　又得月簃本。
周淙乾道臨安志　近有粵雅堂續刻及張氏式訓堂刊本，又錢塘丁氏武林堂故叢編本，淳祐臨安志亦有丁氏刊本。
范成大吳郡志　粵雅堂刻本。
史能之咸淳毘陵志　有趙味辛刊本。
談鑰嘉泰吳興志　吳興志係永樂大典鈔出，余家亦有鈔本。
王元恭至正四明續志　余嘗見舊鈔本。
康海武功縣志韓邦靖朝邑縣志　武功朝邑二志，並有得月簃續刻本，三長物齋叢書本。
謝肇淛滇略十卷　有雲南備徵志本。
王在晉歷代山陵考　借月山房本。
全氏三世校本水經注　全校水經注靈石楊氏刊本未成，今京師印行者止百餘葉，張孝達師云。　董祐誠水經注圖說殘稿四卷，董方立遺書本。
王喜治河圖略　麟慶河工器具圖說四卷，道光丙午刊本。
歸有光三吳水利錄　有借月山房本。
蔣攸銛陶澍同撰重濬江蘇水利全案　陶澍江蘇水利圖說二十一卷，江蘇官刻本，七種。
翟均廉海塘錄　新釋西洋人海塘輯要十卷，上海製造局本。
李沖昭南嶽小錄　徐靈府天台山記一卷，黎庶昌得鈔卷子本於日本，影寫付刊。（煥樁謹案：此與李書均係唐人之作，故注於其次。）

吳若準刊本洛陽伽藍記　陶五柳所刊漢魏叢書，據如隱本剜改，間與吳本不同。

畢沅關中勝蹟圖志　顧炎武昌平山水記二卷，亭林遺書本。徐松唐兩京城防考五卷。連筠簃本。周城宋東京考二十卷，有刻本。

段公路北戶錄三卷　余家有鈔本。十萬卷樓元刊本，陸本末缺後數行，余家鈔本完全，蓋所據亦非全本也。

杜氏仿宋刊本王十朋會稽三賦　杜仿宋本即大字九行本，末有勘誤二葉。

龔明之中吳紀聞　余家有錢遵王校本。

耐得翁都城紀勝　丁氏武林掌故叢編本。

吳自牧夢粱錄　丁氏武林掌故叢編本。

周密武林舊事　丁氏叢編本。

吳振臣甯古塔記略　西清黑龍江外紀八卷，近袁昶刊本，以家諱改紀爲記。

陶宗儀游志續編　余家亦有寫本。

邱長春眞人處機西遊記有近時刻本　此指楊氏連筠簃叢書本。

元奘譯大唐西域記　余家有明釋藏本，即支那本。

周達觀眞臘風土記　此書余鄉許氏有新刊巾箱本，不佳。

魏源海國圖志道光己酉刊本六十卷　最後刊定一百卷，咸豐壬子刻於廣州。

祁韻士西域釋地西陲要略　祁書並有粵雅堂續刻本。　李心衡金川鎖記六卷，藝海珠塵本。

卷八

史部十二

【職官類】

元宗御撰唐六典　有日本刊本。

程俱麟臺故事　余有勞季言精校舊鈔本。

陳騤南宋館閣錄無名氏續錄　余家有鈔本。

無名氏太平寶訓政事紀年　余家有顧千里所藏鈔本。

徐星伯輯宋會要　徐氏手輯稿本近在繆小山編修荃孫處。
王涇大唐郊祀錄　余家有鈔本，張歗山文虎云：「有校本刊入指海。」余未見。
徐星伯輯南宋中興禮書　余家有鈔本。
呂毖明宮史一名酌中志　此書粤中潘氏海山仙館刊本亦題酌中志。
陳芳生捕蝗考一卷　東湖叢記云：「芳生著先憂集五十七卷，捕蝗乃其第十七篇，全書有刊本。」
陳傅良歷代兵制　有楊刻單行本。

史部十三

【目錄類】

目錄類首　日本國見在書目，唐時日本人所撰，專記元宗以前從中國齎去之書。黎庶昌得舊鈔卷子本於日本，影寫付刊。
朱睦㮮萬卷堂書目六卷　東湖叢記有萬卷堂藝文目八卷，鈔本。
陳少章手批絳雲樓書目　陳評本粤中伍氏刊入叢書。
也是園藏書目錄一冊　案東湖叢記有也是園書目十卷，虞山錢遵王曾編，當即其書。　黄丕烈有讀未見齋書目，東湖叢記引之。
朱彝尊經義考　東湖叢記云：「仁和沈椒園廷芳撰續經義考，未成書，稿本散佚，曾見其副」。又云：「嘉定錢旣勤東垣著有補經義考，書亦未見刊行」。
陳思寶刻叢編　案此書有吳氏式芬刊本。
王象之輿地碑記目　粤雅堂續刻本。
無名氏寶刻類編　粤雅堂續刻本。
顧炎武求古錄　羅鏡泉以智有重校定本，未見。
劉喜海金石苑六卷　金石苑二冊，不分卷，皆蜀中石刻，首冊曰三巴漢石存。
目錄類金石之屬　馮登府浙江甎錄四卷，鄒鄭淳刊本。（煥椿謹案：此條注於本屬各目之最後。）

史部十四

【史評類】

劉子元史通 盧抱經據宋本校正，在羣書拾補中。

章學誠文史辨俗通義 文史通義校讎通義，近杭州刻本。

呂夏卿唐書直筆 小萬卷樓本。

胡寅讀史管見 有明慎獨齋本。高似孫史略，遵義黎氏庶昌影宋刊本。

卷九

子部一

【儒家類】

孔子家語 汲古閣本今在余友桐城蕭敬孚穆處，後有毛子晉斧季手跋，余從借校，頗有是正，東坡折角玉印及毛跋所謂二卷十六葉以前鈔補，蕭藏本並同。森立之云：「有活字本。」

王廣謀本題孔子家語句解六卷。森立之云：「有朝鮮刊本，又有舊鈔卷子本，又朝鮮活字本，又有元泰定甲子蒼巖書院本，延祐丁巳陳實夫本。」

荀子 陸氏皕宋樓有元刊纂圖互注本。遵義黎氏影刊宋唐仲友台州本荀子，極精。

郝懿行補注本荀子 案郝氏補注二卷，不載全文，有刊本。物茂卿讀荀子四卷，冢田定荀子斷四卷，久保愛荀子增注二十卷，豬飼彥博荀子補遺一卷，並日本國人。

孔叢子 案余家亦有影寫宋刊本，內有兩葉是宋刊原本。宋巾箱本，浙江近有放刻本。

新語 宋翔鳳校本，刻在浮谿叢書內。

賈誼新書 陸氏皕宋樓有吳元恭校宋本，目後有建甯府陳郎書鋪印一行。

吉府刊本新書 陸心源云「吉府本卽以陸相本改頭換面，掩爲重刻。」

劉向新序 森立之云：「有朝鮮刊本。」

劉向說苑 森立之云：「有明仿宋本，又有明永樂丙申西園精舍刊本。」明汾州學刊本，行款與宋本相似。陸氏皕宋樓有元刊本，說苑纂注二十卷，日本尾張關嘉撰。

揚雄法言：皕宋樓有元刊纂圖互注本。森立之云：「有明仿元刊本，亦題纂圖互注。」

王符潛夫論　皕宋樓有明正德刊本。

荀悅申鑒　皕宋樓有何義門校本。金山錢培名小萬卷樓本附札記，佳。

徐幹中論　小萬卷樓本據治要補復三年喪制役二篇，附札記，佳。

傅子　指海本。

王通中說　森立之云：「有宋本，每半版十四行，行二十五六字。又元本每半版十一行，行十八字。又有翻元刊本，行款同。又閩刊本，又朝鮮活版本。」皕宋樓有元刊本，與張目同。

葉采近思錄集解　森立之云：「有宋槧本，又明嘉靖間刊本。」

蔡模近思續錄　近思續錄在性理羣書句解內。

朱子編小學集註六卷　森立之云：「有活字本六卷。」有朱子本注，明代注家概刪去。日本承應二年刊，當中土順治間。又有元槧殘本一卷，本注後有增注。

黎靖德編朱子語類　日本有刻本。森立元云：「有元末明初刊本。」皕宋樓有宋刊元修本，云即咸淳本，每葉二十八行，行二十四字。

葉士龍編朱子語錄類書　余嘗見元刊本。

黃端節輯朱子成書　余曾見舊刻巾箱本。

蔡沈至書　皕宋樓有舊鈔本。

趙鼎家訓筆錄　原附忠正德文集後。（煥椿謹案：家訓筆錄有道光五年李朝夔補刊函海本）

呂喬年麗澤論說集錄　皕宋樓有宋刊本。

元本宋汪晫編曾子二卷每卷題傳道四子書　皕宋樓有元刊本傳道四子。

陳埴木鐘集　溫州近有新刊本，即從余家所藏明宏治本付梓，版在府學。

眞德秀大學衍義四十三卷　皕宋樓有宋刊本，首題讀書記乙集上大學衍義，是此書本在讀書記內，明以後本並削此題，非其舊也。又有明弘治刊細字本。

眞德秀讀書記六十一卷　皕宋樓有宋開慶元年福州官刊本，每葉十八行，行十六字，注每行二十四字。宋刊本曾於滬上書肆見之。

眞德秀心經 皕宋樓有宋刊本每葉二十行，行十八字。

眞德秀政經 皕宋樓有宋刊本，同上。

熊節性理羣書句解 皕宋樓有宋麻沙刊本。

陳謨東宮備覽 皕宋樓有明鈔本。

張九韶理學類編 有日本國刊本。

劉宗周人譜 子劉子學言三卷，黃宗羲姜希轍校刊本。

御纂朱子全書 貴陽成都均有仿刻本。

黃宗羲明夷待訪錄 有指海刊本。

胡承諾繹志 杭州書局刊本。

陸清獻公日記十卷 指海刻日記二卷。

右儒家類 唐甄潛書口卷，王聞遠刊本。檀萃注書十卷，自刻本。（煥椿謹案：此條注於右儒家類行之眉端。）

子部二

【兵家類】

握奇經 薛艮齋浪語集有握奇經校本，卽書錄解題所載本也。高似孫子略，竊薛書爲己作，又刪去校語數條，今世間傳本，並從子略鈔出者，無有知爲艮齋舊校者矣，某某記。

六韜 皕宋樓有北宋刊本，每葉二十行，行二十字，七書並同。

孫子 皕宋樓有北宋刊本。十家注，宋吉天保輯。明刊本題孫子集註，道藏本同，孫刻依宋志改題十家注。（煥椿謹案：孫刻謂岱南閣刻本）皕宋樓有明萬曆己丑刊本。森立之云：「有孫子十一家注三卷，朝鮮活字本，又永興十年印本」。又云：「有天正八年鈔本三卷。」天正當明萬曆間。金氏武學上舍施氏七書講義四十卷，日本刊本。卷端有貞祐壬午江伯虎序，稱施子美撰，不著其名。四庫及各家目，並未著錄。光緒戊寅，於吳淞收得，中容記。森立之云：「宋施子美撰，有朝鮮本，又有日本元祐中刊本。」

吳子 皕宋樓有北宋刊本。

司馬法 皕宋樓有北宋本。邢本刻於浙江，指海本附逸文。

尉繚子　皕宋樓有北宋本。

黃石公三略　皕宋樓有北宋本。日本有長慶五年足利學活字本，當明萬曆間，又有慶長十一年活字本武經七書。

黃石公素書　皕宋樓有明翠若館刊本。

李衛公問對　皕宋樓有宋刊本。

李筌太白陰經　張錢兩刻並足本。長恩室本即用守山閣木雕，非別本也。（煥椿謹案：張錢謂墨海金壺及守山閣兩本。）

陳規守城錄　宋王致遠撰開禧德安守城錄一卷，記開禧二年金人圍德安，通判王允初守城事，其書向無著錄者，余家有鈔本，某某補注，頃已付刊。

卷十

子部三

【法家類】

管子　皕宋樓有陸勅先校宋本，又有元刊細字本。譚中義有陳碩父依宋蔡潛道刻校本。聞吳門瞿氏有宋刊本，今已仿刊。余友戴子高望有校正二十四卷，極精博。洪頤煊管子義證八卷，傳經堂叢書本。

劉績管子補注　皕宋樓有明成化本。　莊述祖弟子職集解一卷，珍藝宧遺書本。王筠弟子職正音一卷　鄂宰四種本。

莊解近邇義唐氏又重刻。

鄧析子　江山劉氏有新刊仿宋本，巾箱小字。

商子　皕宋樓有嚴可均手鈔本。

孫氏問經堂本商子　浙江書局刊西吳嚴萬里校本，改題商君書，勝孫本。

韓子　皕宋樓有元刊細字本。

全椒吳氏仿宋本韓子附識誤　日本有仿吳刊本，亦附識誤。

吳慈洗冤集錄　森立之云：「有明刊洗冤錄一卷。」

王與無冤錄　森立之云：「新注無冤錄二卷，有至大改元王與序，正統三年刊本」。

桂萬榮棠陰比事　森立之云「：有朝鮮刊本。」江寗活字印本即依朱刻桂氏元本。（煥椿謹案：朱刻謂朱緒曾刻本）

子部四

【農家類】

賈勰齊民要術　森立之云：「有北宋槧殘本，止卷五卷八兩卷，每半枚八行，行十七字，注二十五字。又有舊鈔本，與前本同。」嘉靖本每葉二十行，行十七字。黃丕烈校宋本止半部，分存皖洪氏，余嘗傳錄一過。黃校亦據舊校本傳錄，七卷以下，舊校本缺。卷首記宋本行款云：「十行十七字」，與日本人所見北宋本似非一本。

農桑輯要　森立之云：「有明初刊本。」

子部五

【醫家類】

黃帝素問二十四卷　日本仿宋本多校譌一卷。　錢熙祚刻素問靈樞，顧尙之爲札記，甚精。

周曰校刊本黃帝素問十二卷　丹波元堅云：「此書以明仿宋本爲最，嘉靖庚戌，顧定芳重刻，有顧從德敍。吳勉學亦據顧本翻刻。又有無名氏覆刻本，文字多譌。」又云：「日本有活字本及寬文三年刊本，與周曰校本同，周本亦二十四卷。又有鈔本二十四卷，原出南宋本」。又云：「熊宗丘本，趙府本，吳悌本，朝鮮刻本，又活字本，並幷爲十二卷。」蓋元版作之俑也。

靈樞經十二卷　丹波云：「靈樞以明刻仿宋本二十四卷者爲最，吳勉學及朝鮮活字本並幷爲十二卷。」又云：「周曰校本亦二十四卷，日本有重刻本。」　黃帝內經靈樞略一卷，丹波元堅云：「從道藏大玄部業字號中鈔本。」通志藝文略。有靈樞一卷，殆卽是書。黃帝內經太素三十卷，舊鈔本，缺七卷，唐楊上善撰幷注，見訪古志，黎觀察庶昌有傳鈔本。黃帝內經明堂十三卷，舊鈔卷子本，止存第一卷，亦楊上善撰。丹波元堅云：「卽舊唐志所載楊上善黃帝內經明堂類成十三卷。」

王九思等集五家注難經本義　王注有日本慶安五年刊本，又有寬政中刊本。

李駉黃帝八十一難經纂圖句解　扁鵲八十一難經辨正條例一卷，宋周與權撰，丹波云：「日本有鈔本」。

張機金匱要略論注　丹波云：「有明仿宋本，題新編金匱要略方論三卷，又有俞子木本，趙開美仲景全書本，並三卷。」又云：「趙本有日本萬治乙亥、寶曆丙子兩翻本，又有中土康熙丙申陳世傑刻金匱玉函經八卷。」

張機傷寒論　丹波元堅云：「此書以趙開美仲景全書內仿宋本爲最，日本有寬文間重刊本。」又云：「仲景全書凡四種，首翻刻宋版傷寒論白文，次成無已注解，次傷寒類證，次金匱要略方。」　丹波云：「成注有元刊本，又明汪濟川本。吳勉學及趙本，並出元本。又熊氏種德堂本。則據汪本重刻者。」又云：「明理論及論方，別有明高澄刊本。又有日本活字本，又寶文元年本。」

孫思邈千金要方　日本有仿宋本。　黃帝蝦蟇經一卷，日本有舊鈔卷子本。丹波元堅云：「卽隋志所載黃帝蝦蟇忌一卷。」彼國人收入衛生彙編中刊行。

無名氏顱顖經　醫學叢書本。

唐慎微證類本草　丹波云：「大觀本有大德宗文書院本，又明代重修本，又大德環溪書院本。政和本有成化重刊元大德丙午本，又朝鮮活字印本。」　新修本草二十卷，唐李勣奉敕修。舊鈔卷子本，存第四、又五、又十二、又十三、又十四、又十五、又十七、又十八、又十九、又二十、凡十卷，丹波元堅所藏。　紹興校定經史證類備急本草十九卷，宋王繼先修，陳直齋書錄解題云二十二卷，此不全本。丹波元堅有鈔本。　新編類要圖注本草四十二卷，序例五卷，目錄一卷，宋劉信甫洪校正。丹波元堅有宋建安彥國刊本，又元本改題僧慧品校正。

寇宗奭本草衍義　東湖叢記有宋刊大字本本草衍義二十卷，每半葉十一行，每行二十一字，云視拜經樓元刊本更精。近吳興陸氏十萬卷樓刊單行衍義二十卷。亦據元版付刊。日本官庫有宋慶元刊本，丹波元堅有元刊本。

史載之方　陸氏十萬卷樓刻史載之方二卷，依宋刊本。

王璆百一選方　日本刊本。

吳彥夔傳信適用方　醫學叢書本。

張果醫說　日本有刊本。

王執中鍼灸資生經　廣勤堂本近歸杭州丁氏，余從借得，景寫一本。

無名氏太醫局程文　醫學叢書本。

陳言三因極一病證方論　日本有刊本。

楊士瀛仁齋直指附傷寒類書活人總括　日本有刊本。

錢乙小兒藥證眞訣　錢書有四庫館進書提要，云永樂大典錄出，而總目簡明目錄並不收，不知無故？

王好古陰證略例　有十萬卷樓刊本。　小萬卷樓叢書有醫經正本書一卷，宋程迥撰。各家書目，並未著錄。陸氏十萬卷樓亦有刊本。

沙圖穆蘇瑞竹堂經驗方　醫學叢書本五卷，

唐太宗御撰帝範　森立之云：「有舊鈔卷子本二卷，是五百年前物，又有兩舊鈔本，當是原本」。

張弧素履子　皕宋樓有明嘉靖刊本。

曹端通書述解　李光地通書注一卷，榕村集本。

呂本中童蒙訓　杭州丁氏刊本。

李邦獻省心雜言　皕宋樓有元刊龜山先生語錄四卷，後錄二卷，門人陳淵等所編。（煥楷謹案：此條注於李書之次）

卷十一

子部六

【天文算術類】

周髀算經二卷音義一卷　余家有影宋鈔本。微波榭算經十書，近南昌梅氏翻刻。

蘇頌新儀象法要　東湖叢記有影宋精鈔本寶祐四年會天曆，凡二十七葉。每葉十六行，字數大小不齊。首葉題大宋寶祐四年丙辰會天萬年具注曆。

江叔澐恆星說　余家有江氏手書刊本。

張敦仁細草　有自刻本，又長沙丁氏新刊本。張又有求一算術三卷，自刻本，又開方補記六卷，道光十四年刊本，元九卷，未刻畢。

楊輝續古摘奇算法一卷　森立之云：「有朝鮮刊本續古摘奇算法三卷。」

李銳細草　長沙丁氏荷池精舍有新刊本。

李治益古演段　丁氏新刊本。

朱世傑玉鑑細草　有觀我生室彙稿本。及丁氏新刊本。

子部七

【術數類】

顧應祥孤矢算術　馮桂芬弧矢算術細草圖解一卷，咸豐元年中星表一卷，有刻本。

庚季才靈臺祕苑　余家有乙巳占三卷殘本，與竹垞跋合，與提要存目本不同。丙子四月，又得一足本于汴梁，前三卷與舊弆殘本同。近吳興陸氏十萬卷樓已刊行。

郭璞葬書　十萬卷樓刊鄭謐集注九卷，題元金華鄭謐撰，云依元版刻。

楊筠松撼龍經疑龍經　撼龍疑龍有粵雅堂叢書續刻本。

無名氏靈棋經　森立之云：「有舊鈔本一卷，題晉襄城道人法味傳。

焦延壽易林　翟云升易林校略十六卷，有刊本。

無名氏六壬大全　宋楊維德景祐六年神定經二卷，趙之謙刊本。原書十卷，僅存殘本二卷。

蕭吉五行大義　森立之云：「有舊鈔卷子本，七百年前舊鈔也。」　又有呂才大唐陰陽書殘本二卷，存卷三十二、三十三。原書五十卷，日本天文十一年鈔本，天文當明嘉靖間。

王朴大清神鑑　粵雅堂續刻本。

張行簡人倫大統賦　十萬卷樓新刊本。

卷十二

子部八

【藝術類】

董逌廣川畫跋　十萬卷樓刊本。

陳思書苑精華　曾見舊鈔本。

鄭杓衍極　十萬卷樓刊本。

郁逢慶書畫題跋記十二卷續記十二卷　余家有鈔本。

子部九

【譜錄類】

王黼等撰宣和博古圖三十卷　余嘗見元至大本，卷帙甚大，每半葉八行，每行十七字，每卷首行題至大重修博古圖錄，每圖悉注依元樣製，減小樣製等字，明刻盡削之矣。許瀚云：「晁公武讀書志稱宣和博古圖王楚撰，詩衣裳楚楚，說文別作衣裳䵶䵶，作畜者自名楚或書作䵶，猶米芾亦書作黻也，不知何時誤書作黼，人遂仍為佞幸傳之王黼。

」晁志成於紹興二十二年，上距大觀政和才四十餘年，其於本書旣題王楚集，又于薛尚功鐘鼎篆韵云政和中王楚所傳亦不過數十字，豈書出於舖而公武不知，顧一再偁楚不已耶？

蘇易簡文房四譜　十萬卷樓刊足本。

蔡襄荔枝譜　閩中石刻手蹟本。

卷十三

子部十

【雜家類】

墨子　森立之云：「有明嘉靖壬子活字本，又日本吉田安活字本。」嘉靖活字本，卽邵所見芝城本。又明堂策鑑本。

子彙本墨子一卷　案子彙本墨子，刪去非儒等篇，不足據。

吳匏庵手鈔本墨子　錢唐丁氏有黃丕烈影鈔吳寫本，亦有張丑跋，缺前五卷。

尹文子　守山閣本有校勘記。

昭文張宋氏刊本尹文子二卷　張藏宋本，近歸余家。光緒丁丑，中容記。

公孫龍子　張孝達師云：「有明梁杰訂本。」余近亦收得與尹文子合刊一册。

呂氏春秋　余家亦有元刊本。

淸白士集呂子校補　校補二卷。蔡雲有呂子校補獻疑一卷，自刻本。

淮南子　森立之云：「有朝鮮刊本。」

茅一桂本汪一鸞本淮南子　茅本萬曆庚辰刻，汪本萬曆辛卯刻，注並多删改，不足據。

宋本小字本淮南子　譚中修同年有陳碩父校宋本，卽據士禮居宋小字本精校者，余從借錄。

錢塘淮南子天文訓補注　武昌局新刊本。

劉子　東湖叢記有萊竹堂舊鈔本，又載陳鱣跋，云周香巖有明活字本。

董正功續顏氏家訓　余有舊鈔本。

葉適習學記言　余家有秦酉巖鈔本，惜不全。

班固白虎通德論　余家有大德十卷本。

李涪刊誤　有青照堂本。

張淏雲谷雜記　海山仙館本附一卷。

姚寬西溪叢語　東湖叢記有影宋鈔本，云較時行本多一序三條，後有錢遵王跋。

程大昌考古編　有明刻單行本。

程大昌演繁露續演繁露　森立之云：「有明嘉靖本。」

劉昌詩蘆浦筆記　余家有厲樊榭手校鈔本。

方以智通雅　日本國刊本。

俞正燮癸巳類稿十五卷　又癸巳存稿十五卷，連筠簃本。　陳祖范掌錄二卷，邵晉涵南江札記四卷，洪亮吉曉讀齋雜錄四卷，鍾懷考古錄四卷，孫志祖讀書脞錄七卷續錄卷，姚鼐惜抱軒筆記八卷，李賡芸炳燭篇四卷，陸繼輅合肥學舍札記八卷，宋翔鳳過庭錄十六卷，梁玉繩瞥記七卷，庭立紀聞四卷，朱彬經傳考證八卷，臧庸拜經日記十二卷，均有刊本。

王充論衡　森立之云：「有宋槧本，每半葉十行，行十九字至二十一字，累害篇無缺文。」東湖叢記有元刊十五卷本，累害篇無脫文。

應劭風俗通義　粵東近有放元刊本。張澍有補風俗通氏姓篇一卷，二酉堂叢書本。

龔鼎臣東原錄　十萬卷樓刊本。

夢溪筆談補筆談續筆談　桐城蕭穆有宋刊本，無補續。

馬永卿元城語錄行錄　小萬卷樓本。

葉夢得避暑錄話　余家有顧芩所藏明人寫本，題乙卯避暑錄話四卷，校津逮以後各本異同甚多，卷端又多石林老人自敘一篇，亦各本所無也。

呂本中紫微雜說　十萬卷樓刊本，又幷刊本中師友雜誌一卷，四庫失收。

趙彥衛雲麓漫鈔　余家有鮑淥飲校本。

張世南游宦紀聞　森立之云：「有宋槧本，半版十行，行十八字。」

羅大經鶴林玉露　森立之云：「有朝鮮活字本。」

蔣生沐有名人手鈔精校本趙希鵠洞天清錄集　名疑明之誤，東湖叢記云：「焦弱侯家精鈔本有何義門手跋。」則當爲明字無疑，元稿偶筆誤耳。

馬總意林　海昌蔣光煦斠補偶錄刻李富孫校文選樓所藏足本意林第六卷，幷補二卷缺文。

魏徵等羣書治要　森立之云：「有舊鈔卷子本。」

晁伯宇續談助　有粵雅堂叢刻本。

江少虞事實類苑六十三卷　日本元和七年活字本，依宋紹興二十三年麻沙本印行，每半版十三行，行二十字，元和當明天啓間。

說郛一百二十卷　黃巖王子常孝廉詠霓，購得汲古閣鈔本說郛六十卷，有毛斧季校語，余辛未春在京寓，曾從藉閱，與俗本迥異，眞秘笈也，某某記。

馮班鈍吟雜錄　梁章鉅古格言十二卷，自刻本。（煥椿謹案：此爲雜家類雜編之屬中最後一條，注於馮書之次。）

左圭百川學海　森立之云：「有宋本，每半版十二行，行二十字。」又有嘉靖十五年刊本，幷爲二十卷，每卷三四五種。

卷十四

子部十一

【類書類】

修文殿御覽　甲戌過滬上，聞書估吳姓云：「有明鈔修文殿御覽二百冊，爲楚人某購去。」然則天壤間尙有傳本也。

嚴鐵橋校本北堂書鈔　嚴校原本，聞近歸祥符周季貺星詒。遵義莫氏有明鈔原本，余從假鈔。（煥椿謹案：北堂書鈔曾經明人竄改爲古唐類苑，大唐類要等名，此云原本，未經增改者也。）

徐堅初學記　又有明西河沈宗培刊巾箱本。每葉十四行，行十六字。

林寶元利姓纂　宋邵思姓解三卷，遵義黎庶昌得宋本於日本，影寫重刻。

陸龜蒙小名錄　琱玉集殘本二卷，遵義黎氏得舊鈔卷子本於日本，影寫重刻。此書見通志藝文略，不著撰人。蓋唐人所作，中多引古書，久無著錄。（煥椿謹案：此條注於小名錄之眉上。）

李瀚蒙求集註　據佚存叢書李良進蒙求表，則瀚乃天寶時人，與晉李瀚同姓名。提要誤幷爲一人，蓋未見良表也。此書宜移白孔六帖前。

李昉等太平御覽　日本國仿宋刊本，後附考異。

王應麟玉海附詞學指南　浙江書局新刊本，後附校勘記。

廣志郭義恭撰想是明人所作類書　郭義恭廣志，見隋經籍志，非明人書，此誤。

陰時夫韻府羣玉　十二先生詩宗集韻二十卷，東湖叢記云：「元絳人裴良甫編。十二先生者，杜工部、李青蓮、高達夫、韓吏部、柳柳州、孟東野、歐陽文忠、蘇文忠、王荆公、曾南豐、黃山谷、陳無已。」

朱禮漢唐事箋　粵雅堂續刻本。

葛萬里別號錄　東湖叢記云：「陳萊孝書城偶輯中載書名大魁節用悉皆不求人。陳云：右書又名羣類總目，又名字林通寶，大成日本所刻，後有正德癸巳三年鑄字樣，按正德彼國年號」。案正德爲日本中御門天皇年號，三年癸巳，當中國康熙五十二年，見全家所藏日本刻本和漢年契。又和漢年契載孝格天皇天明初年，羣書類從刻成一千二百七十三部，六百三十五冊，東都確檢校保已一輯。案天明元年，當中國乾隆四十六年。（煥樁謹案：此條爲類書類最後一則，注於別號錄之眉上）

子部十二

【小說家類】

孔平仲續世說　有粵雅堂續刻本。

錢易南部新書　粵雅堂叢書本。

趙令畤侯鯖錄　余家有鮑淥飲校本，極精審。

張知甫可書　十萬卷樓叢書本據舊鈔本刊，云校錢本多六十餘字。

陶宗儀輟耕錄　日本重刊毛本。

郭璞山海經圖讚　有藝海珠塵本，又郝氏箋疏後附刊本。

郭璞注穆天子傳　翟雲升校刊本。

守山閣本漢武帝內傳　錢本據續談助校正，合內外傳爲一，後附校勘記，極精。

上官融友會談叢　十萬卷樓本題談叢。
無名氏分門古今類事　余家有影宋本。近陸氏心源依余家本刻入十萬卷樓叢書三集。
洪邁夷堅甲志乙志丙志丁志　甲乙丙丁四集，十萬卷樓放宋本重刊，首亦有沈天佑序。
張華博物志　明宏治乙丑賀志同刊本，有都穆跋。
段成式酉陽雜俎二十卷續集二十卷　東湖叢記有續集，明鈔本。
蔣光煦斠補隅錄，以舊鈔本校，甚詳。
李石續博物志　明賀志同本有都穆跋。

子部十三、【釋家類】

朱修伯曰凡釋氏書並有支那本　釋藏中書，凡中國人撰者，並題支那著述。支那者，猶言震旦也。此稱爲支那本，殊誤。
釋元應一切經音義　唐釋慧琳大藏音義百卷，有日本國刊本。又有釋希麟續一切經音義十卷，亦日本刊本。　釋空海萬象名義三十卷。
釋法雲翻譯名義集　有日本刻巾箱本七卷，篇目小異，似從宋元本覆刊者，多足證今本之譌。

子部十四【道家類】

黃帝龍首經黃帝金匱玉衡經黃帝校三子元女經　黃帝三經，宜入術數類。
嚴遵道德指歸論　李善文選注所引與今本同，似非明人譌託。
王弼老子注　遵義黎氏古逸叢書本集唐石經字爲之，並非古本。
吳澄道德眞經注　道德眞經集解四卷，金趙秉文撰，小萬卷樓本。元董思靖道德經注二卷，十萬卷樓刊本，云依元版刻。
任大椿校刊列子釋文二卷考異一卷　任刻本有缺文，陳春刊本較完。
郭象莊子注十卷　司馬彪莊子注一卷，補遺一卷，孫馮翼問經堂叢書輯本，又節泮林十種輯本。

呂惠卿注老子　余家有明人寫本。

成元英莊子疏二十卷　有遵義黎氏影宋刊本，合郭注成疏爲一。黎刻據南宋本分十卷，與宋史藝文志合。

文子　守山閣本有校勘記。錢本校勘記爲顧尚之觀光所撰，尚之別有增定本，余從張獻山文虎假錄。

宋徐靈府通元眞經注　近有蘇州蔣氏刊景宋本。靈府唐天台道士，此題宋誤，大中間人。

王氏校刊本列仙傳二卷增讚序一卷　卽王照圓校注郝氏刊本。

王松年仙苑編珠　余家有鈔本。

白雲霽道藏目錄詳註　余家亦有鈔本。

卷十五

集部一

【楚詞類】

朱熹楚詞集注　遵義黎氏仿元本重刊。

集部二

【別集類一漢至五代】

明華氏活字板本蔡邕中郎集　十萬卷樓仿華氏活字本。

明王乾章刊蔡中郎集　王本卽徐子器本。羅以智蔡中郎擧正二卷，余家有手稿本，極精博。

朱述之精校本曹植子建集　朱校本尚存，莫大令友芝有鈔本，余從述之先生子桂模借錄。

陸機士衡集　小萬卷樓刊本有札記。

王績東皋子集　余家有唐太宗集一卷，明活字本。（煥榕謹案：此條附綴王集一目之眉端。）

黃希補注杜詩　東湖叢記云：「余所藏宋刊殘本杜詩補注，題曰黃氏補千家註紀年。杜工部詩史臨川黃希夢得補注臨川黃鶴叔似補注，又元刊本題曰集千家註分類杜工部詩東萊徐居仁編次，臨川黃鶴補注。」

草堂鈔箋　近遵義黎氏仿宋麻沙本重刻。東湖叢引吳枚菴翌鳳云：「草堂詩箋有高麗刻本。」

韋應物蘇州集　余家有元刊本。

拜經樓目別本韓文考異二十卷　拜經樓元本，亂後散出，丁卯秋試，余於武林書肆見之，今不知歸何人。

增廣注釋音辨柳集　余家亦有元刊本。

明蘭雪堂活字本白氏長慶集　蘭雪堂本每葉十六行，目錄雙行書，前有元微之序，版魚尾上有蘭雪堂三字。

集部三

【別集類二北宋建隆至靖康】

徐鉉騎省集　余家有舊鈔本。

張詠乖崖集　余家有校鈔本，獨山莫祥芝刊本，據影鈔龔氏重刊本。

魏野東觀集　余家有鈔本。

蘇舜欽學士集　東湖叢記有姚世鈺錄何義門校本，海甯唐端甫仁壽有從蔣臧傳錄本，某某曾見之。

祖無擇龍學文集　余家有鈔本。

昭文張氏舊鈔本王令廣陵集　張氏所弆鈔本，今在余家。

任淵山谷內集註　遵義黎氏有影宋刊本，係蜀大字本。

明刻任淵山谷精華錄　東湖叢記云：「精華錄宏治中有仿宋刊本。」

朱長文樂圃餘稿　余家有周書昌鈔本，李素伯手校，亦有補遺。

謝邁竹友集　小萬卷樓本題謝幼槃集十卷。

賀鑄慶湖遺老集　余家有舊鈔本。

劉安上給事集　余家有盧抱經藏舊鈔本。

劉安節左史集　余家有影鈔吳枚菴鈔本，迴膓閣本，二集頃已付刊。

唐庚子西集二十四卷　余家有藏鈔本二十卷。

卷十六

集部四

【別集類三南宋建炎至德祐】

許景衡橫塘集　余家有鈔本。

洪炎西渡集　小萬卷樓刊本。

翟汝文忠惠集　余家有鈔本。

葉夢得石林居士建康集　余家有蕭山汪氏舊鈔校本。

陳與義簡齋集　余得昭文張氏鈔本，十五卷。

劉一止苕溪集　余家有鈔本。

洪皓鄱陽集　涇洪氏近有新刊本。

孫覿鴻慶居士集四十二卷　余家有明刻十七卷本，不全，然首尾完具，不知是何人刻，俟覓四十二卷本校之。

蘇籀雙溪集　粤中伍氏新刊本

呂本中東萊詩集　陽湖呂氏刻本。

胡宏五峯集　余家有鈔本。

黃公度知稼翁集　余家有明刊十二卷本，又有鈔本亦十二卷。

范浚香溪集　余家有季滄葦藏舊鈔本。

林季仲竹軒雜著　余家有鈔本。

王質林泉結契　案總目謂林泉結契乃宋牧仲節錄紹陶錄刊之。

許及之涉齋集　余家有鈔本。

舒璘文靖集　有四明刻本。

淡生堂鈔本薛季宣浪語集　洪生堂本近歸丁松生大令丙，家大人從丁藉得，命某某合諸鈔本校刊。祁本兵燹後散失，廑存三冊，可惜也。

楊萬里誠齋集　東湖叢記有繡谷吳氏鈔本一百三十三卷，有吳焯跋。又云：「宋端平元年羅茂良校刊本，十行，行十六字。」余曾見汲古閣鈔本，惜未購得。

葉適水心別集　別集十六卷，余家有眞意軒舊鈔本，庚午秋，於金陵付刊。（煥椿謹案：眞意軒當作樂意軒，爲清吳縣吳成佐之室名。）

楊冠卿客亭類稿　宋刊本今在余家，版式甚小，每葉二十二行，行十八字，共存六冊，不分卷。

戴復古石屏集　宋世犖刊本。（煥椿謹案：卽嘉慶間宋刊台州叢書本。）

劉宰漫塘文集　余家有明刊本。

徐照芳蘭軒集徐璣二薇亭詩翁卷西巖集趙師秀清苑齋集　余家有影宋永嘉四靈詩合刻本，後錄何義門跋云：「從殘宋本鈔出」，宋本後歸毛斧季，即汲古目所載者也。寫本止有二徐，校顧刊本多詩至百餘首，可寶也。

劉過龍洲集　余家有舊鈔本。

魏了翁鶴山集　近吳興劉氏刊鶴山文鈔三十二卷，附周禮折衷四卷，師友雅言一卷，不知據何本？

洪咨夔平齋文集　涇洪氏新刊本。

杜範清獻集　陸觀察心源有明刊本。

華岳翠微南征錄　余家有蕭山汪氏舊鈔校本。

戴栩浣川集　余家有鈔本。

蘇泂泠然齋集　余家有鈔本。

劉克莊後村集五十卷　余家鈔本五十卷。

陳耆卿篔窗集　余家有鈔本。

岳珂玉楮集　余家有明刊本，吳槎客所藏。

方岳秋崖集　明刊八十三卷本，余家亦有之。

劉黻蒙川遺稿　余家有舊鈔本，校閣本多文一篇，今已付刊。

舒嶽祥閬風集　楊定夫有傳鈔閣本。

方逢辰蛟峯文集　余家有明刊本。

林景熙霽山集　知不足齋本乃以馮刻及汪士鋐本合校而成者，其底本今歸余家。

熊禾勿軒集　東湖叢記有成化二年熊斌刊本，黃蕘圃跋云：「雖明刻，實希有也。以校淡生堂鈔本，彼脫誤甚多。」

陳巖九華詩集　余家有鈔本。

金履祥仁山集　余家有鈔本六卷。

卷十六冊尾　東湖叢記有新注朱淑眞斷腸詩集前集十卷，後集八卷，題錢塘鄭元佐注。某某補。　此冊黃巖楊定夫妹壻代校，某某記。（焕椿謹案：此冊謂卷十五卷十六合一冊也）

卷十七

集部五

【別集類四金元】

趙秉文滏水集　東湖叢記有曹倦圃鈔本。
張養浩歸田類稿　東湖叢記亦有元刊本二十八卷。
釋善住谷響集　余家有舊鈔本。
尹廷高玉井樵唱　余家有舊鈔本。
周權此山集　余家有明鈔本四卷。
劉岳申申齋集　余家有鈔本。
王結王文忠集　余家有鈔本。
馬祖常石田集　余家有鈔本。
范梈德機詩　余家有鈔本。
歐陽元圭齋集　余家有成化刊本。
李存俟菴集　余家有鈔本。
方瀾叔淵遺稿　余家有鈔本。
盧琦圭峯集　余家有鈔本。
李孝光五峯集六卷　余家有鈔本不分卷。
岑安卿栲栳山人集　余家有舊鈔本。
陳高不繫舟漁集　朱修伯宗丞有彭文勤藏鈔本，余從借錄。提要集十五卷，附錄一卷，不誤。
鄭玉師山文集　余家有刊本。
王翰友石山人遺稿　余家有鈔本。
吳梅聞過齋集　余家有鈔本。
張憲玉笥集　粤雅堂叢書刊本。

金涓青村遺稿　余家有鈔本。

錢惟善江月松風集　余家有鈔本。

謝應芳龜巢集　有道光丙午謝蘭生刊本二十卷，云據季滄葦鈔足本，又補遺一卷。

朱希晦雲松巢集　余家有舊鈔校本止一卷，然閣本多詩二首。

卷十七冊尾　東湖叢記載朝鮮李齊賢益齋亂稿十卷，拾遺一卷。齊賢與姚牧庵趙松雪諸公交際，其集流入中國，萬曆中有重刻本，某某補錄。

卷十八

集部六

【別集類五明洪武至崇禎】

宋濂潛溪集　元刊潛溪集，余曾見之江甯書肆。

方孝孺遜志齋集二十四卷　正德本三十卷，拾遺十卷，附錄一卷，謝鐸黃孔昭同編刊，余家有刊本，與二十四卷本迥異。

卷十九

集部七

【總集類】

高正臣編高氏三宴詩集三卷附香山九老詩一卷　余家有鈔本。文館詞林殘本四卷，唐許敬宗等編，日本國佚存叢書本。近遵義黎庶昌，又於日本搜得舊鈔卷子本，增多十四卷，元一千卷。

殷璠河岳英靈集　秀水高行篤仿宋巾箱本。

郭茂倩樂府詩集　余家有元刊本。

呂祖謙宋文鑑　曾見宋本甚精，惜缺九十餘卷，十行十九字。

林表民赤城集　台州本即宋世犖台州叢書本。

陳起江湖後集　有十萬卷樓刊本。

林之奇編東萊集注類編觀瀾文甲集二十五卷乙集七卷　觀瀾集近有東陵方氏刊本，甲集二十五卷，丙集二十卷，據南宋本重刊，附校勘記。

蔣易編皇元風雅　余家有元刊本，極精。

蘇天爵元文類　張金吾金文最一本二十卷，手稿本在粵東伍崇曜家。

程敏政明文衡　東湖叢記云：「明文衡九十八卷，其九十九及一百兩卷，則補缺也。正德庚午刊本，末有張鵬後序。」

沈嘉轍等南宋雜事詩　揚州局刻本。

卷二十

集部九

【詩文評】

劉勰文心雕龍　余友杭州譚獻有顧千里黃蕘圃合校本，所校明刻本異文至詳，余從傳錄。

任昉文章緣起　任兆麟心齋十種本，題文章始，無注。

雲莊四六餘話　有讀畫齋刊本。

何谿汶竹莊詩話　讀畫齋刊本。

倪士毅作義要訣　十萬卷樓刊本。

集部十

【詞曲類】

晏殊珠玉詞　余家有舊鈔珠玉詞小山詞共一冊，與毛本略有異同。

張炎詞源　詞源有詞學叢書本，粵雅堂叢書本。

卷二十冊尾　同治辛未正月六日編錄畢，時與定夫妹夫同應禮部試，將束裝就道矣，某某記。　此書編錄時，未及校勘。壬申冬，乃從邵先生令嗣子進，取原稿精校一過。惟目錄原文未及細校，誤字尚多，付刊時尚須勘正也。　原稿於巾箱本目錄書端，隨手記錄，小字戢舂，頗不易辨，所錄刊寫各本，先後亦無次序，疑邵先生本意欲別為一目，特就庫目記錄，以為稿本耳。杭城之變，先生殉節，遺書散失殆盡，此稿為吾鄉項几山先生藉錄未歸，乃巍然獨存，亦一幸也。辛未夏，家大人從項氏索得，歸之子進，因節某某編錄為此本。十一月五日校畢，附識於書尾。瑞安孫某某。

附錄桐城蕭敬孚先生箋注（末附仁和譚仲修獻黃巖楊定夫晨二先生注各一條）

卷一　經部一　易類

錢澄之田間易學與詩學合刊　易學詩學，均錢氏自刊本，其板尚存，穆記。

卷二　經部三　詩類

蘇轍詩集傳二十卷許氏鈔本十九卷　余所藏明刊本，亦十九卷，穆記。

魏了翁毛詩要義　光緒辛巳，余得影寫本，爲唐中丞刊於金陵，校刊皆不能精，穆記。

上海郁氏新刊本毛詩要義　郁氏有宋刊本，已歸丁氏，實未新刊，穆記。

卷三　經部五　春秋類

呂祖謙詳注東萊左氏博議　近聞天一閣有舊刊十五卷本，穆記。

葉酉春秋究遺　葉氏原刊本，又有易經補義，四庫未著錄，又有詩經拾遺，入存目，穆記。

卷四　經部八　四書類

孫奇逢四書近指　此書及語易大旨，書經近旨，河南均有刊本，穆記。

卷五　史部四　別史類

東觀漢紀二十四卷　吾鄉姚伯山太守有宋刊本四十八册，殆爲足本，原本五十册，尚缺兩册，未及進呈，於咸豐間失之，惜哉，穆記。

又　史部五　雜史類

王世貞弇山堂別集　此書明刊本有二。

小徹辰薩囊台吉蒙古源流　此書有新刊本。

卷六　史部七　傳記類

草堂詩箋　草堂詩箋，原題嘉興魯訔編次，建安蔡夢弼會箋，則以爲魯撰，亦不爲無因，穆記。

錢儀吉皇朝徵獻錄　錢氏之書，今存凡七十五大册，名皇朝碑傳錄，然亦未成之書也，穆記。

又　孫奇逢中州人物考　此書河南有刊本。

史部九　載記類

萬斯同南疆逸史　此書自是烏程温睿臨撰，逸史今刊本作繹史，實非完書。萬氏著述，實無此種，穆記。　曾見亡友戴子高有南疆史足本，疑即張秋水之故物，今不知存落何所矣？穆記。

卷七　史部十一　地理類

全祖望七校本水經注　全氏七校本，凡二十冊，今寧波有兩家鈔本，其一家缺一冊，穆記。

方拱朝甯古塔志　朝疑乾字之誤。

方式濟龍沙紀略　此書方氏述本堂集附刊本，佳。

卷八　史部十二　職官類

欽定歷代職官表　此書殿本三十六冊。

卷十七　集部五　別集類四

吳澄吳文正集　余家有此書，凡四十九卷，首有年譜一卷，乃康熙巳丑年刊本，頗劣，穆記。

卷十八　集部六　別集類五

沈鍊青霞集十一卷年譜一卷　余家有此本，乃乾隆十九年溧陽馬彭年重刊，凡十六卷，年譜之外，又增事紀祠集各一卷也，穆記。

錢謙益初學集　又有外集四冊，凡十卷，僅見舊鈔本，穆記。

又　集部七　別集類六

吳偉業梅村集　梅村詩集箋注十八卷，乃長洲吳翌鳳撰，嚴榮但爲付梓耳，穆記。

朱彝尊曝書亭集　原集刊於康熙四十八年已丑七月，至五十三年甲午六月完工。

方苞望溪集　又有集外文補遺二卷，穆記。

卷二十　集部十　詞曲類

黃憲清再續詞綜　黃選近日湖北刊行，獻注。

又　冊尾

庚午歲除，仲頌內兄屬斠，定夫時客冶城。

瑞安孫氏玉海樓藏 先外王父籀廎徵君手校鈔本四庫全書簡明目錄二十卷，十冊。首冊首葉鈐有「遜學齋攷藏圖籍」朱文方印，第三葉目錄行下，有朱筆「仁和邵懿辰校注」七字，係 先外王父所手加。卷一首葉，鈐有「仲頌」及「瑞安孫仲客斠讀四部羣書之印」大小兩朱文方印。冊中各目之眉端， 先外王父詳加箋注，蠅頭細字，朱墨紛然。各卷尾間，綴短跋數則，爲二十四五歲之筆；而眉上則又蕭敬孚、譚仲修、王子常、楊定夫諸家識記，第十冊末葉有「中容」二字小方印，亦朱文也。案此書已有邵氏家刻本，署「四庫簡明目錄標注」，蓋據山陰胡氏所弆別帙，校勘其家藏稿，而「標注」二字，係付刊時所追加者。煥椿曩曾取邵刻與玉海樓本對讀，頗有足以互資補充之處，而刻本中所見某氏條注，實多 先外王父校語。邵氏既嘗從玉海樓本傳錄，而未記係何人筆，刻時又未取玉海樓本覆勘，故遂不能不闕疑耳。今邵刻風行已久，而此校本世尚罕見，今爲輯錄，或可供留心斯學者之參考也。民國三十六年九月，外孫洪煥椿謹識於杭州西湖浙江省通志館。

四庫提要之論西學

王任光

四庫全書著錄或存目之西學書籍，不下數十種，玆特錄其書名、卷數、撰人並著錄或存目部門於後：

西人撰著者計二十五種：

西儒耳目資　無卷數　明金尼閣撰　小學類存目二　坤輿圖說二卷　清南懷仁撰　地理類四

職方外紀五卷　明艾儒略撰　地理類四　別本坤輿外紀一卷　舊本題清南懷仁撰　地理類存目七

西方要紀一卷　清利類思安文思南懷仁等撰　地理類存目七　泰西水法六卷　明熊三拔撰　農家類

乾坤體義二卷　明利瑪竇撰　天文算法類一　表度說一卷　明熊三拔撰　天文算法類一

簡平儀說一卷　明熊三拔撰　天文算法類一　天問略一卷　明陽瑪諾撰　天文算法類一

天步眞原一卷　清穆尼閣撰薛鳳祚譯　天文算法類一

新法算書一百卷　明徐光啓李之藻李天經龍華民鄧玉函羅雅谷湯若望等修　天文算法類一

同文算指前編二卷通編八卷　明利瑪竇譯李之藻演　天文算法類二

幾何原本六卷　西洋人歐几里得撰利瑪竇譯徐光啓筆受　天文算法類二

奇器圖說三卷諸器圖說一卷　奇器圖說明鄧玉函撰　諸器圖說明王徵撰　譜錄類

辨學遺牘一卷　明利瑪竇撰　雜家類存目二　二十五言一卷　明利瑪竇撰　雜家類存目二

天主實義二卷　明利瑪竇撰　雜家類存目二　畸人十篇二卷附西琴曲意一卷　明利瑪竇撰　雜家類存目二

交友論一卷　利瑪竇撰　雜家類存目二　七克七卷　明龐迪我撰　雜家類存目二

西學凡一卷附錄唐大秦寺碑一篇　明艾儒略撰　雜家類存目二　靈言蠡勺二卷　明畢方濟撰　雜家類存目二

寰有銓六卷　明傅汎際撰　雜家類存目二

空際格致二卷　明高一志撰雜家類存目二

國人著作者共七種：

農政全書六十卷　明徐光啓撰　農家類

測量法義一卷測量異同一卷句股義一卷　明徐光啓撰　天文算法類一

渾蓋通憲圖說二卷．明李之藻撰　天文算法類一

圜容較義一卷　明李之藻撰　天文算法類一

天學會通一卷　清薛鳳祚撰　天文算法類一

四庫館臣對西學之態度可於下列數語見之：「案歐邏巴人天文推算之密，工匠製作之巧，實逾前古；其議論夸詐迂怪，亦爲異端之尤。國朝節取其技能，而禁傳其學術，具存深意。其書本不足登冊府之編，然如寰有詮之類，明史藝文志中，已列其名，削而不論，轉慮惑誣，故著於錄而闢斥之。又明史載其書於道家，今考所言，兼剽三教之理，而又舉三教全排之；變幻支離，莫可究詰，眞雜學也。故存其目於雜家焉。」語見提要百二十五子部雜家類存目二西人撰書總評。夫所謂「天文推算」，「工匠製作」者西洋科學也；「議論」、「學術」者西洋宗教也。清初學者能辨別科學與宗教，不因宗教而廢科學，較之明人一概排斥之心理已高出一籌。天教排斥佛老理固當然，若謂排斥儒教，或未必當，然提要謂「舉三教全排之」者，豈指禮儀之爭一事而言乎？

明人屢以排斥西洋宗教而兼及於科學，實由於明季之特殊背景。蓋西士之著書立說，其目的本在傳教，即所謂「挾學術以傳教」也。明末迫於外患內亂，對外人多目爲「心懷叵測」；凡所論述，亦一概目爲異端。故西學傳入中國始於明，而其光大則必有待於滿清入關後也。提要子部天文算法類一新法算書條謂所論「皆鉤深索隱，密合天行，足以盡歐邏巴曆學之蘊。然其時牽制於廷臣之門戶，雖詔立兩局，累年測驗，明知新法之密，竟不能行。」又御定曆象考成條云「自利瑪竇入中國，測驗漸密，而辨爭亦逐日起。終明之世，朝議堅守門戶，迄未嘗用也。」門戶之爭，爲明季西學未能發揚之又一原因，此可於曆法一事見之。然眞理常存，固非意氣所能攻訐者。提要子部

天文算法類一引言曰：「泰西晚出，頗異前規；門戶搆爭，亦如講學。然分曹測驗，具有實徵，終不能指北爲南，移昏作曉。故攻新法者，至國初而漸解焉。」

提要論西洋曆算或曰「分曹測驗，具有實徵」（子部天文算法類一引言）；或曰「精密」（周髀算經條）；或曰「儀器精密，夐絕千古」（新儀象法要條）；或曰「古法疏而今法密」（六經天文編條）；或曰「皆前人所未發」，又「其言皆驗諸實測，其法皆具有變通」（乾坤體義條）；或曰「其考驗天象，則實較古法爲善」（天問略條）；或曰「鉤深索隱，密合天行」，可謂嘉許備至矣。故西學初入時，中國曆家如邢雲路、冷守中、魏文魁、郭正中等，雖多方詰難，然所學終不能勝。提要謂：「中法西法，互相發明，無容設畛域之見焉。」語見天文算法類二測海圓鏡條，可謂公允之論。

提要有謂西法襲自中法者，如天文算法類一周髀算經條云：「其本文之廣大精微者，皆足以存古法之意，開西法之源。……明萬曆中，歐邏巴人入中國，始別立新法，號爲精密。然其言地圓，即周髀所謂地法覆槃滂沱四隤而下也。其言南北里差，即周髀所謂北極左右，夏有不釋之冰，物有朝生暮穫；中衡左右，冬有不死之草，五穀一歲再熟；是爲寒暑推移，隨南北不同之故也。及所謂春分至秋分，極下常有日光，秋分至春分，極下常無日光，是爲晝永夜短隨南北不同之故也。又李之藻以西法製渾蓋通憲，展晝短規，使大於赤道規，一同周髀之展外衡，使大於中衡。其新法曆書，述第谷以前西法三百六十五日四分日之一，每四歲之小餘，成一日，亦即周髀所謂三百六十五日者三，三百六十六日者一也。西法出於周髀，此皆顯徵，特後來測驗增修，愈推愈密耳。明史曆志謂堯時宅西居昧谷，疇人子弟散入遐方，因而傳爲西學者，固有由矣。」又渾蓋通憲圖說（天文算法類一），梅文鼎嘗作訂補一卷，提要引其語曰：「渾蓋之器，以蓋天之法，代渾天之用，其製見於元史扎瑪魯鼎所用儀器中；竊疑爲周髀遺術流入西方。」又測海圓鏡條（天文算法類二）云：「歐邏巴人始以借根方法，進呈聖祖仁皇帝，授蒙養齋諸臣習之；梅瑴成乃悟即古立天元一法，於赤水遺珍中詳解之，且載西名阿爾熱巴拉，即華言東來法，知即冶之遺書，流入西域，又轉而還入中原也。」李冶，字鏡齋，欒城人，金末登進士，入元官翰林學士，元史有傳。元時歐亞交通，阿剌伯人之天文曆算卽以此時流入中國、李書或即採自西說亦未可必；且中法出於西法，或西法出於中法，雖不無可能，然無確實交流之痕迹，徒自一二雷同之點，即斷言其淵源所本，未免有近武斷，學者不取。東海西海，心同理同，其於基本原理相吻合，固無可異也。

至提要謂西法出自回曆而加進，如天文算法類一七政推步條引梅文鼎勿庵曆算書記曰：「回曆即西法舊率，泰西本回曆而加精耳。」此言不誣，蓋阿剌伯人本精於天算地理，其兵力西進時，其學術亦漸被於西歐；元時阿剌伯天文曆算亦曾一度盛興於中國；惜元亡明代，中西交通斷絕，繼起無人，必待明季西士而後重現也。

提要之論天文曆算，以其精密有徵，故特加推重；而於地理則頗加譏評。地理類四職方外紀條云：「所述多奇異不可究詰，似不免多所夸飾。然天地之大，何所不有，錄而存之，亦足以廣異聞也。」提要謂「不可究詰」，「多所夸飾」，以不能親見親驗也，故以「異聞」目之；謂「天地之大，何所不有」，尚不失治學客觀精神。又地理類存目七論西方紀要云：「專記西洋國土風俗人物土產，及海程遠近，大抵意在夸大其教，故語多粉飾失實。」則又未免過言矣。

提要又謂西書所載多有影附中國古書，或兒中國古書變幻其說者，如地理類四坤輿圖說條，謂書中所載有附影東方朔神異經者，語多冗長，不引。

提要之論西洋科學已如上述，今再述其論西洋宗教，即天主教，亦可見時人之態度也。

西教初入中國，時人不辨，屢以佛教者流目之；提要亦不能出此，且謂天主教實源於釋教，入中國後，習見儒書，始因緣假借，以文其說，更爲無徵。雜家類存目二十五言條云：「西洋人之入中國，自利瑪竇始；西洋教法傳中國，亦自此二十五條始。大旨多剽竊釋氏，而文詞尤拙。蓋西方之教，惟有佛書，歐邏巴人取其意而變幻之，猶未能甚離其本。厥後既入中國，習見儒書，則因緣假借，以文其說；乃漸至蔓衍支離，不可究詰，自以爲超出三教上矣。附存其目，庶可知彼教之初，所見不過如是也。」此一段議論，足可表現當時館臣對天主教之整個看法，及所以「禁傳其學術」之原因。天主教與佛教雖同出西方，但佛教所出之印度與天主教所自來之小亞細亞及歐洲，相去何異隔世；蓋自古東西交通閉塞，文化交流亦殊少痕迹。佛教東傳中國日本，對西方則甚少影響。且天主教本淵源於猶太教，其教條教義亦多採自舊約聖經，故以歷史言實更早於佛教。四庫館臣既無世界地理之知識，又不究源天主教之歷史，徒以其來自西方，遂謂與佛教同源，良可哂也。

天主教與佛教互相排斥，雜家類存目二辨學遺牘條論曰：「利瑪竇力排釋氏，故學佛者起而相爭，利瑪竇又反唇相詰，各持一悠謬荒唐之說，以較勝負於不可究詰之地。不知佛教可闢，非天主教所可闢；天主教可闢，又非佛教所可闢：均所謂同浴而譏裸裎耳。」

然天主教固非釋教可比，其說近於儒墨，提要亦言之。雜家類存目二七克條云：「其言出於儒墨之間。就所論之一事言之，不爲無理。」西學凡條云：「其致力亦以格物窮理爲本，以明體達用爲功，與儒學次序略似。」交友論條云：「其言不甚荒悖」。則天主教固未可非也；而提要必欲謂「支離神怪而不可詰」（西學凡條）；「支離荒誕」（畸人十篇條）；「附會於儒理，使人猝不可攻」（畸人十篇條）；「附會六經中上帝之說，以合於天主，而特攻釋氏以求勝」（天主實義條）者，蓋時人格於西洋異端之說，雖號稱通儒亦不能拔於流俗也。

又提要最忌挾學術傳教，天文算法類一天問略條云：「前有陽瑪諾自序，舍其本術，而盛稱天主之功；且舉所謂第十二重不動之天，爲諸聖之所居，天堂之所在，信奉天主者乃得升之，以歆動下愚。蓋欲借推測之有驗，以證天主堂之不誣，用意極爲詭譎。然其考驗天象，則實較古法爲善。今置其荒誕售欺之說，而但取其精密有據之術，削去原序，以免熒聽。其書中間及妄謬者，刊除則文義或不相續，姑存其舊，而闢其邪說如右焉。」而天步真原條稱「順治中穆尼閣寄寓江寧，喜與人談算術，而不招人入耶穌會，在彼教中號爲篤實君子。」由此觀之，提要之論西學，一言以蔽之曰：「採取其技能，而禁傳其學術」而已。

提要對西學之態度已如上述，所論是否正確，在今日吾人不難斷定；然在當時實足以代表一般學者之思想，此則一時之風尚使然，非傑出之士，不能自拔也。

然提要論西學典籍，有應糾正之謬誤二：一曰辨學遺牘之撰人是否爲利瑪竇？一曰唐景教是否即爲祆教？

按辨學遺牘，舊題利瑪竇撰，前爲虞德園與利氏往復辯道書二通，附雲棲答虞德園遺書一通；後爲利氏復蓮池竹窗天說四端。提要從舊說，亦以撰人屬之利氏。然復蓮池天說四端，實非利氏所撰，明崇禎間即有人察及而辯其誤者。破邪集（攻擊天主教之書）八，雲棲弟子張廣湉證妄說曰：「按先師天說三則，天說餘一則，皆竹窗三筆篇末之語；篇首先師自序，識其歲月，乃萬曆四十三年乙卯之春，刻成未印，而先師以是年七月初四日圓寂，以後方漸流行。閱彼教中所刻利子行實，蓋瑪竇先於萬曆三十八年庚戌四月已歿。而同侶龐廸峨等乞收葬骸骨疏文亦稱瑪竇於三十八年閏三月十九日年老患病身故。準二說，去先師著竹窗三筆之時相隔五載，安有未見其說，而先爲立辨之理？彌格子跋云：予視沈僧天說，予甚憐之，不意未及數月，竟作長逝耶？此數句，彼亦自供三筆爲先師臨歿之書矣。夫乙卯前既無竹窗之三筆，而庚戌後何有鬼錄之瑪竇哉？」釋密雲圓悟辨天三說（亦見破邪集八）亦曰：「按二人卒化之年，則利氏先雲棲五載矣。雲棲以是春（乙卯）出說，即以是秋入滅，說未出而爲預辨；何物鬼魍，得能儔張爲幻耶？」據此，則利瑪竇復蓮池竹窗天說係誤題無疑。援菴師重刊辯學遺牘序（一九一九年）亦證其誤，以爲必教中一名士所作而逸其名，時人輾轉傳鈔，因首篇係利復虞書，遂並此篇亦題爲利著；李之藻付梓時，偶未及考，故未訂正。此說頗是。

雜家類存目二西學凡一卷附錄唐大秦寺碑一篇。唐大秦寺碑即景教流行中國碑頌也。提要博引西溪叢語（宋姚寬撰）、酉陽雜俎（唐段成式撰）、杜預注左傳、顧野王玉篇、岳柯桯史，謂中國早有祆教，而此碑即出於祆教，唐景教即祆教也。「西洋人即所謂波斯，天主即所謂祆神」；「利瑪竇之初來，乃詫爲亙古未睹；艾儒略作此書，即援唐碑以自證，則其爲祆教更無疑義。乃無一人援古事以抉其原流，遂使蔓延於海內。蓋萬曆以來，士大夫祇講心學、刻語錄，即盡一生之能事，故不能徵實考古，以揭邪說之流行也。」洋洋七百六十餘言，譏明人「不能徵實考古」，而不自覺其雖考古而非實也。夫景教、祆教雖皆傳自波斯，而實各有區別，未可混同，此於史籍中斑斑可考，如唐文粹舒元輿重岩寺碑有摩尼、大秦、祆神，天下三夷寺等云云，景教非祆教可知也。

影

印

第七條　會外聘請之顧問員及特別委員得依其任務情形酌給酬金

第八條　本會開會時以委員本人三分二之出席為法定人數不能出席者得託委員代表

第九條　本會至少每三個月開會一次由圖書館長報告館務經過情形臨時會無定期由委員長召集之

第十條　圖書館長副館長於本會開會時得自由列席但不參加表決

第十一條　本會認為必要時得邀請顧問員及特別委員出席會議但不參加表決

第十二條　每半年本會應將本會會務及圖書館辦理情形報告於教育部及基金會

第十三條　本章程經本會通過並呈報教育部及中華教育文化基金董事會備案經本會會員三人以上之提議三分二以上之議決得修改之

所有該會職員，亦早經依法舉定。范源廉為委員長，陳任中為副委員長，胡適為書記，周貽春高步瀛為司庫，任鴻雋，徐鴻寶，翁文灝，馬君武為執行委員。館址亦已擇定北海西首前御馬場。並推定梁啟超為館長，李四光為副。業由教育部聘請於日前宣布就職矣。

影印四庫全書之經過

（奮）（純）

四庫全書為吾國學術之寶藏。一代之鉅製。國華所在。世界共推。原鈔七部。分庋於禁垣之文淵閣。圓明園之文源閣。熱河避暑山莊之文溯閣。奉天之文津閣。揚州大觀堂之文滙閣。鎮江金山之文宗閣。杭州聖因寺之文瀾閣。英法一役。圓明園燬。文源同歸於燼。洪羊之亂。文匯文宗文瀾相繼散失。惟文瀾得丁丙劫餘搜尋。竟獲其半。今復依文津者補鈔完全。然總今之所存者。亦僅四部。若不亟圖印行。天災時變。淪亡可慮。中外學子。相與憂之。一九二一年法國班樂衛來華。建議退還庚子賠款。影印四庫全書。當時徐世昌總統允許影印後。分贈法國總統及中國學院。並明令派朱啟鈐督辦其事。遂與商務印書館商議影印計畫。當時所擬格式。畧照原書大小。估計成書百部。需款三四百萬元。費時念餘載。如此浩繁。絕非商家能力所及。政府乃擬自行設局。然迄未進行。適清室內務部擬將文淵閣所藏者交商務印書館印行。並改定計畫。照原書格式縮小影印。成本既輕。推行較易。五年之久。即可覩成。會與政府及清室雙方議定辦法。教育部業經批准獎勵。交通部亦批准備車。裝箱過半。定期起運。而政府之左右忽然借故阻止。事廢半途。論者惜之。今夏章士釗長教育。又以影印事提出國務會議。經討論決定將文津閣之四庫全書交商務印書館影印。惟文津閣所藏者早經移存京師圖書館。而各方以四庫中類多孤本。因之委托該館鈔錄者頗衆。收入尚豐。若徑運滬不免受其影響。遂擬改印文淵閣所儲者。即函商清室善後委員會。派司長高步瀛部員徐協貞戴克讓裘善元趙德宇圖書館主任徐鴻寶館員李耀南等會同清室善後委員袁同禮等前往文淵閣點查。事畢部員將檢查結果具文報告。並附陳意見。請選擇付印。以期確收實效。茲覓得原呈錄左。

（上略）某等奉部派於九月二十一日午後二時。前赴清室善後委員會。同該會人員至文淵閣檢查四庫全書。查該閣所藏四庫全書視文津閣書繕寫較爲工整。惟亦未能前後一律。除四庫書外尚多未清查。四庫全書架槅函卷考四冊。係民國六年清室內務府人員世續紹英耆齡等派員查點之後所編。內載文淵閣書共缺經部四書大全十卷。子部內天經或問前集四卷。天步眞原一卷。天學會通一卷。鄧子一卷。公孫龍子三卷。鬼谷子一卷。關尹子一卷。集部李太白集補註一卷。……業經補抄完全。此調查該書之大概情形也。此次擬印行四庫全書。宜傳文化。誠民國以來未有之盛舉。但全書卷帙甚繁。外間通行之書實居泰半。文化事業當以供本國學者研究爲主。全書付印。非獨耗費太多。即使成書以後。亦非一般寒士所能購置。耗財廢時。而於文化普及殊無裨益。其不便者一也。果使就原書影印。尚不失裔皇曲麗之觀。今聞縮成中本小本。則本書價値既失。反足貽外人之訕笑。其不便者二也。且聞承印之人須將該書運滬。始能開印。則道路之險。水火之虞。在在可危。萬一險出意外。則中國可寶貴之文物自我而失。尤何面目謝于國人。其不便者三也。若用選印之法。則利害相反。有百利而無一害。試略陳之。四庫全書所有罕見之本。寒畯搜求。四庫名貴之處。即在于是。今選擇付印。非獨士林爭先快覩。即商店亦易于銷售。文化流行。公私兩便。其利一也。選印書中可就需用緩急分爲三期付印。孤本既先。罕見之本次之。書雖通行而價格太高者又次之。次第畢行。得寸得尺。勵有成績。其利二也。諸書尺寸定一普通程式。若欲組成全書。即從坊間購買印本合成一書。亦不致大有齟齬。是不必印全書而全書已可成功。其利三。零段既經選擇。印成時日自可剋期而待。事半功倍。日少效多。其利四。(下略)

其時財政部印刷局得此消息。即由局長賈瑞芝召集工務科長褚聘三等三十餘人開會討論承印辦法。擬將四庫全書影印二百部。以十年印成。約計工料之數。計畫如左。

(一)紙料　全書約三百萬頁，用粉連紙四開，印二百部，用紙約計一百七十萬刀，價值約洋二百三十萬元至二百六十萬元之譜，如十年印成，每年購紙應值洋二十三萬元至二十六萬元之譜。

(二)照相　每日出書一千頁，全書約可十年印成，照相器具另計外，其藥料等項，年需二十四萬元之譜。

(三)製版　每日出書一千頁，應用鋅版或石版，另計外，其雜料每年約需四千元之譜。

(四)印刷　每日出書一千頁，共印二百部，應添置機器約值八萬元之譜，油墨年約需八千元。

(五)裝訂　每部三萬數千冊，共印二百部，約七百餘萬冊，每日出書一千頁，各印二百份，約得二千數百冊。如用中國染紙書皮綿綫訂本，並用綾包角，各項材料年需五萬元之譜。

(六)廠地　凡照相製版印刷裝訂存儲材料，約需寬廠房屋一百二十間，建築費約需六萬元。附屬木器傢俱，約需二萬元，原動力機器約需二萬元。

(七)匠徒　各項工匠一百人，工徒二百六七十人，每年約需工資六萬五千元之譜。

右列各數，總計十年印成，約需六百十六萬五千元至六百四十六萬五千元。若改爲五年印成，其機器器具匠徒房屋須加倍。

並通函各公私機關聲明是事。其通啓云：

敬啓者。查四庫全書爲我國數千年文化精神。有清一帶。旁搜博採。歷久始成。洵屬保全國粹之巨功。然全書爲數至繁。國內僅存七部。且經刼燹。多所散失。前政府有續印之議。誠爲善舉。近知教育部提交國務會議通過。由商務印書館承印。我國人將可見此書普行於世矣。惟縮印既爲發揚國光。溥及文化。則須使原書式樣毫髮無訛。庶足啓人景仰之思。不宜省工減料。有所更張。開坊賈射利之門。致莊嚴寶籍有簡陋之虞。茲本局工務科長褚克明。有影印四庫全書保存眞跡之計畫。爰列舉條同送請埜鑒。管見所及。如有疏漏。倘希垂教爲幸。此頌文祺。財政部印刷局啓。

結果商務印書館由虞洽卿及京中重要人物之推介說項。始取得此項權利。業於九月廿四日國務會議時。由敎長章士釗就全案經過提出報告。并將與商務印書館所訂合同交衆傳觀。經各閣員討論結果。決定照原案通過。由教育部遴派專員押運全籍至滬。就地監督影印。所印卷帙。預定分甲乙兩種。

(甲)照原書樣式影印三十部。除分藏國內圖書館外。並贈法美英日俄德荷比蘇與諸國。藉以宣傳東方文化。

(乙)由該館縮印小本八十部。自由定價銷售。每部預約特價約三千元。

至關於移運事宜。則由交通部令飭京奉津浦滬寧三路特備車輛。妥爲裝載。于沿途經過。慎加保護。同時由執政發表下列明令。

四庫全書爲我國最大之典籍。甄綜國故。世界共推。第原鈔七部。建閣分藏。海內學人。罕窺中秘。且距今百載。中經變故。僅留三部。政府屬擬刊行。些以款絀中止。茲據教育總長提議。將文淵文津兩閣全書擇一運滬。交商務印書館。參照中西版式縮本影印。以廣流傳。規畫至當。事屬可行。准由該部將文津閣全書一律點交移滬影印。並由部遴派妥員一人。駐滬照料。全書運滬時。交通部並應協同運送。其餘承印事宜。即着該部商同該印書館妥爲辦理。至文淵閣全書。仍交由京師圖書館保存。以供閱覽。庶我國宏富珍秘之典籍。可以公諸天下。輔益文治。導揚國光。本執政有厚望焉。此令

湖南教育會對於影印四庫全書事。以爲部數太少。不敷分配。提議請政府加印甲種七十部。分配各省公立圖書館。其理由謂『政府與商務印書館擬訂合同。影印四庫全書。預定分甲乙兩種。甲種既僅爲三十部。將來贈送各大國外。所餘不多。各省區圖書館。決無分

貯之望。即或有之。亦不能遍及。可斷言也。至乙種八十部。每部三千元。價復不廉。在各省區教育經費奇絀之時。各圖書館且不能保其現況。又焉有餘力購辦巨帙。亦僅為少數藏書家之裝飾品耳。夫以吾國學術學滙之書籍。與此影印鉅工。僅為酬贈裝飾之用。而各省區圖書館反不得庋藏。寧非恨事。況印甲種三十萬之款。係由各國退還庚子賠款中發展文化事業項下提撥。庚款係各省區所攤負者。今仍以此款所印之書籍還之各省。尤屬至當。至其辦法。除原訂甲種三十部外。再由政府加印甲種七十部。共計百部。無論政府贈送若干國。但每省區須送二部。藏之各省區公立圖書館。並由政府將此書預約券先行分送各省區公立圖書館之主管人。以便按期取書。』此議提出時。適省教育會聯合會在湖南舉行年會。對之頗為贊同云。

清室善後委員會。對於將文淵閣四庫全書交京師圖書館保存一事。特於九月二十九開委員會討論。僉以委員會自接收故宮以來。以宮內物件不得移出宮外為原則。文淵閣四庫全書既歸該會保管。自為宮內之一部份。況該閣地點適中。建築得法。又為專置四庫全書而建。亟應將此歷史上遺跡保存。以重古物。今故宮圖書館籌備告竣。不日開放。萬不能使其劃歸他處。全體委員一致主張。至為堅決。章教長正在進退兩難之際。忽江浙戰事發生。於是中止進行。影印之事。曇花一現。又不知何日始可實行也。是書雖刊有目錄，然皆依類排列，檢查頗為不便。近者金陵大學劉純甫君有四庫全書目錄書名索引之作；上海陳乃乾君有人名索引之作。者能早日刊行，則檢查四庫書目者將無困難之感矣。

文溯閣四庫全書運奉記

奮

文溯閣四庫全書。原在奉天。民國三年運京。存於保和殿。合文淵文津鼎足而三。今春頃奉天教育人士擬辦圖書館。呈請當局索回此書。此由楊宇霆電致教育總長章士釗。其文曰。

(上略)查文溯閣四庫全書。本係奉省舊存。於民國三年運京。前據奉省各界紳董擬集資設立圖書館。請求將庫書發還以備陳列。當即據情電請梁乘異兄商請執政飭撥。現接乘兄復電。已奉批交閣議。奉省舊物仍歸奉省保存。質諸公論。定邀許可。務請諸

With reference to the letter of the Secretary General of the League of Nations (C. L. 140, 1927, XII) dated October 24th, 1927, communicating the terms of the resolution adopted by the Council at its meeting of September 2nd, 1927, the Ministry of Education has the honour to state that the Government of the Republic of China, in the light of the information furnished by the Belgian Government, does not consider it necessary to conclude a Convention separate from the Convention of 1886. It is hoped, however, that the League of Nations, through its Committee on Intellectural Co-operation, will use its good offices to secure the co-operation of various governments to agree to take the following measures:

(1) Exchange of all the current repertories of national bibliography of a general character,

(2) Exchange of all the catalogues of official publications available for international exchanges,

(3) Direct dispatch of publications by the service of the country of origin to private addressees without such documents passing through the service of the country of destination,

(4) Exemption from international postal charges on publications intended for international exchanges.

The Government of the Republic of China believes that no particular difficulty will be presented in the applicationx of these proposals and is prepared to do its share to facilitate the international exchange of publications.

景印四庫全書原本提要緣起

陳垣、闞鐸、陶湘、尹炎武等，近有景印四庫全書原本提要之發起，玆錄其緣起如左。

近來景印四庫全書一事，久為中外人士所注目，徒以工程浩繁，蹉跎未果，瀛寰學子，渴望愈殷。同人等，因思先印四庫全書原本提要，以為先路之導，請言其概，有七善焉。現行四庫全書總目，本摭取各書提要而成，後經文達筆削以歸一貫，其間排列次第，與閣中所庋，出入固多，而尤以提要原文相差太甚。（原本提要與現行總目相對，無有一編無異同者，其通編不同，各類皆有；與總目互校異同詳略，亦不勝其列舉也）蓋文達總目，原雖本書而孤行，復與各類相呼應，（現行總目中某人某書已著錄，其人爵里行事即不再詳）吻合提要原文，雅非所計。今者，擬取原本四庫全書，經、史、子、集部三千四百七十部，（經部六百九十五部，史部五百六十三部，子部九百三十部，集部一千二百八十二部。）抽取其原本各書提要，一一景印，排列次序，一依閣中所藏。學者手此一篇，以讀全書，不虞相紊，其善一也。

有清學術之盛，當以乾隆時代為重心，其時編纂諸儒，又極一時之選。（戴東原主經部，邵南江主史部，周書昌主子部，紀文達主集部）各盡其長，探賾索隱，可以窺見專家批評之精神，亦可考覽各人文章之個性，其善二也。現行四庫總目本為家弦戶誦之書，（四庫總目卷口版心並無提要二字，承學之士，未見原本提要，漫以其名假之）今得此原本提要，取以對校，則文達筆削之權衡，與諸儒專精之所在，皆躍然紙上。辨章學術，推尋類例，其善三也。從前總目兼載存目，有目無書，卷帙浩繁，繙帑不易。而簡明目錄僅明概略源流，不詳本書卷冊，視總目纔五分之

1342

三，嬗簡明溢二倍以上。本末賅備，繁簡適中，其善四也。景印次第按照天然次序，分經、史、子、集四次出書，並擬分部零售，學者各就專門肄業，隨類而購，分時而治，其善五也。

外間石印總目，割併篇章，紊亂卷帙。此次景印原書但略小其匡，而不併其葉，故冊小而字大，可供點治，又便取携。更無排印譌誤之虞，且乏鈔胥脫落之弊，其善六也。四庫全書，天壤間乃僅七部，而提要者又附此七部以行。圓明園文源一部早付刦灰，江蘇兩部（揚州文匯，鎮江文宗）又燬於兵燹，浙江文瀾鈔配僅完，禁中三閣，（文溯一部現庋奉天，都下僅有文淵、文津兩部，一藏故宮博物院，一藏教育部圖書館）實爲全書中之善本，而提要者又爲全書之精華，眞面廬山，譌誤自少，其善七也。綜此七善，具於一書，萬本流傳，計日可待。云云

圖書館界

范靜生先生逝世　本會前董事范源廉先生于十二月二十三日上午七時在津寓逝世。噩耗傳來，聞者莫不驚悼。先生素有便血症，患之已逾十載，迭經醫治。是月十七日赴津省母，留四五日，忽于二十三日早四五時頃病發甚劇，至七時餘遂溘然長逝，時年五十二歲。先生爲本會發起人之一，學問道德，舉世景仰，歷任教育總長，師範大學校長一生致力教育事業，本年七與世月長北京圖書館，圖書館事業之發展正有賴于先生之擘助，今竟永辭，教育界失之柱石，亦我國家之不幸也。京中同人將于來年二月十二日，在中央公園爲范氏開會追悼云。

北京圖書館購越縵遺書　會稽李慈銘先生，讀書治學，著聞海內，片簡隻字，靡可珍賚。李氏故後，其遺書全部歸紹興陸氏。北京圖書館慮其散佚，曾與陸氏確商，以一萬一千餘元收歸藏庋。凡爲書八百六十七種，九千一百十九册云。

故宮博物院改組　故宮博物院自十一月管理委員會成立以來，組織畧有變更。除委員長王士珍，副委員長王式通、袁金鎧外，尙有委員十五人。此外另設古物館，圖書館及總務處；每館設館長一人，副館長二人，主任四人；總務處設處長一人，副處長一人，主任六人；均係名譽職。聞已聘定江庸爲古物館館長，馬衡、俞同奎爲副館長；傅增湘爲圖書館館長，袁同禮許寶蘅爲副館長；袁金愷爲總務處處長，惲寶惠爲副處長。又圖書館之四主任爲徐鴻寶，陳寶泉，張允亮，凌念京云。

北京公師附小設兒童圖書館　京師公立師範學校附屬小學，前因校舍狹小，極關重要之兒童圖書館，尙付闕如，近聞該校已決定騰出教員宿舍，改設兒童圖書館，現已着手籌備，日內即可成立云。

南京圖書館之合併　江蘇現試行大學區制，原在南京之法政大學及工業、農業兩專門學校，均併第四中山大學。其圖書作爲大學藏書之一部，大半已移入總館，其館長及副館長，聞由皮宗石、崔苹材分別擔任云。

徵求名人遺稿　葉玉甫先生現擬輯刊清人文道希（廷式）丁叔雅（惠康）王義門（存）吳印丞（昌綬）四君詩集，刻正徵求四君遺槀，極盼有存者，鈔寄天津英租界小孟莊津寓，以便彙齊成書云。

徵求陳師曾遺詩　陳衡恪先生以書畫篆刻名于時，數年前作古，其作品影印流傳者甚多，惟其詩則尙待付刻。今吳君寒匏，廣爲徵集，擬彙輯成書。陳先生朋舊如有以藏稿錄副應徵者，將來即以印本爲報。吳君寓北京前門外三眼井四號云。

景印四庫全書原本提要緣起

尹炎武 文

頃聞濮一乘」陳垣。闞鐸。鄧之誠。尹炎武。沈祈士。陶湘。周貞亮等。有景印四庫全書原本提要之發起。發表緣起一文。〔尹氏所作〕以明其宗旨。行將預約廣告徵募訂購者。茲得緣起一文之原作。披露於下。

近く、濮陳闞諸氏の發起で、四庫全書提要の原本を影印に付するといふことが計劃されてゐる。すでにその趣意書を發表し、ゆくゆくその豫約募集をなす由。その趣意書の全文を下に掲ぐ」(記者)

近年景印四庫全書一事。久爲中外人士所注目。徒以程工浩繁。蹉跎未果。瀛寰學子。渴望愈殷。同人等因思先印四庫全書原本提要。以爲先路之導。請言其概。有七善焉。現行四庫全書總目本。擷取各書提要而成。後經文達筆削。以歸一貫。其間排列次第。與閣中所庋。出入固多。而尤以提要原文相差太甚。原本提要與現行總目相對無有一篇無異同者。其添竄不同。各類皆有。與總目互校異同詳畧。亦不勝其列舉也。蓋文達總目。原離本書而孤行。復與各類相呼應。現行總目中。某人某書。已著錄其人爵里行事。即不再詳。吻合提要原文。雅非所計。今者擬取原本四庫全書經史子集都三千四百七十部。經部六百九十五部史部五百六十三部子部九百三十部集部一千二百八十二部 抽取其原本各書提要。一一景印。排列次序。一依閣中所藏。學者手此一篇。以讀全書。不虞相紊。其善一也。

近年四庫全書の影印といふことが頗る内外人の目を引いてゐる。がそれは事業が浩繁にすぎて未だその成立を見ない。我等は全庫の影印に先ちて、まづその原本提要を影印すべきことを高唱する。その特色は七。

現行の總目本は、各書の提要を抽出して成れるものであるが「後紀曉嵐の筆削」を經て、その統一を制せしために、その排列次第など、閣中の原本と同じくない。その原文に至つては、更にその差異が甚だしい。「原本提要と現行の總目本とを比較するに、一篇としてその內容に異同あらざるはない全篇同じからざるものさへあれば、一々その異同を校勘するけその煩に堪えない。」紀曉嵐の總目は、本書を離れて孤行されたものではあるが、本書の各類目と相呼應してゐる。「現行總目中には、その著者の故里行事を著錄せしものもある。」原文と吻合せぬ所ももとより多い。今は原本四庫全書の經史子集すべて三千四百七十部「經六百九十五、史五百六十三、子九百三十、集一千二百八十二」について、その提要の原本を抽出して一々景印に付し、その排列次序は閣本に從ひ、學者はこの一本を備へてその全書を讀むに便せしめる、これその特色の一。

有清學術之盛。當以乾隆時代爲重心。其時編纂諸儒。又極一時之選。戴東原主經部邵南江主史部周書昌主子部紀文達主集部各盡其長。探賾索隱。可以窺見專家批評之精神。亦可考覽各人文章之箇性。其善二也。現行四庫總目。本爲家弦戶誦之書。四庫總目卷口版心並無提要二字承學之士。未見原本提要。漫以其名假之。今再得此原本提要。取以對校。則文達筆削之權衡。與諸儒專精之所在。皆躍然紙上。辨章學術。推尋類例。其善三也。從前總目兼載存目。有目無書。卷帙浩繁。繙詧不易。而簡明目錄。僅明概畧。源流不詳。本書卷册。視總目纔五分之三。然簡明溢二倍以上。本末賅備。繁簡適中。其善四也。景印次第按照天然次序。分經史子集。四次出書。並擬分部零售。學者各就專門肄業。隨類而購。分時而治。其善五也。

外間石印總目。割併篇章。紊亂卷帙。此次景印原書。但畧小其匡。而不併其葉。故册小而字大。可供點治。又便取携。更無排印譌誤之虞。且乏鈔胥脫落之弊。其善六也。四庫全書。天壤間乃僅七部。而提要者又附此七部以行。圓明園文源一部。早付刦灰。江蘇兩部。揚州文匯鎭江文宗又燬

清代學術は乾隆に於て最も盛、その時の四庫編纂の諸儒は一時の碩學たりし故に「戴東原は經部「邵南江は史部、周書昌は子部、紀文達は集部を主宰す」各自その全力を傾注せしものであるから、その文によつて、各專家批評の精神、各人文章の箇性がうかがはれる。これその特色の二。現行の四庫全書總目は、家弦戶誦の書であり「注を畧す」今その原文を得て對照すれば、紀氏筆削の跡、諸儒專精の在るところが紙上に躍然たるを得ること その特色の三。從前の總目には存目をも載す。それ故に帙卷浩繁で披繙に易くない。そして簡明目錄は概界にとどまり、源流を詳かにせず、原本提要なれば、總目の五分三、簡明の二倍ばかりであるが、本末相かねてゐる、その特色の四。景印の順序は、經史子集の順序に四回に出版し、各部分售すれば、學者はその專門によつて購收することが出來る。これその特色の五。

外間行はれてゐる石印總目には編次頗る紊亂してゐるが、此たび景印の書は、その匡を小さくせしも、紙數を併せることなく文字も大きくして讀み易く、誤脫など決してない。その特色の五。四庫全書は七部を存し、提要はそれに附けられて、やはり七部を存したるも、圓明園の文源閣本はすでに灰燼に歸し、江蘇の文匯文宗二閣本また兵火に燒失し、浙江文

於兵燹。浙江文瀾鈔配僅完。禁中三閣。（文溯一部。現庋奉天。都下僅有文淵文津兩部。一藏故宮博物院。一藏教育部圖書館。）實爲全書中之善本。而提要者。又爲全書之精華。眞面廬山。譌誤自少。其善七也。綜此七善具於一書。萬本流傳。計日可待云云。

洲閣本は漸く補寫して完全なるを得た。禁中の文溯文津文淵三閣本は全書中の善本で、それに因れば、低誤も自ら少い。これその特色の七。要するに、この七特色を具へたる善本がその内世間に流行することとなる。（下略）

◇北京を戀ふる心◇

皆々様の御庇護によつて最も愉快に過し得た北京の地はいつまでも忘れることの出來ぬものであります。暇を得て旅に出た場合、第一の地として選んだのも實にこのためであります。吾々みたいに漂泊の旅を人生として續けてゆくものが、一地一地と變るたびに執着を殘して行つては際限のないことで困るであらうけれども、北京の地は、どうしても忘れ得ぬものでした。一年四ケ月といふ年月は長い樣でもあり、短い樣でもあります。然し靜かな古都北京の地は依然として靜かでした。一年半前に傾いたまゝだつた家は今もやはりそのまゝに、余命を繼いでゐるのを見ました。過ぎし日によく歩いたあの胡同胡同を私は、一年半前に歸つた心持でも歩いて見ました。兩側につき立つ墻と墻との間の胡同の黑い灰色の土、そこにもたまらぬなつかしい香りをかぐことが出來ました。

さうした處で、日頃よく拉いてくれた車屋などに逢つた時には、私は本當に心から出た言葉をかけました。車屋も、乘らないかと友情から湧いた言葉で云ひかけてくれます。かうした街です。舊い都です。かうした處で、過ぎし日に心安く願つた方々と話し合へば、惡いと知りつゝも長坐する樣になりました。心なきものの仕業と思はれたかも知れませんが、何卒御諒恕下さい。

私が歸つてから畿内に北京での推移の種々相を話すと、いい事をして來ましたねと云つて羨しがります。北京を戀ふる心は私一人の胸にのみ宿つてゐるのではないらしい。何年かの後揃つてお訪ねすることのあることを待つてゐます。一度筆をとめましたが、書きかけて、こゝまで來ました。これで筆を擱きます。皆樣の御健康で靜かな都での御生活の平安ならんことを祈上げます（奉天中學堂近藤喜助氏より）

影印四庫全書之經過

鄭鶴聲

四庫全書之影印，不但為我國文化史上之一大事業，尤為世界學者之所注目，緣全書之編纂，實為東亞學術之寶藏，空前之鉅製，國華所在，識者共推。惟原鈔七部，散佚過半，若不亟圖影印，則淪亡可慮，是以中外學人，大半樂覩其成。民國以還，關於影印一事，自政府以暨中外人士，提議三五次，更時十餘年，而至今尚未有成。以昔帝王稽古右文之一念，藉鈔胥之力，尚能分鈔七份，貯之南北；今政府屢次宣言提倡文化，印刷之術亦復大進，猶未能加以影印，宣揚中外，良為憾事。茲政府復有抽印之舉，而反對者輒加嗤議，以致羣言紛起，枝節橫生，誠為我國學術界極堪注意之一大事件。爰刺取關於此事歷次之檔案暨報章雜誌之所記載，綜其始末，略述經過，以備省覽。至於此次影印四庫全書之輿論及鄙見，則另詳今對於影印四庫全書輿論之評議一文（刊國風三卷六號），茲不贅述。民國二十二年九月廿日自識於國立編譯館

第一次影印之經過——民國九年

（一）印行之動機　四庫全書印行之動機，蓋始於民國八年冬際，大總統徐世昌命金梁編『文華武英二殿陳列古物目錄』，金氏遂請先印四庫全書，並擬續修四庫書目。又以全書舛誤至多，且卷帙分割，亦與原本多有異同，當作校勘記，各附卷末，以為考訂。未幾，葉恭綽遊歐美歸，謂西國重東方文化，頗稱此書，亦請印行傳佈。先是，民國七年冬，歐戰告終時，葉氏奉命赴歐美考察，兼參與巴黎和議，鼎力宣傳中國文化，對於四庫全書，尤致意焉。於是四庫全書之名，始喧騰於法京通儒院。世昌據葉氏由法電請，提出國務會議，每年補助二萬法郎，在巴黎大學內設中國學院，先作外人研究四庫全書之地步；并擬以百八十萬法郎在巴大中國學院內建築四庫圖書館以貯藏全書。蓋其時歐戰方終，西方人士，覩物質文明之為害，頗欲引用精神文明以補救之，東方人士，因竭力向其介紹，遂有是舉。民國八年，巴大中國學院監督韓汝甲創設中國學院，主張借用四庫全書，其理由書曰：

歐戰結局，萬國聚會，兵爭已罷，文物待興。巴黎院為列強集中之點，凡百舉動，世界注目，遊此同人，擬有建設，乃與此都學者，籌辦中國學院，附入巴黎大學，普譯古書，先行取材四庫，以為講授中國學術之用。此舉對於吾國家所關甚鉅，略將理由陳之：

吾國古老文物，本與希臘羅馬抗立，泰西學院深究者鮮，普通人民，甚以吾國為未開化者。此院之設，得使西球學界，提倡吾國文化，漸銷當日誤會，此其理一。

科學東徙，吾國青年，以舊學全無可取，殊不知互有短長，實可並用。吾國古籍，有人研究，固然價值得經公評，學風趨向，因可轉移。此其理二。

歐戰原因雖夥，總以爭存為主。物質競爭，趨於積極，遂難範圍，必致破裂，演至今日，無法辦決。吾國先哲主張道德以立治本

者，或可補救西法之窮。此其理三。

戰禍餘波，最痛心者，莫若盧灣書庫之受燒燬，於是各國學者，竭力恢復。此院成立，擬鈔四庫分贈盧灣，兼送英美。吾國文明記載，一躍文布全球。此其理四。

歐美博物院，搜陳吾國磁器頗多，惟圖書館所藏漢書，則無甚値價。四庫全書，一經研究，勢必刊行。西士以磁器美觀，轉爲典籍遐想，質文影響，同時並及。此其理五。

亞洲文明，首推印度中國。印度偏重哲理，創成宗教；中國根本道德，兼興文物。故凡亞洲能稱文明之邦，無不被我教化。四庫古籍之富，不特亞洲無之，卽使歐洲亦乏倫比。若經西人翻印，不啻證明始祖所在。亞洲後進之國，不乏剽竊以亂聽聞。此其理六。

歐亞文明，發源雖異，結果必同，似無可疑。新舊思潮，初相對陣，必生反激，歷來皆然。西人既樂研究四庫，國人亦宜翻譯西籍，互相切磋，途殊歸同。無謂爭執，將來可免。此其理七。

吾國插足世界舞台，當以此次和議爲始，至於歐洲之莫若哥國，人民不過數萬，土地不出數里，久在巴黎創設海洋學院。又若義大利半島，設立萬國農院，各國政府，皆予補助。吾國地大於全歐，吾民半超於人類，宜有建設，免落人後。中國學院，卽其一端。此其理八。

華僑當日移美，不得政府保護，至今結果猶有可觀。來歐工人，日見增加，此邦學識，自易習染，祖國文化未可全忘。高深學術，旣設專院，普通教育，聞風興起。此其理九。

因欲交換思想，遂致借用書籍，將來泰西人士，肯來吾國創辦圖書館者，當不乏人，則貧寒學子，略通西文，便得自修，比之出洋，更爲方便。此其理十。

庚子之變，永樂大典因致散失，不惟國人痛心，西士亦代深惜。苟使四庫傳入歐美，吾國雖生大亂，不致重遭前危。此其理十一。

歐洲十八世紀，百科學術，常引中國哲言，以爲佐證，以法之編錄特爲最。使我古籍譯本日多，雖在今日，勢力亦同。此其理十二。

吾國學術，歐美大學，常開講演，然皆外人代庖，實以吾國中西通才，尚不多見。中國學院，可代養成。此其理十三。

太平洋岸新進之國，歷史方面，苦無可言，或借天時地利之優美，或炫摹仿歐美之精緻，用作對外鼓吹，增高國際地位。至於四庫，實吾文明史略思想精華，一經傳播，不啻以無數舊哲喉舌，代作演講，其較貪天之功，攘人之美，以爲己者，稍高一籌。此其理十四。

總而言之，吾國富於思想，西人專於實用；吾民主張道德，西人偏重科學。假以四庫全書暫作鈔譯之用，東西文化，因可貫通互換，利益實無限量。大雅君子，尚祈匡助。

綜上對於借用四庫全書之理由，自發揚固有文化，至增高國際地位，反覆陳述，殊爲詳盡。至於四庫全書之『刊行』『翻印』，則希望於歐美人士。且有鈔贈盧灣，兼送英美之擬議。然同時關於印行四庫全書之事，葉氏亦曾向當時參與和會之梁啓超，汪兆銘，李煜瀛諸人，作一度商洽云。

（二）印行之籌議　印行庫書之動機，旣發生於巴黎，民國九年五月，法總理班樂衞受聘來華，其主要宗旨，卽在搆通中西文化，而尤以擴張巴大中國學院印行四庫爲重。班氏在京津時，曾與徐黎兩總統，李盛鐸王揖唐兩議長，當時內閣各閣員，以及梁士詒，熊希齡，顏惠慶，周樹模，梁啓超，蔡元培等分別接洽，並往團河與段祺瑞面商。當在京時，適值安福政變，無政府者彌月，株守北京，無法進行。八月，新內閣成立，交長葉恭綽，教長范源廉，財長周自齊等，俱竭力贊助班氏來華之計劃，並請徐世昌以大總統名義，承認印行，預贈法國二部；班氏始意滿回國。南下時至上海，又與孫中山，張繼，王正廷諸人分別說明。於是當時南北政學財各界重要人員，均表同情。法國學界爲感激我國政府及贊成溝通中西文化計劃，始出其國最古最高之巴黎大學，贈送徐世昌以名譽博士之頭銜，表示願與中國交換文化。於是由教育部呈請籌印，並派專員主持其事。十月十一日，任命朱啓鈐爲監印四庫全書總裁。並令曰：

大總統令：四庫全書爲我國最鉅典籍，名播　外，迄今百載；前之分存七部，僅餘其三，既有日即淪散之虞；而承學之儔，亦末由得資沾溉。中外人士，多有以印行爲請者，自應設法「仿印」，以廣流傳，而垂久遠。茲據教育部呈請籌款付印，應特派專員，主持其事。著派朱啓鈐督理印行四庫全書事宜，即行會商主管各部，擬定辦法，迅速從事，以副本大總統闡揚文化之至意。此令！

明令既頒，復派朱氏攜紀昀親筆四庫全書目錄影本，親至法國及歐美日本各國，贈與各國元首及各大學圖書館，於是四庫全書之名，始大彰於世。又派陳垣執文津閣書，實地調查架函册頁確數，以爲入手辦法。又與上海商務印書館商議，恐各方誤會，乃主張影印。當時所擬格式，略照原書大小，估計成書百部，需費二三百萬，需時一二十年，日本國紙張，不敷應用，因由該館聲明不敢冒昧担任。當局以影印需費，如此浩繁，既非商家能力所及，乃擬自行設局；以庫款支絀，其事遂止。此四庫全書第一次影印經過情形之大較也。

第二次影印之經過—民國十三年

(一)影印之緣起　自民九影印四庫全書不成，不惟對外信用喪失，對內亦無以慰人望，於是民國十三年，又有第二次影印之動議。是舉純以商務爲主體，而政府則處於被動之地位。適曹錕以賄選當國，固無意於文化事業之推行，而該館於民國九年雖聲明影印事務不敢冒昧擔任，以本年適值開館三十年周期，欲影印此書以爲紀念。時清室內務府以文淵一閣，存儲宮內，閱覽較少，擬交印行。並改定計劃，照原書縮小影印，成本既輕，推行較易，五年之久，即可觀成，蓋欲勉盡守缺抱殘之職，而竣班氏未完之業也。其影印四庫全書緣起曰：

竊聞蕭何入關，先收相府圖籍；伯顏滅宋，盡取江南文書。其以典章曠乖，文獻攸豐，守先待後，責任匪輕。有清文治，邁越前古；乾隆中葉，乃有四庫全書之輯，特開專館，妙選通才，普發中秘之藏，復廣獻書之路。網羅散逸，釐訂訛舛，歷時十稔，成書三千四百六十部，七萬九千三百三十九卷。壬寅春月，第一部告成，儲存大內之文淵閣。其後續成三部，分儲奉天之文溯閣，圓明園之文源閣，熱河之文津閣。又其後續成三部，分儲揚州之文匯閣，鎮江之文宗閣，杭州之文瀾閣。此其大較也。

洪楊事起，文宗文匯，相繼淪亡，聯軍內犯，文源亦付一炬，文瀾幸存劫餘，殘本不及半數。現在完善者，實僅三部。文淵本在宮中，文溯文津，先後移入首都，五星聚奎，可稱盛事。惟是三書萃於一隅，漫藏可慮。明代永樂大典，亦曾寫成三部，至乾隆時代，已有殘缺，然尚餘二萬餘卷。庚子一役，或化灰燼，或流人間，全家所存，僅數十冊。以此方彼，能無寒心！

邇者西方學子，涉足京華，請觀是書，無不驚絕！僉言四庫開館之時，正當美國獨立之際，泰西文化，方始萌芽，豈料中土於百五十年以前，乃能有此鴻製，法國總揆班樂衛博士，有播通中西文化之大計劃，糾合各國大學校設立中國學院，研究刊行，傳播四庫全書，並擇要翻譯。現已成立者，法國之外，有英，美，德，奧，義，比，波蘭，捷克八國，大抵碩學通儒為之倡率。日本以同文之故，尤為注重，彼都圖書館有以重金錄副之議。近來退還庚子賠款，設立文化局，刊印是書之說，奔走相告，甚囂塵上，其為四方所引重也若是。

昔曾石倉有言：『釋道兩家，皆能集刻經藏，惟我儒家，獨無此舉』。今釋藏道藏，皆由敝公司影印出版矣，儒者有藏，必推是書。不揣棉薄，頗欲為石倉一計此憾。昔年政府擬印是書，預計依照原式影印成書一百部，需費二百萬，款鉅難籌，價昂難銷，而本國紙張，又供不應求，非二三十年不能卒事，以此中止。迄今又五年矣，長此遷延，散亡可慮。敝館文淵所藏，成書獨早，尤為精密，今擬商借影印，稍加縮小，參用外紙，庶幾印價較廉，流通自易，堆積不廣，弆置非難，五年為期，計日可待。勉盡守缺抱殘之職，致為求全責備之言！海內外宏達，鑒此區區，應為提倡，實東方文化之幸也。

（二）影印之計劃　當時商務印書館發起印四影庫全書後，即擬定影印計劃十一條，對於原書，縮印，書式，售價，印數，銷路，限期，索引，樣書，校勘諸項，俱有詳密之規定。其計劃書原文如次：

（一）原書狀況　一，原書現存文淵文津文溯三部，擬用文淵閣之本影印。一，全書三千四百六十部，七萬九千三百三十八卷，三萬六千二百七十五冊，二百二十九萬零九百十六頁，分裝六千一百四十四函。

（二）縮印辦法　一，用照相石印，以存其真。一，稍加縮小，俾得廉價發售，但以無礙目力為度。

（三）書式及售價　一，書式分為甲乙丙丁四種：（甲）洋裝，用洋紙印，分訂一千冊，每冊六百頁，布面金字，售價三千餘元。此種弆置較易，檢查較便，最宜外國及圖書館之用。（乙）和裝，用洋紙印刷，分訂五千冊，每冊一百二十頁，合裝一千布函，售價三千數百元。（丙）大本華裝，用連史紙印刷，分訂五千冊，每冊一百二十頁，合裝一千布函，售價五千餘元。以上二種，分量較輕，取攜較便，最宜誦讀之用。（丁）小本華裝，用連史紙印刷，分訂三萬六千餘冊，每冊六十頁，合裝五千布函，售價八九千元。此種與原書相同，最為適觀，但成本過昂，難以行銷。

（四）印數　一，甲乙種擬印三百部，丙種擬印百部，丁種擬不印（現在本國所產連史紙，丙種足印百餘部，丁種足印數十部，過此即有缺紙之虞）。

（五）銷路　一，本書銷路，預計歐美百部，日本百部，本國百部，共三百部，約須虧耗三十萬元，由印刷人擔任。

（六）期限　一，自全書運滬後，以半年為籌備期間。一，半年後開始印刷，分十期出書，每期二百冊，半年一期，五年全書出完。

(七)索引 一，本書卷帙較繁，擬於分類原目錄之外，另編書名人名中西文索引各二種，依首字筆畫及字母順序，注明冊數頁數，以便檢查。

(八)樣書 一，本書世界馳名，咸欲先睹爲快，縮印本內容雖同，形式則異，擬以原書版式另印樣書一函，所有紙張裝訂標籤木函等等，一依原式，俾見者得知原書之眞相。

(九)校勘 一，書經傳鈔，歧誤之處，勢所難免，聞現存三書，稍有異同，擬俟文淵影印成書後，更與文瀾文津互加校勘，另印校勘記發行。

(十)續編 一，四百部外，如能多銷，可省製版費，所得贏餘，積有成數，擬請海內通人，選擇四庫存目及未收書，刊爲續編。 詳細辦法，隨後再定。

(十一)附記 一，以上計劃，均係約計之數，須俟全書運滬，詳細檢查內容、方能確定。

(三)領印之辦法 商館此舉旣得海內人士之贊許與期望，且曾與政府暨淸室議定領印四庫全書辦法十二條：

第一條 印刷一切費用，由印刷人籌備。

第二條 全書印成，以五年爲期，遇有不得已事故時，得延長三年，並須隨時呈報。

第三條 售價視工料時値，由印刷人酌量擬定，隨時呈報。

第四條 第一次印四百部，售完足數成本。 如售出之數不滿四百部，所有虧耗，由印刷人担任。 售滿四百部以後，所售出之數，應照售價十分之一，作爲版稅，由印刷人隨時呈繳。 例如售出五百部，應繳一百部之版稅，餘類此照推。

第五條 不論售出多少，印刷人應呈繳樣書十部。

第六條 爲便利印刷迅速出書起見，特許將書運往上海攝影。

第七條 領書時印刷人應將函數冊數詳細檢點，如有缺漏損壞，應即立時聲明。

第八條 運書時所有包裝運送，應用特別方法，勿任損失。

第九條 書到上海後，應儲存特別堅固倉庫，以防水火，並不得任人隨意觀覽。

第十條 攝影時應特別注意，勿任污損。

第十一條 由上海運還時，應參照第七八條辦理。

第十二條 全書運京點收無訛後，印刷人方得卸去責任，萬一因意外事偶有損失，印刷人應照原樣補抄繳還。

(四)影印之接洽 商館根據領印辦法第六條之規定，於是年二月，特派代表高夢旦進京，會同北京分館經理孫壯等與淸室內務府商議運滬影印事宜。 得其允許；但以關係較大，聲明必須先與民國政府接洽。 該館當卽具呈國務院，併聲請路局保護並減收運費。 呈云：

呈爲借用四庫全書赴滬影印，懇請飭下鐵路特別保護，與減收運費事：査四庫全書，聚典籍之精華，爲文化之寶藏，原抄七部，僅存其三，及今不印，淪亡可慮。 敝公司經營印刷，業三十年，規模粗具，仰體國家右文之意，欲慰世界渴望之殷，勉盡棉薄，影印是書。 査文淵閣所存，較爲完善，擬商借印行。 惟是工程浩大，機械人工紙料等等，需用浩繁，必須將原書運滬，由總公司通力合作，方有觀成之望。 京滬相距，三千有餘里，長途運送，必須十分謹愼。 應請飭京奉，津浦，滬甯各鐵路局，特派專車，妥爲轉運，沿途所過，勿任疏虞。

敝公司影印是書，籌款至百萬金以上，原爲宣傳文化，發揚國光，卽有虧折，不敢計較，與尋常營業，迥不相同。 可否幷飭路局減收運費，稍輕担負。後來印行時，尙擬懇請通令各省地方官暨駐外使領館，力予提倡，推廣推行。如承撥款贊助，尤所欣幸。是否有當，伏候批示祇遵。

當由國務院轉行交部接洽，經教部批准獎勵，交部亦批准備車，乃於四月五日，到文淵閣查點裝箱，自五日至七日，所裝約得三分之一，并擬定期起運，而以曹錕嬖人李彥青索賄六萬元未遂；事廢半途，論者惜之。此四庫全書第二次影印經過情形之大較也。茲將該館影印四庫全書通告錄之如次，以見此役經過之一斑焉。

謹啓者：查四庫全書創始於乾隆中葉，成書三千四百餘種，七萬九千三百餘卷，萃典籍之精華，爲文化之淵藪。原抄七部，未及百年，散失過半。現在較爲完善者，僅存三部。敝公司適値開業三十年，頗欲影印此書，以爲紀念，即稍虧折，不敢計較。印刷方法，擬就原書稍加縮小，參用外紙，限期五年。每部售價三千元，庶幾流通較易，蓄置不難，海內宏達，諒相許可。聞文淵閣一書，存儲深宮，閱覽較少，當於民國十三年二月，特派代表進京，與淸室內務府商借運滬影印，承內務府允許，但以關係較大，必須先與民國政府接洽。敝公司當即具呈國務院，懇國務院轉行交通部接洽，又稟敎育部交通部批准，并由交通部分令京奉，津浦，滬甯三路局預備專車，沿途照料。敝公司於四月五日派人到文淵閣查點裝箱，蒙內務府派司員照料。自五日至七日，所裝約得三分之一。七日夜間，得內務府電話囑令暫停裝運。嗣閱報載公府秘書廳公函，阻止裝運出京，并擬議由政府刊印辦法等因。敝公司遂即停止進行，并當函國務院聲明借印經過情形，蒙國務院覆函，略謂：四庫全書關係文化，亟應印行，惟有主張照原書式樣者，有主張在京印行者，并招敝公司來京公同商議等因。查民國九年徐東海請印是書，即屬擬照原樣，曾以印刷事見委，敝公司估計印書百部，需費二三百萬，需時一二十年，且本國紙張，不敷應用，是以不敢担任。至赴京印刷一節，則以工程浩大，所需機器工手，爲數甚多，搬運管理，均屬困難，業已具覆國務院，請照案允准運滬影印。再敝公司借印此書，自當敬謹將事，租用專車，妥爲運送。到滬後存儲於新造水泥鐵筋圖書館，并向保險公司兼保水火二險，務期力圖安全，無俾散失。商務印書館謹啓。

第三次影印之經過－民國十四年

（一）點查之經過與選印之提議

商館借印之事，既無形取消，中外人士，大爲失望。民國十四年夏，段祺瑞爲臨時執政，章士釗適長教部，又以影印事提出國務會議經討論決定，將文津閣之四庫全書交商館影印。惟文津閣所藏者，早經移存京師圖書館（即今國立北平圖書館）；而各方以四庫全書中類多孤本，因之委託該館抄錄者頗衆，收入尙豐，若徑運滬，不免受其影響，遂擬改印文淵閣所儲者。即函商淸室善後委員會，於九月二十一日午後二時，派司長高步瀛，科長徐協貞，僉事戴克讓，主事裘善元，趙德彥，京師圖書館主任徐鴻寶，館員李耀南等，會同淸室善後委員袁同禮等，前往文淵閣點查。事畢，部員將檢查結果，具文報告，並附呈意見，請選擇付印，以期確收實效。高氏幷擬有四庫全書選印書目表，得書一百七十七種，每種備載本數頁數（全燬藏並以與簡明目錄有異同者及有刻本者加以備考），計經部六十八種，四百八十三本，三萬四千三百二十二頁；史部十五種，一百九十五本，一萬四千四百六十八頁；子部十六種，一百三十一本，九千八百七十四頁；集部七十八種，四百四十三本，二萬一千四百一十八頁。是爲庫書主張選印之第一人。茲節錄原呈如次：

（上略）某等奉部派，於九月二十一日午後二時，前赴清室善後委員會，會同該會人員，至文淵閣檢查四庫全書。查該閣所藏四庫全書，視文津閣書繕寫較爲工整，惟亦未能前後一律。除四庫書外，尚多未查清。四庫全書架稿函卷考四册，係民國六年清內務府人員世續，紹英，耆齡等派員查點之後所編，內載文淵閣書共缺經部四書大全十卷，子部內天經或問前集四卷，天步眞原一卷，天學會通一卷，鄧子一卷，公孫龍子三卷，鬼谷子一卷，關尹子一卷，集部李太白集補註一卷。……業經補抄完全，此調查該書之大概情形也。

此次擬印行四庫全書，宣傳文化，誠民國以來未有之盛舉。但全書卷帙浩繁，外間流行之書實居泰半，文化事業當以供本國學者研究爲主，全書付印非獨耗資太多，即使成書以後，亦非一般學十所能購置，耗財費時，而於文化普及，殊無裨益。其不便者一也。果使就原書影印，尚不失爲皇典麗之觀，今聞縮成中本小本，則本書價值既失，反足貽外人之訕笑。其不便者二也。且聞承印之人，須將該書運滬，始能開印，則道路之險，水火之虞，在在可危，萬一險出意外，則中國可寶貴之文物自我而失，有何面目謝於國人，其不便者三也。

若用選印之法，則利害相反，有百利而無一害。試略陳之：四庫全書所有罕見之本，寒畯搜求，四庫名貴之處，即在於是。今選擇付印，非獨士林爭先快覩，即商店亦易於銷售，文化流行，公私兩便。其利一。選印書中，可就需用緩急，分爲三期付印，孤本最先，罕見之本次之，書雖通行而價格太高者又次之，次第舉行，得寸得尺，動有成績。其利二。諸書尺寸，定一普通程式，若欲組成全書，即從坊間購買印本，合成一書，亦不致大有齟齬，是不必印全書而全書已可成功。其利三。各段旣經選擇，印成時日，自可尅期而待，事半功倍，日少效多。其利四。（下略）

（二）財部印刷局承印辦法與通啓　其時財部印刷局得此消息，即由局長賈瑞芝召集工務科長褚克明等三十餘人，開會討論承印辦法，擬將四庫全書影印二百部，以十年印成。若印書其名，而別有其實存焉。約計工料之處，計劃如左：

（一）紙料　全書約三百萬頁，用粉連紙四開，印二百部，用紙約計一百七十萬刀，價值約洋二百三十萬元至二百六十萬元之譜。如十年印成，每年購紙應值洋二十三萬元至二十六萬元之譜。

（二）照相　每日出書一千頁，全書約可十年印成。照相器具另計外，其藥料等項，年需二十四萬元之譜。

（三）製版　每日出書一千頁，應用鋅版或石版另計外，其雜料每年約需四千元之譜。

（四）印刷　每日出書一千頁，共印二百部，應添置機器約值八萬元之譜；油墨年約需八千元。

(五)裝訂　每部三萬數千冊，共印二百部，約七百餘萬冊。每日出書一千頁，各印二百份，約得二千數百冊。如用中國染紙藩皮絲線訂本，並用綾包角，各項材料，年需五萬元之譜。

(六)廠地　凡照相製版印刷裝訂存儲材料，約需建築廠房屋一百二十間，建築費約需六萬元。附屬木器傢俱，約需二萬元，原動力機器約需二萬元。

(七)匠徒　各項工匠一百人，工徒二百六七十人，每年約需工資六萬五千元之譜。

右列各數，總計十年印成，約需六百十六萬五千元，至六百四十六萬五千元。若改為五年印成，其機器器具匠徒房屋須加倍。

並通函各公私機關，聲明是事。其通啓云：

敬啓者：查四庫全書為我國數千年文化精神，有清一代，旁搜博採，歷久始成，洵屬保全國粹之巨功。然全書為數至繁，國內僅存七部，且經刦燹，多所散失。前政府有續印之議，誠為善舉。近知教育部提交國務會議通過，由商務印書館承印，我國人將可見此書之普行於世矣。惟續印既為發揚國光，溥及文化，則須使原書式樣，毫髮無訛，庶足啓人景仰之思。不宜省工減料，有所更張，開坊賈射利之門，致莊嚴寶籍，有簡陋之虞。茲本局工務科長褚究明有影印四庫全書保存眞跡之計畫，爰列舉條同，送請荃鑒。管見所及，如有疏漏，倘幸垂教為幸。　財政部印局刷啓。

(三)商館承印與政府通令　財部印刷局雖有担任影印庫書之議，而不為各方所贊同，遂以作罷。同時交長葉恭綽，教長章士釗，先後電邀上海商務印書館派人入京，商辦此事。六月十日交部電該館云：

上海局孫監督燕翼如密，譯轉張菊生先生：拔可來，未及晤。京津同人，頗主乘時重提印行四庫書事，機不可失。務望指定一人，來京商榷切，並希賜復。恭綽佳印。

十三日，又電云：

上海局孫監督燕翼香密，轉張菊生先生：前電計達。印行四庫書事，現有多人贊成，望即定專員來商是盼。恭綽元印。

至七月二十二日，又由教部致電云：

上海商務印書館張菊生，高夢旦，李拔可諸先生同鑒：四庫全書，歷由本部與貴館商辦印行事宜，尚無成議。茲政府有意繼續前議辦理，務請貴館委派代表來京會商，至級公誼。章士釗叩。

八月間商館派代表李宣龔(拔可)至京接洽。九月三日，由教部提交閣議通過。六日，執政府祕書廳致函教部云：

逕啓者：准貴部提議『影印四庫全書事，迭經本部與上海商務印書館商議辦法，已有頭緒，擬請由閣議決定照辦後，再由本部與該館磋商細則』，等因。茲經國務會議議決照辦，相應函達貴部查照可也。

二十四日國務會議時，再由章士釗就全案經過，提出報告，並將與商館所訂合同交衆傳觀，經各閣員討論結果，決照原案通過，由教部遴派專員，押運全籍至滬，就地監督影印。所印卷帙，預定分甲乙兩種：

(甲)照原書樣式影印三十部，除分藏國內圖書館外，並贈法，美，英，日，俄，德，荷，比，蘇，奧諸國，藉以宣傳東方文化。

(乙)由該館縮印小本八十部，自由定價銷售，每部預約特價約三千元，印費由該館自任之。

至關於移運事宜，則由交部令飭京奉，津浦，滬寧三路特備車輛，妥為裝載，於沿途經過，慎加保護。九月二十五日，由臨時執政發表下列明令曰：

臨時執政令：四庫全書為我國最大之典籍，甄綜國故，世界共推。第原鈔七部，迭閱分戕，海內學人，罕窺中祕。且距今百載，中經變故，僅留三部。政府屢擬刊行，皆以款絀中止。茲據教育總長提議，將文淵文津兩閣全書，擇一運滬，交商務印書館參照中西版式，縮本影印，以廣流傳。規畫至當，事屬可行。准由該部將文津閣全書一律點交，移滬影印，並由部另派委員一人駐滬照料。全書運滬時，交通部並應協同運送。其餘承印事宜，仰著該部商同該印書館妥為辦理。至文淵閣全書，仍交由京師圖書館保存，以供閱覽，庶我國宏富珍祕之典籍，可以公諸天下。輔益文治，導揚國光，本執政有厚望焉。此令！

(四)各方之聲請 此令既頒，巴大中國學院監督韓汝甲承班樂衛之命，肯於十月一日內屢上書外交，財政，交通，教育四部，請酌撥甲種四庫全書十五部於各國中國學院，略謂：

(上略)自班樂衛先生來華以後，六年於今，吾國兵禍連年，無暇及此，對於法國學界，殊失信用。此次班先生又屬汝甲儘函親呈執政，並附呈九年與吾政府交換關於四庫及中國學院補助費各原函；一面由班先生在法國外交部存案，似含有催促吾國政府實行各種計畫之意。幸蒙段執政於本年七月二十七日明令表彰中國學院，並飭發補助各費。又於九月二十四日，明令影印四庫在案。竊以四庫全書，久為吾國舊學家所深知，選擇刊行之本，亦復不尠。即以汝甲當年駐圖書館之時而言，每日取閱此書者，實屬極少，今影印此書，以防真本散失，免蹈永樂大典之覆轍，則甚善矣。若為廣布全國以供研究，似非當務之最急。惟對於泰西各國情形，又竊不同。因各國自有歷史以來，無此巨籍，吾國獨有，已屬奇異。且編纂此書時，銖事之衆，頁數之多，歷年之久，更為關所未聞。故歐美各國學界，欲得此書以償其好奇之心。兼之吾國典籍，浩如淵海，大都為私家收藏，不易搜羅，得此一書，可窺中國文化之大略。此又外國漢學專家，欲購不能，終年渴望此書出版而欲窺其全豹者也。

惟歐美各國漢學專家，十餘年來，均為各國籌畫中國學院出力之人，彼輩境遇奇窮，實無自購此書之力，而在外宣傳漢學，又非此書莫屬。四庫傳入歐美，除區區數十外國漢學家外，無他外人再能問津。此為中國學院與四庫最密切之關係，汝甲特為聲明，免致四庫傳入歐美，特為博物院之陳列品，於溝通中西文化之計畫毫無裨益。查中國學院分設各國大學地點，除法國外，尚有十五處，吾國政府有案可稽。將來政府分送甲種四庫，除法國三部外，請再留十五部，為各國中國學院之用。如各學院經費充足，自當備價購置，如實無力，惟有援照法國先例，請吾國政府酌量贈送。茲將班樂衛先生溝通中西文化路線應設中國學院之各大學地點，詳列於後：

一 由巴黎經比國京都，德國佛耶克佛及德京柏林，波蘭京都，蘇聯之莫司科而達京津，至少須設中國學院五處，共需四庫五部。

二 由巴黎至倫敦，經羅馬附近，出埃及印度而達廣東，至少須設中國學院四處，共需四庫四部。

三 由巴黎至美國東岸之波士頓及紐約，中部之芝加哥，西部之舊金山與檀香山，至日本以達上海，至少須設中國學院六處，共需四庫六部。

此種學院原於民國十一年經梁顏兩內閣核議，在四月間由周內閣通過補助費一萬五千鎊之後，業由汝甲與班先生分別組織。惟吾國政府四年於玆，始終未發此項補助費，然籌備組織，終未少怠。如德國佛耶克佛大學之中國學院，本年十月間卽可開幕。一俟汝甲回歐赴美，仍當繼續進行，以期成立。特於離華之先，預爲中國學院代請保留甲種四庫十五部。至於瑞士佐立克，那威京城，奧國京城等處擬設中國學院，關係較輕，應用甲種四庫，尙未計算在內。如需此書，惟有由各該學院備價自購，勢實不能全送。

汝甲與班先生主張溝通中西文化事業，瞬十七年。民國成立後，四次回國進行，均遘政變，且招疑謗。今幸蒙政府特別重視，俾各國中國學院之經費及四庫影印之辦法，均有頭緒。外國漢學家得睹此書，以資譯傳，將來溝通中西文化之事業，不致成爲畫餅。微特吾國政府及各界要人竭力提倡，宏願克償，卽汝甲與外國寒儒，亦當歡迎鼓舞者也。

十二月二十二日，建甌縣公立圖書館呈請分配儲藏，以保國粹而興文化。二十五日，湖北省立圖書董事會請爲該館加印二部，並先給預約券。十五年二月二日，湖北省長電請頒影印庫書。九月二十日，外交部函可否向國際聯合會宣布庫書翻印後，檢贈一部。而湖南教育會對於印行四庫全書事，以爲部數太少，不敷分配，提議請政府加印甲種七十部，分配各省公立圖書館。其理由略謂：

政府與商務印書館擬訂合同，影印四庫全書，預定分甲乙兩種，甲種既僅爲三十部，將來贈送各大國外，所餘不多，各省區圖書館，決無分貯之望；卽或有之，亦不能遍及，可斷言也。至乙種八十部，每部三千元，價復不廉，在各省區教育經費奇絀之時，各圖書館且不能保其現況，又焉有餘力購辦巨帙，亦僅爲少數藏書家之裝飾品耳。夫以吾國學術聚匯之書籍，僅爲酬贈裝飾之用，而各省區圖書館反不得庋藏，寧非恨事？現印甲種三十萬之款，係由各國退還庚子賠款中發展文化事業項下提撥；庚款爲各省區所攤賀者，今仍以此款所印之書籍還之各省，尤屬至當。至其辦法，除原訂甲種三十部外，再由政府加印七十部，共計百部。無論政府贈送若干國，但每省區須送二部，藏之各省區公立圖書館，並由政府將此書預約券先行分送各省區公立圖書館之主管人，以便按期取書。

此議提出時，省教育會聯合會適在湖南舉行年會。

(五)影印之停頓與尾聲　明令頒後，於十月十二日，簽訂合同。十五日，商館會同教部暨京師圖書館查照裝運，共得一千零二十四箱。未幾而阻礙又起。先是，清室善後委員會對於將文淵閣四庫全書交京師圖書館保管一事，表示反對，特於九月廿九日開委員會討論；僉以委員會自接收故宮以來，以宮內物件不得移出宮外爲原則；況文淵閣四庫全書既歸該會保管，自爲宮內之一部份。該閣地點適中，建築得法，又爲專置四庫全書而建，亟應將此歷史上遺跡保存，以重古物。今故宮圖書館籌備告竣，不日開放，萬不能使其劃歸他處。全體委員一致主張，至爲堅決。且同時教部中人，紛紛阻撓。士釗正在進退兩難之際，忽江浙戰事發生，於是中止進行。十月十九日，由教部致函商館代表李宣龔孫壯云：

逕啓者：查本部與貴館商訂影印四庫全書辦法，業經彼此立有合同，自應依照辦理。現由本部訓令京師圖書館，將全書點交貴館，應卽依照合同第十二條，詳細檢查，彼此登記清楚，以完交收手續。至輪運往滬一節，日來謠言繁興，盛傳甯滬交通頗有梗塞，應俟津浦滬甯各路通行無礙，再行咨照交通部，備車起運，以昭愼重。相應函達，請煩查照。

二十三日，由代表李宣龔呈復云：

敬復者：奉大部十四年函字第五〇二號函開……等因。當經敝分館經理孫壯會同圖書館逐日按架開函，公同檢查，隨卽編號裝庋，計全書裝成一千零二十四箱，彼此登記，分別封誌。目下書未開運，仍由圖書館保管，宣龔先行南下。將來津滬各路通行無阻之時，卽祈查照合同，咨行交通部備車起運。所有以後運書手續，統由孫壯商承大部，逕與圖書館就近接洽。合先具函奉復，伏乞察核備案。

其時中外人士，紛紛究詢。商館乃在報端發表影印四庫全書記略曰：

敝館影印四庫全書，已承教育部訂立契約，因交通阻滯，運書稍有停頓，辱承中外人士，紛紛垂詢。特將茲事本末，略陳於後，尚祈公鑒：

四庫全書，創始於乾隆中葉，成書三千四百餘種，七萬九千三百餘卷，萃典籍之精華，爲文化之淵藪。原鈔七部，未及百年，散失過半；現在較爲完善者，僅存三部。民國九年，政府議印是書，擬照原式影印，并以印刷事見委。敝館估計印書百部，需費二三百萬，需時一二十年，且本國紙張，不敷應用，是以不敢冒昧担任。

近者，敝館開業，將屆三十年，頗欲影印此書，以爲紀念，卽稍虧折，不敢計較。印刷方法，擬就原書酌加縮小，參用外紙，限期五年，庶幾流通較易，庋置不難。海內宏達，頗相許可。聞文淵閣一書，存儲清宮，閱覽較少，民國十三年二月，特派代表進京，與清室內務府商借運滬影印，并呈國務院，內務部，教育部，交通部存案，由國務院咨行交通部，分令京奉，津浦，滬甯三路局預備專車，沿途照料。四月五日，敝館會同內務府委員，到文淵閣查點裝箱。至七日，約得三分之一。八日，奉公府祕書廳公函，阻止裝運，事因中止。

十四年六七月間，叠奉交通部教育部先後電招，續議影印。八月間，敝館又派代表到京，商議多次，決由政府指撥款項，影印特種；由敝館自籌資本，影印甲乙兩種。九月三日，二十四日，先後經國務會議議決：奉臨時執政命令，指撥文津閣全書，移滬影印。十月十二日，教育部簽訂合同。十五日，會同教育部部員，暨國立京師圖書館館員，查點裝箱。二十日全書裝點完畢，正擬商請交通部指撥專車，運送至滬，適戰事發生，交通阻滯，暫行停頓。一俟和平恢復，卽行運滬，籌備印行。茲將擬印全書册數，售價，分列如下：

特種：九開本。縱營造尺五寸五分，橫三寸二分。用連史紙印刷。照原書一頁爲一頁，分訂三萬六千餘册。右一種，每部售價約一萬一二千元。

甲種：四開本。縱營造尺七寸八分，橫五寸三分。用道林紙印刷。以原書四頁爲一頁，布面西裝，分訂一千册，每册厚約二寸弱。

乙種：四開本，縱營造尺七寸八分，橫五寸三分。用道林紙印刷。以原書四頁爲一頁，紙面華裝，分訂五千册。

右二種，每部售價約三千數百元。

以上計劃，均為約計之數，俟全書到滬，詳細檢點，方能確定。

其實，時事已不可為，影印之舉，無形停止，而士釗旋亦去職。　嗣後時局紛擾，教長屢易。　至民國十五年六月二十二日，任可澄（志清）受命署理部務。　七月二十八日，商館以時局漸定，復呈請照前約續印，其原呈云：

呈為承印四庫全書，現值時局漸定，續祈批示遵行事：竊敝公司於去年七月間迭奉大部章前總長電令派代表入都，商議影印四庫全書事宜，當即推定敝公司李經理宣龔會同北京敝分館孫經理壯前詣大部面商辦法，訂定合同兩種。　隨由京師圖書館將文津閣全書一部，點交敝公司，共裝一千零二十四箱。　正擬起運，而南方忽有開戰之謠。　當經李孫兩代表先後面達章前總長，並面陳陳次長，高司長，擬先行運至天津，並選定輪船，改由海運。　依據大部從前估定照錄全部，須銀幣六十萬元之說，由敝公司出資保險，共保規銀五十萬兩，以備不虞。　無如未能邀允。　旋奉大部十四年函字第五零二號公函內開：輪運往滬一節，日來謠言繁興，盛傳甯滬交通頗有梗塞，應俟津滬各路通行無礙，再行咨照交通部，備車起運，以昭慎重，等情。　自應遵照辦理。　遂將裝成各箱，加粘封條，仍存京師圖書館，靜候大部檢令。　近知津浦路南北兩段，業已通車，擬祈大部即日咨照交通部預備車輛，俾得趕速起運。　萬一車輛不甚充足，通行尚有阻礙，可否仍請准其運至天津，轉交海運，由敝公司保足規銀五十萬兩。　查去年十月津滬海道，從未出險，萬一有意外之事，所收保險賠償之費，用以鈔補，亦無不足也。

再敝公司原議祇印甲乙兩種，並報效大部甲種十部，不敢領用絲毫公款。　至於合同所訂特種三十部，係政府責成敝公司廉價另印，特撥銀三十萬元，作為印價。　敝公司仰體政府提倡文化之意，不得不勉為遵辦。　合同既已簽訂，敝公司此時自當履行。　惟聞中央財政異常困難，敝公司固不敢冒昧陳請；如大部有所為難，將此特種三十部，取銷不印，即無庸支出此項鉅款，敝公司亦不敢不仰體遵行。　此事延擱，幾及一年，敝公司此時如能運書南下，趕印甲乙兩種，以供社會之需，仍於政府提倡文化暨大部闡揚國粹之意，亦尚不至有所相違。　為此具呈，伏乞批示遵行，實為公便。　謹呈。

三十一日，教部向國務院提議云：

查本部直轄京師圖書館所藏文津閣四庫全書，上年九月二十五日，臨時執政令由本部將全書一律點交商務印書館移滬影印，其文淵閣四庫全書，交由京師圖書館保存，以供閱覽等因。　旋由本部與該印書館訂定承印四庫全書合同一種，並另訂特種合同一種，由政府付價三十萬元，預定三十部，並由該印書館派人至京師圖書館會同該館館員，將此項四庫全書裝箱封記。　旋以時局未定，付款為難，迄未實行。　而文淵閣書亦以他種原因，未能移歸京師圖書館保存。　查此次影印四庫全書本旨，不但使該印書館承印發售以廣流傳，並擬由政府分贈友邦，藉揚國光。　故特種三十部之訂印，尤為需要。　應由財政部籌撥付部，以期從速進行。　惟京師圖書館保藏四庫全書，供眾閱覽，為中外人士所夙知，來館參觀者無虛日，今裝箱封記，不克展閱，無以饜來者之望，殊失宣傳文化本意。　且現值夏令多雨之期，該書久經封閉恐生霉濕，亦非保藏貴重典籍之法。　若鉅款一時難籌，目前未克實行開印，應由圖書館先將該書啟封，照舊陳列，以便閱覽，而免損壞。　特此提議，敬候公決。

八月四日議決京師圖書館所藏四庫全書，在開印前，仍照舊陳列，供眾閱覽。　十二日奉批云：

查此次訂印四庫全書本旨，不但使該印書館承發印售，宣傳文化；並擬分贈友邦，藉以發揚國光，故特種三十部之訂印，尤為需要。　自應與原訂承印甲乙兩種四庫全書合同，同時履行，以符原議。現已由國務會議議決，將此項訂印特種四庫全書之款，歸財政部籌撥。應俟籌款就緒，再行商訂開印辦法。原呈所稱如政府財政爲難，可將特種三十部取消不印，先行趕印甲乙兩種等語，與原議宗旨未合，應毋庸議。

於是影印之事，又歸泡影。此四庫全書第三次影印經過情形之大較也。事後士釗於國聞週報（三卷三十三期，十五年八月二十九日出版）發表影印四庫全書經過情形云（原名爲論影印四庫全書不成事，署名孤桐）：

愚遡與時遇，偶涉宦迹，百無所成，祇益訴辱。惟章志貞教，本非所堪，以是鎩翮，爲滋悔恨。獨有一事，謀焉未遂，未遂之故，並亦不貽世謗，而私衷包羞最大，深自刻責，誠恐不免爲中國文化之罪人者，則影印四庫全書不成是也。

案此事曾錕時代，卽議行之，與上海商務印書館爲約，一切已成議矣，而以李彥青索賄六萬元而罷。夫商務印書館在書業獨爲先登，無往不利，每年贏餘鉅萬，區區先牛之犒者，固綽綽然有餘裕。且印四庫書有重名，彼館爲此，雅不欲獨尸播布文化之責，而間執年來詈以專利射利者之口，縱或負累，亦所願爲。又大書重貲，非得購者三百人以上，不敷印本，其將因此折閱，亦勢之至難料者也。彼將於大任，冒大險，甫貲弈世大舉以爲之歸，若是，亦奚吝此乘肩之數爲，而該館必吝爲者，以館務多肇於士君子之手，所事蓋不必盡與市儈爲緣。始興名業，開文運，而卽與佞幸賄金相接，既自取辱，眞爲一世非笑，此與初衷太相刺謬，故不爲也。然不爲此，事卒不就！

洎愚入教部，廉得其實，卽商約館爲來京接商，館意似不甚踴躍。愚與業君裕甫，書凡數往，館中因爲會議之，厄弊果衆，大股東尤不欸，卒以張君菊生，高君夢旦，李君拔可堅持之故，始以拔可代表詣京協議，凡三數月，議五六返，合同乃定。計印乙丙小版兩種，全書由館貲之，政府不助館分文，且無論贏虧，先贈政府乙種若干部，以便分送外國及京外各圖書館。另有甲種大版，則須政府備費，方得開印，無貲不印亦可。所爲條款，準情酌理，政府書館兩方，皆得其平，無論何人，殆不得有立異餘地也。然部中梗其議者多有，愚以此迥出情理之外，殊大怪駭。自始議時，卽毅然不爲一動，卽有懲創，宜亦不卹。顧以拔可及孫君伯恆之請，亟重妥商，期於衆洽，不當獨斷，使成橫裂。愚乃强抑本志，爲人開譬，使得曲折以成其事，而梗之者終怏怏。由開議而成說，而簽約，而裝箱，而備車，節節艱滯，情難殫述。不意適於此際，江蘇突變，鐵道中梗，部中忽爾翻議，以爲四庫書何等重大，稍有疏失，誰當其責，宜稍待時清，始合啓運。館中以海運請，不許；請暫運天津候車，不許；請保險二百萬元以保單存部，亦不許。時大局乍易，政府驅驅之勢，日見章著，部長之命，視前顯有遜色。然以愚之木强，孳所嚮顧，頑然持之，海運事猶得通過。而張君菊生來電，自請中止，堅阻愚顯逆衆意以行。愚念忝長此部，有同京兆，此誠截斷衆流，發憤渡去，而部館之間，相持何止一日，所涉亦何止一事，怨毒所之，向後將相與短長，未得卽休，愚罪且可贖也，遂乃吞聲已之。於是數年經營，天下屬望，明令布達，名爲承包之文化大業，竟無疾終告矣。然書之裝箱待發，猶如故也。近任任志清蒞部，部員諒持前之尼愚者尼志清，不久遂以解裝陳設，仍供衆閱覽。昨見部批執不得甲種三十部爲詞，謂俟財部有款，再行議印。此類推諉之辭，何値一笑？以今庫空如洗，少有款卽攫去，財部當得從容集貲辦印書耶？果其款由部集，必且有人謀由官印刷局自爲之，印書其名，別有其實。愚在部時，卽接有此項說帖，述由負責長官交來，擬額達三百餘萬元，議頗珍重。此其遮阻館印，諒亦一因。此外則覷館印爲名利之集，已無求而懷忮之爲祟，及以奇貨居四庫書，輕輕發放而心不甘焉者，皆爲阻謀辦事之祕因亦類。卒李彥青之鬼餒否，愚且不敢言也。

嘻！本國家固有之資，與貫通三世之業，不見損於一人，不乞靈於一文，無中無外，無士無不士，莫不尸祝社稷，幸其事早成一日，文化得多厚一日之實者，乃爲小小官僚不可告人之隱，無形中敗壞以盡。愚之書此，凡以見事涉北京政府之萬無可爲，雖有健者，亦與同糜。而文物塋明之成毀通滯，中殆有數存焉云爾。

讀章氏此文，可見當時北京政府時官僚把持之惡習，雖有善者，無可如何，誠堪痛恨。今政府復有選印之舉，而把持阻撓者，實亦大有人在，以今視昔，爲之擲筆三歎！

第四次影印之經過—民國十七年

(一)文溯閣書之運奉　先是，民國十一年，清室以經濟困難，欲以四庫全書一部，售於日本，價已議定，北京大學等學術機關，竭力反對，事遂寢。巴大中國學院欲借用四庫全書，旣以避免誤會而止，而民九，民十三，民十四三次影印之舉，又皆曇花一現，大失中外之望。由是日法人士，頗有摹鈔之意。時教部經費異常支絀，部員開會索薪，學生請願維持，報不絕載。其時各部皆恃直接收入，用以維持，教部亦開部務會議，議決三案，其一卽承鈔四庫全書，摹鈔預算，每部共需六十三萬餘元。但以時局不定，毫無結果。此民國十四年間事也。中央旣無法成功偉大之文化事業，於是民國十七年，奉天以地方政府之力，承受影印文溯閣四庫全書之事起。文溯閣書，原存奉天故宮清寧宮西，民國三年，移至北京，歸內務部保管，存於保和殿，合文淵文津，鼎足而三。民國十五年春，奉天教育界擬辦圖書館，呈請當局，索回此書。七月十三日由楊宇霆（鄰葛）電致教長章士釗曰：

查文溯閣四庫全書，本係奉省舊存，於民國三年運京。前據奉省各界紳董擬集資設立圖書館，請求將庫書發還，以備陳列，當卽據情電請梁衆異兄商請執政飭發。現接衆異兄復電，已奉批交閣議。奉省舊物，仍歸奉省保存，實諸公論，定邀許可。務請諸君秉公持論，允賜發還，將來東省文化日興，皆出諸公之所賜也。

士釗接電，卽復一電曰：

奉天文溯閣四庫全書一部，本日閣議決定仍交回文溯閣保存；未交以前，由內教兩部清理核對，等因。茲除咨商內務部妥定辦法，再行奉達外，特先電復。

旋經二十日閣議通過交還。未交以前，由內教兩部各派十人，清理核對。二十六日，教部派科長周樹人，徐協貞，僉事楊廉，楊膺源，主事裘善元，部員高文祚，趙鶴年，張慶瑞，萬德龢，張定勳，京師圖書館館員譚新嘉，書記李堃，自二十九日會同內部人員等，赴保和殿檢查。於八月三日點竣。五日，點交奉天省教育會會長馮廣民查收，起運返奉。旋經廣民呈文教部云：

呈爲接收文溯閣四庫全書，業已完竣，請予備案事：查自奉委來京，接收四庫全書，於十四年七月二十九日，開始點驗，八月三日，點竣。該書函數冊數，悉與古物陳列所原冊相符，現已裝載成綑，擬即運奉。除分呈外，理合具抄經史子集，各部函數清摺，呈請鑒核備案，實爲公便。謹呈。

其點查各部函數清單，計經部九百六十函。但內有兩函有櫃無書；又有兩函書櫃皆無；再有一函，裝書三種，缺二種，計二本。史部一千五百八十四函。但內有兩函，有櫃無書；又有一函，缺書一本，計一卷；又一函，缺書一本，計三卷；又謚法一書，註缺。子部一千五百八十四函。內缺證治準繩一本，南齋漫錄無書。集部二千零一十六函。內缺玉蘭集，雁門集，鯨背集；又西河集內缺卷九十三至九十八；又御製詩集內缺卷三卷四。統上四部，共計六千一百四十四函，又收到四庫全書總目共二十函（內缺第五十一五十二兩卷），四庫全書考證十二函，及分架圖四冊。又收到四格書架六十一，六格書架五十，共一百十一。到奉後，因文溯閣尚待修理，暫儲省長公署，後因時局不寧，爲策安全計，又由省長公署移至文廟，文溯閣修竣，仍儲於閣內。原缺各書，後由董衆就北平鈔補乃完。

（二）籌印之商議　文溯閣書既抵奉，時局擾攘，無暇整理。至民國十七年秋，東三省長官張學良等乃有影印之議。其通電曰：

（銜略）竊惟立國有史，傳世在書，大而政教，精若藝術，共出一源，散見羣籍。國之文野，史之長短，觀於其書，可考知也。古代文明，發源五地，我國居一，其四俱亡。頁以軒頡而降，代有作述，載籍極博，文獻足徵，保守之勤，整理之善，傳讀之便，亦足紀焉。近世學者，多重考古，潮流東注，眷此舊邦。長短之策，下行之文，流布海外，競相珍貴。然而我有和璞，彼拾碱砆，瓶之罄矣，繄誰之恥。

曩在勝清，值書開館，甄括古今，鑑別眞僞，類爲四庫，度以七閣，惟我奉天，額曰文溯。換世閱變，靈光巋然，石渠天祿，遜此美富。所惜地處偏隅，書類孤本，雖蘊公心，難快衆目。學良等爰發宏願，擬醵私財，就茲巨編，影以新法，傳取靡依，成限短期。更有進者，閣書刱始，美猶有憾，蒐求未徧，忌諱過深，秉筆諸儒，難取亦刻，漏略不免，亟宜補葺。又況乾隆距今，時逾百載，宋富珠璧，坊盛棗梨，或闡古義，或拓新知，冰水青藍，後出更勝，不有賡續，曷集大成。加以魚亥之訛，古籍多有，校讎之學，時賢益精，廣參衆本，旁稽異文，別成札記，附於書後。

凡此三事，亟待並舉，會當搜書嚴壁，具幣儒林，舊學商量，拾遺訂墜，資借羣力，發揚國光。現値邦基奠固，治理清明，投戈講藝，薄海同企。伏望鉅公長德，碩彥鴻儒，登高齊呼，襄茲盛業。往哲來學，實共嘉賴，金玉是錫，聘嫔爲勞。　張學良，楊宇霆，翟文選刪印。

是電原意，約分三點：一曰影印，二曰續修，三曰校讎，而以同時並舉爲鵠的。　當南京政府得電後，由文官處覆電，略言中央現在籌印此書，請勿複印。　而瀋方則覆謂籌備已妥，乞以見讓。　實俱徒託空言而已。　張等又用英德文對外通告，大事宣傳而多言過其實。　其文曰：

世界學者所震驚，獨一無二最偉大最完備之四庫全書，人人欲一寓目以爲榮幸者，現已着手印行，公之世界矣。　論此書之偉大，則全部三萬六千二百七十五册，計二百三十萬頁，每頁兩面有字，以較西式書之單頁者，實四百六十萬頁也。

論此書之完備，則自中國始有文字以後至清代乾隆四十七年以前，中間包括五千餘年所有歷史，民族，社會，政治，制度，宗教，天象，地輿，物產，文藝，哲理，美術，醫算，農工商礦及百家雜技等，一無所遺。　內容豐富，無可比擬。　當清代乾隆朝，國運全盛，威力大伸，征服邊境諸蠻以後，乃出其全力盡徵搜公家私家藏書，又慎選朝野名流學士，開館修纂。　凡書中有僞作者，空疎者，皆一一辨而出之，棄其糟粕，存其精華。　每纂成一書，擬撰提要冠於篇首，撮舉著書人履歷及書之概要，是經御覽審定，其書之精詳可知。　當時所收之書，有一大部分之書，係相傳孤本，未有刻板者；又有一大部分之書，當時雖有刻板，已屬難得，傳之今日，又成孤本者。　故全書十分之九，外間無從得見，其得一二册已足矜貴，况其全乎。　故有此書而其他中國之書可廢。

近今世界學者所熱心研究之東方文化問題，其主要不外參考羣籍，以資發明。　然困難之點有三：(一)書過多而不易備，(二)書已散而不易聚，(三)書太雜而不易擇。　此書一出，可無遺憾矣。　且此書之特色，在有系統，有條理，有極富之資料，有極密之組織。　其中分四大類，每大類中又分許多小類，分之爲無數之單種書，合之爲一部絕大之中國文明史。　只就纂修而言，實經過甚長之時間，糜費甚多之財力，始克告成，實爲世界前無古後無今之著作。　惟是鉅大繁重，不易印行，歷年籌議，竟難實現。　今學良等爲發揚東方文化，使世界學者便於研究起見，深認此書印行之必不可緩。　現已籌集鉅款，精心計畫。　紙墨形式，務求精美；出書期限，務求迅速；各樣售價，務求廉平，想國人聞此消息，無不踴躍歡迎也。　不日將樣本售法宣布，先此預告。

張學良，楊宇霆，翟文選。

於是特設奉天文溯閣四庫全書校印館，舉張爲總裁，翟爲副總裁，金梁爲坐辦，與奉天大西關之東記印刷所議妥合同承印，先影印二千部，每部約值國幣一萬二千元，以三年爲期。　文溯閣四庫全書校印館發出啓事曰：

敬啓者：四庫全書經史子集合三萬六千册，集中國學術之大成，實東方文化之先導，中外共寶，世界著聞。　奉天文溯閣幸有其一，前竟移運北京，近始爭還庋貯。　保存已久，亟待刊行。　宇霆提議由我奉發起自付影印，蒙張總司令漢卿先生慨任刊資，翟省長熙人先事籌備，尅期三載，全書告成。　非特古今經籍，賴以廣傳，即論東北聲名，亦與俱進，誠盛舉也！　現議特設奉天文溯閣四庫全書校印館，茲暫公同推舉張漢卿先生爲總裁，翟熙人先生爲副總裁，金息侯先生爲坐辦，延攬專家，共襄盛業，敦聘碩學，潤色鴻文。　校勘全書，續修書目，同時並舉。　全書刻竣，再議續修。　發揚國學，振興文教，萬國同文，車書一統，庶幾復睹其盛，當亦爲同人所共贊許，樂觀厥成者也。　伏維公鑒，並乞教言。

是役由楊宇霆主持。初擬大購遺書，廣招名宿，規模頗宏。前書印訖，接印續書，次第實行，限期竣事。曾由倫明輯續修總目一萬餘種。惟對於印刷一事，主張有二：（一）就原書影印，略加縮小，後附校記；（二）用庫書之名，而易其本，倘無別本，以文溯文淵文津三閣本互校，一律排印。辦法尚未決定，而楊氏被殺，此事遂無形停頓。不但此也，設館以後，調查平滬影印工人，僅得四五十人，較預算書每日須用三百之數，相差甚遠。且照相所用器具藥材，俱成問題。故嗣後雖有張氏集議二次，卒不能舉辦云。茲將倫明擬印四庫全書之管見中關於此事之記載，錄之如次：

民國十七年秋，鄭鳴之介楊麟葛之意，邀余遊瀋陽，至則知爲籌印四庫全書事。麟葛規模壯闊，並欲大購遺書，廣招名宿，爲續修四庫提要之舉，限期竣事。前書印訖，接印續書。又以庫書刪改錯漏，觸目而是，不可不借資別本，遍校一次，於是議三事次第實現。其通電全國及用英德文對外通告（保川張學良，翟文選，楊宇霆署名），即余所擬稿也。

單就印書一事，主張有二。其一，就原書影印，略縮小，如商務館之四部叢刊，後附校記。其一，用庫書之名，而易其本，凡庫書所從出之本，或較善之刻本抄本，概取以相代，其以原稿本著錄及從永樂大典輯出各種中，尚未發見別本者，則以三閣本互校。既非原書，惟排印乃成一律。爲省費書紙，且便於儲貯計，縮之至小，如雲窗叢刊中之西陲石刻錄。余主張後一辦法者也。

設館以後，從事調查，則北平影印工人，不問優劣，只有十餘，上海藝此者較衆，惟從者多從事商標中之美術業，餘者亦不過三四十人耳。即能盡招以來，與所需相差尚遠（據預算分五年出書，每日須三百人工作）。且照相所用之器具藥材，在外國已不易購，因外國屢經改良，而我則仍守舊轍也。前一辦法之最難點在此。後一辦法，重在覓書。舊本不易購，惟有向公私藏書家假借。就使各藏書家概不靳惜，然不免多此諮訪之煩，奔走之累，稽延時日，又不待論。此後一辦法之難點也。雖然，影印之書，仍附校記，校記詎能空作？書之待覓，彼此同之。若謂今所急者印書，校勘無妨緩議，誠不知印書之意何居，豈欲以霉貨騙世界耶？則甯勿印之爲愈耳。

乃辦法尚未決定，而麟葛突遭橫禍，間有進讒於張漢卿者，謂楊麟葛所爲，無一非欲害漢卿者，即印書一事，將至不可收拾。自麟葛歿後，漢卿曾邀議二次，余仍持前議。然窺漢卿之意，似不欲辦，徒以通電在前，不好取消，聊爲是敷衍耳。余毅然返北平。

當瀋垣通電發出後，南京政府忽來一電，略言中央現正籌印四庫全書，請勿複印云云。當以茲事向未有聞，推想政府之議，殆不欲一方專其美。在瀋言瀋，祇得覆云，此間籌備已妥，乞以見讓。實則同是空言也。十八年夏，余南旋，道出南京，詢知此議出胡君漢民，因晤胡君，具述余所主張辦法。胡君大贊許，囑具說帖，備提出行政會議。旋又言張漢卿尚未表示不印，當令吳鐵城就近一詢，方好定奪。數月後余北旋，再晤胡君，言已得吳復，漢卿志在必印，姑聽之。二十年一月，余因事至南京，又晤胡君，言已與漢卿見面，彼稱必印，與答吳鐵城者同，且預定贈我一部，贈某某各一部，豈仍是相誑耶？余知漢卿決不印，唯唯而已。以上所述，與本題無多關係，余所以拉雜及之者，以此一段事實，舍余外少有知者，他日編印四庫全書歷史者，不可遺也。

然自樣本發出後，海內外紛紛函電定購，則張氏不但有負於甯中諸公，實有負於海內外人士之期望矣。

(三)選影孤本之提倡　當影印文溯閣書將實行時，奉人董衆以工程鉅大，徒耗物力，建議選印孤本。　其選印文溯閣四庫全書議略謂：

四庫全書乃乾隆皇帝一家之言，皆與清代無抵觸者，尊君抑臣，教忠教孝，著錄與存目，倘不及焚燬之多（著錄與存目共一萬二百二十三部，焚燬共一萬三千八百六十二部），安得云『包括中國五千餘年所有歷史，民族，社會，政治，制度，宗教，天象，地輿，物產，文藝，哲理，美術，醫算，農工商礦百家雜學等，一無所遺』哉？　然則選印可也，全印不可也。　蓋四庫全書有滿文者，如滿譯五經等書。　考滿文創於清太祖時之額爾德尼克什，及太宗時巴克什庫爾纏復增加圈點而孳乳之，去今不過三百年，幾無文化可言，苟非特別情形，無人研究也。此不必印者一。　有製御者，；御製者固不敢云不佳，然佳者絕尠，不過以政治關係而著錄之耳。　政治含有時間性，　苟非特別情形，無人研究也。　此不必印者二。　有係坊間刻本者，據乾隆三十七年上諭：『督撫會同學政，通飭加意購訪，查明在書肆者，或量爲給價，家藏者或官爲裝印』（正月初四日）。　四十一年上諭：『各省督撫，遍爲採訪，……令總裁等悉心校勘，分別應刊應鈔及存目三項，以廣流傳』（十一月十七日）。　三十八年上諭：『珍藏善本，應詔纂交，深可嘉尚，……所有進到之書，俟校辦完竣日，仍行給還原獻之家』五月十七日）。　又云：『名山石室，儲書尚多，用是廣爲蒐羅，俾無遺佚，　冀以闡微補闕。　所有進到各遺書，並交總裁等，同永樂大典內現有各種，詳加校勘，分別刊鈔，擇其中罕見之書，有益於世道人心者，壽之梨棗，以廣流傳；餘則選派謄錄，彙繕成編，陳之冊府。　……此採擇四庫全書之本指也』（五月十七日）。　就上歸納之，四庫書之來源，一曰購自坊間，二曰獻自家藏，三曰訪自名山石室。　是珍藏善本，仍有流傳，名山精要，皆已刊行，其未刊行者，蓋非精要，而刊本復較四庫爲善，此不必印者三。　此就內容言之，主張選印者一也。

影印四庫全書，約分對外對內兩方面。　對外者，對外國宣傳中國之文化也，務希努力宣播，俾各國各大圖書館，皆來訂購。　然細思之，外國人能讀中國書者幾何？　各大圖書館，能訂購若干部，約不過幾十部耳。　爲幾十部而耗若干萬印刷費，所得不償所失，矧未必幾十部耶？　對內爲導揚文化，普遍國內學者之研究也。　然富且貴而肯購書，購書而能讀者寥寥，其好讀書而力能購書者亦寥寥，　今若全部付印，預約價在萬元以上，弆藏須房十餘間，　絕非普通讀書者所能辦。此豈普遍文化，昌明國學之鄙意？　奚若選擇印行，　易於購買之爲愈乎？　此爲普遍文化，主張選印者二也。

聞四庫全書將自購機械印刷。　夫遼省印刷，遠遜上海。　即以工人言之，經驗爲尚。　孟子云：『大匠能與人以規矩，不能使人巧』。巧者，經驗之謂也。　吾遼影印四庫全書，係臨時性質，專精印刷者，未必肯來，肯來者未必專精，則耗款甚多，而成效甚尠。　况政府有沿改，人有代謝，財有豐絀，全書二百四十萬葉，日照像三千葉，尚須二年又三個月。　民國十四年商務印書館估計十年印畢，非誣也。　此十年之中，政治人事經濟，絕不能無變化，藉不幸而事輟中途，　新印未成，四庫已燬，將奈之何？　奚若選印易竣之爲愈乎？　此爲易蕆事，主張選印者三也。

既選印矣，即不必自辦印刷。　上海商務印書館印刷精美，信用昭著，且係公司性質，變化絕少，可屬託也。　然四庫珍品，　不宜運往上海，該館如能同意，即與訂定合同，由申派人在遼照像，攜歸印行，既省經濟，又易蕆事，最爲完善。　然尚有應注意者四：一，敦聘海內著名學者，審擇應印之書。　二，纂修四庫時，或係孤本，即非孤本，而傳之今日，或爲孤本，此當印行者也。　然既係孤本，即無可校勘，而可校勘者，又不必印行。　且排印污損原書，石印通錄原書，皆不可能也。　則惟影印。　影印與孤本，均不能校勘。　三，文溯閣原書照像之後，務原樣裝訂，幸勿沾污破壞遺失。　四，既屬影印，即宜按照原書縮印，不必併合二三葉爲一葉，以博學者歡迎。 以上所議，爲衆個人之意見，謹以布之版業，以供世人之評判。

並擬定選書，用費與印售，日期三項辦法如次：

(一)選書 往者陳援菴先生實地檢數文津閣四庫全書各書之函數册數，卷數頁數，極爲詳盡。 又高閬仙先生曾按照四庫簡明目錄海內孤本或非孤本而爲學者所最需要而不易購得者，分爲「最要」「次要」二種。茲臚列其最要者 ，並附記陳先生所檢記之册數葉數於下。 但高先生自云選取應本，此亦不過據以作例，假若刊印，可另聘海內鴻儒碩學，各就專長，分別精選。

(二)用費與印售 擬與商務印書館協商訂立合同，發交該館影印，所有一切廣告，預約銷售，統由該館辦理，但售價須經選印文溯閣四庫委員會認可，又每年抽取版稅若干。

(三)日期 自籌辦選印文溯閣四庫全書委員會成立起，限六個月將書選舉。 選定之書，隨時發交商務印書館刊印。 又十八個月全數印齊。

選印四庫孤本之事，高氏既提議於前，董氏復贊同於後。十九年秋，金梁復撰四庫全書孤本選目表，選出四庫首要二百四十一種，次要一百四十七種，合計三百八十八種，較高氏所撰一百七十七種，多二百十一種。 其自敍云：

戊辰冬，擬印四庫全書，兼有選印孤本之議，倫哲如(明)素精目錄學，余屬以先選要目，旋即別去，久未見復。 余乃用簡明目錄選批書眉，以待商榷。 次秋，熊譯元(羅宿)東來，曾就參酌，頗有增刪，仍不免多漏誤。 今錄成一册，計選要目二百四十餘種，以未見刊本或已絕版者爲限。 其中經部十四，史部七，子部十三，集部二百七。 又選次要一百五十餘種，則兼及刊本難得，或不全而多訛者。 其中經部六十三，史部十二，子部四十一，集部三十七。 四部要次合選僅三百數十種，不過全書十之一。 如先印要目各書，約二千册，期以二年，年僅千册，實爲輕而易舉。 再及次要，亦不足二千册，分期續印，尤非難事。 較之校印全書，省事多矣。 唯所錄選目，以行篋無參考之書，未及詳覈，果能選印，要次二者，亦尚互有取去。 聞傅沅叔同年(增湘)亦有選目，惜未案觀也。 庚午秋，金梁。

其內容舉例如次：

(一)要目
- 經部——宋林栗周易經傳集解至清沈炳震九經辨字瀆蒙
- 史部——明李清南北史合注至清沈炳巽水經注集釋訂訛
- 子部——宋張行成皇極經世索隱至清李清諸史異同
- 集部——清蕭雲從離騷圖至清陳焯宋元詩會

(二)次目
- 經部——宋李光讀易詳說至乾隆西域同文志
- 史部——宋胡宏皇天大紀至明黎昌禮部志稿
- 子部——明曹端太極圖說述解至宋陳顯微周易參同契解
- 集部——朱黃希原黃氏補注杜詩至明胡震亨唐音癸籤

卒以張氏無誠意舉辦，茲事又成畫餅。 此四庫全書第四次影印經過情形之大較也。 至民國二十年九月十八日東北事變起，日寇始則佔據瀋陽，將文溯閣書遷儲滿鐵圖書

館，繼則囊括遼吉黑三省，創設滿洲偽國，東北精華，席捲殆盡，土地人民，且將不為我有，遑論此乎？

第五次影印之經過—民國二十二年

(一)籌印之動機　自國民政府奠都南京後，文化事業雖亦逐有建設；而關於四庫全書之影印，初似未甚注意。雖嘗奉天議印此書時，曾一度表示中央籌印之意，實則徒託空言，不過宣傳作用耳。　自九一八事變後，文溯一書淪入鬼域，所有庫書，又缺一部，於是影印之議復起。本年四月十九日，教長朱家驊氏手諭社會教育司：「四庫全書，關係我國文化殊鉅，政府多年有意印行，而迄未實現。所有之三部原本，其中一部，已存遼寧為日人所掠，更有急於印行流通，以免失傳。惟印費浩大，值此國難嚴重期間，經費不易籌措。查四庫中大都各有印本，所最寶貴者，或向未印行，或業已絕版之無傳本八九百種。為節省經費起見，姑將此項無傳本先行付印，亦足發揚文化，且免失傳之虞。故本部長於籌設中央圖書館籌備處時，即已面諭蔣主任計劃一切，并曾派赴北平調查研究，赴滬接洽印刷手續。茲應明令該館籌備處迅速進行印行事宜，以期早日實現，并呈行政院核准」。二十一日，一面呈請行政院核准，一面令中央圖書館籌備處主任蔣復璁將籌劃情形呈報云(呈行政院文全同，結尾稍易)：

查四庫全書，關係我國文化至巨。政府久已決意印行，而迄未實現。該書原有七部，分存文淵，文源，文溯，文津，文宗，文匯，文瀾七閣。前清咸豐十年英法聯軍入京，文源閣化為灰燼。太平軍之役，文宗文匯兩閣，又相繼燬滅。前年九一八之變，文溯閣藏書，又遭劫掠。現存文津文瀾兩部(分藏國立北平圖書館浙江省立圖書館)亦均有闕殘。文淵閣所藏，獨為完善，更有急於印行，以資流通而免失傳之必要。惟值茲國難嚴重，全部印費，籌措自屬困難。且查四庫全書中已有單行印本者甚多，茲為節省經費易於實現起見，擬將其中向未付印或已絕版之珍本約八九百種，先行付印，亦足為發揚文化之一助。除呈請行政院核准外，合行令仰該主任遵照迅速進行印行事宜，以期早日實現，並將籌劃詳情呈報候核，是為至要，此令。

時適日寇侵略熱綏一帶，華北不寧，北平文獻，多運至南方，文淵閣書，亦在其列。就近攝照，較為便利。先是教部於二月四日令派蔣氏分別赴平調查全書內容，至滬向商務接洽影印事宜，於四月二十二日呈覆云：

呈為呈報調查四庫全書未刊珍本情形及籌劃印行事宜，仰祈鑒核事：竊復璁於本年二月四日，奉到鈞部訓令，赴平督運本部留平圖書檔案，臨行曾奉鈞長面諭，續又奉令在平調查四庫全書未刊珍本，以備付印，將來可與外國圖書館交換圖書，以為國立中央圖書館創辦之根基，更藉以發揚文化，闡揚國光等因。

復璁抵平後，即從事調查。案四庫全書，原鈔七部，散失已逾其半，現在完存僅文淵文津文瀾三部。文瀾當洪楊亂時，被燬殆盡，後經補抄，早非舊觀。文津現貯於國立北平圖書館，抄成最晚，字體潦草，不如初寫本文淵之精美，譌誤亦屬較少，現已由故宮博物館遷運南來，攝照甚易，如付影印，似以文淵為宜。全書共計三千四百五十七種，其中已有普通刻本者，共計二千六百餘種，版本多較四庫為善，實無重印之必要，且目下亦恐無此巨大款項。其希見者，共八百餘種，則或絕無流傳，僅此孤本；或僅有傳抄，未付梨棗，或雖有刊刻，而時代久遠，得之非易。此八百餘種，已編輯成目，業於三月十九日回京繳呈。當奉鈞長面諭及鈞部第三四四八號訓令，迅速進行印行，以期早日實現等因。

奉此，查此書曾於民國十三年及民國十四年兩次由前教育部與上海商務印書館商議印刷訂有合同，雖皆以故中止，而計劃具在。且該館印行之四部叢刊，曾有多種，乃影印四庫底本，字蹟清楚，樣式合宜，卓有經驗。上年該館雖遭亂受損，但機器從力及復興之猛，猶為國內各書商之冠。故復璁特往上海與該館多次接洽，為減輕成本，便利印刷，擬暫定先印其最精未刊祕笈約三百種，每部限一千五百冊。紙張因本國特造連史或毛邊產額過少，不易大批購得，故用江南製紙廠所出江南毛邊紙，於便利印刷之中，寓提倡國貨新工業之意。在未印前，一面照相製版，一面出售預約，由該館視預約情形，決定印數，再按印數贈十分之一與中央圖書館。但印數不滿三百部時，仍須足三十部。預定影印至多為一千五百部，全書於兩年內出齊，名義版權，概歸中央圖書館，該館不過為一承印者。除所印部數外，不得多印或抽印單行本。其發售定價若干，由該館決定，一切印刷費用，概歸該館負担，盈虧與中央圖書館無涉。此次所商條件，均較前教育部所訂合同為優，似屬可行。所有奉派赴滬接洽影印四庫全書未刊珍本各情，理合具文呈報鑒核。謹呈。

二十七日，提出行政院第九十八次會議，議決通過。

(二)合同之簽訂　影印事項，既經行政院通過備案，朱氏改長交部；教長一席，由王世杰氏繼任。蔣氏承命繼續進行。乃於五月間兩度赴滬，與商館經理王雲五訂立影印四庫未刊本草合同十五條，於六月九日，經行政院第一〇七次會議修正通過（僅於草合同第十三條末添『並將損壞原頁繳還』八字），於十七日正式簽訂如次：

第一條　教育部令委國立中央圖書館籌備處(以下簡稱圖書館)與上海商務印書館（以下簡稱印書館）訂立合同，將文淵閣四庫未刊珍本，縮成六小開本影印發行。

第二條　影印未刊珍本，以九萬頁為限，每部分訂中裝約一千五百冊，

第三條　為鄭重保管起見，由教育部呈請行政院核許，將擬印未刊珍本由圖書館雇員同伴印書館，至故宮博物院（上海儲藏處）攝影。

第四條　攝影時由故宮博物院會同圖書館，派員將每日應攝之書，點交印書館攝影。每日攝影已畢，即由印書館將書繳還，經故宮博物院及圖書館派員到場點收無訛，印書館方得卸責。

第五條　攝影時間，至多不得過六個月。

第六條　印刷一切費用，由印書館自行負担，盈虧與圖書館無涉。

第七條　全書於攝影之日起，二年內將書出齊，不得託故延長。第一年為發售預約及製版時期。第二年內分兩期，將圖書館應得之書繳清。

第八條　紙張用江南造紙廠所出江南毛邊紙。

第九條　售價視工料時值，由印書館酌量擬定。

第十條 印數由印書館自行酌定，按印數贈十分之一與圖書館，倘印數不滿三百部時，仍贈足三十部，影印至多為一千五百部。

第十一條 印書館於印刷整部之外，不得抽印單行本。每部均由圖書館蓋章後，方可出售。但因不得已事故，且非由於印書館之過失，不能攝影齊全時，印書館得請求教育部，准其將已攝之書印單行本，遞行發售，並仍照第十條之規定，贈送圖書館。

第十二條 版權概歸圖書館所有，委託印書館承印及發行。

第十三條 攝影時應特別注意，不得污損；如有損壞，由印書館照式抄賠，並將損壞原頁繳還。

第十四條 本合同授與印書館印行本書之權，以一次為限，如有再版之必要，應由雙方協商，另定合同。

第十五條 本合同共立二份，一份由圖書館轉呈教育部，一份由印書館執守。

(三)合同之修改 合同既正式簽定，卽於二十八日，電北平故宮博物院院長易培基，請查照院令與中央圖書館籌備處接洽影印事宜，當由易電覆派該院圖書館副館長袁坤禮與中央圖書館接洽。嗣易以事去職，由馬衡繼任院長。七月十五日，故宮博物院理事會在京開會，僉以合同原文，有修改必要，經決議將原合同第一，十，十二，十三，十四各條，分別修正。將第十二條『版權概歸圖書館所有，委託印書館承印及發行』全文取銷。原約共十五條，經改為十四條。又將第六條『盈虧與圖書館無涉』，第七條『將圖書館應得之書』，第十一條『贈送圖書館』等句『圖書館』三字改作『政府』二字。三十一日，由教部會呈行政院鑒核。其修正各例如次：

第一條 行政院令委教育部及故宮博物院，將文淵閣四庫未刊珍本，縮成小六開本，影印發行。教育部受故宮博物院之委託，令委國立中央圖書館籌備處與上海商務印書館訂立合同。

第十條 印數由印書館自行酌定，但至多不得過一千五百部。印書館按印數贈十分之一與政府，故宮博物院為協助圖書館發展起見，除自留二部參考外，願將應得之書，全數贈與圖書館，專供交換之用，可由印書館直接交付，倘印數不滿三百部時，仍贈足三十部。

第十二條 攝影時應特別注意，不得污損，如有損壞，由印書館照式抄賠，並將損壞原頁繳還。

第十三條 本合同授與印書館印行本書之權，以一次為限，如有再版之必要，應照第一條規定程序，由雙方協商，另定合同。

第十四條 本合同共立二份，一份由圖書館轉呈教育部，一份由印書館執守。

據八月九日時事新報載，故宮博物院圖書館館長江瀚之談話云：『文淵閣四庫全書，向歸本院保管，春間隨第一批古物運至滬上。當古物滯留浦口之時，教育部曾呈行政院將此書撥歸中央圖書館保管，後以關係過大，未能實現。旋卽由中央圖書館以影印名義，將此書版權歸諸該館。事前未與本院接洽，遽與商務印書館訂立合同，並由教育部提出行政院會議照案通過。是此影印動機，已不純潔，而非單簡的學術問題也。本館爲國家文化機關，影印本院保管之書，自當由本院主辦。但爲遷就事實，力圖補救起見，除保留所有權外，其他事項，均可讓步。商協結果，乃將中央圖書館與商務簽之合同修改數條，提交本院理事會決議通過。現已由本院與教育部會銜送呈行政院備案。一俟目錄經本院審查後，卽可開始照相」云云。江氏此言，殊覺偏狹。夫四庫全書者，國家之公物也，當供全國人之觀覽，而不宜作某一機關之保藏品，其理甚明。在昔有淸專制時代，於北廷四閣外，尙分貯江浙三閣，以嘉惠士林。自文宗文匯兩閣次第散佚，文瀾一閣，補鈔始全，南方人士，難得窺其眞面目，而北平既有文津閣書，則文淵閣書，另貯南京，亦無不可。況首都所在，人文萃集，殊爲需要。所謂：「關係過大，未能實現」者，則非局外人所能解。至所謂：「本館爲國家文化機關，影印本院保管之書，自當由本院主辦」云云，固屬正大，然保管而不舉辦，一旦有舉而辦之者，則又起而爭之，則殊無謂者矣。

（四）蔡袁等向教部對於影印事宜之商榷　自教部決定影印四庫全書，定名爲影印四庫全書未刊珍本，於六月十七日向商館正式簽訂合同後，北平圖書館副館長袁同禮特於二十四日，離平赴京，向政府供獻其意見。其離平時對新聞記者發表談話云：

影印四庫罕傳之本，爲一極有意義之舉。蓋此書卷帙浩繁，其中已有普通刻本者，佔三分之二以上，而版本多較四庫本爲佳，故決無重印之必要。至罕傳之本，不過三百餘種，內中宋元明人集，佔三分之二。今抽出影印，實爲學術界之迫切要求。但同人經公私藏家之贊助，從事籌備，已有數年之久，今値國難極嚴之時，竟得政府之提倡，亦文化前途之好音也。然將此三百餘種四庫罕傳之本，均照四庫式樣，一一爲之影印，仍不免爲一種極無意識之辦法。蓋四庫本經館臣竄改之處，不一而足。而近年以來，發現之孤本祕笈，遠勝於四庫本者，不在少數，（如元劉敏中中庵集，四庫本錄自永樂大典，北平圖書館近得元刊初印本，較四庫本增出詩文數百首），亟應以此項最古之本，影印流傳，以存古書面目。今如不利用此項極重要之新發現，而仍影照四庫原本，匪特有『開倒車』之譏，而尤誤貽後人，眞所謂『刻書而書亡』。此三百餘種四庫罕傳本，除一部可採用四庫本（文淵或文津尙待專家研究），其餘之本，應盡量採用舊刻或舊鈔，最古或最足之本，以代替之。事關專門研究，已由本館趙萬里君制成草目，經本館同人研究後，並由李木齋（盛鐸）傅沅叔（增湘）張菊生（元濟）陳援菴（垣）葉綬經（康）周叔弢（進）張庾樓（允亮）章式之（鈺）倫哲如（明）邢贊庭（士襄）諸人參加意見，以期完備。不久並在本館館刊發表，歡迎批評。本人向來主張將四庫存目及四庫向未著錄之書，擇要影印。此項書籍之收藏，海內以北平圖書館爲中心。今春法國漢學家伯希和氏在平時，亦承認此種文獻之搜求，乃近年來中國學術上之重要貢獻。如能將其影印流通，較四庫罕傳之價值，尤爲重大。

袁氏至京，曾數度向當局貢獻意見，主張影印時，應將文淵文津兩本一一比勘，擇善而從，不得置文津本於不顧。四庫本已失原書面目，不能作爲標準。並於七月五日，與該館館長蔡元培聯名具呈教部，有所說明。原文云：

敬陳者：聞大部現擬景印四庫全書未刊珍本，仰見發揚文化，嘉惠士林之至意；無任欽佩。

竊查此書校寫，遠在一百七十年前，或著錄各省採進之本，或輯自永樂大典殘帙，內中雖間有採自稿本，然大多數固多有刊本也。今茲選印，如標以『未刊』二字於名稱上，似覺未妥。此應請大部予以考慮者一也。

又四庫罕傳之本，有原書未亡，而館臣未及蒐討者；有據殘本入錄，而全帙至今尚存者。且館臣於原書面目，任意竄改，脫簡遺文，指不勝屈。今如以本館近年所收宋元明舊刊或舊鈔之本，一一比勘，尤足證明館臣竄改摧毀之處，不一而足。且館臣未習見之孤本祕笈，今則歸然尚存天壤。今茲景印，凡有舊刻或舊鈔足本，勝於庫本可以代替者，允宜採用原帙，以存古書之面目。此應請大部予以考慮者二也。

至此外四庫所收之書，今無舊本流傳，非景印庫本，別無補救之法者，爲數至多。內中雖不無罕傳之本，但如明人關於經史之著述，其內容在學術上多無價值。今如一一景印，非特爲一無意識之舉，而貽誤後學，關係尤非淺鮮。擬請延聘通人，或組織委員會，詳爲審查，嚴定去取，藉收集思廣益之效。此應請大部予以考慮者三也。

又四庫集部諸書，概無目錄，翻檢爲艱。本館近年以來，補輯此項篇目，業已竣事，自應排印於每書卷首，以資檢查。管蠡之見，是否有當，敬希鑒核。謹呈教育部長。國立北平圖書館館長蔡元培，副館長袁同禮。附四庫罕傳本擬目一冊。

教部於十九日覆函云：

子民守和先生大鑒：前以本部影印四庫全書未刊珍本一事，承殷殷垂示尊見，具徵關懷文化，無任感佩。

按四庫全書，雖多刊本，而未刊者確有三百餘種，或雖見著錄，刊於宋元，而流傳已少，有同未刊。此次付印，卽重在此項祕笈，是以定名爲四庫全書未刊珍本。此應奉復者一也。

又四庫所收，非盡善本，且有殘缺訛誤，確屬實情，無庸諱言。但版本追究無窮，採訪尤費時日，善本雖有，乞假非易。且以庫本與刊本並印，且與普通叢書相同，恐於此次印行四庫，存其真相之原意，似屬不符；若於四庫中再以價值定其去取，則觀點各有不同，主張恐難統一，而於未刊本中重加選擇，則未當選之未刊本，永淪於未刊，及今不印，散佚堪虞。此應奉復者二也。

至此次印行四庫未刊本所擬草目，經史兩部，共計一百二十七種。查明人著述，僅得二十四種，其中亦多佳構，並非全無價值。且預定組織一委員會，審定目錄，藉收各方宏議，以定去取。此應奉復者三也。

現因印行四庫未刊本，已成定議，未便更改，而印行四庫底本，亦屬要舉，不妨並行。北平圖書館年來搜藏善本，蔚爲巨觀，又與各藏書家多有聯絡，可以商借付印，則關於影印四庫底本事宜，可否卽請平館担任？如荷同意，卽乞妥擬計劃，報部備案。聞商務印書館亦樂於担任，則印刷之事，當亦不甚難也。專此布復，諸希亮察，順頌道安不一。王世杰謹啓。

教部對此，雖未能採納其意見，然其答辭針鋒相對，理由充足，措詞亦宛轉。且爲另開新路，以示調和，其用意亦未嘗不是。而袁氏奔走京滬，徧訪要人，聯絡南北，以張聲勢。於八月三日返平，復向記者談話：

此次政府決定選印四庫全書，北平圖書館同人，曾提出兩種主張。（一）文津閣本抄寫最晚，且據善本重校，故卷中僞譌較少。乾隆在熱河行宮時，每日翻閱，屢飭館臣詳校，遇有錯字，罰令重寫，故卷中剜改之處甚多。一一比勘，擇善而從；每書之後，並附校勘記，不得置文津於不顧。（二）四庫本經館臣竄改，已大失原書面目，內中以宋元人文集奏議及史部各書爲尤甚。此次影印，凡公私所藏舊刻或舊鈔可用以代替庫本者，應採用最古之本，而屏庫本，以存其眞。本館並担任向各藏書家，商借影印，雖爲大觀，爲學術前途計，雖採訪稍費時日，亦所不惜。換言之，非至不得已時，不用庫本。本館爲貫徹此項學術上主張起見，特印行景印四庫全書罕傳本擬目，分寄國內外學術機關及藏書家，徵求意見。一月以來，各方覆信，一致贊同。足徵本館之主張，已成全國學術界之共同主張。本人在滬時，曾與館長蔡孑民先生聯名上敎育部一呈，申述吾人立場。滬上精通目錄版本之學者，如董康，張元濟，徐乃昌，劉翰怡，葉恭綽，冒廣生諸先生，均力贊此項主張，並由葉君主稿，聯名致函教部，貢獻同樣之意見。誠以此項工作，決非機械式之影印，便可了事。內中如版本之校勘，目錄序跋之增補，工作繁重，亦非短時期所能舉辦。吾人爲國家文化事業，似不宜草率從事也。近接王部長覆函，對於吾人之主張，似未能容納。但本人既負典守之責，見聞所及，自當力圖補救。現又派趙萬里先生南下接洽，作最後之努力。如當局仍主張以機械方式一一景印，則北平圖書館之參加，尙待考慮云云。

但聞蔡氏復函教部，表示前函僅爲貢獻意見，並不堅持袁氏主張云！

（五）董傅等向教部對於影印事宜之商榷

蔡袁等向教部貢獻意見，未獲採納後，董康傅增湘等二十五人，復於八月十一日致函教部，建議兩項：一，有他本可替代者採用他本，二，本刊本名稱內容，重加考量，爲作進一步之聲請。其原文如次：

雪艇先生部長大鑒：近報紙紛傳大部有籌印四庫全書未刊本之議，且將開始工作矣。宣揚文化，提攜學術，無任欽佩。惟茲事體大，非徇一二人之意所能立致。茲有二事，未敢默爾，謹爲先生陳之。管蠡之見，或有補於萬一，幸垂察焉！

（一）四庫書有他本可用以替代者，應採用他本也。考四庫成書時，館臣任意竄改，有惡其內容不雅馴者，如周南山房集之刪疏文，周孚蠹齋鉛刀篇之刪禱雨文是也。有惡其行文多忌諱者，如黃宗羲明文海，凡明人制夷禦侮之作，多加刪落，以稿本明文案比勘，便可了然，其著例也。此外宋元人文集奏議中精粹語爲庫本失載者，又何止千數，而卷數之增出倒置，序目之刊落改削，更無論矣。有據殘本入錄，而原書尙間存天壤者。有據輯本入錄，而所輯實未完善者。凡此種種，目錄學家類能言之。今茲選印，似應先向海內外公私藏家及專門名家，廣徵意見，嚴定去取。所有各書無他本可代者，則纂爲甲編，以示別於他書。至其他各書，雖近世無覆刻本，然宋元明舊刻或舊鈔具在，較庫本高出百倍，或卽庫本所自出者，則纂爲乙編，與甲編之書，互爲表裏，相輔而行。甲乙二編，擬定名曰『四庫萃珍』（或以他名代之亦可），而詳著編輯改革之旨於序例中，以明示世人。如此，則二難并矣。如謂乙編之書，旣非庫本，似不必與甲編合印，以昭劃一。實則甲編之書，悉用庫本，本已無甚價值可言，今有乙編輔行，使甲編之書，爲之增色，海內外學人，必奔走相賀，使天下後世知大部籌印此書之經過，非草率將事者可比，豈不善哉！如謂乙編之書，徵集非易，善本無窮，烏能立致，此亦過慮。蓋中國版本目錄之學，至今日而極盛，國內固不乏精通斯學之士，國外亦有聞風繼起者。

關於調查編製諸項，儘可延聘專門名家，或委諸以藏舊刻善本書著稱之公私圖書館，與中央圖書館共同負責辦理，限以時日，亦必能成。是非得失，在此一舉。此願爲先生告者一也。

二，四庫全書未刊本名稱及範圍內容，應重加考量也。查四庫各書撰稿本入錄者，爲數無多，卽輯自永樂大典，或錄自抄本者，當時亦大抵有刊本，或覆刻本。第歷世久遠，遂漂沒不傳耳。茲所選印，如統以「未刊」爲名，似欠斟酌，不如以北平館近編之罕傳本目，以「罕傳」爲名，較合於邏輯也。如謂『未刊』云者，乃狹義的，而非廣義的，則狹義的未刊，究至何代截止？謂截止於明以前耶，則何解於近出之中央圖書館所輯擬目中亦有明人著述在內？謂截止於清以前耶，則書雖刊於明代，而傳世之希罕，不亞於宋元舊刻，如北河紀滇略等書，何以悉未採入？且中央館擬目中所收宋元人著述，如部之石鼓論語問答，四書管窺；史部之太平治跡統類，大金德運圖說，熬波圖；子部中之資政要覽；集部之苕谿集，山房集，本堂集等，皆有同光後單刊本，或叢書本，何以又悉行列入？似此矛盾支離，殊難索解。似應卽日延聘通儒，從長考量，否則徒令外人齒冷。此願爲先生告者二也。

以上所舉，均係當務之急，務希先生等本學術公器之至意，採愚者一得之靖獻。弟等不敏，於簿錄之學，粗涉藩籬，自當勉蒸棉力，共襄大舉，以底於成。文化前途，實利賴之。敬布區區，諸希鑒諒。專此順頌道祺。董康，傅增湘，葉恭綽，朱啓鈐，江瀚，沈士遠，朱希祖，李盛鐸，沈兼士，陳垣，張允亮，徐鴻寶，馬廉，冒廣生，馬衡，徐乃昌，張之銘，顧燮光，顧頡剛，劉復，湯中，陳寅恪，陶湘，趙尊嶽，劉承幹同啓。

二十五日，由教部復函云：

（上略）茲以本部籌印四庫未刊本一事，辱承垂教，彌深感佩。見示二事，與本部宗旨，並無不合，惟彼此所擬辦法不同耳。案四庫著錄，除從永樂大典輯出者，曾經說明外，其餘書之來源，皆略而不詳，其中殘缺錯訛，自無可諱言，今主以善本替印，誠有見地。然如此，則是印行善本書，而非印行四庫書也。善本書爲四庫所未收者至多，如何付印，乃另一問題。今限於四庫，取徑未免太狹。且自來主景印四庫者，皆欲以明四庫之眞相，見其得失，非不知其有譌誤也。然全書卷帙繁重，一一付印，則時間經濟，兩有不足，而歷來所以屢謀不藏，此亦一因，於是而有選印之議。近人高閬仙等多曾主張此說。本部此次籌印四庫未刊本，雖未彷自往議，而亦略有相同。凡四庫著錄各書，其從未刊刻，不論何代著述，悉爲選印。其明代以前之著述，曾有宋元刊本，而今日流傳已少，有同未刊者，亦爲選入。明本存者較多，採訪較易，故書之有明刊者，擬從割愛。蓋以時代板刻，定其去取，比較上稍爲劃一也。中央圖書館籌備處本此方針，編成草目，以爲本部編訂四庫全書未刊珍本目錄委員會討論之根據。現委員會業已組織，儘可就草目所列加以增損。該籌備處所編草目，本備委員會及其他方面之專家審查，嚴定去取，非卽爲以付印之定目也。未刊之名，原爲編目時暫時之名稱，固不妨商量改定。蓋一人或一方面之見聞，總屬有限，必賴羣策羣力，方克有濟，誠如尊示非徇一二人之意所能立致也。

尤有進者，四庫影印一事，民十三以來，迭次定議，迭被打銷，政府此次斷然決印，蓋以四庫舊鈔，僅存兩部，倘非從速影印，四庫眞相，未有表曝，或竟不免而永此沉淪也。影印善本之議，陳義誠高，但採訪匪易，商借尤難，倘與此次影印工作，併爲一事，恐致稽延時日，甚或使此次工作發生中途停頓之虞。故部意擬託學術機關，另編善本叢刊付印，不與影印庫本之事相混。諸先生於文化事業，素所關懷，此次承垂注，曷勝榮幸。（下略）

自董傳等提出意見後，教部仍表示照原定方針進行。二十六日南京民生報稱：『自教部發表組織編訂影印四庫全書未刊珍本目錄委員會後，更引起南北目錄學者之嚴重注意。除近日在報端紛紛發表意見外，日前復有董康，朱啓鈐，傅增湘諸氏，聯名致書教育部當局，作進一步之建議。教育部長王世杰，已去函覆。記者以影印四庫全書爲中國文化事業上一偉大工作，現教部影印未刊珍本已成定議，而各方又復意見紛歧，表示反對，玆爲使國人明瞭眞相起見，昨特趨訪教育部某要員。據談：四庫全書久傳付印，迄未實現，舊鈔原本現僅兩部，設再不印，散佚堪虞。本部有見於此，特將其中未經刊行及雖刊於宋元而已流傳少有者，盡付影印。惟目下有許多學者根據學術，以爲建議，然亦有意存阻撓者。行政院及本部鑒於民十三及民十五影印四庫計劃之迭被推翻，故工作仍督促負責人員，循序漸進，決不因之遲緩或停頓。至以善本替代庫本，陳義誠高，但善本探訪非易，商借尤難，倘必蘄此爲的，既不能存四庫之眞相，而多費時日，尤或因此工作難於成就，故部意以爲影印善本一事，當由北平圖書館或其他機關，另行籌辦，不必與此次影印庫本之計劃倶爲一事云—。旋董康劉承幹於九月十四日函復教部，有所聲明。大致謂前次聯名上書，係發起人徵求同意，未便拒絕，三復來書，已恍悟教部宗旨，實殊途同歸。並請從速開始進行，以慰學人渴望而杜爭議。原函云：

王部長勛鑒：前奉八月二十五大札，辱以康等於選四庫全書有所陳瀆，重勞訓喻，若開茅塞，頁佩頁佩！（影印四庫，創議四次，以基金無着，）都成泡影，良可浩歎！大部賡續促成是舉，南北學人，同抱熱烈贊助之誠，因有聯名上書之事。康等承發起人徵求同意，未便拒絕，初無若何成見於其間。今三復來書，已恍然大悟大部宗旨之所在，與康等管見，殊途同歸。自爭議發生，南北報章，騰載不絕，社會輿論，異說紛歧，評騭版本以外，又有以注重學術爲前提者。竊謂清代編輯四庫全書，以小節論，雖有芬件竄易之嫌；就大體言，實彰稽古右文之績。有清學術之盛，足以度越往代者，未始非是書灌溉之所致。唐宋稱隆治，羣經諸史而外，奉勅纂集者，僅及總集類書而止。明輯大典，可云巨帙，然於孤本暨習見之本，毫無區別；且割裂瑣碎，尙遜四庫遠甚。偶獲大典另册，珍同拱璧，則異日四庫流行之鈔本，非卽今日之大典乎？七閣中之文源，文宗，文匯久經刧火；而文瀾又復淪亡。近十餘年，戰禍頻仍，迄無寧歲，爲杜叔城之厄，宜宏鄴架之儲。竊願大部迅賜開始進行，慰全國人之渴望，自無引起爭議之可能矣。謹此贖復，祗承勛履。董康劉承幹謹啓。

此事已經董等聲明，則津滬名流之建議，已無形全盤推翻，影印庫本之事，始趨一致，並告一段落焉。

（六）張元濟向袁同禮等對於影印事宜之意見　教部以文淵閣四庫未刊珍本，委託商館影印流通，北平館暨津滬名流主張用善本代替庫本，與教部意見相左，已如前述。而商館方面主持人張元濟與袁同禮等討論此事，其意見與教部完全一致。上海某報記者曾向張氏詢問此次選印四庫全書之意見，張氏答稱：『四庫全書素爲世人所重視者，因其中有輯自永樂大典尚未刊行之本，及宋元明代曾經刊行近甚罕見之書。此次教育部專印未刊珍本，辦法自甚正常。現在此書僅存三部，近歲戰爭之事，層見迭出，若不及早印行，設有意外，豈不可惜！拭目觀成，想世人均同此心也。記者復詢其個人對於採用善本之意見，答稱：『流通善本，爲余之夙志，如商務印書館先後印行之四部叢刊續古逸叢書及百衲本廿四史，均余主持其事。現在垂老之年，猶日夕從事校勘，癖好所在，不能自己。近見八月五日貴報所載袁君談話及北平圖書館致教育部函，其要點有三：（一）應與文津閣本一一比勘，擇善而從，每書并附校勘記。按校勘記辦法，甚表同意。至於一一比勘，擇善而從，不特非短時間之所許，假如文津文淵有異同，而疑莫能明，不得不取證於他本，他本或不可得，或得而仍不能決定，又不可任意竄改，似此殆無成書之日。不如先印庫本，以爲流通保存之用，然後再印古本，以便互相校勘，另印校勘記單行本。使得一書，可收數書之用。近日有人極力主張刊印校勘記，反對校改古書，似亦不爲無見。（二）採用最古之本，以存其眞，平館可担任向各藏書家商借。按能印最古之書，庫本當然可廢。但古本散存各地，商借非易。如因古本不能即得，竟將庫本閣置不印，似屬非計。此次刊印庫本，正以印本較少，或竟無印本，一失即不可復得，故如此其亟亟，並非既印庫本，即不再印。古本向來有價值之書，版本不厭其多，即如商務印書館先印殿本二十四史，再印百衲本二十四史，且外間二十四史版本甚多，并不相妨。（三）四庫集部概無目錄，翻檢爲難，平館補輯目錄，業已竣事，自應排印於卷首。按此事極端贊成，如可借印，讀者受益不少。日前鄙人曾爲討論此事，復北平圖書館袁守和，趙斐雲二君書，所有愚見，具詳於此』等語。茲將七月十三日張氏復書錄左：

守和，斐雲先生大鑒。敬復者：昨得斐雲兄十一日手書，屆誦祗悉。影印四庫未刊本，二公主張擬用善本替代，並聯合南北各學術團體，及各地學者，即日草具公函，向教育部當局建議，甚盛甚盛。惟弟竊以爲茲二事者，不妨兼營並進，而不必併爲一談。四庫所收，非盡善本，且有殘缺訛誤，無庸諱言。但其間頗有未經刊行，或雖已刊行，而原本不易購求者，如能及早影印，俾得流傳，當亦大雅之所許。曩者敝公司兩次陳請影印，業奉正式批示，裝箱待發，忽生阻梗，事敗垂成，流光荏苒，今已十餘年矣。此十餘年來歷劫無算，是書歸然尙存，可稱萬幸。過此以往，殊不可知。此次教部以印事見委，敝公司灰燼之餘，喘息未定，不敢稍有推諉，固爲自身了夙願，亦爲學術效微勞也。至流通善本，尤爲弟之素志。今得二公提倡，海內公私藏書家苟願出其所藏，贊成茲舉，擁裒欣幸，豈可言喩。二十餘年來，先後輯印續古逸叢書，四部叢刊，百衲本二十四史者，皆此意也。若無一二八之變，四部叢刊續集，乃早已發行矣。至以善本代庫本，則鄙見竊以爲不必，且於事勢亦有所不能。善本難遇，乞借尤難，往返商榷，更多耽擱。如是則觀成無期。且善本亦正無窮：先得一明本，以爲可以替代矣，未幾而有元本出；又未幾而有宋本出。若以明本自畫，則於目的有違；若必進而求元本，更進而求宋本，則觀成更無期。故弟竊以爲二公高見與教部原意，分之兩利，合之兩妨。

方台駕蒞滬之初，辱承見教，弟均以此意上答。今斐兄復傳述守兄雅意，殷殷垂誨，當與王李二君商酌，均以爲於印行庫本外，所有公私善本，允假敝館影印者，苟於照相製版技術上認爲可能，極當勉力承印，與庫本並行不悖。此則敝公司願竭其棉薄，而與各學術團體及學者通力合作者也。謹布區區，伏爲亮察。順頌暑祺百益！張元濟謹啓。

袁氏於八月十四日復書云：

菊生先生尊鑒：前奉七月十三日手教，以有青島之遊，未及作覆，爲歉！流通古籍，採用善本，我公提倡最先，海內欽仰。此次選印四庫，同人擬議「以善本代替庫本」，蓋本我公之主張，聊備當局之採擇而已。

曩者貴公司兩次陳請借印，以政治關係，功虧一簣。但先後均以貴公司名義，影印發行；此次則係由政府主持，而祇從事抽印，與以前兩次情形，微有不同。同禮職司校讎，而於文津，文淵兩本，又與子民，叔海兩公，共負典守之責，見聞所及，不得不圖補救。區區苦衷，當爲兩人所共諒。誠以當局如有貽誤，匪特在學術上爲致命傷，於國家顏面，尤不能不顧到也。矧近年來中國學術上之進步，已迥非十年前所可比擬，而目錄之學，則已蔚爲大國，駸駸乎司羣學之樞鍵，而司其營養焉。「善本難致」，似已無庸過慮。同人不敏，深願勉盡棉薄，共襄盛舉，以期能底於成，不致重蹈前人之失。至尊函所述「耽擱」一層，自當力圖避免。但吾人爲國家辦文化事業，亟應屏除敷衍苟且之陋習，而萬不宜草率將事也。茲聞編訂目錄委員會業已組織成立。其中委員如先生等，又爲版本大師。此後進行，當可脫離政治，而入純粹的學術範圍。想貴公司諸公，當亦樂觀其成也。謹布區區，伏維亮察。順頌著祺！袁同禮拜啓。夢旦，雲五，拔可諸先生統此致意。

於此可見雙方以立場之不同，實無調和之餘地矣。

（七）景印四庫全書罕傳本擬目之發行及四庫專號之擬刊

國立北平圖書館於本年六月間，即有景印四庫罕傳本擬目之作，於四庫所採，凡二百六十種：計經部二十四，史部三十，子部三十六，集部一百七十，益以阮元進呈四庫未收之宛委別藏四十種，都計三百種，印成單行本，分寄海內專家，徵求意見。袁同禮序云：

政府近有景印四庫全書傳本之舉，已定議矣。同禮忝負典守之責，景印流通，殊償夙願！第念此書校寫，遠在一百七十年前，或輯自永樂大典殘帙，或著錄各省採進之本，有原書未亡而館臣未及蒐討者，有據殘本入錄而全帙至今尙存者，且當時館臣於原書面目，任意竄改，脫簡遺文，指不勝屈，吾人欲考其由來，輒苦無從循溯！今茲景印，凡有善本流傳，應廢庫本，否則貽誤後學，於心實有未安！矧比年以來，古籍發現，日增月益，館臣未及見之孤本祕笈，今則歸然尚存天壤，允宜用原帙，以存其眞。況書貴初刻，尤足以補庫本之罅漏乎？

爰請趙君萬里，參酌同人意見，將四庫及宛委別藏罕傳之本，都三百種，編成草目，先爲印行，凡公私所儲舊刻舊鈔，影印時可用以代替者，悉注於下，藉供當局之參考焉。惟茲目斟酌取捨，頗費考慮，倘承海內名家，一一指正，示以見聞，俾成定本，則尤所欣幸者也。

其例言云：

(一)此目都計三百種，三百年來均未見刊本，擬輯爲第一集，首先印行，以饜學者之望。各書均富於材料性，選擇時頗費裁酌。如蒙方家指正，當重加修訂。

(二)四庫全書寫校時，館臣將原書面目，悉行摧毀，竄改塗乙之處，不一而足，宋元人文集奏議，及史部各書爲尤甚，蓋有所忌諱故也。茲所校印，凡有宋元明舊刻或舊抄可用以代替者，當擬除庫本，別採他本爲宜。北平圖書館近年所購善本，及舊藏內閣大庫遺書，版本內容高出庫本者，不下四五百種。茲擇尤羅列於目之下方，以便參考。全國中其他公私藏家藏書有可與此目互相發明者，亦附錄焉。

(三)四庫全書各書，輯自永樂大典，以集部爲多。然亦有原本未亡而庫本仍據大典零星輯入者，如劉敏中中庵集，庫本廿卷未足。北平圖書館有海源閣楊氏舊藏元刻廿五卷本，較庫本增出詩文數百首。又如謝肅密庵稾，庫本八卷未足。北平圖書館有明天啓刻十卷本，可訂補庫書譌誤數百事，皆其著例也。凡此種種，應廢庫本，改用舊本。

(四)四庫全書各書，有據殘本入錄，當時未見全書者，如劉因四書集義精要，庫本廿八卷，缺後二卷，故宮圖書館有元刊元印本全帙，可補庫本之缺。又如朱右白雲稾，庫本五卷，缺後五卷，北平圖書館藏明初刻本，雖僅七卷，然終勝於庫本也。凡此種種，應廢庫本，改用舊本。

(五)四庫全書所用底本，率皆元明舊本，彌可珍貴，惜傳錄上本時，經館臣竄改，遂失其眞相。茲所校印，如有四庫底本（有翰林院大印或翰林院典籍廳關防一印者，皆當時各省進呈本也）可據，應廢庫本，改用原底本（北平圖書館藏四庫底本最多，均可採用）。

(六)文津閣四庫全書落成最晚，移置熱河行宮後，迭邀睿賞，故卷中譌誤亦較少。且載提要，亦有與文淵閣本相異之點。遇有繪畫之頁，二本亦有時互異。重印四庫全書時，應將文淵，文津二本，先行比勘，然後擇善而從，不得置文津本於不顧也（文津閣譌誤較少之故，可參閱內閣大庫及軍機處檔案）。

(七)故宮圖書館藏全帙宛委別藏，即阮元所呈四庫未收書，各書均自舊本影印，未改原來面目，其中罕傳本，自當一併印行，以廣流傳。

(八)此目先行付印，分寄海內專門名家，徵求意見，請於一月以內函復北平圖書館編纂委員會。

其內容舉例如附表(見九七頁)。

該館又爲集思廣益起見，擬以館刊七卷五號爲『影印四庫全書專號』，用該館編纂委員會名義，於八月十二日發出徵求專家論文函云：

教育當局近有選印四庫全書之舉，同人不敏，曾擬議兩項主張：(一)文淵，文津各有短長，影印之先，應一一比勘，擇善而從，每書之後，附以校勘記，以明原委；(二)庫本經館臣竄改，已失古書面目，此次影印，凡公私所儲，舊刻或舊鈔，可用以代替者，允宜採用原帙，而廢庫本。除影印四庫全書罕傳本擬目業已寄奉懇請指正外，茲爲集思廣益起見，擬於最近期內，在北平圖書館館刊七卷五號之地位，發刊『影印四庫全書專號』，徵求專家論文，共同商討。夙念台端關懷文化，海內欽仰，敢請賜以宏文，以光篇幅。無任翹企之至！

(一)存目(二六〇種)

- 經部(二四種)
  - 易類(六種)—宋耿南仲周易新講義至元俞琰讀易舉要
  - 書類(二種)—宋史浩尚書講義宋袁燮絜齋家塾書鈔
  - 詩類(三種)—宋林岊毛詩講義至元劉玉汝詩纘緒
  - 禮類(二種)—宋王昭禹周禮詳解與宋易祓周官總義
  - 春秋類(六種)—宋崔子方春秋例要至元程端學春秋三傳辨疑
  - 四書類(四種)—宋陳祥道論語全解至元劉因四書集義精要
  - 小學類(一種)—宋歐陽德隆郭守正增修校正押韻釋疑
- 史部(三〇種)
  - 編年類(三種)—宋陳均九朝編年備要至佚名宋史全文
  - 紀事本末類(一種)—清聖祖平定三逆方略
  - 詔令奏議類(三種)—宋樓昉兩漢詔令至宋趙汝愚諸臣奏議
  - 傳記類(三種)—宋費樞廉吏傳至明項篤壽今獻備遺
  - 地理類(九種)—宋祝穆方輿勝覽至明曹學佺蜀中廣記
  - 職官類(三種)—禮部志稿至佚名土官底簿
  - 政書類(五種)—宋鄭居中等政和御製冠禮至明楊時喬馬政記
  - 目錄類(二種)—明朱珪名蹟錄至明陳暐吳中金石新編
  - 史評類(一種)—宋呂中大事記講義
- 子部(三六種)
  - 儒家類(一種)—宋劉清之戒子通錄
  - 兵家類(一種)—明鄭若曾江南經略
  - 農家類(一種)—明鮑山野菜博錄
  - 醫家類(七種)—宋董汲腳氣治法總要至明朱橚普濟方
  - 天文算法類(一種)—明顧應祥測圓海鏡分類釋術
  - 術數類(八種)—宋張行成皇極經世索隱至唐王希明太乙金鏡式經
  - 譜錄類(三種)—清乾隆欽定西清硯譜至宋高似孫蟹略
  - 雜家類(六種)—宋李衡樂庵遺書至元張光祖言行龜鑑
  - 類書類(八種)—宋馬永易實賓錄至元胡炳文純正蒙求
- 集部(七〇種)
  - 別集類(五五種)—宋方崧卿韓集舉正至明徐熥幔亭詩集
  - 總集類(一三種)—宋蒲積中古今歲時雜詠至佚名滄海遺珠
  - 詩文評類(一種)—宋何溪汶竹莊詩話
  - 詞曲類(一種)—明陳耀文花草粹編附錄

(二)宛委別藏存目(四〇種)—元涂溍生周易經疑至宋鄭起潛聲律關鍵

並聲明於九月十日前集稿，友人中如有關於四庫全書之著述，願在館刊發表者，並請代爲接洽。 其草目載已經收到稿件如次：

(一)四庫書竄改書影。 (二)陳垣：四庫全書編纂小史。 (三)袁同禮向達：選印四庫全書平議。 (四)王重民：論教育部影印四庫全書。 (五)王庸四庫全書的價值和影印。 (六)李徵黼：爲影印四庫全書奉敬告當局。 (七)胡鳴盛：關於選印四庫全書之我見。 (八)謝國楨：對於選印四庫全書之觀念。 (九)孫楷第：對於四庫本之懷疑。 (十)譚其驤：由乾隆諭旨中證明四庫本之不盡可據。 (十一)劉節：四庫本評價。 (十二)賀璋：四庫全書錯訛刪缺例證。 (十三)趙萬里：永樂大典與四庫全書。 (十四)袁同禮：四庫全書中永樂大典輯本之缺點。 (十五)王重民：四庫全書中各省採進本之缺點。 (十六)趙錄綽：乾隆禁燬及銷燬古書之經過。 (十七)袁同禮：乾隆時之文字獄。 (十八)張秀民：選印古書私議。 (十九)陶湘：文淵文津兩本之異同。 (二十)梁廷燦：文淵文津孰爲殘本。 (廿一)王重民：文津本校勘經過。 (廿二)段蓮林：由乾隆御製詩內所見文津閣本校勘之一斑。 (廿三)趙士煒：未刊珍本名稱之商榷。 (廿四)趙萬里：四庫底本書錄。 (廿五)趙錄綽存崇閣：四庫全書版本統計表。

又附錄：(一)關於四庫全書之刪改及銷燬檔案擇要；(二)關於影印四庫全書之討論函件；(三)關於此次影印四庫全書之文件。

(八)景印四庫全書未刊珍本目錄之發行，及專家之評議

先是，教部既決議選印庫本，乃由中央圖書館籌備處編擬景印四庫全書未刊珍本目錄一册，以爲影印庫書之標準；當選之書，共計三百六十六種。 自該目錄公布後，董康傅增湘等即致函教部，謂其中所收宋元人著述如經部之石鼓論語問答，四書管見，史部之太平治跡統類、大金德運圖，熬波圖，子部中之資政要覽，集部中之茗溪集，山房集，屯堂集等，皆有同光後單刊本或叢書本，不應悉行列入。 經館方再加修改，刪去經部之石鼓論語問答一種，史部之太平治跡統類等八種，子部之資政要覽等三種，集部之華陽集等十一種，尚得三百四十三種。 其正式目錄，尚待委員會之決定。 茲舉其例言如次：

(一)本處奉教育部令，籌印四庫全書中未刊珍本，故選編草目，重在四庫全書中未刊諸書，其已有宋元刊本而流傳已少，有同未刊者，亦爲選入，以廣流傳。

(二)本處新告成立，目錄未備，編者見聞有限，深愧固陋，遺漏譌誤，當所難免；而編者於草目所列，中多懷疑未決，特附列質疑目錄於後，敬乞方家加意指正，嚴定去取。

(三)質疑目錄中所列，悉屬疑問，例如：

(甲)江西先哲遺書所擬刻而未刻諸書，應否將庫本影印？

(乙)文津閣本所缺之書，應否列入目錄，以備檢查文淵閣本？

(丙)全書中頗有多書，耳聞所及，已有刊本，但不能明知其版刻，不敢決其是否已刻，特列入以求指正。

(丁)四庫所收，非盡善本，殘缺訛誤，確屬實情，無庸諱言。 關於草目所錄，其有宋元刊刻，四庫底本及景宋精鈔，可確知現在藏處者，應否剔出，留待善本之另印；或仍印庫本，以見四庫之眞相，使學者將來得以原書校正庫本，明其得失？

(戊)續四庫叢刊或續古逸叢書已照有善本，惟未出版，庫本應否付

印？

(己)書之曾有刊本，卷數不符，庫本應否景印，以便校核？

(庚)書之已有明刻，惟閩已佚，應否付印？

(四)本書請方家詳加簽注，於一月內寄交國立中央圖書館籌備處，以便開會討論，彙編定目。

其內容舉例如附表(見下頁)。 草目寄出後，各委大致皆有意見發表，而陳垣又有景印四庫全書未刊本草目簽注之作，除解答例言中疑問外，更舉出書五十二種，均係已有近刊本及確知有宋元舊刻影宋精鈔者，謂『此五十二種，均應剔出，可省二萬二千四百八十一葉(原目三百四十三種，計十六萬八千六百十五葉)；此外已有刊本應剔出者尚多，應俟公同訂定』(案卽與在平各委商定)。 茲錄其簽注例言意見如次：

(例言之一)重在『未刊』諸書，是也。 其已有宋元刊本，流傳雖少，若將來有人影出，庫本卽失其價值。 湖北先正遺書中之雪樓集，其前車也(湖北先正遺書雪樓集，用庫本影印，後武進陶氏影印洪武本出，湖北本遂失其價值)。

(例言三之甲)江西先哲遺書擬刻而未刻諸書，此次應先影印。

(例言三之乙)文津本所缺之書，文淵本亦缺，無庸列入目錄。

(例言三之丙)草目中已有刊本諸書，已就所知，注明其版刻，共五十餘種，以待覆核。

(例言三之丁)草目所錄，確知有宋元舊刻影宋精鈔者，應卽剔出，以留待善本之另印。 若仍印庫本，不啻自示弱點，使人對全書失信仰。 前舉湖北先正遺書中之雪樓集，卽其一例。 況草目所錄各書，已逾十六萬八千葉，大有可減之處。

(例言三之戊)續四部叢刊或續古逸叢書，已影有善本，決定出版者，庫本可不付印。

(例言三之己)書之曾有刊本，卷數不符，應先校核，果庫本爲優，方可影印。 幸此項書籍無多也。

(例言三之庚)書之有明刊者，非確知已佚，不可用庫本，庶足保全書之威嚴。 因無論何書，凡有原刻，均勝於庫本也。

又有自號冷廬主人者，亦評草目云：『余於四庫簡明目錄標注一書，每見新刊之本，輒補記眉端，茲持與中央圖書館草目相較，見其删補所餘之三百四十三種中，尚有六十四種已有新刊本(如宋張栻南軒易說等)，五種已刊未印(如宋張九成孟子傳等，商務印書館續四部叢刊及續古逸叢書已有照版)，五種四庫未著錄(如宋石𡼖中庸集解等)，……均應剔出。 則草目所餘者，僅二百六十九種矣！ 不知此二百六十九種中，尚有若干種有通行本，爲余所不及知。 ……余閱中央館草目，知四庫全書中有確爲罕傳本或可斷爲無刻本，爲草目所遺者尚多。 剔出一種通行本，卽可多印一種罕傳本，流通古籍之責任，於此所關係者甚鉅』(國聞周報第十卷第三十六期)。 是則草目疏漏，誠所不免。

(九)四庫未刊珍本編目委員會之設施及四庫孤本叢刊目之擬定　自蔡袁等向教部提議，延聘通人，或組織委員

（一）珍本目錄（三四三種）

- 經部（八九種）
  - 易類（三一種）—宋陳瓘了翁易說至清翟均廉周易章句證異
  - 書類（四種）—宋史浩尚書講義至明馬明衡尚書疑義
  - 詩類（九種）—宋楊簡慈湖詩傳至清黃中松詩疑辨證
  - 禮類（五種）—宋易祓周官總義至明劉績三禮圖
  - 春秋類（二〇種）—宋崔子方春秋例要至清徐庭垣春秋管窺
  - 五經總義類（六種）—宋錢時融堂四書管見至清沈炳震九經辨字瀆蒙
  - 四書類（六種）—宋陳祥道論語全解至元史伯璿四書管見
  - 樂類（三種）—明倪復鐘律通考至清江永律呂闡微
  - 小學類（五種）—明焦竑俗書刊誤至清乾隆音韻述微
- 史部（二九種）
  - 編年類（三種）—宋陳均九朝編年備要至佚名宋史全文
  - 紀事本末類（三種）—清康熙平定三逆方略至清乾隆臨清紀略
  - 別史類（一種）—清陳厚燿春秋戰國異詞
  - 詔令奏議類（三種）—宋陳次升讜論集至明商輅商文毅疏稿略
  - 傳記類（三種）—宋費樞廉吏傳至清李清馥閩中理學淵源考
  - 地理類（五種）—元張鉉至正金陵新志至清吳綺嶺南風物記
  - 職官類（三種）—明俞汝楫禮部志稿至佚名土官底簿
  - 政書類（四種）—清孫承澤元朝典故編年考至清乾隆滿洲祭神祭天典禮
  - 史評類（四種）—宋李燾六朝通鑑博議至元胡一桂十七史纂古今通要
- 子部（五九種）
  - 儒家類（五種）—清茅星來近思錄集注至清周召雙橋隨筆
  - 醫家類（一三種）—宋董汲腳氣治法總要至清魏之琇續名醫類案
  - 天文算法類（四種）—元趙友欽原本革象新書至清莊亨陽莊氏算學
  - 術數類（一三種）—宋張行成皇極經世索隱至明池本理禽星易見
  - 藝術類（六種）—宋陳思書小史至清和素琴譜合璧
  - 譜錄類（一種）—清乾隆欽定西清硯譜
  - 雜家類（七種）—清王懋竑白田雜著至清姚之駰元明事類鈔
  - 類書類（九種）—宋馬永易實賓錄至清葛萬里別號錄
  - 道家類（一種）—清順治御注道德經
- 集部（一六六種）
  - 別集類（一四九種）—唐李華李遐叔文集至明淩義渠淩忠介集
  - 總集類（一六種）—清紀容舒玉臺新詠考異至明錢穀吳都文粹續集
  - 詩文評類（一種）—宋何溪汶竹莊詩話

（二）實疑目錄（五二種）

- 經部（一一種）—宋馮椅厚齋易學至明焦竑俗書刊誤
- 史部（三種）—宋陳均九朝編年備要至元張鉉至正金陵新志
- 子部（三種）—宋夏德衞生十全方至清王懋竑白田雜著
- 集部（三五種）—宋夏竦文莊集至宋王霆震古文集成前集

會，詳審未刊目錄，嚴定去取，教部採納其議，於八月十四日函聘陳垣(援庵)，傅增湘(沅叔)，張元濟(菊生)，董康(綬經)，柳詒徵(翼謀)，趙萬里(斐雲)，袁同禮(守和)，葉恭綽(玉虎)，李盛鐸(木齋)，徐鴻寶(森玉)，張允亮(庾樓)，劉承幹(翰怡)，徐乃昌(積餘)，傅斯年(孟眞)，顧頡剛(頡剛)，張宗祥(閬聲)，馬衡(叔平)，等十七人爲『編訂四庫全書未刊珍本目錄委員會』委員。凡委員不在京者，將草目隨同部頒聘函及委員會組織章程寄往，均用書面討論。時間自發函之日起，一月爲期。經中央圖書館籌備處彙集後，卽召集本京各委員開會編定目錄，洵解決此問題之關鍵也。茲錄其委員會章程如次：

第一條　教育部爲編訂四庫全書未刊珍本目錄起見，設立編訂四庫全書未刊珍本目錄委員會。

第二條　編訂四庫全書未刊珍本目錄委員會(以下簡稱本委員會)委員均由教育部就全國目錄學專家中聘任之。

第三條　本委員會對於不在京之委員，概用書面徵求意見，討論時間，以一月爲限，經彙集後，由在京各委員會製定目錄。

第四條　本委員會委員爲名譽職。

第五條　本委員會編訂全書未刊珍本目錄，以二月爲限，工作完成時，卽行撤銷。

第六條　本委員會開會由教育部令委國立中央圖書館籌備處召集之。

此事正在進行中。據八月三十日上海時報載北平起草委員趙萬里談話云：『影印四庫本，南京中央圖書館與此間略有不同，中央爲此特組委員會，主辦影印四庫全書目錄起草事宜，由各委員中各自簽註意見，呈候中央決定，委員會議，暫時未決定開會與否。北平各委員，因此乃決定召集北平各委員，彙合全體意見。主張編兩種目錄：（一）四庫孤本叢刊，（二）四庫善本叢刊。關於前者，卽與董康等發表影印四庫全書意見之甲編目錄相呼應，作爲北平圖書館所有之版權；關於後者，卽與董氏乙編目錄性質雷同。卽將此呈送中央。此項草目，全體北平會員，推余爲起草員，於昨日（二十六日）下午六時，在傅沅叔宅，舉行一次會議，將余所擬之目錄，由全體在平會員，參加意見，作爲草目，油印出來，分送不在平各委員，徵求其意見。俟徵集各委以後，再正式發表，送往中央，卽爲影印四庫全書定目。大約一月左右，當可出現。余定今明日赴津一行，因委員李盛鐸先生家藏貴重書籍甚多，質量均好，故須赴津，與彼詳細商議，並於可能範圍內借出參考。至中央圖書館所擬之目錄的缺點有二。（一）該項目錄，現時坊間已有；（二）淸初著作甚多。且該館與商務書館訂立合同，共九萬葉。該館所擬者爲十六萬餘葉，多出幾將一倍。故本人主稿時，已特別注意，決不至於使之超出過多』云。旋於九月十一日由傅增湘等致京滬各委員函云：

敬啓者：前月教育部因影印四庫未刊本，設立委員會，並咨呈聘書及草目一册，計邀譽鑒。頃由在平同人就近集議數次，編就目錄一册，選輯大旨五則，並擬復教育部函稿，附辦法三則。茲油印奉呈，敬請審定，並加簽註。切盼賜復，以便早日彙集送部，是爲至荷。

其擬復教部函云：

雪艇先生部長大鑒：前奉聘函，并附四庫未刊本目書一册，重荷雅命，委以審查。茲經同人等再三集議，詳加考核，謹就原目中選出一百四十三種，別加入三十七種，總計九萬餘葉。并擬定辦法三項，臚陳於後，敬候鑒察。并冀迅予裁定，早日觀成，同深幸荷。專此奉布，順頌台祺。

其擬定辦法三條云：

(一)庫本及善本宜並重也　凡四庫著錄各書，自有清以來，無刻本者，爲數至繁，然大率可分爲二類。其一爲大典輯出之書，無他本可代者；或四庫所收，源於宋元舊本者；或時代非遠，而其書極爲罕覯者。茲就未刊本草目中選出一百四十三種，加入三十七種，擬名曰『四庫孤本叢刊』（蟄案柳翼謀師意：庫本尚有四部，不得云孤；而庫書卽古中祕之書，擬改名四庫未刊祕書）。其二有宋元明刊本或鈔本勝於庫本者，別輯爲一月，名曰『四庫善本叢刊』（蟄案柳師意：當改名曰四庫著錄善本叢刊）前者由大部審定後，請仍由中央圖書館與商務印書館照合同辦理，以期早日流通。後者擬請大部令行北平圖書館擬具計畫，次第籌辦。同人自當勉竭棉力，共襄盛舉。

(二)校勘及目錄宜補印並行也　國中所存四庫全書，除文淵閣外，尚有文津閣等諸本，雖同出一源，然文字時有異同。前書印成後，擬請大部飭令中央圖書館從事比勘，撰爲校記，俾無遺憾。又庫本各書，卷首多無目錄，亦當補輯并行，以便檢閱。

(三)叢刊各書宜抽印單行也　叢刊所錄，多宋元以前著述，其中多爲學者所亟需考覽之書，惟卷帙浩繁，决非寒畯之力所能舉。擬請令商務印書館多印單行本，廉價發售，俾寒士易於購求，而古籍得廣爲傳播，庶不負大部提倡學術之雅意。

其選輯目錄大旨云：

(一)本書既以孤本定名，故選錄之書，以大典輯出而別無他本可代者爲主；其次則四庫所錄源於宋元善本者；又其次則原本雖出明刊，及撰述出於近代，而今日已極爲罕祕，世所不經見者，一併甄收，統用庫本，以歸劃一。

(二)本目所收，重在多取古書，故劃至明初爲斷，亦間及明以後人著述，因其書重要爲學者所亟需，故兼收並蓄，用廣流傳。

(三)本目所收，以近代未經刊行者爲主，如例言所舉江西先哲遺書，其擬刊未刊者，仍行收入。如續古逸叢書續四部叢刊業經照印者，更不復采。然近來鉛槧風行，凡古今典籍，公私覆刻，所在多有，同人等見聞有限，采訪未周，疏漏之處，勢所難免，尚冀海內博雅，各舉所知，匡其不逮。

(四)草目所列諸書，確知當世存有古刻舊鈔，足補正庫本缺失者，均概行提出，留待後編。

其四庫孤本叢刊擬目，凡經部三十五種，史部十五種，子部二十四種，集部一百零六種，都凡一百八十種，共九萬餘頁。 計在未刊本草目中，經部選出三十四種：加入一種；史部選出十二種，加入三種；子部選出二十二種，加入二種；集部選出七十四種，加入三十二種。 共四部，選出一百四十二種，加入三十八種。 其內容舉例如附表（見下頁）。

（十）庫書之開箱與攝影之預備　初故宮博物院臨時監察委員會致函教部，訂於八月二十九日在滬開會討論影印未刊珍本開箱辦法，請派員參加。 當由部派蔣復璁爲代表，出席參加。 旋蔣氏於九月二日呈復教部云：

案奉鈞部第八五二五號訓令內開：案准故宮博物院臨時監察委員會函稱：逕啓者：頃准貴部八月十七日函開，茲以影印文淵閣四庫全書未刊珍本一事，叠奉行政院訓令，又經貴院理事會通過，由本部會同貴院開箱，將庫本檢交商務印書館攝影，期間約須六個月，茲特函請貴委員會，即時在滬召集會議，决定開箱辦法。 本部屆時亦當派員列席，以便說明一切等因。 本會現訂於本月二十九日在上海法租界亞爾培路亞爾培坊十七號故宮博物院駐滬辦事處開會討論前項事宜，相應函復查照等由。 准此，茲派該主任代表本部，屆時前往參加。 除函復外，合行令仰遵照，並將參加經過情形，具報備查。 此令，等因。 奉此，職遵即赴滬代表鈞部出席參加，於八月二十九日開會，討論開箱辦法，次日（三十日）復同赴庫房視察，商榷結果：（一）自本月四日起，即開始將裝四庫全書之箱，堆集一處，俾便檢取；（二）先預備空箱若干，將應攝之書，開箱分批取出，庋藏特備之空箱內，然後每日交點商務印書館攝影；（三）在庫房前廊內空地築一臨時攝影室，以便攝影。 現在影印珍本一事，既即將進行，惟尚有三事，須由鈞部呈請行政院核准後，方可進行：（一）在庫房廊內空地築一臨時攝影室；（二）故宮博物院上海庫房鑰匙，向由上海中央銀行及故宮博物院辦事處分掌，非雙方到場，不能開庫；常例由上海中央銀行每週限定赴庫房察看二次，；此次影印四庫全書未刊珍本，攝影時期，爲六個月，並須於每日按時開庫，以便攝影，故須由中央銀行派定專員，按時開庫，方免貽誤；（三）故宮博物院臨時監察委員會委員赴滬開會，到場監視開箱，所需旅費等，應分別函令由列席各機關如行政院，軍事委員會，中央研究院，上海地方法院，上海市參事會，自行作正項開支。 奉令前因，理合將赴滬代表參加經過情形，呈報鈞部鑒核示遵，實爲公便。

教部據呈，即日轉呈行政院，請示遵行。 據九月十三日中央夜報載行政院代表陳銳談話：『影印四庫珍本，刻正在滬布製攝攝場所，約下週即可開始工作。 監察計有七人，因職務關係，不能在滬久留，已公推研究院，地方法院，故宮博物院三代表，常川監視。 預計全部經費，需三十萬元。 四庫珍本全部爲數極多，費時須半年之久，但外間如已有某一部份之翻印者，則不必影印在內。 現在監察會仍屬臨時性質，任務既畢擬即撤消。 聞理事會方面，擬請設立永久之監察委員會，此事尚待從長討論，將來或有中央黨部，教育，內政各部等有關機關擴大組織

- 孤本擬目（一八〇種）
  - 經部（三五種）
    - 易類（一七種）—宋陳瓘了翁易說至元趙汸周易文詮
    - 書類（三種）—宋史浩尚書講義至元陳悅道書義斷法
    - 詩類（四種）—宋楊簡慈湖詩傳至元梁寅詩演義
    - 禮類（二種）—宋王昭禹周禮詳解與宋張虙月令
    - 春秋類（七種）—宋崔子方春秋經解至宋李明復春秋集義
    - 五經總義類（一種）—宋錢時融堂四書管見
    - 四書類（一種）—宋袁甫蒙齋中庸講義
  - 史部（一五種）
    - 紀事本末類（二種）—清聖祖平定三逆紀略與清高宗石峯堡紀略
    - 詔令奏議類（二種）—宋陳次升讜論集與宋呂午左史諫草
    - 傳記類（二種）—明李維越忠貞錄與宋費樞廉吏傳
    - 地理類（一種）—明曹學佺蜀中廣記
    - 職官類（三種）—明秦昌禮部志稿至佚名土官底簿
    - 政書類（二種）—政和五禮新儀與佚名廟學典禮
    - 目錄類（一種）—明陳暐吳中金石新編
    - 史評類（二種）—宋李燾六朝通鑑博議與宋錢時兩漢筆記
  - 子部（二三種）
    - 儒家類（二種）—宋劉淸之戒子通錄與佚名家山圖書
    - 醫家類（一種）—元王國瑞扁鵲神應針灸玉龍經
    - 天文算法類（一種）—元趙友欽原本革象新書與明貝琳七政推步
    - 術數類（一〇種）—宋張行成皇極經世索隱至唐王希明太乙金鏡式經
    - 藝術類（二種）—明唐志契繪事微言與清倪濤六藝之一錄
    - 譜錄類（一種）—清乾隆欽定西清硯譜
    - 雜家類（三種）—題宋李衡樂庵遺書至元張光祖言行龜鑑
    - 類書類（三種）—宋馬永易實賓錄至宋章定名賢氏族言行類稿
  - 集部（一〇六種）
    - 別集類（九五種）—宋方惟卿禪溪學正至元鄧雅玉笥集
    - 總集類（九種）—宋朱熹等南嶽唱酬集至清黃宗羲明文海
    - 詩文評類（二種）—宋何溪汶竹莊詩話與明安磐頤山詩話

之』云。又十七日民生報載將復璁談話：『頃接滬函，上海外灘故宮博物院儲藏室空場，須經租定後搭棚，布置一偉大之攝影場。下週開始攝影，必無如此迅速。六個月攝畢後，即由商務印書館負責影印，本館即脫離關係，不再負責任。至於目前定目雖未擬定，但儘可擇其毫無疑義，已爲各方所公認必然印行之珍本，先事攝影。但須俟最近攝影場布置完竣後，始可開攝』云。據此，則開箱攝影工作，正在積極進行中，一二年以後，庫書之眞面目，行將與世人相見矣。然亦如白樂天詩所謂『千呼萬喚始出來』者歟！

〜〜編者附註：本文前面所插四庫底本及發還底本書影，係轉載江蘇省立國學圖書館第四年刊。〜〜

選印四庫全書平議

袁同禮
向　達

最近教育部令委中央圖書館籌備處籌備選印四庫全書，承印者爲上海商務印書館，合同既締，而訾議者蠭起。方今國勢顛危，倍於曩昔，上焉者日亟亟於權位之爭，蚩蚩者氓，或則頹廢以自放，求其能留心民族生命，致力於百年根本之文化事業者，固不多見。在學術方面，能屏除敷衍苟且之陋習，而反覆討論，不厭周詳，以求其當其是者，尤爲罕睹。茲於選印四庫全書一事，學術界竟能予以注意，公開討論，允足視爲空谷之足音也矣。有識者能留意於民族生命所寄託之文化根本事業，不肯苟且放過，則天下事猶有可爲。吾輩不敏，亦願聞風興起，謹附末座，聊貢所見，聞者或不以爲非乎。

案清乾隆修四庫全書，共繕七部，建閣分儲，庋於宮內者爲文淵，圓明園者爲文源，熱河行宮者爲文津，瀋陽行宮者爲文溯，七部之中，江南竟得其三，揚州有文匯，金山有文宗，杭州有文瀾。英法聯軍之役，文源化爲烏有，洪楊之亂，文滙文宗胥成刼灰，文瀾則掇拾於叢殘之餘，六十年來，補苴罅漏，勉成完帙，逮九一八國變突起，文溯一閣，亦淪鬼域。一百五十年前一代之盛業，至是僅文津文淵兩閣，巍然對立，大節未虧，文瀾一閣，千瘡百孔，蓋難言矣。嗚呼，近百年來之國史，無處不有敵國外患玷汚其間，不謂區區故籍，爲當日稽古右文之盛事者，時至於今，亦復成爲國恥中之一紀念品，可慨也夫。

當日修四庫全書，其所取材，爲傳世之舊本，及從永樂大典中輯出之佚書，至今舊本日稀，永樂大典所存，不逮十一，而四庫書在一百五十年間，亦止殘存一半，爲保存文化計，能予景印傳布，自屬當務之急。民國九年，有景印四庫之議，旋即作罷。民十二上海商務印書館承印四庫，已有成約，因政治關係，功虧一簣。民十四之一次，亦因故中止。民十七遼甯當局，又有景印文溯閣四庫全書之意，九一八變起，閣書淪喪，不可復問。時至今日，政府既萬機待決，無暇及此，私家亦精疲力竭，雖與商此大業，今教育部所定抽印四庫全書之計劃，雖屬嘗鼎一臠，却亦慰情勝無。是以對於抽印各種之根本原則，在目前固無間南朔，莫不贊同也。

聞嘗推究此舉之有訾議，其故約有兩端，中央圖書館籌備處與商務印書館締約，未能盡合事理，致釀反感，一也。選印各書之辦法及標準，大有可議，二也。案中央圖書館所選用之四庫全書爲故宮博物院保管之文淵閣本，今歲華北危殆，故宮古物以及文淵閣四庫全書遷存上海，覬覦祕笈者，不乏其人。隨之乃有中央圖書館籌備處遽與商務印書館締定契約，此事故宮博物院，事先既絕未預聞，（參看八月五日北平全民報載故宮圖書館館長江瀚談話）。將來印成以後，商務贈與政府之書，該院復不能得一冊一葉，即版權亦永爲中央圖書館所有，如有再版之必要，並須由中央圖書館另訂合同，似此辦法，故宮博物院竟同路人，揆之法律情理，寧得爲平。雖四庫書爲國家所有，非一院所得而私，然此例一開，如故宮有保管之責何？如謂爲國家所有，遂可置主管者於不顧，將來紛競爭奪，俱將於此啓其端倪，此則防微杜漸，不可不謹也。論者咸謂此係文淵閣四庫全書移轉管轄之先聲，雖猜測之辭，可以不論，但政府當局，不可示人以不公耳。（按商務印書館續古逸叢書，借印南京國學圖書館頤堂文集，其版權即爲國學圖書館所有，可以例此也），故宮博物院理事會，對於中央圖書館籌備處與商務印書館所締契約，有修正案，委屈求全，甚爲公允。教育部及中央圖書館籌備處，似應虛懷容納，謀所以補救之方，此一事也。據八月五日北平全民報載江瀚談話，教育部已採納修正案。

關於選印各書之辦法及標準，不無可議，復可分爲兩端論之。案教育部及中央圖書館籌備處選印四庫，採用文淵閣本，其理由爲文淵閣書，現在上海，就近攝照，甚爲「方便」，又文淵閣本，寫校精審，視文津閣本爲勝。「方便」一點，今不置論。但若云文津閣本，校寫粗率，則決非事實，文津閣書，庋存熱河行宮，屢加校勘，至今挖改痕蹟甚多，有原書可查，且檔案具存，可以覆按。作者於文淵文津，無所用其爲左右袒，至於歷史上之事實，則不可以不辨也。作者私意以爲四庫全書，如果整部付印，則文津文淵，兩部可用，因其所重者，在四庫全書之全體，而在乎部分之美惡也。（如就部分之美惡而言，則四庫全書可議者實多，七閣俱然，無分乎文津文淵也），今以政府之主持，而祇從事於抽印，則於閣本之選用，不能不加以抉擇，惟善是從。不僅文淵文津兩閣書，應加辜較，即文瀾閣書，如有可取，亦不應棄置不顧。抽印之書，不過三百餘種，聚三本對勘，記其異同，附諸景本之後，茲事以承學之士，十人爲之，朞月可就。教育部職司文化，領袖羣倫，處今日泄沓成風之世，尤應出之以謹嚴不苟之精神，爲世楷模，斷不可敷衍將事，草草以終也。

抉擇閣本，惟善是從，已如上述矣，次乎此者，是爲底本采用問題，案敎育部抽印四庫全書，傳言爲三百種，而其最後目錄，迄今未公諸世，（作者曾見一草目，選擇失當，聞已廢棄），北平圖書館爲此曾有景印四庫全書罕傳本擬目之作，於四庫所採，凡二百六十種，計經二十四，史三十，子三十六，集一百七十，益以阮元進呈四庫未收之宛委別藏，又四十種，都計凡三百種。就擬目觀之，北平圖書館同人之主張，爲「今玆景印，凡有舊本流傳，應廢庫本」。並舉劉敏中中庵集，庫本二十卷，今存元刻廿五卷，謝肅密庵集，庫本八卷，今存明刻十卷，劉因四書集義精要，庫本二十八卷，缺後七卷，今存元刻全帙，朱右白雲集，庫本五卷，今存七卷本諸書爲證，自屬碻論。敎育部及中央圖書館籌備處對於采用底本之意見若何，雖迄今無一字發表，但在學術上立場言之，似難以政治力量而推翻學術上之主張也。比年以來，古籍發現，日增月益，四庫館臣未見之孤本祕笈，今則巋然尙存天壤，故同人所主張之采用底本，國內外學人，無不贊同。蓋四庫書成，適值文網正密之際，每因忌諱，致多改動，如「夷」之改「彝」，「狄」之改「敵」，其小者也。又其時程朱之學，正爲帝室所提倡，每有爲綱常計，而不惜強改古人之書者，友人徐森玉，曾以宋本樓攻媿集校庫本，則宋本改醮之婦，至淸朝庫本，胥成貞孀，荒謬至是，誠足驚笑。

儘量采用最古之本，而廢除庫本，在理論上雖至當不易，在事實上或不困難，所謂「版本追究無窮，採訪尤費時日，善本雖有，乞假非易」（參看王部長致蔡元培袁同禮函）。但文化事業，似不應因事實上之困難，而拋棄學術上之主張。何況所謂困難者，尙非不可解決者乎。今卽假定庫本原書，以機械方式，一一爲之景印，其中至少須附加兩步工作：（一）現無傳本，如從永樂大典輯出之書，應取文津文淵兩本辜較，必要時取文瀾原本作參考，如有異同，條記於後，爲校勘記（二）現有舊本流傳，則以原本校庫本，亦附校勘記於書後，其有庫本卷數不足，舊本可補者取足本景印，附於庫本之後，庶幾讀者可得完書，而庫本謬妄，不致貽誤後人。（此雖近於調停兩可之間，然目前似尙無善法，足以彌縫此種種缺憾也。）至於書目之選擇，自當集思廣益，博諮周詢，以求完善，所不待言，玆不重贅。

要之，在今日而能著眼及於此類保存民族生命之文化根本事業，以爲國家留一分元氣，總屬難能可貴。無論如何，當設法予以翊贊，以期其能底於成，不致再蹈前人之失。至於枝葉方面之討論，只要主持其事者，能推赤心以待人，不作意外之企圖，則解決固甚爲易易也。

影印四庫全書之諸家意見

編　者

民國九年以來，政府擬影印四庫全書者凡四次矣。然卒未底於成．迨九一八事變後，文溯閣一書，又淪於日人之手，現存庫書，祇餘三部，且其中文瀾一部爲殘缺之本，教育部恐將來此書之失傳也，遂擬將四庫全書景印，惟此書卷帙浩繁，印費鉅大，經費籌措不易，乃決定抽印其中罕傳之本．由中央圖書館籌備處與商務印書館訂立影印合同，定名爲「影印四庫全書未刊珍本」．並編擬「景印四庫全書未刊本草目」．此事決定後．以定名與選印標準關係，大惹起學術界之注意，討論文字，時見於報紙雜誌與學者來往文翰之中，茲將此項文字輯錄如下，以便研究四庫全書者之參攷焉。

一．蔡袁等意見　　國立北平圖書館館長蔡元培袁同禮，以定名「未刊」二字未妥，及影印時主張以善本及四庫底本代替庫本，乃聯名具呈教育部，貢獻其意見，並附四庫罕傳擬目一冊，袁氏更於大公報文學副刊內評論選印各書之辦法與標準．茲將其原文及教部函覆列下：

北平圖書館館長副館長上教育部呈

敬陳者，聞大部現擬景印四庫全書未刊珍本，仰見發揚文化，嘉惠士林之至意，無任欽佩。竊查此書校寫，遠在一百五十年前，或蒐錄各省採進之本，或輯自永樂大典殘帙，內中雖間有採自稿本，然大多數固多有刊本也，今茲選印，如標以「未刊」二字，於名稱上似覺未妥，此應請大部予以考慮者一也。又四庫罕傳之本，有原書未亡，而館臣未及蒐討者，有據殘本入錄，而全帙至今尚存者，且館臣於原書面目，任意竄改，脫簡遺文，指不勝屈，今如以本館近年所收宋元明舊刊或舊鈔之本，一一比勘，尤足証明館臣竄改摧毀之處，不一而足，且館臣未及見之孤本秘笈，今則巋然尚存天壤，今茲景印，凡有舊刻或舊鈔足本，勝於庫本，可用代替者，允宜採用原帙，以存古書之面目，此應請大部予以考慮者二也。至此外四庫所收之書，今無舊本流傳，非景印庫本，別無補救之法者，爲數至多，內中雖不無罕傳之本，但如明人關於經史之著述，其內容在學術上多無價值，今如一一景印，非特爲一無意識之舉，而貽誤後學，關係尤非淺鮮，擬請大部延聘通人，或組織委員會，詳爲審查，嚴定去取，藉收集思廣益之效，此應請大部予以考慮者三也。又四庫集部諸書，概無目錄，翻檢爲艱，本館近年以來，補輯此項篇目，業已竣事，自應排印於每書卷首，以資檢查。管蠡之見，是否有當，敬希鑒核，謹呈敎育部長。附四庫罕傳本擬目一冊。國立北平圖書館館長蔡元培副館長袁同禮(二十二年七月五日)。

教育部部長復蔡袁二君函

孑民守和先生大鑒。前以本部影印四庫全書未刊珍本一事，承殷殷垂示尊見，具徵關懷文化，無任感佩。按四庫全書，雖多刊本，而未刊者確有三百餘種，或雖見著錄，刊於宋元，而流傳已少，有同未刊，此次付印，卽重在此項秘笈，是以定名爲四庫全書未刊珍本，此應奉復者一也。又四庫所收，非盡善本，且有殘缺訛誤，確屬實情，無庸諱言，但板本追究無窮，採訪尤費時日，善本雖有，乞假非易，且以庫本與刊本並印，則與普通叢書相同，恐與此次印行四庫存其眞相之原意，似屬不符，若於四庫中，再以價值定其去取，則觀點各有不同，主張恐難統一，而於未刊本中，重加選擇，則未當選之未刊本，永淪於未刊，及今不印，散佚堪虞，此應奉復者二也。至此次印行四庫未刊本，所擬草目，經史兩部，共計一百二十七種，查明人著述，僅得二十四種，其中亦多佳構，並非全無價値、且預定組織一委員會、審定目錄，藉收各方宏議、以定去取、此應奉復者三也。現因印行四庫未刊本，已成定議。未便更改，而印行四庫底本，亦屬要舉，不妨並行，北平圖書館年來搜藏善本，蔚爲巨觀，又與各藏書家，多有聯絡，可以商借付印，則關於影印四庫底本事宜，可否卽請平館担任，如荷同意，卽乞妥擬計劃，報部備案，聞商務印書館，亦樂於担任，是則印刷之事，亦不甚難也，專此布復，諸希亮察，順頌道安不一。王世杰謹啓(二十二年七月十九日)。

選印四庫全書平議

袁同禮　向達

最近教育部令委中央圖書館籌備處籌備選印四庫全書，承印者為上海商務印書館，合同既締，而訾議者蠭起，方今國勢艱危，倍於曩昔，上焉者日亟亟於權位之爭，蚩蚩者氓，或則頹廢以自放，求其能留心民族生命，致力於百年根本之文化事業者，固不多見，在學術方面，能屏除敷衍苟且之陋習，而反覆討論，不厭周詳，以求其當其事者，尤為罕睹，茲於選印四庫全書一事，學術界竟能予以注意，公開討論，允足視為空谷之足音也矣。有識者能留意於民族生命所寄託之文化根本事業，不肯苟且放過，則天下事猶有可為，吾儕不敏，亦願聞風興起，謹附末座，聊貢所見，聞者或不以為非乎。

×　×　×　×　×　×　×

案清乾隆修四庫全書，共繕七部，建閣分儲，度於宮內者為文淵，圓明園者為文源，熱河行宮者為文津，瀋陽行宮者為文溯，七部之中，江南竟得其三，楊州有文匯，金山有文宗，杭州有文瀾，英法聯軍之役，文源化為烏有，洪楊之亂，文匯文宗胥成劫灰，文瀾則掇拾於燹殘之餘，六十年來，補苴罅漏，勉成完帙，逮九一八國變突起，文溯一閣，亦淪鬼域，一百五十年前一代之盛業，至是僅文津文淵兩閣，巍然對立，大節未虧，文瀾一閣，千瘡百孔，蓋難言矣！嗚呼！近百年來之國史，無處不有敵國外患玷污其間，不謂區區故籍，為當日稽古右文之盛事者，時至於今，今復成為國恥中之一紀念品，可慨也夫！

當日修四庫全書，其所取材，為傳世之舊本，及從永樂大典中輯出之佚書，至今舊本日稀，永樂大典所存，不逮十一，而四庫全書在一百五十年間，亦止殘存一半，為保存文化計，能予景印傳布，自屬當務之急。民國九年，有景印四庫之議，旋即作罷，民十二上海商務印書館承印四庫，已有成約，因政治關係，功虧一簣。民十四之一次，亦因故中止，民十七遼寧當局，又有景印文溯閣四庫全書之意，九一八變起，閣書淪喪，不可復問！時至今日，政府既萬機待決，無暇及此，私家亦精疲亦竭，難與商此大業，今教育部所定抽印四庫全書之計劃，雖屬嘗鼎一臠，却亦愈情勝無，是以對於抽印各種之根本原則，在目前固無間商榷，莫不贊同也。

閒嘗推究此舉之有嘗議，其故約有兩端，中央圖書館籌備處與商務印書館締約，未能盡合事理，致釀反感，一也。選印各書之辦法及標準，大有可議，二也。案中央圖書館所選用之四庫全書爲故宮博物院保管之文淵閣本，今歲華北危殆，故宮古物以及文淵閣四庫全書遷存上海，覬覦秘笈者，不乏其人，隨之乃有中央圖書館籌備處遽與商務印書館締定契約，此事故宮博物院事先既絕未預聞，(參看八月五日北平全民報載故宮圖書館館長江瀚談話)，將來印成以後，商務贈與政府之書，該院復不能得一冊一葉，卽版權亦永爲中央圖書館所有，如有再版之必要，並須由中央圖書館另訂合同，似此辦法，故宮博物院，竟同路人，揆之法律情理，寧得爲平，雖四庫書爲國家所有，非一院所得而私，然此例一開，如故宮有保管之責何，如謂爲國家所有，遂可置主管者於不顧，將來紛競爭奪，俱將於此啓其端倪，此則防微杜漸，不可不謹也。論者咸謂此係文淵閣四庫全書移轉管轄之先聲，雖猜測之辭，可以不論，但政府當局，不可示人以不公耳。(按商務印書館續古逸叢書，借印南京國學圖書館圖堂文集，其版權卽爲國學圖書館所有，可以例此也)，故宮博物院理事會，實於中央圖書館籌備處與商務印書館所締契約，有修正案，委屈求全甚爲公允，教育部及中央圖書館籌備處，似應虛懷容納，謀所以補救之方，此一事也。

關於選印各書之辦法及標準，不無可議，復可分爲兩端論之，案教育部及中央圖書館籌備處選印四庫，採用文淵閣本，其理由爲文淵閣書，現在上海，就近攝照，甚爲「方便」叉文淵閣本寫校精審，視文津閣本爲勝，「方便」一點，今不置論，但若云文津閣本，校寫粗率，則決非事實文津閣書，庋存熱河行宮，屢加校勘，至今挖改痕蹟甚多，有原書可查，且檔案具存，可以覆按作者爲文淵文津，無所用其爲左右袒，至於歷史上之事實，則不可以不辨也，作者私意以爲四庫全書，如果整部付印，則文津文淵，兩都可用，因其所重者，在四庫全書之全體，而不在乎部分之美惡也，(始就分部之美惡而言。則四庫全書譏者實多，七閣俱然，無分乎文津文淵也)，今以政府之主持，而祗從事於抽印，則於閣本之選用，不能不加抉擇，惟善是從，不僅文淵兩閣書，應加率較，卽文瀾閣書，如有可取，亦不應棄置不顧，抽印之書，不過三百餘種，聚三本文津對勘，記其異同，附諸最本之後，茲以承學之士，十人爲之，幾月可就，教育部職司文化，領袖群倫，處今日泄沓成風之世，尤應出之以謹嚴不苟之精神，爲世楷模，斷不可敷衍將事，草草以終也。

抉擇閣本，惟善是從，已如上述矣，次乎此者，是為底本采用問題，案教育部抽印四庫全書，傳言為三百種，而其最後目錄，迄今未公諸世，（作者曾見一章目，選擇失當，聞已廢棄），北平圖書館為此曾有「景印四庫全書罕傳本擬目之作·於四庫所採，凡二百六十種，計經二十四，史三十，子之六，集一百七十，益以阮元進呈四庫未收之宛委別藏，又四十種，都計凡三百種，就擬目觀之，北平圖書館同人之主張，為「今茲景印，凡有舊本流傳，應廢庫本」，並舉劉敏中中庵集，庫本二十卷，今存元刻二十五卷，謝翱密庵集，庫本八卷，今存明刻十卷，劉因四書集義精要，庫本二十八卷，缺後七卷，今存元刻全帙，朱右白雲集，庫本五卷，今存七卷本諸書為證，自屬碻論，教育部及中央圖書館籌備處於采用底本之意見若何，雖迄今無一字發表，但在學術上立場言之，似難以政治力量而推翻學術上之主張也。比年以來，古籍發現日增月益，四庫館臣未見之孤本秘笈，今則巋然尚存天壤，故同人所主張之采用底本，國內外學人，無不贊同，蓋四庫書成，適值文網正密之際，每因忌諱，致多改動，如「夷」之改「彝」，「狄」之改「敵」，其小者也，又其時程朱之學，正為帝室所提倡，每有為綱常計，而不惜強改古人之書者，友人徐森玉，曾以宋本樓攻媿集校庫本，則宋本改醮之婦，至清朝庫本，胥成貞孀，荒謬至是，誠足驚笑！

儘量采用最古之本，而廢除庫本，在論理上雖至當不易，在事實上或不無困難，所謂「版本追究無窮，採訪尤費時日，善本雖有，乞假非易」（參看王部長致蔡元培袁同禮函），但文化事業，似不應因事實上之困難，而拋棄學術上之主張，何況所謂困難者，尚非不可解決者乎，今即假定庫本原書，以機械方式，一一為之景印，其中至少須附加兩步工作：（一）現無傳本，如從永樂大典輯出之書，應取文津文淵兩本牽較，必要時取文瀾原本作參考，如有異同，條記於後，為校勘記，（二）現有舊本流傳，則以原本校庫本，亦附校勘記於書後，其有庫本卷數不足，舊本可補者取足本景印，附於庫本之後，庶幾讀者，可得完書，而庫本謬妄，不致詒誤後人），此雖近於調停兩可之間，然目前似尚無善法，足以彌縫此種種缺憾也），至於書目之選擇，自當集思廣益，博諮周詢，以求完善，所不待言，茲不亟贅。

要之，在今日能著眼及於此類保存民族生命之文化根本事業，以為國家留一分元氣，總屬難能可貴，無論如何，當設法予以翊贊，以期其能底於成，不致再蹈前人之失，至於校葉方面之討論，只要主持其事者，能推赤心以待人，不作意外之企圖，則解决固甚爲易易也。

董傅等意見　袁蔡二氏之主張，教部表示未能採納，董康傅沅叔等廿五人復於八月十一日聯名致函教部建議二事，(一)四庫書有他本可用以代替者，應採用他本。(二)四庫全書未刊本名稱及範圍內容，應重加考慮。茲將其原函及教部覆函列後：

雪艇先生部長大鑒：近報紙紛傳大部有影印四庫全書未刊珍本之議，且將開始工作矣。宣揚文化，提携學術，無任欽佩。惟茲事體大，非徇一二人之意所能立致，茲有二事，未敢默爾，謹爲先生陳之，管蠡之見，或有裨於萬一。幸垂察焉。

(一)四庫全書有他本可用以替代者應採用他本也。考四庫成書時，館臣任意竄改，有嫌其內容不雅馴者，如周南山房集之删疏文周学齋，鉛刀篇之删禱雨文是也。有嫌其行文多忌諱者，如黃宗羲明文海，凡明人制夷禦侮之作，多加删落。以稿本明文案比勘，便可了然。其著例也。此外宋元人文集奏議中精粹語，爲庫本失書者，又何止千數，而卷數之增出倒置，序目之刊落改削，更無論矣。有據殘本入錄而原書尚存天壤間者，有據輯本入錄而所輯實未完善者。凡此種種，目錄學家類能言之。今茲選印，似應先向海內外公私藏家及專門名家廣徵意見，嚴定去取所有各書無他本可代者，則彙爲甲編，以示別於他書。至其他各書，雖近世無覆刻本，然宋元明舊刻，或舊鈔具在，較庫本高出百倍，或卽庫本所自出者，則彙爲乙編，與甲編之書，互爲表裏。相輔而行。甲乙兩編，擬定名曰四庫萃珍，(或以他名代之亦可)而詳著編輯改革之旨於凡例中，以明示世人。如此則二難并矣。如謂乙編之書，既非庫本，似不必與甲編合印，以昭劃一。實則甲編之書，悉用庫本，本已無甚價值可言，今有乙編輔行，使甲編之書爲之增色，海內外學人必奔走相賀，使天下後世知大部影印此書之經過，非草率將事者可比，豈不善哉。如謂乙編之書徵集匪易，善本無窮，烏能立致？此亦過慮。且中國版本目錄之學，至今日而極盛，國內固不乏精通斯學之士，國外亦有聞風繼起者。關於調査編製諸項，儘可延聘專門名家，或委諸以藏舊刻善本書著稱之公私圖書館與中央圖書館，共同負責辦理。限以時日，事必能成，是非得失，在此一舉此多願爲先生告者一也。

(二)四庫全書未刊本名稱,及範圍內容應重加考量也。查四庫各書,據稿本入錄者,爲數無多;輯自永樂大典或錄自抄本者,當時亦大抵有刊本或覆刻本。第歷世久遠,遂湮沒不傳耳。茲所選印,如統以未刊爲名,似欠斟酌。不如以北平圖書館近編罕傳本目,以罕傳爲名,較合於邏輯也。如謂未刊云者,乃狹義的而非廣義的,則狹義的未刊究至何代截止。謂截止於明以前耶,則何解於近出之中央圖書館所輯擬目中,亦有明人著述在內。謂截止於明清以前耶,則書雖刊於明代,而傳世之希罕,不亞於宋元舊刻。如「北河紀」「滇略」等書,何以悉未採入。且中央館擬目中所收宋元人著述,如經部之石鼓論語問答,四書管窺,史部之太平治跡統類,大金德運圖說,慈波圖,子部中之資政要覽,集部之茗谿集山房集本堂集等,皆有同先後單刊本,或叢書本何以又悉行列入?似此矛盾支離,殊難索解。似應即日延聘通儒,從長考量,否則徒令外人齒冷此願爲先生告者二也。

此上所舉,均係當務之急,務希先生等本學術公器之至意,採愚者一得之靖獻。弟等不敏於流錄之學,粗涉藩籬,自當勉盡棉力,共襄大舉,以底於成。文化前途,實利賴之 敬布區區,諸希鑒諒。專此順頌道祺。董康,傅增湘,葉恭綽,朱啓鈐,江瀚,沈士遠,朱希祖,李盛鐸,沈兼士,陳垣,張允亮,徐鴻寶,馬廉,胃廣生,馬衡,徐乃昌,張之銘,顧燮光,顧頡剛,劉復,湯中,陳寅恪,陶湘,趙萬里,劉承幹同啓。

教育部覆函

(上略)茲以本部影印四庫未刊本一事,辱承垂教,彌深感佩。見示二事,與本部宗旨,並無不合,惟彼此所擬辦法不同耳。

案四庫著錄,除從永樂大典輯出者,曾經說明外,其餘書之來源,皆略而不詳,其中殘缺錯誤,自無可諱言,今主以善本替印,誠有見地。然如此,則是印行善本書,而非印行四庫書也,善本書爲四庫所未收者至多,如何付印,乃另一問題。今限於四庫,取徑未免太狹。且自來主張印四庫者,皆欲以明四庫之真相,見其得失,非不知其有訛誤也,然全書卷帙繁重,一一付印,則時經間濟,兩有不足,而歷來所以屢議不成,此亦一因,於是而有選印之議。近人高閬仙等,多曾主張此說。本部此次影印四庫未刊本,雖未仿自往議,而亦略有相同。凡四庫著錄各書,其從未刊刻，不論何代著述，悉爲選印。其明代以前之著述，曾有宋元刊本，而今日流傳已少，有同未刊者，亦爲選入。明本傳者較多，採訪較易，故書之有明刊者，擬從割愛。蓋以時代板刻，定其去取，比較上稍爲劃一也。中央圖書館籌備處本此方針，編成草目，以爲本部編訂四庫全書未刊珍本目錄委員會討論之根據。現委員會業已組織，儘可就草目所列加以增損。該籌備處所編草目，本備委員會及其他方面之專家審查，嚴定去取，非卽爲以付印之定目也。未刊之名，原爲編目時暫時之名稱，同不妨商量改定。蓋一人或一方面之見聞，總屬有限，必賴羣策羣力，方剋有濟，誠如尊示非徇一二人之意所能立致也。

尤有進者，四庫影印一事，民十三年以來，迭次定議，迭被打銷，政府此次斷然決印，蓋以四庫舊鈔，僅存兩部，倘非從速影印，四庫眞相，未有表曝，或竟不免而永此沉淪也。影印善本之議陳義誠高，但採訪匪易，商借尤難，倘與此次影印工作，併爲一事，恐致稽延時日，甚或使此次工作發生中途停頓之虞。故部意擬託學術機關，另編善本叢刊付印，不與影印庫本之事相混。諸先生於文化事業，素所關懷，此次承垂注，曷勝榮幸。

董康與劉承幹接教部覆函解釋，即上函教部放棄其主張，原函列下：

王部長勛鑒：前奉八月二十五大札，辱以康等於選四庫全書有所陳說，重勞訓喻，若開茅塞，貝佩貝佩！籌印四庫創議四次，以基金無着，都成泡影，貝可浩歎！大部廣續促成是舉，南北學人，同抱熱烈贊助之誠，因有聯名上書之事。康等承發起人徵求同意，未便拒絕，初無若何成見於其間。今三復來書，已恍然大悟大部宗旨之所在，與康等管見，殊途同歸。自爭議發生，南北報章，臚載不絕社會輿論，異說紛歧，評騭版本以外，又有以注重學術爲前提者。竊謂淸代編輯四庫全書，以小節論，雖有分件竄易之嫌；就大體言，實彰稽古右文之績。有淸學術之盛，足以度越往代者，未始非是書灌溉之所致。唐宋稱隆治，群經論史而外，奉勅纂集者，僅及章集類書而止。明輯大典，可云巨帙，然於孤本踐習見之本，恣無區別；且割裂瑣碎，尙遜四庫遠甚。偶獲大典另冊，珍同拱璧，則異日四庫流行之鈔本，非卽今日之大典乎？七閣中之文源，文宗，文匯久罹火劫；而文瀾又復淪亡。近十餘年，戰禍頻仍，迄無甯歲，爲杜蠹城之厄，宜宏鄴架之儲，竊願大部迅賜開始進行，慰全國人之渴望，自無引起爭議之可能矣。謹此肅復，祇承勛綏。董康劉承幹謹啓。

張元濟之意見　　張元濟爲商務印書館之主要人，其意見與教部完全一致，茲將其與袁同禮來往函件錄下。

守和，斐雲，先生大鑒：敬復者，昨得斐雲兄十一日手書，展誦祇悉，影印四庫未刊本，二公主張擬用善本替代，並聯合南北各學術團體及各地學者，即日草具公函，向教育部當局建議，甚盛甚盛。惟弟竊以爲茲二事者不妨兼營並進，而不必併爲一談。四庫所收，非盡善本，且有殘缺訛誤，無庸諱言。但其間頗有未經刊行或雖已刊行，而原本不易購求者，如能及早影印，俾得流傳，當亦大雅之所許。曩者敝公司兩次陳請借印，業奉正式批示，裝箱待發，忽生阻梗，事敗垂成，流光荏苒，今已十餘年矣。此十餘年來歷劫無算，是書巋然尚存，可稱萬幸。過此以往，殆不可知。此次教部以印事見委，敝公司灰燼之餘，雖喘息未定，不敢稍有推諉，固爲自身了夙願，亦爲學術效微勞也。至流通善本，尤爲弟之素志。今得二公提倡，海內公私藏書家苟願出其所藏，贊成茲舉，甚衷欣幸，豈可言喻。二十餘年來先後輯印，續古逸叢書四部叢刊百衲本二十四史者，皆此意也。若無一二八之變，四部叢刊續集，又早已發行矣。至以善本代庫本，則鄙見竊以爲不必，且於事勢亦有所不能。善本難遇，乞假尤難，往返商榷，更多躭擱。如是則觀成無期，且善本亦正無窮。先得一明本，以爲可以替代矣，未幾而有元本出，又未幾而有宋本出。若以明本自畫，則於目的有違，若必進而求元本，更進而求宋本，則觀成更無期。故弟竊以爲二公高見與部原意，分之兩利，合之兩妨。方台駕蒞滬之初，辱承見教，弟均以此意上答。今斐兄復傳述守兄雅意，殷殷垂詢，當與王李二君商酌，均以爲於印行庫本外，所有公私善本，允假敝館影印者，苟於照相製版技術上認爲可能，極當勉力承印，與庫本並行不悖，此則敝公司願竭其綿薄，而與各學術團體及學者通力合作者也。謹布區區，伏爲亮察。順頌署祺百益，張元濟謹啓。二十二年七月十三日。

菊生先生尊鑒：前奉七月十三日手教，以有青島之遊，未及作覆爲歉。流通古籍，採用善本我公提倡最先，海內欽仰。此次選印四庫，同人擬議，「以善本代替庫本」，蓋本我公之主張，聊備當局之採擇而已。曩者貴公司，兩次陳請借印，以政治關係，功虧一簣，但先後均以貴公司名義，影印發行；此次則係由政府主持，而祇從事抽印，與以前兩次情形，微有不同。同禮職司校讐，而於文津，文淵兩本，又與子民，叔海兩君，共負典守之責，見聞所及，不得不圖補救。區區苦衷，當爲國人所共諒。誠以當局如有貽誤，匪特在學術上爲致命傷，於國家顏面尤不能不顧到也。矧近年來中國學術上之進步已迥非十年前所可比擬，而目錄之學，則已蔚爲大國，駸乎司羣學之樞鍵，而司其管鑰焉。「善本難致」，似已無庸過慮，同人不敏，滋願勉盡棉薄，共襄盛舉，以期能底於成，不致再蹈前人之失。至尊函所述「躭擱」一層，自當力圖避免。但吾人爲國家辦文化事業，亟應屏除敷衍苟且之積習，而萬不宜草率將事也。茲聞編訂目錄委員會，業已組織成立，其中委員如先生等，又爲版本大師，此後進行，當可脫離政治，而入純粹學術範圍，想貴公司諸公，當亦樂觀其成也。謹布區區，伏爲亮察，順頌著祺。袁同禮拜啓。夢旦雲五拔可諸先生統此致意。

金梁氏之意見：金梁氏爲最先請政府影印四庫全書之一人，將其對於此次影印之意見列下：

近以選印四庫全書，北平圖書館，及中央圖書館，商務印書館，各有爭議，深慮事或因而中阻，乃不得不一言以求其平焉。議印庫書，前後四次，余皆預聞。第一次，東海當國，余首上書請印，尤重續修。後葉玉虎遊歐歸，亦發此議，遂派朱桂莘督辦，曾印樣本一套，分贈海國，卒以欵巨而止，此一阻也。第二次，商館用文津閣本，縮印四頁合訂，及單頁袖珍樣本二種，又以當局別有爭執，嘖起煩言而止，此二阻也。第三次，鄭蘇龕請以文淵閣本，付商館印行，裝箱起運，又以政府出阻而止，此三阻也。第四次，余在瀋陽，用文溯閣本校印，並議續修，兼采選印之法，樣本既出，海內外函電定購，籌欵亦妥，又以他故中阻，僅成續修總目（倫哲如輯一萬餘種）及選印要目（焦亦元擬二百餘種）而止，此四阻也。今議選印，輕而易舉，各方所持，亦片言可解，余意無所用其爭也。一閣本之爭，余曾舉現存四閣本並勘，文淵繕寫最整，文津校正較多，文溯間有抽換，文瀾半出補抄。淵津二本，要皆可用。但能附以校勘，不必爭也。一善本之爭，平館所主，衆論僉同。惟商館既有並行之說，不妨先任印行。另與訂約，別印善本，度不能辭。至罕傳未刊，無關大體，更不必爭也。一選目之爭，此爲最要，然合觀二目，實無大異同。如令商館多增數種，當亦不致堅執，亦不必爭也。以上三端，皆不難一言而決。版權云云，更無謂矣。余所痛心者，四次議印，皆垂成而敗。此次余雖未預其事，而樂觀其成，尤慮中變。所望諸公平心靜氣，爲發揚文化，委曲求全，合力以共策之，庶幾事得速就，勿使遲阻。一面仍續修全書，務其大者遠者，則幸甚矣

影印四庫全書往來牋

張元濟
袁同禮

張菊生致袁守和書

守和先生大鑒敬復者。昨得斐雲兄十一日手書。展誦祗悉。影印四庫未刊本。公主張擬用善本替代。並聯合南北各學術團體及地學者。即日草具公函。向教育部當局建議。甚感甚感。惟弟竊以爲茲二事者。不妨兼營並進。而不必併爲一談。四庫所收。非盡善本。且有殘缺訛誤。無庸諱言。但其間有未經刊行。或雖已刊行。而原本不易購求者。如能及早影印。俾得流傳。當亦大雅之所許。曩者敝公司兩次陳請借印。業奉正式批示。裝箱待發。忽生阻梗。事敗垂成。流光荏苒。今已十餘年矣。此十餘年來。歷劫無算。是書巋然尙存。可稱萬幸。過此以往。殆不可知。此次教部以印事見委。敝公司灰燼之餘。雖喘息未定。不敢稍有推諉。固爲自身了夙願。亦爲學者效微勞也。至流通善本。尤爲弟之素志。今得二公提倡。海內公私藏書家。苟願出其所藏。贊成茲舉。撫衷欣幸。豈可言喻。二十餘年來。

先後輯印續古逸叢書、四部刊、百衲本二十四史者。皆此意也。若無一二八之變。四部叢刊續集。又早已發行矣。至以善本代庫本。則鄙見竊以為不必。且於事勢亦有所不能。善本。難遇。乞假。尤難。往返商榷。更多躭擱。如是則觀成無期。且善本亦正無窮。先得一明本。以為。可以替代矣。未幾而有元本出。又未幾而有宋本出。若以明本自畫。則於目的有違。若必。進而求元本。更進而求宋本。則觀成更無期。故弟竊以為二公高見。與教部原意。分之兩利。合之兩妨。方台駕蒞滬之初。辱承見教。弟均以此意上答。今斐兒復傳述守兄雅意。殷殷垂誨。當與王朱二君商酌。均以為於印行庫本外。所有公私善本允假敝館影印者。苟於照相製板技術上認為可能。極當勉力承印。與庫本並行不悖。此則敝公司願竭其棉薄。而與各學術團體及學者通力合作者也。謹佈區區。伏維亮察。順頌暑祺。百益弟

張元濟拜啓廿二年七月十三日

袁守和復張菊生書

菊生先生尊鑒。前奉七月十三日手教。以有青島之遊。未及作覆為歉。流通古籍。採

用善本。我公提倡最先。海內欽仰。此次選印四庫。同人擬議以善本代替庫本。蓋本我公向來之主張。聊備當局之採擇而已。曩者貴公司兩次陳請借印。以政治關係。功虧一簣。但先後均以貴公司名義影印發行。此次則係由政府主持。而祇從事於抽印。與以前兩次情形。徵有不同。同禮職司校讐。而於文津文淵兩本。又與子民叔海兩公共負典守之責。見聞所及。不得不圖補救。區區苦衷。當爲國人所共諒。誠以當局如有貽誤。匪特在學術上爲致命傷。於國家顏面。尤不能不顧到也。矧近年來中國學術上之進步。已迥非十年前所可比擬。而目錄之學。則已蔚爲大觀。駸駸乎司羣學之樞鍵。而司其營養焉。善本難致。似已無庸過慮。同人不敏。深願勉盡棉薄。共襄盛舉。以期能底於成。不敢再蹈前人之失。至尊函所述躭擱一層。自當力圖避免。但吾人爲國家辦文化事業。亟應屛除敷衍苟且之陋習。而萬不宜草率將事也。茲聞編訂目錄委員會業已組織成立。其中委員如先生等。又爲版本大師。此後進行。當可脫離政治。而入純粹學術範圍。想貴公司諸公。當亦樂觀其成也。謹布區區。伏維亮察。順頌著祺。袁同禮拜啓　廿二年八月十四日按教育部影印四庫全書。委托商務印書館承印兼發行。合同已簽定矣。兩方主張以四庫本照原式影印。定名爲未刊珍本。北平圖書館則主張以善本代替庫本。定名爲罕傳本。並於每書之後附校勘記。教育部與商務印書館俱以非短期所許。而目錄學者如傅沅叔葉遐庵董綬經徐積餘劉翰怡諸人則以北平圖書館之說爲然。復申其說於教育部。教部乃組織編訂目錄委員會聘委員十七人任其事。張袁亦在羅致之列也。

編者坿誌

選印四庫全書平議

錢基博

四庫全書三萬六千三百册著錄經史子集三千四百五十餘種。厥爲古今罕有之大叢書。十餘年來屢有覆印之議。然其中未見刊本之書頗復不多。而已有刊本在咸同以前者。多經名學校補至咸同以後則用舊本模印或原本繙影遠駕庫本繕寫草率訛漏之上。自以選印爲宜。今教育部委託商務印書館選三百種。以四庫本照原式影印定名爲四庫全書未刊珍本。而北平圖書則出而主張以善本代庫本。非至萬不得已不用庫本。定名爲罕傳本。而南北目錄學者。則一致贊助北平圖書館之主張。議論蠭起。乃不以博爲無所知曉。而徵詢及之。欲出一言以相折衷。然博細繹教育部及商務印書館函牘往復之指意。在選四庫全書之未有刊本。或有刊本而罕傳者。以刊傳之。其意重在書而不重在本。其選擇之標準。在其書之有無刊本。而不在本之是否珍罕。而南北目錄學者之斷斷。則在本之未刊或罕傳。論鋒似未能相準。觀於教育部復蔡子民袁守和兩君函曰。『四庫全書雖多刊本、而未刊者。確有三百餘種、或雖見著錄、刊於宋元而流傳已少、有同未刊、此次付印、卽重在此項祕笈、是以定名爲四庫全書未刊珍本、』又張菊生先生致袁守和先生書曰。『四庫所收、非盡善本、且有殘缺訛誤、無庸諱言、但其間有未經刊行、或雖已刊行、而原本不易購求者、如能及早影印、俾得流傳、亦當大雅之所許、』是將書與本截分兩概。詞甚婉而意極晰。明知四庫所收之非盡善本。而以其書之未經刊行。或雖見著錄刊於宋元而流傳已少。有同未刊。則亦何能舍庫本而他求。非不欲求也。以別無他本也。旣已別無他本。則所謂以足本換殘本。以原本代輯本之主張。皆不成立。如其書而別有足本原本。卽不得謂爲未刊。卽不得與於選印之列。循名責實。理有必至。而在南北目錄學者。祇須嚴覈其書之是否未刊。以觀厥成可矣。所望平心靜氣。勿徒揭己標高。如或意見相待。阻礙橫生。未刊終於不刊。古籍寖以散佚。天下事未可知。誠竊爲斯文惜之。然天下未刊之書。不必盡有補於問學之大。張南皮言『弇陋者當思擴具聞見、泛濫者當知學有流別、』徒侈博文。寧當說約。所貴好學深思。心知其意也。誠竊以爲選印庫書四部不必求備子部之精要者不過周秦漢魏數十種而諸家刻本不少往往一書有數本者遜清于學邁絕往古名家讐刻寧四庫所收子部諸本之能望項背故子部可删不選而經史集三部則頗多罕傳之要籍亟宜選刊以資探討者然要當知學有流別而匪所貴於矜奇嗜異斷斷未刊經部宜取其於漢許鄭宋五子之外別出名家以自開風氣者史部宜擇其與二十四史通鑑三通互爲詳略以資考異者集部則宜擇取異軍時張以別出於詩聖李杜蘇黃文宗韓柳歐蘇之外而自出手眼以成家數者要之義取博識事資異聞文貴別裁不必矜言未刊而自卓出尋常以與世所傳各叢書相爲經緯互出詳略而書不貴其複出義則資乎參觀如經之有內外傳子之有內外篇矣暇當寫擬一目以備觀覽

諧聯

相傳伍秩庸先生火葬章太炎輓以聯云

一夜白髭鬚幸有東臯公救駕
片時灰骸骨不用西門慶花錢

語太刻薄姑以諧聯視之可也

學術評壇

關于影印四庫全書之管見

（張崟）

最近教育部擬景印文淵閣本四庫全書未刊珍本，同時又以中央圖書館正在籌設，爲紀念其成立及交換圖書之便利，卽由中央圖書館籌備處名義（現改由故宮博物院出名）與上海商務印書館訂立承印合同，並編擬「景印四庫全書未刊本草目」，分寄海內通人，徵詢意見。在此項草目未發布以前，國立北平圖書館方面卽已有所獻議質疑，文翰往復，語極切至。自茲以後，南北學者，均紛紛有所表示；雜志報章，時見論著，北平晨報之副刊「北晨學園」，且爲之特出討論專刊，雖質難之中，一部分文字或稍動意氣，然以此學術上之大事，全國學者能不漠然忽視，知而盡言，要亦可喜之現象也。

四庫影印，前曾數度動議（民九民十二民十四以至民十七等四役）惜俱以事阻，不獲果行；今七閣僅存之四部全書中，文溯一閣，又隨九一八瀋變而陷沒虜手。世變益亟，禍亂侵尋，我不自謀，人將越俎！此教部所以于多難聲中，籌圖斯綿延文化事業之宏舉；且毅然暫抛全部景印之計畫，姑先爲抽印珍本之試圖也。揆厥用意，實有深心，方樂觀厥成從臾督促之不遑，何忍予以苛求，此時論紛紜中所以于偏激之談之外，亦常見寬恕之辭也。

此項時論，本刊已擇尤轉載。（限于八月二十日以前知見所及，見本期本刊「最近關于時論景印四庫全書之文獻」一篇）將以備他日稽攷書林掌故者之一助。至本館所保有南三閣中碩果僅存之文瀾秘籍，在遠見遺，未蒙甄采，本可出作諍言，稍自表白；祇以自慚佘陋，深懼夏蟲井蛙之譏，毋寧藏拙爲佳；故雖承通人垂問，並陸續以彥北晨學園之陸續叢專刊見遺，終守金人緘口之戒，不願作稚昧無當之辭也。惟芹曝之獻，聖哲不遺，姑就管窺，陳其一二，維大雅正之。

尋此次討論教部景印四庫之文字，大抵多集矢于「未刊」二字，北平圖書館方面據陳援菴先生之前事，（據國聞周報十卷三十六期冷廬主人景印四庫全書未刊本草目稱先生有「四庫全書罕傳本擬目」同時六月二十五大公報載袁同禮談話稱此項草目並由傅沅叔陳援菴諸人參加意見云云）倡四庫罕傳本之目，論者翕然稱之；蓋罕傳云云，固較肯定式的「未刊本」一名詞爲合邏輯且較得體也。惟平館既草具「景印四庫全書罕傳本擬目」，又倡以底本代庫本之說，庫本固因當時違碍，多有竄裂刪潤，足滋誹議之處；但既稱「景印四庫全書罕傳本」，則其大前提固着重在四庫，設易他本，無論形式不畫一，且無以解于「正名」之說矣。且底本難求，易曠時日，卽求之亦庸有止境？誠如張菊生先生所謂：「先得一明本，以爲可以替代矣；未幾而有元本出，又未幾而有宋本出；若以明本自畫，則于目的有違，若必進而求元本，更進以求宋本，則觀成更無期矣」。（參看本期本刊專文所引）故調停者，因倡各行其是之說，以爲教部平館之主張，均有所見，分之兩利，合之雙妨，影印庫本一事，影印底本又一事，分道揚鞭，殊途同致，未爲不可。凡此所云，非模棱兩可，要亦切實持平之論也。

猶憶往昔倡印四庫時，亦衆議朋興，有倡選印或抽印者，（如董衆輩）有主全印者，（如歷屆之主持景印者）或又議續修者；（如王懿榮呂思勉倫哲如等）選印抽印之爭，與今役合符；續修則茲事體大，更非所語于斯時；而底本復不易猝致，則「築室道謀難潰于成」之戒，亦不可不凜耳。此董授經傅沅叔諸先生所以前貢「四庫萃珍」之意見，（見本期最近關于景印四庫之文獻）繼復上敦促速印贊同原議之書也。（原書見九月十五日中央日報本刊擬于下期詳之）

此次景印庫書用文淵閣本，以該本鈔校較善之故，固爲一部分之理由；而因庫書已隨古物南遷，爲近水樓台輕而易舉故，尤爲其采用之主因。現存之四庫，唯淵津二閣本共庋于舊都，故以燕京爲策源地之關于景印四庫書的討論，率就兩閣本騁厥詞鋒，于我文瀾秘籍，除王君重民（著有「論教育部選印四庫全書」，登八月十四日天津大公報文學副刊）曾加稱道外，其他蔑如也。殆以其亂後鈔補，不能與尙保原狀之津淵二閣書相提並論與？實則審其內容，文瀾亦何容漠視？且正唯其曾經鈔補之故，斯有足資注目之價值在。請陳三端，以實吾說：

一、諸不滿于庫本而主以底本替代者，以庫本多殊原書耳。但文瀾自經鈔補以後，鈔補之第一功臣丁氏松生，（丙）卽能「實行以足本換殘本，原本代輯本之主張」，（用王重民君語）以故凡所鈔補，類能匡原本之未逮，有如王同文瀾閣補書記所云云者，

『往往有提要所著闕卷，如經部魏氏了翁之尙書要義二十卷，佚其三；許氏謙之讀四書叢說二十卷，中庸佚其半，論語全佚；史氏伯璿之四書管窺八卷，論語第十一篇以下佚不可考；史部辛氏文房之唐才子傳原本十卷，永樂大典本因其散佚釐爲八卷；徐乾學之資治通鑑後編卷十一闕不可考；子部盧氏之頤之本草乘雅半偈原本十二卷闕其二；集部曹氏勛之松隱文集四十卷，佚其一；朱氏右之白雲稿十卷，佚其半；今皆得其全帙，謹爲補足，以彌前時之缺憾，是亦可謂盡力矣』。（玉氏原文刊入文瀾閣志）

不一而足，雖丁鈔本校勘或疎，而據是以求，固較不完全之庫本爲遠優；說者慮以底本（實卽善本）替庫本爲形式不一致，今如擇善而從，酌采文瀾之補寫本，則既無是，又可于若干種書得較善之庫本矣。

二、據中央圖書館籌備處編「景印四庫全書未刊本草目」，內中如經部四書類之中庸集解，集部別集類之歸愚集，黃給諫遺稿，方叔淵遺稿（以上諸書北平圖之四庫罕傳本擬目不收，子部醫家類衛生十全方及奇疾方則又當另作別論）等；謂均四庫不錄。實則除給諫及叔淵二遺稿誠如所指外，（其故又當別論）若

中庸集解（惟卷數作二卷與該草目之作三卷者不同）及歸愚集，則卽閣本丁鈔之中庸輯略與歸愚詞耳。（惟書止一卷，與該草目作十卷者又異，今閣本與克齋詞合訂一册）雖卷數不同，而因中央圖書館所擬草目，係從國聞周報（十卷三十六期）所轉載者見之，一字之差，或由手民所致，亦未可知；若然，則我文瀾珍籍，果無當于葑菲之采乎？知必不然也！

三、北平圖書館四庫罕傳本擬目載明朱右白雲稿五卷，下注云：「庫本不足，北平館有明刻七卷殘本。」七卷殘本，固已較五卷者為差完；然文瀾本白雲稿凡十一卷，較明史所稱白雲稿十卷者，且更多一卷，則訪求完書，文瀾本應不被遺也。（閣本係丁氏補鈔，作十一卷、錢念劬先生編壬子所存閣目頁五五稱其「與明史所載及四庫本均不符合，未知所據何本」云。）

以上三端，其較著者；此外，兩草目不錄，而閣本較原著錄為尤可珍者；如：經部春秋讞義之作十二卷，（總目及簡明目錄均云九卷蓋謂後三卷佚也）史部唐才子傳作十卷，（四庫著錄僅據大典本八卷）與子部本草乘雅半偈作十二卷之均溢二卷，以及集部竹巖集之尤為完備等，猶未易一二數也。總之影印四庫時，不欲互校作校勘記則已，如其然也，則文瀾本之不容漠置，向覺明（選印四庫全書平議）王以中（四庫全書的價值和影印）二君固亦言之，非作者一人阿私所好而好為爾嘵嘵耳。

此外，尚有一段小見聞為時彥討論景印四庫文字所未及者，北平館擬目中史部傳記類第二種名臣碑傳琬琰集一百七卷，（宋杜大珪編）注但云：「常熟瞿氏有宋刻本，此書宋版入明南監，明補本世多有之」。而不知我浙省垣孫氏壽松堂尚存有四庫底本之宋槧原書，今且購歸本館；異日無論影印實行時，以善本換庫本，或照舊校印庫本，宜當不廢此書也。

中央圖書館籌備處草目中之集部別集類著錄客亭類稿十五卷（此書平館擬目不載）一種；案此書庫本既更頭換面，多異其朔；且汰去其末書啓一編，故實僅十四卷。今如影印，欲求其本相，則江安傅沅叔先生藏有宋鐫殘本一部，足彌斯憾。傅氏得書及是書優點所在，詳所著藏園羣書題記二集宋刊殘本客亭類稿跋，原書可以覆案，茲不贅及云。

最近景印四庫書三種草目比較表

張崟

自六月間行政院決定影印文淵閣本四庫全書未刊本之議後，國立中央圖書館籌備處卽擬訂「景印四庫全書未刊本草目」，而同時舊都之國立北平圖書館，因首起獻疑故，卽發布其同仁所共訂之「景印四庫全書罕傳本擬目」可謂着其先鞭矣。（案本館收到該目在七月五日，其付印蓋猶在六月）教部旋亦悟集思廣益之重要，輒亦隨聘海內通人李木齋（盛鐸）張菊生（元濟）柳翼謀（詒徵）傅沅叔（增湘）董綬經（康）諸先生（凡十七人）爲「審查景印四庫全書未刊本目錄委員會」之委員，郵書商榷，歷時二月，卒徇多數學者之意見，折衷平館教部之主張，分景印一役爲「四庫孤本叢刊」與「四庫善本叢刊」二步驟，其孤本叢刊目錄，亦卽由該會擬定，九月下旬（二十四日）京滬各報。已紀其消息，惟詳目因篇幅關係，報上迄未披露。九月杪國立北平圖書館副館長袁守和先生自京訪書過杭，參觀本館，便贈所攜油印「四庫孤本叢刊擬目」一帙，循覽一過，覺與平館之「罕傳本擬目」及「國立中央圖書館籌備處編景印四庫全書未刊本草目」（參見國聞週報十卷三十六期）頗多異聞，爰不憚煩，爲之甃齊排比，成比較表，參互觀覽，取捨斟酌之間，歷歷可見，不僅足資書林掌故之譚助已也。

本表較長，披閱需時，爲便覽者，更試作一鳥瞰之概述：綜觀是表所列，計平館擬目四部凡二百六十種，內計經部二十四種，史部三十種，子部三十六種，集部一百七十種；中央圖書館籌備處草目，計經部八十九，史部二十九，子部五十九，集部一百六十六，都凡三百四十三種；目錄委員會所編之「孤本叢刊擬目」，含經部三十五，史部十五，子部二十四，集部一百零六，共計一百八十種。萃全國之彥碩，作謹嚴之別擇，故其結果尤形精簡。就中經部之三十五種，選自未刊本草目者凡三十四，而同「罕傳本擬目」者亦達十六，加入者一種，卽「罕傳本擬目」第一種之周易新講義也。史部十五種，選自草目者十二，內八種同平館擬目，加入三種，二同擬目，新增者實止一種而已。子部二十四種，挹諸草目者二十二，同罕傳本擬目者十有五，加入二種中，同擬目者亦一。集部一百零六，從草目者七十四，同罕傳擬目者六十八，新增三十二種，而與擬目需同者十有八。蓋三目所共通者，特一百零五種，而最後眞爲孤本叢刊擬目所新加者，則惟十有六而已。（孤本叢刊收大典本凡九十三種）

右表橫列六行，末行版本更析爲二，以示所列庫書之原來底本，與近世所已刊行者。此行所列，可以見三目取舍不同之故；而其別擇之謹嚴，自尤以能薈萃全國專家之主張，折衷「罕傳」與「未刊」兩方之意見，始加決定者，爲協人心之公，爲得去取之當。彼其所取者，固均屬天壤間孤本，其所未取者，則未必遂已有坊刻，毋亦以著作本身價值之輕重爲斟酌取舍之標的而已？惜學力所限，聞見湫隘，又人事卒卒，不遑細核；故未能一一指陳其版本。茲唯就陳援菴先生柳翼謀先生與冷廬主人之簽注，以及北平圖書館四庫罕傳本擬目之備考，迻寫入表，間加臆見，不逮百一也。

表中書名上加圓圈者，示其書本未著錄入四庫。旁加直線者，示其書巳有通行本，從中央圖書館籌備處四庫未刊本草目例也。又四庫孤本叢刊擬目欄中，書名上端間標△號，以其書在本館藏之文瀾本有原鈔足本在，可供將來互勘作校記之用，冀主其事者不我遐棄也。四庫未刊本草目欄中，書名上加數字，示原目之次第云。

部類	四庫罕傳本擬目	四庫未刊本草目	四庫孤本叢刊目	版本	
經　易	周易新講義十卷（宋耿南仲）		同上		
	讀易詳說十（宋李光）	(2)同上	同上	大典本	國學圖有鈔本
	易變體義十二（宋都絜）	(3)同上	同上	大典本	國學圖有鈔本

厚齋易學 五二（宋馮椅）	（7）同上	同上	大典本	同上
周易詳解 十六（宋李杞）	（12）同上	同上	大典本	
讀易舉要 四（元俞琰）	（14）同上	同上	大典本	國學圖有鈔本
	（1）了翁易說 一（宋陳瓘）	同上		同上
	（4）周易經傳集解 三六（宋林栗）	同上		同上
	（5）南軒易說 三（宋張栻）			枕碧樓叢書本
	（6）大易粹言 十（宋方聞一）			
	（8）周易總義 二〇（宋易祓）			湖南長郡學宮叢書刊行處刻本
	（9）西溪易說 二〇（宋李過）	同上		國學圖有鈔本
	（10）易通 六（宋趙以夫）	同上		國學圖有四庫底本殘本
	（11）周易經傳訓解 二（宋蔡淵）	同上		
	（13）淙山讀周易記 廿一（宋方實孫）	同上		同上館有鈔本
	（15）易原奧義 一 周易原旨 六（元保八）	同上		同上
	（16）周易程朱傳義折衷 三三（元趙采）	同上		

(17)周易衍義十六(元胡震)同上	
(18)周易圖說　同上	國學圖有精抄本
(19)周易文銓四(元趙汸)同上	
(20)易象鈔四(明胡居仁)	
(21)周易劄記三(明逯中立)	國學圖有鈔本
(22)周易像象述五(明吳桂森)	
(23)易用五(明陳念祖)	
(24)讀易日鈔六(清張烈)	有康熙刊本
(25)易源就正十二(清包儀)	
(26)大易通解十五(清魏荔彤)	
(27)易象大意存解一(清任陳晉)	
(28)大易擇言卅六(清程廷祚)	
(29)周易圖書質疑廿四(清趙繼序)	
(30)周易章句證異十一(清翟均廉)	

書	尙書講義二〇（宋史浩）	同上	同上		國學圖有精抄本
	絜齋家塾書鈔十二（宋袁燮）	同上	同上		
		書義斷法六（元陳悅道）	同上		
		尙書疑義六（明馬明衡）			
詩	毛詩講義十二（宋林岊）	(2)同上	同上	大典	國學圖有鈔本
	叢桂毛詩集解卅五（宋段昌武）	(3)同上			
	詩纘緒十六（元劉玉汝）	(5)同上	同上	大典	
		(1)慈湖詩傳	慈湖詩傳二〇（宋楊簡）	大典	國學圖有鈔本
		(6)詩演義十五（元梁寅）	詩演義十五（元梁寅）		
		(7)讀詩略記六（明朱朝瑛）			
		(8)毛詩類釋廿一（清顧棟高）			
		(9)詩疑辨證六（清黃中松）			
		(4)詩傳旁通十五（元梁益）			常州先哲遺書本
禮	周禮詳解四〇（宋王昭禹）	(2)同上	同上		國學圖有舊鈔本

	周官總義卅（宋易祓）	（1）同上				乾隆二十年刊湖南長郡學宮叢書刊行處刊本又道光丙戌重刊本作六卷
		（3）禘經本義十七（青蔡德晉）				
		（4）月令解十二（宋張虙）	同上		大典	國學圖有鈔本
		（5）三禮圖四（明劉績）				湖北先正遺書本
春秋	春秋例要一（宋崔子方）	（1）同上	同上		大典	國學圖有鈔本
	經解十二（宋崔子方）	（2）同上	同上		大典	同上
	讞二二（宋葉夢得）	（3）同上	同上		大典	同上
	集義五〇綱領三（宋李明復）	（8）同上	同上		大典	同上
	說三〇（宋洪咨夔）	（9）同上			大典	光緒十年晦木齋刊
	三傳辨疑二〇（元程端學）	（11）同上			大典	北平館有元刻殘本國學圖有山陰知聖教齋杜氏鈔本
		（4）春秋比事二〇（宋沈棐）	同上			國學圖有十萬卷樓精鈔本又有影寫元刊本

		(5)春秋左傳要義卅一(宋魏了翁)同上		
		(6)春秋分紀九十(宋程公說)同上		國學圖有精鈔本
		(7)春秋講義四(宋戴溪)		國學圖有宋刊本
		(10)春秋纂言十二(元吳澄)		國學圖有元刊本
		(12)春秋讞義九(元王元杰)		羣書拾補本
		(13)春秋胡傳附錄纂疏卅(元汪克寬)		國學圖有影寫元刊本
		(14)春秋明志錄十二(明熊過)		國學圖有精鈔本
		(15)春秋輯傳十三凡例二(明王樵)		
		(16)左氏釋二(明馮時可)		
		(17)春秋質疑十二(明楊于庭)		
		(18)讀春秋略記十(明朱朝瑛)		國學圖有抄本
		(19)春秋平義十二(清俞汝言)		檇李叢書第一集
		(20)春秋管窺十二(清徐庭垣)		
五經總義		(1)融堂四書管見十三(宋錢時)同上		

	(2)五經稽疑 六（明朱睦㮮）			國學圖有抄本
	(3)十三經義疑十二（清吳浩）			
	(4)經稗 六（清鄭方坤）			國學圖有鈔本作十二卷
	(5)十三經注疏正字八十一（清沈廷芳）			
	(6)九經辨字瀆蒙十二（清沈炳震）			國學圖有抄本
四書論語全解 十（宋陳祥道）	(1)同上			北平館有一天閣鈔本 國學圖有四庫底本
孟子傳 二九（宋張九成）	(2)同上			商務印書館已有照版待印陳垣稱吳縣潘氏滂喜齋有宋本 又國學圖有四庫發還本
蒙齋中庸講義 四（宋袁甫）	(4)同上	同上	大典	國學圖有抄本
四書集義精要卅八（元劉因）	(5)同上			陳穉故宮圖書館有元本
	(3)中庸集解 三（元石𡼖）			國學圖有道光莫氏仿刊本
	(6)四書管闚 八（元史伯璿）			敬鄉樓叢書本

樂		(1)鐘律通考六(明倪復)			國學圖有明刊本
		(2)古樂書二(清應撝謙)			
		(3)律呂闡微十(清江永)			國學圖有四庫底本
小學	增修校正押韵釋疑五(宋歐陽德隆撰 郭守正增修)	(4)同上			北平館稱此書有元刊本待訪
		(1)俗書刊誤十二(明焦竑)			
		(2)篆隸攷異二(清周靖)			
		(3)增修互注禮部韻略五(宋毛晃增生)			國學圖有元刊殘本
		(5)音韻述微卅(清乾隆撰)			
史編年	九朝編年備要三十(宋陳均)	(1)同上			陳稱日本靜嘉堂有宋刊本平館稱有影宋鈔本
	兩朝綱目備要十六(無名氏)	(2)同上			國學圖有鈔本
	宋史全文三六(無名氏)	(3)同上			北平圖有元本國學圖有明刊本
紀事本末	平定三逆方略六〇(康熙敕撰)	(1)同上	同上		平館稱故宮有內府鈔本

		(2)石峯堡紀略	石峯堡紀略二十(清乾隆敕撰)		
		(3)台灣紀略七〇(清乾隆撰)			有殿本
別史		(1)春秋戰國異辭五四表二摭遺一(清陳厚耀)			平館稱常熟瞿氏有宋刻本(此書元刊本世多有之)
詔令奏議	兩漢詔令二三(宋樓昉)				
	讜論集五(宋陳次升)	(1)同上		大典	國學圖有精抄本
	諸臣奏議一五〇(宋趙汝愚)				北平館有宋刻元印本
		(2)左史諫草	左史諫草一宋呂中)		
		(3)商文毅疏稿略一(明商輅)			國學圖有天一閣進呈發還本
傳記	廉吏傳二(宋費樞)	(1)同上	同上		國學圖有抄本
	名臣碑傳琬琰集一〇七				平館稱常熟瞿氏有宋刻本杭州壽松堂孫氏有宋刻本今歸浙江圖
					北平館有明萬曆刻本
	今獻備遺四二		忠貞錄三附錄一(明李維越林增志)		國學圖有抄本

		(2)蒙古王公功績表傳十二(清乾隆)		國學圖有抄本作一百廿卷
		(3)閩中理學淵源考九二(清李清馥)		國學圖有竹書堂校錄本
	地理 方輿勝覽七〇(宋祝穆)			平館稱此書宋本世多有之案瑞安孫氏玉海樓有馬笏齋舊藏宋刊足本三十二冊
	淳熙三山志四二(宋梁克家)			
	至正金陵新志十五(元張鉉)	(1)同上		國學及北平圖有元本
	姑蘇志六〇(明王鏊)			北平館有明正德刊本
	滇略十(明謝肇淛)			
	北河紀八紀餘四(同上)			平館稱有明刻待訪
	敬止集四(明萬應芳)			平館有萬曆不分卷刊本
	桂勝十六桂故八(明張鳳鳴)			有明刻待訪
	蜀中廣記一〇八(明曹學佺)		同上	傳沅叔有明刊原本
		(2)浙西水利書三(明姚文灝)		國學圖有影寫明刊本

		(3)水經注集釋訂譌四十(清沈炳巽)			
		(4)海塘錄廿六(清翟均廉)			國學圖有古泉草堂抄本
		(5)嶺南風物記一(清吳綺)			國學圖有丁氏竹青堂抄本
職官	禮部志稿一一〇(明俞汝楫)	同上	同上	大典	
	太常續考八(不著撰人)	同上	同上	同上	
	土官底簿二(同右)	同上	同上	同上	國學圖有抄本
政書	政和御製冠禮十 五禮新儀二二〇(宋鄭居中等奉敕撰)	(2)同上	同上		常熟瞿氏有鈔本
	廟學典禮六(無名氏)	(3)同上	同上	大典	同左
	明諡記彙編廿五(明郭良翰)				本館有明萬曆刊本
	錢通卅二(明胡我琨)				同左
	馬政紀十二(明楊時喬)				
		(1)元朝典故編年攷十(清孫承澤)			順德龍氏螺樹山房叢書本
		(4)滿洲祭神祭天典禮六(清乾隆撰)			國學圖有抄本

目錄	名蹟錄六（明朱珪）				平館有翁以文手校本
	吳中金石新編八（明陳暐）		同上		
史評	大事記講義廿三（宋呂中）	（2）同上			平館有黃虞稷手跋明鈔本
		（1）六朝通鑑博議十（宋李燾）	同上		國學圖有景宋鈔本
		（3）兩漢筆記十二（宋錢時）	同上		
		（4）十七史纂古今通要十七（元胡一桂）			國學圖有影元鈔本
子 儒家	戒子通錄八（宋劉清之）	（2）同上	同上	大典本	
		（1）近思錄集註十四（清茅星來）			國學圖有鈔本
		（3）朱子讀書法四（宋張洪齊熙同編）			光緒廿三年八旗書院刊本
		（4）家山圖書一	同上	大典本	國學圖有鈔本
兵家	江南經略八（明鄭若曾）				平館有明隆慶刻本
		（5）雙橋隨筆十二（清周召）			
農家	野菜博錄四（明鮑山）				平館有天啓明刊本
醫家	腳氣治法總要二（宋董汲）	（1）同上		大典本	國學圖有鈔本

小兒衛生總微論方二〇（無名氏）			有明弘治刻本待訪
衛生十全方三奇疾方一（宋夏德）	（3）同上。	大典本	
集驗背疽方一（宋李迅）	（9）同上	大典本	
仁齋直指廿六附傷寒類書活人總括七（宋楊士瀛）			有元刊本待訪
世醫得效方二十（元危亦林）	（11）同上		陳稱海源閣有元本
普濟方一六八（明朱橚）			平館明周藩刻本
	（2）素問入式運氣論奧三附黃帝內經素問遺篇一（宋劉溫舒）		有日本刻本又有日本刻運氣論奧單行本國學圖有成化刻本
	（4）傳信適用方二（宋吳彥夔）		當歸草堂醫學叢書本
	（5）衛濟寶書二（東軒居士）		當歸草堂醫學叢書本
	（6）鍼灸資生經二（宋王執中）		國學圖有影鈔元刊本
	（7）婦人大全良方廿四（宋陳自明）		有明嘉靖及日本刻本
	（8）三因極一病證方論十八（宋陳言）		青蓮華館刊及日本刊本

	(10)濟生方八(宋嚴用和)			當歸草堂及日本刊本
	(12)扁鵲神應鍼灸玉龍經一(元王國瑞)	同上		
	(13)續名醫類案六〇(清魏之琇)			廣東刊本
天文算法 測圓海鏡分類釋術十(明顧應祥)				有明嘉靖刻本案浙館有此明本
	(1)原本革象新書五(元趙友欽)	同上	大典本	國學圖有鈔本
	(2)七政推步七(明貝琳)	同上		同左
	(3)全史日至源流卅二(清許伯政)			碧琳瑯館叢書本
	(4)莊氏算學八(清莊亨陽)			
術數 皇極經世索隱二(宋張行成)	(1)同上	同上	大典本	國學圖有鈔本
皇極經世觀物外篇衍義九卷(前人)	(2)同上	同上	同上	同上
易通變四〇(前人)	(3)同上	同上		國學圖有影宋本
大衍索隱三(宋丁易東)	(4)同上	同上	大典本	同上 本館有鈔
玉照定眞經一(題晉郭璞)	(6)同上	同上	大典本	同上
星命淵源五(無名氏)	(7)同上	同上		同上

	星命總括三（遼耶律純）	（8）同上	同上	同上
	太乙金鏡式經十（唐王希明奉敕撰）	（10）同上	同上	同上
		（4）觀物篇解五附皇極世解起數訣一（宋祝泌）	同上	同上
		（6）靈台秘要十五（後周庾季才）		湖北先正遺書本
		（10）演禽通纂二（無名氏）	同上	國學圖有鈔本
		（12）遁甲演義二（明程道生）		
		（13）禽星易見一（明池本理）		
藝術		書小史十（宋陳思）		武林往哲遺著本亦名丁氏八千卷樓叢刊本
		書訣一（明豐坊）		
		秘殿珠林二四（乾隆九年敕撰）		有正書局印本
		石渠寶笈四四（同右）		上海商務書館印本
		六藝之一錄四〇六續編十二（清倪濤）		
		琴譜合璧十八（清和素）	（1）同上	

			(1)繪事微言二(明唐志契)		
譜錄	欽定西清硯譜二五(乾隆四十三年奉敕撰)	同上	同上		
	香譜 四 (宋陳敬)				
	蟹略 四 (宋高似孫)				
雜家	樂菴遺書 四 (題宋李衡)		(1)同上		平館目謂有明刊本未見過
	琴堂諭俗編 二 (宋陳志道)	(2)同上	(2)同上	大典本	
	類說 六〇 (宋曾慥)				常熟瞿氏有殘宋本東方文化籌備處有明鈔本
	仕學規範 四十 (宋張鎡)				有宋刊本
	自警編 九 (宋趙善璙)				平館及常熟瞿氏有宋刊本
	言行龜鑑 八 (元張光祖)	(6)同上	(3)同上	大典本	
		(1)白田雜著 八(清王懋竑)			白田草堂存稿本及廣雅局單刻本
		(3)蟫精雋 十六(明徐伯齡)			
		(4)采芹錄 四 (明徐三重)			

	(5)硏山齋雜記四(無名氏)			
	(7)元明事類鈔四十(清姚之駰)			
類書				
實賓錄十四(宋馬永易)	(1)同上	同上	大典本	國學圖有鈔本殘存四卷
職官分紀五十(宋孫逢吉)	(2)同上	同上		同上有十萬卷樓抄本
名賢氏族言行類稿六十(宋章定)	(4)同上	同上		有宋麻沙版
羣書會元截江網三十五(無名氏)				有明弘治本未見
小字錄一(宋陳思)補遺一(明沈弘正)				瞿氏有明銅活字印本
全芳備祖 前集廿七卷 後集廿一(宋陳景沂)	(5)同上			涵芬樓有汲古閣精鈔本日本有宋刻本
山堂考索 前六六 後六五 續集五六卷 別廿五(宋章如愚)				有元圓沙書院刻本尚多見
純正蒙求三(元胡炳文)				
	(3)歷代制度詳說十二(宋呂祖謙)			國學圖有舊抄本
	(6)六帖補二〇(宋楊伯嵒)			同上有依宋抄本

		(7)古儷府十二(明王志慶)			
		(8)花木鳥獸集類三(清吳寶芝)			
		(9)別號錄九(清葛萬略)			國學圖有精抄本
		(10)御生道德經二(清順治十三年御撰)			有原刻本及通行本
集別業	韓集舉正一外集舉正一(宋方崧卿)	(2)同上	(1)同上		臨清徐氏舊藏宋刻四庫底本今不知何往待訪
	五百家注音辨柳先生文集廿一外集二新編外集一卷龍城錄二附錄八(宋魏仲舉)	(3)同上	△(2)同上		
	文莊集廿六(宋夏竦)	(4)同上	(3)同上	大典本	國學圖有精抄本
	古靈集廿五(宋陳襄)	(6)同上			商務書館已有照版待印
	范太史集五五(宋范祖禹)		(4)同上		
	-	(1)李遐叔文集四(唐李華)			國學圖有舊抄本

(5)	東觀集 十（宋魏野）			國學圖有舊抄本三種
(7)	鄖溪集 卅（宋鄭獬）			湖北先正遺書本又同上館有抄本
(8)	錢塘集 十四（宋韋驤）			武林往哲遺著本同上館有抄本
(9)	鄱陽集 十二（宋彭汝礪）			嘉慶三十三年刊本附補遺一卷同上館有抄本
(10)	同上 南陽集 卅 附錄一（宋韓維）			同上館有舊抄本
(11)	同上 樂全集 四〇（宋張方平）			平館有四庫底本國學有抄本
(12)	同上 雲溪居士集 卅（宋華鎮）	同上	大典本	國學有依閣鈔本
(13)	同上 演山集 六〇（宋黃裳）			南宮邢氏藏清初曹倦圃抄本國學有抄本
(14)	同上 潏水集 十六（宋李復）		大典本	國學有依閣抄本
(15)	姑溪居士前集五〇 後集二〇（宋李之儀）			粵雅堂叢書三編第卅集本
(16)	同上 樂靜集 卅（宋李昭玘）	△同上 五冊		國學有抄本
(17)	同上 灌園集 二〇（宋呂南公）	△同上 八冊	大典本	同上

		襄陵集十二（宋許翰）	大典本	
		△東堂集十 五冊（宋毛滂）	大典本	
		△竹隱畸士集二〇 八冊（宋趙鼎臣）	大典本	
洪龜父集二（宋洪朋）	(18)同上	△同上 一冊	大典本	國學有抄本
跨鼇集卅（宋李新）	(19)同上	同上	大典本	國學有依閣抄本
	(20)初寮集八（宋王安中）			同上
	(21)西渡集二 補遺一（宋洪炎）			小萬卷樓叢書本 陳稱有涇陽洪氏刻本
	(22)丹陽集廿四（宋安勝仲）			陳稱有常州先哲遺書本
莊簡集十八（宋李光）	(23)同上	同上	大典本	此與上二書國學均有抄本
東窗集十六（宋張擴）	(24)同上	同上	大典本	
忠惠集十附錄一（宋翟汝文）	(26)同上	同上	大典本	國學有舊抄本

北山小集四〇（宋程俱）	（25）同上			商務書館已有照版待印平館稱吳興張氏有宋刻殘本六卷傅沅叔有影宋抄本全帙
摛溪居士集十二（宋劉才邵）	（27）同上	同上	大典本	國學有抄本
筠溪集廿四（宋李彌遜）	（28）同上	同上		同上
華陽集四〇（宋張綱）				平館有明萬曆刊本
忠穆集八（宋呂頤浩）	（29）同上	同上	大典本	
東牟集十四（宋王洋）	30）同上	同上	同上	
相山集卅（宋王之道）	（31）同上	同上	同上	國學有抄本
大隱集十（宋李正民）		同上	同上	
澹齋集十八（宋李流謙）		△同上	同上	
（32）陵陽集四（宋韓駒）				江西詩派韓饒二集台刻本又國學有抄本兩種
雲溪集十二（宋郭印）	（33）同上	△同上	同上	國學有抄本

北海集四六附錄三（宋綦崇禮）	(34)同上	△同上	同上	同上
雪溪集五（宋王銍）	(35)同上（宋王銍）			東方文化壽備處有清初謙牧堂抄本
蘆川歸來集十附錄一（宋張元幹）		△同上	大典本	
五峯集五（宋胡宏）	(36)同上	同上		國學有舊抄本
斐然集卅（宋胡寅）	(37)同上	△同上		同上
浮山集十（宋仲并）	(38)同上	△同上	大典本	同上
嵩山居士集五四（宋晁公遡）	(39)同上			平館有宋牧仲鈔本國學圖有曹溶家鈔本
默堂集廿二（宋陳淵）	(40)同上			平館有海源閣鈔本國學有影宋抄本
		縉雲集四（宋馮時行）		
唯室集四附錄一（宋陳長方）	(41)同上	同上	大典本	國學有舊抄本
	(42)歸愚集二〇（宋葛立方）			國學有舊抄本兩部

拙齋文集二〇（宋林之奇）	(43)同上		大典本	武昌徐氏有宋刻二卷平館有小山堂鈔本國學有影宋抄本
太倉稊米集七〇（宋周紫芝）	(44)同上			國學有影宋舊抄
		鄭忠肅奏議遺集二（宋鄭興裔）		
高峯文集十二（宋廖剛）	(45)同上	同上		國學圕有舊鈔本兩部
艾軒集九附錄一（宋林光朝）		同上		有明正德本
方舟集二四（宋李石）	(46)同上	同上	典	國學有抄本
網山集八（宋林亦之）		同上		
	(47)格齋四六一（宋王子俊）			豫章叢書本又國學有舊抄兩部
	(48)香山集十六（宋喻良能）			續金華叢書本國學有抄本
	49)宮教集十二（宋崔敦禮）			國學有抄本
	(51)樂軒集八（宋陳藻）			同上
定菴類稿四（宋衛博）	(51)同上	同上	典	同上
澹軒集八（宋李呂）	(52)同上	同上	同上	同上

尊白堂集六（宋虞儔）	(53)同上	同上	同上	上
東塘集二〇（宋袁說友）	(54)同上	同上	同上	國學有新舊抄配本
	(55)涉齋集十八（宋許及之）			敬鄉樓叢書本又國學有抄本
蠹齋鉛刀編卅二（宋周孚）	(56)同上			平館有徐乾學家藏明鈔本又國學有抄本
緣督集二〇（宋曾豐）	(57)同上		大典	國學圖有明鈔原本四十卷又有新舊鈔配本
定齋集二〇（宋蔡戡）			同上	
九華集二五附錄一（宋員興宗）		同上	同上	
芸菴類稿六（宋李洪）	(58)同上	同上	同上	
	(59)自鳴集六（宋章甫）			豫章叢書本又國學有鈔本
	(60)客亭類稿十五（宋楊冠卿）			湖北先正遺書本（陳說亦同）

蓮峯集十（宋史堯弼）	（61）同上	同上	典	以上二書國學有鈔本
昌谷集二二（宋曹彥約）	（62）同上	同上	同上	
省齋集十（宋廖行之）	（63）同上	同上	同上	
	（64）山房集九（宋周南）			涵芬樓秘笈八集本
後樂集五十（宋衞涇）	（65）同上	同上	典	國學有新舊配鈔本
梅山續集十七（宋姜特立）	（66）同上			平館有小山堂鈔本國學有鈔本
性善堂稿十五（宋度正）	（67）同上	同上	典	
鶴林集四十（宋吳泳）	（68）同上	同上	同上	
東澗集十四（宋許應龍）	（69）同上	同上	同上	國學有鈔本
漁墅類稿八（宋陳元晉）	（71）同上	同上	同上	
	（70）方是閒居小稿二（宋劉學箕）			國學有影元鈔本
滄洲塵缶編十四（宋程公許）	（72）同上	同上		國學有兩種鈔本
臞軒集十六（宋王邁）	（73）臞軒集十六（宋王邁）	同上列在壺山四六之後	同上	國學有鈔本
泠然齋集八（宋蘇泂）	（74）同上	同上	同上	國學有星鳳閣鈔本

可齋雜稿卅四　續稿八　續稿後十二（宋李曾伯）	(75)同上	同上		東方文化籌備處有四庫底本國學有影宋鈔本
篔窗集十（宋陳耆卿）			典	
鐵庵集卅七（宋方大琮）				江安傅氏及國學圖均有明正德刻四五十卷本
履齋集四（宋吳潛）				平館有明刻本
	(76)澗泉集二〇（宋韓淲）	同上	典	
		△壺山四六一（無名氏）		
雪窗集二　附錄一（宋孫夢觀）				案四明叢書正擬据嘉業堂藏鈔本刻入第三集平館亦有明嘉靖刻本
		東野農歌集五（宋戴昺）		
庸齋集六（宋趙汝騰）	(77)同上	同上	典	
	(78)彝齋文編四（宋趙孟堅）			嘉業堂劉氏刊本國學有知不足齋抄本

張氏拙軒集六（宋張侃）	（79）同上	同上	典	
楳埜集十二（宋徐元杰）			典	
北磵集十（宋釋居簡）	（80）同上			續四部叢刊及續古逸叢書已有照版平館目稱江安傅氏有明謝在杭小草齋精鈔本日本有五山古刻本部勝于庫本
本堂集九四（宋陳著）				浙館有刻本惟不全
鬳齋續集卅（宋林希逸）	（83）同上			蕭山朱氏有明謝在杭小草齋抄本國學有抄本二部
	（81）宇溪集十一附錄一（宋楊枋）	同上十一附錄一（宋楊枋）	典	國學有抄本
	（82）汶陽端平詩雋四（宋周弼）			國學有影宋書棚本
潛山集十二（宋釋文珦）	（84）同上	△同上	典	國學有抄本
葦航漫遊稿四（宋胡仲弓）	（85）同上	同上	典	國學有依閣鈔本
	（86）碧梧玩芳集二四（宋馬廷鸞）			嘉業叢書本國學有抄本

	(87)閬風集十二（宋舒岳祥）			嘉業叢書本國學有抄本
秋聲集六（宋衛宗武）	(88)同上	同上	典	國學有抄本
梅巖集十（宋胡次焱）		同上		平館謂有明嘉靖刻待訪
	(89)牟氏陵陽集卅四（宋牟巘）	-		吳興叢書本國學有抄本
	(90)佩韋齋文集十六（宋俞德鄰）			國學有舊抄本兩部二十卷
廬山集五英溪集一（宋董嗣杲）	(91)同上	同上	典	平館有四庫底本國學有依閣抄本
則堂集六（宋家鉉翁）	(92)同上	同上	同上	同左國學有抄本
		富山遺稿十（宋方夔）		
		在軒集一（宋黃公紹）		
心泉學詩稿六（題蒲壽宬）	(93)同上	△同上	典	國學圖有四庫底本
藏春集六（元劉秉忠）				平館目謂有明天順刻本待訪
稼村類稿卅（元王義山）		同上		有明正德刻本待訪云
	(94)釜水集二十（金趙秉文）			畿輔叢書本，九金人集本，四部叢刊本，國學有抄本。

	(95)滹南遺老集四五（金王若虛）			同上　國學有四十六卷舊抄本
桐江續集卅七（元方回）	(96)同上	同上		國學有抄本
剩語二（元艾性夫）		同上	典	
養蒙集（元張伯淳）				平館有明宣德刻本前五卷
青山集八（元趙文）		△同上	典	
	(97)野趣有聲畫二（元楊公遠）			國學有抄本
	(98)屏巖小稿一（元張觀光）			續金華叢書本　國學有抄本
桂隱文集四詩集四（元劉銑）				平館目謂有明嘉靖刻本待訪
巴西文集一（元鄧文原）				平館有知不足齋精鈔本常熟瞿氏有弘治前抄本
谷響集三（元釋善住）	(99)同上			國學有抄本
小亭集六（元楊宏道）	(100)同上	△同上	典	同上
青崖集五（元魏初）	(101)同上	同上	同上	同上
養吾齋集卅二（元劉將孫）	(102)同上	同上	同上	

	(103)存悔齋稿 一 補遺一（元龔璛）				四明叢書本陳稱有横山草堂叢書本
東庵集 四（元滕安上）	(103)同上	同上		同上	平館有四庫底本又國學有抄本
曹文貞詩集十後錄一（元曹伯啓）					常熟瞿氏國學圖均有元刊本
	(104)畏齋集 六（元程端禮）				四明叢書本
	(105)默庵集 五（元安熙）				畿輔叢書本上二書國學有抄本
陳秋巖詩集二（元陳宜甫）	(106)同上	同上		典	國學有四庫底本
蘭軒集 十六（元王旭）	(107)同上	△同上（八册）		同上	國學有抄本
玉井樵唱 三（元尹廷高）	(108)同上				同上有舊抄本
申齋集 十五（元劉岳申）	(109)同上				陳稱涵芬樓已影有元本
西巖集 二〇（元張之翰）	(110)同上	△同上（八册）		典	以上二書國學有抄本
弁山小隱吟錄 一、二（元黃玠）	(111)同上				吳興叢書本即嘉業樓本案今四明叢書第三集又擬刻此書國學圖有四庫底本

艮齋詩集十四(元侯克中)	(112)同上	同上		國學有抄本
中菴集二十(元劉敏中)	(113)同上		典	北平圖書館藏有元本二十五卷全帙
王文忠集六(元王結)	(114)同上	同上	典	國學有抄本
榘庵集十五(元同恕)	(115)同上	同上	同上	
檜亭集九(元丁復)				
伊濱集廿四(元王沂)	(116)同上	同上	典	國學有抄本
閒居叢稿廿六(元蒲道源)				故宮有元刻殘本可與傅沅叔藏本相配
	(117)禮部集二十(元吳師道)			續金華叢書本國學有舊抄本
	(118)積齋集五(元程端學)			四明叢書本國學有抄本
燕石集十五(元宋褧)	(119)同上			故宮有曹溶家抄本國學有舊抄本
安雅堂集十三(元陳旅)				常熟瞿氏有元刊足本
瓢泉吟稿五(元朱晞顏)	(120)同上	同上		國學有抄本

筠軒集十三（元唐元）				平館目云有明正德刻本待訪
	（124）滋溪文稿卅（元蘇天爵）			適園叢書及民二十年武强賀氏刊本　國學有鳴野山房抄本及另一抄本
	（125）方叔淵遺稿一（元方瀾）			陳氏稱有晨風閣叢書本　國學有抄本
俟菴集三十（元李存）				常熟瞿氏有明永樂刊本
近光集三　扈從詩一（元周伯琦）	（121）同上			傅沅叔有謙牧堂鈔本國學有淡生堂抄本及另一抄本
圭峯集二（元盧琦）				國學圖有明萬曆刻本
五峯集六（元李孝光）				平館有舊鈔不分卷本　又有明弘治刻本　待訪
野處集四（元邵亨貞）		同上		有明刻待訪
子淵詩集六（元張仲深）	（122）同上	同上	典	國學有抄本
午溪集十（元陳鑑）	（123）同上	同上		同上

(126)	林外野言 二	(元郭翼)			趙氏又滿樓叢書本 國學有鈔本三種
	羽庭集 六	(元劉仁本)		典	
	居竹軒集 十六	(元成廷珪)			國學圖有明初刻本
	僑吳集 十二附錄一	(元鄭元祐)			武進陶氏有明弘治刻本
	傲軒吟稿 一	(元胡天游)	同上		有明嘉靖刻本待訪國學圖有影抄明本
(127)	桐山老農文集 四	(元魯貞)	同上		國學有抄本
	靜思集 十	(元郭鈺)	△同上		有明嘉靖刻本待訪
(128)	佩玉齋類稿 十	(元楊翮)	同上		國學有鈔校本
	麟原文集 二四	(元王禮)	△同上		有明初刻本待訪
(129)	來鶴亭詩 八 輔遺 一	(元呂誠)	△同上		枕碧樓叢書刻四庫本
(130)	性情集 六	(元周巽)	△同上	典	國學有八千卷樓抄本

夷白齋稿三十五外集一（元陳基）				有明弘治刻本
	可閒老人集四（元張昱）			
玉笥集十（元鄧雅）		同上		常熟瞿氏有舊刻本
翠屏集四（明張以甯）				東方文化籌備處有明刊本
白雲集七（明唐桂芳）				有明正德本待訪
白雲稿五（明朱右）				平館有明刻七卷殘本文瀾閣丁氏補鈔本有十一卷
密菴集八（明謝肅）			典	傅沅叔有明初刻本平館有天啓刻本均足本也
	（131）花谿集三（元沈夢麟）			枕碧樓叢書刻日本鈔本　國學有鈔本
	（132）雲林集二（明虞素）			嘉業堂刊危太樸集本國學有舊鈔本
臨安集六（明錢宰）	（133）同上			國學圖有十卷本

半軒集十四（明王行）			平館目謂有明弘治本待訪
蚓竅集十（明管時敏）			平館有何焯校明永樂本
西郊笑端集（明董紀）			平館有明宣德刻本
自怡集一（明劉璉）			平館有明初刻黑口本
斗南老人集六（明胡奎）			平館目云有明初甯府刻本待訪
	(134)草澤狂歌五（明王恭）		國學有抄本
	(135)樗菴類稿二（明鄭潛）		同上
	(136)耕學齋詩集十二（明袁華）		國學有十卷鈔本
	(137)獨醉亭集三（明史謹）		
	(138)鵝湖集九（明龔斅）		
	(139)滎陽外史集七〇（明鄭眞）		
唐愚士詩二 附會稽懷古詩一（明唐之淳）	(190)同上		平館有明弘治抄本四庫底本國學有抄本及會稽懷古詩抄本
青城山人集八（明王璲）			廬江劉氏有明黑口本

金文靖集十（明金幼孜）			有明成化刻本待訪國學圖有明弘治刻本
運甓漫稿七（明李昌祺）			平館有明正統刻本
古廉集十一附錄一（明李時勉）			平館國學圖均有明景泰刊本
古穰集卅（明李賢）			平館目云有明刻待訪
清風亭稿七（明童軒）			平館有明天順刻四庫底本
石田詩集十（明沈周）			平館有明弘治刻
小鳴稿十（明朱誠泳）			東方文化籌備處有弘治刻四庫底本
東江家藏集四十二（明顧清）			平館有明嘉靖刊本
雲村文集十四（明許相卿）			平館有嘉靖刊四庫底本
泰泉集十（明黃佐）			平館有明嘉靖刻本
皇甫司勳集六〇（明皇甫汸）			平館有明萬曆刻本
皇甫小玄集卅六外集十（明皇甫孝）			平館有嘉靖刻本

慢亭詩集十五	（明徐𤊹）	平館有明萬曆刻廿卷足本
（141）黃給諫遺稿一	（明黃鉞）	陳稱總目本無此書杭刻趙懷玉鈔簡目有之不足據
（142）樓居雜著一　野航文集一　附錄一	（明朱存理）	國學有當歸草堂抄本
（143）古城集六　補遺一	（明張吉）	國學有抄本
（144）方齋詩文集十	（明林文俊）	
（145）海壑吟稿十一	（明趙完璧）	國學有抄本
（146）辟荔園詩集四	（明徐翙）	
（147）小辨齋偶存八　附事定錄三	（明顧允成）	常州先哲遺書本
（148）集玉山房稿十	（明葛昕）	
（149）凌忠介集六	（明凌義渠）	國學有抄本

總集

古今歲時雜詠四六（宋蒲積中）

	(1)玉臺新詠攷異十（清紀容舒）		畿輔叢書本國學有抄本
	高氏三宴詩集三 (2)附香山九老詩一（唐高正臣）		晨風閣叢書本
	(3)同文館唱和詩十（宋鄧忠臣等）		
	(4)宋文選卅二（無名氏）		光緒八年刻本
五百家播芳大全文粹一一〇（宋魏齊賢等）	(5)同上		涵芬樓有宋本國學有舊抄本
成都文類五十（宋程遇孫等）			故宮有明刊本
	(6)古文集成前集七八（宋王霆震）		陳稱傳沅叔藏有宋本
		南嶽倡酬集一附錄一（宋朱熹　張栻　林用中）	
		天臺前集三前集別編一續集三續集別編六	

		（宋李庚原本 林師蒧增修）	
	（7）十先生奧論四十（無名氏）	同上	
詩家鼎臠二（無名氏）	（8）同上	同上	國學有抄校本
兩宋名賢小集一五七（題陳思編 元陳世隆補）	（9）同上		南宋有讀畫齋刻本北宋平館有四庫底本
	（10）天下同文集四四（元周南端）		雪堂叢刻本國學有舊抄五十卷本
	（11）大雅集八（元賴良）		上虞羅氏景印明洪武刻本國學有抄本
	（12）宛陵羣英集十二（元江澤氏 張師愚）		有刊本國學有抄本
玉山名勝集八 外集一（元顧瑛）			平館有明萬曆刻六卷本
玉山紀游一（明袁華）		同上	同上
元音遺響十（無名氏）			平館有澹采堂抄本

	荊南倡和集十四（元周砥明馬治）				平館目云有明成化刻本待訪國學有舊抄本
	乾坤清氣集十四（明偶桓）	(13)同上			平館有曹楝亭藏鈔本
	三華集十八（明錢公溥）		同上		有明正統黑口本待訪
	元詩體要十四（明宋緒）				平館有明正德刻本
	滄海遺珠四（無名氏）	(14)同上			國學有抄本
		(15)文氏五家詩十四（明長洲文氏祖孫父子詩）	同上		同上
		(16)吳都文粹續集五六補遺（明錢穀）	同上		同上補遺且作二卷
			明文海四八二（清黃宗義）		
詩文評	竹莊詩話二四（宋胡溪汶）	同上	同上		
			頤山詩話二（明安磐）		
詞曲	花草粹編二二附錄一（明耀陳文）				平館及武昌徐氏均有明萬曆刻本

（附）景印四庫全書三種草目比較簡表

部類		經 易	書	詩	禮	春秋	孝經	五經總義	四書	樂	小學	總計
四庫罕傳本擬目		6	2	3	2	6			4		1	24
四庫未刊本草目		31	4	9	5	20		6	6	3	5	89
二目需同者		5	2	3	2	6			4		1	
四庫孤本叢刊擬目	稱數	17	3	4	2	7		1	1			35
	與罕傳擬目全者	1										1
	與未刊草目全者	11	1	2	1	3		1				19
	本目新加入者											
三目共列者		5	2	2	1	4			1			15

最近景印四庫書三種草目比較表

	1	2	3	4	5	6	7	8
正史								
編年	3	3	3					
紀事本末	1	3	1	2		1		1
別史		1						
雜史								
詔令奏議	3	3	1	1		1		
傳記	3	3	1	1			1	
史鈔								
載記								
時令								
地理	9	5	1	1	1			
職官	3	3	3	3				3
政書	5	4	2	2				2
目錄	2			1	1			

史評	1	5	1	2		2		
	30	29		15	2	4	1	6
子 儒家	1	5	1	2		1		1
兵	1							
法								
農	1							
醫	7	11	4	1		1		
天文算法	1	4		2		2		
術數	8	13	8	10		2		8
藝術		6		2		1	1	
譜錄	3	1	1	1				1
雜家	6	7	2	3	1			2
類書	8	9	4	3				3
小說								

釋家	道家		集						總計
釋家	道家		楚辭	別集	總集	詩文評	詞曲		
		36		90	13	1	1	170	343
	1	59		155	16	1		166	260
				86	5	1			
		24		95	9	2		106	180
		1		16	2			18	22
		7		2	3			5	35
		1		10	3	1		14	16
		15		67	1	1		69	105

選印四庫全書目錄

選印四庫全書孤本，已由教育部中央圖書館籌備處暨故宮博物院與上海商務印書館簽訂契約，開始影印；（參看本刊本期出版界珍聞）惟此次影印，究竟如何定名，選印種數，是否與編訂影印四庫未刊本目錄委員會所決定之「四庫孤本叢刊目」（詳見本刊前期「最近影印四庫全書三種草目比較表」）相符，似應為學者所欲知聞，而恨亡由得其詳者，用特將國立中央圖書館籌備處主任蔣慰堂先生所寄贈本館之油印本「選印四庫全書目錄」，刊布于此。並取與前載三種草目勘對，而以符號標明其同異于書名之首。——⊙代表北平圖書館初擬之「四庫罕傳本擬目」，×代表中央圖書館籌備處編印之「四庫未刊本草目」，○代表編訂影印庫書目委員會所擬之「四庫孤本叢刊目」；與某草目同者上標某符，兩同者標兩符號與三目全同者併標三符，而為此次最後決定時所新加入者則否。

綜計今目所收四部，共二百三十二種；較北平圖書館編之「四庫罕傳本擬目」三百四十三種，及中央圖書館籌備處初擬之「四庫全書未刊本草目」三百六十十種，為少；而持較孤本叢刊擬目，則溢出五十二種。大抵孤本叢刊目中，除減去經部書類詩類子部藝術類集部總集類各一種、集部別集類五種外，餘均全部收入。所增六十一種，多甄采自罕傳本擬目及未刊本草目；新增者特九種，就中計：史部別史類，子部兵家類，集部總集類，各一種；集部別集類六種。十二月間京滬平津各大報曾揭載茲目，惟頗有譌奪，讀者得此，庶可無惑矣。（編者）

經部

易類

×○ 了翁易說一卷　宋陳瓘撰

⊙○ 周易新講義十卷　宋耿南仲撰

⊙×○ 讀易詳說十卷　宋李光撰

⊙×○ 易變體義十二卷　宋都絜撰

×○ 周易經傳集解三十六卷　宋林栗撰

⊙×○ 厚齋易學五十二卷　宋馮椅撰

×○ 西溪易說二十卷　宋李過撰

×○ 易通六卷　宋趙以夫撰

×○ 周易經傳訓解二卷　宋蔡淵撰

⊙×○ 周易詳解十六卷　宋李杞撰

×○ 淙山讀周易記二十一卷　宋方實孫撰

⊙×○ 讀易舉要四卷　元俞琰撰

×○ 易原奧義一卷周易原旨六卷　元保八撰

×○ 周易程朱傳義折衷三十三卷　元趙采撰

×○ 周易衍義十六卷　元胡震撰

×○ 周易圖說二卷　元錢義方撰

×○ 周易文詮四卷　元趙汸撰

× 易象鈔四卷　明胡居仁撰

× 周易劄記三卷　明逯中立撰

× 周易像象述五卷　明吳桂森撰

× 易用五卷　明陳祖念撰

× 易原就正十二卷　清包儀撰

× 大易通解十五卷　清魏荔彤撰

× 大易擇言三十六卷　清程廷祚撰

× 周易圖書質疑廿四卷　清趙繼序撰

× 周易章句證異十一卷　清翟均廉撰

以上全收四庫孤本目(十七種)，與報載選目全同。

書類

⊙×○ 絜齋家塾書鈔十二卷　宋袁燮撰

×○ 書義斷法六卷　元陳悅道撰

× 尚書疑義六卷　明馬明衡撰

以上種數同孤本目，惟抽去尚書講義而別加入此未刊本目一種耳。與報載選目同。

詩類

⊙×○ 毛詩講義十二卷　宋林岊撰

⊙×○ 詩纘緒十八卷　元劉玉汝撰

×○ 詩演義十五卷　元梁寅撰
× 讀詩略記六卷　明朱朝瑛撰
× 毛詩類釋二十一卷續編三卷　清顧棟高撰
（四庫未刊本目及報載選目無「續編三卷」）
× 詩疑辨證六卷　清黃中松撰
以上僅收孤本目三種，剔去「慈湖詩傳」一種，與報載選目同。

禮　類

⊙×○ 周禮詳解四十卷　宋王昭禹撰
× 禮經本義十七卷　清蔡德晉撰
×○ 月令解十二卷　宋張虙撰
以上孤本目二種全收，與報載選目同。

春秋類

⊙×○ 春秋例要一卷　宋崔子方撰
⊙×○ 春秋經解十二卷　宋崔子方撰
⊙×○ 春秋讞二十二卷　宋葉夢得撰
×○ 春秋比事二十卷　宋沈棐撰
×○ 春秋左傳要義三十一卷　宋魏了翁撰
×○ 春秋分紀九十卷　宋程公說撰
⊙×○ 春秋集義五十卷綱領三卷　宋李明復撰
× 春秋明志錄十二卷　明熊過撰
× 春秋輯傳十三卷凡例二卷　明王樵撰
× 讀春秋略記十卷　明朱朝瑛撰
× 春秋質疑十二卷　明楊于庭撰
× 春秋管窺十二卷　清徐庭垣撰
以上孤本目七種全收，與報載選目亦同

五經總義類

×○ 融堂四書管見十三卷　宋錢時撰
× 五經稽疑六卷　明朱睦㮮撰
× 十三經義疑十二卷　清吳浩撰
× 十三經註疏正字八十一卷　清沈廷芳撰
× 九經辨字瀆蒙十二卷　清沈炳震撰
以上孤本目一種收入，又報載選目同

四書類

⊙×○ 蒙齋中庸講義四卷　宋袁甫撰
孤本目一種　報載選目亦止此一種

樂　類

× 古樂書二卷　清應撝謙撰
孤本目不收樂類書　報載選目同此

小學類

× 俗書刊誤十二卷　明焦竑撰

× 篆隸考異二卷　清周靖撰

⊙× 增修校正押韻釋疑五卷　宋歐陽德隆撰郭守正增修

× 音韻述微三十卷　清乾隆撰

孤本目不列小學類　此與報載選目同

右經部書共計六十一種

史部

編年類

⊙× 兩朝綱目備要十六卷　不著撰人

孤本目不收編年書　報載選目與此同

紀事本末類

⊙×○ 平定三逆方略六十卷　清康熙敕撰

×○ 石峯堡紀略二十一卷　清乾隆敕撰

與孤本目二種及報載選目全同

別史類

南北史合注一百五卷　明李清撰

× 春秋戰國異詞五十四卷通表二卷摭遺一卷　清陳厚耀撰

孤本目不列別史類　報載選目二種同此

詔令奏議類

⊙× 讜論集五卷　宋陳次升撰

×○ 左史諫草一卷　宋呂午撰

同報載選目，孤本目一種已收入

傳記類

○ 忠貞錄三卷附錄一卷　明李維樾林增志同編

⊙×○ 廉吏傳二卷　宋費樞撰

孤本目與報載選目全同此

地理類

× 水經注集釋訂譌四十卷　清沈炳巽撰

× 海塘錄二十六卷　清翟均廉撰

⊙○ 蜀中廣記一百八卷　明曹學佺撰

孤本目止一種已收入，報載選目同此。

職官類

⊙×○ 禮部志稿一百卷　明俞汝楫撰

⊙×○ 太常續考八卷　不著撰人

⊙×○ 土官底簿二卷　不著撰人

與孤本目及報載目所收同

政書類

⊙×○ 政和御製冠禮十卷五禮新儀二百二十卷 宋鄭居中等撰

⊙×○ 廟學典禮六卷 不著撰人

同前類

目錄類

⊙○ 吳中金石新編八卷 明陳暐撰

同前類

史評類

×○ 六朝通鑑博議十卷 宋李燾撰

×○ 兩漢筆記十二卷 宋錢時撰

同前類

右史部書共計二十種

子部

儒家類

× 近思錄集注十四卷 清茅星來撰

⊙×○ 戒子通錄八卷 宋劉清之撰

×○ 家山圖書一卷

× 雙橋隨筆十二卷 清周召撰

同報載目，孤本目二種全收。

兵家類

武經總要四十卷 宋曾公亮等撰

報載選目同。

醫家類

⊙× 腳氣治法總要二卷 宋董汲撰

⊙× 集驗背疽方一卷 宋李迅撰

×○ 扁鵲神應針灸玉龍經一卷 元王國瑞撰

孤本目一種已收入，報載目同此。

天文算法類

×○ 原本革象新書五卷 元趙友欽撰

×○ 七政推步七卷 明貝琳撰

× 莊氏算學八卷 清莊亨陽撰

孤本目兩種已收。報載目全同

術數類

⊙×○ 皇極經世索隱二卷 宋張行成撰

⊙×○ 皇極經世觀物外篇衍義九卷 宋張行成撰

⊙×○ 易通變四十卷 宋張行成撰

×○ 觀物篇解五卷附皇極經世解起數訣一卷 宋祝泌撰

⊙×○ 大衍索隱三卷　宋丁易東撰

⊙×○ 玉照定眞經一卷　題晉郭璞撰

⊙×○ 星命溯源五卷　不著撰人

⊙×○ 星命總括三卷　遼耶律純撰

×○ 演禽通纂二卷　不著撰人

⊙×○ 太乙金鏡式經十卷　唐王希明撰

× 遁甲演義二卷　明程道生撰

× 禽星易見一卷　明池本理撰

孤本目十種全收，報載選目不列「太乙金鏡式經」，蓋誤脫。

藝術類

○ 繪事微言三卷　明唐志契撰

× 六藝之一錄四百六卷續編十二卷　清倪濤撰

同報載目，孤本目二種，收入一種，刪去琴譜合璧一種。

譜錄類

⊙×○ 欽定西清硯譜二十五卷　清乾隆四十三年奉敕撰

全同孤本及報載目

雜家類

⊙○ 樂庵遺書四卷　題宋李衡撰

⊙×○ 琴堂諭俗編二卷　宋鄭至道撰

× 研山齋雜記四卷　不著撰人

⊙×○ 言行龜鑑八卷　元張光祖編

× 元明事類鈔四十卷　清姚之駰撰

孤本目三種全收，報載目同此。

類書類

⊙×○ 實賓錄十四卷　宋馬永易撰

⊙×○ 職官分紀五十卷　宋孫逢吉撰

⊙×○ 名賢氏族言行類稾六十卷　宋章定撰

孤本目及報載目全同此。

右子部書共計三十四種

集部

別集類

⊙×○ 韓文舉正十卷外集舉正一卷　宋方松卿撰

⊙×○ 五百家注音辨柳先生文集二十一卷外集二卷新編外集一卷龍城錄二卷附錄八卷　宋魏仲舉編

⊙×○文莊集三十六卷　宋夏竦撰
⊙×○范太史集五十五卷　宋范祖禹撰
⊙×樂全集四十卷　宋張方平撰
⊙×○雲溪居士集三十卷　宋華鎮撰
⊙×演山集六十卷　宋黃裳撰（報載目誤作演山集）
⊙×○樂靜集三十卷　宋李昭玘撰
⊙×○灌園集二十卷　宋呂南公撰
○襄陵集十二卷　宋許翰撰
○東堂集十卷　宋毛滂撰
○竹隱畸士集二十卷　宋趙鼎臣撰
⊙×○洪龜父集二卷　宋洪朋撰
⊙×○跨鼇集三十卷　宋李新撰
⊙×○莊簡集十八卷　宋李光撰
⊙×○東牕集十六卷　宋張擴撰
⊙×○忠惠集十卷附錄一卷　宋翟汝文撰
⊙×○檆溪居士集十二卷　宋劉才邵撰
⊙×○筠溪集二十四卷　宋李彌遜撰
⊙×○忠穆集八卷　宋呂頤浩撰
⊙×○東牟集十四卷　宋王洋撰

⊙×○相山集三十卷　宋王之道撰
⊙×○雲溪集十二卷　宋郭印撰
⊙×○北海集四十六卷附錄三卷　宋綦崇禮撰
⊙×○五峯集五卷　宋胡宏撰
⊙×○斐然集三十卷　宋胡寅撰
⊙×○浮山集十卷　宋仲并撰
○縉雲集四卷　宋馮時行撰
⊙×○唯室集四卷附錄一卷　宋陳長方撰
○鄭忠肅奏議遺集二卷　宋鄭興裔撰
⊙×○高峯文集十二卷　宋廖剛撰
⊙○艾軒集九卷附錄一卷　宋林光朝撰
⊙×○方舟集二十四卷　宋李石撰
⊙○網山集八卷　宋林亦之撰
⊙×○定庵類稿四卷　宋衞博撰
⊙×○澹軒集八卷　宋李呂撰
⊙×○尊白堂集六卷　宋虞儔撰
⊙×○東塘集二十卷　宋袁說友撰
⊙○九華集二十五卷附錄一卷　宋員興宗撰
⊙×○芸庵類稿六卷　宋李洪撰
⊙×○蓮峯集十卷　宋史堯弼撰

⊙×○ 昌谷集二十二卷　宋曹彥約撰

⊙×○ 省齋集十卷　宋廖行之撰

⊙×○ 後樂集五十卷　宋衛涇撰

⊙×○ 性善堂稿十五卷　宋度正撰

⊙×○ 鶴林集四十卷　宋吳泳撰

⊙×○ 東澗集十四卷　宋許應龍撰

⊙×○ 漁墅類稿八卷　宋陳元晉撰

⊙×○ 滄洲塵缶編十四卷　宋程公許撰

⊙×○ 泠然齋集八卷　宋蘇泂撰

⊙×○ 可齋雜稿三十四卷續稿八卷續稿後十二卷
宋李曾伯撰

×○ 澗泉集二十卷　宋韓淲撰

⊙ 篔窗集十卷　宋陳耆卿撰

○ 壺山四六一卷　不著撰人

⊙×○ 臞軒集十六卷　宋王邁撰

○ 東野農歌集五卷　宋戴昺撰

⊙×○ 庸齋集六卷　宋趙汝騰撰

⊙×○ 張氏拙軒集六卷　宋張侃撰

×○ 字溪集十二卷附錄一卷　宋陽枋撰

⊙×○ 灊山集十二卷　宋釋文珦撰

⊙×○ 葦航漫遊稿四卷　宋胡仲弓撰

⊙×○ 秋聲集六卷　宋衛宗武撰

⊙○ 梅巖文集十卷　宋胡次焱撰

⊙×○ 廬山集五卷英溪集一卷　宋董嗣杲撰

⊙×○ 則堂集六卷　宋家鉉翁撰

○ 富山遺稿十卷　宋方夔撰

○ 在軒集一卷　宋黃公紹撰

⊙×○ 心泉學詩稿六卷　宋蒲壽宬撰

⊙○ 稼村類稿三十卷　元王義山撰

⊙×○ 桐江續集三十七卷　元方回撰

⊙○ 剩語二卷　元艾性夫撰

⊙○ 青山集八卷　元趙文撰

⊙×○ 小亨集六卷　元楊弘道撰

⊙×○ 青崖集五卷　元魏初撰

⊙×○ 養吾齋集三十二卷　元劉將孫撰

⊙×○ 東庵集四卷　元滕安上撰

⊙×○ 陳秋巖詩集二卷　元陳宜甫撰

⊙×○ 蘭軒集十六卷　元王旭撰

⊙× 玉井樵唱三卷　元尹廷高撰

⊙×○ 西巖集二十卷　元張之翰撰

⊙×○ 艮齋詩集十四卷　元侯克中撰
⊙×○ 王文忠集六卷　元王結撰
⊙×○ 榘菴集十五卷　元同恕撰
⊙×○ 伊濱集二十四卷　元王沂撰
⊙×○ 瓢泉吟稿五卷　元朱希顏撰
⊙○ 野處集四卷　元邵亨貞撰
⊙×○ 子淵詩集六卷　元張仲深撰
⊙×○ 午溪集十卷　元陳鎰撰
⊙○ 傲軒吟稿一卷　元胡天游撰
⊙×○ 桐山老農文集四卷　元魯貞撰
⊙×○ 佩玉齋類稿十卷　元楊翮撰
⊙○ 麟原文集二十四卷　元王禮撰
⊙×○ 性情集六卷　元周巽撰
× 可閒老人集四卷　元張昱撰
○○ 玉笥集十卷　元鄧雅撰
覆瓿集七卷附錄一卷　明朱同撰（不見報載選印目）
尚絅齋集五卷　明童冀撰（不見報載選目）
× 草澤狂歌五卷　明王恭撰
× 樗菴類稿二卷　明鄭潛撰

可傳集一卷　明袁華撰
× 獨醉亭集三卷　明史謹撰
希澹園詩三卷　明虞堪撰
× 滎陽外史集七十卷　明鄭真撰
毅齋詩文集八卷附錄一卷　明王洪撰
蘭庭集二卷　明謝晉撰

以上除覆瓿及尚絅齋二集外，餘全同報載選目。較孤本目刊九十五種中抽去大隱集滄齋集盧川歸來集及附錄，靜思集，來鶴亭詩及補遺等五種而加入十五種。

總集類

× 同文館唱和詩十卷　宋鄧忠臣等撰
○ 南嶽倡酬集一卷附錄一卷　宋朱熹張栻林用中撰
○ 天台前集三卷前集別編一卷續集三卷續集別編六卷　宋李庚原本林師蒧增修
×○ 十先生奧論四十卷　不著編人
⊙×○ 詩家鼎臠二卷　不著編人
⊙○ 玉山紀游一卷　明袁華編

⊙○三華集十八卷　明錢公善編

×○文氏五家詩十四卷　明長洲文氏祖孫父子之詩也

×○吳都文粹續集五十六卷補遺一卷　明錢穀編

釋文紀四十五卷　明梅鼎祚編

以上收孤本目九種中之八種，別去明文海

一〇

而加入釋文紀，與報載選目全同。

詩文評類

⊙×○竹莊詩話二十四卷　宋何溪汶撰

○頤山詩話二卷　明安磐撰

以上二種全同孤本及報載目。

右集部書共計一百十七種

經史子集四部共計二百三十二種

編者案最近上海商務印書館發表「四庫全書珍本初集」全目，共計二百三十一種；蓋又別去南北史合注一種也。

本期目錄

選印四庫全書問題專號

選印四庫祕書擬目

柳詒徵

參酌中央圖書館籌備處景印四庫全書未刊本草目、北平圖書館景印四庫全書罕傳本擬目及敎育部編訂四庫全書未刊珍本目錄委員會北平諸公所訂四庫孤本叢刊擬目彙爲是目、凡有宋元明刊本近代刊本及四庫底本者皆所不載、

經部

易類

了翁易說一卷宋陳瓘撰

讀易詳說十卷宋李光撰　大典本

易變體義十二卷宋都絜撰　大典本

周易經傳集解三十六卷宋林栗撰

厚齋易學五十二卷宋馮椅撰

西溪易說二十卷宋李過撰

易通六卷宋趙以夫撰

周易經傳訓解二卷宋蔡淵撰

淙山讀周易記二十一卷宋方實孫撰

讀易舉要四卷元俞琰撰

易原奧義一卷元保八撰

周易原旨六卷元保八撰

周易程朱傳義折衷三十三卷元趙采撰

周易衍義十六卷元胡震撰

周易圖說二卷元錢義方撰

周易文詮四卷元趙汸撰

易象鈔四卷明胡居仁撰

周易箚記三卷明逯中立撰

周易像象述五卷明吳桂森撰

易用五卷明陳祖念撰

易源就正十二卷清包儀撰

大易通解十五卷清魏荔彤撰

大易擇言三十六卷清程廷祚撰

周易圖書質疑二十四卷清趙繼序撰

周易章句證異十一卷清翟均廉撰

書類

尚書講義二十卷宋史浩撰　大典本

絜齋家塾書鈔十二卷宋袁燮撰　大典本

書義斷法六卷元陳悅道撰

尚書疑義六卷明馬明衡撰

詩類

慈湖詩傳二十卷宋楊簡撰　大典本

毛詩講義十二卷宋林岊撰　大典本

詩纘緒十八卷元劉玉汝撰　大典本

詩演義十五卷元梁寅撰

讀詩略記六卷明朱朝瑛撰

毛詩類釋二十一卷清顧棟高撰

詩疑辨證六卷清黃中松撰

禮類

周禮詳解四十卷宋王昭禹撰

禮經本義十七卷清蔡德晉撰

月令解十二卷宋張虙撰　大典本

春秋類

春秋例要一卷宋崔子方撰　大典本

春秋經解十二卷宋崔子方撰　大典本

春秋讞二十二卷宋葉夢得撰　大典本

春秋比事二十卷宋沈棐撰

春秋左傳要義三十一卷宋魏了翁撰

春秋分紀九十卷宋程公說撰

春秋集義五十卷綱領三卷宋李明復撰　大典本

春秋明志錄十二卷明熊過撰

春秋輯傳十三卷凡例二卷明王樵撰

春秋質疑十二卷明楊于庭撰

讀春秋略記十卷明朱朝瑛撰

春秋管窺十二卷清徐庭垣撰

五經總義類

融堂四書管見十三卷宋錢時撰
五經稽疑六卷明朱睦㮮撰
十三經義疑十二卷清吳浩撰
十三經注疏正字八十一卷清沈廷芳撰
九經辨字瀆蒙十二卷清沈炳震撰

四書類

蒙齋中庸講義四卷宋袁甫撰　大典本

樂類

古樂書二卷清應撝謙撰

小學類

俗書刊誤十二卷明焦竑撰
篆隸考異二卷清周靖撰
增修校正押韻釋疑五卷宋歐陽德隆撰郭守正增修
音韻述微三十卷清乾隆敕撰

右經部書共計六十二種

史部

編年類

兩朝綱目備要十六卷不著撰人

紀事本末類

平定三逆方略六十卷清康熙敕撰
石峯堡紀略二十卷清乾隆敕撰

別史類

春秋戰國異詞五十四卷
通表二卷摭遺一卷清陳厚耀撰

詔令奏議類

讜論集五卷宋陳次升撰　大典本
左史諫草一卷宋呂中撰　大典本

傳記類

忠貞錄三卷附錄一卷明李維越林增志編
廉吏傳二卷宋費樞撰

地理類

水經注集釋訂譌四十卷清沈炳巽撰
海塘錄二十六卷清翟均廉撰

職官類

禮部志稿一百十卷明泰昌元年官撰　大典本

太常續考八卷不著撰人　大典本

土官底簿二卷不著撰人

政書類

政和御製冠禮十卷

五禮新儀二百二十卷宋鄭居中等撰

廟學典禮六卷不著撰人　大典本

目錄類

吳中金石新編八卷明陳暐撰

史評類

六朝通鑑博議十卷宋李燾撰

兩漢筆記十二卷宋錢時撰

右史部書共計十九種

子部

儒家類

近思錄集注十四卷清茅星來撰

戒子通錄八卷宋劉清之撰　大典本

家山圖書一卷不著撰人　大典本

雙橋隨筆十二卷清周召撰

醫家類

脚氣治法總要二卷宋董汲撰　大典本

集驗背疽方一卷李宋迅撰

扁鵲神應針灸玉龍經一卷元王國瑞撰

天文算法類

原本革象新書五卷元趙友欽撰　大典本

七政推步七卷明貝琳撰

莊氏算學八卷清莊亨陽撰

術數類

皇極經世索隱二卷宋張行成撰　大典本

皇極經世觀物外篇衍義九卷宋張行成撰　大典本

易通變四十卷宋張行成撰

觀物篇解五卷

附皇極經世解起數訣一卷宋祝泌撰

大衍索隱三卷宋丁易東撰　大典本

玉照定眞經一卷題晉郭璞撰　大典本

星命淵源五卷不著撰人

星命總括三卷遼耶律純撰　大典本

演禽通纂二卷不著撰人

太乙金鏡式經十卷唐王希明奉敕撰

遁甲演義二卷明程道生撰

禽星易見一卷明池本理撰

藝術類

繪事微言二卷明唐志契撰

六藝之一錄四百六卷續編十二卷清倪濤撰

譜錄類

香譜四卷宋陳敬撰

蟹略四卷宋高似孫撰

雜家類

樂庵遺書四卷題宋李衡撰

琴堂諭俗編二卷宋鄭至道撰　大典本

研山齋雜記四卷不著撰人

言行龜鑑八卷元張光祖編　大典本

元明事類鈔四十卷清姚之駰撰

類書類

實賓錄十四卷宋馬永易撰　大典本

職官分紀五十卷宋孫逢吉撰

右子部書共計三十四種

集部

別集類

韓集舉正十卷外集舉正一卷宋方崧卿撰

五百家注音辨柳先生文集二十一卷外集二卷

新編外集一卷龍城錄二卷附錄八卷　宋魏仲舉編

文莊集三十六卷宋夏竦撰　大典本

范太史集五十五卷宋范祖禹撰

雲溪居士集三十卷宋華鎮撰　大典本

樂靜集三十卷宋李昭玘撰

灌園集二十卷宋呂南公撰　大典本

竹隱畸士集二十卷宋趙鼎臣撰　大典本

洪龜父集二卷宋洪朋撰　大典本
跨鼇集三十卷宋李新撰　大典本
莊簡集十八卷宋李光撰　大典本
東窗集十六卷宋張擴撰　大典本
忠惠集十卷附錄一卷宋翟汝文撰　大典本
檆溪居士集十二卷宋劉才邵撰　大典本
筠溪集二十四卷宋李彌遜撰
忠穆集八卷宋呂頤浩撰　大典本
東牟集十四卷宋王洋撰　大典本
相山集三十卷宋王之道撰　大典本
大隱集十卷宋李正民撰　大典本
澹齋集十八卷宋李流謙撰　大典本
雲溪集十二卷宋郭印撰　大典本
北海集四十六卷附錄三卷宋綦崇禮撰　大典本
蘆川歸來集十卷附錄一卷宋張元幹撰　大典本
五峯集五卷宋胡宏撰
斐然集三十卷宋胡寅撰
浮山集十卷宋仲并撰　大典本
縉雲集四卷宋馮時行撰
唯室集四卷附錄一卷宋陳長方撰　大典本
鄭忠肅奏議遺集二卷宋鄭興裔撰
高峯文集十二卷宋廖剛撰
方舟集二十四卷宋李石撰　大典本
網山集八卷宋林亦之撰
定庵類稿四卷宋衛博撰　大典本
澹軒集八卷宋李呂撰　大典本
尊白堂集六卷宋虞儔撰　大典本
東塘集二十卷宋袁說友撰　大典本
九華集二十五卷附錄一卷宋員興宗撰　大典本
芸庵類稿六卷宋李洪撰　大典本
蓮峯集十卷宋史堯弼撰　大典本
昌谷集二十二卷宋曹彥約撰　大典本
省齋集十卷宋廖行之撰　大典本
後樂集五十卷宋衛涇撰　大典本

性善堂稿十五卷宋度正撰　大典本
鶴林集四十卷宋吳泳撰　大典本
東澗集十四卷宋許應龍撰　大典本
漁墅類稿八卷宋陳元晉撰　大典本
滄洲塵缶編十四卷宋程公許撰　大典本
泠然齋集八卷宋蘇泂撰　大典本
澗泉集二十卷宋韓淲撰　大典本
壺山四六一卷不著撰人
臞軒集十六卷宋王邁撰　大典本
東野農歌集五卷宋戴昺撰
庸齋集六卷宋趙汝騰撰　大典本
張氏拙軒集六卷宋張侃撰　大典本
字溪集十一卷附錄一卷宋楊枋撰　大典本
潛山集十二卷宋釋文珦撰　大典本
葦航漫遊稿四卷宋胡仲弓撰　大典本
秋聲集六卷宋衞宗武撰　大典本
梅巖集十卷宋胡次焱撰

富山遺稿十卷宋方夔撰
在軒集一卷宋黃公紹撰
稼村類稿三十卷元王義山撰
剩語二卷元艾性夫撰　大典本
青山集八卷元趙文撰　大典本
小亨集六卷元楊弘道撰　大典本
青崖集五卷元魏初撰　大典本
養吾齋集三十二卷元劉將孫撰　大典本
蘭軒集十六卷元王旭撰　大典本
玉井樵唱三卷元尹廷高撰
西巖集二十卷元張之翰撰　大典本
艮齋詩集十四卷元侯克中撰
王文忠集六卷元王結撰　大典本
渠庵集十五卷元同恕撰　大典本
伊濱集二十四卷元王沂撰　大典本
瓢泉吟稿五卷元朱晞顏撰　大典本
野處集四卷元邵亨貞撰

子淵詩集六卷元張仲深撰　大典本

午溪集十卷元陳鎰撰

桐山老農文集四卷元魯貞撰

靜思集十卷元郭鈺撰

佩玉齋類稿十卷元楊翮撰

麟原文集二十四卷元王禮撰

性情集六卷元周巽撰　大典本

總集類

十先生奧論四十卷不著編人

詩家鼎臠二卷不著編人

同文館唱和詩十卷宋鄧忠臣等撰

玉山紀游一卷明袁華編

文氏五家詩十四卷

吳都文粹續集五十六卷補遺一卷明錢穀編

明文海四百八十二卷明黃宗羲編

詩文評類

竹莊詩話二十四卷宋何谿汶撰

右集部書共計九十一種

四部書都二百零六種、恐其中尚有刊本及四庫底本聞見未及者約計四庫珍祕之籍無它本可代者不過二百種耳、寧目三百四十三種、平目三百種、傳目百八十種、折衷其間冀多寡適中耳、

致教育部函

柳詒徵

承屬審查景印四庫全書未刊本草目。謹就原本簽注附繳。以備彙案公議。海內學者對於是舉議論孔多。鄙意庫書輯自大典。採及私家。久無刊本僅存三閣者。據籌備處所列目計有二百餘種。自應照原定契約交商務書館景印。而定名曰選印四庫秘書。其有宋元明清刊本。及四庫底本較閣書精善者。可由本館或公私各方面合力彙集。另印一書。名曰四庫著錄珍本。二者並行不悖。均不必襲用全書二字。以俟後之有力者舉全書印布。或加校訂續編。爲管見所及。伏候裁擇。毋任主臣。

復傅沅叔書

柳詒徵

荷十一日示並油印各件。敬悉。詒徵未克赴會。于諸公閎議。自應贊同連署。謹即奉復。請照原函致部。前次部中寄來目錄。已經簽注送部。大致不出諸公簽注範圍。第就此館所有元明刊本及四庫底本增注若干種耳。另有一箋致王部長。擬定書名。一曰選印四庫秘書。一曰四庫著錄珍本。視尊處辦法第一條定名微有不同。以庫書至少有三閣之三本。不可謂孤。另印善本。既非庫書。只可謂其書著錄於四庫耳。區區之愚。無當萬一。仍祈是正。卽頌箸綏。

編訂四庫全書未刊珍本目錄委員會油印四庫孤本叢刊擬目

選輯目錄大旨

一　本書既以孤本定名，故選錄之書，以大典輯出而別無他本可代者爲主，其次則四庫所錄源於宋元善本者，又其次則原本雖出明刊，及撰述出於近代，而今日已極爲罕祕，世人所不經見者，一併甄收，統用庫本，以歸畫一。

一　本目所收，重在多取古書，故劃至明初爲斷，亦間及明以後人著述，因其書重要，爲學者所亟需，故兼收並蓄，用廣流傳。

一　本目所收，以近代未經刊行者爲主，如例言所舉江西先哲遺書，其擬刻未刻者仍行收入，如續古逸叢書續四部叢刊，業經照印者，更不複采，然近來鉛槧風行，凡古今典籍公私覆刻所在多有，同人等見聞有限，采訪未周，疏漏之處勢所難免，尙冀海內博雅，各舉所知，匡其不逮。

一　草目所列諸書，確知當世存有古刻舊鈔，足補正庫本缺失者，均概行提出，留待後編。

四庫孤本叢刊擬目

經部三十五種
史部十五種
子部二十四種
集部一百零六種
都凡一百八十種 共九萬餘葉
計在未刊本草目中經部選出三十四種加入一種
史部選出十二種加入三種
子部選出二十三種加入一種
集部選出七十四種加入三十二種

經部

易類

了翁易說一卷　宋陳瓘撰
周易新講義十卷　宋耿南仲撰
讀易詳說十卷　宋李光撰　大典本
易變體義十二卷　宋都絜撰　大典本

周易經傳集解三十六卷　宋林栗撰
厚齋易說五十二卷　宋馮椅撰　大典本
西溪易說二十卷　宋李過撰
易通六卷　宋趙以夫撰
周易經傳訓解二卷　宋蔡淵撰
周易詳解十六卷　宋李杞撰　大典本
淙山讀周易記二十一卷　宋方實孫撰
讀易舉要四卷　元俞琰撰　大典本
易原奧義一卷周易原旨六卷　元保八撰
周易程朱傳義折衷三十三卷　元趙采撰
周易衍義十六卷　元胡震撰
周易圖說二卷　元錢義方撰
周易文詮四卷　元趙汸撰

書類

尙書講義二十卷　宋史浩撰　大典本
絜齋家塾書鈔十二卷　宋袁燮撰　大典本
書義斷法六卷　元陳悅道撰

詩類

慈湖詩傳二十卷　宋楊簡撰　大典本
毛詩講義十二卷　宋林岊撰　大典本
詩纘緒十八卷　元劉玉汝撰　大典本
詩演義十五卷　元梁寅撰

禮類

周禮詳解四十卷　宋王昭禹撰
月令解十二卷　宋張虙撰　大典本

春秋類

春秋經解十二卷　宋崔子方撰　大典本
春秋例要一卷　宋崔子方撰　大典本
春秋讞二十二卷　宋葉夢得撰　大典本
春秋比事二十卷　宋沈棐撰
春秋左傳要義三十一卷　宋魏了翁撰
春秋分紀九十卷　宋程公說撰
春秋集義五十卷綱領三卷　宋李明復撰　大典本

五經總義類

融堂四書管見十三卷　宋錢時撰

四書類

蒙齋中庸講義四卷　宋袁甫撰　大典本

史部

紀事本末類

平定三逆紀略六十卷　清聖祖敕撰

石峯堡紀略二十卷　清高宗敕撰

詔令奏議類

讜論集五卷　宋陳次升撰　大典本

左史諫草一卷　宋呂午撰

傳記類

忠貞錄三卷附錄一卷　明李維越　林增志編

廉吏傳二卷　宋費樞撰

地理類

蜀中廣記一百八卷　明曹學佺撰

職官類

禮部志稿一百十卷　明泰昌元年官撰　大典本

太常續考八卷　不著撰人　大典本

土官底簿二卷　不著撰人　大典本

政書類

政和五禮新儀二百二十卷御製冠禮十卷

廟學典禮六卷　不著撰人　大典本

目錄類

吳中金石新編八卷　明陳暐撰

史評類

六朝通鑑博議十卷　宋李燾撰

兩漢筆記十二卷　宋錢時撰

子部

儒家類

戒子通錄八卷　宋劉清之撰　大典本

家山圖書一卷　不著撰人　大典本

醫家類

扁鵲神應針灸玉龍經一卷　元王國瑞撰

天文算法類

原本革象新書五卷　元趙友欽撰　大典本

七政推步七卷　明貝琳撰

術數類

皇極經世索隱二卷　宋張行成撰　大典本

皇極經世觀物外篇衍義九卷　宋張行成撰　大典本

易通變四十卷　宋張行成撰

觀物篇解五卷附皇極經世解起數訣一卷　宋祝泌撰

大衍索隱三卷　宋丁易東撰　大典本

玉照定眞經一卷　題晉郭璞撰　大典本

星命溯源五卷　不著編人

星命總括三卷　遼耶律純撰　大典本

演禽通纂二卷　不著撰人

太乙金鏡式經十卷　唐王希明奉敕撰

藝術類

六藝之一錄四百六卷續編十二卷　清倪濤撰

繪事微言三卷　明唐志契撰

譜錄類

欽定西清硯譜二十五卷　清乾隆四十三年奉敕撰

雜家類

樂菴遺書四卷　題宋李衡撰

琴堂諭俗編二卷　宋鄭至道撰　大典本

言行龜鑑八卷　元張光祖編　大典本

類書類

實賓錄十四卷　宋馬永易撰　大典本

職官分紀五十卷　宋孫逢吉撰

名賢氏族言行類稿六十卷　宋章定撰

集部

別集

韓集舉正十卷外集舉正一卷　宋方崧卿撰

五百家註音辨柳先生文集二十一卷外集二卷新編外集一卷龍城錄二卷附錄八卷　宋魏仲舉編

文莊集三十六卷　宋夏竦撰　大典本

范太史集五十五卷　宋范祖禹撰

雲溪居士集三十卷　宋華鎮撰　大典本

樂靜集三十卷　宋李昭玘撰

灌園集二十卷　宋呂南公撰　大典本

襄陵集十二卷　宋許翰撰　大典本

東堂集十卷　宋毛滂撰　大典本

竹隱畸士集二十卷　宋趙鼎臣撰　大典本

洪龜父集二卷　宋洪朋撰　大典本

跨鼇集三十卷　宋李新撰　大典本
莊簡集十八卷　宋李光撰　大典本
東窗集十六卷　宋張擴撰　大典本
忠惠集十卷附錄一卷　宋翟汝文撰　大典本
樅溪居士集十二卷　宋劉才邵撰　大典本
筠溪集二十四卷　宋李彌遜撰
忠穆集八卷　宋呂頤浩撰　大典本
東牟集十四卷　宋王洋撰　大典本
相山集三十卷　宋王之道撰　大典本
大隱集十卷　宋李正民撰　大典本
澹齋集十八卷　宋李流謙撰　大典本
雲溪集十二卷　宋郭印撰　大典本
北海集四十六卷附錄三卷　宋綦崇禮撰　大典本
盧川歸來集十卷附錄一卷　宋張元幹撰　大典本
五峯集五卷　宋胡宏撰
斐然集三十卷　宋胡寅撰
浮山集十卷　宋仲并撰　大典本
縉雲集四卷　宋馮時行撰
唯室集四卷附錄一卷　宋陳長方撰　大典本
鄭忠肅奏議遺集二卷　宋鄭興裔撰

高峯文集十二卷　宋廖剛撰
艾軒集九卷附錄一卷宋林光朝撰
方舟集二十四卷　宋李石撰　大典本
網山集八卷　宋林亦之撰
定庵類稿四卷　宋衛博撰　大典本
澹軒集八卷　宋李呂撰　大典本
尊白堂集六卷　宋虞儔撰　大典本
東塘集二十卷　宋袁說友撰　大典本
九華集二十五卷附錄一卷　宋員興宗撰　大典本
芸庵類稿六卷　宋李洪撰　大典本
蓮峯集十卷　宋史堯弼撰　大典本
昌谷集二十二卷　宋曹彥約撰　大典本
省齋集十卷　宋廖行之撰　大典本
後樂集五十卷　宋衞涇撰　大典本
性善堂稿十五卷　宋度正撰　大典本
鶴林集四十卷　宋吳泳撰　大典本
東澗集十四卷　宋許應龍撰　大典本
漁墅類稿八卷　宋陳元晉撰　大典本
滄洲塵缶編十四卷　宋程公許撰　大典本
冷然齋集八卷　宋蘇泂撰　大典本

可齋雜稿三十四卷續稿八卷續稿後十二卷　宋李曾伯撰
澗泉集二十卷　宋韓淲撰　大典本
壺山四六一卷　不著撰人
臞軒集十六卷　宋王邁撰　大典本
東野農歌集五卷　宋戴昺撰
庸齋集六卷　宋趙汝騰撰　大典本
張氏拙軒集六卷　宋張侃撰　大典本
字溪集十一卷附錄一卷　宋楊枋撰　大典本
潛山集十二卷　宋釋文珦撰　大典本
葦航漫遊稿四卷　宋胡仲弓撰　大典本
秋聲集六卷　宋衞宗武撰　大典本
梅巖集十卷　宋胡次焱撰
廬山集五卷英溪集一卷　宋董嗣杲撰　大典本
則堂集六卷　宋家鉉翁撰　大典本
富山遺稿十卷　宋方夔撰
在軒集一卷　宋黃公紹撰
心泉學詩稿六卷　宋蒲壽宬撰　大典本
稼村類稿三十卷　元王義山撰
桐江續集三十七卷　元方回撰

剩語二卷　元艾性夫撰　大典本
青山集八卷　元趙文撰　大典本
小亨集六卷　元楊弘道撰　大典本
青崖集五卷　元魏初撰　大典本
養吾齋集三十二卷　元劉將孫撰　大典本
東庵集四卷　元滕安上撰　大典本
陳秋巖詩集二卷　元陳宜甫撰　大典本
闕軒集十六卷　元王旭撰　大典本
西巖集二十卷　元張之翰撰　大典本
艮齋詩集十四卷　元侯克中撰
王文忠集六卷　元王結撰　大典本
榘菴集十五卷　元同恕撰　大典本
伊濱集二十四卷　元王沂撰　大典本
瓢泉吟稿五卷　元朱晞顏撰　大典本
野處集四卷　元邵亨貞撰
子淵詩集六卷　元張仲深撰　大典本
午溪集十卷　元陳鎰撰
傲軒吟稿一卷　元胡天游撰
桐山老農文集四卷　元魯貞撰
靜思集十卷　元郭鈺撰

玉齋類稿十卷 元楊翮撰
麟原文集二十四卷 元王禮撰
性情集六卷 元周巽撰 大典本
可閒老人集四卷 元張昱撰
玉笥集十卷 元鄧雅撰

總集類

南嶽倡酬集一卷附錄一卷 宋朱熹張栻林用中撰
天台前集三卷前集別編一卷續集三卷續集別編六卷
宋李庚原本 林師蒧增修
十先生奧論四十卷 不著編人
詩家鼎臠二卷 不著編人
玉山紀游一卷 明袁華編
三華集十八卷 明錢公善編
文氏五家詩十四卷 明長洲文氏祖孫父子之詩
吳都文粹續集五十六卷補遺一卷 明錢穀編
明文海四百八十二卷 清黃宗羲編

詩文評類

竹莊詩話二十四卷 宋何溪汶撰
頤山詩話二卷 明安磐撰

袁同禮致時代公論記者書

記者足下：頃閱貴報二卷二十三號。內載田炯錦君「名流與景印四庫珍本」一文，拜讀之餘，無任欽佩，文中屢引鄙人談話，尤爲榮幸，此次敎部景印四庫流傳孤本，薄海內外，罔不贊同，惟選印之辦法及標準，不無可議，學者指摘，亦忠於學術者應有之舉，（中央圖書館所擬「未刊本草目」失收及誤收之處，已由陳援庵先生簽註，一一爲之釐正，見九月五日北平晨報，茲不贅）而不能認爲「吹毛求疵，意存阻撓」也，曩者商務印書館影印四部叢刊，百衲本二十四史，採用善本，展轉乞借，其謹嚴不苟之精神，素爲學術界所稱許，此次景印四庫，係由政府主持，同人擬議「以善本代庫本」稍明版本之學者，無不知之，何能認爲「陳義過高，觀成無期」，「採訪匪易，商借尤難」，豈商家能爲者而堂堂政府竟不能爲乎？似此矛盾衝突，何以自解，今貴報既以提倡學術相號召，凡此種種，似應予以攷慮，而不能以「合於理想不切實用」相責也，田君又謂「文人相輕意氣不能不鬧」，「封建氣味，到處彌漫」，多屬感情語，於事實相距甚遠，深恐道路傳聞，致起無意識之誤會，特此奉陳，卽希亮詧，並乞將此函刊登貴報通訊欄內，以明眞相，無任感荷，此上順頌

撰祺。

袁同禮拜啓九月十一日

對於影印四庫全書輿論之評議

鄭鶴聲

民國以來，影印四庫全書之舉，前後凡五次，其前四次，皆被阻未果。約計第一次在民國九年，時徐世昌當國，金梁以編輯文華武英兩殿古物目錄，因上書請印庫書，尤重續修。後葉恭綽由歐美歸，亦發此議，遂派朱啓鈐督辦其事。曾影印樣本一套，分贈海外諸國，卒以欵巨而止。第二次在民國十三年，以商務印書館爲主動，向政府商借文淵閣本，（金梁談話作文津誤）縮印四頁，合訂及單頁袖珍兩種，又以政府索賄未遂而止。第三次在民國十四年，當局以文津閣本，（金梁談話作文淵誤）付商館印行，裝箱將畢，適值江浙戰起，當局遂借故不許而止。第四次在民國十七年，由奉天省政府發起，擬用文淵閣本校印，並議續修，兼採選印之法，樣本初出，海內外函電定購，僅成續修總目及選印要目，又以他故中止。功敗垂成，彌可惋惜。此次選印，雖經教部與商館擬訂合同，而北平圖書館及津滬名流，又以版本問題，與教部原議相左。大抵雙方意見，可分兩派：教部與商館主張就文淵閣原本選印，而平館及津滬名流，則主張以善本代替庫本。各以立場之不同，寖成對抗之形勢，實則事理之見解，雖各有當，然苟能平心靜氣，分析比較，則亦未始不可以捨短取長，或雙方並顧，以覓得正當解決之途徑。關於雙方爭執之焦點，不外「庫本」「善本」兩問題，其意義至爲單簡，爭論言辭，具詳余四庫全書影印之經過一文中，（見圖書評論第二卷第二期）是非曲直，明眼人自能辨之，無俟贅述。因雙方之爭執，以致羣言蠭起，報章喧騰，議論紛雜，是蓋處於第三者之地位，所以代表輿論界者也。

輿論之指導，本屬最强有力之方法，但我國記者，對於學術文化上之事業，素無相當之研究，甚且莫明其所以然，不言則已，言則意氣相尙，以譏彈爲能事，不免流於浮薄，轉爲識者所不取。是以議論雖多，公允者鮮，而能言之成理者，殊不多覯也。茲擇其有理致者，約而論之，可分五派：有主張不必印行者；有主張改用善本並變更承印辦法者；有主張委曲求全，共促實現者；有主張各行其是，無庸競辯者；有主張印行全書，不用原本，易以他本者。茲撮錄其原文，而附議於後：

(一)主張不必印行者　主張不必印行者，可舉八月二十日北平晨報社論「不必影印四庫全書」一文爲例，其言曰：

影印四庫全書問題，學界名家羣起討論，綜合各方意見，不外兩種：其一、照文淵閣庋藏原書影印，不加增刪，此教育部及商務印書館所主張也。其一，審定眞僞詳略，搜尋善本替代之，此袁同禮馬衡江瀚諸氏所主張也。吾人見解，適與兩派皆異，對於依照原書，不加選擇，漫然影印，既屬根本反對；對於僅僅審定眞僞，代以善本，亦未敢苟同。今之論四庫全書者，恆謂其與我國文化有莫大關係，苟非廣爲流傳，則前代學術，行將湮滅。吾人對於四庫全書之評價，決不如是重視，一部四庫全書之中，究有幾許適合現代性之著作，而其內容又有幾分可以促進我所需要之學術，實抱極大疑問。吾人不願一筆抹殺先賢心血之作，但亦不願閉目瞎諛爲有絕對價值之書。故影印全書，尤宜鄭重考慮。姑分數點，就質高明：

第一、四庫全書價值問題，非經分門別類，嚴密評斷，殊難決定。昔之諛爲傑作者，亦許今日不值一顧，況藏書部類複雜，僅通國學經史者，或不能辨其眞價。必須將全書公開，勸誘各門專家閱覽研究，如發見其中確有適合現代學術之著作，再行選印，既切實用，且有功效。即使書已成孤本，苟其內容無濟實用，則保留此一部，已作傳諸後代，何必影印？書能濟世，始有價值。無價值之書，即令絕版，有何可惜！四庫全書之中，竄改甚多，時賢時有發見，倘以此不正確之本，傳諸世上，不特無益，抑且有害。著作與時代環境有不可分離之關係，甲時代所珍貴者，不必即爲乙時代所珍貴。適合於甲時代者，未必即適合於乙時代。天下固有不朽之作，然此屬鳳毛麟角，可偶得不可常遇。今日誰能斷定四庫全書之中，部部皆有學術的價值乎？又誰能斷定所謂學術的價值，皆含有現在性乎？故吾人反對不加選擇影印全書，不特因其無裨學術已也。

第二、即使四庫全書之中，不乏有現代學術的價值之著作，亦當辨別其閱覽對象爲普通民衆，抑爲特別專家。倘爲普通民衆所需要者，試問全書影印不許零售，誰能有此購買力？照原書大小影印，每部所費，當在萬金左右。即爲縮小版本，每部亦需二三千金，豈中產者所能勝？故所謂影印者不過滿足一部人士之古董慾，以爲非此不足以點綴其書齋之美觀。推其結果，必至眞欲研究者，無力購買，而力能購買者，僅視爲裝飾品，是與廣爲流傳之旨，不亦背道而馳乎？我國當今情勢，事事宜求實際，稍涉浮誇，卽應自戒。吾人以爲全書之中，果有足資現代研究者，則鉛印石印，皆無不可。費用既省，傳布必廣。乃今不此之圖，徒博影印之美名，忘却實用之功效，謂爲得計，不亦自欺欺人乎？

第三、四庫全書之多，卽使隨便翻讀，亦非費相當歲月不可。若求精讀，則十載二十載或未必竟。如此巨冊，普通人士，購之何用？況人人各有所嗜，亦各有所專，以二三千金購許多不必讀或不願讀之書，豈不太冤？縱有適合自己研究之作，有無絕對價值，亦不敢必，則讀之有何用處？時賢雖有選擇善本替代之說，惟吾人終覺全部影印決非善策。倘主持者必欲保全原書，亦當允許零售，否則所謂傳布學術者，等於掩飾。

總之，現代學術之特性，爲實際化，普遍化，惟實際乃能普遍，惟普遍乃能收效。若四庫全書既多玄妙之空談，復缺應用之功效。以之刊印，已多不適，若又益之以影印，限之以全購，是爲貴族化，古董化，於普及學術有何貢獻，固無待識者而後知矣。時賢討論，僅限於本之善惡，文之詳略，而於根本問題，反少披瀝意見，殊覺不解。進一步言，今日如其影印無裨實用之四庫全書，曷若選擇外國重要書籍翻印，其有造於我國學術界前途，豈可以道里計？國人好大喜功，久成習慣。影印四庫全書，亦其一端。今之堅持主張影印四庫全書者，吾人敢斷言其中必有未曾翻閱該書一頁者，則彼輩評價，豈足取信於社會？吾人主張選擇佳作，單獨刊行，不可全部影印，更不可整部發售。世有關心學術者，盍不共起圖之！

案本文記者，不但根本反對教部影印原書之辦法，且於平館以善本代替庫本之說，亦未能表示同情，而主張選印外國重要書籍。蓋純以學術之普及，爲立論之標準，超出出版本爭論之範圍，而爲更進一部之說法。其眼光之遠大，較之區區版本之爭者，固不可以道理計。綜其理由及辦法，約有三點：（一）全書已失時代性，無裨現代學術，不必影印；卽欲印行，應依現代學術之性質，爲選印之標準。（二）每部購費需二三千金，非中產者所能備置，與廣傳之旨相背；卽欲流傳，當印鉛印或石印，以求廣布。（三）學術有專嗜，如此巨冊，購之無用，豈不太冤；卽欲保全原書，亦當刊印單行本，許其零售。記者誤認此次抽印鑄全印，故其立論，處處以全書爲立場，加以指摘，可謂文不對題，是以其二三兩項辦理，不必多所討論。本文末段謂：「今之主張影印四庫全書者，吾人敢斷言其中必有未曾翻閱該書一頁者，則彼輩評價，豈足取信於社會？」而記者本人於此次影印始末，未加明察，亦殊可怪。

本文最可注意之點，卽在討論四庫全書之價值問題？據說庫書不合時代性，而其所謂時代性之特點爲「實際化」與「普遍化」，而庫書則爲「貴族化」與「古董化」。因此之故，庫書內容，有幾分可以促進現代所需要之學術，成爲一大極疑問。此種疑問，是有其相當之理由，吾人雅不欲驟加否認之。二十二日天津益世報社論，對此甚表同情，而加以推論云：『我們的意思，刊印古書，絕不反對。果然是保存文化而刊印古書，則選擇的標準，不是四庫，不是四庫的「未刊」與「罕傳」，亦不是「善本」。標準是書的內容與文化的貢獻。固然，收古董亦是政府職分以內的工作。歐美政府費百萬千萬金購買古董古畫的事亦常有。在這裏，今日中國的政府，似乎應該自問目前國家的須要與經濟能力了。晨報社論所謂的：「現代學術之特性，爲實際化普遍化，惟實際乃能普遍，惟普遍乃能收效」，這種話是很中肯的。最少在今日中國，負教育責任者，觀點應該如此。不說別的，一個二十世紀的國家，國民百分之九十是文盲，舉國的强迫教育，還沒有興辦，全國的大學，大多數的課目，找不到完善的本國文的課本，國家在現代知識上，在歐美人看來，是落伍，甚而至於半開化，然而這個國家的政府，這國家最大的一家書店，這國家的一般學者領袖們，他們在文化工作上，却急於影印一百五十年前的一部四庫書，却急急於影印一百五十年前的四庫全書中的「未刊」或「罕傳」的珍本。這不是急其所應緩，緩其所應急，是什麼？』（關於影印四庫未刊珍本）是則庫書性質，似已非現代學術之產品，無庸諱言。雖然，吾人於此，當分別論之，庫書在今日加以影印，是否有必要，此固爲一問題。然庫書本身之價值，是否有影印之價值，又爲一問題，吾人作事，固不可無緩急之分別，然文化時業，乃千百年之大計，決非旦夕之舉動，更不爲某一方面，不但當顧及全國，并當顧及世界。庫書之影印，在今日固非惟一重要之事業，然既擬影印，自屬佳事，對於中國或世界文化上，多少有若干貢獻也。至於文盲之救濟，則又另一問題矣。

庫書價值之評論，亦互有異同，全書以三萬六千餘冊，六千一百餘函之巨構，彙以繕寫之精工，裝潢之富麗，自來中外人士，莫不認爲東方文化上之極大事業。我國政府於此，不曰「闡揚文化」，（民九大總統令）卽曰：「輔益文治，導揚國光」，（民十四執政令）而浮誇者流，則更大加宣傳，輒謂：「全書包括中國五千餘年所有歷史，民族，社會，政治，制度，宗教，天象，地輿，物產，文藝，哲理，美術，醫算，農工商礦，及百家雜學，一無所遺」。（民十七奉天影印庫書對外通告）是以此書偉大富麗之觀，深入中外人士之腦際，抑若我國文化治道，具在於斯，世界學術，資以發揚，故影印之議，十餘年來，屢輟屢起，亦且無不樂觀其成者。自近人董衆君揭破庫書之迷信，以為此書乃乾隆皇帝一家之言，皆與清代無抵觸者，尊君抑臣，敎忠作孝，且著錄及存目，尚不及焚燬之多，安得云一無所遺。（選印文溯閣四庫全書議）後人立論，遂多懷疑。吾友王庸以中君以為是書之缺點有二：（一）所選書籍，偏而不全。（二）書本內容，未必完善。（四庫全書的價值和影印）孟森心史君則謂庫書乃高宗愚天下之書，不得云學者求知識之書；乃後人求清代公案之資，非可持為學術之益。（選印四庫全書平議）亦皆各有其一部分之理由。以中並謂：「這部書無論怎樣偉大，亦不過對於中國歷史，哲學，和文學，有相當之用處，和其他學術上的關係，並不重大，所以他在學術上的關係有很大的限制的。難道說，一切現代的自然科學，社會科學，以及飛機大砲，機械工程等等，都可以靠這部全書來興發不成？」實可為庫書在現代學術上之地位及其價值上之定評。

本文雖以學術之普及，為立論之根據，然重印庫書事件，有十餘年之歷史，為求庫書重印而努力之人，其見解與現代學術界情形有若何之距離，為另一問題。但是書果能全行印出，則其便利研究為何如？倫明對於影印庫書之意見云：「以是書不宜印，卽印亦不宜全印，其所持之說，大別有二：其一，謂是書成於專制帝王之私意，燬禁所餘，仍有刪改，庸濫充數，勢何能免。不知所謂私意者，止在妄刪妄改，復其所刪改者，於原書固無損。此余所以主古本易閣本也。又有一輩，以不適用為說，附和者大都不學之徒，本不值辨，然亦不可不一折之。用之一字，隨人而異。是丹非素，人之恆情。治史者荒經，為漢學者仇宋學，溺蟹行文者，至欲併數千年古籍付之一炬。其持相反之見者，立說之相反正同，皆一偏之辭也。嘗見舊家，子孫之謹原者必斤斤保守祖若父之遺物，不敢失墜，豈以其適於用哉，毋亦曰此吾先人手澤云爾。此極博之載籍，非吾數千年祖宗所留貽耶，亦既有之，可不講求保守之道，而聽其湮沒耶？近二十年來，舊籍多流出海外，大藏書家悉被捆載以去，書價愈昂，輸出愈盛，近疑駸駸盡矣。彼不同文之國，又曷為寶此無用之物耶？又其一，則謂四庫書中，通行者占大多數，得全書者必嫌其複，何必多此贅疣。此說較前一說，尚値研究。顧嘗思之，我輩伏案數十年，若書目答問所載，必有若干供平時應用，然彼我之間，有不盡同者矣。我輩以爲通行者，在他人有以爲不甚通行者矣。且是書之印，豈但爲我輩設哉？又豈但爲今日計哉？假如有驟起之家，或新設之圖書館，欲得全書乎？欲得不全書乎？又假如此書流傳至數百年後，所有通行單本俱就湮滅，而罕傳者獨賴玆役而得存，將使今時之通行者，變爲他時之罕傳，更望何人，力搜而重印之耶？」蓋庫書之價値，雖以不合時代之關係，降至極低限度，然終不失爲東方典籍結集之中心，自有其相當之功用。且庫本雖多已刊行，而傳本不同，又分散各地，搜集不易，不如是書之能集成也。至於開卷有益，古有明訓。苟非淫辭邪說，當不致如記者所云無益有害云。

（二）主張改用善本並變更承印辦法者　主張改用善本並變更承印辦法者，可舉同月二十一日天津大公報社論「對譯印四庫珍本之希望」一文爲例，其言曰：

本年六月十七日教育部令委中央圖書館籌備處與上海商務印書館簽訂合同，影印文淵閣四庫全書未刊珍本，闡揚文化，海內稱善；惟以版本問題，專門學者之意見，與教育部原議，頗有出入，迄今尙成問題。查此事最初由北平圖書館館長蔡元培袁同禮兩氏函呈教部，主張凡四庫罕傳之本，其能覓得善本，勝於庫本者，應以善本代之，以存古書面目。北平圖書館並曾印行「影印四庫全書罕本擬目」，廣徵國內外學術機關及藏書家意見，以期貫徹其學術上之主張。其後南北學者董康李盛鐸等兩次致書教育部王部長，貢獻意見，與蔡袁兩氏持論大體相同。商務印書館張元濟氏對於蔡袁所主以善本替代之說，則謂二者可以兼營並進；且稱善本難遇，乞假尤難，輾轉求精，觀成無日。王部長復蔡袁兩氏書，論旨與張完全相同。易言之，必維持教育部影印文淵閣四庫書未刊本之原案是也。日前教育部已聘李盛鐸傅增湘陳垣袁同禮等十五人爲編訂四庫未刊珍本目錄委員會委員，今就中央圖書館籌備處編就之「未刊本草目」，從事審訂，以備實行影印。其討論時間，限爲一月，編訂則以兩月爲期，工作完成之時，該會即行撤銷。查核前後經過情形，恐此項爭議，難以遽了，吾人爲愛惜文化事業計，殊不忍緘默不言，願以局外地位，略陳芻蕘之意，幸教育部當局與商務印書館主者察之。

查四庫所收，不盡善本，學者指摘，衆論僉同，故「

以善本代庫本」之說，不將忠於學術者義應有此主張，其在主持文化事業之政府，對於此種大工作，尤應愼重將事，力求精善，庶幾無負中外學術界之期望。雖庫本善本，不妨並印，實則既有善本，何必重複影印庫本，多此一舉；矧既由政府令委辦理，本非牟利之商業行爲可比。現代學術，業成國際化，此事如以輕率出之，足令世界學者齒冷，此亦中國之體面攸關事也。更就商務印書館言之，承印此類珍本，消耗甚鉅，而核其合同內載，影印之書，至多不得過一千五百部，印成後須按印數贈送十分之一與中央圖書館，（按現在尚僅爲籌備處）除整部之外，並不得抽印單行本。照此規定，商務印書館將來贈送教育部中央圖書館之書，價值當極可觀，而既有不得抽印單印本之限制，則坊間流傳，數當極少。蓋整部珍本，取價必昂，斷非一般讀書社會所能購置。然則所謂影印流傳，發揚文化，嘉惠士林者，當作何解？查商務印書館二十年來影印「續古逸叢書」「四部叢刊」「百衲本二十四史」採用善本，展轉訪借，其謹嚴不苟之態度，久爲學術界所稱道。此次承印四庫未刊珍本，既稱係爲文化效勞，顧何以一變其謹嚴不苟之精神，放棄其採用善本之素志，是亦一不可解之事。意者因影印善本，較庫本爲更費事？然而根本既不爲牟利，又何必苟且輕率爲自身留遺憾，貽中外學術界悠久之口實乎？凡此種種矛盾衝突，爲德不卒之處，竊爲商務印書館惜也。現在茲事既成南北學術界一大問題，亟宜合全國專家之力，共謀善後，以求了無缺憾。謂宜利用行將成立之編訂四庫未刊珍本目錄委員會，延長辦事期間，羅致全國人才，全權責成主持此事，令即根據北平圖書館之「罕傳本擬目」及中央圖書館籌備處所印「未刊本草目」，擇善影印，其有善本可以替代庫本者，亦由該會負責編目，搜求借印，彙同刊行，以昭愼重。並宜酌改原訂合同，在相當條件之下，許商務印書館酌量抽印單行本，廉價發售，以期實惠普及於士林。果能如此，則教育部藉全國專家之助力，成發揚文化之大業，寧非一時盛事？而商務印書館多刊善本，完成素志，不特無悖服務社會之初衷，抑令珍籍流傳，人人易得，則全國無量數讀書種子，更當重拜教育部與商務印書館之厚賜，又豈非面面俱到之辦法？願各方當事者，共熟籌之。

本文記者，雖聲明以「局外地位」立言，然其主張以善本代替庫本，且以既印善本，不必再印庫本，則全與平館及津滬名流意見相雷同。其所持理由有二：(一)對教部方面責以現代學術，業成國際化，此事如以輕率出之，足令世界學者齒冷，且攸關中國體面。(二)對商館方面，責以此次承印四庫未刊珍本，既稱係為文化效勞，顧何以一變其謹嚴不苟之精神，放棄其採用善本之素志。其第一點或猶可說，第二點則且不成為理由。選印庫本，其理由自屬正當，何以會使其齒冷，更何攸關中國體面之有？揣其意，改庫本為善本，則不但為國際化，且大得其歡迎，足以增高中國之體面乎？一國有一國之文化事業，當以有無正當理由為依據，既非一國之體面問題，更不必乞靈於外人。記者心理之卑弱，一至於此，良堪歎恨。

平館以善本代替庫本之說，雖似有理，實則影印善本為一事，影印庫本又為一事，絕對不能混為一談，而視作一件事業，儘可分別進行，無討論之必要。教部復董康等函中所謂「今主以善本替印，誠有見地，然如此，則是印行善本書，而非印行四庫書也。善本書為四庫所未收者至多，如何付印，乃另一問題」者是也。顧名思義，其理自明。近申報載陳柱尊對於影印庫書珍本之意見，於此點說之甚為透切。其意以為：「既名為選印庫書珍本，則自當以庫本為範圍，俾世人得窺庫書之真面目。若別擇古本善本以代之，則不得冠以四庫之名，且往時商務印書館曾影印四部叢刊，續古逸叢書，及發行百衲本廿四史之預約，此等書隨海內人士或商家自由搜輯刊行可耳。既非取自官本，無須與政府訂立約章，亦無庸公開討論。今之所以與政府訂約，受公開之討論者，正以為採自國家所藏之四庫全書耳。舍四庫之本而不刊，則為佚出題外之文章」。所謂題外文章云者，則非吾人所敢知矣。雖然，董康等亦未嘗不知應分別進行之理，故另主張以孤本庫本為甲編，而以刊印善本為乙編，而注重於乙編，以為表裏，雖屬調和辦法，要為自亂其例。蓋既刊庫本，又刊古本，甲乙並列，若兩書不同，不知何以互為表裏，何以相輔而行，若兩書相同，徒以文字有庫本古本之異而並刻之，則更無謂矣。

本文討論之重要點，則為庫本與善本之優劣。關於兩者之比較，論調甚多，例如劉節君所謂：「近年以來，交通發達，佚書屢出。在昔日惟有永樂大典本或殘本可據之書，時至今日，有明鈔本或原本發見者，不下數百種，且當時原有之書，以較今日所見之本，其卷數不完，或序跋脫略者，亦不一而足。不第此也，四庫之書，屢經刪改，尤以史部集部爲最。且七本皆出抄胥之手，亥魚魯豕，觸目皆是，凡有刻本者，自當以刻本爲據。」四庫本之評價譚其驤君所謂：「此書纂輯之時，實多所以意刪改，非復原書眞面目。吾人若但求無損於滿清帝室之令譽，則四庫本誠爲善本；若以學術上求眞之觀點而論，則四庫本決非完善無疵之本。」云云。由乾隆諭旨證四庫本之不盡可據良爲有見。然欲討論庫本之優劣，則當注意修纂四庫時之一段歷史。四庫之編集，表面上雖出於稽古右文之盛意。故其書也，忌諱甚深，改刪爲多，不但有譌誤闕漏已也。然以是而輕詆庫本，爲全無價值，則又不可。何也？四庫編集，歷時三世，任職三百，搜羅藏書，至八十餘家之多，而明清間海內藏家精本，皆爲庫本之所取資，搜集之富，古今無兩。雖有因清室忌諱，有所竄改，原書未出，輯錄不足之處，然以全書計之，量亦至微，不足爲害。且正因庫本以忌諱而改刪，與普通流行本，多有不同之點，四庫所收，雖不盡完善，而未刊佳本，或雖刊而絕希者尚多，若不及早印行，則散佚可慮。而庫本深藏，一般人士，莫由知其蘊底，一經刊行，則不但清代毀書公案，將因此而大顯，而庫書眞面目，亦得於此與世相見，其有助於文獻者，豈淺鮮耶？故論者以爲：「庫書所有罕見之本，寒畯搜求，四庫名貴之處，卽在於此。」高步瀛等檢點庫書報告呈文孟森君謂：「四庫書之弱點，非刊本盛行，不能明瞭；正當聽將來國內外人之定評，以破二百年來四庫之神祕，似無暇以有用之心力，爭此無關得失之議論。」選印四庫全書平議亦不爲無見也。

（三）主張委曲求全，共促實現者　其因歷次籌印不成，而主張委曲求全，共促實現者，可舉八月三十日上海時事新報載金梁「對選印庫書意見」一文爲例，其言曰：

近以選印四庫全書，北平圖書館及中央圖書館商務印書館各有爭議，深慮事或因而中阻，乃不得不一言以求其平焉。議印庫書，前後四次，余皆預聞。……今議選印，輕而易舉，各方我持，亦片言可解，余意無所用其爭也。

（一）閣本之爭　余曾舉現存四庫本並勘，文淵繕寫最整，文津校正較多，文溯間有抽校，文瀾半出補鈔。淵津二本，要皆可用，但能附以校勘，不必爭也。

（一）善本之爭　平館所主，衆論僉同，惟商務既有並行之說，不妨先任印行，另與訂約，別印善本，庶不能辭。至罕傳未刊，無關大體，更不必爭也。

（一）選目之爭　此爲最要，然合觀二目，實無大異同，如今商館多增數種，亦不致堅執，亦不必爭也。

以上三端，皆不難一言而決，版權云云，更無謂矣。余所痛心者，四次議印，皆垂成而敗，此次余雖未預其事，而樂觀其成，尤慮中變。所望諸公平心靜氣，爲發揚文化，委曲求全，合力以共策之，庶幾事得速就，勿使遲阻，一面仍續修全書，務其大者遠者，則幸甚矣！

金氏所言，頗堪尋味，所議三項，亦屬可行。蓋吾人辦理文化事業，非止一端，影印爲消極的宣傳，而續修乃爲積極的搜集。平館諸公，若能務其大者遠者，以影印之事，歸之政府，而從事於續修，則其貢獻當更大也。吾友向達暨袁同禮發表選印四庫全書平議一文，一則曰：「今教育部所定抽印四庫未刊各書之計劃，雖屬嘗鼎一臠，却亦慰情勝無。是以對於抽印四庫全書各種之根本原則，在目前因無間南朔，莫不贊同也。」再則曰：「要之在今日而能着眼及於此類保存民族生命之文化根本事業，以爲國家留一分元氣，總屬難能可貴。無論如何，當設法予以翊贊，以期其能底於成，不致再蹈前人之失。至於枝葉方面之討論，只要主持其事者能推赤心以待人，不足意外之企圖，則解決固甚爲易易也。」袁向兩公，爲平館之代表人物，若能「贊同」「翊贊」，則此舉可成，而金氏可以無憂矣！

(四)主張各行其是不必爭辯者　其主張雙方應各行其是，不必爭辯者，可舉九月一日時代公論第七十五號時事述評「名流與景印四庫珍本」一文爲例，其言曰：

景印四庫全書，與吾國文化及榮譽上，至有關係，民十三及民十五，曾擬由北平將四庫運滬景印，都因萬惡的北京當局，暗索報酬未遂，故意阻撓，致未成功。東北所藏者，現既隨河山失去，而北平及杭州的不焚燒於日寇飛機炸彈之下者，眞屬萬幸。此次北平的文淵閣四庫全書，隨着古物避難到上海，教育部趁這個機會，委託中央圖書館籌備處，與商務印書館訂立合同，景印未刊及流傳已少者三百餘種。其合同內容，圖書館方面，不擔負絲毫費用，而可取得所印數目的十分之一，倘印數不滿三百部時，仍須贈足三十部。這樣不費一文而與文化有功的事情，我想就讓教育部多作幾千百件，別人安有置喙的理由？我們的外交倘能如此辦理，則吾國的權利，不但不會損失，且必年年增加。乃一批名流，對於喪權辱國的對外協定，倒可默不作聲，而對於教部景印四庫珍本辦法，反認爲不得了的大事，什麼「開倒車」呀！「貽誤後人」呀！

「刻書而書亡」呀！假若教部的計劃，若不打消，中國文化將要覆亡，叫我們俗人看了，眞是莫測高深。

北平圖書館有人發表談話云：「影印四庫罕傳之本，爲一種極有意義之舉。……至罕傳之本，不過三百餘種，內中宋元明人集，佔三分之二。今抽出景印，實爲學術界之迫切要求」。可見亦認明代珍本，應該影印流傳。豈名爲罕傳，即屬有重要意義。若名未刊，便屬「內容在學術上多無價值，今如以機械方式一一影印，非特爲一種無意識之舉，而貽誤後學，關係尤非淺鮮」。這種論調，眞使人莫明其妙。又云：「此三百餘種四庫罕傳本，除一部份可採用四庫本外，（文淵或文津尚待專家研究）其餘之本，應盡量採用舊刻或舊抄，最古或最足之本，以代替之」。教部針對的理由是：「四庫所收，非盡善本，且有殘缺訛誤，確屬實情，無庸諱言。但版本追究無窮，採訪尤費時日，善本雖有，乞假非易。且以庫本與刊本並印，則與普通叢書相同，恐與此次印行四庫，存其眞相之原意，似屬不符。若於四庫中再以價值定其去取，則觀點各有不同，主張恐難統一，而於未刊本中重加選擇，則未當選之未刊本，永淪於未刊。……現因印行四庫未刊本已成定議，未便更改，而印行四庫底本，亦屬要舉，不妨並行。北平圖書館年來搜藏善本，蔚爲巨觀，又與各藏書家多有聯絡，可以商借付印，則關於籌印四庫底本事宜，可否請平館担任」。據此，則教育部主張中央圖書館既擬印行其贊成的未刊本；北平圖書館，亦可同時印行其所贊成的叢書式的罕傳底本。且據云商務印書館亦願擔任景印底本。兩方面的主張，既可並行，當再無爭辯的必要了。

不意近來又有參加北平圖書館審定底本的傅增湘等，又致函教部，反對中央圖書館的原議。其原文雖未及見，但我們很奇怪北平方面對圖書有研究的名流，何必一定要推翻中央圖書館草擬的計劃？北平圖書館按牠的計劃進行，中央圖書館亦按其計劃進行，反正商務印書館負擔印費，公家不惟不損絲毫，且可平白得許多書，眞不懂這些名流們有什麼必要，一定不許別人行其主張呢？故我看了他們的辯論，不由得有左列感想：

(一)文人相輕文化可以湮沒意氣不能不鬪　四庫珍本之印行，幾次因當局爲難，未克實現。倘再遷延，其完全失傳，實意中事。這次好容易得熱心的教育當局，極力促成。北平圖書館方面，發表異議，亦立卽採其建議，請其擔任籌備印行四庫底本，並乞妥擬計畫，致部備案。是教育當局之態度誠懇，當無疑問。乃一幫名流，好像覺得促進文化的事情，祗配他們做，必欲將中央圖書館之計畫，根本推翻，而後快意。至於因此致景印事業，中止進行，在所不惜。

(二)徒求合於理想而不求其實行　我國人近年犯誇大虛浮狂，無論對政治，對法律，都務求完善，務求合於理想，都不管是否可以實行，故被譏為說盡好話，作盡壞事，不意這種毛病，居然傳染到保存文化上。這次反對景印未刊者的主張，如果從實用的觀點上來分析，眞屬可笑。如說「文淵或文津，尙待專家研究」，要解決此問題，必須請許多學者，將二種庫本細加研究比較；其不同之點，又須搜求其源流所自之底本，如此至少須十年方可竣工。又如以最古或最足之本代替庫本，藉以存古本面目，則究竟何者為最古本，有何標準？最足之本，安知非僞造？這些問題要弄清楚，須得許多考證家，收藏家，詳細的研究二三十年，或可略有眉目。以現在飄搖不定之時局，對此問題，安可令其遷延下去？且苟如此與趁文淵閣庫本運滬之便，從事景印，完全毫不相干，各行其是可也。何必干涉別人的計畫呢？故我們卽退百步，縱其目的在求完善，然這種理想的追求，未免太不切實用。

(三)封建氣味到處瀰漫　我國軍閥有地盤，政客有派系，教育界有學閥，而文化機關，亦各有其勢力範圍。寧可對於任何事包而不辦，但苟別人辦了，却不能容忍。此次景印四庫珍本，亦有這種色彩。否則中央圖書館印他們的未刊珍本，名流們印他們的罕傳底本，並行不背，與文化及公款，均屬祗有裨益，毫無損害，一方面何必拚命拆他方面的台？揆其用意，豈非因為「但同人經公私藏家之贊助，從事籌備，已有數年之久，今値國難極嚴之時，竟得政府之提倡，亦文化前途之好音也」。若教部叫別人捷足先登，則數年之籌備，豈非白耗精力？故竟說別人的辦法，是「剿書而書亡」，是「開倒車」，祗要達到成功自我之目的，一切當在所不惜！

我寫了這一大段的感想，並未對任何方面，含有惡意。不過因為景印四庫珍本，於吾國文化上關係很大，希望一般名流學者，不要以為與己意不合，吹毛求疵，使教部已經決定的計畫，功敗垂成，以致四庫全書，日久失散，他們更完善的罕傳本，我們亦希望其早日刊行，俾益吾國敎育及文化，當更多也。」

本文作者對於三點感想，聲明並未對任何方面，含有惡意，吾人於此，深覺其言之不中也。善本雖較庫本為優，而庫本亦自有其本身之價値，且既為選印庫書，則更非庫本莫屬。各行其是，未嘗不可，張元濟所謂：「茲二事不妨兼營並進，而不必併為一談」者是也。若必曰影印四庫罕傳之本，為一種極有意義之舉，為學術界之迫切要求，而影印未刊珍本，則非特為一種無意識之舉，而且貽誤後學，果何說乎？言不由衷，固令人不得不懷疑其別有企圖矣。其實文化事業，千頭萬緒，可為者極多，各盡其心力而為之可也。奚必集中於一事之爭執，以有用之心力，而爭此無關得失之議論。即如印書一端而論，固不必限於庫書也。孟森謂：「世有四庫不著錄之書，眞為瓌寶，明有十五帝十六朝實錄，本為修明史時所用，而修四庫書時，竟不著錄，遂免燬禁，並未竄改，此不可謂冥冥中無主之者。明歷朝史實之受誣，與天下學人耳目之受錮，無若流行明史之甚，賴明實錄尚存，足以為改修資料，與其待一機關改修，不若使天下學者改修，則刊刻明實錄以供天下學者之用，乃藏明實錄之圖書館所應負之責也。其可信於什百倍於四庫書，其行銷之易，亦什百倍於四庫書，校刊流傳，名利兼擅，此眞圖書館至急之務」。(選印四庫全書平議)其言可謂幽默之至，洵足為包而不辦者之戒鑑矣。

(五)主張印行全書不用原本易以他本者　其主張印行全書，而不用原本，易以他本者，可舉九月四日國聞周報(第十卷第三十五期)倫明「擬印四庫全書之管見」一文為例，其言曰：

近月以來，敎育部與商務館訂約在四庫中抽出未刊者若干種，付之影印。此事發表後，頗多反對，其理由，大率謂庫本種種不善，不如易以他本，而庫本中亦有不能易者，擬分甲乙編，甲編印原書，乙編印古本。又謂「未刊」二字亦未妥，不如易以「罕傳」二字。以他本易庫本之議，此余向所主張也。惟余所主張者，係指全書而言。試一翻歷代正史以至各省府州縣志，其經籍或藝文之一門，暨公私家藏書目錄，其湮沒為人所不知，與雖知之而遺漏，又晚出為修書時所限者，俱不在內。蓋書之散佚也多矣。散佚之故何在？則歷來無人負責，為保存而流傳之也。修四庫書者，知保存矣，惜著錄止有三千餘種也；知流布矣，惜傳寫止有七閣也。光緒間，編修王懿榮奏請續開四庫館，補修未盡及晚出諸書，議未果行，此正吾人今日應負之責，乃未聞倡議及此者。今於此三千餘種中，抽行其十分一，而諸君所斷斷者，又僅十分一中之一部分，無乃見目睫不見邱山耶？「罕傳」二字誠較「未刊」爲當，但於印書之目標俱誤。十三經注疏，最通行者也，而宋本不易得見，此非罕傳者耶？若能彙集而刊行之，則阮氏校刊記可廢。推之經史子三部中重且要者至多，資之讀者亦多。不讀則已，讀則誰不思得善本，是故同一罕傳也，視其用，用之有無大小亦無一定之準，視需之者之多少以爲準。今抽印三百餘種，大都宋元間撰著，余不敢謂其絕無用，然豈無比較重且要於此者乎？搜奇嗜僻之心理，蘊之個人者，不可推之人人。至於政府舉動，又與個人不同，宜注目於大者遠者，區區一枝一節，又渺乎不足言也。余爲此論，非好破壞，亦非有左右袒，余之意欲政府與諸君擴充其愛護國學與發揚國學之盛心，以印一部分者推而印全書也。全書印，此一部分者自括其中，而彼我之願俱達矣。再者，編分甲乙，自是調停之法，惟一影原書，一影古本，同出一源，顯成兩截，他時續印，又將如何？凡做一事，宜通盤打算，不但應爲印全書留餘地，亦應預爲印續留餘地也。難者必曰：知之匪艱，行之維艱，全書纂印非一日，而終不克舉者，恐亦議論多而成功少耶？余不暇辨，請述余所主張與辦法。

余主張印此書：（一）不用庫本，易以他本。其理由，（甲）閣本寫工不佳，以文溯本最劣，有言文津本勝文淵者，余未細校，概言之，俱不得算精寫本也。（乙）閣本所從出之底本，非最善之本，又經刪改，非本來面目。（丙）近來古本流出海外者日益多，國內富於藏書之家，寥寥無幾，不出二三十年，將爲陸丁繆楊之續，趁於此時爲之，尚可及也，否則將俟他國人爲之矣。（丁）一書而有數古本，則擇用一較善之本，再就他本作校記，附於書後。即如太平御覽，以余所見，明刊明抄及清刊日本刊有十餘本，宜綜合諸本，作一校記。此不過舉其一例，他書除舊有校記當然附入外，凡認爲稍重要者，宜廣參異刻，旁證羣書，成一善本。但此事須素治考據校讎之學者，方優爲之。是則流布古本之中，兼有整理羣書之用，茲舉爲不虛矣。昨閱報載葉君恭綽等向教部條議列名，皆一時耆宿，且無一非胸羅錄略，手熟丹黃者，各掬其精誠，爲叢籍拯垂危之命，覓不死之方，此其時矣。則余嚮者所慮覓

書之難，又不足云也。(二)改用排印，且縮成袖珍本
。其理由(甲)省費(乙)省紙(丙)便儲藏。省費省紙，
人共知之，無俟贅述，至儲藏之便不便，與銷售所關
至鉅。李鄴侯插架三萬軸，豈可擬之寒儒斗室，況外
國圖書館，規制有一定，數百金得一書，不爲浪侈，
（國幣二千元合美金止五六百元）有苦於大莫能容者
矣。就余所擬，約中國尺一丈四尺之地，即能陳之。
南面擁城者，無須東壁開府，則月入百金之講學家，
地闢半弓之閱覽室，俱能購置。銷額之廣，可操左劵
。或疑小本書非藝林所重，是不然，巾箱之製，袖珍
之名，由來甚古，最通行者，如殿板古香齋初學記諸
書，最新出者，如上虞羅氏雲窗叢刻，何嘗不令人愛
玩。更有一例，余舊藏有佩文韻府淵鑑類函二書，皆
殿本也。少時喜獺祭，日必翻閱，以卷帙之繁重，甚
苦之。後購得同文館石印本，韻府僅十冊，類函僅八
冊，每檢一字，覓一典，隨手即得，不覺稱快，而二
殿本遂束高閣矣。吾人今後應閱之書，日增無已，所
謂時間之經濟，必須顧及。此大類書，供人參考，猶
余向者之於韻府類函也，雖有鉅冊，猶將棄之，於小
何嫌？若影印之不適用，亦另有說。凡影印之書，紙
必白，墨必黑，筆畫顯露，始見肖妙。若宋元明舊
槧，紙墨闇晦，徒成沒字碑耳。嘗見影印書，字本聯
屬，而讀之似訛錯，頗以爲疑，後始知由影工於缺字
處隨便塡補，印成看不出也。且合多數之宋元明本而
成一書，行格大小，字體方圓，參差不一，美觀何
在？余甚望此書畢工，接印續書，氣脈相聯，格式如
一。至於影工之不敷需要，余向已言之，就令一切不
顧，勢亦不可能也。以上所述，只是理論，玆將切實
計算，條舉如下：(計算略)

如上所述，其最使人駭異者，乃全書如此之鉅，而成
本如此之廉也。猶憶民國十四年間，北京政府議准以
是書交商務館承印，聞縮印本（同四部叢刊式）每部
擬價一萬二千元。以此例彼，大相逕庭。余所列舉，
非出臆造。俗語大話怕數算，此乃極淺之數，大家一
算，便知虛實眞僞。今退一步言之，余所擬即有差違
，但相距必不甚遠。再退一步言之，假所費一倍兩倍
於余所擬者，亦不可不印。方今東方文化問題，爲世
界所重視，而庚欵用度，又限於文化事業，夫文化事
業，有重於此者乎？政府歲糜百數十萬以養有名無實
之文化機關，豈有於成績可立見者，而靳此些微之補

助耶？況因此書之印，而造紙業，印刷業，隨之勃興，於提倡實業之旨，大相應也。

更有言者，余草此議，絕無成見，不過本一得之愚，供國人採擇。如以為是，請以羣力共督成之，余不敢居功，尤不願身預其事。如以為不是，請別研究所謂是者，俾國內外早慰觀成之望。幸勿徒競意見之私，使驚世偉業，因相持而歸於停頓也。前人題觀釣圖詩云：「得漁同一喜，何必我持竿」。願我同志，共事斯語。

倫氏此議，頗為具體，較之泛論者，自是不同，故國聞週報記者謂：「倫哲如先生是與四庫全書有歷史關係的人，他這篇「擬印四庫全書之管見」，是一個合理可行的計畫，值得當局考慮」。編輯後記但倫氏理論，多有不易一時實行之處。其所擬辦法，關於字體，頁類，工費，紙價，裝訂等費，校費，成本總額，冊數，售約九項，雖有規畫，但非富有印刷經驗之專家，不易驟決，當屬另一問題。聞商務印書館於民國十四年承印全書時，有影印計畫書一厚冊，對於各項辦法，極為詳盡，不知今尚在否？以非本題範圍，姑不具錄。

倫氏理論，對於教部平館計畫，俱不贊同，至於「罕傳」「未刊」等名目，更不足道，因其主張全印，則教部平館之爭，根本可以無庸議矣。不但主張全印，且主張同時將「校對」「續修」二事並進，蓋實民十七年奉天影印文溯閣書之辦法也。其不同者，則前次主張影印，而彼則主張排印；前次主張採用庫本，而彼則主張另用他本。然於此有問題焉。問題維何，則其進行之步驟上辦法上，皆有可討論之餘地也。試分別言之：

倫氏主張印刷校讎續修三者，同時並進，則其規模之宏大，必設立專館，始足以行之。不但設一專館，必須分別設館以董理之。當乾隆之時，僅纂修一事，已為不世之事業，況兼而行之乎。民國以還，僅影印一事，已視為極艱巨之事業，況兼而行之乎？同時並進，固屬佳事，揆之國情，人才雖尚可求，經濟將從何籌措乎？此實一問題也。鄙意以為三事並進，絕不可能，徒曠時日而已。其間不但宜分別進行，且宜分頭進行。印刷一事也，在無大規模國立印刷局之前，惟有託商家為之，商家中能任此者，自非商務印書館莫屬。且該館曾向政府承印數次，雖未成功，然其經驗計畫，豐富精盡，斷非一般印刷所所能及，宜全般由政府委託該館負責辦理。校讎一事也，校讎之事，可分為「機械的」與「學術的」兩種，前者雇員可為之，後者則非通博者不辨。「機械的」校對，其費甚巨，若能影印，則不成問題。至於「學術的」校勘，則無論影排，俱不能省，且甚重要，若以閣本互校，其事尙易。若以抽印三百餘種，聚三閣本對勘，記其異同，則袁向諸君所謂「以承學之士，十人爲之，期月可就」者也。若以就全書對勘，其費當在十倍以上，期年可就，亦無不可。但以閣本較閣本，其意義無甚可取，當取其他善本校之，爲有價值，此則轉展無窮，徵集之難，要非設館所能爲力。且精於校讎之學者，亦不能盡行羅致館內，而庫本寶重，勢又不能隨帶館外。則館內校勘一事，書籍人才，兩感困難。非預將庫書印出原本，委託國內外精於校讎之學者代校，或派人就各公私藏書家或圖書機關勘校，不爲功也。是則校讎工作，必須在印刷完全以後，方可進行，斷不能同時並進。至於校勘託附於書末固佳，卽單印亦自無妨。關於此事，陳柱尊亦謂：「作校勘記，爲學者讀書之事，若印書者之責，且當今能覓幾個阮文達乎？若必待各書之校勘記成，而後印書，吾恐永遠無期矣。」亦爲有見之言。民國十三年商館擬印文淵閣書，計畫自文淵印成後，更輿文溯文津，互加校勘，另印校勘記發行，可仿也。至於續修，更屬另外一事，不在本題範圍之內。續修之舉，其重要或更甚於印行。然如何徵集？如何選擇？俱爲極偉大之事業，理宜精詳籌畫，決非可以輕易視之。此步驟上之應討論者一也。

又倫氏主張辦法有二：其一，不用原本，易以他本，其理由爲閣本寫工不佳，底本删改而非最善之本，改用他本，則流布古本之中，兼有整理羣書之用。其二，改用排印，且縮成袖珍本，其理由爲省費省紙且便儲藏也。縮印之舉，吾人固不反對，然是否縮爲袖珍本，則當待討論。影印與排印，亦爲尙待商之問題。至於印行四庫，不用原本，而用他本，則於事實理論，俱斷斷以爲不可。先就理論上言之，又可分爲二點：(一)既名印行四庫全書，則當以四庫原本爲主，不得待以他本。蓋印庫本爲一事，印善本又爲一事，如以四庫爲名，則不當另用他本，若以他本爲用，則不當以四庫爲名，兩者必居其一矣。且用他本，而不用庫本，則四庫中僅有庫本而無他書可代之書籍何？如兼印之，則與董康等甲乙編之主張何異？而平館爲局部庫本之替代，與此全部庫本之替代，則亦五十步笑百步耳。(二)既不用庫本，則另爲一事，儘可脫離四庫之名目，而自立一名目，發凡起例，重行規訂，對於取捨，亦可自由爲之，又奚必拘受四庫之範圍乎？且四庫全書，出於百數十年專制時代乾隆帝個人之手，純以清代政治勢力，爲其編纂之背景。故近人對於續修庫書，頗有主張改造者。若距百數十年後印書，而仍以百數十年前之範圍爲標準，得毋失之拘乎？此就理論方面言之者也。至於事實問題，則更困難，四庫所收之書，三千餘種，一一配以他本，固所不能，稍有不足，則與四庫內容不符，卽不得謂之四庫書矣。此辦法上之應討論者二也。

綜上輿論；皆以第三者自居，立場不同，意見各異。然事實問題，則教部與商館將維持其原案，而置平館主張於不顧矣。申報記者謂：「吾人之觀察維持原案者，與爭論版本者，或不難因張元濟兼營並進之表示，而得到妥協路徑。惟以普及學術爲根本之一種主張，則與努力重印四庫全書者之意旨，相距過遠，似其實現較爲困難。雖然，四庫全書在今日重印，猶不能使之普遍，則中國學術界未免太落後矣。吾人願當事者對於北方輿論界之倡導，有以注意及之。」影印四庫全書問題其實文化事業，不當着眼某一方面，已如前述。至教部與平館，理當各行其是，不必爭也。柳翼謀先生論文化事業之爭執云：「注意文化，研究文化，思保存而改善之，或發揮而光大之者，皆政府及社會最高尙最優秀之份子，其應出於互助，而不必出於互爭者，蓋亦此問題中應有之義。」諒哉！影印庫書之事，於今歷次三五，更年十餘，中外翕然，曾無異議，其敗壞者，李彥青之徒耳。議論糾紛，蓋未嘗有如此次之烈者也。爲公乎？爲私乎？爲學術乎？爲意見乎？不敢知矣。簡單言之，若教部能以政府地位，影印國家所有四庫眞本，平館以學術團體地位，影印藏家所有之善本古本，則讀者兩受其益。至於選印之議，雖久經提倡，而歷次舉辦，皆擬全印，卽如此次影印原旨，亦復如是，徒以國難嚴重，姑先選印。其實此次事件，全由商館負責進行，與政府不發生經濟上之關係，若政府能主張全印，商務能繼承前志，事亦可舉。若以力難勝任，不妨分別緩急，輕重，次第進行，但當稍改其承印之辦法，則一切問題，皆可解決。若夫續修之事，則有待於另行發起矣。(完)

二二、九、一五。於國立編譯館。

簽注景印四庫全書未刊本草目

經部

易類

下凡稱此有者均係國學圖書館所有之書

了翁易說一卷　宋陳瓘撰　此有鈔本

讀易詳說十卷　宋李光撰　此有鈔本

易變體義十二卷　宋都絜撰　此有鈔本

周易經傳集解三十六卷　宋林栗撰　此有鈔本

南軒易說三卷　宋張栻撰　此有枕碧樓叢書本作五卷

大易粹言十卷　宋方聞一編

厚齋易學五十二卷　宋馮椅撰　此有鈔本

周易總義二十卷　宋易祓撰　湖南有刊本

西溪易說二十卷　宋李過撰　此有鈔本

易通六卷　宋趙以夫撰　此有四庫底本惟闕卷七至八

周易經傳訓解二卷　宋蔡淵撰

周易詳解十六卷　宋李杞撰

淙山讀周易記二十一卷　宋方實孫撰　此有鈔本

讀易舉要四卷　元俞琰撰　此有鈔本

周易象義十六卷　宋丁易東撰　有殘宋本

易原奧義一卷周易原旨六卷　元保八撰　此有鈔本

周易程朱傳義折衷三十三卷　元趙采撰

周易衍義十六卷　元胡震撰

周易圖說二卷　元錢義方撰　此有精鈔本

周易文詮四卷　元趙汸撰

易象鈔四卷　明胡居仁撰

周易箚記三卷　明逯中立撰　此有鈔本

周易像象述五卷　明吳桂森撰

易用五卷　明陳祖念撰

讀易日鈔六卷　清張烈撰　此有康熙刊本

易源就正十二卷　清包儀撰

大易通解十五卷　清魏荔彤撰

易象大意存解一卷　清任陳晉撰

大易擇言三十六卷　清程廷祚撰

周易圖書質疑二十四卷　清趙繼序撰

周易章句證異十一卷　清翟均廉撰

書類

尙書講義二十卷　宋史浩撰　此有精鈔本

絜齋家塾書鈔十二卷　宋袁燮撰

書義斷法六卷　元陳悅道撰

尙書疑義六卷　明馬明衡撰

詩類

慈湖詩傳二十卷　宋楊簡撰　此有鈔本

毛詩講義十二卷　宋林岊撰　此有鈔本

叢桂毛詩集解二十五卷　宋段昌武撰

詩傳旁通十五卷　元梁益撰　此有常州先哲遺書本

詩纘緒十八卷　元劉玉汝撰　此有舊配本

詩演義十五卷　元梁寅撰　此有鈔本

讀詩略記六卷　明朱朝瑛撰　此有鈔本

毛詩類釋二十一卷　清顧棟高撰

詩疑辨證六卷　清黃中松撰

禮類

周官總義卅卷　宋易祓撰　此有道光丙戌重刊本　作六卷

周禮詳解四十卷　宋王昭禹撰　此有舊抄本

禮經本義十七卷　清蔡德晉撰

月令解十二卷　宋張虙撰　此有鈔本

三禮圖四卷　明劉績撰　刻入湖北先正遺書　此有精鈔本

春秋類

春秋例要一卷　宋崔子方撰　此有鈔本

春秋經解十二卷　宋崔子方撰　此有鈔本

春秋讞二十二卷　宋葉夢得撰　此有鈔本

春秋比事二十卷　宋沈棐撰　此有十萬卷樓精鈔本

春秋左傳要義三十一卷　宋魏了翁撰　又有影寫元刊本

春秋分紀九十卷　宋程公說撰　此有精鈔本

春秋講義四卷　宋戴溪撰　有宋刊本

春秋集義五十卷綱領三卷　宋李明復撰　此有鈔本

春秋說三十卷　宋洪咨夔撰　有刊本

春秋纂言十二卷　元吳澄撰　此有明鈔本　有元刊本

春秋三傳辨疑二十卷　元程端學撰　此有山陰知聖教齋杜氏鈔本　北平有元刻殘本

春秋讞義九卷　元王元杰撰　此有鈔本

春秋胡傳附錄纂疏三十卷　元汪克寬撰　此有景寫元刊本

春秋明志錄十二卷　明熊過撰　此有精鈔本

春秋輯傳十三卷凡例二卷　明王樵撰

左氏釋二卷　明馮時可撰

春秋質疑十二卷　明楊于庭撰

讀春秋略記十卷　明朱朝瑛撰　此有鈔本

春秋平義十二卷　清俞汝言撰　此有館底本

春秋管窺十二卷　清徐庭垣撰

五經總義類

融堂四書管見十三卷　宋錢時撰

五經稽疑六卷　明朱睦㮮撰　此有鈔本

十三經義疑十二卷　清吳浩撰

經稗六卷　清鄭方坤撰　此藏鈔本作十二卷

十三經註疏正字八十一卷　清沈廷芳撰

九經辨字瀆蒙十二卷　清沈炳震撰　此有鈔本

四書類

論語全解十卷　宋陳祥道撰　此有四庫底本

孟子傳二十九卷　宋張九成撰　此有四庫發還本

中庸集解三卷　宋石𡼖編　此有道光翼氏仿刊本

蒙齋中庸講義四卷　宋袁甫撰　此有鈔本

四書集義精要二十八卷　元劉因編　故宮有元刻本

四書管窺八卷　元史伯璿撰　此藏卅六卷本　論語先進篇以下不闕　又有敬鄉樓叢書本作十卷

樂類

鐘律通攷六卷　明倪復撰　有明刊本

律呂闡微十卷　清江永撰　此有館底本

古樂書二卷　清應撝謙撰

小學類

俗書刊誤十二卷　明焦竑撰

篆隸考異二卷　清周靖撰

增修互注禮部韻略五卷　宋毛晃增注　此有元刊殘本

增修校正押韻釋疑五卷　宋歐陽德隆撰郭守正增修

音韻述微三十卷　清乾隆撰

右經部書共計八十九種

史部

編年類

九朝編年備要三十卷　宋陳均撰　此有殿硯齋鈔本

兩朝綱目備要十六卷　不著撰人　此有舊抄本

宋史全文三十六卷　不著撰人　此有明刊本　又新舊抄配本

紀事本末類

平定三逆方略六十卷　清康熙撰

石峯堡紀略二十一卷　清乾隆撰

台灣紀略七十卷　清乾隆撰　此有刊本

別史類

春秋戰國異詞五十四卷通表二卷摭遺一卷　清陳厚耀撰

詔令奏議類

讜論集五卷　宋陳次升撰　此有精鈔本

左史諫草一卷　宋呂中撰

商文毅疏稿略一卷　明商輅撰　此有天一閣進呈發還本

傳記類

廉吏傳二卷　宋費樞撰　此有鈔本

蒙古王公功績表傳十二卷　清乾隆撰　此有抄本作一百卅卷

閩中理學淵源考九十二卷　清李清馥撰　此有竹書堂校錄本

地理類

至正金陵新志十五卷　元張鉉撰　此與北平圖均有元刊本

浙西水利書三卷　明姚文灝撰　此有影寫明刊本

水經注集釋訂譌四十卷　清沈炳巽撰

海塘錄二十六卷　清翟均廉撰　此有古泉草堂鈔本

嶺南風物記一卷　清吳綺撰　此有竹書堂鈔本

職官類

禮部志稿一百十卷　明俞汝楫撰

太常續考八卷　不著撰人

土官底簿二卷　不著撰人　此有鈔本

政書類

元朝典故編年考十卷　清孫承澤撰　此有鈔本

政和御製冠禮十卷五禮新儀二百二十卷　宋鄭居中等

撰　此有舊抄本

廟學典禮六卷　不著撰人　此有舊抄本

滿洲祭神祭天典禮六卷　清乾隆撰　此有鈔本

史評類

六朝通鑑博議十卷　宋李燾撰　此有影宋鈔本

大事記講義二十三卷　宋呂中撰　此有影元鈔本

兩漢筆記十二卷　宋錢時撰

十七史纂古今通要十七卷　元胡一桂撰　此有影元鈔本

右史部書共計二十九種

子部

儒家類

近思錄集注十四卷　清茅星來撰　此有鈔本

戒子通錄八卷　宋劉清之撰

朱子讀書法四卷　宋張洪齊熙同編　有刊本

家山圖書一卷　此有鈔本

雙橋隨筆十二卷　清周召撰

醫家類

脚氣治法總要二卷　宋董汲撰　此有鈔本

素問入式運氣論奥三卷附黄帝内經素問遺篇一卷　宋劉溫舒撰　此有明成化刊本　又日本刊本

衞生十全方三卷奇疾方一卷　宋夏德撰

傳信適用方二卷　宋吳彥夔撰　此有鈔本

衞濟寶書二卷　題東軒居士撰　此有鈔本

鍼灸資生經七卷　宋王執中撰　此有影抄元刊本

婦人大全良方二十四卷　宋陳自明撰　有明刊本及日本刊本

三因極一病證方論十八卷　宋陳言撰　此有日本元祿六年刊本

集驗背疽方一卷　宋李迅撰　此有鈔本

濟生方八卷　宋嚴用和撰　此有鈔本

世醫得效方二十卷　元危亦林撰　此有舊抄本

扁鵲神應針灸玉龍經一卷　元王國瑞撰

續名醫類案六十卷　清魏之琇撰　有廣東刊本

天文算法類

原本革象新書五卷　元趙友欽撰　此有鈔本

七政推步七卷　明貝琳撰　此有鈔本

全史日至源流三十三卷　清許伯政撰　此有竹書堂校
錄本
莊氏算學八卷　清莊亨陽撰

術數類

皇極經世索隱二卷　宋張行成撰　此有抄本
皇極經世觀物外篇衍義九卷　宋張行成撰　此有抄本
易通變四十卷　宋張行成撰　此有影宋本
觀物篇解五卷附皇極經世解起數訣一卷　宋祝泌撰
此有舊鈔本
大衍索隱三卷　宋丁易東撰　此有鈔本
靈台祕苑十五卷　後周庾季才撰　此有景印文津閣本
玉照定眞經一卷　題晉郭璞撰　此有鈔本
星命溯源五卷　不著撰人　此有鈔本
星命總括三卷　遼耶律純撰　此有鈔本
演禽通纂二卷　不著撰人　此有鈔本
太乙金鏡式經十卷　唐王希明撰　此有鈔本
遁甲演義二卷　明程道生撰
禽星易見一卷　明池本理撰

藝術類

書小史十卷　宋陳思撰　此有影寫宋本　又八千卷樓
朱印本
書訣一卷　明豐坊撰
祕殿珠林二十四卷　清乾隆九年奉勅撰　有正書局印
過
石渠寶笈四十四卷　清乾隆九年奉勅撰　商務印書館
印過

譜錄類

六藝之一錄四百六卷續編十二卷　清倪濤撰
琴譜合璧十八卷　清和素撰
欽定西清硯譜二十五卷　清乾隆四十三年奉勅撰

雜家類

白田雜著八卷　清王懋竑撰　有刻本
琴堂諭俗編二卷　宋鄭至道撰
蟫精雋十六卷　明徐伯齡撰
採芹錄四卷　明徐三重撰
研山齋雜記四卷　不著撰人
言行龜鑑八卷　元張光祖編
元明事類鈔四十卷　清姚之駰撰

類書類

實賓錄十四卷　宋馬永易撰　此有鈔本殘存四卷

職官分紀五十卷　宋孫逢吉　此有十萬卷樓鈔本

歷代制度詳說十二卷　宋呂祖謙撰　此有舊鈔本

名賢氏族言行類稿六十卷　宋章定撰

全芳備祖前集二十七卷後集三十一卷　宋陳景沂撰　此有舊鈔本

六帖補二十卷　宋楊伯嵒撰　此有依宋鈔本

古儷府十二卷　明王志慶編

花木鳥獸集類三卷　清吳寶之撰

別號錄九卷　清葛萬里撰　此有精鈔本

道家類

御注道德經二卷　清順治十三年御撰　有順治刊本

右子部書共計五十九種

集部

別集類

李遐叔文集四卷　唐李華撰　此有精鈔本

韓文舉正十卷外集一卷　宋方崧卿撰　此有精寫本

五百家注音辨柳先生文集二十一卷外集二卷新編外集一卷龍城錄二卷附錄八卷　宋魏仲舉編

文莊集三十六卷　宋夏竦撰　此有精鈔本

東觀集十卷　宋魏野撰　此有舊鈔本三種

古靈集二十五卷　宋陳襄撰　此有影宋本

鄖溪集三十卷　宋鄭獬撰　此有鈔本

錢塘集十四卷　宋韋驤撰　此有舊鈔本　又武林先哲遺書本

鄱陽集十二卷　宋彭汝礪撰　此有舊鈔本

南陽集三十卷附錄一卷　宋韓維撰　此有舊鈔本

樂全集四十卷　宋張方平撰　此有舊鈔本

雲溪居士集卅卷　宋華鎮撰　此有依閣鈔本

演山集六十卷　宋黃裳撰　此有舊鈔本

潏水集十六卷　宋李復撰　此有依閣鈔本

姑溪居士前集五十卷後集二十卷　宋李之儀撰　此有舊鈔本

樂靜集卅卷　宋李昭玘撰　此有鈔本

灌園集廿卷　宋呂南公撰　此有鈔本

洪龜父集二卷　宋洪朋撰　此有舊鈔本

跨鼇集卅卷　宋李新撰　此有依閣鈔本

初寮集八卷　宋王安中撰　此有抄本

西渡集二卷補遺一卷　宋洪炎撰　此有抄本

丹陽集二十四卷　宋葛勝仲撰　此有抄本

莊簡集十八卷　宋李光撰　此有鈔本
東牕集十六卷　宋張擴撰
北山小集四十卷　宋程俱撰　此有依閣鈔本
忠惠集十卷附錄一卷　宋翟汝文撰　此有舊鈔本
檆溪居士集十二卷　宋劉才邵撰　此有抄本
筠溪集二十四卷　宋李彌遜撰　此有舊鈔本
忠穆集八卷　宋吳頤浩撰
東牟集十四卷　宋王洋撰
相山集三十卷　宋王之道撰　此有鈔本
陵陽集四卷　宋韓駒撰　此有兩舊鈔本
雲溪集十二卷　宋郭印撰　此有抄本
北海集四十六卷附錄三卷　宋綦崇禮撰　此有抄本
雪溪集五卷　宋王銍撰
五峯集五卷　宋胡宏撰　此有舊鈔本
斐然集三十卷　宋胡寅撰　此有舊鈔本
浮山集十卷　宋仲并撰　此有抄本
嵩山居士集五十四卷　宋晁公遡撰
默堂集二十二卷　宋陳淵撰　此有影宋鈔本
唯室集四卷附錄一卷　宋陳長方撰　此有舊抄本
歸愚集十卷　宋葛立方撰　此有舊鈔本兩部

拙齋文集二十卷　宋林之奇撰　此有影宋本
太倉稊米集七十卷　宋周紫芝撰　此有舊抄影宋本
高峯文集十二卷　宋廖剛撰　此有舊抄本兩部
方舟集二十四卷　宋李石撰　此有抄本
格齋四六一卷　宋王子俊撰　此有舊鈔本兩部
香山集十六卷　宋喻良能撰　此有鈔本
宮教集十二卷　宋崔敦禮撰　此有鈔本
樂軒集八卷　宋陳藻撰　此有抄本
定庵類稿四卷　宋衞博撰　此有鈔本
澹軒集八卷　宋李呂撰　此有鈔本
尊白堂集六卷　宋虞儔撰　此有鈔本
東塘集二十卷　宋袁說友撰　此有新舊抄配本
涉齋集十八卷　宋許及之撰　此有鈔本
蠹齋鉛刀編三十二卷　宋周孚撰　此有依宋鈔本　又抄本二部
緣督集二十卷　宋曾丰撰　此有舊抄本四十卷　又有新舊抄配本
芸庵類稿六卷　宋李洪撰
自鳴集六卷　宋章甫撰　此有鈔本
客亭類稿十五卷　宋楊冠卿撰　此有鈔本

蓮峯集十卷　宋史堯弼撰　此有鈔本
昌谷集二十二卷　宋曹彥約撰
省齋集十卷　宋廖行之撰
後樂集五十卷　宋衞涇撰　此有新舊鈔配本作二十卷
梅山續集十七卷　宋姜特立撰　此有鈔本
性善堂稿十五卷　宋度正撰
鶴林集四十卷　宋吳泳撰
東澗集十四卷　宋許應龍撰　此有鈔本
方是閒居士小稿二卷　宋劉學箕撰　此有影元鈔本
漁墅類稿八卷　宋陳元晉撰
滄州塵缶編十四卷　宋程公許撰　此有鈔本兩部
臞軒集十六卷　宋王邁撰　此有鈔本
冷然齋集八卷　宋蘇泂撰　此有星鳳閣抄本
可齋雜稿三十四卷續稿八卷續稿後十二卷　宋李曾伯撰　此有影宋鈔本
澗泉集二十卷　宋韓淲撰
庸齋集六卷　宋趙汝騰撰
彝齋文編四卷　宋趙孟堅撰　此有知不足齋鈔本　又舊鈔本
張氏拙軒集六卷　宋張侃撰
北磵集十卷　宋釋居簡撰　此有舊抄本
字溪集十一卷附錄一卷　宋楊枋撰　此有抄本
汶陽端平詩雋四卷　宋周弼撰　此有影宋書棚本
虛齋續集三十卷　宋林希逸撰　此有舊鈔本兩部
潛山集十二卷　宋釋文珦撰　此有鈔本
葦航漫遊稿四卷　宋胡仲弓撰　此有依閣鈔本
碧梧玩芳集二十四卷　宋馬廷鸞撰　此有依閣鈔本
閬風集十二卷　宋舒岳祥撰　此有舊鈔本
秋聲集六卷　宋衞宗武撰　此有鈔本
牟氏陵陽集二十四卷　宋牟巘撰　此有舊鈔本
佩韋齋文集十六卷　宋俞德鄰撰　此有舊抄本兩部二十卷
廬山集五卷英溪集一卷　宋董嗣杲撰　此有依閣抄本
則堂集六卷　宋家〇翁撰　此有抄本
心泉學詩稿六卷　題蒲壽宬撰　此有四庫底本
滏水集二十卷　金趙秉文撰　此有舊抄本　又四部叢刊本
滹南遺老集四十五卷　金王若虛撰　此有四十六卷舊抄本　又四部叢刊本
桐江續集三十七卷　元方回撰　此有舊抄本

野趣有聲畫二卷　元楊公遠撰　此有抄本

屏巖小稿一卷　元張觀光撰　此有鈔本

谷響集三卷　元釋善住撰　此有鈔本

小亨集六卷　元楊弘道撰　此有鈔本

青崖集五卷　元魏初撰　此有鈔本

養吾齋集三十二卷　元劉將孫撰

存悔齋稿一卷補遺一卷　元龔…撰　此有鈔本

東庵集四卷　元滕安上撰　此有抄本

艮齋集六卷　元程端禮撰　此有抄本

默菴集五卷　元安熙撰　此有舊抄本　又抄本

陳秋巖詩集二卷　元陳宜甫撰　此有四庫底本

蘭軒集十六卷　元王旭撰　此有鈔本

玉井樵唱三卷　元尹廷高撰　此有舊鈔本

申齋集十五卷　元劉岳申撰　此有抄本

西巖集二十卷　元張之翰撰　此有鈔本

弁山小隱吟錄二卷　元黃玠撰　此有四庫底本

艮齋詩集十四卷　元侯克中撰　此有鈔本

中庵集二十卷　元劉敏中撰　此有新舊抄配本

王文忠集六卷　元王結撰　此有抄本

渠菴集十五卷　元周恕撰

伊濱集二十四卷　元王沂撰　此有抄本

禮部集二十卷　元吳師道撰　此有舊鈔本

積齋集五卷　元程端學撰　此有抄本

燕石集十五卷　元宋褧撰　此有舊鈔本

瓢泉吟稿五卷　元朱晞顏撰　此有鈔本

滋溪文稿三十卷　元蘇天爵撰　此有鳴野山房鈔本又鈔本

方叔淵遺稿一卷　元方瀾撰　此有鈔本

近光集三卷扈從詩一卷　元周伯琦撰　此有舊抄本又淡生堂抄本　晨風閣叢書有之

子淵詩集六卷　元張仲深撰　此有抄本

午溪集十卷　元陳鎰撰　此有舊抄本

林外野言二卷　元郭翼撰　此有舊抄本三部　崑山趙氏有劉本

桐山老農文集四卷　元魯貞撰　此有鈔本

佩玉齋類稿十卷　元楊翮撰　此有鈔校本

來鶴亭詩八卷補遺一卷　元呂誠撰　此有舊抄本五卷詩一卷又抄本八卷　補遺一卷

性情集六卷　元周巽撰　此有八千卷樓抄本

花谿集三卷　元沈夢麟撰　此有舊鈔本

雲林集二卷　明危素撰　此有舊鈔本

臨安集六卷　明錢宰撰　此有十卷本

草澤狂歌五卷 明王恭撰 此有抄本

梼菴類稿二卷 明鄭潛撰 此有抄本

耕學齋詩集十二卷 明袁華撰 此有抄本十卷

獨醉亭集三卷 明史謹撰

鵝湖集九卷 明龔斆撰

榮陽外史集七十卷 明鄭眞撰

唐愚士詩二卷附會稽懷古詩一卷 明唐之淳撰 此有抄本 又會稽懷古詩有舊抄本

黃給諫遺稿一卷 明黃鉞撰

樓居雜著一卷野航詩稿一卷野航文集一卷附錄一卷 明朱存理撰 此有當歸草堂鈔本

古城集六卷補遺一卷 明張吉撰 此有抄本

方齋詩文集十卷 明林文俊撰

海壑吟稿十一卷 明趙完璧撰 此有抄本

薜荔園詩集四卷 明徐𤊹撰

小辨齋偶存八卷附事定錄三卷 明顧允成撰

集玉山房稿十卷 明葛昕撰

凌忠介集六卷 明凌義渠撰 此有抄本

總書類

玉台新詠考異十卷 清紀容舒撰 此有鈔本

高氏三宴詩集三卷附香山九老詩一卷 唐高正臣編

同文館唱和詩十卷 宋鄧忠臣等撰

宋文選三十二卷 不著撰人

五百家播芳大全文粹一百十卷 宋魏齊賢葉芬同編 此有舊抄本

古文集成前集七十八卷 宋王霆震編

十先生奧論四十卷 不著編人

詩家鼎臠二卷 不著編人 此有鈔校本

兩宋名賢小集一百五十七卷 題宋陳思編 此有南宋名賢小集

天下同文集四十四卷 元周南瑞撰 此有舊抄五十卷本

大雅集八卷 元賴良撰 此有抄本

宛陵羣英集十二卷 元汪澤民張師愚撰 此有抄本

乾坤清氣集十四卷 明偶桓編 此有舊鈔本

滄海遺珠四卷 不著編人 此有鈔本

文氏五家詩十四卷 明長洲文氏祖孫父子之詩也 此有鈔本

吳都文粹續集五十六卷補遺一卷明錢穀編 此有舊抄本補遺係二卷

詩文評類

竹莊詩話二十四卷 宋何溪汶撰

右集部書共計一百六十六種

經史子集四部共三百四十三種

答君羽先生「對於四庫全書輿論之評議的讀後感」

鄭鶴聲

適之先生大鑒：奉讀貴刊（按卽獨立評論）第七十五號上君羽先生關於拙作「對於四庫全書輿論之評議的讀後感」一文，不勝慶幸，可見君羽先生留心此事之熱忱，殊可感謝。其間關於贊許鄙人之處，固不敢當，承蒙指摘之點，亦不可默爾而息，茲略申鄙懷，希登入貴刊，並以答君羽先生之雅意也。鄙人對於此次影印庫書及善本事，始終主張「敎部以政府地位，影印國家所有四庫眞本，平館以學術團體地位，影印藏家所有之善本古本」因「如此，則讀者兩受其益」也。庫本與善本，各有其本身之價値、影印之舉，亦當各行其是，不得混爲一談，董綬經先生謂：「自爭議發生，南北報章，騰載不絕，社會輿論，異說紛歧，詆隲版本以外，又有注重學術爲前提者。竊謂淸代編輯四庫全書，以小節論，雖有分件竄易之嫌，就大體言，胥彰稽古右文之績。有淸學術之盛，足以度越往代者，未始非是書灌溉之所致。」影印庫本對於學術界之價値，雖或不如善本之多，至少可藉以明庫書之面目，而求得淸代竄改書籍之眞相，而獲校勘之方便，其可以發現淸代文獻之處，當不在少數。至未刊庫書，其價値更屬無比。此次教部影印動機，原欲繼承前次之意，全行付印，「惟値此國難嚴重，全部印費，籌措困難，茲爲節省經費易於實現起見，擬將其中向未付印或已絕版之珍本先行付印，」全印選印，本無不可，假使國家財政寬裕，而無從旁阻撓之人，則「文津」或「文淵」之書，早已印就，不勞日人計劃影印文溯閣之書矣！庫書至今爲我所有者，雖有「文淵」「文津」「文瀾」三部，然文瀾之書，補鈔甚多。淵津二部，向藏北平，南中學者，無緣見面，且典藏者視爲珍品，不能與普通書籍，便於閱讀，除極少數之人外，卽有好學深思之士，欲與善本校勘，無從入手。爲普及流行計，自非影印不可。但庫書既爲國家公物，當以政府主辦爲最妥。至於善本書籍，各地藏家圖書館，俱有搜集，自可隨得隨印，任意流傳，不限於一時一地。例如平館既藏有善本，卽當早日設法影印，流傳人間，嘉惠學者，此正該館應盡之責，奚必待至今日，又奚必與影印庫本之事，相提並論乎？君羽先生所謂「平心而論，主張用庫本者，以爲將庫書取出，就能照像上版，可以省去種種的麻煩，所以就是庫本不好，也就算了，主張用善本者，以爲當此千載一時之機會，應當顧及學術上的福利，訪求善本，作校勘記，就是稍延時日，也必須辦的，雙方的理由，非常的簡單，而且非常純粹。」此當爲君羽先生理想之談，其實雙方眞意，並不如此「簡單」而且「純粹」，庫本之影印，既非爲「省去種種麻煩」。而影印善本，亦絕非爲「千載一時」之事，其間用意，能就雙方發表言詞觀之，可以思過其半，不待君羽先生之擊辯而可知也。

教部本主張先印「未刊珍本」，現在仍是實行影印「未刊珍本」，既未改變其計劃，且已成爲事實，又何雄辯之足云。至於平館之影印善本。原由教部提出。爲一種調和辦法。教部復蔡袁函云：「現因印行四庫未刊本，已成定議，未便更改，而印行四庫底本，亦屬要舉，不妨並行。關於籌印四庫底本事宜，可否卽請平館擔任，如荷同意，卽乞妥擬計劃，備部備案。」平館嗣後卽根據此點，向商務接洽影印善本事宜。至於教部主張影印「未刊珍本」，所謂「未刊」，卽謂並無其他刊本可以替代，則平館「以善本代庫本」之說，根本不能成立，且無由發生，而善本必與庫本並提，且混爲一談，原屬題外文章，與教部原議無關，本可置之不問，董綬經先生等初雖有以善本代庫本之主張，然其後致教部函云，「康等承發起人徵求同意，未便拒絕，初無若何成見於其間，竊願大部迅速開始進行，慰全國人之渴望，自無引起爭議之可能」。蔡孑民先生致函教部，亦云：「僅爲貢獻意見，並不堅持主張」，其餘海上人士若張菊生陳柱尊諸先生，亦皆與教部意見，極端相同，北平各委上教部書，附辦法三條，其第一條卽主張「庫本及善本宜並重也。」滬委董綬經先生於本年十月九日在京開會時，竭力主張將庫書全部印行。京委柳翼謀先生復傅沅叔先生書望後之有力者舉全書布印，或加校訂續編。然則君羽先生「凡有舊刻舊鈔本的便用以代替庫本，沒有舊刻舊鈔本可代替的，便用庫本付印，這是多麼光明正大的主張？多麼忠於學術的主張？宜乎津滬名流都起來響應，造成强有力的輿論，開明的政府，就立時採納了！」『現在「以善本代庫本之主張經過公共意識的批判，已成爲今日强有力之「時代的公論」，並蒙教育當局完全採納了，事實最雄辯，鄭先生及時代公論的田君，似乎可以尊重「時代的公論」了！「是非」及「眞理」亦可以藉此大白了！』一番高論，所謂「立時採納」「完全採納」「公共意識」「强有力之時代的公論」「是非」「眞理」諸種事理，鄙人不敏，竊所不解！

至於鄙人主張：「印行四庫，不用原本，而用他本，則於事實理論，俱斷斷以爲不可，如以四庫爲名，則不當用他本，若以他本爲用，則不當以四庫爲名，兩者必居其一，」君羽先生認此段論調爲『帶點「白馬非馬」「狗非犬」的氣味，未免太拘滯太狹隘了。』其實「四庫」二字，雖非專稱，自四庫全書告成後，一般人士，即以「四庫」爲「四庫全書」之簡稱，故商務中華搜印經史子集諸書，另用「四部」二字，稱爲「四部叢刊」「四部備要」，以示別於四庫。平館擬印善本，既喜用「四庫」二字，北平各委，即擬用「四庫善本叢刊」名目，其實平館所擬印者雖以四庫著錄者爲標準，實無四庫全書本身。毫不相干。儘可不用四庫之名。反涉含混。且四庫著錄之善本，未必皆極有價值，反之平館所有善本而未經四庫著錄者，亦當有可採取者，正不必以四庫著錄爲範圍也。柳翼謀先生謂：「另印善本，既非庫書，只可謂其書著錄於四庫耳。」因擬改名「四庫著錄珍本」自屬折衷辦法。君羽先生又謂「執庫本之說者「亦可以鄭先生之言爲代表，」其實鄙人所言，甚爲空洞，若求代表，則可以陳柱尊先生之言當之。陳先生謂：「既名選印庫書珍本，則自當以庫書爲範圍，俾世人得窺庫書之眞面目，若別擇古本善本以代之，則不得冠以四庫之名，此等書隨海內人士或商家自由搜輯刊行可耳。既非取自官本，無須與政府訂立約章，亦無庸公開討論。」其言甚是，鄙人之意，即與此合。此文在拙作中已引及，諒君羽先生已見及也。君羽先生要「抹煞這些……」「那我們還有什麼辦法！」至於拙作內有「我國記者，不言則已，言則意氣相倚，以識彈爲能事，不免流於浮薄」。君羽先生謂拙作字裏行間，犯着自己所說。其實上言云云，係指普通一般記者而言，並非無的放矢。故其議論，悉歸摒棄，而拙作所引，則聲明「擇其有理致者」。至謂大公報記者「心理卑弱」則以其謂「以輕率出之，足令世界學者齒冷，中國體面攸關」，以一國印書事而「乞靈外人」故也，果如記者所言，則日人此次擬印文溯閣校勘最劣之四庫全書，必更爲外人所齒冷，而喪盡體面矣，盜印正足令外人齒冷幷攸關體面耳。未知君羽先生以爲何如，若云「因他的意見與平館相同，便說：記者心理之卑弱」則大非鄙人之原意也。誤會之處，合併聲明。

綜之，鄙人此文，原不過搜集衆說，聊表微意，以供留心此事者參考之資料而已，既無惡意，何浮薄之有乎！未知先生以爲然否？此頌撰安

鄭鶴聲謹啓三、二、二。

景印四庫全書罕傳本擬目

序

政府近有景印四庫全書罕傳本之舉，已定議矣。同禮忝負典守之責，景印流通，殊償夙願！第念此書校寫，遠在一百七十年前，或輯自永樂大典殘帙，或著錄各省採進之本，有原書未亡而館臣未及蒐討者，有據殘本入錄而全帙至今尚存者。且當時館臣於原書面目，任注竄改，脫簡遺文，指不勝屈，吾人欲考其由來，輒苦無從循溯。今茲景印，凡有舊本流傳，應廢庫本，否則貽誤後學，於心實有未安。矧比年以來，古籍發現，日增月益，館臣未及見之孤本祕笈，今則巋然尚存天壤，允宜採用原帙，以存其眞。況書貴初刻，尤足以補庫本之罅漏乎？爰請趙君萬里，參酌同人意見，將四庫及宛委別藏罕傳之本都三百種，編成草目，先爲印行。凡公私所儲舊刻或舊鈔，景印時可用以代替者，悉注於下，藉供當局之參攷焉。惟茲目斟酌取捨，頗費考慮，倘承海內名家，一一指正，示以見聞，俾成定本，則尤所欣幸者也。

民國二十二年六月徐水袁同禮。

例言

（一）此目都計三百種，三百年來均未見刊本，擬輯爲第一集，首先印行以饜學者之望。各書均富於材料性，選擇時頗費裁酌，如蒙方家指正，當重加修訂。

（二）四庫全書校寫時，館臣將原書面目，悉行攙毀，竄改塗乙之處，不一而足，宋元人文集奏議及史部各書爲尤甚，蓋有所忌諱故也。茲所校印，凡有宋元明舊刻或舊抄可用以代替者，當廢庫本，別採他本爲宜。北平圖書館近年所購善本，及舊藏內閣大庫遺書，版本內容高出庫本者，不下四五百種，茲擇尤羅列於目之下方，以備參攷，至國中其他公私藏家藏書有可與此目互相發明者，亦附錄焉。

（三）四庫全書各書，輯自永樂大典以集部爲多，然亦有原本未亡而庫本仍據大典零星輯入者，如劉敏中中庵集，庫本廿卷未足，北平圖書館有海源閣楊氏舊藏元刻廿五卷本，較庫本增出詩文數百首。又如謝肅密庵集，庫本八卷未足，北平圖書館有明天啓刻十卷本，可訂補庫本譌誤數百事，皆其著例也。凡此種種，應廢庫本改用舊本。

（四）四庫全書各書，有據殘本入錄，當時未見全帙者，如劉因四書集義精要，庫本廿八卷，缺後二卷，故宮圖書館有元刊元印本全帙，可補庫本之缺。又如朱右白雲集，庫本五卷，缺後五卷，北平圖書館藏明初刻本，雖僅七卷，然終勝於庫本也。凡此種種，應廢庫本改用舊本。

（五）四庫全書所用底本，率皆元明舊本，彌可珍貴，惜傳錄正本時，經館臣竄改，遂失其眞相。茲所校印，如有四庫底本有翰林院大印或翰林院典籍廳關防一印者皆當時各省進呈本也可據，應廢庫本，改用原底本。北平圖書館藏四庫底本最多均可採用

（六）文津閣四庫全書落成最晚，移置熱河行宮後，迭邀睿賞，故帙中譌誤亦較少，且時據善本重校，觀於卷中剜改處特多，可證也。文津閣本揚子法言鹽鐵論缺處均由紀昀手寫輯入其鄭重可知卷前所載提要，亦有與文淵閣本相異之點，遇有繪畫之頁，二本亦有時互異。重印四庫全書時，應將文淵文津二本先行比勘，然後擇善而從，不得置文津本於不顧也。文津閣譌誤較少之故可參閱內閣大庫及軍機處檔案

(七)故宮圖書館藏宛委別藏全帙，即阮元所呈四庫未收書，各書均自舊本影寫，未改原來面目，其中罕傳本，自當一併印行，以廣流傳。

(八)此目先行付印，分寄海內專門各家徵求意見，請於一月以內函復北平圖書館編纂委員會。

經部

易類

周易新講義十卷 宋耿南仲撰

讀易詳說十卷 宋李光撰 大典本

易變體義十二卷 宋都絜撰 大典本

厚齋易學五十二卷 宋馮椅撰 大典本

周易詳解十六卷 宋李杞撰 大典本

讀易舉要四卷 元俞琰撰 大典本

書類

尙書講義二十卷 宋史浩撰 大典本

絜齋家塾書鈔十二卷 宋袁燮撰 大典本

詩類

毛詩講義十二卷 宋林岊撰 大典本

叢桂毛詩集解二十五卷 宋段昌武撰

詩纘緒十八卷 元劉玉汝撰 大典本

禮類

周禮詳解四十卷 宋王昭禹撰

周官總義三十卷 宋易祓撰 大典本

春秋類

春秋例要一卷 宋崔子方撰 大典本

春秋經解十二卷 宋崔子方撰 大典本

春秋讞二十二卷 宋葉夢得撰 大典本

春秋集義五十卷綱領三卷 宋李明復撰 大典本

春秋說三十卷 宋洪咨夔撰 大典本

春秋三傳辨疑二十卷 元程端學撰 大典本 北平館有元刻殘本

四書類

論語全解十卷 宋陳祥道撰 國學圖書館有四庫底本 北平館有天一閣明抄本與庫本不同

孟子傳二十九卷 宋張九成撰 此書宋刊本在潘氏滂喜齋商務書館曾假來照過

蒙齋中庸講義四卷 宋袁甫撰 大典本 國學圖書館有四庫底本

四書集義精要二十八卷 元劉因編 原書三十卷庫本缺二卷故宮藏元刻本可據補

小學類

增修校正押韻釋疑五卷 宋歐陽德隆撰郭守正增修 此書有元刊本待訪

都二十四種

史部

編年類

九朝編年備要三十卷 宋陳均撰 靜嘉堂文庫有宋刻本北平館有影宋抄本

兩朝綱目備要十六卷 不著撰人

宋史全文三十六卷 不著撰人　北平館有元刊本

紀事本末類

平定三逆方略六十卷 清聖祖撰　故宮有內府抄本

詔令奏議類

兩漢詔令二十三卷 宋樓昉編　常熟瞿氏有宋刻本（此書元刊本世多有之）

讜論集五卷 宋陳次升撰

諸臣奏議一百五十卷 宋趙汝愚編　北平館有宋刻元印本

傳記類

廉吏傳二卷 宋費樞撰

名臣碑傳琬琰集一百七卷 宋杜大珪編　常熟瞿氏有宋刻本此書宋版入明南監，明補本世多有之

今獻備遺四十二卷 明項篤壽撰　北平館有明萬歷刻本

地理類

方輿勝覽七十卷 宋祝穆撰　此書宋刊本世多有之

淳熙三山志四十二卷 宋梁克家撰　此書應據明萬歷本，庫本不足道，常熟瞿氏有舊抄本

至正金陵新志十五卷 元張鉉撰　北平館有元刊原本

姑蘇志六十卷 明王鏊撰　北平館有明正德刊本

滇略十卷 明謝肇淛撰　此書明萬歷間刊於雲南袖芬樓藏有一帙，惜已燬

北河紀八卷紀餘四卷 明謝肇淛撰　有明刻，待訪

敬止集四卷 明萬應芳撰　北平館有明萬歷不分卷刊本（庫本離分爲四）

桂勝十六卷桂故八卷 明張鳴鳳撰　有明刻待訪

蜀中廣記一百八卷 明曹學佺撰　江安傅氏有明刊原本

職官類

禮部志稿一百十卷

太常續考八卷 不著撰人

土官底簿二卷 不著撰人

政書類

政和御製冠禮十卷五禮新儀二百二十卷 宋鄭居中等奉敕撰　常熟瞿氏有抄本

廟學典禮六卷 不著撰人　常熟瞿氏有抄本

明謚記彙編二十五卷 明郭良翰撰　北平館有明萬歷刊本

錢通三十二卷 明胡我琨撰　北平館有明萬歷刊本

馬政紀十二卷 明楊時喬撰

目錄類

名蹟錄六卷 明朱珪撰　北平館有鮑以文手校本至精

吳中金石新編八卷 明陳暐撰

史評類

大事記講義二十三卷 宋呂中撰 北平館有黃虞稷手跋明藍格抄本

都三十種

子部

儒家類

戒子通錄八卷 宋劉清之撰 大典本

兵家類

江南經略八卷 明鄭若曾撰 北平館有明隆慶刻本

農家類

野菜博錄四卷 明鮑山撰 北平館有明天啓刻本

醫家類

脚氣治法總要二卷 宋董汲撰 大典本

小兒衛生總微論方二十卷 不著撰人 有明弘治刻本待訪

衛生十全方三卷奇疾方一卷 宋夏德撰 大典本

集驗背疽方一卷 宋李迅撰 大典本

仁齋直指二十六卷附傷寒類書活人總括七卷 宋楊士瀛撰 有元刊本 待訪

世醫得效方二十卷 元危亦林撰 海源閣有元刻本

普濟方一百六十八卷 明朱橚撰 北平館有明周藩刻本

天文算法類

測圓海鏡分類釋術十卷 明顧應祥撰 有嘉靖刻

術數類

皇極經世索隱二卷 宋張行成撰 大典本

皇極經世觀物外篇衍義九卷 宋張行成撰 大典本

易通變四十卷 宋張行成撰

大衍索隱三卷 宋丁易東撰 大典本

玉照定眞經一卷 題晋郭璞撰 大典本

星命淵源五卷 不著編人

星命總括三卷 遼耶律純撰

太乙金鏡式經十卷 唐王希明奉敕撰

譜錄類

欽定西清硯譜二十五卷 清乾隆四十三年奉敕撰 故宮有內府精寫本此書須五彩套印

香譜四卷 宋陳敬撰

蟹略四卷 宋高似孫撰

雜家類

樂菴遺書四卷 題宋李衡撰 有明刊本從未見過

琴堂諭俗編二卷　宋鄭至道撰　大典本

類說六十卷　宋曾慥編　常熟瞿氏有宋刻殘本東方文化籌備處有明抄本

仕學規範四十卷　宋張鎡編　有宋刊本

自警編九卷　宋趙善璙編　北平館常熟瞿氏有宋刻本

言行龜鑑八卷　元張光祖編　大典本

類書類

實賓錄十四卷　宋　永易撰　大典本

職官分紀五十卷　宋孫逢吉撰

名賢氏族言行類稿六十卷　宋章定撰　有宋麻沙刻本

羣書會元截江網三十五卷　不著撰人　有弘治本未見

小字錄一卷　宋陳思撰　補遺一卷　明沈弘正撰　常熟瞿氏有明銅活字印本

全芳備祖前集二十七卷後集三十一卷　宋陳景沂撰　涵芬樓有汲古閣精鈔本　日本有宋刻本

山堂攷索前集六十六卷後集六十五卷續集五十六卷別集二十五卷　宋章如愚撰　此書有元圓沙書院刻本尚多見（書中載宋季典制特多較有用故可印）

純正蒙求三卷　元胡炳文撰

都三十六種

集部

別集類

韓集舉正十卷外集舉正一卷　宋方崧卿撰　臨清徐氏舊藏宋刻四庫底本今不知何往待訪

五百家註音辯柳先生文集二十一卷外集二卷新編外集一卷龍城錄二卷附錄八卷　宋魏仲舉編

文莊集二十六卷　宋夏竦撰　大典本

古靈集二十五卷　宋陳襄撰

范太史集五十五卷　宋范祖禹撰

南陽集三十卷附錄一卷　宋韓維撰

樂全集四十卷　宋張方平撰　北平館有四庫底本

雲溪居士集三十卷　宋華鎮撰　大典本

演山集六十卷　宋黃裳撰　南宮邢氏藏清初曹倦圃抄本從宋本出最佳

潏水集十六卷　宋李復撰　大典本

樂靜集三十卷　宋李昭玘撰

灌園集二十卷　宋呂南公撰　大典本

洪龜父集二卷　宋洪朋撰　大典本

跨鼇集三十卷　宋李新撰　大典本

莊簡集十八卷　宋李光撰　大典本

東窗集十六卷　宋張擴撰　大典本

忠惠集十卷附錄一卷　宋翟汝文撰　大典本

北山小集四十卷　宋程俱撰　吳興張氏有宋刻殘本二卷江安傅氏有影宋抄本全帙可據補

檆溪居士集十二卷　宋劉才邵撰　大典本

筠溪集二十四卷　宋李彌遜撰

華陽集四十卷　宋張綱撰　北平館有明萬歷刻本從宋本出至罕見

忠穆集八卷　宋呂頤浩撰　大典本

東牟集十四卷　宋王洋撰　大典本

相山集三十卷　宋王之道撰　大典本

大隱集十卷　宋李正民撰　大典本

澹齋集十八卷　宋李流謙撰　大典本

雲溪集十二卷　宋郭印撰　大典本

北海集四十六卷附錄三卷　宋綦崇禮撰　大典本

雪溪集五卷　宋王銍撰　東方文化籌備處有清初謙牧堂抄本

蘆川歸來集十卷附錄一卷　宋張元幹撰　大典本

五峯集五卷　宋胡宏撰

斐然集三十卷　宋胡寅撰

浮山集十卷　宋仲并撰　大典本

嵩山居士集五十四卷　宋晁公遡撰　北平館有宋牧仲家抄本國學圖書館有曹洛家抄本

默堂集二十二卷　宋陳淵撰　北平館有海源閣藏抄本極精從宋本出

唯室集四卷附錄一卷　宋陳長方撰　大典本

拙齋文集二十卷　宋林之奇撰　大典本　武昌徐氏有宋刻二卷北平館有小山堂鈔本可據配

太倉稊米集七十卷　宋周紫芝撰　此書應覓影宋舊鈔代之

高峯文集十二卷　宋廖剛撰　國學圖書館有舊鈔本

艾軒集九卷附錄一卷　宋林光朝撰　此書應以明正德本代之

方舟集二十四卷　宋李石撰　大典本

網山集八卷　宋林亦之撰

定庵類稿四卷　宋衛博撰　大典本

澹軒集八卷　宋李呂撰　大典本

尊白堂集六卷　本虞儔撰　大典本

東塘集二十卷　宋袁說友撰　大典本

蠹齋鉛刀編三十二卷　宋周孚撰　北平館有徐乾學家舊藏明抄本從宋本出最佳

緣督集二十卷　宋曾豐撰　大典本　此書原本四十卷國學圖書館有抄本從明抄本出可補庫本之缺

定齋集二十卷　宋蔡戡撰　大典本

九華集二十五卷附錄一卷　宋員興宗撰　大典本

芸庵類稿六卷　宋李洪撰　大典本

蓮峯集十卷　宋史堯弼撰　大典本

昌谷集二十二卷 宋曹彥約撰 大典本

省齋集十卷 宋廖行之撰 大典本

後樂集五十卷 宋衞涇撰 大典本

梅山續集十七卷 宋姜特立撰 北平館有小山堂藏抄本

性善堂稿十五卷 宋度正撰 大典本

鶴林集四十卷 宋吳泳撰 大典本

東澗集十四卷 宋許應龍撰 大典本

漁墅類稿八卷 宋陳元晉撰 大典本

滄洲塵缶編十四卷 宋程公許撰 大典本

泠然齋集八卷 宋蘇泂撰 大典本

可齋雜稿三十四卷續稿八卷續稿後十二卷 宋李曾伯撰 東方文化籌備處有四庫底抄本從宋本出

篔牕集十卷 宋陳耆卿撰 大典本

鐵菴集三十七卷 宋方大琮撰 庫本不足江安傅氏國學圖書館均有明正德刻四十五卷本與庫本大異

履齋遺集四卷 宋吳潛撰 北平館有明刻本

臞軒集十六卷 宋王邁撰 大典本

雪牕集二卷附錄一卷 宋孫夢觀撰 北平館有明嘉靖刻本

庸齋集六卷 宋趙汝騰撰 大典本

張氏拙軒集六卷 宋張侃撰 大典本

楳埜集十二卷 宋徐元杰撰 大典本

北磵集十卷 宋釋居簡撰 江安傅氏有明謝在杭小草齋精抄本日本有五山古刻本都勝於庫本

本堂集九十四卷 宋陳著撰

鬳齋續集三十卷 宋林希逸撰 蕭山朱氏有明謝在杭小草齋抄本從宋本出

潛山集十二卷 宋釋文珦撰 大典本

葦航漫遊稿四卷 宋胡仲弓撰 大典本

秋聲集六卷 宋衞宗武撰 大典

梅巖文集十卷 宋胡次焱撰 有明嘉靖刻待訪

廬山集五卷英溪集一卷 宋董嗣杲撰 大典本 北平館有四庫底本

則堂集六卷 宋家鉉翁撰 大典本 北平館有四庫底本

心泉學詩稿六卷 題蒲壽宬撰 大典本 國學圖書館有四庫底本

藏春集六卷 元劉秉忠撰 有明天順刻本待訪以舊鈔代亦可

稼村類稿三十卷 元王義山撰 有明正德刻本待訪

桐江續集三十七卷 元方回撰 此書應與宛委別藏中之桐江集合刊

剩語二卷 元艾性夫撰 大典本

養蒙集十卷 元張伯淳撰 北平館有明宣德刻本僅前五卷以舊鈔配

青山集八卷 元趙文撰 大典本

桂隱文集四卷詩集四卷 元劉詵撰 有明嘉靖刻本待訪

巴西文集一卷 元鄧文原撰 北平館有知不足齋精寫本常熟瞿氏有弘治前抄本鮑以文輯詩集名履素齋稿可附印

谷響集三卷 元釋善住撰

小亭集六卷 元楊弘道撰 大典本

青崖集五卷 元魏初撰 大典本

養吾齋集三十二卷 元劉將孫撰 大典本

東庵集四卷 元滕安上撰 大典本 北平館有四庫底本

曹文貞詩集十卷後錄一卷 元曹伯啓撰 常熟瞿氏國學圖書館有元刊本

陳秋巖詩集二卷 元陳宜甫撰 大典本

蘭軒集十六卷 元王旭撰 大典本

玉井樵唱三卷 元尹廷高撰

申齋集十五卷 元劉岳申撰

西巖集二十卷 元張之翰撰 大典本

弁山小隱吟錄二卷 元黃玠撰 國學圖書館有四庫底抄本

艮齋詩集十四卷 元侯克中撰

中庵集二十卷 元劉敏中撰 大典本 庫本不足北平館有元刻劉文簡公集二十五卷乃丁庫祕笈

王文忠集六卷 元王結撰 大典本

榘菴集十五卷 元同恕撰 大典本

檜亭集九卷 元丁復撰 大典本

伊濱集二十四卷 元王沂撰 大典本

閑居叢稿二十六卷 元蒲道源撰 故宮有元刻本缺數卷缺卷在江安傅氏可配成一書此書元刊本以吳興周氏藏本爲最佳

燕石集十五卷 元宋褧撰 故宮有曹溶家抄

安雅堂集十三卷 元陳旅撰 常熟瞿氏有元刊足本秋浦周氏有元刻本黃丕烈校補至精可以舊鈔本配印

瓢泉吟稿五卷 元朱晞顏撰

筠軒集十三卷 元唐元撰 有明正德刻本待訪

俟菴集三十卷 元李存撰 常熟瞿氏有明永樂刊本以江安傅氏藏舊鈔本代之亦可

近光集三卷扈從詩一卷 元周伯琦撰 江安傅氏有謙牧堂抄本至佳可補庫本之缺

圭峯集二卷 元盧琦撰 國學圖書館有明萬歷刻本

五峯集六卷 元李孝光撰 有明弘治刻本待訪以北平館藏舊鈔不分卷本代亦可

野處集四卷 元邵亨貞撰 有明刻本待訪

子淵詩集六卷 元張仲深撰 大典本

午溪集十卷 元陳鎰撰

羽庭集六卷 元劉仁本撰 大典本

居竹軒集十六卷 元成廷珪撰 北平館有知不足齋精抄本國學圖書館有明初刻本

僑吳集十二卷附錄一卷 元鄭元祐撰 武進陶氏有明弘治刻本

傲軒吟稿一卷 元胡天游撰 有明嘉靖刻本待訪國學圖書館有影抄明本

桐山老農文集四卷 元魯貞撰

靜思集十卷 元郭鈺撰 有明嘉靖刻本待訪以舊鈔本代亦可

佩玉齋類稿十卷 元揚翮撰 此書應覓十三卷足本印之

麟原文集二十四卷 元王禮撰 有明初刻本待訪

性情集六卷 元周巽撰 大典本

夷白齋稿三十五卷外集一卷 元陳基撰 有弘治刻本

玉笥集十卷 元鄧雅撰 常熟瞿氏有舊刻本

翠屏集四卷 明張以寧撰 東方文化籌備處有明刻本

白雲集七卷 明唐桂芳撰 有明正德本待訪

白雲稿五卷 明朱右撰 庫本不足北平館有明刻七卷殘本

密菴集八卷 明謝肅撰 大典本 庫本不足江安傅氏有明初刻本北平館有明天啓刻本均佳

臨安集六卷 明錢宰撰 庫本不足原本十卷世尚有之國學圖書館有十卷本

半軒集十四卷 明王行撰 有明弘治刻本待訪

蚓竅集十卷 明管時敏撰 北平館有明永樂刻何義門校補本

西郊笑端集二卷 明董紀撰 北平館有明宣德刻本

自怡集一卷 明劉璉撰 北平館有明初刻黑口本

斗南老人集六卷 明胡奎撰 有明初寧府刊本待訪

唐愚士詩二卷附會稽懷古詩一卷 明唐之淳撰 北平館有明弘治抄四庫底本

青城山人集八卷 明王璲撰 廬江劉氏有明黑口本

金文靖集十卷 明金幼孜撰 有明成化刻本待訪國學圖書館有明弘治刻本

運甓漫稿七卷 明李昌祺撰 北平館有明正統刻本

古廉集十一卷附錄一卷 明李時勉撰 北平館國學圖書館均有明景泰刻

古穰集三十卷 明李賢撰 有明刻待訪

清風亭稿七卷 明童軒撰 北平館有明天順刻四庫底本

石田詩集十卷 明沈周撰 北平館有明弘治刻本

小鳴稿十卷 明朱誠泳撰 東方文化籌備處有弘治刻四庫底本

東江家藏集四十二卷 明顧清撰 北平館有明嘉靖刻本

雲村文集十四卷 明許相卿撰 北平館有明嘉靖刻四庫底本

泰泉集十卷 明黃佐撰 北平館有明嘉靖刻本

皇甫司勳集六十卷 明皇甫汸撰 北平館有明萬曆刻本

皇甫少玄集二十六卷外集十卷 明皇甫涍撰 北平館有明嘉靖刻本

慢亭詩集十五卷 明徐熥撰 北平館有明萬曆刻廿卷本庫本不足無文集

總集類

古今歲時雜詠四十六卷 宋蒲積中編 此書應覓明鈔本

五百家播芳大全文粹一百十卷 宋魏齊賢葉棻同編 涵芬樓有宋本惜剜改卷目常熟瞿氏有舊

抄本最佳

成都文類五十卷 宋程遇孫等八人同編 故宮有明刊本

詩家鼎臠二卷 不著編人 此書應覓元刻本印之

兩宋名賢小集一百五十七卷 題宋陳思編元陳世隆補 南宋羣賢小集有讀畫齋刻本可不必印北宋小集北平館有四庫底本應補印

玉山名勝集八卷外集一卷 元顧瑛撰 北平館有明萬歷刻六卷本常熟瞿氏有明抄二卷本

玉山紀游一卷 明袁華編

元音遺響十卷 不著編人 北平館有渭采堂藏鈔本至精

荊南唱和集一卷 元周砥明馬治同撰 有明成化刻本待訪

乾坤清氣集十四卷 明偶桓編 北平館有曹楝亭藏鈔本

三華集十八卷 明錢公善編 有明正統黑口本待訪

元詩體要十四卷 明宋緒編 北平館有明正德刻本

滄海遺珠四卷 不著編人 北平館有靈谷山房抄本

詩文評類

竹莊詩話二十四卷 宋何溪汶撰

詞曲類

花草粹編二十二卷附錄一卷 明陳耀文編 此書原本分裂為二十二卷絕非原本之舊應為十二卷北平館及武昌徐氏均有萬歷刻本

都一百七十種

附宛委別藏罕傳本擬目

周易經疑三卷 元涂溍生

詩義集說四卷 明孫鼎

五服圖解一卷 元龔端禮 東莞莫氏有元刻本

左氏摘奇十二卷 宋胡元質

九經疑難四卷 宋張文伯

鐘鼎篆韻七卷 元楊銁

皇宋通鑑長篇紀事本末一百五十卷 宋楊仲良

中興兩朝聖政六十四卷 不著撰人

運使復齋郭公言行錄一卷 元徐東 宋刻本似歸涵芬樓

編年通載四卷 宋章衡

讀史管見三十卷 宋胡寅

遁甲符應經三卷 宋楊維德

陳氏小說病源方論四卷 金陳文中

類編朱氏集驗醫方十五卷 宋朱佐

嚴氏明理論三卷後集一卷 宋嚴器之

寶祐四年會天曆一卷 宋荊執禮

嘉量算經三卷 明朱載堉
爲政善報十卷 宋葉留
書齋夜話四卷 宋俞玉
羣書通要七十三卷
羣書類編故事二十四卷 元王罃
回溪史韵二十三卷 宋錢諷 北平館有宋刻殘本可補此本之缺
歷代蒙求一卷 元王芮
毅齋別錄一卷 不著撰人
史詠詩集二卷 宋徐鈞
平安悔稿十二卷 宋項安世
桐江集八卷 元方回
王徵士詩集八卷 元王沂
東皋詩集五卷 元馬玉麟
貞一齋詩文稿二卷 元朱思本
策要六卷 元緊寅
編類運使復齋郭公敏行錄 不著撰人
梅花百詠一卷 元韋珪
愼齋集四卷 明蔣主忠

東漢文鑑二十卷 宋陳鑑
分類唐歌詩殘本十一卷 宋趙孟奎 常熟瞿氏有宋刻本即此本所從出
策學統宗前編五卷
蟻術詩選八卷 元邵亨貞
元賦青雲梯三卷
聲律關鍵八卷 宋鄭起潛
都四十種

景印四庫全書未刊本草目

國立中央圖書館籌備處編

例言

一、本處奉教育部令籌印四庫全書中未刊珍本，故選編草目，重在四庫全書中未刊諸書，其已有宋元刊本而流傳已少，有同未刊者，亦爲選入，以廣流傳。

二、本處新告成立，目錄未備，編者見聞有限，深愧固陋，遺漏誤謬，當所難免；而編者於草目所列中多懷疑未決，特附列質疑目錄於後，敬乞方家加意指正，嚴定去取。

三、質疑目錄中所列，悉屬疑問，例如：

(甲)江西先哲遺書所擬刻而未刻諸書，應否將庫本景印。

(乙)文津閣本所缺之書，應否列入目錄，以備檢查文淵閣本。

(丙)全書中頗有多書耳聞所及，已有刊本，但不能明知其板刻，不敢決其是否已刻，特列入以求指正。

(丁)四庫所收，非盡善本，殘缺訛誤，確屬實情，無庸諱言，關於草目所錄，其有宋元刊刻四庫底本及景宋精鈔，可確知現在藏處者，應否剔出，留待善本之另印，或仍印庫本，以見四庫之眞相，使學者將來得以原書校正庫本，明其得失。

(戊)續四部叢刊或續古逸叢書已照有善本，惟未出版，庫本應否付印。

(己)書之曾有刊本，卷數不符庫本，應否景印，以便校核。

(庚)書之已有明刊，惟聞已佚，應否付印。

四、本目請方家詳加簽注，於一月內寄交國立中央圖書館籌備處，以便開會討論，彙編定目。

景印四庫全書未刊本草目

經部

易類

了翁易說一卷 宋陳瓘撰

讀易詳說十卷 宋李光撰

易變體義十二卷 宋都絜撰

周易經傳集解三十六卷 宋林栗撰

南軒易說三卷 宋張栻撰

大易粹言十卷 宋方聞一編

厚齋易學五十二卷 宋馮椅撰

周易總義二十卷 宋易祓撰

西溪易說二十卷 宋李過撰

易通六卷 宋趙以夫撰

周易經傳訓解二卷 宋蔡淵撰

周易詳解十六卷 宋李杞撰

淙山讀周易記二十一卷 宋方實孫撰

讀易舉要四卷 元俞琰撰

周易象義十六卷 宋丁易東撰

易原奧義一卷周易原旨六卷 元保八撰

周易程朱傳義折衷三十三卷 元趙采撰

周易衍義十六卷 元胡震撰

周易圖說二卷 元錢義方撰

周易文詮四卷 元趙汸撰

易象鈔四卷 明胡居仁撰

周易劄記三卷 明逯中立撰

周易像象述五卷 明吳桂森撰

易用五卷 明陳祖念撰

讀易日鈔六卷 清張烈撰

易源就正十二卷 清包儀撰

大易通解十五卷 清魏荔彤撰

易象大意存解一卷 清任陳晉撰

大易擇言三十六卷 清程廷祚撰

周易圖書質疑廿四卷 清趙繼序撰

周易章句證異十一卷 清翟均廉撰

書類

尙書講義二十卷 宋史浩撰

絜齋家塾書鈔十二卷 宋袁燮撰

書義斷法六卷 元陳悅道撰

尙書疑義六卷 明馬明衡撰

詩類

慈湖詩傳二十卷 宋楊簡撰

毛詩講義十二卷 宋林岊撰

叢桂毛詩集解二十五卷 宋段昌武撰

詩傳旁通十五卷 元梁益撰

詩纘緒十八卷 元劉玉汝撰

詩演義十五卷 元梁寅撰

讀詩略記六卷 明朱朝瑛撰

毛詩類釋二十一卷 清顧棟高撰

詩疑辨證六卷 清黃中松撰

禮類

周官總義三十卷 宋易祓撰

周禮詳解四十卷 宋王昭禹撰

禮經本義十七卷 清蔡德晉撰

月令解十二卷 宋張虙撰

三禮圖四卷 明劉績撰

春秋類

春秋例要一卷 宋崔子方撰

春秋經解十二卷 宋崔子方撰

春秋讞二十二卷 宋葉夢得撰

春秋比事二十卷 宋沈棐撰

春秋左傳要義三十一卷 宋魏了翁撰

春秋分紀九十卷 宋程公說撰

春秋講義四卷 宋戴溪撰

春秋集義五十卷綱領三卷 宋李明復撰

春秋說三十卷 宋洪咨夔撰

春秋纂言十二卷 元吳澄撰

春秋三傳辨疑二十卷 元程端學撰

春秋讞義九卷 元王元杰撰

春秋胡傳附錄纂疏三十卷 元汪克寬撰

春秋明志錄十二卷 明熊過撰
春秋輯傳十三卷凡例二卷 明王樵撰
左氏釋二卷 明馮時可撰
春秋質疑十二卷 明楊于庭撰
讀春秋略記十卷 明朱朝瑛撰
春秋平義十二卷 清俞汝言撰
春秋管窺十二卷 清徐庭垣撰

五經總義類

融堂四書管見十三卷 宋錢時撰
五經稽疑六卷 明朱睦㮮撰
十三經義疑十二卷 清吳浩撰
經裨六卷 清鄭方坤撰
十三經註疏正字八十一卷 清沈廷芳撰
九經辨字瀆蒙十二卷 清沈炳震撰

四書類

論語全解十卷 宋陳祥道撰
孟子傳二十九卷 宋張九成撰
中庸集解三卷 宋石𡼖編
蒙齋中庸講義四卷 宋袁甫撰
四書集義精要二十八卷 元劉因編
四書管窺八卷 元史伯璿撰

樂類

鐘律通考六卷 明倪復撰
古樂書二卷 清應撝謙撰
律呂闡微十卷 清江永撰

小學類

俗書刊誤十二卷 明焦竑撰
篆隸考異二卷 清周靖撰
增修互注禮部韻略五卷 宋毛晃增注
增修校正押韻釋疑五卷 宋歐陽德隆撰郭守正增修
音韻述微三十卷 清乾隆撰

右經部書共計八十九種

史部

編年類

九朝編年備要三十卷 宋陳均撰
兩朝綱目備要十六卷 不著撰人

宋史全文三十六卷 不著撰人

紀事本末類

平定三逆方略六十卷 清康熙撰

石峯堡紀略二十一卷 清乾隆撰

臺灣紀略七十卷 清乾隆撰

別史類

春秋戰國異詞五十四卷通表二卷摭遺一卷 清陳厚耀撰

詔令奏議類

讜論集五卷 宋陳次升撰

左史諫草一卷 宋呂午撰

商文毅疏稿略一卷 明商輅撰

傳記類

廉吏傳二卷 宋費樞撰

蒙古王公功績表傳十二卷 清乾隆撰

閩中理學淵源考九十二卷 清李清馥撰

地理類

至正金陵新志十五卷 元張鉉撰

浙西水利書三卷 明姚文灝撰

水經注集釋訂譌四十卷 清沈炳巽撰

海塘錄二十六卷 清翟均廉撰

嶺南風物記一卷 清吳綺撰

職官類

禮部志稿一百十卷 明俞汝楫撰

太常續考八卷 不著撰人

土官底簿二卷 不著撰人

政書類

元朝典故編年考十卷 清孫承澤撰

政和御製冠禮十卷五禮新儀二百二十卷 宋鄭居中等撰

廟學典禮六卷 不著撰人

滿洲祭神祭天典禮六卷 清乾隆撰

史評類

六朝通鑑博議十卷 宋李燾撰

大事記講義二十三卷 宋呂中撰

兩漢筆記十二卷 宋錢時撰

十七史纂古今通要十七卷 元胡一桂撰

右史部書共計二十九種

子部

儒家類

近思錄集注十四卷　清茅星來撰
戒子通錄八卷　宋劉清之撰
朱子讀書法四卷　宋張洪齊熙同編
家山圖書一卷
雙橋隨筆十二卷　清周召撰

醫家類

脚氣治法總要二卷　宋董汲撰
素問入式運氣論奥三卷附皇帝內經素問遺篇一卷　宋劉溫舒撰
衛生十全方三卷奇疾方一卷　宋夏德撰
傳信適用方二卷　宋吳彥夔撰
衛濟寶書二卷　題東軒居士撰
鍼灸資生經七卷　宋王執中撰
婦人大全良方二十四卷　宋陳自明撰
三因極一病證方論十八卷　宋陳言撰
集驗背疽方一卷　宋李迅撰
濟生方八卷　宋嚴用和撰
世醫得效方二十卷　元危亦林撰
扁鵲神應針灸玉龍經一卷　元王國瑞撰
續名醫類案六十卷　清魏之琇撰

天文算法類

原本革象新書五卷　元趙友欽撰
七政推步七卷　明貝琳撰
全史日至源流三十三卷　清許伯政撰
莊氏算學八卷　清莊亨陽撰

術數類

皇極經世索隱二卷　宋張行成
皇極經世觀物外篇衍義九卷　宋張行成撰
易通變四十卷　宋張成行撰
觀物篇解五卷附皇極經世解起數訣一卷　宋祝泌撰
大衍索隱三卷　宋丁易東撰
靈臺秘苑十五卷　後周庾季才撰
玉照定眞經一卷　題晉郭璞撰
星命溯源五卷　不著撰人

星命總括三卷 遼耶律純撰
演禽通纂二卷 不著撰人
太乙金鏡式經十卷 唐王希明撰
遁甲演義二卷 明程道生撰
禽星易見一卷 明池本理撰

藝術類

書小史十卷 宋陳思撰
書訣一卷 明豐坊撰
祕殿珠林二十四卷 清乾隆九年奉勅撰
石渠寶笈四十四卷 清乾隆九年奉勅撰
六藝之一錄四百六卷續編十二卷 清倪濤撰
琴譜合璧十八卷 清和素撰

譜錄類

欽定西清硯譜二十五卷 清乾隆四十三年奉勅撰

雜家類

白田雜著八卷 清王懋竑撰
琴堂諭俗編二卷 宋鄭至道撰
蟫精雋十六卷 明徐伯齡撰
採芹錄四卷 明徐三重撰
研山齋雜記四卷 不著撰人
言行龜鑑八卷 元張光祖編
元明事類鈔四十卷 清姚之駰撰

類書類

實賓錄十四卷 宋馬永易撰
職官分紀五十卷 宋孫逢吉撰
歷代制度詳說十二卷 宋呂祖謙撰
名賢氏族言行類稿六十卷 宋章定撰
全芳備祖前集二十七卷後集三十一卷 宋陳景沂撰
六帖補二十卷 宋楊伯嵒撰
古儷府十二卷 明王志慶編
花木鳥獸集類三卷 清吳寶芝撰
別號錄九卷 清葛萬里撰

道家類

御注道德經二卷 清順治十三年御撰

右子部書共計五十九種

集部

別集類

李遐叔文集四卷 唐李華撰
韓文舉正十卷外集一卷 宋方崧卿撰
五百家注音辨柳先生文集二十一卷外集二卷新編外集一卷龍城錄二卷附錄八卷 宋魏仲舉編
文莊集三十六卷 宋夏竦撰
東觀集十卷 宋魏野撰
古靈集二十五卷 宋陳襄撰
鄖溪集三十卷 宋鄭獬撰
錢塘集十四卷 宋韋驤撰
鄱陽集十二卷 宋彭汝礪撰
南陽集三十卷附錄一卷 宋韓維撰
樂全集四十卷 宋張方平撰
雲溪居士集三十卷 宋華鎮撰
演山集六十卷 宋黃裳撰
潏水集十六卷 宋李復撰
姑溪居士前集五十卷後集二十卷 宋李之儀撰
樂靜集三十卷 宋李昭玘撰
灌園集二十卷 宋呂南公撰
洪龜父集二卷 宋洪朋撰
跨鼇集三十卷 宋李新撰
初寮集八卷 宋王安中撰
西渡集二卷補遺一卷 宋洪炎撰
丹陽集二十四卷 宋葛勝仲撰
莊簡集十八卷 宋李光撰
東牕集十六卷 宋張擴撰
北山小集四十卷 宋程俱撰
忠惠集十卷附錄一卷 宋翟汝文撰
櫟溪居士集十二卷 宋劉才邵撰
筠溪集二十四卷 宋李彌遜撰
忠穆集八卷 宋呂頤浩撰
東牟集十四卷 宋王洋撰
相山集三十卷 宋王之道撰
陵陽集四卷 宋韓駒撰
雲溪集十二卷 宋郭印撰
北海集四十六卷附錄三卷 宋綦崇禮撰

雪溪集五卷 宋王銍撰
五峯集五卷 宋胡宏撰
斐然集三十卷 宋胡寅撰
浮山集十卷 宋仲并撰
嵩山居士集五十四卷 宋晁公遡撰
默堂集二十二卷 宋陳淵撰
唯室集四卷附錄一卷 宋陳長方撰
歸愚集十卷 宋葛立方撰
拙齋文集二十卷 宋林之奇撰
太倉稊米集七十卷 宋周紫芝撰
高峯文集十二卷 宋廖剛撰
方舟集二十四卷 宋李石撰
格齋四六一卷 宋王子俊撰
香山集十六卷 宋喻良能撰
宮教集十二卷 宋崔敦禮撰
樂軒集八卷 宋陳藻撰
定庵類稿四卷 宋衛博撰
澹軒集八卷 宋李呂撰

尊白堂集六卷 宋虞儔撰
東塘集二十卷 宋袁說友撰
涉齋集十八卷 宋許及之撰
蠹齋鉛刀編三十二卷 宋周孚撰
緣督集二十卷 宋曾丰撰
芸庵類稿六卷 宋李洪撰
自鳴集六卷 宋章甫撰
客亭類稿十五卷 宋楊冠卿撰
蓮峯集十卷 宋史堯弼撰
昌谷集二十二卷 宋曹彥約撰
省齋集十卷 宋廖行之撰
後樂集五十卷 宋衛涇撰
梅山續集十七卷 宋姜特立撰
性善堂稿十五卷 宋度正撰
鶴林集四十卷 宋吳泳撰
東澗集十四卷 宋許應龍撰
方是閒居士小稿二卷 宋劉學箕撰
漁墅類稿八卷 宋陳元晉撰

滄州塵缶編十四卷 宋程公許撰
臞軒集十六卷 宋王邁撰
冷然齋集八卷 宋蘇泂撰
可齋雜稿三十四卷續稿八卷續稿後十二卷 宋李曾伯撰
澗泉集二十卷 宋韓淲撰
庸齋集六卷 宋趙汝騰撰
彝齋文編四卷 宋趙孟堅撰
張氏拙軒集六卷 宋張侃撰
北磵集十卷 宋釋居簡撰
字溪集十二卷附錄一卷 宋陽枋撰
汶陽端平詩雋四卷 宋周弼撰
鬳齋續集三十卷 宋林希逸撰
潛山集十二卷 宋釋文珦撰
葦航漫遊稿四卷 宋胡仲弓撰
碧梧玩芳集二十四卷 宋馬廷鸞撰
閬風集十二卷 宋舒岳祥撰
秋聲集六卷 宋衛宗武撰
牟氏陵陽集二十四卷 宋牟巘撰

佩韋齋文集十六卷 宋俞德鄰撰
廬山集五卷英溪集一卷 宋董嗣杲撰
則堂集六卷 宋家鉉翁撰
心泉學詩稿六卷 題蒲壽宬撰
滏水集二十卷 金趙秉文撰
滹南遺老集四十五卷 金王若虛撰
桐江續集三十七卷 元方回撰
野趣有聲畫二卷 元楊公遠撰
屏巖小稿一卷 元張觀光撰
谷響集三卷 元釋善住撰
小亨集六卷 元楊弘道撰
青崖集五卷 元魏初撰
養吾齋集三十二卷 元劉將孫撰
存悔齋稿一卷補遺一卷 元龔璛撰
東庵集四卷 元滕安上撰
畏齋集六卷 元程端禮撰
默菴集五卷 元安熙撰
陳秋巖詩集二卷 元陳宜甫撰

蘭軒集十六卷 元王旭撰
玉井樵唱三卷 元尹廷高撰
申齋集十五卷 元劉岳申撰
西巖集二十卷 元張之翰撰
弁山小隱吟錄二卷 元黃玠撰
艮齋詩集十四卷 元侯克中撰
中庵集二十卷 元劉敏中撰
王文忠集六卷 元王結撰
榘菴集十五卷 元同恕撰
伊濱集二十四卷 元王沂撰
禮部集二十卷 元吳師道撰
積齋集五卷 元程端學撰
燕石集十五卷 元宋褧撰
瓢泉吟稿五卷 元朱晞顏撰
滋溪文稿三十卷 元蘇天爵撰
方叔淵遺稿一卷 元方瀾撰
近光集三卷扈從詩一卷 元周伯琦撰
子淵詩集六卷 元張仲深撰

午溪集十卷 元陳鎰撰
林外野言二卷 元郭翼撰
桐山老農文集四卷 元魯貞撰
佩玉齋類稿十卷 元楊翮撰
來鶴亭詩八卷補遺一卷 元呂誠撰
性情集六卷 元周巽撰
花谿集三卷 元沈夢麟撰
雲林集二卷 明危素撰
臨安集六卷 明錢宰撰
草澤狂歌五卷 明王恭撰
樗菴類稿二卷 明鄭潛撰
耕學齋詩集十二卷 明袁華撰
獨醉亭集三卷 明史謹撰
鵝湖集九卷 明龔斆撰
滎陽外史集七十卷 明鄭眞撰
唐愚士詩二卷附會稽懷古詩一卷 明唐之淳撰
黃給諫遺稿一卷 明黃鉞撰
樓居雜著一卷野航詩稿一卷野航文集一卷附錄一卷

明朱存理撰

古城集六卷補遺一卷 明張吉撰

方齋詩文集十卷 明林文俊撰

海壑吟稿十一卷 明趙完璧撰

薜荔園詩集四卷 明徐翙撰

小辨齋偶存八卷附事定錄三卷 明顧允成撰

集玉山房稿十卷 明葛昕撰

淩忠介集六卷 明淩義渠撰

總集類

玉臺新詠考異十卷 清紀容舒撰

高氏三宴詩集三卷附香山九老詩一卷 唐高正臣編

同文館唱和詩十卷 宋鄧忠臣等撰

宋文選三十二卷 不著撰人

五百家播芳大全文粹一百十卷 宋魏齊賢葉棻同編

古文集成前集七十八卷 王宋震霆編

十先生奧論四十卷 不著編人

詩家鼎臠二卷 不著編人

兩宋名賢小集一百五十七卷 題宋陳思編

天下同文集四十四卷 元周南瑞撰

大雅集八卷 元賴良撰

宛陵羣英集十二卷 元汪澤民張師愚撰

乾坤清氣集十四卷 明偶桓編

滄海遺珠四卷 不著編人

文氏五家詩十四卷 明長洲文氏祖孫父子之詩也

吳都文粹續集五十六卷補遺一卷 明錢穀編

詩文評類

竹莊詩話二十四卷 宋何谿汶撰

右集部書共計一百六十六種

經史子集四部共三百四十三種

附質疑目錄

經部

厚齋易學五十二卷 宋馮椅撰 江西先哲遺書擬刊

周易衍義十六卷 元胡震撰 江西先哲遺書擬刊

易象鈔四卷 明胡居仁撰 江西先哲遺書擬刊

周官總義三十卷 宋易祓撰 乾隆時有刊本十八卷

春秋例要一卷 宋崔子方撰 文津閣本無此書文淵閣本尚待檢查

春秋纂言十二卷 元吳澄撰 聞有明刊已佚

論語全解十卷 宋陳祥道撰 北平圖書館編景印四庫全書罕傳本擬目（以下簡稱平目）云北平館有天一閣明抄本與庫本不同國學圖書館有四庫底本

孟子傳二十九卷 宋張九成撰 商務印書館向蘇州潘氏照到宋本

蒙齋中庸講義四卷 平目云國學圖書館有四庫底本

四書集義精要二十八卷 元劉因編 平目云故宮藏元刊本可補庫本之缺

俗書刊誤十二卷 明焦竑撰 聞有刊本

史部

九朝編年備要三十卷 宋陳均撰 日本靜嘉堂文庫有宋槧題皇朝編年綱目備要二十五卷補刊編年備要五卷見傅沅叔先生靜嘉堂文庫觀書記

宋史全文三十六卷 不著撰人 平目云北平館有元刊本

至正金陵新志十五卷 元張鉉撰 平目云北平館有元刊本

子部

衛生十全方三卷奇疾方一卷 宋夏德撰 文津閣本無此書文淵閣本待查

世醫得效方二十卷 元危亦林撰 平目云海源閣有元刻本

白田雜著八卷 清王懋竑撰 聞有刊本

集部

文莊集三十六卷 宋夏竦撰 聞有刊本

古靈集二十五卷 宋陳襄撰 續古逸叢書已照宋本

鄖溪集三十卷 宋鄭獬撰 聞有刊本

鄱陽集十二卷 宋彭汝礪撰 聞有刊本

樂全集四卷 張方平撰 平目云北平館有四庫底本

姑溪居士前集五十卷後集二十卷 宋李之儀撰 聞有刊本

灌園集二十卷 宋呂南公撰 江西先哲遺書擬刊

初寮集八卷 宋王安中撰 聞有刊本

丹陽集二十四卷 宋葛勝仲撰 聞有刊本

東牕集十六卷 宋張擴撰 江西先哲遺書擬刊

北山小集四十卷 宋程俱撰 續四部叢刊已照宋本

忠惠集十卷附錄一卷 宋翟汝文撰 聞有刊本

檆溪居士集十二卷 宋劉才邵撰 江西先哲遺書擬刊

相山集三十卷 宋王之道撰 聞有刊本

陵陽集四卷 宋韓駒撰 聞有刊本

拙齋文集二十卷 宋林之奇撰 平目云武昌徐氏有宋刻二卷北平館有小山堂抄本可據配

香山集十六卷 宋喻良能撰 聞有刊本

緣督集二十卷 宋曾豐撰 平目云國學圖書館有抄本可補庫本之缺

昌谷集二十二卷 宋曹彥約撰 江西先哲遺書擬刊

漁墅類稿八卷 宋陳元晉撰 江西先哲遺書擬刊

北磵集十卷 宋釋居簡撰 續四部叢刊已照有宋本並有詩集

碧梧玩芳集二十四卷 宋馬廷鸞撰 聞有刊本

牟氏陵陽集二十四卷 宋牟巘撰 聞有刊本

佩韋齋文集十六卷 宋俞德鄰撰 聞有刊本

滏水集二十卷 金趙秉文撰 聞有刊本

養吾齋集三十二卷 元劉將孫撰 江西先哲遺書擬刊

申齋集十五卷 元劉岳申撰 江西先哲遺書擬刊續四部叢刊已照景元本

中庵集二十卷 元劉敏中撰 平目云北平館有元刻二十五卷可補庫本之不足

方叔淵遺稿一卷 元方瀾撰 文津閣本無此書文淵閣本待查

林外野言二卷 元郭翼撰 聞有刊本

性情集六卷 元周巽撰 江西先哲遺書擬刻

臨安集六卷 明錢宰撰 平目云國學圖書館有十卷本可補庫本之缺

鵝湖集九卷 明龔斆撰 江西先哲遺書擬刻

五百家播芳大全文粹一百十卷 宋魏齊賢葉棻同編 商務印書館有宋本

古文集成前集七十八卷 宋王霆震編 江安傅氏有宋本

四庫孤本叢刊目錄

選輯大旨

一 本書既以孤本定名故選錄之書以大典輯出而別無他本可代者爲主其次則四庫所錄源於宋元善本者又其次則原本雖出明刊及撰述出於近代而今日已極爲罕秘世人所不經見者一併甄收統用庫本以歸畫一

一 本目所收重在多取古書故劃至明初爲斷亦間及明以後人著述因其書重要爲學者所亟需故兼收並蓄用廣流傳

一 本目所收以近代未經刊行者爲主如例言所擧江西先哲遺書其擬刻未刻者仍行收入如續古逸叢書續四部叢刊業經照印者更不復采然近來鉛槧風行凡古今典籍公私覆刻所在多有同人等見聞有限采訪未周疏漏之處勢所難免倘冀海內博雅各擧所知匡其不逮

一 草目所列諸書確知當世存有古刻舊鈔足補正庫本缺失者均概行提出留待後編

四庫孤本叢刊擬目

經部三十五種

史部十五種

子部二十四種

集部一百零六種

都凡一百八十種 共九萬餘葉

計在未刊本草目中經部選出三十四種加入一種

史部選出十二種加入三種

子部選出二十三種加入一種

集部選出七十四種加入三十二種

經部

易類

了翁易說一卷 宋陳瓘撰
周易新講義十卷 宋耿南仲撰
讀易詳說十卷 宋李光撰 大典本
易變體義十二卷 宋都絜撰 大典本
周易經傳集解三十六卷 宋林栗撰
厚齋易說五十二卷 宋馮椅撰 大典本
西溪易說二十卷 宋李過撰
易通六卷 宋趙以夫撰
周易經傳訓解二卷 宋蔡淵撰
周易詳解十六卷 宋李杞撰 大典本
淙山讀周易記二十一卷 宋方實孫撰
讀易舉要四卷 元俞琰撰 大典本
易原奥義一卷周易原旨六卷 元保八撰
周易程朱傳義折衷三十三卷 元趙采撰
周易衍義十六卷 元胡震撰
周易圖說二卷 元錢義方撰
周易文詮四卷 元趙汸撰

書類

尙書講義二十卷 宋史浩撰 大典本
絜齋家塾書鈔十二卷 宋袁燮撰 大典本
書義斷法六卷 元陳悅道撰

詩類

慈湖詩傳二十卷 宋楊簡撰 大典本
毛詩講義十二卷 宋林岊撰 大典本
詩纘緒十八卷 元劉玉汝撰 大典本
詩演義十五卷 元梁寅撰

禮類

周禮詳解四十卷 宋王昭禹撰
月令解十二卷 宋張虙撰 大典本

春秋類

春秋經解十二卷 宋崔子方撰 大典本
春秋例要一卷 宋崔子方撰 大典本
春秋讞二十二卷 宋葉夢得撰 大典本
春秋比事二十卷 宋沈棐撰

春秋左傳要義三十一卷 宋魏了翁撰

春秋分紀九十卷 宋程公說撰

春秋集義五十卷綱領三卷 宋李明復撰 大典本

五經總義類

融堂四書管見十三卷 宋錢時撰

四書類

蒙齋中庸講義四卷 宋袁甫撰 大典本

史部

紀事本末類

平定三逆紀略六十卷 清聖祖敕撰

石峯堡紀略二十卷 清高宗敕撰

詔令奏議類

讜論集五卷 宋陳次升撰 大典本

左史諫草一卷 宋呂午撰

傳記類

忠貞錄三卷附錄一卷 明李維樾 林增志編

廉吏傳二卷 宋費樞撰

地理類

蜀中廣記一百八卷 明曹學佺撰

職官類

禮部志稿一百十卷 明泰昌元年官撰 大典本

太常續考八卷 不著撰人 大典本

土官底薄二卷 不著撰人 大典本

政書類

政和五禮新儀二百二十卷御製冠禮十卷

廟學典禮六卷 不著撰人 大典本

目錄類

吳中金石新編八卷 明陳暐撰

史評類

六朝通鑑博議十卷 宋李燾撰

兩漢筆記十二卷 宋錢時撰

子部

儒家類

戒子通錄八卷 宋劉清之撰 大典本

家山圖書一卷 不著撰人 大典本

醫家類

扁鵲神應針灸玉龍經一卷 元王國瑞撰

天文算法類

原本革象新書五卷 元趙友欽撰 大典本

七政推步七卷 明貝琳撰

術數類

皇極經世索隱二卷 宋張行成撰 大典本

皇極經世觀物外篇衍義九卷 宋張行成撰 大典本

易通變四十卷 宋張行成撰

觀物篇解五卷附皇極經世解起數訣一卷 宋祝泌撰

大衍索隱三卷 宋丁易東撰 大典本

玉照定眞經一卷 題晉郭璞撰 大典本

星命溯源五卷 不著編人

星命總括三卷 遼耶律純撰 大典本

演禽通纂二卷 不著撰人

太乙金鏡式經十卷 唐王希明奉敕撰

藝術類

繪事微言三卷 明唐志契撰

六藝之一錄四百六卷續編十二卷 清倪濤撰

譜錄類

欽定西清硯譜二十五卷 清乾隆四十三年奉敕撰

雜家類

樂菴遺書四卷 題宋李衡撰

琴堂諭俗編二卷 宋鄭至道撰 大典本

言行龜鑑八卷 元張光祖編 大典本

類書類

實賓錄十四卷 宋馬永易撰 大典本

職官分紀五十卷 宋孫逢吉撰

名賢氏族言行類稿六十卷 宋章定撰

集部

別集類

韓集舉正十卷外集舉正一卷 宋方崧卿撰

五百家註音辨柳先生文集二十一卷外集二卷所編外集一卷龍城錄二卷附錄八卷 宋魏仲舉編

文莊集三十六卷 宋夏竦撰 大典本

范太史集五十五卷 宋范祖禹撰

雲溪居士集三十卷 宋華鎮撰 大典本

樂靜集三十卷 宋李昭玘撰
灌園集二十卷 宋呂南公撰 大典本
襄陵集十二卷 宋許翰撰 大典本
東堂集十卷 宋毛滂撰 大典本
竹隱畸士集二十卷 宋趙鼎臣撰 大典本
洪龜父集二卷 宋洪朋撰 大典本
跨鼇集三十卷 宋李新撰 大典本
莊簡集十八卷 宋李光撰 大典本
東窗集十六卷 宋張擴撰 大典本
忠惠集十卷附錄一卷 宋翟汝文撰 大典本
檆溪居士集十二卷 宋劉才邵撰 大典本
筠溪集二十四卷 宋李彌遜撰
忠穆集八卷 宋呂頤浩撰 大典本
東牟集十四卷 宋王洋撰 大典本
相山集三十卷 宋王之道撰 大典本
大隱集十卷 宋李正民撰 大典本
澹齋集十八卷 宋李流謙撰 大典本
雲溪集十二卷 宋郭印撰 大典本
北海集四十六卷附錄三卷 宋綦崇禮撰 大典本
蘆川歸來集十卷附錄一卷 宋張元幹撰 大典本
五峯集五卷 宋胡宏撰
斐然集三十卷 宋胡寅撰
浮山集十卷 宋仲并撰 大典本
縉雲集四卷 宋馮時行撰
唯室集四卷附錄一卷 宋陳長方撰 大典本
鄭忠肅奏議遺集二卷 宋鄭興裔撰
高峯文集十二卷 宋廖剛撰
艾軒集九卷附錄一卷 宋林光朝撰
方舟集二十四卷 宋李石撰 大典本
網山集八卷 宋林亦之撰
定庵類稿四卷 宋衞博撰 大典本
澹軒集八卷 宋李呂撰 大典本
尊白堂集六卷 宋虞儔撰 大典本
東塘集二十卷 宋袁說友撰 大典本
九華集二十五卷附錄一卷 宋員興宗撰 大典本
芸庵類稿六卷 宋李洪撰 大典本

蓮峯集十卷　宋史堯弼撰　大典本
昌谷集二十二卷　宋曹彥約撰　大典本
省齋集十卷　宋廖行之撰　大典本
後樂集五十卷　宋衞涇撰　大典本
性善堂稿十五卷　宋度正撰　大典本
鶴林集四十卷　宋吳泳撰　大典本
東㵎集十四卷　宋許應龍撰　大典本
漁墅類稿八卷　宋陳元晉撰　大典本
滄洲塵缶編十四卷　宋程公許撰　大典本
冷然齋集八卷　宋蘇泂撰　大典本
可齋雜稿三十四卷續稿八卷續稿後十二卷　宋李曾伯撰
㵎泉集二十卷　宋韓淲撰　大典本
壺山四六一卷　不著撰人
臞軒集十六卷　宋王邁撰　大典本
東野農歌集五卷　宋戴昺撰
庸齋集六卷　宋趙汝騰撰　大典本
張氏拙軒集六卷　宋張侃撰　大典本
字溪集十二卷附錄一卷　宋陽枋撰　大典本
灊山集十二卷　宋釋文珦撰　大典本
葦航漫遊稿四卷　宋胡仲弓撰　大典本
秋聲集六卷　宋衞宗武撰　大典本
梅巖集十卷　宋胡次焱撰
廬山集五卷英溪集一卷　宋董嗣杲撰　大典本
則堂集六卷　宋家鉉翁撰　大典本
富山遺稿十卷　宋方夔撰
在軒集一卷　宋黃公紹撰
心泉學詩稿六卷　宋蒲壽宬撰　大典本
稼村類稿三十卷　元王義山撰
桐江續集三十七卷　元方回撰
剩語二卷　元艾性夫撰　大典本
青山集八卷　元趙文撰　大典本
小亨集六卷　元楊弘道撰　大典本
青崖集五卷　元魏初撰　大典本
養吾齋集三十二卷　元劉將孫撰　大典本
東庵集四卷　元滕安上撰　大典本
陳秋巖詩集二卷　元陳宜甫撰　大典本

蘭軒集十六卷 元王旭撰 大典本
西巖集二十卷 元張之翰撰 大典本
艮齋詩集十四卷 元侯克中撰
王文忠集六卷 元王結撰 大典本
榘菴集十五卷 元同恕撰 大典本
伊濱集二十四卷 元王沂撰 大典本
瓢泉吟稿五卷 元朱晞顏撰 大典本
野處集四卷 元邵亨貞撰
子淵詩集六卷 元張仲深撰 大典本
午溪集十卷 元陳鎰撰
傲軒吟稿一卷 元胡天游撰
桐山老農文集四卷 元魯貞撰
靜思集十卷 元郭鈺撰
佩玉齋類稿十卷 元楊翮撰
麟原文集二十四卷 元王禮撰
性情集六卷 元周巽撰 大典本
可閒老人集四卷 元張昱撰
玉笥集十卷 元鄧雅撰

總集類

南嶽倡酬集一卷附錄一卷 宋朱熹張栻林用中撰
天台前集三卷前集別編一卷續集三卷續集別編六卷 宋李庚原本 林師蒧增修
十先生奧論四十卷 不著編人
詩家鼎臠二卷 不著編人
玉山紀游二卷 明袁華編
三華集十八卷 明錢公善編
文氏五家詩十四卷 明長洲文氏祖孫父子之詩
吳都文粹續集五十六卷補遺一卷 明錢穀編
明文海四百八十二卷 清黃宗羲編

詩文評類

竹莊詩話二十四卷 宋何溪汶撰
頤山詩話二卷 明安磐撰

四庫全書珍本初集目錄

影印緣起

民國十三年，敝館爲籌備開業三十周年紀念，呈請政府借印文淵閣四庫全書，既擬具計劃，復刊布緣起一文，文曰；

「清代學術邁越前古，乾隆中葉乃有四庫全書之輯，特開專館，妙選通才，首發中祕之藏，復廣獻書之路，網羅散逸，釐訂體裁，歷時十稔，成書三千四百六十種，七萬九千三百三十九卷。壬寅春月，第一部告成，儲存大內之文淵閣。其後續成三部，分儲奉天之文溯閣，圓明園之文源閣，熱河之文津閣。又其後續成三部，分儲揚州之文匯閣，鎮江之文宗閣，杭州之文瀾閣。此其大較也。

洪楊事起，文宗文匯相繼淪亡；聯軍內犯，文源亦付一炬；文瀾幸存劫餘，殘本不及半數。現在完善者，實僅三部。文淵本在宮中，文溯文津先後移入首都，五星聚奎，可稱盛事。惟是三書萃於一隅，慢藏可慮。明代永樂大典亦曾寫成三部，至乾隆時代，已有殘闕，然尙餘二萬餘卷；庚子一役，或化灰燼，或流入人間，公家所存，僅數十冊。以此方彼，能無寒心！

邇者西方學子，涉足京華，獲觀是書，無不驚絕。僉言：四庫開館之時，正當美國獨立之際，泰西文化，方始萌芽，豈料中土於百五十年以前，乃能有此鴻製！法國總揆班樂衛博士，有播通中西文化之大計劃，糾合各國大學校，設立中國學院，研究刊行傳播四庫全書，幷擇要翻譯。現已成立者，法國之外，有英，美，德，奧，義，比，波蘭，捷克八國，大抵碩學通儒，爲之倡率。日本以同文之故，尤爲注重，彼都圖書館有以重金錄副之議；近來退還庚子賠欵，設立文化局，刊印是書之說，一倡而百和。其爲東西各國所引重也若是。

昔曹石倉有言：「釋道兩家，皆能集刻藏經，惟我儒家獨無此舉。」今釋藏道藏，皆由敝公司影印出版矣，儒若有藏，必推是書，不揣棉薄，頗欲爲石倉一彌此憾。昔年政府擬印是書，預計依照原式影印成書一百部，需費二百萬欵鉅難籌，價昂難銷，而本國紙張，又供不應求，非二三十年不能卒事。以此中止，迄今又五年矣，長此遷延，散亡可慮。徵聞文淵所儲，成書獨早，尤爲精審，今擬商借影印，稍加縮小，參用外紙，庶幾取價較廉，流通自易，堆積不廣，弃置非難，五年爲期，計日可待。勉盡守闕抱殘之職，敢爲求全責備之言！海內外宏達，鑒此區區，廣爲提倡，實東方文化之幸也。」

書經政府批准，運滬影印，並已由 敝館點裝三分之一，忽奉公府祕書處公函，阻止裝運，事因中止。

十四年，政府明令改將文津閣全書點交 敝館影印，教育部與 敝館簽訂合同。全書裝點完畢，正擬請撥專車起運，適戰事發生，交通阻滯，延至十五年秋，敝館呈請照約起運，事又中變，簽約無效。

是後文溯全書運回東省，未幾而有校印之議，計畫未定，而瀋陽失陷，全書遂儲滿鐵圖書館。乾隆成書七部，未及百年，僅存文淵、文津、文溯三部全書，今又去其一矣。

二十二年，熱河被侵，北平震動，文淵全書既隨古物南移，於是教育部復有選印四庫珍本及委託 敝館影印之議。其四月十一日呈請行政院核准文曰：

『……查四庫全書中已有單行印本者甚多。茲爲節省經費，易於實現起見，擬將其中向未付印或已絕版之珍本約八九百種，先行付印。……』

四月二十九日中央圖書館籌備處主任蔣復璁呈覆教育部文曰：

『……查此書曾於民國十三年及民國十四年兩次由前教育部與上海商務印書館商議印刷，訂有合同，雖皆以故中止，而計劃具在。且該館印行之四部叢刊，曾有多種乃影印四庫底本，字畫清楚，樣式合宜，卓有經驗。上年該館雖遭亂受損，但機器資力及復興之猛，猶爲國內各書業之冠。故復璁特往上海與該館多次接洽。……』

六月十七日教育部委託中央圖書館籌備處與 敝館簽訂「影印四庫全書未刊珍本合同」，規定「將文淵閣四庫未刊珍本縮成小六開本」，限用江南毛邊紙印成一千五百部，每部九萬葉，分訂千五百冊，並限二年內將書出齊。訂約後兩月教育部函聘專家十五人，編訂四庫全書珍本初集目錄，選書二百三十一種，較原約增二萬餘葉，分裝約二千册。十餘年來中外所期待，敝館所經營者，至此始得實現。

竊以典章文物，盡在圖書，其存與亡，民族安危所繫；守先待後，匹夫匹婦亦與有責，此敝館被難之餘，所為不揣棉薄，必欲成斯鉅製也。兹事體大，困難自多，故於攝影之初，略述經過情形，當世君子，幸共鑒之。

中華民國二十三年元月　商務印書館謹啓

影印四庫全書珍本初集目錄

經部

易類

了翁易說一卷 宋陳瓘撰
周易新講義六卷 宋耿南仲撰
讀易詳說十卷 宋李光撰
易變體義十二卷 宋都絜撰
周易經傳集解三十六卷 宋林栗撰
厚齋易學五十二卷 宋馮椅撰
西溪易說二十卷 宋李過撰
易通六卷 宋趙以夫撰
周易經傳訓解二卷 宋蔡淵撰
用易詳解十六卷 宋李杞撰
淙山讀周易記二十一卷 宋方實孫撰
讀易舉要四卷 元俞琰撰
易原奧義一卷周易原旨八卷 元保八撰
周易程朱傳義折衷三十三卷 元趙采撰
周易衍義十六卷 元胡震撰
周易圖說二卷 元錢義方撰
周易文詮四卷 元趙汸撰
易象鈔十八卷 明胡居仁撰
周易劄記三卷 明逯中立撰
周易象像述十卷 明吳桂森撰
易用六卷 明陳祖念撰
易源就正十二卷 清包儀撰
大易通解十五卷 清魏荔彤撰
大易擇言三十六卷 清程廷祚撰
周易圖書質疑二十四卷 清趙繼序撰
周易章句證異十二卷 清翟均廉撰

書類

絜齋家塾書鈔十二卷 宋袁燮撰
書義斷法六卷 元陳悅道撰
尚書疑義六卷 明馬明衡撰

詩類

毛詩講義十二卷 宋林岊撰

詩纘緒十八卷 元劉玉汝撰

詩演義十五卷 明梁寅撰

讀詩略記六卷 明朱朝瑛撰

毛詩類釋二十一卷續編三卷 清顧棟高撰

詩疑辨證六卷 清黃中松撰

禮類

周禮詳解四十卷 宋王昭禹撰

禮經本義十七卷 清蔡德晉撰

月令解十二卷 宋張虙撰

春秋類

春秋例要一卷 宋崔子方撰

春秋經解十二卷 宋崔子方撰

春秋讞二十二卷 宋葉夢得撰

春秋比事二十卷 宋沈棐撰

春秋左傳要義三十一卷 宋魏了翁撰

春秋分紀九十卷 宋程公說撰

春秋集義五十卷綱領三卷 宋李明復撰

春秋明志錄十二卷 明熊過撰

春秋輯傳十三卷凡例二卷 明王樵撰

春秋質疑十二卷 明楊于庭撰

讀春秋略記十二卷 明朱朝瑛撰

春秋管窺十二卷 清徐庭垣撰

五經總義類

融堂四書管見十三卷 宋錢時撰

五經稽疑八卷 明朱睦㮮撰

十三經義疑二十卷 清吳浩撰

十三經註疏正字八十一卷 清沈廷芳撰

九經辨字瀆蒙十二卷 清沈炳震撰

四書類

蒙齋中庸講義四卷 宋袁甫撰

樂類

古樂書二卷 清應撝謙撰

小學類

俗書刊誤十二卷 明焦竑撰

篆隸考異四卷 清周靖撰

增修校正押韻釋疑五卷 宋歐陽德隆撰郭守正增修

音韻述微三十卷 清乾隆敕撰

右經部書共計六十一種

史部

編年類

兩朝綱目備要十六卷 不著撰人

紀事本末類

平定三逆方略六十卷 清勒德洪等奉敕撰

石峯堡紀略二十一卷 清乾隆四十九年奉敕撰

別史類

春秋戰國異詞五十四卷通表二卷摭遺一卷 清陳厚耀撰

詔令奏議類

讜論集五卷 宋陳次升撰

左史諫草一卷 宋呂午撰

傳記類

忠貞錄三卷附錄一卷 明李維樾林增志同編

廉吏傳二卷 宋費樞撰

地理類

水經注集釋訂譌四十卷 清沈炳巽撰

海塘錄二十六卷 清翟均廉撰

蜀中廣記一百八卷 明曹學佺撰

職官類

禮部志稿一百卷 明俞汝楫撰

太常續考八卷 不著撰人

土官底簿二卷 不著撰人

政書類

政和御製冠禮十卷五禮新儀二百二十卷 宋鄭居中等撰

廟學典禮六卷 不著撰人

目錄類

吳中金石新編八卷 明陳暐撰

史評類

六朝通鑑博議十卷 宋李燾撰

兩漢筆記十二卷 宋錢時撰

右史部書共計十九種

子部

儒家類

近思錄集注十四卷 清茅星來撰

戒子通錄八卷 宋劉清之撰

家山圖書一卷 不著撰人

雙橋隨筆十二卷 清周召撰

兵家類

武經總要四十卷 宋曾公亮等撰

醫家類

脚氣治法總要二卷 宋董汲撰

集驗背疽方一卷 宋李迅撰

扁鵲神應針灸玉龍經一卷 元王國瑞撰

天文算法類

原本革象新書五卷 元趙友欽撰

七政推步七卷 明貝琳撰

莊氏算學八卷 清莊亨陽撰

術數類

皇極經世索隱二卷 宋張行成撰

皇極經世觀物外篇衍義九卷 宋張行成撰

易通變四十卷 宋張行成撰

觀物篇解五卷附皇極經世解起數訣三卷 宋祝泌撰

大衍索隱三卷 丁易東撰

玉照定眞經一卷 題晉郭璞撰

星命溯源五卷 不著撰人

星命總括三卷 遼耶律純撰

演禽通纂二卷 不著撰人

太乙金鏡式經十卷 唐王希明撰

遁甲演義二卷 明程道生撰

禽星易見二卷 明池本理撰

藝術類

繪事微言二卷 明唐志契撰

六藝之一錄四百六卷續編十四卷 清倪濤撰

譜錄類

欽定西清硯譜二十四卷 清乾隆四十三年奉勅撰

雜家類

樂庵遺書五卷 題宋李衡撰

琴堂諭俗編二卷 宋鄭至道撰

研山齋雜記四卷 不著撰人
言行龜鑑八卷 元張光祖編
元明事類鈔四十卷 清姚之駰撰

類書類

實賓錄十四卷 宋馬永易撰
職官分紀五十卷 宋孫逢吉撰
名賢氏族言行類稿六十卷 宋章定撰

右子部書共計三十四種

集部

別集類

韓集舉正十卷外集舉正一卷 宋方崧卿撰
五百家注音辨柳先生文集二十一卷外集二卷新編外集一卷龍城錄二卷附錄四卷 宋魏仲舉編
文莊集三十六卷 宋夏竦撰
范太史集五十五卷 宋范祖禹撰
樂全集四十卷附錄一卷 宋張方平撰
雲溪居士集三十卷 宋華鎭撰
演山集六十卷 宋黃裳撰
樂靜集三十卷 宋李昭玘撰
灌園集二十卷 宋呂南公撰
襄陵集十二卷 宋許翰撰
東堂集十卷 宋毛滂撰
竹隱畸士集二十卷 宋趙鼎臣撰
洪龜父十二卷 宋洪朋撰
跨鼇集三十卷 宋李新撰
莊簡集十八卷 宋李光撰
東牕集十六卷 宋張擴撰
忠惠集十卷附錄一卷 宋翟汝文撰
檆溪居士集十二卷 宋劉才邵撰
筠溪集二十四卷附樂府一卷 宋李彌遜撰
忠穆集八卷 宋呂頤浩撰
東牟集十四卷 宋王洋撰
相山集三十卷 宋王之道撰
雲溪集十二卷 宋郭印撰
北海集四十六卷附錄三卷 宋綦崇禮撰
五峯集五卷 宋胡宏撰

斐然集三十卷　宋胡寅撰
浮山集十卷　宋仲并撰
縉雲集四卷附錄一卷　宋馮時行撰
唯室集四卷附錄一卷　宋陳長方撰
鄭忠肅奏議遺集十二卷　宋鄭興裔撰
高峯文集十二卷　宋廖剛撰
艾軒集九卷附錄一卷　宋林光朝撰
方舟集二十四卷　宋李石撰
網山集八卷　宋林亦之撰
定庵類稿四卷　宋衞博撰
澹軒集八卷　宋李呂撰
尊白堂集六卷　宋虞儔撰
東塘集二十卷　宋袁說友撰
九華集二十五卷附錄一卷　宋員興宗撰
芸庵類稿六卷　宋李洪撰
蓮峯集十卷　宋史堯弼撰
昌谷集二十二卷　宋曹彥約撰
省齋集十卷　宋廖行之撰

後樂集二十卷　宋衞涇撰
性善堂稿十五卷　宋度正撰
鶴林集四十卷　宋吳泳撰
東澗集十四卷　宋許應龍撰
漁墅類稿八卷　宋陳元晉撰
滄洲塵缶編十四卷　宋程公許撰
冷然齋集八卷　宋蘇泂撰
可齋雜稿三十四卷續稿八卷續稿後十二卷　宋李曾伯撰
澗泉集二十卷　宋韓淲撰
篔窗集十卷　宋陳耆卿撰
壺山四六一卷　不著撰人
臞軒集十六卷　宋王邁撰
東野農歌集五卷　宋戴昺撰
庸齋集六卷　宋趙汝騰撰
張氏拙軒集六卷　宋張侃撰
字溪集十一卷附錄一卷　宋楊枋撰
潛山集十二卷　宋釋文珦撰
葦航漫遊稿四卷　宋胡仲弓撰

秋聲集六卷 宋衛宗武撰
梅巖文集十卷 宋胡次焱撰
廬山集五卷英溪十一卷 宋董嗣杲撰
則堂集六卷 宋家鉉翁撰
富山遺稿十卷 宋方夔撰
在軒集一卷 宋黃公紹撰
心泉學詩稿六卷 題蒲壽宬撰
稼村類稿三十卷 元王義山撰
桐江續集三十六卷 元方回撰
剩語二卷 元艾性夫撰
青山集八卷 元趙文撰
小亨集六卷 元楊弘道撰
青崖集五卷 元魏初撰
養吾齋集三十二卷 元劉將孫撰
東庵集四卷 元滕安上撰
陳秋巖詩集二卷 元陳宜甫撰
蘭軒集十六卷 元王旭撰
玉井樵唱三卷 元尹廷高撰
西巖集二十卷 元張之翰撰
艮齋詩集十四卷 元侯克中撰
王文忠集六卷 元王結撰
榘菴集十五卷 元同恕撰
伊濱集二十四卷 元王沂撰
瓢泉吟稿五卷 元朱希顏撰
野處集四卷 元邵亨貞撰
子淵詩集六卷 元張仲深撰
午溪集十卷 元陳鎰撰
傲軒吟稿一卷 元胡天游撰
桐山老農文集四卷 元魯貞撰
佩玉齋類稿十卷 元楊翮撰
麟原文集二十四卷 元王禮撰
性情集六卷 元周巽撰
可閒老人集四卷 元張昱撰
玉笥集九卷 元鄧雅撰
覆瓿集七卷附錄一卷 明朱同撰
尙絅齋集五卷 明童冀撰

草澤狂歌五卷 明王恭撰
楞菴類稿二卷 明鄭潛撰
可傳集一卷 明袁華撰
獨醉亭集三卷 明史謹撰
希澹園詩三卷 明虞堪撰
鄴陽外史集一百卷 明鄭眞撰
毅齋詩文集八卷 明王洪撰
蘭庭集二卷 明謝晉撰

總集類

同文館唱和詩十卷 宋鄧忠臣等撰
南嶽倡酬集一卷附錄一卷 宋朱熹張栻林用中撰
天台前集三卷前集別編一卷續集三卷續集別編六卷 宋李庚原本林師蔵增修
十先生奥論四十卷 不著編人
詩家鼎臠二卷 不著編人
玉山紀游一卷 明袁華編
三華集十八卷 明錢公善編
文氏五家詩十四卷 明長洲文氏祖孫父子之詩也
吳都文粹續集五十六卷補遺二卷 明錢穀編
釋文紀四十五卷 明梅鼎祚編

詩文評類

竹莊詩話二十四卷 宋何溪汶撰
頤山詩話一卷 明安磐撰

右集部書共計一百十七種

經史子集四部共計二百三十一種

選印四庫全書問題文獻目錄

自中央圖書館籌備處選印四庫全書事起，一時議論，甚囂塵上；二十二年之中國學術界賴此點綴，得不寂寞。自今視之，俱成陳迹，是非得失，毋煩重提。玆唯錄目於此，以備好事者稽覽；唯囿於見聞，僅以二十二年度爲限，倘祈 閱者諒之。編者識。

袁同禮 張元濟　影印四庫全書往來箋　（國聞週報十卷三十三期及三十四期書評一卷廿期八月一日又大公報文學副刊八月十四日又時事新報八月十六日）

袁同禮 向達　選印四庫全書評議　（北晨學園八月十四日又國風半月刊三卷四期八月十六日）

謝國楨　對于撰印四庫全書之管見　（北晨學園八月十四日）

李益華　爲影印四庫全書事敬告當局　（北晨學園八月十四日）

譚其驤　由乾隆諭旨證四庫本之不盡可靠　（北晨學園八月十五日）

胡鳴盛　關于選印四庫本之我見　（北晨學園八月十五日）

劉節　四庫本之評價　（北晨學園八月十五日）

王重民　論教育部選印四庫全書　（大公報文學副刊八月十四日）

梁廷燦　文淵文津孰爲殘本　（北晨學園八月十八日）

袁同禮　四庫全書中永樂大典輯本中之缺點　（北晨學園八月十八日）

王庸　四庫全書的價值和影印　（北晨學園八月十九日）

北平晨報　不必影印四庫全書　（北平晨報八月廿日）

蕭璋　四庫全書錯訛刪缺例證　(北晨學園八月廿一日)

段瓊林　由乾隆御製詩內所見文津閣本校勘之一斑　(北晨學園八月廿一日)

天津大公報　對籌印四庫珍本之希望　(天津大公報八月廿一日)

天津益世報　關于影印四庫未刊珍本　(天津益世報八月廿二日)

陳仲益　文淵閣四庫全書缺本之管見及續記　(北晨學園八月廿二日)

孫楷第　論教育部選印四庫全書　(北晨學園八月廿二日)

金梁　選印四庫書平議　(北晨學園八月廿五日)

孟森　選印四庫書平議　(北晨學園八月廿八日又青鶴一卷二十三期十月十六日)

張元濟　關于影印四庫全書　(北晨學園八月廿九日)

西耕　影印四庫全書平議　(長沙霹靂九〇〇號八月廿九日)

上海時事新報　對于印四庫全書意見　(上海時事新報八月卅日)

張鋆　關于影印四庫全書之管見　(浙江圖書館館刊二卷四期八月卅一日)

葉定侯　關于影印四庫全書致中國文化研究所副所長李君小緣書　(長沙霹靂九〇二號八月卅一日)

浙江省立圖　最近關于影印四庫全書之文獻　(浙江圖書館館刊二卷四期五期)

劉明陽　影印庫書定名問題私議　(北晨學園九月一日)

傅振倫　站在學術的立場來論影印四庫全書　(北晨學園九月四日)

陳垣　書于文襄論四庫全書手札後　(仝上又原書書後)

倫明　擬印四庫全書之管見　(國聞週報十卷廿五期九月四日)

蔣復聰　影印四庫全書未刊本草目例言及陳張蔡註意見　（北晨學園九月五日）

冷廬主人　評中央圖書館影印四庫全書未刊本草目　（國聞週報十卷三十六期九月十一日）

張秀民　選印古書私議及附錄　（北晨學園八月廿八日九月一日十日）

胡玉縉　抽印四庫全書罕傳本感言　（北晨學園九月一日）

吳豐培　影印四庫書罕傳本私議　（北晨學園九月十二日）

姚石子　論清代編輯四庫全書　（北晨學園九月十四日）

陳贛一　論抽印四庫全書　（北晨學園九月十五日又青鶴一卷廿一期九月十六日）

田炯錦　名流與四庫珍本　（時代公論二卷二十三號九月一日）

袁同禮　致時代公論記者書　（國風半月刊三卷六期九月十六日又時代公論二卷二十六號田炯錦文）

田炯錦　再論名流與影印四庫珍本　（時代公論二卷二十六號九月二十二日）

湯　中　從莊氏史案說到四庫全書　（中央時事週報二卷三十八期九月三十日）

謝國楨　評「再論名流與景印四庫珍本」　（時代公論二卷二十九號十月十三日）

田炯錦　答「評再論名流與景印四庫珍本」　（時代公論二卷二十九號十月十三日）

聖　羽　旁觀者言　（獨立評論七十三號十月廿二日）

柳詒徵　致教育部函復傳沅叔函　（國風三卷六期九月十六日）

鄭鶴聲　對于影印四庫全書輿論之評議　（國風半月刊三卷六期九月十六日）

鄭鶴聲　四庫全書影印之經過　（圖書評論二卷二期十月一日）

鄭鶴聲　四庫全書簡說　（鍾山學術講座第二種）

錢基博　選印四庫全書平議　（光華大學半月刊二卷一二期十月廿五日又青鶴一卷二十二期十月一日）

君羽　鄭鶴聲先生「對于影印四庫全書輿論之評議」的讀後感　（獨立評論七十五期十一月五日）

徐澄宇　論影印四庫全書事　（徐澄宇論著第一集上海華通書局）

浙江省立圖　選印四庫全書目錄　（浙江圖書館館刊二卷六期二十二年十二月）

影印四庫全書目錄

中央圖書館選印之四庫全書。已於十一月十七日在上海故宮辦事處開始影印。共選定未刊本二百三十二種。分經、史、子、集四部。敝社托人將此書目錄鈔得刊布如下。

經部

(一)易類

了翁易說	一卷	周易新講義	十卷	讀易詳說	十卷
易變體義	十二卷	周易經傳集解	三十六卷	厚齋易學	五十卷
西溪易說	二十卷	易通	六卷	周易經傳訓解	二卷
周易詳解	十六卷	淙山讀周易記	二十一卷	讀易舉要	四卷
易原奥義	一卷	固易原旨	六卷	周易程朱傳義折衷	三十三卷
周易衍義	十六卷	周易圖說	二卷	周易文詮	四卷
易象鈔	四卷	周易劄記	三卷	周易像象述	五卷
易用	五卷	易源就正	十二卷	大易通解	十五卷

大易釋言　三十六卷　周易圖書質疑　二十四卷　周易章句證異　十一卷

(二)書類

絜齋家塾書鈔　十卷　書義斷法　六卷　尙書疑義　六卷

(三)詩類

毛詩講義　十二卷　詩讚緒　十八卷　詩演義　十五卷

讀詩略記　六卷　毛詩類釋　二十一卷　詩疑辨證　六卷

(四)禮類

周禮詳解　四十卷　禮經本義　十七卷　月令解　十二卷

(五)春秋類

春秋例要　一卷　春秋經解　十二卷　春秋讞　二十二卷

春秋比事　二十卷　春秋左傳要義　三十一卷　春秋分記　九十卷

春秋集義　五十卷　春秋明志錄　十二卷　春秋輯傳　十三卷

凡例　二卷　春秋質疑　十二卷　讀春秋略記　十卷

春秋管窺　十二卷

(六)五經總義類
融堂四書管見　十三卷　五經稽疑　十二卷　十三經註疏正字　八十一卷
十三經義疑　十二卷　九經辨字瀆蒙　十二卷
(七)四書類
蒙齋中庸講義　四卷
(八)樂類
古樂書　二卷
(九)小學類
俗書刊誤　十二卷　篆隸考異　二卷　增修校正押韻釋疑　五卷
音韻述微　三十卷
史部
(一)編年類
兩朝細目各要　十六卷
(二)紀事本末類

平定三逆方略　六十卷　石峯堡紀略　二十一卷　通表　二卷
（三）別史類
南北史合注　一百五卷　春秋載國異詞　五十四卷
摭遺　一卷
（四）詔令奏議類
讜論集　五卷　左史諫草　一卷
（五）傳記類
忠貞錄　三卷　附錄　一卷　廉史傳　二卷
（六）地理類
水經注集釋訂譌　四十卷　海塘錄　二十六卷　蜀中廣記　一百八卷
（七）職官類
禮部志稿　一百十卷　太常續考　八卷　土官底簿　二卷
（八）政書類
政和御製冠禮　十卷　五禮新儀　二百二十卷　廟學典禮　六卷

(九)目錄類
吳中金石新編　八卷
(十)史評類
六朝通鑑博議　十卷　兩漢筆記　十二卷
子部
(一)儒家類
近思錄集注　十四卷　戒子通錄　八卷　家山圖書　一卷
(二)兵家類
雙橋隨筆　十二卷
武經總要　四十卷
(三)醫家類
脚氣治法總要　二卷　集驗背疽方　一卷　扁鵲神應針灸玉龍經　一卷
(四)天文算法類
原本革應新書　五卷　七政推步　七卷　莊氏算學　八卷

（五）術數類
皇極經世索隱 二卷　皇極經世觀物外篇衍義 九卷　易通變 四十卷
觀物篇解 五卷　附皇極經世解起數訣 一卷　大衍索隱 三卷
玉照定真經 一卷　星命溯源 五卷　星命總括 三卷
演禽通纂 二卷　遁甲演義 二卷　禽星易見 一卷
（六）藝術類
繪事微言 三卷　六藝之一錄 四百六卷　續編 十二卷
（七）譜錄類
欽定西清硯譜 二十五卷
（八）雜家類
樂庵遺書 四卷　琴堂諭俗編 二卷　研究齋雜記 四卷
言行龜鑑 八卷　元明事類鈔 四十卷
（九）類書類
實賓錄 十四卷　職官分紀 五十卷　名賢氏族言行類稿 六十卷

集部

(一)別集類

韓文擧正 十卷 外集 三卷 五百家注音辨柳先生文集二十一卷
外集 二卷 新編外集 一卷 龍城錄 二卷
附錄 八卷 文莊集 三十六卷 范太史集 五十五卷
樂全集 四十卷 雲溪居士集 三十卷 間山集 六十卷
樂靜集 三十卷 灌園集 二十卷 襄陵集 十二卷
東堂集 十卷 竹隱畸士集 二十卷 洪龜父集 三卷
跨鰲集 三十卷 莊簡集 十八卷 東牕集 十六卷
忠惠集 十卷 附錄 一卷 擬漢居士集 十三卷
筠溪集 二十四卷 忠穆集 八卷 東牟集 十四卷
相山集 三十卷 雲溪集 十二卷 北海集 四十六卷
附錄 三卷 五峯集 五卷 斐然集 三十卷
浮山集 十卷 縉雲集 四卷 堆室集 四卷

附錄	一卷	鄭忠肅奏議遺集	二卷	高峯文集	十二卷
艾軒集	九卷	附錄	一卷	方舟集	二十四卷
網山集	八卷	定庵類稿	四卷	澹軒集	八卷
尊白堂集	六卷	東塘集	二十卷	九華集	二十五卷
附錄	一卷	芸庵類稿	六集	蓮峯集	十卷
昌谷集	二十二卷	省齋集	十卷	後樂集	五十卷
性善堂稿	十五卷	鶴林集	四十卷	東澗集	十四卷
漁墅類稿	八卷	滄州塵缶編	十四卷	冷然齋集	八卷
可齋什稿	三十四卷	續稿	八卷	續稿後	十二卷
澗泉集	二十卷	篔窻集	十卷	壺山四六	一卷
臞軒集	十六卷	東野農歌集	五卷	庸齋集	六卷
張氏拙軒集	六卷	字溪集	十一卷	附錄	一卷
潛山集	十二卷	葦航漫游稿	四卷	秋聲集	六卷
梅岩文集	十卷	廬山集	五卷	英溪集	一卷

則堂集 六卷 富山遺稿 十卷 在軒集 一卷
心泉學詩稿 六卷 稼村類稿 三十卷 桐江續集 三十七卷
剩語 二卷 青山集 八卷 小亨集 六卷
青崖集 五卷 養吾齋集 三十卷 東庵集 四卷
陳秋岩詩集 二卷 蘭軒集 十六卷 玉井樵唱 三卷
西岩集 二十卷 艮齋詩集 十四卷 王文忠集 六卷
榘庵集 十五卷 伊濱集 二十四卷 瓢泉吟稿 五卷
野處集 四卷 子淵詩集 六卷 午溪集 十卷
傲軒吟稿 一卷 桐山老農文集 四卷 佩玉齋類稿 十卷
麟原文集 二十四卷 性情集 六卷 可閒老人集 四卷
玉笥集 十卷 覆瓿集 七卷 附錄 一卷
尚絅齋集 五卷 草澤狂歌 五卷 樗菴類稿 二卷
可傳集 一卷 獨醉亭集 三卷 希澹園詩 三卷
滎陽外集 七十卷 穀齋詩文集 八卷 附錄 一卷

蘭庭集 二卷

(二)總集類

同文館唱和詩 十卷 南嶽唱酬集 一卷 附錄 一卷
天台前集 三卷 前集別編 一卷 續集 三卷
續集別編 六卷 十先生奥論 四十卷 詩家鼎臠 二卷
玉山紀游 一卷 三華集 十八卷 文氏五家詩 十四卷
吴都文粹遺集三十六卷 補遺 一卷 釋文記 四十五卷

(三)詩文評類

竹莊詩話 二十四卷 頤山詩話 二卷

經史子集四部共計二百三十二種